2014

JIANGXI NIANJIAN

江西年鉴

江西省人民政府主办
江西省地方志编纂委员会编

主　编　鹿心社
副主编　莫建成
朱　虹
谭晓林
梅　宏
宋雷鸣

中国时代经济出版社

图书在版编目(CIP)数据

江西年鉴.2014/江西省地方志编纂委员会编.--北京:中国时代经济出版社,2014.10
ISBN 978-7-5119-0903-9

Ⅰ.①江… Ⅱ.①江… Ⅲ.①江西省-2014-年鉴
Ⅳ.①Z525.6

中国版本图书馆CIP数据核字(2014)第229140号

书　　名: 江西年鉴(2014)
作　　者: 江西省地方志编纂委员会

出版发行: 中国时代经济出版社
社　　址: 北京市丰台区玉林里25号楼
邮政编码: 100069
发行热线: (010)83910203
传　　真: (010)83910203
网　　址: www.cmepub.com.cn
电子邮箱: zgsdjj@hotmail.com
经　　销: 各地新华书店
印　　刷: 江西龙莹印务有限公司
开　　本: 889×1194　1/16
字　　数: 1250千字
印　　张: 33.5
版　　次: 2014年10月第1版
印　　次: 2014年10月第1次印刷
书　　号: ISBN 978-7-5119-0903-9
定　　价: 400.00元

如有印、装错误,影响阅读,请及时与印刷厂联系调换
联系电话:(0791)83675539

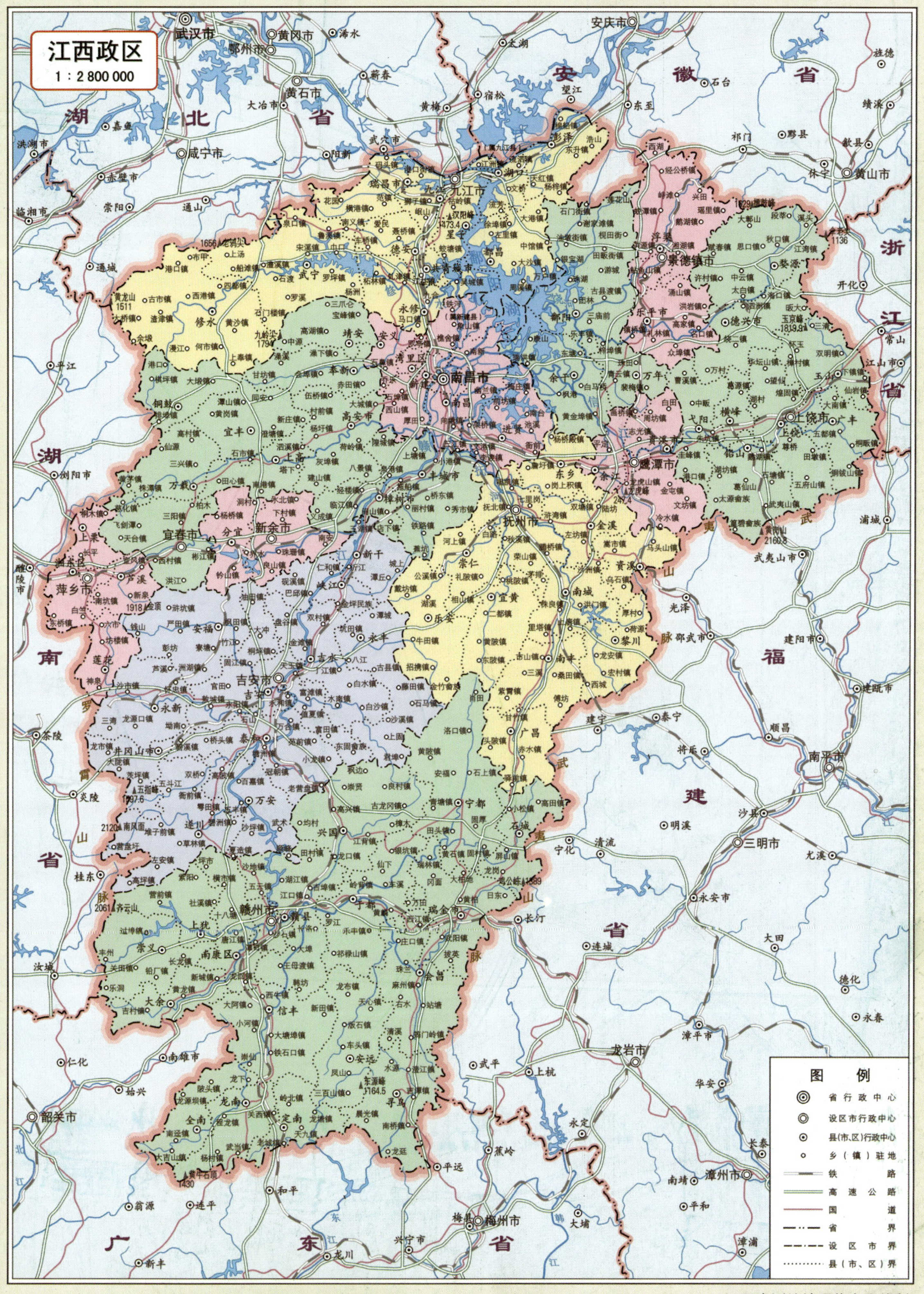

江西省测绘地理信息局编制

江西省测绘地理信息局编制

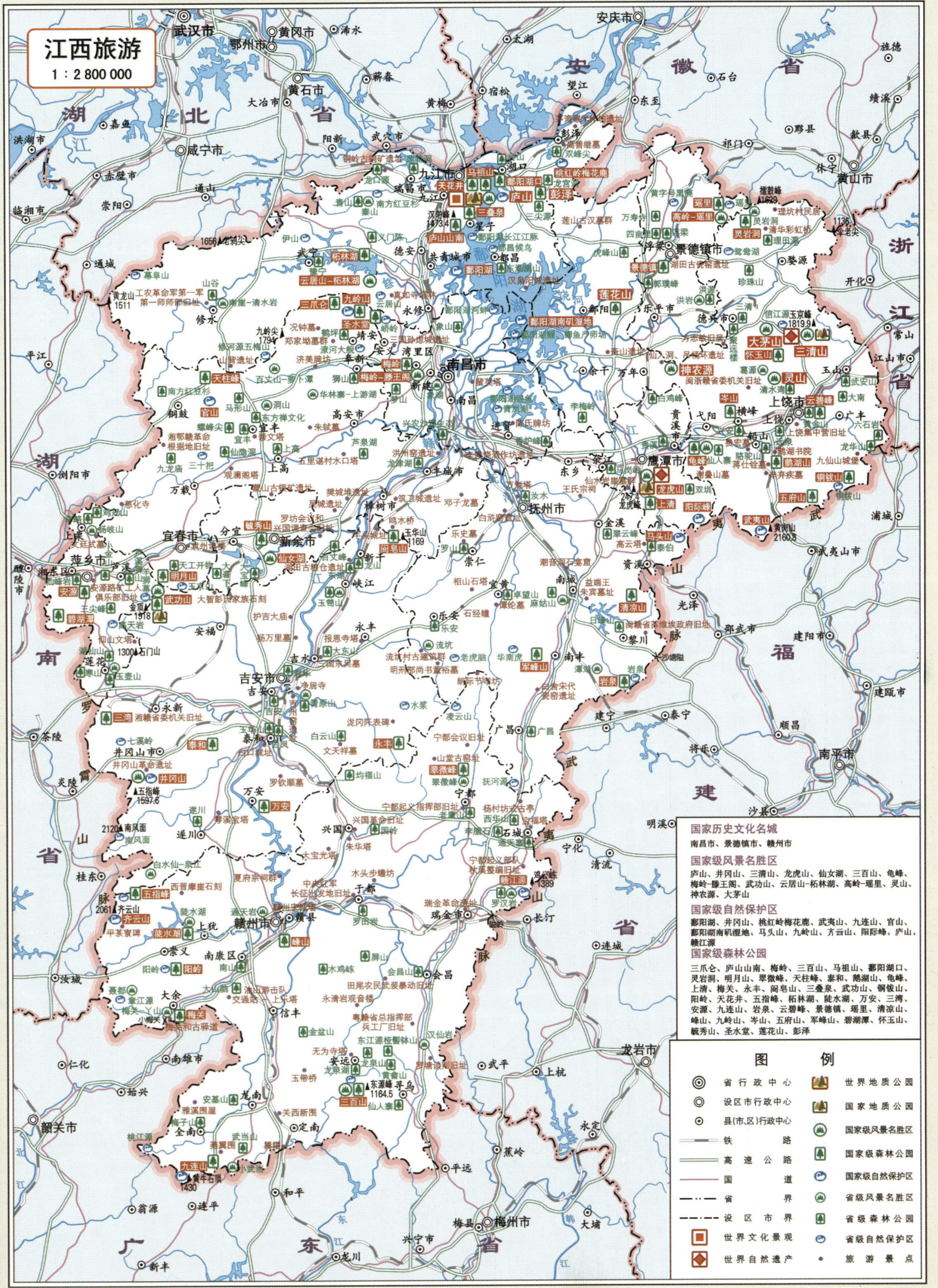

江西省测绘地理信息局编制

●赵乐际在江西调研

◀3月22日—24日，中共中央政治局委员、中央组织部部长赵乐际到江西吉安、赣州革命老区调研。调研期间，瞻仰了井冈山革命烈士陵园、苏区干部好作风陈列馆、长冈乡调查纪念馆、叶坪和沙洲坝革命旧址群，看望了红军家属、农村老党员。图为23日，赵乐际（左一）在兴国县长冈乡塘石村看望慰问农村老党员

宗欢 摄

●万鄂湘在江西调研

▶9月5日—6日，全国人大常委会副委员长、民革中央主席万鄂湘率调研组到赣，就人身损害赔偿法律适用、中央财政转移支付等问题开展专题调研。全国人大常委会委员、外事委员会副主任委员、民革中央副主席修福金参加调研。省人大常委会副主任马志武，省高院院长张忠厚等出席有关座谈会或陪同调研。

贾川 摄

●何厚铧出席景德镇国际陶瓷博览会

◀10月18日，2013年中国景德镇国际陶瓷博览会在景德镇国际会展中心拉开帷幕。全国政协副主席何厚铧（中）出席并启动开幕水晶球。

景德镇市地方志办 供稿

●省委十三届七次全体（扩大）会议召开，确定了“发展升级、小康提速、绿色崛起、实干兴赣”十六字方针

7月22日—23日，中共江西省委十三届七次全体（扩大）会议在南昌召开。会议确定了当前和今后一个时期全省发展的总思路：高举中国特色社会主义伟大旗帜，坚持以邓小平理论、“三个代表”重要思想、科学发展观为指导，深入贯彻落实党的十八大和省第十三次党代会精神，以实现中华民族伟大复兴中国梦为引领，以与全国同步全面建成小康社会为目标，坚持主题主线和战略思路不动摇，紧紧扭住发展这个第一要务，切实抓好民生这个第一大事，自觉落实稳定这个第一责任，不断强化改革这个第一动力，进一步解放思想、扩大开放，统筹兼顾、重点突破，奋力迈出“发展升级、小康提速、绿色崛起、实干兴赣”的新步伐，努力争创建设富裕和谐秀美江西的新辉煌。

▲ 省委书记强卫出席会议并讲话

周霖 摄

▲ 省委副书记、省长鹿心社出席会议并讲话

周霖 摄

◀ 大会现场

周霖 摄

省委十三届八次全体会议召开 全面部署2014年各项工作

12月26日—28日，中共江西省委十三届八次全体会议在南昌召开。全会深入学习贯彻党的十八大、十八届二中、三中全会精神和中央经济工作会议等中央重要会议精神，以及中共中央总书记习近平系列讲话精神，听取了省委常委会工作报告，分析了当前形势和任务，审议通过《中共江西省委贯彻落实〈中共中央关于全面深化改革若干重大问题的决定〉的实施意见》和《中共江西省委全委会工作规则》，全面部署2014年各项工作，达到统一思想、凝聚共识、坚定信心、明确方向的目的。

▲ 省委书记强卫出席会议并讲话

周霖 摄

▲ 省委副书记、省长鹿心社出席会议并讲话

周霖 摄

▶ 大会现场

周霖 摄

第一批党的群众路线教育实践活动取得重要成果

按照中央统一部署，江西省党的群众路线教育实践活动于2013年7月4日正式启动，参加第一批活动的单位137个，其中省级领导班子4个，省直属单位102个（收尾阶段为100个，因机构改革撤并2个），省管高校27所，省管国有企业3个，中央驻赣单位1个；县处级以上领导班子1649个，县处以上领导干部14885人；基层党组织11311个，党员200816人。各活动单位坚持以为民务实清廉为主题，以习近平总书记系列重要讲话精神为根本遵循，充分调动领导干部和广大群众两个积极性，着力打牢学习教育和查摆问题两个基础，紧紧抓住整改落实和建章立制两个关键，切实找准和解决“四风”方面的突出问题，取得了预期效果。截至2014年1月15日，全省第一批活动单位列入整改台账的具体问题和个体诉求已完成整改16089件，占台账总数的98.66%；共建立健全制度1808项，完成制度建设计划的97.15%。

◀7月4日，省委在南昌召开全省党的群众路线教育实践活动动员大会，学习贯彻中共中央总书记习近平重要讲话和中央、省委有关文件精神，对全省教育实践活动进行动员部署。图为动员大会现场

周霖 摄

▶7月13日，省委书记强卫深入南昌市东湖区、西湖区、青云谱区的老城区、棚户区调研，并主持召开座谈会，征求社区居民、干部对省委常委会开展党的群众路线教育实践活动的意见。图为强卫（左二）在南昌棚户区调研

梁振堂 摄

◀7月12日，省长鹿心社到九江市和德安县，深入行政服务中心、村委会和农户家中，面对面听取基层干部群众对省委常委会开展党的群众路线教育实践活动的意见和建议。图为鹿心社（右二）在德安县群众家里听取意见和建议

朱文标 摄

▶ 8月22日，省委书记强卫到江西日报社大江网演播厅参加“反对‘四风’、实干兴赣——省委书记与网民面对面”在线交流活动。

周霖 摄

◀ 7月26日，省长鹿心社（右一）做客江西网络广播电视台，参加“我给省长提个问”活动。图为“我给省长提个问”直播现场

朱文标 摄

▶ 7月12日，省委书记强卫（左前一）深入南昌县蒋巷镇的田间地头了解群众生产生活情况。

梁振堂 摄

◀ 9月3日，省长鹿心社（右四）深入省民政厅基层单位，面对面听取基层群众意见建议。

朱文标 摄

●经济社会又好又快发展

2013年，全省上下紧紧围绕建设富裕和谐秀美江西的奋斗目标，认真贯彻落实“发展升级、小康提速、绿色崛起、实干兴赣”十六字方针，坚持稳中求进工作总基调，统筹做好稳增长、调结构、抓改革、优生态、惠民生等各项工作，经济发展稳中有进、稳中向好，社会事业全面进步。全省生产总值14338.5亿元，增长10.1%。财政总收入2357.1亿元，增长15.2%，其中公共财政预算收入1620.2亿元，增长18.1%。500万元以上项目固定资产投资12450.8亿元，增长20%。社会消费品零售总额4551.1亿元，增长13.6%。金融机构本外币各项贷款余额13111.7亿元，比年初增加1981.9亿元，增长17.8%。居民消费价格总水平涨幅2.5%。城镇居民人均可支配收入21873元，增长10.1%；农民人均纯收入8781元，增长12.2%。

►8月1日，峡江水利枢纽工程正式下闸蓄水，第一台机组将准备发电。

朱文标 摄

◄9月26日，中国第一条连接海峡西岸和中部内陆腹地的快速铁路——向莆铁路正式开通运营。图为首趟动车驶离南昌西客站

朱文标 摄

◀8月9日，位于新余高新区的江西弘旺汽车制动器制造有限公司员工正在通过数控加工设备，生产高碳高强度合金汽车制动刹车盘。该公司采用国内外先进工艺技术，生产商用车和乘用车高碳高强度合金制动鼓、轮毂、刹车盘配件，为国内上千家汽车制造商所采用，并出口美国、俄罗斯等国家和地区。

徐国平 摄

▶8月22日，九江思麦博运动器材有限公司员工在生产橄榄球。该公司生产的皮球、篮球、橄榄球等球类产品出口到欧美，占欧美球类市场的60％。

何深宝 摄

◀9月2日，工人正在南昌欧菲光科技有限公司先进的纯平触摸屏生产线忙碌。该企业投资额近10亿元，是一家全球领先的精密光电薄膜元器件制造商，拥有自主知识产权，其红外滤光产品市场份额居世界第一，纯平触摸屏市场份额居国内第一。

朱文标 摄

◀ 12月11日，江西盛祥电子材料有限公司员工在整经车间忙碌。该公司生产的无碱电子布畅销全国，并进入日本、韩国市场，全年产值可达1亿元。

燕平 摄

▶ 5月10日，永丰县现代农业科技示范园内，女工正在田间管理蔬菜。永丰县重视蔬菜生产科技投入，完善蔬菜技术试验、科技培训、蔬菜检测与冷藏，仅县农业科技示范园就带动3000多户农民发展蔬菜生产。

朱文标 摄

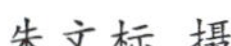

◀ 10月22日，赣县南塘镇果农拿起果剪，开始采摘脐橙，丰收的喜悦洋溢在脸上。2013年赣南脐橙进入开摘期，总产量可达150万吨。

朱文标 摄

▶靖安县高湖镇积极发展有机皇菊的生产种植，种植面积 17.33 公顷，农民每亩纯收入超过 2 万元。图为 11 月 2 日，高湖镇中港村农民正在采摘有机皇菊

朱文标 摄

◀ 1 月 31 日，进贤县举行 2013 年春季万人招聘大会。县内 50 多家用工单位提供近万个就业岗位，为该县返乡农民工、富余劳动力搭建择业平台，让农民工实现家门口就业。

周霖 摄

▶ 12 月 19 日，全省城镇居民社会保障卡首发仪式在新余市举行。该卡主要面向城镇居民、职工、灵活就业人员等群体，兼具社保业务办理和金融功能，可以为参保单位和个人提供方便快捷的一站式服务。

邓爱勇 摄

●携手共创辉煌

◀8 月 13 日，第六届海峡两岸客家高峰论坛和第十一届赣台经贸文化合作交流大会在赣州开幕。图为开幕式现场

周霖 摄

▶10 月 16 日，以“携手合作，共筑梦想”为主题，以深入探讨“两岸媒体如何融合中华文化，实现互惠互通，强化合作共赢，实现美好梦想”为主旨的海峡媒体井冈山峰会在井冈山举行。会议通过《海峡媒体井冈山峰会共同建议书》。图为海峡媒体井冈山峰会现场

杨继红 摄

◀11 月 5 日，国务院国资委与省政府合作备忘录签字仪式暨央企入赣投资合作洽谈会在赣州市举行，81 家中央企业应邀参会，与江西省共签约项目 93 个，投资额 2214 亿元。图为签约仪式现场

朱文标 摄

▶2013 年，省政府加强与科研院所和高校的战略合作，先后与中国科学院、中国工程院、清华大学、北京大学、北京师范大学签署战略合作协议。图为 11 月 11 日，省政府与北京大学战略合作签约仪式现场

省教育厅 供稿

●保障性安居工程建设成效显著

省委、省政府坚持把保障性安居工程作为重大民生工程和发展工程，作为稳增长、促改革、调结构、惠民生的重要举措，作为地方政府公共服务的重要职责和民生工程的重要内容，积极探索，强力推进。2013年，全省保障性安居工程建设在各级党委、政府共同努力下，取得显著成效。全年完成投资396.4亿元，新开工32.46万套，基本建成24.32万套，分别达到目标任务的100.7%和110.6%。其中，公共租赁住房（含廉租住房）项目开工18.5万套，基本建成15.1万套，分别达到目标任务的100.1%和109.9%；各类棚户区改造项目开工14万套，基本建成9.2万套，分别达到目标任务的101.4%和111.7%；发放廉租住房租赁补贴16.7万户；全省城镇保障性住房的覆盖率达到15.5%。

◀3月18号，九江市保障房管理局联合浔阳区、庐山区、开发区房管局举行公租房政策咨询活动，分别在烟水亭、信华广场、沃尔德广场、新桥头四个地点设立咨询点，解答市民有关公租房的各种疑问。图为烟水亭广场咨询现场

▶3月23日，赣州中心城区2013年公共租赁住房分配摇号仪式在赣州电视台演播大厅举行。在公证员和监察员的全程公证和监督下，通过电视全程直播公开摇号，赣州中心城区又有3595户中低收入家庭实现了安居梦。图为住房分配摇号现场

◀赣州市中心城区2013年分配入住的保障性住房小区——阳光黄金家园小区。

▶宜春市2013年建成交付使用的文体东路城市棚户区改造项目。

省住建厅 供稿

●精神文明建设之花遍开赣鄱

2013年，全省精神文明战线大力加强社会主义核心价值体系建设，大力推进思想道德建设，大力拓展精神文明创建，社会文明程度进一步提高，公民文明素质进一步提升，群众性精神文明创建工作取得明显成效，为推动全省经济社会又好又快发展，建设富裕和谐秀美江西提供了强大的思想文化保证。

◀9月26日，江西省龚全珍、皮祖强获中央文明委授予的第四届全国道德模范称号，章金媛、肖玉玲、郑冬花、郑向生、杨斌圣、敖志凡、刘发英、李桥妹8人获提名奖。29日，省委书记强卫在南昌看望从北京载誉归来的江西省第四届全国道德模范及提名奖获得者。图为省委书记强卫（右一）在南昌看望荣获第四届全国道德模范称号的龚全珍

梁振堂 摄

▶11月6日，由中组部、中宣部、全国妇联和中共江西省委共同主办的龚全珍首场先进事迹报告会，在北京人民大会堂举行。图为报告会现场

杨继红 摄

▲8月24日，第44届南丁格尔奖章颁奖大会在北京人民大会堂举行，江西省邹德凤获奖。28日，省委书记强卫（右一）、省长鹿心社（右三）在南昌会见第44届南丁格尔奖章获得者、南昌大学第四附属医院医疗服务部主任邹德凤。

周霖 摄

◀8月23日，由中央文明办主办，江西省文明办、中国文明网、中共萍乡市委、市政府承办的学雷锋·在行动——全国道德模范与身边好人现场交流活动在萍乡学院音乐厅举行。图为与入围中国好人榜的段华胜（左二）及其家人现场访谈

江西文明网 供稿

文化建设精彩纷呈

2013 年，江西省文化系统贯彻中央和省委的决策部署，成功举办第五届江西艺术节，大力实施演艺繁荣、精品创作、产业翻番、文化强基、百馆展示、遗产保护等文化发展“六大工程”， 有效组织对外文化交流。全省演艺市场演出 1.82 万场，演出收入近 3 亿元；对外及对港澳台文化交流项目 123 个，同比增长 36.7%。文化工作为推动经济社会发展注入强劲动力，为维护社会和谐稳定提供了强大支撑，为提升江西形象作出积极贡献。

◀ 5 月 22 日，2013 年江西省高雅艺术进校园活动赣剧专场在宜春职业技术学院上演。南昌大学赣剧文化艺术中心的演员们走进大学校园，巡演传统经典赣剧《临川四梦》等，让在校学生近距离感受赣剧艺术的魅力。

邹海斌 摄

▲ 7 月 14 日 — 20 日，由文化部和江西省人民政府联合主办的“艺海流金——感悟瓷魂”大型文化交流活动在江西举行。100 位港澳和内地艺术家在江西开展对口交流、合作论坛等九大活动。图为 7 月 16 日，港澳及内地艺术家在庐山开展书画笔会活动

省文化厅 供稿

▶9月8日，第五届江西艺术节舞台艺术集中展演拉开大幕，萍乡采茶戏《有事找老杨》作为开幕戏在江西艺术中心大剧院上演。

省文化厅 供稿

◀10月31日，江西省首届农民工才艺大赛优秀节目展演在省电视台演播大厅举行。图为九江市文化馆选送的舞蹈《竹编》

省文化厅 供稿

▶2013年，江西省公共图书馆讲座与展览联盟开展讲座72场，展览30场，全省市县巡讲12场，巡展18场。图为9月12日，赣图大讲堂“中国梦”系列讲座在鹰潭巡讲

省文化厅 供稿

▶ 11 月 15 日，江西省非物质文化遗产保护成果展在南昌八一广场举办。整个活动图片展板展线 200 余米，参加展示项目 33 个，参演项目 11 个。图为金溪县手摇狮表演

省文化厅　供稿

◀ 2013 年，江西省人民政府动漫奖评选活动共收到动画、漫画、新媒体动漫、动漫出版物等参赛作品 680 件，最终评出 11 个门类 55 个奖项和 9 个直接补贴奖项。图为 12 月 19 日，动漫奖颁奖仪式

省文化厅　供稿

▶ 12 月 19 日，省歌舞剧院在铜鼓县温泉镇金星村演出。连日来，由省委宣传部、省文化厅组织开展的省歌舞剧院送戏下乡活动，为铜鼓山区群众带来了一场场视听盛宴。

胡光华　摄

●江西健儿再创全运佳绩

8月31日至9月12日，第十二届全国运动会在辽宁沈阳举行。江西代表团共派出144名运动员，参加16个大项、113个小项的决赛。经过13天的奋勇拼搏，共获得6枚金牌、5枚银牌、5.5枚铜牌，总分345.5分的成绩。

◀9月2日，在第十二届全运会女子赛艇双人单桨项目的决赛中，吴优（右一）、高玉兰夺得金牌。

杨继红 摄

▶9月8日，在第十二届全运会女子100米短跑项目决赛中，江西九江陶宇佳以11秒48的个人最好成绩夺得冠军。图为陶宇佳（右一）冲过终点瞬间

杨继红 摄

◀9月11日，在第十二届全运会皮划艇比赛中，周鹏（左）获男子单人皮艇200米金牌，杨文军（右）获单人划艇200米冠军。

杨继红 摄

鄱阳湖生态

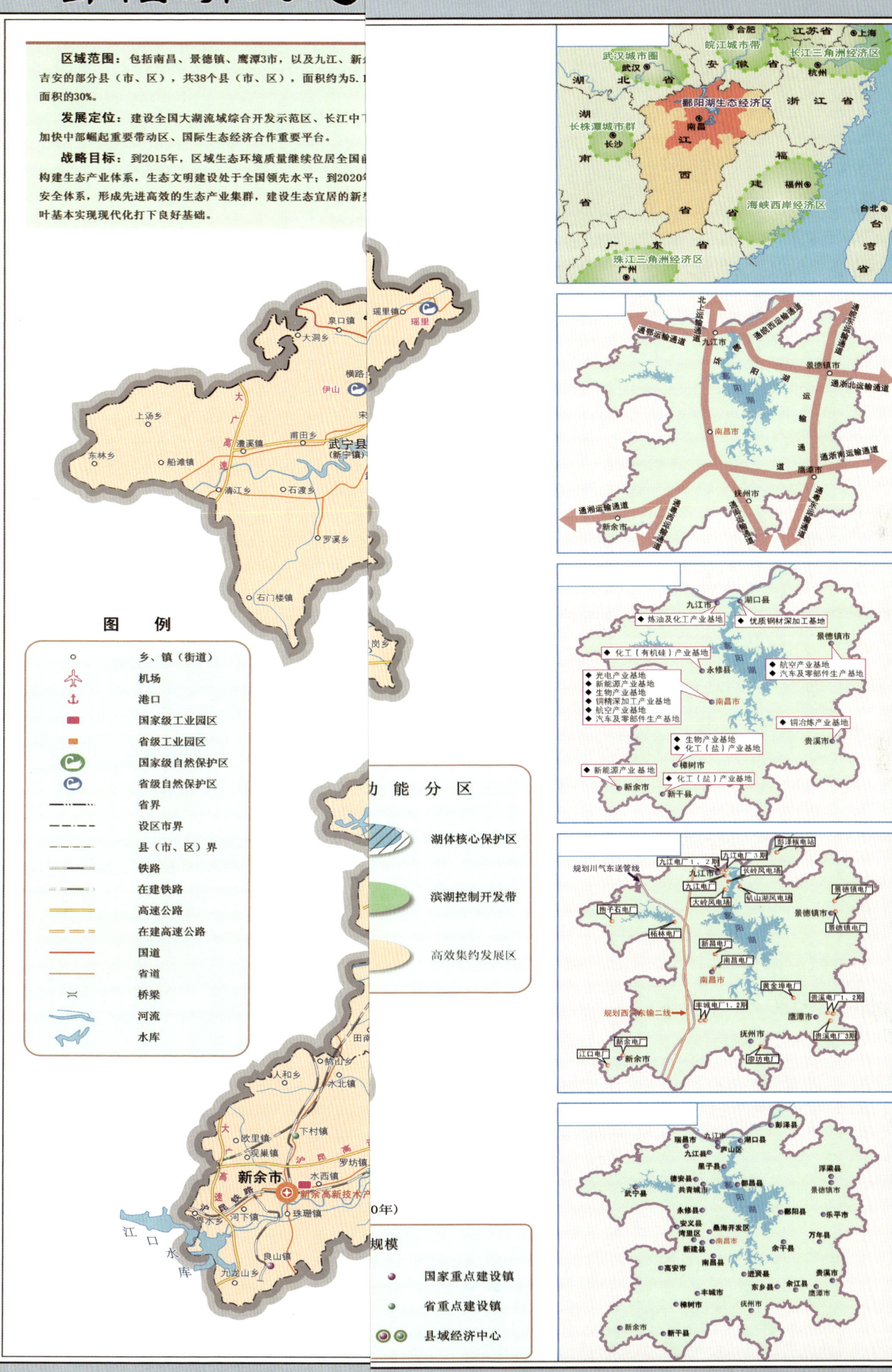

2014年4月　江西省测绘地理信息局编制

编 辑 说 明

一、《江西年鉴》是江西省本级地方综合年鉴，由江西省人民政府主办、省长鹿心社主编、江西省地方志编纂委员会办公室编辑，稿件由省直各单位、各市、县（市、区）、中央驻赣单位编委会和编辑室及有关单位提供。

二、《江西年鉴》是一套系统记述江西省自然、政治、经济、文化、社会等多方面的年度资料性文献。其编纂宗旨是根据国务院《地方志工作条例》和《江西省实施〈地方志工作条例〉办法》的规定，逐年全面、真实地记录江西经济建设和社会发展的基本情况，为存史、资政、育人服务。

三、《江西年鉴》每年出版一卷，2002 年首卷出版，至今已经编纂出版 13 卷。

四、本卷年鉴着重记载 2013 年江西省发生的重大事情。内容分为综合情况、动态信息和辅助资料三大部分。综合情况设特载、大事记、专记、江西概览 4 个栏目。动态信息设中国共产党江西省委员会，江西省人民代表大会常务委员会，江西省人民政府，中国人民政治协商会议江西省委员会，中国共产党江西省纪律检查委员会，民主党派，人民团体，军事，法治，港澳台事务，外事侨务，国家区域发展战略，农业，工业，非公有制经济，信息化建设，园区经济，旅游业，国内贸易，对外贸易与经济合作，就业与再就业，社会保障，交通运输，金融，财政税收，经济管理与监督，城乡建设，水利，自然观测，环境保护，教育，科学技术，社会科学，文化艺术，新闻出版 广播电影电视，医疗卫生，体育，居民生活，民政，市、县（市、区），人物 41 个栏目。辅助资料设专录、统计资料 2 个栏目。江西政区图、江西交通图、江西旅游图、鄱阳湖生态经济区图均为 2014 年版地图。

五、本年鉴内容层次设置是为了方便分类编辑和读者阅读，并不反映严格的科学分类体系，机关、企事业单位等排序和层次并不表示其地位和规模。部分条目因内容需要对比，涉及 2013 年度之前的情况。所载省级领导机构成员、省直单位厅级干部截至 2013 年 12 月 31 日；市、县（市、区）主要领导人放在所属市、县（市、区）之后便于查阅。正文中一些经济数据为快报数据，以统计资料中的数据为准。

六、面积计量单位的使用：记述农业事项仍使用亩，1 亩 = 666.67 平方米，不再括注说明。记载原文时，保留原貌。

目 录

CONTENTS

特 载

在省委十三届七次全体(扩大)会议上的讲话 …… 强 卫 1
在省委十三届八次全体会议结束时的讲话 …… 强 卫 8
政府工作报告 …… 鹿心社 13

大 事 记

1 月 …… 19
2 月 …… 19
3 月 …… 20
4 月 …… 21
5 月 …… 21
6 月 …… 23
7 月 …… 24
8 月 …… 25
9 月 …… 27
10 月 …… 28
11 月 …… 28
12 月 …… 30

专 记

江西省第一批党的群众路线教育实践活动纪略 …… 31
全省农业农村经济实现“三个超历史”发展纪略 …… 34

江西概览

自然环境 …… 35
区域位置
地势地貌
山河湖泊
土地资源
矿产资源
能源资源
生物资源
国家级风景名胜区 …… 35
庐山风景名胜区
井冈山风景名胜区
三清山风景名胜区
龙虎山风景名胜区
龟峰风景名胜区
仙女湖风景名胜区
三百山风景名胜区
云居山—柘林湖风景名胜区
高岭—瑶里风景名胜区
武功山风景名胜区
梅岭—滕王阁风景名胜区
灵山风景名胜区
神农源风景名胜区
大茅山风景名胜区
历史沿革 …… 36
概 况
2013 年人口发展状况 …… 38
概 况
人口总量持续低速稳定增长
人口性别结构更趋合理
人口城镇化水平继续提升
人口受教育程度进一步提高
劳动年龄人口比重出现下降态势
家庭户规模继续缩小
人口老龄化速度加快
环境质量 …… 38
概 况
水环境
大气环境
声环境
气候状况 …… 39

概　况
主要气象灾害及影响
气候影响专题评价
2013 年体制改革 …… 40
行政审批制度改革快速推进
医药卫生体制改革取得成效
投融资体制改革不断深化
国有企业改革取得重大进展
集体林权制度配套改革深入推进
国有林场改革全面启动
财税体制改革扎实推进
资源性产品价格改革全面推进
2013 年国民经济和社会发展状况 …… 41
概　况
农　业
工业和建筑业
固定资产投资
国内贸易
对外经济
交通、邮电和旅游
财政、金融和保险业
教育和科学技术
文化、卫生和体育
人民生活和社会保障
资源、环境与安全生产
2013 年精神文明建设 …… 43
概　况
切实推进社会主义核心价值体系建设
深入开展群众性精神文明创建活动
扎实推进未成年人思想道德建设

中国共产党江西省委员会

综　述 …… 45
重要会议 …… 46
省委十三届七次全体(扩大)会议
省委十三届八次全体会议
重要决策 …… 47
印发《党内法规和规范性文件清理工作实施方案》的通知
制定《关于加快农业农村转型发展推进城乡一体化的若干意见》
印发《江西省贯彻〈关于加强新形势下发展党员和党员管理工作的意见〉的实施意见》的通知
转发《省落实党风廉政建设责任制暨惩治和预防腐败体系建设工作领导小组关于开展党风廉政建设社会评价工作的意见》的通知
制定《关于全面推进农村扶贫帮扶到户工作的意见》
制定《关于深入开展党的群众路线教育实践活动的意见》
制定《关于加快百强中心镇建设推进镇村联动发展的意见》
印发《2013 年度市县科学发展综合考核评价实施意见》的通知
批转《省委办公厅、省委宣传部、省委组织部关于深入学习贯彻习近平总书记系列讲话精神的意见》
制定《关于推进旅游强省建设的意见》
制定《关于加强扶贫攻坚促进小康提速的意见》
制定《关于大力促进非公有制经济更好更快发展的意见》
印发《关于加强新形势下意识形态和宣传思想工作的意见》
制定《关于进一步加快县域经济发展的若干意见》
制定《贯彻落实〈中共中央关于全面深化改革若干重大问题的决定〉的实施意见》
制定《关于严格控制和规范党政机关检查考核评比达标表彰活动的意见》
督查工作 …… 48
省委领导抓督查落实
配合中央在赣开展督查活动
开展决策督查工作
开展督查调研工作
开展领导批件督办工作
政策研究 …… 49
概　况
起草省委重要文件
撰写省委重要文稿
组织开展重大课题调研
开创性地组织开展“走报”活动
组织工作 …… 50
概　况
开展第一批党的群众路线教育实践活动
开展学习贯彻党的十八大、十八届三中全会和习近平总书记系列讲话精神的集中轮训
宣传工作 …… 52
概　况
召开全省宣传思想工作会议
开展中国梦主题宣传教育活动
推出全国先进典型龚全珍
开展领导干部网络听诉问政在线访谈活动
推动主流媒体战略转型
统战工作 …… 53
概　况
党外代表人士队伍建设实现新突破
统一战线“同心”品牌实现新提升
统战性社团建设实现新拓展
政法和综治工作 …… 55
概　况
综治工作信息化建设取得新成效
社会稳定风险评估进一步规范化
组织专项整改领导干部干预司法问题

出台《江西省政法干警执法办案“八不准”》
农村工作 …… 56
概 况
召开全省农村工作会议
江西一村一名大学生工程稳步推进
开展农村信息化建设
社会主义新农村建设工作 …… 57
概 况
召开全省镇村联动建设发展现场推进会
全省镇村联动建设发展工作座谈会在九江召开
机关党的建设 …… 58
概 况
举行省直机关为民务实清廉先进典型事迹报告会
机关党建创新实践暨《中直党建》信息工作交流会在井冈山召开
成立省直机关困难党员救助基金会
高校党建工作 …… 59
概 况
广泛开展党的十八大和中国梦学习教育活动
召开第二十次全省高校党建工作会议
推进高层次人才队伍建设
加强大学生党员发展和管理服务工作
领导干部培训 …… 60
概 况
举行领导干部公共管理中美培训交流合作10周年纪念会
举办全省学习贯彻省委十三届七次全体(扩大)会议精神专题研讨班
举办全省党校系统综治(维稳)干部业务培训班
举办全省学习贯彻党的十八届三中全会精神专题研讨班
举办全省党校系统学习贯彻习近平总书记系列讲话和十八届三中全会精神师资培训班
举办全省县级党校(行政学校)新任校长培训班
举办第一期全省市厅级干部学习贯彻习近平总书记系列讲话精神研讨班
信访工作 …… 61
概 况
开展党的群众路线教育实践活动
全力化解信访突出问题
开展两个专项治理活动
组织六大信访问题专题调研
建立健全信访工作机制
老干部工作 …… 62
概 况
举办全省离退休干部全国“两会”精神传达和形势报告会
开通江西省离退休干部“两项建设”手机平台
开展“看变化,促发展”参观考察活动
党史工作 …… 63
概 况
出版《中央革命根据地历史资料文库·政权系统》
开展纪念毛泽东诞辰120周年系列活动

江西省人民代表大会常务委员会

综 述 …… 65
重要会议 …… 65
省十二届人大一次会议
省十二届人大二次会议
省十二届人大常委会会议
地方立法工作 …… 67
概 况
监督工作 …… 67
概 况
积极回应人民群众普遍关心的问题
转变监督方法
决定重大事项 …… 68
关于调整江西省第十二届人民代表大会第一次会议召开时间的决定
关于召开江西省第十二届人民代表大会第二次会议的决定
关于批准2013年省级公共财政预算调整方案的决议
关于批准2012年省级决算的决议
关于召开江西省第十二届人民代表大会第三次会议的决定
选举和任免 …… 69
概 况
代表工作 …… 70
概 况
组织代表开展专题调研和视察
强化代表服务保障
·资 料·
2013年江西省地方性法规

江西省人民政府

综 述 …… 72
重要会议 …… 73
省政府全体会议
省政府常务会议
办理人大代表建议和政协委员提案 …… 74
概 况
办理建议提案与工作职能相结合
法制建设 …… 75
概 况
为省委、省政府的中心工作建言献策
开展卓越法律人才教育培养基地骨干教师实践锻炼活动
·资 料·

2013 年江西省政府规章
财政预决算 …… 77
概 况
发展研究与决策咨询 …… 78
概 况
完成年度课题任务
多项成果得到省领导批示
参加政策咨询、论证活动
开展加快电子商务发展的专题调研
开展“两区”融合、“两化”互动的专题调研
开展江西省民营经济相关课题的专题调研
召开“南昌、九江、宜春、抚州四市区域合作决策咨询暨首届协商会”
人事管理 …… 79
概 况
“一村一品”工作取得新成绩
江西博士后工作实现新突破
“万名专家下基层,部省专家在行动”启动仪式在九江举行
首次举办赣港人才交流活动
开展规范清理评比达标表彰活动
加大基层一线公务员考录选拔力度
选派第八批援疆干部人才
民族宗教工作 …… 82
概 况
召开全省民族宗教工作会议
举办全省民族宗教事务依法行政培训班
大力发展民族教育事业
举行全省宗教界“宗教慈善周”活动
召开全省城市民族工作经验交流会
进一步规范变更、更正民族成分
召开省道教协会第三次代表会议
一批宗教场所和宗教人士获全国先进集体和先进个人称号
政府采购 …… 83
概 况
加大代理机构人员培训力度

中国人民政治协商会议江西省委员会

综 述 …… 85
重要会议 …… 86
十一届一次会议
十届二十七次常委会议
十一届一次常委会议
十一届二次常委会议
十一届三次常委会议
重要活动 …… 86
举办新任省政协委员培训班
举行各界人士中秋茶话会
举办首届江西省海峡两岸自行车联谊赛暨第六届泛长珠闽国际自行车挑战赛
澳门特别行政区全国政协委员考察团在赣考察
省政协委员视察团赴赣州视察
调查研究 …… 87
关于大力推进富裕和谐秀美乡村建设的调研
关于推进医药卫生体制改革的调研
关于深化教育体制改革的调研
关于体育事业发展与改革的调研
关于加快发展现代服务业的调研
关于江西省产能过剩情况的调研

中国共产党江西省纪律检查委员会

综 述 …… 89
重要会议 …… 89
召开省纪委十三届三次全体会议
廉政建设 …… 90
概 况
制度建设 …… 91
印发《江西省纪委监察厅领导班子关于改进工作作风的实施办法》
制定《关于省纪委省监察厅派驻机构履行监督职责的实施意见》
出台《关于加强党员领导干部信访谈话工作的实施办法》
出台《中共江西省纪委关于深入学习贯彻省委十三届七次全会精神的意见》
出台《中共江西省纪委党风廉政建设工作约谈制度(试行)》
行政监察 …… 92
概 况

民主党派

中国国民党革命委员会江西省委员会 …… 93
概 况
开展纪念江西民革成立 60 周年系列活动
民革中央到江西开展专题调研
召开纪念“湖口起义”100 周年座谈会
中国民主同盟江西省委员会 …… 94
概 况
民盟中央调研组到江西调研思想宣传工作
举行民盟江西省第十三届委员会第二次全体会议

盟员章金媛获第四届中国助人为乐道德模范提名奖
举行纪念中共中央“五一口号”发布 65 周年座谈会
开展“促进汽车产业发展升级”课题调研
举办全省盟务专干培训班
参加民盟华东六省一市盟务工作会议
中国民主建国会江西省委员会 …… 95
概 况
江西省中华职业教育社成立大会在南昌举行
积极参与统一战线大调研
民建会员立足本职岗位建功立业
中国民主促进会江西省委员会 …… 96
概 况
发起“1% 工程”关爱贫困学子行动
发起“1% 工程”百万册图书送农村活动
中国农工民主党江西省委员会 …… 98
概 况
开展“加大土壤污染防治力度,促进土壤可持续利用”课题调研
开展“中国环境与健康宣传周”活动
举行“国际科学与和平周”医疗义诊活动
开展扶贫帮困工作
支援四川芦山地震灾区抗震救灾工作
九三学社江西省委员会 …… 98
概 况
召开九三学社江西省七届二次全委扩大会议
开展综治宣传与服务进社区活动
召开企业家联谊会第二次会员大会
联合开展第 25 届国际科学与和平周活动
成立江西省欧美同学会・江西省留学人员联谊会

人民团体

江西省总工会 …… 100
概 况
“中国梦・劳动美”主题宣传活动现场推进会在宜丰召开
召开全省庆“五一”暨为建设富裕和谐秀美江西建功立业推进大会
召开省总工会十二届八次委员(扩大)会议
召开江西省工会第十三次代表大会
召开省总工会十三届一次全体委员会议
召开省政府与省总工会第 12 次联席座谈会议
开展金秋助学活动
召开全省工会工作流动现场会
共青团江西省委 …… 102
概 况
召开团省委十四届七次全会
设立“雷锋基金”
举办唱响“中国梦・我的梦”江西首届青年原创歌曲音乐会
召开江西省第十五次团代会
开展“红领巾相约中国梦”——“为爱留守,花漾满屋”关爱农民工子女主题队日活动
召开“学习龚全珍、争当青年友”党的群众路线教育实践活动研讨会
深入开展“走进青年、转变作风、改进工作”大调研活动
举办全省团干部“传承井冈精神 践行群众路线”千人井冈山主题培训
举办江西省网络团建和新媒体研讨班
江西省妇女联合会 …… 104
概 况
召开江西省妇女第十一次代表大会
签署《泛珠三角区域妇女发展合作协议》
成立江西省妇女儿童发展基金会
东方女报社创新建设全国首个女性数据库
江西省工商业联合会 …… 106
概 况
召开市县工商联非公经济跨越发展调研座谈会
召开全省工商联基层组织建设现场推进会
召开省民营企业诚信合规经营研讨会
成立省工商联直属会员商会、省民营企业投资商会
承办“中国光彩事业赣南行”活动
成立江西省民营经济研究会
召开全省促进非公经济发展座谈会
江西省文学艺术界联合会 …… 107
概 况
多部文学艺术作品在全国范围内获奖
完成 2013 中国文联“百花迎春”江西节目演出任务
推进“八一起艺”文艺创作工程
举办第六届中部六省曲艺大赛
举办全国“山花奖”民间灯彩大赛
举办首届“汤显祖戏剧奖・小戏小品奖”大赛
举办全国首届“王安石奖”书法作品展、“陶渊明奖”书法作品展
举办 2013 江西谷雨诗会
举办江西省优秀文学剧本、长篇小说、歌曲征集评选
举办江西省文艺创作人才研修班
举办全省 80 后作家改稿会
完成五个协会的换届工作
江西省社会科学界联合会 …… 109
概 况
召开全省社联系统工作交流会
召开江西省第八次社会科学工作者代表大会
江西省科学技术协会 …… 110
概 况
第十三届世界芦笋大会暨南昌国际芦笋产业展览会在南昌举办
举办第七届两岸四地大学生科技文化夏令营活动
开展“百会千名专家下基层”活动
举办江西科协系列学术沙龙与学术研讨会
举行 2013 年“远航工程”起航仪式
开展科学道德和学风建设宣讲教育活动

开展2013年科协会员日活动
江西省归国华侨联合会 …… 111
概　况
召开江西省第七次归侨侨眷代表大会
成立江西省侨联文化艺术交流协会
组织侨商与铜鼓县企业开展合作
开展送信息和法律服务进侨场活动
举办“魏基成天籁列车”爱心助残江西行公益活动
江西省台湾同胞联谊会 …… 112
概　况
召开江西省第八次台湾同胞代表大会
举办2013年全国台联台胞青年千人夏令营江西分营活动
江西省残疾人联合会 …… 113
概　况
召开省残疾人联合会第六次代表大会
出台《江西省残疾人保障条例》
省政协社会福利与社会保障界别部分委员视察残疾人就业工作
建立低保对象残疾人护理补贴制度
江西省红十字会 …… 114
概　况
健全法规制度体系
参与芦山地震救援

军　　事

江西省军区 …… 115
概　况
召开省军区党委第一书记任职大会
组织军师团三级练将练官考核
保障南京军区新进师班子成员和旅团主官集训
举行南京军区“联学创新理论、联创先进组织、联建文明建设”活动启动仪式
组织鄱阳湖地区实地勘察
民兵武器装备管理模式调整改革
召开驻赣部队警备工作联席电视电话会议
组织军地应急通信联演联训
启动省军区党史军史七项重大编纂任务
协助军队院校和地方普通高校做好招收应届高中毕业生工作
推进军转安置工作
换发“2012式”军车号牌
开展违规住房问题专项治理工作
武警江西省总队 …… 117
概　况
铲除机场跑道冰雪
成功抓捕嫌犯解救人质
南丰特大交通事故救援
组织特战分队反恐对抗竞赛
组织实兵对抗演练
李进明荣立一等功
消防部队 …… 118
概　况
实施“2·6”事故救援
实施“6·3”爆炸事故救援
扑救“8·8”火灾
扑救“10·14”火灾
人民防空 …… 118
概　况
参加训练比武竞赛取得优异成绩
中央电视台拍摄人防专题片《神奇的网络》
开展人防易地建设费专项审计活动
开放人防工程供百姓避暑纳凉
举办全省人防办主任培训班

法　　治

公　安 …… 120
概　况
推进法治江西建设
夯实基层基础工作
完善治安防控体系
检　察 …… 121
概　况
出台《江西省人民检察院关于民事行政检察部门与控告申诉检察部门、案件管理部门办理民事检察案件加强协作配合的暂行规定》
制定印发《江西省检察机关执法办案责任暂行规定》
出台《江西省人民检察院关于案例指导工作的规定》
第三届中国检察基础理论论坛在井冈山召开
省检察院直接立案侦查邓经国涉嫌受贿案
查办全省农机系统涉嫌滥用职权窝串案
审　判 …… 123
概　况
成立专家咨询委员会
出台《关于适用小额诉讼程序审理民事案件相关问题的指导意见(试行)》
昌九公司诉江西国控、赣州工投拖欠改制资金案
姜根里特大恶性杀人案
孙根荣诉冯绍锦侵害复制权、发行权纠纷案
司法行政 …… 125
概　况
举行2012年度“江西十大法治人物”颁奖仪式
第27期中法公证法律专题讲座在南昌举行
《金牌调解》栏目组首次开展外采活动
启动全省第二届刑释解教人员巡回报告会
出台《江西省法律援助条例》

港澳台事务

港澳事务……127
概 况
2013 年赣港经贸合作活动在香港举行
世界江西同乡会首届年会在香港举行
台湾事务……127
概 况
第十一届赣台经贸文化合作交流大会和第六届海峡两岸客家高峰论坛在赣州举行
2013 年海峡媒体峰会在井冈山举行

外事侨务

外事工作……129
概 况
2013 年中联部“理解与合作”对话活动在江西举行
开展江西省与日本岐阜县结好 25 周年系列活动
华侨事务……130
概 况
开展“知侨情、暖侨心、解侨困”主题年活动
出台《江西省贯彻〈华侨回国定居办理工作规定〉实施办法》
全国华侨农场改革发展工作交流会在南昌召开

国家区域发展战略

鄱阳湖生态经济区建设……131
概 况
推进昌九一体化
共青先导区建设进展顺利
南昌临空经济区建设开局良好
发展壮大板块经济
加强生态环保工作
加快建设基础设施
实施省部合作
完善鄱阳湖生态经济区建设政策体系
不断加大协调力度
省直部门加大支持力度
赣南等原中央苏区振兴发展……132
概 况
大力推进基础设施建设
全面启动中央国家机关对口支援工作
加快落实国家扶持政策
启动实施一批试点示范工作
编制振兴发展规划方案
加强苏区振兴工作组织领导和协调
罗霄山片区区域发展与扶贫攻坚……133
概 况
完善扶贫攻坚协调机制
编制印发《江西省罗霄山片区区域发展与扶贫攻坚实施规划(2011—2015 年)》
实施中央国家机关对口支援工作
大力实施整村推进和危房改造
支持扶贫优势主导产业发展
支持移民搬迁扶贫
改革贫困劳动力转移培训方式
教育、农业、卫生等部门开展专项规划和扶持
加强基础设施建设

农 业

综 述……135
种植业……135
概 况
强化粮食生产科技支撑
建设园艺作物标准化基地
茶产业……136
概 况
开拓茶叶市场
林 业……137
概 况
江西省森林公安局获全国森林公安工作考评第一名
建成首个竹木企业集装箱国检区
竹雕“中华龙”成功申报吉尼斯世界纪录
畜牧业……139
概 况
畜产品外销实现突破
水产业……140
概 况
加强健康养殖
保护渔业资源
农 垦……140
概 况
打造中国棚改·江西农垦样板
35 万农垦人圆安居梦
农垦旅游业提挡升级
绿色食品……141
概 况
在多个食品专业展会获奖
花卉业……141
概 况
花事活动声色渐起
农业机械化……142
概 况

农机安全生产形势稳定好转
农业综合开发 …… 142
概　况
强化项目和资金管理
科教兴农 …… 143
概　况
加强科研项目申报与管理
扶贫开发和水库移民 …… 144
概　况
推进四项专项扶贫改革
召开全国扶贫搬迁工作交流研讨会

工　业

综　述 …… 145
煤炭工业 …… 146
概　况
全面排查治理煤矿隐患
创新和加强煤炭行业监管工作
电力工业 …… 147
概　况
提高能源利用效率
钢铁工业 …… 147
概　况
提高优势产品市场占有率
有色金属工业 …… 148
概　况
推进重点产业发展
机械工业 …… 148
概　况
两大汽车整车企业产销量一升一降
产业集群发展良好
国防工业 …… 149
概　况
完成省属军工企业领导人员安置工作
举行C919大型客机部段装配开铆仪式
北汽成功重组昌河汽车
轻工业 …… 150
概　况
轻工产业基地建设集聚效应明显
陶瓷工业 …… 150
概　况
开展首届省陶瓷艺术大师评审工作
举行2013景德镇国际陶瓷博览会
江西省陶瓷行业相关人员获中国陶瓷工业协会表彰
石化工业 …… 151
概　况
引进和建设一批重大项目
纺织工业 …… 152
概　况
启动服装创意产业园建设
推进服装行业品牌建设
建材工业 …… 153
概　况
推进重大建材项目建设
医药工业 …… 153
概　况
提升产业集中度
食品工业 …… 154
概　况
创优工作成效显著
烟草业 …… 155
概　况
加强烟草科技研发
建设现代零售终端
开展物资采购工作重要信息“必须公开”试点工作

非公有制经济

综　述 …… 156
外商、中国港澳台商投资企业 …… 157
概　况
外商、中国港澳台商投资企业发展多样化
个体私营经济 …… 158
概　况
支持农民专业合作社联合社发展
大力发展家庭农场

信息化建设

综　述 …… 159
信息基础设施 …… 160
概　况
信息技术应用 …… 160
概　况
升级“三台合一”接处警系统
开创政银企网络化对接模式
研发江西省交通建设工程民工工资管理信息系统
全面推广应用网络发票
高安市启动人脸识别社保验证系统
电子信息制造业 …… 161
概　况
组织参加首届中国电子信息博览会
举办江西(吉安)电子信息暨绿色食品产业现场推进会
电子信息和软件服务业 …… 161
概　况
产业集群不断壮大
电子政务 …… 162

概　况
电子政务公共平台建设和应用初见成效
无线电管理……162
概　况
助力信息通信企业发展
信息安全……163
概　况
完善信息安全政策法规建设
邮　政……163
概　况
召开中国邮政集团工会江西省第一次代表大会
召开党报党刊发行工作视频会议
举办《琴棋书画》陶瓷材质邮票珍藏册发布会
举办《毛泽东同志诞生120周年瓷邮珍藏》集邮册发布会
通　信……164
概　况
贯彻落实光纤到户两项国家标准
大力支持赣南原中央苏区加快通信发展
启动电话用户真实身份信息登记和用户信息保护工作
举办“畅通—2013”军地联合通信应急演练
互联网……165
概　况
加强互联网公共环境治理
举办中国互联网大会春华系列论坛

园区经济

综　述……166
南昌高新技术产业开发区……167
概　况
ACT国际控股大中华总部落户南昌高新区
南昌国家高新技术产业集群标准化示范基地通过验收
开通艾溪湖绿道
华润集团综合体项目签约
中节能晶和照明公司研制出LED百变路灯新品
承办2013年创新中药及植物药国际高峰论坛
新余高新技术产业开发区……167
概　况
华电电力螺杆膨胀发电技术开发项目通过验收
首次获选国家文化出口重点企业
金利达药品交易网建成运营
江西青春康源医药产业基地项目开工
赣锋锂业入选“国家火炬计划重点高新技术企业”
景德镇高新技术产业开发区……168
概　况
“景德镇国家直升机高新技术产业化基地”专家论证会在景德镇召开
召开科技服务高新区企业对接座谈会
景德镇高新区科学技术协会揭牌成立
景德镇直升机产业推进会在景德镇召开
全省第三次促进国家高新区建设工作经验交流会在高新区召开
鹰潭高新技术产业开发区……168
概　况
加大科技创新力度
铜现货交易中心投入使用
五星级劳动保障平台正式启用
赣东北电商谷项目签约
三川股份技术中心被认定为国家级企业技术中心
南昌经济技术开发区……169
概　况
六大主导产业增势平稳
光电产业发展初具规模
举行南昌二中初中部昌北校区揭牌仪式
建立首家博士后工作站
南昌小蓝经济技术开发区……170
概　况
创新企业融资平台
第一个汽车零部件产业园开工
成立小蓝经济技术开发区科学技术协会
小蓝经济开发区产业推介会在深圳举行
九江经济技术开发区……170
概　况
开展“项目百日大会战”活动
瑞智机电产业园签约落户经开区
北汽集团助推昌河汽车九江产业基地发展
赣州经济技术开发区……171
概　况
宝钢集团钢铁工业项目签约落户经开区
入选2013年国家循环化改造示范试点园区
赣州北斗产业园国家北斗产业化应用示范基地项目落户经开区
全国开发区第六届社会发展年会在经开区举行
获批创建“国家高新技术产业标准化示范区”
井冈山经济技术开发区……171
概　况
国际金融公司与江西天人生态股份有限公司举行投资协议签约仪式
全国首家林业有害生物防治创新型无公害产品示范基地落户经开区
首个国家级印刷包装产业基地破土动工
江西中烟井冈山卷烟厂年产30万大箱卷烟易地技改项目在经开区开工奠基
上饶经济技术开发区……172
概　况
全力支持上饶经济技术开发区做大做强动员大会在经开区召开
组建14支招商小分队外出招商
投资30亿元光学项目落户经开区
经开区百家企业享受融资超市“一站式”服务
萍乡经济技术开发区……172

概　况
实施大项目带动战略
科技创新取得新突破
城市建设稳步推进
宜春经济技术开发区 …… 173
概　况
加大领导挂点帮扶力度
注重创新社会管理
龙南经济技术开发区 …… 173
概　况
初步形成“一心两环三轴五组团”建设格局
建立安商服务机制
瑞金经济技术开发区 …… 173
概　况
“三大产业”初步形成
南昌出口加工区 …… 173
概　况
LED液晶显示屏模组生产项目落户出口加工区
黄金珠宝加工生产项目落户出口加工区
赣州出口加工区 …… 174
概　况
强化产业链招商
九江出口加工区 …… 174
概　况
积极创建生态园区
首家保税物流园项目落户出口加工区
总投资2.35亿元九园路公租房二期项目开工
井冈山出口加工区 …… 174
概　况
井冈山出口加工区通过国家验收
北极光科技照明项目投产
·资　料·
全省工业园区(开发区)一览

旅 游 业

综　述 …… 176
景区建设 …… 176
概　况
推进精品旅游景区创建
推进乡村旅游发展
打造一批新品牌景点
推进文化旅游融合发展
加强旅游区域合作
举办2013江西旅游商品展销会
市场促销 …… 177
概　况
举办“Show美江西·风景独好”全球海选旅游体验师活动
举办第三次全省旅游景区免票月活动
开展系列宣传营销活动
大力开拓境外客源市场
行业管理 …… 178
概　况
开展《中华人民共和国旅游法》宣传贯彻工作
加快推进旅游标准化建设
开展旅游信息化服务工作
开办“江西省金牌讲解班”
开展旅游扶贫工作
风景名胜区 …… 179
概　况
组织开展井冈山申报世界“双遗产”工作
风景名胜区申报取得突破
规划编制报批工作成效显著
推进风景名胜区法制化规范化管理
·资　料·
江西省省级风景名胜区基本情况

国内贸易

综　述 …… 181
市场秩序建设 …… 182
加强生猪屠宰管理
推进肉菜流通追溯体系建设
整治零售商向供应商违规收费行为
推进打击侵权和制售假冒伪劣商品工作
加强商务领域信用建设
加强药品流通行业管理
市场体系建设 …… 182
“万村千乡市场工程”实现全覆盖
农家店信息化改造全国领先
联合采购、统一配送取得实质性进展
开展农产品现代流通综合试点和西果东送试点
升级改造农产品批发市场
开展蔬菜直销店建设试点
引导城市商贸综合体规划建设
推进城区标准化菜市场建设
召开全省商贸流通工作流动现场会
商贸服务管理 …… 183
推动商贸物流发展
推动再生资源回收体系建设
做好商贸流通业统计工作
推动特色商业街发展
实施“振兴老字号”工程
开展中小商贸流通企业服务体系建设试点
开展家政服务体系建设
餐饮产业探底回暖
规范特殊行业管理
市场运行调节 …… 184
提升市场运行监测和预测预警水平

增强市场应急保供能力
建立健全促进消费的长效机制
扩大省产品销售
加强酒类管理
进一步规范成品油行业管理
加强茧丝绸行业管理
加强商贸流通领域安全生产管理
粮油贸易 …… 185
概　况
启动“危仓老库”修复工作
进一步加强政策扶持力度
明确粮食流通产业发展思路
完成6万套农户科学储粮仓的采购和发放工作
维护粮食市场价格基本稳定
供销合作 …… 186
概　况
巩固农村流通主导地位
加快推进基层供销合作社组织建设
不断做大做强社有企业
项目支撑带动作用凸显
联合合作取得新突破
逐步扩大社会化服务规模

对外贸易与经济合作

综　述 …… 188
商品进出口贸易 …… 189
概　况
参加华交会
参加广交会
外贸经营主体实现突破
培育外贸转型升级示范基地
推进加工贸易转型升级
创新出口品牌培育机制
鼓励企业通过电子商务开拓市场
完善境外参展扶持政策
推进国际营销网络建设
·资　料·
2013年江西省主要出口市场情况
服务贸易 …… 190
概　况
促进服务外包发展
推动文化出口企业做大做强
组织企业参加中国国际服务贸易交易会
建立服务贸易和服务外包重点企业监测运行机制
利用外资 …… 191
概　况
召开全省开放型经济工作会议
开展“访百家外企促增资活动”
·资　料·
2013年江西省利用外资分行业比重
国际经济合作 …… 192
概　况
对外投资转型升级
进一步健全对外劳务合作公共服务体系
对外经济技术援助较快发展
对外承包工程和投资实现新突破
加大境外安全管理工作力度
省际招商引资 …… 193
概　况
开展重大招商引资活动
强力推进新一轮央企入赣工程
强化项目调度推进和管理
举办江西省与北京市国有企业对接洽谈会
举办国务院国资委与江西省政府合作备忘录签字仪式暨央企入赣投资合作洽谈会
举办江西省政府与中国国际商会合作备忘录暨中国国际商会高端会员投资江西合作协议签字仪式
举办2013江西（樟树）投资推介会暨项目签约仪式
区域经济合作 …… 195
概　况
推进对口支援三峡库区武隆县
开展经贸援疆工作
落实西部大开发政策
加强与西部省份之间的产业对接
推进商（协）会建设
参加第八届中国中部投资贸易博览会
参加第九届泛珠三角区域合作经贸洽谈会

就业与再就业

综　述 …… 196
公共就业服务 …… 197
进一步完善公共就业服务体系
召开全省就业形势分析会
开展春风行动、就业援助月等专项活动
开展“转作风、进园区、强服务”主题实践活动
联合中央电视台第七频道开办“榜样到身边”创业峰会
加大小额贷款扶持创业就业力度
加大人力资源市场建设和管理力度
大学生就业 …… 198
发放高校毕业生求职补贴
开展离校未就业高校毕业生实名登记
实施离校未就业高校毕业生就业促进计划
选拔招募高校毕业生到农村基层支教支医支农扶贫
开展高校毕业生就业服务月活动
开展高校毕业生网络招聘月活动
宣传高校毕业生就业政策

社会保障

综　述…………………………………………199
养老保险……………………………………200
提高企业退休人员基本养老金水平
提高未参保城镇大集体企业退休人员等养老生活补助标准
完善在职参保人员因病或非因工死亡有关待遇政策
贯彻落实个体工商户、灵活就业人员缴费基数调整等政策
完成城乡居民养老保险参保任务
开展新老农保制度衔接工作
被征地农民社会保障取得突破
不断完善城乡居民社会养老保险基金监管机制
医疗工伤生育保险……………………………201
稳步提高居民医保筹资待遇水平
健全完善城镇居民大病保险制度
全面落实困难企业职工医保政策
加强医疗保险定点机构监管
积极实施重特大疾病救治
大力推进医药卫生体制改革工作
出台《江西省实施〈工伤保险条例〉办法》
调整伤残津贴等定期待遇
进一步明确工伤认定和劳动能力鉴定管辖权限
事业单位全面纳入工伤保险参保范围
社会保险基金管理……………………………202
加强基金监督制度建设
启动社会保险基金监督软件运行
开展民生资金、社保基金检查
开展医疗保险基金反欺诈试点工作
启动冒领养老、工伤待遇核查工作

交通运输

公　路…………………………………………203
概　况
九江长江二桥建成通车
井睦高速公路建成通车
运输企业向规模化发展
客运班线班次经营逐步转型升级
宜春市货运产业呈现集约化、规模化发展态势
抚州市70岁以上老人坐公交车享受乘车保险
东乡县物流业发展迅速
铁　路…………………………………………204
概　况
不断增强发展实力
提高运输业劳动生产率
非运输企业经营收入增加
综合能耗降低
污染物排放量下降
向莆铁路开通运营
九景衢铁路江西有限责任公司成立
九景衢铁路开工
武九客运专线开工
民　航…………………………………………206
概　况
旅客吞吐量首破800万人次
进一步优化航线网络
持续提升安全服务品质
省政府审议通过《江西省民用运输机场管理办法》
赣州机场扩建工程总体规划获批
宜春明月山机场建成通航
签订城市候机楼共建合作协议
水　路…………………………………………207
概　况
石虎塘航电枢纽下水闸试蓄水成功
石虎塘航电枢纽项目建成运行
赣江门楼里滩河段碍航石块全部打捞清除
南昌港集装箱吞吐量再创新高
江西第一条海底电缆项目开工建设
上饶首艘“油改气”混合动力船试验取得成功
全省首艘装配风光互补供电系统趸船建造成功
新余“赣海巡906”船顺利下水

金　融

综　述…………………………………………209
银行业监管……………………………………209
概　况
重点领域风险防控取得实效
加速推进银行业改革转型
提升民生金融服务水平
进一步加强银行业消费者权益保护
金融服务………………………………………210
概　况
调整信贷结构
推动直接融资及人民币结算业务发展
提升反洗钱监管效果
大力推进支付体系建设
进一步加强人民币管理工作
不断夯实国库服务基础
拓展金融IC卡应用范围
外汇管理………………………………………211
概　况
促进贸易投资便利化
防范异常跨境资金流动
推进外汇管理转型

进一步优化外汇服务
保险业监管 …… 212
概 况
发展“三农”保险
支持出口信用保险
健全社会保障补充保险体系
引导保险资金支持基础设施建设
整顿规范保险业市场秩序
切实保护保险消费者利益
严密防范保险市场风险
支持鼓励保险创新
营造保险业良好法制发展环境
证券期货 …… 214
概 况
推动上市公司加快发展
加强现金分红监管
抓好拟上市公司相关工作
推进“新三板”扩容准备工作
促进省内企业丰富融资方式
推进区域性股权市场建设
规范证券经营机构发展
推动期货市场发展
保护投资者合法权益

财政税收

财政管理 …… 215
概 况
加大财政调控力度
提高民生保障水平
提高财政管理水平
构建财政大监督格局
国家税收 …… 216
概 况
服务地方经济发展
推进“营改增”改革试点
加强税收法治建设
不断夯实征管基础
减轻纳税人及基层负担
打击涉税违法犯罪
开展“三清三察三审”活动
地方税收 …… 217
概 况
加大税收优惠政策落实力度
坚持依法治税
推进征管改革
优化纳税服务
加大纳税业务创新力度

经济管理与监督

综合管理与宏观调控 …… 219
概 况
深入推进重大区域战略
深化改革开放
着力抓项目争资金
加快推进经济结构调整
切实保障和改善民生
重点工程建设 …… 220
概 况
计划建成投产项目达到预期目标
续建项目工程进度加快
137 个新项目开工
全力做好项目协调推进
调整提高省重点工程征迁补偿标准
严格监督项目招标投标
支持省属建材企业发展
重视项目安全生产工作
加强项目信息调度
国有资产管理 …… 221
概 况
不断创新国资监管工作
优化企业布局
拓展开放型经济
设区市国资监管工作涌现新亮点
安全生产监管 …… 222
概 况
强化安全生产责任落实
着力治理安全隐患
开展安全生产专项整治
加强安全生产宣传教育培训工作
提升安全保障水平
加强职业卫生监管
加强监管效能建设
煤矿安全监察 …… 223
概 况
宣贯落实《煤矿矿长保护矿工生命安全七条规定》
开展煤矿安全生产大检查
深化煤矿安全专项治理
强化依法治安
价格管理 …… 224
概 况
保持价格总水平基本稳定
进一步降低流通费用
加强价费治理
抓重点领域价格改革
杠杆调节促节能减排
加强价格监管

劳动管理 …… 225
概　况
出台《关于进一步规范国有企业负责人薪酬管理的意见》
开展和谐劳动关系创建活动
开展规范劳务派遣专项行动
推进和谐劳动关系综合试验区建设
印发《关于建立健全保障农民工工资支付工作责任制的通知》
组织开展农民工工资支付情况专项检查活动
开展清理整顿人力资源市场秩序专项行动
开展用人单位遵守劳动用工和社会保险法律法规情况专项检查
提升调解仲裁工作效能
劳动人事争议裁审衔接工作取得实质进展
工商行政管理 …… 226
概　况
规范市场竞争秩序
营造良好消费环境
推动商标战略深入实施
强化农资市场监管
举行 2013 年江西(南昌)3·15 国际消费者权益日宣传咨询服务活动
开展 2013 年江西省著名商标认定工作
质量技术监督 …… 228
概　况
召开特种设备安全监察会议
加强特种设备安全监察
质量兴省工作取得新成绩
加快名牌带动工程步伐
加强食品生产安全监管
国土资源管理 …… 229
概　况
完成 2012 年度土地变更调查工作
加强国有建设用地监管
开展耕地保护责任目标考核
落实耕地占补平衡制度
加大省级耕地占补平衡指标调剂库统筹力度
完成农村土地整治示范建设任务
完成高标准基本农田年度建设任务
开展土地整理工作
注重土地整治宣传工作
推进农村集体土地所有权确权登记发证工作
推进地质找矿工作
丰富地质资料馆藏
加强矿产开发利用管理工作
加强地质环境项目管理
加强地质灾害防治
查处国土资源违法违规行为
国土资源节约集约模范县创建工作成效显著
举行地质灾害综合应急演练
公开曝光国土资源违法违规案件
赣粤两省联合打击非法采矿
建立全省国土资源“一张图”和综合监管平台
建立数据中心容灾备份系统
国土资源政务信息网上公开
·资　料·
2013 年主要矿产品产量增减变化
食品药品监管 …… 233
概　况
创建全国食品药品安全示范区
完成省级食品药品监管体制改革
开展医疗器械注册专项整治
发布《江西省〈医疗器械经营企业许可证管理办法〉实施细则(试行)》
加强药品广告和互联网药品信息监管
加快食品药品监管信息化建设
实行餐饮服务食品安全量化分级管理
开展食品安全“护校行动”
饺子皮非法添加案
“舒筋健腰丸”假药案
生产销售有毒有害保健食品案
违法销售进口药品案
统计管理 …… 235
概　况
开展经济普查前期准备工作
稳步推进统计改革创新
提升信息监测服务水平
拓展统计新闻宣传范围
加强统计保障能力建设
审计监督 …… 236
概　况
推进审计信息化建设
创新审计管理
审计署统一组织开展对江西省政府性债务审计
开展造林绿化“一大四小”工程建设财政专项资金审计
举办全省审计法律知识竞赛活动
省审计厅与江西财经大学签署战略合作协议
召开省审计学会第五届会员代表大会暨五届一次理事(扩大)会议
口岸管理 …… 238
概　况
建立省口岸协调领导小组协商会议制度
成立江西航空投资有限公司
国际(国内)重点航班航线大幅加密开通
铁海联运五定班列有新的突破
推进水路口岸运输发展
加快推进综合保税区申报
进一步规范口岸作业区建设
深化口岸区域通关合作
加快电子口岸发展
南昌保税物流中心业务量持续增长
·资　料·
2013 年度江西省口岸进出口货运情况

海　关 …… 239
概　况
推动署省建立更加紧密合作机制
深化通关业务改革
推动口岸开放平台建设
推动海关特殊监管区域科学发展
深化“点对点、一对一”服务活动
做好海关统计分析研究
出入境检验检疫 …… 240
概　况
严把进出口商品质量安全关
推动集装箱国检监管区建设
畅通江西鲜活农产品出海通道
主动服务大项目建设
培育江西产品国际竞争力
创新工作举措促外贸稳增长
加强技术保障能力建设

城乡建设

综　述 …… 242
城市规划与建设 …… 243
概　况
完善城镇规划编制体系
高效率完成规划选址工作
提升城乡规划管理水平
开展“城市管理年”活动
启动生态宜居城市创建工作
推进城镇园林绿化工作
城镇污水处理设施建设与管理取得成效
村镇规划与建设 …… 244
概　况
村镇规划编制达到新水平
开展百强中心镇创建工作
完成13.5万户农村危房改造任务
制定《渔民上岸安居工程实施方案》
加大财政支持村镇基础设施建设力度
加强农村住房建设管理
推进对口帮扶项目建设
·资　料·
江西省国家级历史文化名镇名村
建筑业与房地产业 …… 246
概　况
全力扶持建筑业发展
加强建筑业市场监管
加强房地产市场调控
勘察设计与建设科技 …… 247
概　况
转变监管方式
推动绿色建筑发展
创建智慧城市
推广应用建筑节能新产品、新技术

水　利

综　述 …… 248
水利工程建设与管理 …… 248
概　况
水库水闸除险加固工程
中小河流治理工程
1万～5万亩圩堤除险加固工程
完成日元贷款城市防洪工程
开展水库水环境专项整治工作
加快鄱阳湖区二期防洪工程建设
连续4年获全国小农水重点县建设考评优秀
加快农村自来水工程建设
大中型灌区节水改造及规模化节水项目建设
水土保持工程建设
防汛抗旱 …… 249
概　况
完成山洪预警系统建设任务
完成县级抗旱服务队建设
水资源管理 …… 250
概　况
进一步完善最严格水资源管理制度配套政策
实施《江西省取水许可和水资源费征收管理办法》
启动水生态文明建设工作试点
进一步强化水资源保护基础工作
开展节水型社会建设工作
水政监察 …… 251
概　况
加强河道采砂管理
推进水事违法行为入刑研究与指导
地方电力 …… 251
概　况
实施农村水电增效扩容改造
扩大电气化县建设实施范围
实施小水电代燃料工程
扎实做好水能资源规划
开展最小生态流量试点监测工作

自然观测

气　象 …… 252
概　况
人工影响天气工作效益显著
加快气象现代化建设
健全完善现代气象业务体系

强化气象科技支撑
开展气象机构综合改革
实施气象“十二五”规划
水　文…… 253
概　况
首次发布洪水预警
大型湖泊藻类在线监测项目填补国内空白
进一步增强水资源监测服务能力
有效应对突发水污染事件
省政府审议通过《江西省水文管理办法》
水文监测环境保护取得成效
水文测验分析改革有成效
地震工作…… 254
概　况
防震减灾纳入党委政府综合考评体系
中国地震局与江西省政府共建合作
修订《江西省地震应急预案》
全面推进防震减灾三大体系建设
测　绘…… 254
概　况
开展地理国情普查工作
开展数字城市建设
加快推进天地图建设
利用高新设备制作影像图
统一测绘监管
开展国际项目合作
地质勘查…… 256
概　况
省地矿局新挂牌 2 个院士工作站
江西省鄱阳湖生态地质环境学会成立
科技创新成果丰硕
推进央企入赣合作项目取得较大成效
省煤田地质局中煤集团再次进军全球 250 强承包商
江西有色地质勘查局建局 60 周年

环境保护

综　述…… 257
生态环境建设…… 259
概　况
完成第二次全省湿地资源调查
开展首次林业碳汇监测专项调查工作
出台《全省“森林城乡、绿色通道”建设工作考核办法》
粤赣湘桂携手推进南岭生态功能区规划
“森林城乡、绿色通道”建设实行项目化管理
生态环境保护…… 260
概　况
鄱阳湖入选世界七大濒危野生动物栖息地奇观
开展林业植物检疫执法专项行动
开展打击违法运输木材专项统一行动
修订出台《江西省处置重特大森林火灾应急预案》
开展环鄱阳湖候鸟保护骑行活动
举行森林防火综合演练
提升自然保护区建设和管理水平
推进生态示范创建活动
做好农村环境保护工作
加强“五河一湖”及东江源保护区生态保护
初步编制完成生物多样性保护战略与行动计划
·资　料·
江西省国家级和省级湿地公园
江西省国家级和省级森林公园
江西省林业国家级和省级自然保护区
2013 年新增国家级生态乡镇
污染防治…… 274
概　况
重金属污染综合防治进一步加强
加大大气污染防治力度
加强固体(危险)废物监管
开展生产化学品环境情况调查工作
加大强制性清洁生产审核力度
加强企业上市环保核查及重点行业环保核查工作
节能减排…… 275
概　况
抓好重点领域节能
开展节能技术产业化示范和推广应用
开展循环经济试点工作
健全政策法规规划
举办节能宣传周活动
强化污染物减排激励约束机制
加快推进城镇排水管网建设
推进机动车污染防治
推进畜禽养殖业污染减排

教　育

综　述…… 277
基础教育…… 278
概　况
“六严”举措有效规划办学行为
完成学前教育三年行动计划
加强中小学德育工作
加快义务教育均衡发展步伐
深化普通高中特色发展
中小学信息化建设进一步完善
特殊教育与民族教育管理水平有新提升
安全教育与管理日趋规范
职业教育与成人教育…… 279
概　况
深入推进职业教育体制改革
规范中职学校办学行为

夯实中职学校发展基础
全力打造以赛促教平台
构建双师型教师培养体系
着力强化中职师生德育能力建设
提高中等职业教育教学科研水平
推进中职学校信息化建设能力
加强少数民族内地中职班管理
加快推进成人继续教育和社区教育
推进高技能人才队伍建设
打造高技能人才培养基地
组织开展“1+X”职业技能竞赛
规范技工院校管理
加强技能人才评价工作
高等教育 …… 281
概 况
深入推进教育教学改革
“2011 计划”发展势头强劲
高等职业教育得到进一步加强
科研水平显著提升
人才队伍建设取得新成效
加强创新创业教育
研究生教育取得新突破
师范教育与师资队伍 …… 283
概 况
列入国家中西部学前教育巡回支教试点省份
开展免费师范生教育试点工作
实施中小学教师培训项目
民办教育 …… 283
概 况
扶持力度进一步加大
规范民办学校管理
促进独立学院达标验收
交流与合作 …… 284
概 况
汉语国际推广取得成效
举办江西省首届外国留学生汉语大赛
港澳台交流持续深入

科学技术

综 述 …… 285
基础研究 …… 286
概 况
实行网上双盲评审自然(青年)科学基金
南昌大学取得转化医学研究院的重要成果
取得直接质谱分子电离原理与方法学研究重大突破
取得耦合混沌同步动力学机理及其在安全通信中的应用研究重要成果
取得水旱对比环境下水稻抗旱性状相关基因的定位研究重要进展
科技发展计划 …… 287
概 况
科技创新“六个一”工程 …… 288
概 况
景德镇直升机产业推进会在景德镇召开
江西(宜春)锂电新能源产业合作推进会在宜春举行
江西(吉安)电子信息暨绿色食品产业现场推进会在吉安市召开
大力开展金融服务活动
开展政策扶持活动
协同技术创新体系建设 …… 290
概 况
各类研发平台稳步发展
科技基础条件建设 …… 291
概 况
重点实验室和工程技术研究中心科技条件建设取得显著成效
推行大型科学仪器设备协作共用
推进科技金融入园工作
科技担保业务稳步推进
推进与金融部门的合作
农业科技 …… 292
概 况
实施农业科技支撑成果斐然
“一田三区”建设增产增收效果明显
“优势种猪分子集成育种技术的创建与应用”取得阶段性成效
实施省星火计划
开展农村科技特派员试点工作
社会与民生科技 …… 294
概 况
确定重大科技创新研究项目
评审认定省节能减排科技示范工程
实施国家科技惠民计划
高校科研及成果转化 …… 296
概 况
新增 10 个“2011 协同创新中心”
加快高校创新平台建设
产学研用结合有实效
科技合作与交流 …… 296
概 况
加强政府间合作与交流
加强省国际科技合作示范基地建设
举办“2013 创新中药及植物药国际高峰论坛”
科技成果与奖励 …… 297
概 况
开展科技奖励工作
·资 料·
江西省获 2013 年度国家科学技术奖项目
知识产权 …… 299
概 况
启动专利产业化、知识产权富民强县工作

召开全省首批知识产权富民强县专项评审会
技术市场 …… 300
概　况
参加第十五届中国国际高新技术成果交易会
科学技术普及 …… 301
概　况
实施基层科普行动计划
开展主题科普活动
开展江西省 2013 年全国科普日活动
开展百场科普报告进社区活动
加强科普示范、科普基地、科普设施建设
省农村致富技术函授大学开展培训
举办第 28 届江西省青少年科技创新大赛
举办江西省青少年机器人挑战赛
举办第十九届全国青少年信息学(计算机)奥林匹克联赛

社会科学

综　述 …… 303
学术活动 …… 304
召开全省社科界专家座谈会
召开“繁荣发展哲学社会科学,建设和谐富裕秀美江西”座谈会
召开江西省高校马克思主义理论研究与博士培养座谈会
举办江西省第四届社科普及宣传周暨学术活动周活动
召开全省社科界学习贯彻党的十八届三中全会精神座谈会
召开纪念毛泽东诞辰 120 周年专题座谈会
“区域创新体系与经济增长”中俄学者学术座谈会在南昌举行
举办“中国梦与世界发展史”全国社会科学院世界历史研究联席研讨会
召开《楚调唐音》出版发布暨专家座谈会
举办“文化自觉与中国道路”学术研讨会暨第 24 届全国社科系统哲学大会
召开“明清以来的农业农村农民”学术研讨会
“中国文学地理学会第三届年会”在南昌举行
举办“经验局限启示:土地改革与乡村社会变迁”学术研讨会
高校社科研究 …… 306
概　况
召开全省高校哲学社会科学工作座谈会
实施高校哲学社会科学高水平创新团队遴选与建设工作
两个研究中心获批教育部人文社会科学重点研究基地
八项成果获教育部第六届高等学校科学研究优秀成果奖
举办全省哲学社会科学教学科研骨干研修班
高校人才培养取得重大突破
社科成果与奖励 …… 306
召开全省社科普及“四项评优”评审会
2013 年江西省经济社会发展重大招标课题揭标
获国家社科基金年度项目立项 123 项
组织实施 2013 年度省社科规划项目评审活动
组织实施江西省第 15 次社会科学优秀成果评选活动
一大批应用对策研究成果获省领导肯定性批示

文化艺术

综　述 …… 308
文　学 …… 308
概　况
召开江西省作家协会第七次会员代表大会
举办 2013 年江西谷雨诗会
艺　术 …… 309
概　况
举办第五届江西艺术节
《八子参军》入选国家舞台艺术精品工程
多种形式培养文艺人才
社会文化 …… 310
概　况
加强县级两馆文化设施建设
举办第十届少儿艺术节和首届全省农民工才艺大赛
获第十届中国艺术节 12 项“群星奖”
国家公共文化服务体系示范区和项目创建工作取得突破
完成首次乡镇综合文化站站长轮训工作
非物质文化遗产 …… 311
概　况
公布第四批省级非物质文化遗产名录
举办全省非物质文化遗产保护成果展
地方志工作 …… 311
概　况
省政府召开第二轮《江西省志》编纂工作调度会
召开《江西省志·市县概况》(1991—2010)编纂工作研讨会
开展首次第二轮《江西省志》编纂工作督查
省地方志办官方网站——“中国赣网”开通
地方志成果获江西省第十五次社会科学优秀成果奖
召开江西省地方志编纂委员会成立 30 周年座谈会
举办首次全省地方志系统干部培训班
档案工作 …… 314
概　况
《基于云计算的全省档案资料共享利用研究》项目获批并成为江西省 2013 年社会发展领域科技支撑计划项目
图书馆 …… 315

概 况
江西省图书馆首个服务类标准获省质监局批准公布
数字图书馆推广工程稳步推进
南昌城区图书借阅“一卡通”开通
“赣图大讲堂”系列讲座全新改版
古籍普查取得成果
“读好书”活动全面启动
博物馆 …… 316
概 况
实施“百馆展示工程”
庆祝“5·18 国际博物馆日”
启动江西省第一次全国可移动文物普查工作
调查景德镇陶瓷文物管理问题
文物保护与考古发掘 …… 317
概 况
《赣南等原中央苏区革命遗址保护规划》获国家文物局批复
江西省第七批国保数量创历史新高
文化交流 …… 317
概 况
实施与开罗中国文化中心开展的部省对口合作计划
陶艺书画展示项目赴埃及参加“欢乐春节”活动
举办“走向现代——英国美术 300 年”大型展览
参加“沙特杰纳第利亚民族遗产文化节”中国主宾国展览活动
江西心灵音乐团参加第六届国际心灵音乐与歌唱艺术节中国主宾国活动
举办第九届“艺海流金——感悟瓷魂”大型港澳文化交流活动
引进台湾优秀展览“雅石雅玉特展”
举办“江西画院土耳其采风作品展”
江西省文艺访问团赴韩参加 2013 年顺天湾世界园艺博览会演出活动
“景德镇官窑博物馆藏珠山明御厂出土成化官窑瓷器展”赴澳门展览
组团赴台参加“第四届海峡两岸文化创意产业展”
江西省舞龙舞狮培训班在埃及开课
江西省专家讲座调研团赴埃及进行文化交流考察调研
文化市场 …… 319
概 况
开展首届江西省民营院团“十大名角”评选活动
举办首届江西艺术双年展
开展网吧、游艺娱乐场所审批工作
开展文化市场综合执法岗位大练兵、技能大比武活动
基本完成江西省文化市场综合执法办公系统推广应用工作
首次编撰文化市场年度报告

新闻出版 广播电影电视

报纸期刊 …… 320
概 况
报刊出精品创品牌工作取得阶段性成果
召开学术期刊创品牌座谈会
深化非时政类报刊单位改革
组团参加中国(武汉)期刊交易博览会
推进报刊项目建设
图 书 …… 321
概 况
主题出版工作成果丰硕
开展形式多样的全民阅读活动
加强少儿出版管理和市场整治
科技与数字出版 …… 322
概 况
打造五大数字出版重大核心工程项目
两家单位入选“数字出版转型示范单位”
版 权 …… 322
概 况
完成江西省政府机关软件正版化各项工作任务
印 刷 …… 323
概 况
建立江西省首家国家印刷包装产业基地
印刷复制示范企业日趋明朗
发 行 …… 324
概 况
组团参加 2013 年北京图书订货会
组团参加第二十三届全国图书交易博览会
组织参加第九届海峡两岸图书交易博览会
组织召开江西省民营书业年会
新华发行集团保持创新发展
出版物市场监管 …… 324
概 况
加大“扫黄打非”宣传力度
广播电影电视 …… 325
概 况
2013 年度全国电影科技工作会暨广电总局科技委电影专业委八届六次会议在南昌召开
国家新闻出版广电总局调研组到大余县调研对口支援工作
评选“2012 年度江西省广播电视创新创优十大品牌栏目”
摄制大型电视专题片《筑梦之基》
补助县级 3 厅以上数字影院建设
江西网络广播电视台正式成立
开展“下基层，手拉手”调研帮扶活动
“从长冈出发，和群众在一起——江西群众路线教育实践联合直播”圆满播出

医疗卫生

综 述 …… 327

医政工作…… 327
概 况
加强无偿献血与血液管理工作
做好重大疾病免费救治工作
做好重性精神病免费救治工作
加强“阳光医药”网上监察系统建设
农村与妇幼卫生…… 328
概 况
提高乡村医生待遇
加强妇幼卫生工作
疾病预防控制…… 329
概 况
上饶县被认定为血吸虫病传播阻断县
加快推进鄱阳湖区血吸虫病防治工作
完成中央补助消除燃煤污染型地方性氟中毒危害项目
中医药工作…… 330
概 况
开展中医预防保健服务体系建设试点工作
全省中医针灸康复联盟试点工作成效明显
建立省市县乡村五级中医药帮扶机制
一批中医医院临床护理工作先进单位和个人获表彰
开展第二届国医大师评选推荐工作
爱国卫生运动…… 330
概 况
农村改厕项目顺利实施
全面完成农村水质监测工作

体 育

综 述…… 331
群众体育…… 331
概 况
开展“舞动赣鄱 健康江西”全民健身广场舞展示活动
组织赣南等原中央苏区国民体质监测健康万里行活动
加快社会体育指导员队伍发展
竞技体育…… 333
概 况
加强运动员文化教育和保障工作
参加第十二届全运会取得好成绩
·资 料·
2013年江西运动员参加国际比赛获奖情况
体育产业…… 334
调研大型体育场馆运营情况
参加中国体育文化·体育旅游博览会
创新体彩营销手段
成立“省奥体中心与南昌工程学院游泳实践教学基地”

居民生活

居民收入与消费…… 335
农村居民人均收入增长12.2%
农村居民人均生活消费增长10.2%
城镇居民人均收入突破2万元
城镇居民消费保持平稳增长
住 宅…… 336
概 况
健全保障性住房建设工作机制
加强房屋征收监管
住房公积金可用于支付保障性住房房租
消费者权益与保护…… 337
概 况
开展“3·15”国际消费者权益日活动
婚 姻…… 337
概 况
制定婚姻登记信息化建设实施方案
举办首届婚姻登记颁证大赛
家 庭…… 337
下发《江西省关于指导推进家庭教育的五年规划》
建设红杜鹃家庭服务品牌
推进平安家庭创建活动
开展丰富多彩的“三八”纪念活动
启动“金牌大姐快车”活动
举办“振兴杯”家庭服务业职业技能大赛
计划生育…… 338
概 况
召开全省人口计生工作会议
计划生育特别扶助与城乡社会救助制度衔接
成立江西省卫生和计划生育委员会
妇女儿童…… 339
概 况
加强未成年人校外场所建设
举办“江西省妇女暨儿童发展公益论坛”
省儿童少年活动中心开展多项公益活动
开展关爱留守儿童系列活动
少年儿童多项作品在全国赛事中获奖
青 年…… 340
概 况
召开“中国梦我的梦”江西青年汇——各界青年座谈会
第二届“赢在江西”江西青年创新创业大赛暨第一期“导师带徒”活动在南昌落幕
老年人…… 341
概 况
推进老年优待工作
开展“敬老月”活动
开展老龄难点热点问题研究
殡 葬…… 341

概 况
举办第二届全省民政行业职业技能大赛
开展殡葬"一条龙"服务和殡葬改革示范活动

民 政

综 述 …… 342
社会福利和慈善事业 …… 343
概 况
启动农村老年人颐养之家建设试点
加强孤残儿童救助工作
推进社会福利工作信息化、标准化建设
优抚双拥安置工作 …… 343
概 况
加强烈士纪念工作
推动新一轮双拥创建工作
救灾工作 …… 344
概 况
健全自然灾害精细化救助体系
推进综合减灾工作
组织芦山地震救灾捐赠工作
社会救助 …… 344
概 况
开展居民家庭经济状况核对工作
健全社会救助工作运行机制
争取慈善资金支持
行政区划和地名管理 …… 345
概 况
全省行政区划变更情况
推动地名管理工作
基层政权和社区建设 …… 346
概 况
推进基层群众自治和村务公开工作
社会组织管理 …… 346
概 况
推行直接登记工作
开展公益创投项目
社会工作 …… 347
概 况
实施首批社会工作专业人才服务"三区"计划
首次开展政府购买社会工作服务项目
救助管理 …… 347
概 况
开展"流浪孩子回校园"专项行动
开展未成年人社会保护工作试点
开展救助管理工作宣传月活动

市、县(市、区)

南昌市 …… 348
概 况
召开推进昌九一体化部门对接会
深化区域合作
投资最大项目南昌万达文化旅游城开工
推进南昌市棚户区(旧城)改造
开展"蓝天、清流、净土"三大行动
实施名校放大工程
被征地农民参加养老保险
南昌县 …… 349
简 况
南昌县财政收入突破70亿元
获"中国建筑之乡"称号
南昌县西总干渠银三角段截污工程投入使用
江西省首家县级城投公司成功发行企业债券
首届塔城葡萄文化节开幕
举办首届运动会
入选国家农业改革与建设试点示范区
洪州窑青瓷展被评为全国博物馆十大精品
黄马凤凰沟景区被评为国家4A级旅游景区
出台被征地农民养老保险试行办法
新建县 …… 350
简 况
采茶戏《把城里妹妹娶回家》获第十届中国艺术节"群星奖"
新建县被列为国家现代农业园区建设试点县
新增3处全国重点文物保护单位
核发全省首个家庭农场营业执照
实现运用社保卡扣缴城乡居保费
启动公立医院改革试点
新建黄岩商会注册成立
江西轨道交通产业基地落户新建县
小微企业"助保贷"工作正式启动
实施乌沙河旧城改造项目
进贤县 …… 351
简 况
李渡酒获国家地理标志保护产品
设立"优秀女孩成才奖"
进贤县被定为省钢结构产业基地
南昌国际楹联节在西湖李家召开
军山湖大闸蟹蝉联"中国十大名蟹"
泉岭生活垃圾焚烧发电厂开工
军山湖建立江豚栖息保护区
安义县 …… 352
简 况
安义县铝型材产能跃居全国第三
第二届金花旅游文化节开幕

气凝胶纳米保温材料项目落户安义
安得利高新材料公司重大项目落户安义
安义县水土保持科技园通过水利部水保司验收
首届江西(安义)铝型材及门窗展览会开幕
安义县创建省级生态县通过考核验收
东湖区 …… 353
简 况
成立东湖电子商务协会
南昌市首个"人大代表工作室"在上营坊社区成立
江西省首个非物质文化遗产展示馆开馆
"南昌·琴岛之夜"正式营业
江西省第八届漆画展开幕
东湖区开发老年人专用移动手机
西湖区 …… 354
简 况
完成万寿宫街区棚户区改造房屋征迁工程
获"国家慢性病综合防控示范区"
"社区文化在线"示范项目接受文化部评审验收
完成社区环境综合整治工程
完善医疗救助即时网络结算平台
完成"班班通"项目建设
预防青少年违法犯罪工作取得新成效
青云谱区 …… 355
简 况
全面完成旧改征迁工作
青云谱区纳入全国老工业基地调整改造规划
"民情家访"工作典型经验在全国推广
推进非公企业党组织建设
首批档案教育示范基地——梅汝璈故居揭牌
王府井百货进驻南昌
"网络化"社区管理工作取得良好成效
青云谱区城南舞龙队勇夺全国舞龙展演金奖
湾里区 …… 356
简 况
旅游产业发展壮大
设立"森林防火日"
项目建设"三看"活动创佳绩
完成第一轮旧城改造项目
青山湖区 …… 357
简 况
外贸出口突破 10 亿美元
新兴产业优势凸显
开展"平安十项"创建活动
民间舞蹈《青山湖区双龙戏珠》获江南民间艺术节最高奖项
九江市 …… 358
概 况
推进九江沿江开放开发
庐山入选国家级自然保护区
建设鄱阳湖生态经济区共青先导区
开通九江市官方微博
全国扶贫搬迁工作现场会在九江市召开
举行庐山直升机空中旅游启航仪式
首届世界名山研究学术研讨会暨高校公共外交论坛在九江举行
修水县 …… 359
简 况
"绿冬"品牌被认定为"中国驰名商标"
推进保障性住房建设
被列为全国扶贫搬迁工作示范县
武宁县 …… 360
简 况
获"全国平安建设先进县"称号
2 个院士工作站落户武宁
环城大道实现全线通车
"十一"黄金周接待游客再创新高
八音公园一期建成开放
瑞昌市 …… 361
简 况
瑞昌市被列为全省重点经济开发区域
经济开发区扩区获省批准
利用外资现汇总量排名全省县级第一
首创全省县级市数字城管
瑞昌港开启"集装箱时代"
铜岭国家双遗址公园开工建设
范镇荷灯节列入江西省第四批非遗名录
碧野农机合作社获评全国示范社
注册"家庭农场"58 家
试点公交车直通村组
都昌县 …… 361
简 况
杨光明创办首家留守儿童之家
都昌太阳村到凤凰卫视录制公益节目
都昌鄱阳湖区发现大量珍稀候鸟
陶宇佳荣获全运会冠军
湖口县 …… 362
简 况
洋港片区改造建设工程进展顺利
石钟山被评为国家 4A 级旅游景区
出台支持农村土地流转新政策
设立 5 处县级自然保护区
彭泽县 …… 363
简 况
土地流转工作成效显著
及时控制长江大堤彭泽段崩岸险情
首个家庭农场成立
镇村联动力促城乡一体发展
彭湖沿江大道建成通车
永修县 …… 364
简 况
云山企业集团被农业部定为"全国农业农村信息化示范点"
探索农村土地流转新途径
实现区域自动气象站全覆盖

云山经济区通过国家循环经济示范试点省级验收
吴城风电场并网发电
打造国家现代农业示范县
德安县 …… 365
简 况
江西籍台胞在德安定居
县检察院探索新举措为“少年犯”维权
社会救助管理方法成为全省典范
德安县南河戏入选省级“非遗”名录
打造九仙岭省级森林公园
义门陈惊现500年前珍贵“黄绫老谱”
共青城市 …… 366
简 况
举办2013年共青城财富管理·私募基金创新论坛
支持共青城发展领导小组第九次会议在共青城市召开
星子县 …… 366
简 况
旅游主导化地位提升
镇村联动项目带动模式成为全省典型
招商引资取得新突破
园区工业主营业务收入超100亿元
九江县 …… 367
简 况
中华贤母园正式开园
县首家博士后科研工作站挂牌成立
县东泉西大道铁路下穿工程开工建设
浔阳区 …… 368
简 况
开展“美丽浔阳”主题实践活动
大中路获“江西省首批特色商业街”和“江西省安全文化主题街区”称号
全省首家县级创业大学在浔阳开班
庐山区 …… 368
简 况
开展“三尊重、三维护”文明道德主题教育活动
庐山区获“2013年度中国茶叶产业发展示范县”称号
景德镇市 …… 368
概 况
景德镇南窑唐代窑址入选2013年度全国十大考古新发现
景德镇古窑跻身国家AAAAA级景区
景德镇高专升格为景德镇学院
AC311直升机交付首批用户
中国景德镇国际陶瓷博览会开幕
亚洲最大吨位直升机获准投入市场
乐平市 …… 370
简 况
乐平两书法家作品入展中国书法兰亭展
台湾农业专家到乐平传经送宝
乐平法官左斌获“全国优秀法官”称号
景德镇市首家数字化预防接种门诊在乐平启用
市图书馆名列“全国古籍重点保护单位”
乐平文物首次跻身“国保”
全国第一家古戏台博物馆在乐平建成开馆
强化城区安全网络建设
2013世界华文媒体江西行参访团到乐平参观采访
现代廉政赣剧《雪花不是花》在南昌演出
江南·乐平蔬菜农产品批发市场全国招商会在乐平召开
荣膺“全国科技进步考核先进县(市)”称号
中节能乐平光伏农业科技大棚项目并网发电
浮梁县 …… 371
简 况
浯溪口大坝主体工程动工
获“全国绿化模范单位”称号
浮瑶仙芝入选江西十大名茶
蝉联“全国平安建设先进县”殊荣
中央、省级媒体采访团到望龙陶瓷实地采访
中国瑶里首届百合花文化旅游节开幕
廉政微电影《联中廉》首发式在浮梁举行
浮梁籍U16国少女足队员范宇秋受表彰
举行城乡供水一体化项目合作签约仪式
第四届环鄱国际自行车赛(景德镇·浮梁站)落幕
昌江区 …… 372
简 况
陈幼红获“全国优秀环卫工人”称号
启动失地农民养老保险
丽阳窑址入选第七批全国重点文物保护单位
昌江区首个家庭农场正式成立
荷塘农垦展览馆建成并免费开放
鹏飞建陶研发的“铂金木纹砖”通过省级新产品鉴定
珠山区 …… 373
简 况
社区建设“321”工程全面推进
开通政风行风热线解民忧
萍乡市 …… 373
概 况
龚全珍获全国道德模范称号
萍乡高等专科院校更名萍乡学院
山口岩水电站并网发电
电影《黄海怀》在萍乡市拍摄
安源区 …… 374
简 况
“新安源·新形象”群众广场系列文化活动获第十届中国艺术节项目类“群星奖”
强势推进工业平台
着力打造新兴城镇化格局
推进新农村建设
湘东区 …… 375
简 况
提升傩文化影响力
创建县区社会管理信息平台
莲花县 …… 375
简 况

第27届全国荷花展暨国际荷花学术研讨会在莲花召开
开展"千名干部结穷亲、万户家庭奔小康"活动
多家媒体走进莲花
上栗县……376
简　况
形成"一园三基地"工业发展平台
新兴产业集群发展
做强做优花炮产业
芦溪县……376
简　况
打造武功山文化产业园
加快现代农业示范区建设
中材江西电瓷电气有限公司特高压电瓷项目落户芦溪
新余市……377
概　况
率先推行市、县、乡三级数字化大协同办公
率先实施公务用车制度改革
"新余蜜桔"获国家地理标志证明商标
开展水生态文明建设
合同环境服务试点进入实施阶段
抢救性考古发掘庙前遗址
分宜县……378
简　况
社会事业协调发展
强化社会治理
生态文明建设卓有成效
成为全省首个"多险合一"县
竹叶塘垃圾处理中心投入使用
分宜县被确认为一类中央苏区县
渝水区……379
简　况
开展"结对认亲,渝水有爱"活动
水北镇熊坑村四位企业家捐资兴建新村
投资1.58亿改造水利工程
茶山口社区被评为"全国社区侨务工作示范单位"
水北镇工会联合会获"全国百家示范乡镇(街道)工会"称号
无纸化办公效果显著
2处文物保护单位晋升国家重点文化保护单位
鹰潭市……380
概　况
开展省辖鹰潭市建市30周年系列活动
道教音乐吟诵剧《道之韵》赴埃及汇演
中国第十五届根艺石艺博览会在余江举行
中国(第八届)铜加工行业发展论坛在鹰潭举行
发行"龙虎山"特种邮票
中国工艺美术"百花奖"江西颁奖仪式在鹰潭举行
贵溪市……382
简　况
启动国家现代农业示范区建设
教育部调研组到贵溪调研
铜都大桥通车
实现远程教育网络全覆盖
实现食品药品监管网络全覆盖
耳口澳门红十字博爱卫生院落成揭牌
电影《小河亲过我的脸》全国公开发行放映
启动县级公立医院综合改革
启动留守儿童关爱服务体系省级试点工作
全面启动城乡居民社会养老保险暨新老农保制度衔接工作
福建省贵溪商会暨党支部在福州成立
成立贵溪北京商会暨党支部
贵溪铜产业循环经济基地入选国家"城市矿产"示范基地
成立首个青少年法制教育基地
572辆公车标明身份上路
余江县……383
简　况
公开选拔副科级干部
余江县人民检察院派驻基层检察室
县城乡居民社保局采取措施确保完成社保卡发放任务
首次通过社保卡发放养老金与代扣代缴保费
月湖区……384
简　况
开展月湖区"三解三促"主题实践活动
获全国妇女小额担保财政贴息贷款先进集体称号
百佳城社区获全国"三八"红旗集体称号
赣州市……385
概　况
全面加快赣南苏区振兴发展
深入推进"送政策、送温暖、送服务"工作
产业转型升级成效明显
加快城乡统筹步伐
加大保障和改善民生力度
昌吉赣客专获国家发改委批准立项
全省第一家碳交易机构成立
赣州市被正式命名为国家公共文化服务体系示范区
赣南获批国家级客家文化保护区
章贡区……387
简　况
启动园区(基地)调区扩区工作
央企对接开局良好
"五区建设"规划初具雏形
赣　县……388
简　况
"大埠人家"案例获评第二届全国加强和创新社会管理优秀案例
赣南客家民俗园竣工开放
南康市……389
简　况
南康撤市设区获批

被国家质检总局授予“全国实木家具产业知名品牌创建示范区”称号
获批为第三批“全国粮食流通监督检查示范单位”
《国务院关于支持赣南等原中央苏区振兴发展的若干意见》实施效应凸显
获“全国县(市)科技进步考核先进县(市)”称号
《南康年鉴》(2012)获全国三等奖
信丰县…… 390
简 况
全面推进民生工程建设
项目建设势头强劲
加快现代农业建设步伐
生态环境建设取得成效
《信丰脐橙志》出版发行
大余县…… 391
简 况
开展排污专项整治行动
建成市民森林公园
原乡版赣南采茶戏《魂牵梦绕牡丹亭》排演问世
上犹县…… 392
简 况
社溪镇沙垴村被列入全国“美丽乡村”创建试点
被评为全国重点产茶县
崇义县…… 392
简 况
争取国家资金扶持取得新突破
着力推进城乡基础设施建设
上堡梯田被农业部认定为首批“中国美丽田园”
安远县…… 393
简 况
全力组织柑橘黄龙病防控
开展稀土开采专项整治
龙南县…… 394
简 况
加快苏区振兴发展步伐
“三送”工作实现全覆盖
“三城同创”取得显著成效
太平桥被列为全国重点文物保护单位
全南县…… 395
简 况
投资建设瑶山风情园
钟齐鑫获世界攀岩冠军
李桥妹获第四届全国道德模范提名奖
彩叶桂花新品种——“虔南桂妃”通过鉴定并登录国际新品种
定南县…… 396
简 况
九曲明骏度假村被评为“国家五星级休闲农庄”
历市镇获评国家级生态乡镇
定南县6家供港生猪企业全部通过GAP认证
发现明代《戒石铭》
兴国县…… 396
简 况
苏区振兴发展政策红利加速释放
首次通过全国县(市)科技进步考核
宁都县…… 397
简 况
中央苏区反“围剿”战争纪念馆开馆
召开中央苏区反“围剿”战争理论研讨会
田埠乡东龙村入选第二批“中国传统村落”名录
于都县…… 398
简 况
贡江新区建设取得新进展
重点项目建设取得新突破
加快推进工业园区建设
着力改善民生福祉
央视节目摄制组在于都取景拍摄
于都县长征源合唱团在省艺术中心演出
瑞金市…… 399
简 况
赣江源自然保护区升格为国家级
“武夷源”商标被认定为中国驰名商标
会昌县…… 399
简 况
获“全国科技进步考核先进县”称号
被评为“中国区环境规划优秀示范城市”
会昌县图书馆评为国家一级馆
羊角水堡被列为全国重点文物保护单位
寻乌县…… 400
简 况
寻乌调查旧址升格为全国重点文物保护单位
开展柑橘黄龙病防控工作
中国寻乌蜜橘展暨中国柑橘学会学术年会召开
举办“杨氏果业杯”中国青年男篮四强争霸赛
石城县…… 401
简 况
司法部、国务院扶贫办对口支援石城县
被认定为“全国休闲农业与乡村旅游示范县”
百里荷花观光带被评为“中国美丽田园”
宜春市…… 402
概 况
开展“谋发展、比实干、争先进”以新一轮思想大解放推动宜春新一轮大发展活动
加速推进一批重大项目建设
强力推进“城建三年升级战”和“镇村联动建设发展”
明月山机场正式通航
明月山“万人泡脚”活动首创基尼斯纪录
中央苏区县申报工作成效显著
举办“泉月欢歌·维景唯美”第七届月亮文化节主题活动
袁州区…… 403
简 况
产业转型升级有新突破
加快推进城乡建设

开展“推三访、化三案、促三保”百日攻坚活动
袁州区成功申报中央苏区县
樟树市 …… 404
简　况
樟树市被授予“中国药都”称号
获“全国县(市)科技进步先进市”称号
获批国家中药原料生产供应保障基地
第44届全国药材药品交易会在樟树举行
仁和集团被确定为国家级高校毕业生就业见习示范单位
11户骨干企业在全省同行业排名第一
全国关心关爱道德模范座谈会在樟树召开
发现一座距今约2000年大型东汉古墓
丰城市 …… 405
简　况
推进现代农业发展
全面启动创建“三城”工作
推动丰昌同城化进程
获“中国长寿之乡”称号
打造丰城“三谷”产业
靖安县 …… 406
简　况
通过国家级生态县验收
启动城乡垃圾一体化处理工程
清官况钟纪念馆开建
遭受特大冰雹灾害
央视《城市1对1》栏目播出靖安专题
中东部种质资源库项目开工
获国家集体林区经营认证证书
奉新县 …… 407
简　况
城市建设扩容提质
扎实推进民生工程
抽水蓄能项目获批
获“中国棉纺织名城”称号
被国土资源部授予“全国国土资源节约集约模范县”称号
龚付生藏报馆获“中国集报之家”牌匾
高安市 …… 408
简　况
分类考核乡镇(街道、景区)创特色
新增两处全国重点文物保护单位
全面启动高安货运物流产业园建设
获“全国科技进步先进市”称号
曾凯获全国“人民满意的公务员”称号
上高县 …… 409
简　况
推进重大项目建设
绿色食品产业快速崛起
加速推进现代农业示范区建设
上高蒙山猪成功申报“国家农产品地理标志”
上高会战遗址群和蒙山银矿遗址被列为全国重点文物保护单位
宜丰县 …… 410
简　况
逢渠桥列入全国重点文物保护单位
宜丰县图书馆升格为国家一级图书馆
退休职工李托如荣登“中国好人榜”
全省首家外资村镇银行在宜丰开业
总投资20亿元LED光谷产业园项目落户宜丰
举行江西物华宜丰综合大市场奠基仪式
启动万国矿业60万吨改扩建工程
铜鼓县 …… 411
简　况
花山隧道全面贯通
两个专题片在央视《走遍中国》栏目播出
萧家祠列入国家级文物保护单位
列入全省2013年度竹类特色产业项目实施县
重修《铜鼓县志》出版发行
郑向生获全国道德模范提名奖
开展庆祝铜鼓建县100周年活动
万载县 …… 413
简　况
人力资源和社会保障部远程教育摄制小组到万载拍摄专题片
昌栗高速万载段建设项目全面开工
168家照明灯饰企业在万载签约落户
高村镇防洪工程列入全国重点项目
万载县第二小学搬迁新校区
列入中央苏区比照享受有关政策县
上饶市 …… 413
概　况
2013年投资上饶(香港)项目恳谈会在香港举行
召开“饶商回归”动员大会
建立公交“国有国营”新体制
高铁上饶枢纽站开工建设
全省支持赣东北扩大开放合作加快发展工作推进会在上饶召开
全面启动“1+5”信江河谷城镇群建设
上饶市与韩国谷城郡缔结友好城市
上饶市获批全国中小商贸流通企业服务体系建设试点城市
江西省光伏产业联盟成立大会在上饶召开
启动城镇基本医疗保险“大病关爱”行动
启动“两区”人才支持计划
信州区 …… 415
简　况
老火车站片区综合改造项目房屋征收工作进入收官
郑冬花获全国道德模范提名奖
12.5万农村居民用上洁净水
出台《关于加快信息服务业聚集发展的若干意见》
上饶县 …… 416
简　况
加快推进项目建设

工业经济集群发展
“三农”基础不断夯实
城南新区建设初具规模
加大社会保障力度
广丰县 …… 417
简 况
第三产业呈现新亮点
工业园区平台功能持续提升
铜钹山镇荣膺“国家级生态乡镇”称号
马家柚被评为“中华名果”
被中央党史研究室正式批复认定为原中央苏区县
获“2013 年全国科技进步考核先进县”称号
光阴文化长廊全面竣工
玉山县 …… 417
简 况
做好杭长客专玉山站协调服务
玉山县电子商务产业园初具规模
做大做强工业园区
获“2011—2013 年度国家卫生县城”称号
强力推进新型城镇化和城市建设
横峰县 …… 419
简 况
央视 40 分钟专题片首次报道横峰公安工作
新篁派出所正式挂牌成立
获“2009—2011 年度全国平安铁路示范县”称号
10 个亿元以上项目集中签约落户
投资 1 亿元电站配套部件及化工设备生产项目在横峰落户
开展“三非”集中整治工作
弋阳县 …… 419
简 况
弋阳县永阳社区获“全国综合减灾示范社区”称号
县监所远程会见系统开通运行
推行“公务消费卡”制度改革
弋阳华耀小额贷款股份有限公司开业
县图书馆新馆开馆
县委做出向章淑荣学习的决定
德兴市 …… 420
简 况
港首国际旅游度假区项目正式签约
出台《社会各界引荐工业项目入香屯生态工业园奖励办法》
天然气管网一期工程投产通气
市人民医院整体搬迁工程建成并投入使用
在德兴市设立“江西矿冶博物馆”获批
被命名为“全国老年气排球之乡”
婺源县 …… 421
简 况
加快农业产业化进程
重点项目有效推进
全面实施“一个最美,打造两个第一”发展战略
全国“山花奖”民间灯彩大赛在婺源举行
全国青年暨大学生地掷球锦标赛和全国地掷球健身大会在婺源举行
铅山县 …… 422
简 况
全面建设辛弃疾文化主题公园
河口明清古街入选中国历史文化名街
连四纸碱性抄纸法获国家专利
铅山县人民政府青溪服务中心挂牌成立
城东小学校园建成投入使用
加快保障房建设
万年县 …… 423
简 况
农业快速转型升级
商贸市场体系快速发展
江西省“春苗营养厨房”项目启用揭牌仪式在万年举行
全省工商联现场推进会在万年召开
打造“一圈一片三带”和谐秀美乡村综合示范区
余干县 …… 424
简 况
加快城乡建设步伐
电影剧本《我的母亲湖》获第八届全国戏剧文化奖
20 亿元风力发电项目落户余干
余干“鄱湖藜蒿”获中国地理标志证明商标
余干道情《神秘的第三者》获第六届中部六省曲艺大赛一等奖
全省首条民营铁路货运专用线建成通车
鄱阳县 …… 425
简 况
民生工程取得新成效
鄱阳湖国家湿地公园通过省级技术评审
田畈街镇获“国家级生态乡镇”称号
2013 年中华龙舟大赛(鄱阳站)比赛在鄱阳湖国家湿地公园举行
袁隆平第四期杂交超级稻在鄱阳试种获成功
获“全国粮食生产先进县”称号
鄱阳大型原创赣剧《碧血黄花》获省第五届艺术节玉茗花大奖
吉安市 …… 426
概 况
开展“三进三解三促”活动
红色教育读本《永远的丰碑》出版发行
井冈山机场开通南宁—井冈山—杭州一日往返新航线
推出情景歌舞剧《记忆庐陵》
吉安首个井冈蜜柚精深加工项目开工
中央电视台《寻宝》走进吉安
建立吉安籍在外人才信息库
首个村史馆“蜀口村村史馆”开馆
举行“天籁列车”井冈行活动仪式
吉州区 …… 427
简 况
吉安市社会福利中心建成并投入试运营

加强名校长名教师两支队伍建设
"吉州经验"向全国重点推广
北门街道文化活动中心成功申报"省级一级文化站"
青原区 …… 428
简　况
陂下古村、青原山景区通过国家4A级景区初审
青原区五处旧址列入第七批全国重点文物保护单位
新井冈山大桥开工
庐陵风情美食街成为首批"江西省特色商业街"
医药卫生体制改革惠民生
修复阳明书院
井冈山市 …… 429
简　况
举办第十一届中国杜鹃花展暨2013第四届中国·井冈山国际杜鹃花节
举办纪念毛泽东诞辰120周年系列活动
推进城乡一体化工作
吉安县 …… 429
简　况
获"国家卫生县城"称号
获"全国群众体育先进县"称号
举行中国吉州窑遗址公园开园暨龙窑复烧点火仪式
成立江西吉安高新技术产业园区
新干县 …… 430
简　况
工业园区扩区
招商引资出成果
被住建部命名为"国家园林县城"
完成墟镇庐陵风格改造
永丰县 …… 431
简　况
品牌培育出成效
社会保障不断提升
扶贫攻坚扎实推进
46千米的昌宁高速永丰段动工
农村精品社区建设成效明显
峡江县 …… 432
简　况
峡江水利枢纽成为联合国清洁发展机制（CDM）项目
货运物流业发展强劲
加强生态建设
樟吉高速峡江连接线改建工程开工建设
吉水县 …… 432
简　况
获"全国粮食生产先进县"称号
完成峡江水利枢纽工程移民工作
召开全国林化香精香料企业暨江西省林产香料香精行业年会
获"全国科技进步先进县"称号
主动对接央企
泰和县 …… 433
简　况
工业经济集聚力增强
"泰和门"竣工
赣江石虎塘航电枢纽工程投入使用
泰和山地风电项目开工
《泰和年鉴》创刊发行
万安县 …… 434
简　况
承办全国首次淡水排钓大赛
小品《鸭缘》获第十届中国艺术节"群星奖"
打造田北农民画村
现代农业科技示范园项目落户万安
特种养殖成规模
遂川县 …… 434
简　况
继续做强"狗牯脑"品牌
"干部夜访"工作法入选中国延安干部学院教学案例
在全省率先实行县级城区公交免费乘坐
园区经济首次进入"百亿园区"行列
获"全国生态文明先进县"称号
安福县 …… 435
简　况
被确定为全国林业信息化示范县
国家级萧氏松茎象生物防治示范区建设全面启动
安福孔庙晋升为"国保"单位
武功山杨思慕景区建设启动
永新县 …… 436
简　况
红色记忆提升旅游品位
王恩茂铜像揭幕
高温红色预警
永新县圆梦助学金成立
首届湘赣边界文化旅游艺术节开幕
微电影《霞客永新》拍摄完成
抚州市 …… 437
概　况
大唐抚州电厂获准开工建设
《抚州市志》出版发行
向莆铁路抚州火车站开通运营
纪念中央苏区闽赣省成立80周年活动在黎川举行
首个国家级高新技术产业化基地"诞生"
江铃集团第一辆"抚州制造"汽车下线
临川区 …… 438
简　况
发展特色产业村促进农民增收
腾桥110千伏变电站投入运行
举行安居房摇号仪式
设立"关爱留守儿童之家"
上顿渡大桥恢复通车
南城县 …… 439
简　况
绿色工业好戏连台
大力保护古镇古村

蛋鸡养殖全省第一
特色产业增加农民收入
农民专业合作社发展势头强劲
向浦铁路南城站建成通车
引导农民转变观念发展蔬菜种植
筹资1.68亿元开展农田水利建设
校园影视专题片喜获全国金奖
黎川县 …… 441
简　况
打造山水园林县城
推进科技进步和创新
县档案馆晋升国家二级档案馆
县妇联获“全国城乡妇女岗位建功先进集体”称号
县工商联被中华全国工商联授予“全国‘五好’县级工商联建设示范点”称号
县国税局获全国税务系统先进集体称号
道路交通事故预防工作成绩突出
南丰县 …… 443
简　况
被科技部授予“科技进步先进县”称号
县检察院被评为“全国先进基层检察院”
举办2013中国南丰国际蜜橘文化节
抚州市支持南丰加快旅游产业发展现场办公会在南丰召开
众志成城夺取抗旱救灾胜利
多举措强化工程建设领域监督
琴城镇人民路社区创建全国社区戒毒康复示范点
崇仁县 …… 445
简　况
上海崇仁商会成立
袁隆平院士到崇仁指导水稻种植
根治“两违”顽症
举行江西首届“崇仁麻鸡”美食节
园区自来水厂启动运营
村村设金融服务点
县图书馆获国家一级图书馆称号
“屋顶上的发电站”诞生
乐安县 …… 447
简　况
社会救助工作成效显著
省级非遗——“乐安蛋雕”受热捧
《喜见桃花今又开》获首届“赣鄱群星奖”戏剧类群星奖
刘柱入选中国好人榜
修缮中央红军红一方面军大湖坪整编旧址——“国宝公祠”牌坊
千古第一村——流坑村保护利用实行市县联动
宜黄县 …… 448
简　况
宜黄县被认定为国家级杂交水稻种子生产基地
桃陂镇被授予国家级生态乡镇称号
农村清洁工程建设成效显著
百鹭洲湿地公园、水北公园相继建成
宜黄中田小水电代燃料项目通过省级验收
农网改造升级工程通过省级竣工验收
金溪县 …… 449
简　况
县文化市场执法大队获评“第五届全国服务农民、服务基层文化建设先进集体”
金溪法院率先在全市成立“执行情报室”
徐坊村获中国“美丽乡村”称号
“金溪手摇狮”进京演出
留守儿童学校设立警务室
撤销三处渡口
微电影《爱在成长》获全国三等奖
出版发行《金川鸿泥录初编》
抚州市首个县级政协文史馆在金溪成立
改善农民就医环境
资溪县 …… 451
简　况
创新开展全民旅游营销
有机农业发展迅速
计划生育工作成绩突出
举办首届生态旅游节“九龙湖杯”全国摄影大展
高阜镇列入全省百强中心镇
发现宋元时期村落遗址
广昌县 …… 452
简　况
标准化生产引领白莲产业提质增效
获“中国莲文化之乡”称号
东乡县 …… 452
简　况
千名干部下基层
被列为国家级生态示范区
举办四大洲青年女篮挑战赛
全省首家现代化养殖场光伏发电站建成
获全国青年科技创新大赛二等奖
东乡籍青年舞蹈家曾明在央视蛇年春晚领舞
《舒同书法字汇》出版
自拍首部反映大学生村官题材的微电影《杜花香》
千人同圆花卉梦
数百只海鸥飞临润溪河

人　　物

省级领导机构成员名录 …… 454
省直单位厅级干部名录 …… 454
全国五一劳动奖章获得者 …… 467
徐小平　吴　勤　唐　建　徐　刚　张志静
周新民　张来清　丁坤明　鲁小玲　杜新建
成荣泉　周义水　叶岩明　郑冬花　饶剑文
涂国卿　王菊花　黄亮文　刘建兰　庄席福

陈志宜 李保民 马跃辉 王 耀 孙 坚
顾华奇 林印孙 董国珍 饶德美 胡幼春
全国三八红旗手……………………………………… 473
戴永姝 廖 莉 柳平霞 王景萍 谢林花
徐闽洪 余 晖 余丽萍 张秀桃
江西省五一劳动奖章获得者……………………………… 475
易 桦 丁继锋 万 强 睢 萌 龚 东
江 崛 万海浪 欧阳俊 付华安 刘建新
许本立 李龙萍 周 科 赵 勇 郭 峰
郑克一 刘小仙 曾 正 张四华 陈是礼
龚 隽 周志军 陈卫建 万金陵 刘文森
熊德金 温亚涌 李迎军 胡长和 朱进来
邓明锦 李 婷 吴 能 周 红 童玉明
杨伟萍 肖乐业 文 建 荣联清 文建勋
李国梁 徐家伟 林洪迪 丁坤明 彭 良
孙文金 李长宏 陈 英 胡新平 范承保
刘 刚 陈 冰 晏 静 黄春如 刁 江
陈青云 戴耀华 刘庆华 舒火姝 叶四明
柳道平 吴子良 黄 芳 徐忠堂 占玉海
俞祖旺 张国兴 邓德华 胡三曲 刘 骋
朱与平 毕玉平 李红平 段学斌 曾跃文
王 斌 刘荣坚 钟小兰 黎翠兰 刘沪明
袁 炎 谢芳春 曾卫红 陈 亿 廖爱阳
刘伟胜 刘建生 方金龙 罗招荣 刘跃清
梁起禄 邹永春 李世锋 陈海燕 吴鸿强
黎 华 张树臣 何淑静 周洪和 黄星昌
付和平 吴福清 欧阳天高 郑志勇 赵小冬
刘智群 罗 伟 黄旭东 胡根龙 黄云波
杨文浩 孔发龙 邓天亮 黄德锋 邱晓健
王恒文 姚 前 廖成庚 邓江维 杨 玉
黄 闽
江西青年五四奖章获得者………………………………… 476
王卫华 王小华 王品刚 刘成奎 刘国栋
朱元方 吴 钰 张 薇 张安华 张修志
张梦颖 李大军 邹志刚 闵青梅 易 龙
胡启初 赵 丹 梁志强 阎 飞 龚 辉
曾菲菲 谢 宇
·资料·
江西历代进士名录(六)

专 录

江西省人民政府关于支持赣东北扩大开放合作加快发展的若干意见……………………………… 481
江西省人民政府关于支持赣西经济转型加快发展的若干意见……………………………… 485

统计资料

国民经济和社会发展主要指标与发展速度……………… 490
国民经济主要比例关系……………………………… 493
主要指标每人年平均水平……………………………… 494
地区生产总值………………………………………… 495
按城乡分的人口数(年末数) ………………………… 495
劳动力资源…………………………………………… 495
全社会固定资产投资………………………………… 495
外商直接投资情况…………………………………… 495
能源生产总量及构成………………………………… 496
能源消费总量及构成………………………………… 496
财政收支总额及增长速度…………………………… 496
各种价格指数………………………………………… 496
农、林、牧、渔业总产值和商品产值 ………………… 496
农作物播种面积和产量 (2013 年) ………………… 497
规模以上工业企业经济指标………………………… 498
工业产品产量(2013 年) …………………………… 499
建筑业主要经济指标………………………………… 501
运输线路长度………………………………………… 501
全社会运输周转量…………………………………… 502
社会消费品零售总额………………………………… 502
旅游业发展情况……………………………………… 502
金融机构本外币信贷资金平衡表年末余额(2013 年)……………………………………………… 503
房地产开发与经营主要指标………………………… 503
各类全日制学校基本情况(2013 年) ……………… 504
卫生机构、床位及人员数 …………………………… 504

特　　载

在省委十三届七次全体(扩大)会议上的讲话

省委书记　强　卫

(2013年7月22日)

同志们:

这次省委全体(扩大)会议的主要任务是,深入贯彻落实党的十八大和习近平总书记一系列重要讲话精神,总结上半年工作,部署下半年工作。一会儿,心社同志将代表省委全面总结上半年经济工作,深入分析当前经济形势,具体部署下半年经济工作。心社同志的讲话,省委常委会专门审议过,我完全赞同。各地各部门要认真抓好落实,确保实现全年的工作目标。

今年以来,全省上下深入贯彻落实党的十八大精神,积极响应实现中华民族伟大复兴中国梦的时代号召,团结奋斗、开拓进取,经济社会发展继续保持良好态势,富裕和谐秀美江西建设取得新进步。经济保持平稳较快增长,上半年全省生产总值5901.6亿元,财政总收入1255.9亿元,固定资产投资5600.9亿元,规模以上工业增加值2443.1亿元,同比分别增长10.2%、15.9%、22%、12.7%,主要经济指标增幅高于全国平均水平。人民生活继续改善,上半年全省城镇居民人均可支配收入10711元,农民人均现金收入3998元,同比分别增长9.8%、12.6%。社会大局保持稳定,平安江西建设深入推进,社会管理创新成效明显,安全生产形势稳定,公众安全感继续增强。作风建设扎实推进,中央八项规定和省委改进作风具体措施落实有力,党的群众路线教育实践活动全面展开,广大党员干部为民务实清廉的作风进一步加强。在国际国内经济形势仍然复杂严峻的情况下,取得这样的成绩,十分不易,令人鼓舞。

新世纪以来,江西走过了极不平凡的发展历程。历届省委在党中央的正确领导下,高举中国特色社会主义伟大旗帜,坚持以邓小平理论、“三个代表”重要思想、科学发展观为指导,大力弘扬伟大的井冈山精神和苏区精神,科学应对国际金融危机和各种自然灾害的严重冲击,取得了改革开放和社会主义现代化建设的巨大成就,迈出了科学发展、绿色崛起的坚实步伐。一是全省经济综合实力连续跃上新台阶。经济总量和固定资产投资双双突破万亿元,结构调整取得重大进展,发展质量明显提升。2012年,经济总量、财政总收入、固定资产投资,分别比2000年增长5.46倍、10.9倍和18.5倍。二是改革开放取得重大突破。国有企业改革攻坚全面完成,林业产权制度改革全国率先,文化体制、医药卫生体制、财税金融体制、行政审批制度等改革稳步推进。对外开放的广度和深度不断拓展,开放型经济发展迅猛,实际利用外资持续保持中部第一,外贸出口跃居中部前列,一批世界500强企业、跨国公司、央企等龙头企业落户江西。三是城乡面貌发生显著变化。2012年全省城镇化率达到47.51%,比2000年提高了19.8个百分点。社会主义新农村建设扎实推进,农村面貌发生深刻变化。城乡基础设施日趋完善,公路、铁路、电力、通信、水利建设取得重大进展。四是人民生活得到较大改善。城乡居民收入稳步增长,2012年农民人均纯收入、城镇居民可支配收入,分别比2000年增长2.7倍、2.9倍。就业、社保、教育、医疗、住房、扶贫等工作取得显著成效。五是生态文明建设迈出新步伐。“五河一湖”生态环境综合治理、造林绿化、城镇污水处理等重大生态工程建设成效显著,全省森林覆盖率由2000年的53.3%提高到2012年的63.1%,环境综合质量居全国前列。六是干部群众精神状态发生深刻变化。全省各级干部和广大群众发展意识、创新意识、开放意识不断增强,竞相发展、团结奋进的氛围日益浓厚。这些巨大成就和变化,尤其是鄱阳湖生态经济区建设和赣南等原中央苏区振兴发展上升为国家战略,“龙头昂起、两翼齐飞、苏区振兴、绿色崛起”区域发展格局的明确、主攻工业战略的实施以及工业化、城镇化同步的推进,为接续奋斗、再创辉煌奠定了坚实基础。实践证明,历届省委提出的发展战略、发展思路、发展目标和发展任务是符合江西实际的、是完全正确的。我们要大力发扬“钉钉子”精神,进一步贯彻发展好这些正确的决策部署,着力解决当前发展中的突出问题,一任接着一任干，一张蓝图画到底，共同创造江西更加美好的未来。

抚今追昔，展望未来，江西已经站在一个新的起点，正处在科学发展、绿色崛起的关键阶段。

一是正处在加速发展的爬坡期。从发达省份的经验看，经济总量突破万亿元后，经济发展都经历了一个持续快速增长期，特别是从1万亿元到2万亿元的阶段，几乎都保持了4～6年的两位数增长。2011年，我省经济总量和固定资产投资双双突破1万亿元，标志着开始进入加速发展阶段。但要清醒看到，现在我省保持快速发展的环境和条件与发达省份当时的环境和条件相比，已经发生了极大变化。大的方面讲，世界经济持续低迷；我国经济进入个位数增长阶段，增长预期降为7.5%，发展的主要任务是调结构、转方式，不再片面追求GDP增长。从周边看，区域发展竞争日益加剧，特别是同质化竞争严重，影响区域产业转移的因素增多。从自身看，我省的发展基础还很薄弱，欠发达的省情还未根本改变，同时又面临着土地、劳动力等要素成本不断提高、资源环境约束日益趋紧等诸多制约因素，不仅加快发展的任务十分艰巨，而且加速转型的任务也十分繁重。有关部门预计，今年我省GDP总量全国排位将从第19位降至第20位。因此，对我省而言，当前和今后一个时期，既有加速发展的可能，更有爬坡过坎的挑战，不进则退，慢进也是退。

二是正处在全面小康的攻坚期。党的十八大明确提出到2020年全面建成小康社会的奋斗目标。作为一个经济欠发达省份，我省要实现与全国同步全面建成小康，任务异常繁重和艰巨。据国家统计局公布的数据，2011年全国全面小康社会的总体进度是83.2%，我省为79.3%，比全国低3.9个百分点。在六个大项指标、23个具体指标中，我省有三个大项指标、10个具体指标落后于全国平均进度。特别是在经济发展方面，全国的实现程度是76.1%，我省仅为59.8%，比全国低16.3个百分点。我省人均GDP要在2020年赶上全国平均水平，今后8年全省GDP年均增速须保持比全国高3.8个百分点以上。2012年全国全面小康指数国家统计局尚未正式公布，但据初步了解，我省的状况与2011年大致相同。可以说，能否与全国同步实现全面小康，是我省面临的最现实、最紧迫的任务。尤其是今后五年，如果我省全面小康进程不加速推进，不打下坚实基础，2020年前的冲刺中就有可能被远远抛在后面。

三是正处在生态建设的提升期。良好的生态是江西最大的优势、最亮的品牌。但必须清醒地看到，我们的生态优势，主要是建立在工业化程度较低、发展仍然不足的基础上的，还相当脆弱。我省作为铜、钨、稀土等有色金属、稀有金属主要矿产地，一些地方重金属污染较重。伴随工业化、城镇化的推进，一些地方还出现了空气污染、水污染、农业生产面源污染等突出问题。可以预见，随着发展的加快，经济发展与生态保护的矛盾将日益尖锐地摆在我们面前。如果不加快转变经济发展方式，不采取更为有力有效的措施，我们所引以为自豪的生态优势和绿色品牌，就可能最终丧失。这绝不是危言耸听！如何在加快发展的同时，切实保护好青山绿水，巩固好生态优势，是全省上下必须努力探索求解的重大课题。

党的十八大开启了夺取中国特色社会主义新胜利的新征程，习近平总书记发出了实现中华民族伟大复兴中国梦的时代号召，人民群众对过上全面小康生活寄予殷切期盼。面对新形势新任务，我们不发展不行，发展慢了也不行，发展不好更不行。当前和今后一个时期，全省发展的总思路是：高举中国特色社会主义伟大旗帜，坚持以邓小平理论、“三个代表”重要思想、科学发展观为指导，深入贯彻落实党的十八大和省第十三次党代会精神，以实现中华民族伟大复兴中国梦为引领，以与全国同步全面建成小康社会为目标，坚持主题主线和战略思路不动摇，紧紧扭住发展这个第一要务，切实抓好民生这个第一大事，自觉落实稳定这个第一责任，不断强化改革这个第一动力，进一步解放思想、扩大开放，统筹兼顾、重点突破，奋力迈出“发展升级、小康提速、绿色崛起、实干兴赣”的新步伐，努力争创建设富裕和谐秀美江西的新辉煌。

一、以做大总量、提升质量为主要任务，闯出发展升级新天地

与全国同步全面建成小康社会，根本在发展，关键靠发展。要坚持以科学发展为主题，以加快转变经济发展方式为主线，以工业化、信息化、城镇化、农业现代化同步发展为抓手，着力在做大经济总量的同时提升发展质量，在保持平稳较快增长的同时提高增长效益，努力实现更有质量、更有效益、更可持续的发展。

第一，推动产业升级，增强经济发展竞争力。产业是发展的基础支撑，产业升级是发展升级的核心内涵。总体上看，我省产业门类齐全、体系完备，但大部分层次不高、竞争力不强，尤其是缺乏支撑、带动能力强的产业龙头。下一步，要紧紧抓住当前国际国内产业加快调整升级的历史性机遇，以提升产业竞争力为核心，加快构建具有江西特色和比较优势的现代产业体系。重点继续深入实施工业强省战略，促进信息化与工业化深度融合，加快推进新型工业化，做大做强做优工业；继续巩固农业基础地位，抓规模、抓特色、抓加工、抓组织、抓服务，创新农业生产经营体制机制，完善农业社会化服务体系，加快建设现代农业强省；继续大力发展服务业，着重发展旅游、文化、金融、物流、电子商务等现代服务业，提高服务业在全省经济中的比重和贡献。

产业升级的关键在于工业产业升级。围绕工业产业升级，一要进一步明确产业发展的主攻方向。推动工业升级的核心任务是要突出我省优势和特色，集中力量、集中资源，下大力气打造一批支撑发展、引领未来的重点支柱产业。省委、省政府已经出台了《深入实施工业强省战略加速推进新型工业化的意见》，并制定了八个配套文件。省有关部门要在这个基础上深入梳理论证，抓紧修编十大战略性新兴产业规划，进一步找准确定一些发展基础好、发展潜力大、财税贡献多的重点产业，实行省领导联点、一产一策的扶持政策，使之尽快成长为支撑江西经济发展的核心力量。各地要进一步强化全省“一盘棋”思想，打破区域界限，严格执行重点产业规划，着力优化产业布局，在一个或两个地方形成某个重点产业的集聚，避免走低水平重复建设、同质竞争的老路。二要下大力气培育壮大一批骨干龙

头企业。我省一些产业之所以大而不强，一个重要的原因就在于缺乏一批实力雄厚、技术领先、市场前景广阔、具有很强核心竞争力和带动力的龙头企业作支撑。要把培育壮大龙头企业作为推动产业升级的关键工程来抓，坚持招大引强、扶优扶强，鼓励靠大联强、强强联合，推动优势资源向重点企业集中，加快培育若干个新的超千亿元产业和超百亿元乃至超千亿元企业，打造一批技术先进、主业优势明显、核心竞争力强的企业“航母”和市场前景大的企业“小巨人”。三要着力提升园区发展水平。全省有94个工业园区，其中包括4个国家级高新技术开发区、9个国家级经济技术开发区、4个国家级出口加工区，这是极为宝贵的发展平台。要进一步发挥其特色优势和集聚效应，推动园区完善产业配套，加快产业集聚，形成产业集群。要在全省层面统筹园区发展，完善产业发展协作机制、利益分享机制，引导各园区突出特色、错位发展。要改革行政管理体制和运行机制，高度重视投入产出效益，解决一些园区企业层次不高、政务环境不优等突出问题。省里对布局合理、发展较快、特色鲜明的园区，将给予重点扶持。四要进一步提升基础设施保障水平。完备的基础设施是产业发展升级的基础条件，必须下大气力推动我省基础设施建设跃上一个新台阶。要着力打通我省南北和东西两个走向的高铁大通道，在加快建设沪昆客专与合福客专的同时，加快推进昌吉赣客专、赣深客专、武九客专、池九客专等重点铁路项目，加快实现铁路出省通道高速化。要根据新修编的全省高速公路规划，加密路网、升级扩能、增强通达性，尽快建成“纵贯南北、横跨东西、覆盖全省、连接周边”的高速公路网。要建设通江达海的水路交通大通道，推进南昌港、九江港一体化建设，振兴“千年赣鄱黄金水道”。要加快省内民航机场和通用机场建设，扩大机场辐射范围，畅通航空通道。要加强资源整合，加强能源建设，保障主要资源要素的有效供给。

第二，促进开放升级，增强经济发展活力。坚定不移地扩大开放是江西跨越发展的关键抉择。江西这些年的发展得益于大开放，江西未来的发展同样离不开大开放。这些年我省对外开放取得了很大成就，但开放的深度和广度还远远不够。江西是个内陆省份，三面环山一面临江，往东往南看，浙江、福建、广东等地转型升级、遥遥领先；往北往西看，安徽、湖北、湖南等地竞相发展、势头强劲。我们一定要以更广阔的视野、更宽广的胸怀、更开放的姿态融入世界，努力抢占新一轮扩大开放、承接产业转移的制高点，打造具有江西特点的开放型经济升级版，以新一轮大开放促进新一轮大发展。一要进一步扩大对外开放，着力提高招商引资的层次和水平。必须勇敢走出去、大胆引进来，突围促开放、内拓促开放。要经略周边，全面对接珠三角和长三角产业转移，加快融入长江中游城市群，着力引进一批关联度高、辐射力大、带动力强的龙头型、集群型项目，在更大范围的资源配置中实现联动发展。要扬帆出海，以亲情、乡情、友情为纽带，通过赣台会、香港活动周等形式，全方位连接港澳台地区，促进深度经济合作。要登高望远，走向世界，进一步深化与国际大企业、大集团的战略合作，引进一批拥有先进技术、装备和人才的项目和企业。要下先手棋，抓住央企战略布局调整机遇，结合央企对口帮扶赣南等原中央苏区政策的实施，推进新一轮“央企入赣”行动计划取得突破。总之，现在的招商引资不能再满足于“捡到篮里都是菜”，而要更加注重择商选资，增强招商引资的质量和效益，真正把那些对我省发展有更大助力的大项目、好项目招进来。要打造一流招商团队，把业务精、素质高、能力强的人才充实到招商队伍，切实提高招商引资专业化水平。二要进一步重视非公经济发展，着力支持本土企业特别是民营企业放手发展、做大做强。进一步牢固树立内商外商一视同仁、国企民企平等竞争的理念，放手、放胆、放权鼓励支持民营经济发展壮大，只要法律法规不禁止、不限制的领域和行业，就要彻底放开，允许和鼓励民营企业参与竞争和发展。对如何鼓励支持民营经济大发展，省委、省政府将专门研究部署，出台政策措施促其重点突破。同时，要全力支持本土人才大胆创业、在外赣商回归创业、外出务工人员返乡创业，在全社会形成崇尚创业、全民创业的良好氛围。三要进一步深化改革，大力营造爱商亲商、安商富商的良好环境。要看到，现在招商引资不单单是比谁的条件更优惠，更重要的是比谁的服务更有效率、更加公平。我们要结合下半年政府机构改革，进一步牢牢树立“环境就是竞争力”的理念，进一步精简审批事项、下放审批权限、优化审批流程、提高审批效率。对企业反映强烈的不作为、乱作为现象，要严格实施问责机制。要增强为企业服务的意识和工作主动性，努力营造高效率、低成本、无障碍的开放环境，让更多的资本、人才和创新成果在江西这片热土上生根发芽、成长壮大。

第三，深化创新升级，增强经济发展动力。创新是发展的不竭动力。这些年来，我省科技水平有了明显提高，但科技力量不足、高端人才缺乏、创新能力不强，仍然是制约我省发展水平和质量效益提升的重要因素。2012年，我省科技进步水平综合指数列全国第25位，科技进步贡献率列全国第22位，研发经费占GDP比重只有0.8%，与全国平均水平和中部地区的差距明显。当前，世界新科技革命初露端倪，科技创新已成为产业转型升级的决定性力量，创新驱动发展已是大势所趋。省里已经出台了《关于大力推进科技协同创新的决定》，省科技厅正在牵头制定具体实施意见。我们要按照既定战略部署，立下愚公之志，坚定不移走创新驱动发展的道路，下气力推进科技协同创新取得突破。一要紧紧围绕重点产业推动协同创新。坚持产学研用相结合，集聚各种要素资源集中攻关，力求在新型工业、现代农业等重点产业的共性和核心关键技术上有所突破，以科技创新的率先突破带动产业发展的全面升级。二要充分发挥企业主体作用推动协同创新。完善并落实鼓励科技创新和科技成果产业化的财税金融政策，引导企业加大研发投入，支持创新要素向企业集聚，组建一批具有国内先进水平的企业协同创新平台，推动“江西制造”与“江西创造”比翼齐飞。三要善借外力推动协同创新。坚持“不求所在、不求所有、但求所用”，构建与国家或地方知名科研院所、高等院校科技创新利益共享机制，联合中央军工企业组建一批军民协同创新平台，推动航空、核能、船舶、电子信息等重大产业技术的协同攻关。四要培育壮大人才队伍推动协同创新。大力实施“赣鄱英才555工程”，加快培养造就创新创业型领军人才，大力引进急需紧缺专门人才，统筹抓好企业经营管理人才、专业技术人才、党政人才等各类人才队伍建设。要进一步完善有利于人才成长发展的政策机制，为各类人才提供干事创业平台，对一些高端、特殊人才要有特殊政策措施，努力形成人才辈出、人尽其才、才尽其用的生动局面。

第四，推进区域升级，增强经济发展支撑力。省第十三次党代会之后，省委、省政府进一步提出构建“龙头昂起、两翼齐飞、苏区振兴、绿色崛起”的区域发展格局，这是优化区域布局、统筹全省发展的战略举措。下一步，要继续深入实施鄱阳湖生态经济区建设和赣南等原中央苏区振兴发展两大国家战略，重点推进南昌打造核心增长极和九江沿江开放开发，鼓励支持各地找准定位、各显神通、竞相发展。两大国家战略的实施，我和省长分别牵头抓，南昌核心增长极和九江沿江开放开发等区域发展战略也将进一步明确主管领导。省有关部门也正在制定支持赣东北打造开放合作高地和促进赣西经济转型崛起的意见。要通过全省上下共同努力，强力打造区域经济增长极，加快形成多极支撑、多元发展的生动局面。这里，我着重讲一下“龙头昂起”的问题。

实现“龙头昂起”，重中之重是集中力量加快推进昌九一体化。区域经济发展上有个“双核”结构现象，即核心竞争力强的区域都是由一个中心城市和一个门户城市及其连线所组成，比如广东的广州和深圳、江苏的南京和苏州、浙江的杭州和宁波、山东的济南和青岛、辽宁的沈阳和大连等。地缘相接的南昌和九江就属于典型的双核结构类型，一个是全省行政中心城市，集政治、经济、文化功能于一体，另一个是重要的门户城市，拥有152公里长江岸线的天然优势。2012年，南昌和九江两市生产总值占全省的34.1%，规模以上工业增加值占全省的32.5%，财政总收入占全省的30.8%。据“十二五”规划，“十二五”末两市的经济总量和规模以上工业增加值都将达到全省的40%以上，完全有条件成为支撑江西经济崛起的“双核”。推进昌九一体化，对于加快我省发展有着重大的战略意义。首先，这是策应长江中游城市群建设的迫切需要。构建长江中游城市群、打造中国经济增长“第四极”，已成为赣鄂皖湘四省共识，也得到国家层面的肯定。这是提升江西在全国战略地位、推动发展升级的重大机遇。面对武汉城市圈、长株潭城市群、皖江城市带的强劲发展态势，只有南昌和九江联动起来、一体发展，形成强大的区域集合效应，才能在激烈的长江中游城市群竞争中赢得应有地位，实现更大作为。其次，这是加快推进鄱阳湖生态经济区建设的迫切需要。鄱阳湖生态经济区38个县市区，南昌、九江占到20个，环湖且发展基础较好。推进昌九一体化，有利于加快两市资源整合、要素互补，赋予鄱阳湖生态经济区建设经济发展方面的更大平台，发挥国家战略的最大效应。现在，我们应集中力量，加大力度，着力构建“做强南昌、做大九江、昌九一体、龙头昂起”的生动局面，进而带动其他区域腾飞发展。实现昌九一体化，当前，要按照“规划一体化、基础设施一体化、公共服务一体化和产业互补对接”的总方向，重点研究解决四个方面的问题：一是加快制定区域一体化规划，在城镇建设、基础设施、产业布局、生态环境、公共服务等方面进行统筹规划，并加强重大专项规划的衔接协调。二是强化产业对接，促进产业互补，南昌要发挥其金融、研发和第三产业的优势，集中发展航空制造、汽车、新能源、LED、电子信息、生物医药、软件等优势产业；九江要进一步发挥通江达海的区位优势，加快临港产业开发，发展重化工业、船舶制造、钢铁、新能源等产业。三是加快交通、物流、通信、金融、能源、旅游等基础设施互联互通，发展同城效应，增进两地交流联系。四是推进公共服务一体化发展，特别要加强公共资源的整合共享，加强管理制度的有效对接，逐步实现区域公共服务一体化。

全省其他地区都要按照省委、省政府的战略部署，发挥优势，积极作为，加快发展。赣州要深入实施赣南等原中央苏区振兴发展战略，积极承接东部产业转移，大力发展特色优势产业，重点建设钨、稀土产业基地，努力成为赣粤闽湘四省通衢的区域性现代化中心城市，形成以“赣州”为中心的赣南与以“昌九”为中心的赣北遥相呼应之势。吉安要依托吉泰走廊，重点建设电子信息产业基地和全国红色旅游精品城市。抚州要抓住苏区振兴的机遇加快发展，并积极融入南昌一小时经济圈。上饶、景德镇、鹰潭等地要加快融入长三角、海西经济区，努力打造我省对外开放合作的高地，重点建设有色、陶瓷、航空、装备制造、特色农产品等优势特色产业基地。新余、宜春、萍乡等地要加快促进经济转型崛起，大力推进中心城区同城化发展，重点建设钢铁、新能源、锂电、生物医药、新材料等产业基地。

县域经济是区域发展的基石，是江西崛起的筋骨。要把壮大县域经济作为加快全省发展的重要突破口和重要增长点，摆在更加突出的位置。要大力推进扩权强县、省直管县、兴乡强镇试点改革，凡是能够下放给县（市、区）的经济和社会管理权限必须全部下放，最大限度地对县域经济发展“松绑给力”。要引导和鼓励各县（市、区）依托各自资源禀赋和产业基础，因地制宜、突出特色、错位竞争、差异发展，重点打造主导产业、发展优势产业、培育本土产业，进一步提升县域经济发展的层次和水平，形成对全省区域发展升级的强大支撑。

二、以人民幸福为最高追求，开启小康提速新征程

习近平总书记深情指出，“实现中华民族伟大复兴的中国梦，就是要实现国家富强、民族振兴、人民幸福”。中国梦，归根到底是人民的梦，就是要实现人民幸福。没有民生的切实改善，没有福祉的切实增进，也就没有全面小康的同步实现。作为欠发达地区，4500万赣鄱儿女圆梦的愿望更加强烈，更加渴望与全国人民同步实现全面小康；作为为中国革命建设做出重大贡献和牺牲的老区，让红土地上的人民共享幸福生活，更是我们这一代共产党人义不容辞的重大责任。我们要把让人民幸福作为最高追求，在加快经济发展的同时更加注重发展成果由人民共享，在回应人民普遍关切的同时更加注重解决困难群众的具体问题，努力让全体人民生活得更加幸福美好。

第一，民生幸福指数要提升。这些年来，我省大力实施民生工程，人民生活得到显著改善。但必须看到，人民群众对改善民生的愿望日益增长，特别是对收入增长、住房改善、养老医疗、教育就业等切身利益问题尤为关注。我们始终强调发展为了人民，但如果发展不能最终体现在人民生活水平的提高上，不能解决群众的所思所想所盼，这样的发

展绝不是好的发展。这就要求各级党委、政府在集中精力抓发展的同时，要更多地关切人民群众的民生感受，采取更加有力的措施促进"劳有所得、老有所养、病有所医、住有所居、学有所教"，确保民生改善与经济增长同步。

提升群众的民生幸福指数，必须把工作的用力点放在解决人民群众所思所想所盼的切身利益问题上。毛主席在赣南中央苏区写下的光辉著作《关心群众生活注意工作方法》中讲到，"解决群众的穿衣问题，吃饭问题，住房问题，柴米油盐问题，疾病卫生问题，婚姻问题。总之，一切群众的实际生活问题，都是我们应当注意的问题。"习近平同志说："我们的人民热爱生活，期盼有更好的教育、更稳定的工作、更满意的收入、更可靠的社会保障、更高水平的医疗卫生服务、更舒适的居住条件、更优美的环境，期盼孩子们能成长得更好、工作得更好、生活得更好。人民对美好生活的向往，就是我们的奋斗目标。"毛主席和习近平同志这两段话讲得很朴实，但很深刻，它告诉我们："应该深刻地注意群众生活的问题"，"一切群众生活上的问题，都应该把它提到自己的议事日程上"。在改善民生、为民办实事工作上，干部的心真不真，用的力实不实，老百姓看得一清二楚。我们不仅要锦上添花，更要雪中送炭，决不要搞劳民伤财的形象工程。

现在，职工群众普遍反映收入偏低。党的十八大提出2020年城乡居民人均收入翻番目标，省第十三次党代会也已经做出让城乡居民腰包鼓起来的庄严承诺。各级党委政府必须把实现这一目标放在重要议事日程上，注意研究并切实采取有力措施加速提高我省城乡居民收入。上半年，我省城镇居民人均可支配收入10711元，农民人均现金收入3998元，分别比全国城乡居民收入差2938元和819元，与去年同期比差距分别扩大181元和66元。再从上半年我省城镇居民总收入构成看，其中工资性收入7574元，转移性收入2145元，经营性收入1086元，财产性收入441元。由此可见，工资性收入是城乡居民收入的主体，转移性收入占有一定比例，而经营性收入和财产性收入偏低。我们应善于从上述分析中找出增加城乡居民收入的着力点、途径和措施。一要加大民生投入促增收，就是要逐步加大政府投入，实施民生实事工程，提高社会保障水平，进一步增加城乡居民转移性收入。二要推进就业创业促增收，就是要发挥就业创业对增收的基础性作用，提高就业培训的实效性，着力稳定和扩大就业，完善鼓励创业的政策措施，大力推动全民创业，切实增加城乡居民工资性收入、家庭经营性收入和财产性收入。三要调整分配关系促增收，就是要按照"提高两个比重、实现两个同步"的要求，合理调整收入分配关系，逐步提高最低工资标准，提高中低收入群体收入水平，缩小城乡、区域、行业和社会成员之间的收入差距。下一步，省委、省政府将研究制定促进城乡居民增收的意见，推动城乡居民收入实现较大增长。

在回应人民群众普遍关切的同时，对困难群众的许多具体民生问题，我们各级领导干部更要放在心上。比如，这些年城市新区建设日新月异，旧城区改造特别是棚户区改造怎么办？国务院常务会议已经明确今后五年再改造1000万户各类棚户区，这既是民生工程，又是发展工程。我们要抓住这个机遇，多方筹措资金，加强政策引导，加大推进力度，用真情下决心花气力解决好这个问题。比如，这些年城市中小学校基础设施和办学条件有了明显改善，但农村学校条件如何？最近，省里部署了农村义务教育学校标准化建设工程，计划用3年时间筹资50亿元改造1万个农村学校和教学点。各级党委政府要共同努力，实现这一目标。又如，"水上漂"、土坯房改造工程能否如期完成？农村电网改造怎么加大力度？如何解决群众因病致贫、因病返贫问题？等等这些，都需要我们认真研究解决。还有一件大事必须高度重视，就是我省385万贫困人口如何脱贫致富？我们要抓住国家新一轮集中连片扶贫攻坚政策机遇，加大整村推进、连片开发、易地扶贫搬迁、产业扶贫等扶贫开发力度，打好扶持贫困群众脱贫致富攻坚战。目前，有关部门正在开展对全省城乡贫困户调查摸底、建档立卡、登记造册工作，计划在此基础上逐村（社区）、逐户制定帮扶措施，这是个系统工程，必须耐心细致地抓好。

总之，改善民生是各级党委政府义不容辞的责任。我们既要"守住底线"，关心解决好特殊困难群体的特殊困难；也要"适度前瞻"，逐步满足群众日益增长的物质文化需求；更要"积极引导"，鼓励扶持广大群众用辛勤劳动创造幸福生活。

第二，城镇化进程要加快。城镇化是经济社会发展的"巨大引擎"，也是小康社会的一个重要指标。2012年，全省城镇化率达47.51%，比全国平均水平低了5.06个百分点。到2020年要实现城镇化率达60%的小康目标，意味着今后8年我省城镇化率年均增长必须达到1.56个百分点，压力可谓不小。我们必须抓住国家推进城镇化扩大内需的政策机遇，以更大力度加快我省城镇化进程。城镇化，核心是人的城镇化；推进城镇化，必须坚持以人为核心。既要重视城镇人口规模的扩张，更要关注进城人群的社会保障。目前，许多农民工进了城，但实际上在很多方面并没有享受到与城市居民平等的公共服务，还处于一种"半城镇化"或者"伪城镇化"的状态。我们必须加快推进户籍制度改革，降低城镇准入门槛，有序放开落户限制，要善于解决好农民工就业、住房、就医、子女入学、养老保险等各种保障问题，有效推进农业转移人口市民化。对暂时不具备条件解决户籍的，也要切实解决好基本公共服务问题。城镇化，不是大城市化；推进城镇化，必须着力构建城镇体系。要充分发挥中心城市的要素集聚、产业发展、就业吸纳能力，建设综合承载力强、宜居宜业的都市区。要更加注重中小城市的发展，尤其要加快县城和中心镇发展，增强县城和中心镇对农业转移人口的吸引力。要始终坚持高标准规划、高起点建设、高水平管理，努力彰显城市特色，塑造城市形象，提升城市品位。城镇化，不能忘记广大农村；推进城镇化，必须坚持镇村联动促进城乡一体化。我们的城市，应该让人们生活更美好；我们的乡村，也应该成为人们的幸福家园。要坚持城乡统筹、镇村联动、互惠一体，统筹推进城镇化与和谐秀美乡村建设，不断完善城乡发展一体化体制机制，着力在城乡规划、产业布局、基础设施、生态建设、公共服务、社会管理等方面取得新突破，促进城乡一体化进程。

第三，社会平安和谐群众满意度要提高。平安和谐是小康的内涵、人民的期待、发展的前提。没有社会的平安和谐，就谈不上全面建成小康，更谈不上人民幸福。这些年，我省社会大局保持稳定，全省公众安全感和满意度连年上升，综治工作连续8年被评为全国优秀省，成绩来之不易。同时要清醒看到，当前影响社会稳定的因素仍有不少，特定群体利益诉求升级，群体性矛盾纠纷易发多发，社会治安问题仍较突出，特殊人群管理难度加大，人民群众对社会平安和谐的期待越来越高。我们要强化“平安是财富，稳定也出生产力”的观念，按照“确保人民安居乐业、社会安定有序、国家长治久安”的总要求，在抓发展的同时切实抓稳定、保平安、促和谐，不断提高人民群众对社会平安和谐的满意度。一要大力推进法治江西建设。坚持依法治省、依法维稳，把加强法治作为解决社会矛盾冲突、维护社会平安稳定的根本途径，坚决摒弃“和稀泥”和“花钱买平安”式的维稳观，在严格依法行政、依法办事中彰显法治精神，促进社会公平正义。重点依法整治影响群众安全感的突出问题，依法严厉打击和查处侵害群众生命财产安全的违法犯罪行为，依法惩处制假贩假等破坏社会诚信和市场经济秩序的犯罪。大力推进立体化社会动态防控体系建设，最大限度地消除治安隐患和治安盲点，严防发生重大恶性案件和个人极端暴力事件，全力保障社会治安稳定和公共秩序安全。二要大力推进平安江西建设。加强和创新社会管理，着力完善人民调解、行政调解、司法调解等多调联动的工作体系。各级领导干部要亲自参与信访接待工作，畅通和规范群众诉求表达、利益协调、权益保障渠道，健全和完善重大决策风险评估机制，从源头上减少和化解社会矛盾。坚持重心下移、力量下沉、保障下倾，推进“干部下基层”常态化，着力提高基层组织管理服务、化解矛盾的能力，最大限度地把矛盾化解在基层，解决在萌芽状态，筑牢社会平安和谐的根基。三要大力推进文明江西建设。大力弘扬社会主义核心价值观，深入开展精神文明创建活动，努力塑造理性平和、包容谦让、见贤思齐、诚实守信的社会心态，推动形成男女平等、尊老爱幼、扶贫济困、礼让宽容的社会风尚，不断提升公民道德素质和社会文明程度。

三、以绿色、循环、安全为主打品牌，开拓绿色崛起新境界

党的十八大做出了大力推进生态文明建设的战略部署。这些年来，在全省人民的精心呵护下，我省的生态环境得到进一步优化。但我们必须更加深刻地认识到，良好的生态环境，是我省科学发展、绿色崛起的生命线；不论多么赚钱的项目，如果污染了环境、破坏了生态，都是不可饶恕的犯罪；如果为一时发展而污染了老百姓赖以生存的水、土壤和空气，那我们就是千古罪人。我们要高举生态立省、绿色崛起的旗帜，树立绿色发展、循环发展、低碳发展的理念，坚持在保护中发展，在发展中保护，大力推进生态文明建设，最大限度地巩固好、发挥好江西的生态优势，努力把江西建设成为全国生态文明示范省，为建设美丽中国做出新的更大贡献。

第一，构筑绿色产业体系。把我省生态优势转化为发展优势的根本抓手，是大力发展绿色产业。目前，江西有绿色优势少绿色产业，有绿色产品少绿色品牌，这一状况必须改变。要着眼于打造江西绿色品牌，坚持绿色生产，丰富绿色产品，促进绿色消费，大力发展以生态农业、绿色工业和现代服务业为主要内容的绿色产业体系。发展生态农业，就是要深入推进农业标准化、清洁化生产，严格控制化肥、农药等化学品用量，加快无公害、绿色、有机农产品基地和现代农业园区建设，巩固我省农产品绿色、安全、有机的“金字招牌”。同时，要突出抓好无污染、无公害、安全、优质、营养型的绿色食品生产，深化农产品精深加工，提升农业产业化水平，培育农业龙头企业，不断提高我省农产品的市场美誉度和附加值。发展绿色工业，就是要大力发展新能源、新材料、节能环保等新兴产业，加快推进产业结构转型升级，积极推广绿色能源技术，引导企业坚持低碳发展、绿色发展，在技术升级上做好“加法”，在污染排放上做好“减法”，减少能源需求，降低污染物的排放，推动全省工业走上绿色、节能、高效、生态的发展之路。发展现代服务业，就是要充分挖掘我省服务业的后发优势，坚持市场化、产业化、社会化方向，重点发展商贸物流、电子商务、文化旅游和金融保险、信息会展等现代服务业，进一步提高服务业在国民经济中的比重。需要特别强调的是，我省旅游资源位居全国前列，但发展潜力和优势远未释放出来。要改变以观光旅游为主的发展模式，打破对“门票经济”的依赖，完善旅游业发展总体规划，树立现代旅游的发展理念，实施精品旅游工程，打造经典旅游线路，串起金牌旅游景点，把优质旅游资源盘活成优质旅游产品，把我省真正建设成为红色旅游强省、生态旅游名省、旅游产业大省。

第二，切实保障生态安全。生态安全是国家安全的重要组成部分，关乎经济发展，关乎百姓民生。保护环境就是保护和发展生产力，必须确保环境安全。要切实加强环境保护和治理，深入开展环境综合整治、工业污染治理、受污染地区生态修复等工作，扎实推进重大生态工程建设，确保完成污染物减排任务，持续提高城乡环境质量。要牢固树立隐患险于事故、防范胜过救灾的理念，坚持预防为先、及时应对，坚决杜绝重大环境污染事件的发生。食品安全关系你我他，必须确保食品安全。一旦发生食品安全事故，不但消费者利益受损，生产企业和农民受到影响，而且会使我省绿色品牌受到玷污，负面影响巨大。要切实加强食品安全管理与控制，健全覆盖“从农田到餐桌”的食品安全控制体系，大力推广和发展食品生产、加工、储运、包装等各环节的安全技术，任何企业和生产者都决不能图一时之利，毁了江西绿色农产品的牌子。安全生产与保护环境关系重大，必须确保生产安全。一些安全生产事故往往造成极重环境污染。要采取严格的措施督促企业加大污染治理力度，让建成的排污设施真正发挥作用。同时，要切实加强安全生产全过程监管，坚决杜绝破坏生态环境的生产行为发生。

第三，大力发展循环经济。江西有着较丰富的生态资源、矿产资源，这是大自然赐予我们的宝贵财富，必须倍加珍惜、合理开发、充分利用。要切实增强节约意识，合理开发矿产资源，优化土地资源配置，严格管理水资源，突出抓好工业、建筑、交通、公共结构节能降耗，深入开展全民节约行动，推进全社会节能、节水、节地、节材，建设资源节约型社会。要大力推进资源集约利用、循环利用，引导企业加强自主创新，突破资源循环利用关键技术，发展再生资源产业，真正做到各类资源“吃干榨尽”“变废为宝”。要大力发

展循环工业、循环农业,鼓励农业立体种植、立体养殖,推广生态养殖模式和轮作复种、间套作等耕作方式,支持一产向二产和三产延伸,提高农业附加值;鼓励工业企业由原材料初级加工向精深加工转变,由产业低端向延伸产业链转变,由资源简单利用向循环利用转变,积极创建生态工业园区和循环经济园区,全面提升资源精深加工、循环利用、综合利用水平。

四、以为民务实清廉为根本准则,展现实干兴赣新作为

实现发展升级、小康提速、绿色崛起,关键在党,关键在人,关键在实干。我们要适应世情、国情、党情的深刻变化,以加强党的执政能力和先进性纯洁性建设为主线,全面加强党的各项建设,为与全国同步全面建成小康社会、建设富裕和谐秀美江西提供坚强的组织保障。要始终把培养建设信念坚定、为民服务、勤政务实、敢于担当、清正廉洁的干部队伍作为重中之重,像爱护江西山清水秀的自然生态一样,建设好江西风清气正的政治生态。当前,要以深入开展以为民务实清廉为主要内容的党的群众路线教育实践活动为契机,进一步在全省形成齐心协力、甩开膀子干出全面小康的良好氛围。

第一,要解放思想,提振精气神。毛主席说:“人是要有点精神的。”小平同志告诉我们没有一股气呀、劲呀,就走不出新路好路。江西自古“物华天宝,人杰地灵”,为中国经济文化发展做出过特殊贡献,为中国革命成功做出过巨大牺牲。辉煌的历史是我们自豪的底气,但我们绝不能沉醉于历史的回忆中。当前,中华民族正处于无比接近伟大复兴的伟大时代,我们要以江西人素有的家国天下情怀,继续大胆解放思想,以思想的大解放促进观念更新、思维创新、事业革新,在中国梦的伟业中创造当代江西人的历史辉煌。要着力克服因循守旧、固步自封的思想,牢固树立兼容并蓄、海纳百川的志向,跳出江西、放眼全国、走向世界,以战略思维和战略勇气解决新情况、打开新局面。要着力克服萎靡不振、消极悲观的思想,牢固树立奋起直追、争创一流的志向,在正确认识省情、科学判断形势、理性面对差距中进一步坚定发展信心,做到不分神、不懈怠、不退缩,锲而不舍、毫不动摇地按照既定目标干下去。要着力克服小富即安、小进即满的思想,牢固树立百尺竿头、再进一步的志向,铆足劲,一步一个台阶地往前冲,确保江西在新一轮的发展竞争中不落后、不掉队。要克服依赖等待、畏难观望的思想,牢固树立自力更生、艰苦奋斗的志向,以时不我待、只争朝夕的精神,推动各项工作取得实实在在的进展。只要每一名党员干部始终坚守共产党人的精神追求,大力弘扬伟大的井冈山精神和苏区精神,把思想搅动起来,精神振奋起来,干劲激发起来,我们就一定能创造无愧于全省人民的业绩。

第二,要改进作风,增强执行力。“一打纲领不如一个行动”“与其坐而论道,不如起而行之”。好政策执行不力,也等于一纸空文。宏图已然绘就,方针已经确定,关键在落实,关键在执行。要坚持求真务实、真抓实干,反对作风漂浮、弄虚作假,杜绝吃喝玩乐、娱乐误政,不唯上、不唯书、只唯实,说实话、道实情、做实事,挤“水分”、去“虚胖”、练“肌肉”,以一抓到底的“狠”劲和“韧”劲,确保省委、省政府的决策真正落实到行动里、贯彻到工作中、体现到实效上。要敢于担当,直面难题,无私无畏,少争论、少议论、少评论,不推诿、不扯皮、不回避,对于应该做的事、顶着压力也要干,对于应负的责任、迎着风险也要担。要学习提高,增强抓落实的本领,特别要围绕重大产业发展、重大项目建设组织交流观摩、现场拉练活动,在推进工作中见分晓、比高低、论英雄,使勇争一流成为一种习惯,使比学赶超成为一种常态。要锐意创新,以创新的思路、办法和举措,把别人干不成的事干成,把别人难以突破的工作干出色。要加强督查,严肃追究执行不力、执行不到位的责任,狠抓“不落实的事”,严查“不落实的人”。只要每一名党员干部始终忠诚于党和人民的事业,多一点认真的态度、多一点较真的行动、多一点求真的追求,我们就一定能够不断破解难题、开创江西发展的新局面。

第三,要公道正派,立好风向标。为政之要,在于用人。选什么人、用什么人,是一个重要的风向标。用人导向正确,党的事业就兴旺发达;用人导向错误,党的事业就必定遭受损失甚至失败。习近平总书记在全国组织工作会议上就培养和选拔党和人民需要的好干部提出明确要求,我们要不打折扣地贯彻执行。要树立正确用人导向,把好干部的要求贯穿于干部培养选拔和管理监督全过程。对那些对群众感情真挚、深得群众拥护的干部,说话办事有灼见、有效率的干部,对上对下都实实在在、不玩虚招的干部,清正廉洁、公众形象好的干部,对那些聚精会神干事业、一心一意谋发展的干部,打开进步之门;对那些享乐思想严重、热衷于形式主义、严重脱离群众、投机钻营、跑官要官的干部,撤下晋升之梯。要实行分类考核、差异化考核,进一步完善符合科学发展观和正确政绩观要求的市县和省直部门以及干部考核评价体系,不唯 GDP,不以数字论英雄,不要给乡镇、街道下达 GDP、财政收入、固定资产投资指标和招商引资任务,使他们能够集中精力做好公共服务、群众服务和营造发展环境的工作。要给基层干部“松绑减压”,大力营造鼓励干事、宽容失误的良好氛围,鼓励支持基层干部心无旁骛、放开手脚开展工作。要深化干部人事制度改革,建立健全激励约束机制,强化干部监督机制、干部责任追究机制,提高选人用人公信度。只要坚持正确的组织路线,把无数的好干部选出来、用起来,我们的事业就会大有希望。

第四,要永葆本色,把好廉洁关。清正廉洁是共产党人的政治本色。要坚持党要管党、从严治党,采取有力举措把党风廉政建设和反腐败斗争抓得更好。廉洁是做人为官的底线。腐败,只能获得一时的享乐,必将悔恨终生;清廉,才能换来一生的幸福和平安。任何时候、任何情况下,我们都要“胸怀真善美、两袖不染尘”,在廉洁从政中收获健康、感受快乐、体会幸福。廉洁是联系群众的前提。“公生明、廉生威。”要把为人民服务的宗旨真正记在心间、扛在肩上,真心实意地尽己所能、尽己之责去帮助群众解决切身利益问题,以实际行动密切与人民的血肉联系。廉洁是优化环境的利器。要切实增强服务意识、效率意识、廉洁意识,不做腐败官、不做吃喝官、不做慵懒官,以实际行动维护干部清正、政府清廉、政治清明的环境。只要坚定不移反对腐

败、建设好廉洁政治，我们就一定能始终得到人民的拥护和支持。

同志们！发展升级，小康提速，使命光荣；绿色崛起，实干兴赣，任重道远。我们要更加紧密地团结在以习近平同志为总书记的党中央周围，凝心聚力，团结奋进，共同为建设富裕和谐秀美江西、确保江西与全国同步全面建成小康而不懈奋斗！

在省委十三届八次全体会议结束时的讲话

省委书记　强　卫

（2013年12月28日）

同志们：

省委十三届八次全体会议，圆满完成各项议程，就要胜利闭幕了。会议听取了省委常委会工作报告，分析了当前形势和任务，审议通过了《中共江西省委贯彻落实〈中共中央关于全面深化改革若干重大问题的决定〉的实施意见》和《中共江西省委全委会工作规则》，全面部署了明年各项工作，达到了统一思想、凝聚共识、坚定信心、明确方向的目的，开得很成功。

全会充分肯定了一年来省委常委会的工作，一致同意省委常委会关于明年工作的总体安排。大家认为，在以习近平同志为总书记的党中央正确领导下，省委团结带领全省广大干部群众，圆满完成全年经济社会发展目标任务，继续保持了经济社会持续健康较快发展的良好势头，迈出了“发展升级、小康提速、绿色崛起、实干兴赣”的新步伐。大家表示，明年全省工作的总体安排思路清晰、重点突出、措施有力，一定认真抓好贯彻落实。

全会积极评价了一年来的经济工作，一致同意省委常委会关于明年经济工作的具体部署。大家认为，今年以来，省委切实加强对经济工作的领导，始终坚持稳中求进工作总基调，统筹做好稳增长、调结构、抓改革、优生态、惠民生等各项工作，经济总量和发展质量都实现了稳步提升。大家表示，明年经济工作的九大任务针对性、操作性、实践性都很强，为做好经济工作指明了具体方向。

全会深入讨论了《中共江西省委贯彻落实〈中共中央关于全面深化改革若干重大问题的决定〉的实施意见》和《中共江西省委全委会工作规则》，一致同意这两个文件。大家认为，省委《实施意见》体现了中央精神，结合了江西实际，内容全面，重点突出，针对性、指导性、前瞻性都很强；《工作规则》贯彻了民主集中制的组织原则，是我省加强党的制度建设的重要遵循。

总之，大家一致认为，省委十三届八次全体会议，是一次高举旗帜、团结奋进的大会，是一次振奋精神、鼓舞干劲的大会，是一次继承创新、开拓进取的大会，必将对做好我省经济社会发展各项工作、推动“发展升级、小康提速、绿色崛起、实干兴赣”产生重要作用。

同志们，党的十八大以来，中央召开了十八届二中、三中全会、中央经济工作会议等一系列重要会议，习近平总书记发表了一系列重要讲话，大政方针十分明确。同时，省委召开了十三届七次全体会议，提出“发展升级、小康提速、绿色崛起、实干兴赣”十六字方针，对贯彻中央精神、推动江西发展进行了系统部署，这次全会又对明年经济社会发展各项工作提出明确要求，各项措施也十分具体。当前，把中央精神和省委部署落到实处，必须大力弘扬解放思想、真抓实干的作风。

解放思想是推动发展的有力武器，真抓实干是确保落实的根本要求。解放思想只有落到真抓实干上，才能避免坐而论道、流于形式；真抓实干只有以解放思想为先导，才能焕发干事创业的强大动力。两者是辩证统一的关系。我们要把解放思想、真抓实干有机结合起来，在思想上、行动上树立新风尚、展现新作为。

下面，我就进一步解放思想、真抓实干，扎扎实实做好明年工作，讲五点意见。

一、进一步增强思想力，以更大决心勇气破除思想观念和体制机制障碍

习近平总书记指出，解放思想是前提，是解放和发展社会生产力、解放和增强社会活力的总开关。明年，摆在我们面前的一项重要政治任务，就是深入贯彻十八届三中全会精神，落实好省委《实施意见》，扎实推进全面深化改革各项工作。这就要求我们以更大的决心和勇气推动思想的大解放。当前，全省干部群众精神状态总体良好，但与沿海发达地区比，甚至与中部兄弟省份比，我们在解放思想上还有不小的差距。比如，有的谈认识很深刻，但行动上却跟不紧；有的视野比较开阔，但具体操作上仍习惯老一套；有的决心很大，但一遇到困难又缺乏具体办法。存在这些问题，既有传统农耕文明的深刻影响，也有计划经济思维的长期束缚；既有体制机制的惯性阻碍，也有各种利益关系的复杂牵扯。随着国际化、信息化日益深入，特别是中央全面深化改革决策部署的深入实施，对我们的思想深度、思维方式等提出了更高要求。我们只有从更深层面、更广领域解放思想，来一次真正意义上的“思想革命”，才能甩掉包袱，轻装上阵，大踏步前行，实现后来居上，创造崭新局面。

应该说，对于要不要解放思想，大家都看得比较准，但

问题的关键在于怎么解放思想。习近平总书记深刻指出，改革要以重大问题为导向。这启示我们，解放思想也要以重大问题为导向。这是因为，只有找准思想上的突出问题，才能有的放矢，对症下药，精准发力，达到"一子落全盘活"的效果。

要善于打破思维定式。思维定式一旦形成，就会造成思想的僵化，束缚人的手脚，并且使人习以为常。比如，现在有的同志，一讲推进工作就要人、财、物，一讲加快发展就要升格、增设机构编制，一讲深化改革就要各种政策优惠。似乎没有这些条件，就无法开展工作。还有的同志总是强调，上面是这样要求的，领导是这样讲的，以前是这样做的，依葫芦画瓢，照搬照抄。再比如，我们平时总讲招商引资没有大项目、好项目，但一旦大项目、好项目来了，却不能把目光放长远些，不敢给予过去和现在都没有给过的支持。这些都是思维定式、经验主义作祟。我们要坚持立足实际、实事求是，拿出自我革新的勇气和胸怀，跳出条条框框限制，推动各项工作与时俱进、创新发展。只要有利于改革发展，有利于人民群众切身利益，有利于江西发展大局，就要放开手脚干、坚定不移闯，不断打开经济社会发展新局面。

要敢于冲破利益藩篱。习近平总书记强调，在深化改革的问题上，一些思想观念障碍往往不是来自体制外而是体制内；矛盾越大，问题越多，越要攻坚克难，勇往直前。我们要看到，改革已进入攻坚期、深水区，如果不从制度上突破利益藩篱，就难以在全面深化改革上取得新突破。比如，我们强调解决政府"越位"、"缺位"、"错位"等问题，确实是知易行难。以行政审批为例，我省某企业投资一个项目，先后盖了200多个章，涉及几十个厅局的处室，历经600多天。核实发现，每一个审批事项都有文件依据。可见，我们这么多年一再强调简政放权，事实上并没有取得明显效果。再比如，一些部门的权力下放存在利益"导向"，没有实际利益的容易放，有实际利益的舍不得放；有时候你放我不放，这里放了那里又收了。为什么产生这些现象？就是因为根深蒂固的利益格局难以打破，一些部门舍不得放弃手中的"实权"。我们要树立强烈的大局意识，着眼长远利益，胸怀发展全局，以斩钉截铁的决心，大胆冲破利益固化的藩篱，大胆清除体制机制的障碍，为改革发展奠定坚实基础。

要勇于突破狭隘视野。视野受限，犹如"盲人摸象"，只见一端，不及其余，极大地影响认知能力。这种现象在我省也不少。比如，电子商务前景看好、潜力巨大，许多省市采取有力措施予以扶持，新的一轮竞争正在考验我们。专家认为，发展电子商务最多还有5年机遇期。如果错失这一轮机遇，江西现代商贸业又将被抛在后面。再比如，对于昌九一体化战略，有的同志觉得，这意味着昌九之外的其他地方不受重视了，意味着打造南昌核心增长极、九江沿江开放开发战略不受重视了。这些认识都是片面的。实际上，昌九一体化战略既包含了原有思路，又有新发展；既强调昌九一体，又强调带动全局，是牵引全省发展的大战略。再比如，有的只盯着眼前"一亩三分地"，既不愿"走出去"，也害怕"请进来"，有的人为设置壁垒，阻挠外地产品进入本地市场；有的对引进的企业"关门宰客"。一些企业小农意识浓厚，小富即安，小进即满，不敢进军外地市场，缺乏做大做强的勇气。这些故步自封、狭隘封闭的作法，必须坚决摒弃。我们要着眼开放升级，进一步打开视野，海纳百川，八面来风，以宽广的胸怀、开放的姿态融入全国全世界，努力在大开放中实现大发展。

习近平总书记指出，冲破思想观念的障碍、突破利益固化的藩篱，解放思想是首要的。我们必须把解放思想落实到每一个人，贯穿到每一项工作，特别是各级领导干部要带头解放思想、真正解放思想。面对艰巨的改革任务，我们更要大胆地试、大胆地闯，攻坚克难，闯关夺隘。最近，我省很多地方和部门，不等不靠，勇于创新，推出了一些改革举措。比如，南昌市在土地经营权流转、户籍制度改革方面开展了探索，赣州在金融和物流创新等方面进行了尝试，新余迅速启动公车制度改革，吉安采取合作办校、医院托管等形式发展社会事业，其他地市也都结合实际提出了一些改革创新的举措。下一步，各地要以贯彻中央和省委改革决策部署为契机，继续推进体制机制创新，并以此为突破口，促进思想大解放、观念大更新、事业大发展，不断开辟科学发展、绿色崛起的广阔空间。

二、进一步提升领导力，积极发挥党委统揽全局、协调各方的核心作用

十八届三中全会提出，全面深化改革的总目标是完善和发展中国特色社会主义制度，推进国家治理体系和治理能力现代化。习近平总书记也深刻指出，全面深化改革，关键是要进一步提高党的领导水平和执政能力。我们要认识到，党的领导力既体现在国家治理能力上，也体现在地方治理能力上。作为地方党委和领导干部，提升领导力的一个重要任务，就是要善于抓方向、议大事、管全局，推动中央各项决策部署落到实处、取得实效。

提高党委统揽全局、协调各方的能力，是提高领导力的核心要求。面对改革发展的繁重任务，党委必须发挥领导核心作用，集中精力抓好带有全局性、战略性、前瞻性的重大问题，把稳政治方向，决定重大事项，凝聚各方力量，有效实施党在各个领域的政治、思想、组织领导。特别是党的十八大以来，中央召开了一系列重要会议，习近平总书记发表了一系列重要讲话，我们要深入、系统、全面地学习领会，掌握贯穿始终的根本立场、核心思想和重要要求，大力培育科学思维，熟练运用"弹钢琴"法，不断提高战略思维能力、综合决策能力、驾驭全局能力，统筹推进各项事业全面发展。

改革发展稳定的第一线，是检验领导力的大舞台，也是提升领导力的大课堂。关于明年工作，省委提出了抓改革、促发展、惠民生、保稳定、强作风的总要求，部署了经济社会党建等六个方面工作，确定了经济工作的九大任务，可以说是千头万绪、十分繁重。完成好明年工作任务，就是对我们领导力的直接检验。全省各级干部一定要胸怀全局，谋大势、抓大事、办实事，把各项工作统筹起来抓紧抓好。比如，经济工作是党的中心工作，抓住了中心工作这个牛鼻子，其他工作就可以更好开展。因此，加强党对经济工作的领导，各级党委就要定期听取经济运行情况汇报，经常分析经济发展态势，及时研究制定重大经济政策，切实加强督促检查指导，牢牢掌握经济工作的主动权、主导权。再比如，稳定是压倒一切的大事，各级党委必须坚持底线思维，在着力防范群

体性事件、安全生产事故、社会治安案件等传统影响稳定因素的同时，高度关注粮食安全、产能过剩、债务风险、金融风险等可能引发社会稳定风险的新问题，做到早发现、早分析、早研判、早处置，努力把各种不稳定因素消除于萌芽状态。只要我们善于集中力量来谋划和落实事关全局的重点工作、重要任务，就能够以重点的突破带动工作的全面发展。

"子率以正，孰敢不正"。领导干部的一言一行，具有很强的示范性和带动性。面对改革发展稳定的繁重任务，全省各级领导干部一定要有定力，带头增强中国特色社会主义道路自信、理论自信、制度自信；一定要有韬略，带头加强学习，提高分析形势、把握趋势、谋划大势的能力；一定要有方法，带头运用马克思主义立场观点方法观察、思考、解决问题；一定要有境界，带头树立正确的权力观、地位观、利益观，树立正确的政绩观，一心为党，一心为国，一心为民。只要领导干部始终靠前指挥、身先士卒，一级做给一级看，一级带着一级干，争当干事创业的表率、廉洁奉公的楷模，就一定能带领广大干部群众攻坚克难、奋勇向前，不断打开新局面、取得新胜利。

三、进一步提高执行力，确保中央和省委各项决策部署落实生效

习近平总书记强调，"一分部署，九分落实"，"只说不做不行，说了做了没有成效也不行"。我们要认识到，再好的政策措施，如果执行不到位，就等于一纸空文。今年，省委做出了一系列决策，提出"发展升级、小康提速、绿色崛起、实干兴赣"十六字方针，提出推进昌九一体化的重大战略，提出修编十大产业规划，出台《支持赣东北扩大开放合作加快发展的若干意见》《支持赣西经济转型加快发展的若干意见》《推进旅游强省建设的意见》等文件，谋划央企入赣、赣台合作以及省部、省校、省院对接等举措。如何确保这些方针、政策、思路，变为实实在在的项目，变为扎扎实实的举措，变为加快发展的抓手，是明年重中之重的任务。总的来看，现在各地抓落实、抓执行的氛围比较浓，但实践中也存在着自行其是、自作主张，选择性执行，执行不彻底、不到位等现象。全省上下必须进一步强化执行意识，以强大的执行力保证中央和省委各项决策部署落到实处。

提高执行力，必须坚决坚定、不折不扣。下级服从上级，地方服从中央，是我们党的重要组织原则，也是我们党坚强有力的表现。提高执行力，第一条就是要严明纪律，始终与中央保持高度一致，坚决把中央和省委的各项决策部署执行到位。比如，中央去年就提出化解产能过剩，今年又再次强调化解产能过剩工作不能再拖了。我们必须坚决地、毫不犹豫地贯彻执行。要对我省钢铁、水泥、电解铝、平板玻璃、船舶等五大行业全面分析，看一看产能过剩的现状到底怎么样，具体原因是什么？想一想化解产能过剩有什么好对策，政府和企业分别该怎么办？只要做到底数清、把脉准、出招实，坚定不移抓落实，我们就能打赢化解产能过剩这一仗。总之，对于中央和省委统一部署的任务，各地各部门都必须牢固树立大局观念和全局意识，主动作为，积极配合，一竿子插到底，务求取得实效。省委提出像抓工业化城镇化那样抓旅游、加快建设旅游强省后，上饶明确提出要在旅游发展上争第一，把三清山打造成全省旅游发展示范区的目标，这就是贯彻中央、省委决策应有的态度。然而，现在有的同志，把"必答题"变成"选择题"，于己有利就积极地干，看似不利就拖着不办，甚至暗中抵触。有的单位执行效率低、工作作风飘浮，对已经定下来的事情迟迟不办，并且还找这样那样的客观理由，就是不从自己身上找原因。这些都是绝对不允许的！这里再次重申，执行中央和省委决策部署是一条铁的纪律，决不能"上有政策、下有对策"，决不能"有令不行、有禁不止"，决不能在贯彻执行过程中打折扣、做选择、搞变通。对执行不力、不到位的，发现一起，严惩一起，决不姑息迁就，决不搞"下不为例"。

提高执行力，必须深化细化、勇于创新。我们要求上下步调一致，并不是否认各地各部门的主观能动性。对于明确由地方具体实施的任务，要在吃透中央和省委精神的基础上，结合实际创造性地开展工作。比如，这次中央全面部署了城镇化工作，也出台了具体规划。我们就要结合各自实际，深入细致抓落实，认真考虑我省推进城镇化的基调怎么定、盘子怎么拿、步子怎么迈，再往细处说，还要研究人怎么转、钱怎么筹、地怎么征、城怎么建、事怎么管等一系列问题。比如，中央多次强调确保粮食安全。江西作为粮食主产区，确保粮食生产稳步增长是我们光荣而艰巨的政治责任。但我们如何在守好粮袋子的基础上，大力发展现代农业，推进多种经营，做到既保粮食安全、又富一方百姓，达到"两全其美"，还是要深入细致地下一番功夫的。所以，只有想得周全、抓得深入，才能创造性地贯彻上级决策部署。为此，我们一定要重视调查研究，多层次、多方位、多渠道地了解情况，找出解决问题的新视角、新思路和新对策。对一些老大难问题、瓶颈性问题，要舍得花时间、下功夫，认认真真地研究，仔仔细细地把脉，力求对症下药，突破瘤疾。对一些影响较大的重大举措，不要着急拍脑袋，可以采取试点探索、投石问路的方法，取得经验后再全面推开。"他山之石，可以攻玉。"要经常带着问题走出去，学习他人之长，汲取成功经验。明年，省委将适时组织"看亮点、找特色、比优势"巡回拉练活动，组织各地市之间相互观摩、相互学习，促进经验共享、互通有无，推动各地共同进步。

提高执行力，必须久久为功、持之以恒。习近平总书记指出，我们要有钉钉子的精神，钉钉子往往不是一锤子就能钉好的，而是要一锤一锤接着敲，直到把钉子钉实钉牢。我们要认识到，党的干部是有任期的，党的事业却是无限的。我们干事创业的过程，就好比一场接力赛，每个人不仅要跑好自己这一棒，还要接好上一棒，传好下一棒，这样才能取得整场比赛的最佳成绩。比如，棚户区改造和扶贫攻坚，都是关系全局的重大民生工程，需要投入大量的资源，花费大量的精力，不可能一蹴而就、三年两载就见到成效。现在，一些对地方发展有益、百姓也能得实惠的招商引资项目，因为主要领导的变更而搁浅，造成不小的损失和浪费，十分可惜。因此无论谁当主要领导，都要把已经确定的重大决策、重大项目、重大工程和重点工作紧紧抓在手上，一任接着一任干，一张蓝图画到底，直到取得明显成效。九江前几年提出"主攻工业、做大城市"，几任领导都把这个发展战略牢牢抓在手上，坚持不懈地干。现在，又提出决战"工业一万亿"的目标，进一步延续、拓展了原来的思路。这种精神值

得弘扬。我们必须树立战略眼光，发扬高风亮节，不为个人形象想招数，只为党的事业增光彩，对于看准了的工作，认定了的目标，就要紧紧扭住不放，不翻烧饼，不瞎折腾，大力发扬钉钉子的精神，坚持不懈抓落实，像打仗一样逐个消灭前进中的障碍，积小胜为大胜，积跬步致千里。

四、进一步激发创造力，充分调动各个层面的积极性主动性

习近平总书记指出，只要有利于解放和发展社会生产力，只要有利于推动经济社会持续健康发展，只要有利于实现好、维护好、发展好最广大人民根本利益，只要有利于巩固党的执政基础和执政地位，就要大胆试、大胆闯，就要坚决破、坚决改。这“四个有利于”，为我们激发创造活力指明了方向、提供了准绳。我们要始终保持旺盛的创造活力，采取一切办法，让一切劳动、知识、技术、管理、资本的活力竞相迸发，让一切创造社会财富的源泉充分涌流。

必须激发市场活力。这是社会活力的基础和前提，是发展活力最集中、最生动的体现。要进一步厘清政府和市场的关系，明确政府治理与市场功能的边界，真正打开市场之“门”，放开权力之“手”，使市场在资源配置中起决定性作用，更好发挥政府作用。这方面，当前重点是解决政府“越位”、“缺位”和“错位”等问题，深化行政审批制度改革，建立公平开放透明的市场规则，构建统一开放、竞争有序的市场体系。今年以来，我省大力转变政府职能，取消、下放省级行政审批项目和备案项目61个，受到社会好评，取得初步成效。这次省委贯彻中央决定的《实施意见》，部署了深化投资体制和行政审批制度改革的任务，特别提出“探索省、市、县行政审批和公共服务事项网上‘并联式’审批”的新举措，对转变政府职能意义重大，一定要抓好落实。下一步，要根据省委《实施意见》，对全省行政审批、许可、收费事项来一次大清理，看看哪些审批时间可以进一步压缩，哪些审批环节可以进一步简化合并，哪些审批规定可以完全废除。做好这项工作，要从整体上系统研究，注重综合效应，不能这边减了，那边又增了；上面减了，下面又增了。省委正在研究制定对省直部门的科学考核评价体系，简政放权要列为重要指标，并且在考核时增加市县的话语权，让基层来评价打分，确保“简”到实处，“放”有实效。

必须激发创业活力。企业是市场的细胞，是创新创业的主体。要大力培育一批“顶天立地”的骨干大企业，一批“铺天盖地”中小企业，形成各类企业各展所长、竞相发展的生动局面。一要推动国有企业“转型创业”。当前，我省大多数国有企业既不大、也不强，并且分散在各个系统，无法形成合力、抱团发展。特别是一些国有企业观念陈旧，不善于从资本运作层面谋划发展，不习惯从完善现代企业制度着手加强管理，因而难以做大做强。一定要适应市场化、国际化趋势，紧紧抓住这一轮改革机遇，加强战略规划和政策引导，推动国有企业进一步增强改革创新的勇气，着力完善现代企业制度，切实增强活力、提高效率，努力成为助推发展升级的重要引擎。二要推动民营企业“无障碍创业”。认真贯彻落实省委《关于大力促进非公有制经济更好更快发展的意见》，始终坚持“两个毫不动摇”，加大扶持力度，放手、放胆、放权鼓励支持我省非公有制经济大发展。坚决废除各种不合理规定，消除阻碍民间投资的“玻璃门”、“弹簧门”、“旋转门”，创造公平公正的市场环境和政策环境，努力实现民营企业数量快速增长、规模不断壮大、活力明显增强。三要推动群众“激情创业”。大力培育群众的投资意识、经营意识、市场意识，积极倡导全民创业，鼓励经营管理和科技人员领头创业，吸引外出务工经商人员返乡创业，扶持下岗失业人员自主创业，引导高校毕业生自立创业，让每个社会成员都有人生出彩、梦想成真的机会。十八届三中全会作出了一个重要制度安排，就是强调发展混合所有制经济，无论是国有企业、集体企业还是民营企业，都可以交叉持股、相互融合。我们要抓住机遇，用好政策，激发各种所有制经济的活力和创造力。

必须激发人才活力。人才聚则事业兴，这是被实践反复证明的道理。江西历史上两次辉煌都与人才集聚赣鄱不无关系。一次是唐末到宋明时期，大批中原文化精英迁移来赣，直接促进江西成为封建文化经济发达的重要地区；一次是土地革命时期，中华民族精英齐聚赣南中央苏区，谱写了中国革命史上的壮丽一页。当然，江西本土也是人杰地灵、英才辈出的好地方。发现、引进、培养和使用各类优秀人才，是各级党委的重要任务。当前，优秀人才不足、高层次人才缺乏，是制约江西发展的重要瓶颈。比如，我省金融业发展滞后，这与金融人才奇缺有很大关系；一些新兴产业发展势头好，在省内却招不到职业经理人；在电子商务、旅游、文化创意等领域，缺乏优秀的经营管理人才；在科技研发、重大攻关项目方面，缺乏优秀的领军技术人才。我们必须认清形势，正视差距，赶紧把人才工作抓上去。要紧紧围绕重点产业、重要行业加大紧缺急需人才培养力度，特别要强化实践导向，打破体制壁垒，让人人都有成长成才、脱颖而出的通道，让各类人才都有施展才华的广阔天地，促进现有人才“红利”充分释放。要敞开大门，像招商引资一样大胆地招才引智，努力吸引各类人才来赣创业发展。人才工作的关键在于使用。要搭建各种层次的发展平台，提供各个领域的创业舞台，提供细致周到的服务，为人才专心干事营造良好环境，真正让英雄有用武之地，在赣鄱大地实现人生抱负。这里要强调的是，各类高校和科研单位，都要强化大局意识，主动贴近全省中心工作，主动服务经济社会发展，努力推出更多高质量的成果，让知识的价值充分彰显，担当起社会进步的“引擎”。

必须激发基层活力。基层蕴藏着宝贵的新鲜经验，蕴含着无穷的创造活力。各级领导干部要经常深入基层，注意发现和总结基层干部群众改革创新的鲜活经验并加以推广。要高度重视基层，推动重心向基层转移，政策向基层倾斜，资源向基层集中，不断提升基层治理能力，夯实基层基础工作。长期以来，广大基层干部奋斗在第一线，为落实各级党委、政府的决策部署，推动当地经济社会发展，做了大量工作，做出了重要贡献。各级领导要理解他们的难处，支持他们的工作，逐步提高他们的待遇，热情帮助他们排忧解难，努力把他们的积极性引导好、发挥好、保护好。今年，省里对市县实行分类考核、差异化考核，给基层干部“松绑减压”。今后，要继续推进基层减压常态化、制度化，为基层创造宽松的氛围，鼓励基层干部心无旁骛、放开手脚干事业。

五、进一步强化凝聚力，努力建设好风清气正的政治生态

强化凝聚力，就是要把各方面的力量调动起来、组织起来、聚集起来，锻造一支坚强有力、团结奋进的队伍。必须坚持正确的用人导向，完善科学的考核机制，坚定不移转变作风，坚定不移反对腐败，大力建设廉洁政治，以优良党风政风带动民风社风，持续建设好、培育好风清气正的政治生态。

要大力营造埋头苦干、以实绩论英雄的浓厚氛围。习近平总书记多次强调，空谈误国，实干兴邦。实现我们的目标任务，说一千道一万，还是靠实干。明年，真抓实干、狠抓落实是省委工作的一个重要基调，也是省委考核各地各部门的一个重要要求。我们必须大力弘扬脚踏实地、埋头苦干的优良作风，大力倡导坚持不懈、一抓到底的务实精神，大力宣传求真务实、真抓实干的先进典型，坚持在干事创业中检验干部、考察干部，努力把一大批"信念坚定、为民服务、勤政务实、敢于担当、清正廉洁"的好干部选出来、用起来，引导广大干部把精力和智慧都用到干工作、谋发展上来。要树立正确的用人导向，旗帜鲜明地鼓励开拓、支持实干，把那些"只有唱功、没有做功"的庸官刷下来，把那些"见到困难就躲"、"碰到麻烦就绕"的懒官请下台，把那些得过且过、政绩平平的太平官剔出去，真正让想干事的有机会、能干事的有平台、干成事的有地位，在全省形成人心思进、人心向上、人心凝聚的大好局面。

要大力营造勇于担当、以创新为风尚的浓厚氛围。中央全面深化改革的部署很具体，我省也推出了"1+N"系列贯彻意见，这些都要一步一个脚印地抓落实。特别要认识到，实践无止境，创新也无止境。改革发展过程中，一定会遇到新挑战、新问题，我们必须不为定势所困，不为视野所限，敢于第一个吃螃蟹，勇于闯新路。只要工作符合大政方针，符合人民群众的利益，即使出现一时的失误，也要给予更多的宽容和包容。要建立健全科学的考核机制，坚持全面地、历史地、辩证地考察干部，把对工作的考核和对干部的考察结合起来，多看主流，多看本质，对那些勇担当、有本事、坚持原则、不怕得罪人、个性鲜明的干部，给予客观公正的评价，让他们受到肯定、得到激励，没有后顾之忧，心无旁骛干工作。

要大力营造干净干事、以廉洁立根基的浓厚氛围。廉洁从政是为官的底线、做人的根本。一个干部能力再强，工作再勤奋，如果在廉政上出了问题，那么一切都无从谈起。十八大以来，党中央反腐败的决心、力度、效果前所未有，得到全党全国的衷心拥护，展现了新一届中央领导集体强化党风党纪、巩固执政基础的坚强意志。今年以来，我们深入贯彻中央精神，认真落实中央巡视组、中央督导组的要求，加大了对腐败问题的查处力度，但是也有一些同志对此忧心忡忡，担心查处案件多了会影响当前工作。俗话说，人无远虑，必有近忧。如果我们对腐败分子迁就，对腐败问题不下狠心整治，影响的就不仅仅是当前工作，最终将葬送我们党的执政地位，葬送革命前辈为之奋斗的光荣事业，葬送中华民族伟大复兴的光明前景。我们一定要清醒地认识到这一点。全省各级干部都必须敬畏权力、管好权力、慎用权力，守住底线、不碰红线，珍惜自己的政治生命和前途，保持拒腐蚀、永不沾的政治本色。要加强对权力运行的制约和监督，进一步强化反腐败体系机制创新和制度保障，切实改进巡视工作，形成不敢腐的惩戒机制、不能腐的防范机制、不易腐的保障机制。要继续巩固八项规定成果，制定出台落实中央《党政机关厉行节约反对浪费条例》实施细则，从小事着手，从细节抓起，锲而不舍反对"四风"。要巩固和发展第一批教育实践活动成果，扎实开展第二批教育实践活动，着力健全改进作风建设常态化制度，以踏石留印、抓铁有痕的干劲一抓到底。

眼下，正值年终岁末，元旦春节将至，各项工作任务十分繁重。各地各部门要集中精力、扎实工作，切实搞好经济运行调度，保持工作的连续性和稳定性，确保明年工作开好局、起好步。要持之以恒抓中央八项规定精神和省委若干规定的落实，坚持厉行节约、防止铺张浪费，特别是要继续深入开展"红包"治理专项行动，坚决刹住节日期间公款送礼、公款吃喝、公款旅游、奢侈浪费、党员干部进入私人会所等不正之风。要切实抓好今冬明春农业生产，抓住有利的天气条件，搞好农田水利建设。要关心困难群众的生活，根据群众的需求扎实开展送温暖活动，进一步抓好安全生产，加强社会治安，保障节日期间市场供应，让广大人民群众过一个欢乐、祥和的元旦和春节。

同志们，做好明年工作任务繁重、责任重大。我们要更加紧密地团结在以习近平同志为总书记的党中央周围，高举中国特色社会主义伟大旗帜，以邓小平理论、"三个代表"重要思想、科学发展观为指导，解放思想、坚定信心，开拓进取、扎实工作，为建设富裕和谐秀美江西、早日实现与全国同步全面建成小康社会而不懈奋斗！

政府工作报告

——在江西省第十二届人民代表大会第三次会议上

省 长 鹿心社

（2014年1月21日）

各位代表：

现在，我代表省人民政府，向大会做政府工作报告，请予审议，并请各位省政协委员和列席会议的同志提出意见。

一、2013年工作回顾

2013年是新一届省政府履职的开局之年。在党中央、国务院和省委的坚强领导下，全省上下紧紧围绕建设富裕和谐秀美江西的奋斗目标，认真贯彻落实"发展升级、小康提速、绿色崛起、实干兴赣"十六字方针，坚持稳中求进工作总基调，统筹做好稳增长、调结构、抓改革、优生态、惠民生等各项工作，经济发展稳中有进、稳中向好，社会事业全面进步，较好地完成了省十二届人大一次会议确定的主要目标任务。

一年来，主要做了以下工作：

（一）积极应对困难和挑战，经济保持持续健康较快发展。面对经济下行压力加大的严峻形势，坚持抓发展不动摇。紧紧围绕年初确定的战略目标，强化经济形势研判和经济运行的监测调度，主动跟进国家宏观调控政策的调整和变化，结合江西实际，适时制定出台了一系列稳投资、扩消费、帮企业的政策措施，促进经济平稳较快发展。全省生产总值14338.5亿元，增长10.1%。财政总收入2357.1亿元，增长15.2%，其中公共财政预算收入1620.2亿元，增长18.1%。500万元以上项目固定资产投资12450.8亿元，增长20%。社会消费品零售总额4551.1亿元，增长13.6%。规模以上工业增加值5796.9亿元，增长12.4%。粮食总产达到2116.1万吨，实现"十连丰"。金融机构本外币各项贷款余额13111.7亿元，比年初增加1981.9亿元，增长17.8%。居民消费价格总水平涨幅2.5%。

（二）着力优布局调结构，经济发展竞争力进一步提升。在稳定经济增长的同时，坚持既立足当前，更重视长远，加快结构调整和优化升级，不断增强发展的后劲。区域经济发展方面，大力实施鄱阳湖生态经济区建设和赣南等原中央苏区振兴发展两大国家战略；加快打造南昌核心增长极和九江沿江开放开发，启动了南昌、共青先导区建设，昌九一体化全面推进；出台了支持赣东北扩大开放合作、支持赣西经济转型发展的政策意见，区域经济发展活力进一步增强。产业结构调整方面，出台了深入实施工业强省战略、加速推进新型工业化的政策意见，重点推进战略性新兴产业发展和传统产业改造升级；大力推进农业产业化，规模以上龙头企业销售收入增长21.1%；实施服务业提升战略，服务业占生产总值比重提高0.5个百分点。深入推进创新驱动发展战略，科技协同创新展现新活力，科技进步对经济增长的贡献率进一步提高。

（三）大力推进改革开放，经济社会发展的动力活力增强。以推进简政放权、转变政府职能为重点，加大了行政审批制度改革力度。衔接国务院取消和下放的行政审批项目93项，取消和下放省级行政审批与备案项目61项，取消省级行政事业性收费项目20项，200个基础设施和公共服务项目向社会资本开放，鼓励支持引导非公有制经济加快发展。财税体制、食品药品安全监管体制、医药卫生体制改革有序推进。积极扩大对外开放，成功举办了赣港会、赣台会、瓷博会、央企入赣、光彩事业赣州行等重大活动，实际利用外商直接投资75.5亿美元，增长10.7%；利用省外5000万元以上项目资金3670亿元，增长15%。外贸出口281.7亿美元，增长12.2%。"走出去"战略迈出新步伐，对外承包工程完成营业额22亿美元，增长20%。新增国际友好城市3对，总数达到79对。新增赣州（吉安）至厦门铁海联运五定班列，开通新余至宁波货运专列。新增宜春、龙南、瑞金三个国家级经济开发区。

（四）加强基础设施建设，城乡统筹加快推进。实施了一批重大基础设施项目建设，武九客专、九景衢铁路开工建设，向莆铁路、衡茶吉铁路建成投运，全省铁路营运里程达到3146公里。福银高速公路九江长江公路大桥、厦坪至睦村高速公路建成投运，全省高速公路通车里程达到4335公里。宜春明月山机场竣工通航。500千伏梦山至安源、九江马回岭等输变电工程建成投运，峡江水利枢纽两台机组并网发电，赣江石虎塘航电枢纽建成投运。坚持城乡统筹、镇村联动、互惠一体，有序推进新型城镇化。全省新增城镇人口86万人，城镇化率达到49%，提高1.5个百分点。推进了326个集镇、2923个自然村镇村联动发展，在8321个村点开展了新农村建设，城乡人居环境继续改善。

（五）加大环境保护力度，生态文明建设取得新成效。坚持在保护中发展、在发展中保护，大力推进生态文明建设，促进生态与经济协调发展。"森林城乡、绿色通道"工程扎实推进，完成造林面积253.7万亩。新增国家园林城市3个。深入开展净空、净水、净土行动。在南昌市开展了PM2.5监测，空气质量监控措施进一步强化，其他设区城市空气质量达到国家Ⅱ级标准。全省地表水监测断面水质达标率80.8%。完成14个重金属污染源综合治理项目。淘汰89个落后产能项目，万元GDP能耗下降3.6%，主要污染物减排完成国家下达计划任务。

（六）切实保障改善民生，各项社会事业全面推进。坚持民生为先、民生为本，大力推进以保障和改善民生为重点的社会建设，全面提升社会发展水平。筹集700亿元财政性资金实施民生工程，76件实事全面完成。全省城镇新增就业54万人，新增转移农村劳动力57.5万人。建立和完善了城乡居民大病保险等保障制度，覆盖城乡居民的社保体系进一步完善。保障性安居工程顺利推进，开工建设保障性住房32.5万套，基本建成24.3万套，完成农村危旧房改造36.8万户。完成扶贫移民搬迁6.3万人。农村义务教育学校标准化建设等一批教育重大工程项目顺利推进，各类教育事业进一步提升。加强与中国科学院、中国工程院、清华大学、北京大学、北京师范大学等科研院所和高校的战略合作，省部合作、省校合作取得新进展。加强公共文化服务体系建设，文化事业进一步繁荣。成功举办了第五届江西艺术节，涌现出一批文化创作精品。城市公共图书馆建设、农家书屋、文化下乡等文化惠民工程直接惠及城乡百姓。文化产业进一步壮大，成为全省服务业的重要增长点。人民群众收入水平进一步提高，城镇居民人均可支配收入21873元，增长10.1%；农民人均纯收入8781元，增长12.2%。扎实推进平安江西建设，安全生产形势持续稳定好转，社会保持和谐稳定。

国防动员和后备力量建设水平持续提高，军政军民关系进一步密切。

按中央要求和省委部署，省政府及部门扎实开展了党的群众路线教育实践活动，形式主义、官僚主义、享乐主义和奢靡之风得到有效治理，政府法治建设、效能建设、作风建设取得新进步。提请省人大常委会审议地方性法规10件，发布省政府规章6件，开展了行政许可规章和规范性文件清理工作，建立了重大行政执法行为备案管理制度。改进了市县综合考核评价方式，按不同类型进行分类考核，引导各地科学发展、转型发展。坚决贯彻落实国务院"约法三章"，全面停止新建政府性楼堂馆所，财政供养人员、"三公"经费支出同比减少。廉政建设力度加大，健全完善了政府内部审计、监察制度，开展了民生资金管理使用情况监督检查等专项整治，严肃查处了一批损害群众利益的突出问题，坚决查办了一批违纪违法腐败案件。

这些成绩的取得，是认真贯彻党中央、国务院一系列重大方针政策的结果，是省委科学决策、正确领导的结果，是全省干部群众团结奋进、共同努力的结果。在此，我代表省人民政府，向全省广大工人、农民、知识分子、干部和历任老领导、老同志，向各民主党派、工商联、无党派和社会各界人士，向驻赣人民解放军、武警官兵和公安干警，向中央驻赣单位，致以崇高的敬意！向所有关心、支持江西发展的同志们、朋友们、港澳同胞、台湾同胞、海外侨胞和国内外友好人士，表示衷心的感谢！

回顾过去一年工作，我们清醒地看到，我省经济社会发展还存在不少困难和问题，主要是：投资、出口增幅持续回落，消费增长动力不足，经济运行存在较大的下行压力；实体经济运行困难，生产经营成本上升，部分企业效益下降或亏损；科技创新能力不强，产业结构不合理，结构调整任务艰巨；就业矛盾仍然突出，促进城乡居民持续增收难度大；影响社会和谐稳定的因素较多，加强社会治理的任务十分繁重；政府一些工作人员责任意识不强，政府工作与人民群众期待还有差距。我们将采取有力措施，切实加以解决。

二、2014年工作安排

2014年是全面贯彻落实党的十八届三中全会精神、全面深化改革的第一年，也是完成"十二五"规划目标的关键一年。今年全省经济社会发展的总体要求是：全面贯彻落实党的十八大、十八届二中、三中全会和中央经济工作会议精神，紧紧围绕建设富裕和谐秀美江西的奋斗目标，坚持稳中求进、稳中有为、稳中提质，以全面深化改革为统领，激发市场活力，着力扩大开放，强化创新驱动，优化生态环境，保障改善民生，切实提高经济发展的质量和效益，促进经济持续健康较快发展、社会和谐稳定，奋力迈出发展升级、小康提速、绿色崛起、实干兴赣新步伐。

今年全省经济社会发展主要预期目标是：生产总值增长10%左右，财政总收入增长13%，公共财政预算收入增长13%，500万元以上项目固定资产投资增长18%，规模以上工业增加值增长12%以上，社会消费品零售总额增长13.5%，外贸出口增长7.5%左右，实际利用外商直接投资增长10%，城镇居民人均可支配收入增长10%，农民人均纯收入增长11%，人口自然增长率控制在8‰以内，城镇登记失业率控制在4.5%以内，居民消费价格总水平涨幅控制在3.5%左右，完成国家下达的节能减排计划任务。

需要说明的是，把今年生产总值增长目标定为10%左右，是经过认真分析慎重提出的。一方面，今年国内外宏观经济形势依然错综复杂，不稳定不确定因素增多，我省经济下行压力仍然较大，目标不宜定得过高。另一方面，我省还属于经济欠发达地区，加快发展的任务很重，没有一定的经济增长速度，转方式、调结构就没有回旋空间，稳就业、保民生就没有物质基础，目标也不宜定得过低。10%左右的增长速度与最近两年计划目标基本衔接，有利于稳定社会预期。根据投资、消费、出口"三驾马车"拉动和三次产业发展趋势测算，今年生产总值增长10%左右是积极可行的，经过努力可以完成。

做好今年经济社会发展工作，从总体上考虑把握好以下几点：一是坚持推进科学发展，着力保持较快的增长速度。始终咬定发展不放松，在提高质量和效益的基础上，力争保持两位数增长。二是坚持全面深化改革，着力创新发展的体制机制。把改革创新贯穿于经济社会发展各个领域各个环节，以改革促发展，以改革助转型，以改革增效益，以改革惠民生。三是坚持扩大对外开放，着力培育开放型经济新优势。进一步创新开放思路，拓展开放空间，建好开放平台，优化开放环境，加快构建全方位、宽领域、多层次的开放体系。四是坚持强化创新驱动，着力加快产业转型升级。健全协同创新机制，完善科技创新激励和转化机制，促进创新资源高效配置和综合集成，推动科技与经济紧密结合。五是坚持推进绿色发展，着力优化生态环境。更加牢固树立保护生态环境就是保护生产力、改善生态环境就是发展生产力的理念，大力推进生态文明建设，不断巩固和提升生态环境优势。六是坚持保障改善民生,着力增进人民群众福祉。进一步完善社会保障制度,持续提高城乡居民收入水平,切实维护社会和谐稳定,让广大人民群众更多共享改革发展成果。

今年重点做好十个方面的工作。

(一)全面深化经济体制改革,增强发展的动力和活力

促进多种所有制经济共同发展。深化国有企业改革。完善国有资产管理体制,推进经营性国有资产集中统一监管。改革国有资本授权经营体制,组建或改组若干国有资本运营公司、自然资源运营公司和投资公司。完善国有资本经营预算制度,加强国有资本收益和使用管理。推动国有企业完善现代企业制度。深化集体林权制度配套改革,全面完成国有林场改革试点工作。大力发展非公有制经济,研究制定非公有制企业进入特许经营领域的具体办法,消除各种障碍和壁垒,为非公有制经济健康发展营造良好环境。积极发展混合所有制经济,支持非公有制企业通过参股、控股或并购等形式依法参与国有企业改制重组,鼓励非国有资本参股政府新投资项目。

推进现代市场体系建设。探索实行负面清单管理模式。积极推进工商登记制度改革,实行"先照后证"和注册资本认缴登记制。深化资源性产品价格改革。逐步理顺天然气与可替代能源的比价关系。积极推进电价改革,缩小工商业用电价差,推进大用户直购电试点。建立和完善居民水、气等阶梯价格制度。深化金融体制改革。大力引进各类金融机构,加快组建省级地方法人银行机构,积极推进民营资本发起设立中小型银行等金融机构,支持村镇银行发展。加快农村信用社改革发展。发挥信贷投放主渠道作用,力争新增本外币各项贷款2200亿元。发展债券市场和期货市场,建立健全多层次资本市场体系,推进企业境内外上市和中小企业股份转让系统挂牌融资,直接融资规模达到600亿元。推动政策性保险扩面,积极推进"险资入赣",做好恒邦财产保险公司筹建工作。加强社会信用体系建设,营造良好市场环境。

切实转变政府职能。深化政府机构改革,一季度完成省政府机构改革,三季度完成市县政府机构改革。稳步推进事业单位分类改革。深化行政审批制度改革,继续大力度取消和下放一批行政审批事项。建立行政审批事项目录管理制度,并向社会公开,在目录之外的一律不得设置行政审批事项。制定政府向社会购买服务的具体措施,建立公平开放的公共服务购买制度。加快培育发展社会组织,推动中介服务机构、行业协会、商会与行政机关完全脱钩。加强监管能力建设,创新监管方式,提高政府管理水平。

深化财税体制改革。改进预算管理制度,推进市县部门预算改革,加快建立规范统一的部门预算体系。稳步推进国库集中支付电子化管理改革。整合清理专项转移支付资金,提高均衡性转移支付的比重。加强结余结转资金管理,盘活财政存量资金。有序推进"营改增"试点工作。深化税收征管改革,推进综合治税平台建设,提升征管效能。争取国家在赣州开展稀土资源税改革试点。从紧控制"三公"经费支出,扎实推进"三公"经费公开,逐步将县(市、区)纳入公开范围。建立以政府债券为主体的地方政府举债融资机制,实行分类管理和限额控制,逐步将地方政府性债务收支纳入预算管理,有效防范和化解财政风险。

健全城乡发展一体化体制机制。推进统筹城乡改革试点。深化土地利用管理制度改革,进一步规范征地程序,完善征地补偿办法,落实被征地农民的社会保障。建立城乡统一的建设用地市场,完善土地租赁、转让、抵押二级市场。按国家部署和要求,积极稳妥开展农村宅基地、农民房产确权登记发证和抵押、担保、转让试点工作,有序推进农村集体经营性建设用地改革。统筹城乡基础设施建设和社区建设,提高城乡基本公共服务均等化水平。

(二)着力扩大有效需求,推动经济稳定增长

发挥投资对稳增长的关键作用。进一步激发民间投资活力,推动民间资本进入基础设施、基础产业、金融服务、社会服务等领域。优化政府投资结构,发挥引导作用,重点用于具有全局性、基础性、战略性的重大项目,主要投向基础设施、高新产业、生态环保、社会事业等领域。实施省重点工程项目200个,总投资4500亿元以上。实施一批高速公路、铁路、机场、能源、水利等重大基础设施项目,新增高速公路通车里程244公里、铁路营运里程588公里、统调电力装机容量47万千瓦。建设一批重大产业项目,总投资1200亿元以上。抓好一批重大社会事业项目,总投资300亿元以上。

发挥消费对稳增长的基础作用。完善促进消费政策,加快培育新的消费热点,积极拓展绿色、健康、文化、休闲等消费业态,满足多样化消费需求。实施"宽带中国江西工程"和"三网融合工程",促进信息消费。完善农村商贸流通体系,抓好万村千乡市场工程、新农村现代流通服务网络工程建设,扩大农村消费。实施鼓励消费的财税、信贷政策和信用消费政策。合理调整收入分配格局,完善促进城乡居民增收的政策措施,努力增加居民收入,提高居民消费能力。整顿和规范市场秩序,营造良好的消费环境。

大力扶持实体经济发展。完善中小企业融资担保体系,推广"财园信贷通"等融资模式,推进中小企业信用示范区、融资超市等建设。加强土地、用工、用电等要素调度,保障企业正常生产需求。采取加大本地采购、省内促销、异地展销等措施,支持企业发展。完善省领导挂点联系重点企业工作机制,落实部门支持措施和清费减负等政策,进一步优化发展环境。

(三)切实抓好"三农"工作,夯实农业农村发展基础

着力稳定粮食生产。加大强农惠农富农政策力度,深入开展"粮食稳产增产十大行动",严格耕地保护,稳定粮食播种面积,优化粮食生产结构,提高粮食单产水平,力争粮食总产持续稳定。加强农田水利基本建设,实施一批大中型灌区续建配套、节水改造和病险水库除险加固、山塘整治、中小河流治理项目,推进高标准农田建设,增强农业综合生产能力。加大农机购置补贴力度,提高农业机械化水平。大力推进以种业为重点的农业科技创新,抓好农业科技成果推广。加强粮油仓储、物流设施建设,推进仓储规范化管理。

加快发展现代农业。实施"百县百园"建设工程,推动建立高标准现代农业示范园。鼓励支持农业龙头企业向优势产区集中、向园区集聚,创建一批省级农业产业化示范区。建设一批标准果园、菜园、茶园和标准化养殖示范基地,推进无公害农产品、绿色食品、有机食品及农产品地理标志认证登记,扩大特色产业规模,提升“生态鄱阳湖、绿色农产品”品牌影响力和市场竞争力。鼓励农产品加工企业与农民合作社、生产基地对接,提高农产品精深加工水平。

深化农村经营体制改革。坚持和完善农村基本经营制度,积极探索农村土地集体所有制的有效实现形式,落实集体所有权、稳定农户承包权、放活土地经营权,加快构建以农户家庭经营为基础、合作与联合经营为纽带、社会化服务为支撑的立体式复合型现代农业经营体系。积极发展多种形式的规模经营,鼓励土地经营权向专业大户、家庭农场、农民合作社流转。健全农业社会化服务体系,培育农机作业、病虫害防治等经营性服务组织,为农业生产经营提供低成本、便利化服务。加大农业职业教育和技术培训力度,培养造就懂技术、会经营、善管理的新型农民队伍。

推进和谐秀美乡村建设。坚持镇村联动,以镇带村、以村促镇、互动发展。重点培育壮大中心镇,在民生和社会公共服务等方面扩大中心镇的管理权限。继续选择一批村点开展社会主义新农村和民族特色村寨建设。积极发展“一村一品”,培育一批特色产业村,切实保护好历史文化名镇名村。加强和创新农村社会管理,发展农村新型社区,健全农村留守儿童、留守妇女、留守老年人关爱服务体系,推进农村人居环境整治,完善乡村治理机制,确保农村社会和谐稳定。

(四)大力推进创新驱动发展,加快产业结构调整

提高科技创新水平。加大政府科技投入,建立主要由市场决定自主创新项目和经费分配、评价成果的机制,强化企业在技术创新中的主体地位,引导企业加大研发投入,努力提高研发投入占GDP比重。实施科技协同创新计划,力争新组建10个左右省级产业技术创新战略联盟、10个产学研用协同创新体。积极发展技术市场,促进科技成果资本化、产业化。加强创新平台建设,增设一批国家级和省级创新平台。加大创新型人才培养力度,制定促进创新人才汇聚的激励措施,引进培养一批科技领军人才、科技企业家和创新团队。实施质量兴省战略,推进检验检测公共服务平台建设,加强知识产权运用和保护。

培育壮大战略性新兴产业。深入实施工业强省战略,出台新修编的十大战略性新兴产业规划,重点培育航空、先进装备制造、新一代信息技术、锂电及电动汽车、新能源、新材料、生物和新医药、节能环保、文化暨创意、绿色食品等战略性新兴产业。大力发展民用航空产业,制定通用航空产业发展规划,加快推进南昌航空城、景德镇直升机产业园建设,组建江西地方航空公司、通用航空公司。大力发展电子信息产业,力争主营业务收入过千亿元。抓好光伏产品的推广应用,加快实施生物医药新版GMP改造工程。推进“数字企业”计划,培育建设一批信息化与工业化深度融合的示范园区和企业。加快建设一批特色产业基地,提高战略性新兴产业占工业的比重。

促进传统产业改造升级。运用先进适用技术和高新技术改造提升传统产业,鼓励优势龙头企业兼并重组。认真落实全省化解产能过剩工作方案,逐步化解钢铁、水泥等产能相对过剩行业存量产能。加大对资源枯竭型城市转型改革支持力度。大力扶持“专、精、特、新”中小企业发展,形成一批分工协作、特色鲜明的中小企业集群。

加快发展服务业。完善支持促进服务业发展的政策措施,大力发展现代物流、科技服务、信息服务等生产性服务业,积极发展文化娱乐、健康养老等生活性服务业。优化提升物流服务,发展第三方物流。建设一批特色城市商业区和商贸综合体,推动传统商贸业转型升级。加快发展电子商务,培育一批电子商务产业基地和龙头企业,重点打造南昌华南城、共青城电子商务示范基地。加快旅游强省建设,统筹规划和整合旅游资源,组建省旅游集团公司,打造跨景区、跨区域精品旅游线路,力争全省旅游接待总人数增长20%,旅游总收入增长30%以上。认真贯彻国家房地产市场调控政策,增加普通商品房用地供应,支持群众自住性、改善性住房需求,促进房地产业健康发展。

(五)深入实施区域发展战略,促进区域经济协调发展

加快昌九“龙头昂起”。按照“做强南昌、做大九江、昌九一体、龙头昂起”的要求,大力打造南昌核心增长极,推进九江沿江开放开发,加快建设共青先导区和南昌临空经济区,全力推进昌九一体化。开工建设昌九大道和昌九高速全线“四改八”扩建工程,推进九江港和南昌港一体化建设。实施昌九一体化电网发展规划,推进武汉至南昌1000千伏输变电工程建设。推进公共服务一体化,取消昌九两市间漫游通话费和长途通话费,商业银行银行卡、存折业务同城化,进一步完善两市间城乡客运体系,加快推进教育、医疗、文化等公共资源整合共享。实施昌九一体化产业布局规划,引导两市产业互补对接、错位发展,不断提高两市经济总量占全省的比重。抓住长江经济带发展机遇,参与好长江中游城市群建设。

推进赣南“苏区振兴”。加强与中央国家机关对口支援的对接,争取赣州市执行西部大开发政策全面落实到位,争取赣州国家级高新技术产业开发区、瑞兴于试验区、“三南”承接加工贸易转移示范地、章康新区等区域发展平台获得国家批复。支持赣州申报“较大的市”。加快推进农村道路、低压电网、土坯房改造和农村安全饮水工程。抓好钨和稀土、新能源汽车等特色优势产业发展,支持赣南脐橙、井冈蜜柚和南丰蜜橘产业发展,加快培育一批特色产业基地。支持吉泰走廊改革创新,先行先试,重点建设电子信息产业基地和全国红色旅游精品城市,打造重要经济增长带。支持抚州建设现代农业示范区。抓好重大基础设施建设,提高苏区振兴发展保障能力。

促进赣东赣西“两翼齐飞”。认真落实支持赣东北扩大开放合作、支持赣西经济转型发展的政策措施,促进赣东赣西两翼加快发展。支持上饶、景德镇、鹰潭加强与长三角、海西经济区对接合作,创新开放模式,推进区域合作,打造中部地区重要产业转移承接示范区、沿海地区优质农产品供应基地、全国著名的文化生态旅游地。支持新余、宜春、萍乡充分发挥特色和优势,加快经济转型,强化联动发展,打造产业转型升级示范区、新型城镇化先行区、“两型”社会综合改革试验区。研究推进赣湘边际合作试验区建设。研究出台支持抚州融入南昌、对接海西发展的政策措施,积极构建向莆经济带,打造抚州赣闽开放合作创新区。

推动县域经济加快发展。启动省直管县体制改革试点,赋予试点县享受设区市一级的经济社会发展管理权限,增强县域经济社会发展活力。支持具备条件的县改市

（区）。落实加快县域经济发展的政策措施，实施工业转型升级、现代农业“接二连三”、服务业倍增、县城建设提升、镇村联动发展、城乡环境治理“六大工程”。支持因地制宜发展特色产业，不断壮大县域经济。

（六）扩大对内对外开放，提高开放型经济水平

推进区域开放合作。密切国际交流合作，深化与港澳台合作，加强与长三角、珠三角、海西经济区、武汉城市圈、长株潭城市群对接合作。主动对接上海自由贸易试验区建设，支持共青先导区、南昌临空经济区和具有条件的市县先行先试。扩大对外开放领域，推进金融、教育、文化、医疗、商贸、物流等领域有序开放。

创新招商引资方式。实施招大引强工程，围绕战略性新兴产业、先进制造业、现代服务业和产业链发展需求，重点引进一批关联度高、带动力强的重大项目，促进项目集聚和产业集群。深入推进央企入赣工程，抓好已签约项目的跟踪落实，加快引进一批重大央企项目。制定支持赣商回乡创业政策。建立招商引资专家咨询团、省市联合招商团、项目推进服务团，提高招商引资专业化水平。

扩大外贸进出口。优化出口商品结构，加快发展服务贸易，推进加工贸易转型升级，扩大机电和高新技术产品出口规模。加大重点出口企业的扶持力度，鼓励生产型企业扩大出口，培育壮大一批出口品牌和出口基地。加大市场开拓力度，积极稳定传统市场，拓展新兴市场，推动出口市场多元化。积极扩大先进技术、关键设备和精密零部件进口，加强我省产业和贸易市场与国际市场对接。

支持企业“走出去”。组织对外承包工程企业重点开拓中亚、东南亚等市场，扩展非洲市场。放宽企业和个人境外投资审批登记，鼓励优势企业赴境外从事农业综合开发、矿产勘探和投资并购，推动江铜、新钢、煤炭集团等资源型企业“走出去”，建立境外能源、资源供应基地和生产经营基地。支持产品和产能优势企业到境外办厂。

加强开放平台建设。积极争取设立赣州、南昌综合保税区和宜春海关，加快推进九江、吉安综合保税区申报。支持建设赣南承接产业转移示范区和赣闽、赣粤产业合作区。大力发展以铁海联运为重点的多式联运，依托向莆铁路开通赣闽五定班列，开通赣州至深圳五定班列。加强与粤港澳、闽浙沪通关合作，简化通关监管手续，提高运转效率，降低物流成本。

（七）推进以人为核心的城镇化，着力提高城镇化质量

推进农业转移人口市民化。深化户籍制度改革，实行差别化落户政策，有序放开南昌城区落户限制，积极放开其他设区市中心城区落户限制，全面放开县级城市和建制镇落户限制，健全流动人口居住证制度。抓紧研究制定与户籍制度改革相适应的配套政策措施，加大对农业转移人口进城就业创业的政策支持力度，把进城落户农民纳入城镇住房保障和社会保障体系，在农村缴纳的养老保险和医疗保险规范接入城镇社保体系，保障进城务工人员随迁子女平等接受义务教育。建立财政转移支付、城镇建设用地指标与农业转移人口市民化挂钩机制。选择若干市县开展新型城镇化试点，重点在农业转移人口市民化成本分担机制、多元化可持续的城镇化投融资机制、改革完善农村宅基地制度等方面进行探索。

优化城镇布局和结构。制定实施全省新型城镇化规划，完善“一群两带三区”城镇体系。推进鄱阳湖生态城镇群与长江中游城市群融合发展，加快南昌大都市区、赣州都市区、九江都市区建设，积极培育京九、沪昆沿线城镇带，促进大中小城市和小城镇协调发展。

加强城市建设和管理。抓好城市道路、地下管网、公共交通、通信、环保等市政设施建设，增强城市综合承载能力。集约利用城市土地资源，加强城市地下空间开发利用，完善城市综合功能。加快建设绿色城市、低碳城市、智慧城市、文明城市，打造宜居宜业城市。保护好城市古迹和历史遗存，提升城市文化内涵。加强建筑质量管理，提高城市建设水平。创新城市管理方式，完善城市治理结构，加强城市社区建设，推行城市网格化管理模式，推动数字城管向县城延伸，提高城市智能化、精细化管理水平。

适时召开全省城镇化工作会议，研究部署有序推进新型城镇化工作。

（八）加强生态环境保护和建设，提高生态文明建设水平

加强生态环境综合治理。加大“五河一湖”、自然保护区、湿地、野生动植物等保护力度，增强生态自我修复能力。大力推进“森林城乡、绿色通道”工程建设，提升交通干线通道绿化水平，积极创建森林城市，完成植树造林200万亩。加大工业废气治理和扬尘污染防控力度，推进设区市PM2.5监测，建立雾霾天气应急处置机制。加强城市饮用水源地保护、备用水源地建设和乡村饮用水源地环境综合整治，保障城乡居民饮用水安全。扎实推进重金属污染、工矿污染和农业面源污染综合防治，抓好农村垃圾无害化处理。

推进循环经济发展和节能减排。推广循环经济发展模式，积极开展循环经济示范城市和试点园区建设。启动省级“城市矿产”示范基地建设、清洁化园区试点和清洁生产示范企业建设。科学推进农村沼气工程，推广规模化沼气集中供气。抓好工业、建筑、交通和公共机构节能。大力推进企业节能，实施一批节能技改和节能技术产业化示范项目。加快推进节水型社会建设。抓好主要污染物减排，确保完成化学需氧量、氨氮、二氧化硫、氮氧化物排放总量分别下降0.5%、2%、1%、2%。

完善生态文明制度。争取国家批复江西省建设全国生态文明示范省规划，推动鄱阳湖生态经济区纳入国家生态文明先行示范区建设。开展省级生态文明试点县建设。大力发展森林碳汇，培育建立水权、林权、排污权交易市场。推进环境污染强制保险试点和环境污染第三方治理。制定生态文明评价指标体系，探索建立生态环境损害责任终身追究制，用制度保护生态环境。

（九）深入实施民生工程，让人民群众得到更多实惠

加大民生投入力度，筹集财政性资金800亿元，集中办好涉及群众切身利益的50件实事，不断提高保障和改善民生水平。

努力扩大就业推动创业。实施更加积极的就业政策，加强对高校毕业生、下岗人员、退役军人、农民工、零就业家庭等就业重点群体的就业服务，力争城镇新增就业45万人以上，新增转移农村劳动力50万人。继续实施高校毕业生“三支一扶”计划，选聘高校毕业生到村任职工作。深入推进全民创业，以创业带动就业，新增发放小额担保贷款100亿元。加大就业和技能培训力度，全省工业园区就业培训28万人、创业培训8万人。

完善社会保障体系。健全社会保险制度，提高企业退休人员基本养老金水平，扩大养老保险、失业保险、工伤保险、生育保险覆盖范围。健全社会救助制度，落实好社会救助和保障标准与物价上涨挂钩的联动机制，提高城乡低保、农村五保供养、城镇"三无"特困群众供养和优抚对象生活补助等标准，加大对困难职工的帮扶力度。建立特别救助制度，对未纳入低保的贫困家庭和遭遇天灾人祸的困难家庭实施救助。向低保对象中的重度残疾人发放护理费。加大医疗保障力度，提高城镇居民医保、新农合补助标准，建立疾病应急救助制度，加快发展城乡居民大病保险，为城乡居民提供更多的免费基本公共卫生服务。

抓好保障性安居工程建设。加大城市棚户区、城中村改造力度，改造城市和国有工矿、林区、垦区等各类棚户区23万户。开工建设保障性住房10.63万套，新增廉租住房租赁补贴1万户。全面完成"渔民上岸"安居工程。创新保障性住房建设和运行管理机制，提高保障性住房入住率。

加大扶贫攻坚力度。创新扶贫开发工作机制，实施"精准扶贫"，提高扶贫成效。抓好罗霄山片区区域发展与扶贫攻坚规划，推进帮扶到户脱贫、扶贫移民搬迁、培训转移就业等扶贫攻坚工程建设。力争全年脱贫70万人，完成扶贫移民搬迁8万人，完成3000个贫困自然村点整治、人畜饮水安全等建设任务。

（十）加快发展社会事业，促进社会和谐稳定

坚持优先发展教育。加强省级教育统筹，继续加大对教育投入。深化教育领域综合改革，鼓励社会力量兴办教育，增强教育事业发展活力。推进义务教育学校标准化建设，改善贫困地区薄弱学校办学条件。实施中等职业学校达标建设计划，完善中高职衔接制度，促进校企深度融合。抓好高校内涵式发展，实施高等教育质量提升工程，开展本科高校专业改革试点，优化专业结构与布局，提升高等教育水平。

推进文化体育事业发展。抓好基本公共文化服务标准化、均等化建设，进一步开展好农村文化"三项活动"，推进数字档案馆建设，开工建设省图书馆新馆，完成设区市数字图书馆建设。推进赣南等原中央苏区革命遗址保护，加强景德镇御窑厂遗址、吉州窑遗址等大遗址保护管理，开展可移动文物普查。促进文化与旅游融合发展，做大做强出版发行、报刊传媒、演艺娱乐、文化旅游等文化产业。建设、用好公共体育场地设施，广泛开展全民健身活动，办好第十四届全省运动会。

抓好医疗卫生事业发展。深化医药卫生体制改革，扩大县级公立医院综合改革试点范围，推进公立医院补偿机制改革，巩固完善基本药物制度。鼓励社会办医，优先支持举办非营利性医疗机构。实施卫生计生服务能力提升工程，加快推进省直医疗机构在南昌市新区建设分院，抓好市、县妇幼保健机构建设。深入开展爱国卫生运动和健康教育，加强重大传染病防治。坚持计划生育基本国策，落实"单独两孩"生育政策，健全计划生育利益导向机制。

提高社会治理水平。健全和落实重大事项社会稳定风险评估机制，创新劳动关系协调机制，建立畅通有序的诉求表达、利益协调、矛盾调处、权益保障渠道，提高突发事件应急处置能力。改革信访工作制度，健全基层信访工作网络，从源头上预防和化解社会矛盾。深入推进平安江西建设，加强社会治安综合治理，加快构建立体化社会治安防控体系，加大依法管理网络力度。深入推进法治江西建设，进一步健全执法制度、改进执法方式、加强执法管理、强化执法监督，促进执法规范化。深入开展全民普法教育，增强全社会学法遵法守法用法意识。加强食品药品监管，建立覆盖从生产加工到流通消费的全程监管制度和体制，严惩食品药品违法犯罪行为，确保人民群众饮食用药安全。健全防灾减灾救灾体制机制。深化安全生产管理体制改革，强化安全措施落实，坚决遏制重特大安全事故发生，切实保障人民群众生命财产安全。

加强全民国防教育，健全国防动员体制机制，深入开展双拥共建，提高军转安置和优抚工作水平，推动军民融合深度发展。

各位代表！

担负好服务人民群众和经济社会发展的责任，政府将进一步加强和改进自身建设。勇于解放思想，建设创新政府。坚持把解放思想贯穿于政府工作全过程，打破思维定式，冲破利益藩篱，突破狭隘视野，以更大的决心和勇气破除思想观念和体制机制障碍，推动各项工作与时俱进、创新发展。加快转变政府职能，创新政府管理，把工作重心转到创造良好发展环境、提供优质公共服务、维护社会公平正义上来。严格依法行政，建设法治政府。牢固树立法治理念，更加注重运用法治思维和法治方式深化改革、推动发展、化解矛盾、维护稳定。健全权力运行制约和监督体系，严格按照法定权限和法定程序行使权力、履行职责。主动接受人大的法律监督、工作监督和政协的民主监督，强化监察、审计等内部监督，自觉接受舆论监督和社会监督，推进政务公开、办事公开，让权力在阳光下运行。肃整工作作风，建设服务政府。认真贯彻落实中央"八项规定"，巩固第一批群众路线教育实践活动成果，扎实开展第二批教育实践活动，着力健全改进作风建设常态化制度。坚持勤俭办一切事业，推进公务用车制度改革，降低行政成本。坚持真抓实干、狠抓落实，大力弘扬脚踏实地、埋头苦干的优良作风，大力倡导坚持不懈、一抓到底的务实精神，切实抓好各项工作的落实，提高政府执行力和公信力。坚决反腐倡廉，建设廉洁政府。全面落实廉政建设责任制，深入推进廉政风险防控管理，加大惩治和预防腐败力度。加强土地矿产资源开发和政府采购、国有资产转让等监督管理，从源头上防治腐败。深入开展损害群众利益突出问题专项治理，坚决纠正部门和行业的不正之风，严肃查处各类违纪违法案件，切实做到干部清正、政府清廉、政治清明。

各位代表！做好今年的经济社会发展工作，责任重大、任务艰巨。让我们更加紧密地团结在以习近平同志为总书记的党中央周围，在省委的坚强领导下，坚定信心、锐意进取，攻坚克难、真抓实干，努力开创我省发展升级、小康提速、绿色崛起、实干兴赣的新局面！

本栏编辑　詹跃华

大事记

1月

6日　大唐抚州发电厂建设动员会在抚州举行。该电厂是江西省第一个百万机组火电建设项目。省长鹿心社、大唐集团公司总经理陈进行出席动员会，同时为江西大唐国际抚州发电有限公司揭牌。省委常委、常务副省长凌成兴，大唐集团公司副总经理王琳讲话。副省长洪礼和主持。

9—10日　武警江西省总队党委三届五次全体（扩大）会议在南昌召开。省委常委、省委政法委书记、省公安厅厅长、武警江西省总队党委第一书记、第一政委舒晓琴出席会议并讲话。武警江西省总队党委书记、政委唐晓主持会议，党委副书记、司令员陈宏举做工作报告。

10日　省军区在南昌召开党委九届十二次全体（扩大）会议。省委主要领导出席并讲话。省委常委、省军区政委陶正明做工作报告，省军区司令员郑水成讲话，省军区党委常委戴勇、倪海峰、李宇、张玉生等出席会议。

13日　江西省人大常委会原副主任、离休干部梁凯轩，因病在南昌逝世，享年91岁。19日，梁凯轩送别仪式在南昌举行。党和国家领导人胡锦涛、习近平、刘云山、孟建柱、赵乐际，老干部朱镕基、吴官正、顾秀莲、叶选平、钱正英等以不同形式表示哀悼；省领导鹿心社、尚勇、黄跃金、凌成兴、莫建成等参加送别仪式并送花圈。

16日　国电黄金埠电厂将二期扩建工程建设动员会在余干县黄金埠电厂举行。该项目拟建两台100万千瓦超超临界火电机组，项目投资约70亿元。建成后，黄金埠电厂将成为江西乃至中部地区最大的火力发电企业。省长鹿心社，国电集团总经理朱永芃出席会议并讲话。省委常委、常务副省长凌成兴主持会议。副省长洪礼和，国电集团副总经理米树华出席会议。

18日　国家科学技术奖励大会在北京召开，江西铜业集团公司参与完成的浮选机大型化关键技术研究及工业化应用项目，南昌航空大学参与完成的城市及区域生态过程模拟与安全调控技术体系创建和应用项目，以及南昌大学第一附属医院参与的两项专用项目，获2012年度国家科学技术进步奖二等奖。

△　江西省与匈牙利曾普伦州建立友好省州关系协议书暨经贸合作协议签署仪式在南昌举行。省长鹿心社会见曾普伦州州长罗兰・孟伊一行，并共同出席仪式。副省长谢茹等参加相关活动。

22—26日　省政协十一届一次会议在南昌召开。会议通过了政协江西省第十一届委员会第一次会议政治决议，通过了政协江西省第十一届委员会第一次会议关于提案审查情况的报告；选举黄跃金为政协江西省第十一届委员会主席，选举李华栋、汤建人、刘晓庄、郑小燕、钟利贵、肖光明、刘礼祖、许爱民、孙菊生为副主席，选举肖为群为秘书长，选举产生122名常务委员。

23—29日　省十二届人大一次会议在南昌召开。会议通过了关于政府工作报告的决议、关于江西省2012年国民经济和社会发展计划执行情况与2013年国民经济和社会发展计划的决议、关于江西省2012年省级预算执行情况和2013年省级预算的决议、关于江西省人大常委会工作报告的决议、关于江西省高级人民法院工作报告的决议、关于江西省人民检察院工作报告的决议。选举苏荣为省十二届人大常委会主任；选举鹿心社为省人民政府省长；选举洪礼和、魏小琴、朱秉发、陈安众、谢亦森、马志武为省十二届人大常委会副主任，魏民为秘书长，并选出54名委员；选举凌成兴、谢茹、胡幼桃、朱虹、姚木根、曾庆红、李贻煌为省人民政府副省长；选举张忠厚为省高级人民法院院长，刘铁流为省人民检察院检察长（经最高人民检察院检察长提请全国人民代表大会常务委员会批准）。

29日　全省党管武装工作会议在南昌召开。省委主要领导出席会议并讲话。省长、省武委会主任鹿心社，省领导凌成兴、史文清、王文涛、谢亦森、钟利贵，省军区领导郑水成、倪海峰、李宇，各设区市市委书记、军分区党委第一书记，各设区市市长、武委会主任，以及省军区各师旅单位主官等出席会议。省委常委、省军区政委陶正明主持会议。

31日　省委常委会召开会议，传达学习十八届中央纪委第二次全会精神，听取省纪律检查委员会2012年工作汇报，研究部署2013年党风廉政建设和反腐败工作。

2月

1日　江西省举行在南昌老干部及已故老同志夫人迎春茶话会。省委主要领导代表省委、省人大、省政府、省政协，向各位老领导、老大姐，向全省广大离退休干部致以节日的问候和新春的祝福。省长鹿心社主持茶话会。省领导尚勇、凌成兴、莫建成、洪礼和、李华栋出席。

4日　中国共产党江西省第十三届纪律检查委员会第三次全体会议在南昌举行。全会传达学习了中共中央总书记习近平在党的十八届中央纪委第二次全体会议上的重要讲话和王岐山所作的工作报告，审议通过了省委常委、省纪委书记周泽民代表省纪委常委会所作的《全面贯彻党的十八大精神，深入推进反腐倡廉建设，为建设富裕和谐秀美江西提供坚强的政治保障》的工作报告。省委主要领导出席全会做讲话。省领导鹿心社、尚勇、黄跃金等出席会议。

6日　省委、省政府在南昌滨江宾馆大会堂会议厅举行2013年春节团拜会。省委主要领导主持团拜会，省长鹿心社讲话。省领导尚勇、黄跃金、舒晓琴、凌成兴等和社会各界代表欢聚一堂，互致新春问候，共庆蛇年新春。全国人大常委会委员、全国人大环资委副主任委员黄智权，全国政协民族和宗教委员会副主任傅克诚，中央统战部原副部长万绍芬应邀出席团拜会。

7日　上饶县花厅镇花厅村村民陈智波驾驶一辆车牌为皖—41501的拖拉机（农用），由浙江诸暨开往上饶县。过境省道203广丰县排山镇路段水口大桥时，拖拉机撞断护栏，冲出桥面，跌入桥底，发生翻车事故，造成车上4人死亡、7人受伤。

19日　全省应急管理工作会议召开。会议期间，省长鹿心社察看了新配备的省政府应急指挥车并提出要求。省委常委、常务副省长凌成兴在南昌主会场出席会议并讲话。

22—23日　全省领导干部学习贯彻党的十八大精神研讨班举行。江西省副省级以上领导干部，在昌的十二届全国人大代表和十二届全国政协委员，研讨班学员等1000余名厅级领导干部分别在南昌主会场及各设区市分会场聆听辅导报告。

24日　江西省选举的部分全国人大代表在结束对南昌市、九江市的集中视察后，向省政府反馈视察意见。省长鹿心社出席会议并讲话。省人大常委会副主任洪礼和主持会议，马志武、张忠厚、刘铁流、唐晓等出席。

25日　罗霄山片区区域发展与扶贫攻坚工作会议在赣州市召开，标志着《罗霄山片区区域发展与扶贫攻坚规划》实施正式启动，掀开了罗霄山片区广大群众加快脱贫致富的崭新篇章。民政部部长李立国，省长鹿心社，国务院扶贫办主任范小建出席会议并讲话。民政部副部长戴均良，省委常委、赣州市委书记史文清，湖南省副省长盛茂林，江西省分管副省长分别发言。

3　月

1日　江西省出席全国政协十二届一次会议的全国政协委员，从南昌乘飞机抵达北京。

2日　江西省出席十二届全国人大一次会议的全国人大代表，从南昌乘飞机抵达北京。

10日　中共中央政治局常委、中央纪律检查委员会书记、国务院副总理王岐山参加江西代表团审议。王岐山在认真听取代表们发言后，对江西省经济社会发展取得的成绩给予充分肯定，对江西在中部崛起中的重要地位和未来发展的美好前景寄予深切期望。

△　长江中下游粮食增产模式攻关试点动员会在景德镇市召开，农业部副部长余欣荣出席会议并讲话。

12日　赴京出席全国政协十二届一次会议的江西省全国政协委员，乘飞机返回南昌。

△　省地矿局912地质大队在浮梁县朱溪矿区发现一个远景规模超大型铜钨矿，铜和钨预计储量均达百万吨以上。

14日　中共中央政治局委员、中央政法委书记孟建柱到江西代表团驻地，亲切看望江西代表。孟建柱详细了解江西经济社会发展情况，充分肯定江西各项工作取得的成绩。

18日　在北京出席十二届全国人大一次会议的江西省全国人大代表，乘飞机返回南昌。

20日　中共江西省委召开全省领导干部会议。中央组织部副部长王京清出席会议并宣布中央决定：苏荣不再兼任江西省委书记、常委、委员职务，强卫任江西省委委员、常委、书记。

22日　中国纪检监察报社报纸工作座谈会在井冈山召开。会议总结交流工作经验，表彰先进，研究部署2013年工作。省委常委、省纪委书记周泽民出席会议并致辞。

22—24日　中共中央政治局委员、中央组织部部长赵乐际到江西吉安、赣州革命老区调研。调研期间，瞻仰了井冈山革命烈士陵园、苏区干部好作风陈列馆、长冈乡调查纪念馆、叶坪和沙洲坝革命旧址群，看望了红军家属、农村老党员。

25日　省委召开常委会议，审议通过《中共江西省委常委会议事决策规则（试行）》，研究加强省委常委会制度化、规范化建设及其他事项。省委书记强卫主持会议。

26日　全国休闲农业与乡村旅游现场交流会在南昌召开。农业部与国家旅游局相关司局及全国各省（区、市）休闲农业管理部门负责人，41个2012年度全国休闲农业与乡村旅游示范县的代表，共同参加了会议。农业部党组成员、驻部纪检组组长朱保成，副省长朱虹出席会议。

27日　由全国人大常委会委员、全国人大环资委主任委员陆浩率领的全国人大环资委专题调研组一行到赣，就生态补偿机制建设进行调研。调研组一行在南昌举行座谈会，听取情况汇报。省人大常委会副主任马志武出席座谈会。

27—29日　江西省第十二届人大常委会第一次会议在南昌召开。会议表决通过了《江西省房屋登记条例》《江西省动物防疫条例（修订案）》《江西省第十二届人民代表大会常务委员会代表资格审查委员会主任委员、副主任委员和委员名单》《江西省人民代表大会常务委员会关于召开江西省第十二届人民代表大会第二次会议的决定》和人事任免事项。省人大常委会副主任洪礼和主持会议。

28日　省政府与中国长城资产管理公司在南昌签署战略合作协议。副省长胡幼桃出席仪式并致辞。

△　2013年“美丽中国·秀美江西”（北京）旅游活动周在北京王府井开幕。副省长朱虹出席活动开幕式，并为“江西风景独好”图片展揭幕。

△　2013年全国环境监测工作现场会在南昌召开。环境保护部副部长吴晓青、总工程师万本大出席会议。会议还对通过省级监测站标准化建设验收的11家单位授牌。

28—29日　省委书记强卫深入

宜春市靖安县、奉新县农村、特色产业基地、农业龙头企业调研，并在南昌主持召开农口专题座谈会。

29日　由环保部牵头的国家考核组抵赣，考核江西省《长江中下游流域水污染防治规划(2011—2015)》和《重金属污染综合防治“十二五”规划》2012年度实施情况。副省长曾庆红出席并主持情况汇报会。

30日　全省防汛工作会议在南昌召开，动员部署2013年防汛工作。省委书记强卫就做好2013年防汛工作提出要求，省长鹿心社出席会议并讲话。省军区副司令员曹文献等出席。

4　月

1日　11时22分，新钢集团公司第一炼钢厂2号100吨转炉发生爆炸事故，造成4人死亡，28人不同程度受伤。

3日　东华理工大学副校长孙占学当选俄罗斯自然科学院外籍院士，该院院士维克多·库金专程到校颁发证书、徽章。这是江西省首位当选该院外籍院士的学者。

7日　博鳌亚洲论坛2013年年会在海南博鳌开幕。省长鹿心社出席开幕大会，并在“博鳌亚洲论坛·长江中游城市群”主题活动上，围绕“构建中三角新的增长极”主题，发表了题为《构建长江中游城市群打造区域经济增长极》的演讲。

8日　教育部公布第六届全国高等学校科学研究优秀成果(人文社会科学)获奖名单。华东交通大学经管学院教授欧阳志刚获经济学著作奖一等奖。这是该奖项自1995年评选以来，江西省高校学者首次获评一等奖。

9日　民政部统筹推进两项重点工作督查调研座谈会在南昌召开。民政部党组成员、中央纪委驻民政部纪检组组长曲淑辉、副省长胡幼桃出席座谈会并讲话。

10—11日　共青团江西省第十五次代表大会在南昌召开。省委书记强卫出席并讲话，他号召全省青年走好“中国路”，振兴“中国业”，铸牢“中国魂”，让青春在实现“中国梦”伟大征程中焕发绚丽光彩。省领导鹿心社、尚勇、黄跃金等出席会议。大会主席团常务主席曾萍代表共青团江西省第十四届委员会做工作报告，会议选举产生新一届团省委领导班子。

12—17日　由省政协、省文化厅、省文联、省美协主办，江西国画院、791艺术街区承办的首届俄罗斯采风作品展在南昌791街区艺术中心举行，共展出54幅国画作品。

14日　以全国政协社会和法制委员会副主任王巨禄为组长的全国政协调研组抵赣，就江西省农村社区建设情况进行专题调研。中央政策研究室原副主任肖万钧参加调研。省政协副主席郑小燕主持调研座谈会。

15~17日　省委书记强卫、省长鹿心社率领有关部门在北京先后拜访了国家发改委、国家能源局、中国铁路总公司、国家铁路局、财政部、国土资源部、国务院国资委、中国保监会等部委和中央企业，就事关江西省经济社会发展全局的重大政策、重大项目、重大资金等方面的问题，与国家部委和中央企业主要负责人进行深入座谈和沟通对接，积极争取各方支持和帮助，取得丰富成果。

16日　中国交通报社2013年全国记者站工作会议在南昌召开，研究探讨在新形势下如何提高交通系统宣传水平，为推动交通运输发展营造良好氛围。交通运输部副部长高宏峰讲话，副省长谢茹致辞。

△　“江西好·赣西美”2013年赣西旅游推介会在湖南长沙举行。赣西旅游形象大使在推介会上进行了赣西旅游资源推介。长沙、株洲、湘潭、萍乡、宜春、新余六地签订了《旅游联盟合作框架协议》，赣西三地重点景区与长株潭旅行社现场签订了《赣西旅游推广协议》。

17日　第四届全国中医青年发展论坛暨首届“江中·远志杯”全国高等中医药院校大学生课外学术科技作品竞赛在江西中医学院举行，并发出《南昌宣言》，号召全国中医青年，奋发图强、自强不息，为振兴祖国传统医药做贡献。

22—23日　江西省第十二届人民代表大会第二次会议在南昌召开。大会以无记名投票方式，补选强卫为江西省第十二届人民代表大会常务委员会主任。

23日　省委书记强卫、省长鹿心社在南昌会见了日本五十铃株式会社社长细井行一行。省领导凌成兴、王文涛、李贻煌等参加会见。

△　10年间拾金不昧36万余元的上饶市保洁员郑冬花荣获全国五一劳动奖章。

△　2013年全国五一劳动奖状获奖名单揭晓。九江银行被中华全国总工会授予全国五一劳动奖状，成为江西省城商行系统中唯一获此荣誉的商业银行。

24日　省长鹿心社主持召开第三次省政府常务会议。会议原则通过了2012年度市县政府考核评价结果、关于进一步推进保障性住房建设管理工作的实施意见、《江西省地质灾害防治条例(草案)》《江西省机动车排气污染防治条例(草案)》，提请省人大常委会审议；通过了《江西省畜禽养殖管理办法(草案)》《江西省实施〈工伤保险条例〉办法(修订草案)》，由省政府颁布实施。会议还研究了其他事项。

24—25日　全国铁路检察机关刑检工作座谈会在南昌召开。最高人民检察院副检察长姜建初出席会议并讲话，省人民检察院检察长刘铁流致辞。

25—26日　全省镇村联动建设发展现场推进会在南昌召开。省委书记强卫、省长鹿心社就镇村联动、加快推进城乡发展一体化提出明确要求。省委副书记尚勇，省委常委、南昌市委书记王文涛出席会议并讲话。副省长曾庆红具体部署工作。

27日　由全国青少年井冈山革命传统教育基地主办的“井冈情·中国梦”全国青少年寻访革命先辈中国梦活动，在井冈山拉开帷幕。团中央书记处书记周长奎出席首场活动并与青少年代表进行交流。

△　第十一届“詹天佑土木工程奖”评选结果揭晓，景德镇至婺源(塔岭)高速公路(简称景婺黄高速)榜上有名，成为江西省唯一获此殊荣的公路工程项目。

△　南昌大学第一附属医院象湖新院区项目进入现场施工阶段。该项目一期工程计划建设规模达43万平方米，投资20.6亿元。

5　月

2日　在吉泰盆地和赣县、大

余—南康发现4227平方千米富硒土壤。是“中国生态硒谷”丰城富硒土壤面积的8倍。

3日 省长鹿心社主持召开第4次省政府常务会议，讨论通过《江西省人民政府工作规则》，就做好新一届省政府工作提出要求。

△ 为庆祝“五四”运动94周年，江西广播电视台、江西省出版集团公司、省林科院等单位联合举办了“中国梦·青春梦”演讲比赛。

3—6日 财政部党组成员、部长助理刘红薇率国务院棚户区改造工作督查组到赣检查指导，听取江西省棚户区改造工作情况汇报，并反馈了督察意见。副省长曾庆红出席汇报会和反馈会。

7日 下午4时至5时，九江市彭泽县长江芙蓉段、跃进段发生崩岸险情。省委书记强卫、省长鹿心社做出批示。强卫要求省防总密切关注，及时指导当地做好防汛应急各项工作。鹿心社要求省水利厅指导，抓紧抢修排险。

△ 人力资源和社会保障部党组成员、副部长何宪率调研组到赣，调研人力资源和社会保障工作。省委常委、常务副省长凌成兴出席当日召开的汇报会。

△ 由全国人大常委会委员、内司委副主任委员陈斯喜率领的全国人大内司委调研组一行到赣，就公安机关执法规范化建设进行检查调研。调研组一行在南昌举行汇报座谈会，全国人大内司委委员王金亮、省人大常委会副主任魏小琴出席。

8日 江西省2013年红十字博爱周活动在南昌启动。活动由省红十字会主办，主题是“关爱生命、保护健康”。

9日 北京市慈善协会海外名誉会长、中国著名慈善家李春平向兴国县江背镇水沟村小学捐赠160万元建校资金仪式在南昌举行。省委常委、赣州市委书记史文清致辞，北京市政协原主席陈广文出席。

△ 全国电视剧播出工作会议在南昌举行。国家新闻出版广电总局副局长田进，副省长朱虹出席会议并讲话。

△ “江西好·赣西美”2013年赣西旅游推广周在南昌举行。副省长朱虹按动开幕式彩球并参观旅游推介展板。

10日 省委常委会召开会议，听取南昌打造全省核心增长极的工作汇报，研究下一步支持意见。省委书记强卫主持会议。会议审议并原则通过了《江西省贯彻〈关于实行党风廉政建设责任制的规定〉实施办法》《关于开展党风廉政建设社会评价工作的意见》《2013年度落实党风廉政建设责任制和推进惩防体系建设检查考核工作方案》三个文件。

10—11日 国家节能考核组在赣考核。11日，江西省2012年度节能和控制温室气体排放考核意见交换会在南昌举行，国家节能考核组向江西省反馈考核评议意见。副省长李贻煌出席会议并讲话。

13日 省军区党委第一书记任职大会在南昌召开。会议宣读了南京军区党委决定：增补江西省委书记强卫为江西省军区党委委员、常委、第一书记。

△ 国务院机构职能转变动员电视电话会议在北京召开，省长鹿心社，副省长谢茹、胡幼桃、朱虹、曾庆红、李贻煌在江西分会场出席会议。

△ 首届世界名山研究学术研讨会暨高校公共外交论坛在九江学院举行。省政协主席黄跃金和第十一届全国政协外事委员会主任赵启正出席，并为世界名山研究会揭牌。

14日 长江中上游地区与俄罗斯伏尔加河沿岸联邦区合作座谈会在湖北省武汉市举行。江西省省长鹿心社出席座谈会并发言。

15日 中共江西省委在南昌召开民主党派、工商联负责人和无党派代表人士座谈会，就贯彻中国共产党第十八次全国代表大会精神、促进江西科学发展听取意见建议。省委书记强卫主持座谈会并讲话。

16日 省政府与国土资源部在南昌签署协议，共建东华理工大学。省长鹿心社出席签字仪式。国土资源部副部长张少农在签字仪式上致辞。

△ 省委人才工作领导小组会议在南昌召开。会议讨论了人才管理改革试验区建设意见和人才工作目标责任制考核检查方案，听取了“江西省突出贡献人才”和“赣鄱英才555工程”评选情况通报。省领导尚勇、莫建成、姚亚平、胡幼桃以及领导小组成员单位负责人出席会议。

△ “中国梦”主题宣传教育活动在南昌正式启动。开展品读中国梦、感知中国梦、传递中国梦、唱响中国梦、践行中国梦五大系列共27项活动。

△ 全省战略性新兴产业推进动员会在南昌召开。会议对63个重大项目进行了协调。省委副书记尚勇出席会议并讲话，副省长李贻煌做具体部署。

17日 省委在南昌分别召开省属国有企业负责人和民营企业家座谈会，就做大做强国有企业、大力发展非公经济，加快推进全省经济社会发展听取企业负责人意见。省委书记强卫主持座谈会并讲话，省领导蔡晓明、李贻煌等参加座谈会。

18日 第八届中博会在郑州举行。中共中央政治局委员、国务院副总理汪洋出席开幕式并宣布开幕。省长鹿心社、副省长李贻煌等出席开幕式和中部博览会高峰论坛。

20日 省长鹿心社主持召开第5次省政府常务会议。会议原则通过了关于实施工业发展“倍增计划”推进新型工业化的意见，听取了落实最严格水资源管理制度情况汇报，原则通过了南昌九龙湖片区规划，通过了2012年度省科学技术奖授奖项目。

21日 河仁慈善基金会捐赠仪式在南昌举行。河仁慈善基金会向江西省捐赠800万元。此前，该基金会在江西已捐赠900万元。省政协主席黄跃金出席捐赠仪式。

22日 纪念王恩茂诞辰100周年座谈会在南昌举行。省委副书记、省长鹿心社讲话，省委副书记尚勇主持，省领导黄跃金、陶正明、姚亚平、洪礼和出席。王恩茂1913年生于永新县，1928年参加革命，1955年9月被授予中将军衔。

23日 省委在南昌举行中心组集体学习会，就“中国梦与中国道路”进行专题学习。省委书记强卫主持并讲话，中央文献研究室主任冷溶作辅导报告。省委、省人大、省政府、省政协领导，省直有关部门负责人参加学习。

△ 全省党风廉政建设社会评价工作动员部署电视电话会议在南昌召开。省委书记强卫出席并讲话，省领导鹿心社、尚勇、莫建成、周萌出席，周

泽民主持。

24日　省委常委会召开会议，研究开展党的群众路线教育实践活动，对深入实施工业强省战略等工作做出部署。省委书记强卫主持会议。

26日　江西省文化产业促进会成立大会在南昌举行。省政协主席黄跃金出席会议并为促进会揭牌。会议选举产生了江西文化产业促进会会长、副会长、秘书长和常务理事单位，全国政协委员刘上洋当选为会长。

27日　根据中央统一部署，中央第八巡视组进驻江西省开展巡视工作。28日，中央第八巡视组巡视江西省工作动员会在南昌召开。中央第八巡视组组长王鸿举讲话，省委书记强卫主持会议并做动员讲话。

28—29日　江西省第十二届人大常委会第四次会议在南昌举行。省委书记、省人大常委会主任强卫主持会议。省人大常委会副主任洪礼和、魏小琴、朱秉发、谢亦森、马志武，秘书长魏民和委员共58人出席会议。

31日　省委书记强卫到南昌市东湖区阳明学校，与学生们共庆“六一”。省领导尚勇、王文涛等一同参加。

△　省长鹿心社到南康市中心幼儿园和第一小学，与少年儿童共庆“六一”。省委常委、赣州市委书记史文清等陪同参加活动。

△　省人大常委会召开“畅通省城”建议意见交办会，省领导强卫、鹿心社、尚勇等分别就“畅通省城”活动和交办建议意见做出批示。

6　月

1日　第四届中国奶业大会暨第十一届中国国际奶业展览会在南昌举行。农业部副部长高鸿宾讲话，副省长谢茹致辞。

△　江西省最长(6850米)的公路隧道——井冈山特长隧道实现双幅贯通。

2日　由团省委、省教育厅、省科协等单位主办的第十三届“挑战杯”全国大学生课外学术科技作品竞赛江西赛区决赛在江西财经大学举行。九江学院《物联网环境下农业生产智能监控系统》等8件作品获特等奖，另有19件作品获一等奖。副省长曾庆红等出席决赛闭幕式并为获奖代表颁奖。

4日　省委在南昌召开中央驻赣新闻单位座谈会。省委书记强卫主持并讲话，省领导姚亚平等参加座谈会。

△　江西省人民政府教育督导委员会成立大会举行，标志着全省教育督导工作进入一个新的阶段。

5—7日　省委书记强卫深入吉安县、万安县、泰和县、吉州区、井冈山经济技术开发区，就扶贫攻坚、县域经济发展进行考察并召开专题座谈会。

△　2013年赣港经贸合作活动在香港举行。5日，省长鹿心社率团抵港并会见中央人民政府驻香港特别行政区联络办公室主任张晓明及一批重点客商。6日，省长鹿心社会见香港特首梁振英。活动期间，全省签约重大项目117个，同比增长30 %；签约金额96.6亿美元，同比增长5.2%，创历年新高。

7日　省委书记强卫在南昌会见了中国兵器工业集团公司董事长、党组书记尹家绪，双方就进一步深化合作达成共识。省领导胡幼桃等参加会见。

△　由民革省委会、九江市政协、九江学院主办的纪念“湖口起义”100周年座谈会在九江市举行。会前，省政协副主席、九江市委书记钟利贵会见了与会人员。

8日　省委常委会召开会议，学习传达深化平安中国建设工作会议精神特别是中共中央总书记习近平重要批示精神，研究江西省贯彻落实意见。省委书记强卫主持会议。

13日　省委副书记、省综治委主任尚勇在南昌主持召开2013年省综治委第一次全体会议。会议传达学习了中共中央总书记习近平关于建设平安中国的重要指示、深化平安中国建设工作会议和省委常委会会议有关精神。省委常委、省委政法委书记、省综治委常务副主任周萌出席会议并讲话。省领导郑小燕以及省综治委成员单位负责人出席会议。

14日　省委在南昌召开省社科界专家学者座谈会，省委书记强卫主持并讲话。

15日　省政协在南昌举行学习报告会。邀请全国政协常委、上海市人民政府参事室主任王新奎做《经济全球化新趋势与中国：长期的视角》专题报告。省政协主席黄跃金，省政协副主席李华栋、汤建人等参加学习报告会。省政协副主席刘礼祖主持报告会。

16日　5时7分，新建县公安局110指挥中心接到报警，县城长麦路215号居民楼发生火灾事故，造成4人死亡，1人受伤。

17日　省委在南昌举行中心组集体学习会。省委书记强卫主持并讲话。中国科学院党组书记、院长白春礼做辅导报告。省委、省人大、省政府、省政协领导，省直有关部门负责人参加学习。

△　省政府与中国科学院在南昌举行合作共建江西省科学院汇报会，就进一步深化省院科技合作事项进行会商。省长鹿心社、中国科学院院长白春礼出席并讲话。副省长谢茹等出席。

18日　省委书记强卫在江西分会场收听收看中共中央关于党的群众路线教育实践活动工作电视电话会议。省委、省人大、省政府、省政协领导班子成员，省法院、省检察院主要负责人等一起收听收看。

△　万达集团投资的中国最大文化旅游项目之一——南昌文化旅游城正式动工。该项目位于南昌市红谷滩九龙湖片区，总投资400亿元，占地160公顷。

19日　省委书记强卫、省长鹿心社在南昌会见美国福特汽车公司总裁兼首席执行官艾伦·穆拉利，省领导王文涛、李贻煌等参加会见。

△　省政府与中国航天科工集团在南昌举行会谈，就进一步务实高效推进双方合作达成广泛共识。省长鹿心社会见中国航天科工集团总经理曹建国一行。副省长李贻煌等参加会见。

20日　科技部与江西省政府2013年工作会商会议暨新一轮会商合作议定书签字仪式在南昌举行。全国政协副主席、科技部部长万钢，省委书记强卫出席并讲话；万钢、省长鹿心社代表双方续签议定书；省委副书记尚勇出席；科技部党组成员、副部长陈小娅主持；科技部党组成员、秘书长李萌，副省长谢茹代表双方报告推动本次会商事项意见。

△　随着一辆全新的大改款江铃制造福特新世代全顺在小蓝基地驶下生产线，标志着江铃股份小蓝30万辆整车基地正式竣工投产，同时标志着全球第700万辆全顺车下线及20万台汽油机项目正式启动。

21日 省委常委会召开会议，传达学习党的群众路线教育实践活动工作会议精神尤其是中共中央总书记习近平重要讲话精神，研究部署全省第一批党的群众路线教育实践活动等工作。省委书记强卫主持会议。

22日 江西省汽车产业联盟在南昌成立，为推动江西省汽车产业转型升级搭建了新平台。

24日 省委书记强卫乘防汛指挥艇赴鄱阳湖考察防汛及水利工作。

△ 省长鹿心社主持召开第6次省政府常务会议。会议听取了关于贯彻全国安全生产电视电话会议精神及江西省近期安全生产情况的汇报。会议原则通过了《江西省科技创新促进条例(草案)》《江西省残疾人保障条例(草案)》，会议通过了《江西省取水许可和水资源费征收管理办法》。

△ “赣鄱英才555工程”第三批人选评审和考察工作结束，将入围的292名人选(团队)进行公示，接受社会监督。

25日 深化平安江西建设工作会议在南昌举行。省委书记强卫出席并讲话，省长鹿心社颁发了2013年综治工作目标管理责任书。省委副书记尚勇主持会议并讲话，省委常委、省委政法委书记周萌部署工作，省领导王文涛、郑小燕、张忠厚、刘铁流、吴启庆出席，副省长朱虹宣读表彰决定。

△ 江西省金融控股集团有限公司经省政府批准正式成立。这是江西省第一家金融控股集团。

26日 省政府召开全省加速推进新型工业化工作电视电话会议。省长鹿心社在南昌主会场出席会议并讲话。

27日 省工会第十三次代表大会在南昌开幕。省委书记、省人大常委会主任强卫出席并讲话，省领导鹿心社、尚勇、黄跃金等出席，中华全国总工会副主席、书记处书记段敦厚致辞。

△ 中共江西省委决定开展向龚全珍学习活动。

28日 省委书记强卫瞻仰拜谒省革命烈士纪念堂和方志敏烈士陵园。

△ 投资4.5亿元的金佳谷物(吉安)粮油食品产业园正式奠基、投资20亿元的江西航盛电子工业园开园。吉安市108个重大项目集中竣工、171个重大项目集中开工。

29日 鹰潭、上饶、南昌等地持续强降雨，省减灾委、省民政厅于下午4时紧急启动省级四级救灾应急响应。

7 月

1日 2013年第27届全国荷花展暨国际荷花学术研讨会在莲花县拉开序幕。全国政协原副主席张怀西、省政协主席黄跃金等出席活动。

△ 投资550万元、总容量282.72千瓦的全省首家现代化养殖场光伏屋顶发电站在东乡县江西东华种畜禽有限公司竣工并正式投入运营。

1—2日 省委书记强卫在赣州市龙南县、崇义县、赣州开发区、章贡区考察稀土和钨产业发展。省委常委、赣州市委书记史文清等陪同考察。

2日 省政府和省总工会在南昌召开第十二次联席座谈会议，学习贯彻中共中央总书记习近平关于做好工会工作的重要指示，贯彻落实省工会第十三次代表大会和省委书记强卫讲话精神。省长鹿心社出席会议并讲话。

3日 2012年度全国森林防火综合考核结果揭晓，江西省获第一名。这是江西省连续5年获得这一殊荣。

4日 省委在南昌召开全省党的群众路线教育实践活动动员大会，学习贯彻中共中央总书记习近平重要讲话和中央、省委有关文件精神，对全省教育实践活动进行动员部署。省委书记强卫、中央第九督导组组长高祀仁讲话，省长鹿心社主持。会议以电视电话会议形式召开。

△ 在2013年全国职业院校技能大赛上，江西省代表队获得一等奖7项、二等奖22项、三等奖49项。

5日 省委常委会召开会议，传达学习全国组织工作会议精神特别是习近平总书记重要讲话精神，研究贯彻落实意见。省委书记强卫主持会议。

△ 丰城市获“中国长寿之乡”美誉。成为继铜鼓县之后，江西第二个获此称号的县(市)。

6日 以中国社科院副院长李慎明的一堂课为序幕，省委中心组开始为期三天的集中集体学习。学习主题为“坚定理想信念、强化宗旨意识、增强群众观点、加强作风建设”。省委书记强卫在听取李慎明题为“认真吸取苏共深刻教训，时刻保持与人民群众的血肉关系”的报告后讲话。省委、省人大、省政府、省政协领导，省委各部门、省直各单位主要负责人到场听课。

9日 省人大常委会原副主任周懋平因病医治无效在南昌逝世，享年76岁。15日，周懋平送别仪式在南昌举行。习近平、刘云山、赵乐际和朱镕基、吴官正、顾秀莲等以不同形式表示哀悼。省领导强卫、鹿心社、尚勇、黄跃金等参加送别仪式或送花圈。

9—13日 省领导尚勇、史文清、姚亚平、周泽民、王文涛、蔡晓明等分别深入基层、深入群众，开展“五访纳谏”专项调研活动。

10日 省委书记强卫、省长鹿心社在南昌会见海基会董事长林中森一行。强卫希望进一步加深赣台经贸合作、文教交流、各界往来，更好造福两地人民。省领导王文涛、谢茹等参加会见。

10—11日 省委书记强卫在安义县、南昌县分别主持召开县乡干部、农民群众座谈会，用谈心方式，面对面听取他们对省委常委会开展党的群众路线教育实践活动的意见和建议。

11日 省重大科技专项——“鄱阳湖科学考察”在南昌举行项目调度会。项目科学指导组组长胡振鹏出席并讲话。

12日 省委书记强卫、省长鹿心社在南昌会见中国商飞公司董事长金壮龙一行。省领导王文涛、李贻煌参加会见。

13日 省委书记强卫深入南昌市东湖区、西湖区、青云谱区的老城区、棚户区调研，并主持召开座谈会，征求社区居民、干部对省委常委会开展党的群众路线教育实践活动的意见。

14日 由文化部和江西省人民政府联合主办的“艺海流金——感悟瓷魂”大型文化交流活动在南昌开幕。省长鹿心社会见前来参加活动的港澳嘉宾团一行。文化部副部长董伟，副省长朱虹，香港嘉宾团团长霍震霆，澳门嘉宾团团长姚京明等参加会见并出席开幕式。

15日 省委书记强卫在南昌国家经济技术开发区调研并主持召开座谈会，听取部分企业负责人对省委常委会开展党的群众路线教育实践活动的意见建议。

△ 省长鹿心社主持召开第7次省政府常务会议，分析上半年全省经济社会发展情况，部署下半年工作。

16日 江西省人民政府、工业和信息化部、教育部三方联合下发文件，两部一省共建江西理工大学。

△ 江西省向毛主席纪念堂敬献瓷板画《北国风光》仪式在毛主席纪念堂举行。

△ 江西省决定在赣中、赣南、赣北、赣东、赣西、赣东北六大区域设立首批孤残儿童康复训练基地。

16—18日 省委书记强卫、省长鹿心社在北京先后拜访了国家发改委、环保部、教育部、农业部、水利部、国家林业局、中国铁路总公司等国家部委和中央企业，取得积极成果和重要进展。省领导朱虹等分别参加有关活动。

19日 省委常委会召开会议，总结上半年全省经济发展，分析当前经济形势，部署下半年经济工作。省委书记强卫主持会议。

△ 江西省早稻最低收购价收购正式启动。按规定，达到国标三等早稻收购价格为每百斤132元，最低收购价时间为7月19日至9月30日。

21日 省委、省政府在南昌召开全省科学技术奖励大会，表彰荣获2012年度江西省科学技术奖的单位和个人，部署当前和今后一个时期科技工作。微纳光学器件制作的基础理论及关键技术研究成果获省自然科学一等奖，赣南脐橙高效安全生产关键技术研究与推广应用等3项成果获省科技进步奖一等奖。省委书记强卫出席大会，省长鹿心社讲话，省委副书记尚勇主持。省领导赵爱明、马志武、李华栋，中国工程院院士张文海、颜龙安出席，副省长谢茹宣读奖励决定。

21—25日 由省委书记强卫，省委副书记、省长鹿心社，省委副书记尚勇等省委常委带头，分片在南昌召开了10个聚焦“四风”查摆问题的专题座谈会。

22—23日 中共江西省委十三届七次全体(扩大)会议在南昌举行。会议确定了当前和今后一个时期全省发展的总思路，总结上半年经济工作，部署下半年经济工作。会议由省委常委会主持；省委书记强卫，省委副书记、省长鹿心社讲话。

23日 南丰县太和镇农民陈俊明雇请采摘工人到福建省建宁县采摘黄花梨，晚8时40分左右，返程车辆行至省道南建线江西与福建交界(江西境内)山区陡坡急转弯处发生侧翻，造成15人当场死亡，1人送往医院抢救无效死亡，10人受伤。

23—25日 峡江水利枢纽工程一期下闸蓄水通过验收。

24日 省委书记强卫、省长鹿心社在南京会见江苏省委书记罗志军、省长李学勇。双方表示将加强交流往来，深度推动赣苏经济合作。

△ 省长鹿心社在南昌与南非自由州省省长埃里亚斯·塞克果贝洛·马加苏乐共同签署江西省和南非自由州省友好合作备忘录。

△ 江西省万名科普志愿者进社区活动在鹰潭启动。省政协副主席、省科协主席李华栋出席启动仪式并讲话。

24—27日 江西省第十二届人大常委会第五次会议在南昌举行。省委书记、省人大常委会主任强卫主持，省人大常委会副主任洪礼和、魏小琴、朱秉发、谢亦森、马志武，秘书长魏民和委员51人出席会议。

25日 在“八一”建军节即将到来之际，省委书记强卫、省长鹿心社率江西党政代表团，赴南京走访慰问南京军区，共话军地发展、共叙鱼水情。

△ 省委书记强卫在南昌会见到赣出席“理解与合作”对话活动的部分外宾，就推动江西与各国开展更深层次的交流与合作进行探讨。中联部副部长李进军等参加会见。

26日 省委书记强卫、省长鹿心社在南昌看望驻赣部队英模代表和双拥模范代表。省领导尚勇、黄跃金等参加看望。

△ 省残疾人联合会第六次代表大会在南昌召开。省委书记强卫、省长鹿心社出席大会，中国残联副理事长孙先德致辞，省委副书记尚勇讲话，省领导黄跃金、莫建成等出席。

△ 省长鹿心社做客江西网络广播电视台，参加“我给省长提个问”活动。省委常委、省委宣传部部长姚亚平参加活动。

27日 《江西省突发事件应对条例》由江西省第十二届人民代表大会常务委员会第五次会议通过。

29日 中共中央党的群众路线教育实践活动督导组第九组组长高祀仁一行在南昌听取江西省第一批党的群众路线教育实践活动学习教育、听取意见环节工作情况汇报。省委副书记、省委教育实践活动领导小组常务副组长尚勇作情况汇报。省领导周泽民、赵爱明出席汇报会。

30日 江西省妇女第十一次代表大会在南昌举行。省委书记强卫出席并讲话，省领导鹿心社、尚勇、黄跃金等出席，全国妇联党组副书记、副主席、书记处书记陈秀榕致辞。

31日 省委党的群众路线教育实践活动领导小组召开会议，学习贯彻中共中央总书记习近平和中央政治局常委最近在联系点调研指导时的重要讲话精神，以及前不久召开的中央督导组工作座谈会精神。听取江西省第一批教育实践活动情况汇报。省委书记强卫出席并讲话。省领导鹿心社、尚勇、莫建成、姚亚平、周泽民、赵爱明出席并发言。中共中央党的群众路线教育实践活动督导组第九组组长高祀仁到会指导。

△ 省长鹿心社在南昌调研电力迎峰度夏情况，看望慰问坚守工作岗位的一线干部职工。省领导王文涛、李贻煌等随同调研和慰问。

8 月

1日 江西省正式实施营业税改征增值税试点工作，全省纳入试点的交通运输业和部分现代服务业纳税人共1.46万户。

△ 江西省投资规模最大的水利工程——峡江水利枢纽工程正式下闸蓄水，具备发电条件。

2日 省委常委会召开会议，传达学习中共中央总书记习近平关于当前经济形势和经济工作的重要讲话精神和李克强总理在经济形势座谈会上的重要讲话精神，研究部署贯彻落实意见。省委书记强卫主持会议。

5—7日 省委常委会召开专门会议，对省委常委会在执行中央八项规定、加强作风建设方面存在的突出问题进行查摆梳理，明确整改的方向、重点和责任分工。省委书记强卫主持并讲话，中央督导组组长高祀仁到会指导并讲话。省委常委，省政协主席，省人大常委会党组副书记，省政府副省长、党组成员参加会议并发言。

7日　省委中心组就深入学习贯彻省委十三届七次全体(扩大)会议精神进行集体学习。省委书记强卫主持并讲话。省长鹿心社,省政协主席黄跃金,省委常委,省人大常委会党组副书记,省政府副省长、党组成员参加会议,尚勇、莫建成、史文清、姚亚平、王文涛发言。

△　省委书记强卫、省长鹿心社在南昌会见绿地集团董事长、总裁张玉良一行。省领导王文涛、李炳军等参加会见。

8日　省委书记强卫在南昌会见即将奔赴各设区市开展省委十三届七次全体(扩大)会议精神宣讲的省委宣讲团成员。省领导姚亚平等参加会见。

9日　省委书记强卫在莲花县考察指导抗旱工作。

△　省政府决定取消和下放一批行政审批项目和备案项目,共43项。

12日　省委书记强卫、省长鹿心社在赣州会见了出席第六届海峡两岸客家高峰论坛和第十一届赣台经贸文化合作交流大会的中国国民党荣誉主席吴伯雄、中华海峡两岸客家文经交流协会理事长饶颖奇以及知名企业家。省委常委、赣州市委书记史文清,副省长胡幼桃等参加会见。

13日　第六届海峡两岸客家高峰论坛和第十一届赣台经贸文化合作交流大会在赣州开幕。全国政协副主席、台盟中央主席林文漪,全国人大常委会原副委员长许嘉璐,省委书记强卫,台湾中华海峡两岸客家文经交流协会理事长饶颖奇等共同启动活动。

△　全国慢性粒细胞白血病及急性早幼粒细胞白血病多中心临床研究研讨会在南昌召开,全国人大常委会副委员长、中国科学院院士、中华医学会会长陈竺,上海瑞金医院血液病研究所所长、中国工程院院士陈赛娟及来自全国20多家医院的近百名专家学者出席研讨会。副省长谢茹出席会议。

14日　中国国民党荣誉主席吴伯雄、台湾中华海峡两岸客家文经交流协会理事长饶颖奇率400余名台湾客属宗亲,在位于赣县的江西客家博物院参加祭祖大典。省委常委、赣州市委书记史文清参加祭典。

15日　全省第一批党的群众路线教育实践活动工作会议在南昌召开。会议通报前一阶段省委常委会和全省第一批活动单位开展教育实践活动的情况。省委书记强卫出席会议并讲话,省领导鹿心社、姚亚平、周泽民、赵爱明参加会议,省委副书记尚勇主持会议,中央督导组副组长王晓安到会指导。

16日　省委常委会召开会议,传达学习中共中央总书记习近平在河北调研指导党的群众路线教育实践活动时的重要讲话精神,研究江西省贯彻落实意见。省委书记强卫主持会议。

△　首届江西鄱阳湖绿色农产品(深圳)展销会农业招商项目暨农产品销售签约仪式在深圳市举行。会上签订了70个农业投资项目,签约金额47.7亿元。

19日　省长鹿心社主持召开第10次省政府常务会议。会议原则通过了《江西省农田水利条例(草案)》《江西省法律援助条例(草案)》《江西省企业权益保护条例(草案)》,并提请省人大常委会审议。

20日　全省组织工作会议在南昌召开。省委书记强卫出席并讲话,省委副书记尚勇代表省委做工作报告,省委常委、省纪委书记周泽民出席会议,省委常委、省委组织部部长赵爱明做工作部署。

△　省长鹿心社在南昌会见到访的赤道几内亚海岸省省长恩里克·梅西·阿巴卡·恩苏卡。副省长胡幼桃会见时在座。

21日　省赣南等原中央苏区振兴发展工作领导小组第一次会议在南昌举行。省委书记、省赣南等原中央苏区振兴发展工作领导小组组长强卫出席会议并讲话。省委常委、常务副省长、领导小组副组长莫建成主持,省领导、领导小组副组长史文清、蔡晓明参加会议。

△　省委书记强卫、省长鹿心社在南昌会见了武警部队司令员王建平。省领导周萌等一同会见。

22日　省委书记强卫到江西日报社大江网演播厅参加主题为"反对'四风'、实干兴赣——省委书记与网民面对面"的在线交流活动。省领导姚亚平等陪同参加。

24日　南昌大学第四附属医院医疗服务部主任邹德凤获第44届南丁格尔奖章。之后将一万元奖金捐给省红十字会。28日,省委书记强卫、省长鹿心社在南昌会见第44届南丁格尔奖章获得者、南昌大学第四附属医院医疗服务部主任邹德凤。

26日　江西省在11个设区市同步举行2013年江西工会金秋助学资金发放仪式。

28日　省委党的群众路线教育实践活动领导小组扩大会议召开。会议传达学习全国部分省区市党委教育实践活动领导小组负责人座谈会精神,对江西省下一阶段教育实践活动工作进行安排部署。省委书记强卫主持并讲话,中央督导组组长高祀仁、副组长王晓安到会指导。鹿心社、黄跃金、莫建成、陶正明、姚亚平、周泽民、王文涛、周萌、蔡晓明、赵爱明以及省人大常委会党员副主任、省政府副省长、省政协党员副主席、省法院院长、省检察院检察长出席会议。省委副书记尚勇传达全国部分省区市党委教育实践活动领导小组负责人座谈会精神。

△　省长鹿心社在南昌会见由印度驻华大使苏杰生率领的印度经贸代表团一行。同日,印度—中国商业投资论坛在南昌举行,印度驻华大使苏杰生、省政府副省长胡幼桃出席论坛并致辞。

△　江西省生态文明研究与促进会成立大会在南昌召开。第十一届全国政协副主席、中国生态文明研究与促进会会长陈宗兴出席成立大会并讲话。

△　江西省民营企业家协会在南昌成立。全国政协常委陈清华出席成立大会。

29日　省委书记强卫、省长鹿心社乘动车沿向莆铁路江西段视察运营准备工作,并听取全省交通规划建设情况汇报。

△　新组建的江西省食品药品监督管理局、江西省食品安全委员会办公室正式揭牌。副省长谢茹出席揭牌仪式。

△　省政府召开专题会议,研究部署规范旅游市场专项治理工作。副省长朱虹主持并讲话。

30日　省委常委会召开会议,传达学习全国宣传思想工作会议精神特别是中共中央总书记习近平重要讲话精神,研究江西省贯彻落实意见。省委书记强卫主持会议。

△　海关总署和江西省政府在南

昌签署新一轮署省合作备忘录。省委书记强卫出席签字仪式，海关总署署长于广洲、省长鹿心社代表双方签字。

△ 泰和赣江石虎塘航电枢纽工程通过土建工程 W4 标和电站机电设备安装工程 W10 标 2 个标段的交工验收，这标志着江西省水运工程建设史上最大的航电枢纽工程建成完工。

31 日至 9 月 12 日 第十二届全国运动会在辽宁沈阳举行，江西代表团派出 144 名运动员，参加 16 个大项、113 个小项的决赛，获金牌 6 枚、银牌 5 枚、铜牌 5.5 枚。

9 月

1 日 7 时 51 分，安装有亚洲第一大转轮的峡江水电站首台机组一次并网成功，首日发电达 3 万多千瓦小时。

4 日 省委书记强卫、省长鹿心社在南昌会见中国五矿集团公司总裁周中枢、副总裁李福利一行。双方表示加强合作，进一步将江西钨、稀土资源优势转化成产业优势、发展优势。省领导李贻煌等参加会见。

△ 中国工程院院士、杂交水稻之父袁隆平专程到崇仁了解杂交水稻生产情况。崇仁是袁隆平超级杂交水稻第四期 1000 千克攻关项目在江西的唯一基地。

5—6 日 全国人大常委会副委员长、民革中央主席万鄂湘率调研组到赣，就人身损害赔偿法律适用、中央财政转移支付等问题开展专题调研。全国人大常委会委员、外事委员会副主任委员、民革中央副主席修福金参加调研。省人大常委会副主任马志武，省高院院长张忠厚等出席有关座谈会或陪同调研。

8 日 第五届江西艺术节在省艺术中心开幕。首场大戏《有事找老杨》上演，省委书记强卫观看。省领导姚亚平、王文涛、魏小琴、朱虹、汤建人、郑小燕等一同观看演出。

△ 粤赣湘桂合作备忘录签署仪式在贵阳举行。江西省省长鹿心社与广东省省长朱小丹、湖南省省长杜家毫、广西壮族自治区政府主席陈武出席仪式。江西省副省长胡幼桃与广东省副省长刘志庚、湖南省副省长何报翔、广西壮族自治区政府副主席林念修共同签署《推进粤赣湘桂南岭山地森林及生物多样性生态功能区规划编制和建设工作备忘录》。

9 日 第九届泛珠三角区域合作与发展论坛暨经贸洽谈会暨第三届中国（贵州）国际酒类博览会在贵阳国际会议展览中心开幕。江西省省长鹿心社率江西代表团，同泛珠各方行政首长和国家有关部委领导一道出席开幕式。副省长胡幼桃等出席开幕式。

11 日 “毛泽东和中国两弹一星事业”暨“百名将军·名家书赞毛泽东”大型主题展览在省博物馆开幕。省委书记强卫、沈阳军区原司令员钱国梁上将为展览揭幕并参观展览。江西省委原书记、中央统战部原副部长万绍芬，原国防科工委副主任张学东中将，原国防科工委副政委葛焕标中将，总装备部原副政委高同声中将，空军原副司令员王良旺中将，国防大学原副校长何道泉中将，北京军区原副司令员臧文清中将，兰州军区原副司令员陈超中将，毛泽东女婿、中国红色文化国际交流促进会会长王景清，毛泽东女儿李讷，省领导陶正明、姚亚平、朱虹等参观展览。

16—17 日 省委在省委党校举办学习贯彻省委十三届七次全体（扩大）会议精神专题研讨班，相互交流、借鉴各地贯彻落实省委全委会精神的好经验、好做法，查找在贯彻落实中遇到的困难和问题，研究解决办法，进一步将省委全委会精神贯彻落实引向深入。省委书记强卫参加并作总结讲话。省长鹿心社、省委副书记尚勇参加并讲话。省领导莫建成、史文清、姚亚平、王文涛、赵爱明等参加研讨。

17 日 全省扶贫开发工作会议在南昌召开。会议深入贯彻落实党的十八大、中央扶贫开发工作会议精神和习近平总书记在河北阜平等地视察扶贫开发工作的重要讲话精神，总结工作，分析形势，动员全省上下坚定信心，打好新一轮扶贫开发攻坚战，推动贫困地区经济社会更好更快发展。省委书记强卫讲话，省长鹿心社主持，省领导尚勇、莫建成、赵爱明出席。

△ 省委书记强卫、省长鹿心社在南昌接见参加完第十二届全国运动会的江西代表团成员。省领导谢茹、钟利贵等参加会见。

18 日 中央第八巡视组向江西反馈巡视情况。中央第八巡视组组长王鸿举代表巡视组做反馈，省委书记强卫主持会议并讲话。

21 日 省委书记、省人大常委会主任强卫在南昌会见以全国人大常委会委员、澳门特别行政区立法会副主席贺一诚为首的澳门特别行政区第十二届全国人大代表团。全国人大常委会副秘书长何晔晖，省人大常委会副主任洪礼和、朱秉发参加会见。

23 日 江西省人民政府与中国进出口银行在南昌举行深化战略合作签约仪式暨中国进出口银行江西省分行成立大会。省长鹿心社，中国进出口银行董事长、行长李若谷出席并致辞。副省长李炳军与中国进出口银行副行长刘连舸共同签署深化战略合作协议。省政协副主席孙菊生出席仪式。

△ 南昌、九江、抚州、福州、三明、莆田、南平、厦门、泉州 9 市旅游局和南昌铁路国际旅行社共同成立了向莆铁路沿线旅游营销联盟，合力推广向莆铁路沿线旅游景区和精品旅游线路，打造向莆铁路旅游长廊。

24 日 省长鹿心社在共青城市主持召开鄱阳湖生态经济区建设（昌九一体化发展）领导小组会议，总结前一阶段工作，研究加快推进鄱阳湖生态经济区建设特别是昌九一体化发展的重大问题。省委副书记尚勇，省委常委、南昌市委书记王文涛，副省长李炳军，省政协副主席钟利贵出席会议。

25 日 龚全珍先进事迹报告会在南昌滨江宾馆大会堂举行。省四套班子领导、中央第九督导组全体成员和全省第一批教育实践活动单位主要负责人现场聆听了报告。

△ 全省台湾同胞第八次代表大会在南昌召开。会议选举产生省台联新一届理事会和领导班子。全国台联会长汪毅夫致辞。省委常委、省委统战部部长蔡晓明到会讲话。

26 日 中国第一条连接海峡西岸和中部内陆腹地的快速铁路——向莆铁路正式开通运营。

△ 江西省龚全珍、皮祖强获中央文明委授予的第四届全国道德模范称号，章金媛、肖玉玲、郑冬花、郑向生、杨斌圣、敖志凡、刘发英、李桥妹 8 人获提名奖。

28 日 省委书记强卫、省长鹿心社在南昌会见江西赣商联合总会会长及常务副会长。

29日　省委书记强卫在南昌看望从北京载誉归来的江西省第四届全国道德模范及提名奖获得者。省委常委、省委宣传部部长姚亚平参加看望。

△　由江西省委宣传部、江西日报社选编的《龚全珍日记选》由人民出版社、江西人民出版社联合出版，即日起在全国发行。

30日　5时45分，丰城矿务局曲江煤矿西二采区发生一起煤与瓦斯突出事故，造成4人死亡，7人被困。省委书记强卫、省长鹿心社分别作出批示，要求全力抢救被困人员，并做好善后工作。副省长李贻煌赶赴事故现场，指导救援工作。

10　月

7日　在第六届东亚运动会男子链球比赛中，江西万勇以69.26米的成绩夺得金牌。

8日　省长鹿心社在南昌会见中国核工业建设集团公司党组书记、总经理王寿君一行。副省长李贻煌，中国核工业建设集团公司党组成员、副总经理李定成参加会见。

10日　省委党的群众路线教育实践活动领导小组召开第三次会议，认真学习贯彻中共中央总书记习近平在参加河北省委常委班子专题民主生活会时的重要讲话精神，研究审议省委常委会专题民主生活会情况通报，听取省委"活动办"关于全省第一批教育实践活动单位专题民主生活会准备工作情况汇报，研究部署相关工作。省委书记强卫主持会议并讲话，省长鹿心社、省委副书记尚勇传达中央精神。省领导姚亚平、周泽民、赵爱明出席。

11日　江西省召开"红包"问题专项治理工作推进会，通报两起顶风违纪案例，回顾前一阶段专项治理工作情况，对下一步工作进行再动员、再部署。省委书记强卫提出要求。省委常委、省纪委书记周泽民出席会议并讲话。

13日　省委召开通报会，通报9月27日至28日召开的省委常委班子专题民主生活会情况。省委书记强卫出席并讲话，省委副书记、省长鹿心社主持，省委副书记尚勇作情况通报。

14日　省委书记强卫在南昌会见前来出席"海峡媒体井冈山峰会"的台湾"中央社""中国时报"、旺报、中天电视台等台湾媒体和《新闻战线》等大陆媒体的嘉宾。省委常委、省委宣传部部长姚亚平参加会见。

△　中国科学院、清华大学、北京大学、复旦大学等160家科研机构和高校1000名专家学者汇聚南昌，参加中国植物学会第十五届会员代表大会暨80周年学术年会。

16日　省政府在上饶召开支持赣东北扩大开放合作加快发展工作推进会，协调解决有关重大事项，推动《关于支持赣东北扩大开放合作加快发展的若干意见》各项政策措施的落实。省长鹿心社出席会议并讲话。省委常委、常务副省长莫建成主持会议。

△　第十三届世界芦笋大会暨南昌国际芦笋产业展览会在南昌开幕。省长鹿心社发贺信，对大会召开表示祝贺。农业部副部长、中国农科院院长李家洋，国际园艺学会蔬菜专业主席希尔瓦纳·尼古拉致辞，省政协副主席李华栋、中国工程院院士方智远出席。

△　以"携手合作，共筑梦想"为主题，以深入探讨"两岸媒体如何融合中华文化，实现互惠互通，强化合作共赢，实现美好梦想"为主旨的海峡媒体井冈山峰会在井冈山举行。会议通过《海峡媒体井冈山峰会共同建议书》。

17日　由科技部、省人民政府共同主办的2013年中国(景德镇)高技术陶瓷国际论坛在景德镇举行开幕仪式。副省长谢茹出席开幕式并致辞。中国工程院院士李龙土和张兴栋分别进行了演讲。

△　江西省赣东北旅游联盟正式成立。上饶市、景德镇市、鹰潭市共同签署《赣东北旅游合作发展联盟公约》。

17—21日　全国政协副主席何厚铧率澳门地区全国政协委员考察团，就进一步促进赣澳两地交流合作在江西省进行考察。19日，考察团在南昌召开座谈会，听取江西省有关情况汇报，并向江西省反馈考察情况。

18日　2013年中国景德镇国际陶瓷博览会在景德镇国际会展中心拉开帷幕。全国政协副主席何厚铧，省委书记强卫，商务部原副部长刘向东，中国轻工业联合会副会长钱桂敬，中国贸促会副秘书长杨平安共同启动开幕水晶球。

21日　以弘扬光彩精神，凝聚民企力量、助推赣南苏区振兴发展为主题的"中国光彩事业赣州行"活动在赣州开幕。省委书记强卫宣布活动开幕。中央统战部副部长、全国工商联党组书记、常务副主席、中国光彩事业促进会副会长全哲洙，省长鹿心社出席并讲话。省委常委、赣州市委书记史文清致辞，省委常委、省委统战部部长蔡晓明主持开幕式。

24日　省长鹿心社率团前往匈牙利、法国和波兰三国访问。

25日　省委书记强卫在南昌会见回母校参加90周年校庆的江西财经大学杰出校友代表，并听取了他们对加快江西发展的意见建议。副省长朱虹参加会见。

△　中华全国新闻工作者协会主办的第二十三届中国新闻奖评选结果公布，江西省共有12件作品获奖，其中一等奖1件，二等奖5件，三等奖6件。

28日　省委书记强卫在南昌会见"百名法学家百场报告会江西专场"报告团成员。

△　第十三次中国暨国际生物物理大会在南昌召开，中国科学技术协会副主席、书记处书记陈章良，天津市政协副主席、中国生物物理学会理事长饶子和，省政协副主席李华栋，诺贝尔化学奖获得者阿龙·切哈诺沃，以及来自国内外高校、科研院所的700余名研究员、学者等出席开幕式。

11　月

1日　省委常委会召开会议，传达学习全国干部教育培训工作会议精神，研究江西省贯彻落实意见。会议审议并通过了《2013—2017年江西干部教育培训规划》。省委书记强卫主持会议。

2日　第三届中国名蟹大赛在江苏省金坛市举行。代表江西省参赛的进贤县军山湖鱼蟹开发公司选送的"军山湖牌"清水大闸蟹，蝉联"中国十大名蟹"称号。

3日　省委书记强卫在南昌再次聆听龚全珍先进事迹报告会，为报告团赴北京人民大会堂做报告送行。

5日　国务院国资委与省政府合

作备忘录签字仪式暨央企入赣投资合作洽谈会在赣州市举行，81 家中央企业应邀参会，与江西省共签约项目 93 个，投资额 2214 亿元。省委书记强卫出席，国务院国资委党委书记张毅讲话，省长鹿心社致辞，省委常委、赣州市委书记史文清介绍赣州市经济发展情况、与央企对接和投资合作情况，副省长李贻煌主持。

△　省政府与中国中铁股份有限公司在赣州市签署战略合作协议。省委书记强卫、省长鹿心社，中国中铁董事长李长进，省委常委、赣州市委书记史文清，副省长李贻煌出席仪式并共同见证签约。副省长胡幼桃与中国中铁副总经济师兼中铁建设投资集团有限公司总经理付漳湖签署战略合作协议。

△　省委书记强卫、省长鹿心社在南昌会见以全国人大常委，环资委副主任委员张云川为组长的全国人大环资委饮用水水源地环境保护情况专题调研组。

6 日　由中组部、中宣部、全国妇联和中共江西省委共同主办的龚全珍首场先进事迹报告会，在北京人民大会堂举行。中宣部常务副部长、中央文明委办公室主任雒树刚主持报告会。中组部秘书长高选明，全国妇联副主席、书记处书记、全国总工会副主席崔郁和江西省委常委、省委组织部部长赵爱明出席报告会。

△　北京京剧院赴江西慰问演出倾情奉献的京剧名家名段专场，在江西省艺术中心上演。省委书记强卫，省政协主席黄跃金，副省长朱虹，北京市委原常委、北京市原副市长张百发一同观看演出。

7 日　省长鹿心社在南昌与工信部副部长、党组副书记，国家国防科工局局长马兴瑞会谈，商讨共同推进江西国防科技工业更好更快发展。副省长李贻煌参加会见。

8 日　江西省人民政府与清华大学在北京签署战略合作协议。省委书记、省人大常委会主任强卫，清华大学党委书记胡和平出席签约仪式并分别致辞。省委副书记、省长鹿心社，清华大学校长陈吉宁代表双方共同签署《江西省人民政府—清华大学战略合作协议书》。副省长朱虹主持签约仪式。

11 日　江西省人民政府与北京大学战略合作签约仪式在北大未名湖畔举行。省委书记、省人大常委会主任强卫，北京大学党委书记朱善璐出席签约仪式并讲话。省委副书记、省长鹿心社出席签约仪式。副省长朱虹与北京大学常务副校长刘伟代表双方共同签署《江西省人民政府—北京大学战略合作协议书》。

11—19 日　中央党的群众路线教育实践活动第九督导组与省委活动办组成联合调研组，由组长高祀仁、副组长王晓安带队，分别深入省民政厅、省公安厅、省人社厅、省工商局 4 个省直单位和景德、吉安、赣州 3 个设区市，就开展党的群众路线教育实践活动第三环节工作进行专题调研。

14 日　省委召开全省领导干部会议，传达学习贯彻党的十八届三中全会精神，特别是《中共中央关于全面深化改革若干重大问题的决定》和中共中央总书记习近平的重要讲话精神，动员全省上下学习、宣传、贯彻全会精神。省委书记强卫出席并讲话，省委副书记、省长鹿心社主持会议，中央督导组组长高祀仁、副组长王晓安特邀出席。

15 日　省委书记强卫、省长鹿心社在南昌会见南京军区政委郑卫平一行。

15—18 日　团中央书记处第一书记秦宜智围绕共青团组织贯彻落实党的十八届三中全会精神在江西调研，并到全国青少年井冈山革命传统教育基地指导工作。17 日，省委书记强卫、省长鹿心社在南昌会见共青团中央书记处第一书记秦宜智。

18 日　省委书记强卫在南昌会见中国侨联主席林军以及出席江西省第七次归侨侨眷代表大会的海外嘉宾。省领导尚勇、蔡晓明、马志武、谢茹等参加会见。

△　省政府在南昌举行 2013 年度“庐山友谊奖”颁奖仪式，向为江西经济社会发展做出突出贡献的 15 名外国专家颁发“庐山友谊奖”。省长鹿心社为获奖外国专家颁奖并讲话。省委常委、常务副省长莫建成宣读省政府授奖决定。

△　省长鹿心社主持召开第 14 次省政府常务会议。会议对学习贯彻党的十八届三中全会精神作了部署；会议原则通过《关于支持赣西经济转型加快发展的若干意见》，提请省委常委会审议。

19 日　省政府与中国联通集团公司云瑞智慧城市建设合作协议签字仪式在南昌举行。仪式前，省长鹿心社会见了中国联通集团公司总经理陆益民一行，并共同出席协议签字仪式。副省长李贻煌与中国联通副总经理佟吉禄分别代表双方签署合作协议。

20 日　2013 年中欧城市博览会在北京开幕。中共中央政治局常委、国务院副总理张高丽参观江西展区。

△　全国公安系统第二十三届实战应用射击比赛在江西警察学院开幕。中国前卫体育协会主席赵永吉，省长助理、省公安厅厅长郑为文出席开幕式并致辞。

21 日　支持赣南等原中央苏区振兴发展部际联席会议第一次会议在北京举行。会议总结国务院《关于支持赣南等原中央苏区振兴发展的若干意见》实施一年多来的工作进展情况，研究议定下一步工作的有关重大事项，扎实高效促进赣南等原中央苏区振兴发展。

22 日　由商务部和江西省人民政府联合主办的第六届中国绿色食品博览会在南昌开幕。副省长胡幼桃出席开幕式并宣布博览会开幕，青海省政协副主席纪仁凤出席开幕式。

25 日　江西省人民政府与北京汽车集团有限公司战略合作暨江西昌河汽车有限责任公司股权转让协议签约仪式在南昌举行。省委书记强卫，省长鹿心社出席签约仪式；省委常委、常务副省长莫建成，北汽集团董事长徐和谊致辞；副省长李贻煌与徐和谊代表双方签署协议。

26 日　原中央苏区闽赣省成立 80 周年纪念活动在黎川举行，省政协主席黄跃金出席并在座谈会上讲话。

27 日　江西省人民政府与中国国际商会合作备忘录暨中国国际商会高端会员投资江西合作协议签字仪式在南昌举行。省委书记强卫，中国贸促会、中国国际商会会长万季飞致辞；省长鹿心社与万季飞签署备忘录；省委常委、常务副省长莫建成出席；副省长胡幼桃主持。签约仪式上，中国国际商会高端会员企业与江西省项目代表签约项目 14 个，金额 414.8 亿元。

28 日　中央宣讲团在江西省举行党的十八届三中全会精神报告会。中央宣讲团成员，国土资源部部长、党组书记、国家土地总督察姜大明作宣讲报告;省委书记强卫主持。

29日 省委常委会召开会议,研究部署加快非公有制经济发展等工作。省委书记强卫主持会议。会议审议并通过了《关于大力促进非公有制经济更好更快发展的意见》《关于支持赣西经济转型加快发展的若干意见》《关于进一步加快县域经济发展的若干意见》。

△ 江西省与中国工程院在南昌签署战略合作协议,并举行产业发展院士咨询会,共同促进江西资源、产业优势与中国工程院人才、科技优势有机结合,加快创新型江西建设。省委书记强卫、中国工程院院长周济致辞;周济与省长鹿心社签署战略合作协议;省委副书记尚勇主持;中国工程院副院长干勇,副省长朱虹出席。

30日 第十一届中国国际农产品交易会在武汉国际博览中心广场开幕。开幕式前,中共中央政治局委员、国务院副总理汪洋,农业部部长韩长赋参观了江西展区。

12 月

3日 省长鹿心社主持召开省机构编制委员会会议。会议研究了政府职能转变和机构改革问题,严格机构编制管理相关措施,听取了机关事业单位超编专项整治工作情况汇报。

4日 省政协主席黄跃金率团前往斯里兰卡、印度进行访问。

5日 第28个国际志愿者日,江西省在南昌举行江西省红十字人道奖、博爱奖、奉献奖颁奖仪式,表彰近10年来江西省人道服务领域做出杰出贡献的红十字志愿者。省委书记强卫出席,中国红十字会党组书记、常务副会长赵白鸽讲话,省委副书记尚勇主持。

△ 省委书记强卫、省长鹿心社在南昌分别会见毛泽东女儿李敏等亲属一行。

6日 省长鹿心社在上海拜访中国双飞公司,并就进一步深化双方务实合作及具体合作事项,与中国双飞公司董事长金壮龙进行会谈。

8日 井冈山纪念毛泽东诞辰120周年座谈会隆重举行。省委副书记尚勇出席座谈会并讲话。

9日 江西省与北京师范大学在北京签署战略合作协议,进一步加快推动江西省资源、产业优势与北京师范大学知识、人才、科技优势相结合,促进江西省在新的起点上发展升级、小康提速、绿色崛起、实干兴赣,推动北京师范大学加快建设世界一流大学步伐。省委书记强卫、北京师范大学党委书记刘川生致辞;省长鹿心社、北京师范大学校长董奇签署战略协议;副省长谢茹,中国科学院院士、北京师范大学原校长王梓坤出席签约仪式。

9—10日 国务院农民工工作第七督察组在江西省督察农民工工作。10日,在南昌召开座谈会,向江西省反馈督察情况,对江西省农民工工作给予充分肯定。督察组组长、教育部副部长鲁昕出席会议并讲话,副省长胡幼桃主持会议。

16日 省委在南昌召开全省领导干部会议,传达学习中央经济工作会议和中央城镇化工作会议精神,特别是中共中央总书记习近平和国务院总理李克强的重要讲话精神。省委书记强卫出席并讲话,省委副书记、省长鹿心社主持并传达中央会议精神。

△ 由省委宣传部、省文化厅、南昌市人民政府共同主办的2013年江西艺术品市场法制宣传周暨"赢在明天"首届艺术双年展在江西艺术中心美术馆开幕。

19日 全国扶贫搬迁工作交流研讨会在修水拉开帷幕。江西省一种新型的搬迁移民模式——大规模搬迁移民进城镇进园区,受到全国关注。

23日 第十三届全国县域经济基本竞争力百强名单出炉,南昌县由上届排名第75位升至第67位。这也是该县自2008年进入全国百强县以来,连续6年跻身全国百强县,连续5年实现进位赶超。

△ "中央苏区反'围剿'战争理论研讨会"在宁都县召开,全国各地近百名专家学者和老革命后代参加会议。会前,与会人员参观了中央苏区反"围剿"战争纪念馆。

25日 江西省在南昌举行纪念毛泽东诞辰120周年座谈会。省委书记强卫出席并讲话,省长鹿心社主持,省领导黄跃金、史文清、洪礼和、马家利和老干部许勤、黄智权、朱治宏出席。

△ 江西省卫生和计划生育委员会正式挂牌并运行,新组建的江西省卫生和计划生育委员会是根据《国务院机构改革和职能转变方案》设立的,为省政府组成部门,将原省卫生厅的职责、原省人口和计划生育委员会的部分职责整合,在职能转变、主要职责、内设机构、人员编制等方面都进行了调整。原省卫生厅、省人口与计划生育委员会不再保留。

26—28日 省委十三届八次全体会议在南昌召开。全会听取了省委常委会工作报告,分析了当前形势和任务,审议通过《中共江西省委贯彻落实〈中共中央关于全面深化改革若干重大问题的决定〉的实施意见》和《中共江西省委全委会工作规则》,全面部署2014年各项工作。会议由省委常委会主持。

28日 江西省中华职业教育社成立大会在南昌举行。全国政协原副主席、中华职业教育社理事长张榕明,省委常委、省委统战部部长蔡晓明出席会议并讲话。

29日 九景衢铁路和武九客专(江西段)项目建设动员会在九江举行,标志着这两个铁路项目建设正式全面启动。省长鹿心社到会讲话,并宣布两个项目建设正式启动。省委常委、常务副省长莫建成主持。省长助理、省公安厅厅长郑为文出席。

30日 江西省第八次社会科学工作者代表大会在南昌召开。会议听取并通过江西省社联第七届理事会工作报告,选举产生江西省社联第八届理事会、常务理事会和主席、副主席。省委书记强卫出席并讲话,省领导鹿心社、尚勇、黄跃金、马志武、朱虹出席会议,姚亚平做工作部署。

△ 中国纺织科学研究院、省科技厅科技合作协议签约暨中国纺织科学研究院共青分院揭牌仪式在共青城举行。省委副书记尚勇、中国纺织科学研究院院长赵强出席仪式并致辞。副省长谢茹、中国纺织科学研究院党委书记王丽薇出席仪式。

本栏编辑 詹跃华

专　记

江西省第一批党的群众路线教育实践活动纪略

在全党深入开展以为民务实清廉为主要内容的党的群众路线教育实践活动，是党的十八大做出的重大战略部署。2013 年 7 月 4 日，按照中央统一部署，江西省党的群众路线教育实践活动正式启动，参加第一批活动的单位 137 个，其中省级领导班子 4 个，省直属单位 102 个（收尾阶段为 100 个，因机构改革撤并 2 个），省管高校 27 所，省管国有企业 3 个，中央驻赣单位 1 个；县处级以上领导班子 1649 个，县处级以上领导干部 14885 人；基层党组织 11311 个，党员 200816 人。在党中央的坚强领导和中央“活动办”、中央第九督导组的精心指导下，全省第一批活动单位坚持以为民务实清廉为主题，以习近平总书记系列重要讲话精神为根本遵循，充分调动领导干部和广大群众两个积极性，着力打牢学习教育和查摆问题两个基础，紧紧抓住整改落实和建章立制两个关键，切实找准和解决“四风”方面的突出问题，取得了预期效果，并为第二批活动健康有序开展积累了经验。

一、群众路线教育实践活动的基本做法

1. 注重科学谋划，精心组织实施。成立领导小组，由省委书记任组长，省长、省委副书记以及分管纪组宣和省政府常务工作的四位省委常委任副组长，做到既挂帅又出征，推动形成主要领导亲自抓、分管领导具体抓、班子成员协同抓，相关部门密切配合、齐抓共管的合力。省委派出 6 个调研组开展专题调研，并组织开展“万人问卷调查”，广泛听取搞好活动的意见建议。研究制定“1＋2”文件，包括一个总的意见和第一批活动方案、省委常委会活动方案，提出“三个显著”的工作目标、“四个更”的工作思路和“六个不能”的工作要求，为搞好第一批活动提供了基本遵循。为了学有标杆、行有示范，省委及时做出《关于开展向龚全珍学习活动的决定》，并通过组织出版《龚全珍日记选》，举办龚全珍先进事迹巡回报告会、省直机关为民务实清廉先进典型事迹报告会等方式，引导广大党员干部以先进典型为镜找差距、明方向。

2. 注重领导带头，发挥示范作用。省委常委会从一开始就认真、较真，率先做出“六个带头”承诺，用做出样子代替喊破嗓子，推动了上率下行、层层示范。带头抓好学习教育，坚持先学一步、深学一层，在活动的每个环节都带头开展集中封闭式学习。带头征求意见，开展“五访纳谏”“下访听诉”“网络问政”等活动，深入群众、深入一线，虚心听取各方面意见。13 位省委常委共召开征求意见座谈会 65 场、民情恳谈会 93 场，上门走访 107 户、访谈干部群众 2159 人，共征求意见建议 6290 条，经梳理汇总为 980 条，其中“四风”方面 112 条。特别是省委书记、省长在教育实践活动中率先开展网络问政听诉，全媒体直播回应网民诉求，在全国开了先河。带头查摆问题，根据收集到的意见建议，省委常委会集中 3 天召开专门会议，聚焦“四风”进行细查深挖，分析归纳出省委常委会存在的 6 个方面突出问题、全省党员干部队伍存在的 14 个突出问题，以及个别党员、干部中存在的需要引起高度警醒的 10 个严重问题。在此基础上，认真撰写班子和个人对照检查材料，其中常委班子对照检查材料修改了 15 次，确保了问题查摆得准、根源剖析得深、整改措施制定得实。带头开展批评和自我批评，省委书记强卫在班子专题民主生活会上带头践行“自我批评向我看齐，开展批评向我开炮”的承诺，13 位省委常委对班子和自身存在的问题都认真查摆剖析、诚恳开展自我批评、虚心接受同志批评，真刀真枪地开展积极健康的思想斗争，推动各级领导干部自觉把自己摆进去，既自揭“伤疤”、又帮人“治病”，真正达到红红脸、出出汗、排排毒的效果。带头聚焦“四风”进行整改，对省委常委会 8 个方面 38 项整改任务，由省委书记负总责，省长具体负责，其他常委按照分工归口认领、牵头整改。带头抓好联系点，省委常委每人联系 1 个省直单位（高校或企业）、1 个执法监管部门（服务行业或窗口单位），其他省级党员领导干部也建立了联系点，分别深入联系点宣

讲中央和省委的决策部署，参加查摆问题的专门会议和专题民主生活会，指导和推动联系点教育实践活动扎实有效开展，把联系点办成了示范点。

3. 注重开门整风，力求群众满意。开辟专项调研、问卷调查、召开座谈会、书面征求意见、专门征求中央巡视组和中央督导组意见、公布专用电子信箱和手机号码、网上在线交流等7种听取意见的渠道。从省委常委做起，各级领导干部走出机关，沉下去听、坐下来询，并注重深入地处最偏僻、矛盾最集中、舆论最敏感的地方去征求意见。省四套班子和第一批活动单位共征求意见建议37640条，经梳理汇总为24589条，其中“四风”方面10324条。专题民主生活会前请群众提意见，会中邀请群众代表参加、接受群众监督，会后通报情况请群众评议。坚持整改方案向群众问计，整改措施为群众着想，整改过程请群众参与，整改成效由群众评判。特别重视发挥舆论监督的作用，及时向社会公开省委常委会整改方案。从2013年10月起，在江西日报、江西电视台、大江网等省内主流媒体开设“转作风、看变化”专栏；后又增设“群众意见建议整改结果公告”专栏；从11月下旬开始，每10天左右召开一次新闻发布会，分政法、科教、综合经济、党群、民生口通报整改落实情况；2014年1月起，在江西日报、江西电视台《社会传真》增设“专项整治在行动”专栏，重点报道省委常委会专项整治任务的进展、举措和成效；同时还召开省委常委会整改落实工作新闻发布会，全面通报省委常委会“两方案、一计划”执行情况。

4. 注重互帮互促，用好批评武器。各单位把学习习近平总书记系列重要讲话作为会前“必修课”，打牢思想基础。普遍开展了多轮谈心交心活动，把矛盾和问题解决在会前。省委常委会前后用12天时间开展谈心，每次都在2小时以上，相互提出142条意见，为开展批评和自我批评达成了共识。会上采取“先班子、后个人，先一把手、后班子成员，先开展自我批评、再逐一开展批评，一个一个过”的方式开展批评和自我批评，普遍做到真刀真枪提意见、掏心见胆帮同志，班子成员之间都提出2条以上有质量的批评意见。会后“转化”促常态，一方面着力把民主生活会的成效转化为整改落实、建章立制的行动自觉；另一方面注意总结对照检查、谈心交心、督导把关、开展批评等做法，完善党内生活制度，使之成为解决领导班子和领导干部自身问题的经常性措施。

5. 注重标本兼治，狠抓整改落实。省委“活动办”将各单位梳理汇总的具体问题和个体诉求，全部纳入整改工作台账，并实行由责任单位承办、督导组督办、责任单位办结每周报告、省委“活动办”调度销号管理的工作机制。对整改落实不力的单位，先由省委“活动办”约谈其分管领导；效果仍不明显的，由省委领导约谈其一把手和省委督导组长。省委把专项整治作为反“四风”、转作风的重要抓手和有效途径，确定14个方面23项专项整治任务，各牵头负责的省领导认真履行牵头责任，深入整改责任单位调度指导、检查督促。各相关单位主动认领整改任务，强化整改措施，做到上下联动、左右互动、合力攻坚。每项专项整治任务都严格按照“准、狠、韧”的要求做到了“六有”：有专门方案、有推进措施、有牵头部门、有具体责任人、有检查评估、有监督问责。省委常委会专项整治任务已完成13项，第一批活动单位共完成专项整治868项，完成率98.3%。强化正风肃纪，狠刹不正之风，共查处“四风”问题案件212件，给予党纪政纪处分164人，移送司法机关1人。处理违规安排使用民生资金相关责任人员1933人，其中追究刑事责任205人，给予党纪政纪处分183人。着眼常态长效，推进制度建设，确定26个（后调整为25个）省委常委会制度建设项目，并建立严格的评估论证和审核审定机制。对情况复杂、涉及面广、政策性强、关注度高的重要制度，邀请相关部门和专家学者组成评估小组，对其合法性、合理性和可操作性进行综合审查、评估论证；经审查评估的制度出台前，须先由分管省领导签字同意，再由省委教育实践活动领导小组审定。

6. 注重严督实导，强化外力推动。活动启动前，中央督导组认真审核了江西省“一个意见、两个方案”；活动启动后，中央督导组在每个环节都提出重要指导意见，并参加全省动员大会和省委常委会集体学习会、查摆问题专门会、专题民主生活会等主要活动，认真审核把关省级领导班子和领导干部对照检查材料、整改落实“两方案、一计划”等，紧盯重点任务，从严要求、从严把关。同时，省委对第一批活动单位派出17个督导组，以严的标准、严的纪律、严的措施，突出对“一把手”责任落实及作用发挥情况的检查，突出对领导班子专题民主生活会的督导，突出对群众反映强烈的突出问题以及省委转办交办整改事项落实情况的督查，严把活动方案关、学习教育关、征求意见关、对照检查材料关、整改方案质量关。进入活动收尾阶段后，坚持发扬认真劲头，加强对整改工作的督促检查，对明改暗不改的决不放行，对整改不到位、达不到整改要求的退回重改，保证了各单位教育实践活动不虚、不空、不偏、不走过场。

7. 注重宣传引导，营造浓厚氛围。牢牢把握正确方向和时机节奏，充分利用省内主流媒体和中央驻赣媒体，综合运用报纸、电视、网络、手机信息平台，及时宣传中央和省委重要精神、重大部署，密集报道活动进展情况、特色做法和实际成效，深入挖掘先进典型、曝光反面典型。开展活动以来，省内媒体和网站共开设专题专栏40余个；在重要会议、重大部署、重要节点刊发系列时评、短评等220余篇，刊播相关报道4500余篇（条）；中央和省内主要新闻网站转载活动稿件5600余篇（条），中央媒体和中央群众路线网刊播江西省报道1400余篇（条）。中央电视台、中央人民广播电台、人民日报、新华社、光明日报、人民网等媒体对江西省的重点报道，被国内几十家网站转载，在社会各界引起反响。

二、群众路线教育实践活动取得重要成果

1. 党员干部思想认识普遍得到提高。通过联系实际学、带着问题学、深入思考学，广大党员干部进一步深化对党的基本理论特别是中国特色社会主义理论体系的认识、对党的根本宗旨和群众观点的认识、对“四风”危害和根源的认识，进一步增强了与以习近平为总书记的党中央保持高度一致、坚持走中国特色社会主义道路、践行党的根本宗旨和群众路线的自觉

性、坚定性，普遍感到“学出了自信、学出了感情、学出了警醒”。特别是各级领导班子、领导干部认真贯彻整风精神，自觉拿起批评和自我批评武器，召开了一次高质量的专题民主生活会，通过揭短亮丑、动真碰硬的思想交流，进一步看到自身的问题，辨清问题的实质，找到改进的方向，既受到了一次深刻的思想政治洗礼，也增进了掏心见胆、并肩奋斗的真正团结。

2. **机关作风有了明显转变**。以集中解决“四风”问题为突破口，通过开展一系列专项整治，完善相应的制度规范，机关作风发生了看得见的变化。省委常委带头执行中央八项规定，下基层轻车简从，不打招呼、不搞陪同，吃自助餐、住普通房间，并率先向特权开刀，取消271辆赣O牌照“特权车”，为全省树立标杆。各地各单位自觉向省委常委会看齐，认真落实中央八项规定和密集出台的禁令，重点治理“舌尖上的腐败”“车轮上的腐败”“公款消费中的腐败”，取得了群众感受得到的成效。通过开展文山会海的专项整治，全省性会议同比下降41%，省直党政机关会议费同比下降40.9%，文件简报大幅减少，机关干部有了更多时间和精力抓落实、办实事；通过开展节庆、论坛、展会等专项清理，全省节庆、论坛、展会分别减少52.1%、49.7%、54.4%；通过开展检查考核评比达标表彰活动专项治理，取消各地、各部门上报未经批准开展的项目927项，经国家批准江西省实施的123个项目也精简了62.6%；通过开展企业发展环境和行业不正之风的专项整治，查出行政审批、窗口服务、企业负担等方面的问题3177个，督办整改2965个，通报典型案例364起，问责763人，群众反映强烈的“门难进、脸难看、事难办”问题得到有效遏制；通过开展党政干部违规收送“红包”不正之风专项整治，各级党政干部上交“红包”6000多万元。省委十三届八次全会期间，省委“活动办”对92个省直机关单位作风转变情况，面向与会的122名市委书记、市长和县(市、区)委书记进行了满意度测评，满意率均在90%以上。

3. **群众关切的一批实际问题得到及时解决**。各单位和党员干部坚持从实际问题改起，从群众看得见摸得着的事情做起，让群众见到了行动、得到了实惠。针对群众反映强烈的棚户区“春怕潮、夏怕雨、秋怕火、冬怕雪”问题，在省委主要领导的高位推动下，加快棚户区改造步伐，全省开工建设保障性安居工程项目32.4万套，基本建成23.7万套。开展涉农、征地拆迁、安全生产、食品药品安全、环境保护、中小学办学、医疗卫生等7个方面侵害群众利益行为的专项整治，狠刹损害群众利益的不正之风。先后取消涉农收费项目29个，直接减轻农民负担2109万元；落实群众征地补偿款6000多万元；取缔无证食品企业363个，整顿各类市场2078个；责令88家污染企业限期整改，停产整治32家，取缔关闭污染严重企业19家；纠正中小学办学过程中损害群众利益行为207起，处理相关责任人员178人；排查医疗纠纷信访积案189起，注销不合格基层医疗机构1326所，查处医疗保险违规案件668起。开展民生资金管理使用情况的监督检查，全省纠正违规资金9.65亿元，并及时还之于民、用之于民。针对前期全省早籼稻市场价格低于最低收购价的情况，及时启动早籼稻最低收购价执行预案，仅此一项就促进农民增收7亿多元。扎实推进扶贫攻坚6大工程，年内减少农村贫困人口80万人。

4. **初步取得一批制度成果**。从省委常委会做起，各单位坚持边实践边总结，围绕反对“四风”织牢制度“笼子”，建立健全各方面制度机制，在“用制度管住干部行为，用机制规范权力运行”方面取得了重要进展。至2014年1月15日，全省第一批活动单位建立健全制度1808项，完成制度建设计划97.15%，其中省委常委会制度建设完成17项。在省级层面出台《中共江西省委常委会议事决策规则》《中共江西省委全委会工作规则》《江西省人民政府关于深化行政审批制度改革的意见》《统计数据弄虚作假行为问责办法》《2013年度市县科学发展综合考核评价实施意见》《江西省廉政账户管理暂行办法》《关于严格控制和规范党政机关检查考核评比达标表彰活动的意见》等制度规定21个。

5. **进一步形成实干兴赣的导向和氛围**。省委始终把教育实践活动融入全省经济社会发展大局来谋划和推进，把解决实际问题与解决思想问题结合起来，既反“四风”、又树正风，打出“组合拳”，进一步立起科学发展、实干兴赣的“风向标”，提振党员干部干事创业的“精气神”。省委十三届七次全会提出的“发展升级、小康提速、绿色崛起、实干兴赣”16字方针，省委十三届八次全会勾画的全面深化改革的路线图，得到全省上下的一致认同，进一步形成齐心协力、甩开膀子干出全面小康的良好氛围。针对广大干部普遍关心的业绩考核和选人用人问题，完善市县科学发展综合考核评价办法，改进干部政绩考核体系，开展选人用人不正之风问题专项检查和治理，不再以数字论英雄，不再给乡镇、街道下达GDP、财政收入、固定资产投资指标和招商引资任务，真正给基层干部松了绑、减了压。广大基层干部普遍感到导向更正了，负担更轻了，心里更暖了，干事的劲头也更足了。

(刘建勇)

7月4日，省委在南昌召开党的群众路线教育实践活动动员大会。

周霖摄

全省农业农村经济实现“三个超历史”发展纪略

2013年，江西广大农村干部和群众努力克服农产品价格波动加剧和高温干旱历史罕见等不利因素影响，农业农村经济保持了稳中快进的良好发展态势，粮食产量、农业增加值、农民收入总额实现“三个超历史”，为保持全省经济平稳较快发展提供了有力支撑，为维护全省发展稳定大局奠定了坚实基础。

一、强政策、夯基础，粮食产量实现超历史

2013年，江西继续坚持“作为国家粮食主产区的地位不动摇、肩负国家粮食安全的责任不动摇”的战略思想，把稳定发展粮食生产作为做好“三农”工作的首要任务，深入推进政策支持、粮田建设、科技促进、高产创建、良种推广、配方施肥、统防统治、农机应用、防灾减灾、农资治理等十大行动，千方百计促进粮食稳产增产。持续加大“三农”投入，全省农林水事务方面公共财政预算支出达到435.3亿元，占公共财政预算总支出的12.6%。进一步强化政策保障，将粮食生产纳入各级经济发展和工作责任考核范围，认真落实国家粮食直补、良种补贴、农机具购置补贴、农资综合补贴和最低收购价等粮食生产扶持政策，并将各类支农项目资金向种粮大户、种粮合作社等新型经营主体倾斜。大力提升物质技术装备水平，以赣抚平原、鄱阳湖平原、吉泰盆地和赣西高产片等“三区一片”粮食主产区为建设重点，整合相关部门涉农资金，大力推进了高标准农田建设，新增有效灌溉面积2.32万公顷，新增节水灌溉面积1.96万公顷，同时抓好良种良法配套、农机农艺融合等高产高效技术模式的推广，主要农作物良种覆盖率96%，农业综合机械化水平61.6%，基本实现粮食高产创建、测土配方施肥等关键技术全覆盖。狠抓农业防灾减灾，全年投入抗旱资金6.9亿元，通过病虫害防控挽回粮食损失488万吨。全省粮食总产量2116.1万吨，比上年增长1.5%，总产再创历史新高，实现历史上首个“十连丰”。

二、调结构、促转型，农业增加值实现超历史

2013年，江西在确保水稻生产稳定发展的前提下，不断调整优化农业产业结构，推动传统农业向现代农业转型发展，多措并举促进农业增产增效。大力发展高产、高效、高附加值种养业，优势特色农产品产量全面增长。蔬菜产量1257.6万吨，比上年增长3.7%；水果总产441.3万吨，增长19.2%，其中柑橘产量407.2万吨，增长21%；茶叶产量4.3万吨，增长11.5%；油料总产119.7万吨，增长1.9%；生猪出栏3230.3万头，增长3.2%；水产品产量242.6万吨，增长2.4%。积极推动农业向二、三产业拓展，延伸产业链，农产品加工业和外向型农业加快发展。全省3175家规模以上农产品加工企业实现销售收入2907.1亿元，比上年增长25.3%，主要农产品加工率达50.4%。全省农产品出口10亿美元。全省农业增加值1636.5亿元，比上年增长4.6%，增加值再创历史新高，实现“十连增”。

三、挖潜力、拓渠道，农民收入总额实现超历史

2013年，江西紧紧抓住农民增收这个核心问题，在大力发展现代农业，深入挖掘农业内部增收潜力的同时，努力拓宽农业外部增收渠道，想方设法促进农民增收致富。稳定农业生产经营，推动农村二、三产业发展，全省农民人均家庭经营纯收入3684元，比上年增长6.8%。其中，第一产业纯收入2668元，增长5.6%；第二产业纯收入284元，增长7%；第三产业纯收入732元，增长11.5%。积极促进农村劳动力转移就业，提升农民工资收入水平，年末全省农民外出从业人员789.5万人，比上年增长4.4%。其中，省外务工540.7万人，省内务工248.8万人。全省农民人均工资性收入4422元，增长16.3%。深化农村产权制度改革，提高农民各种租金、股金等收入，全省农民人均财产性收入191元，比上年增长22.3%。认真贯彻落实各项强农惠农富农政策，积极实施新型农村社会养老保险、新型农村合作医疗、农村低保、农村救助等民生工程，全省农民人均转移性收入485元，比上年增长14.8%。全年农民人均纯收入8781元，比上年增长12.2%，人均纯收入总额再创历史新高，实现“十连快”。

（董兆华）

本栏编辑　詹跃华

江西概览

自然环境

【区域位置】 位于长江中下游交接处的南岸，在北纬24°29′14″～30°4′41″、东经113°34′36″～118°28′58″之间。因赣江是境内主要河流，故简称“赣”。东邻浙江、福建，南连广东，西接湖南，北与湖北、安徽交界，北控长江，古称“吴头楚尾、粤户闽庭”。东西宽约490千米，南北长约620千米，总面积16.69万平方千米，占全国陆地总面积1.74%，居华东各省市首位。

【地势地貌】 地势周围高中间低，从外向内，由南向北，渐次向鄱阳湖倾斜，构成一个向北开口的巨大红色盆地。地貌类型齐全，区域差异明显，分布大体呈不规则的环状结构形式。以鄱阳湖为核心，向外依次为鄱阳湖平原、赣中南丘陵和边缘山地。山地占全省面积36%，丘陵占42%，岗地、平原占12%，水面占10%。素有“六山一水二分田、一分道路和庄园”之说。

【山河湖泊】 主要山脉多分布于省境边陲，走向以东北和西南走向为主体。赣东北和赣东有怀玉山、武夷山和黄山支脉，赣南有大庾岭和九连山，赣西有罗霄山脉，赣西北有幕阜山和九岭山。全省有大小河流2400多条（其中全年有水的约160条），总长约1.84万千米。主要河流有赣江、抚河、信江、修河、饶河等五大河流，其中赣江自南而北流贯全省，包括贡水在内全长766千米，是江西最大河流。江西湖泊众多，并集中于五河尾闾地区，以鄱阳湖最为著名。鄱阳湖是中国第一大淡水湖，湖泊面积5100平方千米。

【土地资源】 全省土地大致分三大类：红、黄壤土地，红壤丘陵，平岗地。土壤主要有5种类型，分别是红壤、黄壤、紫色土、潮土、水稻土。土地资源利用以耕地、林地、牧草地为主要形式。全省农用地总面积1447.74万公顷，建设用地总面积120.56万公顷，未利用土地总面积101.07万公顷。

【矿产资源】 地下矿藏丰富，矿产资源种类齐全，资源配套程度高，伴（共）生组分丰富。截至2012年年底，全省发现各种有用矿产193种（以亚矿种计），矿产地5000余处。查明有资源储量的矿产有九大类，139种。列入2012年矿产资源储量统计的矿产128种。探明的矿产资源保有储量在全国居前十位的有29种。其中，居首位的有：钽、铷、碲、伴生硫、化工用白云岩、滑石、麦饭石7种。居第二位的有：铜、钨、锂、铯、陶瓷土、光学萤石6种。居第三位的有：电气石、透闪石、铋、金、银、冶金用白云岩、冶金用砂岩、化肥用灰岩、叶蜡石9种。居第四位的有：普通萤石、铌、化肥用蛇纹岩3种。居第五位的有：硅灰石、制灰用灰岩、铅、铍4种。

【能源资源】 主要有水能、光能、风能及能源矿产等。水能资源理论蕴藏量682.03万千瓦，可开发利用的610.9万千瓦，全部开发年发电量可达215.6亿千瓦小时。光能资源较为丰富，全年太阳总辐射能力为4057兆焦耳/平方米至4794兆焦耳/平方米，全年日照1473～2078小时，日照百分率33%～47%。风能，年平均风速为1.0～3.8米/秒（不含庐山），全省年大风日数0.5～25天，风能资源较为丰富的地方，主要集中在鄱阳湖滨、赣江和抚河下游及高山顶和峡谷地带。能源矿煤炭，产地在全省共有190处，分布在70个县；主要煤田有11个，主要分布在浙赣铁路沿线地区。

【生物资源】 全省动物资源丰富，有哺乳类100多种，鸟类420种，两栖类40种，爬行类77种，鱼类205种，还有水生哺乳类、软体动物、浮游动物等。有国家一级保护动物17种，分别为云豹、豹、虎、白鳍豚、黑麂、白鹳、黑鹳、中华秋沙鸭、金雕、黄腹角雉、白颈长尾雉、白头鹤、白鹤、鸨、蟒、中华鲟、白鲟。全省植物起源古老，组分较复杂，种类繁多，类型齐全，提供物质原料的资源生产潜力很大。主要有用材植物、木本粮食植物、油脂植物、药用植物、观赏植物等。

国家级风景名胜区

【庐山风景名胜区】 位于中国第一大江长江、第一大淡水湖鄱阳湖的交汇处，总面积333.42平方千米，全区有景区12个，最高峰大汉阳峰海拔1474米。1982年，庐山被国务院批准列为首批国家级风景名胜区；1996年12月6日，联合国教科文组织批准庐山以“世界文化景观”列入《世界遗产名录》，成为中国第一处世界文化景观遗产。

【井冈山风景名胜区】 位于江西西南部的湘赣边界的罗霄山脉中段，是中国著名的革命圣地，由茨坪、龙潭、黄洋界、主峰等11个景区组成，最高峰江西坳海拔1841米，面积333平方千米。1982年，井冈山风景名胜区被国务院批准列为首批国家级风景名胜区；2009年，井冈山风景名胜区被列入第二批国家自然与文化双遗产预备名录。

【三清山风景名胜区】 位于赣东北玉山和德兴两县（市）交界处，主峰玉京、玉虚、玉华三峰以道教鼻祖玉清、上清、太清三仙列坐其巅而得名。最高玉京峰海拔1816.9米，由梯云岭、玉京峰、三清宫、西华台、三洞口、玉灵观和石鼓岭七大景区组成，总面积229平方千米。1988年经国务院批准列为国家级风景名胜区。2008年被联合国教科文组织批准以“世界自然遗产”列入《世界遗产名录》，成为中国第七处、江西省第一处世界自然遗产。

【龙虎山风景名胜区】 位于江西鹰潭市，距市中心18千米，由仙水岩、龙虎山、上清宫、洪五湖、马祖岩和应天山六大景区组成，有55个景点、261个景物景观，总面积220平方千米。1988年经国务院批准列为国家级风景名胜区。2010年被联合国教科文组织批准以“世界自然遗产”列入《世界遗产名录》。

【龟峰风景名胜区】 位于江西弋阳县城区西南部，地处龙虎山、三清山、武夷山和瓷都景德镇“三山一都”的中心位置，包括龟峰景区、南岩景区、弋江景区，总面积39.3平方千米。龟峰因其“无山不龟、无石不龟”，且整个主景区就像一只昂首巨龟，故名龟峰。2004年经国务院批准列为国家级风景名胜区。2010年被联合国教科文组织批准以“世界自然遗产”列入《世界遗产名录》。

【仙女湖风景名胜区】 位于江西新余市西南部，是一处以群岛曲水峡谷、植物基因宝库为主要特色，以山水游赏、休闲度假、科普修学为主要功能的岛屿湖泊型风景名胜区，总面积194.7平方千米，其中水域面积46.3平方千米。2002年经国务院批准列为国家级风景名胜区。

【三百山风景名胜区】 位于江西南部的安远县，京九铁路江西段最南端，是集古火山构造、奇山幽壑、清溪碧湖、飞瀑深潭、密林古树、珍禽异兽、怪石险滩、温泉诸奇景于一体的山岳型风景名胜区，总面积137.6平方千米。三百山风景名胜区是香港同胞饮用水的东江源头，2002年经国务院批准列为国家级风景名胜区。

【云居山—柘林湖风景名胜区】 地处九江市庐山西麓，水域广阔，风景秀丽，原生态山水完美结合，被誉为中国最美的湖光山色，总面积655.2平方千米。2005年12月经国务院批准列为国家级风景名胜区。

【高岭—瑶里风景名胜区】 位于江西景德镇市浮梁县东北部，以深厚古陶文化、群瀑名茶幽谷、原生山水环境、古朴明清街坊为主要特色，总面积95平方千米。2005年12月经国务院批准列为国家级风景名胜区。

【武功山风景名胜区】 位于江西省中西部，地跨萍乡、宜春、吉安三市，处于湘赣边界的罗霄山脉北段，以高山草甸、千古祭坛、瀑布温泉、沩仰宗祖庭为主要风景特色，总面积365平方千米。按照属地管理的原则，武功山风景名胜区分为宜春片区、萍乡片区和安福片区三个片区。2005年12月经国务院批准列为国家级风景名胜区。

【梅岭—滕王阁风景名胜区】 位于江西省会南昌市的西北部，由梅岭和滕王阁两大景区以及方志敏烈士墓、溪霞湖、西山万寿宫、梦山、小平小道5个外围独立景点组成，总面积143.7平方千米。梅岭景区位于南昌市湾里区境内，距南昌市区中心15千米，属于典型的城郊山岳型风景名胜区，面积143.58平方千米。滕王阁景区位于南昌市沿江路赣江与抚河故道交汇处，以滕王阁为主体，东至榕门路，南至瓷器街，西至赣江防洪墙，北至叠山路为风景区管辖范围，面积0.12平方千米。2004年经国务院批准列为国家级风景名胜区。

【灵山风景名胜区】 位于江西上饶县北部，距上饶县城、上饶市区均为25千米。灵山风景名胜区以环状花岗岩峰林地貌奇观为主要特色，面积101.5平方千米。2006年，灵山被江西省人民政府批准为省级风景名胜区；2009年12月，灵山被国务院批准列为国家级风景名胜区。

【神农源风景名胜区】 位于万年、弋阳、乐平三县（市）交界处，面积43.13平方千米，包括仙人洞、严家、港道源、神农宫、九子溪大赦庵、黄天峰6个景区。风景名胜区内生态资源丰富，地质景观奇特，山林溪水优美，历史古迹众多，具有很高的自然景观与历史文化价值。其中仙人洞吊桶环景区发现了世界迄今为止最早的稻作遗迹，将水稻种植历史回溯直上一万二千年，是举世公认的稻作文化的发祥地。2012年10月，神农源经国务院批准列为国家级风景名胜区。

【大茅山风景名胜区】 位于德兴市东南部，距离德兴市区19千米，由大茅山、梧风洞、双溪湖、四角坪景区四部分组成，规划总面积143平方千米。景区主要景观特色可概括为“黛山幽谷、壁虎秀水、奇岩线天、史迹胜地”四大特点。2012年10月，大茅山经国务院批准列为国家级风景名胜区。

（李小龙　夏萍）

历史沿革

【概　况】 江西省因公元733年唐玄宗设江南西道而得省名，位于中国东南腹地，连接“长珠闽”，被称为“吴头、楚尾、粤户、闽起”，到明代又称“江右”。自古以来江西人文荟萃，物产富饶，经济繁荣，孕育了独特的地域文化，也对中华文化的传承与发展产生过深远的影响，有“物华天宝，人杰地灵”和“文章节义之邦，白鹤鱼米之国”的美誉。

江西开发的历史，可以上溯到约四五万年前的旧石器时代。万年县考古发现距今12000余年的水稻标本，该县被称为“世界稻作起源地之一”。“万年稻作文化系统”被联合国粮农组织确定为全球重要农业文化遗产保护项目。

商周时期，江西地区的水稻种植业和陶瓷业已初显优势，而铜矿开采、冶炼、青铜器铸造，在中国青铜文化中也占有很重要的地位。新干县大洋洲商墓考古发掘的大量青铜器表明，江西地区的文化既受中原文化的影响，又有鲜明的地方特色。

秦始皇灭六国建立统一的中央政权后，设立九江郡，辖境包括今天的九江、南昌、景德镇、上饶、抚州、吉安、赣州一带，而萍乡、宜春等地则属长沙郡管辖。汉高祖初年设豫章郡，郡治南昌，下辖18县，分布地域为赣江、盱江、信江、修水、袁水沿岸，初步确立了江西省境的规模。两汉时期江西人口迅速增加，农业、陶瓷业、采矿业、造船业等较为发达。鄱阳湖平原成为重要的产粮区，至少从东汉开始，江西就是调出粮食的产粮区。

三国、两晋、南朝时期，中原战乱，北方地区人口第一次大规模南迁，其中一部分迁入鄱阳湖周边地区，使江西郡县数大增，农业生产水平得到很大提高。南朝时京城以外的大粮仓三分之二在豫章郡，江西成为当时粮食主要供应地之一，陶渊明也成为影响至今的田园诗人。

隋唐时期，全国经济重心逐步南移，江西开始进入勃兴期。733年，唐玄宗设江南西道监察区，下辖37县。安史之乱后，中原人口第二次大规模南下，不仅使鄱阳湖平原得到进一步发展，而且边缘丘陵区带也广泛开发，土地垦种面积扩大，粮食产量增加，茶叶和瓷器生产兴旺，行销各地。唐玄宗时，宰相张九龄开辟了穿越大庾岭、南达广州的驿道，赣江成为联系岭南和长江流域最重要的南北交通线路，沿线的江州（九江）、洪州（南昌）、吉州（吉安）、虔州（赣州），成为商旅汇聚的繁荣都邑。

五代时期，江西地区先辖于吴，后辖于南唐。此时期出现了相当于下等州的新的行政区——军，划6州、4军、55县。由于南方的战争规模较小，时间较短，江西的社会经济仍得到一定发展，在全国的经济比重显著增加，文化也初步繁荣，白鹿洞书院后来发展为全国最具影响的四大书院之一。

宋朝江西经济文化空前繁盛，进入大发展时期。宋代将道改为路，江西地区大部分隶属于江南西路，置9州、4军、68县。北宋末年的靖康之乱，是中原人口南迁的第三次高潮，江西的人口比唐代增加约三倍，垦田数居全国之首，漕运至京师的稻米三分之一产自江西，“天下漕米取于东南，东南之米多取于江西”，茶叶产量为全国的四分之一。景德镇和吉州窑进入全国名窑的行列。采矿业规模之大，出现过“坑丁10万人开采铜矿”的场景。而南昌“高甍巨栋连阡亘陌”“中户尚有千金藏”“沉檀珠犀杂万商”，呈现出大都市风貌。以经济发展为基础，文化教育也独占全国的鳌头。宋代全国书院203所，而江西则有80所，江西举进士的人数竟达全国的五分之一，造就了数不胜数的名门望族。华林胡氏家族就“一门三刺史，四代五尚书”，而出任宰相级的显宦有25人。以欧阳修、王安石、陆九渊、马端临、文天祥等为代表的一大批政治家、思想家、哲学家、文学家、史学家群星闪耀，为中华文化的繁荣发展做出了重大贡献。

元朝开始确立行省制度，下设路、直隶州、县级州和县。江西行省辖区包括今江西绝大部分地区外和今天广东省的大部分，下辖13路、2直隶州、48个县和16个县级州。秉承宋朝的发展，元代江西的社会经济也有新的发展，经济作物的种植、矿物的开采、制瓷业的规模均有所扩大，制茶、造船、印刷也十分兴盛。

明朝基本上保留了元朝的省区建制，但改行省为布政使司（习惯上仍称省），改路为府和改州为县，设13府，下辖78县，地域基本等同今天的江西省。江西在元末农民战争中没有受到大的战争破坏，政治、经济和文化诸方面仍在全国居十分重要的地位，是全国屈指可数的人口和经济大省。江西士人对明代的中枢政治有很大影响，入阁拜相者络绎不绝，出现了“翰林多吉水，朝士半江西”的局面。南安府（大余）的梅关和赣江仍是联系广东和长江流域最繁忙的南北交通线路，赣江沿线城市的工商业更为繁荣。樟树镇、吴城镇成为新兴的航运与商业中心，景德镇和河口镇（铅山）则是著名的手工业中心，并称为“江西四大镇”。为官江西的王守仁发展了陆九渊的学说，在江西创立“致良知”学说，同陆九渊的学说一起，并称为“陆王心学”，为中华文化注入了生生不息的活力。汤显祖以《临川四梦》获“东方莎士比亚”美誉，宋应星的《天工开物》在中国科技史上占有重要地位。

清朝江西省行政区域基本承袭明制。清代前中期，由于闽、粤等地移民的大量迁入，人口数量空前增加，山区得到更大规模的开发，手工业发达，商品经济活跃，市镇繁荣。鸦片战争后，列强对中国的商品倾销和资源掠夺主要经长江直接进出，经由赣江、大庾岭这一传统南北交通动脉的货物日趋减少，导致沿岸码头萧条，吴城、樟树等市镇商业也趋衰退。此外，江西又曾是湘军和太平天国反复争夺的地区，损失巨大。人口从1853年的2450万人锐减至1873年的1770万人，全境城乡自然经济跌入停滞衰退之中。

民国时期，将府、州、厅一律改为县，江西省共辖81县。第一次国内革命战争期间，中国共产党先后在江西建立湘赣、闽浙赣、湘鄂赣等苏区。其中最重要的中央苏区包括赣南和闽西地区的21县，中华苏维埃共和国临时中央政府设在瑞金，称为“红色首都”或“红都”。1930—1934年，国民政府对江西苏区进行了5次军事围剿。江西是中国革命的摇篮，为中国革命牺牲的有名有姓的烈士达25万人之多。

中华人民共和国成立后，江西省的行政区划曾经有过多次调整和变动。2013年，全省设南昌、九江、景德镇、萍乡、新余、鹰潭、赣州、宜春、上饶、吉安、抚州11个设区市，20个市辖区，10个县级市，70个县，南昌市为江西省省会。

现在，江西继续保持了农业在全国的重要地位，是中华人民共和国成立以来全国两个从未间断向国家贡献粮食的省份之一；着力发展光伏、风能核能、新能源汽车及动力电池、航空制造、半导体照明、金属新材料、非金属新材料、生物、绿色食品、文化及创意十大战略性新兴产业；大力实施鄱阳湖生态经济区建设和赣南等原中央苏区振兴发展规划，打造南昌核心增长极，加快九江沿江开放开发，全面推进南昌九江一体化，支持赣东北扩大开放合作,支持赣西经济转型发展。区域经济发展活力进一步增强。

(省社科院)

2013年人口发展状况

【概　况】 2013年,江西积极贯彻落实各项人口政策,人口总量保持低速稳定增长,城镇人口比重继续上升,人口结构和分布更趋合理,人口受教育程度进一步提高,人口发展呈平稳态势。

【人口总量持续低速稳定增长】 2013年全省总人口4522.15万人,与上年相比,全年净增人口18.21万人,增长0.4%,人口总量继续保持低速增长。因受育龄妇女人数减少和年龄结构老龄化影响,全省人口出生率和自然增长率呈不断下降趋势,人口增长一直处于低出生、低自然增长阶段。2013年,全省人口出生率13.19‰,人口自然增长率6.91‰,与上年相比,出生率下降了0.27个千分点,自然增长率下降了0.41个千分点。从地区人口增长情况看,江西东部(鹰潭市、上饶市)780.68万人、南部(吉安市、赣州市)1334.43万人、西部(新余市、宜春市、萍乡市)851.49万人、北部(九江市、景德镇市)640.89万人,中部(南昌市、抚州市)914.66万人,分别比2012年增加2.6万人、3.88万人、2.53万人、2.58万人和6.61万人。各地净增人口数与上年相比基本持平,人口增幅在全省的排序与上年基本一致,全省人口发展态势总体上较稳定。

【人口性别结构更趋合理】 全省常住人口中,男性人口2326.59万人,占总人口比重51.45%;女性人口2195.56万人,占比重48.55%。人口性别比为105.97(以女性为100,下同),比2012年下降了0.13,人口性别结构更趋合理。2013年,全省出生人口59.53万人,其中,男性31.96万人,女性27.57万人,出生人口性别比115.92,与上年相比下降了0.81,出生人口性别比出现连续七年下降的势头,出生人口性别比综合治理已显现成效。

【人口城镇化水平继续提升】 全省城镇人口2209.97万人,城镇化率48.87%。与2012年相比,城镇人口增加70.15万人,城镇化率上升了1.36个百分点,城镇化率提高值高于同期全国平均水平提高值0.2个百分点。"十二五"规划以来,江西坚持以人口城镇化为核心,大力实施新型城镇化战略。城镇化率从2010年的44.06%上升到2013年的48.87%,城镇人口年均增长率达3.98%。在这三年内,2013年城镇化率的提升速度虽比前两年有所放缓,但城镇化建设在提高维护人口生态环境水平,提升人口城镇化质量的同时,仍保持了一定的增长速度并呈现健康发展的良好态势。

【人口受教育程度进一步提高】 全省6岁及以上人口平均受教育年限为8.92年,比上年提高了0.12年,15岁及以上人口平均受教育年限为9.14年,比上年提高了0.07年。人口受教育年限的延长,使得人口受教育结构发生了新变化。2013年,江西大专及以上受教育程度人口占6岁及以上人口比重为8.41%,比2012年提高了0.2个百分点;受高中教育程度人口比重为14.90%,提高了0.48个百分点;受初中教育程度人口比重为42.18%,提高了0.12个百分点;受小学教育程度人口比重为30.92%,下降了0.67个百分点。总体上看,随着教育事业蓬勃发展,江西6岁及以上人口,受小学教育程度人口比例逐渐减少,受中、高等教育程度人口比例逐渐增加,人口受教育程度重心在逐年上移。

【劳动年龄人口比重出现下降态势】 2005年以来,15~64周岁劳动年龄人口规模持续增长,2013年达3192.64万人,与上年相比,劳动年龄人口增加11.96万人。丰富的劳动力资源,为推动全省经济社会发展打下坚实的人口基础。由于出生人口的不断减少和老年人口的持续增加,江西劳动年龄人口比重在2013年出现了下降,与上年相比,下降了0.02个百分点。由于江西少年儿童抚养系数和总抚养系数还不太高,同时未来10年,15~64周岁劳动年龄人口占总人口的比重将维持在70%左右,因而"人口红利"仍然可期。

【家庭户规模继续缩小】 家庭户数量不断增加,家庭户规模缓慢缩小,仍是江西家庭户的变化特点。2013年,全省家庭户1208.84万户,家庭户规模(即平均每个家庭的人口)3.54人。与上年相比,家庭户增加18.59万户,家庭户规模减少0.03人。从家庭户结构看,家庭户类型中的一人户、二人户和三人户占所有家庭户数比重59.16%,其中以二人户和三人户居多,占家庭户总数的49.4%,是构成江西家庭形式的主体。家庭户规模的变化表明,随着经济社会发展,人们生活质量提高和居住环境的改善,江西家庭户规模将逐渐向小型化方向转变。

【人口老龄化速度加快】 在2005年进入老龄化社会后,老年人口增长速度快于总人口的增长速度。2013年,全省60岁及以上老年人口586.52万人,占总人口比重12.97%,比上年提高0.58个百分点,其中65岁及以上老年人口397.04万人,占总人口比重8.78%,比上年提高0.43个百分点,老龄化速度明显加快。在人口年龄结构变化中,随着0~14周岁年龄人口比重不断下降,60岁及以上老年人口比重的上升,以及人口平均预期寿命延长,江西人口老龄化将呈逐年加快趋势。

(省统计局)

环境质量

【概　况】 2013年,全省地表水水质总体良好,Ⅰ~Ⅲ类水质断面(点位)比例80.8%,其中河流水质断面达标率82.8%,湖库水质点位达标率68.0%;各设区市城区集中式饮用水源地水质全部稳定达标。全省城市环境空气质量良好,除南昌市城市环境空气质量为超二级外,全省及其余10个设区城市均为二级;酸雨污染较重;全省城市区域声环境质量较好,城市道路交通声环境质量好,功能区噪声点位达标率94.3%;全省生态环境状况总体优。

【水环境】 全省地表水水质总体良好。九条河流中,东江水质优;赣江、抚河、信江、修河、饶河、长江九江段、袁水和萍水河水质良好。3个主要湖泊中,柘林湖水质优;仙女湖水质良好;鄱阳湖水质轻度污染,主要污染物为总磷。与上年相比,地表水水质达标率增加0.1个百分点,其中河流增加1.6个百分点,湖库降低8.0个百分点。

赣江 有64个监测断面,I~Ⅲ类水质断面比例为81.3%,水质良好。

抚河 有15个监测断面,I~Ⅲ类水质断面比例为80.0%,水质良好。

信江 有24个监测断面,I~Ⅲ类水质断面比例为87.5%,水质良好。

修河 有10个监测断面,I~Ⅲ类水质断面比例为80.0%,水质良好。

饶河 有17个监测断面,I~Ⅲ类水质断面比例为76.5%,水质良好。

长江九江段 有7个监测断面,Ⅰ~Ⅲ类水质断面比例为85.7%,水质良好。

袁水 有16个监测断面,I~Ⅲ类水质断面比例为81.3%,水质良好。

萍水河 有9个监测断面,I~Ⅲ类水质断面比例为88.9%,水质良好。

东江 有7个监测断面,Ⅰ~Ⅲ类水质断面比例为100%,水质优。

鄱阳湖 有17个监测点位,Ⅰ~Ⅲ类水质点位比例为58.8%,部分点位水质轻度污染,营养化程度为中营养,主要污染物为总磷。

柘林湖、仙女湖 均有4个监测点位,柘林湖Ⅰ~Ⅲ类水质点位比例为100%,水质优;仙女湖Ⅰ~Ⅲ类水质点位比例为75.0%,水质良好;营养化程度均为中营养。

28个设区市城区集中式饮用水源地水质均达标。与上年相比,监测点次和监测水量达标率均为100%,无变化。

【大气环境】 2013年,仅南昌市城市环境空气质量为超二级(执行GB 3095—2012标准),全省及其余10个设区城市均为二级(执行GB 3095—1996标准),与上年相比,全省环境空气质量状况稳定良好,空气质量级别保持不变。

二氧化硫 11个设区城市年均值均达到二级标准。全省浓度年均值为0.034毫克/立方米,与上年相比上升0.002毫克/立方米。

二氧化氮 11个设区城市年均值均达到一级标准。全省年均值为0.030毫克/立方米,与上年相比上升0.004毫克/立方米。

可吸入颗粒物 11个设区城市除南昌市超二级标准外,其余10个设区城市浓度年均值均达到二级标准。全省浓度年均值为0.077毫克/立方米,与上年相比上升0.013毫克/立方米。

城市降水 全省城市降水pH年均值为4.91,11个设区市降水pH年均值均低于5.60,酸雨污染仍较严重。全省城市酸雨频率为76.4%,酸雨频率大于80%的城市有南昌、萍乡、鹰潭、抚州和上饶市。与上年相比,全省降水pH年均值上升0.07,酸雨频率下降4.3个百分点,酸雨污染总体略有减轻。

【声环境】 2013年,全省城市区域昼间噪声54.0分贝、夜间噪声45.5分贝,声环境质量昼间二级、夜间三级;设区市城市区域声环境质量,昼间9个城市二级、2个城市三级,夜间5个城市二级、6个城市三级。全省道路交通昼间噪声67.2分贝、夜间噪声56.8分贝,昼、夜间声环境质量均为一级;设区市城市道路交通声环境质量,昼间7个城市一级、4个城市二级;夜间7个城市一级、2个城市二级、1个城市三级、1个城市四级。全省功能区噪声达标率94.3%,昼、夜间点次达标率分别为98.4%、90.1%;设区市城市功能区噪声点位达标率范围77.5%~100%,5个城市为100%。与上年相比,全省城市区域声环境质量昼间略有下降,噪声均值上升0.6分贝;道路交通昼间声环境质量保持稳定;功能区声环境质量略有下降,昼、夜间点次点位达标率分别下降0.4和0.2个百分点。

(付明)

气候状况

【概 况】 2013年,全省平均气温18.9℃,比常年平均偏高0.9℃,仅次于2007年;年平均降水量1459毫米,比常年偏少1.3成。年初出现大范围低温雨雪冰冻;春季强对流天气频繁,3月中下旬出现3次较大范围的风雹、雷暴、强降雨天气过程;汛期降水接近常年,但暴雨过程多,短时雨强大,局地灾害较重;夏季气温创历史新高,多站最高气温突破历史极值;盛夏降水明显偏少,全省出现了严重夏伏旱;秋季少雨,鄱阳湖水域面积为近10年同期最小;秋冬季节雾、霾频发。

降水 全年全省平均降水量为1459.0毫米,比常年平均偏少1.3成。降水主要集中在3—6月,与历年平均月降水总量相比,全年除5月、11月、12月雨量偏多外,其余时段降水均偏少,其中10月显著偏少。全年各地年降水量在1013.5(万安)~2055.1毫米(弋阳)之间,以广昌偏少3.7成,为全省之最。全省平均暴雨日数5.5天(日降水量≥50毫米),接近常年均值(5.35天)。年暴雨日数最多的达到10天(弋阳、金溪),最少的仅1天(万安)。

气温 全省年平均气温偏高,仅次于2007年。全年全省平均气温18.9℃,比常年平均偏高0.9℃,同期历史排位第2高位,仅次于2007年(19.0℃)。年内气温起伏较大,与历年平均气温相比,全年除4月、12月偏低外,其余时段均偏高。全年全省11个地市平均气温均偏高,其中萍乡偏高1.4℃,新余、九江、南昌偏高1℃。抚州、萍乡创同期历史新高,赣州、宜春、上饶、南昌、九江、新余历史排位第2高位。

日照 全年全省平均日照时数为1739.6小时,比常年平均略偏多。全省各地年日照时数为1184.3(全南)~2297.2小时(德安),以湖口偏多近3成,为全省之最。日照时数除冬季偏少外,春、夏、秋均略偏多。

【主要气象灾害及影响】 2013年,全省气象灾害种类多,局部地区灾情重:暴雨过程集中,赣北受灾较为严重;热带气旋致灾性小,整体利大于弊;高温少雨持续时间长,导致干旱严重,受灾情况比往年偏重;强对流影响范围广,局部地区重复受灾;雾霾天气频繁,空气污染严重;年初出现两次雨雪冰冻,部分地区遭受雪灾。全年因各种气象灾害或因气象灾害而引发的次生灾害导致全省11个设区市93个县(市、区)均不同程度受灾,总受灾人口1324.7万人,因灾死亡34人,紧急转移安置15.1万人;倒塌房屋8439间,其中倒塌农房3026户7688间,损坏房屋8.14万间;农作物受灾面积98.97万公顷,成灾面积58.55万公顷,绝收面积12.08万公顷;直接经济损失94.9亿元,其中农业损失62.1亿元。

暴雨洪涝 2013年,全省暴雨过程频繁,各个季节均出现过不同程度的暴雨过程,其中主汛期(4—6月)出现9次。全年洪涝灾害(含山体崩塌、滑坡)共造成全省305.9万人受灾,死亡19人,紧急转移安置9.8万人;农作物受灾面积24.18万公顷,绝收面积16.65万公顷;倒塌房屋0.7万间,损坏房屋1.58万间;因灾直接经济损失36.1亿元。

局地强对流 2013年,全省发生强对流过程5次,主要集中在3月中下旬,3月19日至20日、22日、25日至26日分别出现了较大范围的强对流天气,先后有23站次出现了冰雹,最大直径25毫米。3月共发生落雷80459个,比上年20882个相比明显偏多,增多了285.3%,其中3月中下旬的3轮强对流天气发生落雷71119次,占整个3月的四分之三以上。全年风雹灾害造成全省49.8万人受灾,紧急转移安置1.8万人;农作物受灾面积2.88万公顷,绝收面积2.11万公顷;倒塌房屋0.08万间,损房6.4万间;因灾直接经济损失5.79亿元。全省出现104起雷电灾害,因雷电死亡24人,受伤49人。

热带气旋 年内主要有5个热带气旋影响江西,分别是“苏力”“尤特”“潭美”“天兔”“菲特”,其中影响较大的是热带风暴“苏力”以及台风“潭美”。全年热带气旋造成全省22.2万人受灾,死亡2人,紧急转移安置人口1.3万人;农作物受灾面积1.61万公顷,绝收面积0.28万公顷;倒塌房屋0.05万间,损坏房屋0.1万间,直接经济损失约3.4亿元。

高温酷暑 2013年,全省平均高温日数为50.3天(井冈山、庐山除外),比常年平均偏多20.8天,创历史新高。全省11个设区市平均高温日数均偏多,其中上饶高温日数及距平为全省之最。

干旱 年内出现了2次干旱,分别出现在夏季及秋季。其中夏季7—8月干旱最为严重,影响较大,共造成全省736.7万人受灾,饮水困难184.8万人,农作物受灾面积59.93万公顷,绝收面积8.10万公顷,直接经济损失39.2亿元。

雾霾 年内雾霾天气频繁,涉及全省11个设区市,全年出现32次区域性的雾霾天气过程,全省大雾为1358站日,比常年偏少;而霾为3883站日,比常年明显偏多。大范围的雾霾过程主要出现在秋冬季节。其中1月中下旬和12月5—9日出现大范围连续雾或霾过程,11月16日出现2013年秋季以来范围最广、影响最大的大雾天气过程,全省61个气象站出现大雾、浓雾、霾,局部能见度不足50米。雾霾天气致使能见度低、空气污染现象严重,给高速公路、民航、人体健康等带来严重影响。

低温雨雪冰冻 2013年,共出现2次雨雪冰冻过程,分别发生在1月上旬及2月上旬。其中1月3~6日的雨雪冰冻过程较为严重,造成九江、景德镇、新余等5市10个县(市、区)遭受雪灾,28.9万人受灾,0.1万人紧急转移安置或其他需紧急生活救助;400余间房屋不同程度倒损;农作物受灾面积1.36万公顷,其中绝收400余公顷;直接经济损失1亿元。

【气候影响专题评价】 气候与农业 2013年,全省农业自然灾害受灾面积和因灾损失虽然比往年的重灾年份有所下降,但农作物受灾面积仍然较大,因灾损失仍较严重。全年农作物因干旱、洪涝、低温冻害等影响,受灾面积130.59万公顷,占全省农作物播种面积的34.1%,同比增加6.39万公顷,增幅5.1%;成灾56.96万公顷,同比增加14.39万公顷,增幅33.8%;绝收4.65万公顷,同比增加1.29万公顷,增幅38.4%;农作物因灾损失70.18亿元,同比增加2.09亿元,增幅3%。

气候与交通 2013年,交通运营不利天气(10毫米以上降水、雾、雪、冻雨)全省均在30天以上,其中赣南有30~60天,赣北、赣中有30~80天,以资溪87天为最多。年内出现的暴雨、强对流、台风、大雾或浓雾、雨雪冰冻,以及由暴雨引发的次生灾害等,导致全省公路、桥梁、航运、铁路等交通受到明显的影响。

气候与水资源 2013年,全省平均年降水量为1459.0毫米,根据以上计算方法折合降水资源量为2398.9亿立方米,比常年(2725.3亿立方米)偏少326.3亿立方米,属于枯水年份。

气候与人体健康 2013年,全省平均舒适日数220.3天,比常年(222天)略偏少。赣中、赣北偏少10~20天,武宁、贵溪偏少超过30天;赣南偏多10~25天,大余偏多30.7天,为最多。从季节分布来看,春秋两季舒适日数偏多,冬季接近常年,夏季明显偏少。

气候与能源 降温耗能评估表明:6月,与常年同期相比,全省偏高0.5~1.5℃,降温耗能增幅大,一般在30%~70%之间,崇义、安福、莲花三地降温耗能在90%以上。7月,全省气温仍持续偏高,与常年同期相比,全省平均偏高1.2℃,赣北、赣中偏高1~1.5℃,降温耗能增幅不大,一般在5%~30%之间。8月,全省仍持续气温偏高态势,赣中、赣南偏高明显,降温耗能增幅多达30%~90%,其中修水、资溪超过1倍以上。总体来说,2013年夏季,全省大部气温异常偏高,高温日数比常年同期偏多,降温耗能增加,增幅明显。

(邓晓明)

2013年体制改革

【行政审批制度改革快速推进】 多次精简省级行政审批事项,把深化行政审批制度改革作为转变政府职能的重要抓手,以提高行政效能为重点,按照“合法性、合理性和重实效”的原则,先后多次精减省级行政许可事项,2013年在衔接国务院取消和下放一批行政审批事项江西省取消相应行政审批项目18项的基础上,为进一步优化发展环境,全省又取消和下放43项行政审批项目和备案项目,成为中部地区行政审批事项最少的省份之一。对保留的行政审批事项,在减少审批环节,简化审批手续上下功夫,编制审批流程图,简化办理手续,压缩办理时限,提高办事效率。着力完善网上审批和电子监察系统,建立健全网络全程监控、办理时限预警、日常考核通报等长效机制,该系统已覆盖省直47个部门、所有设区市和县(市、区),涵盖全省所有行政审批事项。

【医药卫生体制改革取得成效】 全民医保体系逐步健全。参保参合率稳步提高,保障水平不断提高,经办服务更加便捷,至2013年年底,全省城镇医保、新农合参保(合)率分别达95%、98.56%,筹资标准分别达到400元和340元左右,住院费用报销比例分别为73.74%、74.43%,城镇医疗保险基本实现参保人员统筹区域内医疗费用即时结算。重特大疾病保障能力不断提升,启动新农合大病保险试点。基层医改工作得到巩固完善。制定出台《江西省关于巩固完善基本药物制度和基层运行新机制的实施意见》,同改革前相比,基层医疗卫生机构门急诊人次和住院人次分别上升42.94%、40.30%。同时,进一步完善药物集中招标采购制度,实现了在确保质量前提下最大限度降低采购成本。公立医院改革加快推进。全省13个县(市)26所县级公立医院全面启动实施综合改革试点,所有药品(中药饮片除外)取消药品加成,实行零差率销售。

【投融资体制改革不断深化】 紧紧围绕抓项目、扩投资的目标不断深化投融资体制改革。进一步下放了投资管理权限,按照能放尽放、直放到位、优化服务、加强调控的原则,凡是国家发展改革委下放给省里的企业投资项目管理权限,除国家明确规定不得再次下放的权限外,原则上全部下放;凡是下级投资主管部门能够承担的政府投资项目审批权限,原则上全部下放;凡是市场主体能够自主决定、自担风险、自行调节的省核准权限内的企业生产经营类投资项目,一律变核准制为备案制;省级投资主管部门企业投资项目备案权限全部下放,备案制的企业投资项目严格实行属地备案。且明文规定,省级投资主管部门下放的投资项目审批、核准权限,原则上直接下放到县级投资主管部门。同时,为支持南昌打造核心增长极,赋予南昌市更大的投资项目核准权。进一步激发和释放社会投资的活力,深入贯彻落实国务院关于鼓励和引导民间投资健康发展的若干意见,清理了一批有碍公平竞争的政策法规,重点发布了200个基础设施和公共服务项目引进社会资本参与,引导民间投资通过产业基金、股权置换、特许经营等多种途径进入示范项目。

【国有企业改革取得重大进展】 经过各级党委、政府和各有关部门以及企业、职工的共同努力,实现了2008年省委、省政府提出的用两年左右时间全面完成国有工业企业改革的既定目标,完成了全省非工口7个系统1782户国有企业改革,共安置在职职工36.35万人,占职工总数99.96%。在实施大规模国企改革攻坚的同时,还对省属国有经济进行了优化重组,16户省出资监管企业已有13户完成了股权多元化改革,2013年启动了盐业集团、国际公司和凤凰光学集团股权多元化改革。

【集体林权制度配套改革深入推进】

全省林地产权明晰率达98.5%,林地使用权发证面积达97.6%,林农税费负担由林改前的56%下降到10%,群众满意率98.5%。全省森林保险参保面积达873.33万公顷,保费达1.39亿元,参保面积、保费及综合险参保比例均走在全国前列。全省林权交易"五统一"体系初步建立。改革不仅使林地林木全面升值、林农收入大幅增加,负担明显减轻,而且确保了林区乡村组织和林业部门的正常运转,确保了森林资源总量增长和生态环境改善,林区社会的稳定,真正实现了"山定权、树定根、人定心"。

【国有林场改革全面启动】 8月,国家正式批复江西省国有林场改革试点实施方案,标志着全省国有林场改革正式进入实质性攻坚阶段。2013年,已有9个设区市政府和74个县级单位制定了国有林场改革实施意见或方案,61个县(市、区)3.42万名职工完成了转换身份工作。已参加基本养老保险职工人数达8.50万人,占87.4%,比改革前提高了12%。已参加城镇职工基本医疗保险职工人数达9.12万人,占93.8%,比改革前提高了20%。

【财税体制改革扎实推进】 预算管理改革成效明显。自2009年起省直部门预算草案均提请人民代表大会审议,11个设区市本级全面实行了部门预算改革,县(市、区)进行了部门预算改革试点。2013年又全面推进预算绩效管理。预算的完整性、科学性和约束性不断提高。"营改增"试点已顺利启动。从2013年8月1日顺利开具发票,到9月1日成功完成首批纳税申报,两个关键节点的顺畅运行,标志着江西省"营改增"新旧税制转换工作顺利完成,试点工作进入全面正常实施阶段。

【资源性产品价格改革全面推进】

深化电价改革。自2013年1月1日起,取消对合同电煤价格涨幅和市场交易电煤最高限价的有关规定,电煤由供需双方协商定价。同时,实施居民用电阶梯电价,分步实施工商用电同价,出台了农产品批发市场、农贸市场用电与农产品冷链物流冷库用电价格,实行与工业用电同价政策,努力降低农产品流通费用。深化天然气价格调整。按照市场化取向,逐步理顺了天然气与可替代能源比价关系,建立了新的天然气定价机制。进一步完善成品油价格形成机制,缩短调价周期,加快调价频率,2013年全省调整成品油价格9次,有效遏制了市场投机套利行为。

(范丁群)

2013年国民经济和社会发展状况

【概　况】 2013年,全省紧紧围绕建设富裕和谐秀美江西的奋斗目标,认真贯彻落实"发展升级、小康提速、绿色崛起、实干兴赣"十六字方针,坚持稳中求进工作总基调,统筹做好稳增长、调结构、抓改革、优生态、惠民生等各项工作,经济发展稳中有进、稳中向好，各项社会事业全面进步，较好地完成年初确定的主要目标任务。初步核算，全年实现地区生产总值14338.5亿元，比上年增长10.1%。其中，第一产业增加值1636.5亿元，增长4.6%；第二产业增加值7671.4亿元，增长11.7%；第三产业增加值5030.6亿元，增长9.1%。三次产业对经济增长的贡献率分别为5.1%、65.7%和29.2%。三次产业结构调整为11.4∶53.5∶35.1，第三产业占比较上年提高0.5个百分点。人均生产总值3.18万元，增长9.7%。非公有制经济快速发展，实现增加值8237.1亿元，增长10.8%，占地区生产总值比重为57.4%。

【农　业】　全年粮食总产量2116.1万吨，比上年增长1.5%，总产再创历史新高，实现"十连丰"。其中，早稻828.0万吨，增长3.5%。全年肉类总产量344.5万吨，比上年增长3.2%。全年水产品产量242.6万吨，增长2.4%。全年774家省级以上龙头企业实现销售收入2146.1亿元，比上年增长12.9%；实现利润115.8亿元，增长8.3%。全省规模以上农产品加工企业3175家，增长5.8%；实现销售收入2907.1亿元，增长25.3%。全年新增有效灌溉面积2.32万公顷，有效灌溉总面积202.8万公顷；新增节水灌溉面积1.96万公顷。农用化肥施用量(折纯)141.6万吨，增长0.2%。

【工业和建筑业】　全年全部工业完成增加值6434.4亿元，比上年增长11.9%，占生产总值比重为44.9%。其中，规模以上工业增加值5755.5亿元，增长12.4%。全年规模以上工业实现利税2882.4亿元，比上年增长32.7%。规模以上工业实现主营业务收入26526.2亿元，增长16.4%。主营业务收入过千亿元的行业7个，比上年增加1个。其中，江铜集团实现主营业务收入1930.4亿元，居全省首位。全年园区完成工业增加值4478.8亿元，增长14.1%；主营业务收入、利润、利税分别完成19503.4亿元、1393.7亿元和2231.1亿元，分别增长17.2%、39.3%和38.5%。年主营业务收入超百亿元的园区新增9家，总数68家，其中南昌高新技术产业开发区突破千亿元，达1014.4亿元，位居全省首位。全年完成建筑业总产值3459.5亿元，比上年增长24.0%；竣工产值2160.0亿元，增长30.8%。全社会建筑业增加值1237.0亿元，比上年增长11.0%。

【固定资产投资】　全年全社会固定资产投资12866.2亿元，比上年增长19.4%。固定资产投资(不含农户)12450.8亿元，增长20.0%。武九客专、九景衢铁路开工建设，向莆铁路、衡茶吉铁路建成投运。福银高速公路九江长江公路大桥、厦坪至睦村高速公路建成投运，全省高速公路通车里程4335千米。全年房地产开发投资1174.6亿元，比上年增长21.1%，同比加快9.3个百分点。商品房竣工面积1790.3万平方米，增长2.4%；商品房销售面积3167.1万平方米，增长32.1%；商品房销售额1647.9亿元，增长44.9%。

【国内贸易】　全年社会消费品零售总额4551.1亿元，比上年增长13.6%。分城乡看，城镇消费品零售额3785.6亿元，增长13.6%；乡村消费品零售额765.5亿元，增长13.4%。限额以上批发零售业零售额1615.2亿元，增长16.0%。其中，汽车类零售额414.5亿元，增长18.6%；家具类零售额37.7亿元，增长34.0%；金银珠宝类零售额26.1亿元，增长25.7%；化妆品类零售额10.7亿元，增长21.4%；建筑及装潢材料类零售额17.0亿元，增长16.5%。

【对外经济】　全年进出口总额367.38亿美元，比上年增长10.0%，同比加快3.8个百分点。其中，出口281.70亿美元，增长12.2%；进口85.69亿美元，增长3.2%。全年实际使用外商直接投资75.51亿美元，比上年增长10.7%。利用省外5000万元以上项目实际进资3859.6亿元，增长21.0%。至2013年年底，全省具有世界500强投资背景的企业60家。全年对外承包工程合同金额20.34亿美元，比上年增长20.9%；完成营业额22.73亿美元，增长23.5%。

【交通、邮电和旅游】　全年铁路、公路、水运完成旅客运输量8.72亿人，比上年增长3.5%；完成货物运输量14.04亿吨，增长10.5%。机场旅客吞吐量848.9万人，增长12.9%。其中，昌北机场旅客吞吐量681.1万人，增长13.2%。年末民用轿车保有量127.4万辆，增长25.4%。全年完成邮电业务总量336.5亿元，比上年增长8.7%。全年新增移动电话用户233.5万户，年末移动电话用户总数为2806.9万户。3G移动电话用户938.2万户，增长85.0%。年末互联网用户数410.1万户，增长10.2%。全年接待国内旅游人数2.48亿人次，比上年增长22.1%；国内旅游收入1863.6亿元，增长35.8%，比上年加快8.7个百分点。接待入境旅游人数163.6万人次，增长4.8%；旅游外汇收入5.25亿美元，增长8.3%。

【财政、金融和保险业】　全年财政总收入2357.1亿元，比上年增长15.2%。其中，公共财政预算收入1620.2亿元，增长18.1%。财政总收入占生产总值的比重16.4%，比上年提高0.6个百分点；税收收入1914.7亿元，增长15.9%，占财政总收入的比重81.2%，比上年提高0.5个百分点。年末金融机构本外币各项存款余额1.96万亿元，比上年末增长16.3%。年末金融机构本外币各项贷款余额1.31万亿元，增长18.3%。年末证券公司34家，期货公司16家，保险公司34家。年末全省境内证券市场共有上市公司33家，全年直接募集资金57.1亿元。年末证券公司营业网点138家，全年证券交易额1.9万亿元。年末期货公司营业部27家，全年成交金额3.5万亿元。全年保险公司保费收入318.0亿元，比上年增长17.0%，同比加快9.3个百分点。

【教育和科学技术】　全年研究生教育在校研究生2.6万人。普通高校在校生86.2万人。普通高中、初中、小学在校生分别为87.7万人、175.4万人和408.1万人。特殊教育在校生1.7万人。幼儿园1.15万所，在园幼儿156.3万人。高等教育毛入学率32%，比上年提高2.5个百分点；高中阶段毛入学率82%，提高2.5个百分点；初中适龄人口入学率99.95%；小学适龄儿童入学率99.99%。中小学校标准化建设稳步推进。全年研究与试验发展(R&D)经费支出136亿元,占地区生产总值比重为0.95%,比上年提高0.07个百分点。年末拥有国家重点实验室1家,省重点实验室90家;国家工程技术研究中心8家,省工程技术研究中心126家。全年受理专利申请1.69万件,比上年增长36.0%;授权专利9970件,增长25.0%。全年技术市场合同成交金额43.7亿元。高新技术产业增加值1403.8亿元,增长10.8%;占地区生产总值的比重为9.8%,比上年提高0.8个百分点。年末共有10个国家级产品质量检测中心,51个通过国家实验室认可的实验室。年末产品质量检验机构79个,法定计量技术机构259个,全年强制检定计量器具57万台件,开展省级产品质量监督抽查7887批次。全年共有523户企业获得3C证书。至2013年年底,发放工业产品生产许可证109张。

【文化、卫生和体育】 年末共有艺术表演团体85个,文化馆106个,公共图书馆114个,博物馆136个。广播电台10座,电视台10座。年末共有各类医疗卫生机构3.89万个(含村卫生室)。全省体育健儿在国际和国内的重大比赛中共获得18枚金牌、11枚银牌和13枚铜牌。

【人民生活和社会保障】 全年农民人均纯收入8781元,比上年增长12.2%;城镇居民人均可支配收入2.19万元,增长10.1%。全年失业人员实现再就业24.5万人,就业困难人员实现就业6.8万人。共发放小额担保贷款98.5亿元,扶持个人创业8.9万人次,带动就业40.5万人次。年末参加城镇基本养老保险人数754.2万人,比上年末增长6.6%。参加城镇职工医疗保险人数569.9万人。开展新型农村合作医疗试点工作的县(市、区)96个,实现农村人口全覆盖,基金支出额107.5亿元。向城市居民提供基本公共卫生服务1.0亿元。参加失业保险人数271.1万人。向城市低保户发放低保金月人均补差240元;向农村低保户发放低保金月人均补差125元。为全省城乡584万名义务教育阶段公办学校学生全部免除学杂费和免费提供教科书。全年开工建设保障性住房32.5万套,基本建成24.3万套(含货币安置)。发放廉租住房租赁补贴16万户,完成农村危旧房改造36.8万户。完成扶贫移民搬迁6.3万人。年末有各类收养性社会福利单位1990个,提供床位16.2万张,收养人数14.3万人,临时救济困难户4.8万人次。全年销售社会福利彩票48.7亿元,筹集福利彩票公益金15亿元。

【资源、环境与安全生产】 年末已建有自然保护区188个,其中国家级自然保护区13个;自然保护区总面积118.01万公顷,占全省土地面积的7.1%。南昌市率先开展PM2.5监测,空气质量监控措施进一步强化,按照新标准,南昌市空气质量为超二级。其他设区城市空气质量按原标准全部达到国家二级。全省地表水监测断面水质达标率80.8%。城镇地表水集中式饮用水源地水质达标率100%。完成造林面积16.91万公顷。新增国家园林城市3个。全年万元生产总值综合能耗0.591吨标准煤,下降3.6%。全年化学需氧量下降1.85%,二氧化硫排放量下降1.76%。单位GDP能耗和化学需氧量、二氧化硫等均完成年度节能减排目标任务。全年生产安全事故5201起,比上年下降26.9%。亿元生产总值生产安全事故死亡人数0.12人,下降7.7%。

(张万才)

2013年精神文明建设

【概　况】 2013年,全省精神文明战线大力加强社会主义核心价值体系建设,大力推进思想道德建设,大力拓展精神文明创建,社会文明程度进一步提高,公民文明素质进一步提升,群众性精神文明创建工作取得明显成效,为推动全省经济社会又好又快发展,建设富裕和谐秀美江西提供了强大的思想文化保证。

【切实推进社会主义核心价值体系建设】 深入开展先进典型推荐评选和学习宣传。认真组织开展全国、全省道德模范评选活动,并把推荐、评选道德模范的过程转化为宣传、学习道德模范的过程。同时,开展了第三届江西省道德模范评选表彰,李来顺等22人获得省道德模范称号。在中央文明办"我推荐、我评议身边好人"活动中,全省共有37人荣登"中国好人榜",位居全国前列。先后在南昌、萍乡两地承办了中央文明办主办的"学雷锋在行动——道德模范和身边好人现场交流"活动,中国文明网对活动进行了全程直播,社会反响良好。在全省11个设区市举办了"道德模范与身边好人"先进事迹大型图片巡回展,有60万人次观看了展出,10万人留言,发放宣传册2万份,在线巡展点击超百万次。开展了"放飞中国梦·福彩公益行·走近道德模范"公益活动,重点宣传报道了50名道德模范和身边好人的感人事迹,并投入25万元公益金进行帮扶和资助。同时,拨付97万元,对龚全珍等128名道德模范和"身边好人"进行帮扶。

广泛开展"讲文明树新风"公益广告宣传活动。构建了公益广告刊播工作网络,围绕培育和践行社会主义核心价值观、规范道德行为,以及与群众生活关系密切的交通、食品安全、环境保护等方面内容,组织协调和督促全省各级各类宣传媒体刊播了一系列公益广告。全年刊播各类公益广告8万条。建立并开通了江西省公益广告共享平台,上传原创公益广告753件,中央通稿541件,点击率18万多次,下载5万多次。面向社会开展了原创优秀公益广告征集,征集原创作品2200多件。

推进志愿服务制度化与学雷锋常态化相结合。以构建"一队"(文明单位"学雷锋志愿服务队")"一站"(社区"学雷锋志愿服务工作站")"一网"("江西志愿服务网")模式为基础,以抓品牌项目、树示范典型为重点,广泛普及"学习雷锋、奉献他人、提升自己"的志愿服务理念,扎实推进志愿服务活动。至2013年年底,全省注册志愿者达140多万人,各类志愿服务组织3000多个,各类志愿服务队伍3万余支,社区"学雷锋志愿服务工作站”1100多个,开展各种志愿服务活动1.1万多次。建立网络文明传播志愿者队伍,开通省级网络文明传播QQ群,发送各类网络信息、微博、帖子达4万件。

【深入开展群众性精神文明创建活动】 提升农村精神文明建设水平。在全省农村开展了“鄱阳湖生态文明示范村”创建和文明帮建工作。其中省文明委直接协调20个单位投入帮建资金1200余万元。组织实施了“村史馆”建设工程,以国家和省级历史文化名村名镇为重点,在全省农村每年建设一批“村史馆”,并确定了首批婺源县沱川乡理坑村等20个历史文化名村村史馆建设点,列入省社科规划研究课题,面向社会公开招标。深化“文明信用农户”创建。至2013年,全省2200多万农民参与,共评选出“文明信用农户”近100万户,累计发放“文明信用农户”贷款400多亿元,对农民优惠利息总额8亿多元。这项活动将经济发展和道德建设有机结合,既解决了农民发展资金不足的问题,又有效地促进农村精神文明建设。12月,在中宣部、中央文明办召开的诚信建设座谈会上,作为全国的两个典型之一,作了经验介绍。

推进文明城市创建。制订下发了《江西省进一步深化文明城市创建工作的意见》,完善文明城市激励和退出机制。建立了全省文明城市创建工作联席会议机制,重点抓了“城乡文明治脏治乱工程”,着力改善城乡卫生环境。按照省委省政府将公共文明指数纳入对市、县两级综合考评的要求,组织开展了对各设区市、县(市、区)的公共文明指数测评。

深化文明单位创建活动。开展了道德领域突出问题专项教育和治理活动,着力解决诚信缺失、道德失范突出问题。集中在全省窗口和公共服务行业开展“争创诚信示范窗口”主题实践活动,有力推动了行业窗口单位精神文明创建的常态化、制度化、规范化。以道德讲堂、文明餐桌和文明传播等为抓手,进一步深化文明单位创建。下发《关于在全省广泛开展“道德讲堂”建设的通知》,截至2013年年底,全省共建“道德讲堂”1904个。抓好“江西省文明建设动态管理监督反馈平台”建设,不断完善和优化平台互动功能,使全省文明城市、文明村镇、文明单位(社区)、文明风景旅游区等各项创评活动置于群众和网民监督之下。

实施“文明引导”和“文明旅游”创建活动。积极开展文明交通行动计划,做好“文明出行、关爱生命”的宣传教育,对全省“文明交通”实施情况进行了两次测评,并将测评结果纳入文明城市、市县公共文明指数考核体系。省文明办与省交通运输厅联合开展了“百姓满意服务区”创评工作,并广泛开展文明交通志愿服务。省委宣传部、省文明办、省住建厅、省环保厅和省旅游局制定并下发《江西省风景旅游区公共文明指数测评工作实施方案》,在全省重点风景旅游区开展公共与生态文明指数动态测评。开展“文明与旅游同行”主题活动,加强了对文明旅游的宣传引导,营造良好氛围,强化旅行社责任意识,并建立完善了文明旅游宣传引导工作的检查考核机制,切实抓好公民文明出境旅游工作。

完善城乡公共文化服务体系。积极推进“农家书屋”“职工书屋”“妇女之家”等文化惠民工程,建设了一批农村村镇、社区宣传文化活动室、科普活动站(室)。大力实施农村电影放映工程,全省放映农村公益电影28万余场。完成了44个县级两馆的维修改造,全省图书馆全年免费开放服务群众4400多万人次。开展科技文化卫生“三下乡”和“送欢乐下基层”等活动,做好了“西部助学工程”、高中“宏志班”相关工作。举办了第七届文明健康艺术周,以“中国梦、我的梦”为主题,组织省、市文明单位演出文艺节目50多个。

【扎实推进未成年人思想道德建设】 青少年主题道德实践活动深入人心。以引导未成年人“心向党、爱劳动、有礼貌”为目标,将“做一个有道德的人”主题活动引向深入。清明期间,组织开展“网上祭英烈”签名寄语活动,全省269万名中小学生参加,名列全国第五;“六一”期间,组织开展“做一个有道德的人”网上签名寄语;“七一”期间,组织开展童心向党歌咏活动;“十一”期间,组织开展“向国旗敬礼、做一个有道德的人”网上签名寄语,全省近480万名学生参加。举办了“弘扬雷锋精神、建设心灵家园”教育读书活动,以征文、知识竞赛、演讲及讲故事等形式多样的活动方式,推动青少年热爱阅读学习。开展“唱响中国梦”全省原创少儿歌曲、童谣和诗歌朗诵电视大赛。精心挑选优秀节目参加由中宣部、中央文明办等组织的全国第四届优秀童谣征集活动,《剪窗花》《绿色梦想》获优秀童谣奖。

乡村学校少年宫项目建设有条不紊。在已建成121所乡村学校少年宫的基础上,又积极争取了71个乡村学校少年宫建设项目,每个项目资金40万元,共2840万元。举办了2013年乡村学校少年宫项目建设骨干人员培训班,200余人参加培训。下发《关于做好2013年乡村学校少年宫考核评比工作的通知》,对121所乡村学校少年宫进行考评,并根据考评情况及时下发2013年度项目运转补助资金605万元。全省各地自筹资金建设了一批乡村学校少年宫。

净化社会文化环境整治行动成效明显。省宣传、文化、公安、教育、工商、广电、新闻出版和通信管理等部门,从8月初至11月底,抽调人员组成检查组,进行了两次明察暗访。共检查11个设区市、63个县(市、区),并通报了相关情况。各地各部门迅速整改,共整改查处违法违规的书报刊店(摊点)96个、音像制品销售店45个、印刷复制店8个、电脑数码城13个、录像厅15个、各类电子游戏厅68个,查封黑网吧58个。

青少年心理健康教育辅导活动纵深拓展。在华东交大设立江西省青少年心理健康教育辅导中心并启动了全省青少年心理导航系列活动,举办首届全省青少年心理健康教育辅导骨干培训班,多次组织学者赴全省中小学校进行心理健康专题辅导。广泛开展“心理健康教育进校园”宣传普及巡讲活动,全年巡讲50多场。各设区市和部分学校也配套建立了一批心理健康辅导站(室),积极开展心理健康教育辅导活动。

(段克和)

本栏编辑　詹跃华

中国共产党江西省委员会

综　述

2013年，省委坚持以邓小平理论、“三个代表”重要思想、科学发展观为指导，认真贯彻落实党的十八大、十八届二中、三中全会精神和中共中央总书记习近平系列讲话精神，团结带领全省干部群众，以实现中华民族伟大复兴中国梦为引领，以与全国同步全面建成小康社会为目标，紧紧扭住发展这个第一要务，切实抓好民生这个第一大事，自觉落实稳定这个第一责任，不断强化改革这个第一动力，统筹推进社会主义经济建设、政治建设、文化建设、社会建设、生态文明建设和党的建设，迈出了“发展升级、小康提速、绿色崛起、实干兴赣”的新步伐。全年生产总值14338.5亿元，增长10.1%；财政总收入2357.1亿元，增长15.2%，其中公共财政预算收入1620.2亿元，增长18.1%；城镇居民人均可支配收入2.19万元，增长10.1%；农民人均纯收入8781元，增长12.2%；居民消费价格总水平涨幅2.5%。

*牢牢把握全省工作的正确方向，始终与党中央保持高度一致。*坚持把学习宣传贯彻党的十八大、十八届二中、三中全会精神和习近平总书记系列讲话精神作为全省各级党组织的首要政治任务。党的十八大闭幕后，省委迅速作出部署，在全省掀起学习宣传贯彻十八大精神的热潮。党的十八届三中全会后，省委第一时间研究制定学习宣传贯彻的总体安排，研究制定全省“1+N”贯彻意见，“1”就是《中共江西省委关于贯彻〈中共中央关于全面深化改革若干重大问题的决定〉的实施意见》，“N”是指围绕江西省经济社会发展等各方面工作中的突出问题，制定若干配套实施意见。党的十八大以来，习近平总书记发表了一系列重要讲话，省委常委会和省级四套班子带头开展了为期3天的封闭式集体学习，各级党委(党组)同步跟进，进一步加深了对习近平总书记系列讲话精神的认识和理解。在全省深入开展“中国梦”主题宣传教育活动，极大地增强了全省上下同心共筑中国梦的信心决心。

*提出“发展升级、小康提速、绿色崛起、实干兴赣”十六字方针，进一步明确了新形势下全省发展的目标和任务。*省委召开十三届七次全体(扩大)会议提出“发展升级、小康提速、绿色崛起、实干兴赣”十六字方针，可以概括为“一个奋斗目标、三大工作主题、一个重要保证”。“一个奋斗目标”，就是以实现中华民族伟大复兴中国梦为引领，确保江西与全国同步全面建成小康社会。“三大工作主题”，就是发展升级、小康提速、绿色崛起。“一个重要保证”，就是实干兴赣。省委专门下发《关于深入学习宣传贯彻省委十三届七次全体(扩大)会议精神的通知》，明确20项重点工作的责任领导和牵头单位。十六字方针有力指导和推动了全省经济社会的科学发展。

*加强党对经济工作的领导，推动经济总量和发展质量实现“双提升”。*省委统筹做好稳增长、调结构、促转型、抓改革等各项工作，全省经济呈现出稳中有进、稳中提质的良好态势，主要经济指标处于合理区间、增幅高于全国平均水平。一是统筹经济运行，省委常委会坚持每季度听取全省经济运行情况汇报，深入分析经济形势，及时研究解决苗头性、倾向性问题，牢牢把握经济发展的主动权。二是统筹区域和城乡发展，高位推动昌九一体化发展，加快赣南等原中央苏区振兴发展，研究制定《关于支持赣东北扩大开放合作加快发展的若干意见》和《关于支持赣西经济转型加快发展的若干意见》，进一步推动形成全省“龙头昂起、两翼齐飞、苏区振兴、绿色崛起”的区域协调发展格局。同时，统筹推进城镇化与和谐秀美乡村建设，着力促进城乡一体化进程。三是统筹推进重点产业发展，要求相关部门对全省重点产业特别是节能环保、新能源等十大战略性新兴产业进行重新梳理，进一步明晰了全省产业发展的主攻方向，理顺了支持重点产业发展的工作机制，谋划部署了一批打基础、管长远的重大产业工程和重点产业项目。四是统筹推进扩大开放，组织实施了新一轮央企入赣计划、第十一届赣台经贸文化合作交流大会、“中国光彩事业赣州行”，与部分国家部委、高等院校、科研院所广泛开展了战略合作。

*以人民幸福为最高追求，让改革发展成果更多更公平地惠及全省人民。*在加快经济发展的同时更加注重发展成果更多更好地由人民共享，在回应人民普遍关切的同时更加注重解决困难群众的具体问题。筹集财政性资金700亿元，推动76件民生实事得到落实。把棚改工作作为重大民生来抓，制定了《江西省棚户区改造规划(2013—2017年)》，全省棚改开工13.97万套，基本建成8.66万套。专门召开了全省扶贫开发工作会议，实

施扶贫攻坚六大工程，全年减少农村贫困人口80万人。

深入推进法治江西建设，确保社会大局和谐稳定。明确提出建设法治江西的任务，坚持以法治思维和法治方式化解矛盾、维护稳定，依法解决涉稳突出问题，依法整治影响群众安全感的突出问题，依法严厉打击侵害群众利益的违法犯罪行为，依法惩处制假贩假等破坏社会诚信和市场经济秩序的犯罪，依法化解人民内部矛盾，依法加强社会治理，依法加强对意识形态和新闻舆论工作的领导，依法加强网络管理。建立健全领导干部接访下访机制和群众权益保障机制，完善人民调解、行政调解、司法调解等多调联动的工作体系，政法综治维稳工作取得扎实成效。

坚持把为民务实清廉作为永恒价值追求，扎实有效开展党的群众路线教育实践活动。围绕中央提出的“照镜子、正衣冠、洗洗澡、治治病”的总要求，始终坚持“认识上更高一层、剖析上更深一步、整改上更好一筹、要求上更严一点”的总思路，始终紧扣“坚定理想信念、坚持群众路线、坚决改进作风”三个关键词，始终聚焦解决“四风”问题的着力点，始终突出省委常委会带头示范的重要方法，有序有力有效推动第一批教育实践活动，取得了明显成效，创造了特色经验，得到中央活动办和督导组的高度评价和充分肯定。一是突出学习教育，坚持用科学理论武装头脑，坚定了反对“四风”的思想和行动自觉。充分挖掘井冈山精神和苏区精神等红色资源，制作《筑梦之基》《永恒的信念》《红色故事汇》等专题片。推出龚全珍这一重大典型，得到中共中央总书记习近平等多位中央领导的充分肯定和高度赞扬。二是深入查摆问题，带头开门搞活动，通过多种形式广泛听取意见、发现问题，明确了解决“四风”问题的着力点。三是狠抓整改落实，完善根治“四风”的制度机制，对查摆出来的313项具体问题挂号督办、跟踪问效、整改销号。在整个教育实践活动中，省委常委会始终坚持带头抓好学习教育，带头建立联系点，带头征求意见，带头查摆、剖析问题，带头开展批评与自我批评，带头聚焦“四风”进行整改，一级做给一级看，一级带着一级干，推动形成了以上率下反“四风”、同频共振转作风的生动局面，全省机关作风有了明显变化，广大党员、干部思想作风和精神状态有了明显提升。

着眼建设风清气正的政治生态，全面加强党的建设各项工作。一是扎实做好中央巡视组反馈意见整改工作，坚持把中央巡视组反馈意见整改工作作为一项重大政治任务、政治责任来抓，对中央巡视组反馈的意见逐条梳理，认真对照检查，研究制定整改工作方案，整改任务取得阶段性成果。二是深入推进反腐倡廉建设，认真履行党风廉政建设责任制，在全省开展党风廉政建设社会评价工作，加强惩防体系建设，加大监督检查和查办案件力度，加强对权力运行的制约和监督，着力构建不敢腐的惩戒机制、不能腐的防范机制、不易腐的保障机制。三是认真贯彻中央八项规定，制定了《关于改进工作作风、密切联系群众的若干规定》等一系列制度规则，持之以恒巩固落实中央八项规定成果。四是牢固树立正确用人导向，强调把好干部的要求贯穿于干部培养选拔和管理监督全过程，切实加强领导班子和干部队伍建设，完成省人大、省政府、省政协换届工作，出台《2013年度市县科学发展综合考核评价实施意见》和《2013—2017年江西省干部教育培训规划》。在做好各项工作的同时，着力加强制度建设和省委常委会自身建设，完成党内法规和规范性文件第一阶段(1978年至2012年6月)的清理工作，制定并实施《省委常委会议事规则》《省委全委会工作规则》，推进党内法规的制度建设和省委常委会工作的规范化、制度化、科学化。大力支持各级人大及其常委会依法履行职能，充分发挥各级政协组织的职能作用，进一步加强和改善对各民主党派、工商联的领导，圆满完成工会、共青团、妇联等人民团体换届工作，充分调动和发挥各方面的智慧和力量，齐心协力推动江西各项事业发展。

重要会议

【省委十三届七次全体(扩大)会议】 7月22日—23日，中共江西省委十三届七次全体(扩大)会议在南昌举行。会议的主要任务是，深入贯彻落实党的十八大和中共中央总书记习近平一系列重要讲话精神，总结上半年全省工作，部署下半年工作。

会议确定当前和今后一个时期全省发展的总思路：高举中国特色社会主义伟大旗帜，坚持以邓小平理论、“三个代表”重要思想、科学发展观为指导，深入贯彻落实党的十八大和省第十三次党代会精神，以实现中华民族伟大复兴中国梦为引领，以与全国同步全面建成小康社会为目标，坚持主题主线和战略思路不动摇，紧紧扭住发展这个第一要务，切实抓好民生这个第一大事，自觉落实稳定这个第一责任，不断强化改革这个第一动力，进一步解放思想、扩大开放，统筹兼顾、重点突破，奋力迈出“发展升级、小康提速、绿色崛起、实干兴赣”的新步伐，努力争创建设富裕和谐秀美江西的新辉煌。

会议强调，实践证明，历届省委提出的发展战略、发展思路、发展目标和发展任务是符合江西实际的，是完全正确的。要大力发扬“钉钉子”精神，进一步贯彻发展好这些正确的决策部署，着力解决当前发展中的突出问题，一任接着一任干，一张蓝图画到底，共同创造江西更加美好的未来。

会议指出，抚今追昔，展望未来，江西已经站在一个新的起点，正处在科学发展、绿色崛起的关键阶段，正处在加速发展的爬坡期、全面小康的攻坚期、生态建设的提升期。要以做大总量、提升质量为主要任务，创出发展升级新天地；以人民幸福为最高追求，开启小康提速新征程；以绿色、循环、安全为主打品牌，开拓绿色崛起新境界；以为民务实清廉为根本准则，展现实干兴赣新作为。

会议由省委常委会主持。省委委员、候补委员，不是省委委员、候补委员的省级领导、设区市市长、省纪委常委，省委各部门和省直各单位主要负责人，各县(市、区)委书记参加会议。中央第八巡视组副组长宁延令等巡视组成员特邀出席。

【省委十三届八次全体会议】 12月26日—28日，中共江西省委十三届八次全体会议在南昌举行。会议的主要任务是，深入学习贯彻党的十八大、十八届二中、三中全会精神和中央经济工作会议等中央重要会议精神，以及中共中央总书记习近平系列讲话精神，总结2013年省委常委会工作，研究部署2014年全省各项工作尤其是全面深化改革和经济发展工作，审议《中共江西省委贯彻落实〈中共中央关于全面深化改革若干重大问题的决定〉的实施意见（讨论稿）》（以下简称《实施意见》）和《中共江西省委全委会工作规则（讨论稿）》。

会议指出，要深入学习贯彻党的十八届三中全会精神，扎实推进全面深化改革各项工作。成立省委全面深化改革领导小组，下大力气解决影响和制约江西省改革发展稳定的突出矛盾和问题，努力在重点领域和关键环节改革上取得新突破。扎实推进省委“1+N”文件落实，把省委《实施意见》列出的改革任务分解到省直有关部门，抓紧制定细化配套的改革措施，制定2014年年度改革方案。要始终扭住发展不放松，保持经济持续健康较快发展；扎实做好保障和改善民生工作，进一步提高全省人民生活水平；加强和创新社会治理，切实维护社会和谐稳定；以改革创新精神加强新形势下党的建设，努力建设风清气正的政治生态；狠抓工作落实，确保中央决策部署和省委各项工作落到实处。

会议由省委常委会主持。省委委员、候补委员出席会议。不是省委委员、候补委员的省级领导干部，各设区市市委书记、市长，省委各部门主要负责人，省直各单位（含中央驻赣单位、省属大中型企业、省属高校）党组（党委）主要负责人，省纪委常委，各县（市、区）委书记，部分基层党代表列席会议。

重要决策

【印发《党内法规和规范性文件清理工作实施方案》的通知】 1月8日，省委办公厅印发该方案，明确开展党内法规和规范性文件清理工作的指导思想和基本原则、清理范围和标准、实施步骤和工作要求。强调全省各级党委（党组）要坚决落实中央有关要求，着力解决党内法规制度中存在的不适应、不协调、不衔接、不一致问题，加快构建党内法规制度体系。

【制定《关于加快农业农村转型发展推进城乡一体化的若干意见》】 1月19日，省委、省政府印发该意见，提出以小城镇建设为要点，加快推动城乡发展一体化；加强城镇规划和管理，省市县三级重点支持百强中心镇建设；有序推进农业转移人口市民化，逐步实现全省总人口1/3在城市、1/3在城镇、1/3在农村的人口布局。

【印发《江西省贯彻〈关于加强新形势下发展党员和党员管理工作的意见〉的实施意见》的通知】 4月19日，省委办公厅印发该实施意见，强调县级以上党委（工委）要坚持慎重发展、均衡发展，积极稳妥地对发展党员数量和结构进行调控。

【转发《省落实党风廉政建设责任制暨惩治和预防腐败体系建设工作领导小组关于开展党风廉政建设社会评价工作的意见》的通知】 5月22日，省委办公厅、省政府办公厅转发该意见。经省委、省政府同意，决定将社会评价机制引入落实党风廉政建设责任制检查考核中，每年年中、年末分别对11个设区市、100个县（市、区）党委、政府领导班子抓党风廉政建设情况进行民意调查。

【制定《关于全面推进农村扶贫帮扶到户工作的意见》】 6月19日，省委办公厅、省政府办公厅印发该意见，提出从2013年起，用6年时间对全省农村年人均纯收入2300元以下的贫困农户，开展帮扶到户工作，到2018年年底，全省农村贫困发生率降至3%以下。

【制定《关于深入开展党的群众路线教育实践活动的意见》】 根据中央统一部署，省委决定从2013年7月开始，用一年左右时间，在全省深入开展以为民务实清廉为主要内容的党的群众路线教育实践活动。7月3日，省委印发该意见，明确重点抓好县处级以上领导机关、领导班子和领导干部，聚焦作风建设，集中解决形式主义、官僚主义、享乐主义和奢靡之风“四风”问题。

【制定《关于加快百强中心镇建设推进镇村联动发展的意见》】 8月30日，省委办公厅、省政府办公厅印发该意见，明确了百强中心镇建设的主要目标和任务。要求省市县每年安排专项财政资金支持中心镇建设发展；中心镇当年新增地方财政收入的60%以上留给镇；建设用地在省下达市、县新增建设用地计划中优先安排；赋予中心镇政府部分县级经济和社会管理权等内容。

【印发《2013年度市县科学发展综合考核评价实施意见》的通知】 9月24日，省委办公厅、省政府办公厅印发该意见，明确了考核评价内容包括党的建设、社会建设、经济发展及成效、民生工程、生态环境等5个一级指标。提出根据市、县（市、区）在发展基础、发展条件和主体功能区规划上的差异，实行分类考核评价，设区市按照2012年年末总人口分为两类，县（市、区）按照功能区规划分为三类，包括重点开发区（一类）、农业主产区（二类）、重点生态区（三类）。

【批转《省委办公厅、省委宣传部、省委组织部关于深入学习贯彻习近平总书记系列讲话精神的意见》】 10月8日，经省委同意批转该通知，要求全省各级党组织、广大党员特别是领导干部要把深入学习贯彻中共中央总书记习近平系列讲话精神摆在更加突出的位置，贯穿党的群众路线教育实践活动全过程，与深入学习贯彻党的十八大和省委十三届七次全会精神紧密结合，融入建设富裕和谐秀美江西的生动实践。

【制定《关于推进旅游强省建设的意见》】 10月15日，省委、省政府印发该意见，要求全省各级党委、政府和各级领导干部像抓工业化城镇化一样抓旅游。意见提出力争到2017年，游客人均旅游消费比2012年翻一番。各设区市至少建成1处5A级旅游景区或国家级旅游度假区、国家生态旅游示范区。

【制定《关于加强扶贫攻坚促进小康提速的意见》】 10月29日，省委办公厅、省政府办公厅印发该意见，要求全省各地重点统筹加大扶贫力度与注重扶贫效果、探索创新扶贫模式与形成扶贫长效机制、整村推进、集中连片扶贫与因户施策、就地扶贫与搬迁扶贫、救济扶贫与开发扶贫、政策主导与社会参与、外部帮扶与自我奋斗七个方面关系，大力实施贫困农户帮扶到户脱贫工程、贫困群众搬迁移民扶贫工程等六大工程，确保现有贫困人口同步实现小康。力争2018年，确保2020年实现《江西省农村扶贫开发纲要(2011—2020年)》提出的目标。

【制定《关于大力促进非公有制经济更好更快发展的意见》】 12月20日，省委、省政府印发该意见，这是江西首次出台促进非公有制经济发展的意见。强调促进非公有制经济更好更快发展是江西必须长期坚持的大战略，提出今后5年的目标任务和扩大投资领域、放宽经营条件等具体政策措施；要求从2013年起，省市县财政分别设立非公有制经济发展专项资金，并逐年逐步增加资金额度；支持非公有制企业与有实力的国内高校、国家科研机构、央企深度对接；从优化市场竞争环境、提高政府办事效率等方面营造非公有制经济发展的良好环境。

【印发《关于加强新形势下意识形态和宣传思想工作的意见》】 12月20日，省委印发该意见，要求全省上下深入学习全国宣传思想工作会议特别是中共中央总书记习近平的重要讲话，充分认识党对意识形态工作的新要求，把握新形势下宣传思想工作根本原则和重点任务，进一步改进正面宣传，强化政治导向，深入研究网上舆论斗争规律，制定有效对策，提升实际效果。

【制定《关于进一步加快县域经济发展的若干意见》】 12月27日，省委、省政府印发该意见，明确把壮大县域经济作为加快全省发展升级的重要突破口和新的增长点。要求以“省直管县”为突破口，深入推进扩权强县改革，最大限度为县域经济发展“松绑减负”。力争到2017年，县(市)财政总收入基本实现过10亿元，一半以上县(市)过20亿元，2~3个县(市)进入全国百强县，城乡收入差距进一步缩小，有条件的县(市)率先实现全面小康。

【制定《贯彻落实〈中共中央关于全面深化改革若干重大问题的决定〉的实施意见》】 经省委十三届八次全会审议通过，12月28日，省委印发该意见，部署了江西省全面深化改革的各项任务。意见提出，对方向明、见效快且属于地方事权的改革，抓紧实施、加快推进；对涉及面大、情况复杂但又必须推进的改革，积极探索、大胆试点；对属于中央事权且已经明确的改革，不折不扣、坚决实施；对必须由中央适时推出配套政策的改革，早作准备、及时跟进。到2020年，在重要领域和关键环节改革上取得决定性成果，若干领域走在全国改革前列。

【制定《关于严格控制和规范党政机关检查考核评比达标表彰活动的意见》】 12月25日，省委办公厅、省政府办公厅印发该意见，从分类实施、精简整合、规范管理3个方面，对从严控制和规范检查考核活动提出要求。从严格审批、依规实施和简约务实3个方面，对从严控制和规范评比达标表彰活动提出要求。

督查工作

【省委领导抓督查落实】 2013年，省委领导强调各级各部门要把抓督查、抓落实提到与抓决策同等重要的位置，确保中央和省委各项决策部署能够落到实处。一方面，省委常委会两次听取督查工作专题汇报。5月24日，听取省委办公厅《关于中央八项规定和省委若干规定贯彻执行情况督促检查工作机制及分工协作方案(送审稿)》的汇报，要求加强相关部门配合，持之以恒落实中央八项规定精神，加强制度建设，强化工作督促检查。9月29日，听取省委办公厅关于全国党委系统督查工作座谈会精神及贯彻意见的汇报，明确全省各级地方党委要成立督促检查工作领导小组、党委督查部门主要负责人根据党委安排，列席涉及重要工作部署的党委常委会会议等重要会议。另一方面，省委领导带头深入基层一线推动工作落实。一是就学习贯彻党的十八大和十八届三中全会精神特别是中共中央总书记习近平系列重要讲话精神，深入基层进行督查，并多次做专题辅导报告。二是就打造南昌核心增长极、加快推进昌九一体化、支持赣南等原中央苏区振兴发展、推动赣西经济转型，培育区域发展增长极深入基层进行调研指导。三是就扎实做好国有企业改革后续工作、大力发展非公有制经济多次召开调研座谈会。四是就发展现代农业、推动县域经济发展、产业转型升级、重大项目建设、旅游产业发展等深入南昌、宜春、上饶等地调研指导。五是多次就保障和改善民生调研，特别是省委主要领导3次深入南昌市棚户区改造征收工作现场，了解群众实际困难，推动棚户区改造征收工作顺利进行。六是在第一批党的群众路线教育实践活动中，省委常委会多次召开会议进行专题学习，省委常委充分发挥榜样示范作用，通过“五访纳谏”“下访听诉”“网络问政”等活动聚焦“四风”问题，广泛听取群众意见，共征求意见建议6298条，并针对“四风”方面群众反映突出问题带头抓好整改落实。

【配合中央在赣开展督查活动】 5月27日至7月27日，中央第八巡视组对江西省进行了集中巡视。江西省委积极主动做好联络服务工作，圆满完成了中央巡视组交办的各项任务。配合中央巡视组深入全省11个设区市，20多个县(市、区)开展调研。考察项目30多个，走访农户100多户。10月13日—17日，中办、国办督查组就党政机关停止新建楼堂馆所和清理办公用房工作到江西实地督查。督查组一行重点检查省委、省人大、省政协、省法院、省检察院和南昌市四套班子及法检两院。省委、省政府督查部门积极配合工作并及时把督查组反馈的有关情况书面报告省委省政府。12月19日—23日，中办、国办督查组对江西贯彻落实中央八项规定情况开展实地督查。省委办公厅积极配合开展各项督查活动，陪同督查组深入省委办公厅、省人大常委会办公厅、省政协办公厅以及省委党的群众路线教育实践活动领导小组办公室、省委省政府信访局、省发改委、省财政厅、省商务厅、省卫生厅等单位和南昌市街道、社区、棚户区改造现场、南昌市高档餐饮场所、有关高档烟酒店进行明察暗访;并配合国家统计局对3所高校、5个省委部门、14个省直单位开展相关问卷调查。省委办公厅及时将督查组实地督查情况及反馈意见向省委作了书面报告。

【开展决策督查工作】 2013年,为切实推动中央和省委重大决策部署贯彻落实,开展决策督查活动17次。一是围绕中央有关精神开展督查。省委办公厅每季度对各设区市市委以及省直重点单位贯彻执行中央八项规定和省委若干规定的情况开展书面督查并定期上报中央办公厅。4月中旬,省委办公厅派出4个督查组,对各设区市和部分省直单位学习宣传贯彻党的十八大精神和习近平总书记系列重要讲话精神情况开展了实地督查,督查组采取自下而上的方式深入8个省直单位、29个县(市、区)、66个乡(镇、街道)、128个行政村(社区)明察暗访,面对面访谈1000多名干部群众,委托省社情民意调查中心在全省抽取1950个有效样本开展民意调查。同步对全省市县乡三级党员领导干部下基层不扰民办实事情况开展督查。12月,省委办公厅、省政府办公厅联合省直有关单位,对各设区市和部分省直单位贯彻落实中央八项规定和省委若干规定情况开展了全省性督查。二是围绕省委十三届七次全会做出的重大决策部署开展督查。分不同时间节点,对省委十三届七次全会提出的六项具体民生事项(解决群众因病致贫因病返贫问题、库区"水上漂"移民搬迁安置、农村电网升级改造、农村义务教育学校标准化建设工程、全省385万贫困人口脱贫致富)进展情况进行跟踪督查。特别是根据《省委十三届七次全体(扩大)会议重点工作任务分解方案》,对全会部署的20项重点工作任务进行跟踪督查,并对个别工作进度滞后事项开展实地督查,有力推动了工作落实。三是承担省委领导与网民在线交流网民意见诉求办理工作。7月至11月,根据省委领导指示,4个月内完成703件网民意见诉求督办工作,办理结果经过梳理汇总,分批通过新闻媒体公开反馈。省委办公厅派出5个督查组,采取实地暗访等形式,对其中有代表性的73个问题进行复核,此项工作得到了省委领导充分肯定,促使各地各部门更加重视解决网民反映问题。省委办公厅还联合有关单位就省政协十一届一次会议提案办理情况、全省贯彻落实维护和保障群众利益有关文件精神情况、全省城镇化建设工作、2013年高等教育座谈会相关建议办理情况、全省烈士纪念工作等开展专题督查。

【开展督查调研工作】 1月下旬,省委办公厅组织人员对全省贯彻落实中央八项规定情况开展调研,提交的调研报告得到省委充分肯定,并上报中央办公厅。10月底,省委办公厅组织人员赴南昌市东湖区、西湖区、青山湖区、青云谱区,对棚户区改造拆迁工作开展了督查调研,形成了内容比较翔实的调研报告报省委。

【开展领导批件督办工作】 2013年,省委办公厅立项督办领导批件51件,其中中央领导批件1件、省委领导批件50件,办结率100%。11月,省委办公厅组织人员分赴全省11个设区市、34个县(市、区),对省委领导考察调研过的114个村、企业、街道进行了回访复核,既推动各地各部门抓工作落实的力度,又收集大量的意见和建议,回访复核情况报告得到省委主要领导的批示肯定。出台《中共江西省委办公厅领导批件督办工作规范》,推进领导批件督办工作的规范化和制度化。制定《省委办公厅关于省委领导有关事项办理的工作制度》,规范省委领导在重要会议上的讲话、在部门会议上的讲话、在专题座谈会上的讲话、在考察调研时明确事项等六大块工作的办理流程。探索建立对省委全会与会人员提出的意见和建议进行整理并跟踪办理的机制,将办理结果逐一反馈建议提出人,做到事事有回音。

(省委办公厅编辑室)

政策研究

【概　况】 2013年,省委政研室紧紧围绕省委工作大局,践行"为民辅政"新思想,忠诚履职,敬业奉献,创造性地开展工作,取得较好的成绩。全年起草省委重要文件4个、重要文稿21篇;完成调研报告25篇、"走报"材料59篇;共获19位省委、省政府领导批示156人次,省领导批示总数在2012年增长85%的基础上又翻一番多,大批工作成果转化为省委、省政府决策,推动江西科学发展。

【起草省委重要文件】 2013年,省委政研室把起草省委重要文件作为"主业"来抓,紧紧围绕省委重大决策部署,起草《中共江西省委贯彻落实〈中共中央关于全面深化改革若干重大问题的决定〉的实施意见》《关于进一步加快县域经济发展的若干意见》《2013年省委省政府重大课题调研方案》等重要文件,参与起草省委、省政府《关于加快城乡居民增收的指导意见》和《关于推进旅游强省的意见》等重要文件。

【撰写省委重要文稿】 2013年,省委政研室完成省委重要文稿起草,主要有:①省委向中央的报告5篇,分别是《对全面深化改革问题征求意见情况的报告》《对中央政治局加强作风建设征求意见情况的报告》《对中央〈决定(征求意见稿)〉修改意见的报告》《对2014年中央重点工作的建议》《关于中央第八巡视组反馈意见整改情况的报告》。②省委常委会开展群众路线教育相关文稿4篇,分别是省委常委会对照检查材料、省委党的群众路线教育实践活动整改方案、省委常委会班子开展党的群众教育实践活动情况报告、省委常委会调查研究制度。③起草或参与起草省委领导讲话或说明28篇,主要有省委书记强卫在省委十三届七次全体(扩大)会议上的讲话、在党的十八届三中全会分组讨论时的发言、在纪念毛泽东同志诞辰120周年座谈会上的讲话、在省委常委会听取南昌打造核心增长极汇报后的讲话等。

【组织开展重大课题调研】 2013年,省委政研室共开展25个重大课题调研,主要有:①《建议实施“十大、百强”计划,加快推进江西小城镇建设与发展》及13个子报告,直接推动江西《关于加快百强中心镇建设,推进镇村联动发展的实施意见》的出台。②《关于大力实施县域发展突破战略的调研》,为起草省委、省政府《关于进一步加快县域经济发展若干意见》做了前期准备。③《上海自由贸易试验区设立情况及对江西的影响和建议》,省委书记强卫批示以适当形式印发给省领导和有关厅局、各设区市党政主要领导参阅。④《实施整体移民搬迁,推进城乡一体化发展》,直接推动江西移民搬迁扶贫补助标准由人均4000元提高到6000元。⑤《江西芦笋:一个可以引领全国的朝阳产业》,推动省农业厅出台《关于推进全省芦笋产业发展的指导意见》。⑥《江西非公经济发展情况分析及建议》,为出台省委、省政府《关于推动全民创业、大力促进非公有制经济发展的若干意见》提供参考。⑦《建议对部分改革情况先行调查摸底》,为起草《中共江西省委贯彻落实〈中共中央关于全面深化改革若干重大问题的决定〉的实施意见》做前期基础性工作。同时,开展《当前群众工作面临的新情况及需要关注的几个问题》《当前,部分地方理解深化农村土地制度改革方面出现的偏差和需关注的问题》《江西农业机械化状况与建议》等重要调研,为推动相关工作提供重要参考。

【开创性地组织开展“走报”活动】 2013年,省委政研室在全省政研系统组织开展“走基层、报实情”活动,把开展“走基层、报实情”活动作为坚决改进作风、密切联系群众的主要抓手,作为实践“为民辅政”的重要平台,严格按照“内容转型、作风转变、文风转好”的要求,始终突出“注重真实、以小见大、文风清新”的特点,既为省委、省政府科学决策,指导工作提供了重要参考依据,又直接为基层和群众服务。全年向省领导报送“走报”材料59篇,领导批示84人次,其中省委书记强卫批示24次,省长鹿心社批示21次,成果转化率达44%,很好地促进全省相关工作。

(省委政研室编辑室)

组织工作

【概　况】 2013年,全省各级组织部门牢牢把握全面提高组织工作科学化水平主题,以作风建设为主线,以深化改革为动力,着力加强领导班子、干部人才队伍、基层党组织和组织部门自身建设,各项工作取得新的成效。

精心组织开展第一批教育实践活动,为发展升级、小康提速、绿色崛起、实干兴赣注入强大动力。科学谋划精心组织,成立由省委书记任组长的活动领导小组,研究制定活动总体方案、第一批活动方案和省委常委会活动方案,提出“党员干部作风显著转变、党群干群关系显著改善、实干兴赣能力显著增强”的工作目标。领导带头做好示范,省委常委会率先作出“六个带头”承诺,带头抓好学习教育、带头征求意见、带头查摆问题、带头开展批评和自我批评、带头聚焦“四风”进行整改、带头抓好联系点,形成上率下行、层层示范的生动格局。发动群众开门整风,坚持开门纳谏,开辟了专项调研、问卷调查、座谈交流、网上交流等7种渠道,第一批活动单位共征求意见建议3.74万条;坚持开门会诊,专题民主生活会前请群众提意见,会中邀请群众代表参加、接受群众监督,会后通报情况请群众评议;坚持开门整改,在省内主流媒体开设“转作风、看变化”“群众意见建议整改结果公告”等专栏,召开6次新闻发布会通报整改落实情况,使整个活动都置于群众监督之下。标本兼治狠抓整改,从活动开始就立行立改、即知即改,建立整改工作总台账,实行由责任单位承办、督导组督办、责任单位办结每周报告、省委“活动办”调度销号管理的工作机制。省委确定14个方面23项专项整治任务和26个制度建设项目,每项专项整治任务有专门方案、有推进措施、有牵头部门、有具体责任人、有检查评估、有监督问责。第一批活动单位列入整改工作台账的具体问题和个体诉求已完成整改1.6万件,开展专项整治834项,建立制度1716项,分别占总数的98.36%、96.42%、93.06%;全省查处“四风”问题案件212件,党纪政纪处分164人。

全面落实党要管党、从严治党方针,着力加强领导班子和干部队伍建设。一是以学习贯彻党的十八大、十八届三中全会和中共中央总书记习近平系列讲话精神为重点加强干部教育培训。把学习党章和十八大、十八届三中全会、中共中央总书记习近平一系列重要讲话精神作为重要政治任务,在全省党员干部中开展以学习党章、廉政准则为主要内容的专项学习活动,对县处级以上领导干部进行学习贯彻党的十八大精神和中共中央总书记习近平系列讲话精神专题研讨轮训,举办十八届三中全会和省委十三届七次全会专题研讨班。各地各部门广泛开展党的十八大、十八届三中全会和省委十三届七次全会精神学习培训工作,推动各级干部进一步加深对中央和省委一系列新思想、新论断、新部署、新要求的理解,全省共培训各级各类干部25.8万人次。加强干部实践锻炼,从省直机关选派45名年轻处级干部到基层挂职锻炼。创建“江西干部网络学院”,制定《江西干部网络学院管理办法》等配套制度,为全省干部在职学习搭建良好的网络学习平台。精心打造江西干部学院红色培训品牌,共举办584期培训班次,培训学员2.97万人。二是以健全领导班子分类考核评价体系为重点规范干部选拔任用。认真做好人事安排,严肃换届工作纪律,圆满完成了省人大、政府、政协领导班子换届选举和新一届省政府组成部门及直属机构主要负责人集中调整工作。在开展集中换届后首次市厅级领导班子和领导干部年度考核工作中,适当调整指标设置,区分设区市、省直单位、省属高校等单位性质,对不够协调、干群反映较大的班子进行适当调整,对尚不健全的个别班子进行合理配备,对考核中民主测评得分较低、排名靠后的领导干部进行诫勉谈话。研究制定《对省管领导班子和领导干部进行分类考核的意见(试行)》,进一步改进和完善干部考核工作,着力构建导向正确、分类清晰、体现差异、简便管用的分类考核评价体系。制定下发《江西省县(市、区)党政正职年度考核办法(试行)》,对100个县

(市、区)党政正职进行年度考核。制定下发《关于落实中央巡视组有关反馈意见规范省管厅级干部退休年龄政策的意见》《干部任前档案审核暂行办法》等文件规定,进一步提高干部选拔任用工作的规范化、制度化和科学化水平。三是以整治选人用人不正之风为重点加强干部监督管理。切实抓好中央巡视组对江西省巡视反馈意见和中组部选人用人工作专项检查组反馈意见的整改落实,在全省开展选人用人不正之风问题专项检查和治理,联合省纪委、省编办、省公务员局等对部分设区市、县(市、区)、省直单位和省属高校共30个单位进行选人用人工作专项检查;对全省超职数配备干部情况进行全面摸底,研究制定《关于进一步规范干部职数配备管理的意见》;规范省属高校领导班子和领导干部管理,制定下发《关于加强高等学校领导班子和领导干部管理的意见》;对47个市、县(市、区)和省直单位执行《干部任用条例》和有关规定及监督制度检查的整改情况进行"回头看",对破格提拔任用干部和"带病提拔"干部进行专项检查集中倒查。认真执行领导干部个人有关事项报告制度,录入和汇总综合全省1537名省管干部个人有关事项,对全省57名厅级干部进行经济责任审计,研究制定《关于领导干部近亲属和身边工作人员提拔任用事项报告审核暂行规定》,完善领导干部违规违纪违法问题"特别监督档案",督促有关地方对涉及行贿谋职人员进行组织处理。开通了手机短信举报平台,形成信访、电话、网络、短信"四位一体"的"12380"举报平台新格局,扎实做好选人用人问题举报受理查核工作。

整体推进基层党建工作创新,不断提升基层党的建设科学化水平。着力推进基层服务型党组织建设,总结推广党员"志愿者服务"活动和村(居)民理事会制度,健全完善各级领导干部"民情家访"制度、党员到社区(村)报到开展志愿服务制度。深入推进基层组织建设"五覆盖"工程,全省符合组建条件的规模以下非公企业全部单独组建了党组织,农民专业合作社、社区网格、村民小组和外出务工人员集中地党组织组建率均超过90%,社会组织党组织组建工作取得明显进步。按照全省建制村5%的比例,对844个破旧村级组织活动场所进行维修改造。完善发展党员月报制度,实施入党志愿书编号从严管理,落实发展党员总量调控。大力实施党员队伍建设"五发展"工程,着力优化党员队伍结构。开展发展党员"三推两培一票决"和处置不合格党员试点,探索建立"严把入口、优化结构,严肃处置、纯化队伍"的"双严双化"机制。完善党员"先锋创绩"制度,引导广大党员立足岗位,发挥先锋模范作用。挖掘红色资源,拍摄制作10集《红色故事汇》,在《共产党员网》供全国党员学习。扎实做好3000名大学生村官选聘工作,认真开展已任科级干部大学生村官集中培训、"优秀大学生村官"评选、建立大学生村官电子档案等工作,积极筹备开展从聘用期满、考核合格的大学生村官中公开选拔200名县乡副科级领导干部和200名选调生工作。积极推进制度创新,遴选百例优秀党建工作项目,编印《江西基层党建项目化成果汇编》,在全省试行乡镇、村、街道、社区、机关、高校、国企、非公有制度经济组织和社会组织等9个领域基层党组织工作规程。继续在部分县(市、区)开展党代会常任制试点,开展设区市市委书记履行党建工作责任述职,鼓励基层开展乡镇党代会年会制试点。全面推广"四议两公开"工作法,把村庄建设规划、公益事业建设项目、土地征用、村集体资产处置等村级重大事项纳入"四议两公开"议事决策范围。

扎实开展"建设'三型部门',争做为民务实清廉表率"活动,着力打造讲政治、重公道、业务精、作风好的模范部门。把"建设'三型部门',争做为民务实清廉表率"活动与教育实践活动有机结合起来,着力加强组织部门自身建设,努力以一流标准、一流作风建设一流队伍、创造一流业绩。在全省组织系统部署开展深化建设"三型"部门、争做为民务实清廉表率活动,深化拓展"走基层、进支部、强素质"活动并向省直单位组织部门拓展,举办7期以"弘扬井冈精神、践行群众路线"为主题的全省基层组工干部培训班,培训市县基层组工干部1500余名。省委组织部邀请红军后代授课团作"弘扬井冈精神,践行群众路线"主题报告,邀请6位老领导做专题讲座、开展部史部风集中教育,组织机关干部职工到江西革命烈士纪念堂、江西南昌党风廉政教育基地接受党风廉政和革命传统教育,开展全员读书活动,开办组工讲坛,部领导带头上党课和业务授课,制定关于改进工作作风、密切联系群众的具体措施。各级组织部门创新活动载体,丰富活动内容,取得提素质强党性、转作风求实效、守纪律作表率、促工作上水平的良好效果。

【开展第一批党的群众路线教育实践活动】 在党中央的坚强领导和中央"活动办"、中央第九督导组的精心指导下,江西省第一批活动单位坚持以为民务实清廉为主题,以中共中央总书记习近平系列重要讲话精神为根本遵循,充分调动领导干部和广大群众两个积极性,着力打牢学习教育和查摆问题两个基础,紧紧抓住整改落实和建章立制两个关键,切实找准和解决"四风"方面的突出问题,取得了预期效果,并为第二批活动健康有序开展积累了经验。活动于7月4日正式启动,参加第一批活动的单位137个,其中省级领导班子4个,省直属单位102个,省管高校27所,省管国有企业3个,中央驻赣单位1个。

【开展学习贯彻党的十八大、十八届三中全会和习近平总书记系列讲话精神的集中轮训】 2013年,先后在省委党校举办3期全省领导干部学习贯彻党的十八大精神研讨班,采取省领导辅导和省内外专家讲座相结合,学习解读党的十八大精神与研讨江西改革发展相结合,课堂教学与音像教学、分组研讨相结合,主会场现场授课与分会场视频直播相结合,共培训市厅级以上领导干部1580多人。先后在省委党校(行政学院)、省直工委党校等举办学习贯彻省委十三届七次全会精神专题研讨班和厅级干部进修班、县处级干部进修班、乡镇(街道)党委书记进修班、哲学社会科学教学科研骨干研修班等27期,培训市厅级干部325人、县处级干部866人,其他干部690人。

(刘建勇)

宣传工作

【概 况】 2013年,江西宣传思想文化战线认真贯彻中央和省委要求,学习贯彻全国和全省宣传思想工作会议精神,围绕中心,服务大局,扎实做好各项工作,为全省经济社会又好又快发展提供了有力的思想保证、舆论支持和精神动力。

强化理论武装,统一广大干部群众的思想和行动。深入组织学习习近平总书记系列讲话精神,广泛开展中国特色社会主义和中国梦主题宣传教育,省委中心组先后两次,集中5天时间,原原本本研读习近平总书记系列讲话,并就学习体会进行研讨交流。制作和组织学习电视片《筑梦之基》,成为江西党的群众路线教育实践活动办公室指定的学习辅导资料。坚持以"上下结合"的人员组成方式,组建面向农村、企业、高校3个方面的党的十八大精神宣讲分团,把学习宣传贯彻党的十八大精神工作不断引向深入。组织省委党的十八届三中全会精神宣讲团,赴全省各设区市、部分高校和企业开展宣讲活动,共宣讲27场,直接听众达2万余人次。以"江西省中国特色社会主义理论体系研究中心"名义,先后在中央三报一刊发表重点理论文章共11篇,发表数量位居全国省(市、区)前列。全省国家社科基金共立项123项,同比增长12.8%,获得资助经费2298万元,同比增长38%,立项数列全国第10位。

加强正面宣传,营造改革发展浓厚舆论氛围。下发《中共江西省委关于加强新形势下意识形态和宣传思想工作的意见》《新闻舆论工作50条》,进一步完善新闻例会、新闻发布、党务政务公开等制度。积极开展党的群众路线教育实践活动的宣传报道,中宣部新闻局、中央党的群众路线教育实践活动办公室组织《人民日报》、新华社、中央电视台等6家中央主要新闻媒体对江西教育实践活动集中宣传、采访共4次。组织网络听诉问政在线访谈,开展网络专项治理,做大做强正面声音,精心策划的"励志奶奶"和"铜鼓坚韧女孩"系列报道,引起全国网媒和网友关注。特别是上中央报台网稿件有较大提升,新华社采用江西稿件8687条,领导批示50条;《人民日报》刊发330篇,《光明日报》刊发200篇,《经济日报》刊发396篇,中央人民广播电台《新闻与报纸摘要》采用194篇,中央电视台《新闻联播》采用127条。同时,加强舆情监测,做到第一时间发现、研判和处置。2013年报送省委值班室涉赣舆情359条,被采用150条,采用率41.8%,其中省委领导批示34件次,批示率94.4%。加强舆论引导,全省微博转评量5000条以上或相关新闻刊发转载量100篇以上的涉赣网络舆情热点共97个,正面舆情热点65个,其中67%由省内媒体、省内官方微博或官方网站首发,为正面宣传发挥了积极作用。特别是中国江西网记者朱超关于"强卫书记在线访谈"的新闻报道,转评量达1000万条。还有8个敏感、突发事件,由于主动发声回应,及时刊发权威信息,有效引导社会舆论,没有形成负面炒作,舆情态势总体平稳。

推出系列先进典型,培育江西良好社会风尚。深入开展全国、全省道德模范推荐评选活动,龚全珍、皮祖强获第四届全国道德模范,章金媛等8人获全国道德模范提名奖,特别是全国重大典型龚全珍的先进事迹引起强烈反响。扎实开展"我推荐、我评议身边好人"活动,全省有37人荣登"中国好人榜"。同时,加大对道德模范和"身边好人"的学习宣传和奖励帮扶力度,在全社会营造学先进、赶先进、当先进的良好氛围。扎实推进学雷锋志愿服务活动,集中推出一批基层学雷锋先进典型。"鄱阳湖文明生态示范村"活动和文明信用农户创评在全国产生较大影响,爱国主义教育基地展陈和免费开放水平有较大提升。开展丰富多彩的道德实践活动,扎实推进未成年人思想道德建设。部署开展全国爱国主义教育基地网上数字展馆建设工作,推动14个国家级爱国主义教育基地中的16个纪念馆全部完成网上展馆创建,爱国主义教育基地展陈和免费开放水平有较大提升。

加强精品创作生产,推出一批有较大影响和效益的成果。制作完成30集电视连续剧《领袖》《油菜花香》,电影《大格局》等。全省9家单位获评中宣部第五届"双服务"文化先进集体,获评数量列全国第一位;6个项目入选"经典中国国际出版工程",列全国第二位;12件作品获第23届中国新闻奖,列全国第4位;5种报刊入选2013年首届"百强报刊"评选,列全国第8位。《价值观的力量》一书入选中宣部"第五届优秀通俗理论读物推荐书目";歌曲《老阿姨》入选2014年中央电视台春节联欢晚会;首部全景式反映江西历史人文的大型纪录片《江右》,在中央电视台9套(纪录频道)黄金时段播出,社会反响良好。

坚持深化改革,激发文化事业和文化产业发展新活力。2013年全省文化产业法人单位主营业务收入突破2000亿元,在2011年1000亿元的基础上两年翻一番,提前两年实现"十二五"规划目标。其中,省出版集团实现营业收入118亿元,同比增长17.7%,连续5年入选全国文化企业30强;全省有线电视总用户数达623万户,收入19亿元,同比增长20%;全省电影数字影院达123家,数字屏幕达528块,全省影院票房超4亿元,同比增长48%。《江西日报》2013年总收入10.7亿元,同比增长34%。

不断改进作风,提升宣传思想文化队伍的素质和水平。以为民务实清廉为主要内容,聚焦"四风"问题,有效解决了一批群众反映强烈的突出问题。省委宣传部列入整改工作台账的共94项任务,包括省委"活动办"转办的21项意见整改和省委宣传部自身的9项专项治理、11项制度建设、53个整改问题,都已全面完成、全部办结,取得较好成效。省委宣传部的教育实践活动,多次得到省委书记强卫、省长鹿心社的充分肯定,省委"活动办"、省委督导组也给予高度评价。深入开展"走转改"、大调研活动,收到调研课题180余个,涵盖理论、新闻、文艺、广电、网络、改革发展、人才队伍等多个方面,推出一批质量较高的调研成果。举办了22期各类培训班,共培训2630余人,做到马克思主义新闻观培训全员覆盖。

【召开全省宣传思想工作会议】 10月12日,江西召开全省宣传思想工作会议,省委书记强卫出席并讲话,省委副书记尚勇主持会议，周泽民、赵爱明、朱虹、罗晓东和郑为文出席会议，省委常委、省委宣传部部长姚亚平做工作部署。各设区市市委副书记、宣传部部长，省委有关部门、省直有关单位负责人，省直宣传思想文化系统各单位在职副厅以上领导干部，中央驻赣新闻单位负责人，本科院校党委书记、宣传部部长等有关人员参加了会议。会议研究部署当前和今后一个时期全省意识形态和宣传思想工作，并讨论《中共江西省委关于加强意识形态和宣传思想工作的意见》《落实全国宣传思想工作会议和省委〈意见〉精神——做好新闻舆论工作的若干措施》（新闻舆论工作50条）2个文件。

【开展中国梦主题宣传教育活动】 2013年，按照中央和省委部署，在全省广泛开展中国梦主题宣传教育活动。省委宣传部与省国资委联合开展“中国梦·赣鄱梦——走进江西国企”大型采访活动，深入江铜集团、江钨控股集团公司、江西煤炭集团等28家骨干国企。省直媒体开设“中国梦·百姓的梦”“我和我的中国梦”“奔向梦想”“致敬·追梦人”等专题专栏。开展学雷锋实践活动和“我的中国梦，志愿在行动”社会志愿服务活动，对孤老残弱幼进行帮扶服务。在组织座谈、宣讲、报告会、征文、演讲等系列活动的同时，举办“中国梦·中国红”2013《中国红歌会》，制作有关中国梦的公益广告，开展青少年学生网上品读中国梦活动、中国梦网上系列在线访谈、微博大家谈、知名博主看江西、网络媒体江西行、全省大学生微电影创作大赛、江西青年微电影展播周活动、发现美丽中国微纪录作品及提案征集展播等活动，吸引广大群众特别是青少年热情参与，积极传递中国梦，大力唱响中国梦。

【推出全国先进典型龚全珍】 2013年，省委宣传部先后推出章金媛、杨斌圣、李进明等全省重大典型，特别是全国重大典型龚全珍的先进事迹的宣传引起了中央和地方的高度关注。5月起，中央媒体和省直媒体持久深入集中报道龚全珍先进事迹，省直各媒体开设专栏或专题，推出系列报道和理论评论。9月27日，龚全珍被评为全国道德模范并受到中共中央总书记习近平的接见和充分肯定后，省委宣传部又及时组织出版书籍《龚全珍日记》《共产党人龚全珍》，组织创作歌曲《老阿姨》《大爱无声》，制作广播剧《将军和他的夫人》、微电影《龚全珍》和一批公益广告，编排话剧“龚全珍”。11月6日，由中央组织部、中央宣传部、全国妇联和江西省委联合主办，在人民大会堂举行龚全珍先进事迹报告会，主办单位有关负责人，中央和国家机关干部代表，部队官兵、高校师生和社会各界代表等800人参加。随后，又组织龚全珍先进事迹报告团赴北京、湖南、山东、陕西、甘肃、新疆等地做巡回报告近40场，现场聆听人数共5万余人次，同时通过编创舞台剧、广播剧、微电影、公益广告等形式，进一步扩大龚全珍这一先进典型的影响。

【开展领导干部网络听诉问政在线访谈活动】 2013年，江西制定《领导干部网络听诉问政在线访谈制度》，在全国首创“网络听诉问政在线访谈活动”。把开门纳谏与汇集网络民意联通起来，使之成为党委政府联系群众、服务群众的新渠道，产生了积极效果，受到广大群众和网民的一致好评。省委书记强卫、省长鹿心社、省委副书记尚勇带头“上线”，率先“触网”，均取得圆满成功，产生强烈反响。在省领导的示范带动下，有7位省领导和省信访局、省发改委、省公安厅等11位省直厅局主要负责人走进中国江西网，就网民关注的社会热点话题开展在线交流、听取网民意见和建议，有效回应解答一批涉及教育、治安、住房、民生工程等与老百姓生活息息相关的社会热点问题。

【推动主流媒体战略转型】 5月30日，江西网络广播电视台上线，实现9套电视节目和7个广播频率节目在网上24小时同步播放，全球共有113个国家和地区网络用户通过电脑或移动终端访问该网台网站。筹备建立《江西手机报》。推动“大江网”更名为“中国江西网”，《江南都市报》《信息日报》《江西晨报》、中国江西网（大江网）APP移动客户端上线。在《江西日报》、江西广播电视台制定《新闻采编人员“一岗双责”实施细则》，对重要活动、重大事件、重大政策的宣传报道实施全媒体同步推送。《江西日报》、江西广播电视台、中国江西网、江西网络广播电视台、今视网建立专职微博记者队伍。省直各媒体开通媒体法人微博。其中：《江西日报》、江西卫视、《信息日报》《江南都市报》在新浪微博账号粉丝量均突破100万个。《江西日报》官方微博被评为全国十大党报微博。江西充分运用主流媒体微博传递正能量的做法获得中宣部《内部通信》第14期肯定，并作为业内动态在全国进行推荐和介绍。

（段克和）

统战工作

【概　况】 2013年，全省统一战线围绕中心，团结奋进，各项工作取得新成效，获全国理论政策研究创新成果奖4项、全国统战工作实践创新成果奖1项，推动非公有制经济发展、“同心振兴广昌示范区”等工作，获得中央统战部和省委的高度评价。统一战线凝聚力、创新力、影响力进一步增强，为实现“发展升级、小康提速、绿色崛起、实干兴赣”做出了应有贡献。

着力巩固共同思想政治基础。坚持把党的十八大以来中央一系列会议精神和中共中央总书记习近平系列重要讲话精神，作为统一战线理论武装、凝聚共识的根本，组织各类专题学习，纳入统一战线各类培训班、研讨班的重要学习内容，特别是深刻领会关于统一战线的新论述、新要求。把学习贯彻党的十八届三中全会精神作为各民主派和无党派代表人士开展“坚持和发展中国特色社会主义学习实践活动”的重要内容，积极引导统一战线广大成员把思想和行动统一到党的十八届三中全会精神上来，进一步坚定中国特色社会主义的理论自信、道路自信、制度自信，全方位理解改革、支持改革、参与改革，切实承担起中国特色社会主义事业亲历者、实践者、维护者、捍卫者的政治责任。

全力推进多党合作事业发展。省委召开和委托省委统战部召开党外人士座谈会、协商会及情况通报会10次。组织各民主党派省委会、省工商联和无党派人士，围绕“发展升级、小康提速、绿色崛起、实干兴赣”，开展大调研，形成9篇高质量的调研报告，省委书记强卫、省长鹿心社出席成果汇报会听取汇报，并予以充分肯定。其中，受省委、省政府委托，由省委常委、省委统战部部长蔡晓明领题，率省工商联等有关部门开展的非公有制经济发展大调研，成果直接转化为《省委省政府关于大力促进非公有制经济更好更快发展的意见》，还有4篇调研报告获得省委、省政府领导批示，并转有关部门吸收采纳。此外，各民主党派省委会在调研方面，形成专题调研成果42篇，其中15篇获得省委、省政府领导批示；在参政建言方面，大会发言20篇，书面发言56篇，提案议案293件；在反映社情民意方面，有350余篇信息，其中50余篇获得省委、省政府领导批示，或被省直有关部门和设区市阅研与采纳。在加强内部监督方面，6个民主党派省委会陆续筹备成立内部监督委员会。省委统战部会同省国资委建立省属国有企业统战工作联席会议制度。

努力推动非公有制经济更好更快发展。由省委常委、省委统战部部长蔡晓明担任省促进非公有制经济发展领导小组组长，领导小组办公室设在省委统战部。省委统战部协助召开全省大力促进非公有制经济更好更快发展电视电话会议，各级参会人员达1.2万余人，省四套班子主要领导出席，省委书记强卫、省长鹿心社分别做重要讲话。10月，省委统战部会同赣州市共同承办“中国光彩事业赣州行”活动，省委书记强卫、省长鹿心社等省四套班子领导出席，签约合同项目113个，总投资额1040.9亿元，公益捐赠2070万元。召开省光彩会三届二次理事会。组织江西省非公有制经济人士，为四川雅安抗震救灾捐款捐物857.86万元。全年全省非公有制经济实现增加值8237亿元，上缴税金1410亿元，其中四项主项指标占全省比例为：地区生产总值占57.4%，就业占52.6%，投资占78.1%，税收占70.5%。

致力扩大与港澳台地区交流与合作。协助省政府在香港举办招商周活动，期间积极牵线搭桥，促成招商项目洽谈，与赣州市合作举办投资项目推介恳谈会，得到省长鹿心社的批示肯定。省委统战部全年组织赴港澳团组5批50余人次，接待来访22批400余人次。省委常委、省委统战部部长蔡晓明率队赴香港、澳门考察访问，并赴深圳看望海外联谊会理事企业，促进赣港、赣澳交流合作；先后会见台湾“一国两制”研究协会代表团、巴西华人华侨促进中国和平统一联合会参访团等，鼓励他们为江西扩大对外交流、推进祖国和平统一做出更大贡献。

合力维护民族宗教领域和谐稳定。全面贯彻落实党的民族宗教政策，深化民族团结进步创建活动，开展“民族一家亲”主题系列活动，扎实做好城市少数民族服务与管理工作。开展了第二届全省创建和谐宗教团体、和谐寺观教堂先进集体和先进个人评比表彰工作。指导省道教协会完成换届，加强爱国宗教团体班子和代表人士队伍建设。开展了“宗教慈善周”活动。

【党外代表人士队伍建设实现新突破】 2013年，省委统战部注重加强党外代表人士队伍建设，做好党外人士教育培训工作，全省举办统一战线各类培训班280余期，培训1.6万余人，其中省委统战部及系统单位全年举办培训班16期，培训868人。争取省财政支持，实现统一战线学员免费培训。创新开展“德绩双优”党外代表人士遴选活动，表彰了10名“德绩双优”党外代表人士。与省委组织部沟通协商，制定两部《关于建立党外干部培养选拔工作联席会议制度的意见》。2013年换届工作中，省十二届人大党外常委、十一届省政协党外委员和党外常委安排，均符合中央规定比例；推荐安排2名省人大专委会党外副主任，6名党派省委会专职副主委兼任省政协副秘书长，1名省政协专委会党外主任、9名党外副主任。省人大、省政府、省政协领导班子党外干部配备符合中央要求，在江西省历史上实现新突破。推荐安排党外干部担任省政府部门正职1名，交流到省政府部门任职1名，担任本科院校副校长1名；省政协办公厅巡视员和民主党派机关副巡视员各1名。

【统一战线“同心”品牌实现新提升】 2013年，省委统战部着力打造“同心民族地区发展示范区”“同心宗教和谐稳定示范区”“同心统一战线教育基地”“同心非公有制经济总部基地”和江西师大、江西农大、江西中医药大学“同心博士服务团”等服务大局的“同心”品牌。推动全省统一战线各成员单位和省直对口扶贫单位重点支持原中央苏区广昌县扶贫工作，全力打造“同心振兴广昌示范区”。在2012年工作基础上，2013年实施十大示范基地28个项目建设，投入资金2000多万元，援建的贯桥村、姚西村面貌日新月异，村民生活不断改善；捐建的红军小学、红军医院、村镇银行、海联卫生室等投入使用，引进投资2.08亿元的白莲产业深加工企业“江西安正利康生命科技有限公司”等一批项目建设进展顺利，有力助推了地方经济社会发展与民生改善，得到有关省领导及广昌干部群众好评。

【统战性社团建设实现新拓展】 2013年，省委统战部筹备成立江西省中华职教社，全国政协原副主席、中华职业教育社理事长张榕明亲临指导，省委书记强卫会见第一届社务委员会全体委员，省政协副主席、民建省委会主委孙菊生当选为江西省中华职业教育社主任。成立江西省欧美同学会江西省留学人员联谊会，强卫会见全体理事，并作重要讲话，大会选举产生江西省欧美同学会江西省留学人员联谊会第一届理事会领导机构，省政协副主席、九三学社省委会主委李华栋当选为会长。召开江西中国和平统一促进会成立大会暨一届一次理事会议，省委常委、省委统战部部长蔡晓明当选为第一届理事会会长。至此，江西已有江西统战理论研究会、江西省黄埔同学会、江西省海外联谊会、江西省光彩事业促进会、江西党外知识分子联谊会、江西省中华职业教育社、江西省欧美同学会江西省留学人员联谊会、江西中国和平统一促进会共8个统战性社团，为巩固和发展最广泛的爱国统一战线搭建新的工作平台。

（李文强　杨吉星）

政法和综治工作

【概　况】 2013 年，全省政法系统围绕一个目标（为“发展升级、小康提速、绿色崛起、实干兴赣”创造安全稳定的社会环境、公平正义的法治环境和优质高效的服务环境）、突出两个重点（增强公众安全感，提升群众满意度）、抓住三个关键（深入推进平安江西建设、法治江西建设、过硬队伍建设），切实加强和改进各项工作，有效维护全省社会大局稳定，促进社会公平正义，保障了人民安居乐业。

深化平安江西建设，维护社会政治稳定。坚决确保政治稳定，深入化解社会矛盾。涉军人员、民办教师、银行协解人员、改制企业职工等群体和征地拆迁、医患纠纷、资源权属、环境污染等突出问题为重点，认真协调推进政策完善、法治跟进、机制健全等方面的工作，提高了专项治理水平。针对交通建设领域拖欠农民工工资问题，创新农民工工资管理机制，农民工凭银行卡每月到银行领取工资，全省交通系统在建项目实现了民工工资“零拖欠”。始终保持对违法犯罪活动的严打高压态势，组织开展打击整治“黄赌毒”、缉枪制爆、“两抢一盗”等一系列专项行动，有力打击了犯罪分子的嚣张气焰。全面开展社会治安混乱地区和社会治安突出问题排查整治，继续完善立体化社会治安防控体系建设，大力推进“天网”工程二期建设，持续深入地排查整治安全隐患。全省公众安全感指数达 96.32%，创历史新高。

推进法治江西建设，促进社会公平正义。努力构建诉访分离、依法办理、各方配合、重心下移、源头预防的涉法涉诉信访工作新机制。推进劳教机关工作重心向强制隔离戒毒工作转变，指导南昌市开展轻微刑事案件快速办理试点工作，探索建立劳教制度改革的配套衔接机制。针对执法办案中存在的久押不决、执行难等突出问题，组织开展集中清理久押不决案件工作、涉党政机关生效裁判执行积案清理工作。抓好防止冤假错案的政策指导，坚守防止冤假错案底线，在依法惩罚犯罪的同时，切实尊重和保障人权。

创新工作机制，提升社会治理水平。按照以房管人、以证管人、以业管人的工作思路，以居住登记为抓手，构建落地化、动态化的管理体系。对出租房屋设定编码，逐一明确监管主体和管理责任，切实加强流动人口管理。省 11 个部门联合制定《肇事肇祸等严重精神障碍患者救治救助实施意见》，进一步建立和完善动态基础信息，落实救治救助措施，改善救治救助条件，有效预防和减少了肇事肇祸等严重精神障碍患者肇事肇祸案（事）件的发生。在全省部署开展党建工作、综治组织、法制教育、矛盾化解、安全防范及平安创建“六进民企”活动，构建“党政领导、综治协调、群防群治”的非公经济组织服务管理新格局。

增强大局意识，保障经济社会发展。及时跟进中央和省委、省政府关于经济社会发展的重大决策部署，尤其是省委十三届七次、八次全会召开后，省委政法委认真研究细化一系列服务保障措施，并逐一明确任务抓手和责任单位，有效提升政法机关的贯彻实效。针对支持赣南等原中央苏区振兴发展、南昌打造核心增长极和推进昌九一体化等重大发展战略，专门召开会议研究部署，主动对接、靠前服务，引导省政法各单位立足自身职能，制定落实一系列配套办法和举措。把优化投资环境、支持企业发展作为增强经济社会发展活力的抓手，研究出台《关于进一步优化投资环境支持企业发展的若干意见》，对依法处置涉企案件、鼓励保护合法经营、建立完善服务企业工作机制等内容进行规范指导，并公布举报电话，引起广泛社会反响。

加强政法队伍建设，打造过硬政法队伍。充分发挥政法系统各级党组（党委）中心组学习的带动作用，引领全警学习，强化理论武装，引导政法队伍坚定理想信念，始终保持忠于党、忠于国家、忠于人民、忠于法律的政治本色，坚定不移地做中国特色社会主义事业建设者、捍卫者，做富裕和谐秀美江西的积极促进者和有力保障者。

【综治工作信息化建设取得新成效】 2013 年，全省政法系统综治工作信息化建设取得新成效。一是加快社区网格化建设步伐，培育一批典型，探索一些管用有效的措施，取得初步成效。南昌市投入近亿元资金建设网格化管理信息平台，市委、市政府领导亲自推动此项工作进展，实现社区网格化管理全覆盖。二是研发运行社会治安评估预警系统，对全省、设区市和县（市、区）每季度、半年度和年度社会治安状况进行评估，针对突出问题做出预警、分析原因、研究应对措施。2013 年该系统已建成并正式运行。经评估，80 个县（市、区）社会治安状况为良好以上。三是研发运行鄱阳湖区域综合治理信息系统，运用三维地理仿真先进技术，研发综合查询、综合统计、水位实时监控、GPS 实时监控调度、实景观察等五项实践应用功能。该系统与鄱阳湖水位信息传输系统、天网监控系统及水利部门采砂船 GPS 监控系统成功对接，对湖区重点区域进行 24 小时实时监控，一旦出现异常情况，可迅速查询事发地相关信息，实行现场监控调度，为快速决策、指挥、处置提供信息支持。

【社会稳定风险评估进一步规范化】 2013 年，社会稳定风险评估被纳入平安江西建设行动方案。省政法委协同省发改委出台《江西省发展改革委重大固定资产投资项目社会稳定风险评估暂行办法》，明确项目单位在组织开展前期工作阶段，应对社会稳定风险进行调查分析；工程咨询单位编制项目可行性研究报告或项目申请报告时，形成项目社会稳定风险分析报告，并征得维稳、信访等部门的同意；工程咨询评审机构评估项目可行性研究报告、项目申请报告时，对稳评报告提出评估咨询意见。

【组织专项整改领导干部干预司法问题】 2013 年，省委政法委会同省纪委、省委组织部研究制定《关于党政领导干部支持司法机关依法办案的若干规定》，进一步规范领导干部领导、管理、监督司法活动的途径和方式。省委政法委会同省纪委、省监察厅编印《领导干部支持司法办案教育读本》，加大宣传力度，积极营造决策办事依法、解决问题用法、化解矛盾靠法的法治氛围。同时，省委政法委督促省政法各单位依法查处领导干部违纪违法干预司法活动案件。

【出台《江西省政法干警执法办案“八不准”》】 10月8日，省委政法委紧密结合党的群众路线教育实践活动，针对执法办案权力相对集中的一些领域和关键环节，以及执法过程中容易影响司法公正、群众反映突出的一些共性问题，出台《江西省政法干警执法办案“八不准”》，在受理控告申诉求助、委托评估拍卖鉴定、采取查封扣押冻结措施、处理涉案财物等8个方面，对全省政法干警执法办案设置更加严格的“高压线”。省委政法委和省政法各单位向社会公布举报投诉电话和电子邮箱，狠抓铁规禁令的执行，得到广大群众的热切关注。

（文敬峰）

农村工作

【概　况】 2013年，江西各地各部门围绕“保供增收惠民生、改革创新添活力”的总体要求，认真按照“发展升级、小康提速、绿色崛起、实干兴赣”的十六字方针，开拓创新，扎实工作，农业农村发展态势总体良好，农业生产再获丰收，农民收入持续较大幅度增长，农村改革向纵深推进，农村人居环境明显改善，农村社会安定祥和，为保持全省经济持续健康较快发展，维护社会和谐稳定做出重大贡献。

农业生产稳定发展。千方百计稳定粮食生产，积极促进“菜篮子”产品生产，努力克服H7N9型禽流感疫情对农业生产的影响，农业生产形势较好。全年粮食总产量2116.1万吨，比上年增长1.5%，总产再创历史新高，实现“十连丰”。其中，早稻828.0万吨，增长3.5%。全年粮食种植面积3690.9千公顷，增长0.4%；油料种植面积74.31万公顷，减少0.1%；棉花种植面积8.47万公顷，减少0.4%；蔬菜种植面积56.37万公顷，增长2.8%。全年肉类总产量344.5万吨，同比增长3.2%。年末生猪存栏1967.6万头，增长2.9%；生猪出栏3230.3万头，增长3.2%。全年牛奶产量12.7万吨，下降0.4%。禽蛋产量56.9万吨，增长0.8%。全年水产品产量242.6万吨，增长2.4%。

农业产业化经营加快升级。继续大力实施农业产业化“强龙、增值、富民”工程，不断完善“龙头企业＋专业合作社＋农户”利益联结机制，农业产业化经营呈现“稳中有进、进中求快”的良好态势。全年774家省级以上龙头企业实现销售收入2146.1亿元，同比增长12.9%；实现利润115.8亿元，增长8.3%。全省规模以上农产品加工企业3175家，增长5.8%；实现销售收入2907.1亿元，增长25.3%。农民专业合作社2.69万个，增长40.8%；合作社成员46.3万户，增长1.2倍。

农民收入持续较快增长。在大力发展现代农业，增加农民家庭经营收入的同时，积极努力促进农民工资性收入、财产性收入和转移性收入增长，农民收入呈现多路进财、多元增收的良好局面。全年农民人均纯收入8781元，同比增长12.2%。农村居民恩格尔系数42.3%，同比下降1.2个百分点。

现代农业装备条件继续改善。全省农业科技进步贡献率达到54%，同比提高1.5个百分点，主要农作物良种覆盖率96%，农业综合机械化水平61.6%。水利工程建设步伐加快，峡江水利枢纽工程正式下闸蓄水，山口岩水利枢纽大坝主体工程全线封顶，浯溪口水利枢纽全面施工，2000多座病险水库除险加固工作稳步推进。高标准农田建设大力推进，全年新增有效灌溉面积2.32万公顷，有效灌溉总面积202.8万公顷；新增节水灌溉面积1.96万公顷。农村信息化建设稳步推进，确定607个乡镇中心站、3356个村级服务站建设试点。

和谐秀美乡村建设成效明显。坚持以镇带村、以村促镇，大力推进镇村联动建设、村庄整治建设、干道沿线新农村建设改造提升，构建了以点带面、联动成片，沿线发展、纵深推进的和谐秀美乡村建设工作格局。全年8321个新农村建设村点，共投入各类资金75.5亿元；326个镇村联动建设乡镇和2923个联动自然村，共投入192.2亿元；交通干道沿线和谐秀美新农村改造提升工程，共投入资金90.6亿元，打造一大批精品村镇，一条条景观大道、生态走廊和新农村建设示范带。

农村生态进一步巩固提升。着力推进“森林城乡、绿色通道”工程、农村清洁工程等生态文明建设，农村生态环境进一步优化。全年完成造林面积16.91万公顷，新建森林公园22个、湿地公园38个，提升森林（湿地）公园55个，新增“森林乡镇”260个、“森林村庄”1469个，新增绿化通道达标里程513千米，其中高速公路194千米、国道81千米、省道238千米，提升通道绿化里程2052千米。在8321个村点、200个农村集镇开展农村垃圾无害化处理，新建垃圾终端处理设施919个。

农村民生持续改善。继续大力实施民生工程，农民生活得到明显改善。省财政安排2670万元，支持“一村一名大学生”工程，完成6000名学员招生工作。农村义务教育阶段公办学校全部免除学杂费和免费提供教科书。新农合财政的补助标准从人均240元提高到280元，参合率达98.56%。农村低保标准由平均每人每月170元提高到200元，财政月人均补差水平由105元提高到125元；农村五保分散供养标准由每人每年2160元提高到2640元，集中供养标准由每人每年2640元提高到2940元。罗霄山集中连片特困地区扶贫攻坚工作取得阶段性成果，组织编制《江西省罗霄山片区区域发展与扶贫攻坚实施规划（2011—2015年）》；赣南等原中央苏区和特困片区38个县“四个一”组合式扶贫攻坚深入开展，10个中直单位直接投入以及行业帮扶资金及物资折款近亿元，82个省直部门单位向联系县投入帮扶资金及物资折款近5亿元。在争取中央财政资金10.62亿元的基础上，安排省级补助资金5.04亿元，完成农村危房改造36.8万户。搬迁移民扶贫扎实推进，完成移民搬迁6.3万人，其中深山区库区搬迁近5万人，实施农村重点污染区域整体搬迁7520人，“雨露计划”培训4.3万人。

【召开全省农村工作会议】 2012年12月29日，全省农村工作会议在南昌召开。会议传达贯彻中央农村工作会议精神，总结2012年全省农业农村工作，印发《中共江西省委江西省人民政府关于表彰2012年全省农业和农村工作先进单位和个人的决定》，研究部署2013年农业农村工作。省委主要领导出席会议并讲话，省长鹿心社主持会议，省委副书记尚勇出席会议。会议要求，要着眼战略全局，坚持用中央关于“三农”工作的大政方针统一思想和行动，牢固树立和坚决贯彻“三农”工作重中之重的战略思想，牢固树立和坚决贯彻城乡发展一体化是解决“三农”问题根本途径的战略思想，牢固树立和坚决贯彻发展现代农业是城乡发展一体化关键举措的战略思想。会议强调，要突出工作重点，努力实现新形势下“三农”工作新跨越，围绕推进城乡发展一体化，提高统筹城乡规划水平；围绕促进农民增收致富，统筹发展现代农业和二三产业；围绕提升农民生活水平，统筹推进城镇化和新农村建设；围绕确保和谐稳定，统筹提高城乡基层社会管理科学化水平；围绕建设秀美城乡，统筹抓好城乡生态文明建设；围绕增强“三农”活力，深化体制机制创新。

【江西一村一名大学生工程稳步推进】 2013年，全省“一村一名大学生工程”进一步取得明显成效。招生任务圆满完成，共招录学员6132名，其中江西广播电视大学远程教育4682名，江西农业大学高级班502名、普通班948名。教学改革有序推进，江西农业大学招收的工程本科生，开设农学、园艺、动物医学、农林经济管理和公共事业管理5个专业；江西广播电视大学增加2个工程招生专业，开发多个特色课程，在全省建立110多个实践教学基地。政策保障进一步强化，工程专升本招生考试列入单独划线录取，在全省报名系统中单独开辟“一村一名大学生工程”独立报名端口，在2013年入学人数突破培养计划经费的情况下，省财政按实际入学人数及时拨付工程培养经费。

【开展农村信息化建设】 2013年，江西在有省级新农村建设村点的行政村，从新农村建设财政专项资金中切出2万元，用于支持村级信息服务站建设。全省已建设完成乡级信息服务中心站559个、村级信息服务站2814个，开展信息化人才培训1057场次，接受信息化人才培训3.17人次。

（董兆华）

社会主义新农村建设工作

【概　况】 2013年，江西围绕中央“二十字”目标要求，紧扣省委省政府“五美四和谐”总体要求，在沿袭以往好经验和好做法基础上，继续选择8321个村点（其中省级村点5000个、市县自建村点3321个）开展和谐秀美新农村建设，继续把镇村联动、主干道沿线村镇改造提升作为和谐秀美新农村建设重要途径，实行高位推动、强化督促指导、不断加大投入，工作取得明显成效。

村点新农村建设工作稳步推进。村点产业加快发展。全省8321个村点有6720个村点完成产业规划；有6306个村点发展了一村一品；许多农民加入各类合作经济组织3756个，其中24.16万人加入2918个农民专业合作社；村民外出务工42.34万人；村民在当地创办企业或服务业新增2220个，安排当地农民就业3.63万人。人居环境加快改善。完成改路1.28万千米，修建排水沟7048千米。完成改水35.87万户；改厕34.86万户；拆除旧房740.33万平方米，新建住房600万平方米，拆旧还耕土地面积158.33公顷。在房前屋后、进村道路两侧、村庄周围种树611.49万株。新建沼气池1.52万个，新增使用沼气用户2.99万户，新增太阳能用户9.3万户。社区设施加快建设。建设各类社区服务设施1.4万个，其中办公议事设施3904个、文体休闲设施3306个、医疗卫生设施3034个、教育培训设施1903个、社会治安设施1818个。农村信息化加快推进。新建村级信息服务站3714个，手机和固话用户39.03万户，宽带用户9.16万户，有线电视用户33万户，广播安装辐射用户10.84万户。乡风文明加快提升。以农村社区为载体，通过开展各类精神文明创建活动，农村乡风文明得到明显提升，农村社会和谐稳定，实现了和谐秀美新农村建设与农村精神文明建设的良性互动。

镇村联动建设发展如火如荼，基础设施日益完善。326个联动集镇投入基础设施建设资金105.72亿元，硬化街道9843.12千米，设立垃圾桶4.20万只，购置机动垃圾清运车1990辆；公益性文体活动场所1917个，新增115.6万平方米。同时，加快镇村设施连通，联动建设2923个村庄，共硬化通村道路6888千米、村内道路4989千米，安装路灯2.07万盏；改水25.9万户，改厕25.5万户，使用清洁能源20.5万户；普及宽带11.77万户、有线电视20.9万户、建立信息服务站6717个；建设农村社区各类设施3899个。镇村面貌日益改观。2923个联动村庄建新房2.79万栋、907.7万平方米，拆除破烂空心房和猪牛栏舍220.76万平方米，植树99.54万株；326个联动集镇房屋面积新增1242.32万平方米，改造临街房屋立面1190.53万平方米、排污管道422.49万米，整理优化电线电缆447.06万米，街道及公共场所路灯5.4万盏，绿化树木新增173.16万株，公共绿地面积1096.63万平方米，镇村面貌焕然一新，人居环境得到极大改善。集镇人气日益聚集。通过推动集镇基础设施向村庄延伸、公共服务向村庄覆盖、镇村三次产业联动发展等措施，提升了集镇综合承载能力，增强了人口吸纳功能，促进了农村人口向集镇聚集。326个联动集镇新增居民9.41万户，新增39.53万人。管理水平日益提高。326个联动集镇的社区数量由521个增加到687个，社区管理人员由2220人增加到3045人，环卫工人由4445人增加到6640人，治安管理人员由3257人增加到5052人。

干道沿线改造提升持续发展。设施建设力度加大。完成改水23.38万户，改厕22.4万户，改路5211.61千米，改沟243.83万米，优化管线229.38万米，兴建社区公共设施3678处。民居改造力度加大。完成墙面改造3437.4万平方米，屋顶改造1184.59万平方米，危旧房改造4.18万栋，新建住房2.79万栋。环境整治力度大。拆危旧破房10.46万间，拆除违章建筑101.06万平方米，清除淤泥和垃圾216.37万立方米，配备垃圾桶57.26万个，购置垃圾清运车4203辆，新建垃圾终端处理设施1373个，安装路灯

4.93万盏。生态建设力度加大。植树724.7万株,安装太阳能5.06万个,新增沼气池用户2.13万户。

各类资金投入持续增加。各级财政资金增加。坚持三级共建,省市县财政按5:2:3的比例出资,使每个省级和谐秀美新农村村点支持资金达到30万元;坚持市县自建,市县两级财政共同出资,使每个市县自建村点资金不少于16万元。项目集成资金增加。按照“合力支持、统筹安排、落实到县、实施到点”的原则,集成农村清洁工程、以工代赈、“一事一议”奖补等涉农项目资金17.5亿元。市场运作资金增加。各地都较好地运用了土地增减挂钩政策,筹措了大量建设资金,有效破解了镇村建设资金难题。社会支持资金增加。实行多元融资,在抓好政府财政投入、集成项目资金、加大市场运作等筹资的同时,坚持受益群众出一点、帮扶单位助一点、社会各界捐一点、政策优惠减一点、金融市场贷一点,社会支持资金大幅增加。2013年,全省8321个村点已到位资金56.47亿元,其中财政专项资金19.47亿元,项目集成资金12.52亿元;全省镇村联动建设发展的326个集镇、2923个自然村,共投入各类资金168.45亿元,其中各级财政和项目集成资金109.93亿元;干道沿线改造提升共投入资金74.84亿元,其中财政投入资金28.59亿元,整合项目资金10.01亿元。

【召开全省镇村联动建设发展现场推进会】 4月25日—26日,全省镇村联动建设发展现场推进会在南昌召开。省委书记强卫、省长鹿心社就镇村联动、加快推进城乡发展一体化做出重要批示。省委副书记尚勇,省委常委、市委书记王文涛出席会议并讲话,副省长曾庆红具体部署工作。会议指出,要打破传统思维定式,创新领导体制,加大政策支持,强化指导、引导、督导和工作落实,以镇村联动开创全省城乡协调、共同繁荣的城乡发展一体化新局面,打造江西经济“升级版”。

【全省镇村联动建设发展工作座谈会在九江召开】 8月26日,全省镇村联动建设发展工作座谈会在九江召开。省委副书记尚勇,省政协副主席、九江市委书记钟利贵出席并讲话。会议指出,要按照省委十三届七次全体(扩大)会议精神,坚持城乡发展一体化,把镇村联动建设作为发展升级、小康提速、绿色崛起的重要突破口,走出彰显江西特色优势的城镇化道路,在实干兴赣中展现“三农”战线干部新作为。

(马力)

机关党的建设

【概　况】 2013年,全省各级机关党组织以深入开展党的群众路线教育实践活动为契机,以理想信念教育、改进工作作风、建设学习型服务型创新型基层党组织为重点,围绕中心、服务大局,全面加强党的各项建设,为推进江西省“发展升级、小康提速、绿色崛起、实干兴赣”提供保障。

推动中央和省委重大决策部署的学习宣传贯彻,服务大局彰显新作为。充分发挥中心组理论学习引领作用和工委党校、讲师团、基层党校的教育培训功能,组织机关党员干部深入学习中国特色社会主义理论体系,深入学习贯彻中共中央总书记习近平系列讲话精神,深入推进“中国梦”主题宣传教育。迅速对机关党组织深入学习宣传贯彻省委十三届七次、八次全会精神进行专门部署,先后组织5场学习全会精神报告会,开展专题宣讲,进行集中督查,得到省委主要领导肯定。

推进党的群众路线教育实践活动深入开展,整治“四风”取得新成效。先后与省委教育实践活动领导小组办公室联合下发机关党组织在活动中发挥作用的指导意见和开好党支部专题组织生活会的通知,举办省直机关“为民务实清廉”先进典型事迹报告会、开展“为民务实清廉”机关建设和群众工作典型案例征集评选,指导开好机关党支部专题组织生活会。建立机关党员干部“双岗双责”机制,成立各类志愿服务组织538个,招募志愿者2.9万余名。对机关党员干部贯彻执行中央和省委规定的情况进行督促检查,对省直机关党员干部违反规定收送“红包”问题进行专项治理。各级机关党组织认真抓好自身教育实践活动,切实解决“四风”方面存在的突出问题。

深入贯彻落实《中国共产党党和国家机关基层组织工作条例》(以下简称《条例》),基层基础工作开创新局面。省直机关工委与省委组织部联合对全省贯彻落实中央《条例》和省委《实施办法》情况进行专项检查,并联合下发认真贯彻落实省委书记强卫重要讲话精神,进一步做好机关党建工作的意见,推动一些地方和单位机关党建工作经费保障、人员编制、隶属关系、管理体制等实际问题的解决。积极抓好省委第58次常委会研究的三项工作的落实,省直机关党员教育经费人均翻一番,成立省直机关困难党员救助基金会,基本理顺机关工青妇组织的领导和管理关系。评选表彰省直机关党建工作“十佳项目”,开展机关党建理论研讨征文活动。为基层办实事,省直机关工委发放各种慰问帮扶资金138万余元。推进机关党建分类指导,启动信息化平台建设,完善目标管理考核体系。创办《机关党建信息》、编纂机关党建志,指导推进市县机关党建工作。

加强精神文明创建和群团工作,活跃机关呈现新亮点。修订文明单位测评标准,评选表彰461个第九届省直机关文明单位。指导省直机关举办“道德讲堂”,有针对性加强思想政治工作和心理健康辅导。充分发挥群团组织桥梁和纽带作用,组织“实干兴赣”岗位技能系列竞赛活动,广泛开展篮球、乒乓球、登山、读好书、知识竞赛等群众性文体活动,省直机关工委被评为全国群众体育先进单位。

【举行省直机关为民务实清廉先进典型事迹报告会】 8月1日,省直机关在滨江大会堂举行为民务实清廉先进典型事迹报告会,徐建文、周海萍、韦星林、胡佩燕、曾小军、章秀平等6位先进典型代表作事迹报告,省直机关、中央驻赣单位等各条战线1000余名党员干部聆听报告。

【机关党建创新实践暨《中直党建》信息工作交流会在井冈山召开】 9月26日—28日,机关党建创新实践暨《中直党建》信息工作交流会在井冈山召开,《中直党建》杂志社社长兼总编辑顾祥胜出席会议并讲话,中直机关各单位机关党委、《中直党建》理事会成员单位和全国多个省市直机关工委负责人共80余人参加交流会。

【成立省直机关困难党员救助基金会】 12月25日,省直机关困难党员救助基金会成立暨募捐活动启动仪式在南昌举行,省委办公厅、省民政厅等单位捐助资金共80万元。

(温尊寿)

高校党建工作

【概　况】 2013年,全省高校围绕全面推进高校党的思想建设、组织建设、作风建设、制度建设和反腐倡廉建设,不断迈出高校党的建设新步伐。一是扎实开展党的群众路线教育实践活动。按照为民务实清廉的总要求,高校党员干部的思想和作风进行一次全面洗礼,解决一批师生反映强烈的实际问题和制约学校发展的突出问题。二是广泛开展理想信念教育和"中国梦"宣传教育。进一步加强思想理论武装,提升师生的思想政治素质。调查显示,85%以上的高校师生高度认同中国特色社会主义道路、理论和制度。三是大力实施基层组织建设提升工程。开展领导干部联系服务群众和党员志愿服务活动,加强服务型党组织建设,高校基层党组织在师生中的凝聚力向心力明显增强,党员先锋模范作用进一步彰显。四是深入推进高校内涵建设。抓党建促发展取得积极成效,2所高校专升本,4所高校新增为博士学位授予单位,1所高校新增为硕士学位授予单位;1人入选"千人计划",1人入选"长江学者",实现了江西省本土培养"长江学者"零的突破。

【广泛开展党的十八大和中国梦学习教育活动】 2013年,充分发挥高校思想政治理论课、"形势与政策"课的主渠道作用,推进党的十八大精神进教材、进课堂、进学生头脑,开展"高举旗帜跟党走"——江西省大学生学习党的十八大知识竞赛活动,全省高校20多万学生参与了党的十八大知识竞赛活动。依托省委教育工委党校,在全省高校党员干部中分层次、分类别、分批次举办学习贯彻党的十八大精神主题培训班,先后举办高校处级干部培训班、高校组织部部长(人事处处长)、党校常务副校长培训班,全年培训党员干部近400人。各高校通过校级和院系级党校等形式普遍对党员干部进行党的十八大精神轮训,不断提升党员干部的理论水平和政治素质。大力加强中国梦的宣传教育。组织开展"我的中国梦"主题教育活动,先后开展"同铸复兴路,共圆中国梦"校园文艺展演、"我的中国梦"全省大学生演讲大赛、征文比赛、"正青春·我的中国梦"微电影创作大赛、大学生摄影比赛,以及"我的中国梦"主题宣讲活动。省领导尚勇、姚亚平、蔡晓明、朱虹等先后深入到高校宣讲"中国梦",有效引导广大师生把国家梦、民族梦与大学梦、个人梦有机结合起来。

【召开第二十次全省高校党建工作会议】 4月9日,第二十次全省高校党的建设工作会议在南昌召开。省委书记强卫就贯彻党的十八大和第二十一次全国高校党建工作会议精神,提高全省高校党建科学化水平提出要求。省委副书记尚勇出席会议并讲话,省委常委、省委组织部部长莫建成主持会议,副省长朱虹做具体部署。会议提出,全省高等教育主管部门和高校各级党组织切实增强做好党建工作的责任感和使命感,始终把学习贯彻党的十八大精神作为首要政治任务,致力于培养造就中国特色社会主义事业合格建设者和可靠接班人,致力于实现中华民族伟大复兴的"中国梦",全面落实党的教育方针,着力推进领导班子、思想、组织、作风、制度和反腐倡廉建设,切实巩固马克思主义在高校意识形态领域的指导地位,以党建工作科学化水平的提高促进人才培养、科学研究、社会服务和文化传承各项事业全面进步,努力办好人民满意的高等教育。

【推进高层次人才队伍建设】 2013年,坚持党管人才,继续推进"井冈学者"特聘教授计划,制定新的《"井冈学者奖励计划"实施办法》,全面完成全省首批13名"井冈学者"特聘教授的续聘工作和第二批17名"井冈学者"特聘教授的招聘工作,使江西省"井冈学者"达30名,同时扎实开展第三批"赣鄱英才555工程"人文社科类人选的考察工作。以20个省级"2011协同创新中心"为平台,加强高层次优秀创新人才建设,创新教师专业发展项目,推出名师引领、名企实践、教学范式改革与创新等一系列项目,分类推进全省高校教师专业发展,全年开设本科中青年教师、高职院校教师素质提高培训和民办高校教师培训150多个班次,培训教师7785人次,促进了一大批教师成长成才。在服务全省经济社会发展的主战场,江西省高校涌现出一批在国内国际有影响力的学科领军人才,其中有1人(江西师范大学教授顾刚)入选"千人计划",6人入选教育部新世纪人才支持计划,12人入选江西省主要学科学术和技术带头人培养计划,33人入选江西省青年科学家培养对象,特别是在教育部公布的2012年度"长江学者"特聘教授名单中,由省教育厅推荐的南昌大学区域经济学学科教授刘耀彬成功入选,成为江西省高校本土培养的第一位"长江学者"特聘教授。

【加强大学生党员发展和管理服务工作】 2013年,认真贯彻落实中组部中宣部教育部党组《关于进一步加强高校学生党员发展和教育管理服务工作的若干意见》,积极构建党员质量保障体系。严格大学生党员发展,按照中央提出的"控制总量、优化结构、提高质量、发挥作用"总要求,实施大学生党员发展计划调控和党员发展情况月督查制度,2013年,全省大学生党员发展计划数较上年调减20%。大力发展优秀青年教师入党,继续举办博士读书班,加强思想教育,将一批科研骨干、学术带头人、留学归国人员等"双高"教师吸收到党组织中,党员队伍结构不断优化。积极加强党员特别是大学生党员入党后的教育和培养。依托高校资源和优势,在江西农业大学、井冈山大学和九江学院建立3个省级高校党员干部教育实践基地,举办新生党员和优秀组织员示范培训,开展大学生党员志愿服务活动,切实强化党员理论学习和党性实践锻炼。不断加强基层党建阵地建设和工作创新。开展第三批省级示范性党员活动室建设，已建设高校省级示范性党员活动室 80 个。继续推进基层党建项目化发展，已验收资助 55 个高校基层党建项目，打造一批有特色、有亮点的基层党建工作品牌。

（朱易）

领导干部培训

【概　况】　2013 年，全省各级党校行政学院坚持以贯彻落实党的十八大、十八届三中全会精神，习近平总书记系列讲话精神，省委十三届七次、八次全会精神为主题，以贯彻落实“两条例”“一纲要”“一规划”为主线，全面深化干部教育培训改革，推进干部教育培训事业的升级发展。

突出重大理论方针政策的学习研究宣传，在贯彻落实中央和省委决策部署上有新突破。全省各级党校行政学院通过举办培训班、理论研讨、上门宣讲、课题研究等多种方式，持续推进党的十八大、十八届三中全会精神，中共中央总书记习近平系列讲话精神，省委十三届七次、八次全会精神的学习、研究、宣传活动，把中央和省委的重大理论政策和方针部署贯彻落实到全省党校行政学院工作中。年内，省委党校承办全省市厅级领导干部学习贯彻党的十八大精神专题研讨班 3 期、学习贯彻党的十八届三中全会精神专题研讨班 2 期、学习贯彻中共中央总书记习近平系列讲话精神研讨班 1 期、学习贯彻省委十三届七次全体（扩大）会议精神专题研讨班 1 期，举办全省党校系统学习贯彻习近平总书记系列讲话和十八届三中全会精神师资培训班 1 期，编辑出版《描绘升级提速新蓝图——中共江西省委十三届七次全体（扩大）会议精神学习读本》，选派专家走出校门开展理论宣讲 130 场次；省委党校江西行政学院把党的十八大、十八届三中全会精神，中共中央总书记习近平系列讲话精神，省委十三届七次、八次全会精神贯彻落实到校院工作的长远谋划中，提出创建“一流校院”的思路、目标和任务，制定《2014—2020 年校院发展规划》，明确通过 7 年的努力，建成全省一流的教学培训体系、科研资政体系、学科体系、师资队伍、后勤保障体系和学风校风，使校院的软硬件建设水平进入全国省级党校行政学院第一方阵，办学总体水平迈上新台阶。

突出资源的整合优化，在干部教育培训主业上有新作为。全省各级党校行政学院集中培训资源，扩大干部教育培训规模，提升培训质量。2013 年，全省各级党校行政学院培训学员 29.87 万人，其中设区市委党校行政学院培训学员 3.92 万人，县（市、区）委党校（行政学校）培训学员 24.99 万人，省直工委党校培训学员 777 人，省委教育工委党校培训学员 470 人。省委党校江西行政学院完善以领导干部和公务员培训为主，以在职研究生教育、干部在线教育和继续教育、省内外合作培训、国际合作培训等为辅的“一主多辅”培训格局。全年举办各类培训班 143 期，培训学员 8445 人。其中，常规主体班 26 期，培训学员 1202 人；专题研讨班 7 期，培训市厅级领导干部 860 人；专题培训班 3 期，培训学员 93 人；对外培训合作办班 107 期，培训学员 6290 人。整合对外培训部和函授学院的机构和资源，组建干部教育学院；基本完成干部网络学院的筹建。着力提高主体班教学培训水平，围绕增强针对性和实效性，及时推动党的十八大精神、十八届三中全会精神、中共中央总书记习近平系列讲话精神、党的群众路线教育和省委十三届七次、八次全会精神进专题、进课堂、进学员头脑，加大与江西发展密切相关、与干部成长紧密相连的教学比重，推出了多个新专题，课程更新率达 40%；进一步创新教学形式，以研究互动式教学为导向，推行“2 + 0.5”课堂教学模式，进一步完善案例教学、研讨教学、现场体验式教学和专题研究式等教学形式，探索建立领导干部上讲台机制，全年省委常委到校院授课 24 人次；规范教学管理，完善教学专题集体备课和联部备课、教学专题公开招标、教学效果评估、教师绩效考核等制度，拓宽外请教师聘用渠道，教学质量受到学员普遍好评。在职研究生教育严把入学关、面授关和毕业论文关，完成第二次培养质量评估，提高了培养质量。进一步加强与省内外委托和合作办班及国际合作交流，扩大开放办学，与中国井冈山干部学院、省地税局建立战略合作关系，与上海、浙江、江苏等先进党校行政学院建立教学交流和师资培训协作机制，推进中德合作管理培训和中美公共管理政府能力建设专题合作培训，举办江西省领导干部公共管理中美培训合作交流 10 周年纪念会。

【举行领导干部公共管理中美培训交流合作 10 周年纪念会】　6 月 6 日，江西省领导干部公共管理中美培训交流合作 10 周年纪念会在省委党校江西行政学院举行。省委副书记、省委党校校长尚勇会见乔治亚州立大学系统常务副总校长史蒂夫·瑞格利一行。省委组织部、省外办、省委党校江西行政学院有关负责人参加会见和纪念会。

【举办全省学习贯彻省委十三届七次全体（扩大）会议精神专题研讨班】　9 月 16 日—17 日，全省学习贯彻省委十三届七次全体（扩大）会议精神专题研讨班在省委党校江西行政学院举办，省委书记强卫参加研讨并作总结讲话。省长鹿心社，省委副书记、省委党校校长尚勇参加研讨并讲话。省领导莫建成、史文清、姚亚平、王文涛、赵爱明参加研讨。各设区市党委、政府负责人，部分省直部门、县（市、区）负责人作交流发言。

【举办全省党校系统综治（维稳）干部业务培训班】　10 月 23 日—25 日，2013 年度全省党校系统综治（维稳）干部业务培训班在省委党校江西行政学院举办。各设区市市委党校、省直工委党校、省委教育工委党校、省委统战部、省工商联的综治干部和省委党校江西行政学院各部门（单位）分管综治的领导干部共 80 余人参加培训。

【举办全省学习贯彻党的十八届三中全会精神专题研讨班】　12 月 4 日—6 日，第一期全省学习贯彻党的十八届三中全会精神专题研讨班在省委党校江西行政学院举办，省委书记强卫出席开班式并讲话，省委副书记、省委党校校长尚勇做辅导报告，省委常委、省委组织部部长赵爱明主持开班式，各设区市市委书记，省委、省政府各部门，各人民团体和省管高校，中国井冈山干部学院主要负责人共80人参加学习研讨。12月10日—12日，第二期全省学习贯彻党的十八届三中全会精神专题研讨班在省委党校江西行政学院举办，研讨班观看省委书记强卫在第一期研讨班上的动员讲话视频，省委副书记、省委党校校长尚勇作辅导报告，省委常委、省委组织部部长赵爱明作总结讲话，共计139人参加学习研讨。

【举办全省党校系统学习贯彻习近平总书记系列讲话和十八届三中全会精神师资培训班】 12月5日—7日，全省党校系统学习贯彻中共中央总书记习近平系列讲话和党的十八届三中全会精神师资培训班在省委党校江西行政学院举办。培训班共设8个专题，省委党校江西行政学院校委领导带头授课，全省党校系统的220名教研人员参加培训。

【举办全省县级党校（行政学校）新任校长培训班】 12月17日—21日，全省县级党校（行政学校）新任校长培训班在南昌县委党校举办。培训班以深入贯彻"两条例一纲要"和《2013—2017年干部教育培训规划》为主要内容，采取专题辅导、现场教学、校长论坛、研讨交流等方式开展培训，旨在帮助县级党校、行政学校校长进一步掌握基层干部教育培训工作的新理念新方法，提高治校办学能力和水平，推进全省县级党校、行政学校的改革发展。省委党校常务副校院长出席开班式并做题为《增强自觉性坚定性责任感，努力提高治校办学本领》的主题报告。全省县级党校（行政学校）的40名新任校长参加培训。

【举办第一期全省市厅级干部学习贯彻习近平总书记系列讲话精神研讨班】 12月22日—27日，第一期全省市厅级干部学习贯彻习近平总书记系列讲话精神研讨班在省委党校江西行政学院举办。研讨中，省委副书记尚勇、常务副省长莫建成、省委宣传部部长姚亚平、省纪委书记周泽民、省委组织部部长赵爱明分别为学员做专题辅导报告。培训班结束时，尚勇做总结讲话。本期培训领导干部170人。

（蔡泉水）

信访工作

【概　况】 2013年，全省各级信访部门深入贯彻落实党的十八大精神和省委、省政府的决策部署，以开展党的群众路线教育实践活动为契机，坚持围绕中心、服务大局，着力化解信访问题，促进社会和谐稳定，取得明显成效。一是信访渠道进一步畅通和规范。完善"信、访、网、电"四位一体诉求平台，信访网上服务中心运行有效。全省县以上党政信访部门共受理信访总量33.89万件人次（不含网、电），同比上升10.38%。省信访局接待来访10万批4.01万人次，批次和人次同比分别上升80.1%、39.64%；办理群众来信1.36万件次，同比上升61.84%；"省长手机"接听处理群众来电4.31万个，同比上升45%；"政府信箱"接收处理群众来信10万件，同比上升26%；受理群众网上信访6954件，同比上升21.55%。二是全省信访形势总体呈现稳定态势。全年实现"三个没有发生"（没有发生大规模群体性事件，没有发生极端恶性事件，没有发生因信访问题处置不当引发负面炒作）。一大批群众合理诉求得到妥善解决，省信访局对8162件信访事项进行群众满意度测评，群众满意率为67.85%，收到群众感谢信、电、锦旗共155个（件）。三是多项工作在全国、全省有影响。在全省党的群众路线教育实践活动第一批总结暨第二批部署会议上，省信访局作为2个省直单位之一作大会发言。省信访局机关党的群众路线教育实践活动开展情况，被评为"好"等次。同时，省信访局还先后被全国妇联评为"全国维护妇女儿童权益先进集体""2013年度省直机关党的工作特别优秀奖"、2013年度省直机关综治先进单位，省直机关节能先进单位，第十届省直机关文明单位，省直机关"六五"普法中期先进集体，省信访局省长手机信箱工作处被省妇联评为"江西省三八红旗集体"。

【开展党的群众路线教育实践活动】 2013年，省委书记强卫将省信访局作为群众路线教育实践活动直接挂点联系单位，半年内，先后6次听取汇报或直接到省信访局检查指导，全程参与局领导班子专题民主生活会，在各个环节都提出明确要求，倾注了大量的精力和心血，引领省信访局在教育实践活动中真反"四风"、真改作风。省信访局坚持以"真诚做信访、真情解民忧、提升公信力"为载体和抓手，突出"服务信访群众就是责任、推动问题解决勇于担当"的活动特色，认真抓好活动各个环节工作，特别是以专题民主生活会为新的开端，紧紧围绕"四风"方面的突出问题，坚持系统谋划，整体推进，突出重点，逐一整改。省委交办省信访局牵头的整改事项如期完成，排查出的5个方面28个问题全部得到整改，8个专项整治和11项制度建设全面完成。全年实现"四个下降"：会议经费同比下降61.4%，公务出国费同比下降57.6%，公务接待费同比下降30.5%，公车运行费同比下降16.6%。

【全力化解信访突出问题】 2013年，省信访局抓紧办理省委领导、省人大及省政府等有关领导到省信访局接访的109件信访事项，加强与有关地方、部门的联系沟通，建立局主要领导牵头抓总，局领导班子成员分工负责做好联络协调、督促落实工作机制，到年底已办结102件。按照"件件有着落，事事有回音"的要求，协同省直有关部门和市县基层单位全力推动解决中央巡视组移交的信访事项。中央巡视组移送的4578件信访事项，已全部办结，办结率100%，化解率73.5%，得到中央巡视组和省领导的充分肯定。全年通过领导包案、协调督办、资金保障、司法援助等方式，化解"三跨三分离"信访事项64件。

【开展两个专项治理活动】 2013年，省信访局开展两个专项治理活动。一是开展集中劝返和化解来省非正常上访专项行动。9月份以来，省公安厅和省信访局在全省开展集中劝返和化解来省非正常上访专项行动，取得明显成效。第四季度群众到省委、省政府机关大门上访总量，比第三季度

(下同)批数下降3.77%、人次下降17.19%;非正常上访量批数下降32.61%、人次下降46.65%;堵门堵路访量批数下降40.59%、人次下降57.15%。二是开展进京重复非访专项治理活动,协调联动各地各有关部门对进京重复非访问题逐案进行有针对性的分析研究,逐案落实包案领导,采取行之有效的措施,努力将问题化解在基层。11月赴京非访环比下降43%,为维护首都正常的信访秩序做出了努力。

【组织六大信访问题专题调研】 2013年,省信访局用了几个月的时间,协调省直有关单位对征地拆迁、涉军群体、民办代课教师、环境污染、国企改制、林改遗留等信访突出问题,进行专题调研,分别形成专题调研报告,得到省委书记强卫和有关省领导的高度重视和充分肯定。到年底,正在协调督促各有关单位进一步抓好成果运用,为从根本上解决信访突出问题打下基础。

【建立健全信访工作机制】 2013年,省信访局进一步建立完善信访工作机制体系(即:充分发挥全省非领导职务干部和党代表、人大代表、政协委员在信访工作中发挥监督作用,建立完善处理信访问题的有效工作机制、建立信访工作正常秩序、建立完善信访工作科学考评体系)。省信访局和省人大、省政协机关、省委组织部、省公安厅等部门共同精心制定方案,开展专项调研,先后赴江苏、浙江、安徽、山东等省进行考察调研,深入南昌等5个设区市以及吉安县等20多个县(市、区)进行实地调研。关于充分发挥非领导职务干部和党代表、人大代表、政协委员在信访工作中发挥监督作用的意见,正逐步开展巡查试点工作。“建立完善处理信访问题的有效工作机制、建立信访工作正常秩序、建立完善信访工作科学考评体系”3个机制,已下发文件执行,从制度层面更好地统筹全省信访工作科学发展。

(省委省政府信访局)

老干部工作

【概　况】 2013年,全省老干部工作始终坚持服务大局、创新求实,各项工作扎实推进,取得新成绩。

紧抓政治教育,离退休干部“两项建设”有新举措。省委老干部局先后举办3次专场报告会和通报会,及时对组织离退休干部学习贯彻中央、省委重要会议和领导讲话精神作出安排、提出要求,并举办多期省直离退休干部党支部书记专题讲座和党建工作培训班。各地各部门也通过专家辅导、座谈讨论、巡回宣讲等多种形式,利用手机平台、政务微博等现代化手段,组织引导离退休老同志开展学习,帮助他们全面领会和准确把握中央、省委的决策部署。在全省离退休干部中深入开展“聚力兴赣鄱,共筑中国梦”主题教育活动和“看变化,促发展”学习考察活动,得到广大老干部的积极响应和踊跃参与,为谱写江西改革发展新篇章增添正能量。

紧扣工作重点,为离退休干部办实事解难事有新作为。省委老干部局会同有关部门下文调整企业离休干部高温津贴标准;配合完成267名省属工业改制企业离休干部移交地方管理服务工作;对江西省易地安置在省外的离休干部上门走访,认真梳理、督促解决老同志反映的百余条意见建议,及时为他们排忧解难。省直单位和南昌市为离休干部发放“和谐平安江西建设奖”。各地各部门进一步加大对离退休干部困难群体的帮扶照顾力度,解决不少老干部的燃眉之急。针对离休干部整体进入“双高期”的特点,采取开辟就医绿色通道、优化保健服务措施、设立医疗周转金等措施,帮助他们解决医疗、护理等方面的实际困难,围绕更好地满足离退休干部日益增长的服务需要,在整合社会资源、探索社会化养老服务办法等方面做了一些有益尝试,取得初步成效。各级老干部工作部门耐心细致地做好离退休干部的信访接待、关心照顾等工作,有效维护老干部队伍的和谐稳定。

精心选树典型,老干部工作宣传有新拓展。全省老干部工作部门认真落实省委《关于开展向龚全珍同志学习活动的决定》,广泛深入开展学习宣传龚全珍的活动,迅速在广大离退休干部中掀起学习热潮。发掘万方保、陈有昌、肖秉楠、王炳良等一批“龚全珍式”的老干部先进典型,通过各种渠道进行广泛宣传,有力地推动各地学习活动的深入开展。在依托《老友》杂志做好老干部宣传思想工作的同时,各地各部门积极主动地涉入新兴媒体领域,不少地方开通工作网站、政务微博、微信等现代媒介,借助网络向老干部传递正能量,增进与老同志的互动,进一步扩大了江西省老干部工作宣传的覆盖面。

搭建有效平台,发挥离退休干部作用有新成效。各级老干部工作部门积极组织离退休干部中的专家、学者,围绕转变经济发展方式、社会管理创新、弘扬社会主义核心价值观、加强党的建设等方面开展专题调研,主动向党委、政府建言献策,较好地发挥了离退休干部参与服务经济社会发展的“智囊团”作用。在全省离退休干部中开展“建言献策促发展、创先争优我先行”活动,广大老干部积极响应,踊跃建言,帮智出力,收效明显,既为领导决策提供参考,也扩大了老干部工作的社会影响力。各级关工委充分利用“五老”资源,组建关爱报告团走进校园、社区、农村,开展“心向党、讲品德、见行动”主题宣讲活动和“关爱明天”普法教育活动,全年宣讲8799场,受教育人数达21.5万余人。

积极开展创评,老干部学习活动阵地建设有新进展。各地把建设老干部学习活动阵地作为公益性项目纳入经济社会发展规划,南昌、景德镇、九江、鹰潭、萍乡等市投入5000万至近亿元不等资金,新建一批老干部活动中心、老年大学。经过连续7年的推进与发展,共有64所老年大学获“省级老年大学示范校”称号,28个老干部活动中心被评为“优秀活动中心”。江西省老干部庐山休养中心一期工程顺利竣工,8月开始试运营。各地各部门依托老干部学习活动阵地,广泛开展文艺演出、诗文创作、书画展览、专题讲座、棋类赛事等活动,不断丰富老同志的精神文化生活,打造一批各具特色的文化活动品牌,充分展现江西省离退休干部老有所学、老有所乐、老有所为的精神风貌。

【举办全省离退休干部全国"两会"精神传达和形势报告会】　4月7日，省委办公厅、省委组织部、省委老干部局在南昌共同举办全省离退休干部全国"两会"精神传达和形势报告会。第十二届全国人大代表、省委副书记尚勇首先转达省委书记强卫、省长鹿心社对各位老干部的亲切问候和崇高敬意，并受委托向老干部做专场报告。卢秀珍等17位省级老领导与省（中）直单位副厅级以上离退休干部和离退休干部党支部书记共600余人参加报告会。尚勇在报告中介绍全国"两会"的盛况、主要精神和重要意义，以及江西省2012年经济社会发展情况和省委、省政府2013年经济社会发展的主要考虑。他要求全省各级各部门按照党的十八大提出的"全面做好离退休干部工作"要求，怀着崇高责任，带着真挚感情，不断为老干部老有所养、老有所医、老有所教、老有所学、老有所乐、老有所为创造良好条件。同时，真诚希望广大老干部对省委、省政府的各项工作，一如既往地给予关心、支持和帮助，为建设富裕和谐秀美江西、与全国同步全面建成小康社会奉献智慧和力量。

【开通江西省离退休干部"两项建设"手机平台】　7月1日，省委老干部局正式开通江西省离退休干部"两项建设"（党支部建设、思想政治建设）手机平台。平台具备信息发送、信息收集、信息回复、手机课堂、统计分析、调查问卷六大功能，定期向全省离退休干部党组织负责人、各地各部门分管老干部工作的党委（党组）领导和老干部工作部门人员等3个群体传达上级对老干部工作的新要求，部署离退休干部工作；宣传离退休干部党组织和党员践行党的十八大精神的先进事迹，介绍离退休干部"两项建设"工作经验；传播时政资讯，普及科学养生知识；收集离退休干部党组织各类意见和建议。

【开展"看变化，促发展"参观考察活动】　10月15日—18日，省委老干部局局长、组织部副部长傅世平带领40余名省直单位厅级离退休干部赴抚州、吉安参观考察，近距离体验党的十八大后全省经济社会发展取得的伟大成就，亲身感受各地落实党的十八大精神和省委十三届七次全会精神的新思路和新举措。老干部们纷纷表示，今后将继续与党中央保持高度一致，一如既往地关心、关注和支持省委、省政府的各项工作，继续发挥自身优势，用实干托举富裕和谐秀美"江西梦"。

（胡珲）

党史工作

【概　况】　2013年，省委党史研究室坚持以资政育人为根本任务，进一步解放思想，求真务实，开拓创新，各项工作不断取得新进展。

党史编研取得新成果。已经出版的编研成果有：《中央革命根据地历史资料文库》"政权系统"3卷、《自信与自强——中国梦教育读本》《中国国民党江西省干部训练研究：1932—1949》。已经完成的编研成果有："中国共产党与中国农村社会变迁"丛书第二卷《"打土豪，分田地"：十年内战时期的土地革命》和《江西省革命遗址通览》《科学发展，成就辉煌——从党的十七大到十八大》（江西篇）、《中央革命根据地历史资料文库》"军事系统"5卷。取得重要进展的编研成果有：《中国共产党江西历史》（第二卷）完成大部分章节初稿，并召开样章审读会；省经济社会发展重大招标课题《苏区精神研究》完成初稿20余万字；《江西省志·党史研究志》收集资料30万余字，撰写初稿3万字；《闽浙赣苏区史》一书完成编撰方案和前期调研工作。此外，《苏区社会、制度与民众研究》获江西省第十五次社会科学优秀成果一等奖，《中国共产党江西简史》获江西省第十五次社会科学优秀成果二等奖。

党史纪念活动有影响。在《江西日报》发表《深切缅怀习仲勋同志对江西老区建设的关怀和指导》纪念文章，经中办审查通过呈报中共中央总书记习近平；参与筹办在南昌召开的"江西省纪念毛泽东同志诞辰120周年座谈会"，具体承办"江西省纪念毛泽东同志诞辰120周年理论研讨会"；联合主办在井冈山召开的"纪念朱毛红军井冈山会师85周年学术研讨会"，在宁都召开的"中央苏区反'围剿'战争理论研讨会"，在兴国召开的"寻乌调查、长冈乡调查与毛泽东群众路线"学术座谈会；参与筹办纪念王恩茂诞辰100周年座谈会、"苏区精神与党的群众路线暨第五次苏区精神研讨会"、原中央苏区闽赣省成立80周年座谈会；参与组织"井冈山斗争时期毛泽东与群众路线理论研讨会"。

党史宣传有特色。《党史文苑》始终坚持正确的办刊方向，全年编辑24期，其中不少文章被人民网、凤凰网等知名媒体转载；向中央党史研究室报送重要信息30篇，在中国共产党历史网全面迅捷宣传江西省党史工作，扩大在全国的知名度、影响力；加强"江西党史"网站建设，通过网站将党史研究成果推向社会，扩大党史宣传的覆盖面；"江西党史政务微博"入驻人民网、腾讯、网易、搜狐、新浪等主流网站，成为全国首家党史官方微博，受到广泛关注与好评。

党史育人有作为。全年举行党史讲座30余场。应邀为全省市厅级领导干部学习贯彻党的十八大精神研讨班作题为《坚定理想信念，坚守新时期共产党人的精神追求》专题讲座；应邀为省政协、省人民检察院、省委政策研究室、省委教育工委等省直单位和高校做《中华民族走向伟大复兴的历史进程》和《中国共产党群众工作的历史经验及启示》专题报告；应邀到九三学社江西省第七届二次扩大会议上做题为《中华民族伟大复兴的历史进程》专题辅导报告；应邀为省直部门和有关县市做"中国梦"形势报告；应邀为江西财经大学、江西师范大学做《苏区史研究现状与展望》《苏区史研究进入大学历史本科教学的思考》等党史报告；参加由省委宣传部等有关单位专家组成的爱国主义教育基地建设调研组赴赣州调研。

资政服务有力度。省委党史研究室撰写的《延安整风时期的批评与自我批评》，经省委书记强卫和副书记尚勇批示，印发全省副省级以上领导参阅。《资政专报》编发的《中国共产党群众工作的历史经验及启示》被一些省直单位列为学习参考材料。关于中央苏区振兴发展方面的看法和建议上报省委、省政府后，得到省委书记强卫、省长鹿心社和副书记尚勇的批示肯定，并转交省发改委作工作参考。完成中国梦研究和考证“老革命家在江西的祖籍”任务，起草《深刻领会实现“中国梦”的道路选择》报告稿；完成省委书记强卫交办“赣南中央苏区的牺牲和奉献”研究任务；完成副书记尚勇交办“从中国革命史中汲取丰富的营养”“从延安整风中汲取教育活动的历史经验——毛泽东等人的言论摘要及主要著述”研究任务。对有关单位提请审查的《寻乌调查陈列大纲》《曾山生平事迹陈列大纲》《光荣与梦想——赣南苏区振兴发展主题展览详纲》《苏区干部好作风陈列馆大纲》《兴国开国将军馆新馆陈列大纲》《莲花一支枪》《卢德铭纪念馆陈列大纲和设计方案》和电影文学剧本《建都瑞金》以及《江西共大研究》等书稿，进行审读并出具书面审读意见。

【出版《中央革命根据地历史资料文库·政权系统》】 6月，省委党史研究室、赣州市委党史工作办公室和福建龙岩市委党史研究室联合编纂的《中央革命根据地历史资料文库政权系统》丛书由中央文献出版社、江西人民出版社联合出版。该丛书共3卷160万字，是继2011年出版的《中央革命根据地历史资料文库党的系统》之后，又一党史编研的丰硕成果。丛书选题精当、意义重大、史料新颖、编纂规范，有约30%的史料为首次发布，是“十二五”国家重点出版规划项目，并获得国家出版基金项目资助。

【开展纪念毛泽东诞辰120周年系列活动】 12月7日，“井冈山斗争时期毛泽东与群众路线理论研讨会”在井冈山召开，中国社会科学院、国防大学、军事科学院、中国井冈山干部学院、江西省委党史研究室等单位的专家学者20余人出席，中国社会科学院副院长李捷做题为《中国革命道路摇篮与群众路线摇篮》主题发言。12月19日，全省纪念毛泽东诞辰120周年理论研讨会在南昌召开，省委副书记尚勇出席并讲话，省委常委、宣传部部长姚亚平主持，党史界、宣传界、理论学术界专家学者和入选论文作者100余人参加。研讨会共收到论文100余篇，入选论文62篇，获奖论文18篇。12月25日，江西省在南昌举行纪念毛泽东诞辰120周年座谈会，省委书记强卫出席并讲话，省长鹿心社主持，黄跃金、史文清、洪礼和、马家利和老同志许勤、黄智权、朱治宏出席，省委党史研究室、省军区、井冈山、瑞金市委等单位人员做发言。

（熊静）

本栏编辑 陈超萍

12月7日，“井冈山斗争时期毛泽东与群众路线理论研讨会”在井冈山市召开。
省委党史研究室供稿

江西省人民代表大会常务委员会

综　述

2013年，江西省各级人民代表大会1511个，其中：省级人民代表大会1个，设区市级人民代表大会11个，县级人民代表大会100个，乡（镇）人民代表大会1399个。各级人大代表10万多人，其中全国人大代表81人，省人大代表609人。省十二届人民代表大会常务委员会组成人员62名，其中主任1名，副主任6名，秘书长1名，委员54名。省十二届人民代表大会设有内务司法委员会、财政经济委员会、教育科学文化卫生委员会、农业和农村委员会、环境与资源保护委员会、法制委员会等6个专门委员会，设有办公厅、法制工作委员会、选举任免联络工作委员会、外事华侨民族宗教工作委员会、预算工作委员会等5个厅级工作机构。

省人大常委会坚持以邓小平理论、"三个代表"重要思想和科学发展观为指导，全面贯彻落实党的十八大和省委十三届七次全会精神，深入学习贯彻中共中央总书记习近平系列重要讲话精神，按照省十二届人大一次会议要求，积极开展各项工作，在以往基础上推动人大工作迈出新步伐，实现了省十二届人大常委会的良好开局。立法工作方面，更加注重常委会在立法中的主导作用，更加注重发挥立法对改革发展的引领和推动作用，更加注重以提高立法质量为重点来加强和改进立法，不断提高科学和民主立法水平，圆满完成年度立法工作任务。监督工作方面，始终把人民群众重大关切作为监督的聚焦点，把增强实效作为检验监督工作的唯一标准，把坚持创新作为加强和改进监督的不懈追求，把互为监督作为提高监督工作权威的关键选择，推动省委决策部署贯彻落实，促进"一府两院"依法行政、公正司法。代表工作方面，围绕提升履职水平，从加强培训、提高素质、组织活动、搞好履职服务保障等方面，加强常委会组成人员与代表、代表与人民群众的联系，充分发挥代表作用，提高代表深入群众、带动群众、沟通群众、服务群众和化解矛盾的能力。选举任免工作方面，依法做好换届选举和省人大常委会主任补选工作，顺利完成新一届省政府组成部门主要负责人任命工作，依法任免国家机关工作人员，从组织上保证了国家机关的正常运转。自身建设方面，着眼密切地方国家权力机关与人民群众联系，结合深入开展党的群众路线教育实践活动，进一步增强走中国特色社会主义政治发展道路的自觉性和坚定性，增强坚持、完善和发展人民代表大会制度的自觉性和坚定性，牢固树立宗旨意识、群众观点，健全改进作风常态化机制，创办"人大讲堂"促进学习型机关建设，提高常委会依法履职能力。

重要会议

【省十二届人大一次会议】　1月23日—29日在南昌举行。大会听取和审议省政府省长鹿心社作的政府工作报告、省人大常委会副主任陈达恒做的省人大常委会工作报告、省高级人民法院院长张忠厚做的省高级人民法院工作报告、省人民检察院检察长曾页九作的省人民检察院工作报告；审查和批准关于江西省2012年国民经济和社会发展计划执行情况与2013年国民经济和社会发展计划草案的报告、关于江西省2012年省级总预算执行情况和2013年省级总预算草案的报告，通过关于上述6项报告的决议；批准江西省2013年国民经济和社会发展计划、江西省2013年省级预算。大会选举了省十二届人大常委会组成人员，省人民政府省长、副省长，省高级人民法院院长，省人民检察院检察长和江西省出席第十二届全国人民代表大会代表，通过了省十二届人大各专门委员会主任委员、副主任委员、委员名单。省十一届人民代表大会内务司法委员会、财政经济委员会、教育科学文化卫生委员会、农业和农村委员会、环境与资源保护委员会、法制委员会分别向会议提交工作报告（书面）。

大会收到代表提出的建议、批评和意见626件。闭会后，由省人大常委会选举任免联络工作委员会交有关国家机关、组织办理，并答复代表。

【省十二届人大二次会议】　4月22～23日在南昌举行。大会听取省委常委、省委组织部部长莫建成做关于提名省十二届人大常委会主任候选人情况的说明，补选强卫为省十二届人大常委会主任。省委书记、省人大常委会主任强卫在闭幕会上做重要讲话。大会号召全省人民始终高举中国特色社会主义伟大旗帜，更加紧密地团结在以习近平为总书记的党中央周围，进一步解放思想、开拓创新，锐意进取、埋头苦干，加快建设富裕和谐秀美江西，为实现中华民族伟大复兴中国梦做出应有贡献，努力谱写无愧于伟大时代、无愧于伟大人民的江西发展新篇章。

【省十二届人大常委会会议】 2013年，举行常委会会议8次，即省十一届人大常委会第三十五次会议和省十二届人大常委会第一次至第七次会议。

省十一届人大常委会第三十五次会议于1月16日在南昌举行。会议审议省人大常委会工作报告（讨论稿），决定提请省十二届人大一次会议审议；审议省十二届人大一次会议议程（草案）、省十二届人大一次会议主席团和秘书长名单（草案），决定提请省十二届人大一次会议预备会议审议；审议通过省十二届人大一次会议列席人员范围（草案）；听取和审议省十一届人大常委会代表资格审查委员会关于省十二届人大代表的代表资格审查报告；审议通过省人大常委会关于调整省十二届人大一次会议召开时间的决定；审议省人民政府关于2011年度省级预算执行和其他财政收支审计查出问题整改情况的报告（书面）；通过有关人事任免事项。

省十二届人大常委会第一次会议于3月27日—29日在南昌举行。会议审议通过《江西省房屋登记条例》；修订通过《江西省动物防疫条例》；审议通过省十二届人大常委会代表资格审查委员会主任委员、副主任委员和委员名单，省人大常委会关于召开省十二届人大二次会议的决定；听取和审议省人民政府关于江西对台工作情况的报告；审议省人民政府关于落实省人大常委会对全省固定资产投资情况报告审议意见情况的报告（书面）、关于落实省人大常委会对江西省教育经费投入和使用管理情况报告审议意见情况的报告（书面）、关于落实《中华人民共和国农业法》执法检查报告及省人大常委会审议意见情况的报告（书面），省人民检察院关于落实省人大常委会对反渎职侵权工作情况报告审议意见情况的报告（书面）；通过有关人事任免事项。

省十二届人大常委会第二次会议于4月18日上午在南昌举行。会议审议省十二届人大二次会议议程（草案）、省十二届人大二次会议主席团和秘书长名单（草案），决定将这两个草案提请省十二届人大二次会议预备会议审议；听取和审议省十二届人大常委会代表资格审查委员会关于代表资格的审查报告。

省十二届人大常委会第三次会议于4月25日上午在南昌举行。会议听取省委组织部关于推荐提名新一届省政府组成人员人选情况的说明，决定任命新一届省政府组成人员。

省十二届人大常委会第四次会议于2013年5月28日—29日在南昌举行。会议审议《江西省突发事件应对条例（草案）》《江西省地质灾害防治条例（草案）》《江西省实施〈中华人民共和国节约能源法〉办法（修订草案）》《江西省机动车排气污染防治条例（草案）》；听取和审议省人民政府关于江西省人口和计划生育工作情况的报告、省人大常委会执法检查组关于检查《江西省消防条例》实施情况的报告；审议省人民政府关于落实2012年食品药品安全赣鄱行活动情况报告及省人大常委会审议意见情况的报告（书面）、关于落实2012年赣鄱农产品质量安全行活动情况报告及省人大常委会审议意见情况的报告（书面）、关于落实2012年环保赣江行活动情况报告及省人大常委会审议意见情况的报告（书面）、关于落实2012年秀美江西行活动情况报告及省人大常委会审议意见情况的报告（书面）；通过有关人事任免事项；决定罢免周文斌第十二届全国人民代表大会代表职务，并报送全国人民代表大会常务委员会备案、公告。

省十二届人大常委会第五次会议于7月24日—27日上午在南昌举行。会议审议通过《江西省突发事件应对条例》《江西省地质灾害防治条例》《江西省实施〈中华人民共和国节约能源法〉办法》《江西省机动车排气污染防治条例》；审议南昌市人大常委会报请批准修订的《南昌市促进发展新型墙体材料》，通过《江西省人民代表大会常务委员会关于批准修订〈南昌市促进发展新型墙体材料条例〉的决定》；审议《江西省实施〈中华人民共和国道路交通安全法〉办法修正案（草案）》《江西省企业工资集体协商条例（草案）》《江西省残疾人保障条例（草案）》《江西省科技创新促进条例（草案）》；听取和审议省人民政府关于2013年上半年国民经济和社会发展计划执行情况的报告；审议《2013年省级公共财政预算调整方案（草案）》，通过《江西省人民代表大会常务委员会关于批准2013年省级公共财政预算调整方案的决议》；听取和审议省人民政府关于2012年省级决算和2013年上半年预算执行情况的报告，审议通过《江西省人民代表大会常务委员会关于批准2012年省级决算的决议》；听取和审议省人民政府关于2012年度省级预算执行和其他财政收支的审计工作报告、省人大常委会主任会议关于“畅通省城”系列监督活动情况的报告、省人大常委会执法检查组关于检查《中华人民共和国教师法》实施情况的报告、省高级人民法院关于知识产权司法保护工作情况的报告；审议了省人民政府关于落实省人大常委会对江西省对台工作情况报告审议意见情况的报告（书面）；决定接受凌成兴、曾庆红辞去江西省人民政府副省长职务的请求，并报省十二届人大三次会议备案；决定任命莫建成、李炳军为江西省人民政府副省长；通过其他人事任免有关事项。

省十二届人大常委会第六次会议于9月24～26日在南昌举行。会议审议通过《江西省人民代表大会常务委员会关于修改〈江西省实施《中华人民共和国道路交通安全法》办法〉的决定》《江西省企业工资集体协商条例》《江西省残疾人保障条例》《江西省科技创新促进条例》；审议南昌市人大常委会报请批准的《南昌市涉及国家安全事项建设项目管理条例》《南昌市人民代表大会常务委员会规范性文件备案审查规定》，通过《江西省人民代表大会常务委员会关于批准〈南昌市涉及国家安全事项建设项目管理条例〉的决定》《江西省人民代表大会常务委员会关于批准〈南昌市人民代表大会常务委员会规范性文件备案审查规定〉的决定》；审议《江西省企业权益保护条例（草案）》《江西省法律援助条例（草案）》《江西省农田水利条例（草案）》；听取和审议省十二届人大常委会代表资格审查委员会关于代表资格的审查报告、省人大常委会专题调研组关于全省优化发展环境情况的专题调研报告、省人大常委会执法检查组关于检查《江西省促进散装水泥和预拌混凝土发展条例》实施情况的报告、关于检查《江西省水资源条例》和《江西省河道管理条例》实施情况的报告、省人民政府关于江西省扶贫开发工作情况的报告、省人民检察院关于未成年人刑事检察工作情况的报告;审议省人民政府关于落实省人大常委会对江西省人口和计划生育工作情况报告审议意见情况的报告(书面);通过有关人事任免事项。

省十二届人大常委会第七次会议于11月26日—29日在南昌举行。会议审议通过《江西省法律援助条例》《江西省企业权益保护条例》《江西省人民代表大会常务委员会关于修改〈江西省渔业条例〉的决定》;审议《江西省医疗纠纷预防与处理条例(草案)》《江西省城镇体系规划(2013—2030年)(草案)》;审议通过省人大常委会关于召开省十二届人大三次会议的决定;听取和审议省十二届人大常委会代表资格审查委员会关于代表资格的审查报告,省人民政府关于《江西省国民经济和社会发展第十二个五年规划纲要》实施情况的中期评估报告、关于江西省贯彻实施《鄱阳湖生态经济区环境保护条例》情况的报告,省人大教育科学文化卫生委员会关于开展食品药品安全赣鄱行之关注校园餐桌活动情况的报告、省人大农业和农村委员会关于开展2013年赣鄱农产品质量安全行活动情况的报告、省人大环境与资源保护委员会关于开展2013年环保赣江行活动情况的报告、省人大常委会外事华侨民族宗教工作委员会关于开展2013年秀美江西行活动情况的报告;听取和审议省人民政府关于江西省科技经费投入使用和管理情况的报告,在此基础上,召开联组会议围绕江西省科技经费投入使用和管理情况进行专题询问;审议省人民政府关于江西省2013年固定资产投资情况的报告(书面)、关于落实省人大常委会对2012年省级决算和2013年上半年预算执行情况报告审议意见情况的报告(书面)、关于落实《中华人民共和国教师法》执法检查报告及省人大常委会审议意见情况的报告(书面)、关于落实《江西省消防条例》执法检查报告及省人大常委会审议意见情况的报告(书面),省高级人民法院关于落实省人大常委会对知识产权司法保护工作情况报告审议意见情况的报告(书面);通过有关人事任免事项;确认许可对省十二届人大代表马兴贤、梅清采取强制措施。

地方立法工作

【概　况】 2013年,省人大常委会制定法规9件、修改法规4件;批准南昌市人大常委会制定的法规3件。制定的地方性法规是《江西省房屋登记条例》《江西省突发事件应对条例》《江西省地质灾害防治条例》《江西省机动车排气污染防治条例》《江西省企业工资集体协商条例》《江西省残疾人保障条例》《江西省科技创新促进条例》《江西省法律援助条例》《江西省企业权益保护条例》。

修改的地方性法规是《江西省动物防疫条例》《江西省实施〈中华人民共和国节约能源法〉办法》《江西省实施〈中华人民共和国道路交通安全法〉办法》《江西省渔业条例》。

批准的法规是《南昌市促进发展新型墙体材料条例》《南昌市涉及国家安全事项建设项目管理条例》《南昌市人民代表大会常务委员会规范性文件备案审查规定》。

省人大常委会坚持科学立法、民主立法,不断提高立法质量。一是切实增强立法工作的科学性和前瞻性。按照立法决策与改革决策相结合、维护国家法制统一与突出地方特色相一致的原则,科学编制《江西省第十二届人大常委会立法规划项目库》。召开全省立法工作会议,传达全国人大常委会立法工作会议和第十九次全国地方立法研讨会的主要精神,总结交流江西省地方立法工作经验,并就如何进一步加强和改进江西省地方立法工作,认真落实立法规划项目库进行了全面部署。二是尊重人大代表立法主体地位。将代表提出的武功山风景名胜区管理条例等14件立法建议项目,统筹列入省十二届人大常委会立法规划项目库;在法规调研修改审议过程中,注重听取和吸纳代表、委员意见建议。三是注重改进立法调研方式方法。对所有法规的起草、修改工作提前参与、积极介入、加强指导;有重点地选择调研地点和对象,着力增强调研的针对性。四是加强立法沟通协调。加强与有关部门沟通协调,落实好法规案交接制度;加强立法协调,先后对实施节约能源法办法、残疾人保障条例、渔业条例和农田水利条例等一些法律关系复杂、意见分歧较大的法规案,组织召开不同层次的协调会,统一思想认识、减少意见分歧,凝聚立法共识。五是注重发挥顾问专家智囊作用。组建17位法律工作者参加的新一届立法顾问队伍和22位各行业专家学者参与的首届立法专家库。六是加强立法宣传。通过江西人大新闻网和《时代主人》等平台对新出台的法规及立法动态进行宣传;会同有关部门分别召开贯彻实施遗体捐献条例、机动车排气污染防治条例、突发事件应对条例3部法规的新闻发布会。

监督工作

【概　况】 2013年,省人大常委会共听取和审议专项工作报告8项,包括省人民政府关于江西省对台工作情况的报告、关于江西省人口和计划生育工作情况的报告、关于江西省扶贫开发工作情况的报告、关于科技经费投入使用和管理情况的报告、关于贯彻实施《鄱阳湖生态经济区环境保护条例》情况的报告、关于江西省2013年固定资产投资情况的报告(书面);省高级人民法院关于知识产权司法保护工作情况的报告和省人民检察院关于未成年人刑事检察工作情况的报告。

审查和批准决算,听取和审议计划、预算执行情况和审计工作等报告。先后听取和审议省人民政府关于2013年上半年国民经济和社会发展计划执行情况的报告、关于2012年省级决算和2013年上半年预算执行情况的报告、关于2012年度省级预算执行和其他财政收支的审计工作报告、关于《江西省国民经济和社会发展第十二个五年规划纲要》实施情况的中期评估报告,审议关于2011年度省级预算执行和其他财政收支审计查出问题整改情况的报告(书面)、《2013年省级公共财政预算调整方案(草案)》,通过《江西省人民代表大会常务委员会关于批准2013年省级公共财政预算调整方案的决议》和《江西省人民代表大会常务委员会关于批准2012年省级决算的决议》。对省环境保护厅2012年部门决算草案进行重点审查。

开展法律法规实施情况检查。省人大常委会先后对《中华人民共和国教师法》《江西省消防条例》《江西省促进散装水泥和预拌混凝土发展条例》《江西省水资源条例》和《江西省河道管理条例》5部法律法规的执行情况进行检查。配合全国人大常委会开展对《中华人民共和国气象法》《中华人民共和国行政复议法》执行情况的检查。

备案审查规范性文件。对省政府、南昌市政府和各设区市人大常委会报送的155件规范性文件及时进行初步审核和备案登记。对《江西省畜禽养殖管理办法》等10件政府规章开展主动审查。加强与设区市有关备案审查机构的沟通联系,编印《法制工作参考(备案审查工作专辑)》,通报备案审查工作开展情况,指出存在的主要问题,提出加强和改进的具体要求,进一步推动市县区人大常委会备案审查工作规范有序开展。

开展专题询问和专项工作评议。结合听取和审议省人民政府关于江西省科技经费投入使用和管理情况的专项工作报告,依法开展专题询问,进一步加强对科技经费的监督,促进科技经费使用效益的提高,推动江西省科技事业又好又快地发展。根据省委意见,把优化发展环境作为重点监督内容,深入基层,面向企业,开展3个月的专题调研,收集意见建议上千条,梳理出5方面19类突出问题、16条意见建议和30个具体问题。为推动解决问题,省人大常委会向省政府及有关部门通报情况,明确整改责任,狠抓跟踪追问,督促结合群众路线教育实践活动,逐项抓好整改落实。在省委、省政府高度重视下,企业和群众反映突出的问题得到有效解决。

【积极回应人民群众普遍关心的问题】 2013年,省人大常委会积极回应人民群众普遍关切,为推动解决群众反映强烈的南昌市区交通拥堵问题开展"畅通省城"活动;以"保护蓝天碧水,建设秀美江西"为主题,开展环保赣江行活动;以提升旅游精品化建设水平为重点,继续开展秀美江西行活动;以"让群众吃上放心肉"为主题,组织开展赣鄱农产品质量安全行活动;以"关注校园餐桌"为主题,组织开展食品药品安全赣鄱行。在"畅通省城"监督活动中,经过省市政府和公安等部门,尤其是公安交警的艰苦努力,限于12月底完成的61条建议意见,已基本整改到位,公众交通安全意识有所增强,城区交通状况也有可喜改观。

【转变监督方法】 2013年,省人大常委会紧扣全省经济社会发展大局,聚焦人民群众重大关切,找准监督工作切入点,由注重面上监督向突出重点监督转变,由重程序轻效果向既重程序更重效果转变,由视察审议等常规方式向采用专题询问等多种方式转变,由发挥常委会组成人员监督作用向广泛动员人大代表、人民群众参与监督转变,切实增强监督实效,提高监督工作权威。一是强化人大工作公开性。开展科技经费投入使用和管理情况专题询问,不仅将提问自主权交由询问人,允许询问人追问,不搞事先"彩排""预演",改变照本宣科式的问与答,而且充分运用现代信息传播手段,破例实行电视、网络同步直播,将人大问政推向直播时代。二是扩大社会对人大工作参与度。一方面,拓宽人大代表参与常委会工作渠道。首次邀请人大代表参与专题询问,行使询问权;邀请人大代表参加调研组、督办组,参与专题调研、跟踪督办;挑选有财税、审计、金融专长的代表,确定为预算审查监督工作联系代表。另一方面,注重发挥公众在人大工作中的作用。建立预算审查监督咨询专家库,发挥专家参谋智囊作用。三是推动监督方式多样化。在"畅通省城"监督活动中,省市人大联动、人大与政府互动,深入市民调查摸底,现场发现问题,网上征求意见,召开多层次专题座谈会,形成84条建议意见,并公开交办。同时坚持开门搞监督,通过媒体广而告之、现场竖立公告牌、定期组织代表督办等系列措施,把人大监督、舆论监督和群众监督结合起来,形成监督合力,确保监督实效。

决定重大事项

【关于调整江西省第十二届人民代表大会第一次会议召开时间的决定】 根据工作需要,省十一届人大常委会第三十五次会议决定,原定1月22日召开的省十二届人大一次会议,推迟到1月23日召开。

【关于召开江西省第十二届人民代表大会第二次会议的决定】 省十二届人大常委会第一次会议决定,省十二届人大二次会议于4月22日在南昌召开,建议会议议程是:补选省人民代表大会常务委员会主任。

【关于批准2013年省级公共财政预算调整方案的决议】 省十二届人大常委会第五次会议审查省人民政府提交的2013年江西省省级公共财政预算调整方案(草案)。会议同意省人大财经委提出的关于2013年省级公共财政预算调整方案(草案)的审查报告,决定批准2013年江西省省级公共财政预算调整方案。

【关于批准2012年省级决算的决议】 省十二届人大常委会第五次会议,听取省人民政府关于2012年省级决算和2013年上半年预算执行情况的报告、关于2012年度省级预算执行和其他财政收支的审计工作报告。会议结合审议审计工作报告,对江西省2012年省级决算(草案)和省级决算的报告进行审查,同意省人大财经委提出的关于2012年省级决算的审查报告,决定批准江西省2012年省级决算。

【关于召开江西省第十二届人民代表大会第三次会议的决定】 省十二届人大常委会第七次会议决定,省十二届人大三次会议于2014年1月21日在南昌召开,并对会议的主要议程提出建议。

选举和任免

【概　况】 2013年，省人大及其常委会坚持党管干部和人大依法选举、任免的有机统一，认真做好选举、任免工作。省十二届人大一次会议，选举苏荣为省人大常委会主任，洪礼和、魏小琴（女）、朱秉发、陈安众、谢亦森、马志武（回族）为副主任，魏民为秘书长，于果、上官新晨、王可忠、王海、冯桃莲（女）、朱清仙、伍再谦、刘金炎、李广振、李水弟、李玉英（女）、李亚平（女）、李家祥、李锐、肖佧根、余少良、汪毓华（女）、沈亚平、宋才火、张磊、陈东有、陈永华（女）、陈尚云、陈春明、陈洪萍（女）、陈毓平、林兴富（布依族）、罗慧芬（女）、周健儿、周容兴、郑元豹、房凌春、赵锦成、胡丹（女）、胡宪、高小琼、郭学勤（女）、唐玉英（女）、涂书田、涂勤华、梁彩云（女）、屠永发、傅世平、舒南武、曾萍（女）、温显来、谢秀琦、谢碧联、蔡社宝、蔡媛媛（女）、廖维林、樊耀、潘玉兰（女）、戴勇为委员；选举鹿心社为省人民政府省长，凌成兴、谢茹（女）、胡幼桃、朱虹、姚木根、曾庆红（女）、李贻煌为副省长；选举张忠厚为省高级人民法院院长；选举刘铁流为省人民检察院检察长（须报经最高人民检察院检察长提请全国人民代表大会常务委员会批准）。通过胡宪为省人大内务司法委员会主任委员，王可忠、陈东有、赵锦成、周山印为副主任委员，张磊、房凌春、罗慧芬（女）为委员；谢碧联为省人大财政经济委员会主任委员，涂勤华、林兴富（布依族）、伍再谦、张振球、高小琼、王曼萍（女）、谭文英（女）为副主任委员，蔡媛媛（女）为委员；李玉英（女）为省人大教育科学文化卫生委员会主任委员，王海、周健儿、李水弟、谢秀琦、聂道宏为副主任委员，胡丹（女）、朱清仙、余少良为委员；陈毓平为省人大农业和农村委员会主任委员，梁彩云（女）、樊耀、严卫为副主任委员，上官新晨、陈洪萍（女）为委员；汪毓华（女）为省人大环境与资源保护委员会主任委员，李亚平（女）、周容兴、屠永发、廖维林为副主任委员，李广振为委员；沈亚平为省人大法制委员会主任委员，李锐、宋才火、肖佧根、陈春明为副主任委员，傅小健（女）、张振球、屠永发、周山印、王曼萍（女）、聂道宏、严卫、涂书田为委员。

省十二届人大二次会议，补选强卫为省人大常委会主任。

省十一届人大常委会第三十五次会议，决定免去夏宏根的省人大常委会法制工作委员会副主任职务；任命徐国华为江西省南昌长埈地区人民检察院副检察长、检察委员会委员。

省十二届人大常委会第一次会议，通过省十二届人大常委会代表资格审查委员会组成人员名单：洪礼和为主任委员，傅世平、冯桃莲（女）为副主任委员，上官新晨、李玉英（女）、余少良、汪毓华（女）、沈亚平、陈毓平、罗慧芬（女）、胡宪、谢碧联为委员；决定任命陈洪生为省人大常委会办公厅副主任、刘永亮为省人大常委会法制工作委员会副主任；决定免去王曼萍的省人大常委会预算工作委员会副主任职务；决定任命李安泽为省发展和改革委员会主任；任命杨伟为省高级人民法院审判员；免去于峰、黄潇的省人民检察院检察员职务。

省十二届人大常委会第二次会议，决定接受苏荣辞去省十二届人民代表大会常务委员会主任职务的请求，并报江西省第十二届人民代表大会第二次会议备案。

省十二届人大常委会第三次会议，决定任命谭晓林为省人民政府秘书长、吴晓军为省工业和信息化委员会主任、虞国庆为省教育厅厅长、洪三国为省科学技术厅厅长、张爱华为省国家安全厅厅长、刘卫平为省监察厅厅长、徐毅为省民政厅厅长、马承祖为省司法厅厅长、胡强为省财政厅厅长、刘三秋为省人力资源和社会保障厅厅长、刘定明为省国土资源厅厅长、陈平为省住房和城乡建设厅厅长、朱希为省交通运输厅厅长、孙晓山为省水利厅厅长、甘良淼为省农业厅厅长、阎钢军为省林业厅厅长、王水平为省商务厅厅长、部海镭为省文化厅厅长、李利为省卫生厅厅长、李舰海为省人口和计划生育委员会主任、王殿军为省审计厅厅长、邓兴明为省环境保护厅厅长、张学军为省外事侨务办公室主任。

省十二届人大常委会第四次会议，决定罢免周文斌的第十二届全国人民代表大会代表职务，并报送全国人民代表大会常务委员会备案、公告；决定免去吴会清的省人民代表大会常务委员会选举任免联络工作委员会主任职务；免去薛江武的省人民检察院副检察长、检察委员会委员职务，陈坚的省高级人民法院审判委员会委员、审判员职务，翟普全的省人民检察院检察员职务。

省十二届人大常委会第五次会议，决定接受凌成兴、曾庆红辞去省人民政府副省长职务的请求，并报江西省第十二届人民代表大会第三次会议备案；决定任命莫建成、李炳军为省人民政府副省长；任命姚平为省高级人民法院审判员、李敬群为省上饶珠湖地区人民检察院检察委员会委员；免去王漪清（女）、赖谋福的省人民检察院检察员职务，陶心芳的省上饶珠湖地区人民检察院检察员职务。

省十二届人大常委会第六次会议，决定免去傅世平的省人民代表大会常务委员会副秘书长、办公厅主任职务；决定任命郑为文为省公安厅厅长；免去黄敏孙的省高级人民法院审判委员会委员、审判员职务，李江南的省人民检察院南昌铁路运输分院检察委员会委员、检察员职务；任命古毅华为省人民检察院南昌铁路运输分院检察委员会委员、检察员，王晖、陆志华为省人民检察院南昌铁路运输分院检察委员会委员。

省十二届人大常委会第七次会议，决定任命张振球为省人民代表大会常务委员会副秘书长、办公厅主任；杨伟东为省人民代表大会常务委员会选举任免联络工作委员会主任；周山印为省人民代表大会常务委员会预算工作委员会主任、省人民代表大会财政经济委员会副主任委员；决定免去张振球的省人民代表大会常务委员会预算工作委员会主任、省人民代表大会财政经济委员会副主任委员职务；免去周山印的省人民代表大会内务司法委员会副主任委员职务；任命赵九重为省高级人民法院审判委员会委员、审判员。

代表工作

【概　况】　2013 年，省十二届人大一次会议期间，共收到代表建议、批评和意见 626 件，是历年来最多的一次。其中涉及政法综合方面 182 件，占建议总数 29.1%；涉及工业交通方面 178 件，占建议总数 28.4%；涉及财经农林方面 180 件，占建议总数 28.8%；涉及教科文卫方面 86 件，占建议总数 13.7%。会后，省人大常委会及时将建议交由有关国家机关、组织办理。其中：交由党群系统办理 26 件；交由人大系统办理 3 件；交由省政府系统办理 594 件；交由省高级人民法院办理 2 件；交由省人民检察院办理 1 件。建议办理工作共涉及 88 个单位和部门。从办理答复的整体情况看，所提问题已经解决或者基本解决的（A 类）230 件，占 36.7%；列入年度计划将逐步解决的（B 类）351 件，占 56.1%；因条件限制或者其他原因无法解决的（C 类）45 件，占 7.2%。从收到的代表反馈意见看，满意（基本满意）率达 100%。

省人大常委会扎实做好代表建议交办督办工作，采取网上督办、重点督办和经常性督办、代表参与督办等方式，加强建议督办工作，省人大常委会主任会议确定《关于化解医患纠纷，创新社会管理的建议》等重点督办建议，由常委会领导领衔督办，各专工委具体督办；将道路交通安全方面的 6 件代表建议列入“畅通省城”活动监督内容，进行重点督办，使重点建议督办工作与常委会监督工作相结合、与有关专工委的专题调研相结合，切实增强办理工作实效。

【组织代表开展专题调研和视察】　2013 年，省人大常委会先后组织全国人大代表围绕南昌市打造核心增长极和九江沿江开放开发情况、优化企业发展环境和江西省新型城镇化建设情况进行集中视察、专题调研，为代表知情知政、建言献策提供良好平台。这两次视察和调研，代表共提出 21 条意见建议。

【强化代表服务保障】　2013 年，省人大常委会加强代表履职培训，先后举办省人大代表履职培训班 2 期，参训代表 280 人；组织江西省选举的全国人大代表参加第三期全国人大代表履职学习班。协助全国人大常委会做好澳门全国人大代表团到赣视察工作。出台常委会组成人员联系省人大代表制度，确定每位省人大常委会组成人员重点联系的基层省人大代表名单；推荐 9 名基层全国人大代表作为全国人大常委会领导直接联系的代表人选。扩大代表对常委会、专委会活动的参与，完善邀请代表参与立法调研、执法检查、列席会议机制。编印《江西省实施〈代表法〉办法释义》等学习资料，发送江西省每位全国人大代表和省人大代表，为其更好依法履职提供指导和帮助。

（省人大常委会办公厅研究室）

本栏编辑　陈超萍

1 月 28 日，省人大代表参加投票选举。

省人大常委会办公厅供稿

·资　料·

2013 年江西省地方性法规

法 规 名 称	通 过 日 期
1. 江西省房屋登记条例	2013 年 3 月 29 日省十二届人大常委会第一次会议通过
2. 江西省动物防疫条例	2013 年 3 月 29 日省十二届人大常委会第一次会议修订
3. 江西省突发事件应对条例	2013 年 7 月 27 日省十二届人大常委会第五次会议通过
4. 江西省地质灾害防治条例	2013 年 7 月 27 日省十二届人大常委会第五次会议通过
5. 江西省机动车排气污染防治条例	2013 年 7 月 27 日省十二届人大常委会第五次会议通过
6. 江西省实施《中华人民共和国节约能源法》办法	2013 年 7 月 27 日省十二届人大常委会第五次会议修订
7. 江西省人民代表大会常务委员会关于批准修订《南昌市促进发展新型墙体材料条例》的决定	2013 年 7 月 27 日省十二届人大常委会第五次会议批准修订
8. 江西省企业工资集体协商条例	2013 年 9 月 26 日省十二届人大常委会第六次会议通过
9. 江西省残疾人保障条例	2013 年 9 月 26 日省十二届人大常委会第六次会议通过
10. 江西省科技创新促进条例	2013 年 9 月 26 日省十二届人大常委会第六次会议通过
11. 江西省实施《中华人民共和国道路交通安全法》办法	2013 年 9 月 26 日省十二届人大常委会第六次会议第二次修正
12. 江西省人民代表大会常务委员会关于批准《南昌市涉及国家安全事项建设项目管理条例》的决定	2013 年 9 月 26 日省十二届人大常委会第六次会议批准
13. 江西省人民代表大会常务委员会关于批准《南昌市人民代表大会常务委员会规范性文件备案审查规定》的决定	2013 年 9 月 26 日省十二届人大常委会第六次会议批准
14. 江西省法律援助条例	2013 年 11 月 29 日省十二届人大常委会第七次会议通过
15. 江西省企业权益保护条例	2013 年 11 月 29 日省十二届人大常委会第七次会议通过
16. 江西省渔业条例	2013 年 11 月 29 日省十二届人大常委会第七次会议修正

江西省人民政府

综　述

2013年，全省上下紧紧围绕建设富裕和谐秀美江西的奋斗目标，认真贯彻落实“发展升级、小康提速、绿色崛起、实干兴赣”十六字方针，坚持稳中求进工作总基调，统筹做好稳增长、调结构、抓改革、优生态、惠民生等各项工作，经济发展稳中有进、稳中向好，社会事业全面进步，较好地完成了省十二届人大一次会议确定的主要目标任务。

经济保持持续健康较快发展。全省生产总值14338.5亿元，增长10.1%。财政总收入2357.1亿元，增长15.2%，其中公共财政预算收入1620.2亿元，增长18.1%。500万元以上项目固定资产投资12450.8亿元，增长20%。社会消费品零售总额4551.1亿元，增长13.6%。规模以上工业增加值5796.9亿元，增长12.4%。粮食总产达到211.6亿千克，实现“十连丰”。金融机构本外币各项贷款余额13111.7亿元，比年初增加1981.9亿元，增长17.8%。居民消费价格总水平涨幅2.5%。

经济发展竞争力进一步提升。区域经济发展方面，大力实施鄱阳湖生态经济区建设和赣南等原中央苏区振兴发展两大国家战略；加快打造南昌核心增长极和九江沿江开放开发，启动南昌、共青先导区建设，昌九一体化全面推进；出台支持赣东北扩大开放合作、支持赣西经济转型发展的政策意见，区域经济发展活力进一步增强。产业结构调整方面，出台深入实施工业强省战略、加速推进新型工业化的政策意见，重点推进战略性新兴产业发展和传统产业改造升级；大力推进农业产业化，规模以上龙头企业销售收入增长21.1%；实施服务业提升战略，服务业占生产总值比重提高0.5个百分点。深入推进创新驱动发展战略，科技协同创新展现新活力，科技进步对经济增长的贡献率进一步提高。

经济社会发展的动力活力增强。以推进简政放权、转变政府职能为重点，加大了行政审批制度改革力度。衔接国务院取消和下放的行政审批项目93项，取消和下放省级行政审批与备案项目61项，取消省级行政事业性收费项目20项，200个基础设施和公共服务项目向社会资本开放，鼓励支持引导非公有制经济加快发展。财税体制、食品药品安全监管体制、医药卫生体制改革有序推进。积极扩大对外开放，成功举办了赣港会、赣台会、瓷博会、央企入赣、光彩事业赣州行等重大活动，实际利用外商直接投资75.5亿美元，增长10.7%；利用省外5000万元以上项目资金3670亿元，增长15%。外贸出口281.7亿美元，增长12.2%。“走出去”战略迈出新步伐，对外承包工程完成营业额22亿美元，增长20%。新增国际友好城市3对，总数达到79对。新增赣州（吉安）至厦门铁海联运五定班列，开通新余至宁波货运专列。新增宜春、龙南、瑞金3个国家级经济开发区。

城乡统筹加快推进。实施一批重大基础设施项目建设，武九客专、九景衢铁路开工建设，向莆铁路、衡茶吉铁路建成投运，全省铁路营运里程达到3146千米。福银高速公路九江长江公路大桥、厦坪至睦村高速公路建成投运，全省高速公路通车里程达到4335千米。宜春明月山机场竣工通航。500千伏梦山至安源、九江马回岭等输变电工程建成投运，峡江水利枢纽两台机组并网发电，赣江石虎塘航电枢纽建成投运。坚持城乡统筹、镇村联动、互惠一体，有序推进新型城镇化。全省新增城镇人口86万人，城镇化率达到49%，提高1.5个百分点。推进326个集镇、2923个自然村镇村联动发展，在8321个村点开展新农村建设，城乡人居环境继续改善。

生态文明建设取得新成效。“森林城乡、绿色通道”工程扎实推进，完成造林面积16.91万公顷。新增国家园林城市3个。深入开展净空、净水、净土行动。在南昌市开展PM2.5监测，空气质量监控措施进一步强化，其他设区城市空气质量达到国家Ⅱ级标准。全省地表水监测断面水质达标率80.8%。完成14个重金属污染源综合治理项目。淘汰89个落后产能项目，万元地区生产总值能耗下降3.6%，主要污染物减排完成国家下达计划任务。

各项社会事业全面推进。筹集700亿元财政性资金实施民生工程，76件实事全面完成。全省城镇新增就业54万人，新增转移农村劳动力57.5万人。建立和完善了城乡居民大病保险等保障制度，覆盖城乡居民的社保体系进一步完善。保障性安居工程顺利推进，开工建设保障性住房32.5万套，基本建成24.3万套，完成农村危旧房改造36.8万户。完成扶贫移民搬迁6.3万人。农村义务教育学校标准化建设等一批教育重大工程项目顺利推进，各类教育事业进一步提升。加强与中国科学院、中国工程院、清华大学、北京大学、北京师范大学等科研院所和高校的战略合作,省部合作、省校合作取得新进展。加强公共文化服务体系建设,文化事业进一步繁荣。成功举办第五届江西艺术节,涌现出一批文化创作精品。城市公共图书馆建设、农家书屋、文化下乡等文化惠民工程直接惠及城乡百姓。文化产业进一步壮大,成为全省服务业的重要增长点。人民群众收入水平进一步提高,城镇居民人均可支配收入2.19万元,增长10.1%;农民人均纯收入8781元,增长12.2%。扎实推进平安江西建设,安全生产形势持续稳定好转,社会保持和谐稳定。

(省政府办公厅调研处)

重要会议

【省政府全体会议】 1月10日,省政府召开全体会议,讨论即将提交省十二届人大一次会议审议的《政府工作报告(讨论稿)》,部署下一步工作。省长鹿心社出席并讲话,副省长凌成兴主持会议。副省长洪礼和、谢茹、胡幼桃、朱虹,省政府顾问孙刚、熊盛文,省政府秘书长谭晓林等出席会议。鹿心社代表省政府与各设区市政府负责人签订2013年民生工程责任书。鹿心社指出,刚刚过去的2012年,面对世界经济明显放缓和国内经济下行压力加大的严峻形势,在党中央、国务院和省委的坚强领导下,全省上下深入贯彻落实科学发展观,紧紧围绕建设富裕和谐秀美江西的奋斗目标,牢牢把握稳中求进的工作总基调,统筹做好稳增长、调结构、抓改革、优生态、惠民生、促和谐各项工作,经济社会发展呈现稳中有进的良好态势。

鹿心社指出,2013年是全面深入贯彻落实党的十八大精神的开局之年,是实施"十二五"规划承前启后的关键一年,是为全面建成小康社会奠定坚实基础的一年。各地各部门要全面贯彻落实党的十八大和中央经济工作会议精神,按照全省经济工作会议的部署,牢牢把握实现经济持续健康较快发展和社会和谐稳定的总要求,坚持把稳增长摆在首位,在提高经济增长质量和效益的基础上,全力争取较快的发展速度,努力做到稳中求进、进中求快、快中求好、又好又快,为建设富裕和谐秀美江西、全面建成小康社会奠定坚实基础。

鹿心社指出,当前正值岁末年初,各项工作任务十分繁重。各地、各部门一定要科学组织,统筹安排,突出重点,切实抓好工农业生产,抓好重大项目建设,抓好安全生产和社会稳定工作,抓好节日市场供应和群众文化生活安排,抓好全省"两会"筹备工作,抓好党风廉政建设,努力为全年工作开好局、起好步。他强调,做好全省经济社会发展工作,要不断加强和改进工作作风。各地各部门要认真按照中央和省委的要求,以高度的政治自觉,全面贯彻落实好中央改进工作作风、密切联系群众的八项规定和省委的具体要求。各级领导干部要以身作则,率先垂范,以实际行动为广大干部群众树立标杆、作出示范。

【省政府常务会议】 2013年,省政府共召开常务会议17次。

1月30日,省长鹿心社主持召开第一次省政府常务会议。副省长凌成兴、谢茹、胡幼桃、朱虹、曾庆红、李贻煌,省政府顾问孙刚、熊盛文,省政府秘书长谭晓林出席。省人大常委会副主任洪礼和应邀出席。省政府党组成员刘卫平列席。省政府新老领导进行座谈,明确新一届省政府领导分工,省长鹿心社对新一届省政府班子提出希望。

4月9日,省长鹿心社主持召开第二次省政府常务会议。副省长凌成兴、谢茹、胡幼桃、朱虹、曾庆红、李贻煌,省政府顾问熊盛文,省政府秘书长谭晓林出席,省政府党组成员刘卫平列席。会议专题分析一季度全省经济形势,研究部署下一阶段经济工作。

4月24日,省长鹿心社主持召开第三次省政府常务会议。副省长凌成兴、谢茹、胡幼桃、朱虹、曾庆红、李贻煌,省政府顾问孙刚、熊盛文,省政府秘书长谭晓林出席,省政府党组成员刘卫平列席。会议原则通过《2012年度市县政府考核评价结果》《江西省地质灾害防治条例(草案)》《江西省机动车排气污染防治条例(草案)》;通过《关于进一步推进保障性住房建设管理工作的实施意见》《江西省实施〈工伤保险条例〉办法》《江西省畜禽养殖管理办法》;同意成立江西省第三次全国经济普查领导小组,凌成兴任组长;同意省监察厅关于给予李力行政警告处分的请示。

5月3日,省长鹿心社主持召开第四次省政府常务会议。副省长凌成兴、谢茹、胡幼桃、朱虹、曾庆红、李贻煌,省政府顾问孙刚、熊盛文,省政府秘书长谭晓林出席,省政府党组成员刘卫平列席。会议通过《江西省人民政府工作规则》;就做好新一届省政府工作提出要求。

5月20日,省长鹿心社主持召开第五次省政府常务会议。副省长胡幼桃、朱虹、曾庆红、李贻煌,省政府顾问孙刚,省政府秘书长谭晓林出席。省委常委、南昌市委书记王文涛应邀出席。省政府党组成员刘卫平列席。会议听取南昌市政府关于九龙湖片区规划的汇报和省水利厅关于江西省落实最严格水资源管理制度情况汇报;批准了2012年度省科学技术奖授奖项目;原则通过《关于深入实施工业强省战略加速推进新型工业化的意见》。

6月24日,省长鹿心社主持召开第六次省政府常务会议,副省长谢茹、胡幼桃、朱虹、李贻煌,省政府顾问孙刚、熊盛文,省政府秘书长谭晓林出席,省政府党组成员刘卫平列席。会议听取关于贯彻全国安全生产电视电话会议精神及江西省近期安全生产情况的汇报;原则通过《江西省科技创新促进条例(草案)》和《江西省残疾人保障条例(草案)》;通过《江西省取水许可和水资源费征收管理办法》;同意江西省2013年地方政府债券资金安排意见。

7月15日,省长鹿心社主持召开第七次省政府常务会议,副省长莫建成、谢茹、胡幼桃、朱虹、李贻煌,省政府顾问孙刚、熊盛文,省政府秘书长谭晓林出席。会议研究《上半年全省经济社会发展情况及下半年工作意见(征求意见稿)》;对省政府各部门开展党的群众路线教育实践活动作出部署。

7月29日,省长鹿心社主持召开第八次省政府常务会议,副省长莫建成、李炳军、谢茹、胡幼桃、朱虹、李贻煌,省政府顾问孙刚、熊盛文,省政府秘书长谭晓林出席，省政府党组成员刘卫平列席。会议原则通过支持赣东北开放合作的若干意见；通过《关于取消和下放一批行政审批项目的决定》《关于设区市公办普通本科高校划归省管的实施意见》；传达学习国务院总理李克强在经济形势座谈会上的讲话精神。

8月8日，省长鹿心社主持召开第九次省政府常务会议，副省长莫建成、李炳军、谢茹、胡幼桃、朱虹、李贻煌，省长助理郑为文，省政府秘书长谭晓林出席，省政府党组成员刘卫平列席。会议专题学习中共中央总书记习近平7月25日在中央政治局常委会议、国务院总理李克强7月9日和16日在经济形势座谈会上关于当前经济形势和经济工作的重要讲话精神，研究贯彻落实的具体措施。

8月19日，省长鹿心社主持召开第10次省政府常务会议。副省长莫建成、李炳军、谢茹、胡幼桃、朱虹、李贻煌，省政府顾问孙刚、熊盛文，省长助理郑为文，省政府秘书长谭晓林出席，省政府党组成员刘卫平列席。会议传达学习《中共中央、国务院转发〈国家发展和改革委员会关于当前经济形势和做好下半年经济工作的建议〉的通知》，研究提出了贯彻落实意见；原则通过《江西省农田水利条例(草案)》《江西省法律援助条例(草案)》《江西省企业权益保护条例(草案)》；讨论《江西省大中型水利水电工程建设征地补偿和移民安置管理办法》，选择合适时机再行研究确定。

9月2日，省长鹿心社主持召开第11次省政府常务会议。副省长莫建成、李炳军、胡幼桃、朱虹、李贻煌，省政府顾问熊盛文，省长助理郑为文出席。省委常委、省委统战部部长蔡晓明应邀出席。省政府党组成员刘卫平列席。会议原则通过《关于深入推动全民创业大力促进非公有制经济更好更快发展的意见》《2013年度市县科学发展综合考核评价实施意见》；通过2013年度江西省主要学科学术和技术带头人培养对象人员名单及项目。

9月18日，省长鹿心社主持召开第12次省政府常务会议。副省长莫建成、李炳军、谢茹、胡幼桃、朱虹，省政府顾问孙刚、熊盛文，省长助理郑为文出席，省政府党组成员刘卫平列席。会议原则通过《江西省城镇体系规划(2012—2030年)》《赣州都市区总体规划(2012－2030年)》《关于推进旅游强省建设的若干意见》《江西省医疗纠纷预防与处理条例(草案)》。

10月14日，省长鹿心社主持召开第13次省政府常务会议。副省长莫建成、李炳军、胡幼桃、朱虹、李贻煌，省长助理郑为文出席，省政府党组成员刘卫平列席。会议专题学习中共中央总书记习近平在中央政治局常委会会议上关于化解产能过剩的重要讲话精神；原则通过《关于全省前三季度经济运行情况和做好四季度工作的建议》；听取关于第四次全国对口支援新疆工作会议有关情况及建议的汇报、关于国务院安委办成都会议精神及江西省贯彻意见的汇报、关于全国改善农村人居环境工作会议有关情况及建议的汇报；通过《江西省合用场所消防安全治理规定》。

11月18日，省长鹿心社主持召开第14次省政府常务会议。副省长莫建成、李炳军、谢茹、胡幼桃、朱虹、李贻煌，省政府顾问孙刚、熊盛文，省长助理郑为文出席，省政府党组成员刘卫平列席。会议对学习贯彻党的十八届三中全会精神作了部署；原则通过《关于支持赣西经济转型加快发展的若干意见》《江西省渔业条例修正案(草案)》；讨论了《江西省林产品质量安全条例(草案)》；同意省监察厅《关于给予许润龙开除公职处分的请示》和《关于解除李力行政警告处分的请示》。

12月2日，省长鹿心社主持召开第15次省政府常务会议。副省长莫建成、李炳军、胡幼桃、朱虹、李贻煌，省政府顾问孙刚，省长助理郑为文出席，省政府党组成员刘卫平列席。会议传达学习中共中央总书记习近平关于艾滋病防治工作的重要批示，听取省卫生厅关于江西省艾滋病防治工作情况的汇报；调度2013年以来全省经济社会发展情况，研究2014年经济工作思路。

12月17日，省长鹿心社主持召开第16次省政府常务会议。副省长莫建成、李炳军、谢茹、胡幼桃、朱虹、李贻煌，省政府顾问熊盛文出席，省政府党组成员刘卫平列席。会议原则通过《2013年全省计划执行情况和2014年经济工作建议》《2014年民生工程安排意见》《2014年财政预算安排意见》《鹿心社省长在省委全会上的讲话》。

12月30日，省长鹿心社主持召开第17次省政府常务会议。副省长莫建成、李炳军、谢茹、胡幼桃、朱虹、李贻煌，省政府顾问孙刚、熊盛文，省长助理郑为文出席，省政府党组成员刘卫平列席。会议对贯彻落实省委十三届八次全会精神做出部署，研究涉及政府职能需要改革的任务；原则通过《关于全面扩大开放加快开放型经济发展升级的意见》《江西省人口与计划生育条例修正案(草案)》；通过《江西省人民政府2014年立法工作计划(草案)拟列入的省政府规章》《江西省民用运输机场管理办法》《江西省水文管理办法》。

(省政府办公厅会议处)

办理人大代表建议和政协委员提案

【概　况】 2013年，在省十二届人大一次会议和省政协十一届一次会议期间，新当选的省人大代表和省政协委员提交了许多建议提案。省人大代表共提交建议626件，交省政府系统办理591件，占总数的94%。省政协委员、参加政协的各党派、各人民团体以及政协各专门委员会共提交提案621件，交省政府系统办理568件，占总数的91%。在省人大常委会、省政协和代表委员的关心支持下，各承办单位认真办理，狠抓落实，所有建议提案均在规定时间内办理完毕，办复率、满意率均为100%。

加强领导，落实责任，办理工作保障有力。省政府十分重视建议提案办理工作，把办理建议提案作为政府接受代表委员监督、密切联系群众、倾听群众呼声的有效途径，纳入省政府重要议事日程，切实抓实抓好。一是高位推动。省长鹿心社对办理工作专门做重要批示，要求各承办单位主要领导要协调指导，确定专人负责办理并主动与代表委员加强沟通。要把办理建议提案与做好本职工作紧密结合起来，与改进工作作风紧密结合起来，着力解决实际问题，推动、改进工作。省政府办公厅认真贯彻省政府领导指示要求，加强对办理工作的指导、协调和督促检查，确保办理工作落到实处。二是精心部署。省“两会”结束后，省政府迅速组织召开交办会，对建议提案办理工作进行研究部署。各承办单位在第一时间专门召开会议听取年度建议提案办理情况汇报，主要负责人亲自对建议提案办理工作进行部署，研究提出办理工作各项具体要求，为做好办理工作提供有力支持。三是强化责任。实行“主要领导负总责，分管领导具体负责，办公室协调督办，承办处室办理落实”的分级负责制，做到一级抓一级，层层抓落实，确保办理好每一件建议提案。省财政厅接到办理任务后，认真研究建议提案内容，详细制定办理计划，严格落实办理责任，明确业务处室和具体承办人员，办公室及时跟踪，掌握办理进度，办理一件，销号一件。

完善制度，严格程序，办理工作日趋规范。为确保建议提案办理工作规范运行，省政府及各承办单位积极完善办理工作制度，使办理工作有章可循，不断推进办理工作规范化。一是完善分办制度。交办会前，省政府与省人大、省政协联合抽调省直单位有关人员，根据部门职能对建议提案进行初步审核分办，并将交办建议提案通过网上征求相关承办单位意见，对部分有异议的建议提案，及时召集有关单位开会协调，进行重新调整，有效减少分办后办理工作中的推诿、扯皮现象。二是完善办理制度。进一步完善登记、承办、催办、审签、答复、沟通、归档等方面的办理工作制度，着重强调建议提案答复必须数据真实，内容详尽，措施可行。对答复内容简单、语言模糊、措施不力、格式不规范的建议提案答复函退回承办单位重新办理，直至符合规范要求。宜春市、省环保厅专门制定出台《政府系统办理建议提案工作办法》，对办理程序进行规范，确保办理工作程序到位。三是完善会办制度。对涉及多个单位的建议提案，要求各承办单位之间相互配合，主办单位积极牵头办理，会办单位主动配合、深度参与，及时提出书面会办意见，合力做好办理工作。省财政厅历年来都把协办件当主办件办理，对涉及财政业务的，积极主动配合，及时与主办单位协商，提出协办意见，受到代表委员高度评价。

注重方法，强化沟通，办理工作质量提升。在建议提案办理工作中，各承办单位注重工作方法，把加强与代表委员的联系沟通作为改进工作作风、保证办理工作质量的重要手段。一是注重调查研究。对于涉及面广、事关群众切身利益，以及短期难以解决的建议提案，各承办单位都能加强调查研究，组织力量深入实际、深入现场、深入群众，把情况弄清、把问题找准，有针对性地提出解决方案，落实切实可行的举措。省地税局结合办理《关于峡江县石油公司防洪保安资金属地征缴建议》，在全省开展中央及省属企业防洪保安资金征管工作调查，制定印发《关于进一步加强和规范防洪保安资金征管的通知》，真正把办理过程转变为调查研究的过程。二是注重亲身参与。各承办单位在办理建议提案时，通过邀请代表委员参加专题调研、召开专题协商会议、主动上门征求代表委员意见等方式，加强与代表委员面对面的沟通，提高与代表委员见面答复率，使代表委员亲身参与到办理中来。对一些出差或不便上门答复的，通过电话、信函等方式与代表委员保持联系，切实变“文来文往”为“人来人往”，受到代表委员好评。省农业厅在办理过程中，坚持“三个沟通”（事前沟通、事中沟通、事后沟通）。事前沟通，办理前先与代表委员沟通，了解代表委员真实想法后，再研究制定措施；事中沟通，答复过程中，与代表委员沟通，共同研究办理措施并将答复函件事先征求意见；事后沟通，正式答复后，再次与代表委员沟通，及时了解落实情况。三是注重跟踪问效。办理工作结束后，各承办单位都能够组织开展“回头看”活动。对代表委员答复不满意件认真研究分析，努力查找原因，切实采取措施，让代表委员们满意。

【办理建议提案与工作职能相结合】 2013年，在建议提案办理工作中，各承办单位没有满足于文字上的答复，而是把建议提案办理与工作职能相结合，与当前重点工作相结合，力求将合理的建议提案转化为具体的政策措施，实现建议提案成果与实际工作成效的统一。一是将办理建议提案与落实重大决策部署相结合。积极策应重大决策部署的贯彻落实，把建议提案的办理与推动重大决策部署的贯彻落实有机结合，推动经济社会持续健康较快发展。二是将办理建议提案与改善民生相结合。民生工程是代表委员关注的热点，很多建议提案反映的问题，都是老百姓最关心、最直接、最现实的民生问题。各承办单位把涉及民生工程的建议提案作为重点来抓，积极组织开展调研，采取有效措施推动办理工作。三是将办理建议提案与解决具体问题相结合。有些代表委员提出的建议提案涉及具体问题的解决，针对这些建议提案，各承办单位深入基层、深入实际了解情况，注重所提问题的有效办理和落实，认真研究解决问题的方法和措施，实事求是解决问题。

（省政府办公厅督查处）

法制建设

【概　况】 2013年，全省各级政府法制机构，扎实推进法治政府建设，为江西“发展升级，小康提速，绿色崛起，实干兴赣”做出积极贡献。

政府立法引领和推动经济社会发展取得明显成效。省政府法制办审核修改10件地方性法规草案和6件省政府规章，较好地完成省政府年度立法计划确定的目标任务。以行政许可为专题清理112件现行有效的省政府规章，拟建议省政府一揽子修改11件。办理全国人大法律征求意见稿20件、国务院行政法规征求意见稿22件、各类文件征求意见稿92件，提出的意见建议许多被采纳。一是立法注重为发展升级提供制度保障。省政府法制办在审核修改科技创新促进条例草案时，学习借鉴全国各地发挥科技引导作用、推动创新驱动发展方面的经验和做法，对强化企业创新主体地位、加大科技创新投入、促进科技创新成果转化及产业化、激发科技人才和全社会科技创新活力等做出了规定。

二是立法注重回应社会热点、焦点问题。大气污染严重影响着广大人民群众的身体健康。加强大气污染治理，是人民群众急切之盼。省政府法制办提前启动机动车排气污染防治立法，建立了机动车环保标志、黄标车限行等制度。三是立法注重提高制度建设的质量。坚持开门立法、问计于民，广泛吸纳社会各界尤其是基层群众的意见和建议。审查修改的每一个立法项目，均通过政府网站、新闻媒体和召开座谈会等方式，广泛征求社会公众意见，其中国有土地上房屋征收与补偿实施办法等7件涉及群众切身利益、影响社会和谐稳定的项目开展立法听证，医疗纠纷预防与处理条例草案还征求了最高法研究室的意见，力求使制度设计把握规律性、体现科学性。16个项目在省政府常务会议讨论审议时，有8个项目一字未改获得通过。医疗纠纷预防与处理条例得到国家卫计委的高度评价。

行政执法规范化建设水平有较大提升。一是积极推进重大行政执法行为备案机制建设。起草并提请省政府办公厅印发《关于进一步规范重大行政执法行为备案工作的通知》，规范重大行政执法行为备案范围、程序、方法以及审查纠错规定。为贯彻落实好文件要求，省政府法制办还制定实施细则。截至12月底，省里备案审查了2起重大行政执法案件，均未发现违法行为；11个设区市已全部出台相关配套制度，有效防止因重大行政执法行为差错造成的社会负面影响。二是深入推进规范行政处罚自由裁量权工作。组织省直行政执法部门，全面评估论证已公布实施的行政处罚裁量权细化标准，并进行调整完善；全面梳理2013年新制定或者修改的法律、法规、规章中的行政处罚条款，拟定行政处罚裁量权细化标准，汇编成册并通过网络向社会公布。三是加大行政执法监督检查力度。经省政府领导同意，省政府法制办组织开展全省行政执法和行政执法队伍建设的监督检查，重点督查农业、林业、环保、交通、住建、卫生、药监、水利8个系统的三级行政执法情况，及时查处纠正了一批行政执法违法行为。4—6月，集中评审各地各部门报送的563宗行政处罚、行政许可和重大行政决策案卷，有效地促进了行政执法规范化建设。

行政争议化解工作取得新的实效。一是扎实推进行政复议委员会试点。在总结2012年行政复议委员会试点经验的基础上，进一步扩大试点范围，选择10个市、县再次试点。指导各试点单位采取建章立制的办法，整合行政复议资源。到12月底，已有8家试点单位出台试点方案，其中泰和县等5家行政复议委员会已挂牌运行。二是认真办理行政复议案件。全省各级行政复议机构受理行政复议案件4300余件，办结3200余件，其中省政府法制办直接受理行政复议案件36件，办结29件，有效化解了一大批行政争议纠纷，促进社会和谐稳定。三是深入推进行政调解工作。省政府法制办积极争取省综治办的支持，大力推进行政调解工作。首先是推动行政调解组织机构建设，至12月底，全省设立6000多个行政调解组织，省市县三级均建立行政调解联席会议制度；其次是完善行政调解工作制度，建立了行政调解与司法调解衔接机制；最后调解了一大批争议纠纷，全省受理行政调解案件23.6万余件，调解21.2万余件，案件数量较上年增加22.3%，调解率增长18.2%。

推进依法行政工作有了新的进展。一是狠抓推进依法行政工作要点的贯彻实施。年初，召开省政府部门法规处长会议和设区市政府法制办主任会议，对贯彻落实省政府年度推进依法行政工作要点进行安排布置。会后，及时督促各地各部门抓紧制定贯彻落实方案。二是积极推进政府职能转变。按照国务院和省政府的要求，认真做好简政放权工作。省政府法制办配合省编办开展两次行政审批清理和衔接工作，共衔接国务院取消和调整行政审批330项，取消省本级行政审批30项，对545项行政审批进行合法性审查。清理现行有效的112件省政府规章和245件省政府规范性文件中涉及的行政许可事项，并向省政府提出拟修改的意见和建议。三是认真组织依法行政考核。省政府法制办在总结以往考核经验的基础上，探索采取随机抽查、抽考，当面询问服务对象，电话采访当事人等考核方式，增强考核结果的可信度和权威性，更好地发挥考核对工作的推动和促进作用。

【为省委、省政府的中心工作建言献策】　2013年，在民用运输机场管理办法立法过程中，省政府法制办撰写的《推动临空经济发展，打造江西新的核心增长极》的调研报告，省委书记强卫、省长鹿心社、常务副省长莫建成等领导作了重要批示，所提的建议措施已被省委、省政府采纳，省委十三届八次全会决定将南昌临空经济区作为昌九一体化建设的先导区，并已拉开建设序幕。

【开展卓越法律人才教育培养基地骨干教师实践锻炼活动】　2013年，省政府法制办贯彻落实省教育厅、省委政法委、省财政厅《关于实施江西省普通高等学校卓越法律人才教育培养计划的通知》要求，每年从南昌大学等5所基地高校选派3～5名法学年轻骨干教师到省政府法制办职能处室实践锻炼一年(1—12月)。建立高校与政府法律实务部门联合培养机制，畅通政府教育部门与政府法制部门合作机制，创新法学教师培养模式，造就一批法学基础理论扎实、实务经验丰富的法学师资队伍，满足应用型、复合型卓越法律人才教育需要。

(黄伟)

·资 料·

2013年江西省政府规章

序号	省政府规章名称及公布日期
1.	《江西省商品条码管理办法》(2013年1月17日江西省人民政府令第203号)
2.	《江西省实施〈工伤保险条例〉办法》(2013年5月6日江西省人民政府令第204号)
3.	《江西省畜禽养殖管理办法》(2013年5月6日江西省人民政府令第205号)
4.	《江西省取水许可和水资源费征收管理办法》(2013年7月8日第206号)
5.	《江西省合用场所消防安全治理规定》(2013年10月20日省政府令第207号)

财政预决算

【概　况】 2013年,面对错综复杂的国内外形势,全省财政部门牢牢把握稳中求进的工作总基调,深入推进"五型"财政建设,全省财政运行稳中向好,完成全年财政收支任务,有力支持经济社会平稳健康发展。

公共财政预算执行情况。全省财政总收入完成2357.1亿元,增长15.2%。其中:公共财政预算收入1620.2亿元,增长18.1%;上划中央"两税"收入489.1亿元(其中增值税363.4亿元,消费税125.7亿元),增长9.1%;上划中央所得税247.9亿元(其中:企业所得税204.7亿元,个人所得税43.2亿元),增长9.7%。公共财政预算收入分项目完成情况是:税收收入1177.7亿元,增长20.4%。其中:国内增值税119.4亿元,增长11.1%;8月1日起交通运输等"营改增"增值税收入27.1亿元;营业税422.7亿元,增长16.3%;企业所得税136.5亿元,增长9.9%;个人所得税28.8亿元,增长8.5%;资源税34.7亿元,增长16.8%;城市维护建设税57.6亿元,增长19.9%;房产税21.5亿元,增长35.5%;印花税12.2亿元,增长22.8%;城镇土地使用税31.9亿元,增长26.9%;土地增值税80.3亿元,增长53.5%;车船税8.5亿元,增长22.9%;契税和耕地占用税194.4亿元,增长16.5%;烟叶税2.3亿元,增长21%。非税收入442.5亿元,增长12.3%,其中:行政事业性收费收入166.3亿元,增长10.3%;罚没收入63.4亿元,增长15.7%;专项收入62.9亿元,增长21%;国有资源(资产)有偿使用收入114.5亿元,增长73.7%;其他收入34.2亿元,下降1.6%,主要是部分地区2012年入库一次性收入较多。

全省公共财政预算支出完成3465.1亿元,增长14.8%。主要是进一步加大对教育、水利、保障性安居工程、社会保障、医疗卫生等社会公共事业投入,各项重点支出得到有效保障,民生工程和公共财政政策确定的各项实事均顺利完成。主要支出项目预算执行情况是:一般公共服务336.9亿元,增长9.3%;公共安全163.3亿元,增长15.2%;教育661.6亿元,增长6.4%,主要是2013年中央补助江西省教育专款减少及2012年一次性安排高校化债资金46.1亿元,剔除此因素,同口径增长16.8%;科学技术44.8亿元,农林水事务435.3亿元,分别增长63%和13.1%,以上三项支出,均超过全省财政经常性收入9.8%的增幅,达到法定要求;文化体育与传媒51.9亿元,增长15.9%;社会保障和就业374.9亿元,增长16%;医疗卫生262.7亿元,增长19.9%;节能环保73.5亿元,增长9.9%;城乡社区事务202.4亿元,增长14.5%;交通运输206.9亿元,增长7.3%;资源勘探电力信息等事务214.1亿元,增长9.2%;商业服务业等事务34.3亿元,下降10.3%,主要是家电下乡、摩托车下乡等补贴政策到期,相关补贴支出减少;金融监管等事务支出6.9亿元,增长0.2%;援助其他地区支出2.1亿元,主要是省级2013年援疆支出;国土资源气象等事务29.4亿元,下降3.3%,主要是2013年矿产资源专项收入集中在四季度入库较多,部分收入当年未及安排列支;住房保障支出199亿元,增长48%;粮油物资储备事务21亿元,增长10.7%;债务付息支出21.4亿元,增长80.6%,主要是各级各类债务还本付息额增加,及部分市县安排的补充还贷准备金增加;其他支出116.8亿元,增长68.2%,主要是经省政府批准,为部分省属企业注入40亿元资本金。

政府性基金预算执行情况。全省政府性基金预算收入完成1439.2亿元,增长66.8%。其中:国有土地使用权出让收入1210.7亿元,增长74.8%,主要是土地出让面积增加,土地出让价款收入增加较多;地方教育附加收入19.4亿元,增长18.1%;新型墙体材料专项基金收入4.1亿元,增长76.7%,主要是房地产开工面积增多,相应增收较多;新增建设用地土地有偿使用费收入19.2亿元,下降22.4%,主要是严格执行国家耕地保护政策,控制建设用地规模,相应缴纳收入减少;育林基金收入2.9亿元,下降2.9%,主要是各地加大对森林资源保护力度,林木采伐量减少,相应减收;森林植被恢复费7.7亿元,增长51%;地方水利建设基金收入11.5亿元,增长50.6%;政府住房基金收入5.1亿元,增长49.9%;国有土地收益基金收入56.9亿元,增长72.8%,主要是随着国有土地使用权出让收入大幅增加,相应提取的国有土地收益基金增长较多;农业土地开发资金收入6.9亿元,增长15.6%;彩票公益金收入12.8亿元,增长38.3%;城市基础设施配套费收入5.6亿元,增长13.9%;车辆通行费67.6亿元,增长

64.5%，主要是江西省从2012年7月1日起，上调高速公路货车计重收费标准基价，从2013年4月1日起，调整高速公路车辆通行费收费标准，由此增加的通行费收入较多；其他政府性基金收入8.8亿元，下降32.9%，主要是部分地区2012年一次性收入清缴入库较多。

全省政府性基金预算支出完成1382.9亿元，增长68.1%。其中：国有土地使用权出让收入安排的支出1158.4亿元，增长73%，主要是收入增加，支出相应增加；地方教育附加安排的支出8.9亿元，增长129.9%，主要是2013年清算安排以前年度的地方教育附加较多，支出相应增加；大中型水库移民后期扶持基金支出19.7亿元，增长82.1%，主要是2012年中央补助资金下达较晚，结转至2013年开支；残疾人就业保障金支出1.9亿元，增长49.1%；政府住房基金支出4亿元，增长13.7%；国有土地收益基金支出43.6亿元，增长57.1%；农业土地开发资金支出5.3亿元，增长70.8%，主要是部分地区安排土地整理及改善农业生产条件方面的资金较多；新增建设用地土地有偿使用费安排的支出20.8亿元，育林基金支出2.6亿元，分别下降22.8%和18.2%，主要是收入减少，支出相应减少；城市基础设施配套费安排的支出5.4亿元，增长81.2%，主要是南昌市2013年用于大桥养护等方面的资金较多；森林植被恢复费安排的支出4.7亿元，增长3.5%；地方水利建设基金支出13.3亿元，增长1.8倍，主要是九江等地区用于港区建设等项目资金较多；车辆通行费安排的支出61.1亿元，增长59.5%，主要是收入增加，支出相应增加；彩票公益金支出18.6亿元，增长99.2%；其他政府性基金支出14.6亿元，增长14.5%。

（伍晓峰）

发展研究与决策咨询

【概　况】　2013年，省政府发展研究中心围绕江西省经济社会发展的重点、难点、焦点问题，贯彻落实“发展升级、小康提速、绿色崛起，实干兴赣”十六字方针，深入调查研究，开拓创新，勤奋工作，较好地完成省领导交办的各项任务和年度课题计划。先后有104人次，赴省内外67个市、县（区）进行调研，全年有26项研究成果，其中14项调研成果获省领导批示。中心特约研究员完成课题22项。全年编辑调研报告26期，专送件4期。

积极完成省委、省政府领导交办的调查研究任务，成果质量进一步提升。一是完成省政府领导交办的关于赣东赣西区域发展的课题研究，赴抚州、鹰潭、上饶、景德镇、新余、萍乡、宜春等地进行调研，形成《关于建设赣东开放合作示范区的建议报告》《加快构建赣西新型中小城市发展示范区——赣西区域经济社会发展战略构想研究》。二是完成省委、省政府领导交办的关于加快江西省文化创意产业发展的课题研究，赴江苏、陕西、湖南、浙江、深圳等地调研，形成《深圳文化创意产业发展考察报告》《加快江西省文化创意产业发展的对策研究》及《陕西、湖南、浙江文化创意产业考察报告》。三是完成省政府领导交办的关于提高江西省体育场馆利用率的课题研究，赴宜春、九江、南昌等地调研，形成《关于推进江西省体育场馆运营体制改革创新的调研报告》。四是完成省政府领导交办的关于完善重大决策的调查研究制度课题研究，赴山西、北京、江苏、河南、广东等地调研，形成《江西省政府重大决策的调查研究制度（讨论稿）》和《关于晋、豫、苏、粤政府重大决策调查研究制度建设的考察报告》。五是完成省政府领导交办的“2012年经济形势与2013年经济工作思路”课题研究，提交《扩大市场空间，强化创新驱动——当前经济形势与推进江西省持续健康较快发展的若干建议》。六是完成省政府领导交办的关于抚州基础教育发展的课题研究，形成《姹紫嫣红春满园，抚州桃李竞芬芳——关于抚州基础教育发展的调查报告》。七是完成省政府领导交办的关于江西省高等职业教育发展情况的课题研究，形成《关于江西省高等职业教育发展情况的调研报告》。八是完成省政府领导交办的关于江西金融业发展的课题研究，形成《影响江西金融业做强做大的几个突出矛盾和对策措施》。九是完成省政府领导交办的关于拓展优质医疗资源缓解群众“看病难”对策课题研究，赴省卫生厅召开座谈会若干次，形成《拓展优质医疗资源缓解群众“看病难”对策研究》。十是完成省政府领导交办的《狠抓发展升级、推动跨越发展——关于当前加快江西省发展的若干思考与建议》。十一是完成省政府领导交办的《加快江西省农业生产经营模式创新的对策研究》。十二是完成省政府领导交办的《推进江西省新型城镇化持续健康发展对策研究》。十三是承担国务院发展研究中心“中国民生指数”课题江西问卷的入户调查工作，并完成《江西省民生发展报告》。

【完成年度课题任务】　2013年，省政府发展研究中心深入调研，圆满完成年度课题任务：(1)《努力在转型中开创一条跨越发展之路——2012年江西经济形势分析报告》；(2)《加快迈出秀美江西建设新步伐》；(3)《没有“爸”“妈”，如何脱贫致富？——广西巴马旅游扶贫调研启示》；(4)《陕西文化产业发展及对江西省的启示借鉴》；(5)《当前经济面临的挑战和压力前所少有——来自全国省区市经济形势分析座谈会的最强音》；(6)《2013年上半年经济形势分析》；(7)《让文化成为提升江西旅游发展水平的新引擎——加快江西省文化旅游发展的思考与建议》；(8)《加快现代物流园区建设提升工业园区发展水平》；(9)《关于江西主动对接上海自贸区的几点建议》；(10)《2013年经济形势分析与明年工作建议》；(11)《2013年江西省经济运行情况与2014年宏观经济发展及改革走势研判》；(12)《关于2014年江西省经济工作的建议》。

【多项成果得到省领导批示】　2013年，省政府发展研究中心研究成果质量提高，多项成果得到省领导批示：(1)《影响江西金融业做强做大的几个突出矛盾和对策措施》得到省长鹿心社批示；(2)《大力推进江西省文化与旅游产业融合发展》得到省长鹿心社、常务副省长凌成兴、副省长朱虹、省政府秘书长谭晓林批示；(3)《关于推进江西省体育场馆运营体制改革创新的调研报告》得到省长鹿心社、副省长谢茹批示;(4)《关于建设赣东开放合作示范区的建议报告》得到省长鹿心社、副省长朱虹批示;(5)《加快构建赣西新型中小城市发展示范区——赣西区域经济社会发展战略构想研究》得到省长鹿心社、副省长朱虹批示;(6)《江西省政府重大决策的调查研究制度》得到省委常委、副省长莫建成批示;(7)《没有“爸”“妈”,如何脱贫致富?——广西巴马旅游扶贫调研启示》得到副省长朱虹批示;(8)《关于江西省高等职业教育发展情况的调研报告》得到副省长朱虹批示;(9)《让文化成为提升江西旅游发展水平的新引擎——加快江西省文化旅游发展的思考与建议》得到副省长朱虹批示;(10)《加快江西省文化创意产业发展的对策研究》得到副省长朱虹批示;(11)《姹紫嫣红春满园,抚州桃李竞芬芳——关于抚州基础教育发展的调查报告》得到副省长朱虹批示;(12)《陕西文化产业发展及对江西省的启示借鉴》得到副省长朱虹批示;(13)《经济转型增长时期国家智库关注的重大问题——来自全国政策咨询工作会议的声音》得到副省长朱虹批示。

【参加政策咨询、论证活动】 2013年,省政府发展研究中心充分发挥专家优势,积极参加各级党委政府及相关部门、机构组织的评审、论证、咨询活动和各类学术交流活动。参加全省经济监测预警部门联席会议,提交2013年上半年全省经济形势分析报告;参加国务院参事室“促进中部崛起座谈会”,提交《江西实施“中部崛起”的基本态势和几点政策建议》并发言;参加省委“征求十八届三中全会改革发展主题决定意见座谈会”,提交《关于深化改革八个重点领域的粗浅看法》并发言;参加省委政法委《法治江西建设规划纲要(草案)》征求意见座谈会并发言;参加全国政协《建立和完善体现科学发展要求的政府绩效考核评价体系》江西调研座谈会并发言;参加国家发改委、交通运输部等部委在合肥召开的依托长江建设中国经济新支撑带调研工作座谈会,提交会议材料并发言;参加省商务厅召开的筹划设立昌九自由贸易试验区座谈会,撰写《关于筹划设立昌九自贸区的几点思考和想法》并发言。(过士木)

【开展加快电子商务发展的专题调研】 2013年,为研判电子商务的发展前景和趋势,研究加快江西省电商发展的政策措施,省政府决策咨询委联合省商务厅、省中小企业局和《人民日报》海外网江西频道,组织联合调研组,赴南昌、九江、吉安三市和浙江义乌进行专题考察调研,召开专题座谈会4场,调研企业20余家,与近100位电商相关人士进行深入的座谈交流。形成调研报告《电子商务蓬勃发展,江西尚需政策给力——关于江西省加快电子商务发展的调研与建议》,引起了省委、省政府的高度重视,省委书记强卫、副省长胡幼桃在报告上做重要批示,印发省政府办公厅《参阅文件》,推动江西省电商发展一系列重要政策的出台,形成政策成果和实践成果。

【开展“两区”融合、“两化”互动的专题调研】 新型城镇化“新”在以人为本,新型工业化离不开产业支撑,工业园区则是新型工业化和新型城镇化的重要结合点和主战场。2013年,省政府决策咨询委经过专题调研,形成调研报告《依托工业园区,产城一体加速新型城镇化进程》,论述通过“两区”融合、“两化”互动,用城镇化的方式建设园区的基础设施和配套设施,既可以加速推进新型城镇化的进程,也可实现园区的集约化发展。副省长李贻煌做重要批示、印发省政府办公厅《参阅文件》。

【开展江西省民营经济相关课题的专题调研】 3月初至4月底,省政府决策咨询委根据省委、省政府领导的指示,与中小企业局共同进行江西省推动民营经济发展相关课题的调研。先后深入南昌市的进贤、安义县,鹰潭市的贵溪市、余江县,上饶市的广丰县,抚州市的资溪、黎川县开展调查研究,采取召开座谈会、走访企业等方式,广泛听取基层领导、企业家的情况介绍和对江西省民营经济发展的意见和建议,掌握了大量的信息和资料,在充分调研的基础上,撰写《以返乡创业为抓手,推动民营经济快速健康发展》的咨询研究报告并提交省政府相关领导参阅,得到省政府相关领导的批示,批转相关部门参阅,印发省政府办公厅《参阅文件》。

【召开“南昌、九江、宜春、抚州四市区域合作决策咨询暨首届协商会”】 6月9日,由省政府决策咨询委主办,中共南昌市委、南昌市人民政府承办,“南昌、九江、宜春、抚州四市区域合作决策咨询首届协商会”在南昌召开。省委常委、南昌市委书记王文涛,省人大常委会副主任、宜春市委书记谢亦森,省政协副主席、九江市委书记钟利贵,国家发改委地区司副司长刘苏社,抚州市委书记龚建华,九江市市长殷美根,宜春市市长蒋斌,抚州市市长张和平等出席会议,共同探讨打造“一圈两化”格局。协商会重点探讨加快推进南昌、九江、宜春、抚州一体化进程,建立健全“优势互补、互利共赢”的区域合作机制,并着力打造“一圈两化”(省会一小时经济圈、昌九一体化、昌抚一体化)的发展格局,推动4市重大基础设施对接,城市功能共享,产业互补和信息流、物流等互利,实现在城建、产业、服务等领域的“抱团发展”。

(李鹏飞)

人事管理

【概　况】 2013年,全省各级人力资源社会保障部门紧紧抓住“民生为本、人才优先”的工作主线,围绕打造“责任、服务、阳光、数字、廉洁”五型人社的要求,认真履行职能,不断改进作风,努力提高服务水平,各项工作目标任务圆满完成,人事管理工作保持平稳较快发展。

人才队伍建设进一步加强。一是进一步强化高层次人才选拔培养。启动实施新一轮百千万人才工程,评选100名省百千万人才工程人选,5人入选国家百千万人才工程并被授予“有突出贡献中青年专家”称号,1人入选“国家特支计划”百千万工程领军人才。出台《关于进一步加强百千万人才工程人选培养工作的意见》，选拔20人赴国(境)外研修，举办二期百千万人才工程人选高级研修班。深化高层次人才服务，组织第三届江西省突出贡献人才专业技术人员类和第三批“赣鄱英才555工程”自然科学组专家评审和人选考察。认真做好享受国务院、省政府特殊津贴人员津贴、院士津贴发放和高层次人才享受医疗保健待遇的审核认定工作。实施“急需紧缺高层次人才引进计划”，征集引才岗位1422个，组织用人单位赴外省高层次人才集聚地开展招聘活动，引进博士以上高层次人才400多人。制定《江西省博士后管理工作实施办法》，正式启动博士后工作省级管理，江西省20家单位获人社部批准设立博士后科研工作站。开展2013年省博士后科研项目和日常经费择优资助工作，做好中国博士后科学基金第53、54批面上资助和第六批特别资助的申报工作。申报“香江学者计划”，组织第二届江西省博士后站对接活动，举办“2013中国经济可持续发展博士后学术论坛”。完成深化中小学教师职称制度改革试点工作，31人取得中小学教师正高级职称。平稳有序推进新余、上饶、吉安3市中小学教师职称制度改革试点。调整完善职称政策，出台《江西省留学回国人员专业技术资格审定办法》等规定，在中等职业学校教师系列设置正高级专业技术资格，在中小学教师中增设少先队辅导员专业。清理规范各系列(单位)中级评委会。精心组织2013年职称评审与职称考试工作，全省1.9万人申报参加高级专业技术资格评审，通过人数约0.97万人，评审质量进一步提高。继续抓好国家知识更新工程项目落实，申报承办超级水稻育种与栽培集成技术等3个专业技术人员国家级高级研修班。组织国家级专业技术人员继续教育基地申报，江西师范大学获批为江西省首家国家级专业技术人员继续教育基地，获中央财政资助300万元，填补了江西省空白。启动继续教育信息管理系统试运行，在省直事业单位试运行继续教育信息管理系统，已有131个省直事业单位完成注册，注册人员达3.5万余人。二是进一步推进高技能人才队伍建设。继续推进“高技能人才振兴工程”，加强全省国家级、省级高技能人才培养基地布局建设，初步形成高技能人才培养示范基地高端引领、技工院校主体推动、公共实训基地有力补充的技能人才培养体系。出台完善技工院校管理“5+1”制度，组织全省技工院校助学金、免学费全面检查，对8所技校开展首批技工院校办学质量评估。全省80所技工院校、88个专业完成招生4.3万人，为社会培训各类技能人才9.5万人。开展“技兴赣鄱”五一高技能人才专题宣传活动，举办全省“振兴杯”职业技能“1+X”系列竞赛，组织11万人参加221项职业(工种)竞赛。加强鉴定信息化建设，强化鉴定质量管理，开展各级各类职业技能鉴定23.7万人次，完成高技能人才考核鉴定7.3万人次，组织参加国家职业资格全国统一鉴定2.3万人。三是进一步强化引进国外智力工作。围绕重点行业和关键领域，积极引进和用好海外高层次人才和急需紧缺人才，全年执行引进国外技术、管理人才项目47项，通过项目引进20多个国家的海外高层次专家近300人次，产生经济效益3亿多元。项目单位在海外专家的帮助下，获得专利授权32项、专利受理39项，参与国家和行业标准修订5项，入选2013年度国家重点新产品计划3项。积极配合招商引资开展招才引智活动，承办省政府“赣港技术、人才合作推进会”专场活动，发布引智需求100余项、引智岗位1000余个，签署5个香港高层次人才短期赴江西智力支持协议并资助实施。积极推动引智成果共享，通过举办络用丝瓜等引智成果现场推广会、观摩会、座谈会及培训班等活动，培训农民近1500人次，推动引智成果共赢共享。注重加强外国专家服务与管理。坚持以评选促激励，评选15名外国专家获“庐山友谊奖”，获奖的经济技术类专家为历年最多。继续完善外国专家行政许可，研究建立聘专单位专管员制度；会同省教育厅、外办等部门开展2013年度聘专单位年检工作，5家聘专单位暂缓注册、6家聘专单位注销聘请资格。组织纪念邓小平“引进外国智力和扩大对外开放”重要谈话发表30周年系列活动，制作江西省引进海外智力成果展展板和宣传画册，并在“庐山友谊奖”颁奖现场展出，赢得省领导和外国专家、聘专单位的高度评价。联合省外办、省教育厅举办“感知中国梦——外眼看江西”主题作品评选活动，作品在国家外专局“两刊”连载刊出。2013年江西省引智宣传工作荣获国家外专局“两刊”“两网”引智宣传工作二等奖。加强出国(境)培训的规范运行，严把审核关口，加强归口管理，规范审批流程，清理压缩党政类出国(境)培训项目30%，规模得到控制。全年实施出国(境)培训项目19个，培训人员391人次，争取国家专项资金141万元。

人事制度改革迈出新步伐。坚持“凡进必考”，为各级党政机关补充急需人才。完成2013年度省市县乡四级联考、全省统一招警、政法干警招录培养试点、从优秀村干部中考录乡镇公务员等考录工作，报考考生19万余人，考录公务员6411人。积极引导鼓励高校毕业生面向基层就业，加大面向基层一线选拔力度，完善基层考录制度，解决基层单位特别是艰苦边远地区招人难、留人难问题。综合治理考试环境，会同组织、公安、工信等部门开展考试环境综合治理专项行动，对2013年初招警考试中认定为雷同试卷的考生给予严肃处理，取消266人考试成绩。加强面试考官和专家队伍建设，举办两期面试考官和专家培训班，制定下发《江西省纠正公务员考录中不正之风的实施方案》，开展纠正考录不正之风专项行动。大力规范评比达标表彰活动，以省委办公厅、省政府办公厅名义下发《关于严格控制和规范党政机关检查考核评比达标表彰活动的意见》，会同有关单位开展评比达标表彰活动专项清理工作。公务员管理基础工作取得新进展，会同省委组织部开展公务员信息系统建库工作，与省委组织部成立联合调研检查组，江西省公务员信息系统建库工作得到了中央公务员主管部门的肯定，数据质量在全国各省中排名第七位。会同省委组织部开展2012年度公务员统计报表审核汇总、数据会审及上报工作，江西省统计报表被评为全国年度统计全优报表。启动聘任制公务员试点工作，经国家公务员局批准，确定江西省纤维检验局作为江西省首个聘任制试点单位进行聘任制公务员试点探索实践。开展2013年省直单位遴选公务员工作，2836名公务员参与竞争16个省直单位的70个职位，61名基层公务员通过遴选进入省直机关，南昌、宜春、九江、赣州、吉安、上饶、鹰潭等地也根据需要为市直机关遴选了230名公务员。积极推行竞争上岗，扎实开展民主推荐，严格职务任免升降规定和职位空额审核，省直单位共356名公务员晋升为处级干部。坚持以提高公务员综合素质为重点开展公务员培训工作，全年完成培训任务12万人次，全省5788名新录用公务员参加培训，初任培训率保持100%；对6683名新任职公务员进行任职培训，任职培训率逐年提高。举办全省公务员职业道德建设研讨班、全省原中央苏区社会管理公务员培训班、基层公务员培训工程。选聘部分领导干部充实公务员培训师资队伍，江西省5人入选国家公务员局公务员培训兼职教师暨公共管理硕士(MPA)校外导师师资库。平稳实施事业单位公开招聘工作，全年全省事业单位公开招聘1.68万人，其中全省中小学教师招聘7250人。稳步推进事业单位岗位设置工作，全省98.3%的事业单位岗位设置方案完成核准，90%的人员完成首次岗位聘用备案，总人数达80万人。审定2013年事业单位专业技术二级岗位人选48人。出台《关于省直事业单位首次岗位设置期间晋升专业技术职务人员受聘时间计算有关问题的通知》《关于江西省事业单位专业技术岗位聘用有关问题的通知》，解决因事业单位岗位设置工作进展程度不同影响专业技术人员受聘时间问题和缓解事业单位专业技术岗位评聘矛盾问题。联合省卫生厅下发《关于县级公立医院综合改革试点工作岗位设置有关问题的通知》，可按实际开放床位数、病床使用率等综合因素确定县级试点公立医院岗位总量。认真做好军转干部安置工作，接收计划分配军转干部591名，安置到实施公务员法机关和参照管理单位占安置总数的90.5%，妥善安置随迁随调家属88名，做到部队、接收单位和军转干部三方基本满意。积极推进军转安置办法改革创新，出台《江西省省直和中央驻赣单位接收安置正团职军队转业干部暂行办法》，从2014年起对省直和中央驻赣单位接收安置正团职军转干部实行量化考核、积分择岗的办法。大力推进自主择业军转干部就业创业，开展技能、创业和实地培训，江西省自主择业军转干部就业创业率达80%以上。加强自主择业军转干部培训，计划分配军转干部适应性培训、岗前培训参训率分别达96%和91%。

工资制度改革积极稳妥推进。开展县以下机关建立公务员职务与职级并行制度试点工作，研究江西省地区附加津贴制度实施方案，并对国家建立地区附加津贴制度提出意见建议。完成2013年度江西省公务员工资水平试调查工作。提高江西省艰苦边远地区农村中小学教师特殊津贴标准。召开华东地区工资工作座谈会，举办全省机关事业单位工资福利业务培训班。参与江西省《促进城乡居民收入增加》课题的起草研究工作，并向省委省政府提出增加居民收入的意见建议。完成江西省铁路法检两院155人移交地方和全省县级财政410人划转地税的工资审核套改。人事计划管理继续加强，印发《关于下达2013年省直机关事业单位职工人数增长计划的通知》，加快引进江西省经济发展急需人才，继续从紧控制机关事业单位职工人数增长。继续加强省直机关事业单位工资基金管理工作，组织全省清理“吃空饷”专项工作，认真开展自查自纠和专项检查，积极接受监督举报。劳动标准体系建设进一步完善，自2013年4月1日起调整最低工资标准，首次将劳动者个人应当缴纳的社会保险费纳入调整因素，并将最低工资标准与养老保险最低养老金标准脱钩。出台《江西省企业工资集体协商条例》，印发《工资集体合同》《工资集体协商意向书》《工资集体协商要约回应书》等文本，方便企业和职工顺利开展协商工作。出台《关于进一步规范国有企业负责人薪酬管理的意见》，规定企业主要负责人的基本年薪、薪酬调节系数和绩效年薪。建立“集体停工”信息报告制度，坚持重大停工事件即时发生及时上报，一般性停工每月定期上报。全省发生30人以上集体停工事件9起，其中2起为千人以上停工事件。完善劳动保障监察行政执法与刑事司法联动机制、保障农民工工资支付等工作制度建设，开展清理整顿人力资源市场秩序、劳动用工和社会保险、农民工工资支付等专项执法检查活动，为8.6万名劳动者追回工资1.82亿元。

【“一村一品”工作取得新成绩】 2013年，省人社厅继续推进“一村一品”工作，着重扶持葡萄、花卉苗木、特色水果、禽畜水产养殖、农家乐观光园、油茶、茶叶、绿色有机蔬菜等一批各具特色的主导产业，优选命名77个省级“一村一品”产业发展示范村，60个省级“一村一品”产业发展争创村，新增命名16家省级“一村一品”示范企业，建立6个省级“一村一品”带头人培训基地，培养带头人近6000人次，培训农民近20万人次。截至年底，全省“一村一品”特色村达到4200个、带动农户260万户，从事“一村一品”特色产业的农民人均年收入比全省农民人均年收入高出20%以上。

【江西博士后工作实现新突破】 2013年，省人社厅制定《江西省博士后管理工作实施办法》，正式启动博士后工作省级管理，开展博士后人员进出站日常审批和管理服务工作。组织2013年博士后科研工作站申报，江西省20家单位获人社部批准设立博士后科研工作站，成功率高于全国平均水平，获批设站数量为历年之最。开展2013年省博士后科研项目和日常经费择优资助工作，资助科研项目60项、资助日常经费30人，资助资金360万元。做好中国博士后科学基金第53、54批面上资助和第六批特别资助的申报工作，共有38人获得国家资助，获资助资金281万元，资助人数和资助金额为江西省历年最多。组织申报“香江学者计划”，南昌大学1人成功入选2013年“香江学者计划”。加强博士后交流和对接，举办第二届江西省博士后站对接活动，共有28个工作站与流动站初步达成联合培养意向；举办“2013中国经济可持续发展博士后学术论坛”，共有各类高校、研究机构的专家学者及博士后100余人参加。

【“万名专家下基层，部省专家在行动”启动仪式在九江举行】 6月18日，“万名专家下基层，部省专家在行动”启动仪式在九江市举行。此次专家下基层服务活动，由人社部留学人员和专家服务中心、江西省委组织部、江西省人力资源社会保障厅、江西省卫生厅、九江市人民政府共同主办。人社部留学人员和专家服务中心领导、省人社厅巡视员裴非出席启动仪式并讲话。活动旨在推动鄱阳湖生态经济区发展战略落到实处，促进鄱阳湖流域的经济发展，提升泛鄱阳湖地区人民生活质量，推进建设富裕和谐秀美江西进程。此次活动共组织了包括经济、工程、化工、医药、卫生、农业、种植等各方面的27名高级专家，于6月18日—21日分赴4个设区市9个县区，16个企事业单位和乡村基层一线。

【首次举办赣港人才交流活动】 6月7日，省政府在香港会议展览中心举办“赣港技术、人才合作推进会”专场活动，这是江西在赣港经贸交流活动周首次举办赣港技术、人才合作推进会。此次专项活动由省科技厅承办、省外专局协办，省外专局带来100余项引进香港专家赴江西短期指导和智力支持的需求、1000余个引进优秀高层次专业技术人才岗位，并与香港高层次人才签署了5个短期赴江西智力支持协议。省人社厅巡视员裴非在会上做专题发言，发布江西人才智力需求，宣传江西的人才政策，展示江西人才工作的成果。到年底，江西实施引进海外技术、管理专家项目1000多项，引导社会资金投入170多亿元，通过项目引进海外专家3300多人次，解决技术难题2000多项。

【开展规范清理评比达标表彰活动】

8—10月，根据《省委常委会集中解决“四风”问题、加强作风建设工作方案》和省行政审批工作领导小组对评比达标表彰项目进行清理的要求，省人社厅会同有关单位部署开展评比达标表彰活动专项清理工作。按照“全面清理、合理设置、统一规范、注重实效”的清理原则，对全省各地、各部门开展的1050项评比达标表彰项目进行清理，取消927项未经批准开展的项目；对经国家批准的123项进行重点清理，采取分类合并、保留、取消的办法，保留46项、精简77项，精简率达到62.6%。同时，为规范评比达标表彰活动、防止取消后项目反弹，省人社厅会同有关单位以省委办公厅、省政府办公厅名义下发《关于严格控制和规范党政机关检查考核评比达标表彰活动的意见》。

【加大基层一线公务员考录选拔力度】 省人社厅积极引导鼓励高校毕业生面向基层就业，2013年省级机关招录公务员（除特殊职位外），录用具有两年以上基层工作经历人员比例达100%，全省各级机关录用大学生村官、三支一扶、西部志愿者、农村特岗教师等基层项目人员666人，占录用总人数的10.4%。完善基层考录制度，采取适当降低基层招录门槛、降低开考比例和面试比例，本科以下职位限本省户籍报考等措施，解决基层单位特别是艰苦边远地区招人难、留人难问题。

【选派第八批援疆干部人才】 2013年，省人社厅积极会同省委组织部、省援疆办、省财政厅、省卫生厅、省教育厅联合下发《关于做好江西省第八批援疆干部人才选派工作的通知》，启动选派第八批援疆干部工作，共选派92人，其中党政干部38人，专业技术人员54人。此次援疆为期3年，省人社厅负责选派专业技术人员，主要是承担教育、医疗、技术等人才支援任务。

（袁伟华）

民族宗教工作

【概　况】 2013年，江西民族宗教工作，全力维护全省民族团结和睦、宗教和谐稳定的大好局面。民族工作方面，结合江西实际，创新并坚持“山上办银行、产业兴畲乡、文化促认同、同步奔小康”民族工作思路，推进特色产业、特色村寨、特色文化、特殊人才“四特”建设，进一步促进全省少数民族和民族地区经济社会发展。一是开展民族团结进步教育和创建活动，围绕民族团结和谐，加强以社区和校区为重点的城市民族工作，召开全省城市民族工作经验交流会，深入推动民族团结进步教育基地建设。二是努力促进少数民族和民族地区经济发展。2013年，8个民族乡农业专业合作经济组织发展到96家，年总产值达到2.37亿元；落实少数民族乡农民增收项目487个，惠及农户1.09万户，民族地区经济发展形势喜人。三是全力推动民族乡村文化社会事业建设。省政府继续把民族教育列入全省“民生工程”，省财政安排1000万元民族教育发展资金用于民族乡村发展民族教育；以“四特”为基础，少数民族特色村寨得到保护与发展，一批少数民族特色村寨初具规模。“四特”建设经验得到全国政协副主席、国家民委主任王正伟的充分肯定，在全国民委主任会议上，江西做“用新理念推动民族乡村发展升级”典型发言，少数民族文化传承与发展也在全国民族文化宣传工作会上做经验介绍。

宗教工作方面，树立“保护、管理、引导、服务”的工作理念，强化基础，破解难题，创新机制，切实维护宗教正常秩序，促进宗教关系和谐。在宗教界广泛开展以“教风”为主题的和谐宗教团体、和谐寺观教堂“双创建”活动，推动宗教界正信正行。加强宗教团体建设，省基督教“两会”、省道教协会顺利换届。扎实推进一系列宗教事务管理基础性工作。宗教活动场所财务监督管理不断规范、宗教教职人员认定备案和社保工作进入常态化、全省宗教工作基础信息采集工作顺利完成、民间信仰事务管理得到推进。各宗教领域重点难点问题得到有效解决。认真落实中央10部门《关于处理涉及佛教寺庙、道教宫观管理有关问题的意见》，对全省4000多处佛教寺庙、道教宫观进行全面排查和专项整治；引导天主教界和信教群众理性看待教皇更替，有序表达宗教感情，维护天主教界平和稳定局面。

【召开全省民族宗教工作会议】 1月16日，全省民族宗教工作会议在南昌召开。会议深入学习贯彻党的十八大和全国民委主任会议精神，全面总结2012年民族宗教工作，部署2013年工作。省政府副省长胡幼桃专门就会议的召开做批示，省民宗局局长谢秀琦在会上做工作报告，副局长梅仕灿主持会议。会议指出，2013年全省民族宗教工作要重点围绕6个方面组织开展，深入推进。深入推进生态与经济协调发展，加快民族地区发展进程；深入推进特色村寨建设，传承少数民族历史文明；深入推进“城区、校区、园区、景区”民族宗教工作，不断加强和创新社会管理；深入推进宗教工作规范化、法制化，依法加强和创新宗教事务管理；深入推进民族、宗教文化工作，满足人们多样性的精神文化需求；深入推进民族团结进步和宗教界“双和谐”创建活动，维护社会稳定和谐的良好局面。会议表彰2012年度先进单位和先进个人。南昌市民宗局等5个单位做典型经验介绍。会议还书面交流各地民族宗教工作经验。全省各设区市、县（市、区）民宗局局长，省局机关全体人员及全省性宗教团体在编人员参加会议。省人大外侨民宗工委、省政协社法委、部分省少数民族地区建设工作领导小组、省宗教工作领导小组成员单位联系处室负责人，部分高校联系民族宗教工作相关部门负责人应邀出席会议。

【举办全省民族宗教事务依法行政培训班】 7月8日—12日，省民宗局在南昌举办全省民族宗教事务依法行政培训班。各设区市民宗局业务骨干，县（市、区）民宗局局长，重点城市新区、园区、景区民宗工作负责人，共140余人参加培训。省民宗局局长张勇出席开班典礼并做动员讲话，巡视员肖争鸣出席结业典礼并作总结讲话。培训班邀请国宗局、省人大、省法制办等部门有关人员进行授课，南昌市、宜春市紧密结合工作实际就各自的特色工作进行了介绍。同时，还对民族宗教事务管理体系建设情况进行研讨交流。

【大力发展民族教育事业】 2013年，为发展民族乡村的教育事业，省政府继续把民族教育列入全省“民生工程”和省直单位绩效管理指标考核体系，省财政安排1000万元资金用于民族乡、民族村学校教学楼、综合楼和运动场建设，重点解决民族乡村学校D类危房改造和寄宿设施。

【举行全省宗教界“宗教慈善周”活动】 9月17日，全省“宗教慈善周”活动启动仪式在南昌举行。佛教、道教、伊斯兰教、天主教、基督教五大全省性宗教团体负责人，南昌市各宗教团体负责人和各设区市民宗局代表等50余人参加启动仪式。省民宗局党组书记、局长张勇宣布“宗教慈善周”活动正式启动，局党组成员、副局长王希贤做动员讲话，各全省性宗教团体负责人和南昌市民宗局局长做表态发言。宗教慈善周活动期间，全省宗教界募集捐款692.99万元，较上年增长45.42%。

【召开全省城市民族工作经验交流会】 9月29日，全省城市民族工作经验交流会在南昌市青山湖区召开，会议全面总结全省城市民族工作的成绩和经验，观摩青山湖区上海路街道“民族一家亲”主题实践活动，参观街道“少数民族联络服务站”和“民族文化”长廊；南昌市民族宗教局等6个单位就如何做好城市民族工作进行经验交流，22个单位提供书面交流材料。省民宗局副局长梅仕灿充分肯定全省城市民族工作取得的成绩和经验，要求各地学习借鉴南昌市在城市民族工作的新经验新做法，以社区为平台做好城市民族工作，对进一步推进城市民族工作提出要用“梳理总结、借鉴改造、抓住重点、打造亮点、注重特色、掌握政策”六大工作方法，实现“优化制度、健全网络、建立台账、拓展阵地、组织队伍、有所作为”六大工作目标。

【进一步规范变更、更正民族成分】 11月14日，省民宗局、省公安厅联合下发《关于变更、更正民族成分有关问题的通知》，就江西公民变更、更正民族成分做出进一步规范。该通知做出公民变更民族成分由“实行事先上报省民宗局备案”更改为“事后按年度统一汇总报省民宗局备案”的规定。少数民族群众在设区市一级民族宗教部门即可进行民族成分的变更和更正。

【召开省道教协会第三次代表会议】 11月8日，江西省道教协会第三次代表会议在南昌召开，全省11个设区市的130名代表参加会议。会议讨论通过省道教协会第二届理事会工作报告，审议修改《江西省道教协会章程》，选举产生以张金涛道长为会长的新一届理事会领导班子。大会结束时，省委常委、统战部部长蔡晓明，副省长胡幼桃会见省道教协会新一届领导班子成员并看望全体与会代表。

【一批宗教场所和宗教人士获全国先进集体和先进个人称号】 12月17日，在中央统战部、国家宗教局召开的第二届全国创建和谐寺观教堂先进集体和先进个人表彰大会上，吉安市青原山净居寺、九江市能仁寺、赣州市宁都县青莲古刹、宜春市靖安县宝峰禅寺、宜春市奉新县百丈寺、鹰潭市龙虎山嗣汉天师府、上饶市铅山县葛仙山玉虚观、南昌市新建县西山万寿宫、九江市清真寺、抚州市南丰县天主教堂、萍乡天主堂、赣州市章贡区福音堂、吉安市福音堂、南昌市志道堂、上饶市万年县基督教中心教堂15个宗教活动场所和释纯一、张金涛、王武龙、李稣光、罗黎光5名宗教界人士受到表彰。奉新县百丈寺方丈释顿雄、天主教江西教区主教李稣光作为江西的先进集体和先进个人代表上台领奖。释顿雄方丈在表彰会上作创建工作经验典型发言。

（宋璐）

政府采购

【概　况】 2013年，江西省完成政府采购规模达445.19亿元，采购总规模比上年增加44.96亿元，增长11.23%。全省节约财政资金61.53亿元，节约率达12.14%。

扩面增量，规范行为。进一步扩大政府采购集中目录的范围，增加体育设施、园林绿化等公共设施施工、物业管理、广告、展览、会议、人寿保险等多项工程及服务项目，并将未在发改委立项或未纳入建设部门管理的基建工程纳入政府采购管理范围。在全省各级全面推进电子化政府采购系统，实现全流程操作电子化、全过程监控网络化、全覆盖上下一体化的政府采购管理和交易体系。各级政府采购管理部门在交易平台、信息发布、采购程序、供应商库等方面实现资源共享、按照采购资金隶属关系对采购项目分级管理。全省各级财政部门均实现信息化管理，有效地提高政府采购工作的质量和效率，提升财政资金管理水平。

统一配置，节约资金。制定台式计算机配置标准，将产品配件从主产品中剥离出来单独采购，减少协议供货暗箱操作的风险，降低采购价格；实行协议供货网上竞价制度，改变由采购人直接指定供应商的做法，有效地降低协议供货的价格。

落实政策功能，促进经济发展。严格落实政府采购各项政策功能，一是加大对政府采购环保、节能产品优先采购特别是强制采购的监督检查力度；二是制订中小企业政府采购信用融资办法，获得政府采购订单的中小企业可以无须抵押以较低的金融成本获得资金；三是明确中小企业参与政府采购活动中必须由企业所在地的中小企业管理部门出具证明方可享受中小企业价格扣除，有效地减少招标活动结束后引发质疑投诉的情况；四是严把进口产品审批关，提高国产产品采购比率。

加大考核力度，强化监管。为加大对政府采购代理机构的监管力度，建立代理机构退出机制，进一步提高政府采购代理机构业务水平，5月开始对全省代理机构的资格符合性条件及2012年的执业情况进行考核。全省100家乙级代理机构及6家甲级代理机构（含在江西省设立的分支机构）参与考核，对于不符合资格条件的代理机构要坚决清退出政府采购代理市场，存在问题的限期整改。同时，加大对代理机构的日常管理，对于违反《中华人民共和国政府采购法》等法律法规及《代理机构行为规范》的代理机构行为及时发现、及时处理。

【加大代理机构人员培训力度】2013年，省财政厅制定《江西省政府采购代理机构从业人员培训及考核暂行办法》，要求社会代理机构从业人员必须经过培训及考核。全年组织培训班5期，累计培训从业人员500余人、监管部门负责人100多人，代理机构专职人员取得江西省政府采购机构从业人员培训合格证后，方可从事采购文件编制、组织采购活动。在合格证有效期内，省政府采购办对从业人员进行年度考核，将采购活动责任落实到人，加大对违法违规行为的惩处力度。

（熊颖）

本栏编辑　陈超萍

9月29日，全省城市民族工作经验交流会在南昌市举行。

省民宗局供稿

中国人民政治协商会议江西省委员会

综　　述

2013年，省政协在中共江西省委的领导下，高举爱国主义、社会主义旗帜，以深入开展党的群众路线教育实践活动为契机，着力提高政治协商、民主监督、参政议政的能力和实效，充分发挥协调关系、汇聚力量、建言献策、服务大局的重要作用，为促进江西经济持续健康较快发展和社会和谐稳定做出了积极贡献。

*加强思想政治建设，夯实坚持和发展中国特色社会主义的共同思想基础。*深入学习贯彻党的十八大、十八届二中、三中全会精神和中共中央总书记习近平系列重要讲话精神，认真学习贯彻全国政协十二届一次会议精神，进一步增强中国特色社会主义的道路自信、理论自信和制度自信。牢牢把握新形势对人民政协提出的新任务、新要求，进一步明确履行职能、发挥优势的着力点。贯彻省委十三届七次、八次全会精神，确保省委的决策部署在政协工作中得到贯彻落实。进一步改进委员学习培训方式，多方面提高委员的履职能力。各专门委员会结合界别特点，组织开展形式多样的学习活动。

*紧紧围绕全省中心工作建言献策，助推经济持续健康较快发展。*省政协十一届二次常委会议以大力推进富裕和谐秀美乡村建设为议题，形成本届省政协专题协商的“开篇之作”，省委、省政府主要领导对此给予充分肯定并作出重要批示。围绕江西加快发展现代服务业进行深入调查研究，召开十一届三次常委会议进行专题协商，并形成建议案。省委、省政府联合下发的《关于推进旅游强省建设的意见》，充分吸纳了建议案中的相关建议。就化解江西省产能过剩问题提出用好用足国家有关政策等6个方面24条建议，省委主要领导批示将调研报告印发给各市县党政领导参阅。组织委员视察赣南苏区振兴发展情况所形成的调研报告，省政府主要领导认为针对性、指导性、操作性强，要求省苏区振兴办和赣州、吉安、抚州认真研究吸纳，抓好落实。围绕新型城镇化建设及通用航空产业、金融服务业等课题，提出一批较高质量的意见和建议。把促进生态文明建设作为履行职能的重要着力点，向省委、省政府报送了建立“五河一湖”及东江源头保护区生态环境考核机制、加强湿地保护等建议案，对江西省加快推进生态文明建设产生积极影响。

*倾情关注和促进民生改善，维护社会和谐稳定。*紧紧围绕农村教师队伍建设、现代职业教育体系建设、科普教育基地建设与发展、公共文化服务体系建设等问题开展调研、视察，许多意见建议被省委、省政府相关文件充分吸纳，并转化为实际的工作部署和政策措施。着眼推进体制创新，着重就医药卫生、教育和体育体制改革深入开展调研，为有关部门完善深化改革的思路提供重要参考。聚焦加强和改进社会管理，就江西省小区物业管理情况、关爱失独家庭、加强和创新戒毒工作等开展调研或视察，提出了一些针对性、可操作性较强的意见建议。加强政协民族宗教工作，成立省政协民族和宗教委员会，深入各设区市开展《江西省少数民族权益保障条例》贯彻落实情况专题调研，提出9条具体贯彻落实建议。

*加强委员联络和服务工作，增强政协工作内生动力。*健全委员联络和服务工作机构。完善委员联络服务制度，研究制定《关于进一步加强委员联络和服务工作的办法》，有效激发委员履职热情。加强与昌外委员的联系，建立健全委员召集人制度，制定《关于委托各设区市政协有关负责人担任所在地省政协委员活动召集人和联络员的意见》，组织住各设区市省政协委员以生态文明建设为主题开展视察活动；在香港、澳门地区分别委托若干名政协委员为召集人，组织港澳委员返赣进行调研视察活动。加强委员活动经费保障。协助有关方面督促落实委员的政治、生活待遇及其他合法权益，让委员充分感受政协大家庭的温暖，激发委员履职的内在活力。全年省政协委员参加履行职能“四个一”活动达2000余人次。

*加强统筹协调，推动经常性工作改进创新。*深入贯彻落实中央“两办”《关于进一步加强人民政协提案办理工作的意见》（以下简称《实施意见》）和江西省《实施意见》精神，促进提案工作不断迈上新台阶，立案的621件大会提案和35件平时提案全部办理完毕。改进全会和常委会议协商的组织方式，首次邀请省直各部门主要负责人参加全会开幕式和听取大会发言，邀请相关省直部门的负责人全程参加常委会议专题协商和分组讨论。建立大会发言选题、遴选和成果转化机制，提升大会发言质量。积极稳妥推进政协工作向新社会组织、新经济组织、产业科技园区等领域延伸。经济、人口资源环境、教科文卫体、社会和法制等

专门委员会建立健全专家组。切实加强和改进政协反映社情民意信息和宣传工作,在全国政协《信息专报》上稿13篇。加强政协对外宣传和网络宣传,为政协事业发展营造良好舆论氛围。务实推进"亲历、亲见、亲闻"史料征集工作,编撰《风云激荡——庐山名人别墅的故事》《重返1955——上海青年赴江西志愿垦荒口述纪实》《一湖清水——鄱阳湖》《江西楹联集锦》等具有较高史料价值的书刊资料。扎实推进人民政协理论建设,举办"人民政协与群众工作"专题研讨会和"人民政协理论建设"报告会,取得一批重要研究成果。进一步健全全省政协理论研究网络,已有10个设区市成立了人民政协理论研究会。广泛开展团结联谊工作,首次邀请港澳台胞、海外侨胞特邀代表列席全会,召开全省各界人士中秋茶话会和台联界别委员及在赣台胞、台属、台商代表座谈会,配合省政府做好2013赣港经贸合作活动等外联内引工作,认真做好澳门全国政协委员赴赣考察接待工作,牵头主办海峡两岸体育联谊活动2次,共有700多人参加。

重要会议

【十一届一次会议】 1月22日—26日在南昌举行。会议应出席委员691人,实到670人。省政协十一届一次会议主席团常务主席刘上洋主持开幕大会,省委主要领导在开幕大会上讲话,新当选的十一届省政协主席黄跃金主持闭幕大会并讲话。会议审议通过黄跃金代表省政协十届委员会常务委员会所作的工作报告,以及省政协十届委员会常务委员会关于提案工作情况的书面报告。与会委员列席江西省十二届人大一次会议,听取、讨论并赞同省长鹿心社所作的省政府工作报告,讨论并赞同其他重要报告。会议期间,委员们通过大会发言、参加小组和联组讨论、提交提案、反映社情民意信息等形式,围绕推进科学发展、加快绿色崛起、建设富裕和谐秀美江西这一首要任务,紧扣助推昌九龙头昂起、推进非公经济发展、大力发展生产性服务业、推动城乡统筹发展、完善廉租房制度等经济社会发展重大问题和关系人民群众切身利益的实际问题,积极协商议政,提出许多真知灼见。省委主要领导、省长鹿心社、省委副书记尚勇等领导列席开、闭幕会,并参加联组讨论和小组讨论,听取大会发言。会议举行选举大会,选举黄跃金为政协江西省第十一届委员会主席,选举李华栋、汤建人、刘晓庄、郑小燕、钟利贵、肖光明、刘礼祖、许爱民、孙菊生为政协江西省第十一届委员会副主席,选举肖为群为政协江西省第十一届委员会秘书长,并选举产生122名常务委员。会议审议通过省政协十一届一次会议政治决议和提案审查情况报告。会议号召,全省各级政协组织和广大政协委员,更加紧密团结在以习近平同志为总书记的党中央周围,全面贯彻落实中共十八大精神,在中共江西省委坚强领导下,凝心聚力、求真务实,不断开创人民政协事业发展新局面,为建设富裕和谐秀美江西、全面建成小康社会做出更大贡献。

【十届二十七次常委会议】 1月11~12日在南昌召开。省政协主席黄跃金出席会议并讲话,省委常委、省委统战部部长蔡晓明在会上做关于十一届省政协委员名额、界别设置、委员人选和有关建议名单的说明。会议审议通过十届省政协常委会工作报告(审议稿)和关于提案工作情况的报告(审议稿);审议通过召开省政协十一届一次会议的决定;审议通过十一届省政协界别设置、委员名额的决定;通过十一届省政协委员名单,省政协十一届一次会议主席团名单,主席团会议主持人、秘书长建议名单,十一届省政协提案审查委员会建议名单;审议省政协各专门委员会工作总结;决定授权主席会议审议本次常委会议的未尽事宜;并表彰优秀提案、先进承办单位和先进提案工作者。

【十一届一次常委会议】 1月26日在南昌召开。会议应出席133人,实到126人。省委副书记尚勇、省政协主席黄跃金出席会议并讲话,省委常委、省委统战部部长蔡晓明在会上做有关人事事项的说明,省政协副主席李华栋主持会议。会议审议通过省政协常委会2013年工作要点,审议通过省政协副秘书长任命名单,审议通过省政协各专门委员会的设置及各专门委员会主任、副主任名单。

【十一届二次常委会议】 6月14日—15日在南昌召开。会议应出席133人,实到110人。省委副书记尚勇到会听取发言并讲话,省政协主席黄跃金主持开幕会,并做闭幕讲话,省政协副主席肖光明主持闭幕会。会议围绕"大力推进富裕和谐秀美乡村建设,提升新农村建设水平"进行专题协商,副主席肖光明作《关于大力推进富裕和谐秀美乡村建设的建议案(草案)》的说明,7位代表作大会发言。会议原则通过《关于大力推进富裕和谐秀美乡村建设的建议案》,提出把建设富裕和谐秀美乡村作为统筹"三农"工作的总抓手和全面建成小康社会的攻坚战来抓,坚持镇村联动、"三位一体",解决规划、产业、公共服务等重点难点问题,建立切实管用的工作机制等四大方面建议。会议通过省政协人事任职名单。

【十一届三次常委会议】 9月26~27日在南昌召开。会议应出席133人,实到96人。省政协主席黄跃金、省政府副省长朱虹出席会议并讲话,省政协副主席许爱民主持开幕会,省政协副主席孙菊生主持闭幕会。会议围绕"加快发展现代服务业,促进江西省经济持续健康较快发展"进行专题协商,副主席孙菊生作相关建议案(草案)的说明,9位代表作大会发言。会议原则通过《关于加快发展现代服务业,促进我省经济持续健康较快发展的建议案》,提出充分认识大力发展现代服务业的重大意义,突出重点、形成发展现代服务业的后发优势,深化改革、扫除影响现代服务业发展的体制机制障碍等三大方面建议。会议审议通过《关于撤销许润龙政协江西省第十一届委员会委员资格的决定》。

重要活动

【举办新任省政协委员培训班】 4月26~27日,省政协在南昌举办新任省政协委员学习培训班。省政协主席黄跃金,省委常委、省委统战部部长蔡晓明分别作专题报告,省政协副主席李华栋、刘晓庄、郑小燕、肖光明分别做报告和主持报告会。省政协秘书长肖为群,省政协提案委员会主任杨斌,省政协常委、省社科院原院长汪玉奇分别就"人民政协经常性工作""提案工作""委员履职体会"等专题为新委员做辅导报告。十一届省政协有新委员386人,占委员总数的55.9%。

【举行各界人士中秋茶话会】 9月15日,在南昌滨江宾馆大会堂举行各界人士中秋茶话会,不摆鲜花,没有月饼,只有清茶一杯,充分体现了中央和省委关于厉行节约、反对浪费的精神。省委书记强卫、省长鹿心社等领导出席茶话会,省委副书记尚勇致辞,省政协主席黄跃金主持茶话会。章跃进代表台胞台属发言。会上,文艺工作者表演精彩节目。

【举办首届江西省海峡两岸自行车联谊赛暨第六届泛长珠闽国际自行车挑战赛】 9月22日,首届江西省海峡两岸自行车联谊赛暨第六届泛长珠闽国际自行车挑战赛在萍乡正式开赛。这项赛事由省政协港澳台侨和外事委员会牵头,省台办、省体育局和萍乡市人民政府、宜春市人民政府共同主办。比赛分别在萍乡市武功山风景名胜区、靖安县三爪仑国际示范森林公园进行。此次山地自行车挑战赛共分为男子山地车公开组、男子山地车普通组、女子山地车组、山地车体验组四4个组别。22日,武功山站的选手们在赛道海拔落差600米的山地,进行了最长赛程为32.7千米的爬坡挑战赛。24日,第二站比赛在靖安县三爪仑国家示范森林公园内举行,赛道全长55千米。此次比赛引起众多媒体关注,中央电视台等十多家媒体进行报道。

【澳门特别行政区全国政协委员考察团在赣考察】 10月17日—21日,以全国政协副主席何厚铧为团长的澳门特别行政区全国政协委员考察团在江西省景德镇、南昌、井冈山进行考察。考察期间,围绕进一步推进赣澳交流合作这一主题,何厚铧一行先后与省委书记强卫、省长鹿心社、省委副书记尚勇等省领导进行会见交流,省政协主席黄跃金、副主席刘礼祖,秘书长肖为群、港澳台侨和外事委员会主任冷芬俊陪同考察。考察团为井冈山捐资200万元用于当地新农村建设,还邀请江西省作为协办单位,共同举办2014年的澳门妈祖文化旅游节。

【省政协委员视察团赴赣州视察】 11月11～13日,省政协主席黄跃金率住吉安市、抚州市的省政协委员,围绕"加快赣南等原中央苏区振兴发展"主题,到赣州市进行视察。省政协副主席钟利贵、郑小燕、肖光明,省政协秘书长肖为群,省政协办公厅主任杨春燕参加视察。视察期间,省政协委员视察团分成两个组,先后实地参观视察赣州开发区、章贡区、南康区、赣县、信丰县的苏区振兴发展工作。13日,视察团在赣州市召开座谈会,向赣州市反馈视察情况。视察团充分肯定赣州市委、市政府全力以赴抓好加快赣南原中央苏区振兴发展工作所取得的显著成果,并提出要认真学习贯彻党的十八届三中全会精神,把全面深化改革作为首要的政治任务;用足用活用好国家和省里赋予苏区振兴发展的一系列财税、投资、金融等政策,实现政策效益最大化;加强生态环境保护,促进生态与经济协调融合发展,努力走在全省绿色崛起前列等意见建议。

调查研究

【关于大力推进富裕和谐秀美乡村建设的调研】 为推动省委、省政府《关于大力推进富裕和谐秀美乡村建设工程的若干意见》深入贯彻落实,3—6月,省政协采取上下联动、紧密协作的方式,在各设区市政协开展全面调研的基础上,由省政协主席黄跃金、副主席肖光明带队,组织4个调研组,围绕12个重点问题分别到11个设区市的25个县(市、区)进行深入调研,形成《关于大力推进富裕和谐秀美乡村建设的建议案(草案)》,提交省政协十一届二次常委会议进行专题协商讨论后,报省委、省政府供决策参考。

【关于推进医药卫生体制改革的调研】 4月,省政协主席黄跃金率队就推进医药卫生体制改革问题深入省卫生厅、省人民医院调研,并主持召开医卫界省政协委员推进医药卫生体制改革座谈会。调研组深入了解江西省推进医药卫生体制改革的基本情况,针对卫生事业发展与人民群众不断增长的需求以及经济社会发展不相适应的矛盾依然突出的问题,提出转变政府职能、调整医疗服务价格政策、加大政府投入、完善人才发展政策等意见建议。

【关于深化教育体制改革的调研】 4月下旬至5月中旬,省政协主席黄跃金率队先后深入南昌大学、江西财经大学等学校和省教育厅,围绕教育体制改革开展调研,与部分省政协委员、相关专家和学者进行座谈,广泛听取意见和建议。调研组深入了解江西教育体制改革推进情况,对教育体制改革工作取得的成效给予肯定。针对江西推进教育体制改革中存在的思想认识不足、政策扶持不足等问题,调研组指出,教育改革已进入"深水区""攻坚期",需要着力在教育管理体制、办学体制、人才培养体制、教育保障体制改革和教育发展环境等方面实现突破,推动教育事业科学发展,努力办好人民满意的教育,并就进一步推进江西教育事业改革发展提出意见建议。

【关于体育事业发展与改革的调研】 5月31日,省政协主席黄跃金率队就江西体育事业发展与改革情况开展专题调研。调研组一行先后视察省体育馆、综合训练馆、室内田径训练馆和省体育运动学校等体育工程和项目,听取相关负责人对江西体育事业发展与改革情况的介绍,并与部分省政协委员、相关负责人和专家学者进行座谈。调研组在对江西省体育事业发展情况给予肯定的同时,从转变政府职能、推动产业基地建设、加强体育标准化制度建设等方面,对加快江西体育事业改革发展提出意见建议。

【关于加快发展现代服务业的调研】 5—7月,省政协副主席孙菊生率调研组,先后赴南昌、九江、景德镇、上饶、赣州、吉安、萍乡7市,就加快发展现代服务业，促进经济持续健康较快发展开展调研。调研组详细听取当地党委、政府介绍现代服务业发展情况、具体的经验做法及发展过程中存在的问题和困难，与相关部门及企业负责人座谈，并深入实地视察。经反复探讨、论证，调研组形成《关于加快发展现代服务业，促进我省经济持续健康较快发展的建议案(草案)》，提交省政协十一届三次常委会议进行专题协商讨论后，报省委、省政府供决策参考。

【关于江西省产能过剩情况的调研】

6—8月，遵照省政协主席黄跃金的指示，省政协办公厅课题组就江西省产能过剩情况进行专题调研。课题组采取多种方式组织调研，通过面上调查的方式，走访省有关部门，基本掌握江西省产能过剩总体情况；通过典型调查方式，深入萍乡、九江、上饶等地，选择钢铁、建材、化工等行业进行调查；通过抽样调查方式，对样本进行综合定性定量研究来推论总体情况，最终形成一份主题集中、文风质朴、数据翔实、分析精当的调研报告，就缓解或有效解决江西产能过剩问题提出用好用足国家有关政策、坚决把住源头、加快整治存量过剩产能等六方面24条建议。省委书记强卫对调研报告做出批示，指出报告可为江西贯彻中央关于“化解产能过剩、加快产业结构调整”精神的重要参考，要求将报告印发各市、县党政领导。这是十一届省政协第一份印发至各市、县党政领导参阅的调研报告。

（骆名坤）

本栏编辑　陈超萍

1月22日，省政协十一届一次会议在南昌举行。

省政协办公厅供稿

中国共产党江西省纪律检查委员会

综 述

2013年，江西省各级纪检监察机关按照十八届中央纪委二次全会和省纪委十三届三次全会的部署，积极跟进中央纪委转职能、转方式、转作风步伐，抓住中央巡视组对江西省巡视的有利时机，紧密结合党的群众路线教育实践活动，以落实党风廉政建设责任制为龙头，以严惩腐败、全面推进惩治和预防腐败体系建设为重点，以严明党的政治纪律、不折不扣执行中央和省委改进工作作风规定、着力解决人民群众反映强烈的突出问题为抓手，持续发力，党风廉政建设和反腐败工作取得新的明显成效。

切实加强党风廉政建设和反腐败工作的组织领导。省委、省政府制定《江西省贯彻落实〈关于实行党风廉政建设责任制的规定〉实施办法》。由省委书记、省长和其他省委常委、省政协主席带队，单独对11个设区市和46个省直单位2012年度落实党风廉政建设责任制情况进行检查考核；组织省政府6个组成部门主要负责人向省纪委全会述职述廉并对其进行民主测评；引入社会评价机制，一年两次对设区市和县（市、区）党风廉政建设和反腐败工作进行测评，促进各级党委落实主体责任。

认真抓好中央八项规定精神和省委若干规定贯彻落实的监督检查。坚决落实中央八项规定精神和省委若干规定，从自身做起、从现在做起、从具体事项做起，正文风、改会风、转作风、树新风，发挥示范带头作用。各级纪检监察机关把监督执行中央八项规定精神和省委若干规定作为一项经常性工作，对违反规定的责令整改，情节严重的严肃处理，典型问题公开曝光。省纪委先后约谈11个设区市纪委书记和43个省直派驻纪检组组长（纪委书记），督促落实中央八项规定和省委若干规定。

始终保持惩治腐败的高压态势。把惩治腐败放在更加突出的位置，坚持有案必查、有腐必惩。重点查办发生在领导机关和领导干部中滥用职权、玩忽职守、贪污贿赂、腐化堕落案件，损害群众合法经济权益、政治权益和人身权利案件，发生在重点领域和关键环节的腐败案件，群体性事件和重大责任事故背后的腐败案件，商业领域行贿受贿案件。推进查办案件工作创新，提高办案工作水平。加强和规范基层办案场所的管理。积极发挥查办案件的治本功能。

深入推进源头治理腐败工作。加强反腐倡廉教育和廉政文化建设，围绕社会主义核心价值体系建设，大力宣传党的反腐倡廉方针政策、决策部署，深入开展理想信念教育、宗旨教育和廉政法规教育。立足抓小抓早抓预防，搞好谈心提醒和关爱教育试点，防止小错酿成大错。加强对领导干部权力运行的监督制约，认真落实党内监督条例，严格执行领导干部述职述廉、诫勉谈话、函询等制度。严格执行民主集中制，加强对领导干部特别是主要领导干部的监督。深化领导干部经济责任审计。突出巡视工作重点，改进巡视工作方式，加强巡视成果运用。深入推进全省统一的电子政务和电子监察系统建设。

不断加强纪检监察机关自身建设。对省纪委监察厅机关内设机构设置及职能进行调整，精简参与的议事协调机构，进一步转职能、转方式、转作风，更加聚焦纪检监察主责主业，强化监督、执纪、问责，提高履职能力。积极争取省委重视支持，增设省委第五、第六巡视组，加强了省委巡视组力量配备。加强对纪检监察干部的教育、管理和监督。强化派驻机构统一管理，规范和完善县（市、区）纪工委监察分局建设，进一步明确职责定位、规范工作权限、完善工作运行机制。认真开展会员卡专项清退活动和“红包”治理活动，委厅机关全体党员干部做到“全覆盖、零持有、零报告”。省纪委常委会注重加强自身建设，始终坚持正确的政治立场和政治方向，坚决贯彻中央和省重大决策部署，坚决维护中央和省委权威；始终坚持加强思想政治建设，用中国特色社会主义理论体系武装头脑、指导实践、推动工作，努力建设学习型领导班子；始终坚持贯彻民主集中制原则，依靠集体智慧，实行科学决策；始终坚持带头改进作风、密切联系群众，认真落实中央八项规定精神和省委若干规定，建立基层工作联系点制度，大力精简会议和文件；坚持求真务实、改革创新，转职能、转方式、转作风，努力跟上中央纪委改革创新步伐；始终坚持严格执行廉洁自律各项规定，厉行勤俭节约，自觉接受监督。

重要会议

【召开省纪委十三届三次全体会议】

2月4日，中国共产党江西省第十

三届纪律检查委员会第三次全体会议在南昌举行。出席会议的省纪委委员42人,列席255人。省纪律检查委员会常务委员会主持会议。全会传达学习中共中央总书记习近平在十八届中央纪委第二次全体会议上的重要讲话和中共中央政治局常委、中央纪律检查委员会书记王岐山所作的工作报告。省委主要领导出席全会并做重要讲话。省领导鹿心社、尚勇、黄跃金、舒晓琴、凌成兴、莫建成、陶正明、史文清、姚亚平、王文涛、周萌、蔡晓明等出席会议。全会审议通过省委常委、省纪委书记周泽民代表省纪委常委会所作的《全面贯彻党的十八大精神,深入推进反腐倡廉建设,为建设富裕和谐秀美江西提供坚强的政治保障》的工作报告。省委各部门、省直各单位主要负责人参加会议。省财政厅、省环保厅、省商务厅、省农业厅、省水利厅、省国土资源厅主要负责人在会上述职述廉并接受民主测评。

全会认为,2012年省委、省政府高度重视党风廉政建设和反腐败工作,主要领导认真履行第一责任人的责任。省委常委和省政协主席带队对各地各部门2012年度落实党风廉政建设责任制和推进惩防体系建设情况进行检查考核。经过各级党委、政府和纪检监察机关的共同努力,全省反腐倡廉建设取得新的明显成效。

全会指出,2013年,要高举中国特色社会主义伟大旗帜,以邓小平理论、“三个代表”重要思想、科学发展观为指导,深入学习贯彻党的十八大和十八届中央纪委二次全会精神以及中共中央总书记习近平十八届一中全会以来的一系列重要讲话精神,按照党要管党、从严治党的要求,坚持标本兼治、综合治理、惩防并举、注重预防的方针,以建设廉洁政治,实现干部清正、政府清廉、政治清明为目标,以落实党风廉政建设责任制为龙头,以严惩腐败、全面推进惩治和预防腐败体系建设为重点,以严明党的政治纪律、不折不扣落实中央和省委改进工作作风规定、着力解决人民群众反映强烈的突出问题为抓手,加强组织协调,加强工作落实,加强队伍建设,为建设富裕和谐秀美江西提供坚强政治保障。一是认真学习遵守党章,加强对中央和省重大决策部署贯彻落实情况的监督检查。每一位共产党员都要认真学习、严格遵守党章,讲党性、重品行、作表率,永葆先进性、纯洁性。严明党的纪律,深入开展政治纪律教育,把维护政治纪律放在首位,维护中央权威,保证党的集中统一。各级党委(党组)要按照党风廉政建设责任制要求,自觉承担起党要管党的政治责任和领导责任,“一把手”要认真履行第一责任人的职责,其他班子成员也要按照“一岗双责”的要求抓好职责范围内的反腐倡廉工作。坚持和完善反腐败领导体制和工作机制,形成全党全社会推进反腐倡廉工作的强大合力。二是加强作风建设,营造富民兴赣良好环境。各级党员干部要大力弘扬井冈山精神和苏区精神,坚决落实中央关于改进工作作风的八项规定精神和省委规定,正文风、改会风、转作风、树新风;各级纪检监察机关要把监督执行中央和省委的规定作为一项经常性工作,制定监督检查办法和相关纪律处分规定,认真受理群众举报,加强明察暗访,强化日常性监督检查。坚决反对奢侈浪费,坚决摒弃特权思想、特权现象,严肃整治公款大吃大喝、公款旅游等行为。认真落实《中国共产党党员领导干部廉洁从政若干准则》。建立健全维护和保障群众利益决策机制。扎实推进农村、社区、国有企业、金融机构、高校、科研院所党风廉政建设。三是坚决查处违纪违法案件,保持反腐败高压态势。坚持有案必查、有腐必惩,坚持“老虎”“苍蝇”一起打。对损害党和国家利益、侵害百姓权益、影响发展环境,造成恶劣影响或严重后果的,无论涉及谁,无论职位高低、权力大小,发现一起、惩处一起,决不姑息、决不手软。四是坚持源头治腐,扎实推进预防腐败工作。抓紧制定江西省2013—2017年惩防体系工作规划实施办法。加强反腐倡廉教育和廉政文化建设,营造廉荣贪耻的浓厚社会氛围。深化领导干部经济责任审计。突出巡视工作重点,改进巡视工作方式,加强巡视成果运用。加强对领导干部权力运行的监督制约,探索加强纪委(纪检组)对同级党委(党组)班子成员进行有效监督的途径和办法。深入推进全省统一的电子政务和电子监察系统建设。五是加强自身建设,树立纪检监察干部良好形象。加强纪检监察队伍建设,加强系统内部重要岗位和关键环节的监督管理,自觉接受各级党组织和人民群众、新闻舆论的监督,建设一支忠诚可靠、服务人民、刚正不阿、秉公执纪的纪检监察干部队伍。

廉政建设

【概　况】 2013年,江西省各级纪检监察机关加强作风建设。省纪委书记、副书记对11个设区市纪委书记和43个省直派驻纪检组组长(纪委书记)就贯彻中央八项规定情况进行一对一约谈。针对节假日等重点时段,下发专项通知,明确要求各地各部门贯彻落实中央八项规定精神和省委若干规定,特别是严格执行会议、公务接待、公务用车等规定,正文风、改会风、转作风,树立风清气正的社会风尚,坚持长抓不懈,巩固成果,严防反弹。全省各级纪检监察机关采取专项检查、随机抽查、明察暗访等多种方式,广泛开展以“节前教育提醒、节日明察暗访、节后公示反馈”为主要内容的节日廉情监督活动,对单位和干部参与赌博、公款吃喝、公车私用、会风会纪等问题进行全方位的监督检查。对监督检查和信访中发现的违规问题进行严肃查处并曝光通报,全省查处违反中央八项规定精神问题467起,处理610人,给予党纪政纪处分288人。

加强反腐倡廉教育。以学习贯彻新党章、廉政准则等党纪条规为主要内容,积极开展领导干部任职前廉政法规知识测试试点工作。江西反腐倡廉教育馆全年接待参观党员干部424批次、1.91万人次,其中省级领导干部5人次,厅级领导干部643人次,县处级干部6341人次。在省党风廉政教育基地举行新任市厅级领导干部任前廉政教育活动,158名新任市厅级领导干部参观反腐倡廉教育馆并签订《党风廉政建设承诺书》。各地各单位主要领导带头讲廉政党课,形成全省各级领导干部带头讲廉政党课的良好氛围。推动反腐倡廉教育进党校课堂。做好党的群众路线教育实践活动宣传。深入推进廉政文化创建活动。开展廉政公益广告、廉政微电影创作和展播活动。

加强领导干部廉洁自律工作。将《廉政准则》贯彻落实情况纳入党风廉政建设责任制检查考核，督促指导各地各部门针对本地本部门领导干部廉洁自律方面的突出问题开展专项整治活动。在全省纪检监察系统开展会员卡清退专项活动，全省2.02万名纪检监察干部职工上交零持有报告，并向组织做出郑重承诺。全面开展“红包”专项治理，强化宣传教育，全省党员干部职工先后开展自查自纠。开展“小金库”治理工作“回头看”工作，全省再次发现“小金库”487个，涉及金额2.1亿余元。深化公务用车专项治理，做好规范公务员津贴补贴等工作。

加大党内监督工作力度。认真落实党内监督条例，严格执行党员领导干部个人有关事项报告、述职述廉、诫勉谈话、函询等制度。加强和改进巡视工作，完成对4个设区市及33个县（市、区）的巡视监督。通过巡视，共发现涉及领导干部违纪违法问题线索101件。严格落实党风廉政建设责任制，全省466名党员干部受到责任追究，其中县处级干部7名。加强县委权力运行的监督制约，多数县（市、区）已将权力公开透明运行向乡镇和县直单位延伸，利用派驻纪工委加强权力透明运行情况的协调和监督。加大风险岗位廉能管理工作力度，实现全省乡（镇）以上党的机关、政府机关、司法机关、国有企业单位的全覆盖。

加大查办案件工作力度。把惩治腐败放在更加突出的位置，坚持有案必查、有腐必惩，既打“老虎”、又拍“苍蝇”，严惩了一批腐败分子。全省纪检监察机关受理信访举报4.51万件（次），立案5855件，其中，厅级干部7人、县处级干部141人；结案6024件，党纪政纪处分6600人，移送司法机关处理339人。全省纪检监察机关立案查处“一把手”违纪违法案件419件，同比增长48.1%。重点查办南昌大学原校长周文斌，省交通运输厅原副厅长许润龙，南昌市高新区管委会原主任雷霆，赣州市人大常委会原主任骆炳峰，萍乡市委原常委、常务副市长孙家群等一批违纪违法大要案。集中查办基层损害群众利益的突出信访问题和违纪案件，立案查处基层党员违纪案件4541件，处分5068人。认真办理中央巡视组移交信访件，对中央巡视组移交的反映领导干部问题线索的信访件，做到件件有着落。在全省纪检监察系统开展“严守办案纪律、确保办案安全”教育活动，对全省纪检监察机关办案安全情况进行拉网式检查，制定加强办案安全的整改措施。严格落实办案安全工作责任制，8名责任人受到责任追究。

推进基层党风廉政建设。认真开展农村基层干部反腐倡廉教育培训1.71万次，共培训35万余人。深入学习宣传贯彻《农村基层干部廉洁履行职责若干规定（试行）》，将学习贯彻该规定作为农村基层党组织民主生活会的主要内容。深入推进农村集体“三资”规范化监管，全省7444个行政村开展了清产核资工作。推进集体“三资”全面委托代理服务，全省1347个乡镇、1.65万个村推行集体“三资”全面委托代理服务，覆盖面达98.28%。规范农村集体资产处置和资源交易，全省建立公共资源交易站1347个，全年进站交易的村集体招投标项目9648个，涉及金额16.86亿元，增收节支1.56亿元。加强乡镇便民服务中心规范管理，全省1347个乡镇便民服务中心，1.76万个村级便民代办点，共办理便民服务事项478.74万件，发布用工、农技等信息74.57万条，调处矛盾纠纷25.67万件。全省1.67万个村建立村务监督机构，覆盖率为99.36%。有序推进基层党风廉政建设信息化建设。

制度建设

【印发《江西省纪委监察厅领导班子关于改进工作作风的实施办法》】 为认真贯彻落实中央、省委关于改进工作作风、密切联系群众的有关规定，以及中央纪委监察部的要求，进一步改进省纪委监察厅领导班子工作作风，3月11日，省纪委监察厅印发《江西省纪委监察厅领导班子关于改进工作作风的实施办法》。该“实施办法”就改进调查研究、精简会议活动、精简文件简报、规范公务接待、改进新闻报道、规范出国境管理6个方面、15项具体工作做出明确规定。

【制定《关于省纪委省监察厅派驻机构履行监督职责的实施意见》】 为有效发挥省纪委省监察厅派驻机构和高校纪检监察专员的监督职能作用，促进驻在部门（单位）党风廉政建设，3月18日，省纪委监察厅印发《关于省纪委省监察厅派驻机构履行监督职责的实施意见》。该“实施意见”明确规定派驻机构的主要监督对象是驻在部门（单位）的领导班子及其成员和所属系统的处级及以上干部，特别是主要领导干部。并对监督的主要内容、履行监督职责的主要方式、工作要求、服务保障等做出明确规定。

【出台《关于加强党员领导干部信访谈话工作的实施办法》】 为进一步加强对党员领导干部的教育、监督和管理，5月3日，省纪委办公厅出台《关于加强党员领导干部信访谈话工作的实施办法》。该“实施办法”共分11条，就信访谈话内容界定、意义、谈话人、实施情形、审批程序、组织实施、保密纪律等内容作出规定。

【出台《中共江西省纪委关于深入学习贯彻省委十三届七次全会精神的意见》】 为推动全省纪检监察系统深入学习贯彻省委十三届七次全会精神，9月5日，省纪委出台《中共江西省纪委关于深入学习贯彻省委十三届七次全会精神的意见》。该意见要求全省纪检监察系统认真学习领会省委十三届七次全会精神，切实增强服务保障全省发展的责任感；积极履职尽责，为贯彻落实省委十三届七次全会决策部署提供坚强有力的纪律保障；适应新形势，建设敢担当、有作为、自身过硬的纪检监察队伍。

【出台《中共江西省纪委党风廉政建设工作约谈制度（试行）》】 为深入推进党风廉政建设和反腐败工作，12月31日，省纪委办公厅印发《中共江西省纪委党风廉政建设工作约谈制度（试行）》。该制度共分8条，就党风廉政建设工作约谈内容界定、时间、范围、对象和工作程序等作出规定。约谈工作每年进行1～2次，由省纪委书记、副书记主谈，根据工作需要，也可以委托其他省纪委领导主谈。该制度的出台，有利于推动省委、省纪委部署的重点工作落实。

行政监察

【概　况】 2013年，全省各级行政监察机关坚决纠正损害群众利益的不正之风。集中开展民生资金管理使用情况监督检查，全省发现违规资金10亿元，纠正违规资金9.65亿元。坚决纠正教育乱收费，清理教育收费文件，取消课后看护费、自行车看管费、高校毕业生劳务派遣费等收费项目。坚决纠正医药购销和医疗服务中的不正之风，进一步完善网上药品集中招标采购工作。开展餐饮服务食品安全专项整治，组织开展安全隐患大排查，立案查处272件。纠正违法违规强制征地拆迁行为，加强保障性住房建设监管，对保障性住房建设进度滞后的景德镇市、抚州市、安义县政府分管领导进行约谈。开展深化涉农乱收费专项治理，进一步解决农民合作社、农民建房等领域存在的乱收费突出问题。继续开展公路“三乱”治理，全面完成省境内普通公路收费站点的撤销工作，督促做好春节清明等假期免收小型客车通行费等工作。严格控制评比达标表彰、节庆等活动。积极开展政府部门中公职人员“吃空饷”问题专项治理，全省自查涉嫌“吃空饷”2000余人。创新省《政风行风热线》节目模式，全年完成直播189期，受理听众投诉1.80万个，解决问题1.77万个，解决问题率达98.6%。

深入推进源头治理腐败工作。深化行政审批制度改革工作，认真落实国务院取消和下放行政审批项目工作，将省级156项非行政许可审批项目全部纳入网上审批和电子监察系统。加大对行政审批工作的监督检查力度。会同有关部门对50个具有审批事项的省直单位2009年以来保留行政审批事项实施情况开展调研督查，并就调研督查中发现的7个方面、62个问题逐一进行了督办。加大电子监察力度，印发监察情况通报5期，通报并督促整改有关审批超时、工作人员服务不规范等问题485个。加快推进统一电子监察平台建设，43个省直单位和13个公共服务部门通过政务服务专网咨询平台解答公众问题3301个。

加强监督检查工作力度。围绕中央和省重大决策部署的贯彻落实开展监督检查，开展国家工作人员防止利益冲突专项治理工作，督促抓好国有企业改制工作政策措施的贯彻落实，开展水利改革发展政策落实情况监督检查，对赣州市稀土私挖滥采专项治理工作进行专项督导并查处一批案件，完善了一批制度。认真做好中央巡视组反馈意见整改工作，督促有关部门对一些领导干部和亲属子女插手工程项目反映较多，矿产资源保护、开发、管理工作中存在漏洞，经济发展数据弄虚作假问题进行整改。大力推进省直单位绩效监察，对55个省直和中央驻赣单位的履职情况进行全过程监督。在全省开展企业发展环境和行业不正之风突出问题集中整治工作，共督办整改行政审批、窗口服务、增加企业负担等方面问题2965个，问责763人次，通报曝光问题364起。省纪委监察厅对8起典型案例进行了通报。

（省纪委办公厅编辑室）

本栏编辑　陈超萍

6月28日，召开省直机关党风廉政建设和反腐败工作任务落实情况调度会。

省纪委供稿

民主党派

中国国民党革命委员会江西省委员会

【概　况】 2013 年,民革江西省委会共有地方组织 12 个,其中省级组织 1 个,设区市组织 11 个;基层组织 221 个,其中基层委员会 3 个,总支 30 个,支部 187 个,小组 1 个。全年发展新党员 230 名,平均年龄 38 岁,其中本科以上占 79.1 %,具有中高级职称的占 48.3 %。截至年底,全省共有党员 4286 人,其中包括:得到实职安排的有省领导 1 人,市(厅)级领导 11 人,县处级干部 116 人,科级干部 332 人;得到政治安排的有各级人大代表和政协委员 785 人,其中全国人大常委 1 人,全国政协常委、委员各 1 人,省人大常委会副主任 1 人,省人大常委 2 人,省人大代表 9 人,省政协常委 8 人,省政协委员 32 人。此外还有 7 人担任省、市政府参事和文史馆员,89 人担任省、市特邀(约)“四员”。

建言献策成效显著。在省政协十一届一次会议上,民革省委会共向大会提交发言材料 8 篇,集体提案 14 件。其中集体提案《关于高位推动景德镇申请世界“陶瓷工艺美术之都”的建议》被列为省政协重点督办提案。民革界别胡飞委员的提案《加快江西电子商务产业发展促进传统经济转型升级》得到中共江西省委书记强卫批示。

调研活动扎实开展。2013 年,民革省委会调整完善了 6 个专委会,运用专委会会议、交流会、走访等形式,开展一系列的调研活动。围绕中共江西省委“昌九一体化,促龙头崛起”战略,开展“以南昌新港物流产业园为载体,建设昌九自贸区”和“以丰樟高经济一体化,促江西省龙头昂起”的调研;围绕振兴赣南等原中央苏区战略,对此战略实施的效果进行调研;按照加快推进江西省城镇化的战略,开展“优化建制镇宜业宜居”的调研;按照民革中央关于在民革形成社会法制领域优势的要求,开展“加强行政执法改革,提升行政执法效率”调研;结合民革特色,开展台商在赣投资现状的调研;关注社会热点难点问题,尤其是“三农”和民生问题,开展“振兴江西省茶产业”“ 促进江西省大学生电子商务创业”“江西省新型农村合作医疗”“城镇化进程中农民就业问题”等多个专题的调研。

祖统工作迈上新台阶。省人大常委会副主任、民革省委会主委马志武率团赴台湾参访,其间拜会国民党副主席蒋孝严,双方就赣台经贸文化合作、公共交通、生态环境等方面进行深入交流。民革省委会祖统委员会进行换届,完善各项工作制度,推荐第六届《台湾研究》特邀撰稿人一名。先后接待“世博之父”蒋一成、台湾原《中华日报》主编杜龙一、台湾星光控股董事长陈连同等 20 余位人士到赣考察交流,成功促成“港台总部经济项目”落户赣州。组织“江西中山书画院国瓷画艺术参访团”赴台参访交流。

社会服务工作卓有成效。民革省委会成立江西民革法律咨询中心和江西民革法律咨询指导中心。民革全省各级组织积极开展形式多样的法律咨询服务活动,让普法教育、法律咨询等法律服务进乡村、进校园、进企业、进社区。江西中山书画院召开换届大会,调整书画院领导班子,组织两批书画家赴欧洲开展采风写生活动,在台北举办江西中山书画院国瓷画艺术展,在南昌举办“水墨鄱湖,秀美江西”——全国当代名家中国画作品展。“博爱牵手”活动深入开展。2013 年,民革全省各级组织开展送科技、文化、卫生下乡以及捐资助学活动 200 余次,捐赠药品、图书等物品价值 40 余万元,捐资助学金额 70 余万元,开展义诊、诊治患者 4000 余人次。四川芦山地震发生后,民革全省各级组织和民革党员积极响应,共向灾区捐款 13 万余元。

【开展纪念江西民革成立 60 周年系列活动】 为了纪念江西民革成立 60 周年,民革江西省委会开展以“举行一次演讲比赛、召开一次纪念会、举行一场书画摄影瓷画艺术展、拍摄一部视频宣传片”为主要内容的“四个一”系列纪念活动。

11 月 6 日,“同心共筑中国梦”纪念江西民革成立 60 周年演讲比赛总决赛在南昌举行。从民革全省 218 个基层组织中层层选拔出的 19 名选手参加比赛。民革萍乡市委会的阳钦获第一名。

11 月 25 日,民革江西省委会成立 60 周年纪念会在南昌召开。民革中央副主席何丕洁、中共江西省委常委、省委统战部部长蔡晓明出席会议并讲话,省人大常委会副主任、民革省委会主委马志武主持会议并讲话,省政协副主席、民建省委会主委孙菊生代表省各民主党派、工商联致贺词。全国政协常委陈清华、老同志张华康和民革省委会现任及历届副主委、副厅级以上干部出席。

11月25日—30日，民革江西省委会成立60周年书画、摄影、瓷画艺术作品展在南昌市江西中山艺术馆举行。展览汇集了民革全省各级组织、民革成员以及江西中山书画院特聘书画家中遴选出的78幅书画作品、52幅摄影作品、78件瓷画艺术作品，民革中央副主席何丕洁，省人大常委会副主任、民革省委会主委马志武，全国政协常委陈清华，老同志张华康等出席开幕式并参观作品展。

11月25日，展示江西民革60年成就的视频宣传片在纪念会现场播放，该视频宣传片大气磅礴，讴歌了江西民革历史，激发和凝聚了全省民革成员的共识和力量。

【民革中央到江西开展专题调研】 9月5日—6日，全国人大常委会副委员长、民革中央主席万鄂湘率调研组到赣，就人身损害赔偿法律适用、中央财政转移支付等问题开展专题调研。全国人大外事委员会副主任委员、民革中央副主席修福金参加调研。省人大常委会副主任、民革省委会主委马志武，省高级人民法院院长张忠厚等出席有关座谈会或陪同调研。

【召开纪念“湖口起义”100周年座谈会】 6月7日，纪念“湖口起义”100周年座谈会在九江召开。民革中央副主席程崇庆，省人大常委会副主任、民革省委会主委马志武，民革中央原副主席李赣骝，中国科学院院士杨叔子等出席座谈会并讲话。会前，省政协副主席钟利贵会见与会人员。

（肖伟）

中国民主同盟江西省委员会

【概　况】 2013年，民盟江西省委会有设区市组织11个；基层组织275个，其中基层委员会17个，总支委员会29个，支部226个，小组3个。盟员6988人，平均年龄52.9岁。中上层人士占85.9%，中高级职称占80.0%，高等教育界1636人、占23.4%，普通教育界2242人、占32.1%，经济、法律等新社会阶层人士占4.7%。全省盟员中现担任各级人大代表、政协委员的共856人，占盟员总数的12.7%，其中全国人大代表1人，全国政协委员2人（其中常委1人），省人大代表8人（其中常委2人），省政协委员54人（其中常委9人），市级人大代表53人（其中人大常委会副主任3人、常委10人），市级政协委员278人（其中副主席6人、常委46人）。盟员中担任副处级以上行政职务的共210余人，其中在政府部门及司法机关担任实职的厅局级1人、地市级1人、县处级26人。大学副校长2人、院处长79人。15人担任省级特约监督员，2人担任省政府参事，8人担任省文史馆馆员。

认真参与重大协商。民盟江西省委会领导认真参加中共江西省委、省人大、省政府、省政协和省委统战部召开的各类民主协商会，围绕事关江西科学发展的重大问题积极建言献策，受到重视。省政协副主席、民盟省委会主委刘晓庄就《中共江西省委贯彻落实〈中共中央关于全面深化改革若干重大问题的决定〉的实施意见》（征求意见稿）提出的修改意见和建议，有多条内容被采纳。

专题调研取得较大成果。全年完成调研课题39项，其中民盟中央课题2项，《“4%”教育经费使用效率与配置》的调研成果被民盟中央采用为全国政协提案。针对江西省城乡一体化和新农村建设工作中出现的新问题，向中共江西省委、省政府提交《关于着力提升江西省农村基本公共服务水平的几点建议》，得到省长鹿心社、省委副书记尚勇等多位省领导的批示。另与省政协人资环委共同开展《关于建立“五河一湖”及东江源头保护区生态环境考核机制》的课题调研，为源头生态保护提出切实可行的建议。

做好提案、发言和信息工作。向省政协十一届一次会议提交提案58件，其中集体提案12件，盟员个人提案46件。集体提案《关于江西省发展“电子商务＋物流配送”新型商业模式的建议》，被列为2013年省政协主席重点督办提案。2013年底出台的《江西省人民政府关于加快电子商务产业发展的若干意见》，就吸纳该提案提出的一些建议内容。扎实推进社情民意信息工作，7月出台《民盟江西省委会反映社情民意信息工作考核测评办法（试行）》，以考核测评的方式推动全省民盟信息工作的开展。同时注重强化培训工作，分别在全省专职干部培训班、基层主委培训班和多个省直基层组织以及市委会举办信息工作专题讲座。在全省政协反映社情民意信息工作会议上，民盟省委会做《凝聚共识 健全网络 畅通渠道》的大会交流发言。

开展界别活动和专委会工作。组织在昌的盟员省政协委员考察南昌市湾里区的城乡一体化、和谐秀美乡村建设。妇女委员会举办《园艺与健康》专题讲座，教育委员会与南昌市委会联合举办庆祝教师节活动，老龄和医卫两个委员会联合举办庆祝重阳节健康讲座与义诊活动，医卫委员会还与民盟南昌大学委员会联合在新干县组织开展义诊活动，青年、法制、民企等委员会也分别开展形式多样的专题活动。

扎实开展主题教育活动。按照民盟中央的统一部署，及时启动“坚持和发展中国特色社会主义”学习实践活动。在机关开设青年干部讲座，深入学习中共十八届三中全会精神，创新开展中国特色社会主义理论、统一战线理论、多党合作理论和参政党建设理论的学习教育活动。与南昌市委会联合举办学习中共十八届三中全会精神和盟史、盟章知识竞赛，寓学于用，提升学习实效。

拓展盟务工作宣传报道空间，全年在《人民政协报》《团结报》《光华时报》和民盟中央网、心桥网等媒体用稿100余篇。在抓好传统宣传形式的同时，鼓励各地民盟组织充分利用各自优势和特点，做活宣传工作，景德镇市委会在深圳和北京举办盟员瓷艺展览，南昌市委会举办纪念毛泽东诞辰120周年名家书画展。

注重理论研究。探索参政党建设新特点、新规律，积极回应全省经济社会发展的新形势和新要求。针对中共江西省委十三届七次全会提出的“实干兴赣”目标，民盟省委会领导及时发表《试析“实干兴赣”》一文，认真剖析与“实干”相悖的种种情形，倡议“时不我待、只争朝夕，坚定不移、坚持不懈”的实干精神，在全省上下引起很好反响。有10多篇理论文章分别在《人民日报》《光明日报》《中国政协》《群言》等报刊发表。在省政协举办的“人民政协与群众工作”理论研讨会上，4篇理论文章入选，入选数量在各民主党派省委会中名列第一。

坚持“人才强盟”战略，注重质量、确保数量，认真抓好组织发展计划的落实，切实加强基层组织和后备干部队伍建设。完善和规范组织发展工作的制度和程序，制定并下发《2012年全省民盟组织发展情况通报及2013年组织发展计划》和《民盟江西省委2013—2017年组织发展规划》。举办基层组织主委培训班，共抽调全省47名基层主委参加培训。认真贯彻执行《中共中央关于加强新形势下党外代表人士队伍建设的意见》和江西省的实施意见精神，加大培训力度，举办两期培训班，全省100多位骨干盟员参加。

与民盟上海市委会沟通联系，组织江西省“烛光学校”的20位山区师生，免费赴上海参加“烛光行动基地”全国夏令营活动；向江西省“烛光基地”小学捐赠10箱书籍，加强受助学校的软件建设。抚州、萍乡等市委会也分别为当地“烛光学校”、留守儿童赠送了价值20余万元的图书资料；鹰潭市委会为“烛光学校”争取了23万元改造资金。开展帮教活动，南昌市委会“民盟心理帮教服务基地”挂牌成立，对社区未成年矫正人员开展心理矫治和辅导，多次前往江西省女子监狱，为受管教人员开展心理咨询服务。到年底，民盟全省建有4个帮教基地。

【民盟中央调研组到江西调研思想宣传工作】 9月3日—5日，民盟中央副主席、全国人大常委张平带领民盟中央宣传部部长吴志实、副部长何云华、群言杂志社副主编曲伟等调研组一行莅赣调研民盟思想宣传工作。9月3日，调研组一行在民盟省委会召开座谈会。省政协副主席、民盟省委会主委刘晓庄，副主委王东林、何建洋、黄菊花，秘书长刘新农，部分民盟省直组织、民盟省委会机关人员和民盟南昌市委会相关人员参加座谈。副主委任江南代表盟省委会汇报近年全省盟的思想宣传工作。张平充分肯定民盟江西省委会在思想宣传工作方面取得的成绩，针对新形势下如何做好民盟思想宣传工作，及即将开展的“坚持和发展中国特色社会主义”学习实践活动提出具体要求。4～5日，调研组一行赴景德镇市调研。刘晓庄、任江南、刘新农和景德镇市政协副主席、民盟景德镇市委会主委童第云等陪同调研。调研组一行还参观景德镇学院、古窑博览区、御窑博览区，观看由陶美界盟员组织的现场瓷艺表演，走访慰问盟员艺术家。

【举行民盟江西省第十三届委员会第二次全体会议】 3月23～24日，民盟江西省第十三届委员会第二次全体会议在南昌举行。会议深入学习中共十八大精神、全国“两会”精神；听取并审议通过刘晓庄主委代表第十三届委员会常委会所作的工作报告；通过关于凌维平辞去民盟省委会秘书长、委员职务和余正华、杨水珍辞去民盟省委委员职务的决定；增补刘新农、朱步辉、常青、涂发强、张永其、张志超为民盟省委委员；任命刘新农为秘书长。会议还成立了民盟省委监督委员会，副主委何建洋任主任。

【盟员章金媛获第四届中国助人为乐道德模范提名奖】 盟员章金媛现任民盟省委会老龄委员会名誉主任，是南昌市第一人民医院护理部原主任，江西省第一位南丁格尔奖章(总第39届)获得者。9月27日，章金媛在人民大会堂获第四届中国助人为乐道德模范提名奖，受到党和国家领导人习近平的亲切会见。返昌后，又受到中共江西省委书记强卫等省领导的会见。

【举行纪念中共中央“五一口号”发布65周年座谈会】 5月3日，民盟省委会中心学习组举行纪念中共中央发布“五一口号”65周年座谈会，在昌的民盟省委副主委、机关全体人员以及离退休老盟员参加座谈，副主委任江南主持座谈会。省政协副主席、民盟省委主委刘晓庄做《历史发展的必然选择 团结民主的雄壮号角》的专题辅导报告。

【开展“促进汽车产业发展升级”课题调研】 2013年，《关于促进江西省汽车产业发展升级的若干问题》被确定为大调研课题，民盟省委会领导带领专家到省发改委、工信委和江铃公司等生产企业开展调研，在掌握大量第一手资料的基础上，提出有针对性的对策建议。在2013年度省各民主党派、工商联、无党派人士大调研成果汇报会上，这一调研报告，得到省委书记强卫的肯定；省委常委、常务副省长莫建成将调研报告批转有关部门，要求他们在具体工作中认真借鉴吸纳有益建议。

【举办全省盟务专干培训班】 5月13～22日，江西民盟专职干部培训班在省社会主义学院开班。江西民盟省、市两级机关专职干部参加培训。省政协副主席、民盟省委会主委、省社会主义学院院长刘晓庄，省委统战部常务副部长黄小华、民盟省委会副主委任江南等出席培训班开班仪式。此次培训是民盟省委会首次对民盟全省机关专职干部进行大规模的集中培训。

【参加民盟华东六省一市盟务工作会议】 10月14～17日，民盟华东六省一市盟务工作会议在浙江省舟山市举行，副主委任江南、秘书长刘新农以及各部室负责人参加会议。刘新农代表民盟省委会在会上介绍近年来的盟务工作情况。会议期间，大家参观舟山“盟员之家”，充分交流盟务工作的经验和体会，收获很大。

(刘文萍)

中国民主建国会江西省委员会

【概　况】 截至2013年12月底，江西省民建共有地方组织12个。其中包括省级组织1个，设区市级组织11个。基层组织205个，其中基层委员会3个，总支24个，支部178个；另有小组2个。会员总数3770人。全年新发展会员202人，发展率为5.63%，净增率为4.98%。新发展会员中,平均年龄36.1岁;处级干部4人;大专以上学历占94.1%,大本以上学历占62.9%,研究生以上学历占12.4%;有中、高级职称的占38.6%。

2013年,民建江西省委向省政协十一届一次提交的提案,有些得到省委书记强卫等省领导的批示,有些被省发改委、商务厅等部门采纳并吸收,获得相关部门的积极反馈,还有些会员提交的提案、调研报告、社情民意得到省领导的肯定。省委会提交的《全力推进昌九一体化,打造我省经济发展"升级版"》,得到省委书记强卫、省长鹿心社、常务副省长莫建成等省领导的充分肯定,并做出重要批示;会员朱丽萌和李秀香联名提交的提案《建议我省打造一个南方最大的现代化农资农贸大市场》,省委书记强卫作出重要批示,省政府召开专题协调会进行部署调度,制定办理方案和实施计划;张明林发表的《促进矿业产业升级 助推我省工业经济腾飞》,得到省委书记强卫肯定并做出重要批示,副省长李贻煌也做了批示;程伟川提交的提案《关于规范农民工劳务市场管理的建议》,得到省委书记强卫批示;徐良平提交的社情民意《因势利导 积极推动农民自建公益性公墓和"骨灰堂"》,得到省委常委、常务副省长莫建成和副省长胡幼桃批示;刘远康提交的社情民意《土地流转四大缺失亟待破解》,得到省委常委、常务副省长莫建成批示;熊有炳提交的提案《关于把婚姻登记工作收归县区管理的建议》,得到副省长胡幼桃的批示。

全年全省民建组织为"三农"办实事70件(次);捐资建校8所;捐资助学1300人;援建村文化室5个;援建乡村公路8千米;会员办校10所,在校生2万多人;举办各类培训班20余期,为社会培养各类人才4000人;协助党和政府安置下岗职工4.9万人;招商引资项目5项,引进资金3.5亿元;全省民建组织慈善公益事业捐款捐物达1380万元。

【江西省中华职业教育社成立大会在南昌举行】 12月28日,江西省中华职业教育社成立大会在南昌举行,民建省委会主委孙菊生当选为江西省中华职业教育社主任。中华职业教育社是1917年由著名教育家黄炎培等各界知名人士联合发起成立的一个主要由教育界、经济界和科技界等方面人士组成的、具有统一战线性质的群众团体。中华职业教育社历任理事长有黄炎培、胡厥文、孙起孟、成思危。现任理事长为全国政协副主席张榕明。

【积极参与统一战线大调研】 为更好地发挥民主党派在协商民主中的作用,中共江西省委统战部开创性地开展了"统一战线大调研"活动。大调研活动由各民主党派在规定的时间内自行选题,独立组织调研,形成深度调研报告,最后统一向省委、省政府主要领导汇报大调研的成果。省委会提交的题为《全力推进昌九一体化,打造我省经济发展"升级版"》的调研报告,受到省委书记强卫、省长鹿心社等省领导的充分肯定,并做重要批示。

【民建会员立足本职岗位建功立业】 2013年.全省会员积极践行社会主义核心价值观,爱岗敬业,努力投身实现中华民族伟大复兴事业,在各行各业取得骄人的成绩:鹰潭会员徐闽洪获"全国三八红旗手"称号;萍乡会员陈萍获"全国先进个体工商户";景德镇会员何炳钦获"中国陶瓷艺术、设计、教育杰出贡献奖";萍乡会员张婉玲荣登"中国好人榜",省直会员李秀香、萍乡会员江青莲荣登"江西好人榜";赣州会员赖静获国家多部委联合表彰"全国孝亲敬老之星";省直会员胡根龙获江西省"五一"劳动奖章;省直会员刘春荞、肖海军,景德镇会员欧阳敏获"江西青年五四奖章";九江会员唐进波、吉安会员文开福获"江西省突出贡献人才";萍乡会员赖开洪荣获"江西省道德模范";省直会员钟月英荣获"江西省十大法制人物";新余会员詹慧珍获"江西省优秀女企业家";新余会员欧阳仟来获"江西省优秀高技能人才""江西赣厨卓越贡献奖"。

(廖雷)

中国民主促进会江西省委员会

【概 况】 2013年,民进江西省委会有市级委员会9个,市级工作委员会2个,省直工作委员会1个;基层组织225个,其中基层委员会12个,总支委员会15个,支部193个,小组5个。全年发展新会员177人,平均年龄36.5岁,其中具有高中级职称的107人。至2013年年底,全省民进会员为3426人,平均年龄49.8岁,高中级职称和中上层人士会员分别占总数的80.2%和92.6%,教育文化出版界会员占总数的71.9%。担任政府和司法机关县(处)级以上职务的有32人,担任全国人大代表、全国政协委员有5人,担任省人大代表、省政协委员有48人,担任市人大代表、市政协委员有240人,担任县(市、区)人大代表、县(市、区)政协委员有243人。

深入学习贯彻中共十八大、十八届三中全会和中共江西省委十三届七次、八次全会精神。继续组织全会深入学习中共十八大精神。中共十八届三中全会和中共江西省委十三届七次、八次全会精神召开后,民进省委会转发了民进中央关于学习宣传贯彻中共十八届三中全会精神的通知,先后召开主委会议、中心学习组会议、常委(扩大)会议、省直基层组织负责人和机关干部会议深入学习。

继续深入开展树立和践行社会主义核心价值体系学习教育活动,启动开展坚持和发展中国特色社会主义学习实践活动。教育专委会、江西省叶圣陶研究会开展叶圣陶教育思想研讨,交流教育方法,倡导爱岗敬业;江西民进企业家联谊会帮助提升会员企业的凝聚力和竞争力,提升会员企业的社会责任感,明确企业使命;医药卫生专委会、江西民进同心合唱团开展"九九重阳关爱老人"送医送药送文艺三下乡活动,为千名农村老人送上关爱,奉献爱心,传递正能量;江西民进书画院、江西民进摄影协会举行"1%工程"五周年书法摄影作品展,弘扬和谐友善的中华民族优秀传统文化;妇女儿童专委会“三八”妇女节看望慰问南昌市福利院的孩子们,等等,以生动活泼的形式在江西民进组织和会员中培育和弘扬社会主义核心价值观。在民进全国宣传思想工作会议上,江西民进组织有5个先进集体和3位先进个人受到表彰。全年江西民进组织有164篇(次)稿件在省级以上媒体发表,其中37篇(次)在中央电视台、《人民日报》《人民政协报》《团结报》《民主》等中央级媒体刊登(播放)。四期《江西民进》共刊登各类稿件、照片350余篇(幅),获得“江西省优秀连续性内部资料(2012—2013年度)”称号。江西民进网共登载各类稿件、图片580余篇(幅)。

在省“两会”上履职尽责。在省政协十一届一次会议上,民进省委会以《协同创新应突出发挥高校的作用》为题做大会发言,同时递交书面发言材料14篇,集体提案23件。民进会员中的省政协委员围绕社会保障体制、教育改革、文化繁荣、医疗卫生、工业交通等方面提出提案31件。民进会员中的15名省人大代表出席了省人大十二届一次会议,他们认真履行代表职责,围绕公办幼儿园建设、养老机构管理、危险废弃物处置中心搬迁、非物质文化遗产的保护、光伏产业发展等方面提出建议20余件。《关于稳妥破解乡村医生“困局”,不断夯实基层卫生网底的建议》获得省委书记强卫的重要批示,被列为重点提案办理,所提意见建议得到吸收采纳。《关于加强中小学心理健康教育的提案》《关于建立中国景德镇陶瓷历史档案馆的建议》等提案受到相关部门重视,推动了相关工作。《关于培育新型职业农民,推进农业现代化的提案》被选为民进组提案提交到全国政协十二届一次会议,被评民进中央评为2013年度参政议政成果三等奖。

扎实开展专题调研。精心组织“发展江西服装创意产业”课题调研,形成的调研报告《打造“时尚创意江西”——关于发展服装创意产业,推动我省服装产业转型升级的若干思考》,获得省委书记强卫的重要批示,省政府副省长朱虹、李贻煌也先后做出批示。江西服装创意产业的发展受到高度重视,凝聚广泛共识,直接推动江西服装创意产业园的开工建设。在全省统一战线大调研课题成果汇报会上,该课题调研成果受到省委、省政府主要领导的充分肯定。情系江西绿色崛起,组织11位专家学者深入8个县、市进行调研,形成省政协《关于“建立‘五河一湖’及东江源头保护区生态环境考核机制”的调研报告》分报告,获得省长鹿心社等领导批示。经过民进各市级组织、基层组织和专委会申报和民进省委会立项,各承担课题单位向民进省委会提交19件较高质量的课题报告,涉及教育、文化、经济、生态、社会治理等方面。

完善信息工作机制。出台《民进省委会信息工作考核管理办法》,建立了信息工作季度通报制度,信息工作初见成效。全年共向民进中央、省政协报送社情民意信息35篇。

“1%工程”公益事业不断开拓。对全省24所本科高校240名贫困学生、西湖区天灯下社区82户困难居民、吉安市东水村20名贫困家庭孩子、金溪县华侨农场16名贫困中小学生、宁都县对坊镇24名贫困中小学生、南昌县向塘镇22名贫困学生、青山湖区塘山镇20户困难家庭、西湖区十字街街办30户困难家庭、东湖区豫章后街社区6名贫困中小学生进行了资助;“1%工程”通过民进中央“开明慈善基金会抗震救灾专项基金”捐献爱心款22.33万元,用于四川省雅安市芦山县初级中学的校舍修复。“1%工程”爱心乒乓你我他活动向瑞昌市、武宁县、星子县捐赠爱心乒乓39张。由江西百分之壹实业有限公司、中国联通江西分公司和江西师范大学共同建立了“1%工程爱心店(师大店)”,营业额的1%通过“1%工程”资助该校贫困学子。至年底,“1%工程”累计募集爱心款、物和服务项目价值2503.35万元,其中累计募集爱心款361.60万元,发放资助款296.59万元,资助学生人数达2846人,募集并发放慈善捐助物品、服务项目价值约2141.75万元,惠及近百万困难群体。其中,2013年募集爱心款91.6万元,发放资助款98.5万元,资助贫困学生或困难家庭611人(户),募集并发放青少年优秀正版图书100万册、总价值1844万元。

【发起“1%工程”关爱贫困学子行动】

2013年,民进省委会在宜春市各县区的20多所学校,确定100名家庭贫困的初中毕业生,通过结对帮扶的方式,连续3年每年资助每名贫困学生3000元,总计投入90万元,用于帮助贫困生顺利完成高中三年的学业。

【发起“1%工程”百万册图书送农村活动】 2013年,民进江西省委会发起“关爱留守儿童,好书助我成

10月3日,省政协副主席、民进省委会主委、“1%工程”基金理事会名誉理事长汤建人赴萍乡市广寒寨乡,启动“百万册爱心图书送农村”活动,为该乡坚朗希望小学送上爱心图书10000册。

民进江西省委会供稿

长”——“1%工程”百万册图书送农村活动，将二十一世纪出版社有限责任公司捐献的价值1844万元的100万册青少年优秀正版图书，送到农村中小学生手中，特别是让农村留守儿童有书读、读好书。2013年部分爱心图书已送到九江、萍乡、赣州的部分偏远农村学校。

（余桂林　付春平）

中国农工民主党江西省委员会

【概　况】　2013年，农工党全省组织有省级委员会1个，设区市委会11个，县级委员会1个，基层组织305个。全省发展新党员157人，平均年龄36.8岁，其中具有高中级职称108人，博士研究生7人，硕士研究生14人，研究生7人。截至年底，全省党员总数4724人，其中：医药卫生界占50.9%，文化教育和经济科技界占33.2%，政府机关占8%。在全省党员中，共有各级人大代表137人，各级政协委员707人，省政府有关部门特约人员16人；有在职副省级领导干部1人，厅级领导干部18人，县处级领导干部142人。

农工党江西省委会紧紧围绕中共江西省委、省政府中心工作，切实履行职能，积极参政议政。省委会领导认真参加中共江西省委召开的民主协商会、情况通报会、学习座谈会，就江西省经济社会发展中的重大问题进行协商、提出意见和建议，在参加《中共江西省委贯彻落实〈中共中央关于全面深化改革若干重大问题的决定〉的实施意见》征求党外人士意见座谈会上，省委会提出的3条建议得到中共江西省委的采纳，直接转化为中共江西省委的重大决策；省委会主委郑小燕《能力筑基，效益带动，维护好“一库清水”》、省委会《关于加快江西省电子商务发展的建议》社情民意信息分别得到中共江西省委书记强卫、省长鹿心社的批示，《关于放宽无碘盐市场销售范围的建议》《建议建立以腹膜透析为主的尿毒症疾病救治体系》2篇社情民意被全国政协采用；13篇社情民意信息被农工党中央《信息专报》刊载，31篇社情民意信息被省政协《建言献策》刊载。担任各级人大代表、政协委员的农工党党员认真参加全国、全省“两会”，积极提出议案、提案和建议。在省政协十一届一次会议期间，省委会提交集体提案16件，大会发言材料13件，其中《发挥生态优势，力促林业产业与生态建设同步发展，加快兴林富民步伐》的大会发言，受到社会各界高度关注和好评，《优化服务环境，促进实体经济持续健康发展》的提案被列为省政协大会会中现场督办提案。

【开展“加大土壤污染防治力度，促进土壤可持续利用”课题调研】　2013年，农工党江西省委会积极参加全省统一战线课题大调研活动，就“加大土壤污染防治力度，促进土壤可持续利用”建言献策。8月20日—21日，省政协副主席、农工党省委会主委郑小燕率调研组赴宜春市高安、丰城等地，深入田间地头和工厂企业，详细了解当地工业企业及农业生产土壤污染防治情况，并分别召开座谈会，认真听取环保、农业、国土等相关部门及有关乡镇负责人、农业大户的情况介绍，就加强土壤污染防治工作进行深入交流，并形成调研报告。12月28日，中共江西省委召开各民主党派、工商联和无党派人士2013年大调研成果汇报会，省委书记强卫对省委会的调研报告给予充分肯定。

【开展“中国环境与健康宣传周”活动】　6月2日，以“生态环境与健康”为主题的江西省第六届“中国环境与健康宣传周”活动在南昌市象山文化广场启动。副省长谢茹，省政协副主席、农工党省委会主委、江西省“中国环境与健康宣传周”活动领导小组组长郑小燕出席仪式并共同启动水晶球。

在活动现场及宣传周期间，农工党江西省委会和相关职能部门先后举行环境与健康宣传展览、大型健康咨询和义诊，以及发放主题宣传画、宣传册、环保袋等各类活动，景德镇、抚州、吉安、新余、宜春、九江、南昌、萍乡、鹰潭等市委会也分别开展各具特色的“宣传周”活动。

【举行“国际科学与和平周”医疗义诊活动】　11月16日，农工党江西省委会组织农工党医疗队赴广昌县驿前镇，开展第25届中国“国际科学与和平周”医疗义诊活动。省直各大医院的农工党员医疗专家们为当地600余名村镇群众提供免费医疗服务。

【开展扶贫帮困工作】　2013年，农工党江西省委会认真落实省政府扶贫工作要求，开展定点扶贫金溪县陈坊积乡城湖村工作，争取各类项目及资金近100万元，帮助当地村民建设通村公路、文化休闲广场及清洁饮水等富民强民工程。

省委会积极做好所联系群众的工作，开展走访慰问活动。1月9日，省政协副主席、农工党省委会主委郑小燕在南昌市走访江西省、南昌市劳动模范，给他们送去关怀和慰问。

【支援四川芦山地震灾区抗震救灾工作】　2013年，农工党江西省委会积极支援四川芦山地震灾区抗震救灾工作，在第一时间向农工党四川省委会发出慰问信，并向全省各级组织和广大党员发出《关于积极支援四川芦山地震灾区抗震救灾工作的紧急通知》，为地震灾区募集4.5万元捐款和价值120万元的救灾物资。

（江建中）

九三学社江西省委员会

【概　况】　2013年，九三学社在江西的组织有：省级委员会1个，市级委员会9个，市级工作委员会2个，省直基层组织22个。社员总数2841人，主体界别占70%，高中级职称占92%，体现了以科技界高中级知识分子为主体的特色。社员中担任全国人大代表1人；全国政协委员2人，其中常委1人；省、市、县（区）政协委员256人，各级人大代表52人。

九三学社省委会先后召开4次常委扩大会议进行专题学习；召开两次主委扩大会议，专题学习习近平总书记系列重要讲话精神；组织机关干部开展学习讨论，凝聚思想共识。

成功承办九三学社中央“家园记忆”主题文学笔会。成立参政党文化研究小组，把书画院的工作中纳入参政党文化建设之中，10月下旬在南昌举办为期1周的作品展，共展出20多位社员艺术家的120余幅作品。

开设《江西民主与科学》封面人物专题，宣传江西省社员中的旗帜性和代表性人物、科技领军人物以及在本职岗位上做出突出业绩的社员，扩大社会影响力。开展“在实干中落实中共十八大精神”先进事迹评选宣传活动，激发正能量。举行纪念“五一口号”发布65周年座谈会，择优刊登纪念文章。组建“思想宣传工作评审专家库”，加强履职工作宣传，改进新闻报道文风。向社中央报送14篇“民主与科学研讨会”论文，有2篇论文作者应邀出席会议。全年向各类媒体等报送100余条新闻稿，上传至九三学社江西省委会网站新闻稿330条，图片近200余幅，社中央网站转载50条。截至年底，网站已有新闻条目近2000条，图片1200多幅，访问率超过330多万人次。

举办基层骨干班，培训43名社员，九三学社省委会主要领导为学员授课。九三学社南昌、新余市委会，上饶市工委被社中央授予组织建设先进集体称号。召开主题常委会，专题研究组织建设工作，出台《九三学社江西省委会关于加强组织建设的若干规定》。组织各专委会负责人及联络员赴九三学社浙江、江苏省委会学习取经，以完善专委会工作思路与有关工作细则。

举办全省参政议政骨干学习班，邀请九三学社中央参政议政副部长张瑛、二处处长王智刚作辅导讲座。在省政协第十一届一次会议上，九三学社省委会共报送集体提案15件，其中大会口头发言1件，大会书面发言9件（含4件联组发言，2件会中办案）。根据中共江西省委主要领导的指示，组成专题调研组，深入10县40个乡镇进行调研，形成《关于江西省乡镇财税工作的调研报告》和《关于江西省乡镇招商引资工作的调研报告》，受到江西省委、省政府的高度重视，所提意见建议被充分吸纳在《2013年度市县科学发展综合考核评价实施意见》中。2013年，有6件信息被社中央采用，5件信息被省政协采用，2篇论文入选社中央第八届“九三论坛”文集。

【召开九三学社江西省七届二次全委扩大会议】 3月26日—27日，九三学社江西省七届二次全委扩大会议在南昌召开。中共江西省委统战部副部长张勇到会祝贺并讲话。省政协副主席、社省委主委李华栋向大会做常委会工作报告。老同志黄懋衡等出席会议。会议表彰在参政议政和“向杨佳同志学习征文”活动中做出贡献的先进集体和先进个人，表决产生九三学社江西省第七届委员会监督委员会。全国政协委员、社省委副主委洪三国在会上传达全国“两会”精神，邀请省委党史研究室主任沈谦芳作题为《中华民族走向伟大复兴的历史进程》的中共十八大学习辅导讲座。

【开展综治宣传与服务进社区活动】 3月28日，九三学社省委会机关与南昌市东湖区街办在环湖路社区联合开展综治宣传与服务进社区活动。活动主要内容有：宣传中共中央、国务院和省委、省政府关于深入开展平安建设的决策部署；宣传《江西省社会管理综合治理体系建设规划纲要〈2012—2015〉》主要精神；开展现场法律咨询和医疗义诊活动；向社区及困难居民赠送慰问品。

【召开企业家联谊会第二次会员大会】 7月5日，九三学社江西省企业家联谊会第二次会员大会在社省委会议室召开。会议选举杨艳清为会长，刘其生、刘恒军、邹好红、段文仕、徐建翔、徐辉、黄承远、曾华、漆志坚为副会长，范京晖为秘书长。省政协副主席、九三学社省委会主委李华栋出席会议并讲话。李华栋指出联谊会应做好政策宣传工作，充分进行经验交流，围绕省社职能开展多种活动，起到社员企业家之间的桥梁与纽带作用。

【联合开展第25届国际科学与和平周活动】 11月19日，九三学社江西省委、南昌市委与新建县支社在新建县长堎村敬老院，联合开展主题为《科学引领创新，发展促进和平》的第25届国际科学与和平周活动，慰问80余名乌沙河旧城改造拆迁户老人。九三学社省委会专职副主委栾波，南昌市政协副主席、九三学社南昌市委会主委李广振、专职副主委谢保成、中共新建县委副书记凌菲、新建县委统战部部长熊长春、新建县支社主委朱红英等出席活动。栾波、凌菲分别在启动仪式上致辞。此次活动专程邀请内科、眼科、内分泌科、心血管科的9位社内医疗专家为他们提供义诊咨询、送医送药活动，举办一期健康知识讲座，发放药品及防寒用品3000余元。九三学社南昌市委常委、市第一医院血液科主任邬国和用通俗易懂的语言，为大家详细讲述居民日常膳食中的注意事项，社内医疗专家及社市委机关干部共20余人参加活动。

【成立江西省欧美同学会·江西省留学人员联谊会】 12月31日，江西省欧美同学会江西省留学人员联谊会在南昌举行成立大会。中共江西省委书记强卫接见第一届理事会全体成员并作重要讲话。大会选举产生江西省欧美同学会江西省留学人员联谊会第一届理事会领导机构，九三学社江西省委会主委李华栋当选为会长，黄路生等7人当选为副会长。

（闵国华）

本栏编辑　陈超萍

人民团体

江西省总工会

【概　况】　2013年，全省各级工会围绕中心、服务大局，以“中国梦·劳动美”主题活动为工作重点，以提升职工素质、提升经济发展能力为主线，把竭诚服务职工、维护职工利益作为工作的出发点和落脚点，全面履行工会职责，扎实做好职工群众工作，切实加强自身建设，各项工作取得了明显成效。

大力弘扬劳模精神。召开江西省庆“五一”暨为建设富裕和谐秀美江西建功立业推进大会，推荐评选一批先进模范。开展省级以上劳模调查摸底工作，对历年省级以上劳模专项资金发放情况进行专项检查，进一步完善以银行卡（存折）方式发放劳模专项补助资金工作。发放全国劳模和省劳模春节慰问金、生活困难补助金、特殊困难补助金2500多万元，组织150多名全国劳模和300名省级劳模参加疗休养。

切实提高劳动保护工作水平。认真贯彻落实《中华人民共和国职业病防治法》《国家职业病防治规划（2009—2015年）》，参与6月中旬由省安监局牵头组织的全省职业卫生先进企业现场评审工作，走访南昌、赣州、吉安等地7户企业。开展高温防暑降温及“送清凉”活动。举办全省工会劳动保护监督检查员培训班。组织和开展2013年“安康杯”竞赛工作，全省全国“安康杯”竞赛参赛单位1594个，同比增长25.3%；参赛职工70.56万人，增长5.7%。

开展各类劳动竞赛活动。积极落实《江西省总工会2011—2015年劳动竞赛规划》，围绕全省创新发展战略，以提升职工素质、提升经济发展能力为主线，深入开展“当好主力军、建功‘十二五’”主题竞赛活动，全省共有550多万职工参加了各种形式的劳动竞赛。通过竞赛活动，约46万职工提升了技术等级。与省人社厅、南昌铁路局、省测绘局、人民银行南昌中支行等单位联合举办2013年江西省振兴杯职业技能系列竞赛活动，竞赛工种100个，活动直接参赛人数超过5万人，带动岗位练兵10万多人次。

以“中国梦·劳动美”主题活动为全年工作重点，召开全省“中国梦、劳动美”主题宣传活动座谈会、主题活动现场推进会。开展以“中国梦·劳动美”为主题的劳模宣讲团赴各地工业园区宣讲。举办“中国梦·劳动美”主题论坛活动、全国职工摄影大赛、“人性的光辉”征文诗歌大赛、“劳动我最美”微博比赛、职工职业道德评选、全省工会“中国梦·劳动美”主题晚会等一系列活动。中工网、大江网、江西工会网、江西省总工会官方微博等多个媒体平台全面宣传报道主题活动。制作一批“中国梦·劳动美”明信片通过邮寄的渠道广泛传播。设计制作反映各行业劳动者海报一套8张，制作“中国梦·劳动美”公益广告一部及反映劳模事迹的微电影2部，与九江市总工会联合创作“中国梦·劳动美”主题系列歌曲3首。

切实维护职工队伍稳定。加强立法参与，为省人大出台《江西省企业工资集体协商条例》提供立法参考。做好《江西省工会劳动法律监督条例》的立法项目准备工作，助推《条例》列入省人大五年立法规划。参与《劳务派遣规定》《江西省法律援助条例》《江西省企业权益保护条例》《劳动人事争议仲裁疑难问题的处理意见》等十余部地方法规、规章的修改，认真做好“六五”普法工作，开展“第二届全省百万职工学法、用法知识答题竞赛”活动，对700余名竞赛优胜者和25个优秀组织单位予以通报表扬。开展全省职工队伍稳定情况的调研，及时对243余起舆情信息进行核查处置。年内，省市两级工会共受理职工信访5826件（批）次，涉及职工6822人次，接待职工来访2792批次，涉及职工3988人次（含集体访72批次、涉及职工496人次），接听职工来电1866人次，结案率95.7%。充分发挥工会公职律师、法律援助志愿团的作用，积极为职工提供法律援助等维权服务。配合政府有关部门联合开展农民工工资支付专项检查活动，为农民工追讨拖欠工资及赔偿金近1.3亿元。

提升工会困难帮扶水平。全省工会建立市县工会职工服务（帮扶）中心112个，乡镇（街道）、社区和企业基层工会维权帮扶站点4573个。2013年度省总工会筹措帮扶资金9206.4万元，其中，中央财政专项资金5876万元，省财政专项资金2500万元，省总工会本级帮扶资金830.4万元。筹集送温暖款物2.4亿元，同比增长16%，走访慰问困难企业7298户，慰问困难职工家庭22万多户。推动行业工会建立长效帮扶机制。推动盐业集团工会、省建工集团建立本系统职工救助管理机制。开展2012年度中央专项帮扶资金管理使用情况专项检查工作。做好帮扶工作管理系统的升级工作。

稳步推进就业再就业工作。联合

全省有关部门开展春风行动及民营企业招聘周活动。春风行动举办各类招聘会1228场次，提供就业岗位73.9万个，入场参加招聘会158.8万人次，达成就业意向40.2万人，跨地区组织劳务输出69.5万人。民营企业招聘周活动提供岗位信息数19.1万个，签订就业（意向）协议人数5.2万个。开展工会就业援助月活动。活动组织专场招聘会332场，提供免费就业服务21万人次，跨地区有组织劳务输出人数1.4万人，成功介绍就业7.6万人，组织参加职业技能培训人数1.8万人，组织家政服务培训人数5001人，组织参加创业培训人数3458人，接待就业创业咨询人数8.3万人，提供劳动维权服务和法律援助人数8555人。组织实施全省工会技能培训促就业工作。全省技能培训2.1万人次，家政服务培训3237人次，创业培训3058人次，获得劳动部门颁发职业技能证书的1.2万人，获得中高级职业证书的1481人，成功介绍3.1万人实现就业，其中，签订一年以上劳动合同的达2.2万人。

加强民主管理规范化建设。加强企业民主管理工作制度化、标准化和规范化建设，开展“江西省厂务公开民主管理示范单位创建活动”和“公开解难事、民主促发展”深化创新厂务公开民主管理理论研讨征文活动，推荐评选表彰了全国和全省模范职工之家和全国双爱双评先进企业工会。已建工会公有制企业的厂务公开建制率和职代会建制率100%，非公有制企业厂务公开建制率和职代会建制率95.3%和94.5%。

深入推进工资集体协商。继续开展工资集体协商要约行动，以创建行业性示范点为重点，积极推进工资集体协商示范点建设。宣传贯彻《江西省企业工资集体协商条例》，与劳动关系三方四家共同下发《关于学习宣传贯彻〈江西省企业工资集体协商条例〉的通知》，召开全省工会法律援助和工资集体协商工作交流会，开展工资集体协商三年规划交叉检查考核工作，举办工资集体协商师资培训班。全省工资集体协商覆盖企业8.72万户，覆盖职工432万人，建制率98.5%。

深化工会组建工作。全省建立基层工会7.73万个，新增3595个；涵盖法人单位11.84万个，新增6914个。工会会员730.94万人，新增会员16.33万人，入会率97.3%。开展投产5年以上、职工50人以上未建会企业集中建会行动，新建基层工会76家，占应建会的97.4%。成立江西金融工会、江西省石化工会、江西省电力工会。组织全省工会开展深化“双亮”（工会组织亮牌子、工会主席亮身份），落实“四权”（知情权、参与权、监督权、选举权）活动，上饶市、景德镇市被定为全国工会深化“双亮”落实“四权”示范单位。大力推进女职工组织建设，扩大女职工工作覆盖面，女职工组织覆盖率98.6%。

积极推动群众性技术创新。全省有5.96万家企事业单位开展了群众性经济技术创新活动，提出职工合理化建议38万条，实施技术革新2.5万项，发明创造1.12万项。大力开展劳模创新工作室创建活动，制定《江西省劳模创新工作管理办法》，命名首批20家劳模创新工作室。在第八届“6·18海峡两岸职工创新成果展”上，获2个金奖和1个银奖。在第四届全国职工优秀技术创新成果评选表彰活动上，获三等奖1项和优秀奖1项，实现了该奖项零的突破。

开展阳光就业活动。全省各级工会举办各类就业服务系列活动259场，提供就业岗位6.1万个，其中为困难职工家庭高校毕业生提供就业岗位7856个，提供创业培训2796人次，帮助提供小额担保贷款725人次，792万元。

深化女职工“关爱行动”。对全国总工会下拨的200万元“关爱行动”资金按照各地困难女职工情况制定资金分配方案，省总工会及各设区市做相应的配套，对在“关爱行动”中各地检查出患“两癌”的困难女职工、女农民工，拨出专项资金用于后续治疗补助，并通过女职工幸福险给“两癌”患者提供每人1万元帮助。全年全省女职工幸福险累计投保金额3200万元，参保人数314万人，赔付人数2865人，赔付金额1763万元，赔付率56%。加强女职工示范学校建设，创建女职工创新工作室。在评选“女创业带头人”的基础上，通过考察命名江西省女职工再就业基地3个，组织召开女企业家座谈会，举办月嫂、早教师、宴嫂、食品加工等各类技能培训班244期，共计培训女职工2.32万余人。签订女职工权益保护专项集体合同5.19万份，覆盖单位9.02万个，覆盖女职工人数268.5万人，整体签订率99.7%。

开展“下基层、进企业、学劳模、访职工”活动，聚力实施困难帮扶工作。全省各级工会组织和工会干部以服务职工在基层为导向，深入基层、深入企业，建立了省总领导联系市、县工作点和工会干部联系职工制度，做到对困难和问题集中的企业和职工“必访”、对企业生产发展和职工权益实现情况“必清”。

大力发展工会企事业。成立江西省总工会资产管理委员会，开展全省县以上工会工人文化宫（俱乐部）资产及运营状况调查统计，开展全省县以上工会资产普查，总结了吉安市工业园区职工之家建设经验。

加强工会基层组织建设，深入开展党的群众路线教育实践活动。大力发展工会企事业，依法加大工会经费收缴力度，加强工会经费“收、管、用”，成功召开江西工会第十三次代表大会，做好工会换届工作。

【“中国梦·劳动美”主题宣传活动现场推进会在宜丰召开】 4月28日，“中国梦·劳动美”主题宣传活动现场推进会在宜丰召开。省总工会党组副书记傅卓成主持会议。会议指出，学习宣传“中国梦”，就是要准确把握“中国梦”的本质是国家富强、民族振兴、人民幸福。全省各级工会要组成宣讲团深入基层、深入企业、深入职工宣讲党的十八大精神和解读“中国梦”。要大力弘扬工人阶级伟大品格和劳模精神，深入宣传各行各业劳动模范、先进人物的先进事迹，在全社会唱响“劳动光荣、工人伟大”的主旋律。要主动会同本地宣传部门，充分调动各方面资源，主动协调主流媒体、互联网等新兴媒体，开辟专栏、专题宣传工人阶级“奋力追梦、勇当先锋”的光辉形象，充分展示品格的力量，诠释人性的光辉。会上，一线职工代表以“争当最美劳动者 同心共筑中国梦”为主题向全省广大职工发出倡议书。

【召开全省庆“五一”暨为建设富裕和谐秀美江西建功立业推进大会】 4月28日，全省庆“五一”暨为建设富裕和谐秀美江西建功立业推进大会在南昌召开。省委副书记尚勇出席并讲话。副省长李贻煌、省委副秘书长欧阳海泉出席会议。尚勇指出，各级工会和工会干部要按照《中华人民共和国工会法》全面履行职能，改进工作作风，做广大职工的贴心人。各级党委政府要坚决贯彻全心全意依靠工人阶级的方针，坚持党建带工建，更加有效发挥工会在全局中的重要作用，建立健全关爱劳模长效机制，在实现“中国梦”的新征程上谱写革命老区的精彩篇章。会议对全国和全省五一劳动奖状获得单位、五一劳动奖章获得个人、“工人先锋号”获得单位的代表进行了颁奖。

【召开省总工会十二届八次委员（扩大）会议】 5月31日，省总工会十二届八次委员（扩大）会议召开。会议传达了中央书记处对工会工作的指示精神、全总十五届七次执委会精神，通过了《关于召开江西省工会第十三次代表大会的决议》。省总工会党组副书记傅卓成做工作报告。会议部署了开展“下基层、进企业、学劳模、访职工”活动，提出要加强作风建设，重视各级工会领导班子建设；要加强工会干部培养；要不断改革创新；做到认识上有新突破、工作上有新举措、理论上有新发展。

【召开江西省工会第十三次代表大会】 6月27日至28日，江西省工会第十三次代表大会在南昌召开。省委书记、省人大常委会主任强卫出席并讲话。省领导鹿心社、尚勇、黄跃金等出席。中华全国总工会副主席、书记处书记段敦厚致辞。强卫代表省委、省人大、省政府、省政协向大会的召开表示祝贺并对江西工会工作所取得的成绩表示肯定，同时对未来五年工会工作提出了明确要求、指明了方向。省总工会第十二届委员会工作报告题为《当好主力军，共筑中国梦，为建设富裕和谐秀美江西而奋斗》，报告回顾和总结了过去五年江西省工会工作并提出了今后五年工作的思路。大会选举产生了江西省总工会第十三届委员会和江西省总工会第十三届经费审查委员会，通过了《关于江西省总工会第十二届委员会工作报告的决议》《关于江西省总工会第十二届委员会财务工作报告的决议》《关于江西省总工会第十二届经费审查委员会工作报告的决议》。

【召开省总工会十三届一次全体委员会议】 6月28日，省总工会十三届一次全体委员会议在南昌举行。省委副书记尚勇出席会议并讲话。省人大常委会副主任朱秉发、副省长李贻煌、省政协副主席郑小燕出席。尚勇代表省委对选举产生的新一届省总工会委员会领导班子提出要求。大会选举产生了江西省总工会第十三届常务委员会委员、主席、副主席人选。

【召开省政府与省总工会第12次联席座谈会议】 7月2日，省政府与省总工会第12次联席座谈会议召开。省长鹿心社出席会议并讲话。省总工会通报了第11次联席会决议事项落实情况，就进一步加强和改进工会工作提出意见和建议。副省长胡幼桃出席会议，副省长李贻煌主持会议。会议明确，省政府在2012年基础上，2013年继续安排帮扶专项资金、送温暖资金、劳模春节慰问金和省劳模特殊困难帮扶专项资金4000万元，其中，劳模帮扶资金和慰问金由1000万元提高到1500万元。困难职工送温暖资金和帮扶资金由2000万元提高到2500万元。从2013年开始，省劳动竞赛活动经费从每年20万元增至100万元。省厂务公开工作经费从每年15万元增至50万元。省编办结合省级机构改革统筹考虑增设驻会产业工会的机构编制。

【开展金秋助学活动】 8月26日，省总工会举行2013年“金秋助学”金发放仪式。仪式现场为400名困难职工和困难农民工家庭子女发放助学金140万元，签订272万元的助学协议。全省11个设区市工会同步举办“金秋助学”资金发放仪式。各级工会组织共筹集资金5538.97万元，资助了3.9万名困难职工子女上学，为在读困难职工子女提供勤工俭学或社会实践岗位9066个。

【召开全省工会工作流动现场会】 11月11日至13日，全省工会工作流动现场会在赣州、吉安、抚州召开。会议的主要内容是学习贯彻落实党的十八届三中全会精神、中国工会十六大精神，督查江西省工会十三大精神的贯彻落实情况，总结推广全省各地工会特色创新工作。会议要求，全省各级工会要迅速传达学习党的十八届三中全会主要精神，学习贯彻习近平总书记在同全总新一届领导班子集体谈话时的讲话精神，贯彻落实省委书记强卫、省委副书记尚勇重要批示精神，把学习贯彻会议精神与党的群众路线教育实践活动、当地工作实际结合起来，不断提升工会工作水平。要进一步改进会议形式，提高工作效率，做好专题调研；要充分利用现场会平台，虚心学习各地经验，交流特色工作做法，切实推动工会工作；要积极发挥工会职能作用，突出工作亮点，让职工群众真正感受到工会是“职工之家”。

（胡靓怡）

共青团江西省委

【概　况】 2013年，团省委着力构建青少年教育引导体系。一是加强中国特色社会主义教育。把“我的中国梦”主题教育活动作为全省青少年思想教育引导工作的主线，积极承担和参与全省“中国梦”主题宣传教育27项活动中的11项，按照“成长梦”“创业梦”“幸福梦”“公益梦”4个系列设计16项活动，开展宣讲交流活动1.16万场，主题团日活动1.36万场，开设微话题3627个，发送原创微博60余万条，参与青少年320余万人次。举办第七期“井冈之星”——江西省大学生骨干培养班，将参训对象进一步扩大为全省73所高校的学员。广泛开展“与信仰对话”“与人生对话”报告会，省领导亲自深入高校做专题报告6场，全省高校共举办“与信仰对话”报告会405场，各中职学校和设区市团委举办优秀中职毕业生报告会242场。二是加强社会主义核心价值观教育。率先在全省开展“学习龚全珍、争当青年友”主题活动，结合党的群众路线教育实践活动，召开学习龚全珍专题研讨会,举办学习龚全珍交流培训班,组织观看龚全珍先进事迹报告会,开展与龚全珍女儿面对面访谈交流,在团干部中开展了为民务实清廉大讨论,组织全省少先队辅导员向龚全珍学习,争当最美少先队辅导员,在全省团干部和青少年中掀起了学先进、做先锋的热潮。动员青少年常态化开展学雷锋活动,办好《身边的雷锋》广播栏目和官方微博,设立总额350万元的“雷锋基金”,开展各类学雷锋活动3.6万余场,直接参与青年330万人次,推动形成了良好社会风尚。三是强化新媒体教育功能。针对青年向网络聚集的实际,依托省内各大网站、论坛,建立网络团组织48个,覆盖网络青年200余万人,网络团建工作在全国走在前列。团省委微信正式入驻微信公众平台,关注数近5900人,团属网站、微博、微信、手机报等“四位一体”的新媒体工作体系进一步完善,团省委官方微博被评为2013年华东地区十大优秀宣传系统机构微博、江西十佳政务微博。

着力构建青年建功发展体系。重点推进共青团展览馆设计、希望工程阳光成长中心二期建设,积极协调青年创业大厦、大学城项目落户共青城。累计安排178名大学生西部计划志愿者到共青城服务。与中青企协、北京、广东等地青企协加强联系,大力宣传推介,特别是加大共青城电子商务和手机动漫产业的推介力度。全面参与和谐社会建设,深入实施希望工程、1%工程、江西希望之星成长计划等品牌项目,全年筹集款物突破5000万元,资助贫困学生2173人,江西省青基会被授予“全国希望工程影响力奖”称号。高位推动重点青少年群体服务管理和预防犯罪工作,第一轮实施的33个县(市、区)工作稳步推进。积极做好瑞金市沙洲坝乡清水村包村扶贫工作,确定兴国县为全国希望工程重点实施县,切实支持赣南等原中央苏区振兴发展。主动参与生态文明建设。围绕和谐秀美乡村建设,根据生态、文明、团建三大标准,在全省开展共青团生态文明示范村创建,共整合资源投入款物300万元,18个村验收挂牌,探索出新时期农村共青团工作的新载体和总抓手。依托青少年生态环保社团、环境文化警示教育节以及世界水日、世界环境日等平台和契机,加强青少年和全社会生态意识教育,大力倡导绿色生活理念。着力抓好了全省“五河一湖”和东江源头生态环保,深入实施了“青少年节能减排行动”,广泛开展了江西高校环境文化节和江西青年绿色讲坛活动,推广红领巾乡村文明理事会、青少年环保监护站等经验做法,动员青少年积极参与生态环保实践。

着力构建青少年成长服务体系。针对青年就业创业需求,联合有关部门进一步完善青年创业政策体系,通过建立青年创业孵化基地、就业创业见习基地、组建创业导师队伍、发放创业贷款、举办“赢在江西”青年创业大赛等,初步构建了青年参与、企业家资助、金融机构扶持、团委搭建平台、职能部门支持的“五位一体”青年创业支持体系。针对青少年城市融入需求,深入推进“杜鹃花行动”——关爱农民工子女志愿服务行动,结对学校2075所,结对帮扶80余万人,累计捐赠款物450余万元。针对青年交流需求,“青年汇聚2013——赣港龙情”活动促成300余名港澳地区青少年到赣参观考察,形成了赣港澳青年互访互动交流机制。针对青年婚恋交友需求,常态化举办“爱的约定”交友活动,吸引8.3万余名青年参与。针对青少年权益保护需求,树立大服务、大维权工作理念,加大青少年法制教育、自护教育和心理教育力度,规范化配备法制副校长3541名,实现全省乡镇中心小学全覆盖,在全国率先启动实施单亲家庭未成年子女援助计划,争取政府公益创投项目资金给予基层经费支持,联合制作并每周定期播出“护航青春梦、成长启示录”青少年法制教育电视专栏,广泛开展共青团与人大代表、政协委员面对面活动。

着力构建共青团枢纽型组织体系。一是加大培训,提高团干部政治水平和业务素质。举办全省团干部专题培训班,开展“学习龚全珍、争当青年友”主题教育活动,举办“青春路上党旗扬”远程教育网络主题报告会等活动,组织“传承井冈精神 践行群众路线”千人井冈山主题培训活动,分领域、分战线组织各级团干部、少先队辅导员开展各类集中培训。全年省级层面共面对面培训团干部3053人次,通过远程教育培训8万人,市县两级培训团干部4916人次,团干部理论素养和团务水平得到新提升。二是大调研,推动团干部下基层、接地气、受锻炼。在党的群众路线教育实践活动中,扎实开展了“走进青年、转变作风、改进工作”大调研,完成“办实事”“同劳动”“交朋友”“结对子”等各项规定动作,并形成11个方面的专题调研报告。领导以“争做青年挚友,服务兴赣大业”为主题,与网友在线交流,收到网友留言900余条,有210万网友收听收看,针对网友提出的问题,按类别分5批进行了公开回复。

【召开团省委十四届七次全会】 2月5日,团省委十四届七次全会在南昌召开。会议学习传达了团中央书记处关于改进工作作风的指示精神,通过了《共青团江西省委关于切实改进工作作风、密切联系青年群众的实施细则》,传达了团中央十六届六中全会精神和省委副书记尚勇在全省部分群团组织座谈会上的讲话精神。会议总结了2012年全省共青团工作,并对2013年的工作进行部署。会议指出,2012年全省共青团工作任务重、压力大,但工作呈现了好的态势。全省各级团组织围绕中心,服务大局,按照年初确定的“实施三大工程,突出六项重点,抓好一个建设”的工作部署,深入推进各项工作,取得良好成效。会议强调,2013年是贯彻落实省第十五次团代会精神的开局之年,要立足新起点、体现新要求,要把握关键、把握重点、把握创新、把握方法,着力实现好开局。

【设立“雷锋基金”】 3月5日,团省委举行江西雷锋基金成立暨捐赠仪式,并出台了《江西雷锋基金管理办法》。雷锋基金是团省委为推进学雷锋活动常态化而设立的专项基金。基金主要用于帮助家庭特别困难、无法筹措学费和基本生活费用的学生;帮助因天灾、残疾、单亲、孤儿、大病等导致生活极其困难者;帮助因见义勇为等行为牺牲而导致生活极度困难者,对其未成年子女等进行资助;支持社会公益组织开展学雷锋志愿服务活动。当天,江西中捷、江西时代高科实业投资集团、九江恒盛科技园、江西中川置业有限公司等8户爱心企业共为雷锋基金筹集善款350万元。

【举办唱响“中国梦·我的梦”江西首届青年原创歌曲音乐会】　5月3日，团省委在江西省艺术中心大剧院举行唱响“中国梦·我的梦”江西首届青年原创歌曲音乐会。此次活动是对全省首届青年原创歌曲及拍客作品大赛的成果展示，活动以“中国梦·我的梦”为主题，通过“青春点燃梦想”“共青团助力梦想”和“青年成就梦想”三个篇章，演绎了《爱的力量》《恰恰恰》等原创歌曲。活动现场还对江西首届青年原创歌曲大赛获奖作品进行了颁奖。

【召开江西省第十五次团代会】　4月10日至11日，共青团江西省第十五次代表大会在南昌召开，省委书记强卫出席大会开幕式并作重要讲话，鹿心社等省领导出席开幕式。会上，少先队员献词，人民团体代表致贺词，团中央以书面形式发来贺信，团省委党组书记、团省委副书记曾萍做工作报告。强卫在讲话中对团省委的工作给予了充分肯定，并号召当代江西青年担当起时代重任，以青春之我助力腾飞之中华，让青春在实现“中国梦”的伟大征程中焕发出绚丽的光彩。大会选举产生了新一届团省委领导班子，科学谋划了未来一段时期江西共青团工作，在认真总结过去五年工作的基础上，按照系统性、前瞻性和实践性相统一的原则，进一步理清了今后五年全省共青团工作思路，明确了工作方向。

【开展“红领巾相约中国梦”——“为爱留守，花漾满屋”关爱农民工子女主题队日活动】　5月31日，省委书记强卫到南昌市东湖区阳明学校，参加“红领巾相约中国梦”——江西共青团“为爱留守，花漾满屋”关爱农民工子女示范联合主题中队会，与农民工子女，学校的小朋友一起欢庆六一儿童节并在现场就如何开展“红领巾相约中国梦活动”进行生动讲解。省委副书记尚勇，省委常委、南昌市委书记王文涛一同参加。强卫勉励孩子们要学习大海的博大，拥有大海一样的胸怀；要树立理想、勤奋学习、锻炼品格，去追逐自己的梦想。

【召开“学习龚全珍、争当青年友”党的群众路线教育实践活动研讨会】
7月12日，团省委在省团校召开“学习龚全珍、争当青年友”党的群众路线教育实践活动研讨会。省政协副主席郑小燕出席会议团省委书记曾萍讲话，团省委副书记孙鑫主持会议，省委党的群众路线教育实践活动第八督导组有关负责人，团省委副书记廖良生、伍复康参加会议。研讨会上，组织学习了龚全珍的先进事迹，省内有关专家学者汪玉奇、李建一、江仲俞、胡远宏发表了热情演讲。江西共青团和青年工作理论研究会会员、团省委机关及下属单位党员干部共90余人参加会议。

【深入开展“走进青年、转变作风、改进工作”大调研活动】　按照团中央统一部署和团省委党的群众路线教育实践活动安排，7—9月上旬，团省委书记曾萍，副书记孙鑫、廖良生、伍复康带头，由团省委机关各部室牵头组成的11个调研组分赴全省11个设区市，开展一个多月的“走进青年、转变作风、改进工作”大调研活动。各调研组通过集中座谈、个别访谈、问卷调查、实地体验等形式，深入农村、企业、社区、学校等基层一线，与广大青年面对面沟通、心贴心交流，了解青年诉求，听取意见建议。共走访53个县区、72个乡镇（街道）、64个村、22所学校、58户企业、39个青年组织，召开71场座谈会，发放5415份调查问卷，访谈2696人次基层青年，掌握了大量的第一手资料，加深了基层群众的感情，增强了共青团工作的责任感和使命感。

【举办全省团干部“传承井冈精神 践行群众路线”千人井冈山主题培训】
10—11月，团省委在全国青少年井冈山革命传统教育基地举办了9场江西团干部“传承井冈精神 践行群众路线”千人井冈山主题培训。培训内容和方式包括理论学习和研讨，团的业务知识培训、生活体验、情景教育、素质拓展等，培训对象涵盖市、县（区）团委，包括非公企业团干部，乡镇（街道）团干部、省属国有企业团干部、高校、中职、中学团干部、乡镇实体化大团委的团组织负责人、青少年宫工作人员、高校骨干教师、青年网络意见领袖，IT行业优秀青年代表等。

【举办江西省网络团建和新媒体研讨班】　11月18日，“新媒体 新青年 新挑战”2013年江西省网络团建和新媒体研讨班在江西师范大学开班，团中央书记处第一书记秦宜智出席并作重要讲话，副省长胡幼桃出席。秦宜智希望青年网民要通过网络传递正能量，为大家树立标杆，营造健康的网络环境。

（章学彭）

江西省妇女联合会

【概　况】　2013年，全省各级妇联组织开展形式多样的宣传实践活动，充分发挥全省近2万个“妇女儿童之家”作用，大力抓好面向基层、面向妇女的学习宣传工作。完成江西代表团参加中国妇女十一大的各项工作任务。《中国妇女报》推出“江西宣传日”，以“向着幸福出发”为题，宣传江西省妇联团结带领广大妇女在实干兴赣中追求幸福的创新实践，并刊发了省妇联主席潘玉兰的《让每一位妇女享有幸福的权利》访谈文章。

创新推出“中国梦·巾帼行”主题宣传教育实践活动。在全省的“中国梦”主题宣传教育活动中，省妇联以“中国梦激扬巾帼风采，江西美成就女性未来”为主旋律，以“中国梦·巾帼行”为主题，开展宣讲展示、教育关爱、实践服务等一系列特色活动，做好了“五个一”：以一组歌曲唱响中国梦时代强音。省妇联组织力量创作组歌《赣鄱女性之歌》和《阳光姐妹》并制作成MV，通过广播、电视、网络等媒体反复播出推介，在全省妇女中广为传唱；以一系列讲座弘扬妇女奉献精神。通过全省农村党员现代远程教育平台开设“中国梦·巾帼行”系列讲座，将龚全珍、张秀桃、罗玉英、章金媛等优秀女性的感人事迹制作成专题片，向全省传播；以一个标识彰显妇女时代风采。设计制作“中国梦·巾帼行”宣传标识和宣传画，在全省1.4万个城乡“妇女儿童之家”张贴，通过简单生动的形式，将中国梦深深扎根于妇女心中；以一支队伍宣讲中国梦。培训100名县（市、区）妇联主席担任中国梦骨干宣讲员，组织她们走进基层“妇女之家”，用妇女群众听得懂、记得住、感触深的语言，宣讲中国梦宏伟蓝图；以一个机制打造强大舆论声势。与省委宣传部联合召开新闻通气会，通过主流媒体大力宣传“中国梦·巾帼行”活动，开设《中国梦·巾帼行》《梦像花儿朵朵开》等专题。

全方位服务妇女创业就业。与省人社厅联合发文，提供税收优惠、小额担保贷款财政贴息、资金补贴、场地安排等扶持政策和养老、医疗、社会保险补贴等优惠政策，支持发展妇女手工制品产业，实现居家灵活就业创业，不断拓宽农村富余女劳动力、失业失地妇女就业创业的渠道。在全省范围联合开展“春风行动”，全省妇联系统共举办或联办各类招聘会1228场次，提供就业岗位73.9万个，2.3万名女性参加了技能培训。全面推进妇女小额担保贷款工作。2013年，全省发放妇女小额担保贷款29.55亿元，直接扶持妇女个人创业3.73万人次，还款率99.7%。

大力开展“巾帼建功”“双学双比”活动。表彰省级“巾帼文明岗”57个，“巾帼建功标兵”41人；授予42个集体“江西省农村妇女岗位建功先进集体”称号；授予30人“江西省农村科技致富女能手”称号；25个岗位获全国“巾帼文明岗”称号，10人获全国“巾帼建功标兵”称号。

开展巾帼文明岗负责人培训，举办巾帼现代农业科技示范女带头人培训。开展巾帼农业科技示范基地创建活动，年内，有5个基地获得全国妇联、科技部和农业部认定的全国巾帼农业科技示范基地，带动、辐射周边妇女发展现代农业。开展“三八”绿色基地建设，启动巾帼美丽家园行动，激发了广大妇女积极投身建设富裕和谐秀美江西热情。

稳步推进“两纲”实施。以巩固拓展项目工作为抓手，以建立健全监测评估工作机制为保障，通过召开全省妇儿工委工作电视电话会议、全省“两纲”示范帮扶和项目工作推进会、加强项目培训和监督等方式，进一步强化各级党委政府落实“两纲”的责任，促进了“两纲”实施工作。

扎实推进妇女权益保障工作。全省各级妇联注重源头参与，健全维权机制，抓好普法教育，扎实推进妇女权益保障工作。一是争取政策支持。省“两会”期间，省妇联提交了《关于在城镇化进程中保障农村妇女土地权益的建议》《关于加大反家暴公权干预力度的提案》《关注和谐背景下的“空巢”家庭》等4个提案，并向省人大内司委等部门提交了《中华人民共和国妇女权益保障法》《关于预防和制止家庭暴力的决定》执法检查、农村妇女土地权益保障现状调研的建议，得到了社会各界的广泛关注和有关部门的高度重视。二是创新普法宣传方式。与江西卫视联合推出“金牌大姐快车”活动，聘请《金牌调解》首席调解员为首的专家团队赴11个设区市巡回报告、培养调解骨干，面向广大妇女群众宣讲男女平等基本国策及法律知识。三是抓实信访维权工作。坚持领导信访值班接访、信访跟踪督办、女法联接待日、女律师团接待日等工作制度，加强妇女儿童维权联席会、维权阵地、维权网络、维权热线的建设和管理，整合资源开展法律宣传、法律援助、司法救助，及时反映妇女需求，调解矛盾纠纷，促进息诉息访。全省妇联系统接处信访8347余件，其中来信228件、来访6485人次、来电1634件；受理妇女儿童法律援助案件48件，帮助受援人挽回经济损失132万余元。

全力开展关爱农村留守儿童工作。省妇联联合有关单位在丰城召开全省庆“六一”暨关爱教育管理留守儿童工作经验交流会，并在全省12个县（市、区）开展留守儿童关爱服务体系建设试点工作。同时，提请建立省关爱留守儿童工作联席制度，按留守儿童人均1元钱标准设立留守儿童关爱资金，有力地协调推动了各级党委、政府和有关部门加大关爱留守儿童的工作力度。全省各地建立留守儿童关爱服务阵地9992个，其中留守儿童之家6317个，留守儿童托管中心2495个，太阳村等其他服务阵地1180个。

扎实开展妇女儿童民生重点工作。利用2200万元全省妇女儿童民生项目资金，立足实际，倾斜基层，实施省级示范妇女儿童之家建设、妇女创业就业、妇女儿童维权救助、关爱留守妇女儿童、能力建设等项目。争取到全国第四批“贫困母亲两癌救助”中央专项彩票救助金给予江西省178个救助名额和对全省67个项目县、33个非项目县新增贫困两癌患者的救助资金共1330万元；争取到福利彩票公益金2800余万元，用于实施新一批妇联系统未成年人校外活动场所建设项目及运转补助等。建立健全省妇女儿童民生项目库，完善项目规划，加强对项目建设的跟踪、监测和评估，提升项目效率。深化农村留守妇女儿童关爱行动，推动设立省级关爱留守儿童专项基金。继续深入开展农村妇女“两癌”免费检查项目，加大对贫困“两癌”妇女的救助力度。

努力构建妇联组织纵向巩固、横向拓展的组织网络。省妇联先后联合省委组织部，在北京大学首次举办江西省女性人才高级研修班；首次组织全省受国务院或省委、省政府表彰和因重大事件、重要科研项目、重要专项工作等受到省部级以上表彰的优秀女性人才到北戴河休假疗养；在厦门大学举办全省县处级妇女干部培训班。

【召开江西省妇女第十一次代表大会】 7月30日，江西省妇女第十一次代表大会在南昌召开。省委书记强卫出席开幕式并做题为《激扬巾帼风采 共创幸福生活 让幸福之花在赣鄱大地绚丽绽放》的讲话。省领导鹿心社等出席，全国妇联党组副书记、副主席、书记处书记陈秀榕致辞。大会邀请了来自教育、卫生、金融、法律、投资等不同行业14名港澳优秀女性作为特邀代表参会，并设立港澳代表团，特邀中央人民政府驻香港特别行政区办公室协调部副部长廖勋任代表团名誉顾问。省妇联主席潘玉兰代表江西省妇联第十届执委会向大会做了题为《中国梦 巾帼行 实干开启建设富裕和谐秀美江西的新征程》的报告。大会选出33名江西省出席中国妇女第十一次全国代表大会代表。

【签署《泛珠三角区域妇女发展合作协议》】 6月5日至7日，省妇联副主席肖晓兰一行赴昆明参加第六届泛珠三角区域妇女发展合作促进会和第八届中国——南亚商务论坛女企业家分论坛。肖晓兰代表江西省妇联在主席论坛上，作了题为《深化区域合作，共谋妇女发展》的主旨演讲，并与来自广东、广西、湖南、海南、福建、江西、四川、贵州、云南的9个省区妇联主席和香港、澳门的妇女组织负责人共同签署了《泛珠三角区域妇女发展合作协议》。

【成立江西省妇女儿童发展基金会】 7月10日，江西省妇女儿童发展基金会成立，召开第一届理事会，并在省妇女十一大上举行了揭幕仪式。基金会立足服务妇女儿童，拓展市场，创出品牌，动员社会力量关心、支持妇女儿童事业。通过组织募捐、接受捐赠等方式筹集社会公益资金，实施温暖母亲、特困妇女儿童救助、促进妇女儿童健康、春蕾助学、关爱农村留守、孤残儿童七大公益项目，项目资金(物资)500余万元。

【东方女报社创新建设全国首个女性数据库】 2013年，东方女报社申报了《红杜鹃——当代女性创新知识与公共服务数据库》项目，该项目被国家新闻出版总署列为2013年度国家新闻改革与发展项目，并获得1200万元的中央文化产业发展资金。当代女性数据库着力构建中国首个以女性服务、女性知识为中心的数据库应用系统。将报纸从单一的新闻宣传、广告经营，到引入高端科技、新媒体来系统化宣传运营。该项目在全国妇联系统也是第一次成功申报。

(梁微　徐景增　张箭等)

江西省工商业联合会

【概　况】 2013年，省工商联深入开展非公经济人士理想信念教育实践活动，围绕"全面创业、跨越发展""保暖合作、同心同行""协同创新、转型升级""旅行责任、振兴苏区"4个专题，精心组织开展3个层次大宣讲活动，举办26场宣讲会，5000余名非公有制经济人士聆听了宣讲。

围绕中心工作，积极建言献策。围绕非公有制经济发展热点、难点和焦点的问题，调查研究，建言献策，提案《对民间资本全面开放金融市场准入》在《人民日报》内参上刊登；向省政协会议提交8份提案、3份大会发言和2份联组发言稿。

基层组织建设稳步推进。以"六网一胞"为重点加强基层组织建设，工商联会员组织细胞得以优化，会员队伍快速壮大。截至年底，省工商联共有会员9.84万个，比上年增加3.38万个，增幅52.44%，其中，企业会员5.63万个，团体会员1959个，个人会员4.01万个；会员结构更加优化。共有商会组织1798个，其中，行业组织569个，乡镇商会814个，街道商会66个，园区商会11个，异地商会253个，市场商会31个，其他54个。

突出工作实效，打造服务非公有制经济发展的"升级版"。一是首次召开"江西省民营企业100强发布会"，着力营造"你追我赶"加快做优做大企业的浓厚氛围。二是指导成立省民营经济研究会，为推进民营经济发展理论研究和政策创新提供平台支持。三是开展民营企业转变发展方式优秀案例评选表彰活动。集中编印全省民营企业转型升级优秀案例集《怎么转——转型升级正能量》，共收录50篇案例材料；开展全省"发展升级"十佳民营企业遴选活动，推选了一批转型升级的示范企业。四是与省法院、省检察院等单位完善法律维权"绿色通道"，成立维权服务中心，全年为30多户民营企业进行成功维权。五是积极探索商会融资担保模式，推动组建民营银行，破解中小微企业融资难题，组织219名企业家参加首届全球赣商博鳌论坛和第十二届世界华商大会等，引导企业走出去。

强化政治责任，在新起点上推进非公党建工作。一是着力在推动党工委有效履职上下功夫。年内，全省所有设区市非公党工委统一归口设置在工商联，全省非公党工委工作关系基本理顺，初步实现省、市、县三级统一的非公党工委机构设置模式。二是着力在提升基层党建水平上下功夫。创新党组织发展方式，加大在工商联会员企业和行业商会组建党组织的力度，加强党员发展和管理，大力实施党建之友培育工程。截至年底，全省3.9万家非公经济组织中，已建立党组织的有3.61万家。三是在提升非公党建工作的实效性和影响力上下功夫。深入贯彻落实党的十八大与十八届三中全会精神，推进抓党建与凝聚深化改革发展正能量相结合；广泛开展理想信念教育实践活动，推进抓党建与加强非公有制经济人士思想政治工作相结合；系统开展大调研、大走访活动，推进抓党建与促进非公有制经济更好更快发展相结合；开展典型宣传和评选表彰活动，通过"双强百佳"评选表彰活动，表彰了35个先进基层党组织、35名优秀共产党员和30名党建之友，有效扩大非公党建工作影响力。

着眼促进社会和谐，积极引导履行社会责任。一是引导非公经济人士参与光彩事业和公益事业。全省334户企业实施光彩项目投资36.91万元，参与光彩事业捐赠7055万元，新增就业人员6322人，培训6950人次，带动1.82万人脱贫，非公有制经济人士还向四川省雅安地震灾区捐款捐物1206万元。二是继续做好广昌示范区帮扶工作。积极牵线搭桥，促成装饰工程配套五金项目投资1000万元在广昌投资办厂；引导民生集团、泰豪集团、江西泉州商会捐赠200万元，用于广昌县小学改建、资助品学兼优的贫困学生。

【召开市县工商联非公经济跨越发展调研座谈会】 4月25日，市县工商联非公经济跨越发展调研座谈会在南昌召开。会上，各地工商联在开展大量调研、座谈的基础上，针对企业融资难、税费重、创新弱、技术低、招工难等问题，提出搭建商会融资管理平台开展融资业务，拓展融资渠道；建立江西非公经济运营中心；加强各项税收减免政策落实力度，降低企业税费负担，优化企业发展环境；深化审核行政审批制度改革，开辟市场准入"绿色通道"等意见建议。

【召开全省工商联基层组织建设现场推进会】 6月26日至27日，全省工商联基层组织建设现场推进会在萍乡召开。会上，安源区工商联、修水县工商联、万年县工商联、黎川县工商联做了典型经验介绍，各设区市工商联分别就本会组织工作开展情况做了汇报，并就省工商联如何抓好会员发展、加快商会组建以及在全省非公有制经济人士中开展理想信念教育实践活动等方面进行交流讨论，提出了意见和建议。

【召开省民营企业诚信合规经营研讨会】 7月12日，省民营企业诚信合规经营研讨会在南昌召开。德国中小企业联合总会首席代表托马斯出席会议并围绕企业合规化建设专题做专题讲座。研讨会上，在正邦集团副总裁林峰的倡议下，全体与会代表联合签署了《坚定理想信念 诚信合规自律——致全省非公有制经济人士的倡议书》，倡议全省非公有制经济人士深入开展理想信念教育实践活动，诚信合规经营企业，为建设富裕和谐秀美江西做出更大的贡献。与会代表就企业开展合规化建设的必要性和重点难点问题进行了讨论。全省机电、医疗器械、能源、建筑、电子、钢铁等行业组织的企业高层及有关直属商会的代表30余人参加研讨会。

【成立省工商联直属会员商会、省民营企业投资商会】 8月20日，省工商联直属会员商会、省民营企业投资商会第一次会员大会暨成立大会在南昌举行。大会选举产生了江西省工商联直属会员商会、省民营企业投资商会第一届领导班子，中信银行、招商银行、民生银行、华夏银行在成立大会上向商会举行了12亿元的授信仪式。

【承办“中国光彩事业赣南行”活动】 10月20日至22日，由中国光彩会、省政府共同主办，省光彩会、省工商联和赣州市委、市政府共同承办的“中国光彩事业赣州行”在赣州举行，省委书记强卫宣布活动开幕，省长鹿心社致辞，全国工商联党组书记全哲洙出席活动并讲话。活动期间，共签约113个项目，签约总金额1040.9亿元。中国光彩会民营企业家向赣州市捐资2070万元，用于瑞金市烈士遗属及烈士子女危旧房改造等公益事业。活动的开展，促进了全国知名企业家与江西的合作，为赣南老区的振兴发展注入了强大的动力。

【成立江西省民营经济研究会】 11月8日，江西省民营经济研究会成立大会暨一届一次理事会在南昌召开，省委常委、省委统战部部长蔡晓明出席大会并为省民营经济研究会揭牌。大会通过了《江西省民营经济研究会章程》，选举产生了省民营经济研究会第一届领导班子。

【召开全省促进非公经济发展座谈会】 12月23日，省法院、省工商联在南昌召开促进非公有制经济发展座谈会，省委常委、省委统战部部长蔡晓明，省法院院长张忠厚出席会议并作讲话。会上，非公有制企业家代表对促进全省非公有制经济发展提出意见和建议，表示应加大立案审查力度，依法及时对涉非公有制企业纠纷的案件予以立案；对进入法院诉讼的非公企业，加大对其信息的披露力度；对不诚信企业的信息要予以公开。

（唐迎丰）

江西省文学艺术界联合会

【概　况】 2013年，省文学艺术界联合会凝聚队伍、履行职能，大力推动出作品、出人才，大力加强自身建设，各项工作取得了重要进展和显著成效。

围绕中心、服务大局，举办一系列有主题有影响有特色的文艺活动。组织节目参加“中国文学艺术界2013春节大联欢”演出，举办2013年婺源·中国乡村文化旅游节暨全国“山花奖”民间灯彩大赛、第六届中部六省曲艺大赛、全国首届“工安石奖”书法作品展、全国首届“陶渊明奖”书法作品展、全国中青年德艺双馨文艺工作者高级研修班、全国民间文化之乡研究人才培训班、中国文联理论调研工作研讨会、2013年江西谷雨诗会、“汤显祖戏剧奖·小戏小品奖”大赛、江西省第七届摄影艺术展、江西省第十二届高校摄影艺术作品展、“八大故乡人——江西名家赴上海七人作品展”“道法自然——彭友善、彭开天父子水墨画艺术台北联合展”“放飞梦想”——江西省首个书法月、第七届江西省山水画展、2013年江西省国家公务员美术书法作品展、首届大学生书法展、第九届书法篆刻艺术大展、纪念毛泽东诞辰120周年全国书法名家邀请展、第四届大学生舞蹈大赛、全省企业职工歌手大赛等活动。

以项目为抓手，组织和引导文艺创作，努力推出精品力作。继续推进“八一起艺”文艺创作工程，推出了瓷板画长卷《锦绣中华》、中国画长卷《锦绣赣鄱》、摄影长卷《千里赣鄱锦绣图》、书法长卷《秀美江西》，以及“歌声起艺”江西优秀原创歌曲等作品。实施全省文艺创作与繁荣工程，推出了“走向田野”文化大散文丛书、苏区记忆”丛书、“农村改革开放长篇小说丛书”“江右新散文文丛”“江西文学原创精品”丛书、《江西当代作家创作论》“民俗江西”系列丛书等。开展了江西省优秀文学剧本、长篇小说、歌曲征集评选，出版了《江西风景独好》歌曲专辑。

加强人才队伍建设，不断夯实文艺发展的人才基础。首次与省人社厅联合组织开展全省文联系统先进集体和先进个人评选表彰工作。积极推荐各类文艺人才申报各类评选表彰和荣誉称号，并做好入选人员项目资助申报。召开省作协、剧协、影视协、音协、舞协代表大会，选举产生了协会新一届领导机构。开展滕王阁文学院第四届特聘作家聘任，举办江西省文艺创作人才研修班、全省80后作家改稿会和江西年俗文化考察等系列采风创作活动。

大力开展文艺志愿服务活动。两次组织省内著名书画家为四川雅安地震灾区举行赈灾笔会，组织文艺小分队深入学校、社区、农村、厂矿开展“送欢乐 下基层”、文艺支教、艺术培训等活动。

【多部文学艺术作品在全国范围内获奖】 年内，全省文艺工作者努力创作，在全国重要赛事和评奖中频频获奖。省文联主席刘华的长篇小说《车头爹 车厢娘》获湖北省委宣传部“五个一工程奖”。阿袁的长篇小说《打金枝》入选中国作家协会2013年度重点作品扶持项目，《子在川上》获《小说月报》第十五届百花奖。赣剧《青衣》入选由中国文联、中国剧协主办的第十三届中国戏剧节参演剧目，获得剧目奖，主演陈俐获优秀表演奖。

讽刺小品《错客》获第五届“中国戏剧奖·小戏小品奖”暨第五届(张家港)全国小戏小品大赛“剧目奖”。辜建刚获第八届全国德艺双馨电视艺术工作者称号,熊诚主创出品的电视连续剧《妈祖》获第29届中国电视剧“飞天奖”。在第九届中国音乐“金钟奖”评选中,歌曲《那一片红》(曲:邓伟民、熊纬,词:黄小名)获优秀作品奖,黄训国获声乐(民族组)比赛金奖。舞蹈作品《“舞”与“轮”比》等3个作品获第七届“小荷风采”全国少儿舞蹈展演最高奖——“小荷之星”。封治国的《明代书画》入选“中华文明五千年国家重大历史题材美术创作工程”。在年内中国书协举办的28场书法大赛中,江西入展获奖人次排名全国第五。摄影方面共获得国内金奖5个,国际金奖40多个。民间文艺共获得5项山花奖,名列全国第六。在第六届中部6省曲艺大赛中,江西省曲艺节目获得4个一等奖,3个二等奖。春锣剧《法中有情》获中国曲协等举办的第八届河南宝丰马街书会邀请赛节目一等奖;省评协报送的《大众文化语境中的革命历史题材创作研究》获批“中国文联部级研究课题项目”。

【完成2013中国文联“百花迎春”江西节目演出任务】 1月13日,“百花迎春——中国文学艺术界2013春节大联欢”在人民大会堂成功录制,此次晚会由江西、浙江、宁夏、河南4省区文联联合承办。省文联调动一切积极因素,精心筹划、认真实施,从节目遴选、舞台样式、嘉宾邀请、演员队伍等方面,与晚会导演组反复沟通,精益求精。经过全体演职人员的共同努力,40多分钟的江西板块节目,地域特色浓郁、明星阵容强大、表现形式独特、演出效果绝佳,把最具江西风格、江西特色、江西气派的优秀节目展示给全国观众。该节目于春节期间在中央电视台、江西电视台多次播出,广受好评。

【推进“八一起艺”文艺创作工程】 为以精品工程带动全省文艺创作,省文联组织实施了“八一起艺”文艺创作工程,包括文学作品、瓷板画长卷、国画长卷、摄影长卷、书法长卷、优秀歌曲、长篇电视连续剧、舞台剧等8个创作项目。创作工程自2012年7月启动后,江西省委、省政府领导高度重视,省文联精心组织实施,社会各界倾力相助,文艺工作者积极响应,知名文艺家热情参与,至2013年下半年,56米反映中华名山大川的通景式瓷板画长卷《锦绣中华》、62米反映江西山川盛景的中国画长卷《锦绣赣鄱》、110米反映赣鄱生态文明和建设新貌的摄影长卷《千里赣鄱锦绣图》、100米收录江西历代名家礼赞江西的诗词歌赋的书法长卷《秀美江西》,以及“歌声起艺”江西优秀原创歌曲等五大项目已创作完成。

【举办第六届中部六省曲艺大赛】 8月14日至16日,由中国曲协、省文联主办,省曲协、南昌市文联承办的第六届中部六省曲艺大赛在南昌举行。江西、河南、安徽、湖南、湖北、山西共派出近200人参赛,其中江西有7个节目90人参赛,是参赛节目最多、参赛人员最多的省份。本届大赛参赛节目23个,涵盖了中部6省13个不同风格的曲种。大赛评出一等奖节目11个,二等奖节目12个。中国文联党组成员、书记处书记李前光,江西省委常委、宣传部部长姚亚平,江西省政协副主席汤建人,中国曲协分党组书记、驻会副主席董耀鹏等领导出席了颁奖晚会。颁奖晚会上,部分获奖演员与全国曲艺名家同台为现场观众表演了一场精彩的曲艺节目。

【举办全国“山花奖”民间灯彩大赛】 11月26日至28日,由中国民协、省文联、省旅游局、上饶市政府共同主办,省民协、婺源县委、县政府承办的2013婺源·中国乡村文化旅游节暨全国“山花奖”民间灯彩大赛在婺源举行,山东、河南等12个省的代表队在婺源进行了灯彩表演。中国民协分党组书记、驻会副主席罗杨,中国民协副主席、江西省文联主席刘华,上饶市有关领导等参加了开幕式。大赛评选了民间灯彩艺术“山花奖”5项。这是省文联连续10届参与“婺源·中国乡村文化旅游节”,并成功引入中国民间文艺最高奖“山花奖”。

【举办首届“汤显祖戏剧奖·小戏小品奖”大赛】 11月26日至30日,由省文联、抚州市政府主办,省剧协等单位承办的首届“汤显祖戏剧奖·小戏小品奖”大赛决赛在抚州市汤显祖大剧院举行。省政协主席黄跃金、副省长朱虹分别出席开幕式和颁奖典礼。大赛历时7个月,分为剧本征集评选、大赛演出评奖两个阶段。剧本征集共收到参赛剧本99件,评选出小品类作品奖二等奖9名、三等奖11名(一等奖空缺);小戏类作品奖一等奖1名、二等奖14名、三等奖19名。40个剧目参加大赛演出,经过初赛、复赛,22个剧目进入决赛,共评出演出一等奖10名、优秀演员一等奖20名、导演奖6名、音乐奖3名以及优秀组织奖6名。大赛颁奖典礼上,中国剧协梅花奖艺术团进行了“送欢乐、下基层”慰问演出。

【举办全国首届“王安石奖”书法作品展、“陶渊明奖”书法作品展】 12月20日、21日,省文联、省书协分别在东乡和南昌举办全国首届“王安石奖”书法作品展、全国首届“陶渊明奖”书法作品展,填补了江西书法史上无全国书法展的空白。两个全国书法展均自5月份启动。“王安石奖”书法作品展收到参展作品7000余件,评出入展作品291件,优秀作品29件;“陶渊明奖”书法作品展收到参展作品7500余件,评出入展作品307件,优秀作品29件。

【举办2013江西谷雨诗会】 4月20日,省文联、省作协在广丰铜钹山举行“2013年江西谷雨诗会”。省委宣传部副部长马玉玲出席会议,全省各地的50多位诗人参加活动。诗会以礼赞江西、服务人民为主题,包括“与铜钹山一起呼吸”诗歌朗诵会,“后乡村时代的诗歌写作”高峰论坛,“我们和诗在一起”主题对话会,江西诗歌走基层“诗赠文学上饶”诗歌捐赠活动,诗刊社、《十月》杂志社诗歌编辑名家讲坛,铜钹山诗歌采风等系列活动。

【举办江西省优秀文学剧本、长篇小说、歌曲征集评选】 5月15日,省委宣传部、省文联联合举办江西省优秀文学剧本、长篇小说、歌曲征集评选活动。活动经过征集、初评、复评3个阶段,历时6个月,共收到各类作品678部(首),经过两次专家评审,评出获奖作品19部(首),入选作品65部(首)。征集评选活动受到全省专业作者和文艺爱好者的普遍欢迎,激发了创作热情,推出了一批本土文化特色浓厚、富有生活气息的作品。

【举办江西省文艺创作人才研修班】 5—6月,省委宣传部、省文联在江西交通干部学院共同举办了2013年江西文艺创作人才研修班。小说、戏剧、影视、歌词4个门类的32名学员参加了研修。研修班聘请了省内外著名作家和期刊编辑授课,采取专家与学员结对的导师制形式,通过讲座、研讨、改稿、观摩相结合的方式提高了教学效果。

【举办全省80后作家改稿会】 12月7日至10日,省文联在瑞金市文学艺术院举办全省80后作家改稿会,33名1980年后出生的青年作家参加了改稿会。《诗刊》《小说选刊》《青年文学》《散文》等刊主编和编辑到会讲课,《星火》《创作评谭》《江西日报》副刊编辑一对一帮青年作家改稿,有关刊物还开辟了改稿会作品专辑。

【完成五个协会的换届工作】 7—9月,省作家协会第七次代表大会、江西戏剧家协会第八次代表大会、江西电影家电视艺术家协会第五次代表大会、江西音乐家协会第七次代表大会以及江西舞蹈家协会第六次代表大会分别在南昌召开。会议全面总结了协会上届代表大会以来的主要工作,部署今后五年的目标任务,修改了章程,选举产生了新一届领导机构。刘华当选为省作协主席,龙红当选为省剧协主席,杨玲玲当选为省影视协主席,邓伟民当选为省音协主席,赵小元当选为省舞协主席。

(徐健)

江西省社会科学界联合会

【概　况】 2013年,省社联精心组织、认真筹划,社科规划工作持续取得新突破。全省获国家社科基金年度项目立项123项,比上年净增14项,立项数在全国排名稳居第一。获资助经费2298万元,比上年增加633万元。赣州、吉安和抚州地区国家西部项目政策支持计划获得批准,6所高校、党校首次获得7项西部项目资助。组织实施全省经济社会发展重大招标课题活动、中国特色社会主义理论专项课题与青年课题;完成2013年度省社科规划项目的评审工作,共立项407项;资助经费400余万元,取得了良好的社会效果。

学术活动精彩纷呈。省社联主办或承办"繁荣发展哲学社会科学,建设和谐富裕秀美江西"座谈会、全省高校马克思主义理论研究与博士培养座谈会、全省社科界学习贯彻党的十八届三中全会精神座谈会、纪念毛泽东诞辰120周年专题座谈会等系列高层次的学术研讨会,充分展示了江西社科界的良好形象。

应用对策研究成果丰硕。省社联围绕江西经济社会发展大局和省委省政府的中心工作,大力开展应用对策研究,取得丰硕成果。《加快推进昌九一体化发展战略的思考与对策》《2013年我省国家社科基金立项实现新突破的分析与思考》等研究成果获省领导肯定性批示,全年共获批示34篇(次),《内部论坛》及时为各级党委与政府科学决策提供服务。

社科普及宣传活动影响力不断扩大。全省一大批优秀社会科学普及专家、社会科学普及作品、社会科学普及工作者及社会科学普及基地获全国表彰。采取省市联动方式,举办第四届全省社科普及宣传周活动,全省开展社科普及活动200余场。"社科大讲堂"已形成特色品牌,影响力不断扩大,余秋雨、贾康等国内一批知名学者应邀讲学,共举办讲座27余场,现场听众超万人。积极开展"四项"评优工作,共评出三湾改编纪念馆等16家为首批江西省社科普及宣传基地。积极推动《江西省社会科学普及条例》进入江西地方立法规划。

四项创新工作社会反响热烈。创新思路、出台举措,在成功举办全省社会科学学术活动的基础上,推出"江西省哲学社会科学成果出版资助、首届江西省优秀中青年社科专家、江西省哲学社会科学重点研究基地"等申报评选活动,经评审委员会按照"客观公正、质量第一"的原则,分别评选出江西省哲学社会科学成果出版资助项目20项、首届江西省优秀中青年社会科学专家10名,江西省哲学社会科学重点研究基地11个。对20项入选出版资助项目的,由省社联斥资100万元提供全额出版经费资助。

基层社联工作稳步推进。大力加快推进社联组织建设,组织召开全省社联工作会议、全省设区市社联工作交流会,举办全省县级社联主席培训班,引导全省各级社联学习交流先进经验,在全省社联系统形成了争先创优的工作格局,全省县级社联组织增加到85个。成立扶持发展基金,出台《江西省基层社联活动资助管理办法》《江西省省属学会资助管理办法》《江西省社科普及活动资助管理办法》,每年安排100万元资助经费,切实为基层社科工作者排忧解难。

【召开全省社联系统工作交流会】 6月28日,2013年全省社联系统工作交流会在宜春市召开。会议的主题是:以党的十八大精神为指导,加强县区社联建设,推动全省社联工作。省人大常委会副主任、宜春市委书记谢亦森看望了与会代表。宜春市委常委、宣传部部长舒建勋出席会议并致辞。11个设区市社联负责人和25个县区社联负责人围绕加强县区社联建设工作做了大会发言,介绍了各自的工作经验、工作体会及工作中存在问题和困难。

【召开江西省第八次社会科学工作者代表大会】 12月30日,江西省第八次社会科学工作者代表大会在南昌召开。省委书记强卫出席并讲话,省长鹿心社、省委副书记尚勇、省政协主席黄跃金等8位省领导出席会议,省委常委、省委宣传部部长姚亚平出席并作工作部署。大会以党的十八大精神为指导,总结了七代会以来全省社联的主要工作,明确了今后五年的发展思路和工作任务,修改了《江西省社会科学界联合会章程》,选举产生了新一届省社联理事会、常务理事会和主席、副主席。大会为推动全省社联工作,进一步繁荣发展社会科学事业凝聚了力量。全省社会科学界400余名代表出席。

（刘志飞）

江西省科学技术协会

【概　况】　2013年，省科学技术协会共组织实施决策咨询课题10项，形成《决策咨询专报》9期，有4篇专报获省领导重要批示。2013年度国家级科技思想库建设试点工作，省科协再次被评为A类。全省建立省级院士工作站22家，其中新成立10家。柔性引进两院院士52名，其中当年新引进21名。建站单位与院士签订协议并正在实施的合作项目87项，院士工作站建设纳入《中共江西省委贯彻落实〈中共中央关于全面深化改革若干重大问题的决定〉的实施意见》工作部署。依托省级学会智力优势，共举办"江西科协学术沙龙"24期。

不断提高学术交流质量和实效。举办"2013全国离子型稀土高效开发和利用学术交流研讨会"、第十届核科技、核应用、核经济——"三核"论坛、"油菜轻简高效生产技术研讨暨现场观摩会"以及第二届硬质合金工具产业发展论坛。各省级学会共开展各类学术活动600余次，先后邀请两院院士60余人次到赣进行讲学和技术指导。省财政新增320万元用于提升学会科普能力，实施学会科技服务站建设项目15项、科普直通车项目30项、理事长科普讲坛项目10项。深入开展全省"百会千名专家下基层"活动。与国外、境外的科技交流与合作不断加强。举办"沧海论坛·第十三届世界芦笋大会"，打造"海智计划"工作平台。举办第七届两岸四地大学生科技文化夏令营等活动。

构建社会化科普工作格局，提高全民科学素质。积极推进《全民科学素质纲要》实施。举办"科普之春"暨"全国百名科技专家和致富能手赣南苏区行"科技下乡、"全国科普日"、航天科技连你我——"院士（专家）赣鄱行"科普报告巡讲等活动。深入实施基层科普行动计划。22个农村专业技术协会、14个农村科普示范基地、13位农村科普带头人和18个科普示范社区获中国科协、财政部奖补表彰，国家奖补金额达1145万元。联合省财政厅实施省"科普惠农行动计划"，首度实施省"社区科普益民计划"，13个农村专业技术协会、12个农村科普示范基地和15个科普示范社区获奖补表彰，奖补金额达640万元。全省评选出20个科普教育基地特色科普活动项目，4个科普展示阵地建设项目，12个重点科普设施建设项目，11个电视网络科技传播项目，10个重大科普活动及科普报告项目。召开全省社区科普工作暨现场交流会，启动"江西省万名科普志愿者进社区"活动。组织开展"科学，让生活更美好——江西省百场科普报告进社区"主题活动。组织中国流动科技馆江西巡展活动。在新干、会昌等10个县（市、区）巡展，累计参观人数达40余万人次。组织开展"科普大篷车"进校园、进社区、进基层活动，行程5000余千米，受益公众5万余人次。举办主题为"中国梦、青春梦、科技梦"的全国高校科学营活动江西分营、青少年心理健康知识讲座进校园等活动。全省各级农函大开展农村实用技术培训，共举办各类培训班4300余班次，培训学员35.2万人次，培训人数比上年增加6.8万人次。与省委组织部联合开展万名科普致富带头人大培训。

当好科技工作者之家，促进科技人才成长。实施"远航工程"。与省委组织部联合开展资助中青年科技工作者和实用型科技人才赴国（境）外开展科技交流的"远航工程"，安排300万元资助44人。加强科技人才宣传举荐工作。推荐的江西农业大学教授任军获第十三届中国青年科技奖，江西理工大学教授罗仙平获第十六届中国科协"求是杰出青年奖成果转化奖"。利用《江西科协》杂志等宣传优秀科技人物，提升赣籍和省优秀科技工作者知名度。加强科技工作者状况调查站点建设。新增设13个省级科技工作者状况调查站点，全省调查站点达30个。完成中国科协"第三次全国科技工作者状况调查"工作，启动开展"全省科技工作者状况调查"工作。以"改进作风、服务基层"为主题，在全省各级科协组织开展科协会员日活动。在九江举行2013年全省科协会员日活动启动仪式。在南昌大学举行"江西省高校红角洲片区科学道德和学风建设宣讲教育报告会"。瑶湖、昌北、赣州和景德镇片区的宣讲报告活动同步开展。省科学院、南昌大学二附院等科技工作者密集的单位，也结合实际面向科技工作者开展了宣讲教育活动。

【第十三届世界芦笋大会暨南昌国际芦笋产业展览会在南昌举办】　10月16日至18日，由国际园艺学会、省人民政府、中国农业科学院、中国园艺学会主办，省农业科学院、省科协等单位承办的第十三届世界芦笋大会暨南昌国际芦笋产业展览会在南昌举办。中国农业部副部长、中国农科院院长李家洋，国际园艺学会蔬菜专业主席希尔瓦纳·尼古拉，省政协副主席、省科协主席李华栋，中国工程院院士方智远，省科协党组书记龚绍林，省科协副主席彭玲华等出席大会开幕式。来自美国、秘鲁、德国、日本、澳大利亚等20个国家和地区的外宾50余名，以及来自北京、山西、浙江、云南等省市的代表共300余人参加。展览会期间，进行了芦笋产业相关产品展览、学术交流、参观有机芦笋基地等系列活动。

【举办第七届两岸四地大学生科技文化夏令营活动】　8月2日，第七届两岸四地大学生科技文化夏令营活动正式启动。该活动由省科协、致福感恩文教基金会、中华青年交流协会、澳门中华学生联合总会联合主办，省青少年科技活动中心、省国际科技交流促进会、南昌大学科协、九江市科协等单位协办。省政协副主席、省科协主席李华栋出席启动仪式并致辞，启动仪式由省科协副主席彭玲华主持。台湾中华青年交流协会理事长黄荣护、澳门中华学生联合总会社会事务部部长李兆祖分别代表台湾和澳门的营员发言。李华栋向两岸四地大学生代表授营旗，来自南昌大学学生王喆作为两岸四地大学生代表接旗。活动期间，来自两岸四地的台湾大学、台湾铭传大学、台湾科技大学、澳门大学、澳门理工学院、南昌大学等30多所高校的60余名优秀大学生，在省科协领导带领下先后参观了滕王阁和白鹿洞书院，观摩了景德镇瓷器整套制作工艺，考察了庐山博物馆，开展拓展训练项目等。8月8日夏令营落下帷幕。

【开展“百会千名专家下基层”活动】 8月14日，“百会千名专家下基层”活动启动仪式在抚州市临川区举行。该活动以“三送三促进”为主要内容，即送技术，促进新技术推广应用；送知识，促进公众科技素质提升；送点子，促进基层决策水平提高。活动期间，省级学会、设区市科协、大专院校科协先后组织2000余名科技工作者，开展了200余个活动项目，涉及农村、企业、学校、医院等一线基层单位，有力促进基层科技水平的提升。

【举办江西科协系列学术沙龙与学术研讨会】 2013年，省科协在不断提升服务水平和质量的基础上，进一步以服务县域经济发展为主举办系列学术沙龙。举办以“创新升级推动发展升级”为主题的学术沙龙，中国工程院院士张文海和江西20余位知名中青年专家出席并发表意见，建言献策。为促进江西油菜生产的发展，在瑞昌举办“油菜轻简高效生产技术研讨暨现场观摩会”；为推动中国离子型稀土产业技术进步，在赣州举办“2013全国离子型稀土高效开发和利用学术交流研讨会”；为搭建中国核科技界学术交流、成果展示和高级核科普宣传的平台，在南昌举办第十届全国“三核”论坛；为促进靖安县硬质合金工具产业的发展，共商靖安硬质合金工具产业发展大计，举办靖安县第二届硬质合金工具产业发展论坛；为推进赣南脐橙健康发展，在赣州举办科技打造赣南脐橙绿色产业链学术交流研讨会等。

【举行2013年“远航工程”起航仪式】 12月18日，2013年“远航工程”启航仪式在南昌举行。省委常委、省委组织部部长赵爱明，省政协副主席、省科协主席李华栋出席仪式并讲话。省委组织部副部长、省人社厅厅长刘三秋，省财政厅巡视员管荣升，省委组织部副巡视员陈峰出席仪式。省科协副主席彭玲华介绍远航工程实施情况并宣读2013年度远航工程资助名单。省科协党组书记龚绍林主持仪式。会上，赵爱明、李华栋等为资助对象颁发了资助证书，省肿瘤医院教授李金高等3名资助对象作了代表发言。

“远航工程”是省委组织部与省科协共同开展的一项以培养适应江西经济社会发展急需的高层次人才为目标，重点资助有突出贡献的优秀中青年学者和实用型科技人才赴国（境）外开展多种形式的科技交流活动的项目。

【开展科学道德和学风建设宣讲教育活动】 2013年，根据《关于做好2013年江西省科学道德和学风建设宣讲教育工作的通知》精神，省科协按照全省宣讲教育工作要“全覆盖、制度化、重实效”的总体目标和“两个拓展、两个结合”的要求，明确目标任务，落实机构、人员、经费，组织集中宣讲报告会，扩大宣讲教育对象，推进宣讲专家队伍建设，确保全省宣教工作全面、深入、扎实。安排15万元专项经费资助南昌大学、省人民医院等9家单位开展科学道德和学风宣教活动。全省各研究生培养单位结合本校特点，分别通过集中宣讲、报告会、座谈会等专题形式，共举办宣讲教育活动173场（次），聆听宣讲报告人员达7.66万人，其中，博士研究生556人、硕士研究生2.25万人、本科生5.08万人、新上岗研究生导师706人、新入职教师125人、其他教师1558人、科技工作者372人。

【开展2013年科协会员日活动】 12月15日，江西省2013年科协会员日活动启动仪式在九江举行。省政协副主席、省科协主席李华栋出席仪式并讲话，省科协党组书记龚绍林主持仪式。省科协副主席彭玲华，九江市委副书记冯静等出席，来自科研、生产、教学一线的科技工作者代表，省科协、九江市和各县（市、区）科协等有关人员共500余人参加。会上表彰了九江市优秀科技工作者。启动仪式结束后，与会人员参加了在中国石化公司九江分公司南苑广场举办的科技咨询和科普展教活动。

（杜春发）

江西省归国华侨联合会

【概　况】 2013年，省侨联积极投入开放型经济建设。主动参与2013年赣港经贸合作活动，按省政府要求落实邀商任务。在香港、澳门主办景德镇陶瓷艺术精品展，在澳门举办龙虎山旅游经贸推介活动。成立省侨联文化艺术交流协会。通过省侨联五大工作平台，组织参加省内外经贸文化交流联谊活动。组织侨商分赴广昌、铜鼓等地开展投资项目考察，促成法国侨商投资1.2亿元的矿泉水项目在井冈山开工。深入侨资企业开展调研，为企业发展排忧解难。

深入基层服务群众。元旦春节期间，省侨联持续开展“送温暖、献爱心”活动，走访慰问侨界困难群众，发放慰问款物23万余元。联合各民主党派省委会和省人大外侨民宗工委、省外侨办、省政协港澳台侨委，深入华侨农场、侨乡和企业，开展“送法律进社区”“送信息进侨场”等活动。举办“魏基成天籁列车”爱心助残江西行公益活动，为吉安、萍乡、新余、宜春等地的2000余名听障患者捐赠价值2000余万元的助听设备。筹集善款122万元，在省内建设侨爱心小学5所。发放助学款项57万余元，资助贫困学生310余人。

发挥人才资源优势，积极参政议政。组织召开侨商会员、特聘专家、文协会员座谈会，收集反映海归专家学者意见建议。积极向省委、省政府和中国侨联报送侨情信息，省侨联获中国侨联信息工作一等奖。向省政协十一届一次会议提交大会发言1篇，集体提案2件，联组发言2人次，个人提案17件。配合做好侨界人大代表、政协委员的协商推荐工作，省侨联主席马志武、副主席陈世春及高安市侨联副主席吴英3人当选第十二届全国人大代表（马志武当选全国人大常委会委员），并向十二届全国人大一次大会提交议案1件，建议案9件。

坚持“国内、海外工作并重，老侨、新侨工作并重”工作方针，拓展海内外联谊。主办2013年长三角地区侨联协作会议，组团参加泛珠三角省区、海西侨联协作年会和中国侨商会第四次会员大会等经贸交流活动。

【召开江西省第七次归侨侨眷代表大会】 11月18日至20日，江西省第七次归侨侨眷代表大会在南昌召开，省委书记强卫、省长鹿心社等领导会见出席大会的海外嘉宾。中国侨联主席林军、省委副书记尚勇出席大会开幕式并讲话。全省归侨侨眷代表和来自世界38个国家和地区的海外侨胞代表以及社会各界嘉宾500余人出席大会。大会总结了过去五年的全省侨联工作,明确了今后五年的工作任务,审议通过了江西省侨联主席周锦所作的第六届委员会工作报告、江西省侨联执行《中华全国归国华侨联合会章程》的决议、《关于用中国梦凝聚侨心侨力,为建设富裕和谐秀美江西而团结奋斗》的决议。大会选举产生了74位江西省侨联七届委员会委员,表彰了22个全省侨联系统先进组织、36名全省侨联系统先进个人及40名全省归侨侨眷先进个人。

【成立江西省侨联文化艺术交流协会】 5月6日,省侨联文化艺术交流协会(简称"文协会")在南昌成立,中国侨联副主席乔卫、省政府副省长谢茹出席大会并为文协会揭牌。文协会是江西省侨联继法律顾问委员会、青年委员会、侨商会、特聘专家委员会之后的第五个工作载体。文协会的成员当中有来自美、英、法、日、俄、巴西等20余个国家华侨华人艺术家和中华文化传播者以及中国港澳台地区的艺术家和中华文法传播者,还有一批热爱中华优秀文化的海内外企业家。文协会依据协会成员的专业特点,分设陶瓷艺术中心、漆画艺术中心、书法摄影艺术中心、收藏鉴赏中心以及歌舞演艺中心。文协会的宗旨是弘扬赣鄱优秀文化,精心打造"亲情中华"文化品牌,通过文化交流,加强海内外侨胞及港澳台同胞对江西的了解。

【组织侨商与铜鼓县企业开展合作】 11月26日至27日,省侨联组织江西易佰家投资集团有限公司、阿联酋迪拜中国商品交易中心、南昌宝鹏实业公司、江西汪山土库文化旅游发展公司、阿联酋江西商会等部分侨资企业代表赴宜春市铜鼓县调研考察,搭建起侨商与地方企业的经贸合作交流平台。侨商们在铜鼓县考察了江西奔步科技发展有限公司、茶山林场等企业,参加了铜鼓县生态旅游项目发展推介会,认真听取企业及县招商、涉外、旅游等部门情况介绍,提出加快开放型经济发展、搭建多渠道、多形式服务平台的工作建议,与当地企业达成开拓竹产品国际市场等合作项目及投资意向。

【开展送信息和法律服务进侨场活动】 5月29日,省侨联联合民盟江西省委会、省司法厅,赴上高县敖山华侨农场开展"送信息进侨场"活动暨"敖山华侨农场法律援助工作站"揭牌仪式。美德(江西)生物科技有限公司向侨场捐赠价值2万余元的电脑设备。8月2日,省侨联与省司法厅组织省侨联法律顾问委员会委员深入峡江县金坪华侨农场开展"法律服务进侨场"活动暨"金坪华侨农场法律援助工作站"揭牌仪式。向金坪华侨农场归侨职工赠送了法律书籍1000余册,还专门组织了省侨联法律顾问委员会的法律专家在现场为归侨职工及其他群众提供法律咨询。

【举办"魏基成天籁列车"爱心助残江西行公益活动】 9月23日,国际著名慈善机构澳大利亚"魏基成天籁列车"开启江西之行。杰出华人企业家、澳洲ABC卫生用纸品厂创始人魏基成夫妇带领来自台湾的听力专家义工队伍20余人到江西,为吉安、萍乡、新余、宜春等地的2000余名听障患者捐赠价值2000余万元的助听设备。省政协副主席刘礼祖会见了魏基成夫妇一行。

(刘晋)

江西省台湾同胞联谊会

【概　况】 2013年,省台联全面落实中央对台工作决策部署和全省对台工作要求,围绕做好台湾人民工作这一主线,在新的起点上开拓进取,扎实有效地开展各项工作并取得新的成绩。服务台商,促进赣台农业交流合作。省台联深入省内台资企业走访,了解台企生产经营情况,为台企排忧解难。督促当地有关部门为新建县台企竹碳纳米有限公司解决有线电视和互联网络不畅等生产、生活问题,为乐安县台大农业科技园争取投资农林项目有关政策资金的补贴。引荐台商到万年县等地考察投资,邀请台湾农业专家学者到赣讲座,与省农业厅联合举办了赣台特色农业培训班,全省各地农业部门负责人和技术人员参加了培训,促进了赣台农业的交流合作。

做好省内台胞工作,组织台胞参政议政,重视加强省内中青年台胞的培养。按照上级部门的要求,推荐青年台胞出席全国妇代会、青代会;选派多名青年台胞和台籍政协委员分别参加全国台联举办的台籍干部培训班、台籍政协委员培训班等业务培训及相关活动。成立新一届省台联青年委员会;对省内台胞人才情况进行调查统计,推荐上报了台胞人才材料,注重调动台胞人才的积极因素,发挥台胞人才的积极作用;走访慰问老年台胞和生活困难台胞家庭并送去了慰问款;对全省老年台胞进行了摸底调查,根据全省老年台胞的变化情况,对老年台胞生活困难补助款的发放作了适当调整;热情接待台胞来访,根据台胞反映的情况,及时与有关单位联系,为台胞解决工作、生活、房屋拆迁补偿等方面遇到的困难和遗留问题。全省各级台籍政协委员积极参政议政,共提交建议案6件,台籍省政协委员提交的《关于促进两岸高端人才交流、加强赣台新兴产业合作》等建议切合实际,引起有关部门的关注和重视。

参与在赣州市举办的第六届海峡两岸客家高峰论坛和第十一届赣台经贸文化合作交流大会的客商接待工作。接待香港台湾商会会长黄茂雄率香港台湾商会会员一行到江西观光访问,接待台湾统联互助会访赣团一行、台湾彰化县职业联合总工会理事长郭繁男率其理事一行到赣参访,协助台湾彰化县职业联合总工会一行到省总工会访问,并在省总工会主持召开赣台工会交流座谈会,就两岸工会组织的现状、性质、职能和作用等情况进行了交流探讨。年内,省台联共接待到赣考察投资和参访的台胞台商500多人次。加强台情信息上报工作,连续第八年获全国台联信息工作二等奖。

【召开江西省第八次台湾同胞代表大会】 9月24日至26日,全省第八次台胞代表大会在南昌召开。全国台联会长汪毅夫、副会长陈杰,省委常委、省委统战部部长蔡晓明等有关部门负责人出席大会开幕式，汪毅夫在开幕式上致辞，蔡晓明做重要讲话。120多名省内台胞代表、特邀代表和嘉宾出席大会。会议全面总结了省台联6年多来的工作，提出了今后台联工作的指导思想和总体要求，选举产生了新一届省台联理事会和领导班子。

【举办2013年全国台联台胞青年千人夏令营江西分营活动】 7月，举办以“传承中华文化、共筑中华梦想”为主题的台胞青年夏令营活动，这是省台联连续第九年举办台胞青年夏令营。夏令营在省社院举行开营式，来自台湾大专院校的青年学生和在赣台籍学生共60多人参加了夏令营活动。活动期间，台湾青年聆听了中华文化与中国梦讲座，参观了南昌滕王阁楼和红谷滩新区，到全国爱国主义教育示范基地井冈山和湖南炎帝陵参观、寻根谒祖，感受祖国大陆的山川美景，探寻中华民族炎黄子孙的血脉渊源，激发了赣台青年增进交流、共筑中华梦想的热情。

（林挺华　俞红光　王冠羽）

江西省残疾人联合会

【概　况】 2013年，省残联提升保障水平，增强事业发展支撑力。召开省残联第六次代表大会，选举产生了新一届省残联主席团、执行理事会和各专门协会的领导成员，以换届为契机全面加强全省各级残联干部队伍建设。省十二届人大常委会第六次会议审议通过了《江西省残疾人保障条例》，对残疾人的优惠政策有所突破。省残疾人康复托养中心、省残疾人文化体育中心新大楼均已正式投入使用。全省有7个设区市和50个县（市、区）建立或基本成立了残疾人康复中心，并定编3—5人，各级残联康复机构建设得到加强。

努力深化“两个体系”建设，持续改善残疾人民生。全省城乡参加社会养老保险的残疾人57.62万人，其中重度残疾人9.87万人。重度残疾人参保由省、县（市、区）政府为其代缴全部最低标准的养老保险费100元。以中央扶持罗霄山脉片区和赣南苏区为契机，推动残疾人扶贫工作全面开展，扶持了全省53个农村残疾人种养业基地。完成中国肢残人协会向江西省捐赠工作。开展“残疾人事业彩票公益金”“交通银行——残疾青少年助学计划”和“贫困残疾大学新生资助”等项目扶持残疾学生就学，累计下拨助学金280余万元，对2420名贫困残疾学生和贫困残疾人家庭子女接受教育予以补助或奖励。通过实施民生工程残疾人康复项目，共为14.3万名残疾人提供了康复服务与救助。累计为城乡残疾人开展职业技能培训7959人，购买公益性岗位安置残疾人就业3646人，选聘农家书屋残疾人管理员8555人。下拨资金690万元，对1150户农村贫困残疾人家庭实施了危房改造项目。

健全公共服务体系，加快残疾人小康进程。全省为15.5万残疾人提供了康复服务与救助，对新增13家民办残疾儿童康复机构进行初次扶持，重点对19家条件较为成熟且在全省较具影响力的机构给予提升扶持。组织举办了11期全省残疾儿童康复救助项目管理人员培训班及各类康复技术培训班，培训人员1010人。在全省选择26个残疾人康复工作基础较好的社区进行社区康复试点。实施“七彩梦行动计划”项目和彩票公益金项目等，共为3375名残疾儿童提供康复救助。继续指派工作人员进驻高招录取现场，211名残疾人考生录取在全国各地高等院校，上线残疾考生的录取率达100%。配合省人社厅开展2013年就业援助月活动，共走访登记失业的残疾人家庭1万余户，登记失业的残疾人2.5万人，组织残疾人专场招聘会396场，实名制纳入年度培训计划残疾人8698人，帮助残疾登记失业人员实现就业5588人，帮助残疾人享受专项扶持政策1.35万人。组织开展全省第七届残疾人文艺会演活动，扶持8所特教学校设立特殊艺术人才培训基地。组织参加第八届全国残疾人文化艺术会演，举办全省“我的梦 中国梦”主题征文活动。组队参加13项全国各单项锦标赛，共获15金、3银、7铜、6个第四、4个第五和3个第六名的成绩。举办全省首期残疾人社会体育指导员师资培训班暨二级残疾人社会体育指导员的资质培训班，全省培训指导员443人。

努力优化事业发展环境，促进残疾人社会融合。完成无障碍县（市、区）创建70个，完成国家600户和省本级1000户贫困残疾人家庭的无障碍改造任务。全省各级法律救助机构为残疾人提供法律救助服务1100人次，各级法律援助中心受理涉残案件1600余起。发放残疾人机动轮椅车燃油补贴582万元，补贴2.23万名残疾人。全省有16个残疾人驾驶汽车培训基地，1300多名残疾人报名参加驾车培训，并有700余名残疾人通过驾车考试，顺利领到了C5驾照。协助江西卫视《社会传真》栏目，采访报道修水县残疾人创业典型陈俭，泰和县残疾人陈友妹一家共担风雨、共同拼搏的故事，在社会上引起强烈反响。完成省5个专门协会换届工作。

【召开省残疾人联合会第六次代表大会】 7月26日至27日，省残疾人联合会第六次代表大会在南昌召开，省委书记强卫、省长鹿心社及在昌省委常委均出席大会开幕式，省委副书记尚勇代表省委、省政府向大会表示祝贺并讲话，副省长胡幼桃主持开幕式。中国残联副理事长孙先德代表中国残联向大会的召开表示祝贺，省残联理事长徐效钢代表省残联第五届主席团向大会做工作报告。会议选举产生了江西省残疾人联合会新一届领导班子和出席中国残联第六次代表大会的代表。

【出台《江西省残疾人保障条例》】 9月26日，省十二届人大常委会第六次会议审议通过了《江西省残疾人保障条例》，于11月1日起正式实施。《条例》明确了县级以上人民政府应当在每年本级留存的福利彩票和体育彩票公益金中安排一定比例的资金，专项用于残疾人康复、救助和体育等事业，其中，省本级留存的福利彩票公益金安排的比例不低于百分之十、体育彩票公益金安排的比例不低于百分之四。《条例》还规定，盲人、重度残疾人免费乘坐市内公共汽车，对拒不缴纳应缴残疾人就业保障金的可由当地法院强制执行。

【省政协社会福利与社会保障界别部分委员视察残疾人就业工作】 11月13日，省政协社会福利与社会保障界别部分委员赴南昌市小兰工业园就残疾人就业进行了视察。委员们深入南昌市科艺交通器材有限公司的厂房、汇仁集团生产车间，调查残疾人就业情况，并召开座谈会。委员们视察后表示，这两个企业始终坚持以人为本的科学发展观，立志“为社会做点事、为他人做点事”，积极配合南昌市委、市政府做好残疾人就业工作，积极参与、帮助和解决残疾人就业问题，帮助残疾人共享改革发展成果，让残疾人感受到党与政府的关爱和温暖。

【建立低保对象残疾人护理补贴制度】 12月17日，省政府常务会议决定，从2014年起，将建立低保对象残疾人护理补贴制度列入2014年省政府民生工程。每人每月补贴50元，其中省财政补贴40元，地方财政补贴10元。

江西省红十字会

【概　况】 2013年，省红十字会全年接受社会捐赠款物5899.64万元，直接受益人口近13万人。省红十字志愿者邹德凤获第44届南丁格尔奖章，受到国家主席习近平亲切接见，这是继章金媛之后，在同一支红十字志愿者队伍中产生的第2位南丁格尔奖章获得者。

全面推进委员会试点工作。省红十字会根据“统一领导、授权管理、有限责任、自主运行、全面推进、及时总结”的试点思路，指导监督、项目、筹资、志愿者4个委员会围绕灾后重建、社会捐赠、项目运行、基金运作、救护培训、理顺体制、募捐箱管理、志愿服务等重点业务，在11个设区市和部分县(市、区)红十字会，开展专项督查、专题调研和主题活动，为推动红十字会内部治理结构改革、加强捐赠款物管理、实施人道项目、开展志愿服务发挥了积极作用。

大力弘扬志愿服务精神。省红十字会组成专题调研组，深入8个设区市和部分县(市、区)，开展为期近半年的专题调研，摸清底数，理清思路，为规范志愿者队伍管理奠定基础。围绕志愿服务工作，组织开展五大活动：一是开展红十字志愿服务。在元旦、春节、“5·8”红十字日、国际志愿者日等纪念日，组织志愿者为返乡旅客、社区群众、孤寡空巢老人服务。二是开展志愿者领袖培训。在省直和8个设区市开展志愿者领袖培训，培养一批骨干志愿者。三是开展资深志愿者交流。举办全省优秀资深红十字志愿者学习交流活动，30名省直和设区市优秀红十字志愿者参加交流活动。四是开展向邹德凤学习宣传活动。组织新闻媒体跟踪报道邹德凤赴京领奖，联合省直机关工委、省文明办、省卫生厅举办邹德凤学习动员会和事迹报告会。五是开展志愿者表彰活动。联合省文明办，共同举办爱之涌——江西省红十字人道奖、博爱奖、奉献奖志愿者表彰活动，宣传十年来涌现的优秀红十字志愿者感人事迹。

不断加强红十字宣传。编纂近30万字的《江西红十字运动百年回眸》一书和《爱航扬帆——江西省红十字会理顺管理体制十周年纪念》画册。制作10个以献血、献髓、献遗体器官志愿者和心理救援、社区服务、捐款捐物志愿者感人故事为内容的系列专题片。开通省红十字会微博、微信和手机报，利用互联网搭建网络教育培训平台，传播红十字知识，开展业务培训。改版省红十字会门户网站，完善信息公开栏目。在南昌昌北青山墓园——江西红十字志愿捐献者纪念园举行清明追思会。与广播、电视、网络、报纸等公共媒介合作，广泛深入地传播红十字精神、文化与知识，宣传爱心单位、人士的典型事例和博爱情怀。

强力推动救护培训和“三献”工作。邀请省政协委员到省红十字会调研应急救护工作，争取省财政厅彩票公益金150万元，支持开展救护培训和老年介护培训项目。联合省公安厅、江西师范大学开展火灾现场逃生演练和应急救护知识宣传。在省直机关、高等院校、企事业单位开展应急救护培训和举办预防癌症知识讲座，并协助中央电视台拍摄溺水救护知识宣传短片。全年培训救护师资212人次，培训红十字应急救护员5.9万人次。举办老年介护培训班4期，培训老年介护员207人，编纂江西红十字老年介护培训教材，拍摄老年介护技术教学资料片。在南昌公交站台设立“用爱创造生命的奇迹”公益灯箱广告。成立“爱相髓”造血干细胞捐献志愿服务组织，实现造血干细胞捐献8例，遗体及其器官、组织捐献36例，捐献眼角膜组织52个，实现器官捐献3例，通过器官移植，挽救了9名濒危患者的生命。

【健全法规制度体系】 3月1日，《江西省遗体捐献条例》正式颁布实施。结合该条例要求，省红十字会制定了《遗体器官捐献登记》等8项制度。11月27日，省政府出台《关于进一步加强和促进红十字事业发展的意见》，明确了新时期发展江西红十字事业的目的、意义和任务，为推进红十字事业改革创新，依法履职，加强组织和队伍建设创造条件，是指导新时期红十字事业发展的纲领性文件。省红十字会同时建立和完善了救护培训管理等8项制度。

【参与芦山地震救援】 4月20日，省红十字会在四川芦山7.0级地震发生2小时内，启动应急救援响应机制。成立以会主要领导为组长的抗震救灾领导小组，组织协调全省红十字会抗震救灾，向灾区发出慰问信，拨付救灾资金70万元，调拨近百万元的食品、药品等急需物资支援灾区。地震期间，全省红十字会共募集救灾款物1405.99万元。针对突发重大自然灾害，给受灾群众造成的持久心理压力，率先派出省红十字志愿者心理救援队，深入重灾区开展心理救援，中央媒体对救援队进行了专题采访。省委书记强卫对此专门批示：“对我省参加芦山抗震救灾的志愿者表示慰问和感谢。”省红十字心理救援队被授予中国红十字(江西)心理救援队，成为江西省第一支国家级红十字救援队。

(陈小柱)

本栏编辑　杨沂柳

军　事

江西省军区

【概　况】 2013年，省军区聚焦强军目标，以加快战斗力生成为主线，以狠抓军事斗争准备为龙头，部队保持良好发展势头。

思想政治工作有活力。着眼举旗铸魂，运用红色资源学理论、抓教育、树典型，深入学习贯彻党的十八大和十八届三中全会精神，扎实开展强军目标宣传教育和“经典力量大家谈”群众性讨论，持续深化“爱驻地、有作为”教育实践，分批组织干部上井冈山轮训、赴赣南老区“回娘家、访恩人”，广大官兵和职工坚决听党指挥、投身强军实践的思想政治基础更加牢固。邀请驻赣部队英模和优秀军转干部代表、龚全珍事迹报告团成员举办事迹报告会。按照“五有”目标规范军营文化建设，加大隐蔽战线斗争和“四反”工作力度，确保部队纯洁。

军事斗争准备有突破。坚持以“三项重大军事工作”为抓手，大抓练将练官活动，分批组织军师团三级首长机关比武考核。紧贴使命任务推进战法创新，形成4个方面17个课题研究成果。编实建强基干民兵和预备役部队，抓好专业骨干集训和预备役炮兵部队实兵实弹战术演习，按照实战要求完成演习部队过境保障任务。围绕“三时一体”，扎实推进国防动员准备，召开省委武委会和省国动委会议，部署任务、解决问题。积极适应征兵调整改革，大学生征集比例达36.8%，位列全国第五。

改作风树形象有成效。着眼创建“三型”党组织，突出思想作风重点，大力加强各级党委班子和干部队伍建设。坚决执行上级改进作风各项规定，制定《省军区团以上党委班子成员作风建设细则》，省军区本级会议文电同比分别减少25%和13%。按照“认识要提高、步骤要走实、问题要见底、整改要到位”的思路，扎实开展省军区党委机关党的群众路线教育实践活动，通过“书面对话、开门纳言”广泛征求意见建议，着力查找解决“四风”上存在的问题，纠“四风”改作风取得阶段性成效。

抓基层打基础有亮点。按照“四个基本”加大基层规范化建设指导力度，分批组织机关干部当兵蹲点，围绕“能打仗、会保障”组织基层干部集中培训。积极稳妥推进省军区机关“三经五纬”改造项目，加大人武部基础设施建设和干休所老干部住房整治力度，落实机关事业单位和人武部职工绩效工资，后勤综合保障能力逐步提升。高标准完成民兵武器装备管理模式调整改革试点和报废弹药销毁处理任务，组织全区武器弹药全面普查。积极组织部队和民兵预备役人员扶贫帮困，省军区建立“八一励志助学金”，扎实开展“联学联创联建”活动，率兵参建工作有新成果。

党管武装工作有特色。积极探索新形势下党管武装新路子，认真落实地方党委议军、党管武装述职考评等制度。协调省委召开常委议军会，研究制定加强党管武装、推进军事斗争准备的3个方面13条措施，将第一书记任前谈话、任职大会、颁发任职通知书等特色做法制度化。将党管武装纳入地方党政领导班子和领导干部综合考评体系，并首次组织对各设区市党管武装工作进行量化考评。改进军地走访慰问模式，加大全民国防教育和军事新闻宣传力度，拥军尚武的氛围

11月30日至12月13日，省军区司令员熊安东指导军师团三级练将练官考核。

更加浓厚。

【召开省军区党委第一书记任职大会】 5月13日，省军区党委第一书记任职大会在南昌召开，南京军区副政委王平宣读军区党委关于省军区党委第一书记调整的决定，省委书记、省军区党委第一书记强卫发表就职讲话，省委常委、省军区政委陶正明主持会议并讲话。

【组织军师团三级练将练官考核】 11月30日至12月13日，省军区采取统一计划、集中组织、全员普考的方法，按照全建制、全岗位、全员额的要求，围绕5个方面7项内容，分阶段分层次分批次组织军本级、师旅和各个团单位首长机关进行练将练官考核。通过三级联动考核，进一步探索实践深化练将练官的方法路子，分析查找了组织指挥和带兵打仗的短板和差距，初步形成以理论牵引行动、以战役带动战术、以主官带动机关的军、师、团三级练将练官格局，达到激发动力、提升能力、牵动全局的目的，有效提升三级首长机关引领部队军事斗争准备和全面建设能力。

【保障南京军区新进师班子成员和旅团主官集训】 4月8日—18日，南京军区在井冈山组织新进师班子成员和新任旅团主官集训。集训围绕“深入学习贯彻党的十八大精神，进一步提高领导科学发展、有效履行主要战略方向使命任务能力”主题展开，在组织课堂教学的同时，先后组织到南昌、井冈山、永新三湾、湖南炎陵和瑞金等地进行现地教学。南京军区司令员蔡英挺、政委郑卫平、副政委王平、参谋长杨晖参加集训并讲话，省军区司令员郑水成陪同军区主要领导参加集训。省军区政治部副主任黄恩华带领省军区参训人员和保障人员全程驻训。省军区机关、吉安军分区和井冈山国防教育基地认真做好有关领导活动、教学组织、食宿安排、参观协调、中转送站等各项会务保障工作，有效保证集训圆满完成。

【举行南京军区“联学创新理论、联创先进组织、联建文明建设”活动启动仪式】 11月27日，南京军区“联学创新理论、联创先进组织、联建文明建设”活动启动仪式在井冈山举行。军区副政委王平、江西省委副书记尚勇出席仪式并讲话，省军区政委马家利主持仪式。省军区政治部主任罗晓东，总政群工办、军区政治部办公室、各省军区（警备区）政治部领导，参加联建活动的6个县（市、区）以及省直有关部门，吉安市、井冈山市军地有关领导70人参加活动。此次，南京军区组织上海长宁区、江苏海门市、浙江绍兴市柯桥区、安徽巢湖市、福建福清市、江西贵溪市6个人武部与井冈山市人武部开展“三联”活动，主要是通过联建活动，协调所在县（市、区）党委政府对口支援井冈山革命老区建设，每个县（市、区）分别与1个乡镇挂钩帮扶。截至12月，6个联建单位共落实帮扶资金2670万元。

【组织鄱阳湖地区实地勘察】 8月27日—28日，省军区司令员熊安东、参谋长陈平率机关有关人员，在省水利厅、省防汛办及上饶、九江、南昌等地方有关领导陪同下，沿水路机动397千米，对鄱阳湖地区蓄滞洪区、重要圩堤、险工险段和周边地形地貌进行实地勘察。重点勘察4个蓄滞洪区，8条濒湖3333.33公顷以上重点圩堤，以及赣江、抚河、信江、饶河、修河入湖区域地形地貌。其间，分别听取上饶、九江军分区和南昌警备区环湖兵要地志、历史险情、主要险工险段、兵力运用及需求等情况汇报。

【民兵武器装备管理模式调整改革】 2013年，省军区根据南京军区后备力量建设“四项改革”任务部署，开展民兵武器装备管理模式调整改革。民兵武器装备管理模式调整改革按照“应战应急、科学筹划，分类建设、全面规范，试点先行、整体推进”思路，在抚州市进行试点并召开现场观摩会，形成指导意见、建设标准、管理办法、制度机制、软件平台“五个一”成果，构建装备储存管理新格局。

【召开驻赣部队警备工作联席电视电话会议】 1月30日，省军区组织召开驻赣部队警备工作联席电视电话会议，省市交管部门领导，省军区系统分管领导、车管干部和驾驶员，驻赣部队团以上单位分管领导和业务部门负责人参加会议。会议学习新的交通法规，通报2012年第四季度驻赣部队外出军人军车违规违纪情况，传达上级有关文件和会议精神，省军区参谋长倪海峰出席会议并讲话。

【组织军地应急通信联演联训】 9月12日—13日，省军区在教导大队组织军地应急通信联合演练，省军区信息化处、通信站，省通信管理局，电信、移动、联通等多家通信企业派员参加。演练共120人参演，动用各类通信车辆28台，开设通信要素6种。此次演练重点检验地方通信资源转化利用，军地应急通信系统互联互通，军地联合指挥和联合保障的方法路子，为应急处突军地联合通信保障奠定基础。

【启动省军区党史军史七项重大编纂任务】 7月，省军区启动《新中国成立以来军队党的文献》《新中国成立后军队抢险救灾》卷、第三批《中国人民解放军高级将领传》《解放战争敌远后方游击战（华东地区册）》（《江西省军区》卷）《江西省军区党组织史》和《江西省军区领导干部名录》《南京战区红色历史文化资源概览》及《南京军区优良传统实录》编纂任务，计划于2年之内编纂完成。9月26日—28日，组织全区16名编研骨干培训，部署任务，明确要求。

【协助军队院校和地方普通高校做好招收应届高中毕业生工作】 6月，省军区政治部会同省高招委、公安厅联合下发《关于做好江西省2013年军队院校招收地方应届高中毕业生和普通高等学校招收国防生工作的通知》，对招生工作做出部署。依托省高招委网站及时向社会公布有关信息，采取体检点互派医生、纪检部门全程监督的办法，加大工作透明度，实行“阳光招生”。招生期间，对4136名考生进行政审、面试、体检，完成739名招生计划。

【推进军转安置工作】 2013年，省军区坚持抓协调、抓进度、抓质量、抓服务，力争实现“三满意”。全省接收安置转业干部685名，其中计划分配601名（副师职3名、团职212名、营职240名、连排职62名、技术干部84名），自主择业84名。解放军系统进江西安置的转业干部492名，其中计划分配417名（副师职3名、团职145名、营职157名、连排职38名、技术干部77名），自主择业60名。计划分配转业干部90%进入党政机关，任职满三年团职干部90%安排相应领导职务，基本实现“三满意”。

【换发“2012式”军车号牌】 4月30日，省军区后勤部根据总部和南京军区统一安排部署，圆满完成全区新式军车号牌换发工作，并于5月1日启用。通过新式号牌换发，有效解决超编制配车、用车等问题，有效遏制假军牌、假军车等现象。配套完成全区常用车辆核发使用ETC电子标签，实现军车在战区范围内从高速公路ETC专用通道无障碍通行，大大提高通行效率和能力。

【开展违规住房问题专项治理工作】 5月，省军区根据总部和南京军区统一部署，拟制下发《违规住房问题专项治理实施方案》，部署并启动违规住房专项治理工作。省军区先后3次召开房清工作领导小组会议，研究措施办法，并向离退休老干部做出汇报。截至年底，已腾退军职住房9套、师团职住房17套。

（江西省军区）

武警江西省总队

【概　况】 2013年，武警江西省总队紧紧围绕强军目标，认真贯彻武警党委和省委、省政府决策部署，坚持举旗铸魂抓根本、提高能力保中心、打牢基础求发展，部队建设保持稳中有进、整体向上的发展态势。

注重从思想上政治上掌握部队，认真学习贯彻党的十八大、十八届三中全会和习主席系列讲话精神，围绕“三个绝对”抓好理论武装、主题教育、先进军事文化建设和意识形态工作，大力宣传“中国武警十大忠诚卫士”李进明、“十大军事训练标兵”焦守伟先进事迹，联合团省委、省妇联评选表彰“十佳共青团员”“十佳军嫂”“五好文明家庭”。

着力提高执勤“三个能力”，扎实推进“四防一体化”和执勤信息化建设，狠抓隐患治理，率先完成17处规定外目标撤勤任务，连续14年无执勤事故。加强特勤大队、特勤排和应急班建设，落实反恐AB队全要素备勤，投入2004万元配齐处突、反恐、救援等装备器材。组织反恐突击、狙击集训竞赛和“卫士—13”演习，抓好特勤分队实兵对抗演练，部队执勤处突能力明显提升，总部遂行任务能力检验评估成绩为“好”。

坚持“三个服务”方向，修订完善应急预案，储足备齐物资装备，探索警民融合保障模式，组织应急保障力量构成要素训练演练，应急保障能力明显提升。召开基建营房工作会议，强力推动基层四项设施配套达标，抓好训练基地二期工程和现代化农业生产基地等大项工程建设。

认真贯彻党中央、中央军委和习主席改进作风重要指示，在开展党委机关集中教育、明辨是非界限大讨论和反对拜金主义教育基础上，聚焦刹“四风”改作风，突出领导干部重点，抓学习强党性、抓整改治“五超”、抓廉政严监督，清理超标车辆55台、超占住房139套，压缩行政消耗性经费1376.2万元，压减公务接待经费1383万元，基层“五多四过”问题得到有效遏制。

【铲除机场跑道冰雪】 2月，九江地区气温骤降，出现大范围降雪，导致庐山机场跑道结冰、航班停运。9日，九江支队出动200名兵力赶往庐山机场担负铲除跑道结冰积雪任务。经过近5个小时连续奋战，共清理出机场跑道约4000余米，帮助航班迅速恢复正常，确保滞留旅客及时离开。

【成功抓捕嫌犯解救人质】 3月30日，鹰潭市余江县锦江镇七都村发生一起有恶性杀人、劫持人质事件。鹰潭支队派出80名官兵，携带武器，采取“三前三后”防暴、突击混装组合式三角战斗队形，参与搜索、抓捕疑犯和解救人质任务。4月1日9时，参战官兵成功将犯罪嫌疑人抓获，人质安全获救。

【南丰特大交通事故救援】 7月23日22时45分，江西209省道南丰县傅坊乡路段发现1起特大交通事故，当场死亡16人，伤11人。抚州市支队接到救援命令后，出动100名官兵赶赴现场，采取封控要道、周边警戒、疏散群众的战法实施封控警戒，并协同相关单位对事故现场进行救援清理。至24日3时30分，救援清理工作基本结束，部队安全归建。

【组织特战分队反恐对抗竞赛】 9月13日—18日，总队组织65名特战分队反恐突击、狙击干部骨干强化集训，并进行分专业和团体对抗竞赛。竞赛紧贴实战化训练要求，着眼系统规范突击、狙击队员训练程序方法，从内容设置、作业条件、考场环境最大限度向实战靠拢，全面检验特战队员临战决策、快速反应、心理调适和技战术水平，提高特战队员遂行反恐任务能力。

【组织实兵对抗演练】 10月12日，武警江西省总队组织前指率一支队、南昌市支队机动大队和总队后勤保障大队进行实兵对抗演练。演练着眼“以考促训、以比促建”目标，以处置大规模群体性事件为背景，采取不设预案、不定时间、不定胜负、红蓝“背靠背”方式，分战术对抗演练、特战分队技能竞赛和兵种分队技能考核3个阶段进行，通过“考、比、拉”形式，全面检验部队遂行多样化任务能力。

【李进明荣立一等功】 11月22日，武警部队党委决定，给江西总队抚州市支队通信修理技师李进明记一等功。

李进明，男，汉族，福建福安人，1969年4月出生，1987年10月入伍，中共党员，一级警士长，江西总队抚州支队通信修理技师。入伍26年以来，他自觉把理想追求融入部队现代化建设，在身患癌症情况下仍然坚持学信息化、干信息化、钻信息化，在三尺机台上忠实践行着当代革命军人核心价值观。先后荣立二等功1次，三等功4次，被武警部队评为“自学成才标兵”“学习成才先进个人”“十大标兵士官”。2005年获全军士官优秀人才一等奖，2007年被总政治部评为第八届“全军学习成才先进个人”，2008年被推选为“北京奥运会江西井冈山段”火炬手，2011年和2012年分别获第十四、十五届“中国武警十大忠诚卫士”提名奖，2013年当选第十六届“中国武警十大忠诚卫士”。

（杨俊）

消防部队

【概　况】　2013年，全省消防工作深入推进筑牢“防火墙”工程、打造现代化公安消防铁军和推进综合应急救援队伍建设三大抓手工程，全省火灾形势和部队管理实现“两个稳定”。全年发生火灾7194起，死亡61人，受伤22人，直接财产损失1.92亿元，没有发生重特大和有影响的火灾事故，火灾形势保持总体平稳。

思想政治工作成效显著。深入学习贯彻党的十八大和十八届三中全会精神，集中开展党的群众路线教育实践活动，先后4次征求官兵和群众意见184条，制定改进措施35项。成功召开总队、支队第一次党代会，举办基层党委书记培训班，落实党委常委联系点、团以上干部当兵锻炼等制度。

预防火灾工作强力推进。推动省人大开展《江西省消防条例》执法检查，联合工商、质检等部门开展消防产品质量专项整治行动，联合住建部门推动消防规划编制和市政消火栓建设。全面推行“网格化”“户籍化”管理，大力开展“生命通道体验”活动和媒体宣传报道工作。全年检查社会单位17.6万多家，发现火灾隐患17万余条，督促整改16.5万余处，临时查封1216处，责令“三停”单位1283家，罚款4471万余元，拘留228人，有效打击和震慑消防违法行为。

灭火救援能力有效提升。组建11支跨区域抗洪抢险救援突击队，编制修订完善预案8960余份，革新器材装备34项，分6批组织800余名中队长助理、班长骨干异地当兵锻炼，新任攻坚组队员610名，65个中队达到铁军中队建设标准。深入推进应急救援队伍建设，联合省人社厅、财政厅出台《合同制消防员招聘管理暂行办法》，实行专职队员跟随现役中队轮训制度。组建4支搜救犬分队，在全国第二届搜救犬技术比武竞赛中获团体总分第十名。全年接警出动1.48万余次，出动车辆2万余辆次，出动警力13.3万人次，抢救疏散被困人员3.5万多人，抢救财产价值11.1亿元，先后成功处置“6·21”抚州崇岗镇金山进出口烟花爆竹厂爆炸、“10·17”南昌抚生路雷达家具厂仓库火灾等急难险重任务。

后勤保障建设突飞猛进。健全完善经费保障机制129个单位全部完成年度经费达标任务，35个单位超前完成三年经费达标任务，全省共争取地方经费6.97亿元，总队本级争取地方经费4832万元，同比分别增长40.7%和112%。积极改善基础设施条件，投入5.89亿元实施37个建设项目，新增土地47.1公顷，总投资1.57亿元、建筑面积2.28万平方米的省应急救援指挥中心竣工投入使用。大力提升装备建设质量，投入1.38亿元购置消防车辆87台、各类器材装备3.3万件（套）。

部队精神风貌焕然一新。所有单位营房完成外观标识化工作，249个单位达到正规化建设标准。全省消防系统涌现出“全国青年文明号”南昌特勤大队、“江西十大法治人物”井冈山大队，中央电视台“特别关注消防员”胡庆松、全省“十大爱民警察”肖斌、全省道德模范许晓光等一大批先进集体和个人。62个单位被评为省级文明单位，2个大队被公安部荣记三等功；4个中队团支部被团省委表彰为“全省五四红旗团支部”。省委书记强卫在会见总队第一次党代会代表时，赞扬江西省消防部队“不愧是平安江西的守护神，不愧是一支在关键时刻拉得出、冲得上、打得赢的拳头部队”。

【实施“2·6”事故救援】　2月6日20时34分，上饶德兴市滨河大道会展中心在建工程发生顶部坍塌事故，多名工人被埋压。接到报警后，上饶支队先后调集4个中队和德兴铜矿企专队、13辆消防车、92名官兵到场实施救援。经过全体救援人员近41个小时冒雨救援，11名被埋压人员被成功救出。

【实施“6·3”爆炸事故救援】　6月3日23时12分，新余市双强化工厂发生爆炸事故，115人被困，事故造成直接经济损失约556万元。接到报警后，新余支队先后调集3个中队、9辆消防车、59名官兵赶赴现场救援。经过近4个小时的救援，成功营救遇险工人15人、疏散被困人员100余人，保护物资财产约800万元。

【扑救“8·8”火灾】　8月8日20时37分，赣州南康市龙岭镇黎边村米石岭南康鸿海家具二厂发生火灾。接到报警后，赣州支队先后调集7个中队、12部消防车、72名官兵到场处置，大火于8月9日12时45分被扑灭。此次火灾过火面积约6000平方米，疏散人员60余人，有效地保护临近家具厂10余家，保护价值2300余万元。

【扑救“10·14”火灾】　10月14日20时40分47秒，位于景德镇市新厂西路为民瓷厂厂房发生火灾。接到报警后，景德镇支队先后调集3个中队、10辆消防车、80名官兵赶赴现场扑救，大火于21时55分被扑灭。这次火灾共抢救被困人员6名、疏散群众120名，抢救财产价值1000万元，成功保护毗邻的景德镇陶瓷股份有限公司、景德镇陶瓷研究所等一批重要陶瓷单位。

（江西省公安消防总队）

人民防空

【概　况】　2013年，全省人民防（简称人防）系统结合东南方向战略任务和江西区位特点，优化市县两级人防指挥机构和体制，推动落实街办和社区、有接收疏散任务的乡镇、重要经济目标单位的人防机构、人员和职责。完成省和部分市国家人防光缆骨干通信网建设。高清视频系统在全国率先与国家人防办指挥中心联网，进行人防短波通信网组网建设。重要经济目标监视系统建设得到加强并与省人防指挥信息系统相连接。

按照“一个不少、一人不漏”的要求和“一手抓普训，一手抓尖子”的思路组织参与全国人防训练比武竞赛活动，全省各级人防机关领导、工作人员和直属事业单位干部职工全员参赛。7月，总参作战部副部长、国家人防办

全国人防训练比武竞赛现场

副主任郭玉林通过视频检查江西人防训练比武竞赛工作,对江西人防训练比武竞赛工作给予充分肯定。江西省人防办被评为全国人防训练比武竞赛先进单位。精心组织“赣盾—2013”全省人防应急保障演习。“4·20”雅安地震发生后,南昌人防蓝天救援队12名志愿者抵达灾区参加抢险救援行动,先后排查近200栋倒塌房屋,成功救援多名被困伤员,获得灾区群众好评。

按照结建、引建、自建和兼建“四轮驱动”路子,推动各类人防工程加快发展。全省完成结建工程面积110多万平方米,与2012年基本持平,全省国家人防重点城市人均防护面积已达到1平方米。自建和引建人防工程取得较大进展。3个各1万多平方米的大型人防工程开工建设,南昌市结合地铁规划建设5个大型平战结合项目。强化人防工程质量管理,人防工程报监率达90%以上。南昌地铁建立人防工程质量第三方专业检测制度,确保地铁人防工程建设质量。

加强人防宣传教育工作,增强广大群众人防意识。2013年上半年完成新教材修订,下半年抓好落实工作。省人防办还对门户网站进行调整和充实,通过门户网站进行常态化的宣传教育。在“3·1”国际民防日、“5·12”防灾减灾日等节日期间,各地人防部门开展形式多样、内容丰富的宣传教育活动和应急避险疏散演练。南昌民防科技馆自开馆以来接待近20万人参观。

加强县级人防建设,将县级人防工作纳入对设区市人防办年度工作任务考核重要内容,所占比值为15%～20%,有力推动设区市人防办加强对县级人防工作的指导。10月29日—31日,省人防办集中3天时间对全省县级人防办主任进行业务培训。

【参加训练比武竞赛取得优异成绩】 4月初至11月底,全省人防系统972名办领导、机关和直属事业单位人员全员参与全国人防训练比武竞赛活动。总参作战部副部长、国家人防办副主任郭玉林通过高清视频系统检查江西省训练比武工作情况,并给予高度评价。在南京军区人防办组织的复赛中,取得平均98.3分的好成绩,赣州市于都县人防办陶静代表南京军区参加国家人防训练比武竞赛演示,全省人防系统有1个单位和20名个人被国家人防办评为先进,5个单位和16名个人被南京军区人防办评为先进。

【中央电视台拍摄人防专题片《神奇的网络》】 2013年,江西省人防系统在全国率先实现高清视频系统与国家人防办指挥中心联网。中央电视台第7频道拍摄反映江西人防信息化建设的专题片《神奇的网络》并在全国各地播映。该片是央视拍摄的首部反映人防工作的专题片。

【开展人防易地建设费专项审计活动】 2013年,省人防办积极协调省审计厅对4个设区市、9个县(市、区、开发区)2011—2012年人防易地建设费的征收、使用和管理审计情况进行审计,这是江西省首次开展的全省性易地建设费专项审计。审计结束后,各地迅速开展审计整改活动,先后追缴违规减免和调剂挪用易地建设费2亿多元,一些市县及时废除易地建设费违规减免文件,将易地建设费收取比例和标准调高到省定比例和标准。

【开放人防工程供百姓避暑纳凉】 省人防办紧紧围绕“立足战备、着眼平时、服务社会、造福人民”,在全省多地免费开放人防工程供广大市民避暑纳凉。8月,省人防办工程维护管理中心西片工事经过修缮面向社会开放,该工事长约200米,防空洞呈拱形,约7—8米宽,设100个座位,可容纳300—350名市民,为期一个月为市民免费提供避暑纳凉场所。同时,鹰潭市人防办开放人防工程3处,历时32天,总面积约1200余平方米,接待纳凉市民约12万人次,免费提供纯净水600余桶,发放各类宣传资料6000余份。

【举办全省人防办主任培训班】 10月29日—31日,全省人防办主任培训班在南昌举办。培训的主要内容是:人民防空发展历程及地位作用、人民防空法制工作,人防工程建设管理工作、人防工程质量要求及管理工作、人防财务管理工作、人防指挥通信工作、人防反腐倡廉工作。省人防办副主任林显君作开班动员讲话,省人防办主任梁闽春在培训班结束时讲话。各设区市人防办负责人和秘书科长、各县(市、区、开发区)人防办主任共120多人参加培训。这是省人防办首次举办全省人防办主任培训班。

(陈婧)

本栏编辑 熊军

法　　治

公　安

【概　况】　2013年，全省公安机关大力推进平安江西建设、法治江西建设和过硬队伍建设，扎实做好维护国家安全和社会稳定各项工作，圆满完成各项公安保卫任务。

主动发挥服务保障职能，助推全省经济社会加快发展。全力服务发展升级。紧紧围绕中央和省委、省政府关于经济社会发展的重大决策部署，积极跟进推出一系列保障服务举措，推动全省实现经济总量和发展质量“双提升”。深入开展“围绕中心工作、服务全省大局”重点课题调研活动，制定出台《全省公安机关服务经济社会发展的若干意见》，积极协调推动公安部制定出台《关于支持江西赣州公安工作维护赣州社会稳定的意见》，出台昌九户籍管理“五统一”和户口迁移“一站式”办理等措施。全力化解稳定风险。针对经济社会发展和深化改革可能带来的矛盾凸显问题，组织民警进社区、进农村、进单位、进家庭，深入开展矛盾纠纷排查调处，有效降低了社会稳定风险。全省排查调处矛盾纠纷2.1万余起，化解率达96.5%。全力维护市场秩序。充分发挥保障作用，积极参与整顿和规范市场秩序，依法维护各种经济主体平等参与、平等发展的权利，营造亲商安商、规范发展的良好环境。全省公安机关成功破获经济犯罪案件3025起，抓获犯罪嫌疑人2339人，挽回经济损失4.3亿元。全力保障改善民生。坚持把人民幸福作为最高追求，积极回应群众对公安工作的新期待，着力解决好群众最关心最直接最现实的利益问题，提升民生幸福指数。在完善厅领导下基层走访、厅长信箱、网上在线交流等做法的基础上，开通江西公安政务微博，积极构建省、市、县公安微博群；在户口迁移、办理证照、下放审批权限、消防审核验收、交通违法异地罚缴等方面出台一大批便民利民措施；严厉打击“四黑四害”、食品药品安全等违法犯罪活动，在周边治安复杂的学校、幼儿园设立警务室或“护学岗”，快侦快破侵害群众利益的各类案件，进一步提高了群众安全感和满意度。

扎实推进平安江西建设，维护全省社会大局持续稳定。坚持主动进攻、先发制敌，全面强化对敌斗争各项工作措施，严密防范、严厉打击境内外敌对势力、敌对分子的渗透捣乱破坏活动，有效维护了政治稳定。坚持严打方针不动摇，因地制宜组织开展“打盗抢保民安”、夏季破案会战、夏秋社会治安整治、“百日治安整治”等专项行动，严厉打击黑恶势力犯罪、严重暴力犯罪、“两抢一盗”、电信诈骗犯罪、涉枪涉毒犯罪等突出犯罪活动，有效维护了治安稳定。全省刑事案件立案16.21万起、同比下降7.7%；查处各类治安案件40.56万起、同比上升25.5%。坚持集中整治和日常监管相结合，持续深入地排查整治治安、道路交通、消防等安全隐患，防止和减少安全事故发生，有效维护了公共安全。全省破获涉枪涉爆违法犯罪案件347起，抓获违法犯罪嫌疑人541名，销毁各类非法枪支3283支；查处各类严重交通违法538.83万起，排查整改道路安全隐患2.2万处；整改火灾隐患13.9万条。

坚持贯彻从严治警方针，取得队伍素质和作风建设新成效。强化思想政治教育。始终把政治建警放在首位，深入学习贯彻党的十八大和十八届三中全会精神，举办全省设区市公安局长“学习贯彻党的十八大精神”理论研讨班，进一步坚定对中国特色社会主义的道路自信、理论自信、制度自信。狠抓纪律作风建设。认真贯彻中央八项规定和省委、国家公安部关于改进工作作风的要求，研究制定《江西省公安厅党委关于改进工作作风的若干规定》，在全省公安机关带头改进工作作风、树立良好警风，对“四风”方面存在的139个突出问题全部整改到位。提高队伍内生活力。切实加强队伍教育管理，注重队伍的内涵式发展，不断提高队伍素质、增强队伍活力。坚持向教育训练要战斗力，着力完善符合实战要求的“大教育、大培训”工作体系，举办全省公安机关新任处级领导干部培训班，在北京大学举办首期党务干部能力提升高级研修班，组织全省派出所长、看守所长进行集中轮训，启动万名新警大轮训、岗位大练兵和警务技能比武竞赛，队伍整体素质和实战能力进一步提升，江西省代表队在全国公安系统实战应用射击、游泳救生等警体赛事上连获佳绩。

【推进法治江西建设】　全省公安机关紧紧围绕建设法治江西的目标，以深化执法规范化建设为抓手，把严格公正规范文明执法贯穿于公安工作的全过程，使公安机关的执法质量、执法水平和执法公信力进一步提高。着力完善执法制度。围绕强化法治江西建设顶层设计，制定出台《全省公安机关推进法治江西建设实施意见》和《关于进一步加强全省公安法制工作的决定》；围绕贯彻落实修订后刑事诉讼法和公安部关于办理刑事案件、行政案件的程序规定，建立完善231个配套制度，并制定下发《江西省公安民警执法执勤用语手册》；围绕提高公安领导干部依法履职能力和强化民警执法办案责任意识，建立厅党委集体学法制度，出台集体议案规定和防止公安领导干部干预办案"十不准"，建立实行执法办案终身责任制和责任追究制。着力规范执法行为。以派出所、特巡警、交警等一线执法执勤关键岗位和110接处警、现场勘查等关键环节为重点，集中开展"现场执法规范年活动"；狠抓执法办案场所功能区规范化改造和同步录音录像设备等硬件建设，全省1675个执法办案场所全部完成改造和建设任务。着力提高执法素质。按照"干什么、学什么，缺什么、补什么"的原则，以"一法两规"为重点，通过举办培训班、辅导讲座、组织民警旁听庭审等方式，帮助民警全面掌握从事本职工作必需的法律知识和执法办案技能；采取以考促学等方式，组织基本级、中级、高级3个批次的执法资格考试，开展新刑事诉讼法知识竞赛等活动，促使民警加强学习、提高素质；大力加强执法示范单位培养创建工作，组织开展"保持执法示范性"活动，在全省公安执法单位营造学习示范、赶超示范、争当示范的良好氛围。着力强化执法监督。全面推行执法公开，在执法办案部门对外接待场所设置执法公开栏，公开法律、法规和涉及公民权利义务的规范性文件、执法程序、流程、结果等执法信息，最大限度地保障公民的知情权和监督权。深入推进网上执法办案，完成全省公安机关案事件系统改造升级，通过完善案件全流程信息化监控，强化统计分析和辅助决策功能，进一步提升执法效能。全省刑事案件、行政案件网上流转数分别为13.61万起、11.68万起。大力加强案件审核把关，继续开展优劣质案件评选，强化执法质量考评和结果运用，倒逼民警严格按规定执法办案，全省执法质量进一步提高。

【夯实基层基础工作】　牢固树立固本强基理念，不断加强和改进新形势下公安基层基础工作，进一步夯实公安工作的发展根基。切实强化面向基层正确导向，从政策、保障、待遇上向基层倾斜，为基层降压减负，选派机关民警到基层培养锻炼，推动了警务前移、警力下沉。围绕做实做强派出所，进一步明确派出所工作职责，大力加强派出所规范化建设，认真组织实施派出所等级评定工作，全省1620个派出所中被评定为三级以上派出所的达91%。深入推进城乡社区警务战略，科学划分警务区、设置警务室，配齐配强社区警力，推动社区民警专职化。全省设立社区警务室2224个、农村警务室2866个，覆盖率分别为82.4%和95.4%；配备社区和驻村民警7577人，同比增长33%。

【完善治安防控体系】　围绕建设立体化治安防控体系，紧扣各项治安要素，从严从紧管控社会治安，织密织牢防控违法犯罪的"天罗地网"。以现代警务指挥机制建设为龙头，大力推进110、119、122"三台合一"接处警系统改造升级，全面完成12110短信报警平台、手机报警定位平台及省、市两级数据汇聚平台等三大平台建设对接工作。积极完善网格化巡逻机制，在重要敏感时期组织公安与武警联合武装巡逻，切实提高街面见警率、管事率和现场抓获率，街面抢夺案件同比下降13%。全面推进保安服务企业脱钩改制，积极发展群防群治力量，全省2万多个重点单位配强了保卫机构和专门保卫人员。

（叶伏华）

检　察

【概　况】　2013年，全省检察机关认真贯彻落实"发展升级、小康提速、绿色崛起、实干兴赣"方针，忠实履行宪法和法律赋予的职责，着力强化法律监督、强化自身监督、强化队伍建设，各项检察工作取得新发展。

积极营造良好发展环境。全省检察机关积极参与整顿和规范市场经济秩序，依法打击制假售假、非法集资、合同诈骗、侵犯知识产权等犯罪，批准逮捕破坏市场经济秩序犯罪嫌疑人989人，提起公诉1684人。

着力维护群众合法权益。开展查办发生在群众身边、损害群众利益职务犯罪专项工作，依法立案侦查教育、医疗、社会保障、征地拆迁、食品药品安全等与群众权益密切相关领域的职务犯罪案件655件1073人。重点监督食品安全、环境污染等领域的犯罪案件，依法监督行政执法机关移送涉嫌犯罪案件67件87人，监督侦查机关立案34件49人。

完善便民利民工作措施。健全检察民生服务热线、12309举报电话、网上信访、来信、来访"五位一体"信访工作机制，畅通群众诉求渠道，各级检察长共接待群众来访1734件次，依法妥善处理群众来信来访9445件。制定了办理民事检察案件、加强内部协作配合的规定，合力解决群众"申诉难"问题。依法审查处理民事申请监督案件4620件，同比上升35.7%。新设派出检察室39个。

全力维护社会稳定。认真履行批捕、起诉职能，依法批准逮捕各类刑事犯罪嫌疑人2.03万人，提起公诉2.79万人。突出打击危害公共安全犯罪、严重暴力犯罪和"两抢一盗"等多发性侵财犯罪，批准逮捕此类犯罪嫌疑人9951人，提起公诉1.25万人。依法开展刑事和解，对于犯罪嫌疑人真诚悔罪，获得被害人谅解，达成和解协议且符合法定条件的轻微刑事案件，不批捕645人，不起诉749人。加强对涉罪未成年人的特殊司法保护，通知法律援助机构为212名未成年被告人指派辩护律师，切实保护诉讼权利；贯彻限捕慎诉原则，对1043名未成年犯罪嫌疑人、被告人进行社会调查，为依法适用逮捕措施和附条件不起诉提供参考，促进其改过自新、尽早回归社会。依法妥善办结涉检信访案件575件。帮助生活确有困难的被害人解决救助资金311万余元。

积极查办和预防职务犯罪。依法立案侦查各类职务犯罪案件1120件1707人，立案人数同比上升14.9%。其中，涉嫌贪污贿赂犯罪1292人，上升9.6%；涉嫌渎职侵权犯罪415人，上升35.6%。突出查办大案要案，依法立案侦查职务犯罪大案902件，同比上升26.2%;查办县处级以上领导干部要案85人(含厅级干部9人),同比上升21.4%。省检察院依法立案侦查了赣州市人大常委会原主任骆炳峰,南昌大学原校长周文斌,萍乡市原市委常委、常务副市长孙家群,省交通厅原副厅长许润龙、邓经国,南昌高新技术产业开发区管委会原主任雷霆等一批厅级干部涉嫌受贿、滥用职权等职务犯罪案件。结合办案分析职务犯罪的趋势、特点、发案原因、预防对策,向各级党委、人大、政府及有关部门报送惩治和预防职务犯罪年度报告以及专项调查报告291件,发出预防检察建议2975件。组织廉政公益海报评选活动,推动廉政公益广告上电视,举办预防宣传和警示教育讲座3945场次,积极营造廉荣贪耻的社会氛围。完善行贿犯罪档案查询系统,向社会提供查询2078次。省检察院分别与省水利厅、省教育厅联合下发文件,将行贿犯罪档案查询作为水利工程、高校工程建设招投标活动的必经程序,实现预防关口前移。

强化对诉讼活动的法律监督。对认为确有错误的刑事裁判,依法提出抗诉215件。对侦查活动和刑事审判活动中的违法情形,提出书面纠正意见562件次。监督纠正减刑、假释、暂予监外执行不当964人次,监督纠正监管改造场所违法情形389人次。对侦查机关应当立案而未立案、不应当立案而立案以及遗漏犯罪嫌疑人、遗漏罪行等情形,依法提出监督意见,做到不枉不纵。加强民事行政诉讼监督。对不服法院生效判决、裁定、调解书申请监督案件,审查后向法院提出抗诉111件,提出再审检察建议176件。依法监督纠正民事行政审判活动中的违法情形506件次,监督纠正民事执行不当情形924件次。加强诉讼活动中的人权保障。坚持防冤纠错,加强证据审查,依法要求侦查机关补正或书面解释42件,纠正以非法方式收集证据情形11件,因排除非法证据而不予逮捕17人,不起诉11人。加强捕后羁押必要性审查,对不需要继续羁押的1495人,向有关机关提出予以释放或者变更强制措施的书面建议。

抓好执法规范化建设。加强执法办案制度建设,制定并实施全省检察机关领导干部执法办案"八条禁令"、执法办案责任暂行规定、防止干扰执法办案说情备案规定、案例指导工作规定,建立检察委员会定期审议检察业务工作等制度,及时研究解决执法办案中的突出问题。加强案件管理和案件质量评查。全省117个检察院设立了案件管理机构,统一负责各类案件受理、分流、督办和答复等工作,强化了流程监控和动态管理。全面推行检察机关统一业务应用系统,实行执法办案网上录入、流转、监督和考评,依靠信息化手段规范执法行为。至12月底,全省检察机关在系统中运行案件5549件,涉及67个案件类别,系统运行总体平稳、顺畅。建立全省检察机关案件质量评查员信息库,研究制定案件评查标准,组织评查案件2536件。注重纠正办案质量中的苗头性、倾向性问题,省检察院对部分设区市近两年起诉金额10万元以上贪污贿赂案件判缓刑等情况进行专题调研,逐案分析,就检察机关案件侦查和审查起诉工作中的问题提出改进措施,对量刑畸轻的案件提出监督意见。

提升素质能力。全省检察机关招录各类专业人才309人。完善教育培训方式方法,深化检察机关与高等院校合作,推行检察业务专家巡回讲学,举办各类岗位培训班31期,培训3935人次。有9名检察人员分别被最高人民检察院授予全国检察业务专家、优秀公诉人、侦查监督业务能手等称号。

自觉接受监督。各级检察院向同级人大及其常委会专题报告工作126次。邀请人大代表视察检察工作169次,按时办结人大代表建议130件。认真办结政协委员提案43件。深化人民监督员制度,人民监督员对12件拟作不起诉决定的职务犯罪案件进行了监督评议。认真落实新闻发布制度,积极回应涉检网络舆情,切实保障人民群众对检察工作的知情权、参与权和监督权。

【出台《江西省人民检察院关于民事行政检察部门与控告申诉检察部门、案件管理部门办理民事检察案件加强协作配合的暂行规定》】 4月7日,省检察院出台《江西省人民检察院关于民事行政检察部门与控告申诉检察部门、案件管理部门办理民事检察案件加强协作配合的暂行规定》。规定共15条,明确了控申、民行、案管部门在办理民事检察案件中的职责和程序,规范了民事行政检察案件的受理、办理、答复等工作,加强了民事行政检察部门与控告申诉检察部门、案件管理部门相互之间协作、配合,确保修改后民事诉讼法的正确实施,

【制定印发《江西省检察机关执法办案责任暂行规定》】 12月13日,为规范全省检察机关执法办案行为,建立权责明确的执法办案责任制,保证依法公正行使检察权,省检察院制定印发《江西省检察机关执法办案责任暂行规定》。规定共30条,明确执法办案严格责任追究,实行办案责任追究终身制,坚持权责相统一,谁办案谁负责,谁决定谁负责。对承办人、部门负责人、检察长及各业务部门的责任范围进行了明确,对检察人员在执法办案中造成执法过错的责任认定、责任追究进行了规定。

【出台《江西省人民检察院关于案例指导工作的规定》】 11月26日,为进一步规范全省检察机关案例指导工作,充分发挥指导性案例的作用,省检察院出台了《江西省人民检察院关于案例指导工作的规定》。规定共11条,明确了案例指导工作的任务,是通过选编和发布全省检察机关办理的具有普遍指导意义的案例,为全省检察机关处理同类案件提供指导和参考,以进一步规范执法办案行为,保证检察权的正确行使,解决检察实践中统一执法标准,有利于正确理解和适用法律、维护国家法制统一和司法公正。规定明确了指导性案例主要类型、来源、撰写要求等。

【第三届中国检察基础理论论坛在井冈山召开】 9月28日至29日,由中国检察学研究会检察基础理论专业委员会主办,江西省人民检察院承办的以"诉讼法修改与检察制度的发展完善"为主题的第三届中国检察基础理论论坛,在国家检察官学院井冈山分院召开。最高人民检察院、全国各省市检察院代表和高校、科研机构、律师界专家学者共90余人参加论坛。最高人民检察院研究室主任陈国庆、理

论研究所所长王守安莅临论坛指导。中国检察学研究会检察基础理论专业委员会主任、湖北省人民检察院党组书记、检察长敬大力，江西省人民检察院党组书记、检察长刘铁流，中国政法大学终身教授陈光中先后致辞。来自全国各地检察机关、法学理论界30余名代表围绕论坛主题，分“检察机关组织体系和办案组织建设”“检察机关诉讼监督工作制度化、规范化、程序化、体系化建设”“诉讼法贯彻实施与检察机关执法办案转型发展”三个专题进行研讨，深入研究检察机关贯彻落实修改后刑诉法和民诉法，完善检察工作机制的新途径、新方法。高等院校、法学科研机构专家学者对交流发言内容作了点评。

【省检察院直接立案侦查邓经国涉嫌受贿案】 9月7日，省检察院决定对省交通运输厅原副厅长、党委委员邓经国以涉嫌受贿罪直接立案侦查。经侦查查明，1997—2013年，邓经国利用担任省公路局赣州分局局长、江西公路开发总公司总经理、省交通厅副巡视员、副厅长等职务上的便利，收受他人财物1000余万元。

【查办全省农机系统涉嫌滥用职权窝串案】 2013年，省检察院部署在全省集中开展查办国家政策性补贴领域渎职犯罪“小专项”集中行动，深入查办重点领域案件。立案查办了省农机局局长王绍萍、副局长孙员及省农机鉴定站站长叶厚专（正处级）等48名农机系统工作人员滥用职权、致使大量农机补贴资金被套取案。该案涉及省市县三级农机局局长21人，其中县处级干部5人，涉嫌受贿金额1463.92万元，挽回经济损失2000余万元。

（曾超）

审 判

【概 况】 2013年，全省各级法院紧紧围绕“努力让人民群众在每一个司法案件中都感受到公平正义”的目标，牢牢把握司法为民公正司法的主线，忠实履行宪法法律赋予的职责，扎实推进自身建设，各项工作取得新进展。

能动司法、服务中心工作。出台服务发展升级、支持特色产业等25项措施。争取到最高法院7项帮扶赣州市两级法院发展的措施。服务和保障国企改革，依法审结国有企业破产、改制案件16件，成功调解标的额高达3.52亿元的昌九公司与江西国控、赣州工投企业改制纠纷案。妥善处理新型城镇化建设中土地征收、房屋拆迁等案件，依法保护当事人合法权益，积极防范和化解群体性纠纷，共审结此类案件1679件。依法审慎处理小微企业债权债务纠纷，保护小微企业发展，共审结此类案件4600件。贯彻省委政法委关于优化投资环境支持企业发展的意见，走访工业园区和重点企业，积极建言献策，针对审判中发现的突出问题，提出司法建议1917条。

审判、执行工作。全省法院受理各类案件23.67万件，办结23.46万件，同比分别上升1.53%和1.43%。一是依法惩治刑事犯罪。全省法院审结一、二审刑事案件2.23万件，下降6.38%；判决发生法律效力2.62万人，下降3.6%。依法严惩严重危害社会治安和人民群众生命财产的刑事犯罪，共审结杀人、抢劫、绑架、爆炸、黑社会性质组织、拐卖妇女儿童等案件1115件2045人。加大惩治力度，坚决遏制毒品犯罪持续高发态势，共审结毒品犯罪案件1468件。加强危害生产安全刑事审判工作，审结重大责任事故、重大劳动安全事故犯罪案件14件，判处罪犯22人。依法惩治生产销售伪劣商品、集资诈骗、非法吸收公众存款、合同诈骗、组织领导传销活动等经济犯罪，共审结此类案件1878件2839人。深入推进反腐败斗争，严格职务犯罪自首立功认定标准和外监禁刑适用，审结贪污贿赂、渎职犯罪案件978件，判处罪犯1213人，其中县处级以上干部18人。扎实推进少年司法工作，建立心理干预机制，判决生效未成年人罪犯1559人，全省法院有独立建制的少年法庭增至16个。大力推行减刑、假释案件开庭审理，审结减刑、假释案件1.33万件。二是依法审理民商案件。全省法院审结一、二审民商事案件14.55万件，上升3.56%；标的额179.2亿元。平等对待各类市场主体，保护诚实守信，制裁违约欺诈，惩治虚假诉讼，注重以规则之治促进有序竞争，审结买卖、租赁、房地产开发经营、建设工程施工等合同纠纷案件7.06万件。坚决维护国家金融安全和金融秩序，审结金融机构同业拆借、证券、票据等金融纠纷案件292件。开展保险纠纷诉讼与调解对接试点，共审结保险合同纠纷案件1383件。积极应对民间借贷纠纷案件高发态势，依法规范和引导民间资本健康运行，审结民间借贷案件2.00万件。积极参与打击侵犯知识产权和制售假冒伪劣商品专项斗争，深化民事、刑事、行政审判“三合一”试点工作，加大知识产权司法保护力度，促进科技创新和文化发展，审结著作权、专利权、商标权等案件550件，一揽子调解了赣州卡拉OK经营者系列著作权纠纷案，景德镇孙根荣陶瓷作品被侵权案入选全国知识产权司法保护50大典型案例。认真开展涉外审判工作，平等保护中外当事人合法权益，加强与港澳台司法合作与交流，积极参与海峡两岸司法高层论坛，推进司法协助工作，审结涉外民商纠纷22件，办理涉外司法文书送达、协助调查取证284件。三是依法化解行政争议。全省法院审结一、二审行政案件2568件，上升14.58%，审查非诉行政执行案件9284件。坚持合法性审查原则，依法维持行政行为476件，撤销、变更、确认行政行为违法213件，保障当事人合法权益，促进依法行政。对涉及山林土地权属、房屋征收补偿、社会保障等矛盾复杂案件，努力以协调和解方式化解，推动行政争议实质性解决，行政案件协调撤诉率达45.31%。开展行政案件相对集中管辖试点工作，防止地方保护主义干扰。加强国家赔偿案件审理规范化建设，依法维护赔偿请求人合法权益，审结国家赔偿案件14件，决定赔偿金额84.47万元。四是依法加大执行力度。深化反规避执行工作，加大对被执行人财产及下落的查找力度，坚持以提级执行、指定执行、交叉执行排除不当干扰，破解执行难题，共执行各类案件4.93万件，标的额105.54亿元。开展党政机关执行人民法院生效裁判的专项积案清理活动，共执结此类案件573件，执行到位金额4.17亿元，完成全部清积目标。强化执行威慑机制建设，实行失信被执行人名单制度，向社会公布第一批失信被执行人1587名、典型案例5件；对有履行能力拒不执行的限制高消费113人次，限制出境383人次，司法拘留1171人次，追究刑事责任51人。

司法为民便民利民。积极回应人民群众对法院工作新要求、新期待，努力提升司法公信力。一是建设诉讼服务中心。根据最高人民法院统一部署，开展诉讼服务中心建设，延伸立案信访窗口功能，实现“一站式”服务。完善诉调对接、案件受理、费用结算、诉讼服务和投诉建议等五大类25小项的业务办理窗口功能。二是着力解决诉讼难题。加强诉权保护，对起诉符合条件的依法及时立案，材料齐备的，手续一次性完成。坚持就地办案，方便群众诉讼，因地制宜开展巡回审理1.73万次。强化人民法庭职能，优化人民法庭布局，在偏远地区新设人民法庭。畅通申请再审渠道，建立民事申请再审案件受理审查新机制，切实减轻当事人诉累，共受理申诉、申请再审案件1073件，审结1050件。三是妥善审理民生案件。依法审理制售“地沟油”“毒胶囊”等有毒有害食品、药品犯罪案件43件68人。依法审理婚姻家庭、人身损害赔偿、教育、医疗、住房等与群众利益密切相关的案件5.58万件，注重以调解方式化解邻里纠纷、权属和侵权等传统民事案件，此类案件一审调撤率达61.05%。依法审理拖欠农民工工资纠纷案件2104件，执行到位标的额9201.62万元。加强劳动人事争议裁审衔接工作，依法审理劳动争议、劳务合同、工伤赔偿、劳动保险等案件3916件。依法办理破坏生态环境犯罪和环境污染侵权民事案件303件，全面加强生态环境司法保护。审结涉军案件113件，切实维护军人军属合法权益。四是彰显司法人文关怀。依法适用诉讼费用缓减免制度，为4215件案件的困难当事人缓减免交诉讼费1177.17万元。加大司法救助力度，共为1650名经济困难的刑事被害人、申请执行人发放司法救助款2274万元。加强法律援助工作，为1614名符合条件的被告人指定了辩护律师。

司法改革。积极稳妥推进司法体制机制创新，努力解决影响司法公正的深层次问题。着力抓好“两法”实施。严格贯彻新修改的刑事诉讼法和民事诉讼法，制定下发文件，规范刑事司法行为，落实办案质量终身负责制。坚持罪刑法定、疑罪从无和证据裁判原则，依法排除非法证据，共宣告16名被告人无罪。依法扩大刑事二审开庭审理范围，刑事二审开庭审理率达32.49%。严格执行司法解释相关规定，保障死刑犯会见近亲属权利。开展新修改民事诉讼法落实情况调研，着力研究和破解举证时限、鉴定人出庭、送达、公民代理等制度实施中存在的新情况新问题。依法简化诉讼程序。倡导纠纷分流，加大诉前化解力度，及时确认非诉调解协议，共办理司法确认案件1089件，推动社会矛盾在诉前简便快捷化解。依法加大简易程序适用力度，共适用简易程序审理民事案件8.91万件。下发指导意见，规范小额诉讼程序审理，明确适用小额诉讼程序的案件标的金额，共适用小额诉讼程序审理案件2331件。继续推进行政诉讼简易程序试点工作，共适用简易程序审理行政诉讼案件307件。推进涉诉信访改革。落实涉诉信访改革试点部署，努力以法治思维和法治方式破解信访难题。实行诉访分离，建立健全信访案件终结流程管理制度，完善领导接访、重大敏感案件处置、内部联动处置非正常访、上下联动处置重点信访等工作机制，办理群众来信4349件，接待来访1.59万人次。规范审判权力运行。大力推行阳光司法，积极构建审判流程公开、裁判文书公开、执行信息公开三大平台，提高审判权力运行透明度。全省115个法院开展了裁判文书上网工作，共公开裁判文书7871篇，119个法院全部实现了执行信息网上公开查询。强化审判流程管理，加大对重要节点的监控力度，着力提高审判效率。完善审判委员会工作细则，加强和改进院长、庭长审判管理，规范裁判文书审签，建立办案过错责任追究制度，落实权责相统一要求。完善考核制度，开展案件评查、质量评估等活动，构建案件质效管理长效机制，全省法院评查案件2.27万件。

【成立专家咨询委员会】 12月6日，省法院专家咨询委员会在省法院举行第一次会议，宣告全省法院首个专家智库正式成立。省法院党组书记、院长张忠厚出席会议并讲话，党组成员、副院长夏克勤主持会议，原省社科院院长汪玉奇等九位咨询委员会专家参加会议。会上，省法院向汪玉奇等九位专家学者颁发了聘书。省法院制定了《江西省高级人民法院专家咨询委员会工作规则（试行）》，明确咨询委员会是省法院的咨询机构，咨询委员会委员由法学及相关领域中具有较高专业权威、良好职业操守的专家、学者、律师担任。咨询委员会的职责为对法院审判执行、队伍建设及法院改革等各项工作提供理论和实务上的咨询意见，包括对法院工作有关的宏观决策、重大工作部署、重大理论问题提供论证意见；对法院起草的法律适用问题的答复和具有重大指导意义的规范性文件提供论证意见；对法院提供的重大、疑难、复杂和新类型案件提供咨询意见；协助法院开展法官培训工作；对法院工作提出批评和建议等。

【出台《关于适用小额诉讼程序审理民事案件相关问题的指导意见（试行）》】 2月5日，省法院下发《关于适用小额诉讼程序审理民事案件相关问题的指导意见（试行）》，在7个方面做出19条规定，从操作层面明确了相关问题：一是明确了适用小额诉讼程序的案件类型。以列举式方式明确8类可以适用小额诉讼程序和7类不适用小额诉讼程序的案件。二是明确了标的金额。规定2013年6月30日前全省基层人民法院适用小额诉讼审理的民事案件标的金额为10000元（含10000元）以下；2013年7月1日至2014年6月30日，标的金额按省统计局公布的2012年江西省城镇单位就业人员平均工资的30%确定；以后年度依此类推。三是明确了立案程序。明确规定立案时间一般不超过3日，立案后应向双方当事人送达《小额诉讼须知》，告知小额诉讼的规定。四是明确了审理方式。对小额案件的送达、传唤、开庭程序规定了更加简化和灵活的程序，对答辩期、举证期、开庭公告时间做了一定缩短。此外，对小额诉讼案件的文书制作和程序转换等问题也做出明确规定。

【昌九公司诉江西国控、赣州工投拖欠改制资金案】 昌九化工集团有限公司向赣州市中级法院起诉，请求判令江西国控、赣州工投支付拖欠原告的改制资金3.52亿元。因此案标的巨大，且直接影响到4000名职工的安置，赣州市中级人民法院先后组织当事人召开协调会6次，并最终于5月28日促使双方当事人达成庭前和解，取得良好的法律效果和社会效果。

【姜根里特大恶性杀人案】 被告人姜根里因与新婚妻子失去联系，要求张家人找出妻子未果，遂产生报复之念。2012年9月7日20时，姜根里携带刀具到妻子姑姑家，持刀朝妻子姑姑连刺数刀，接着又朝妻子姑姑3岁的孙子连刺十余刀。此后，又对妻子姑姑和其3岁的孙女连刺数刀之后逃离现场。妻子姑姑及其孙子当场死亡，其孙女经抢救无效死亡，妻子姑姑致重伤甲级，伤残九级。当晚11时，姜根里到公安机关投案。2013年6月6日，南昌市中级人民法院做出一审判决，以故意杀人罪判处姜根里死刑，剥夺政治权利终身。11月8日，省法院核准同意姜根里死刑。

【孙根荣诉冯绍锦侵害复制权、发行权纠纷案】 孙根荣系江西省高级工艺美术师，其在陶瓷上独创的“春雪楼阁图”投放市场后，广受好评。被告冯绍锦通过生产、销售仿冒原告作品的陶瓷产品牟利，孙根荣遂向法院提起诉讼。景德镇市中级人民法院依法判决被告冯绍锦立即停止生产、销售侵犯原告孙根荣享有的“春雪楼阁图”美术作品著作权的产品，销毁全部侵权产品，并自判决生效之日起10日内赔偿原告孙根荣经济损失1.50万元。

（黄亨爱）

司法行政

【概 况】 2013年，全省司法行政机关着眼平安江西、法治江西和过硬队伍建设，求真务实，充分履职，在五个方面取得新成效。

在维护监所安全稳定上取得新成效。全省监所连续6年零9个月没有发生罪犯劳教（戒毒）人员脱逃，没有发生在全国、全省有影响的狱所内案件，没有发生重大安全生产事故，没有发生重大公共卫生事件。强化安全管理。调整全省罪犯关押点，妥善做好余刑3个月以上罪犯的收监工作，对黑社会性质罪犯实行异地关押，对限制减刑罪犯、艾滋病罪犯进行集中管理。加强安全隐患排查整治，整治各类安全隐患2188项（处）。加强狱内侦查、矛盾排查调处，开展打击私藏违禁品专项活动，做到“日清日结”。加强应急演练，开展消防等应急演练50余次。强化教育改造。深化思想道德、政治法律、文化技术和出入监所教育，强化个别教育，开展队前讲评和周评。开展心理咨询、团体辅导和心理危机干预，罪犯心理健康教育普及率达100%。强化重点人员教育转化，顽危犯转化率达70%以上。强化职业技能培训，举办培训班95期，获证率达92%。组织第二届刑释人员先进事迹巡回报告活动。强化公正执法。完善罪犯考核奖惩办法，建立短刑犯提请减刑、保外就医、精神病犯管控以及假释、暂予监外执行与社区矫正衔接制度。深化狱（所）务公开，推行刑罚执行公开听证和劳教（戒毒）人员奖惩审批会议制度，实行减刑假释“五榜公示”，开展刑释解教前个别谈话、问卷调查9700人次。贯彻宽严相济刑事政策，依法办理死缓、无期徒刑、老病残犯和重要罪犯减刑、假释、保外就医案件1211件，实现“零投诉”“零举报”。加快监所建设。完成饶州监狱二期工程和吉安监狱续建工程，赣西监狱改扩建和洪都监狱北湖综合监区主体工程封顶。启动温圳监狱、景德镇监狱、豫章监狱迁建前期工作和女子监狱搬迁准备工作。南昌市强制隔离戒毒所改扩建工程基本完成，省女强制隔离戒毒所迁建工程启动。

在加强特殊人群管理上取得新成效。全省有社区矫正人员1.8万人，矫正期间重新犯罪率0.037%，低于全国0.2%的平均数；刑释解教人员7.2万人，当年重新违法犯罪率1.51%，为全国平均数的二分之一。加强社区矫正人员管理教育。加强专项执法检查，开展审前调查4050人次。推进县级社区矫正监管中心和信息化监管平台建设，建立监狱与社区矫正机构衔接机制，确保人员、法律文书衔接到位。定期开展走访巡查，全面落实GPS定位管理。严格司法奖惩和治安处罚，撤销缓刑17人，撤销假释1人，收监执行5人，治安处罚3人。做好社区矫正人员帮扶工作，帮助解决低保、培训、就业、就学等方面实际困难9000余件。加强刑释解教人员管理教育。完善必接必送督办考核机制，逐人落实衔接措施，接送率达99.82%。与省财政厅联合开展年度刑释解教人员接送和生活补助经费绩效评价，公众满意度达99.45%以上。建成集教育、培训、救助为一体的安置帮教基地239个，滚动安置4725人，安置率达92.19%。全省821名刑释解教人员纳入社会保障，帮助解决生活困难1587人次。

在促进社会和谐稳定上取得新成效。全省调解矛盾纠纷17.9万件，成功率97.45%；解答法律咨询20万人次，办理法律援助案件2.6万件，挽回经济损失4亿元；群众来信来访办结率100%。做好人民调解工作，及时化解社会矛盾。落实人民调解“以奖代补”经费，开展形式多样的矛盾排查和纠纷调处活动，防止群体性上访1962件、群体性械斗491件、民转刑案件1204件，做优“杨斌圣工作室”“杨慧芝工作室”等人民调解品牌。推进人民调解行业化、专业化，调处损害赔偿纠纷1.5万件、劳动争议纠纷4865件、道路交通事故7489件、征地拆迁5851件、医患纠纷1264件、物业纠纷1336件、山林土地纠纷7696件、环境保护纠纷1661件。与湘鄂皖等省开展边界联防联调，打造和谐平安边界线。推动《金牌调解》节目创新，拍摄1014期，播出970期，现场调解纠纷970件，场外调解240余件，成功率92.6%。做好法律援助工作，促进社会公平正义。配合省人大立法工作，《江西省法律援助条例》顺利颁布。落实法律援助政府责任，将法律援助经费列入各级政府财政预算。加快重点人群聚集地和重点领域法律援助网络建设，推动律师参与法律援助工作，完善“12348”法律援助专线平台功能。至年底，设立法律援助工作站2618个，同比增长7%。推进法律援助示范服务窗口创建，开展“法律援助公示牌进万村”活动，举办法律援助知识网上竞赛，参赛达46万人。12个单位获全国法律援助“便民服务示范窗口”称号。加大刑事法律援助力度，办案6200余件，同比增长148%。做好综治信访工作，促进社会和谐稳定。出台《深化平安江西建设行动方案的实施意见》，落实综治维稳责任制，加大排查力度，畅通群众诉求渠道。

在提供优质法律服务上取得新成效。出台《江西省司法厅关于在优化投资环境、支持企业发展中发挥职能作用的意见》。加强普法教育。开展“六五”普法规划中期督导，深化“法律六进”、“12·4”全国法制宣传日和年度“江西法治人物评选”活动，全省发放法制宣传资料500余万张(册)，新建法治文化主题公园、长廊77个。加强对领导干部、公务员普法工作，开展法治创建活动，11个市、县评为全国法治创建先进单位，创建国家级和省级“民主法治示范村”325个。加强律师工作。加强律师事务所和律师管理，推进律师行业规范化。加强业务培训，设立30万元“青年律师成才扶持奖励项目”，开展“同心·律师服务团”活动，推进公益律师进社区，着力解决欠发达地区律师资源不足问题。全省律师担任法律顾问8197家，办理诉讼案件4.7万件、非诉讼法律事务1万余件。加强公证工作。强化公证质量监管，实行假证、错证、瑕疵公证通报制度，成功举办中法公证法律专题讲座，切实解决了“无人处”“1人处”问题。组织两岸公证业务人员的互访活动，审查、核对两岸往来公证书副本6132件。全省办理公证事项13.78万件，制止不法经济活动473件，涉及金额1.33亿元，提出司法建议838件。加强司法鉴定工作。抓好司法鉴定名册编制公告工作，推进鉴定机构认证认可和能力验证，首次完成江西建材产品质量司法鉴定中心的省级资质认定，推动建立区域综合性复核鉴定机构，成立全省首家涉及钨与稀土类矿产品鉴定机构。加强诚信建设。全省办理司法鉴定案件5.8万件，鉴定结论采信率达90%以上。加强基层法律服务工作。推进司法业务用房建设，57个建设项目，竣工15个，总面积5.45万平方米，总投资9577.7万元，省厅和景德镇、瑞昌市司法局被评为全国先进单位。开展法律服务“进社区、进乡村、进企业”和“法企联姻”、结对帮扶专项活动，开展“五好司法所”达标创建活动。

在推进司法行政改革创新上取得新成效。深化劳教制度改革。推进劳教机关工作重心向强制隔离戒毒工作转变，构建与强制隔离戒毒规律相适应的工作体制机制。至9月底，全省劳教人员全部解教。推广监狱刑罚执行业务平台。在全国率先建立监狱刑罚执行业务平台，建成并投入使用电子公章和电子签名5000余个、执法台账5万余份，为基层干警减轻了50%以上的台账负担，从源头上规范了监狱执法行为。此项目通过省级科技成果鉴定，成为江西省政法系统第一个信息化应用领域科技成果，获省QC一等奖，被列入全省科技成果转化推广计划。建立罪犯远程帮教会见系统。在全国率先全面建立罪犯远程帮教会见系统，有效减轻罪犯家属会见路途奔波之苦和家庭经济负担，得到社会各界好评。

【举行2012年度“江西十大法治人物”颁奖仪式】 1月19日，2012年度“江西十大法治人物”颁奖仪式在江西日报传媒大厦举行。省委常委周萌、副省长朱虹、省政协副主席郑小燕、省法院院长张忠厚、省检察院检察长曾页九等出席仪式，并为钱敏、南昌公安消防支队西湖大队八一中队群体、南昌医患纠纷调解中心群体、赖蓉蓉、郭峰、熊焰、谢言、周建华、刘卫东、詹学银颁奖。

【第27期中法公证法律专题讲座在南昌举行】 5月14日至15日，第27期中法公证法律专题讲座在南昌举行。专题讲座由江西省司法厅、上海市司法局共同主办。9位法国专家为江西省140余名公证人员和公证管理人员详细介绍法国公证人的身份、作用、监督、惩戒、职业道德、培训、税收、资金存放等业务及相关法律制度，并进行了现场互动交流。

【《金牌调解》栏目组首次开展外采活动】 5月28日至29日，江西卫视《金牌调解》栏目组在吉安市开展首次外采活动，吉安市司法局机关干部、13个县(市、区)司法局分管人民调解工作的副局长、基层科(股)长和司法所长共100余人参加。活动期间，召开了民间矛盾纠纷调解经验交流会，举办了《金牌调解》节目选题座谈会，组织了《金牌调解》团队观众见面会。

【启动全省第二届刑释解教人员巡回报告会】 10月15日，以“新生与回报”为主题的全省第二届刑释解教人员巡回报告会在南昌启动。由10名回归人员组成的报告团，分赴全省13个监所开展为期4天的事迹报告会。省委常委、省委政法委书记周萌出席启动仪式，并给报告团成员颁发荣誉证书。

【出台《江西省法律援助条例》】 12月1日，《江西省法律援助条例》经江西省第十二届人民代表大会常务委员会第七次会议审议通过，于2014年1月1日起施行。《条例》共6章42条，包括制定依据、法律援助范围、法律援助申请和审查、法律援助实施、受援人和法律援助人员的权利义务、法律责任等内容。工伤事故请求赔偿、遭受家暴维护权益等情形均可申请法律援助。

(胡大德)

本栏编辑　詹跃华

港澳台事务

港澳事务

【概　况】 2013年，全省港澳部门发挥职能优势，主动开展工作，充分发挥港澳政协委员优势，广泛联系港澳地区各界人士，不断加强联谊交流，扎实推进赣港澳三地合作，为全省经济社会发展服务。

继续为三地经贸文化交流牵线搭桥。6月5日，2013年赣港经贸合作活动在香港启动，这是江西省第12年赴港举办经贸合作活动，活动名称由“江西（香港）招商引资活动周”调整为“2013赣港经贸合作活动”。此次活动在以往历届招商引资活动的基础上，向商贸、金融、技术及人才合作等领域拓展。全省签约重大项目117个，增长30%；签约金额96.6亿美元，增长5.2%，创历年新高。

4月，江西省派出代表团赴澳门，参加由澳门缅华互助会主办的第十八届澳门缅华泼水节。活动期间，澳门缅华互助会和鹰潭市政府共同主办了“江西龙虎山旅游图片展”，推介江西龙虎山景区。泼水节活动既广泛联系了归国华侨及东南亚群众，也为内地、澳门和东南亚族群搭建了商贸平台，促进彼此间的沟通与合作。

继续发动港澳同胞积极捐赠。美国欣欣教育基金会捐赠资金1.7万美元，用于欣欣小学增添教学设备及建操场，培训英语电脑教师3名；香港乐善行基金会捐赠35万元，用于兴建瑞金市九堡镇珠斗小学；晨光基金会会长徐惠诚继续捐赠40万元，其中20万元用于资助南昌大学和江西师大各50名贫困大学生，20万元为赣州会昌县兴建小学教学楼。

【2013年赣港经贸合作活动在香港举行】 6月5日至7日，2013年赣港经贸合作活动在香港举行。经贸合作活动主要由赣港金融合作发展推进会、江西省重点出口产品（香港）推介会、赣港技术及人才合作推进会、江西（香港）旅游系列推介活动构成，省政府、香港特区政府和香港中联办领导参加了开幕式。此活动共签约招商引资重大项目117个，项目资金96.6亿美元。

【世界江西同乡会首届年会在香港举行】 6月7日，世界江西同乡会首届年会在香港举行。会议主题为“增进感情、交流合作”，来自世界各地13个国家与地区的17名江西同乡会侨领及嘉宾参会，会议进行了决议和交流。江西省政协副主席、世界江西同乡联谊会荣誉会长刘礼祖代表省政协到会致辞。

（金颖）

台湾事务

【概　况】 2013年，全省台办系统围绕巩固深化两岸关系和平发展的主要任务，努力深化赣台合作与交流，各项对台工作取得新成绩。

赣台经贸合作成效显著。全年新注册台资企业98家，增长11.36%；实际引进台资7.58亿美元。其中，投资1000万美元以上的注册项目38个，实际进资超1000万美元的项目17个。全年对台经济工作举措务实，创造了“吉安经验”和“上高工作法”。争取中央台办的支持，为赣南等原中央苏区振兴增添力量。积极帮扶台资企业，建立重点台资企业服务责任制，在全省台资企业中选择20家作为省台办重点联系服务对象，分别确定一名处级干部联系服务，各市、县台办也建立了相应的重点企业服务制度，使全省台办系统服务台资企业工作制度化、网络化。狠抓工作落实，建立“赣台会”签约项目跟踪落实制度，每一个签约项目落实一名省台办处级干部作为跟踪监督落实人；建立赴台招商项目洽谈情况报告制度，要求所有赴台招商团组归后上报项目洽谈落实情况；建立台资企业座谈会制度，每年至少举行一次台资企业座谈会。

对台联络交流继续推进。举办了第六届海峡两岸客家高峰论坛、江西在台乡亲故乡参访活动和第三届赣台（吉安）基层农会交流活动、台湾少数民族江西文化之旅、第二届赣台城市社区交流活动、第五届两岸青年学生中华传统文化（吉安）研习营、江西在台新娘回乡行、海峡两岸民办大学人力资源管理策略研究论坛、赣台（九江）医疗卫生交流活动、美丽中国·秀美江西——赣台（九江）书画交流活动等重点对台交流活动。指导省直有关单位举办两岸青年学生科技交流、赣台法学论坛等活动。6月，中央台办批复同意在鹰潭市设立江西省第一个“海峡两岸交流基地”。赣台结对子有较大进展，全年有11对赣台基层乡镇、社区、协会、学校、医院签订对口交流合作协议，使赣台基层结对子达33对。先后接待中国国民党荣誉主席吴伯雄、海基会董事长林中森等一批台湾人士和团组。严格审批管理，进一步提高赴台交流质量。赴台旅游持续热络，人数达3.2万人次。

宣传调研工作得到加强。促成《江南都市报》与台湾《旺报》合作每周出一期《江南都市报·台北版》，开创江西报纸直接“落户”台湾的先河。在高雄市《港都新闻网》开辟“江西传真”频道，实现“赣台心桥网”在岛内的直接链接。出版《赣台佛缘互动互融》图书，摄制《来自台湾的爱心使者》和《回家》电视专题片。邀请台湾新闻主播卢秀芳加盟江西卫视《妈妈来了》综艺节目，担任嘉宾评委，用新闻播报方式混搭综艺选秀，开创了赣台新闻交流的新模式。完成国台办委托课题《联姻结对是开展做台湾基层社会工作的有效途径》。编印《创特色争一流——省、市、县、区台办主任在中台办培训学习心得体会文章汇编》等资料。编辑出版《江西对台工作》7期、《江西对台工作简报》12期。

涉台服务扎实有效。深入践行党的群众路线，结合实际工作扎实开展“送政策、送法律、送服务、送温暖”活动。编印《中共十八大精神及有关涉台政策资料选编》《江西省支持台资企业发展政策措施选编》和一套涉台法律服务丛书，在走访、调研、座谈时送到台企台商和台胞台属手中。省台办领导分别带队走访台企台商和台胞台属，了解企业的发展现状，总结各地涉台服务的好经验、好做法，帮助协调解决生产生活中的困难和问题。积极做好涉台投诉协调和突发事件应急处理工作。全省台办系统受理涉台投诉案71件，办结67件，办结率94.3%；共接待台胞台属来信来访435批570余人次。着力推动解决台商白素英企业搬迁补偿案和台胞伍瑛投资购房案等涉台投诉积案，维护台商台胞合法权益。充分发挥对台经贸文化领导小组的作用，协调相关部门为全省台资企业排忧解难。建立涉台法律服务长效机制，在省台办设立投诉协调处、建立赣台法律服务室的基础上，着手设立各市涉台法律服务室，聘请专职或兼职法律顾问提供法律咨询服务。

【第十一届赣台经贸文化合作交流大会和第六届海峡两岸客家高峰论坛在赣州举行】 8月12日至15日，第十一届赣台经贸文化合作交流大会和第六届海峡两岸客家高峰论坛在赣州市举行。全国政协副主席、台盟中央主席林文漪，全国人大常委会原副委员长许嘉璐，江西省委书记强卫、省长鹿心社，中台办、国台办主任张志军等出席大会。中国国民党荣誉主席吴伯雄、台湾中华海峡两岸客家文经交流协会理事长饶颖奇、全国台企联会长郭山辉、东元集团会长黄茂雄、台湾工商建研会理事长雷祖纲等岛内政要和百大集团、上市公司、六大工商团体负责人等800多位台湾嘉宾莅会。大会举行了开幕式、签约仪式、专题产业推介会、高峰论坛、《两岸客家情》文艺演出等30场活动，签约项目75个，金额39.4亿美元，同比增长42.35%，其中投资额在1亿美元以上项目9个。

【2013年海峡媒体峰会在井冈山举行】 10月16日，以“携手合作，共筑梦想”为主题，以“深入探讨两岸媒体如何融合中华文化，实现互惠互通，强化合作共赢，实现美好梦想”为主旨的2013年海峡媒体峰会在井冈山举行。来自台湾16家主流媒体的负责人和记者，大陆15家中央和省级媒体的负责人，以及江西省内部分媒体代表出席峰会，深入探讨两岸媒体交流合作的新途径，以及加强两岸媒体影响力的新思路。会议通过了《海峡媒体井冈山峰会共同建议书》。

（黄忠）

本栏编辑 詹跃华

10月16日，2013年海峡媒体峰会在井冈山举行。

杨继红摄

外 事 侨 务

外事工作

【概　况】　全省外事系统加强外事归口管理，涵养外事资源，深化对外实质性交流，积极扩大对外宣传，着力打造外事系统特色文化，进一步推动全省外事工作科学、协调、可持续发展。

加强外事管理，提升服务效能。结合江西实际，出台了《江西省关于进一步改进作风、加强因公出国（境）管理工作的暂行规定》《关于进一步规范国家工作人员因公临时出国的实施意见》《关于进一步加强因公临时出国（境）经费预算管理的通知》，从计划管理、审核审批、信息公开、经费管理等方面，进一步对因公出国提出全面具体的要求，对出访团组的国别天数、限量管理、双跨团组等做出更为严格的规定，进一步规范了全省公务人员特别是党政领导干部的出访行为。积极推介APEC商务旅行卡，承办了外交部APEC商务旅行卡工作座谈会，积极为企业“走出去”服务，全年受理80家企业207人次申请办理APEC商务旅行卡，办妥103张。

严控出访批次，优化人员结构。严格按照“控制总量、突出重点、保压结合、服务发展”的原则，控制因公出国（境）总量，在出访人员的结构、出访任务的类型等方面更为合理，经济活动占据主导地位。全省因公出国（境）团组964批3630人次（含赴香港参加2013赣港经贸合作活动721人次），同比分别减少33.1%和32.4%。其中，厅级干部出访409人次，减少22%；党政干部出访1632人次，减少34%。全年劝退因公出国（境）团组54批199人次，核减团组境外时间257天，核减团组人数90人次。

推动高层互访，打开交往窗口。全省外事侨务系统接待外宾及海外侨胞446批3166人次。其中，外宾208批1825人次，华侨华人238批1341人次。接待中联部安排的副部以上党宾团共4批89人次。重要团组有省长鹿心社访欧、省政协主席黄跃金访问东南亚、副省长谢茹访问柬埔寨，匈牙利曾普伦州州长罗兰·孟伊率代表团访赣、南非自由州省省长马加苏乐访赣、赤道几内亚海岸省省长恩里克·梅西·阿巴卡·恩苏卡访赣。高层互访，推动了江西省与国外地方政府合作、民间友好交流以及招商引资等领域的合作。

拓展友城交往，增强友城互信。全年报批1对友城（景德镇市与意大利法恩扎市），获批3对友城（鹰潭市与乌克兰伊久姆市、景德镇与意大利法恩扎市、上饶市与南非德拉肯斯汀市）。全省友城数量总数达79对，其中省级友城18对，设区市及县级市友城61对。友城数量列全国第13位。九江市和美国路易维尔市获全国友协颁发的青年交流奖。

深化领事管理，完善领保服务。进一步加强外国驻华使领馆工作归口管理，贯彻落实《关于与外国驻华使领馆交往的若干规定》，共接待外国驻华使领馆官员到访13批42人次。举办“2013总领事江西行——走进九江”活动，向墨西哥、西班牙、新加坡、韩国、美国、法国、瑞士、以色列8个国家的总领事，推介九江市在新能源和高新技术产业上取得的新成就，全面展示江西良好的投资环境。妥善处理发生在省内的涉外事（案）件22起，涉及12个国家和地区的人员；处理江西省公民境外领事保护事件17起。在新余和景德镇两地举办海外安全形势和领事保护系列讲座活动。

规范涉外宣传，协调管理外国记者。8月14日，省委宣传部、省委外宣办、省广电局、省新闻出版局、省互联网信息办与省外侨办联合出台了《关于进一步加强涉外新闻宣传工作的实施细则》，从明确总体原则、规范采编工作、完善管理机制、加强队伍建设等方面对全省涉外新闻宣传工作进行了进一步规范。对外国记者的协调、接待和管理有序进行，全年接待外国记者9批81人次。在处理外媒采访新余市刘萍案事件中，及时争取上级部委的支持与指导，坚持靠前指挥、严控布防、协作配合、内外有别，做到既不影响外国记者的正常采访，又尽可能地防止和减少负面报道与传播。

【2013年中联部“理解与合作”对话活动在江西举行】　7月24日至27日，由中联部中国国际交流协会、中国和平发展基金会主办的2013年“理解与合作”对话活动在江西举行。对话活动的主题是“对话促理解，合作求共赢”。来自亚非欧美国家的政要、非政府组织负责人以及国内相关部门的官员、民间组织负责人约100人与会，就中外开展经贸、文化和地方政府领域的交流与合作等进行交流。活动期间，省委书记强卫在南昌会见了到赣出席“理解与合作”对话活动的部分重要外宾，就推动江西与各国开展更深层次的交流与合作进行探讨。十一届全国政协副主席、中国国际交流协会副会长王志珍，省长鹿心社，中联部

副部长、中国国际交流协会常务副会长李进军出席活动。

【**开展江西省与日本岐阜县结好25周年系列活动**】 8月,江西省友好代表团一行19人访问岐阜县,出席江西省与岐阜县结好25周年庆典,会见岐阜县知事、议长,与岐阜县知事、议长及岐阜县各界人士共同植树,并在岐阜县举办江西省图片展、小学生书法作品展、书画交流表演及二胡音乐表演,与岐阜县各阶层进行友好交流。11月6日,江西省在南昌举办江西省与日本岐阜县结好25周年庆典活动,邀请岐阜县友好代表团一行56人访问江西,出席岐阜县图片展、纪念植树、农业花卉研讨会及小学生绘画作品展。

(金颖)

华侨事务

【**概　况**】 2013年,全省侨务工作以科学发展观为指导,坚持"以人为本,为侨服务"的宗旨,涵养侨务资源,发挥侨界优势,围绕中心,服务侨胞,开拓创新,努力奋进,为江西经济建设和社会事业发展服务。

拓展社区侨务,集中宣传侨法。经国侨办批准,江西省新增全国社区侨务工作明星社区1个,全国社区侨务工作示范单位2个。全省共有全国社区侨务工作明星社区2个、全国社区侨务工作示范单位5个。采取多种形式,集中开展"侨法宣传月"活动。南昌市外侨办举办侨法知识竞赛;景德镇市外侨办利用短信互动平台,向全市广大群众发布侨法宣传信息。为进一步加大侨法宣传力度,全省新增侨法宣传角12个,总数达33个,分布在11个设区市和上高敖山华侨农场。

发挥侨务优势,落实侨务捐赠。努力争取各方支持,不断拓展公益事业,全年侨务捐赠资金达324万元,为全省社会福利事业做出积极贡献。美国"欣欣教育基金会"捐助宜春市奉新县、南昌市进贤县、九江市共青城6所欣欣小学10万元。

加大海外文宣力度,弘扬中华传统文化。继续向柬埔寨、印度尼西亚、泰国和菲律宾等国家输送优秀华文教师。4月13日至27日,在斐济苏瓦举办"中华文化大乐园"活动,组织华文教师赴海外传播中华文化,带领斐济华裔青少年乐享中华文化。8月2日至16日,开展2013年海外华裔青少年"中国寻根之旅"夏令营——绿色赣鄱行活动,共有45名来自西班牙、德国、美国的华裔青少年,参加了在北京、赣州举行的夏令营活动。10月22日,在马来西亚举办"2013——中国文化海外行"活动,增进了学员们对中华文化的认知,促进了中马两国人民之间相互了解和交流。

此外,全省侨企、侨情摸底普查工作全部完成,全省引进侨资项目5603个,侨资企业4677户,投资总额503.59亿美元,实际引进侨资251.7亿美元。南昌、九江、鹰潭、赣州、宜春、上饶、吉安等市通过开展"侨爱工程——送温暖医疗队"免费义诊活动,共为3500名归侨侨眷及群众提供医疗服务,帮助归侨侨眷和贫困百姓解决实际困难,提高广大群众健康意识,营造良好的爱侨护侨氛围。

【**开展"知侨情、暖侨心、解侨困"主题年活动**】 2013年,全省侨务系统开展了"知侨情、暖侨心、解侨困"主题年活动,活动涵盖"侨情普查""侨资企业普查""侨法宣传月""侨资企业维权""侨爱工程——送温暖医疗队""关爱工程——归侨侨眷子女夏令营""社区侨务工作""和谐侨场创建""召开世界江西同乡联谊会年会""侨资企业西部行""海外华裔青少年寻根之旅夏令营""组织华文教师参加中华文化大乐园活动"等12项子活动。主题年活动启动仪式在南昌市举行,省委常委、统战部部长蔡晓明,省政府副省长谢茹,省政协副主席刘礼祖及南昌市、省"四侨"相关领导出席了仪式。

【**出台《江西省贯彻〈华侨回国定居办理工作规定〉实施办法》**】 9月,出台《江西省贯彻〈华侨回国定居办理工作规定〉实施办法》,下发至县级外侨办和县级公安局,对全省华侨回国定居做出了政策规定、实施细则和相关规定,便侨利侨、规范有序,拟于2014年年底全面启动实施华侨回国定居审批办理工作。

【**全国华侨农场改革发展工作交流会在南昌召开**】 11月5日,全国华侨农场改革发展工作交流会在南昌召开,七省(区)侨办主任和侨政处长及部分华侨农场党政领导共80多人参加会议。国侨办副主任任启亮出席并讲话,副省长谢茹代表省政府出席会议。国土资源部、文化部相关司处长作了政策解读和辅导讲座。全国84个华侨农场共评选出10个和谐侨场、50名英模人物,8家单位作了典型发言。江西省敖山华侨农场被评为"全国和谐华侨农场",并在会上做经验介绍,4名侨场工作者被评为"全国华侨农场建功立业英模人物"。全体代表还参观了共青城创业基地,学习农垦系统成功发展壮大的经验。

(金颖)

本栏编辑　詹跃华

国家区域发展战略

鄱阳湖生态经济区建设

【概　况】　2013年，鄱阳湖生态经济区建设取得显著成效。生产总值、财政总收入、固定资产投资和实际利用外资分别为8452.6亿元、1236.6亿元、6954.5亿元和42.4亿美元，占全省的比重分别为59%、52.5%、55.9%和56.2%。区内十大战略性新兴产业实现增加值1306.1亿元，占全省的62.9%；高新技术产业规模以上工业企业达728户，实现增加值671.2亿元，占全省的53.4%。区内三次产业结构由上年的8.3∶58.0∶33.7调整为8.2∶56.1∶35.6。

【推进昌九一体化】　陆续出台规划方案。编制并发布通信、金融服务和昌九大道建设等3个专项方案。《昌九一体化发展规划（审议稿）》已提交省鄱阳湖生态经济区建设（昌九一体化发展）领导小组第二次会议审议，6个专项规划和其他专项方案正抓紧编制。加速推进先行工程。昌九大道九江段已完成项目立项、可研报告和土地预审，项目融资和征地拆迁等前期工作加紧推进，南昌段连接市区的部分路段已开工建设。昌九高速全线“四改八”项目申请报告上报国家发改委。通信同城化进展顺利，昌九移动电话资费同城将于2014年4月1日起正式实施，7月1日将实施固定电话资费同城。金融同城化稳步推进，启动昌九小额贷款公司经营区域同城化试点。有序推进一批重大事项。南昌市、九江市政府签署了昌九战略合作协议，两市22个对口部门启动25个方面的一体化工作。昌九实现两地双向就医，南昌至永修公交开通运行，户籍管理一体化和大气污染联防联控等工作有序启动。

【共青先导区建设进展顺利】　编制出台共青先导区建设总体方案及任务分工，经省政府同意后印发实施，明确了目标任务，落实了责任单位。省发改委、省工信委、省商务厅、省水利厅等11个部门到实地调研、主动对接。共青城市依据总体方案抓紧编制先导区规划，同时先行启动基础设施建设，南湖新区“四横四纵”路网基本形成。为创新投融资平台，共青城市创建了私募基金创新园区，吸引143支私募基金落户，并成立南湖新区投资公司和鄱阳湖生态投资有限公司。

【南昌临空经济区建设开局良好】　南昌临空经济区发展规划经省政府批复印发。按照“边规划、边推进、边招商”的思路，临空经济区交通能源基础设施、10万平方米标准厂房建设和征地拆迁工作全面启动，中国北车集团、欧菲光、莱宝高科等企业正在洽谈入驻，引进战略投资者的工作也在积极推进。

【发展壮大板块经济】　南昌核心增长极发展势头强劲。江铃30万辆整车项目全面投产，南昌高新区主营业务收入突破千亿元，汽车、食品与生物医药、新材料等产业加快发展。九江沿江开放开发深入推进。沿江地区实施亿元以上重大产业项目128个，总投资1330.7亿元，石化、钢铁、新材料和新能源产业集群不断发展壮大。其他区域中心城市加快发展。景德镇市列入《全国老工业基地调整改造规划（2013—2022年）》，陶溪川国际陶瓷文化产业园争取到全国非遗保护试点；新余市成为国家“智慧城市”、全国水生态文明试点城市、国家节能减排财政政策综合示范城市、国家城市矿产示范基地和国家资源枯竭城市转型示范建设城市；鹰潭铜产业循环经济基地获批国家城市矿产示范基地，江铜集团跻身世界500强；抚州依托向莆铁路积极筹建铁路口岸作业区，推动与莆田合作建立湄洲湾专属港区。县域经济板块活力增强。丰城、樟树、高安积极创建产业转型升级示范区，中药饮片、LED照明等重大产业项目建成投产。鄱阳、余干、万年3县加快建设优质农产品种养加工基地，成立国家级农业产业化龙头企业1户、省级农业产业化龙头企业近40户。

【加强生态环保工作】　2013年，鄱阳湖生态经济区先后建成工业园区污水处理厂12个，城镇生活污水管网611.3千米，建成沼气工程227处，生活垃圾无害化处理率72.6%，鄱阳湖水质稳定在Ⅲ类以上。新增省级湿地公园5个、森林公园7个。新增国家级生态乡镇27个、省级生态乡镇17个、省级生态村29个。新增省级循环化改造试点园区6个、省级循环经济试点单位4家、国家循环经济示范城市创建地区1个。

【加快建设基础设施】　高速公路方面，九江长江二桥建成通车，昌樟高速扩建、昌九高速扩建通远试验段加快推进，南昌至上栗、南昌至宁都高速公路开工建设。铁路方面，向莆铁路建成投运，武九客专、九景衢铁路开工建设，昌吉赣客专获国家批复立项。水利方面，峡江水利枢纽两台机组并网发电，浯溪口水利枢纽大坝主体工程开工建设，全国首个生态灌区廖坊灌区一期工程已经通水，二期工程正在推进，“五河”及鄱阳湖区47座重点圩堤应急防渗处理工程、668座病险水库除险加固任务已全部完成。能源方面，抚州电厂开工建设，神华九江电厂获国家“路条”，环鄱阳湖风电场装机容量达到30万千瓦，环鄱阳湖500千伏和220千伏电网骨干网建设顺利推进，特高压传输网工程前期工作有序开展。

【实施省部合作】 2013年，国务院国资委、科技部、国土资源部、海关总署、中国科学院、中国工程院、清华大学、北京大学、北京师大等部委、科研院所和高校先后与江西省签署合作协议或开展新一轮战略合作。同时，新一轮央企入赣工程深入实施，中国中铁、北汽集团、中国联通、中国航天科工集团、中国进出口银行、泰康人寿等央企和金融机构与江西省签署战略合作协议。央企入赣投资合作洽谈会取得丰硕成果，81户央企共签约项目93个，签约金额2214亿元。

【完善鄱阳湖生态经济区建设政策体系】 围绕加快推进战略实施，研究制定《深入推进鄱阳湖生态经济区建设方案》，提出“884”计划，即推进八大工程，巩固提升生态优势；壮大八大板块，发展环境友好型产业；建设四大平台，引领带动区域升级。围绕推进昌九一体化，研究制定《推进昌九一体化工作方案》，明确“一年见初效、三年见势、五年见成效”的目标任务，提出“1+6”规划体系，即昌九一体化总体规划和综合交通、城镇体系、土地利用、工业产业、南昌先导区和共青先导区6个专项规划。围绕重点工作出台《关于赋予南昌市更大经济社会管理权限的意见》《鄱阳湖生态经济区共青先导区建设总体方案》《落实省政府进一步推进九江沿江开放开发的若干意见工作任务分工》等一系列政策文件。

【不断加大协调力度】 加强重点工作调度，组织召开省直部门联席会议3次，专题协调会议15次，重点调度推进昌九一体化、南昌临空经济区和共青先导区建设。积极帮助市县协调解决工作中遇到的重大问题，务实解决各类问题106个，涉及政策方面28个，包括赋予南昌市更大经济社会管理权限、昌九通信和金融同城化等。涉及项目方面78个，包括南昌航空城北区项目、九江城西港区铁路专用线等。完善定期调度机制。坚持每季度调度鄱阳湖生态经济区建设推进情况，特别是重点调度打造南昌核心增长极、推进九江沿江开放开发的重大项目实施进展情况。

【省直部门加大支持力度】 组织协调省直有关部门和有关市县积极争取国家支持。2013年，共争取国家资金247.8亿元，其中铁路和公路等交通建设20.4亿元、城市建设40.7亿元、农业基本建设41.6亿元、卫生事业30.4亿元。有效整合省级自有资金加大投入。省直有关部门统筹安排省级资金84.7亿元，其中铁路和公路等交通建设13.3亿元、城市建设11.7亿元、卫生事业18.4亿元。

（廖述江　徐波）

赣南等原中央苏区振兴发展

【概　况】 2013年，省苏区办牵头会同赣南等原中央苏区有关市县和省直有关部门认真贯彻落实《国务院关于支持赣南等原中央苏区振兴发展的若干意见》，加快推进民生工程、对口支援、央企入赣等重点任务，加快推进交通、能源等重大基础设施项目建设，进一步发展壮大特色产业，着力推进各项扶持政策落实到位，区域内主要经济指标均高于全省平均水平，赣南等原中央苏区振兴发展工作迈上新台阶。

着力抓好民生工程，群众生产生活条件明显改善。2013年，改造农村危旧土坯房21万户，解决129万农村居民和28万农村在校师生安全饮水问题，改造农村公路8350千米、国省道502千米，解决7.1万户山区居民不通电、35.1万户长期“低电压”、10.9万户农村居民看电视难问题。实施300个养老设施、社区服务等方面的项目，52个医疗卫生设施项目。瑞金、南康、石城列入国家“特岗计划”实施范围，提高赣州市义务教育生均公用经费、新型农村合作医疗等20项民生类项目补助标准。赣州市3.79万烈士子女、1.5万名年满60周岁的农村籍退役士兵享受国家定期生活补助，新增城市农村低保对象4.2万人。

加大资金统筹力度，各项投入大幅增加。争取中央预算内投资76.35亿元，批准发行企业债券54亿元。争取产业扶持资金38.26亿元、义务教育薄弱学校改造资金13.1亿元、基层医疗卫生机构建设资金3.65亿元、生态环保资金2.64亿元，彩票公益金5.31亿元，水利资金48亿元。省财政安排赣州、吉安、抚州等原中央苏区地方政府性债券资金8亿元；安排支持赣南等原中央苏区、特困片区发展资金5.3亿元；省民政厅安排城乡低保、医疗救助等民政资金71.6亿元。

加快建设重大产业平台，特色优势产业后劲增强。龙南、瑞金经济技术开发区获批升格为国家级，赣州综合保税区、赣南承接产业转移示范区获批复。中国（赣州）稀土产学研合作创新示范基地、国家脐橙工程技术研究中心、国家离子型稀土资源高效开发利用工程技术研究中心、国家家具产品质量监督检验中心（南康）、抚州久富生物医药创业投资中心、宜黄县国家级杂交水稻种子生产基地等获批准。龙南发光材料及稀土应用高新技术产业化基地被认定为国家高新技术产业化基地。一批重大产业项目平台开工建设。赣州综合物流园区、中国汽车零部件（赣州）产业基地、赣州北斗产业园、万安金泰源高精密度电子电路板产业园、中建材南方水泥二期工程（抚州）、鹰潭白鹤湖国家现代农业示范区等开工建设。

【大力推进基础设施建设】 铁路建设方面，向莆铁路投入运营，赣韶铁路、赣龙铁路扩能等进展顺利，昌吉赣客专获批复立项，鹰梅铁路、赣井铁路前期工作抓紧推进。高速公路建设方面，抚吉高速、赣崇高速、大广高速公路龙杨段全面建成，南昌到宁都高速公路加快推进，兴国到赣县、宁都到龙川高速公路加快启动。机场建设方面，赣州黄金机场扩建工程总体规划调整已通过评审，机坪扩建工程已开工建设。井冈山机场扩建基本完成可研编制，抚州机场、瑞金通勤机场前期工作启动。能源建设方面，井冈山水电站项目可研评审完成，赣州南500千伏等12个输变电工程投入运营，赣州东（红都）500千伏变电站已核准，抚州至赣州东（红都）500千伏线路工程已完成项目可研评审。西气东输三线赣州段、樟树—吉安—赣州成品油管道工程管道已基本铺设完成，26个110千伏及以上输变电工程以及省天然气二期管网工程开工建设。赣州上犹县、定南县国家绿色能源示范县实施方案获批准。水利工程建设方面，章江大型灌区续建配套、赣州和吉安城市防洪、五河治理等重点工程加快推进。

【全面启动中央国家机关对口支援工作】 中宣部等46个国家机关及单位到受援县开展实地调研，其中国家烟草专卖局等9个部委出台具体的对口支援工作实施意见或工作方案，并启动一批援建项目。中组部组织中央国家机关63名干部到受援地挂职。在推动央企帮扶方面，国务院国资委组织有关中央企业积极开展央企帮扶活动，并与省政府共同举办央企入赣投资合作洽谈会，组织81家央企到赣签约项目93个、总投资2214亿元。

【加快落实国家扶持政策】 23个国家部委出台振兴发展的文件，国家层面政策支持性文件总数45个。赣州执行西部大开发169项优惠政策有139项落实到位，其中国家发改委、卫生部、教育部明确取消中央公益性项目县及县以下配套资金，提高中央投资补助标准。财政部会同有关部门落实赣州享受西部地区进口设备和企业所得税优惠政策，国土资源部同意赣州、吉安、抚州开展低丘缓坡荒滩等未利用地开发利用、工矿废弃地复垦利用、城乡建设用地增减挂钩三项试点，并将2013年赣州市农村危旧土坯房改造项目纳入全国保障性住房用地范畴。财政部、工业和信息化部、国土资源部批复同意赣州市开展稀土开发利用综合试点；国家旅游局、国务院扶贫办批复设立赣州、吉安国家旅游扶贫试验区；国家电网公司落实了取消赣州输变电工程项目地方财政贴息；南康撤市设区获国务院批准。

【启动实施一批试点示范工作】 积极开展先行先试，试点示范工程进展顺利，包括2个国家级（赣县、吉安县）、25个省级现代农业示范区建设，赣州、吉安国家农产品现代流通综合试点，瑞金、上犹国家生态文明示范工程试点，赣州、吉安5个县国家木材战略储备基地试点，赣州国家低碳城市、物流企业营业税差额纳税试点和赣州经济技术开发区国家循环化改造试点。申报一批国家级环境保护重大试点工作，包括赣州陡水湖、吉安万安水库湖泊生态环境试点和赣州部分地区重金属污染防治重点示范区。加快推进包括东江源流域等在内的国家生态补偿试点，赣州、抚州国家现代物流技术应用和共同配送综合试点，“三南”和吉泰加工贸易承接示范，赣州市低碳农业示范工程。

【编制振兴发展规划方案】 完成省委、省政府贯彻落实《若干意见》的实施意见中确定的12项规划和方案编制任务。印发《深入推进赣南等原中央苏区振兴发展实施方案》，同时，30个省直部门和有关单位出台31个贯彻落实文件。配合国家发改委编制完成《赣闽粤原中央苏区振兴发展规划》《赣南承接产业转移示范区规划》，并获国家发改委批复；瑞兴于经济振兴试验区规划、吉泰走廊区域发展规划已上报国家发改委。

【加强苏区振兴工作组织领导和协调】 争取启动支持赣南等原中央苏区振兴发展部际联席会议制度，召开第一次会议，协调推进11个重大事项。成立由省委主要领导担任组长、分管省领导任副组长的工作领导小组，组织召开第一次领导小组会议，协调推进44个重大事项。省委常委会专题听取赣南苏区振兴发展情况汇报，协调推进41个具体事项。年内，省苏区办先后召开专题调度会15次，落实省委常委会、领导小组会确定的158个重大事项。各省直有关部门均明确了分管领导和责任处室，建立了本系统推进工作机制。明确有关设区市、县（市、区）党政主要负责人为苏区振兴工作的第一责任人。

（陈巍　欧阳雯霞）

罗霄山片区区域发展与扶贫攻坚

【概　况】 2013年，在国家把连片特困地区作为新时期扶贫攻坚主战场的政策支持下，江西省进一步加强组织领导，不断创新扶贫攻坚机制，大力实施罗霄山片区区域发展与扶贫攻坚，全面推进扶贫开发工作。

年内，省市县发改委争取罗霄山片区中央预算内投资24.12亿元，其中农村产业和基础设施9.83亿元、城镇保障性住房及基础设施4.29亿元、交通水利能源等基础设施4.51亿元、教育卫生等社会事业3.16亿元、节能减排和环境保护等2.33亿元。省级财政统筹用于罗霄山片区专项扶贫资金7.08亿元，占全省专项扶贫资金总量的36.6%，为扶贫资金支持范围的重中之重。江西省罗霄山片区农民年人均收入5797元，比上年增长23.1%。增速高于全省农民人均收入增幅10.9个百分点，县公共财政预算总收入高于全省平均水平，国内生产总值、固定资产投资总额等指标也呈现快速增长的态势。

【完善扶贫攻坚协调机制】 2月，由民政部牵头在江西省赣州市召开第一次罗霄山片区区域发展与扶贫攻坚工作会议，会上成立罗霄山片区部际协调小组并制定《罗霄山片区区域发展与扶贫攻坚部际联席会议制度》，建立沟通协调片区重要事项、研究解决片区重大问题的有效工作平台。省委、省政府稳步推进新一轮扶贫攻坚“四个一”组合式扶贫举措，积极整合中央投资补助、地方政府投入、市场融资、业主自筹、农户自筹、社会捐赠等多方资金投入渠道联动，强化社会扶贫、行业扶贫、产业扶贫，集中解决突出贫困问题,提高资金使用效率,整合多方资源联动,夯实大扶贫格局。

【编制印发《江西省罗霄山片区区域发展与扶贫攻坚实施规划(2011—2015年)》】 12月,省扶贫移民办、省发改委共同牵头编制印发《江西省罗霄山片区区域发展与扶贫攻坚实施规划(2011—2015年)》,按照"区域发展带动扶贫开发,扶贫开发促进区域发展"的基本思路,明确了江西省罗霄山片区区域发展与扶贫攻坚的总体要求、空间布局、重点任务和政策措施,是江西省实施罗霄山片区区域发展和扶贫攻坚的重要指导性文件。

【实施中央国家机关对口支援工作】 2013年,国务院办公厅印发《中央国家机关及有关单位对口支援赣南等原中央苏区实施方案》,明确安排27个中央国家机关及有关单位对口赣县、上犹县、安远县、宁都县、于都县、兴国县、会昌县、寻乌县、石城县、瑞金市、南康市、章贡区、万安县、乐安县等14个罗霄山片区县实施支援,加大人才技术支援,加强业务指导与支持,支持中央企业开展帮扶活动,整合各种资源,加大对受援地支持力度,合力破解制约受援地经济社会发展的重大难题。

【大力实施整村推进和危房改造】 按新农村建设要求推进贫困村扶贫开发,扶持单位由行政村向自然村下沉,推动贫困村整村推进(村庄整治)建设与新农村建设相结合,支持罗霄山片区"十二五"规划重点贫困村与新农村建设相结合,扎实推进片区内1504个贫困村的整村推进工作,实施并完成1255个省级村点和657个市县自建村点的新农村建设。全年全省下达农村危旧土坯房改造计划指标13.5万户,支持罗霄山片区6.17万户,危房改造补助资金8.13亿,其中国家资金5.04亿元,村庄生态环境面貌改观。

【支持扶贫优势主导产业发展】 印发《江西省集中连片特殊困难地区产业扶贫规划(2011—2015年)》《罗霄山连片地区和原中央苏区产业扶贫资金项目实施办法》,明确提出产业扶贫资金主要用于与贫困农户脱贫增收有直接关系的项目,确保产业扶贫资金真正扶贫扶弱。2013年,省财政安排罗霄山片区每个县1000万元产业专项扶贫资金,集中用于支持扶贫主导产业加快发展,培育各具特色的扶贫主柱产业体系,拓展贫困群众稳定增收渠道,带动贫困地区增收致富。

【支持移民搬迁扶贫】 省财政安排专项扶贫资金8313.7万元,对罗霄山片区中深山区库区贫困群众实施移民搬迁,从根本上解决条件恶劣地区群众生存发展问题。启动于都、遂川等县扶贫移民搬迁进城镇、进园区试点工程,积极探索搬迁移民扶贫进城镇进园区模式。

【改革贫困劳动力转移培训方式】 在兴国、瑞金、于都、宁都、万安、遂川、乐安、莲花等县(市)开展"雨露计划"实施方式改革试点,对贫困农户"两后生"(初、高中毕业后未能继续升学、未实现就业的青年群体)接受职业教育的,扶贫资金给予补助,加大力度支持职业技术培训,帮助贫困和移民劳动力增强转移就业增收技能。

【教育、农业、卫生等部门开展专项规划和扶持】 教育部门深入推进学前教育三年行动计划,罗霄山片区增加学前教育学位约10万个。争取中央和省级各级部门资金用于农村学前教育推进及校舍改造项目,建设乡镇、农村幼儿园共计66.8万平方米。2012—2013年,争取中央财政资金1.44亿元,全部用于罗霄山片区17个县实施普通高中改造计划,共改造维修普通高中校舍10万平方米、体育场地5.4万平方米。完善从幼儿园到研究生等各级各类教育家庭经济困难学生的资助政策体系,全年共资助罗霄山片区学生14.89万人,教师1096人,资助金额1.84亿元。继续做好江西省罗霄山片区的学生营养改善计划实施工作,在中央支持下,全年营养膳食补助使3783所学校约91万名农村义务教育学生受益。年内,省林业厅共安排林业建设资金7.9亿元,省农业厅落实农业项目资金12.8亿元,省卫生计生委完成卫生计生建设项目投资2.17亿元,用于扶持片区林业、农业、卫生行业专项扶持发展。科技部门依托星火计划积极开展行业扶贫工作,大力推进罗霄山片区高附加值优势特色产业发展,加快科技成果转化,加强先进适用技术推广。民政部门进一步提高最低生活保障标准,2013年罗霄山片区10.6万城市低保对象低保标准提高到每人每月400元,比上年增长14.3%;月人均补差240元,增长9.1%;32.6万农村低保对象低保标准提高到每人每月200元,增长17.6%;月人均补差125元,增长19.1%。

【加强基础设施建设】 2013年,以实施《罗霄山片区区域发展与扶贫攻坚规划》为抓手,加强片区基础设施建设,不断完善公共服务设施。加快推进罗霄山片区高速公路建设,建成井冈山(厦坪)至睦村高速公路,加快推进寻乌至全南高速公路建设,新开工建设南昌至宁都高速公路。推进普通国省道改造建设,争取交通部4.6亿元资金用于罗霄山片区普通国省道改造建设,省交通部门安排约1.12亿元资金用于罗霄山片区普通国省道大中修工程。推进农村公路建设,完成片区县道升级改造建设445.5千米,县通自然村水泥路及村内道路建设2975千米。推进片区水运建设,建成石虎塘航电枢纽工程。推进公路运输场站及候车亭等项目建设,开工建设赣州开发区综合物流园、井冈山公路客运枢纽等项目,完善修建大批公共服务设施,促进了农村基本生活条件改善。

(喻学锋 王炜)

本栏编辑 邓玉兰

农　业

综　述

2013年，全省各地及各级农业部门围绕“粮食增产、农业增效、农民增收、乡村秀美”的目标，克服经济下行压力加大、农产品价格波动加剧和灾害性天气频发等多重风险和挑战，保持农业经济稳中快进的良好发展态势。粮食生产实现历史首个“十连丰”，总产量211.6亿千克，新增3.1亿千克。农业增加值实现“十连增”，达1636.5亿元，增长4.6%。农民收入实现“十连快”，达8781元，增长12.2%，农业各项工作完成既定目标任务。

*粮食等主要农产品全面增长。*粮食总产再创历史新高，达211.6亿千克。油料总产119.7万吨，同比增长2.2%。“菜篮子”产品稳定增长，肉类总产344.5万吨，增长3.2%，其中供沪生猪、供港生猪分别居全国第一、二位。禽蛋产量56.9万吨，增长0.8%；鲜奶产量12.7万吨，与上年基本持平；水果总产量达410万吨，增长10.7%；蔬菜产量1257.6万吨，增长3.7%；茶叶产量4.3万吨，增长11.5%；水产品产量242.6万吨，增长2.4%。家禽生产快速恢复，生产能力超上年同期水平。农业优势产业向优势区域集聚度提高，农业基础设施条件明显改善，农业园区化进程和休闲农业发展加快。

*农村改革全面推进。*农业规模经营快速发展，全省家庭承包经营耕地流转面积43.33万公顷，增长14%，流转比例达20.5%。全省发展种养专业大户3.64万户，其中种粮大户（集中连片6.67公顷以上）1.32万户、经济作物种植大户（集中连片6.67公顷以上）5783户、生猪规模养殖场户（年出栏500头以上）1.28万户、家禽规模养殖专业场户（存栏1万只以上）966户、水产养殖户（精养池塘面积3.33公顷以上）3621户。新型经营主体快速增长，全省农民合作社2.69万个，增长40.8%；成员46.3万户，增长120%；注册登记家庭农场6000户，经营耕地面积2.45万公顷；农业产业化省级以上龙头企业774户，其中国家重点龙头企业40户、年销售收入过亿元的龙头企业370户；全省认定新型职业农民2000人。农业社会化服务体系快速形成，在全国首创“综合建站”模式，公益性农技服务网络基本形成。经营性农业社会化服务由自发的起步阶段向有序的壮大阶段转变，全省各类经营性社会化服务组织7万个、成员65万人。

*产业升级全面加快。*生产向标准化转变。主要农产品质量安全水平稳步提升，未发生一起重大农产品质量安全事件和重大动物疫情。全省“三品一标”（无公害农产品、绿色食品、有机食品、农产品地理标志）农产品总数达2100个，新增413个。经营向产业化转变。农业产业化龙头企业不断做大做强，774户省级以上龙头企业实现销售收入2146.1亿元，增长12.9%；规模以上农产品加工企业3175户，增长5.8%，实现销售收入2907.1亿元，增长25.3%。主要农产品加工率达50.4%。省农业产业化龙头企业担保有限责任公司增资扩股取得进展，在保企业85户，在保余额6.37亿元。支撑向科技化转变。全省农业科技进步贡献率54%，主要农作物良种覆盖率96%，水稻耕种收综合机械化水平达61.6%，基本实现粮食高产创建、测土配方施肥等关键技术全覆盖。“12316”信息平台、视频会议系统、农产品电子商务等农业信息化稳步推进。农业向市场化转变。唱响“生态鄱阳湖、绿色农产品”品牌，大力开拓农产品市场，在上海、深圳、南宁、武汉等地举办多种形式的农产品展销会。全省农产品出口10亿美元，增长31.6%，争取省级以上农业项目资金107.2亿元，农业招商实际引资145.5亿元，均创历史新高。

*农业部门自身建设全面加强。*开展以大宣讲、大调研、大试点、大服务为主要内容的“改革创新服务年”活动，持续深化“十百千万”（厅领导联系11个设区市、百名处长挂百县、千名领导干部帮千企、万名农技人员下基层）活动，转变干部作风，推动农业发展。全面完成鄱阳湖水利枢纽工程有关渔业专题的深化研究工作，为鄱阳湖水利枢纽工程立项创造条件。农业综合执法标准化建设稳步推进，农业依法行政工作迈出新步伐。省农业厅获省部级奖项12项，创历年之最。

（省农业厅编辑室）

种植业

【概　况】　2013年，全省粮食生产克服早春持续的低温阴雨、历史罕见的伏秋连旱、病虫害的偏重发生等不利因素影响，继续保持稳定增长态势。全省粮食种植面积370.9万公顷，增加1.5万公顷；粮食总产211.6亿千克，增加3.13亿千克。油料作物播种总面积75.6万公顷,增加1.3万公顷,增长1.78%;油料单产1683千克/公顷,增加39.15千克/公顷,增长2.38%;油料总产126.54万吨,增加5.1万吨,增长4.2%。全年经济作物播种面积(不含油料)129.1万公顷,增加3.9万公顷,产值达430亿元,增长7.5%。其中,蔬菜播种面积56.37万公顷,产量1257.6万吨,增长3.7%;果园面积40.7万公顷,增长3.5%,总产441.3万吨,增长19.2%。赣南脐橙种植面积居世界首位、产量居世界第三位;茶园面积7.3万公顷,增长11.6%,产量4.3万吨,增长11.5%。

建设棉花高产创建万亩示范片10个,示范面积1.24万公顷,涉及农户3.36万户。通过抓密植早发、配方施肥、科学灌溉等一系列技术措施,项目区有效抵御6—8月历史罕见的持续高温干旱天气,实现平均皮棉单产1858.5千克/公顷。推广棉花轻简化栽培示范2667余公顷,取得省工、省种、省地、省力,种子成苗率高、移栽成活率高、棉苗抗逆能力高,产量增加、效益增加的"四省、三高、两增"成效。

粮食直补、农资综合补贴资金共计41.3亿元全部拨付到户;积极落实国家粮食最低收购价政策,早籼稻最低收购价提高至2.64元/千克,提高0.24元;中晚籼稻最低收购价2.7元/千克,提高0.2元。完善农机购置补贴方式,全年完成农机购置补贴资金5.2亿元。

【强化粮食生产科技支撑】　针对种植密度偏稀,大力推广"多用一斤种、增收百斤粮"综合技术,水稻栽插密度由1.2万~1.5万蔸提高到当前的1.7万~2.1万蔸。针对品种增产潜能偏低,加大水稻新品种展示和超级稻示范推广力度,2013年水稻新品种展示县县覆盖,展示品种160多个,示范推广超级稻应用面积7.43万公顷。针对土壤酸化偏重问题和不当施肥习惯,创新开展"一斤石灰一斤粮"增产行动,示范面积3.41公顷;深入推进水稻测土配方施肥技术,推广应用面积431.6公顷,实现全覆盖。针对病虫高发重发,积极争取中央和地方财政专业防治经费8100万元,大力推进标准化专业防治示范行动,统防统治服务面积超过50万公顷,增长15.0%。针对粮食生产瓶颈环节,创新开展粮食增产模式攻关,不断突破双季稻机插技术瓶颈,提高粮食生产全程机械化水平,水稻机械化综合水平首次突破60%。

【建设园艺作物标准化基地】　深入推进"菜篮子"产品生产扶持项目和财政支持现代农业生产发展项目,突出抓好园艺作物标准化基地建设,全年建设标准化基地1.76万公顷。"菜篮子"产品生产扶持项目中,共创建园艺作物标准园35个,其中蔬菜标准园27个、柑橘标准园6个、茶叶标准园生态茶园2个;共建成标准化基地3193公顷,其中蔬菜标准化基地1940公顷、柑橘标准化基地1093公顷、茶叶标准化基地160公顷。财政支持现代农业生产发展项目中,共创建蔬菜标准化基地3020公顷,新开发标准茶园3333.3公顷,提升柑橘标准化生态示范园8000公顷,新建柑橘采后商品化处理生产线15条,贮藏能力19万吨。通过项目建设,项目区内蔬菜、水果、茶叶产品的合格率均高于全省园艺作物平均水平,单产水平增长25%以上,种植效益提高30%以上,成本降低20%以上,产品市场竞争力、防灾减灾能力大幅提升。全省有经作类无公害农产品603个、绿色食品65个、有机食品79个,获得农产品地理标志农产品34个。

(省农业厅编辑室)

茶产业

【概　况】　2013年,全省茶产业围绕做大规模、做深加工、做强品牌、做优服务的发展思路,突出抓好标准茶园建设、质量安全监管、品牌整合宣传、龙头企业培育等各项工作,克服低温阴雨、伏秋干旱、销售降温等多重因素影响,呈现出"规模扩大、品质提升、市场拓展、效益增加"的形势。全省茶园面积7.33万公顷,增长11.98%。其中采摘茶园面积5.27万公顷,增长5.61%。干毛茶总产量达4.20万吨,增长8.53%。茶叶产值约50亿元,增加5亿元。

茶产业发展政策环境进一步趋好。5月17日,省政府在修水县召开全省加快茶叶产业发展工作会。会议要求省茶产区和各有关部门以振兴江西茶业、弘扬赣茶文化为己任,加大品牌和产业整合力度,注重科技创新和经营模式创新,把茶产业打造成全省现代农业支柱性产业。2013年省级财政继续给予2000万元资金的扶持,用于支持全省新扩建3300公顷标准茶园建设。

产业布局进一步优化。全省有赣东北、赣西北、赣中、赣南四大茶叶主产区,其中赣东北茶区主要集中在婺源、浮梁、上饶县,面积比重84.1%,产量比重89.9%;赣西北茶区主要集中在修水、铜鼓、靖安县,面积比重86.4%,产量比重93.8%;赣南茶区主要集中在上犹、崇义、宁都县,面积比重78.8%,产量比重83.1%,赣中茶区则主要集中在以遂川、井冈山和以资溪、金溪、贵溪为核心的两块,面积比重91.7%,产量比重97.7%。在这些优势产区,"公司+合作社+茶农"的生产、加工、销售合作模式快速推广,茶企正朝着规模大、技术新、效益好的方向快速发展,茶产业优势集群效应进一步显现。

产业化经营蓬勃发展。全省注册茶叶企业722户,其中国家级龙头企业3户、省级龙头企业40户,销售收入过亿的企业5户。市级以上龙头企业实现销售收入近30亿元。茶叶合作社从无到有,至年底注册487个,合作社茶农突破24万户。全省茶饮料、茶多酚、茶色素等茶产品深加工不断延伸,茶产品效益不断提高。

【开拓茶叶市场】　2013年,全省茶叶专业交易市场、茶青交易市场总数达14个。其中南昌茶叶交易市场已成为江西茶叶在省内的市场营销旗舰和精品名茶展销平台,以江南茶仓衍生的电子商务、金融服务平台也在积极探索中。首次开展"江西省十大名茶"评比活动,并组织获得"江西省十大名茶"称号的企业抱团,先后参加西安和沈阳国际茶业茶艺博览会及江西省首届深圳名优农产品展示展销会,提高"江西省十大名茶"品牌市场知名度和市场占有率。

(省农业厅编辑室)

林 业

【概 况】 2013年,全省林业部门大力开展森林资源培育和保护,继续深化林权制度配套改革,全面推进国有林场改革,加快发展生态富民产业,不断提高林业发展保障水平。

林业产业均衡发展。7—8月,江西省持续干旱,全省78个县(市)林业受灾严重,受灾面积12.13万公顷,受灾损失33.8亿元。全省各地克服自然灾害造成的危害,实现林业总产值2025.02亿元,增长24.39%。其中,第一产业751.59亿元,增长9.1%;第二产业816.58亿元,增长45.8%;第三产业456.85亿元,增长20.5%。三大产业产值比重由上年的42:34:23,调整为37:40:23。

全省完成造林面积16.91万公顷。10月30日,省政府出台《关于加快竹产业发展的意见》,设立竹类特色产业项目扶持资金5000万元,并首次实行项目竞争立项制。11月18日,国家林业局批复崇义县"全国森林经营样板基地建设方案(2013~2018)"。全省营造林项目资金普惠广大林农、企业和大户,2012—2013年度森林抚育补贴项目创造12.1万个就业机会,增加劳务收入4.8亿元,人均劳务收入3967元。

全年完成油茶林新造3.76万公顷、低改3.51万公顷,高产油茶林总面积突破20万公顷。油茶鲜果产量190多万吨,生产茶油10.3万吨,实现油茶产业总产值121.31亿元。全省有初榨和精炼能力的规模油茶加工企业37户,年产能超万吨的油茶加工企业9户,超5000吨的企业12户。11户油茶加工企业获江西省著名商标,11户企业获进出口权。江西春源、青龙高科等企业开发出油茶化妆和保健用品。国家林业局确定宜春市和赣州市为全国油茶产业发展示范市。全省认定24户企业为"江西省油茶产业重点企业"、37个油茶基地为"江西省油茶示范基地"、34户育苗户为油茶定点育苗单位。全省批复实施富硒山茶油股份有限公司等8个"五位一体"的油茶产业科技园建设,每个补助项目建设经费200万~800万元。丰城"御润坊"列入省政府重大项目调度名单。进贤县"高氏"冷榨专利转让、生产线安装全部到位。"高亚油酸油茶良种繁育与园艺化栽培技术示范""江西省都昌县油茶标准化示范区建设"新项目申报获国家林业局批准。《油茶树整形修剪技术规程》《低产油茶林改造技术规程》经省质量监督局批准发布执行。

全省实现苗木花卉产业综合产值240亿元。年内,省林业厅出台《江西省保障性苗圃管理暂行办法(试行)》《关于进一步简化和规范苗木花卉流通环节办证和手续的通知》,加快推进林木良种苗木的繁育和推广,提高林业重点工程苗木供应能力,保障苗木质量,提高良种使用率,为苗木花卉企业松绑减负。省政府出台《关于加强林木种苗工作的意见》,提出建立林木种子贮备制度和林木良种补贴制度,实施国家级和省级重点林木良种基地建设、省保障性苗圃基础设施建设、省级种子贮备库建设,落实林木良种补贴等专项资金4000万元。全省持有林木种子生产经营许可证企业7147户,专业育苗户2000余户,采收种子149.10吨。实施国家种苗工程项目建设,建成种质资源库5个、林木良种基地40个、林木采种基地22个,省级种苗示范基地、省林木育种中心、省良种繁育中心各1个。确定国家级、省级重点林木良种基地各10处,实施国家良种补贴项目和省级良种繁育与推广项目。首次确定省级保障性苗圃34个,每个安排20万~30万元,用于基础设施设备建设。全年新增苗木花卉基地1.73万公顷,增长25%;苗木花卉基地总面积突破8.33万公顷,增长24.89%。

全年生产商品木材324.06万立方米、大径竹1.37亿根、小杂竹14.89万吨,生产木竹加工产品3861.76万立方米、林产化工产品38.70万吨、各类经济林产品585.33万吨。全年新增木材加工企业12户,总数达4745户,年耗木材687.35万立方米、竹材1.50亿根。省林业厅调整《江西省凭证运输木材名录》,胶合板等24项木材运输不再办理木材运输证,4000多户企业(经营户)受益。

全省有省级林业龙头企业258户,其中总资产超亿元的57户,年销售收入超亿元的56户。30户企业获发明或实用新型专利,20户企业获省级以上科技成果奖,5户企业进入上市辅导前的准备阶段。江西春源"得尔乐"等7户企业产品商标获"中国驰名商标",江西九木堂的"九木堂"等167户企业产品商标获"江西省著名商标",蓝天木业的实木床等31户林业企业产品获"江西省名牌产品"。7户企业的9种产品在第十届中国林产品交易会上获金奖6个、银奖3个;2户企业的8种产品在第六届义乌国际森博会上获金奖2个、银奖3个、优秀奖3个。江西南丰振宇实业集团有限公司等6户企业和奉新县委书记张家良等5人被授予2012—2013年度"中国林业产业突出贡献奖"。飞宇竹业集团有限公司、绿洲人造板有限公司被列为2013年国家林业标准化示范企业。都昌县周溪镇民间艺人张立新创作的竹雕"中华五千年"成功申报吉尼斯世界纪录。南康家具博览会升格为国家级重点林业展会,成为江西木竹加工业发展的新亮点。

2013年,江西省被列为全国林下经济发展试点省。全省林下经济总产值154.24亿元,增长1.71倍。武宁县列入首批国家林下经济示范基地。乐安县采用"公司+基地+农户"的模式,引导山区农民发展林下经济,绿色农产品销售量4万余吨,实现产值3.2亿元,带动3.5万户林农致富。

全省有野生动植物企业1548户,其中野生动物驯养繁殖企业580户、野生动物经营利用企业490户、野生植物经营利用企业478户。全年实现陆生野生动物繁育与利用产值8.2亿元。依法办理野生动植物行政许可424起,其中野生动物行政许可202起,涉及利用企业57个;野生植物行政许可222起,涉及樟树、香榧、桂花等重点保护植物7021株,涉及工程建设项目37个。国家林业局正式批复实施鄱阳湖引进麋鹿项目。江西萍乡衍龙生态王蛇有限公司、万安县野猪豪猪养殖合作社启动森林认证生产经营性珍贵濒危野生动物饲养管理试点工作,建立野生动物驯养繁育可持续发展模式。

全年森林旅游与休闲产业收入321.15亿元,增长29.93%,直接带动相关产业产值1526.75亿元;接待游客5437.69万人次,增长25.22%,其中境外游客690万人次。全省森林公园年度投入资金16亿元,增长50%。森林公园完成人工造林3351公顷、改造林相7883公顷。宜春明月山、宜丰省级森林公园、崇义县阳岭、赣州陡水湖、弋阳县龟峰、婺源县鸳鸯湖、庐山三叠泉7个森林公园入选2013年"中国最具网络人气最美森林旅游景区";宜春明月山被评为"中国最具影响力森林公园"。省林业厅与北京锦绣嘉华国际文化有限责任公司、江西独好文化传媒有限公司联合推出"江西风景独好·森林旅游"年票,将全省55处森林公园和湿地公园旅游景点整体打包,向全国发行10万册。

继续深化林改工作。省林业厅成立挂点帮扶工作组,完成长水村林业发展总体规划制订等10项帮扶措施,打造长水村林改品牌。全年全省累计开展林权交易777项,成交面积3.57万公顷,成交金额10.28亿元。26个县全面实现林权交易信息披露、交易报价、资金结算、规则制度和监督管理"五统一",40个县(市、区)实现信息披露和交易报价的统一。启动浮梁、贵溪等8个县(市)林权管理服务中心建设试点工作,遂川、信丰等56个县级林权交易中心转变为林权管理服务中心。发展林产品网上销售电子商务,启动林业商城招商工作,引进2000余户企业入驻商城,6000余个林业产品上线销售,实现销售额0.34亿元。全省有林业专业合作社2129个,入社农户28.6万户。创建新建县绿源井冈油茶专业合作社等50户农民林业专业合作社省级示范社。

全省开展林权抵押贷款业务17.98亿元。南北联合林业产权交易股份有限公司分别与交通银行等4家银行签订战略合作协议,新获业务授信96亿元,使金融机构林权抵押贷款业务授信累计达216亿元。兑现2012年度林权抵押贷款贴息补助资金1370余万元;新增林权抵押贷款贴息补助资金961万元,对3000余户林业龙头企业、国有林场、造林大户、林农的林权抵押贷款给予贴息。全面推行林木综合自然灾害保险,全省在保森林面积866.67万公顷,参保率94.2%,形成森林保险的"南昌模式"和"宁都模式"。全省累计获得中央财政森林保险补贴4.37亿元。全年调处山林权属争议504起,调处争议面积1500公顷。

国有林场改革。8月,国家发改委、国家林业局正式批复《江西国有林场改革试点方案》。赣州、宜春等9个设区市改革实施意见出台,寻乌、星子等92个县(市、区)改革方案上报省国有林场改革领导小组。袁州、湖口等61个县(市、区)基本完成人员分流安置工作,累计分流安置职工3.42万人。全省林场职工参加基本养老保险8.5万人,参保率87.4%;参加基本医疗保险9.1万人,参保率93.8%;96.4%的场办学校和82.3%的医疗单位移交地方。国家新安排1.40万户国有林场危旧房改造建设任务全面开工,落实中央和省级资金2.1亿元,全年竣工1.5万户(含2012年续建项目在内)。

林业科技创新与推广。省林业厅印发《关于加快林业科技创新 推动生态文明示范省建设的决定》,召开全省林业科技大会,制定《江西省林业科技发展规划(2013—2020)》,表彰省林科院农林生物技术应用研究所等25个林业科技工作先进集体和中国林科院亚林中心钟秋平等51名林业科技工作先进个人。争取中央财政科技推广项目20项和国家林业局、省公益性行业科研专项等项目13项,合计经费2500多万元。完成中央财政林业科技推广2012年度项目绩效评价工作。开展以"油茶科技入基层,指导林农促增产"为主题的"2013年全省油茶科技服务活动"。省林业厅出台《油茶产业科技园建设项目绩效评价办法》,赣县"宝葫芦"等8个在建油茶科技园实施进展顺利,石城"红土地"、于都"绿中源"2个油茶科技园完成前期调研和总体规划编制。全省实施油茶标准化示范区项目8个。

积极筹建国家林业局经济林产品质量检测检验中心(南昌)。国家林业局同意支持建设九连山和庐山2个生态定位站。"桩景茶花培育技术规程"等9个省级地方标准计划获省质监局批准。编印《江西省适用林业技术成果汇编》《江西省林业地方标准汇编》,编写《江西省林业行政执法手册》。《江西省林业行政处罚自由裁量权适用规则》《江西省林业行政处罚自由裁量权参照执行标准》重新修订印发。

启动森林食品基地认定工作,出台《江西省森林食品基地认定办法(试行)》,明确森林食品基地认定的原则、程序和审核监督措施。完成靖安县首个南方集体林区森林认证试点任务并获认证证书。开展林业转基因安全状况调查,掌握全省林业转基因发展总体情况。

林业资金投入。全年林业实际完成投资82.02亿元,增长7.9%。生态建设与保护完成投资35.18亿元,增长4.98%;林业支撑与保障完成投资7.67亿元,增长12.96%;林业产业发展完成投资14.86亿元,增长13.44%;林业民生工程完成投资6.71亿元,增长32.09%。全年林业固定资产实际完成4亿元,增长33.78%。实施林业利用外资项目17个,协议利用外资561万美元,实际利用外资1138万美元。全年落实中央和省级林业建设资金40.1亿元。落实国有林场危旧房改造中央配套基础设施建设资金1.7亿元,省级资金1.4亿元。下达中央和省级财政公益林补偿资金8.9亿元,其中新增补偿资金1.02亿元。森林防火项目中央基建投资4933万元,增长10%。森林病虫害防治项目中央投资1100万元,增长10%。国家林业局安排江西农业综合开发项目资金3560万元,增长23%。落实省财政竹产业发展专项资金5000万元。全省林业规费收入9.85亿元,增长29%,其中森林植被恢复费征收6.86亿元,增长50%;育林基金征收2.99亿元,减少2.2%。

省林业有害生物控制技术实训基地被评为国家林业局高等职业教育示范性实训基地。江西环境工程职业学院联合120多个单位组建江西林业职业教育集团,获全省"2010—2013年度就业工作先进集体"称号。吉安市被国家林业局批准为首批全国林业信息化示范市,安福、遂川、靖安县被批准为首批全国林业信息化示范县。省林业厅被评为"全国林业信息化建设十佳单位",省林业厅网站获"2013年全国林业网站绩效评估信息发布领先奖"。江西省在2012年度全国森林防火综合考核中再次获第一名,实现

"五连冠"。

【江西省森林公安局获全国森林公安工作考评第一名】 6月27日,全国森林公安机关2012年度综合考评结果揭晓,江西省森林公安局获第一名,实现"六连冠"。江西森林公安机关在全国率先理顺管理体制,在解决执法、保障不畅等历史遗留问题的基础上,全面开展园林式派出所、规范化派出所创建活动,新建、改建森林公安派出所267个,占派出所总数的95%,获全国"三基"建设第一名。率先出台《江西省森林公安机关效能现场督察记分及处罚办法(试行)》,实现"3000民警无大的违纪违法、上千警车无大的违规使用、400多局所无大的效能投诉"的"三无"佳绩,首创的"32条铁规铁纪"从严治警经验在全国推广。建成全国第一个独立的森林公安案件检测鉴定中心,录入信息2000多万条。拉开信息化建设攻坚战,全面实现网上办公、办案,成为全国森林公安信息化示范建设单位。开展"绿色旋风"行动、打击非法侵占林地、保护鄱阳湖候鸟行动、"两清理一禁止"专项整治、打击野生动物及其制品网络犯罪等战役,查处各类案件2万多起,追究刑事责任超千人,挽回直接经济损失过亿元。

【建成首个竹木企业集装箱国检区】 10月14日,江西省首个竹木产品企业集装箱国检监管区在位于宜丰县的江西康替龙竹业有限公司建成并运行。集装箱进入厂区后,检验检疫部门通过远程"遥控"就地检疫消毒、封柜,形成出口竹木产品仓储、集装箱检疫消毒、监装、直通放行等一体化口岸放行模式。实现竹木产品出口检验放行"零距离"和出口竹木从公司到国外客户的"门对门"运输,以及竹木出口时间的可控,增强公司订单生产、货物出运的计划性,缩短物流周期,降低企业成本。国检区建成后,该公司的竹木产品出口与原在上海港口报关出口相比,每个集装箱报关出口费用降低5000余元,全年可降低成本1000多万元;原需3—7天的报关报检,可1天完成。

【竹雕"中华龙"成功申报吉尼斯世界纪录】 6月22日,吉尼斯世界纪录中国认证官到都昌县对该县周溪镇张家垅村民间艺人张立新的竹雕"中华五千年"进行现场认证,宣布竹雕"中华五千年"申报吉尼斯世界纪录成功,并现场颁发吉尼斯世界纪录荣誉证书。竹雕"中华五千年"又名"中华龙",系张立新耗时1240天创作而成,采用天然毛竹雕刻,没有胶接和拼装,纯属手工镂空艺术,造型独特、巧妙。作品以天然竹兜做龙头,竹根做龙须,竹梢做龙尾,竹身56节象征中国56个民族,长度13.46米象征中国13亿多人口。从开天辟地盘古至孙中山共有288位历史人物跃然其上。

(省林业厅)

畜牧业

【概 况】 2013年,全省各级畜牧兽医部门围绕"保供给、保安全、保生态"的发展目标,加快转变畜牧业发展方式,坚持走"规模化、标准化、生态化、品牌化"发展道路,大力推进标准化规模养殖和产业化经营,强化动物疫病防控和畜产品质量安全监管,有力促进全省畜牧业持续稳定发展。全省生产肉类344.5万吨,增长3.2%;禽蛋56.9万吨,增长0.9%;鲜奶12.7万吨,与上年持平。生猪出栏3230.3万头,增长3.2%;存栏1967.6万头,增长2.9%;能繁母猪存栏205.2万头,增长3%。家禽出栏4.45亿只,增长2.9%。牛出栏146.3万头,增长1.7%。羊出栏90.3万只,增长1.8%。兔出栏366.6万只,增长6.2%。奶牛存栏3.54万头,下降0.8%。养蜂箱数46.1万箱,增长10.6%;蜂蜜产量14.4万吨,增长11.6%。全省畜牧业产值796.4亿元,按可比价计算,增长3%,占农业总产值比重31%。

标准化规模养殖。全省畜禽规模养殖场户24万个,生猪和家禽规模养殖比重分别达87%和78%,名列全国前茅。年出栏500头以上的生猪规模养殖场1.3万个,出栏比重63%,其中万头猪场310个。存栏万只以上家禽规模养殖场户890个。畜禽清洁生产和标准化示范创建稳步推进,完成粪污治理改造养殖场新增700户,累计达4300户。新增畜禽标准化示范场101个,其中部级示范场11个、省级示范场39个、市级示范场51个。全省标准化示范场总数达408个。

动物疫病防控。开展春秋两季动物防疫集中行动和防疫督导检查,免疫消毒、疫病净化、疫病监测、检疫监督、病死动物无害化处理等防控措施得到较好落实。高致病性禽流感、高致病性猪蓝耳病、猪瘟、口蹄疫免疫抗体水平继续保持较高水平,平均合格率在92%以上。全省动物疫情形势总体平稳,全年未发生一起重大动物疫情。仔猪腹泻等常规疫病发病率和死亡率下降明显,疫情总体稳定。

畜产品质量安全监管。创新推行官方兽医监督巡查制度,强化饲料和兽药生产、经营、使用环节质量监管,落实畜产品质量安全主体责任和监管责任。全省养殖、屠宰环节"瘦肉精"抽检合格率100%,饲料产品抽检合格率96%,畜产品兽药残留抽检合格率99%以上,生鲜乳"三聚氰胺"抽检合格率保持100%,未发生一起重大畜产品质量安全事件。畜产品"三品一标"工作稳步推进,畜产品质量水平不断提高,全省无公害、绿色、有机畜产品290个,增长4%,地理标志产品12个。

产业化经营。畜产品加工水平显著提升,特别是生猪屠宰加工量增长20%以上,畜产品加工产值450亿元,增长28.6%。新增省级龙头企业38户,省级以上畜牧龙头企业170户。新增畜牧业专业合作社1870个,总数达7550个,社员总数达10万户,增长18%。饲料兽药工业保持较快增长。全省工业饲料产量680万吨,增长11.7%;饲料工业产值240亿元,增长13.2%。兽药工业产值16亿元,增长14.3%。

【畜产品外销实现突破】 继续抓好供沪、供深、供港产销对接的同时,突出抓好供穗等产销区域协作,加大市场开拓力度。东南沿海市场稳定增长,西南市场进一步扩大,畜产品外销实现新突破。全省生猪外销1300万头,增长8.3%。其中供沪突破200万头,达245万头,增长36%,继续稳居全国第一位;供港41万头,增长

37%,继续稳居全国第二位。畜产品出口突破1亿美元,达1.4亿美元,增长40%,创历史新高。

（省农业厅编辑室）

水产业

【概　况】　2013年,全省渔业部门围绕环境友好、渔业发展、渔民增收、渔区稳定这一目标,大力推进现代渔业建设,全面提高渔业综合效益,提升渔业竞争力,主攻水产品加工业和外向型渔业,不断改善渔业生态环境,渔业综合生产能力进一步增强。突出表现为“一稳定”“二提高”“三突破”。“一稳定”,渔业生产及水产品价格保持稳定。全年产量242.64万吨,增加5.65万吨,增长2.38%;全年水产品综合价格指数为102.5,增长2.5个百分点。“二提高”,水产品质量安全水平大幅提高。全年全省水产品产地抽检合格率达99.38%,提高近2个百分点。支渔投入大幅提高,支渔总投入近4亿元。其中现代渔业资金1.2亿元,增长20%。“三突破”,渔业经济总产值突破800亿元,达806.2亿元,增长12.4%;渔民人均年纯收入突破万元大关,达1.05万元,增长10.5%,提前2年完成十二五规划;水产品出口额突破3.8亿美元,出口量突破1.3万吨,分别增长3.4%和13.6%。

渔业设施建设步伐加快。全省累计投入近3亿元,改扩建苗种繁殖场21户,改造标准化池塘4400公顷,改造健康养殖示范场20户。2013年,全省苗种繁殖量增长5%,达326亿尾。经测算,改造后的池塘亩均产量达1200千克以上,比改造前提高300千克。

渔业产业化集聚升级。全省规模以上水产企业达426户,增加16户,省级以上龙头企业56户,新增6户。全省大力发展渔业专业合作社,新增渔业合作社167户,达587户。在稳定传统特色产品加工的基础上,大力发展以鲢鳙鱼为原料的淡水鱼糜及其系列产品深加工,加工种类增加至12大类,加工总量63.96万吨,占水产品总量的26.4%,增加2个百分点,加工产值178.85亿元,增长10.9%。

【加强健康养殖】　在全国率先启动“测水投料、查菌配药”精准养殖技术试验示范服务,选定试点县,分析养殖水体中数据指标变化,指导生产,实现健康养殖。草鱼出血病无规定疫区试点,新增3个试点县,监测区域达7县、17个监测点。每月90批次的病原检测样品中,合格率达100%。各项规范逐步完善,建立《江西省县级水生动物防疫站建设规范》《现代渔业池塘标准化改造建设规范》《江西省水产品价格采集规范》等22项工作规范。《江西省渔业条例》实施一年以来,全省5个设区市40个县(市、区)相继出台文件,4.29万公顷水面退出集约化养殖,取缔网箱养殖4.68万箱。

【保护渔业资源】　全省投入放流资金2250万元,投放鱼苗近5亿尾,其中棘胸蛙、胭脂鱼、大鲵等珍稀物种9万余尾。渔业资源保护区建设步伐明显加快。农业部新批复江西省昌江刺鲃、赣江源斑鳢、修水源特有鱼类国家级水产种质资源保护区3个,全省此类资源保护区总数达19个。渔业资源和生态保护明显加强。各级渔政部门进一步加强对涉渔(水)工程的监管,积极协助有关部门做好鄱阳湖水利枢纽工程深化论证工作,完成《鄱阳湖水利枢纽工程对湖区渔民生产生活方式影响的调查报告》;强化新干航电枢纽工程、五河防洪工程以及鄱阳湖特大桥工程等大型涉渔(水)工程监督,最大程度减轻涉渔(水)工程对渔业资源和水环境的影响,努力做到既有利于社会经济发展,又保护好渔业生态环境。

（省农业厅编辑室）

农　垦

【概　况】　2013年,全省农垦拥有独立核算单位162个,其中,垦殖场145个,企业集团9个,独立核算的工业企业2户,独立核算的农垦农工商公司6户。垦殖场(企业集团)办工业企业939户、商业企业1883户、建筑企业70户、运输企业264户。拥有土地总面积68.05万公顷,其中耕地面积8.11万公顷,林地面积46.73万公顷,水面面积3.01万公顷,果茶桑园面积1.55万公顷,宜林荒山面积6437.75公顷。年末总人口121.89万人,从业人员29.38万人。年人均纯收入9621元,比上年增加1284元,增长15.40%。

全部门实现生产总值183.53亿元,增长26.04%,连续11年实现两位数增长。其中,第一产业增加值23.71亿元,增长21.06%;第二产业增加值118.24亿元,增长27.74%;第三产业增加值41.58亿元,增长24.22%。完成工农业总产值564.88亿元,增长36.73%。固定资产总投入201.22亿元,增长18.76%。实现利润5.98亿元,增长2.25%。上缴税费22.96亿元,增长42.02%。162个独立核算单位中,盈利115个,盈利面71%,盈利总额6.24亿元;亏损47个,亏损面29%,亏损总额2613万元。

全年实现农业产值48.89亿元,增长10.70%,占工农业总产值的8.66%。其中,种植业产值24.89亿元,占50.91%;林业产值4.09亿元,占8.36%;牧业产值12.90亿元,占26.39%;渔业产值4.29亿元,占8.78%,服务业产值2.72亿元,占5.56%。农作物方面,农作物总播种面积13.63万公顷,增长25.63%。其中,粮豆播种面积10.10万公顷,增长28.43%;油料播种面积1.53万公顷,增长22.12%;棉花播种面积3456公顷,增长5.70%;茶叶种植面积5988公顷,增长1.11%;水果种植面积9309公顷,增长5.27%。粮豆产量68.68万吨,增长27.45%;油料产量3.11万吨,增长17.26%;棉花产量8337吨,减少15.21%;茶叶产量4212吨,减少2.55%;水果产量8.06万吨,增长25.91%。畜牧业方面,大牲畜年末存栏3.9万头,增长27.87%;生猪出栏92.02万头,减少2.52%;牛奶产量1.38万吨,增长3.03%;肉类总产量8.97万吨,增长2.26%。水产业方面,水产品产量4.22万吨,增长7.38%,其中养殖产量3.14万吨,占74%。农产品质量追溯体系建设再创佳绩。经农业部批准,2013年全省农垦农产品质量追溯体系项目建设单位累计达17个、创建单位34个,追溯基地面积4万公顷,位居全国前列。

全年实现工业产值515.98亿元，增长39.85%。轻工业仍是农垦工业的主体，轻工业产值392.23亿元，占工业总产值的76.02%。规模较大的5亿元以上的行业16个，累计完成工业产值482.10亿元，占工业总产值的93.43%。招商引资成效显著。年内全省农垦完成招商引资项目198个，项目总投资252亿元，实际到位资金突破百亿元大关，达103亿元，增长10.8%，涉及汽车、化工、建筑、旅游、电商等众多领域。亿元以上项目共47个，其中5亿元以上项目10个、10亿元以上项目4个，投资上规模、质量上水平已经成为农垦招商引资的鲜明特色。

全年非国有经济经营单位1.27万个，其中，集体经济单位24个，个体经济单位1.03万个，私有经济单位2322个，港澳台经济单位19个。从业人员13.16万人，从业人员总收入23.18亿元，年平均收入1.76万元。实现生产总值91.33亿元，税金2.98亿元。

【打造中国棚改·江西农垦样板】 全省农垦部门打造红桥样板、罗铺样板、五星样板、万埠样板、恒湖样板、云山样板、恒丰样板、梅岭样板、洋峰样板、太平样板、华林山样板、青年样板、红光样板、红亮样板、石花尖样板、黄岗山样板、大茅山样板、鸡冠山样板、刘家站样板等一批颇具影响和特色的新型城镇化样板，一条以深化改革为动力、以危房改造为主体、以土地开发为载体、以改善民生为宗旨的新型城镇化建设路子逐步清晰，人口要素城镇化、经济结构城镇化、空间布局城镇化、公共服务城镇化、生活质量城镇化的新型城镇化建设格局初步形成，城镇化率达到70%。8月27日—30日，新华社派出由9名记者组成的新闻采访团，围绕推进新型城镇化建设、践行"中国梦"的主题，深入江西省农垦开展全方位、多视角、宽领域集中调研采访。9月15日—19日，新华社连续刊发13篇要闻、5组图片和3条视频，全面深入解读新型城镇化建设的"中国棚改·江西农垦样板"。

【35万农垦人圆安居梦】 截至年底，全省农垦累计实施危房改造任务14.47万户，落实国家财政补助资金34.16亿元，撬动各类社会资本270亿元，完成危房改造任务10.57万户，拆除危房面积605.9万平方米，新建住宅面积816.4万平方米，近35万农垦人乔迁新居圆安居梦。7月23日，住建部、国家发改委、财政部、国土资源部、农业部、国家林业局联合召开全国棚户区改造工作电视电话会议，江西省农垦办代表全国农垦作典型发言。

【农垦旅游业提挡升级】 全省农垦旅游产业营业额136亿元，连续两年突破100亿元。旅游产业吸引投资33亿元，连续两年突破30亿元，初步实现由粗放型向集约化发展转变、由数量扩张向素质提升转变、由注重经济功能向积极发挥综合功能转变。经专家评审和专业委员会审定，云山、上十岭、共青、大茅山4家垦殖场被认定为2012年度江西省省级休闲农业示范点。

（赵强）

绿色食品

【概　况】 2013年，全省绿色食品产品480个，有机食品产品445个，拥有全国绿色食品原料标准化生产基地48个，生产基地面积60.8万公顷。

省农业厅下发实施《江西省绿色农业发展规划（2013—2020年）》。突出抓好绿色水稻、绿色生猪、绿色家禽、绿色水果、绿色水产、绿色蔬菜、绿色茶叶、绿色中药八大优势特色产业，进一步优化区域布局，推进绿色农业标准化、规模化生产，提升绿色农产品品牌竞争力。结合有关项目申报和实施，鼓励和引导绿色食品产业发展。在"三品一标"专项监管经费中安排200万元，用于对企业认证检测费用进行补助；把获得"三品"（无公害产品、绿色食品、有机食品）认证作为省级农业产业化龙头企业申报的必备条件，要求相关农产品生产和加工企业的产品必须通过"三品"中的其中一项认证；将"三品一标"认证列为省级农民合作社示范社申报条件之一。年内省财政专门安排"三品一标"奖励资金70万元，对30户"三品一标"企业进行奖励。

加强队伍建设。加大人员培训和注册力度，扩大专业技术队伍，提高能力素质。组织举办3期认证培训班，共培训企业内检员和工作机构检查员1182人次。选派人员参加农业部质量安全中心、中国绿色食品发展中心举办的"三品一标"业务培训，共计8人次。新注册绿色食品标志监管员125人，新注册绿色食品检查员57人、绿色食品高级检查员3人。

【在多个食品专业展会获奖】 组织省内企业参加相关专业展会，打造"生态鄱阳湖、绿色农产品"品牌。5月，组织10户有机企业参加"第七届中国国际有机食品博览会 BioFach China2013"，江西展团获最佳组织奖，江西三清山绿色食品有限责任公司生产的有机葛根粉、青龙高科技股份有限公司生产的有机茶油、江西绿海油脂有限公司生产的有机茶油、新余都康有机农业有限公司生产的有机蔬菜等4户企业的4个产品获博览会金奖。10月，组织14户"三品一标"企业参展"中国绿色食品2013青岛博览会"，获优秀组织奖（组织类最高奖项），10户企业获畅销产品奖，1户企业获优秀商务奖。

（省农业厅编辑室）

花 卉 业

【概　况】 2013年，江西省花卉苗木产业抓住"创建花园城市""建设鄱阳湖生态经济区"等重大发展机遇，呈现出规模扩大、结构优化、科技提升、销售向好的持续健康发展势头。

产业规模迅速扩大。全省花卉苗木种植面积3.1万公顷，比10年前增长近4倍。全年实现花卉销售收入28.1亿元，出口约80万美元。全省花卉苗木企业1034户，花卉苗木种植专业户5.19万户，花卉产业从业人员12.66万人。产业结构明显优化。传统花卉、绿化植物、鲜切花齐头并进。大余金边瑞香、虎舌红盆花基地、井冈山杜鹃和兰花基地等各地传统花卉生产基地相继建成，城市周边的绿化苗木、草坪、盆花等植物生产基地迅速扩大，以月季、菊花、非洲菊、唐菖蒲、百合为主的鲜切花生产，在经济相对发达的中心城市落地生花。科技不断提升，一批名贵优花卉的组织培养繁殖技术研究获得成功，盆花仙客来、蝴蝶兰、大花穗兰、矮化一品红等达到国内先进水平。全省有花卉市场55家，营销公司54户，花卉零售店900余户，遍布全省各个城市和县区。由卓茵公司承建总投资29.8亿元的江南花卉大市场一期工程正在建设之中，花卉市场营销网络初步形成。

【花事活动声色渐起】 在9—10月举办的第八届中国花博会上，江西省室内室外展区设计与布置主题突出，造型优美，向观众展示出“鹤舞鄱湖、秀美江西”的良好生态环境和美丽画卷。室内室外设计与布置均获大会银奖。江西省展品在该届花博会科技成果、出版物及展品评奖中获得奖项48项，其中金奖3项，银奖10项，铜奖21项，优秀奖14项。江西省被大会授予组织奖金奖。

节庆活动缤纷多彩。相继举办茶花节、兰花节、杜鹃花节，普及花卉栽培知识，展现花卉的历史文化魅力，让更多的人懂花、爱花、养花。省蚕桑茶叶研究所凤凰沟一年一度樱花节，成为民众休闲度假、体验春色的好去处。

对外交流日益频繁。11月6日，日本岐阜县园艺特产振兴花卉部会长加藤孝义先生率考察团一行10人来访，双方举办中日花卉产业研讨会，就两省现已开展的合作、取得的成效、未来合作交流方式等方面进行交流与研讨。

（省农业厅编辑室）

农业机械化

【概　况】 2013年，江西省创新农机购置补贴新模式，将实施多年的“差价购机、省级结算”改为“全价购机、直补到卡、县级结算、逐级监督”补贴模式，在全省各县（市、区）启用农机“一站式”服务大厅，将补贴申请、行政审批、牌证管理全部纳入“一站式”服务大厅受理，方便群众办理手续。中央财政安排江西省购机补贴资金7.35亿元，全省补贴各类机具21.72万台（套），其中手扶拖拉机4.45万台、大中型拖拉机2716台、联合收割机1.245万台、水稻插秧机890台、微耕机4.7万台，受益农户20.1万户。

至年底，全省农机总动力2014.13万千瓦，其中柴油发动机占比最大，达78.04%。农业机械原值达177.30亿元。全省拥有拖拉机29.99万台，其中包括大中型拖拉机1.02万台，占3.40%；小型拖拉机为28.97万台，占96.60%。主要粮食作物机具增长较快，尤其是产前机具明显上升。水稻工厂化育秧设备407套，增加80套，增长24.46%，水稻插秧机1.33万台，稻麦联合收获机械4.83万台，谷物烘干机499台。其他经济作物关键环节机具稳步增长，油菜籽收获机1034台、花生收获机2600台、茶叶采摘机1974台、秸秆粉碎还田机1706台，其中花生收获机增加最快，增长53.39%。

全省水稻机械化耕种收综合机械化水平达65%，增加5.5个百分点，其中，水稻机耕303.76万公顷，机械化水平91%；机插31.71万公顷，机械化水平9.5%；机收287.07万公顷，机械化水平达86%，机收率增加较快，增长18个百分点。机械烘干粮食188.19万吨，粮食烘干水平取得较大进展。跨区作业面积25.73万公顷，其中跨区机收水稻16.43万公顷，占63.84%。

全省农机化作业服务组织1.09万个，其中拥有农机原值20万～50万元（含20万元）的891个、拥有农机原值50万元（含50万元）以上的600个。农机专业合作社达529个，增加119个，社员1.33万人，增加3305人。合作社发展不断加快、装备不断优化、能力不断增强、效益不断提高。全年农机化总收入153.66亿元，其中农机化作业收入和农机维修收入分别为137.70亿元和8.39亿元，实现利润66.59亿元。

【农机安全生产形势稳定好转】 全省发生农机事故22起，受伤14人，死亡2人，农机安全生产形势持续稳定好转。共核发联合收割机号牌1.25万副。核发拖拉机号牌4.76万副，其中手扶拖拉机4.48万副、大中型拖拉机2750副、小型方向盘式拖拉机49副。全省新机注册登记率、年检率、持证率达100%。全年共检验大中型拖拉机8011台，手扶拖拉机9.93万台，联合收割机2.25万台，年检率有大突破。创建3个全国“平安农机”示范县，初步形成“政府负责、农机主管、部门协作、社会参与”的长效管理机制，农机安全生产取得明显成效。

（省农业厅编辑室）

农业综合开发

【概　况】 2013年，江西省农业综合开发围绕“夯实现代农业基础，促进农村经济转型升级，推动城乡一体化发展”这一总体目标，在确保国家粮食安全和促进农民增收这个根本任务的基础上，依据《国家新增千亿斤粮食工程规划》，大力推进高标准农田建设，不断改善农业生产条件，努力打造国家粮食生产核心区。以发展现代农业为主攻方向，不断探索农业综合开发新路子，大力推进农业综合开发现代农业园区建设，积极培育农业新型经营主体，逐步提升农业产业化、标准化水平，加强精细化、科学化管理，促进农业增效、农民增收。

农业综合开发项目涉及全省11个设区市的89个开发县（市、区），年内新增资溪县、崇义县、共青城市3个县（市），实现全省所有农业县（市、区）全覆盖。全省农业综合开发共争取国家投资16亿元，其中中央财政投资12亿元（含部门项目1.5亿元），地方配套投资4亿元。改造完成中低产田2.36万公顷，建设高标准农田3.56万公顷，生态综合治理6280公顷。新建和扩建加固水库68座、电灌站164座，衬砌渠道3916.5千米，配套建筑物11.2万座。修筑机耕路1357千米，扶持龙头企业和农民专业合作社360个，建成优质高产水稻基地6万多公顷，赣南脐橙、中药材、油茶、蔬菜、茶叶等优质农产品基地4万多公顷。增加和改善农田灌溉面积5.67万公顷，增加机耕、机收面积3.33万公顷，“单改双”水稻种植面积2万公顷，扩大良种种植面积1.33万公顷。

新增粮食生产能力1亿千克,新增农业总产值50多亿元,为项目区农民实现人均增收400多元。以基地促产业、以产业带基地的建设模式,有力地推动了农业综合生产能力和产业化水平的提高。

推进农业产业发展。全省完成产业化经营项目360个,投入财政资金2.34亿元,带动农民、企业、农民合作社和社会投入农业开发资金5.8亿元。按照"一县一业"的发展战略,通过建基地、扶加工、带农户的方式,全省扶持218个龙头企业和142个农民合作社,帮助其做大做强,做到扶持一个企业、发展一片基地、致富一方百姓、带动一方经济。重点建设绿色安全的农产品基地,建成优质水稻5.33万公顷、绿色标准化果园3.33万公顷、有机蔬菜1.33万公顷。新增项目区为农民提供就业岗位5万个,户均收入增加6000余元,带动15万农民脱贫致富。

积极支持新农村建设,把农业综合开发项目与新农村建设有机结合起来,安排农业综合开发财政资金1.8亿元,扶持全省400个新农村建设点,把土地治理项目的山水田林路治理与新农村建设的村容村貌建设结合起来,把田间机耕路修建与乡村道路结合起来,把田间灌溉等水利设施建设同人畜饮水工程结合起来,把农田防护林建设同"绿色家园"结合起来,以改善农业生产条件促进农民生活条件改善。支持赣南等原中央苏区和特困片区振兴发展。依据《江西省农业综合开发对38个县(市、区)2012—2015年帮扶规划及2013年帮扶计划》以及《农业综合开发扶持南丰县2012—2015年发展规划》,2013年,农业综合开发投入财政资金3.6亿元,改善原中央苏区和特困片区的农业生产条件,扶持农业产业发展。

【强化项目和资金管理】 江西省农业综合开发先后着手对项目评审、验收和考评等13项制度进行补充和完善。在项目评审上,专门组建产业化和土地治理项目专家评审库,入库专家80余人,专业涵盖农、林、水、经济、财务等各个领域。人员组成既有行政事业单位的业务骨干,也有高等院校的学者教授。专家库的组建运行,为规范评审行为,实现项目立项的科学化、合理化提供强大支撑。在农发网站开辟公示栏,将"园龙特"试点竞争立项情况予以公示,实现选项立项过程的公开透明。在检查验收上,打破每年按顺序抽验30%的传统做法,把所有项目县放在一起进行随机抽查,并对上年验收不过关的项目县采取"回头看"的检查验收方式。在考评方式上,更加注重与平时工作、与项目资金安排挂钩,充分发挥奖优罚劣的激励作用。各地普遍加强项目资金的监管,项目公示、招投标、监理、工程审计等制度得到全面推行,检查未发现严重的违规违纪行为,检查结果得到国家农业开发综合办验收组的充分肯定。

(罗华)

科教兴农

【概　况】 2013年,江西省农业科教部门认真贯彻落实中央一号文件和全省农业工作会议精神,紧扣科技引领和农民培训两大重点,农业科教工作取得较好成效,保持持续健康较好发展态势,为粮食增产、农业增效、农民增收提供强有力的人才保证和科技支撑。全省农业科技进步贡献率达54%。

创新活动载体,深入推进"十百千万"科技兴农活动。组织300多名干部组成100个工作组,深入全省各市、县(市、区)的乡镇村组、农户家中,开展农业生产调研,访谈服务农民。万余名农技人员全年活跃在田间地头,举办各类讲座和培训1325场(次),培训指导农民92.32万人次,发放各类农业科技书籍、技术资料75.26万份,赠送种子、化肥、农药等物资价值450.28万元,组织农机展示及机具维修736架(次),为农民解答各类技术难题1512个。

创新推广模式,全面开展定点联系包村联户活动。组织各地农业科研、教学、推广单位与95个农业县对接,建立专家定点联系制度,合力建设农业科技试验示范基地308个。组织9750名基层农技指导员,建立包村联户制度,每名指导员包1~2个村,联系10个农业科技示范户,辐射带动100户周边农户,充分利用村级服务网点,开展技术指导和服务。

创新培训方式,拓展服务领域和内容。2013年全省各地新增农民田间学校35期,实训农民1.2万余人次。为激励和表彰基层农技推广工作,在全省范围内大力开展农技推广"双百创建"活动。以阳光工程项目为抓手,利用冬春等农闲季节,近百万农民得到有效培训,其中阳光工程培训20.62万人。全省按照单位申报、县级初审、设区市审核、省级备案的程序,认定阳光工程培训基地206个,组建具备中级以上职称的阳光工程师资队伍共2213人。在南康、黎川、高安等14个县(市、区)开展新型职业农民培育试点工作,认定近2000名新型职业农民。从环境、制度、政策等层面,积极探索与江西省现代农业产业发展相适应的教育培训、认定管理、政策扶持等互相衔接配套的新型职业农民培育制度体系。

农业科技协同创新。农业科技协同创新实现新突破,省财政设立专项经费扶持产业技术体系建设,正式启动江西省现代农业产业技术体系建设工作。省农业厅、省财政厅联合下发《江西省现代农业产业技术体系建设试点实施方案》和《江西省现代农业产业技术体系首席专家、岗位专家和综合试验推广站站长申报指南》等文件,组织开展首席专家、岗位专家和综合试验推广站站长申报遴选工作。先行启动茶叶、生猪、大宗淡水鱼等产业技术体系建设试点,建立3个产业技术研发中心、12个综合试验推广站。

【加强科研项目申报与管理】 2013年,省农业厅加强各级科研项目的申报与跟踪管理,列入省科技厅科技支撑计划17项,经费133万元;星火计划3项,经费13万元;科技三援计划1项,经费20万元;农村特派员项目2项,经费6万元;专利技术研发引导与产业化示范项目1项,经费20万元;科技成果重点转移转化计划1项,经费4万元。列入科技部农业科技成果转化资金项目2项,经费120万元。列入农业综合开发农业部专项原原种扩繁基地建设项目2项,中央投资240万元;农业部重点实验室建设项目1项,中央投资316万元;农业部超级稻示范与推广项目105万元;农业部948项目1项,经费60万元。全省有11项科技成果通过省农业厅组织的成果鉴定,通过2013年江西省科学技术进步奖初评项目3项,获农业部2011—2013年度全国农牧渔业丰收奖33项,其中,农业技术推广成果奖15项(二等奖8项、三等奖7项),农业技术推广贡献奖18项。

(省农业厅编辑室)

扶贫开发和水库移民

【概　况】　2013年,全省扶贫和移民工作加快基础设施建设和扶持产业发展步伐,贫困群众和水库移民实现稳定增收。38个重点扶贫攻坚县农民人均收入6556元,增长24.9%,高于全省农民人均收入增幅12.72个百分点。其中,17个国定特困片区县农民人均收入5797元,增长23.1%;21个国家扶贫开发工作重点县农民人均收入5268元,增长21.3%;25个国定、省定特困片区县农民人均收入5341元,增长21.5%。库区移民年人均纯收入6717元,增长16%。全省贫困人口由上年的385万人减少到328万人。江西省在全国财政扶贫资金绩效考评中被评为A级省份,获奖励资金2300万元;在全国扶贫开发工作考核中被评为先进单位,获国务院扶贫开发领导小组通报表扬。

水库移民重点工作。规范水库移民安置工作,批复赣江新干航电枢纽等7个水利水电工程的实物指标调查细则、移民安置规划大纲和移民安置规划等,完成峡江水利枢纽移民安置阶段性验收工作。开展移民后期扶持,核定水库移民后期扶持人口162.45万人,投入后期扶持资金9.72亿元,全省备案项目6074个。落实移民后扶重点任务,对全省困难移民情况进行调查摸底,落实省委、省政府督办的上犹江"水上漂"移民搬迁上岸安置任务。做好三峡移民发展和小水库移民解困工作,争取国家批复江西2013年度三峡后续项目23个,总投资1.33亿元。做好三峡移民新增土地补偿资金和生产安置费补偿结算差额资金使用收尾总结工作。

实施两大国家扶贫战略规划。推进赣南等原中央苏区振兴发展和特困片区扶贫攻坚两大国家战略规划的实施。省委省政府出台《贯彻落实国务院关于支持赣南等原中央苏区振兴发展的若干意见的实施意见》。组织编制《江西省罗霄山片区区域发展与扶贫攻坚实施规划(2011—2015年)》《江西省集中连片特殊困难地区产业扶贫规划(2011—2015年)》。组织安排相关市县和省直单位做好52个中央部门和单位结对支援赣南等原中央苏区31个县(市、区)的对接工作。协调民政部组织召开罗霄山片区区域发展与扶贫攻坚工作会议。继续坚持"四个一"组合式扶贫机制。

筑牢"三位一体"大扶贫格局。国家安排10家中直单位定点扶贫江西21个国家扶贫开发重点县,实现重点县全覆盖。完善定点扶贫激励机制,统筹推进定点扶贫贫困村工作,报经省政府同意以省扶贫开发领导小组名义表彰2012年度省直(属)单位定点扶贫工作先进单位和个人。指导各地以定点扶贫为主要载体,动员各级机关单位和党员干部开展各具特色的扶贫攻坚帮扶活动。全省各级定点扶贫3400个贫困村的帮扶单位共计5156个,其中省级291个、市级997个、县级3868个。

【推进四项专项扶贫改革】　一是贫困村村庄整治扶持改革。贫困村村庄整治建设与新农村建设相结合,扶持单位由行政村向自然村下沉,分年、分批、分类扶持实施贫困村自然村点的村庄整治建设。全年全省3400个贫困村安排2637个新农村建设点,安排财政扶贫资金6.12亿元,整合新农村建设财政资金6.79亿元。二是搬迁移民扶贫途径变革。整合扶贫移民、以工代赈移民、生态移民、地质灾害避灾搬迁、农村危旧房改造等政策开展扶贫移民整体搬迁,启动搬迁移民扶贫进城镇、进园区试点。年内全省搬迁移民扶贫计划1.48万户6.29万人,其中集中安置6.09万人,占搬迁人数的97%。完成农村环境污染重点区域搬迁移民2051户7520人。三是贫困劳动力转移培训方式改革试点。在9个国家扶贫开发工作重点县(市)开展"雨露计划"实施方式改革和劳动力转移技能培训两项试点,将"雨露计划"培训融入城镇化、工业化的进程中加以改进,统筹安排扶贫和移民培训资金支持,重点实施贫困农户子女职业教育学历培训和贫困劳动力职业技术技能培训。全省实际培训4.46万人,扣除国务院扶贫办下达的1.56万人"雨露计划"实施方式改革试点人数外,省本级实际培训2.9万人,为原计划人数的102.31%。四是以贫困户直接受益为导向的产业扶贫工作改革。印发《江西省赣南等原中央苏区和特困片区产业扶贫资金项目实施办法(试行)》,明确产业扶贫资金主要用于与贫困农户脱贫增收有直接关系的项目,确保产业扶贫资金真正扶贫扶弱。

【召开全国扶贫搬迁工作交流研讨会】　12月19日,全国扶贫搬迁工作交流研讨会在修水县召开。国务院扶贫办有关司局和河北、广东、浙江、福建、重庆、云南、新疆、西藏等全国17省(自治区、直辖市)扶贫办相关负责人参加会议。会议确定江西扶贫搬迁移民进城镇进园区模式为"江西样本",作为典型在全国示范推广。

(龚亮保)

本栏编辑　孟秀

工　业

综　述

2013年,全省工业经济总体保持平稳增长,规模总量进一步扩大,经济效益有所提升,结构调整取得新成效,各项工作扎实有序推进。

工业总量持续增大。全省规模以上工业完成增加值5755.5亿元,同比增长12.4%,增速高于全国平均水平2.7个百分点。实现主营业务收入2.65万亿元,增长16.4%。实现利税总额2882.4亿元,增长32.7%,其中利润1756.7亿元,增长33.8%。完成工业固定资产投资7144.17亿元,增长20.5%,较全国平均增速高2.7个百分点。规模以上工业万元增加值能耗下降5.3%。

优势产业发展良好。全省主营业务收入过千亿元产业新增1个,总数7个。其中,有色产业主营业务收入6003.8亿元,增长16.5%;实现利税517.1亿元,增长29.6%。石化产业主营业务收入2502亿元,增长21.3%;实现利税235亿元,增长15.3%。食品、钢铁产业主营业务收入首次突破2000亿元,分别达到2270.7亿元、2230亿元,分别增长19.6%、10.6%。纺织产业主营业务收入1876亿元,增长19.6%;实现利税198亿元,增长32.8%。建材产业主营业务收入1620.7亿元,增长25.7%;实现利税195.8亿元,增长28.7%。医药产业主营业务收入1005.6亿元,增长15.9%;实现利税116.8亿元,增长13.5%,成为第七个主营业务收入过千亿元产业。

重点企业实力增强。全省规模以上工业企业8104户。江铜集团实现主营业务收入突破2000亿元,新增昌河飞机、济民可信2户企业主营业务收入过百亿元,全省过百亿企业17户;新增万年青、欧菲光等7户企业过50亿元。

重大项目顺利推进。省工业和信息化委员会会同有关设区市举办氟盐化工、稀土新材料、直升机、光伏、锂电新能源、电子信息暨绿色食品等战略性新兴产业合作推进会,签约或达成合作意向项目60多个,投资额超过340亿元。先后召开两次省战略性新兴产业重大项目协调推进会,协调140个项目的用地、环评等问题,解决项目用地指标1572.5公顷。为11个战略性新兴产业配套基地解决用地指标146.7公顷。安排82个项目共计6.62亿元省战略性新兴产业投资引导资金。推进实施127个单项投资额10亿元以上的重大项目。南昌欧菲光中大尺寸触摸屏及高像素摄像模组等39个项目开工建设,格特拉克江西传动55万台DCT汽车变速箱等35个续建项目完工或部分投产。

技术创新不断突破。新增国家级企业技术中心2户,新认定省级企业技术中心34户,国家级和省级企业技术中心分别达到9户、179户。完成鉴定200项2013年度省级新产品。赣州虔东稀土等13户企业列入2013年工信部工业品牌培育试点。

节能降耗成效显著。制定建陶、再生铜、单晶硅、烧结砖、加气块等产品能耗限额标准。认定71个资源综合利用项目,争取萍矿安源发电厂煤矸石发电等2个企业(项目)通过国家核准。抓好丰城国家级工业固废基地试点建设。选择6个园区开展省级清洁化园区试点,启动清洁生产示范企业认定。累计建成20个省级生态工业园区,启动第三批21个省级绿化提升试点园区规划编制工作。会同省有关部门制定关于化解产能过剩矛盾的实施意见。全年淘汰11个行业的89户企业落后产能,争取中央财政奖励资金1.28亿元,对288户落后小企业实施行政性关闭。

产业集群发展迅猛。全年新增南昌小蓝汽车及零部件等11个主营业务收入过百亿产业集群,全省过百亿产业集群达31个。培育认定永修有机硅、共青城手机、上粟粉末冶金等9个省级产业基地,全省特色产业基地达70个。吉安电子信息、樟树中医药获批国家新型工业化产业示范基地。昌东针织服装创意产业园开工建设。

园区综合实力增强。全省园区实现主营业务收入1.95万亿元,南昌高新区主营业务收入突破千亿,新增过百亿元工业园区7个、总数达66个,其中过500亿元8个。宜春经开区、龙南经开区、瑞金经开区升级为国家级经济技术开发区,全省"国字号"园区达18个。

"两化"融合势头良好。全年实现信息消费787亿元。全省软件产业实现主营业务收入102亿元,增长22%,其中实现软件业务收入65亿元,增长20%;实现利润10.4亿元,增长25.3%。新认定软件企业22户,6户企业成功申报国家计算机信息系统集成资质,4户企业成功申报国家规划布局内重点软件企业。制定《江西省信息化与工业化深度融合示范企业认定办法(试行)》,培育认定3个省级"两化"融合示范园区和50户示范企业。开展“万家数字企业”活动，扶持6000多户中小企业提升信息化水平。南昌市、赣州市章贡区成功列入国家信息消费试点城市；江西青春康源医药公司等5户企业的项目列入国家电子商务集成创新试点工程。牵头推进“智慧（数字）城市”建设工作。推进南昌县等4个国家级和11个省级试点的基层电子政务统一平台建设，组织政府网站在线访谈350多期，完成178个县级以上政府网站绩效评估工作。全面开展无线电管理专项活动，排查各类无线电干扰130余起，确保民航、铁路、金融等重要部门的无线电安全；严厉打击考试作弊、信息诈骗、“伪基站”等不法行为，维护社会安全稳定。开展重点领域网络与信息安全检查，组织对社保、税收、公积金、电子银行等14个关系国计民生重要信息系统进行抽查，全省政府网站具有中高危安全漏洞的比例下降20%。

全年共争取国家各类产业发展专项资金项目575项，获扶持资金14.6亿元。国家转移支付江西省无线电频率占用费专项资金5909万元。新增卷烟生产计划指标8万箱，增幅、增量列全国第一。赣州市获国家稀土开发利用综合试点补助资金11亿元，到位2亿元；赣州国家级大型稀土企业集团公司获批组建。

（省工信委编辑室）

煤炭工业

【概　况】　2013年，全省原煤产量2590万吨，商品煤销量2320万吨。煤矿安全生产费用全年共提取5.4亿元，吨煤平均提取20.65元。年内全省煤矿共发生事故23起，死亡41人，原煤百万吨死亡率1.58。全年关闭小煤矿19处，淘汰落后产能40万吨/年。设计能力分别为90万吨/年和30万吨/年的丰龙、鸣西2处新建矿井，进入试生产阶段。九江煤炭储配中心码头工程完工，储配煤工程和铁路建设完成60%工程量。

组织各产煤市县对小煤矿进行全面排查摸底，将国家能源局、国家煤监局下达的关闭小煤矿任务落实到具体矿井，并稳妥推进每个煤矿的关闭工作，确保煤矿关闭过程中的社会稳定。截至年底，共关闭矿井19处，超额完成12处关闭矿井任务。推进小煤矿升级改造。省煤炭行业办派出工作组7次深入产煤市县，对196处正在实施升级改造的小煤矿升级改造情况进行调研，确定13处小煤矿作为重点对象，实施定期调度，督促升级改造进度，11处小煤矿进入项目试生产阶段。

按照“因地制宜、典型引路、稳妥推进”的工作思路，省煤炭行业办多次深入产煤市县，指导煤矿企业兼并重组工作。至年底，各产煤市县都已制定了兼并重组方案，全省煤矿企业数将由550个兼并重组至70个左右。丰城市、铅山县、渝水区等地开始进行集团公司的实质性组建，丰城市新组建的6个集团公司都已成立安全管理机构，配备安全管理人员和专业技术人员，开始实质性运作。

继续推进煤矿安全质量标准化建设。修改制定《江西省〈煤矿安全质量标准化考核评级办法（试行）〉实施细则》。将改革小煤矿采煤方法和巷道支护方式、建设人员机械提升装置、高瓦斯矿井掘进通风实现“双风机双电源”作为煤矿安全质量标准化推进重点。市县属和乡镇煤矿人员上下井基本实现机械运送，主要井巷基本消灭木支护，采用壁式采煤方法的矿井大幅增加，采煤工作面绝大部分采用单体液压支柱支护；高瓦斯矿井均安装“双风机双电源”。全省271处矿井达标，其中2级达标矿井108处，3级达标矿井163处。省煤炭集团采煤机械化程度达23%，掘进机械化程度达49%，丰城矿务局采煤机械化和掘进装载机械化程度分别为81%和100%。

推进紧急避险系统建设，逐矿调度市县属和乡镇煤矿紧急避险系统建设进度，深入建设进展缓慢的煤矿专门督办，督促煤矿倒排工期、落实资金和责任人。市县属和乡镇煤矿286处正常生产的矿井已有170余处矿井完成紧急避险系统建设，完成率超60%。

煤炭行业培训教育。全年共举办矿长资格复训班、初训班10期，对551名现任煤矿矿长和103名拟任矿长人员进行培训；举办煤矿技术负责人、生产矿长、机电矿长上岗培训班16期，分别培训煤矿技术负责人342人、生产矿长222人、机电矿长319名。组织开展市县属煤矿和乡镇煤矿专职安管员、煤矿班组长专项培训，参训专职安管员1850人、煤矿班组长6200人。编印出版《江西省煤矿班组长安全培训教材》。

【全面排查治理煤矿隐患】　全面开展隐蔽致灾因素普查与治理。围绕瓦斯和水害2个关键致灾因素，省煤炭行业办在全国率先建立全面开展小煤矿隐蔽致灾因素普查机制，组织市县属和乡镇煤矿全面开展瓦斯参数测定、煤层突出危险性鉴定和煤矿井下积水区普查。在全面普查的基础上，建立和实施严格的禁采机制，组织煤矿划分禁采区域，在采掘工程图上标定禁采线和警戒线，并制定相应的治理防范措施。10月，国家煤矿安监局将省煤炭行业办总结整理的《江西省小煤矿隐蔽致灾因素普查与防治的经验和作法》印发全国，要求全国各产煤地区、煤矿企业学习借鉴。扎实开展煤矿安全生产大检查。自6月起，全面组织市县属和乡镇煤矿进行为期4个月的煤矿安全生产大检查和为期3个月的煤矿安全生产大检查“回头看”活动。认真开展专项检查工作，开展煤矿防治水专项检查、煤矿空压机专项检查、春节、“两会”“五一”“十一”期间的安全专项检查。开展安全生产宣传教育。制定印发《江西省市县属和乡镇煤矿贯彻落实〈煤矿矿长保护矿工生命安全七条规定〉实施细则》，省煤炭行业办领导带队赴各地召开宣贯会，对所有煤矿矿长进行集中宣贯和考试，组织矿长签订承诺书，该规定在煤矿从业人员中人人知晓。

【创新和加强煤炭行业监管工作】　坚决贯彻执行《国务院关于取消和下放一批行政审批项目的决定》，及时停止实施煤炭生产许可证核发和煤炭经营资格审查行政许可事项。积极适应《中华人民共和国煤炭法》修改后的新形势，加快相关配套制度建设，把工作重点由事前发证转移到事中事后监管上来。做好煤炭生产信息统计分析工作，确保对全省煤炭生产运行的有效监测；做好煤矿采掘方案的编制管理，规范煤矿生产行为，严防超能力生产等违法违规行为发生；做好新技术、新工艺、新材料推广工作，淘汰落后生产工艺，提高煤矿安全保障能力。

（吴研）

电力工业

【概　况】 2013年江西电力行业呈现出稳中向好的发展态势，供需形势总体平稳，火电企业持续盈利，节能减排取得成效，投资建设稳步推进。电力行业固定资产投资（规模以上部分）132.52亿元，其中，电源建设投资48.82亿元，电网建设投资83.7亿元。

全口径发电总装机容量1999.54万千瓦，增加62.81万千瓦。其中，火电1503.80万千瓦，增加9.21万千瓦；水电457.42万千瓦，增加36.93万千瓦；风电29.85万千瓦，增加13.2万千瓦；太阳能8.47万千瓦，增加4.87万千瓦。全省共有统调发电厂29座，其中，火电厂11座，水电厂11座，风电场6座，光伏电站1座。统调装机容量1537.87万千瓦。其中，火电装机1362万千瓦，减少22万千瓦；水电装机148.97万千瓦，增加12万千瓦；风电装机24.9万千瓦，增加12.9万千瓦；太阳能装机2万千瓦。建成投运的机组主要有石虎塘水电2台2万千瓦机组、峡江水利枢纽2台4万千瓦机组、吉山和笔架山风场、鸬鹚光伏电站，关停九江电厂1台22万千瓦机组。

江西电网拥有500千伏变电站16座，主变25台，变电容量1900万千伏安。220千伏变电站120座（含开关站4座），主变202台，变电容量2932万千伏安。110千伏变电站399座，主变670台，变电容量2350万千伏安。500千伏线路43条，长度3622.67千米（含网间联络线），新增215.97千米。220千伏线路355条，长度9504.41千米，增加824.92千米。110千伏线路971条，长度13033千米，增加1140千米。马回岭变电站、鹰潭开关站扩建为变电站2项500千伏输变电工程。投产安源电厂送出线路工程、上饶茅家岭变电站扩建主变工程、井冈山茨坪输变电工程等20项220千伏输变电工程。

全省全口径发电量852亿千瓦小时，增长12.17%。统调发电量711.99亿千瓦小时，增长15.86%。其中，水电发电量32.29亿千瓦小时，下降22.54%；风电发电量4.17亿千瓦小时，增长180%；火电发电量675.52亿千瓦小时，增长18.23%。全省统调水电机组平均发电2334小时，下降837小时；统调火电机组平均发电4888小时，增加276小时。2013年江西从外省累计购入电量97.57亿千瓦小时，下降11.4%。外购电量中，三峡电量56.65亿千瓦小时，下降18.98%；葛洲坝电量6.59亿千瓦小时，下降1.72%；华北电量22.64亿千瓦小时，增长15.86%；西北电量10.02亿千瓦小时，下降14.19%；临时购河南、四川、重庆等省电量1.67亿千瓦小时，下降28.78%。全年江西向外省累计输出电量2.67亿千瓦小时。全社会用电量累计947.11亿千瓦小时，增长9.16%，增速提高5.26个百分点。全行业用电782.32亿千瓦小时，增长8.48%。其中，第一产业用电量10.75亿千瓦小时，增长6.06%；第二产业用电量655.47亿千瓦小时，增长8.01%；第三产业用电量116.1亿千瓦小时，增长11.42%。城乡居民生活用电量164.79亿千瓦小时，增长12.5%，其中，城镇居民用电量92.1亿千瓦小时，增长14.1%；乡村居民用电量72.69亿千瓦小时，增长10.54%。

2013年，受煤价持续处于低谷和发电利用小时数提高等因素影响，江西火电行业经营情况持续向好，各火电厂基本实现盈利。统调电厂中，国电集团控股电厂容量455.3万千瓦，中电投集团控股电厂容量578.78万千瓦，华能集团控股电厂容量262万千瓦，大唐集团控股电厂容量53.6万千瓦，省投资集团公司控股电厂容量150万千瓦，江西省港航建设投资有限公司控股电厂容量12万千瓦，中节能太阳能科技有限公司控股电厂容量2万千瓦。

【提高能源利用效率】 统调电厂供电煤耗为317克/千瓦小时，降低3克/千瓦小时。电网全网综合线损率7.36%，提高0.3个百分点。截至年底，全省统调火电机组实现烟气脱硫设施全覆盖，安装脱硝设施机组总容量达到1002万千瓦，占统调火电机组总容量的73.57%，提高30个百分点。火电行业二氧化硫排放量13.44万吨，下降14.38%；氮氧化物排放量16.27万吨，下降9.64%。

（钟彦）

钢铁工业

【概　况】 2013年，全省全行业有企业221户，其中铁矿采选企业96户、铁合金企业6户、焦化企业7户、废钢加工企业10户、钢铁冶炼企业18户、压延加工企业84户。主要产品有建筑用材、中厚板、薄板、无缝钢管、钢绞线、硅钢、汽车用钢、易切削钢、带钢等，形成门类齐全、比较完备的上下游产业链。年内全行业实现主营业务收入2230亿元，增长10.58%；工业增加值295亿元，增长20.9%。金属制品行业发展初具规模，实现主营业务收入512.3亿元，增长19.8%，增量占整个钢铁产业增量比重的42.5%。全省生铁产量2012.2万吨，下降0.73%；粗钢产量2156.6万吨，增长0.78%；钢材产量为2463.8万吨，增长2.69%。

产业集群不断壮大。在发展九江沿江钢铁、新余钢铁及钢铁加工和萍乡金属新材料产业集群的基础上，新增进贤钢结构和萍乡粉末冶金两个产业集群。全年五大产业集群的主营业务收入944.7亿元，占全行业主营业务收入的42.36%。

重大项目建设加快。大众重工年产80万吨钢结构生产线建设项目、丰城市新高焦化年产220万吨焦炭项目等5个投资10亿元以上的重大项目不同程度完工投产。长兴磁材年产6000吨铁氧体预烧料项目、中再生资源开发有限公司报废汽车拆解项目等2个战略性新兴产业项目开工建设。

节能减排成果显著。重点钢企吨钢综合能耗为567.0千克标煤/吨，下降1.98%；重点钢企自发电量26.9亿千瓦小时，增长1.01%，占重点钢企总用电量的34.64%，为企业创效约13.4亿元，相当于减少二氧化碳排放354.1万吨。

和钢铁产业发达地区对比，存在

三点差距。一是沿江产能比重偏低，产业布局有待进一步优化。沿江产能占全省总产能的比重不到1/5，距国家提出的到2015年沿海沿江钢铁企业产能占全国比重的45%的目标有较大差距。二是铁矿石对外依存度高，资源短缺的矛盾仍然突出。全省自产铁精矿880万吨，即使全部供应给本省钢铁企业，对外（国外、省外）的依存度仍超过了70%，其中进口铁矿石比重接近50%。三是附加值低的产品比重偏高，产品结构有待调整。成品钢材中附加值较低的棒、线、型材占50%，优特钢的比例仅为15%，先进生产技术和高端产品研发、应用相对滞后，钢材品种不全、产品质量和档次不高。

全行业实现利税总额160亿元，增长56.51%。其中利润总额83亿元，增长95.50%。三大重点钢企实现利润10.1亿元，减亏增盈30.4亿元。其中，新钢利润0.5亿元，扭亏增盈15.4亿元；萍钢利润1.4亿元，扭亏增盈14.6亿元；方大特钢利润8.2亿元，增盈0.4亿元。

【提高优势产品市场占有率】 方大特钢的弹簧扁钢国内市场占有率51.49%，位居全国第一。新钢钢绞线国内市场占有率10%，位居全国第一；锅炉容器板国内市场占有率12.36%，位居全国第三；船用钢板国内市场占有率12.17%，位居全国第四。萍钢螺纹钢区域市场销售位居全国前列。

（省工信委编辑室）

有色金属工业

【概　况】 2013年，江西省有色金属行业实现主营业务收入首次突破6000亿元，达6003.8亿元，增长16.5%；实现利润286.7亿元，增长19.1%；利税517.1亿元，增长29.6%。铜产业主营收入4154亿元，增长14.3%；利润170.8亿，增长16.8%；利税317.4亿元，增长32.6%。钨产业主营业务收入455.4亿元，增长23.7%；利润35.2亿，增长56.9%；利税58.6亿元，增长62.9%。稀土产业主营业务收入348.1亿元，增长16.5%；利润36.1亿元，增长32%；利税56.6亿元，增长15.5%。

帮扶企业取得实效。召开江西省（鹰潭、上饶）有色行业银企对接协调现场会，省包装办与民生银行南昌分行协商制定《民生银行南昌分行与江西省包装技术协会金融服务方案》，给予省包协1亿元授信额度，通过会员联保无抵押形式支持中小包装企业融资。13个项目共获得8792万元国家稀土产业调整升级专项资金支持，助力全国唯一的稀土开发利用综合试点项目落户赣州，获得2亿元国家稀土开发利用综合补助资金支持。

加强产业运行监测分析以及重大项目建设调度协调。密切关注有色产业发展的最新走势和趋势，了解分析10亿元以上的重点项目、50亿元以上的重点企业及特色产业集群的进度及运行情况，保障其顺利发展。加大招大引强力度。收集整理国内外行业龙头企业信息，做好行业推介和信息发布，突出地方特色和重点领域开展招商，开展企业与企业的“点对点”招商。进一步加强与央企、民企和外企的对接，提高招大引强针对性和成功率。铜产业冶炼环节依托江铜集团，跟踪国外先进冶炼技术，实现铜冶炼技术经济指标与世界先进水平对接，巩固铜产能国内第一。深加工环节定位高端市场、以替代进口为目标，重点引进国内主要铜加工企业，发展铜精深加工产业。钨产业充分利用中国五矿集团在国际国内的影响力，力争引进世界著名钨企业在江西合资合作，发展钨精深加工。稀土产业引进一批国内外顶尖的稀土磁性材料、永磁电机、发光材料和节能灯具等稀土精深加工和应用产品企业。发展精深加工，延伸产业链。铜产业着力提升精深加工水平，大力发展电子信息、高端电线电缆、水暖卫浴、装备、家电家居等应用产品，构建中国铜系列产品的制造中心，实现全产业链发展。钨产业重点发展优质钨原料，向钨型材、高性能硬质合金及硬面材料、数控涂层刀具钻具等应用领域延伸。稀土产业做强做优磁性材料、发光材料及应用产业链，积极拓展稀土新材料及应用。

【推进重点产业发展】 3月30日，挂牌成立赣州稀土集团。赣州稀土集团将借壳广东威华股份上市，重组上市后续工作稳步推进。确定以赣州稀土集团为主导，积极组建力争进入国家南方离子型稀土行业前三位的国家级大型江西稀土企业集团。积极落实八部委稀土专项行动，专项整治稀土违法违规行为，涉及全省404户企业。推进铅锌和金矿资源的整合。打造以江铜为主的百亿铅锌产业。重点推进江铜集团整合以贵溪冷水坑矿田及德安张十八铅锌矿为主的省内铅锌资源，改善江铜铅锌资源结构，促进江铜铅锌冶炼一期工程项目达产达标。积极推进钨产业龙头企业关系理顺。重点协调中国五矿和江钨控股进一步合作。推进五矿在赣加强钨深加工投资力度，改善省钨整体产业结构。

（省工信委编辑室）

机械工业

【概　况】 2013年，江西省机械工业工业增加值、总产值、主营收入、利税等主要经济指标增速与上年相比有所上升，出口交货值、固定资产投资增速有所下滑，凸显了行业结构调整升级的紧迫性。经济运行保持平稳，重点产品和重点行业表现良好，行业整体较快发展。

截至年底，江西省机械工业规模以上企业1068户，从业人员35.72万人，机械产品8000余种。规模以上机械工业企业累计完成工业总产值3803.12亿元，增长19.52%；工业销售产值3785.45亿元，增长19.26%，产销率99.54%；完成出口交货值322.11亿元，增长10.24%，增幅下降7个百分点。

工业增加值、主营收入和利税总额三大指标保持稳定增长。实现工业增加值1064.87亿元，增长19.52%，增速高于上年同期；实现主营收入3935.76亿元，增长19.19%；实现利税424.39亿元，增长33.36%，增速提高12个百分点。全行业实现利润286.12亿元，增长33.47%。全年机械工业企业用电62.30亿千瓦小时，增长11.94%。

各分行业增速均同比增长。2013

年,机械行业各分行业增速快慢不一,总体发展稳定,均保持同比增长。与上年态势不同的是,与民生、消费关系更为密切,产品相对“轻”“小”的子行业如文化办公设备制造行业和农机行业继续保持增长,与基建、能源关系比较密切,产品相对“重”“大”的分行业如汽车、石化通用机械、工程机械、仪器仪表等增长态势较好,产值增速均超过15%。

汽车行业和电工电器行业的工业增加值、主营收入、利税总额之和占行业总量的一半以上,成为全行业的重要支柱。电工电器行业实现主营收入首次突破1200亿元,工业增加值、主营收入和利税总额分别为341.18亿元、1241.41亿元和120.73亿元,分别增长18.41%、18.51%和39.1%;汽车行业工业增加值、主营收入和利税总额分别为237.92亿元、901.27亿元和100.33亿元,分别增长21.32%、21.35%和16.91%,增速较2012年同期均提高10个百分点以上。

全行业固定资产投资完成额2343.31亿元,占全省工业的比重为32.80%,占全省制造业的比重为35.69%,固定资产投资完成额增长10.0%,增速回调18个百分点,在7个国民经济分行业中,有3个分行业高于行业平均水平,4个分行业低于行业平均水平,全行业整体低于全国机械工业固定资产投资增速。

全年机械行业重点监测的43大类产品中,17种产品产量下降,占比为39.53%;26种产品产量上升,占比为60.47%。其中实现两位数增长的产品有21种,增速较大的有金属切削工具、锂离子电池、电工仪器仪表、泵、铅酸蓄电池等产品。

【两大汽车整车企业产销量一升一降】 全年汽车行业生产汽车36.81万辆,上升7.12%,两大整车企业产销量一升一降。江铃汽车集团公司生产汽车26.22万辆,增长20.44%;销售汽车25.40万辆,增长18.27%。其中商务车销量21.49万辆,在全国排名第六。实现主营收入400.69亿元,增长21.26%;利润总额27.39亿元,下降5.25%。昌河汽车有限责任公司生产汽车10.58万辆,下降15.91%;销售汽车10.82万辆,下降16.89%。主营收入39.51亿元,下降9.89%,亏损2.36亿元,亏损额较上年同期进一步加大。

【产业集群发展良好】 2013年,在已有的南昌小蓝汽车零部件产业基地、宜春经济开发区机电产业基地、芦溪县电瓷产业基地、崇仁县变电设备产业基地、抚州金巢汽车零部件和安福机电(液压件)产业基地的基础上,初步形成有一定的产业规模、关联度较高的企业集群,如机械(汽车)零部件、电瓷、变压器等产业发展均呈良好态势。其中,南昌小蓝汽车及零部件产业集群已投产企业75户,主要产品为汽车整车、汽车空调系统和其他汽车零部件等。实现主营业务收入103.0亿元,利税总额8.0亿元。宜春机电产业集群已投产企业99户,主要产品为特种电机和石油钻采钻头等。实现主营业务收入140.5亿元,利税总额14.7亿元。崇仁变电设备产业集群已投产企业54户,主要产品为变压器和互感器。实现主营业务收入64.2亿元,利税总额3.2亿元。芦溪电瓷产业集群已投产企业141户,主要产品为线路绝缘子、电站电器用绝缘子、轨道交通用绝缘子。实现主营收入33.7亿元,利税总额5.4亿元。抚州金巢汽车零部件产业集群拥有企业45户,主要产品为汽车驱动桥、减震器、离合器等。实现主营业务收入47.2亿元,利税总额4.6亿元。

(曾萌　董雪辰)

国防工业

【概　况】 2013年,江西省国防科技工业确立发展新思路。在战略定位上,着力打造“四支力量”,即:把江西国防科技工业打造成为引领江西科技创新的骨干力量,支撑江西高端制造业发展的主导力量,培育战略性新兴产业的先导力量,建设鄱阳湖生态经济区的重要力量。在路径选择上,坚持实施“五个发展”,即:坚持创新驱动,走创新发展之路;坚持军民互动,走融合发展之路;坚持生态环保,走绿色发展之路;坚持重点突破,走跨越发展之路;坚持民生为重,走和谐发展之路。在发展目标上,努力实现“六个目标”,即:以建设先进国防科技工业为总目标,着力实现“经济增长、人才成长、能力提升、任务完成、民生改善、行业和谐”的目标。重点任务是要着力推动能力升级、规模升级、融合升级、结构升级、开放升级和管理升级等“六个升级”。全行业完成营业收入602.5亿元,增长20.4%;增加值132.2亿元,增长20%;利润27.8亿元,增长33.3%。航空产业继续保持行业领军地位,营业收入突破300亿元,增长23.6%,成为支撑行业发展的重要增长极。

【完成省属军工企业领导人员安置工作】 省委组织部、省国资委在南昌召开省属军工企业领导人员安置工作座谈会。省属军工企业领导人员到地方安置工作全面铺开。截至年底,共103名省属军工企业领导人员除27名在系统内企业安排或留守机构留用外,其余76名均在地方得到妥善安置,为省属军工企业改革任务的完成推进扎实的一步。

【举行C919大型客机部段装配开铆仪式】 10月17日,C919大型客机前机身装配开铆仪式在南昌航空工业城举行,C919大型客机前机身研制工作正式进入装配生产阶段。此次前机身段开铆部件是整个大飞机部段件装配的第一“枪”,共涉及78项零件,31台/套装配机辅助工装,15项标准件。蒙皮、长桁等关键零件全部配套到位,装配机辅助工装完成验收并交付,标准件及非金属原材料全部采购到位。人员、设备及工、刀、量具配备、原材料采购、工艺准备以及条件保障等各项工作陆续到位,并通过装配开工评审。

【北汽成功重组昌河汽车】 11月25日,北京汽车集团有限公司重组昌河汽车签约仪式在南昌举行,宣告北汽重组昌河汽车成功。根据协议,北汽将持有昌河汽车70%股份,整个合作计划分两个阶段实施,到2017年年末,双方共同在江西实现全产业链累计投资约130亿元,实现江西昌河年产销整车50万辆,全产业链年营业收入500亿元,并带动汽车服务贸易、汽车金融业的快速发展;到2020年年末，双方共同在江西全产业链累计再投资140亿元，进一步扩大产业规模，建设合资新基地和自主品牌战略基地，确保实现江西昌河“百万千亿”的发展目标，即产销整车100万辆、实现全产业链营业收入1000亿元。北汽重组昌河是按照新的中国汽车产业政策实施国内兼并重组的成功范例。

（杨章跃）

轻工业

【概　况】　2013年，江西省轻工行业经济总量和效益增长较快。轻工行业规模以上工业企业累计完成工业增加值1267亿元，增长21.1%。实现主营业务收入5257亿元，增长21.9%，高于全省工业增速5.5个百分点，高于全国平均增速8.2个百分点。完成利税总额550亿元，增长26.4%，高于全国轻工平均增速11.5个百分点。

轻工重点行业生产和效益较快增长。食品工业累计完成工业增加值464.8亿元，增长19.1%；实现主营业务收入2115亿元，增长20%；完成利税总额206.3亿元，增长32.7%。陶瓷制品制造业累计完成工业增加值147.6亿元，增长15.8%；实现主营业务收入609.1亿元，增长16.6%；完成利税总额103.1亿元，增长17%。皮革、毛皮、羽毛及制品业累计完成工业增加值130.6亿元，增长19.4%；实现主营业务收入417.7亿元，增长20%；完成利税总额54.5亿元，增长29.7%。塑料制品业累计完成工业增加值88亿元，增长16.7%；实现主营业务收入371.2亿元，增长16.2%；完成利税总额38.5亿元，增长23.7%。造纸及纸制品业累计完成工业增加值66亿元，增长16.8%；实现主营业务收入272.6亿元，增长18.6%；完成利税总额30.8亿元，增长33.1%。工艺美术品制造业累计完成工业增加值69.1亿元，增长32.4%；实现主营业务收入282.2亿元，增长31.4%；完成利税总额41.9亿元，增长53.9%。木、竹、藤、棕、草制品业累计完成工业增加值29.5亿元，增长3.5%；实现主营业务收入120.4亿元，增长2.9%；完成利税总额13.6亿元，增长15.9%。家具制造业累计完成工业增加值27.2亿元，增长11.3%；实现主营业务收入130.4亿元，增长11.1%；完成利税总额13.4亿元，增长26.9%。家用电力器具制造累计完成工业增加值29.3亿元，增长25.2%；实现主营业务收入131.4亿元，增长27.1%；完成利税总额11.2亿元，增长43%。

轻工主要产品产量稳步增长。啤酒产量124.4万千升，增长8.3%；软饮料305万吨，增长29%。精制茶产量6万吨，增长3.6%。日用玻璃制品产量7596吨，增长11.2%。眼镜成镜（眼镜）6081万副，增长8.8%，在全国排第四位。房间空气调节器产量329.9万台，增长7.3%，在全国排第九位。品牌影响力进一步增强。全年全省轻工行业共申报轻工科研项目16个，井冈山市映山红瓷业有限公司、抚州市兴业实业有限公司、新余市渝州绣坊有限责任公司等23户企业获得“江西省著名商标”。

【轻工产业基地建设集聚效应明显】

按照“龙头企业拉动、配套企业跟进、产业集群发展”的思路，着力培育发展一批专业化程度高、集聚效应强的产业，推动产业集群的形成和发展。全省15家省级轻工产业基地共实现主营业务收入616亿元，增长22%；完成利税总额77.4亿元，增长20.5%；实现利润48.7亿元，增长23.6%。完成固定资产投资118.7亿元，吸收从业人员21.2万人。其中，金溪香精香料产业基地实现主营业务收入40.8亿元，增长30%；实现利税3.18亿元，增长20.7%；完成固定资产投资3.3亿元，增长2%。武宁节能灯产业基地完成主营业务收入108亿元，增长31.5%；实现利税14.5亿元，增长31.3%；完成固定资产投资28.3亿元，增长35.6%。

（付志伟）

陶瓷工业

【概　况】　2013年，江西省陶瓷工业生产保持强劲增长势头，全省规模以上陶瓷工业企业累计完成工业增加值147.6亿元，增长15.8%。实现主营业务收入609.1亿元，增长16.6%。完成利税总额103.1亿元，增长17%。实现利润总额76.9亿元，增长20%。其中，日用陶瓷制品制造业累计完成工业增加值29.1亿元，增长16.4%；实现主营业务收入120.2亿元，增长18.8%；完成利税总额14.8亿元，增长44.2%；实现利润总额9.6亿元，增长58.8%。特种陶瓷制品制造业累计完成工业增加值109.6亿元，增长14.5%；实现主营业务收入452.4亿元，增长14.8%；完成利税总额84.1亿元，增长12.1%；实现利润总额64.9亿元，增长15.3%。

全省各陶瓷产业基地持续快速发展。景德镇陶瓷产业基地累计完成主营业务收入125亿元，同比增长25%；完成利税总额13.5亿元，增长31.9%；完成固定资产投资35亿元，增长40%；招商引资实际到位资金55亿元，增长20%。黎川县日用耐热陶瓷产业基地累计完成主营业务收入18.6亿元，增长20%；完成利税总额2.23亿元，增长20%；完成固定资产投资3亿元，增长27%。

【开展首届省陶瓷艺术大师评审工作】　4月16日—26日，省陶瓷行业协会开展首届江西省陶瓷艺术大师评审工作。经资格审查、工艺成就业绩评分、现场创作评分、作品评分等环节，共评出60名江西省陶瓷艺术大师。评审结束后，省陶瓷行业协会出版了《首届江西省陶瓷艺术大师参评作品集》。6月28日，省陶瓷行业协会在江西饭店举办首届江西省陶瓷艺术大师颁证大会，中国陶瓷工业协会常务副理事长傅维杰、省轻工行业办主任谢光华出席会议。

【举行2013景德镇国际陶瓷博览会】

10月18日，2013中国景德镇国际陶瓷博览会开幕式在景德镇市国际会展中心举行。此次活动由商务部、中国轻工业联合会、中国国际贸易促进委员会、江西省政府共同主办。全国政协副主席何厚铧、省委书记强卫、商务部原副部长刘向东、中国轻工业联合会副会长钱桂敬、中国国际贸易促进会副秘书长杨平安共同启动开幕水晶球。省长鹿心社在开幕式上致辞，省领导黄跃金、胡幼桃、刘礼祖等出席开幕式。2013 年是瓷博会举办的第十年，也是迄今为止亮点最多、规模最大、水平最高、人数最多的一次盛会，海内外 40 余个国家，近 820 户品牌陶瓷企业，4500 余名陶艺家、专业客商前来展示交流和采购贸易。瓷博会期间，举办了"第二届中国高岭国际陶瓷艺术大赛展""高技术陶瓷国际论坛""返乡创业恳谈会""中非陶瓷文化论坛""景德镇——代尔夫特 400 年交流展示会""宋元青白瓷展览暨研讨系列活动""全国历史文化名城百名广播电视记者走进景德镇""百万公众评瓷博活动""国际艺术陶瓷拍卖会"等配套活动。

【江西省陶瓷行业相关人员获中国陶瓷工业协会表彰】 7 月 25 日，在中国陶瓷工业协会第六次会员代表大会上，江西省陶瓷行业相关人员受到中国陶瓷工业协会表彰。江西陶瓷工艺美术职业技术学院院长陈华龙、江西省陶瓷研究所党委书记尹霞被授予"中国陶瓷行业有突出贡献的科技工作者"称号，江西省正大陶瓷有限公司营销总经理朱宝林被授予"中国陶瓷行业杰出经理人"称号，景德镇市望龙陶瓷有限公司总经理余望龙、景德镇法兰瓷实业有限公司总裁陈立恒、江西省康舒陶瓷有限公司总经理陈国彬、景德镇市鹏飞建陶有限责任公司总经理欧阳琦、江西萍乡龙发实业股份有限公司董事长罗接发、江西省环球陶瓷有限公司董事长徐金昌、景德镇市博大精工艺术陶瓷有限公司董事长高松明、景德镇佳洋陶瓷有限公司总经理黄青以及江西嘉顺瓷业有限公司董事长鄢爱奎等被授予"中国陶瓷行业杰出企业家"称号。

（付志伟）

石化工业

【概 况】 2013 年，全省石化产业保持良好发展势头，经济增长质量进一步提高。原油加工业经济效益明显好转，化学工业生产、销售及效益继续保持较快增长。全省石化行业实现工业增加值 575 亿元，增长 16%；实现主营业务收入 2502 亿元，增长 21.3%；实现利税 235 亿元，增长 15.3%。产业集群效应进一步显现。九江石化产业、永修有机硅产业、乐平精细化工产业、樟树—新干盐化工产业、赣州氟化工产业、贵溪硫磷化工产业等六大产业板块特色鲜明，规模日趋壮大。全年六大产业板块经济总量约占全行业的 63%，对行业经济增长的拉动作用进一步增强。

化学工业进一步巩固作为行业产销增长以及盈利主力军的地位。全年全省化学工业实现工业增加值 516 亿元，占全行业的 89.7%，增长 18.6%；完成主营业务收入 2136 亿元，占全行业的 85.3%，增长 25%；实现利税 175 亿元，占全行业的 74.5%，增长 10.1%，其中利润 128.8 亿元，增加 12.6 亿元。重点产品产量有升有降。列入统计范围的 19 种重点产品中，产量增长的 14 种，占 73.6%，增幅在 20% 以上的有 6 种，占 32%。其中，化肥 106.3 万吨（折纯），增长 22.9%；涂料 5.2 万吨，增长 21.4%；钛白粉 5.7 万吨，增长 13%。

石化产品品种不断增多，产能逐渐提高，高新技术产品比重加大，落后产品得到淘汰，产品结构进一步优化。江西星火有机硅厂有机硅单体产能 50 万吨/年，国内市场占有率达 30%；江西世龙实业股份有限公司氯化亚砜产能 5 万吨/年，国内市场占有率 20%；黑猫股份炭黑产能 90 万吨/年，国内市场占有率 14%；昌九农科丙烯酰胺产能 6.5 万吨/年，国内市场占有率 30%；江西天人生态有限公司真菌杀虫剂产能 1800 吨/年，产能居全球第一，国内市场占有率在 80% 以上；景德镇宏柏化学有限公司硅烷偶联剂产能 3.6 万吨/年，约占全球产能的 30%。

产品出口平稳增长。2013 年全省石化行业产品出口呈现低开高走态势，1—9 月，全行业出口交货值下降 13.6%，四季度出口形势出现逆转，全年全行业实现出口交货值 170 亿元，增长 5%。其中，出口增长较快的有合成树脂制造业，实现出口交货值 2.4 亿元，增长 99.4%；化学农药制造业实现出口交货值 1.6 亿元，增长 45.9%；有机化学品制造业实现出口交货值 31.6 亿元，增长 19.3%。

重点企业有喜有忧。中石化股份九江分公司受益于加强内部管理，经济效益大幅回升，实现主营业务收入 327.85 亿元，增长 3.1%；实现利税 57.3 亿元，增长 42%，其中利润 1862 万元，减亏 10.4 亿元，实现自 2000 年以来的历史性扭亏。受有机硅产品市场不景气影响，有机硅龙头企业江西星火有机硅厂实现主营业务收入 12 亿元，与上年同期基本持平；利润亏损 3.88 亿元，减亏 3900 万元。氯碱行业龙头企业江西世龙实业股份有限公司实现主营业务收入 10.5 亿元，增长 3.3%；完成利税 1.62 亿元，增长 15.7%，其中利润 1.14 亿元，增长 18.8%。精细化工龙头企业江西金龙化工有限公司实现主营业务收入 9.2 亿元，增长 12.2%；完成利税 2.24 亿元，增长 206%，其中利润 2.16 亿元，增长 184%。

【引进和建设一批重大项目】 中石化股份有限公司九江分公司炼化一体化项目正在实施，其中800万吨/年油品质量升级改造工程顺利推进，项目配套工程——柴油加氢、连续重整、煤焦代油三大工程已全部建成投产。整个工程建设按照2015年6月工程全面中交、8月煤制氢投料试车、10月炼油系统投料试车的总体统筹目标快速推进。8万吨/年苯乙烯项目基础设计获得中国石化总部批复，计划2014年开工建设，2015年10月竣工投产。江西星火有机硅厂投资80亿元的有机硅一体化项目一期工程顺利竣工并进行试生产，有机硅单体产能达到50万吨/年，有机硅下游深加工能力达12万吨/年，巩固了亚洲领先地位。总投资20亿元的江西晶昊盐化有限公司盐碱钙一体化项目、总投资65亿元的江西理文化工有限公司盐氟化工一体化项目、总投资50亿元的九江九宏新材料有限公司年产60万吨离子膜烧碱及年产40万吨高纯甲烷氯化物系列产品项目等一批重大项目正在实施当中，行业发展后劲进一步增强。

（省工信委编辑室）

纺织工业

【概 况】 2013年，全省纺织服装行业克服市场需求不旺、内外棉价差巨大等不利因素影响，推进产业承接、结构调整、品牌及重大项目建设等重点工作，行业主要经济指标实现较快增长，呈现"总量稳步壮大、结构逐步优化、效益逆势进位"的良好发展势头。全年全行业978户规模以上企业完成工业增加值429亿元，增长10.4%；实现主营业务收入1876亿元，增长19.6%；实现利税总额198亿元，增长32.8%，其中利润131亿元，增长31%。纺织品服装实际出口49.37亿美元，增长33.8%。利税总额首次超越河北居第八位，产销总量稳居全国第九位，出口额居中部同行业首位。

深入开展产业专题研究。为推动纺织行业发展壮大，省工信委进一步加强顶层设计，对全行业进行深入研究，形成《江西纺织产业发展研究报告》，报告在分析全省纺织产业发展现状和国内外发展形势的基础上，进一步明确了"十二五"后期发展思路、发展重点及到2015年实现主营业务收入2500亿元的发展目标，提出承接产业转移、培育自主品牌等工作举措。同时，省工信委还将服装产业列为重要增长点，邀请国内权威专家开展专题研究，形成《江西省服装产业发展专题研究报告》，提出2018年主营业务收入突破2000亿元、品牌企业主营业务收入达到全行业的30%的发展目标。

全行业实际完成固定资产投资660亿元，增长9.8%，新开工项目952个，竣工838个。中国织材30万锭赛络纺项目一期、卓成纺织年产20万千米化纤坯布项目、华春色纺10万锭彩色紧密纺项目、奉新纺织印染集控区等一批投资10亿元以上重大项目顺利竣工投产，中国(江西)针织服装创意产业园、恒生化纤年产40万吨差别化粘胶纤维项目一期、丰华涤纶年产17.5万吨差别化短纤维项目、恩达麻世纪科技股份有限公司年产3.50万千米高档麻混纺面料等一批重大项目正在加速推进。

产业基地建设稳步推进。年内，全省纺织行业新增两个国家级纺织名城和两个省级产业基地。奉新县在"中国新兴纺织产业基地"的基础上加挂"中国棉纺织名城"，分宜县晋级国家纺织服装特色产业基地，并获得"中国苎麻纺织名城"称号。瑞昌市、信州区分别被授予全省棉纺织、苎麻纺织产业基地。全省七大省级产业基地均保持平稳较快增长。其中，共青城市实现主营业务收入186亿元，增长33.2%；青山湖区实现主营业务收入232亿元，增长10.5%；奉新县实现主营业务收入102亿元，增长35.6%。

重点企业加快转型升级。一批重点企业加快转型升级步伐，实现快速发展，全行业主营业务收入超10亿元企业增至14户，超30亿元企业增至5户。销售规模前10位企业共实现主营业务收入273亿元，占全行业的14.53%，提高1.19个百分点。回圆服饰、深傲服装、井竹实业、港丝利服饰、康意服装、新雅长生制衣、蓝天宇家纺等7户企业通过全省纺织行业转型升级示范企业认定，福德隆实业、华远针织2户印染企业被推荐上报工信部参加印染企业准入终审，恩达家纺、井竹实业两家企业技术中心被认定为省级技术中心，国桥实业、金源纺织、蓝天宇家纺、锦兴纺织等企业加大新品研发投入，新品比重大幅上升。

国内外棉价倒挂降低企业竞争力。国内328级棉花始终保持1.9万元/吨以上，高于国际市场价格4000元~6000元/吨，延续2011年年底以来巨大的国内外棉价差，大大影响国内棉纺企业的市场竞争力。

【启动服装创意产业园建设】 5月，省工信委启动服装创意产业园先行先试工作。南昌市青山湖区昌东工业区作为首个先行先试点，着力于打造中国(江西)针织服装创意产业园。项目占地约0.6平方千米，其中一期占地0.28平方千米，规划建设研发创意区、企业总部区、文化会展区、电子商务区等四大模块，满足企业总部、研发设计、文化会展、电子商务、人才培训、品牌建设等六大功能，目标是建成全国重要的服装纺织产业创新创意基地、中西部服装纺织产业链集成中心、全国服装产业转型升级示范区、中国针织服装设计高地及针织服装流行趋势发布中心和江西最具吸引力的都市产业休闲观光区。截至年底，项目概念性规划及产业规划完成，一期用地拆迁工作基本完成，重点区块招商工作启动。

【推进服装行业品牌建设】 全行业全年新增1个中国驰名商标、7个江西名牌、9个江西著名商标，重点跟踪培育的服装品牌企业主营业务收入达147亿元，占全省服装行业的15.05%。其中，鸭鸭股份在充分利用现有营销渠道的基础上积极开发电子商务，被评为"江西省电商示范企业"；绿冬丝科多年来致力于打造品牌，其品牌"绿冬"被国家工商总局商标局认定为中国驰名商标；深傲服装抓住网络新兴市场，着力打造子品牌"朝尚姿"，专攻女性服装市场；南昌华兴、培维梦从全部接单加工转向部分接单加工、部分自主品牌销售。

（省工信委编辑室）

建材工业

【概 况】 2013年，全省建材行业运行质量提高，龙头企业和产业集群规模效益不断凸显，各子行业发展亮点纷呈。全年实现主营业务收入1620.7亿元，增长25.7%，占全国比重3.7%；完成工业增加值506.8亿元，增长26.3%；实现利税195.8亿元，增长28.7%；实现利润134.7亿元，增长29.3%，占全国比重4.3%。其中，水泥行业实现主营业务收入400.3亿元，增长20.6%，占全国比重4.1%；实现利润47.5亿元，增长31.9%，占全国比重6.2%。建筑陶瓷行业实现主营业务收入323.0亿元，增长24.7%，占全国比重8.1%；实现利润26.2亿元，增长20.5%，占全国比重8.7%。玻璃纤维纱行业实现主营业务收入74.2亿元，增长19.7%，占全国比重5.7%；实现利润6.1亿元，增长47.9%，占全国比重7.3%。主要产品产量大幅增长。水泥产量9204.2万吨，增长19.8%，产量居全国第12位，占全国总产量的3.7%；建筑陶瓷产量8.6亿平方米，增长19.7%，产量位列全国第三，占全国总产量的12.6%；玻璃纤维纱产量42.8万吨，下降5.5%，占全国总产量的8.6%。全行业固定资产投资额612.0亿元，增长0.9%，低于全国平均水平12.9个百分点。其中，水泥行业固定资产投资额46.7亿元，增长30.2%；建筑陶瓷行业固定资产投资额97.0亿元，增长14.9%；玻璃纤维纱行业固定资产投资额8.9亿元，下降38.5%。

重点企业和产业基地（集群）支撑作用凸显。全年各省级建材产业基地发展态势趋好。高安、安义、萍乡和永丰4个建材产业基地（集群）主营业务收入增幅超过20%，高安、安义、永丰3个建材产业基地（集群）实现利润增幅超过25%。其中高安建陶产业基地主营业务收入首次突破200亿元。8个产业基地共实现主营业务收入604.8亿元，实现利润49.1亿元。江西万年青水泥股份有限公司、江西南方水泥有限公司、江西亚东水泥有限公司、海螺（江西）水泥和红狮（江西）水泥5户主要水泥企业的产量和主营业务收入增幅均在25%以上，利润增幅均在30%以上，其中万年青、南方和亚东3户实现利润翻番。5户企业2013年产量总和为6032万吨，增长29.1%，占全省水泥总产量的65.5%；主营业务收入总和227.2亿元，增长33.5%，占全省水泥行业主营业务收入的56.8%；实现利润总和27.1亿元，增长57.7%，占全省水泥行业利润的57.1%。5户水泥企业产量和效益总和占全省水泥产业的一半以上，龙头企业的规模效益明显。

各子行业快速发展。水泥产能1亿吨，产能利用率92.0%，高于全国平均水平17.8个百分点。新型干法水泥生产线60条，新型干法比重提高至96%以上。水泥企业余热发电约15.89亿千瓦小时，节约标煤1.95亿吨，减少二氧化碳排放6.06亿吨。建筑陶瓷产量升至全国第三位。玻璃纤维行业实现主营业务收入增长19.7%，实现利润增长47.9%。建筑与技术玻璃制造业产量1565万吨，产能利用率95.4%。江西宏宇能源发展有限公司浮法玻璃产量902.4万重量箱，增长103.7%。建材行业各主要子行业主营业务收入增幅均达到或接近20%，利润增幅均超过20%，改变了以往水泥产业一家独大的格局。

【推进重大建材项目建设】 一批建材项目相继竣工投产，在建项目持续推进。水泥产业：江西亚东水泥有限公司2条日产6000吨新型干法水泥熟料生产线建设持续推进，其中五号线通过竣工验收；江西萍乡市昌盛水泥厂1条日产2500吨新型干法水泥熟料生产线通过竣工验收；九江盘石水泥有限公司、吉安宏光水泥有限公司2个粉磨站通过竣工验收。玻璃（特种玻璃）产业：总投资35亿元的江西宏宇能源发展有限公司2条日产700吨超太阳能玻璃生产线、Low－E中空节能玻璃、2条捣固焦生产线项目竣工投产；总投资35亿元的江西李冠成玻璃有限公司鄱阳玻璃生产基地项目正在建设中；江西安源光伏玻璃有限责任公司1条日产250吨光伏玻璃生产线通过竣工验收。玻璃纤维及制品产业：江西大华云通玻纤有限公司1条日产6万吨特大型池窑拉丝生产线、江西元亨复合材料有限公司1条日产5万吨特大型池窑拉丝生产线项目继续推进。建筑陶瓷产业：高安建筑陶瓷产业基地3条日产500万平方米建筑陶瓷生产线项目建成投产。

（省工信委编辑室）

医药工业

【概 况】 2013年，全省生物医药产业全年实现主营业务收入1005.56亿元，增长15.9%，在全国各省同行业中居第七位，成为全省第七个主营业务收入过千亿的优势产业。实现利税116.8亿元，增长13.5%，全国居第十一位。实现利润70.7亿元，增长13.1%。济民可信集团实现主营业务收入100.6亿元，成为省内首家主营业务收入过百亿的医药企业。中药行业实现主营业务收入447.88亿元，增长16.8%。其中中成药主营业务收入396.3亿元，增长14.4%，在全国各省同行业中居第二位。中药饮片主营业务收入51.6亿元，增长37.9%，增幅高于全国医药产业平均增长水平11个百分点。化学药行业实现主营业务收入396.29亿元，增长12.2%。医疗设备制造实现主营业务收入168.73亿元，增长22.7%。其中医疗仪器设备及器械制造主营业务收入109.11亿元，增长24.5%。生物医药行业实现业务收入16.29亿元，增长13.8%。

优势品种持续增长。年销售额过亿元的品种35个，增加6个。其中销售额过10亿元的品种4个，分别是青峰药业的喜炎平注射液（31.80亿元）、济民可信的金水宝胶囊（19.94亿元）和醒脑静注射液（18.8亿元）、江中药业的健胃消食片（10.02亿元）。

产业项目快速推进。4个投资额10亿元以上的重大医药产业项目加速推进，其中祥太制药的原料药生产项目、青春康源的生产线建设项目、青峰药业的制药基地项目等3个新建项目开工建设，江西科伦医疗器械二期项目即将开工生产；20个投资额亿元以上的医药项目将陆续竣工投产。

制定《2013年江西医药工业主营业务收入千亿产业推进方案》，对医药产业过千亿进行专门布置。在加强行业调研的基础上，先后完成《全省生物医药产业发展研究报告》《关于江西省生物医药产业做强做优的实施意见》《江西省医药产业发展战略报告建议书》。召开全省生物医药产业发展座谈会，专题研究全省生物医药产业过千亿的政策扶持措施。启动并完成江西省新一轮基本药物增补目录遴选工作，新增本省企业品种60个。鼓励优强企业对省内外主动放弃新版GMP改造的企业或产品品种进行并购重组，支持优强企业“走出去”进行跨省收购，获取优势品种，进行产业链整合，支持优强企业加强技术创新，推动产学研深度融合。济民可信集团成功控股浙江康莱特药业。

【提升产业集中度】 8户企业主营业务收入过10亿元，分别是济民可信集团（100.6亿元）、汇仁药业（38.6亿元）、仁和集团（37.3亿元）、青峰药业（33.8亿元）、江中药业（27.3亿元）、洪达医疗（15.0亿元）、百神药业（14.5亿元）、益康医疗（11.3亿元）。其中济民可信集团（合并报表）主营业务收入增长60%，青峰药业增长60.2%。另有38户企业主营业务收入过亿元。前20位企业（集团）主营业务收入、利润、利税合计分别达344.2亿元、25.4亿元和45.3亿元，分别占全省医药产业的34.2%、35.9%和38.8%，产业集中度进一步提升。4个主要医药产业集群共实现主营业务收入379.5亿元，占全行业的37.8%。其中，樟树市医药产业集群主营业务收入110亿元，增长15%；袁州医药产业集群主营业务收入96亿元，增长43.8%；进贤县医疗器械产业集群主营业务收入90亿元，增长21.2%；小蓝生物医药产业集群主营业务收入83.5亿元，增长8%。

（省工信委编辑室）

食品工业

【概　况】 2013年，全省规模以上食品工业企业601户，新增49户。资产合计948.82亿元，增长16.2%。规模以上食品工业实现总产值2234.04亿元，产品销售率98.8%，增长19.3%。完成工业增加值591.49亿元，增长18.8%，占全省工业的10.3%。实现主营业务收入2270.71亿元，增长19.6%，增速居全国第四位，高出全国食品工业5.7个百分点。利税总额320.31亿元，占全省工业的11.1%，增长26.5%。利润总额167.24亿元，增长28.9%。

全年生产精制食用油198.74万吨，增长77.0%；冷冻饮品4.77万吨，增长35.9%；软饮料304.98万吨，增长29.0%；包装饮用水121.71万吨，增长28.3%；乳制品32.09万吨，增长12.4%；罐头14.21万吨，增长11.6%；液体乳27.41万吨，增长9.7%；啤酒124.43万千升，增长8.3%；大米591.11万吨，增长8.2%；卷烟639亿支，增长6.7%；精制茶5.95万吨，增长3.6%；白酒14.19万千升，下降9.7%。

全年全省规模以上食品工业完成固定资产投资603.9亿元，增长35.0%。其中烟草制品业完成投资24.1亿元，增长297.3%，酒、饮料和精制茶制品业完成投资121.9亿元，增长73.3%。青岛啤酒九江分公司60万千升/年啤酒生产项目（一期）及江西朗朗食品有限公司罐装及利乐装饮料生产项目建成投产。百威英博（吉水）啤酒有限公司年产50万吨啤酒建设项目获省发改委批复，将于2014年开工建设。

外贸出口实现快速增长。全省规模以上食品工业完成出口交货值112.4亿元，增长22.3%。其中，水产品加工完成出口交货值33.9亿元，增长23.1%；方便食品制造完成出口交货值18.4亿元，增长19.2%；食品及饲料添加剂制造完成出口交货值14.6亿元，增长41.6%。以上三类产品合计完成出口交货值66.9亿元，占全行业的59.5%。

重点企业进一步做强做大。重点打造南昌双汇、中粮（九江）公司、四特酒公司等计划超百亿龙头企业。支持双胞胎集团和正邦集团实施“千亿计划”。打造南昌小蓝经济开发区食品饮料产业基地等11个食品产业基地建设，引导和支持中小食品企业向园区聚集。正邦集团有限公司、双胞胎集团股份有限公司、江西中烟工业有限责任公司3户超百亿企业，主营业务收入占全省食品工业的38%。中粮粮油工业（九江）有限公司、四特酒有限责任公司、江西煌上煌集团有限公司、九江市嘉盛粮油工业有限公司、南昌双汇食品有限公司等企业主营业务收入超20亿元。

各设区市食品工业发展迅速。南昌、宜春、九江、吉安、赣州、上饶6个设区市共完成主营业务收入2023.1亿元，占全省食品工业的89.1%；利税总额294.7亿元，占全省食品工业的88.9%。其中，九江市完成主营业务收入256.9亿元，增长38.3%；利税总额20.0亿元，增长49.0%。上饶市完成主营业务收入136.3亿元，增长26.1%；利税总额20.7亿元，增长76.4%。

继续推进诚信体系建设。制定《2013年江西省食品工业企业诚信体系建设工作实施方案》，组织72户试点企业参加国家认证认可监督管理委员会认证认可技术研究所组织的全国食品工业企业诚信管理体系培训和全省诚信管理体系内部核查员培训班，组织于都高山青草奶业、吉安牛牛乳业、南昌宝迪与国家认证认可监督管理委员会认证认可技术研究所对接，指导企业建立诚信体系，完成体系评价。组织食品企业参加工信部和省食安办举办的食品安全周活动。

加强行业服务。帮助正邦集团实施“千亿计划”，在战略性新兴产业、技术改造、信息化建设等方面给予重点支持，派员到正邦集团挂职，帮助其协调解决困难。针对双胞胎集团实现千亿目标进行专题调研。与光大银行南昌分行签署战略合作框架协议，获得5亿元授信额度，向7户企业发放贷款7100万元。组织全省36户酿酒企业赴湖北酿酒企业考察学习其发展经验。

【创优工作成效显著】 吉水、广丰、吉安、上高、泰和、安福等6县获“2012—2013年度全国食品工业强县（市、区）”称号。25户企业获“2012—2013年度全国食品工业优秀龙头食品企业”称号，分别是江西煌上煌集团食品股份有限公司、江西金佳谷物股份有限公司、江西开元安福火腿有限责任公司、江西金田粮油集团有限公司、永丰县绿珠实业有限公司、江西和泰实业有限公司、江西井冈酒业有限责任公司、江西堆花实业有限责任公司、江西金穗丰糖业有限公司、高安市清河油脂有限公司、大观楼食品集团有限公司、江西上味世家食品有限公司、江西康怡食品有限公司、江西齐力实业发展有限公司、江西东海食品有限公司、江西阿颖金山药食品集团有限公司、江西齐云山食品有限公司、江西康美乐食品有限责任公司、江西赣森绿色食品有限公司、江西食品厂、浮梁县浮瑶仙芝茶业有限公司、浮梁瑶河茶叶有限公司、江西省鸽鸽食品有限公司、江西恩泉油脂有限公司、景德镇市西湖珍芝天然食品有限公司。

（省工信委编辑室）

烟草业

【概　况】 2013年，全省种植烟叶2.1万公顷，下降5.23%；收购烟叶88.23万担（折合4411.5千克），增长6%，其中紫色土特色烟叶种植面积4600公顷，收购烟叶19万担（折合950千克）。种烟效益创历史新水平。全省烟叶收购均价23.56元/千克，提高2.86元/千克；亩产值3275元，提高27.6%。烟农户均销售烟叶收入5.58万元，增长24.3%。基础建设投入再创历史新高。完成投入3.89亿元，增加1.2亿元。完成烟叶复烤加工64.48万担（折合3224千克），增长29.9%。销售卷烟144.46万箱，增长2.27%。全省卷烟零售户平均综合毛利率11.91%。全省烟草实现税利180.51亿元，增长11.5%，其中上缴税金136.61亿元，增长9.62%。烟草商业利税80.34亿元，增长10.49%，其中上缴税金47.81亿元，增长6.93%。烟草工业利税100.17亿元，增长11.92%，其中上缴税金88.8亿元，增长10.7%。

严格控制烟叶规模，把烟叶生产工作重心转移到"主攻质量、突出特色"上。浓香型重大专项基础研究和推广工作有序推进，全省建设浓香型烟叶开发综合示范区4个，示范面积126.7公顷。在江西烤烟质量风格特征定位研究上有新进展，有关专家评委一致认为，江西省烤烟风格特征表现为甘甜浓香型，具有良好协调烟香、平衡烟气的作用，在卷烟配方中能够丰富香气，提高香味品质，是中式卷烟配方的重要组成部分。加大对"双十五"品牌、低焦油卷烟品牌和"金圣"烟的培育力度。建立"金圣"烟促销工作、市场状态评价和运行调控机制，优先保证"金圣"烟的购进计划，加大政策倾斜力度，大力培育"金圣"新品。全年"金圣"品牌调拨销售40.01万箱，增长6.2%。其中，省内29.8万箱，增长2.91%；省外10.2万箱，增长17.22%。加大专卖内管工作力度，以内管工作实施细则为依托，坚持"零容忍""一案双查"和重大案件1小时内上报等规定，完善品牌分级监管和隐身异地查找制度，注重事前、事中监管，规范内部经营行为。积极探索市场精准监管，细分监管对象类别、监管频率和方式，组织实施"金网7号"打击制售假烟网络专项行动。

【加强烟草科技研发】 本草沁润珠、美拉德反应香原料以及定长切丝、低透气度卷烟纸、染色成型纸、沁润珠嘴棒等新技术、新材料、新工艺在产品研发中得到深入应用。"金圣"卷烟焦油加权平均值从2012年的11.47毫克/支下降到10.74毫克/支。加强科技创新管理，江西中烟工业公司获准设立博士后科研工作站，全年共获得5项发明专利和38项实用新型专利授权。

【建设现代零售终端】 成立建设现代零售终端课题小组，整理完成《一户一策系统功能需求说明书》。5月，项目通过省烟草专卖局（公司）科技立项。8月，项目软件系统研发完成。9月，在宜春市烟草公司启动项目试点工作。通过全面推广亲情服务和增值服务，不断改进和加强对零售客户的服务，切实维护零售客户的合理利益。充分发挥现代卷烟零售终端形象展示、宣传促销、品牌培育、消费跟踪、信息采集等功能，不断提高卷烟零售客户经营能力，提升客户盈利水平。开展智能化货源分配策略（一户一策）项目研究，着力在突破零售户原有分档分类分级的基础上，依据市场状态和客户真实销售能力，通过信息系统为每个客户自动生成策略，实现个性化总量控制、自动生成每次建议订单，并由系统自动推送通知客户。

【开展物资采购工作重要信息"必须公开"试点工作】 6月底，省烟草专卖局开展物资采购工作重要信息"必须公开"试点工作。把"必须公开"贯穿于业务流程中，融入于管控制度中，固化至信息化支撑系统中，延伸至"四权"行使中，落实在考核问责体系中，体现在资料管理中。公开体系涵盖工程、货物、服务三大业务流程，每个业务流程贯穿立项申请环节、项目审批环节、确定供应商环节、合同签订环节、款项支付环节、项目验收环节、廉政监督环节、督办通报八大运行环节，每个环节包含项目申报、项目确定、评标过程、合同审核、款项支付、验收入库等85个公开节点，初步构建实现"必须公开"的运行体系和保障机制。

（王萱　夏晨娣）

本栏编辑　孟秀

非公有制经济

综　述

2013年，全省非公经济完成增加值8137.1亿元，同比增长10.8%，占全省地区生产总值的57.4%，比上年提高1.4个百分点。其中，规模以上非公有制工业企业实现增加值4575.7亿元，增长13.3%，占全省工业增加值的79.5%。上缴税金1410.4亿元，增长21.2%，占全省税收总额的70.6%，比上年提高3.9个百分点。实现出口268.6亿美元，比上年增长13.6%，占全省出口总额的95.4%，比上年提高1.2个百分点。完成固定资产投资9928.4亿元，增长23.5%，占全省固定资产投资总额的79.7%，比上年提高3.9个百分点。个私企业163.6万户，其中个体工商户137.3万户，私营企业26.3万户，分别比上年底增加10.8万户和3.7万户。

着力创新服务方式，进一步优化发展环境。一是完善政策服务体系。为全面贯彻党的十八届三中全会精神，促进全省非公经济更好更快发展，省委、省政府下发《中共江西省委、江西省人民政府关于大力促进非公有制经济更好更快发展的意见》，重点在清理投资准入门槛、推动全民创业、加大财税金融扶持力度、优化发展环境、提高发展质量和效益等方面强化和完善政策措施。调整充实了省促进非公有制经济发展领导小组，进一步健全工作机制。二是搭建创业孵化平台。为推动全民创业，为初创小微企业提供研发、生产、经营场地和公共设施、配套服务，开展小微企业创业园建设。全省建成6个省级小微企业创业园，42个省级小微企业创建单位，孵化了一批创业型小微企业。三是提升公共服务水平。制定《省级中小企业公共服务示范平台认定管理办法》《江西省中小企业服务平台网络工作规范》，加快公共服务平台建设速度。全省已有国家中小企业公共服务示范平台14家，省级中小企业公共服务示范平台39家，设立“968969”服务热线，为非公企业提供全天候在线服务。四是启动“专精特新”中小企业培育工程。为贯彻工信部《关于促进中小企业“专精特新”发展的指导意见》，加快培育壮大一批“专精特新”中小企业，制定《江西省“专精特新”中小企业认定办法(试行)》，对认定的专精特新企业给予5个方面的政策支持，引导企业走专业化、精细化、特色化、新颖化发展之路。

着力推进担保体系建设，破解融资难题。针对非公企业融资难的现实，积极构建融资担保体系，加大信贷支持力度。一是加强信用担保机构建设。全省注册备案的中小企业信用担保机构已达161家，担保资金135亿元，全年为9000家中小企业提供新增担保贷款325亿元。其中，政策性担保机构70家，担保资金74亿元，全年新增担保业务总额210亿元，占全省中小企业信用担保机构的业务比重的65%。二是搭建融资超市平台。通过政府搭台、机构唱戏、市场化运作的方式，开设中小企业网络融资超市，积极为全省非公企业提供“一站式”网络融资服务。自6月正式上线开通以来，共为106家企业融得银行贷款3.63亿元。三是推进中小企业信用示范区建设。按照省政府办公厅《关于在全省工业园区创建中小企业信用示范区的实施意见》，开展信用示范

新干县小微企业创业园

省工商局供稿

区建设，鼓励银行向信用区内非公企业提供无担保信用贷款。为试点园区奉新工业园落实首批13家非公企业银行贷款4600万元。四是设立扶持产业发展贷款风险补偿金。利用全省工业园区专项资金，建立5000万元的贷款风险补偿金，与北京银行南昌分行合作，按放大5—8倍、实行基准利率、无担保要求，支持生物医药产业企业进行GMP技术改造，首批贷款总额达3.32亿元。五是引导非公企业拓展直接融资渠道。举办“江西中小企业利用多层次资本市场融资培训暨推介会”“江西中小企业‘新三板’融资对接会”等多场展会，鼓励企业上市融资。全省已有40家非公企业与券商进行接洽或签约，将有一批企业可在新三板扩容后实现首发上市。

*着力强化培训辅导，提供人才支撑。*按照“多层次、多功能、多形式”的要求，进一步加大培训辅导体系建设力度。一是创办创业大学。为培养新时期高素质非公企业家队伍，提升非公企业整体水平，在整合省、市资源的基础上，建立1个省级、10个设区市级创业大学，搭建非公企业家学习交流平台。并制定完善《江西省创业大学考核评价及奖励补助办法（暂行）》，加强对创业大学的管理。全年培训非公企业家2266人。二是培养专业技术人才。省人社厅、省中小企业局联合开展非国有企业专业技术人员职称申报、评审工作，壮大全省非公企业人才队伍，全年授予非国有企业高级职称资格1003人。三是开展“赢在江西”第二届青年创新创业大赛，为加大对青年创业支持，增强青年创新创业能力，促进中小企业健康发展，开展第二届青年创新创业大赛，共收到报名参赛项目1000余个，通过导师带徒，一对一辅导的形式，提高青年创业成功率，掀起全省青年创业热潮。

（韩坤　徐星龙）

第二届“赢在江西”青年创新创业大赛前15强选手

省工商局供稿

外商、中国港澳台商投资企业

【概　况】　2013年，全省新登记外商投资企业704户，同比增长5.5%，全省新登记外商投资企业注册资本63.01亿美元，同比增长55%。从行业分布看，制造业新登记315户，占新登记总数的45%，减少0.1%；批发和零售业122户，占17%，增加7%；信息传输、软件和信息技术服务业65户，占9.2%，增加38%；农林牧渔业59户，占8.3%，减少18%；租赁和商务服务业32户，占4.5%，减少20%。从产业分布看，第一产业新登记59户，同比减少18 %；第二产业新登记336户，增加1.5%；第三产业新登记309户，增长17%。从区域分布看，南昌市新登记191户，占全省外商投资企业新登记数的27.1%；赣州市新登记123户，占17.4%；九江市新登记120户，占17%；吉安市新登记86户，占12.2%；新余市新登记46户，占6.5%。从增长速度看，鹰潭市新登记31户，增长72.2%，居全省第一位；九江市新登记外商投资企业120户，增长25%，居全省第二位；抚州市新登记外商投资企业24户，增长14.2%，居全省第三位。

至年底，全省实有登记外商投资企业6667户，同比减少9%；全省外商投资企业注册资本为384.33亿美元，增加10.1%。从行业分布看，制造业共有3271户，占总数的49%，减少12.7%；批发和零售业919户，占13.8%，减少1%；农林牧渔业527户，占7.9%，减少9.1%；房地产业374户，占5.6%，减少15.3%；信息传输、软件和信息技术服务业369户，占5.5%，增长1.9%。从产业分布看，第一产业有527户，减少9.1%；第二产业有3524户，减少12.5%；第三产业有2616户，减少4%。从区域分布看，南昌市实有1833户，占全省外商投资企业总数的27.4%；赣州市实有1303户，占19.5%；九江市实有1003户，占15%；吉安市实有574户，占8.6%；上饶市实有382户，占5.7%。从增长速度看，鹰潭市实有150户，增长27%，居全省第一位；南昌市实有1637户，增长7.8%，居全省第二位；萍乡市实有134户，增长6.6%，居全省第三位。

全省外商与中国港澳台商投资企业（法人企业）的投资方近30个国家、地区，主要集中于亚洲，占85.7%，其余为拉丁美洲、北美洲等。亚洲国家、地区中，以香港为主，占73%，其余，依次为台湾、澳门等。

全省办理外商投资企业注、吊销登记1107户，比上年增加238%。其中注销263户，吊销844户，分别比上年同期增加15.8%、744%。注、吊销企业集中分布在制造业（703户）、批发和零售业（96户）、农林牧渔业（60户），这三行业占注吊销总数77.5%。注、吊销的企业（不含分支机构）投资方集中在亚洲，共828户，其中香港653户、台湾106户，其次为美国25户、澳门24户。

【外商、中国港澳台商投资企业发展多样化】 2013年，全省外商、中国港澳台商投资企业发展特点呈多样化。一是企业类型以外商独资企业为主。年内全省有外商与中国港澳台地区商独资企业4143户，占总数的62.1%。表明随着外商投资者逐渐熟悉中国的市场和法律，投资信心和自主经营意识进一步增强，而独资企业具有自主性较强、灵活性较大等特点，自然成为外商与中国港澳台地区商投资的首选方式。二是产业结构仍有优化的空间。年内，全省外商与中国港澳台地区商投资企业从事制造业共有3271户，占总数的49%，减少12.7%；批发和零售业919户，占13.8%，减少1%；农林牧渔业527户，占7.9%，减少9.1%；房地产业374户，占5.6%，减少15.3%；信息传输、软件和信息技术服务业369户，占5.5%，增长1.9%。从产业分布看，第一产业有527户，减少9.1%；第二产业有3524户，减少12.5%；第三产业有2616户，减少4%。三是集中分布在南昌等中心城市。截至年底，南昌市实有1833户，占全省外商与中国港澳台地区商投资企业总数的27.4%；赣州市实有1303户，占19.5%；九江市实有1003户，占15%；吉安市实有574户，占8.6%；上饶市实有382户，占5.7%。四是投资方以香港为主。全省外商与中国港澳台商投资企业（法人企业）的投资方多达近30个国家、地区，主要集中于亚洲，占85.7%，其余为拉丁美洲、北美洲等。亚洲国家、地区中，以香港投资为主，占73%，其余依次为台湾、澳门等。

（孙浩）

个体私营经济

【概　况】 2013年，全省个体工商户137.35万户，增长8.51%；个体从业人员341.71万人，增长3.50%，户均解决就业2.5人；登记资金总额1034.65亿元，增长41.76%，户均资金7.5万元。全省私营企业户数26.29万户，增长16.4%，占全省各类企业的比重为77.54%；从业人员330.8万人，增长0.33%；注册资本（出资金额）总额7909.57亿元，增长31.17%，占各类企业注册资本的比重达50.77%。引导帮扶3.76万名登记失业人员、130名残疾人员、779名退伍军人、1.22万名高校毕业生、36名刑释解教人员在个私经济领域实现就业创业。

全省新开业个体工商户19.78万户，比上年下降3.14%；个体从业人员58.3万人，比上年增长9.31%，户均解决就业2.9人；登记资金总额296.99亿元，比上年增长33.04%，户均投入资金15万元。全省新登记私营企业4.69万户，增长21.01%，占新开业各类企业的比重92.48%；新增从业人员38.19万人，增长6.4%；新增注册资本（出资金额）总额1266.86亿元，增长22.19%，占上年新开业各类企业注册资本的比重64.78%。全省私营企业户均注册资本300.82万元，增长12.7%；其中新登记私营企业户均资本为270.07万元，增长0.97%。

全省合作社2.69万户，增长40.83%；出资总额526.51亿元，增长66.85%；成员总数46.35万人，增长122.45%。其中，全省新登记合作社7422户，增长98.45%；新登记合作社出资总额175.39亿元，增长92.15%；新登记合作社成员总数17.1万个，增长294.84%。农民自主组建合作社愿望更加强烈，而由企、事业单位和社会团体牵头组建合作社的势头略慢于总体增幅。合作社成员中，农民成员达44.95万个，增长128.03%，比重达96.98%，比上年同期提高2.36个百分点；非农民成员1.17万个，增长18.29%，比重为2.52%，比上年同期下降2.22个百分点；企、事业单位和社会团体成员共2233个，增长69.55%，比重为0.48%，比上年同期下降0.15个百分点。农民专业合作社资金规模持续扩大，特别是出资规模在500万元以上的合作社增速远高于平均增幅。全省合作社出资总额达526.51亿元，增长66.85%，户均出资规模196.01万元，扩大18.48%。全省合作社户均成员17.3个，扩大58.72%；其中2013年新登记合作社的户均成员23个，扩大98.28%。全省所有设区市均实现了“一村一社”，为引领广大农民参与市场竞争，促进农民增收、农业增效和农村繁荣，推进现代农业经营机制创新和新农村建设打下坚实基础。

助推个私经济转型升级。全省工商系统继续引导具有一定规模的个体工商户转型为企业，全省有4623户个体户转型为企业。

【支持农民专业合作社联合社发展】 2013年，赣州、宜春工商部门分别出台《赣州市农民合作社联合社注册登记若干规定（试行）》《宜春市工商行政管理局关于农民专业合作社联合社登记工作的实施意见》。全省登记农民专业合作社联合社17户，为农民专业合作社发展增添了活力。

【大力发展家庭农场】 2013年，赣州、景德镇、吉安、新余、抚州等地工商部门联合农业局、农工部等相关单位出台了鼓励扶持家庭农场发展的意见，鼓励种养大户成立家庭农场，制定了放宽名称和住所登记条件、经营范围和生产经营方式，降低资本准入门槛，助推品牌农业发展等扶持措施。全省新登记和已预先核准名称的名称中含有“家庭农场”的个体户和企业共6678户，实现了零的突破。

（彭文洲）

本栏编辑　杨沂柳

信息化建设

综　述

2013年，江西省加快推进信息化建设，信息通信基础设施集约化建设逐步完善，社会各领域信息化应用进一步拓展，公共信息服务领域进一步深化，信息化助推经济发展的能力进一步提高。

信息基础设施进一步完善。全年网络基础设施建设固定资产投资90.1亿元，增长79.9%。全省光缆总长度48.6万千米。其中，本地网光纤34.1万千米，长途光纤2.2万千米，接入网光纤12.3万千米。全省城市新建小区实现100%光纤入户，行政村通光纤比例100%。互联网宽带接入端口731.8万个，移动电话交换机容量4088.4万户。固定互联网宽带用户新增38.1万户，达410.1万户，固定宽带普及率31.5%。

电子信息制造业快速发展。全省电子信息制造业实现主营业务收入851.3亿元，增长23.4%，实现利税总额82.98亿元，增长52.26%。全省电子信息制造业已初步形成半导体照明、通信终端和数字视听等三大主导产业，三大产业实现主营业务收入占全行业比重达71.8%。通过大力发展通信终端、车载电子等整机产品，江西电子信息制造业产业结构调整取得初步成效，整机产品的规模不断提升。全年全省手机整机生产5514.37万部，增长24.2%；各类尺寸触控屏累计生产1.97亿片，增长133.77%；车载视听产品生产378.12万套，增长24.89%。

软件服务业持续健康发展。全省软件服务业实现主营业务收入102亿元，增长22%；实现利润10.4亿元，增长25.3%。其中，软件业务收入65亿元，增长20%；软件业务出口5974万美元，增长40.6%。

电子政务应用领域进一步拓展。全省电子政务主要业务信息化逐步实现全流程、全覆盖。省直单位（部门）中有33个单位建成并运行143个核心业务信息系统，9个部门实现100%核心业务信息化全覆盖。“政务网乡乡通”实现1700多个乡（镇、街道）联网，政务服务向基层延伸。省政府各组成部门和直属机构、各设区市及县（市、区）全部建立政府网站，初步建成覆盖全省、惠及城乡的政府网站群。

信息安全保障能力不断增强。2013年全省信息安全工作以完善信息安全保障体系、提高信息安全保障能力及服务于经济社会发展为目标，加快理顺信息安全管理协调机制，加强信息安全基础设施和人才队伍建设，夯实信息安全工作基础。开展重点领域网络与信息安全检查行动、政府网站安全测评及重要工业控制系统基本情况调查等专项工作，查找安全漏洞和薄弱环节，分析评估安全风险和威胁，并有针对性地进行整改，提高信息安全防护水平和保障能力。

无线电管理服务水平进一步提高。开展台站规范化管理专项活动，坚决打击“伪基站”、无线电诈骗、考试作弊行为，维护空中电波秩序和社会安全稳定。开展宣传工作，进一步普及无线电知识，增强社会依法用频意识和自觉性。加强无线电监测和干扰排查，确保民航铁路等重要行业的无线电安全，无线电管理基础和技术设施建设稳步发展。

社会领域各项公共服务质量和效率显著提高。人力资源和社会保障、财政、民政、卫生、金融等公共服务领域，实现社会保障卡一卡通用，覆盖734个社保经办机构。文化信息资源共享工程为群众提供服务达到290多万人次。教育部门推进教育信息资源开发利用取得成效，在江西省基础教育资源网平台上启动全省教育资源公共服务项目建设，完成江西省第一部公益性网络教材《义务教育学科课程网络资源》3209节课程的制作，免费供全省中小学师生使用，总下载量1321.5万余次，下载人数超过17.35万人。卫生部门不断推进省、市、县三级区域卫生信息平台建设，全面推进基层医疗卫生机构、基本药物采购使用管理、药品电子监管、“阳光医药”系统建设，建立医药质量信息追踪体系，确保药品质量和安全，促进卫生信息共享。以参合人员、新生儿、职业病高危人群、无偿献血者等4个重点群体以及大型医疗机构等领域为突破口，开展居民健康卡发行与应用试点。民政部门开展“数字民政”应用平台建设，打造覆盖省、市、县、乡的面向社区和群众的基层民生服务平台，加强信息无障碍建设。人力资源和社会保障部门加快“金保工程”建设，完善省级数据中心建设，实现部、省、市三级贯通，推进社会保险“多险合一”信息系统建设，建立异地就医结算机制，实现异地就医即时结算，全面实行离退休人员养老金直发。加强社会保险业务档案电子化管理，推进社会保障卡的发行和应用，全年免费发放社会保障卡近1000万张。

（省工信委编辑室）

信息基础设施

【概　况】 2013年,全省信息通信基础设施集约化建设有序推进,电信、移动、联通三大电信运营商及省广电网络公司对全省信息通信基础设施的各项投资稳步增长,网络覆盖能力持续增强,宽带接入水平有效提升,信息消费规模不断扩大。

信息接入水平有效提升。全年电信业务总量完成295.6亿元,增长6.3%;电信业务收入252.1亿元,增长11%。用户规模进一步扩大,固定电话用户622.4万户,减少21.8万户,固定电话普及率13.8部/百人。移动电话用户新增233.5万户,达2806.9万户,移动电话普及率62.3部/百人。其中3G用户938.2万户,新增431.2万户。固定互联网宽带用户新增38.1万户,达410.1万户,固定宽带普及率31.5%。其中接入速率大于4M的用户337.9万户,接入速率大于8M的用户48.2万户。

网络覆盖能力增强。网络基础设施建设固定资产投资90.1亿元,增长79.9%。光缆总长度48.6万千米。其中,本地网光纤34.1万千米,长途光纤2.2万千米,接入网光纤12.3万千米。全省城市新建小区实现100%光纤入户,行政村通光纤比例100%。互联网宽带接入端口731.8万个,移动电话交换机容量4088.4万户。

推进电信基础设施共建共享。全省全年共建基站180个(其中铁塔126座),共建杆路246线路千米、共建管道497千米,共享基站408个(其中铁塔344座),共享杆路896线路千米,共享管道155线路千米,节省建设投资约2.22亿元。

广播电视网络覆盖能力提高。全省广播综合人口覆盖率97.42%,电视综合人口覆盖率98.5%。全省骨干广播电视发射台和转播台107座,有线广播电视传输干线总长8045千米。2013年村村通工程采用直播卫星接收方式,完成1.23万个村(场)的村村通工程建设,总投资3023万元,共计采购8.4万套直播卫星接收设备。

有线电视加快数字化整体转换。有线广播电视用户数622万户,入户率49.3%,其中城市有线广播电视用户数382万户,农村有线广播电视用户数240万户。数字电视用户数480万户,增加115万户,数字电视入户率39.1%,全省有线电视数字化整转率77.2%。全省高清互动机顶盒约10万台,网内传输的高清频道数量增加到22套以上,数字电视节目频道达到150套以上。全省有线电视双向覆盖用户达到70万户,其中CMTS覆盖用户42万户,EOC覆盖用户16万户,LAN覆盖用户12万户。

数字影院建设加快发展。全省城市影院总数达到123座,银幕总数528块(3D厅346个),全省11个设区市城区实现多厅影院全覆盖。

(省工信委编辑室)

信息技术应用

【概　况】 2013年,信息技术应用在各行各业取得新的突破,应用范围不断扩展。

江西省"政务网乡乡通"工程建成。全省具备实施条件的1701个乡镇全部实现联网,统一解决省民政、社保、财政、税务、监察、计生、卫生、司法、文化、国土、农业、林业、统计等党政机关面向乡镇(街办)的信息联网需求。该工程主要采用一网通的方式,有效遏制基层"信息孤岛"和"业务割据"带来的管理风险,为实现网络环境下的"一体化政府"和"一站式服务"创造条件。省政府绩效管理信息系统上线试运行,该系统从省直单位的重点工作、履职履责和效能建设方面,以及中央驻赣单位为江西经济社会发展提供支持与服务的有效举措、效能建设和服务群众情况方面,建立考核指标项,实现过程管理与日常考核相结合。

启用统一预约诊疗平台。三级医院全部加入江西省预约诊疗服务平台,向社会提供预约诊疗服务。省基本医疗保险省内异地就医双向互通即时结算试点在南昌和九江两市间试点成功,系统稳定后,省内异地就医双向互通逐步在全省推广。截至年底,所有设区市城市和有条件的县(市)基本完成数字化城管系统建设。加快推进金融IC卡应用。江西各商业银行完善金融IC卡受理环境,彻底完成POS机、ATM机受理金融IC卡的改造任务。加快非接触式受理环境的建设步伐,在快餐店、便利店等小额快速支付领域新增布放受理终端,使其具备金融IC卡非接触受理能力。启动生猪屠宰监控平台,在11个设区市、53个县的60户规模以上生猪定点屠宰企业的生猪进厂(场)查验、待宰、检疫检验、无害化处理、肉品出厂(场)等5个关键环节安装监控设备,形成省市县三级联网的监控平台。

江西省固体废物管理信息系统完成与国家固体废物管理信息系统的联网。该系统涵盖申报登记、危险废物转移、危险废物许可证管理、废物进口等业务板块,系统投入运行将全面提升固体废物管理信息化水平。

【升级"三台合一"接处警系统】 1月10日,全省93个110、119、122"三台合一"接处警系统全部完成升级改造,新的系统可以实现语音、短信、技防等多种报警方式的接入,并预留GPS、网络等多种报警接口,可实现各类警情的网上录入、网上派警、网上反馈、网上跟踪。通过新系统,上级指挥中心可直接指挥一线警力处置相关警情,不再需要层层传递指令,实现接处警数据的联网汇聚,为警情分析研判提供原始数据,有助于科学部署警力,实施精确打击。截至年底,所有设区市城市和有条件的县(市)基本完成数字化城管系统建设。

【开创政银企网络化对接模式】 5月17日,江西省第三届"百园千企"政银企对接推介会在南昌举行,开创性引入全方位、全天候的网络对接模式。对接活动依托江西省中小企业公共服务平台网络,首次开展网络融资对接。企业通过"网络融资超市"平台发布项目融资信息,并上传与企业经营活动相关的真实数据,建立企业融资档案。金融机构通过网络平台展示和推介金融产品以及适应对象、条件、流程等资料,方便企业选购金融产品。"网络融资超市"运营机构对融资需求项目进行分类整理,对企业基本资料进行前期审核。此举重在降低政银企对接成本,扩大银企对接覆盖面,减少企业融资对接的中间环节。

【研发江西省交通建设工程民工工资管理信息系统】 为从源头上解决施工单位拖欠农民工工资问题,在昌樟高速公路改扩建工程项目进行创新民工工资管理工作试点,研发出江西省交通建设工程民工工资管理信息系统。系统构建基于网络远程监测的民工工资管理预警监控模式,创新性地采用红、黄、绿3种色谱信号,分别对应"整改""关注""正常"3种状态,对出现红色、黄色预警信号的情况,则发出监管指令,责令整改。该系统实现民工工资管理的动态化监管,具有"操作界面直观""互动交流直接"以及"预警监控智能"等特点。

【全面推广应用网络发票】 3月1日,江西第一张网络发票在上饶开出,纳税人通过互联网使用税务机关提供(或认可)的网络发票开具系统开具或者通过互联网传输开具普通发票。7月1日起,在全省范围内全面推广应用网络发票,实现税收管理从"以票控税"向"信息管税"的转变。国税人员验销发票速度得到大幅度提高,顾客查询发票真伪更加便捷,有效实现发票从印制、调拨、发售、使用到验销的全过程闭环管理。

【高安市启动人脸识别社保验证系统】 高安市在城区的两个社会管理中心进行基于人脸识别社保验证,该市基于人脸识别的社保验证系统正式启动。该社保验证系统通过对离退休人员进行面部动态表情采集后用以识别验证该离退休人员的生存状况。只需在家上网或利用3G手机上网,或在经办机构的智能验证系统上便能进行自动验证。人脸识别社保验证系统有利于方便群众办事,进一步加大对社保基金的监管力度。

(省工信委编辑室)

电子信息制造业

【概　况】 2013年,全省电子信息制造业实现主营业务收入851.3亿元,同比增长23.4%,实现利税总额82.98亿元,增长52.26%。电子信息制造业初步形成半导体照明、通信终端和数字视听等三大主导产业,三大产业实现主营业务收入占全行业比重达71.8%。通过大力发展通信终端、车载电子等整机产品,江西电子信息制造业产业结构调整取得初步成效,整机产品的规模不断提升。

三大骨干产业保持较快增长。在全国电子信息制造业增速持续下滑的情况下,江西省半导体照明、手机通信和数字视听三大主导产业取得较好的增长。半导体照明产业规模以上企业实现主营业务收入150亿元,完成利税13亿元;通信终端产业实现主营业务收入280亿元,完成利税18亿元;数字视听产业实现主营业务收入180亿元,完成利税17.5亿元。

主要电子信息产品产销两旺。全年全省手机整机生产5514.37万部,增长24.2%;销售5488.5万部,增长24.4%。LED芯片生产212.2亿粒,增长24.8%;销售212亿粒,增长13.4%。车载视听产品生产378.12万套,增长24.89%;销售344.73万套,增长26.68%。触控显示成为产业发展新亮点。触控屏产业拥有规模以上企业6户,实现主营业务收入114.96亿元,增长213.16%。各类触控屏累计生产1.97亿片,增长133.77%;销售1.51亿片,增长96.91%。

重点企业发展迅速。共青城赛龙通信技术有限公司、江西省电子集团有限公司入围2013年(第27届)中国电子信息百强企业,分列第38名、第100名。晶能光电公司在继续扩大LED芯片生产的同时,积极地向产业链中下游延伸,总投资2亿元的硅衬底大功率LED封装技术开发及产业化项目已建成一条生产线并投产,年产能达1.44亿粒,全年实现主营业务收入增长31.37%。南昌欧菲光科技有限公司全年累计生产各类触控屏1.5亿片,增长1.5倍,主营业务收入增长33.3%。吉安航盛电子有限公司新项目竣工投产,车载视听产品产能继续扩大,累计生产370万套,完成主营业务收入增长29%,实现利税增长26%。

吉安电子信息产业取得突破进展,产业规模突破400亿元,获批国家新型工业化产业示范基地。南昌经开区获批省级光电产业基地,共青城市获批省级手机产业基地。

【组织参加首届中国电子信息博览会】 4月10日—12日,第一届中国电子信息博览会在深圳会展中心举办。省工信委组织晶能光电、赛龙通信等8户重点骨干企业参会。电子信息司司长丁文武等领导到江西省展位参观指导。该博览会是国内电子信息产业的惟一展会。省电子信息产业的特色和优势得到宣传,骨干企业形象和影响力有所提升。

【举办江西(吉安)电子信息暨绿色食品产业现场推进会】 按照全省战略性新兴产业推进活动的统一部署,11月26日,省工信委和吉安市政府联合在吉安市举办江西(吉安)电子信息暨绿色食品产业现场推进会。推进会为宣传当地产业发展成果、推进产业合作和产业结构优化升级搭建良好平台。推进会现场签约项目22个,总投资额143.6亿元。

(省工信委编辑室)

电子信息和软件服务业

【概　况】 2013年,全省软件产业总体保持平稳较快发展,企业数量稳步增加,产业规模继续壮大。全省软件服务业实现主营业务收入102亿元,同比增长22%;实现利润10.4亿元,增长25.3%。其中,软件业务收入65亿元,增长20%;软件业务出口5974万美元,增长40.6%。全年新认定软件企业22户,累计认定软件企业244户。6户企业成功申报计算机信息系统集成资质,具有计算机信息系统集成资质的企业54户。先锋软件主营业务收入突破10亿元,稳居全国软件百强;思创数码、贝谷科技、泰豪软件、博微软件被列入2013—2014年度国家规划布局内重点软件企业。在智慧航道、电力调度、电力预算、电子签章、地理信息、第三方支付、游戏动漫等细分市场,形成了思创数码、泰豪软件、博微软件、金格科技、华宇软件、新和技术、腾王科技等一批特色突出并具有一定市场优势的企业。

全省新增软件产品登记190项，累计登记987项。新增贝谷科技、博微软件、中投科信等3户省级企业技术中心。思创数码承担的“核高基”项目“江西省电子政务综合应用平台与集成环境”顺利通过国家验收。泰豪动漫、腾王科技、巴士在线等3户企业投资项目获得2400万元省战略性新兴产业发展引导资金支持，泰豪动漫成功申报国家软件服务平台专项，获得国家补助资金200万元。

人才培养成效明显。形成以南昌大学等高等院校信息工程学院、软件学院及软件职业技术学院为主，民办培训机构和社会团体、企业认证培训等为辅的软件人才培养体系。以IBM—先锋服务外包人才基地和江西微软技术中心为代表的人才培养和实训基地每年培训软件技术人才数量超过1万人次。

【产业集群不断壮大】 南昌高新区发挥国家服务外包示范区品牌优势，软件产业发展步伐进一步加快，集聚全省80%以上的软件企业，建成国家级金庐软件园，形成以软件研发服务为主的南大科技园，以信息服务为主的中兴产业园，以电子商务服务为主的浙大科技园，以呼叫中心服务为主的昌大瑞丰产业园。园区建设占用资源少、产业集中度高，楼宇经济特色鲜明。众多国内外知名企业聚集江西，引入微软、日立、甲骨文、戴尔等世界500强以及贝塔斯曼、欧唯特、英华达、ACT等境外知名软件企业。中兴、浪潮、用友、东软、浙大网新等国内知名软件企业和浙江大华、华平信息等上市公司先后落户江西。

（省工信委编辑室）

电子政务

【概　况】 2013年，江西省电子政务工作政务应用领域进一步拓展，网站服务逐步提升，电子政务环境逐步优化。

政务网站服务逐步提升。省政府各组成部门和直属机构、各设区市及县（市、区）全部建立政府网站，一个覆盖全省、惠及城乡的政府网站群初步建成。30个省直单位（部门）开展网站宣传推广工作，53个省直单位（部门）对网站进行及时全面的检查，确保网站的正常运行。各设区市政府网站建设成绩显著，南昌市政府网站在全国32省会及计划单列市中排名列第七位，鹰潭市在全国333个地市级（含计划单列市和省会城市）政府网站列第十五位。全省政府网站主动公开信息400多万条，依申请公开3000多条；网上办理各类事项325万条，网上信箱受理公众来信13.2万多件，办理12.5万多件，办结率94.8%；计划开展在线访谈568期，实际开展667期，较上年增长114.5%，总访问量近600万人次。

利用互联网新技术推进政务服务。通过政务微博与政府网站信息及时发布和全面深度公开的联动机制，及时向网民推送相关政务信息。11个设区市均建立政府政务微博，省直单位（部门）也逐步建立官方微博，部分部门开通手机APP平台、WAP移动门户网站。在由中国软件评测中心举办的2013年政务APP应用评比中，“中国宜春”排名全国地市级第十五位。萍乡市、南昌市红谷滩新区、新余市、樟树市、共青城市、上饶市婺源县等入选2013年度国家智慧城市试点。

电子政务环境逐步优化。制定出台《2013—2015年度全省政府网站绩效评估指标体系》，积极推进《江西省电子政务管理办法》出台。省农业厅、省科技厅等有关部门及南昌、九江、宜春等设区市结合实际，制定颁布一批关于信息化建设、网站管理、信息公开、安全管理等配套制度和措施，为规范全省电子政务和政府网站建设提供制度保障。年内，全省各地各部门开展电子政务及政府网站方面培训269次。

【电子政务公共平台建设和应用初见成效】 启动区域性电子政务云平台建设。江西省和南昌市被工信部确定为首批基于云计算的电子政务公共平台建设和应用试点示范地区。县级电子政务统一平台建设扎实推进。南昌县、南康市、丰城市、都昌县等4个依托电子政务平台加强县级政府政务公开和政务服务国家级试点基本完成任务，目录内政务公开事项全部公开，目录内政务服务事项全部上线，行政处罚事项梳理公布全部得以开展，电子监察实现全覆盖，100%乡（镇、街道）和80%村（社区）实现窗口服务延伸。贵溪市等11个省级试点县基本完成政府信息公开、行政职权和便民服务事项的清理、梳理和规范，形成县级基本目录。11个省级试点县（市、区）共梳理事项约1.27万件。

（省工信委编辑室）

无线电管理

【概　况】 2013年，全省各级无线电管理机构共受理行政许可申请187件，审批无线电台站1.06万个，指配频率178个，撤销无线电台站2062台部，收回频率112个，录入数据库台站1.48万台部。截至年底，全省共拥有各类无线电台站3300余万台部。其中，公众移动电话3250余万部，小灵通用户40余万部，其他无线电台站10万余台部。

依法行政化解无线电台站监管难题。一是创新管理方式，科学管理台站。在长江、赣江流域和鄱阳湖区域外地区，允许指配水上移动通信频率，整改到150MHz超短波单频组网频率上，从根本上解决防汛无线电预警广播占用非规频率问题；将“村村响”广播频率全部调整到150MHz业务频段，脱离广播业务，彻底解决“无线预警”广播和“村村响”广播清理整改问题。二是积极做好行业部门的沟通协调工作。与省广电局联合部署广播电视无线电台站规范化管理专项活动，协调各行业系统行政执法监管力量，重点解决非规范广播电视台站的历史遗留问题和违规设台站问题。三是做好公众通信基站的检测工作。组织三大电信运营公司自测，并向当地无线电管理局提供检测报告，省无线电监测站组织复查，按照10%的比例进行抽检验收，确保公众基站检测数据的准确性、真实性和可靠性。

严厉打击利用无线电技术的违法行为。加大对“伪基站”和手机诈骗的打击力度。全省先后查处17起“伪基站”案件，景德镇无线电管理局率先查获省内第一起“伪基站”和第一起电动车上的“伪基站”。保障各类国家考试的无线电安全。全年保障高考、研究生入学考试、公务员考试等国家级考试14场，保障各类考试202场次，保障考点638个，考场2.79万个，查获考试作弊案件49起，涉案人员69人，查获作弊设备81台(套)。全省共实施无线电行政处罚68起，收缴封存无线电台站193台部。

加大对民航、铁路专用频率的保护和干扰排查。先后为昌九、武九、京九、向莆、昌福等铁路干线排查干扰30余起，路测2000多千米，为衡茶吉、杭长、向莆线电磁环境测试800多千米，为昌北机场、井冈山机场、赣州机场排除不明信号干扰，保障民航和铁路运行安全。全省各级无线电管理机构共查处各类无线电干扰94起，省站远程监测不明信号40起。

无线电基础和技术设施建设进一步加强。九江、吉安无线电管理控制中心完成工程验收和装修搬迁。省无线电监测网完成升级改造工作。40个无线电监测小型站安装到位，11个可搬移站移交使用，进一步扩大监测覆盖面积，增强重要区域、铁路干线监测能力。便携式监测设备、行政执法记录仪和手持开票仪配备到各市无线电管理局。

【助力信息通信企业发展】 6月中旬，省无线电办公室先后组织深入全省20余户信息通信企业开展调研，宣传无线电管理法律法规知识，听取企业的意见和建议。协调工信部无线电管理局和国家无线电监测中心，完成赣州石城电子设备厂产品资质认证手续。现场调研审核系统和设备资料，组织电磁环境测试，及时为九江供电局和九江石化公司指配无线接入频率，为江西省电网升级改造和石化部门的智能化管理创造良好条件。支持4G试验网建设和商用。适时召集三大电信运营公司研究规划4G基站建设管理问题，协调4G频率保护工作。各级无线电管理局加强对1.8～2.7GHz 4G业务频段保护性监测，清理非法占用4G频率的台站，为基站选址、设置审批开通绿色通道。

(省工信委编辑室)

信息安全

【概　况】 2013年，全省信息安全工作以信息安全保障体系建设为中心、以提高信息安全保障能力为目标，开展重点领域网络与信息安全检查、政府网站安全测评，加强信息安全政策法规、基础设施、人才队伍和网络信任体系建设。信息安全形势较为严峻，主要表现在：信息安全政策法规不健全，信息安全产业不发达、技术支撑能力不强，信息安全投入不足，专业人才匮乏，技术防护和管理水平不高，部分政府网站及重要业务系统存在高危漏洞和风险。

继续组织开展全省重点领域网络与信息安全检查，组织专业技术机构开展以技术检测为主的安全抽查，先后对省地理信息、网银等重要业务系统，以及180余个政府网站进行以技术检测为主的安全抽查，查找出许多安全漏洞，并通报一批具有高危漏洞和风险的系统，以查促改，指导和督促相关单位进行整改，消除部分重大安全隐患。

继续开展全省政府网站绩效评估安全测评工作。针对近年来政府网站安全状况和新出现的安全漏洞，对测评指标进行调整和优化，加大技术测评权重，并对测评结果采取日常监测和集中测评加权汇总的方式，将政府网站安全日常监测情况纳入测评结果中。测评发现，全省各级政府网站安全防护水平有所提升，政府网站被黑或被篡改的现象有所减少，但部分网站还存在后门等中高危漏洞，网站安全管理水平还有待提高。

加强信息安全基础设施建设，在对信息安全基础设施进行调研和论证的基础上，陆续配置部分信息安全专业测评工具，进一步完善信息安全攻防实验室软硬件设施。

建设信息安全人员队伍。采取请进来、走出去的方式，组织测评机构学习信息安全最新政策法规、标准及测评技术，提高测评机构测评能力。开展信息安全专业培训，对省直单位信息安全管理人员及各地相关人员进行信息安全教育培训，累计培训人员近1000人次。

建设网络信任体系。继续推进以身份认证及密码技术、电子认证为基础的网络信任体系建设，推广数字证书在电子政务、电子商务中的应用。截至年底，全省有效数字证书持有27.54万张。

【完善信息安全政策法规建设】 先后出台《江西省人民政府关于大力推进信息化发展和切实保障信息安全的实施意见》和《江西省人民政府关于促进信息消费扩大内需的实施意见》，完善信息安全政策法规。就电子认证服务管理办法、政府信息安全管理办法等拟出台的政策法规进行前期调研。

(省工信委编辑室)

邮　政

【概　况】 2013年，全省邮政行业总收入53.8亿元，增长16.2%。其中，邮政企业实现收入25.2亿元，增长3.8%；邮储银行实现收入25.2亿元，增长31.9%；速递物流公司实现收入3.4亿元，增长13.4%。年内规模以上快递企业完成业务量9751万件，增长78%，绝对值列全国第十七位。快递服务用户满意度77.6分，提高3.3分。申诉用户满意率94%，提高4%。全省机要通信保密安全和服务质量综合满意度94.79分，处于非常满意区间。中邮人寿实现保费11.1亿元，增长70.9%。

在全省邮政系统深入开展“讲道德，树新风，促发展”“争创诚信示范窗口”“中国梦·邮政美”等主题活动。省邮政公司获“江西省第十三届文明单位”、全省社会管理综合治理目标管理先进单位、全省劳动诚信等级示范3A单位、省直机关普法先进单位等称号，获得省直机关党的工作特别优秀奖。全省43个邮政单位被评为“江西省第十三届文明单位”，比上届增加13个。多个集体分别获评“全国邮政用户满意企业”“全国五一巾帼标兵岗”“全国青年文明号”“全国模范职工小家”“江西省五一劳动奖状”等。多名员工分别获“全国交通运输行业文明职工标兵”“全国五一巾帼标兵”“江西省职工经济技术创新活动先进个人”“江西好人”等称号。

全省邮政共有从业人员1.61万人,邮政支局所1712处,其中,城市邮政支局所430处,农村邮政支局所1282处。邮政自办支局所1278处,邮政代办所434处。空白乡镇邮政局所补建工作进一步推进。年末,全省214个补建项目有92个已交付,36个在建,66个开业运营,27个完成选址。全省建成邮政营业电子化支局所1409处。全省共设邮政书报刊亭855个。开通各级邮路538条,单程总长度达4.71万千米。其中一级干线火车邮路3条,分别是南昌—北京1449千米,南昌—苏州721千米,南昌—成都1735千米,合计3905千米。一级干线自办汽车邮路5条,分别是南昌—合肥660千米,南昌—长沙488千米,南昌—郑州1110千米,南昌—广州940千米,南昌—厦门838千米,合计4036千米。二级干线自办汽车邮路15条,单程合计4527千米。邮区内邮路515条,单程合计3.47万千米。其中农村邮路381条,单程2.32万千米。

快递市场秩序逐步规范。截至年底,江西省快递服务网络有28个品牌、292户快递企业、1000余家分支机构,从业人员超过3万人。其中全年通过审核获得快递业务经营许可证的企业共计82户,新增分支机构332个,撤销分支机构52个。完成215户快递企业经营许可年度报告工作。全年共组织开展四个批次的全国快递业务员职业技能鉴定统考,首次在全省范围内开展高级工鉴定。全省3303人报考,完成鉴定计划数的132.12%。全年共受理消费者申诉4832件,增长96.6%,为消费者挽回经济损失25.8万元。

【召开中国邮政集团工会江西省第一次代表大会】 5月8日—9日,中国邮政集团工会江西省第一次代表大会在南昌召开。江西省总工会副主席陈文明、中国邮政集团工会副主席张继政、省邮政公司总经理欧阳天高出席大会并作讲话。邮储银行江西省分行行长吴祖讲,省邮政公司副总经理张国寿,副总经理、省邮政集团工会主席戴书华,省邮政公司资深经理涂细保出席会议。戴书华做题为《围绕“两加一推”主基调,团结动员广大职工为江西邮政更好更快跨越发展建功立业》的工作报告。会议选举产生中国邮政集团工会江西省第一届委员会委员、常务委员、主席、副主席,中国邮政集团工会江西省第一届经费审查委员会委员、主任、副主任,中国邮政集团工会江西省第一届女职工委员会委员、副主任;通过《关于中国邮政集团工会江西省第一届代表大会工作报告的决议》《关于中国邮电工会江西省第二届经费审查委员会工作报告的决议》《关于中国邮政集团工会江西省委员会、经费审查委员会、女职工委员会委员替补、增补办法的决议》。

【召开党报党刊发行工作视频会议】

11月1日,省委宣传部、省邮政管理局、省邮政公司在南昌联合召开2014年度全省党报党刊发行工作视频会议。会议提出要全面完成2014年度党报党刊发行工作任务,切实提高党报党刊覆盖面和影响力,做大最强主流舆论,为江西改革发展稳定营造良好的舆论环境。省委宣传部副部长罗勇兵主持会议并做重要讲话。罗勇兵强调,要按照中央和省委的要求,加强组织领导,扎实做好2014年度《人民日报》《求是》《江西日报》《光明日报》《经济日报》《当代江西》等党报党刊的发行工作,党委宣传部门要充分发挥主导作用,抓好党报党刊发行工作的组织、协调和落实;纪检监察部门、新闻出版局要加大对报刊发行中不正之风的查处力度,组织部门要保证党费订阅党报的经费落实到位;邮政部门要切实提高投递时效,更好地满足广大干部群众的阅读需求。要探索新方法新举措,积极推广将党报党刊作为公共文化产品实施政府统一采购的做法,鼓励社会力量订阅重点党报党刊捐赠贫困地区。省邮政公司总经理欧阳天高要求,在2014年度党报党刊发行工作中,各级邮政企业要确保完成《人民日报》《求是》《江西日报》《光明日报》《经济日报》等重点党报党刊征订任务,重点抓好《半月谈》《瞭望》《新华每日电讯》等中央级党报党刊发行工作,实现发行量的稳中有升。

【举办《琴棋书画》陶瓷材质邮票珍藏册发布会】 10月18日,在景德镇市举行的第十届中国景德镇国际陶瓷博览会上,《琴棋书画》陶瓷材质邮票珍藏册发布会在瓷博会主展馆举办。中国集邮总公司党委书记李永明,江西省邮政公司党组书记、总经理欧阳天高,景德镇市副市长方府春,中国传统水墨画研究院院长薛丛仁出席发布会。李永明、欧阳天高分别致辞,李永明、欧阳天高、方府春共同为《琴棋书画》陶瓷材质邮票珍藏册揭幕。

【举办《毛泽东同志诞生120周年瓷邮珍藏》集邮册发布会】 12月26日,由中国集邮总公司、景德镇市政府、省邮政公司主办,省集邮公司和景德镇市邮政局承办的《毛泽东同志诞生120周年瓷邮珍藏》集邮册发布会在景德镇举行。中国集邮总公司总经理刘燕明、景德镇市政府副市长方府春、省邮政公司副总经理黄君仲、《毛泽东同志诞生120周年》纪念邮票设计者马刚、著名邮票设计家阎炳武等领导与嘉宾出席发布会。刘燕明、方府春、黄君仲共同为《毛泽东同志诞生120周年瓷邮珍藏》集邮册揭幕。同日,景德镇瓷邮文化中心开业。

(黄智刚　叶金平)

通　信

【概　况】 2013年,全省电话用户3429.3万户,新增211.7万户。固定电话用户622.4万户,减少21.8万户;移动电话用户2806.9万户,新增233.5万户,其中3G用户数938.2万户。互联网宽带用户410.1万户,新增38.1万户。电信业务总量314.3亿元,增长13.0%;电信业务收入253.3亿元,增长11.2%。光缆总长度43.9万千米,减少1.6万千米。移动电话交换机容量4088.4万户,新增142.5万户。移动电话基站数6.15万个,新增3127个,其中3G基站数3.47万个,新增7929个。宽带网络建设步伐加快。全省固定互联网宽带用户410.1万户,移动互联网用户

2806.9 万户,3G 网络规模持续扩大。电信基础设施共建共享取得突破:共建共享工作全年实施 4 批计划任务,共建基站 180 个、杆路 246 线路千米、管道 497 线路千米、室内分布系统 49 个;共享基站 408 个(其中铁塔 344 个)、杆路 896 线路千米、管道 155 线路千米、室内分布系统 16 个,全面完成工信部下达的各项目标,共节省建设投资 2.22 亿元。

【贯彻落实光纤到户两项国家标准】 4 月 17 日,省住房和城乡建设厅、省通信管理局联合转发《住房城乡建设部、工业和信息化部关于贯彻落实光纤到户国家标准的通知》,明确自 5 月 1 日之后获得规划许可证的新建住宅区和住宅建筑物,相关建设单位和设计、施工、监理单位必须严格执行《住宅区和住宅建筑内光纤到户通信设施工程设计规范》和《住宅区和住宅建筑内光纤到户通信设施工程施工及验收规范》两项国家标准(以下简称光纤到户国家标准);5 月 1 日前未竣工验收的新建住宅区和住宅建筑物,建设单位应按照光纤到户国家标准,完善光纤到户通信配套设施建设;新建商务楼宇、办公楼宇等建筑物的通信设施也应采用光纤到楼方式建设,其设计、施工、验收参照光纤到户国家标准执行。为全面贯彻落实光纤到户两项国家标准,8 月 29 日,省通信管理局与省住房和城乡建设厅共同举办光纤到户两项国家强制性标准宣贯培训会,省内建设、规划等部门和通信运营企业的 300 多人参加培训。

【大力支持赣南原中央苏区加快通信发展】 省通信管理局印发《江西省通信行业大力支持赣南原中央苏区(赣州)加快通信发展实施方案》。方案提出,围绕"宽带中国"3G 移动通信网络建实施,全面完善赣南原中央苏区通信基础设施,加快基础网络、光纤网络、3G/LTE 网络、无线热点建设,加强应急通信、机房安全改造和节能减排工作。通过打造宽带城市、加快农村宽带普及、实施宽带全面提速,提高信息化普及程度和应用水平。

【启动电话用户真实身份信息登记和用户信息保护工作】 8 月,省通信管理局召开全省电视电话会议部署电话用户真实身份信息登记和用户信息保护工作。对新增电话用户,按照全国人大常委会《关于加强网络信息保护的决定》《电话用户真实身份信息登记规定》《电信和互联网用户个人信息保护规定》的要求,严格实施实名登记。对老用户,要充分利用业务发展和优惠便利等措施,鼓励引导老用户进行补登记,提高老用户实名登记比例。加强对新用户实名登记、社会营销渠道管理、信息保护工作进行监督检查,确保工作有效落实。

【举办"畅通—2013"军地联合通信应急演练】 9 月 26 日,省通信管理局、省军区联合举办"畅通—2013"军地联合通信应急演练。本次演练采用军地联合、突击的方式,历经下达命令、赶赴现场、抢通专线、搭建网络、组织验收等环节,历时 4 个多小时。各参演单位反应迅速、分工明确、配合默契、保障有力,经受住各种考验,较好地完成各项演练任务,达到预期效果。各通信运营企业共出动交换、传输、电源等相关专业应急保障人员 120 多人,应急保障车辆 31 辆。

(夏金栋)

互 联 网

【概　况】 2013 年,全省固定互联网宽带用户 410.1 万户,新增 38.1 万户。移动互联网用户 2806.9 万户,新增 233.5 万户。3G 网络规模持续扩大,3G 用户 938.2 万户,移动上网进一步普及。全省互联网宽带接入端口 731.8 万个,新增 86.8 万个。城市新建小区实现 100% 光纤入户,全省行政村通光纤比例 100%。FTTH 覆盖家庭翻番,新增 148.4 万户,达 248.4 万户;FTTH 用户翻番,新增 33.1 万户,达 50.7 万户。完成 461 个老旧小区"光进铜退"改造,全省"光进铜退"旧小区改造 1361 个。3G 网络建设实现全省县以上城市和鄱阳湖生态区所有乡镇 3G 网络三网全覆盖,乡镇 3G 网络电信、移动双覆盖,行政村 3G 网络覆盖率突破 85%。宽带用户和提速实现"两个突破":3G 移动电话用户突破 900 万户,达 938.2 万户,新增 431.2 万户,普及率 20.8%;全省 4M 及以上用户占宽带用户总数比例突破 80%,达 82.4%。改善贫困地区中小学宽带网络接入条件,完成 600 所乡镇和乡镇以下未通宽带的中小学宽带接入能力建设。无线 WIFI 和互联网端口建设方面:新增 WLAN 公共运营热点 3044 个,达 1.48 万个;新增 WLAN 公共运营接入点 8109 个,达 10.92 万个。宽带接入速率检测方面:根据相关通信运营企业上报的宽带测速数据,接入速率为 4M 的用户平均网速达 3.96 MB/S,接入速率为 8M 的用户平均网速达 7.88 MB/S,接入速率为 20M 的用户平均网速可达 19.03 MB/S。

【加强互联网公共环境治理】 监测、处置涉及省内重要息息系统的安全事件,共通报和处置各类安全事件 360 起。组织开展木马僵尸网络专项整治行动,处置木马僵尸网络控制端 1863 个、受控端 1.66 万个。加强互联网基础管理,全省网站备案率 99.7%,网站备案信息准确率 87.08%。按照相关流程,配合省新闻办、省食品药品监督管理局、省广电局等部门关闭违法违规网站 117 家。

【举办中国互联网大会春华系列论坛】 为纪念第四十五届世界电信和信息社会日,5 月 17 日,由中国互联网协会主办,江西省互联网协会、江西省通信行业协会和江西省通信学会协办的 2013 年中国互联网大会春华系列论坛暨(江西)网络营销峰会在南昌举行。中国互联网协会副理事长高新民、工业和信息化部电信研究院规划所所长胡坚波和部分国内知名网站代表等围绕"移动互联网发展趋势展望""产业变局背景下的移动互联网""网络营销"等话题展开讨论。江西省通信管理局工作人员、省内通信运营企业和增值电信企业代表、互联网从业人员、高校学生等 300 余人参会。

(夏金栋)

本栏编辑　孟秀

园区经济

综述

2013年，全省工业园区紧扣“发展升级、小康提速、绿色崛起、实干兴赣”总方针，以“扩大总量、提升质量”为主要任务，深入实施工业强省战略，着力推进园区提升工程，大力开展特色园区、生态园区、新型社区和管理信息化建设，园区经济稳中有进、稳中提质。

工业园区经济实力快速提升。 2014年，全省工业园区实现主营业务收入19503.4亿元，增长17.2%；完成工业增加值4478.8亿元，增长14.1%；上缴税金837.4亿元，增长37.3%。过百亿元园区达到69个（含筹建园区），同比增加10个，其中过200亿元园区35个、过300亿元园区20个、过500亿元园区8个，南昌高新区成为全省首个过1000亿元园区；上缴税金过10亿元园区26个，新增11个，其中南昌高新区税金首个突破100亿元。宜春经开区、龙南经开区、瑞金经开区成功升级为国家级经济技术开发区，全省“国字号”园区（含国家级高新区、出口加工区）达到18个，赣县经开区、吉安工业园被批准为省级高新技术产业园区；55个园区全面启动扩区调区工作，其中22个园区扩区调区规划通过初审，8个园区的规划通过省直相关部门组织的联合评审，5个园区的规划已经省政府批准。

工业园区增长动力明显提升。 坚持把培育产业集群作为园区经济增长的第一动力来抓，突出规划、龙头和配套三个关键环节，优化产业布局，推进产业升级。组织起草江西省工业园区特色产业集群评价指标体系，指导各设区市实行差异化发展，进一步明确工业园区产业定位。至年底，各设区市工业园区产业集群发展规划已基本编制完成，11个工业园区的产业集群发展规划通过省级专家评审。利用省级工业园区产业集群发展专项资金，建立产业集群发展风险补偿金，按照“三聚焦、一放大”（聚焦特色产业、聚焦成长性企业、聚焦技改项目和放大贷款倍数）原则，重点扶持生物医药产业进行企业GMP改造，已有14家企业获得金融机构2.88亿元贷款支持，有效缓解了企业技改资金短缺难题。依托江西创业大学，成功举办第二期全省工业园区拟上市企业总裁高级研修班，优选60家企业按照上市路线图集中辅导，推动企业利用多层次资本市场做大做强。

工业园区崛起潜力持续提升。 工业园区生态建设向纵深推进，94个园区生态工业园区建设规划全面完成。南昌高新区、南昌经开区积极创建国家生态工业示范园区。绿化提升试点工作继续推进，第二批19个绿化提升试点园区验收合格，共完成绿化提升面积0.56万公顷，绿化覆盖率超过30%，第三批21个绿化提升试点园区正依托省林科院抓紧编制规划。分布式光伏电站试点启动，九江经开区、上饶经开区、新余高新区、莲花工业园和抚北工业园5个试点园区，采用省内光伏企业生产的光伏组件，利用园区和企业建筑物屋顶，试点建设分布式光伏电站，探索新能源利用建设新模式。工业园区生态化改造力度不断加大，结合清洁化园区和循环经济园区建设，大力发展循环经济、低碳经济，推广资源节约和循环利用技术，降低单位产出的能源资源消耗。2013年，全省园区全员劳动生产率达到104万元，同比增长20.9%；万元主营业务收入耗电量254.7千瓦小时，同比减少9.8%。

工业园区发展活力大幅提升。 认真总结新余高新区大部制改革经验，积极推进体制机制创新，凝聚加快园区发展的强大合力。充分发挥考核引领和激励作用，进一步完善重点省级工业园区有关考核办法，制定《重点省级工业园区考核认定实施细则》，规范考核认定，形成激励机制。经省政府批准，重点省级工业园区新增4个，总数达到22个，其中14个园区升格为副处级机构，人员编制、内设机构、领导职数等已按规范配置。加快未设立园区平台的县（市、区）筹建省级工业园区工作，将进贤经开区、新余袁河经开区列入省级工业园区序列管理。大力推广标准厂房和新市民公寓建设，支持工业园区采取“政府主导、市场运作”相结合的方式，统一建设新市民公寓、人才公寓、物流中心等生产生活性服务业，并逐步完善园区的学校、商业、医院、酒店等生活设施，构建配套完善的社会化服务体系。九江、赣州等地年建设面积达100万平方米以上，有效解决了园区企业用工难、留工难问题。截至年底，全省园区吸纳从业人员187.5万人，同比增长7.6%。探索开展管理信息化试点，应用省电信开发的管理软件，支持13个试点园区建设信息网络服务平台，利用信息化技术提升园区管理和服务水平。

（徐星龙）

南昌高新技术产业开发区

【概　况】 位于南昌市城东，辖昌东镇、麻丘镇、艾溪湖管理处，面积231平方千米。耕地面积0.76万公顷，森林面积0.14万公顷，森林覆盖率44.56%，城区绿化率47.53%。全区总人口22.98万人，其中非农业人口5.32万人，人口自然增长率8.10‰。年地区生产总值348.46亿元，同比增长10.8%。其中，第一产业增加值4.01亿元，增长3.1%；第二产业增加值290.11亿元，增长11.4%；第三产业增加值54.34亿元，增长7.7%。财政总收入56.15亿元，增长18.7%，税收占财政总收入的比重95%；地方财政收入13.52亿元，增长25.6%；地方财政支出18.7亿元，增长7%。园区主营业务收入1014.4亿元，增长14.3%；规模以上工业增加值270.97亿元，增长11%，占地区生产总值比重为72.1%。外贸出口20.4亿美元，占地区生产总值比重为35.7%。500万元以上固定资产投资完成327.88亿元，增长21%。规模工业万元增加值能耗为0.072吨标准煤，城市污水处理率100%。

【ACT国际控股大中华总部落户南昌高新区】 3月29日，ACT国际控股有限公司正式落户南昌高新区签约仪式在南昌市举行。市长陈俊卿出席并会见ACT国际控股有限公司董事孙方营一行。副市长肖玉文参加仪式。ACT国际控股在南昌高新区建设大中华运营总部项目，项目总投资25亿元。ACT国际控股有限公司落户高新区，为高新区乃至南昌软件外包的发展提供一个发展机遇。

【南昌国家高新技术产业集群标准化示范基地通过验收】 5月9日，国家标准委在南昌市组织召开南昌国家高新技术产业集群标准化示范基地（简称示范基地）试点工作考核验收会。验收专家组经过听取汇报，审阅、质询相关材料，现场考察泰豪科技股份有限公司、晶能光电（江西）有限公司两家示范企业。根据《国家高新技术产业标准化示范区考核验收办法（试行）》的要求，一致认为，示范基地建设完成了试点工作任务，达到预期目标，同意通过考核验收。

【开通艾溪湖绿道】 6月25日，江西省首条环湖绿道——艾溪湖绿道正式开通。项目总投资1.1亿元。绿道总长15千米，分人行道和自行车道，自行车道用红色沥青摊铺，统一宽度为3米，顺时针骑行都安排在右侧。围绕艾溪湖绿道，沿途共打造景观12处，使市民、游客在骑行的旅途中可以产生不同的骑行体验。绿道各驿站共提供专业级的山地自行车150辆，双人自行车200余辆供游客租赁。

【华润集团综合体项目签约】 8月15日，华润集团商业综合体项目在南昌高新区正式签约，这是世界500强华润集团布局在华中地区最大的商超项目，项目总投资10亿元。该项目选址在高新区紫阳大道，项目设计由两栋超高层商业办公楼及四层商业裙楼组成，成为当地标志性建筑。超高层将引进国内外知名公司总部和金融、保险等具有影响力的大公司、大企业入驻；4层商业裙楼主要布局大型高端商业，包括高端商场、超市购物、餐饮、影视娱乐等，以满足南昌城东片区企业、学校以及居民生活需求。

【中节能晶和照明公司研制出LED百变路灯新品】 2013年，南昌高新区内企业中节能晶和照明公司研制出LED百变路灯新品，这是晶和照明公司利用第三代专利技术打造的路灯模组和近百款款式新颖的LED路灯新产品，填补了国内空白。百变系列路灯的外观创意来源于中国国粹京剧脸谱的多样性表现形式，可以实现“一路一景”的城市靓化功能。

【承办2013年创新中药及植物药国际高峰论坛】 11月7日至8日，由省科技厅、国家中药现代化创新中心联合主办，南昌高新区管委会承办的“2013创新中药及植物药国际高峰论坛”在南昌园中源大酒店举行。业内专家、教授及相关企业负责人共400余人参加。此届论坛以“创新、发展、应用”为主题，为中药与植物药产业链各个环节的企业与相关单位之间，构筑一个在创新、技术、市场、应用等领域互换信息、互动合作的交流平台，使医、药、研更好地结合，推进中药与植物药应用的现代化、产业化、国际化进程。

（王星星）

新余高新技术产业开发区

【概　况】 辖1镇、2个办事处，面积266平方千米，总人口16万人。2013年全区完成生产总值206.78亿元，同比增长6.3%。完成工业增加值126.65亿元，增长6.17%。完成固定资产投资221.22亿元，增长20.9%。规模以上工业实现主营业务收入532亿元，增长9.8%。实现利税总额35.44亿元，增长32.5%。完成财政总收入17.14亿元，增长0.79%。全年新签约项目66个，签约金额86.51亿元。完成外贸进出口总额3.54亿美元，其中出口2.96亿美元。全年开工建设廉租房3011套；完成棚户区改造安置房560套。

【华电电力螺杆膨胀发电技术开发项目通过验收】 2月，华电公司承担的国家发改委重大产业技术开发专项《低温双循环螺杆膨胀发电设备产业技术开发》通过验收。项目计划总投资1430万元，实际完成投资1605.52万元，占计划总投资的112.27%。项目成功研制的“低温双循环螺杆膨胀发电机”产品已在新钢集团中厚板厂及中石油华北油田采油三厂实现装机并成功投运，均通过72小时连续运行验收。

【首次获选国家文化出口重点企业】 3月，中宣部和商务部、财政部、文化部公布2011—2012年度“国家文化出口重点企业”名单，江西省入选企业13家，新余高新区的江西杰峰印刷包装有限公司名列其中。这是新余市首次获选文化出口企业，填补了新余市无国家文化出口重点企业的空白。入选国家文化出口重点企业，将享受出入境、结汇、通关、金融服务、税收优惠等方面的政策支持。

【金利达药品交易网建成运营】 4月，江西金利达电子商务有限公司药品交易网建成，通过国家食品药品监督管理总局验收，并开始运营。标志着新余市电子商务水平迈上一个新的台阶，对促进传统医药经营方式转型，提高资源利用率，增加企业和商户的经济效益，提升产业层次，延伸产业链，提高电子商务技术水平将产生积极的主导作用。

【江西青春康源医药产业基地项目开工】 6月9日，江西青春康源医药产业基地项目正式开工。该项目是青春康源集团投资15亿元着力打造的“花园式绿色生态环保医药产业基地”，基地致力于营造产业、环境、人与自然和谐共处的“产业公园”。项目分两期建设，建成后有江西青春康源中药饮片有限公司、江西青春康源制药有限公司和江西新和药业有限公司三家药品生产企业入驻，年销售收入40亿元，利税10亿元以上，提供就业岗位8000余个。

【赣锋锂业入选“国家火炬计划重点高新技术企业”】 12月，科技部火炬中心下发《关于发布2013年国家火炬计划重点高新技术企业评选结果的通知》，江西赣锋锂业股份有限公司被认定为2013年国家火炬重点高新技术企业，成为江西省6家获此殊荣的企业之一。江西赣锋锂业股份有限公司成立于2000年，是国内深加工锂行业龙头企业、中国锂行业首家上市公司。

（杨小斌　罗芳林）

景德镇高新技术产业开发区

【概　况】 由建成区和新区两部分组成，新区位于景德镇西城区城郊结合部。辖区总面积50平方千米，总人口1.95万人。入园投产工业企业200户，其中规模以上企业75户。2013年，全区生产总值101亿元，同比增长10.2%。全社会固定资产投资98.6亿元，增长25.2%。实现利税总额23.44亿元，增长31.59%。规模以上工业主营业务收入306.93亿元，增长11.78%。规模以上工业增加值56.49亿元，增长13.3%。财政总收入10.11亿元，增长3.29%。引进项目22个，签约资金40.33亿元。完成内资进资129.44亿元，增长107.2%。实际利用外资1536万美元，外贸出口2.39亿美元。全年实现城镇新增就业3345人，“4050”人员再就业175人，零就业家庭就业安置率100%；新增转移农村劳动力1147人。参加城镇职工基本医疗保险3100人，失业保险6100人。城乡居民社会养老保险试点参保人数1500人，被征地农民参加养老保险2500人。

【“景德镇国家直升机高新技术产业化基地”专家论证会在景德镇召开】 5月18日，科技部高新司在景德镇组织召开“景德镇国家直升机高新技术产业化基地”专家论证会，科技部高新司处长李志农主持论证会。景德镇市委常委、副市长黄康明，省科技厅副厅长赵金城，高新区党工委副书记、管委会主任张良华，以及中国直升机研究所、昌河飞机工业(集团)公司、市科技局等有关单位和部门负责人参加论证会。此次论证会分两个阶段进行：一是实地考察现场，二是会议汇报咨询。

【召开科技服务高新区企业对接座谈会】 5月31日，高新区党工委副书记、管委会主任张良华在区五楼会议室召开科技服务高新区企业对接座谈会，区党工委委员、管委会副主任余笑兵主持会议。景德镇陶瓷学院副院长刘小丽，景德镇学院副院长吴丁为，市科技局局长洪显和，江西直升机投资有限公司徐大森等16户园区企业负责人参加了会议。

【景德镇高新区科学技术协会揭牌成立】 8月5日，景德镇高新区科学技术协会举行成立揭牌仪式。省科协党组书记龚绍林，省科协党组成员、副主席彭玲华，市人大常委会副主任、景德镇高新区党工委书记戴启文，市人民政府副市长熊皓等领导出席揭牌仪式。景德镇高新区党工委副书记、管委会主任张良华主持揭牌仪式。高新区科协的成立是高新区党工委增强自主创新能力，建设创新型国家级高新区的一件大事，标志着高新区在搭建平台、鼓励创新、促进合作方面迈入一个全新的阶段。

【景德镇直升机产业推进会在景德镇召开】 10月17日，景德镇直升机产业推进会在景德镇市召开。推进会由省工信委、省国防科工办和景德镇市政府联合主办，省发改委、省科技厅、昌河公司等协办，市工信委承办。推进会旨在搭建景德镇直升机基地对外合作平台，推进深度战略合作，实现航空产业发展升级。此次推进会共有国内外客商60余人参会，会上签约11个项目，总投资额达20.36亿元。

【全省第三次促进国家高新区建设工作经验交流会在高新区召开】 12月19日，全省第三次促进国家高新区建设工作经验交流会在景德镇高新区召开。省科技厅副厅长赵金城出席会议并讲话，省科技厅高新处相关人员、全省各国家级和省级高新区管委会领导和科技部门主要负责人等共20余人参加了会议。会上，景德镇、南昌、新余和鹰潭4家国家级高新区及抚州、赣州、吉安、丰城和上饶5家省级高新区参会代表分别作了交流发言。

（罗琴英）

鹰潭高新技术产业开发区

【概　况】 全年实现主营业务收入539亿元，其中工业主营业务收入443亿元。工业增加值65亿元，财政收入14.31亿元，外贸出口2.13亿美元，完成固定资产投资60亿元。综合指标保持在全省94个工业园区前十位，被评为全省先进工业园区。全年引进产业项目39个，其中亿元以上项目30个。实施工业项目37个，17个项目建成投产。

【加大科技创新力度】 出台高企申报、专利申请、科技平台建设、人才引进培养等一系列政策，创新氛围日趋浓厚。水晶光电、康成铜业等6户企业被认定为高新技术企业，高新技术企业总数达13户；天施康药业再获国家火炬计划重点高新技术企业称号，其"夏天无药材和夏天注射液指纹图谱项目"获江西省科技进步三等奖。23项新产品列入江西省重点新产品计划。新增授权专利72件。与浙江大学签约共建技术转移中心；三川水表获批国家企业技术中心，大健康产品检验检测中心基本建成，新增市级工程技术研究中心4户，研发机构总数达18个。

【铜现货交易中心投入使用】 10月，铜现货交易中心建成投入使用。铜现货交易中心是全省唯一一家以电子交易模式为主的铜现货交易平台。它的投入使用，实现了本土铜企业与原材料供应商在当地铜现货交易、交割，有效破解了铜原料供应难题。全年完成交易量3400吨，交易额1.6亿元。

【五星级劳动保障平台正式启用】 10月，高新区五星级基层人社平台—鹰潭高新区人力资源社会保障服务中心正式启用。根据省就业局星级平台建设要求，高新区按照最高标准，精心打造设施完善、功能齐全的现代化五星级人力资源社会保障服务中心。中心提供就业失业登记、职业介绍、职业培训、小额担保贷款、社会保险和劳动纠纷调解等劳动就业"一站式"综合服务，为企业和社区居民提供了极大方便。

【赣东北电商谷项目签约】 10月，高新区与国内电商巨头中国网库签约"江西实体企业电子商务产业基地——赣东北电商谷"项目，旨在为中小企业提供电子商务外包服务，推动高新区内实体企业开展单品电子商务交易，推进江西省各地100个品类网的日常运维和网上交易，致力打造国内具有较大影响力的区域性电子商务产业聚集区和电子商务培训基地。

【三川股份技术中心被认定为国家级企业技术中心】 12月，国家发改委、科技部、财政部、海关总署、税务总局联合发布2013年关于第二十批国家认定企业技术中心的公告，三川股份技术中心被认定为国家级企业技术中心。这是国内水表行业唯一一家被认定为国家级的企业技术中心。三川股份技术中心紧紧围绕"智慧水务"加"环保水工"的发展战略，持续加大研发投入，引进行业尖端人才，完善技术创新机制，从而成为全国国民经济主要产业中技术创新能力较强、创新业绩显著、具有重要示范作用的企业技术中心。

（刘娟）

南昌经济技术开发区

【概　况】 全区辖蛟桥镇、白水湖管理处、冠山管理处，面积158平方千米，总人口30万人。实现地区生产总值242.43亿元，增长12.4%。完成工业总产值809.41亿元，增长22.22%。规模以上工业增加值171.49亿元，增长14.1%。实现主营业务收入770.98亿元，增长28.11%。固定资产投资370.1亿元，增长23%。财政总收入36.68亿元，增长20.5%。完成出口总额8.61亿美元，增长11.11%。实际利用外资5.14亿美元，增长16.97%；实际利用内资111.27亿元，增长23.1%。社会消费品零售总额46.88亿元，增长30.2%。新增规模以上工业企业15户，新增服务业企业7户。2013年全年实现城镇新增就业7326人，新增转移农村劳动力2319人，发放小额担保贷款990万元，安置"4050"人员314人。企业职工养老保险参保人数1.26万人，城乡居民养老保险参保人数1.81万人。城镇居民医疗保险参保人数1.03万人，城镇职工医疗保险参保人数1.75万人。

【六大主导产业增势平稳】 2013年，汽车机电、新材料、家电、电子信息、生物医药化工、食品饮料六大主导产业继续保持平稳较快增长的良好态势，实现工业产值696.9亿元，增长20.4%，占工业总产值的比重为86.1%。其中，以百路佳、格特拉克等为主的汽车机电产业完成产值172.19亿元，增长18.21%；以硬质合金、江钨金世纪为主的新材料产业完成产值164.06亿元，增长6.12%；以立健药业、诚志股份、西林科为主的生物医药化工产业完成产值102.1亿元，增长22.45%；以欧菲光为主的电子信息产业完成工业产值97.82亿元，增长95.44%；以奥克斯、海立电器为主的家电产业完成产值91.67亿元，增长10.06%；以润田、康师傅为主的食品饮料产业完成产值69.06亿元，增长11.69%。

【光电产业发展初具规模】 2013年，通过加大招商引资力度和承接沿海发达地区产业转移，引进了一批光电产业项目，并取得较快发展。区内已有光电产业企业20余户，其中规模以上企业15户。培育壮大了南昌欧菲光科技有限公司、江西佳因光电材料有限公司、神基科技（南昌）有限公司等一批骨干企业，南昌欧菲光光电技术有限公司、南昌欧菲光光学技术有限公司、南昌欧菲光显示技术有限公司等一批投资较大、带动力较强的项目正在建设并将陆续投产，初步形成光电产业良好发展态势。经开区被省工信委授予"江西省光电产业基地"称号。

【举行南昌二中初中部昌北校区揭牌仪式】 7月19日，经开区举行南昌二中初中部昌北校区揭牌仪式。南昌市副市长姚燕平，南昌市教育局副局长万群英，经开区工委书记罗蜀强，区工委副书记、管委会主任黄俊，区工委委员舒友芝，南昌二中校长吴勤，经开区教办主任黄玉英以及经开区教师代表和部分学生家长参加了揭牌仪式。仪式由南昌市教育局副局长万群英主持。

【建立首家博士后工作站】 12月20日，南昌市第二届博士后工作例会暨新建博士后科研工作站授牌仪式在南昌先锋软件学院举行。此次共有6家企业经国家人社部批准设立博士后科研工作站，其中，南昌欧菲光科技有限公司经批准设立的科研工作站是经开区首家建立的博士后科研工作站。工作站的设立为经开区在吸引、培养和利用高层次人才方面搭建了一个新平台,有利于形成新的选才用才机制,推进全区高层次人才队伍建设。

（张华）

南昌小蓝经济技术开发区

【概　况】　经开区签约企业669户,投产企业457户,在建项目81个,规模以上工业企业161户。全年完成工业总产值587.14亿元,增长17.50%;工业增加值150.44亿元,增长17.88%。主营业务收入526.44亿元,增长13.24%;实现税收26.49亿元,增长6.94%。实际利用外资2.24亿美元,增长23.57%;实际利用内资60.48亿元,增长35%。出口创汇6.41亿美元,增长26.01%;现汇进资5602万美元,增长50.55%。投资1.35亿元、日处理污水5万吨的污水处理厂二期建成投入运行,开发区污水日处理能力达到8万吨。

【创新企业融资平台】　2013年,经开区成为“财园信贷通”全省首批试点工业园区,与建设银行等多家金融机构达成合作协议,为中小微企业融资4.63亿元。交通银行、中国银行、南昌大丰村镇银行、北京银行、上饶银行、南昌银行等均与开发区、企业进行政银企合作对接,推出“金园宝”“财园信贷通”、助保贷、厂房贷等多种新型金融产品,民生银行、兴业银行、中信银行、进出口银行等也在与开发区洽谈政银企合作事宜,有效破解了企业融资瓶颈。

【第一个汽车零部件产业园开工】　为减少企业投资压力,缩短项目建设周期,进一步节约集约用地,在征求江铃集团和拟入园配套企业意见的基础上,8月,开工建设第一个汽车零部件产业园。产业园规划为生产区、商务办公区、生活配套区3个片区,占地面积34公顷,落户企业16家,总投资12.4亿元。产业园建成投产后,可实现年产值20.8亿元,年税收超过7800万元。

【成立小蓝经济技术开发区科学技术协会】　8月16日,南昌小蓝经济技术开发区科学技术协会成立暨第一次代表大会召开,这是南昌市在国家级开发区成立的第一家科协组织。小蓝经开区经过11年的建设与发展,已经成为高新技术企业和科技工作者的聚集区。2013年,开发区已有国家级技术中心3个,研发机构20多个,区内企业获得发明专利、实用新型专利、外观专利600多项,已成为南昌县科技创新的龙头。

【小蓝经济开发区产业推介会在深圳举行】　10月28日,南昌之友(深圳)联谊会成立暨南昌小蓝经济开发区产业推介会在深圳市举行。深圳市政协主席白天,南昌市政协主席卢晓健,市委常委周关,市政协副主席俣捷、辛利杰,南昌县领导陈匡辉、邓炳根、涂莉华、刘光荣出席。此次推介会共签约项目12个。其中,11个涉及内资项目,投资金额38.8亿元;1个外资项目,投资金额1.5亿美元。

（喻德琪）

九江经济技术开发区

【概　况】　全区辖1乡、2场、3个街道办事处和4个园区,面积140平方千米,总人口15万人。2013年,完成主营业务收入583亿元,增长21.5%。工业增加值135亿元,增长80%;实现工业利税42亿元,增长35.5%。完成固定资产投资170亿元,增长21%。财政收入21.08亿元。实现外贸出口7.01亿美元。实际利用内资60.05亿元,增长14.2%;实际利用外资1.72亿美元,增长14.4%。工业主营业务收入位居全省重点工业园区第三,创造了历年最好成绩,被评为省先进工业园区、省高新技术产业基地和省级民营科技园。全年社保缴费1.15亿元,参保人数突破15万人。新增城乡就业人数1.3万人,园区定向培训5318人;发放小额贷款1585万元,带动创业315人。城乡居民医疗保险受益9.2万人次,受益面达100%。

【开展“项目百日大会战”活动】　6月20日至9月30日,开展“项目百日大会战”活动。此次活动的主要项目有72个,其中工业项目20个、基础设施和功能配套项目13个、保障房项目15个、商贸楼宇项目19个、项目引进5个。通过建立帮扶责任制,有效解决了一批项目建设过程中的困难和问题,有18个项目竣工投产或建成、4个项目新开工建设、25个项目达到进度要求、8个项目签约引进。其中,华祥线路板、力达空压机等5个项目实现竣工投产;港区二期3条路网于9月底全部建成,比预期提前3个月完成,创造了基础设施建设新速度;完成8个亿元以上项目的引进,签约合同资金达36.6亿元,有力促进开发区产业转型升级。

【瑞智机电产业园签约落户经开区】　7月8日,总投资5.45亿美元的瑞智机电产业园项目正式签约落户九江开发区。该项目由全球第四大压缩机生产商瑞智精密公司、世界500强中钢集团、全球第四大电视制造商TCL、小家电知名品牌艾美特电器等一批知名上市企业共同投资建设,由年产3000万台直流无刷电机项目、年产600万台变频压缩机项目、机电研发中心项目和钢材剪切、漆包线等多个产业配套项目组成,产业园年产值超过50亿元,年税收2亿元。项目的落户,填补了九江开发区先进机电制造产业的空白,为开发区乃至全市机电产业起到龙头带动作用,为机电产业集聚发展起到至关重要的作用。

【北汽集团助推昌河汽车九江产业基地发展】　11月25日,九江市人民政府与北汽集团签订江西昌河九江产业基地项目合作框架协议。江西昌河九江产业基地项目整个合作计划分两个阶段实施:2014—2017年,全产业链投资累计约60亿元,实现整车20万辆/年销量和发动机30万台/年产量,带动零部件、汽车服务贸易、汽车金融等上下游产业快速发展,全产业链实现销售收入200亿元;2018—2020年,全产业链再投资70亿元,深化国际合作、加快产品研发及导入,升级并完善产品线布局,扩大发动机、新能源汽车生产能力,实现整车50万辆/年产销规模和发动机60万台/年产量，全产业链实现销售收入500亿元。

（余博文）

赣州经济技术开发区

【概　况】 位于赣州中心城区，辖5个镇（街道），面积219平方千米，总人口28万人，人口自然增长率7.31‰。2013年，全区生产总值增长16%，财政总收入增长20%，固定资产投资增长30%。规模以上工业企业115户，新增20户，主营业务收入增长20%，工业增加值增长17%。实际利用内资增长18.1%，实际利用外资增长26%；外贸进出口额增长12.7%。综合实力在全国90家国家级经开区列第50位，前移12位。区财政民生事业投入增长25%，新开工农民返迁安居公寓2221套、竣工1474套，新开工公租房3000套、竣工1004套，新增城镇就业4035人，新增转移农村劳动力2805人。新农合参合人数14.5万人，参合率98.34%。

【宝钢集团钢铁工业项目签约落户经开区】 7月22日，由宝钢集团广东韶关钢铁有限公司投资的钢铁工业项目在赣州经开区签约落户，成为赣南地区最大的钢铁加工项目。该项目总投资20亿元，分两期建设，占地面积24.67万公顷，主要生产冶金非标设备（零部件）、液压系统及配件、汽车零部件。

【入选2013年国家循环化改造示范试点园区】 9月，赣州经济技术开发区被国家发改委和财政部确定为全国循环化改造示范试点园区。入选后赣州经济技术开发区共有6个重点项目可获中央支持，对于加快转变园区经济发展方式，推进园区绿色循环低碳发展，提升产业园区综合竞争力和可持续发展能力具有重大推动作用。

【赣州北斗产业园国家北斗产业化应用示范基地项目落户经开区】 11月13日，赣州经开区举行“赣州北斗产业园国家北斗产业化应用示范基地”签约仪式，总投资110亿元的赣州北斗产业园国家北斗产业化应用示范基地项目落户经开区。该项目重点发展卫星导航、授时、通信等以北斗卫星导航系统推广应用为基础的高新技术产业链，逐步引进200～300家核心芯片研制、应用软件开发和应用终端机元器件制造等北斗卫星导航系统产业相关企业，项目建成后年产值达500亿元。

【全国开发区第六届社会发展年会在经开区举行】 11月14日，全国开发区第六届社会发展年会暨2013年中国开发区协会联络员工作会议在赣州经开区举行。此次会议由中国开发区协会主办，赣州经开区承办。全国50个国家级经济技术开发区的代表近100人参加会议，与会代表围绕新时期开发区社会治理模式创新主题展开了深入交流。

【获批创建“国家高新技术产业标准化示范区”】 11月，赣州经济技术开发区获国家标准化管理委员会批复创建“国家高新技术产业标准化示范区”。示范区的获批建设，将大大促进赣州经开区企业技术进步、增强自主创新能力和实现高新技术产业规模化、专业化生产；是积极应对国外技术贸易壁垒，推动产业结构化，实现经济社会又好又快发展的重要技术保障；对加快赣州经开区向创新型经开区转变，在竞争中占据有利地位有重要的指导意义；是赣州经开区深化实施标准化战略的又一里程碑。

（王明　廖云嵩）

井冈山经济技术开发区

【概　况】 经开区主营业务收入401亿元，增长33%。实际利用外资1.17亿美元，增长63%。外贸出口5.2亿美元，增长28%。规模以上工业增加值69.7亿元，增长20%。固定资产投资67亿元，增长43%。引进内资68亿元，增长37%。现汇进资5744万美元，增长86%。财政总收入11.2亿元（含井冈山卷烟厂），增长86%。工业用电量5.94亿千瓦小时，增长47%。经济总量在全省工业园区列第13位，比上年前移1位。

【国际金融公司与江西天人生态股份有限公司举行投资协议签约仪式】 3月28日，国际金融公司与江西天人生态股份有限公司在吉安举行投资协议签约仪式。市委副书记、市长胡世忠，建设银行江西省分行副行长刘忠，市委常委、副市长余阳春，副市长、区党工委第一书记刘贤清，区领导邓淑斌、曾亮，国际金融公司中蒙区首席代表赵炫赞，江西天人生态股份有限公司董事长、总裁梁小文等出席仪式。仪式由刘贤清主持，赵炫赞和梁小文在仪式上分别致辞并进行了签约。

【全国首家林业有害生物防治创新型无公害产品示范基地落户经开区】 7月4日，国家林业局授予江西天人生态股份有限公司“全国林业有害生物防治创新型无公害产品示范基地”揭牌仪式在该公司举行。国家林业局造林绿化管理司司长王祝雄，市委副书记、市长胡世忠揭牌。国家林业局造林绿化管理司总工程师吴坚宣读授牌文件，省林业厅总工程师胡跃进主持。吉安市领导刘义研、刘贤清、肖玉兰，区领导刘志坚、邓淑斌、杨峰参加。

【首个国家级印刷包装产业基地破土动工】 11月29日，吉安（国家）印刷包装产业基地奠基仪式在经开区东区举行，标志着吉安市首个国家级印刷包装产业基地正式破土动工。市委常委、市委宣传部部长李庐琦宣布基地开工，并与副市长左继生，区领导刘志坚、邓淑斌以及客商一起为基地奠基培土，左继生主持仪式。

【江西中烟井冈山卷烟厂年产30万大箱卷烟易地技改项目在经开区开工奠基】 11月20日，江西中烟井冈山卷烟厂年产30万大箱卷烟易地技改项目在经开区开工奠基。工信部党组成员、国家烟草专卖局局长凌成兴带领中烟公司司局领导，深入项目工地实地调研。国家烟草专卖局副局长李克明随同。副省长李贻煌、省政府副秘书长张小平，江西中烟公司总经理郑伟，以及市领导王萍、胡世忠、刘义研、刘贤清，区领导刘志坚、邓淑斌、汤文仙、刘达绪等分别陪同。项目总投资

17亿元，按照制丝能力30万箱/年生产规模进行总体规划，卷接包工艺设备按照20万箱/年生产规模配置，并将根据生产情况逐步填平补齐。项目竣工投产后，江西中烟井冈山卷烟厂可实现年销售收入45亿元，利税20亿元。

（肖涟）

上饶经济技术开发区

【概　况】 经开区辖区面积176平方千米，总人口11万人。2013年，实现工业主营业务收入586亿元，增长16%。工业增加值115亿元，增长20%。固定资产投资120亿元，增长20%。工业税金20.6亿元，增长15%。财政总收入9亿元，实现了"两年翻一番"的目标。年度工业主营业务收入位居全省经开区（工业园区）第四位。

【全力支持上饶经济技术开发区做大做强动员大会在经开区召开】 2月27日，上饶市委、市政府全力支持上饶经济技术开发区做大做强动员大会在上饶经开区召开。市委书记董仚生，市委副书记、市长潘东军出席并讲话，市委副书记张跃岭主持大会。此次大会为经开区新一轮发展提供了良好契机和新的动力。

【组建14支招商小分队外出招商】 2013年，上饶经济技术开发区将招商引资作为当前"一号工程"，及时组建了14支招商小分队外出招商。成功引进20个投资亿元以上工业项目，总投资达212亿元，已开工建设16个。其中，投资30亿元以上项目3个，分别是首期投资30亿元的汽车产业项目、投资30亿元的光电一体化项目、投资30亿元的电磁线铜杆项目。

【投资30亿元光学项目落户经开区】 8月28日，江西星汉光学科技有限公司一期光学项目在上饶经济技术开发区开工建设。项目总投资30亿元，其中固定资产投资20亿元。项目达产达标后年销售收入达50亿元，实现税收2亿元，安排就业3000人。该项目的开工建设是经开区致力于打造国家级光学高新技术产业基地的一大突破，对开发区做大做强光学产业，提升光学产业聚集度，促进产业转型升级起到促进作用。

【经开区百家企业享受融资超市"一站式"服务】 12月6日，上饶经济技术开发区中小企业服务超市正式运营。通过中小企业服务超市，中小企业可以随时发布融资需求信息，自主选择融资服务机构提交融资申请，融资服务机构可随时发布和展示产品与服务，并及时受理企业的融资需求，实现政、企、融三方的实时互动和联结。

（桂裕辰）

萍乡经济技术开发区

【概　况】 位于萍乡市城区东北郊，辖15个管理处，总面积57.6平方千米。总人口12万人。2013年完成地区生产总值119.6亿元，同比增长10.4%。固定资产投资110.6亿元，增长20.7%。财政总收入16.87亿元，增长11.3%。城镇居民人均可支配收入2.65万元，增长17%；农民人均纯收入1.29万元，增长17.9%。完成主营业务收入570.4亿元，增长15%。工业增加值115.8亿元，增长20.2%。工业税金总额22.87亿元，增长7.1%；工业企业利润总额50.1亿元，增长35.5%。出品交货值49亿元，增长26.8%。获"国家新材料高新技术产业示范基地""全国模范劳动关系和谐工业园区""江西省先进工业园区""江西省节约集约用地先进开发区""江西省中小企业信用体系试验区"等称号。

【实施大项目带动战略】 坚持把项目建设作为加快经济社会发展的主抓手，全力以赴实施大项目带动战略，促进经济发展升级。一是引进一批产业项目。全年新引进5000万元以上项目30个，亿元以上项目13个，其中机械装备项目5个、粉末冶金项目3个、新能源项目2个、食品药品项目3个。二是建成投产一批工业项目。全年在建工业项目25个，项目全部投产后年产值达200亿元，利税50亿元以上。三是发展壮大新兴产业。全年实现百亿产业3个（现代装备制造、新材料、冶金）、超50亿产业1个（新生物医药食品），主营业务收入破百亿企业1家（安源钢铁）、超10亿元企业14家（中煤科技、蓝翔重工、甘源食品、优锂新材、柯美纸业等）。

【科技创新取得新突破】 围绕创建国家创新型试点城市，将科技创新置于优先发展的地位，全年区本级财政科技投入2868万元，占一般预算支出的2.13%。深入实施科技创新"六个一"工程，以科技支撑引领经济社会发展。高新技术产业发展迅猛，全年新增安源通风、希尔康泰等国家高新技术企业9家，全区拥有国家高新技术企业18家，占全市总量的50%，数量列全省工业园区第二。全年完成高新技术企业增加值52.54亿元，增长28.25%，占全区比重达45.37%。企业自主创新能力显著增强，全年申报专利213件。科技立项实现新突破，全年获批国家、省级各类计划项目78项，获批资金2583万元。科技创新公共服务平台被正式批准为"国家级中小企公共服务示范平台"。

【城市建设稳步推进】 全年新建和续建规模以上城市建设项目64项，投资总额150亿元以上。围绕全市"一轴两核""一路两区"发展战略，明确经开区产城融合、两化（新型工业化、新型城镇化）互动、两业（工业和现代服务业）并举的发展思路，确立"三轴三区"的新型城镇化发展格局，改造提升319国道和320国道经开区段，加快建设中环路，使之成为三条高档次的重要交通运输带、生态景观带、城市经济带；全面改造提升320国道以南老城区；全力推进田中新区建设，将其建设成集会展经济、高端商务、高档居住、科研文体、旅游休闲等功能于一体的开放式、现代化新城区；全力配合支持玉湖新区建设，将其建设成全市政治、经济、文教、金融中心。"三轴三区"建设，拉动萍乡中心城区北扩30平方千米以上，使经开区的城区面积达到40平方千米以上。

（萍乡经开区管委会办公室）

宜春经济技术开发区

【概　况】 位于宜春市中心城区北部,总人口6万人。2013年1月,经国务院批准为国家级经济技术开发区。开发区规划面积81.5平方千米,建成面积21平方千米。园区注册企业600余户,投产企业200余户。完成主营业务收入432.8亿元,增长40.4%。财政总收入17.2亿元,增长9.5%。实际利用外资6082万美元(其中现汇进资2732万美元),增长19.2%。利用省外资金40.2亿元,增长67.5%。外贸出口3.68亿美元,增长52.7%。

【加大领导挂点帮扶力度】 2013年,按照"项目化、时间表、责任人"的要求,落实"一个项目、一名领导、一个部门、一名工作人员"机制,做到"签约项目抓建设、建设项目抓投产、投产项目抓达标",对重点项目实行全方位跟踪服务,一周一调度、一月一通报,帮助企业提高核心竞争力、解决资金难题、拓展市场份额。积极争取上级政策,筹措资金1000万元开展"财园信贷通"融资工作,为41户中小微企业获"无担保、无抵押"流动资金贷款1.6亿元。全年新增开工项目30个,其中亿元以上项目21个;新增投产项目31个,其中亿元以上项目21个。

【注重创新社会管理】 2013年,以"三网"体系建设为抓手,深入开展"平安街道""平安社区"创建,大力整治强揽工程、强买强卖、阻工扰工问题。不断加大工业反哺力度,着力解决群众关心关注的热点问题,投资900余万元新建贯通园区所有社区的金环路,并引导群众依路兴市,繁荣社区经济;加快安置地建设,组织失地农民进行技能培训,帮助就业,推进社会保障和救助工作等一系列措施,赢得园区群众的理解和支持。全区征地拆迁和安置工作平安有序,完成拆迁5万平方米,1002套保障房全部竣工。

(陈春根)

龙南经济技术开发区

【概　况】 2013年3月,经国务院批准为国家级经济技术开发区。9月16日,江西省机构编制委员会办公室批复龙南经济技术开发区管理委员会定为副厅级,为赣州市人民政府派出机构。园区规划面积35.19平方千米,建成面积9.31平方千米。经开区落户企业253户,其中规模以上工业企业70户。实现工业总产值169.66亿元,增长10.64%。主营业务收入167.64亿元,增长11.93%。工业增加值44.68亿元,增长12.99%。工业固定资产投入28.15亿元,上缴税金6.64亿元。实际利用外资0.86亿美元,实现进出口总额4.4亿美元。招商实际到位资金29.45亿元,增长9.50%。其中,省外资金18.45亿元,增长6.40%;境外资金7896万美元,增长9.11%。

【初步形成"一心两环三轴五组团"建设格局】 2013年,经开区以105国道为主轴,南北纵跨16千米,着力打造产业新城,初步形成"一心两环三轴五组团"的园区规划建设格局。"一心",为一个城区主中心;"两环",为城区和开发区发展环;"三轴",为迎宾大道、赣粤高速与大广高速出入口和新圳与富康连接线等发展轴;"五组团",为里仁、金塘、大罗、新圳、富康组团。

【建立安商服务机制】 2013年,经开区建立安商服务机制,对落户企业实行"保姆式"服务,每户企业都有一名挂点县领导、一个挂点单位、一名联络干部,为企业建设提供全过程、全方位的"零距离"服务,及时解决企业生产经营过程中的困难和问题。先后被评为苏商投资中国首选城市、中国最适宜粤商投资地区、中国最适宜深商投资地区等。

(龙南经开区党政办公室)

瑞金经济技术开发区

【概　况】 位于赣州东部。2013年11月,经国务院批准为国家级经济技术开发区。经开区由台商创业园、金沙工业区、金龙工业区3个部分组成,其中江西瑞金台商创业园是核心区。规划面积43平方千米,重点发展电气机械及器材制造业、食品药品加工业和矿产品加工业。经开区落户企业153户,其中已投产企业115户,在建企业38户。全年实现总产值63.23亿元,增长18.87%。主营业务收入63.17亿元,增长21.5%。出口交货值20.83亿元,增长25.33%。税金2.85亿元,增长29.55%。工业增加值16.08亿元,增长20.93%。固定资产投资13.27亿元,增长30.95%。

【"三大产业"初步形成】 2013年,经开区重点发展"三大产业",初步形成以得邦照明、安讯实业、章乐电缆、明伟电子、新顿电源、金一电缆、金字电线、佳华电池等为代表的电气机械及器材制造产业,以红都水产、九华药业、圣嫒坊生物科技等为代表的食品药品加工产业,以好莱克纺织、宝元鞋业、金瑞发制品、佳惠宝实业等为代表的服装箱包玩具产业。开发区企业生产的烤鳗、发制品、服装手袋等产品畅销欧美和日本等国际市场,UPS电池、电线电缆、家具等产品行销全国,一批品牌产品脱颖而出,"万年青"水泥、"武夷源"茶叶获中国驰名商标,"赣曼"烤鳗、"九华"痔疮栓、"金字"电线、"金一"电缆获江西省著名商标。

(古盛林)

南昌出口加工区

【概　况】 位于南昌高新技术产业开发区内,规划面积1平方千米,其中一期(A区)0.31平方千米,二期(B区)0.69平方千米。2013年,新引进工业项目4个,完成合同外资6770万美元,现汇进资5300万美元;已建成项目2个,实现开工投产项目1个。

全年实现进出口总值10.4亿美元，增长60.9%。出口5.03亿美元，增长59.6%。

【LED液晶显示屏模组生产项目落户出口加工区】 3月，由合顺（南昌）光电科技有限公司投资的LED液晶显示屏模组生产项目落户南昌出口加工区。公司注册资本4000万美元，项目总投资6000万美元，达产后形成年产400万片LED液晶显示屏模组的生产规模，年出口1.5亿美元。

【黄金珠宝加工生产项目落户出口加工区】 11月，由江西鼎业实业有限公司投资的黄金珠宝加工生产项目落户南昌出口加工区。公司注册资本5000万元，项目总投资8000万元。12月投产，达产后年出口创汇1亿美元。

（李敏）

赣州出口加工区

【概　况】 位于赣州经济技术开发区潭东镇，面积2.93平方千米。加工区建有监管大楼7721平方米，监管仓库2822.04平方米，查验场6168.1平方米，检疫楼712平方米，围网3620米，双向6个通道永久性卡口1个；铺设道路6.51千米，绿化带12条5.01千米，绿化面积1.23万平方米。区内建成标准厂房15万平方米，区外配套建设员工宿舍20万平方米。2013年，园区实现进出口货物总值2.74亿美元，增长28%。其中，出口2.63亿美元，增长41%。

【强化产业链招商】 2013年，赣州出口加工区积极抢抓国务院支持赣南等原中央苏区振兴发展机遇，大力实施项目带动战略，强化产业链招商，重点引进以产业出口为主、科技含量高、辐射带动力强的高新技术加工企业。先后引进世界五百强企业——伟创力集团投资2000万美元的电子元件项目、江西威赛光电公司投资8亿元的柔性LCD液晶显示屏项目、深圳英瑞芯科技公司投资1亿元的江西金润鸿达公司芯片项目、深圳亚洲德科供应链公司投资2000万元的德贴片电容四个高新电子产业项目落户，配套引进保税物流企业6户，园区保税加工企业与保税物流企业数量之比达到4:6，产业结构日趋科学合理。

（王明　廖云嵩）

九江出口加工区

【概　况】 位于庐山西麓、鹤问湖畔，距九江市区9千米，规划面积4.49平方千米，其中区外建成3.50平方千米，区内建成0.99平方千米。2013年，新签约项目14个，其中10亿元项目1个；实现内资进资13亿元，外资进资5500万美元。新开工项目18个；新增投产项目12个。完成工业主营业务收入220亿元，实现利税16亿元，财税1.98亿元，出口创汇4.04亿美元。园区新能源、新材料、电子信息等三大产业已初具规模。

【积极创建生态园区】 2013年，按照省政府“江西省第一个创建绿色生态工业园试点园区”的精神，出口加工区高标准开展绿化亮化、管网改造、循环经济、物业管理和环境设施建设等各项创建活动。对规划范围内的4.5平方千米主次干道、支道、河流、厂区等全面绿化升级，园区绿化植被覆盖率达42%以上。新扩建日处理污水能力2万吨的污水处理厂，改进了处理工艺并正式运营，排放标准达到国家一级。同时，新建了关内污水提升泵站，彻底解决关内企业污水排放难题。

【首家保税物流园项目落户出口加工区】 5月，由香港亚洲德科股份有限公司投资建设的全市首家保税物流园项目签约落户出口加工区。项目总投资2000万美元，建设保税物流园，主要从事供应链、海、陆、空进出口货物，仓储、运输代理和供应链金融及信息服务；主营电子零件的进出口贸易及代理，并提供国内物流、出口集拼、进口拆箱与分拨、转厂、仓储管理等综合性的专业供应链服务。

【总投资2.35亿元九园路公租房二期项目开工】 5月20日，出口加工区九园路公租房二期项目正式开工。项目总投资约2.35亿元，建筑面积8.61万平方米，含商业配套、中心幼儿园、地下车库，共建16栋建筑2276套，建设工期两年。九园路公租房工程是市重点民生工程，也是九江经济技术开发区大力推进保障房重点工程之一。

（周文杰）

井冈山出口加工区

【概　况】 位于井冈山经济技术开发区内，规划面积2.25平方千米。一期开发0.63平方千米，建筑包括卡口、信息化监控系统、监管大楼、监管仓库、保税仓库、物流仓库、标准厂房、企业厂房及其他相关办公配套服务设施。项目总投资5亿元，其中一期投资2亿元。井冈山出口加工区是继九江、南昌、赣州之后，江西省设立的第四家出口加工区。

【井冈山出口加工区通过国家验收】 4月19日，国家联合验收小组对井冈山出口加工区进行正式封关验收。在对其隔离、卡口设施及相关配套设施进行实地验收后，验收小组成员一致同意通过验收，海关总署加工贸易及保税监管司副司长李志辉与江西省人民政府副秘书长王水平共同签署《江西井冈山出口加工区验收纪要》，并向井冈山经济技术开发区颁发“江西井冈山出口加工区验收合格证书”。

【北极光科技照明项目投产】 1月13日，AURORA集团北极光（江西）科技照明有限公司举行北极光科技照明项目投产仪式。吉安市委书记王萍宣布项目投产，市委副书记、市长胡世忠致辞。市领导丁新民、刘贤清、林翘银，井冈山经济技术开发区领导刘志坚、邓淑斌，AURORA集团总裁安德鲁、AURORA集团北极光（江西）科技照明有限公司董事长黄世明等出席仪式。项目由AURORA集团投资，主要从事橱柜灯、浴室灯等灯饰产品生产，并整合LED产业上中下游项目，总投资8000万美元，全部投产后可实现年出口5000万美元。

（肖涟）

·资　料·

全省工业园区(开发区)一览

南昌市

1 南昌高新技术产业开发区
(南昌出口加工区)
2 南昌经济技术开发区
3 南昌小蓝经济技术开发区
4 江西新建长埈工业园区
5 江西安义工业园区
6 南昌昌南工业园区
7 南昌昌东工业园区
8 南昌英雄经济开发区

九江市

9 九江经济技术开发区
(九江出口加工区)
10 江西共青城经济开发区
11 江西瑞昌经济开发区
12 江西九江沙城工业园区
13 江西武宁工业园区
14 江西修水工业园区
15 江西永修云山经济开发区
(永修星火经济开发区)
16 江西德安工业园区
17 江西星子工业园区
18 江西湖口金砂湾工业园区
19 江西都昌工业园区
20 江西彭泽工业园区

景德镇市

21 景德镇高新技术产业开发区
22 江西乐平工业园区
23 江西景德镇陶瓷工业园区

萍乡市

24 萍乡经济技术开发区
25 江西莲花工业园区
26 江西芦溪工业园区

新余市

27 新余高新技术产业开发区
28 江西分宜工业园区

鹰潭市

29 鹰潭高新技术产业开发区
30 江西贵溪工业园区
31 江西余江工业园区

赣州市

32 赣州经济技术开发区
(赣州出口加工区)
33 江西赣州章贡经济开发区
34 江西赣州高新技术产业园区
35 江西南康经济开发区
36 江西信丰工业园区
37 江西大余工业园区
38 江西上犹工业园区
39 江西安远工业园区
40 江西龙南经济技术开发区
41 江西定南工业园区
42 江西宁都工业园区
43 江西全南工业园区
44 江西于都工业园区
45 江西兴国工业园区
46 江西会昌工业园区
47 江西瑞金经济技术开发区

宜春市

48 江西宜春经济技术开发区
(袁州医药工业园)
49 江西樟树工业园区
50 江西丰城高新技术产业园区
51 江西靖安工业园区
52 江西高安工业园区
53 江西奉新工业园区
54 江西上高工业园区
55 江西宜丰工业园区
56 江西万载工业园区

上饶市

57 上饶经济技术开发区
58 江西广丰工业园区
59 江西玉山工业园区
60 江西横峰经济开发区
61 江西铅山工业园区
62 江西弋阳工业园区
63 江西婺源工业园区
64 江西万年工业园区
65 江西鄱阳工业园区
66 江西余干工业园区
67 江西德兴大茅山经济开发区

吉安市

68 井冈山经济技术开发区
(井冈山出口加工区)
69 江西吉安河东经济开发区
70 江西吉州工业园区
71 江西吉安高新技术产业园区
72 江西吉水工业园区
73 江西永丰工业园区
74 江西新干工业园区
75 江西安福工业园区
76 江西峡江工业园区
77 江西泰和工业园区
78 江西遂川工业园区
79 江西永新工业园区
80 江西万安工业园区

抚州市

81 江西抚州高新技术产业园区
82 江西抚北工业园区
83 江西崇仁工业园区
84 江西金溪工业园区
85 江西南城工业园区
86 江西南丰工业园区
87 江西广昌工业园区
88 江西东乡经济开发区
89 江西宜黄工业园区
90 江西黎川工业园区

注:对外园区数为94家(包括4个国家级出口加工区)

本栏编辑　詹跃华

旅　游　业

综　述

2013年是江西旅游发展史上具有里程碑意义的一年。旅游产业在全省国民经济和社会发展中的地位进一步提高，省委书记强卫、省长鹿心社先后对旅游产业进行专题调研，对江西省旅游产业发展进行顶层设计和总体谋划，明确旅游强省建设的目标，提出旅游业要在江西省现代服务业中率先崛起的要求。副省长朱虹部署推进旅游强省建设，“江西风景独好”旅游品牌推广、国家5A级旅游景区创建、全省旅游空白点开发、“金牌讲解班”开办等重点工作。省旅游局领导班子紧紧围绕省委、省政府的决策部署，团结带领全省旅游行业，进一步打响“江西风景独好”旅游品牌，力促全省旅游产业持续快速发展。2013年全省接待旅游总人数2.5亿人次，旅游总收入1896亿元，同比分别增长22%和35%。

*省委、省政府出台实施推进旅游强省建设战略决策。*省委十三届七次全会提出“加快发展旅游业”的任务。按照省委、省政府主要领导对全省旅游产业发展进行顶层设计和总体谋划的要求，省旅游局组织开展旅游强省建设的课题研究，在反复调研论证的基础上，结合江西省实际，形成《关于推进旅游强省建设的意见》。10月15日，省委、省政府印发实施《关于推进旅游强省建设的意见》，对建设旅游强省的目标任务、主要措施、政策保障作出系统、深入的阐述和部署。全省各地各部门紧密策应省委、省政府建设旅游强省的决策部署，纷纷出台政策措施，加快旅游产业发展步伐。围绕推进旅游强省建设战略决策，省旅游局党组成员分头带队到各设区市进行宣讲，省旅游局局长王晓峰为江西财大旅游专业师生和江西科技师大党委中心组进行专题讲座，传达贯彻省委、省政府加快发展旅游业的精神。策划举办以“旅游强省”为主题的2013泰豪旅游论坛，邀请国内多位重量级旅游专家学者为江西旅游强省建设建言献策。利用网络、微博等载体，举办“我为江西旅游强省建设献一策”活动，邀请网友就品牌及推广、景区建设及管理、旅游人才队伍建设、宾馆服务、导游服务及培训、旅游业发展机制和体制创新等所有涉旅环节贡献智慧，上千名网友予以关注并献策。

*主流媒体聚焦旅游强省建设。*举办“美丽中国行·中央新闻媒体聚焦江西旅游强省建设”大型采访活动，来自中央电视台、新华社、中央人民广播电台等十多家中央媒体和门户网站旅游版主和知名博主、摄影达人组成的采访团先后深入省内各重点景区采访报道。12月，央视《新闻联播》和《新闻直播间》先后深度报道了江西省优化导游队伍建设和摆脱“门票经济”，促进旅游产业转型的发展举措，在省内外产生了广泛的影响。

*筹备全省旅游产业发展大会和第17届海峡两岸旅行业联谊会。*为推动旅游强省建设，切实凝聚发展合力，营造发展氛围，省旅游局研究制定了旅游产业发展大会申办办法，由省委办公厅、省政府办公厅印发实施。同时，为扩大江西旅游的影响，积极争取国家旅游局将第17届海峡两岸旅行业联谊会的承办地定在南昌，与2014年旅游产业发展大会同期举行。动员全行业的力量，用半年时间认真做好2014年旅发大会和海峡两岸旅行业联谊会的筹备工作，为两个大会的成功举办奠定了坚实的基础。

*积极配合省人大常委会开展2013年秀美江西行活动。*2013年秀美江西行活动以推进乡村旅游发展为主题，采取专题调研、代表视察、建议交办等方式进行，为助推江西省乡村旅游发挥了积极的促进作用。省旅游局积极配合，派出专家向参加活动的省人大常委、代表讲解乡村旅游有关知识，并向省人大常委会作专题汇报。

（万晶）

景区建设

【概　况】　加强重点旅游项目调度和指导，全省在建重大旅游项目232个，在建、续建及新建旅游项目总投资超过1000亿元。南昌重点实施旅游“十加一”项目建设，万达文化旅游产业城、滕王阁扩建、“小平小道”扩建、北纬30度主题公园等项目进展迅速。九江旅游项目建设成效显著，庐山直升机正式首航，开启“空中游九江”的新模式，庐山投资1亿元进行景区升级改造。武宁县着手打造“全国最美县城”，引进泰国古暹罗风情度假村、荣程旅游综合开发、华元养生休闲中心、华夏国际旅游度假区等4个50亿元以上大型旅游项目。中信庐山西海国际生态旅游度假区、庐山西海国际休闲欢乐世界、国际艺术园、花源谷、庐山区庐山国际新城、映日荷花度假山庄等项目顺利推进。上饶投资80

多亿元建设15条通往各大景区的旅游公路，开竣工高星级旅游饭店项目17个，一批旅游服务区建成或正在建设之中。宜春市在建旅游项目55个，总投资规模381.8亿元，进资99.9亿元。其中，明月山观光小火车、缆车升级改造、禅都文化博览园、樟树阁皂山景区、铜鼓天柱峰景区和汤里温泉、丰城养生硒谷富硒温泉、靖安恒茂金罗湾温泉度假村等大型旅游项目颇具市场竞争力。赣州市共有在建、续建及新建项目42个，总投资181亿元，到位资金30多亿元。鹰潭市启动龙虎山旅游产业园区建设，规划建设面积10.6平方千米。同时，实施"逍遥城"旅游综合体、滨江休闲风情带、文化创意产业园、雕刻一条街等综合型旅游配套项目。萍乡市旅游项目总投资达70亿元。旅游集散中心、武功山新山门、杨岐游客服务中心等一批重大项目进展顺利。同时，积极组团境内外开展招商引资。在"第八届中博会"中部六省旅游投资洽谈会上，江西省现场签约项目9个，金额达78.96亿元。

【推进精品旅游景区创建】 婺源江湾景区、景德镇古窑民俗博览区获批国家5A级旅游景区。赣州市瑞金共和国摇篮景区、宜春明月山景区、抚州大觉山景区创建工作顺利推进。鄱阳湖国家湿地公园等11个景区获批国家4A级旅游景区。婺源、井冈山景区入选"国家级生态旅游示范区"。省旅游局指导星子庐山温泉旅游度假区、明月山温泉旅游区开展省级旅游度假区建设，对三清山打造江西旅游示范区提供智力支持。

【推进乡村旅游发展】 编制并印发实施《江西省乡村旅游发展规划(2013—2017)》，首次评定35个4A级乡村旅游点，并为其进行授牌。宜春靖安县、赣州石城县2个县和3个乡村旅游点获评全国休闲农业与乡村旅游示范县(点)。赴北京等地考察京郊旅游和乡村旅游发展经验，进一步规范乡村旅游经营服务。

【打造一批新品牌景点】 召开全省加快旅游空白点工作座谈会，指导打造一批具有影响力的新品牌景点，促进旅游空白点成为增长的新亮点，为江西省旅游经济发展提供新的动力。成功打造明月山高山观光小火车、樟树古海养生旅游度假区等新产品。

【推进文化旅游融合发展】 召开全省文化旅游工作电视电话会议，会同省文化厅对旅游开发建设中文物保护工作情况进行专项检查。拟订并实施《江西省非物质文化遗产进旅游景区工程实施方案》，深入挖掘景区文化内涵，提升文化品位。

【加强旅游区域合作】 组织编制《赣东北旅游合作发展规划》《昌九旅游一体化工作方案》。推动上饶、景德镇、鹰潭市成立赣东北旅游联盟，签署《赣东北旅游合作发展联盟公约》。引导发挥赣西旅游联盟的作用，联合开展旅游宣传营销，先后在上海、深圳、长沙等地联合推出一系列旅游营销推介活动，取得良好效果。同时，积极与泛珠区域、海西经济区、长江中游城市群进行旅游合作对接。

【举办2013江西旅游商品展销会】 展销会共设展区13个、参展企业235户、参展商品近2000种，吸引省内外126户采购商到会采购，展销会期间专业采购商和参观者累计近10万人次，现场销售旅游商品3.31万件，销售额867万元，达成意向协议金额2076万元。

（万晶）

市场促销

【概　况】 2013年，全省各地加快发展旅游业的积极性空前高涨，围绕拓市场、保增长、促发展，持续发力，加快旅游精品打造，努力提升服务质量，强化旅游宣传推广，市场效应得到强劲释放，到赣游客大幅增长。在第三届中国旅游产业发展年会上发布的"2013年中国旅游风云榜"中，江西省8个项目成功上榜，上榜率居全国前三名。

【举办"Show美江西·风景独好"全球海选旅游体验师活动】 活动由省旅游局独家创意策划，联手新浪、腾讯、天涯社区、优酷四大网站，力邀全球网友参与，通过网络和省内外各类媒体向全球展示"秀美江西"山美、水美、人美、文化美的丰厚底蕴。活动将新媒体与传统媒体完美整合，以及景区、游客、网友、媒体的良性互动，实现旅游资源全景展示、品牌快速传播、产品体验式推广的目的，开创了全新的旅游推广模式。经过最后PK，旅游达人、专栏女作家朱敏获"江西首席旅游体验师"称号。32位体验师发布原创微博、博文、照片、视频、论坛帖过万条，粉丝跟帖、转发、评论达到8000多万条，吸引了网民围观阅读超过3亿人次，活动话题一度排名全国热点话

11月，江西省旅游局与中国旅游报社联合举办"美丽中国行·中央新闻媒体聚焦江西旅游强省建设"大型采访活动。图为中央媒体江西采风启动仪式现场

蔡涛摄

题第七位。10月，该活动从国内外4000余参评单位中脱颖而出，获得有国内企业广告“奥斯卡奖”之称的中国广告长城奖金奖。

【举办第三次全省旅游景区免票月活动】　为打破对“门票经济”的依赖，江西省连续3年在全省范围举办旅游景区免票月活动。12月1日—31日，省旅游局组织全省113家旅游景区联手推出免票月活动，向国内外游客直接让利超过14亿元。庐山、井冈山、三清山、龙虎山、婺源、景德镇古窑6家5A级旅游景区和滕王阁、武功山、渼陂古村等口碑好、知名度高的A级景区积极参与，为游客提供了更多选择，除门票给予减免之外，部分景区还给予索道、渡船等价格优惠。另外，三清山、婺源、龟峰等部分景区还将免票活动政策延续到2014年1月份。江西省旅游景区景点有意识降低旅游门槛，让更多的老百姓受益。中国旅游报对此发表评论称：在国内不少景区酝酿门票涨价的时候，江西重点旅游景区却实行集中免票，敞开大门接待海内外游客，此举值得赞赏，更值得其他旅游景区深思。

【开展系列宣传营销活动】　举办“美丽中国·秀美江西”（北京）旅游推广周、“江西风景独好”（上海）旅游活动周、2013“江西风景独好”（西安）旅游推介周等活动；组织开展“闽赣大联手·最美高铁游”系列活动；组团参加中国国际旅游交易会、中国国内旅游交易会和第八届中国中部投资贸易博览会。摄制“长江旅游带”宣传片，编辑《江西旅游指南》（台湾版）。进一步加大“江西风景独好”形象宣传推广力度，在中央电视台、CCTV移动传媒、浙江快客电视传媒等主流媒体策划播映“江西风景独好”旅游宣传广告。举办“第五届全国网络媒体江西游”活动，网络专题链接747万条，关注、点击人次上亿。创意化营销模式再加上超高的媒体曝光率让江西旅游释放出巨大潜能，“江西风景独好”品牌影响力持续增强，“江西风景独好”正在由旅游形象提升为江西整体形象。

【大力开拓境外客源市场】　在中国香港、中国台湾以及韩国开展江西旅游系列宣传促销活动。组团参加台北两岸观光博览会，在香港国际会展中心举行2013年香港旅游业界“游秀美江西·探东江源头”探访团出发仪式和江西旅游推介会。2013年江西省旅游包机数量激增，先后新开南昌至首尔、南昌至泰国6条航线，其中首尔至南昌入境包机上座率达98%以上。全年昌北机场航空口岸往来境外旅游包机574架次，同比增加3.3倍，占同期昌北机场航空口岸进出境飞机的40.94%。截至年底，南昌出入境人次20万人次，创历史新高。2013年口岸出入境人员增幅居中部5省第一位。

（万晶）

行业管理

【概　况】　2013年，在全省旅游行业组织开展以“品质旅游、伴你远行”为主题的“旅游质量月”，与工商、公安、质监等部门联合进行旅游市场整治，有效地规范了旅游市场秩序。开展游客满意度调查，敦促管理不善、服务质量欠佳的地区和企业改进服务。全省各级旅游执法机构共开展检查行动450次，出动检查人员2294人次，查处违规企业32家，下达责令整改通知书30余份，实施行政处罚29起，约谈企业负责人30余人次，处理违规导游人员10名。派出12名旅游行风与服务质量义务监督员随团暗访。通过严格监管和行政执法，有效地维护了全省旅游市场秩序。2013年省旅游局获评省直文明单位。

【开展《中华人民共和国旅游法》宣传贯彻工作】　4月25日，《中华人民共和国旅游法》经十二届全国人大常委会第2次会议通过，中华人民共和国主席令第3号公布。8月8日，省旅游局召开全省《中华人民共和国旅游法》培训暨提升公民旅游文明素质电视电话会议，全省各级旅游管理部门、旅行社和饭店负责人共1000余人参会。举办《中华人民共和国旅游法》宣传月活动，在全行业组织开展《中华人民共和国旅游法》的学习培训，树立依法行政、合法经营、诚实守信、规范服务的意识。积极开展“文明餐桌”行动和“文明与旅游同行”主题活动，全省共举办现场宣传咨询15场，制、播公益广告3870次，发放旅游公益宣传资料5.6万份。

【加快推进旅游标准化建设】　研究制定《江西旅游强县评定规范》省级标准，经省质监局颁布正式实施。制定《江西省导游员星级的划分与评定》标准，经省质监局立项并经专家评审通过，即将出台实施。指导九江星子县开展全国旅游标准化试点县试点工作。加大星级饭店评定、复核监

8月8日，省旅游局组织召开全省《中华人民共和国旅游法》培训电视电话会议，全省共设立110个会场，参加人员达1000余人。

蔡涛摄

督检查工作力度，严格准入和退出机制。全年派出560人次的星评员对268家星级饭店进行复核检查工作，通过复核，取消18家饭店星级（四星级2家、三星级10家、二星级6家）；对12家不达标的星级饭店下达限期整改通知（四星级2家、三星级10家）。开展旅行社星级评定工作，评定五星级旅行社1家、四星级旅行社4家、三星级以下旅行社25家。

【开展旅游信息化服务工作】 以“江西风景独好”官方微博（信）运营为重点，将网站、二维码、旅游手机报（短彩信）等有机整合，构建局自媒体微营销体系，总粉丝数达110多万个（其中新浪44.1万个，腾讯65.7万个），发布微博1万余条，取得明显宣传成效。“江西风景独好”官方微博获评“2013年度中国优秀政务微博”（江西省唯一入选的政务微博）、2013年度新浪江西十大政务机构微博、腾讯微博全国十大旅游系统机构微博和华东地区旅游微博top10、2013年度江西省“十佳政务微博”。江西旅游政务网被评为全省优秀政府网站。

【开办“江西省金牌讲解班”】 省旅游局与江西师范大学、江西科技师范大学联合开办“江西省金牌讲解班”，开创政府、高校、行业、企业协同培养旅游人才新模式。多次召开金牌讲解班与旅游景区的对接会，积极协调和落实首届金牌讲解班57名学员的就业问题。

【开展旅游扶贫工作】 争取国家旅游局批准赣州、吉安为国家旅游扶贫试验区，指导两市编制旅游扶贫规划。做好鄱阳县定点扶贫工作，编制完成《鄱阳县团林乡蛇山村旅游扶贫规划》，支持举办2013中华龙舟大赛（江西鄱阳站），利用各类宣传广告资源扩大鄱阳的知名度，全年为鄱阳直接投入广告价值达到1110余万元，并筹资金100余万元，捐建蛇山村生态旅游码头和农家智慧小屋，改善鄱阳县的水、电、路等旅游基础设施。同时，认真开展兴国县社富乡五龙村定点包村扶贫、峡江移民新村帮扶、湾里区综治挂点帮扶工作。

（万晶）

风景名胜区

【概　况】 江西拥有丰富的风景名胜资源和众多的革命历史遗迹，以其独特的资源价值在中国风景名胜区体系中占有重要位置。全省有庐山、井冈山、三清山、龙虎山、仙女湖、三百山、梅岭—滕王阁、龟峰、云居山—柘林湖、高岭—瑶里、武功山、灵山、神龙源、大茅山等14处国家级风景名胜区和25处省级风景名胜区，其中，有庐山（世界文化景观）和三清山、龙虎山、龟峰（世界自然遗产）4处世界遗产。风景名胜区总面积达5400平方千米，占全省国土总面积的3.2%。国家级风景名胜区数量全国排名并列第三位。风景名胜区已经成为生态文明建设和旅游产业发展的主要载体。2013年，全省国家级风景名胜区共接待游客3800万人次，比“十一五”末增长95%；实现旅游收入380亿元，比“十一五”末增长111%，其中门票收入17亿元。

【组织开展井冈山申报世界“双遗产”工作】 经专家考察论证，确定将井冈山风景名胜区作为福建武夷山“双遗产”拓展项目形式，开展申报世界“双遗产”工作。年内完成申遗文本、遗产地保护管理规划、申遗影视（图片）等申报材料的修改完善工作。6月，省住建厅正式行文上报住房和城乡建设部，请求将井冈山风景名胜区列入世界自然与文化遗产预备名录。11月，向住房和城乡建设部提交井冈山（黄岗山）武夷山世界遗产拓展申报中英文简本。

【风景名胜区申报取得突破】 2013年，积极推进风景名胜区的申报晋级。4月，省政府批准横峰县葛源、乐安县流坑古村、南丰县潭湖为省级风景名胜区，全省省级风景名胜区增至25处，风景名胜区面积增加150平方千米。继续做好瑞金罗汉岩、龙南小武当等省级风景名胜区申报国家级风景名胜区后续工作，启动会昌县汉仙岩风景名胜区申报国家级风景名胜区和黎川县东华山、崇仁县相山、南丰县军峰山等景区申报省级风景名胜区工作，并为申报前期工作提供技术支持和指导。完成广丰县铜钹山、横峰县葛岑山和石城县通天寨等景区申报省级风景名胜区的审查工作，并上报省政府待审定公布。

【规划编制报批工作成效显著】 2013年，国务院批复龙虎山、云居山—柘林湖2个国家级风景名胜区总体规划。14个国家级风景名胜名胜区，除神农源、大茅山，其余总体规划全部编制完成并上报国务院，其中国务院批复7个（庐山、井冈山、三清山、龙虎山、仙女湖、梅岭—滕王阁、云居山—柘林湖）。编制完成11个国家级风景名胜区详细规划并上报住房和城乡建设部。省政府批复百丈山—罗卜潭、麻姑山2个省级风景名胜区总体规划。完成象湖风景名胜区总体规划专家评审。编制完成龙南小武当、吉安青原山等5个省级风景名胜区景区详细规划，省住建厅批复2个。

【推进风景名胜区法制化规范化管理】 《江西省风景名胜区条例》列为2014年省政府立法工作计划，启动《江西省风景名胜区条例》（征求意见稿）的修改和征求意见等前期工作。协调萍乡、宜春、吉安等3市，争取省法制办将《江西省武功山风景名胜区管理条例》列为省政府立法调研论证项目。起草完成《江西省省级风景名胜区申报办法》《江西省风景名胜区详细规划报批暂行规定》《江西省风景名胜区建设项目选址方案核准和规划建筑方案审查办法》《江西省风景名胜区建设工程规划监督若干规定》4个规范性文件。开展国家级风景名胜区监管信息系统数据上报工作，完成国家级风景名胜区管理机构设置情况等电子信息和文档材料上报住房和城乡建设部工作，积极推进国家级风景名胜区数字化景区建设。

（夏静）

·资　料·

江西省省级风景名胜区基本情况

序　号	风景名胜区	所在地	面积(平方千米)	批准设立时间
1	通天岩风景名胜区	赣州市	5.60	1995年
2	翠微峰风景名胜区	赣州市宁都县	16.10	1995年
3	罗汉岩风景名胜区	赣州市瑞金市	22	1995年
4	汉仙岩风景名胜区	赣州市会昌县	40.40	1995年
5	梅关—丫山风景名胜区	赣州市大余县	58.90	1995年
6	小武当风景名胜区	赣州市龙南县	13.50	1995年
7	陡水湖风景名胜区	赣州市上犹县	28.60	1995年
8	聂都风景名胜区	赣州市崇义县	109.90	1995年
9	青原山风景名胜区	吉安市青原区	19.40	1995年
10	玉笥山风景名胜区	吉安市峡江县	47.50	1995年
11	白水仙—泉江风景名胜区	吉安市遂川县	30.66	1995年
12	麻姑山风景名胜区	抚州市南城县	36	1995年
13	杨岐山风景名胜区	萍乡市上栗县	30.94	1995年
14	玉壶山风景名胜区	萍乡市莲花县	51.24	1995年
15	洪岩风景名胜区	景德镇市乐平市	100	1995年
16	秦山风景名胜区	九江市瑞昌市	102.95	1995年
17	南崖—清水岩风景名胜区	九江市修水县	50	1995年
18	灵岩洞风景名胜区	上饶市婺源县	38	1995年
19	百丈山—萝卜潭风景名胜区	宜春市奉新县	155	1999年
20	华林寨—上游湖风景名胜区	宜春市高安市	178	2006年
21	洞山风景名胜区	宜春市宜丰县	80.21	2006年
22	象湖风景名胜区	南昌市	6.65	2007年
23	葛源	上饶横峰县	115	2013年
24	流坑古村	抚州乐安县	3.61	2013年
25	潭湖	抚州南丰县	47.88	2013年

本栏编辑　邓玉兰

国内贸易

综 述

2013年,全省商务部门抓住扩大内需的重要机遇,着力搞活流通、扩大消费,商贸流通工作取得明显成效。全省实现社会消费品零售总额4551.1亿元,同比增长13.6%,增幅高出全国平均水平0.5个百分点。商贸流通工作呈现出"四个加速推进、四个成效显著、四个全国领先"的特点。

四个加速推进:一是城市商贸综合体建设加速推进。出台《关于加快推进全省商贸综合体规划建设的意见》,明确了目标要求和规划布局。累计开工建设城市商贸综合体51个,总投资1400亿元,建筑总面积超过5000万平方米。全省10个设区市、9个县级市、47个县(区)完成城市商业网点规划工作。二是电子商务发展加速推进。省政府出台《关于加快电子商务产业发展的若干意见》,明确了总体思路、工作目标、主要任务和政策措施,电子商务被列入全省战略新兴产业。组织开展电子商务示范体系建设,评选全省电子商务示范企业21户,认定省级电子商务示范基地10户,其中新余兴邦公司获评国家电子商务示范企业。全力推进南昌华南城、共青城电子商务示范基地等重点项目建设,南昌华南城省级电子商务示范基地正式挂牌运营。三是标准化菜市场建设改造加速推进。省政府将城区菜市场建设改造列入民生工程,出台《关于推进全省城区标准化菜市场建设改造的意见》,各设区市纷纷出台配套政策措施。全省重点支持建设改造城区菜市场47个,实际建设改造总数超过70个,财政资金带动地方及社会投资近3亿元。四是商贸物流工作加速推进。发布《江西省商贸物流中长期发展专项规划》(2013—2020年),明确了发展目标和建设重点。认定全省首批重点商贸物流园区(中心)6家、重点商贸物流企业15家。全省新引进商贸物流项目9个,总投资71亿元。江西京九物流进入全国物流企业50强。

四个成效显著:一是省产品销售成效显著。先后组织近400家品牌企业在北京、广州、南昌举办产品展示推介活动,现场销售产品720万元,签订产品销售合同2.33亿元,签订意向协议金额5.25亿元,进一步扩大了江西绿色生态品牌在全国的影响,一大批江西名特优产品进入省内外大型超市和卖场,成为热销商品。全力推进"江西名优商品北京展销中心"和"南昌华南城江西特色商品展销中心"两个省产品展示推介平台建设,北京平台12月底正式开业运营。二是促进消费工作成效显著。以全省搞活流通扩大消费工作领导小组为平台,建立健全促进消费长效机制。组织开展"2013年全国消费促进月"和"第五届全省金秋购物消费月"活动,举办专题活动110余场次,直接参与企业5000多家,销售总额44.4亿元。组织企业参加中国景德镇陶瓷博览会、第九届中国食品博览会、第六届中国绿色食品博览会等重大会展活动。三是农产品流通体系建设成效显著。大力开展农产品现代流通和西果东送综合试点,支持、引导南昌深圳农产品、吉安市农产品、新余同盛等一批农产品批发市场升级改造。创新农超对接、农批对接等新型流通模式,举办赣南脐橙、南丰蜜橘农超对接洽谈活动,累计签约金额10亿元。在南昌、宜春、九江等地试点建设便民蔬菜直销店200余个,零售价低于农贸市场10%~15%,有效缓解居民买菜难和买菜贵的问题。深入实施万村千乡市场工程,累计建设农家店2.2万个,配送中心138个、乡镇商贸中心24个,"万村千乡市场工程"基本实现全覆盖。南昌市肉菜流通追溯体系试点建设深入推进。四是优化商贸流通环境成效显著。进一步完善城乡市场运行监测预警机制,加强重要生活必需品市场供应应急保障体系建设,商贸流通领域没有发生大的突发公共事件及安全事故。扎实推进全省商贸流通领域市场监管公共服务体系建设,全省商务综合行政执法体系初步形成,执法领域逐步拓宽。打击侵权假冒工作取得阶段性成果,商务领域信用建设取得明显成绩。加强生猪定点屠宰、酒类流通、二手车经营、报废汽车回收拆解、再生资源回收、典当、拍卖、融资租赁、成品油经营、药品流通等行业管理,市场流通环境进一步优化。

四个全国领先:一是市场运行监测工作全国领先。2013年,江西省市场运行监测工作继续保持全国领先位置,月度考核排名稳定在全国前六,年度考核列全国第五,为促进市场平稳运行发挥了积极作用。二是中小商贸流通企业服务体系试点全国领先。2013年商务部公布的28个全国试点城市中,江西省景德镇市、上饶市、鹰潭市入选,全省累计入选城市5个,数量居全国前列。三是万村千乡农家店信息化改造全国领先。率先完成

5000家万村千乡农家店信息化改造任务，农家店实现所有银行卡刷卡和助农取款功能。四是商贸流通业统计工作全国领先。按时完成全省28个行业统计报表、分析报告以及商贸流通业发展报告，多次得到商务部的通报表扬，考核排名位居全国前列。

（省商务厅编辑室）

市场秩序建设

【加强生猪屠宰管理】 开展生猪定点屠宰资格审核清理，全省定点屠宰企业从2010年的792户减少到618户，依法取消不符合条件的屠宰企业174户，600户定点屠宰企业通过审核清理，18户屠宰企业延期整改。通过审核清理，进一步促进了行业健康发展。加强隐患排查保证安全生产，1月，组织开展全省屠宰环节食品安全隐患排查工作，共发现并整改隐患59处，整改完成率100%；7月，联合有关部门开展生猪屠宰企业安全生产检查，通过检查消除安全生产隐患，全年屠宰企业实现安全生产无事故。提升监管手段，在全省53个县的60户规模以上生猪定点屠宰企业的生猪进厂（场）查验、待宰、检疫检验、无害化处理、肉品出厂（场）等5个关键环节安装监控设备，形成省、市、县三级联网的监控平台。6月4日，江西生猪屠宰监控平台正式启用，实现全天候监控生猪定点屠宰企业。重拳打击私宰，从源头上有效杜绝病害肉、注水肉等不合格肉品流入市场，保障定点屠宰主渠道畅通。全年全省共出动执法检查人员6.98万人次，取缔私屠滥宰窝点107个，没收私宰肉5.82万千克，没收病死猪、注水肉、病害肉2.24万千克，查处违法案件1098起，其中移送司法机关11起，判处有期徒刑3人。组织开展全省屠宰环节猪肉抽验工作，对全省106户屠宰厂（场）746个批次开展瘦肉精抽验，样本检验中未发现含“瘦肉精”成分猪肉，合格率100%。加强生猪屠宰企业台账管理，统一规范生猪进厂、生猪产品出厂、肉品品质检验、无害化处理等台账，夯实屠宰行业基础工作。

【推进肉菜流通追溯体系建设】 积极指导和督促南昌市加快建设步伐，截至年底，南昌市肉菜流通追溯体系建设项目的软件系统开发完成，城市管理平台已上线运行，全市7家屠宰场、29家生鲜超市软硬件安装工作基本结束，22家集贸市场、25家专卖店完成追溯系统的软硬件安装工作，肉菜的追溯链条已基本打通。肉菜追溯系统的中心枢纽——中心机房于5月底建成，并投入试运行。

【整治零售商向供应商违规收费行为】 完善工作制度，出台《江西省清理整顿大型零售企业向供应商违规收费工作建立长效机制意见》。加强统筹协调，进一步明确协调小组联席会议工作职责，将集中清理整顿的领导协调机构逐步转为日常监管的领导协调机构。深入开展联合巡查活动，尤其是重大节假日重点在大型零售企业开展巡查活动。

【推进打击侵权和制售假冒伪劣商品工作】 截至年底，全省打击侵权假冒领域行政执法与刑事司法衔接平台建设已取得实质性进展，完成软件招标程序，平台软件已基本安装到位。建立健全了信息数据统计工作制度和考核评价机制。全省行政执法部门立案1.22万件，涉案金额5231.83万元，捣毁侵权和制假售假窝点100个；全省公安机关共破获案件1224件，抓捕犯罪嫌疑人1239人，涉案金额7.52亿元。全省检察机关共批捕96件、162人，起诉75件、119人。全省各级法院新受理侵犯知识产权和制售假冒伪劣商品刑事案件48件，审结37件47人，审结案率100%。

【加强商务领域信用建设】 加强商务领域信用信息管理系统建设，进一步完善省商务厅商务领域信用信息管理平台，年内共征集录入企业信息7443条，录入企业信息总量达1.4万条，有力地推动了商务信用工作机制的运行。积极开展“诚信经营”示范创建活动，在全省“金秋购物消费月”活动中，联合省贸促会、南昌市商贸委组织百货大楼、洪城大厦等5户大型企业开展以“凝聚诚信力量 实现中国梦想”为主题的大型宣传展览。大力推进单用途商业预付卡管理工作，截至年底，全省共有44户集团发卡企业和规模发卡企业完成备案登记，有307户其他发卡企业完成备案登记。

【加强药品流通行业管理】 组织实施江西省“十二五”规划，重点对省“十二五”规划中涉及中药材流通追溯、兼并重组、发展农村连锁药店等开展工作，并对“十二五”规划落实情况进行中期评估。积极参与医改工作，为确保基本药物供应及时，赴抚州、南昌等地就基本药物采购配送情况进行督查。积极争取商务部、财政部支持，江西省被列入全国第二批省级中药材追溯体系建设试点。江西省商务学校被列为“全国药品流通行业人才培训基地”。扎实做好数据填报，年内新增2户药品流通直报企业，全省共计组织13户药品流通直报企业及时准确地做好统计报送工作。

（付蓉 黄军）

市场体系建设

【“万村千乡市场工程”实现全覆盖】

2013年，全省争取中央财政资金6344万元，建设450个农家店、11个物流配送中心、23个乡镇商贸中心和5000个信息化农家店，全省累计建设合格农家店2.2万个，配送中心134个、乡镇商贸中心23个，农家店覆盖全省所有的县、97%的乡镇、85%的行政村。

【农家店信息化改造全国领先】 联合省农信社、省移动公司率先在全国完成5000家农家店信息化改造任务。积极引入江西银联参与，农家店实现所有银行卡刷卡消费和助农取款功能。同时，鼓励各地创新模式，指导鹰潭市将农家店信息化改造与市政府的“数字鹰潭”工程相结合，拓展信息化服务功能，实现手机话费、水电费缴纳，火车票、旅游门票预定，彩票销售，预约挂号就诊，小额取现，新农保，社保的发放等多项电子商务服务、金融服务功能。

【联合采购、统一配送取得实质性进展】 “万村千乡市场工程”通过省级承办企业万联公司，完成1个省级配送中心、5个市级配送中心、9个县级配送中心、15个乡镇商贸中心、400家直营店建设，初步构建省、市、县、乡四级商品配送网络体系；以万联公司为载体搭建了万村千乡省级配送平台，成立联合采购中心，通过整合上游200多家供应商、厂商和下游120多家万村千乡承办企业开展战略合作，联采商品涉及食品、生鲜、百货等全品项2万个单品以上，联合采购商品额实现1.5亿元。12月6日，江西省第二届万村千乡市场工程联合采购大会暨省级配送中心启动仪式在南昌召开。全省100多家“万村千乡市场工程”承办企业负责人及广东、福建、浙江等10多个省市的120多家供应厂商代表参加大会。当天联合采购金额约890万元。

【开展农产品现代流通综合试点和西果东送试点】 在南昌、赣州、宜春、吉安、新余等地开展农产品现代流通综合试点，同时在赣州开展“西果东送”流通试点，中央财政扶持资金达1.5亿元。支持南昌深圳农产品中心批发市场、赣州南北蔬菜水产特产市场等8个农产品批发市场，寻乌杨氏、安远信立等43个农产品加工销售企业和35个农贸市场升级改造，建设农产品产地集配中心，完善冷链系统，建立农产品产销链条，在全国主要销区建设销售专区，构建销售网络，带动社会投资20亿元。支持赣州市脐橙流通龙头企业建设产地集配中心19个，销区配送中心2个，设立销区直销网点127个，新(扩)建标准厂房6.2万平方米，脐橙分拣打蜡包装生产线22条，新增脐橙保鲜储存库16万吨，脐橙检测中心14个。年内试点企业脐橙销售总量36.5万吨，增长42.7%，销售额达20.8亿元，增长66%，分别占赣州脐橙产业总量的32.3%和30.6%。

【升级改造农产品批发市场】 支持、引导南昌深圳农产品、吉安市农产品批发市场、新余同盛等一批农产品批发市场开展升级改造，扩大经营场地，改善市场基础设施，完善服务功能。升级改造后，市场环境明显改善，辐射能力显著增强，市场发挥公益性机制得到完善。如南昌深圳农产品中心批发市场销售额稳步提高，香蕉交易额全国第二，其他果蔬产品辐射湖南、湖北、安徽、福建等周边省份，进入全国农产品综合批发市场前20强，被商务部列为全国农产品集散地批发市场重点联系市场。获得财政支持的农产品批发市场均签订了配合当地政府做好农产品应急保供稳定菜价的承诺书。

【开展蔬菜直销店建设试点】 设立专项扶持资金，在南昌、宜春等地开展试点，支持国鸿集团、江西玉丰等一些较大规模农产品流通企业、农民专业合作社建设标准便民蔬菜直销店。截至年底，南昌、宜春、萍乡等地建设标准便民蔬菜直销店200余个，大部分直销店蔬菜价格比农贸市场零售价低10%～15%，销售的蔬菜都经过检验检测，有效缓解试点城市社区居民买菜难和买菜贵的问题。

【引导城市商贸综合体规划建设】 省商务厅联合省发改委、省国土资源厅、省住建厅出台《关于加快推进全省商贸综合体规划建设的意见》，对全省商贸综合体建设的目标要求、规划布局进行积极引导。年内全省商贸综合体建设项目76个，其中已建成25个，建筑面积306.7万平方米，总投资183.17亿元。

【推进城区标准化菜市场建设】 2013年，省财政安排2000万元专项资金，支持城区标准化菜市场建设，省政府办公厅专门出台《关于推进全省城区标准化菜市场建设改造的意见》，计划2015年全面完成城区标准化菜市场建设改造任务。全年全省重点支持建设改造47个城区菜市场，全省实际建设改造107个，财政资金带动菜市场建设改造投资总额近3亿元，是财政资金投入的3.75倍。同时，为切实加强菜市场建设改造后的日常监督管理，巩固建设改造后的成果，委托省流通产业促进中心对城区菜市场建设改造项目进行绩效评估，并开展标准化示范菜市场的创建活动，建立城区标准化菜市场规范管理、优化服务、提升水平的长效机制。

【召开全省商贸流通工作流动现场会】 12月9日—10日，全省商贸流通工作流动现场会召开。副省长胡幼桃出席会议并讲话，省政府副秘书长林彬杨主持会议。省商务厅厅长王水平、副厅长李青华、省贸促会副会长朱元发，各设区市政府分管领导和省搞活流通扩大消费工作领导小组成员单位的领导，以及各设区市商务主管部门主要负责人、分管负责人共80余人参加会议。与会人员考察参观了南昌市新公园路菜市场、恒茂梦时代广场、“万村千乡市场工程”省级配送中心、华南城电子商务示范基地和共青城市鸭鸭集团电子商务中心。会议通报了全省商贸流通工作情况，为全省城区标准化菜市场建设改造示范项目、商贸综合体示范项目、电子商务示范基地，重点商贸物流企业(园区)进行授牌，南昌、赣州、新余、上饶市和共青城市就商贸流通工作分别做交流发言，并邀请阿里巴巴集团淘宝大学资深总监陈庆探进行电子商务培训讲座。

(付蓉　徐芳)

商贸服务管理

【推动商贸物流发展】 建立全省重点商贸物流园区(中心)和物流企业联系机制，在全省评选出6个重点商贸物流园区(中心)和15户重点商贸物流企业，并授予牌匾。报送16户重点物流企业为商务部重点联系企业。会同省社科院专家共同编制《江西省商贸物流中长期发展专项规划》(2013—2020年)，为加快全省商贸物流发展提供了依据。在全省符合条件设区市中心城区实施城市配送工程，重点在快速消费品、生鲜食品、药品、家用电器、快递等领域实现共同配送，重点建设信息平台，高标准配送中心、城市末端网点，进一步规范配送车辆，为配送车辆通行提供便利。在全省开展物流费用偏高问题调研和大型零售企业物流配送情况等商贸物流发展情况调研，推动吉安万吉物流，南昌物流团购等信息平台企业发展。

【推动再生资源回收体系建设】 9月，按照属地管理原则，省商务厅将在省工商管理局登记注册的再生资源经营企业备案登记权限下放至各设区市商务主管部门,为企业办理备案登记提供了便利,完善再生资源回收经营企业备案管理。重点指导南昌、上饶、景德镇市抓好再生资源回收体系试点城市建设。开展绿色回收工作,年内新增24家单位纳入绿色回收范围。为解决社会关注的废弃节能灯、废弃电池等污染问题,积极筹划实施“绿色回收工程”,对全省废弃节能灯、废弃电池回收情况进行调研,通过实施“绿色回收工程”,明确重点建设任务,推动解决社会关注的废弃节能灯、废弃电池等污染问题。

【做好商贸流通业统计工作】 按商务部的统一部署,指导27个行业1089户企业完成数据报送,统计工作始终保持在全国商贸流通业统计通报中的第一方阵。组织各设区市商务主管部门对辖区典型企业进行梳理,进一步优化商贸流通业统计名录,对不符合要求的企业进行清理,调整优化2013年江西省商贸流通业统计国家库企业名录。组织省内124户零售企业、9户会展企业按时向商务部报送数据。

【推动特色商业街发展】 开展2013年度“江西省特色商业街”认定工作,共评选出“江西省特色商业街”20条。下达全省特色商业街改造提升支持资金132万元,引导首批15条特色商业街开展改造提升工作,扩大影响力。开展江西省特色商业街建设发展情况的调研,编制《江西省特色商业街资料汇编》。7月,在南昌市举办江西省特色商业街培训交流会,全省各设区市商务主管部门有关负责人,部分县(市区)商务主管部门分管领导及江西省特色商业街管理机构负责人等90多人参加培训,并对2012年评选出来的15条特色商业街进行了授牌。

【实施“振兴老字号”工程】 制定《“江西老字号”认定管理办法(试行)》,并报省政府法制办备案。开展第一批“江西老字号”认定工作,共评选第一批“江西老字号”33户。8月,组织省内5户老字号企业参加第十届中国中华老字号精品博览会。获得中央财政专项资金1000万元,用于江西省中华老字号保护与促进。会同省财政厅组织江西省中华老字号保护与发展支持项目的申报、评审工作,确定对江西省8家中华老字号企业保护和促进给予资金支持。

【开展中小商贸流通企业服务体系建设试点】 重点指导南昌、新余开展中小商贸流通企业服务中心的建设,新余市中小商贸流通企业服务中心于2月正式运营,试点工作多次得到商务部好评。南昌市服务中心已成立并完成装修和开始运营。11月,景德镇、上饶、鹰潭获得全国第二批中小商贸流通企业服务体系建设试点,全省试点城市达到5个,数量在全国位居前列。开展银企对接活动,10月省商务厅与民生银行南昌分行共同举办银企对接会,组织60户商贸流通和外经贸企业负责人参会,企业与银行进行面对面的对接,洽谈合作,实现共赢。4月,组织省内8户大型商贸零售企业代表参加2013安徽合肥台湾名品博览会,江西省企业与台湾供应商进行了广泛深入的洽谈,对部分产品达成初步合作意向。

【开展家政服务体系建设】 争取商务部支持,将九江市、吉安市列为商务部家政服务体系建设项目,并严格按照商务部有关工作要求制定验收标准,帮助指导项目单位开展建设;开展家政服务人员培训,争取商务部政策扶持资金1000万元,组织省内16家机构、企业共培训家政服务人员1万人,为丰富家政市场提供了人才支撑。

【餐饮产业探底回暖】 面对餐饮产业政策调整等不利因素,省商务厅进一步强化服务、打造交流平台,积极引导企业调结构、转方式,开展形式多样的促消费、惠民生活动,全省餐饮产业探底回暖。3月,帮助指导南昌市举办中国辣文化美食节,进一步增强了业态的交流合作,扩大了赣菜影响力。大力打造餐饮企业聚集平台,评定了樟树林等3条美食之街、美食之乡,全省美食之街、美食之乡数达到8条,为提升产业聚集和居民便利化消费创造了条件。成立江西省餐饮标准化委员会,积极开展江西省餐饮标准化制定的工作,为进一步提高江西省餐饮服务质量和水平奠定基础。对赣菜宣传片进行修改完善,并通过外省市的赣菜企业进行宣传推广。

【规范特殊行业管理】 出台《江西省典当行业监督管理细则》,组建江西省典当行业协会,选举产生了第一届协会领导机构。经商务部、国家税务总局批复,江西省易泰租赁有限公司获得全国第十一批内资融资租赁试点企业。全省典当、拍卖、融资租赁等行业发展形势良好。截至年底,经商务部审批的典当企业148户(不含3个分支机构)。实收资本16.7亿元,平均注册资本1128.4万元,从业人员1280人。年内全省典当企业共发生典当业务3.97万笔,增长27.7%;发放当金30.20亿元,增长81.9%;典当余额9.83亿元,增长74.9%;营业收入1.05亿元,增长53.7%;实现利润2041万元,增长25.2%;上缴税金1024.4万元,增长40%。全省盈利企业128户,盈利面为86.4%。截至年底,全省共有拍卖企业163户,从业人员1451人。全年全省拍卖企业组织拍卖活动1370场,成交额70.02亿元,与上年基本持平;佣金8623.2万元,下降10.4%;上缴营业税金426.2万元,下降7.2%。全省共有内资融资租赁企业3户,注册资本4.6亿元,从业人数57人。全年全省融资租赁企业资产总额11.99亿元,租赁业务收入9820万元,实现利润4157万元,纳税额1409万元。

(付蓉　黄乃忠)

市场运行调节

【提升市场运行监测和预测预警水平】 截至年底,全省市场监测样本企业总数975户,已安装智能信息泵企业55户,涵盖22个行业、7种业态,在全省建立了比较完善的商品市场运行监测系统。建立和完善了催报、审核等制度。在全国率先开通县级商务预报平台,开通率达到100%,全省11个农副产品批发市场列入全国重点监测市场。开通酒类流通监测系统和茧丝绸行业监测系统。全省商务系统对外发布各类市场运行监测信息3.24万条，成为省内媒体争相报道的市场资讯内容，被公认为是全省市场监测领域最权威、最专业的市场资讯，为各级政府实施市场调控、企业经营决策和扩大居民消费及时提供了信息支撑。江西省市场运行监测分析工作继续保持在全国领先位置，多次受到商务部表扬。

【增强市场应急保供能力】 2013年，商务部下达江西省的中央储备肉活猪储备、冻肉储备分别为8700吨、4900吨，省商务厅向商务部推荐了江西鸿伟绿色食品科技有限公司等4户企业申报中央储备肉活猪储备代储企业或基地场资质，南昌宝迪农业科技有限公司等2户企业申报中央储备肉冻肉储备代储企业资质。督促指导设区市建立和健全市级储备肉制度，南昌、九江、景德镇等7个设区市落实活猪储备4195吨。加强中央储备肉、食糖监管。建立健全应急体系，建立省、市、县三级应急骨干队伍，确定28户省级应急保供重点联系企业，全省共有283户规模大、信誉好、供应能力强、有社会责任心的重点商贸企业作为生活必需品重点联系企业，共有353户大型连锁经营企业、城区集贸市场、“万村千乡市场工程”承办企业作为应急商品投放网点。切实加强重要节日、汛期等重要时期全省市场保供工作，尤其是督促指导做好人感染H7N9禽流感疫情期间的市场供应。组织开展江西省“十二五”期间突发事件应急体系建设规划实施情况中期评估工作。积极督促34户商务部应急商品数据库企业做好商品数据填报监测。

【建立健全促进消费的长效机制】 根据工作需要，新增省搞活流通扩大消费工作领导小组成员单位，制定出台《江西省人民政府办公厅加快流通产业发展的实施意见重点工作部门分工方案的通知》，明确职责分工和工作任务，推动搞活流通、扩大消费各项政策措施的落实。下发《关于进一步做好扩大消费工作的通知》《关于促进品牌消费的实施意见》等文件，督导全省各地商务主管部门进一步做好全省消费促进工作。年初组织企业参加“2013年全国消费促进月”活动，活动期间共举办110余场次的专题活动，直接参与的企业超过5000户，销售总额44.4亿元，部分大型商场、超市、乡村农家店销售额同比增长20%以上。10月，组织开展“第五届全省金秋购物消费促进月活动”，举办“首次江西省地方特色商品博览会”等7个具有特色的促消费活动。实施完成“三绿工程”示范项目建设，积极打造绿色低碳供应链，推广绿色低碳采购，促进绿色低碳消费。

【扩大省产品销售】 2013年，先后组织近500户企业在广州、南昌举办展销（博览）会。通过举办展销会广泛宣传和展示了江西绿色生态品牌，使一大批江西地方产品进入省内外大型超市和卖场，为开拓市场、扩大消费、促进地方经济发展发挥了重要作用。积极宣传推介省产品，编印《江西好产品》宣传画册，画册收录了全省获得中国驰名商标、中华老字号、地理标志保护、绿色和有机认证、省名牌等称号的近1000个最具江西特色的名优特商品，并通过全国30个省的赣商协会、各设区市商务主管部门、企业等渠道向外宣传推介。大力加强江西商品展示推介平台建设，会同省财政厅打造“江西名优商品北京展销中心”，该中心入驻企业和名优特商品90户、2000种。全力加强南昌华南城“江西特色商品展销中心”建设，着力打造一流的省内江西特色产品展示展销平台。支持企业在省外开设品牌专卖店，发展经销商，拓展全国市场。

【加强酒类管理】 落实酒类流通备案登记制度和酒类流通随附单制度。开通全省各级酒类流通管理网络平台，在网上备案的酒类经营企业4.04万户，其中批发企业4030户，零售企业2.77万户，餐饮企业8323户。在全省开展打击假冒侵权酒类产品专项集中行动，切实维护酒类生产者、经营者和消费者的利益，确保了全省酒类食品消费安全。积极推进酒类流通立法工作，草拟并上报《江西省酒类流通管理条例（草案）》。

【进一步规范成品油行业管理】 2013年，全省成品油采购673.3万吨，增长11.9%；销售674.7万吨，增长9.8%；年底库存22.67万吨。全年资源供应较为充足，库存保持合理水平，能够有效满足全省用油需求。加强成品油市场运行监测，发布成品油市场运行监测信息3.47万条。组织开展全省成品油市场专项整治活动，执法250次，出动执法人员2773人次，检查成品油加油站（船）2315个，占全省总数的92.3%，查处非法仓储点6个，查处非法流动加油车20辆，查出无证、证照不全、存在安全隐患等问题411个，有效地规范了江西省成品油市场经营秩序。合理布局成品油零售网点，规范成品油经营许可，加强加油站“四项规范”建设，切实强化成品油日常监管。

【加强茧丝绸行业管理】 制订2013年桑蚕丝生产指导性计划，加强桑蚕生产指导协调，稳定蚕桑生产规模。组织省内7户企业参加2013年中国国际丝绸博览会，并以“江西丝绸”特装形式亮相丝绸博览会，取得良好的效果。争取中央财政资金265万元支持蚕桑资源综合利用开发、丝绸生产循环利用、节能减排和设备升级、技术改造等项目建设，促进了江西省茧丝绸行业健康发展。

【加强商贸流通领域安全生产管理】 制定下发《关于转发商务部办公厅2013年商贸领域安全生产工作要点的通知》《关于进一步加强商贸领域安全培训工作的通知》等文件，督促指导各地采取措施做好节假日等特殊时期商贸流通领域的安全工作，开展对商场、市场、超市、饭店、生猪屠宰等经营场所安全隐患集中检查整治工作，杜绝商贸领域重特大安全事故的发生。

（付蓉　黎勤）

粮油贸易

【概　况】 2013年，全省粮食行业一手抓群众路线教育活动，一手抓粮食业务工作，实现了教育活动与业务工作两不误、两促进，不仅圆满完成群众路线教育活动规定的各项工作任务,业务工作也呈现出许多亮点和特色,实现了行业和谐稳定发展的良好局面。省委、省政府高度重视粮食收购工作,先后两次以省政府名义召开全省粮食收购工作电视电话会,全年共启动4次最低收购价执行预案。各级粮食部门也积极协调发改委、财政、农发行等部门,指导各收储企业加大力度腾仓并库、抢修旧仓老库整合收购仓容,认真落实粮食收购资金、保障资金需求,创新收购服务方式,克服人手少、设施不足、仓容紧张等困难,早开秤、晚关门、加班加点,敞开收购农民余粮。全年粮食总收购量135亿千克,同比增加28亿千克,收购总量创历史最高。其中最低收购价粮约55亿千克,早稻最低收购价收购33.5亿千克,占全国早稻总收购量的58%,居全国第一。由于2013年最低收购价远高于市场粮价,仅政策性粮食收购就有效带动农民增收20亿元左右。

进一步加强粮食行业自身建设。始终坚持把"为耕者谋利、为食者造福、为企业增效"作为加强机关自身建设,为企业、为基层、为群众搞好服务的宗旨。切实转变职能,制订完善《江西省粮食收购资格许可管理办法实施细则》,将省级粮食收购资格许可权限下放至企业所在地县级粮食主管部门。开展粮食流通监督执法示范单位创建,规范粮食行政执法行为。贯彻落实中央八项规定和省委若干规定要求,制定《改进工作作风密切联系群众若干规定实施办法》,严格落实党风廉政建设责任制,完善风险岗位廉能管理机制,党风廉政建设和反腐败各项工作稳步推进。坚持以教育培训为重点,加强党政领导、企业管理、专业技术、技能人才的培训管理工作,全年共培训1210人次,组织参加第三届全国粮食行业职业技能大赛,提升干部职工素质。

【启动"危仓老库"修复工作】 江西省以综合评分第二名的成绩跻身全国"危仓老库"修复4个重点支持省份之一,两年内中央财政补助和地方财政配套,将投入5.2亿元用于全省"危仓老库"修复工作。制定"危仓老库"维修改造具体实施方案,统一建设标准和建设要求,重点对建造时间在1981—1998年的粮食仓储设施进行维修改造,有效满足粮食收购仓容需求。

【进一步加强政策扶持力度】 全年争取各项扶持资金3.2亿元,比上年增加1.1亿元,增长52%。明确今后商品粮大省奖励资金中不低于80%用于支持粮食流通产业发展,政策固定下来后,项目资金将逐年有所增加。此外,落实托市粮收购资金贷款128.83亿元,企业自营粮贷款16.2亿元,消化1998年政策性财务挂账本金10.28亿元。争取国有粮食企业2013—2015年继续享受相关税费优惠,已连续9年未曾间断享受该政策优惠,这在全国范围来看也是少有的。

【明确粮食流通产业发展思路】 省政府办公厅印发《关于加快粮食流通产业发展的意见》,明确提出通过5~8年的努力,着力构建现代粮油加工、仓储物流、宏观调控、粮食市场、监督保障等"五大体系"。组织编制《江西省"粮安工程"建设规划(2013—2020年)》,明确打通粮食物流通道、修复粮食仓储设施、完善应急供应体系、保证粮油质量安全、强化粮情监测预警和促进粮食节约减损等方面的建设内容。

【完成6万套农户科学储粮仓的采购和发放工作】 指导各级粮食部门认真组织农户科学储粮仓建设项目招投标,严把产品质量关,加强对科学储粮仓生产的监督检查,顺利完成6万套农户科学储粮仓的采购和发放工作,帮助农民减少粮食产后损失,促进农民增收。

【维护粮食市场价格基本稳定】 及时下达省级储备粮轮换计划,采取新粮上市前可收购上年度生产的粮食轮入、调整轮换粮食品种等措施,最大限度减少承储企业轮换亏损。全年完成省级储备粮轮入数1.8亿千克,占全年轮换计划的77.3%。联合省监察厅印发《关于规范国有粮食企业大宗粮食交易的通知》,全年通过网上竞价交易轮出省级储备粮1亿千克,占已完成轮换计划的55.6%。完善粮食市场价格监测方案,调整并充实价格直报点,增加和调整10个监测点,及时发布价格监测信息40期,共建立粮食应急供应网点1226个,粮食应急配送中心100个,粮食应急加工企业235个。继续深化粮食产销协作。共同举办2013年赣粤两省粮食产销合作洽谈会,加强与福建、浙江等邻省产销合作,做好省内企业赴东北地区采购新粮的组织工作。

(熊国锋)

供销合作

【概　况】 2013年,江西省供销合作社全面贯彻"发展升级、小康提速,绿色崛起、实干兴赣"的总方针,坚持"12345"的工作思路,即坚持一个宗旨:为农服务;突出两个重点:做大做强社有企业和加强基层社建设;推进三个转变:网络建设实现由县区单打独斗向行业联动发展转变、产业经营实现由传统单一向现代多元转变、产权结构实现由单一社有向混合所有制转变;实施四大战略:项目带动战略、靠大联强战略、体系建设战略和人才强社战略;实现"五上"目标:为农服务上水平、社有企业上规模、网络建设上项目、基层建设上形象、综合实力上台阶。把"提升进位、赶超发展,打造全新供销合作社"作为工作主线,以扎实开展党的群众路线教育实践活动为契机,进一步转变工作作风,完善工作机制,创新发展方式,夯实发展基础,完成各项目标任务,全省供销合作社行业经济规模进一步扩大、经济效益进一步提升,基层建设进一步夯实,整体实力进一步增强,经济运行和社会发展保持了健康快速发展的好势头。江西省供销合作社首次获"全国行业综合业绩考核省级优胜单位特等奖",获"省直机关文明单位"称号。

2013年,全行业实现购销总额1525.2亿元、汇总利润3.6亿元、所有者权益35.6亿元、固定资产投资总额37.4亿元,同比分别增长42.0%、24.5%、19.7%、34.5%。全行业销售利润率、资产利润率比上年分别提高0.6、0.5个百分点,资产负债率比上年下降3.3个百分点。企业汇总利润超过500万元的市级社有8个,超过200万元的县级社有29个,基层社利润过50万元的有25个,比上年分别增加2个、6个、11个。

供销合作事业发展环境进一步优化。1月,省政府出台《关于进一步支持供销合作事业发展的意见》(赣府发〔2013〕2号);3月,省政府与中华全国供销合作总社签署战略合作协议;9月,省委批准省社设立监事会;12月,省政府开展对2号文件贯彻落实情况的专项督查,新余、玉山等27个市县政府出台贯彻实施意见。省财政新增1000万元引导资金,南昌市、宁都县、青原区等13个市、县、区财政安排专项资金支持供销合作社网络建设和基层组织发展。景德镇市政府将原收归国资委管理的市社资产予以归还。金溪县政府针对数起基层社资产遭当地村民侵占事件,及时下发文件予以制止。2013年全行业启动“五个年”活动,省社机关开展“六型机关”建设,开展党的群众路线教育实践活动,认真查摆省供销合作社领导班子“四风”方面存在的突出问题,制定和完善21项整改制度。同时,联合有关部门开展农资打假、烟花爆竹非法经营专项治理活动,其中打击非法运输、储存、经营烟花爆竹120余起,取缔无证窝点200余个。全行业安全生产经营、社会综合治理、信访维稳等工作呈现和谐发展的好局面。

【巩固农村流通主导地位】 全行业坚持以现代经营理念和现代流通方式为核心,对传统经营网络进行改造、整合、提升,大力实施“新网工程”建设。截至年底,发展各类经营服务网点45691个,比上年新增833个。“五网并举”格局加快形成,基本搭建“五大经营网络”的县级社有49个,占总数的50%。经营网络乡镇覆盖率接近100%,行政村覆盖率在80%以上。农资市场占有率连续保持在75%以上,烟花爆竹市场占有率95%以上,农副产品购销占全省近20%,县及县以下供销合作社商品销售总额占全省县及县以下消费品零售总额近20%,供销合作社在保供给、稳物价、惠民生中的作用更加凸显。

【加快推进基层供销合作社组织建设】 全行业认真实施全省基层组织体系建设规划(2013—2015),扎实开展基层组织示范创建活动,基层社(中心社)总数恢复到1177个(占全省乡镇总数的83.4%)、领办农民合作社1665个、村级综合服务社9155个、各类社会组织436个,比上年分别增加433个、391个、4473个和10个。农民合作社建立生产基地1269个,带动农户62万户。1240个合作社产品进入批发市场或超市门店,助农增收近35亿元。如上栗县社通过“三社合一”组建基层中心社,以“3+2+N”的服务模式打造村级综合服务社,使供销合作社成为农民认可、农民参与的新型合作经济组织。

【不断做大做强社有企业】 大力实施“3515”企业规模工程,即力争省社本级有销售额突破30亿元的企业、市级社有销售额突破5亿元的企业、县级社有销售额突破1亿元的企业、基层社销售额突破5000万元。截至年底,全资、控股、参股企业到662户,比上年增加54户。其中注册资本1000万元以上的企业66户,增加12户,销售总额超过10亿元的企业5户,增加2户。如省供销合作社将本级两家农资企业整合后,江西沃尔得农资连锁集团有限公司总量规模实现快速扩张,经济实力、盈利水平、服务能力得到显著提升,市场竞争力进一步增强。

【项目支撑带动作用凸显】 大力实施项目带动战略,科学谋划项目、快速建设项目、高效经营项目,项目建设呈现数量多、规模大、效益好的势头。全行业全年上报录入中华全国供销合作总社项目库的项目591个,总投资额149.9亿元;在建项目213个,比上年增加105个,总投资额60.8亿元(其中投资亿元以上的16个),已完成投资36亿元,占总投资额的60.2%。如鹰潭市供销合作社总投资1.1亿元的木薯特色农产品配送中心项目,完成投资7930万元,一期工程完成并投入使用。南昌市青山湖区供销合作社总投资2.3亿元的南钢商厦项目,当年开工当年基本建成。湖口县供销合作社总投资8亿元的赣北农贸城项目,完成投资3.7亿元,一期工程基本完工。在项目带动下,全行业争取中央和省级财政项目扶持资金1.4亿元,市、县地方政府配套资金5011万元,撬动社会投资20多亿元,落实建设用地215.06公顷。

【联合合作取得新突破】 全行业确立了“联合合作、靠大联强、互利共赢、多元发展”的合作理念,开展以“企业合作、项目合作、资本合作、政社合作、网络合作”等形式的合作,截至年底,实行联合合作的企业470家,增加107家,合作建设的项目248个,增加34个。分宜县供销合作社利用基层社闲置资产,与温州客商合作,投资1100多万元建成总面积5040平方米的时代方联超市,同时又与香港法莱福公司联合投资3000多万元,承接年销售2.5万套整体衣柜的生产与配送,这两个合作项目预计全年销售额可达7000多万元,实现利润400多万元。

【逐步扩大社会化服务规模】 围绕农业产前、产中、产后各个环节,积极开展系列化、专业化、规模化服务,截至年底,创办庄稼医院2087家,增加590家。开展测土配方施肥总面积达36.67万公顷,开展农业机械化服务面积6000公顷。组织技能培训183期、培训1.80万余人次,3413人获得技能证书。发展工行助农取款网点343家,增加196个,全年为农民提供便民取款2.3亿元。宜春市供销合作社国合农资公司领办的病虫害防治专业合作社,为2666.67公顷水稻提供“三防”承包服务,不仅使每公顷减少生产成本1020元,还使合作社获利6068多万元,深受农民好评。

(姜芝艳)

本栏编辑 邓玉兰

对外贸易与经济合作

综　述

2013年，全省商务部门以加快转变商务发展方式、提高增长质量和效益为主线，实施全方位大开放战略、坚持不懈搞活流通扩大消费，全省商务经济主要指标均实现两位数增长，增幅高于全国平均水平，商务发展升级迈出坚实步伐，为全省经济社会发展作出重要贡献。

*深入推进招大引强，招商引资取得新成效。*重大项目引进取得新进展，新引进1亿美元以上外资项目13个，新引进世界500强4户，全省累计引进世界500强114户；引进省外20亿元以上重大项目71个；引进央企投资重大项目39个，实际进资28.9亿元。重大招商活动成果丰硕，成功举办赣港经贸合作活动、赣台会、央企入赣投洽会、中国光彩事业赣州行活动、中国国际商会高端代表团投洽会、江西省与北京市国企对接洽谈会等重大招商活动，累计签约内外资项目416个，投资总额4505.7亿元。引资项目结构进一步优化，全省先进制造业利用外资占全省的66.8%，省外亿元以上战略性新兴产业项目进资占全省的46.5%，服务业引资成为新亮点，全省服务业利用外资占比25.0%。增资扩股成效明显，开展“访百企促增资”活动，234户外资企业增资20.1亿美元；外资并购加快，境外上市踊跃，百威英博并购南昌啤酒，毅德国际、雅高控股成功在香港上市。

*着力稳增长调结构，对外贸易迈上新台阶。*出口主体继续优化，实施扩大出口主体“万千百”工程，外贸经营者备案登记权下放至全省93个县（市、区），全省进出口经营权企业突破1万户。出口市场不断优化，深入实施“千家企业闯国际市场工程”，组织1200多户企业参加100余个境外专业展会，累计实现成交超过15亿美元。积极拓展东盟、非洲等新兴市场，对新兴市场国家出口占全省的58.2%，同比提高4个百分点，东盟跃居全省最大出口市场。出口商品结构进一步优化，全省机电产品出口规模突破100亿美元，服务贸易发展加快，全省核心文化产品出口高速增长，占全国核心文化产品出口总量的7.3%，提高4.8个百分点。全力培育外贸增长新优势，大力推进优势产业、出口品牌、加工贸易升级，新批南昌纺织服装和赣州家具两个国家级外贸转型升级示范基地和3个省级外贸转型升级示范基地，国家级和省级外贸转型升级示范基地分别达10个和14个。贸易便利化水平明显提升，积极落实和完善稳定外贸增长各项政策，积极扩大进口、应对贸易摩擦，预警监测、融资服务、贸易便利化等工作取得新成绩。

*加快“走出去”步伐，对外投资合作实现新突破。*对外承包工程实现重大突破，全省营业额首次突破20亿美元，历年累计突破100亿美元，3年翻一番，全国排名前移至第十四位。江西国际、江西中煤和中鼎国际分别入列2013年全球250户最大国际承包商。对外投资实现多元化，投资地域由亚非扩展到欧美，投资行业由单一矿产开发向多产业链延伸，光伏、医药、制鞋业及农业等优势产业成功“走出去”，“两高一强”重大项目明显增多。外派劳务有序发展，对外劳务合作服务平台投入运行，全省出国劳务报名网络建成使用，全省外派劳务突破1.5万人。对外援助影响力扩大，新增援外企业4家，总数增至13家；中标援外工程6个，总额近2亿元。执行援外培训项目10个，为50多个国家培训近200名政府官员。

*全力推进互联互通，口岸发展取得新成效。*航空口岸发展提速，启动组建地方航空公司，大幅加密和开通国际国内重点航线，引进宽体机执飞南昌至北京航线。出口通道不断拓展，加密九江至洋山港始发班轮，新开行赣州（吉安）至厦门铁海联运五定班列、新余至宁波铁海联运专列。口岸大通关合作深入推进，建立江西鲜活农产品属地检验、沿海口岸免检直通放行快速通关模式，开辟跨省免开箱查验“绿色通道”。口岸平台功能更加完善，积极推进赣州、南昌申报综合保税区，引进国际大型船公司进驻江西省口岸作业区，建立国际集装箱提还箱点。电子口岸加速发展。完成关检港联网、口岸作业区卡口控制与联网、特殊监管区信息联网等系统的开发，昌九口岸一体化信息系统建设加快推进。

*主动开展交流协作，区域经济合作取得新进展。*主动开展省际区域交流与协作，深化与长江中游城市群、长三角、珠三角、海西经济区的融合发展。积极参加青洽会、亚欧博览会等区域大型经贸活动。大力促进商会发展，累计设立江西异地商会10家、省外江西商会70余家，促进赣商返乡创业，促进各地商会到赣投资。稳步实施对口支援，完成《江西省对口支援三峡库区移民工作2013—2020年规

划纲要》，加大对口支援重庆武隆和新疆克州的经贸促进力度。扎实推动省级区域发展战略，推动赣州市落实西部大开发政策，积极推进昌九一体化、赣南苏区振兴发展、赣东北扩大开放合作，赣西转型加快发展等工作。

（省商务厅编辑室）

商品进出口贸易

【概　况】　2013 年，全省累计实现外贸进出口 367.38 亿美元，同比增长 9.95%。其中，出口 281.7 亿美元，出口总值再创新高，比上年增加 30.57 亿美元，占全国出口比重达 1.27%，较上年提高 0.04 个百分点，出口总值在全国和中部地区排名分别居第十五位和第三位。出口额增长 12.17%，增幅高出全国平均水平 4.3 个百分点。进口累计实现 85.68 亿美元，增长 3.22%，增幅低于全国平均水平 4 个百分点。

对外贸易的主体情况：2013 年，全省民营企业出口 205.6 亿美元，增长 19.2%，增幅高出全省平均水平 7 个百分点。国有企业和外资企业出口双双出现负增长，其中国有企业出口 12.6 亿美元，下降 9.87%；外资企业出口 63.5 亿美元，下降 1.77%。民营企业、外资企业和国有企业占全省出口比重分别为 73%、22.5%、4.5%。国有企业进口高速增长，累计进口 4.2 亿美元，增长 69.8%。

对外贸易的方式情况：2013 年，全省一般贸易出口 233.87 亿美元，增长 34.8%，高出全省平均水平 22.6 个百分点，一般贸易、加工贸易和其他贸易出口占比的比值为 83∶14.5∶2.5，优于 2012 年的 66.3∶23.5∶10.2，一般贸易出口的主导地位更加凸显。加工贸易进口继续保持高速增长，累计达 44.1 亿美元，增长 36.4%，其中进料加工进口 42.8 亿美元，增长 44%。其他贸易出口 7.07 亿美元，下降 77.4%，其中对外承包工程带动货物出口首次突破 1 亿美元，达 1.1 亿美元，增长 14%。

对外贸易的商品情况：2013 年，以电子产品和汽车为代表的机电产品，太阳能电池为代表的高新技术产品，纺织服装和家具为代表的劳动密集型产品，鳗鱼为代表的农产品，钢材和铜产品为代表的资源性产品，烟花爆竹为代表的核心文化产品成为全省六大主要出口商品。机电产品是全省第一大出口产品，累计出口 105.7 亿美元，增长 12.9%，高于全省平均出口增幅 0.7 个百分点，自动数据处理设备及其部件和静止式变流器是新增出口亮点，其中自动数据处理设备出口 3.44 亿美元，增长 3.29 倍。高新技术产品出口 34.4 亿美元，增长 4.8%，其中光伏产品出口 7.8 亿美元，增长 2.6%。劳动密集型产品中纺织服装出口 48.4 亿美元，增长 34.4%，家具出口 17.3 亿美元，增长 14.25%。农产品出口 4.8 亿美元，增长 25.1%，其中鳗鱼出口 1.6 亿美元，增长 13.12%。资源性产品中铜及其铜材出口 3.35 亿美元，增长 69.4%。核心文化产品出口 10.5 亿美元，其中烟花爆竹出口 2.08 亿美元，增长 2.8%。

·资　料·

2013 年江西省主要出口市场情况

国别（地区）	出口金额（亿美元）	占出口总额比重（%）
东盟	57.71	20.5
欧盟	40.03	14.2
美国	37.38	13.3
中国香港	36.09	12.8
印度	11.78	4.2
日本	7.78	2.8
韩国	7.56	2.7
阿拉伯联合酋长国	6.51	2.3
中国台湾省	5.91	2.1
南非	5.69	2.0
合　计	216.44	76.9

对外贸易的市场情况：2013年，全省与全世界209个国家和地区发生贸易往来，其中出口总值超过1亿美元的国家和地区达到45个。新兴市场开拓成效明显，其中对欧、美、日、中国香港等四大传统市场累计出口121.3亿美元，增长5.7%，占全省出口总值的43.1%，下降2.5个百分点。对东盟、非洲、拉丁美洲等新兴市场累计出口160.4亿美元，占全省出口总值的56.9%，较上年提高2.5个百分点，其中东盟跃升全省第一大出口市场，累计出口57.7亿美元，增长68.3%。全省与金砖国家出口不均衡，其中对印度出口高速增长，累计11.8亿美元，增长64.2%；对南非和俄罗斯出口保持快速增长，对南非出口5.7亿美元，增长28.5%，对俄罗斯出口2.9亿美元，增长11.8%；对巴西出口呈负增长，累计出口3.1亿美元，下降12%。对传统市场出口略有下降。

【参加华交会】 第23届中国华东进出口商品交易会于3月1日—5日在上海举行。江西交易团组织114户企业参展，设展位200个，累计成交2.19亿美元，较上届下降8.03%。

【参加广交会】 第113届中国进出口商品交易会(简称广交会)于4月15日至5月5日分三期在广州举办。江西省组织300户企业参展，共有展位548个。江西交易团共成交6.46亿美元，比上届增长7.89%。第114届广交会于10月15日至11月4日分三期在广州举办。江西省组织295户企业参展，设展位542个。江西交易团共成交5.74亿美元，较上届下降11.19%。

【外贸经营主体实现突破】 省商务厅通过简政放权，为企业办理外贸经营权创造更便利的环境。全省有93个县(市、区)商务主管部门被商务部委托为对外贸易经营者备案登记机关，占全省县(市、区)总数的93%，外贸经营权备案登记机关覆盖全省绝大多数县(市、区)。全省办理对外贸易经营者备案登记有效企业共计10114户，比备案登记前(2004年6月31)的1217户增加了8897户。

【培育外贸转型升级示范基地】 江西省大力推进产业与出口联动发展，南昌针织服装、赣州家具通过国家外贸转型升级示范基地专家评审、答辩。此外，在已认定11个省级产业基地的基础上，首次启动省级外贸转型升级示范基地培育工作，认定第一批共3个省级外贸转型升级产业出口基地，逐步形成支持出口基地发展的长效机制。

【推进加工贸易转型升级】 首次开展省级加工贸易梯度转移重点承接地评选工作，省商务厅会同省人力资源和社会保障厅、南昌海关联合认定南昌县、共青城市、瑞昌市、上高县、龙南县、赣县等6县(市)为第一批省级加工贸易梯度转移重点承接地，有力地推进了全省县级地区承接加工贸易产业集群和梯度转移发展，增强了加工贸易发展后劲。

【创新出口品牌培育机制】 省商务厅进一步完善出口品牌扶持政策，支持品牌出口企业做优做强，发挥带头示范作用。首次开展“江西省重点出口名牌企业”评选工作，优中选优评定10户入选企业，对这些企业进行政策聚焦，重点扶持，提升核心竞争力。全年全省72户省级出口名牌企业累计出口25.63亿美元，占全省出口总量的9.1%，通过品牌培育，“江西制造”的国际影响力正在增强。

【鼓励企业通过电子商务开拓市场】 截至年底，全省加入阿里巴巴、中国诚商网、敦煌网和中国制造网等第三方电子商务平台的出口企业超千家，约占全省有出口业绩企业总数的四成。年内江西省外贸企业通过各类电子商务平台实现出口成交超过10亿美元。

【完善境外参展扶持政策】 加大对企业参加重点境外展会的支持力度，激发企业的参展积极性。加大对企业投保出口信用保险的支持力度。对2013年度出口200万美元以下的小微企业实行保费全免，惠及全省千余家小微企业，为其开拓国际市场、抵御出口风险发挥了积极作用，有效解决企业有单不敢接、有单不能接的难题。

【推进国际营销网络建设】 对企业在境外建立销售省内或自有品牌产品专卖店、售后服务网络、仓储物流中心给予支持，鼓励企业建立健全国际营销网络，增强对终端市场的控制能力。通过政策引导，晶科能源、江铃等一批企业已“走出去”布局国际营销网络。

(付蓉　汪飞)

服务贸易

【概　况】 2013年，全省服务贸易进出口总额42.50亿美元，增长113.91%。其中，出口17.40亿美元，增长84.96%；进口25.10亿美元，增长139.95%。各项指标位居中部省份前列。全省服务贸易的主要行业涵盖旅游、运输、咨询、保险服务、建筑服务以及其他商业服务，贸易伙伴主要有美国、中国香港、日本。全省技术进出口总额2.25亿美元，增长219.52%。签订引进技术和进口设备合同项目164个，比上年减少32个；合同金额1.97亿美元，增长211.68%；签订技术出口合同项目104个；合同金额2805.97万美元，增长288.16%。年内3家公司共获得商务部技术出口贴息18万元。

【促进服务外包发展】 2013年，江西省新增服务外包企业158家，下降8.67%；新增从业人数1.15万人，下降34.63%；接包合同签约金额13.82亿美元，增长58.57%；接包合同执行金额9.87亿美元，增长30.23%；新增认证62个。年内共培训服务外包人才5684名，为服务外包产业发展提供强有力的人才支撑。年内开展省级服务外包示范园区认定工作，对全省10家省级服务外包示范园区进行考核，其中江西浙大中凯科技园、81楼宇群服务外包产业园、东湖区江西师大科技园、九江经济技术开发区科技工业园、赣州红色文化创意产业园等5个园区被评为优秀省级服务外包示范园区。完成2013年国家服务外包业务发展资金申报。全省获得国家支持服务外包人才发展资金2475.07万元。其中南昌市获得“中国服务外包示范城市”公共服务平台资金500万元，36

家服务外包培训机构、服务外包企业获得培训资金415.6万元；获得国际认证项目支持资金1559.51万元。

【推动文化出口企业做大做强】 2013年，组织15户企业申报国家文化出口重点企业，其中凯天动漫、中文天下、奥印务、腾王科技等7户企业被商务部、中宣部、文化部等部委评为“2013—2014年度国家文化出口重点企业”，并积极争取商务部政策扶持资金。加强对省内文化产品出口企业的服务和指导，有力地推动了文化产品出口。全年全省文化产品出口11.7亿美元，增长6.7%。

【组织企业参加中国国际服务贸易交易会】 5月，江西嘉上嘉文化实业有限公司、英华达（南昌）科技有限公司、江西金太阳教育研究有限公司、南昌先锋服务外包教育有限公司等20多家服务贸易重点企业参加第二届中国国际服务贸易交易会，参展企业充分借助“京交会”平台，积极对接项目和客商，取得一批合作成果。6月，组织福雷斯等11户企业参加第十届中国国际软件和信息交易会，参展企业进一步宣传推介了江西服务贸易重点企业和产品，达成了合作意向。通过组织企业参展，提升了江西省企业在海外的影响力，为企业开拓海外市场奠定了良好的基础。

【建立服务贸易和服务外包重点企业监测运行机制】 组织先锋软件、南昌金格科技等100多户服务贸易企业和腾王科技、福雷斯等20多户文化贸易重点企业在商务部服务贸易统计直报系统中定期上报相关数据。进一步夯实服务贸易和服务外包统计数据基础。

（付蓉 廖旭芳）

利用外资

【概 况】 2013年，全省累计新批外商投资企业847户，增长7.35%；合同外资91.33亿美元，增长11.9%；实际使用外资75.51亿美元，增长10.65%。按商务部统计排名，利用外资总量列全国第十四位，中部地区第二位，继续保持中部前列。其中现汇进资21.03亿美元，保持中部地区领先。全省新批外资项目平均规模达到1078万美元，这是江西省年度新批外资项目平均规模连续第三年突破1000万美元大关。主要特点体现在：一是招大引强取得显著成效。全省累计新批投资总额1000万美元以上项目231个，总投资额77.79亿美元，其中，投资总额1亿美元以上项目13个，增加2个。二是区域利用外资发展提速。随着江西省大力推进九江沿江开放开发、全力支持打造南昌核心增长极和扎实推进赣南中央苏区振兴等重大区域发展战略的深入推进，为上述地区加快发展带来新的历史机遇。南昌、九江、赣州、吉安等4个设区市实际利用外资均实现较大幅度增长，总量占全省的68.06%，新批的13个1亿美元以上项目全部来自以上4个设区市。三是引资结构发生明显变化。全省引进制造业项目、服务业项目保持平稳，制造业利用外资50.46亿美元，增长18.05%，占全省比重为66.83%；服务业利用外资18.9亿美元，增长2.14%，占比25%。四是外商投资方式和渠道更加多样化。全省新批2户外资融资租赁公司，填补了外资融资租赁行业的空白。除新设项目外，外商投资呈现多种方式，外商投资的渠道进一步增多。表现在外资通过并购、投资基金参股等形式投资，境内企业赴境外上市融资提速等。年内全省有19户企业以跨境人民币进资，进资额2.22亿美元。五是招商引资项目质量和水平不断提升。全省新批世界500强企业投资项目4个，累计引进世界500强企业达到114户。六是外商投资企业增资踊跃。全省共有234户企业增资，增加合同外资20.08亿美金，其中合同外资增资1000万美元以上项目42个，新增合同外资11.92亿美元。七是鄱阳湖生态经济区利用外资发展迅猛。区内新批外商投资企业437户，占全省51.59%；新增合同外资51.69亿美元，占全省56.59%；实际利用外资42.41亿美元，占全省56.17%。利用外资各项指标在全省均具有举足轻重的地位，所有重要指标均占全省总量的50%以上。八是战略性新兴产业利用外资发展稳步推进。全省新批十大新兴产业新批外资项目343个，新增合同外资和实际利用外资分别达到39.48亿美元和33.89亿美元，分别占全省的43.23%、44.89%。九是开发（高新）区利用外资发展快速。全省各类工业园区实际利用外资43.56亿美元，占全省的57.69%，其中13个国家级开发区实际利用外资20.67亿美元，占工业园区利用外资的比重达到近47.44%，占全省的比重27.37%。

【召开全省开放型经济工作会议】 全省开放型经济工作会议于3月27日在南昌召开。会议对2012年全省开放型经济工作进行了总结和表彰，对2013年度工作进行了部署。副省长李贻煌出席会议并讲话，省政府副秘书长王水平主持会议。省商务厅厅长伍再谦宣读表彰的通报，南昌、九江、赣州3个设区市做交流发言。省商务厅、省工信委、省国资委、省发改委、省财政厅等省直有关单位分管领导，各设区市分管副市长，市、县（区）商务主管部门负责人和国家级开发区负责人，以及全省重点外贸、外经和口岸服务企业负责人共计250余人出席会议。

【开展“访百家外企促增资活动”】 2013年，江西省通过走访企业，帮助企业协调解决问题困难，增强企业扩大投资信心，向存量企业要增量，推进企业不断做大做强。全省共有234户企业增资，增加合同外资20.08亿美金，其中合同外资增资1000万美元以上项目42个，新增合同外资11.92亿美元。其中较大的项目有增资9025万美元的江西亚东水泥项目、增资7266万美元的上饶市晶科光伏科技工程项目、增资6418万美元的江西五十铃汽车生产项目等。

·资　料·

2013年江西省利用外资分行业比重

行　业	新批企业数		合同外资金额		实际使用外资金额	
	企业数	比重（%）	金　额（万美元）	比重（%）	金额（万美元）	比重（%）
全省合计	847	100	913261	100	755096	100
第一产业	**78**	**9.21**	**73843**	**8.09**	**57084**	**7.56**
农、林、牧、渔业	78	9.21	73843	8.09	57084	7.56
第二产业	**588**	**69.42**	**614113**	**67.24**	**526180**	**69.68**
工业	575	67.89	592760	64.9	511612	67.75
采矿业	1	0.12	1129	0.12	2529	0.33
制造业	568	67.06	587166	64.29	504645	66.83
电力、燃气及水的生产和供应业	6	0.71	4465	0.49	4438	0.59
建筑业	13	1.53	21353	2.34	14568	1.93
第三产业	**181**	**21.37**	**225305**	**24.67**	**171832**	**22.76**
交通运输、仓储和邮政业	1	0.12	4386	0.48	1962	0.26
信息传输、计算机服务和软件业	68	8.03	82560	9.04	51873	6.87
批发和零售业	28	3.31	18857	2.06	21198	2.81
住宿和餐饮业	7	0.83	8876	0.97	4953	0.66
金融业	2	0.24	702	0.08	50	0.01
房地产业	6	0.71	20826	2.28	17094	2.26
租赁和商务服务业	37	4.37	40416	4.43	38870	5.15
科学研究、技术服务和地质勘查业	17	2.01	25770	2.82	19299	2.56
水利、环境和公共设施管理业	5	0.59	9003	0.99	14537	1.93
居民服务和其他服务业	4	0.47	482	0.05	1063	0.14
教　育	1	0.12	580	0.06	93	0.01
卫生、社会保障和社会福利业	1	0.12	645	0.07	7	0.01
文化、体育和娱乐业	4	0.47	12202	1.34	840	0.11

（付蓉　王春雷　宋磊）

国际经济合作

【概　况】 2013年，江西省对外承包工程和对外直接投资双双快速增长。全省签订对外承包工程和劳务合作合同项目144个，金额20.3亿美元，增长20.8%；完成营业额22.7亿美元，增长23.4%，高出全国平均增幅5.8个百分点，总量全国排名第十四位，历年累计完成营业额突破100亿美元。年内派出劳务5913人，年末全省各类劳务人员总数1.5万人，增长8.63%，其中工程项下累计在外劳务人员9021人，增长21.36%。派往的主要国家为日本、新加坡、阿尔及利亚；承包工程营业额过亿美元项目有3个，分别是江西国际公司在赞比亚的机场改造项目（3.6亿美元）、赞比亚东方省公路项目（1.05亿美元）和中国瑞林公司在菲律宾的铜冶炼总承包项目（1.64亿美元）。2013年，全省核准境外投资企业73户，其中新设54户、并购1户、增资7户、变更11户。中方协议投资额4.8亿美元；对外直接投资额为5.38亿美元，增长47.4%，高出全国平均增幅30个百分点，历年累计对外直接投资额突破15亿美元。

【对外投资转型升级】 2013年，全省农业对外投资取得阶段性进展，在越南、加纳、澳大利亚和塞内加尔等国家开展农业合作项目。制造业对外投资规模加大，赣州华坚在埃塞俄比亚投资9900万美元设立华坚国际轻工业城（埃塞俄比亚）有限公司，成为全省传统加工制造业对外投资金额最大的项目，江西3L医用制品集团有限公司在柬埔寨西哈努克港工业园投资2亿元建设江西医用辅料生产基地。

【进一步健全对外劳务合作公共服务体系】 建立覆盖省内主要县（市、区）的江西省出国劳务报名网络并投入运行，江西省商务厅对全省20个县（市、区）商务主管部门、9户对外劳务经营公司以及中国江西人才市场等33个报名点进行了授牌。全省出国劳务报名点的设立，标志着全省出国劳务信息服务平台与江西人才市场成功并网，实现全省劳动力资源共享，出国劳务的信息服务延伸到各设区市和重点县（市、区），为全省城乡居民出国务工提供精准项目信息和便利化报名服务。

【对外经济技术援助较快发展】 2013年，江西省中标对外援助工程项目6个，中标合同总额约2亿元。受援助国家和地区包括柬埔寨、科摩罗、赞比亚、莫桑比克等涉及打井、房建、技术合作、监理等。全年执行援外培训项目10个，培训50多个国家的外国政府官员及技术人员共200多人，国际商务官员研修基地开放平台作用进一步得到发挥和增强。

【对外承包工程和投资实现新突破】

对外承包工程市场开拓实现新突破。2013年，全省企业成功进入菲律宾、老挝、柬埔寨和沙特等国工程承包市场，新签合同总额近2亿美元，周边战略初见成效。民营经济对外投资实现新突破。年内民营经济体对外直接投资3亿美元，涉及资源开发、制造加工、批发零售等多个领域，占对外直接投资总额的55.7%，首次全面超过国有和国有控股企业。主体队伍建设实现新突破。全省有对外承包工程经营权企业81户，年内新增5户企业有业绩，境外企业总数增至354户。设区市“走出去”实现新突破。设区市“走出去”工作亮点纷呈。九江市完成对外承包工程营业额2.04亿美元，成为全省第二个营业额过亿美元的设区市，抚州市完成对外承包工程营业额2080万美元，实现零的突破。全省设区市对外直接投资额3.36亿美元，占全省总投资比例62.3%，成为江西省对外投资的主力。

【加大境外安全管理工作力度】 江西省严格贯彻落实境外安全管理各项规定和要求，加大境外安全管理工作力度，督促企业牢固树立安全意识和风险防范意识，确保全年未发生重特大境外安全事故。先后指导有关企业妥善处置在巴布亚新几内亚、加纳、蒙古、南苏丹等地的各类突发事件，确保了江西省境外企业和项目员工人身和企业财产安全。境外企业融入意识不断增强，属地化经营水平不断提高，积极投身当地公益事业，充分履行企业社会责任。全省境外企业累计聘用当地员工超过10人，有力促进了所在国经济社会发展，进一步展示了江西人“求新思变、开明开放”的新形象，扩大和增强了江西对外交流合作的影响力和软实力。

（付蓉　杨光　张千帆）

省际招商引资

【概　况】 2013年，全省采取“走出去”“请进来”等方式，抢抓促进中部崛起、苏区振兴等战略机遇，大力承接沿海产业转移，强力推进央企入赣工程，利用省外资金保持平稳较快发展势头，累计利用省外5000万元以上项目实际进资3859.63亿元，增长21.02%，完成年度任务的105.22%。主要特点体现在：一是亿元以上重大项目实际进资占比提升。全省利用省外资金亿元以上重大项目819个，实际进资2363.22亿元，增长27.36%；亿元以上项目实际进资占全省5000万元以上项目实际进资的61.23%，提高3.05个百分点。二是招大引强成效明显。全省引进省外20亿元以上重大项目71个（其中30亿元以上项目25个），实际进资132.86亿元，占亿元以上新项目进资的14.63%。引进央企投资的项目39个，实际进资28.95亿元，占亿元以上新项目进资的3.19%；引进国内500强投资的项目36个，实际进资50.15亿元，占亿元以上新项目进资的5.52%。三是战略性新兴产业引进重大项目速度提升，项目产业集中明显。全省各设区市纳入统计的战略性新兴产业亿元以上项目381个，占全省总数的46.52%；实际进资1124.29亿元，占全省总数的47.57%。其中现代农业及绿色食品产业、金属新材料产业项目资金集聚较快，现代农业及绿色食品产业实际进资50.16亿元，增长98.97%；金属新材料产业项目170.68亿元，增长57%。项目较多的产业是：非金属新材料产业147个，实际进资389.38亿元；电子信息产业54个，实际进资147.15亿元；金属新材料产业53个，实际进资170.68亿元；锂电和电动汽车产业45个，实际进资134.79亿元。四是重点区域引资效果明显。鄱阳湖生态经济区引进省外5000万元以上项目765个，增长22.2%，占全省的45.78%；实际进资1984.92亿元，增长19.68%，占全省的51.43%。南昌、九江、赣州3市实际进资合计1435.79亿元，占全省的37.2%，实际进资总量分别列全省第一、第二、第三。五是长珠闽地区是沿海产业转移重要来源地。全省引进长珠闽地区投资5000万元以上项目1312个，占78.52%；实际进资2875.61亿元，占74.5%。沿海地区到赣投资踊跃，引进沿海省市实际进资排序为：实际引进广东资金1096.14亿元，占28.4%；浙江资金1090.59亿元，占28.26%；福建资金334.94亿元，占8.68%；江苏资金194.5亿元，占5.04%；上海资金159.44亿元，占4.13%。

【开展重大招商引资活动】 2013年，江西省先后举办了赣港经贸合作活动、赣台经贸文化合作交流会、央企入赣投资合作洽谈会、中国光彩事业赣州行活动、中国国际商会高端代表团投资洽谈会、江西省与北京市国有企业对接洽谈会等重大活动，累计签约内外资项目416个，投资总额4505.66亿元。举办第六届中国绿色食品博览会、第十届景德镇国际陶瓷博览会等内外贸活动。6月5日—7日，组织2013年赣港经贸合作活动，共签约重大项目117个，签约金额

96.6亿美元，增长5.2%，签约项目数量和金额均创历年新高。8月13日，召开第六届海峡两岸客家高峰论坛和第十一届赣台经贸文化合作交流大会，现场签约项目75个，投资总额39.4亿美元，比上届增长42.34%。11月4日—5日，举办国务院国资委与江西省人民政府合作备忘录签字仪式暨央企入赣投资合作洽谈会。到赣参会的中央一级企业81户，其中37户属于世界500强企业。组织93个项目与中央企业签约，总投资额2214亿元；发放招商项目册300余册，推介全省重点产业招商项目及国有企业招商项目140个，总投资额达到3495.07亿元。此外，还组织参加第八届中博会、第九届泛珠会、厦洽会、东盟博览会等国家层面的投资促进活动。

【强力推进新一轮央企入赣工程】 为深入推进扩大开放和招大引强，进一步深化与中央大型企业的战略合作，江西省政府决定实施新一轮央企入赣工程。5月，省政府出台《加快推进新一轮央企入赣行动计划》，明确加快推进"央企入赣"的目标和措施，提出要做好与央企的产业对接、技术对接和市场对接，力争2013—2015年累计引进、落户100个以上"央企入赣"项目。新一轮"央企入赣"工作目标为：在加强产业规划的基础上，围绕新材料、生物和医药、航空制造、先进装备制造、电子信息等战略性新兴产业，有色、钢铁、汽车、石化、建材、食品（包括农产品深加工）等传统优势产业，商贸物流、金融保险、现代旅游等服务业，引进一批央企重大项目，促进项目集聚、产业集群，加快培育若干个新的超千亿元产业和超百亿元企业。为确保达成新一轮"央企入赣"工程目标，江西省提出5项工作举措：一是强化与央企发展战略规划的有机衔接，储备一批规模大、起点高、带动能力强的重大产业招商项目，瞄准央企滚动开发。二是紧盯正在洽谈、已签约和谋划好的央企入赣重点产业、央企和项目，因企制宜、一企一策开展有序对接，支持央企兼并重组省内企业，注重与央企及其科研院所开展技术合作，积极引进一批央企高新技术和研发中心项目落户江西。三是务实开展一系列央企入赣对接活动，始终保持江西对接央企的工作力度和热度；四是切实推动央企加大对赣南苏区帮扶力度，以产业项目为重点，吸引央企进行项目投资和产业合作；五是建立推进央企入赣长效合作机制。

【强化项目调度推进和管理】 重点围绕"五个一批"（即洽谈、签约、履约进资、开工、投产）省外亿元以上产业项目，围绕泛珠会、央企入赣投资洽谈会等历次重大招商活动224个签约项目，进一步加大调度推进力度，加强服务，推进了项目进展。严把亿元以上项目审核认定关，规范项目报表报送，进一步完善项目管理规范和工作机制，提高项目管理水平和工作成效。强化项目现场调研核查，6月、11月，分两次赴各设区市进行项目核查。

【举办江西省与北京市国有企业对接洽谈会】 10月12日，江西省与北京市国有企业对接洽谈会在北京江西大厦举办。54户北京市国企负责发展规划和投资的总经理及投资部负责人105人参加洽谈会，会上签约合作项目4个，投资总额20.5亿元。

【举办国务院国资委与江西省政府合作备忘录签字仪式暨央企入赣投资合作洽谈会】 11月5日，国务院国资委与江西省政府合作备忘录签字仪式暨央企入赣投资合作洽谈会在赣州举行。这是江西与国务院国资委全面深化合作的重大举措，拉开了新一轮央企入赣的大幕。洽谈会上，央企与江西省签约项目93个，投资额2214亿元，其中，合同协议项目54个，投资额1392亿元，框架意向项目39个，投资额822亿元。

【举办江西省政府与中国国际商会合作备忘录暨中国国际商会高端会员投资江西合作协议签字仪式】 11月27日，江西省政府与中国国际商会合作备忘录暨中国国际商会高端会员投资江西合作协议签字仪式在南昌举行。省委书记强卫，中国贸促会、中国国际商会会长万季飞致辞；省长鹿心社与万季飞签署备忘录；省委常委、常务副省长莫建成，中国国际商会副会长吴国迪，中国国际商会秘书长林舜杰出席；副省长胡幼桃主持。省商务厅厅长王水平，省商务厅副厅长、省贸促会会长刘翠兰，省贸促会副会长朱元发参加签字仪式。签字仪式上，中国国际商会高端会员企业与江西省项目代表签约项目14个，合同金额414.8亿元，涉及能源综合利用、文化创意、智慧城市、物流园区、循环经济等领域。

【举办2013江西（樟树）投资推介会暨项目签约仪式】 10月15日，2013江西（樟树）投资推介会暨项目签约仪式在樟树市举办。海内外120余名医药、化工界企业家参加推介会。会

11月15日，江西省政府与国务院国资委签署合作备忘录。

省商务厅供稿

上签约12个医药、化工等产业投资合作项目，项目投资总额39.43亿元。

（付蓉　甘爱平）

区域经济合作

【概　况】 2013年，江西省主动开展省际多、双边区域交流与协作，积极走访上海、浙江、江苏等经协部门推动上饶融入长三角城市群的区域合作；与湖北、湖南、安徽等经协部门合作共同促进长江中游城市群一体化发展；对接福建省经济技术协作办着力推进江西融入海西经济区等，全年共计开展省际交流与协作活动10多项，加强与周边省份及黑龙江、陕西、四川、重庆、贵州、青海、新疆等省(自治区、直辖市)的双边省际交流与合作，达成一批多边、双边合作意向。积极组织省内企业参加"第十七届西洽会""第十六届渝洽会""2013青洽会""第三届亚欧博览会""第十四届西博会""2013宁洽会""第24届哈洽会""玛纳斯国际文化节经贸活动"等重点经贸活动，主办产业推介、赣商座谈会、展示展销等专项活动12项，组织省内企业进行产品展示与推销，扩大江西名优产品的影响力。通过这些大型经贸活动，江西省企业实现销售额近千万元，签订销售协议3700多万元。

【推进对口支援三峡库区武隆县】 草拟《江西省对口支援三峡库区移民工作2013—2020年规划纲要》，支援武隆县库区移民社会公益类项目资金200万元，邀请和组织全国各异地江西商会，特别是重庆市江西商会赴武隆实地考察调研，加强推介和协调，推进武隆·江西工业园项目洽谈，务实开展双方经贸交流与合作活动。

【开展经贸援疆工作】 积极配合省发改委、省援疆办开展经贸援疆，组织省内7家企业参加在新疆克州举办的第六届玛纳斯国际文化节日经贸活动，加强与克州的经贸交流。同时，利用"第三届亚欧博览会"平台，组织省内10家企业参加商品展览，宣传江西形象及江西省援疆项目与成果，并组织江西省优秀企业与新疆克州企业进行项目对接，拓展双方的经贸合作。

【落实西部大开发政策】 2012年6月28日《国务院关于支持赣南等原中央苏区振兴发展的若干意见》出台以来，省商务厅积极支持苏区振兴，狠抓政策落实，截至年底，共梳理西部大开发政策169项，其中已落实138项，为赣州市387户享受西部大开发税收政策的企业减免企业所得税3.4亿元；赣州市农村危房改造平均每户补助标准7500元，其中集中连片特殊困难地区和扶贫开发重点县补助8500元；中央对赣州市环保专项资金、环境保护基本建设项目资金补助标准分别为80%、60%；赣州市纳入西部地区干部双向挂职政策。

【加强与西部省份之间的产业对接】 利用江西省组团参加在西部省份举办的西博会、西洽会、亚欧博览会、渝洽会等全国性经贸活动的有利时机，组织省内企业与西部省份进行产业对接，加强与西部省区之间的经贸交流与合作。积极支持具有比较优势的矿产资源精深加工企业参与西部地区资源开发与经济建设，重点推动江铜集团等企业在西部省份投资建设四川康西铜业、四川稀土、江铜瓮福化工等一批项目。

【推进商(协)会建设】 截至年底，江西省共有异地商会10家、在外江西商会70余家。年内批准筹备设立江西省湖北商会，备案登记成立江西省江苏商会抚州分会、江西省安徽商会景德镇分会、江西省浙江总商会樟树分会。服务指导上饶市饶商联合会、首届宜商大会、深圳市新余商会、大连市江西商会、惠州市江西商会的成立换届活动。同时，加大商会以商招商工作力度，召开赣商联合总会第二届第二次理事会、江西异地商会秘书长会议，布置招商引资工作。组织"首届全球赣商博鳌论坛活动""赣商发展座谈会""深圳市江西商会返乡投资考察活动""广东省江西商会返乡投资考察活动""2014海内外河南商会会长会议"等活动，促进了全省招商引资工作。截至年底，共有30多万赣商回乡创业，投资额在5000万元以上的项目累计投资额达3000多亿元，占全省比重达三分之一，建立饶商工业园等一批赣商返乡创业工业园和赣商总部经济产业园。积极组织商会企业参加江西省组织的各项商品推介活动，为江西产品走出去牵线搭桥。

【参加第八届中国中部投资贸易博览会】 5月18日—20日第八届"中博会"在河南郑州国际会展中心举行。该届"中博会"以"持续转型、协调发展、促进崛起"为主题。江西省省长鹿心社、副省长李贻煌等出席开幕式和中部博览会高峰论坛。在"中博会"上，江西省围绕区域发展，重点宣传战略性新兴产业和现代服务业，期间对外推介发布重大项目800多个，总投资近5000亿元。其中，战略性新兴产业招商项目395个，投资总额1952.07亿元；服务业招商项目420个，总投资2894亿元。同时，还通过大会展览展示、产业推介会等多种形式宣传江西社会、经济、文化发展情况。

【参加第九届泛珠三角区域合作经贸洽谈会】 9月9日—12日，第九届泛珠会在贵州省贵阳市举行。江西省组织由1个省直分团、11个设区市分团组成共146人的江西省经贸代表团参会参展。省长鹿心社、副省长胡幼桃率江西经贸代表团参加，省商务厅厅长王水平、副厅长刘文华，以及省相关部门负责人、各设区市分管副市长随团参加。江西省经贸代表团积极开展产业对接，高效开展项目合作，推介1206个、项目投资总额6848.59亿元的重大产业招商项目和服务业招商项目，涉及重大基础设施、江西省十大战略型新兴产业、传统制造业和现代服务业等重点发展产业。达成泛珠合作成果项目108个，签约金额362.79亿元，分别比上届大会增长3.85%和15.62%。

（付蓉　曾国辉）

本栏编辑　邓玉兰

就业与再就业

综　述

2013年，是江西省就业工作面临诸多困难和挑战的一年，也是就业工作创新发展、富有成效的一年。始终坚持稳中求进总基调，不断创新服务举措，提升就业服务水平，完成就业工作各项目标任务，确保了全省就业局势总体稳定。

“民生工程”任务超额完成。全省城镇新增就业54.1万人，同比增长1.46%，占全国完成数的4.13%；失业人员再就业24.5万人，增长1.87%，占全国完成数的4.33%；就业困难人员就业6.8万人，增长1.62%，占全国完成数的3.78%；城镇登记失业率为3.17%，低于全国0.88个百分点，零就业家庭动态清零。新增转移农村劳动力57.25万人，增长1.90%，其中省内转移39.24万人，增长4.08%。工业园区定向培训34.27万人。创业培训9.01万人，增长31.53%。全省11个设区市失业保险市级统筹全面实现，失业保险征缴额10.15亿元，增长7.86%。新增家庭服务业从业人员6.35万人，完成计划任务126.96%；培训家庭服务业从业人员3.76万人，完成计划任务125.30%。

重点群体就业稳步推进。组织开展春风行动、就业援助月、高校毕业生网络招聘、民营企业招聘等公共就业服务活动，提供职业指导、就业培训和权益维护等“一条龙”服务。为离校未就业高校毕业生提供便捷公共就业服务，全省11个设区市及县（市、区）公共就业服务机构全部开通网络“一键通服务平台”，免费提供政策咨询、招聘求职、职业培训、岗位见习、公益性岗位和创业扶持申请登记服务。出台《关于做好普通高等学校毕业生就业工作的通知》，组织实施“2+5”工程，即1个计划（就业促进计划）、1项行动（技能就业专项行动）和“5个1工程”（1万个就业岗位、1万个公益性岗位、1万个见习岗位、1万名就业培训、3年1万名自主创业）。2013届高校毕业生24.63万人，创历史新高，截至年底总体就业率94.3%，提高0.1%。引导农村劳动力合理有序流动。至年底农村劳动力转移就业783万人，其中省内农村劳动力转移就业251万人（含新增转移39.24万人）。稳步实施就业见习工作，通过组织专项援助、创新服务机制、搭建网上对接服务平台等方式为见习学员提供优质的见习服务，新增3家第二批国家级就业见习示范单位。出台发展家庭服务业促进就业工作细化和落实扶持政策，年底，经省政府批准，省人社厅、省发改委、省民政厅、省财政厅、省商务厅联合下发《关于加快推进发展家庭服务业促进就业的通知》，实现对就业困难人员和大学生在家庭服务企业就业政策的社保补贴和岗位补贴的突破。

创业促就业倍增效应充分显现。积极推进创建创业型城市建设工作，巩固创业型城市创建工作成果。出台创业孵化基地管理暂行办法，规范创业孵化基地认定和建设工作。落实孵化基地补贴政策，为创业者提供低费率、优服务的创业场地。重点打造景德镇陶瓷创业孵化基地等创业孵化示范基地。指导孵化基地健全管理制度，完善孵化功能，提高服务水平，提升孵化效果。以小额担保贷款为抓手，以支持青年创业促进就业为重点，实施3年“十百千万”青年创业就业扶持计划，即打造十个青年创业孵化基地，组建百名创业导师团，扶持千个青年创业项目，实现万名青年创业就业。全年支持各类创业人员新增发放小额担保贷款98.47亿元，直接扶持创业8.86万人，带动就业40.47万人，回收小额担保贷款94.22亿元，贷款回收率99.84%。

失业保险保障措施更加有力。通过“江西就业信息系统”建立个人参保档案，加强对参保单位人员变化等情况的稽核。新余、萍乡和南昌将失业保险纳入五险统征，完善失业保险业务流程，为全省统一征缴打下基础。每月底对“江西就业信息系统”上的失业保险数据进行动态监测，每季度对数据录入情况进行通报。从7月1日开始，提高失业保险金发放标准，由2011年的月人均440元，提高到670元，增幅52.3%，有力地保障了失业人员基本生活。

就业培训工作日趋规范。坚持以贯彻《关于印发〈江西省职业培训政府补贴管理暂行办法〉的通知》为重点，全面实行“一个系统、四项程序、六项制度”的工作机制，推广实名制管理和远程监控模式，强化规范管理。以省纠风办开展的农村劳动力培训资金检查为契机，深入开展自查自纠，被抽检单位新余、鹰潭两市顺利通过省民生资金联合检查组的检查。

就业资金使用效益不断提高。年内，争取中央资金17.54亿元，增幅8.17%，排全国第五名，创江西省新高。资金绩效评估成效显著，组织开展对全省就业专项资金绩效评估，经省财政厅绩效评估中心对全省6个设区市重点绩效评估，全省就业专项资金绩效评估为良好，评分达89分。积极落实各项促进就业补贴政策，资金使用和监管力度不断加大，资金使用结构不断优化。

就业信息宣传工作广泛深入。下发《全省就业信息宣传工作考核评比办法》，按季度对全省就业服务系统宣传工作汇总考核评分，并在全省人社部门进行通报。充分发挥创业典型的示范带动作用，将创业典型人物及其创业故事整理成册，编印《创业中国——江西篇》。承办央视《致富经》栏目“榜样到身边—走进瓷都”创业峰会，交流致富经验，共谋财富商机，社会效应充分显现。

（袁伟华）

公共就业服务

【进一步完善公共就业服务体系】 省人社厅与省编办、省财政厅等部门沟通协调，研究形成《关于完善公共就业服务体系建设实施意见》初稿，逐步规范全省公共就业服务体系建设。研究制定通过政府购买服务方式解决基层平台经费问题、缓解人员不足困难的相关办法并呈报省政府。加强就业信息化建设，完善高校毕业生实名制管理模块，组织开发江西省公共就业服务平台和江西就业创业微信平台，以电子地图、微信等形式直观展示全省公共就业服务机构、培训机构的分布位置、招聘单位的招聘信息，提供全省公共就业服务机构相对应的服务信息，方便求职者随时随地获取就业创业信息。加强“一网五点”建设，对全省165个乡镇（街道）、198.1万名农村劳动力资源；1098户工业园区企业、60.1万名在职员工和24853名2013届离校未就业高校毕业生开展监测，形成了月有汇总、季有分析的工作机制，被中国就业促进会评为“2013年全国地方就业创新实事”之一。

【召开全省就业形势分析会】 3月25日，召开全省就业形势分析会，邀请来自权威机构、重点高校和相关单位的专家学者，围绕党的十八届三中全会全面深化改革的决定对就业的影响，对江西省就业局势和重大问题进行把脉会诊，提出了相关建议和措施，并就完善城镇新增就业指标统计体系进行了深入研讨，为领导决策、判断就业形势和开展针对性公共就业服务提供了客观、科学的指导。

【开展春风行动、就业援助月等专项活动】 全面开展春风行动、就业援助月、民营企业招聘周、高校毕业生就业援助月等专项活动，围绕“小型化、专业化、网络化”的要求，全省共举办招聘会1300余场，提供岗位106万余个，达成就业意向近49万人，其中就业困难人员1万多人，高校毕业生2.73万人，组织跨地区劳动力转移70多万人。

【开展“转作风、进园区、强服务”主题实践活动】 为全面解决工业园区企业两难（招工难、稳工难）、两低（社保参保率低、劳动合同签订率低）问题，年初专门下发通知，在全省人社部门继续开展“转作风、进园区、强服务”主题实践活动，并作为党的群众路线教育实践活动的自选动作。多次召开会议研究部署，采取挂点联系、调度推进、校企对接、援企稳岗四大工作举措，明确5项目标任务，提出17条具体措施，多次组织督促检查，确保活动取得实效。全省园区企业员工流失率平均9.64%，低于12%的目标；养老、医疗、失业、工伤和生育保险参保率分别提高5.53%、7.2%、4.44%、11.06%、7.03%；劳动合同签订率平均在89.82%以上。

【联合中央电视台第七频道开办“榜样到身边”创业峰会】 积极开展创业宣传，邀请中央电视台第七频道“榜样到身边”创业峰会走进瓷都景德镇，通过企业家艰辛的创业历程、宝贵的创业经验、睿智的创业理念、刚毅的创业胆识以及导师、专家的精彩点评，全面开阔视野、点燃创业激情、迸发创业活力、释放创业潜力、展示创业魅力，营造全社会关心创业、鼓励创业、支持创业、服务创业的浓厚氛围，被中国就业促进会评为“2013年全国地方就业创新实事”之一。

【加大小额贷款扶持创业就业力度】 开展小额担保贷款质量管理年活动，下发《全省小额担保贷款质量管理年活动实施方案》，召集各设区市就业局、小额贷款担保中心主要负责人进行专题部署，进一步提高小额担保贷款扶持创业质量。8—11月，对全省小额担保贷款两年以来绿色通道建设情况进行全面检查验收，评出小额担保贷款绿色通道建设最佳单位15个、优秀单位51个、良好单位28个、合格单位25个、不合格单位7个。在国家对小贷规模和贴息资金“双控”的情况下，全年支持各类创业人员新增发放小额担保贷款98.47亿元，约占全国15%，增长7%；新增担保基金4.57亿元，完成民生工程任务的304.67%；直接扶持创业8.86万人，带动就业40.47万人，保持全国领先。其中发放青年创业小额担保贷款54.16亿元，直接扶持青年个人创业4.87万人，带动就业22.26万人，增长18.4%；争取中央贴息资金7.1亿元，增长55.7%；回收小额担保贷款94.22亿元，贷款回收率99.84%。省小额贷款担保中心获中国微型创业最佳发展创新奖，为全国人社部门多年来唯一获奖单位。

【加大人力资源市场建设和管理力度】 制定下发《江西省人事代理服务规范》，规范人事代理服务程序、服务项目和服务标准，推进市场标准化建设。下发《江西省人力资源服务机构诚信等级评定办法》（试行）、《江西省人力资源服务机构诚信等级评定标准》，首次开展全省人力资源服务机构诚信等级评定工作，共有17家人力资源服务机构被评为A级、31家评为AA级、6家评为AAA级诚信服务单位、7家评为省级“诚信示范单位”。充分发挥人力资源市场在人力资源配置和促进就业方面的重要作用，据113个市场信息监测点统计，共为16.82万家用人单位提供招聘服务，提供有效岗位387.98万个，提供求职登记服务371.79万人次；共举办各类专场招聘会3072次，有97.77万人次实现流动，增长27%，平均成交率28.19%。

（袁伟华）

大学生就业

12月30日，全省就业创业培训工作座谈会召开。

省人社厅供稿

【发放高校毕业生求职补贴】 为贯彻落实《人力资源社会保障部 教育部 财政部关于做好高校毕业生求职补贴发放工作的通知》精神，从2013年开始，江西省对本省行政区内普通高等院校毕业年度内的城乡居民最低生活保障家庭的高校毕业生发放求职补贴，标准为每人一次性补贴800元。2013年全省11个设区市为1958名符合条件的2013届高校毕业生发放求职补贴，发放金额共计156.64万元。

【开展离校未就业高校毕业生实名登记】 从7月起，江西省各地将离校未就业高校毕业生（包括非本地户籍）统一纳入当地公共就业人才服务范围，进行全面调查核实，录入江西省就业信息系统"一网五点"高校毕业生实名监测模块，掌握离校未就业高校毕业生个人基本情况、求职意愿、就业服务需求、技能状况等。2013年全省有江西籍毕业学生30771人，省人社厅按照生源地划分将全部信息分发给11个设区市。全省实名登记2013届离校未就业高校毕业生24594人，占省内生源79.93%，通过"一对一"服务，已成功帮助21983人实现就业，占实名登记人数的89.38%，加上前期省教育厅公布已实现就业的人数，全省2013届应届高校毕业生就业率为94.3%，增长0.1%。

【实施离校未就业高校毕业生就业促进计划】 为实施好促进计划，重点实施万人技能培训、提供万个就业岗位、开发万个基层社会管理和公共服务岗位、收集万个见习岗位、引导千人自主创业带动万人就业等"五个一"活动。专门开发"2013届离校未就业高校毕业生就业创业一键通服务平台"，开设"五个一"报名专区，向全省离校未就业高校毕业生提供招聘求职、职业培训、岗位见习、公益性岗位和创业扶持申请登记服务，11个设区市公共就业服务机构、省人才流动中心、省技工交流中心已联网实现信息共享，受理离校未就业高校毕业生网上报名。

【选拔招募高校毕业生到农村基层支教支医支农扶贫】 2013年"三支一扶"计划作为省民生工程，招募计划为2200名，列入政府年度考核目标。为确保招募任务的完成，省人社厅通过调整招募政策、创新招募方法、完善安置措施等办法，组织全省51180人参加"三支一扶"招募统一考试，实际招募"三支一扶"大学生2293名，超额完成国家和省里的指标任务，完成比例分别为208%和104.2%。安置服务期满考核合格的"三支一扶"大学生1421名，安置率100%。

【开展高校毕业生就业服务月活动】 9月1日—30日，全省开展高校毕业生就业服务月活动，共为3.73万名高校毕业生办理服务登记，其中2013届应届高校毕业生为8149名。组织专场招聘会204场，发布就业岗位信息13.02万个，提供职业指导3.03万人次，组织开展创业培训3010人，组织5058人参加见习，签订就业意向2.73万人，印发政策宣传品30.22万份。

【开展高校毕业生网络招聘月活动】 按照人力资源和社会保障部统一部署，8月1日—31日，开展2013年全省高校毕业生夏季网络招聘月活动，主会场设在江西人才人事网，各设区市公共就业人才服务网站同步进行。活动期间，全省发布见习信息165条，招聘信息1506条，见习岗位1740个，就业岗位7959个。8月10日，举办2013年江西夏季营销精英人才招聘大会，参会单位150家，提供就业岗位4200个，进场3000余人次，达成就业意向645人。

【宣传高校毕业生就业政策】 8月2日，省人社厅专门召开离校未就业高校毕业生就业座谈会，利用新闻媒体向社会宣传离校未就业高校毕业生就业促进计划和技能专项活动，现场听取高校就业服务管理人员、离校未就业大学生及新闻单位的意见建议。组织编印《高校毕业生就业创业政策宣传册》《高校毕业生就业创业政策50问》《高校毕业生就业创业政策汇编》等资料，方便离校未就业高校毕业生了解掌握就业创业政策。

（袁伟华）

本栏编辑　邓玉兰

社 会 保 障

综 述

2013年，全省各级社会保险管理部门坚持围绕保障和改善民生，注重打造“责任、服务、阳光、数字、廉洁”社保，民生工程社会保障目标任务圆满完成，各项工作取得了明显成效。

社会保险制度体系进一步完善。积极应对国家社会保险制度顶层设计，进一步完善社会保险制度政策。适应基础养老金全国统筹，完善养老保险省级统筹制度，研究提出调整养老金计发办法方案。研究提出2014年提高社会保险待遇水平、增加城镇居民收入方案。完善城镇未参保人群参加养老保险政策，建立补缴长效机制；完善灵活就业人员参保缴费政策和最低基本养老金政策。完善在职参保人员因病或非因工死亡有关待遇政策。以省政府名义下发新农保与老农保制度衔接有关问题指导意见，推进新老农保制度平稳衔接。研究规范全省被征地农民参加养老保险办法，出台《关于建立和完善城乡居民大病保险制度的意见》，全面建立城镇居民大病保险制度。结合江西省公立医院改革试点，建立完善医保支付补偿机制。进一步完善省直机关事业单位职工医保政策措施，出台《江西省实施〈工伤保险条例〉办法》。

社会保险扩面征缴取得新进展。进一步完善全省社会保险扩面征缴激励机制，探索把激励机制延伸到医保等经办机构。深入开展“转作风、进园区、强服务”实践活动，深入工业园区送政策送服务，加强社保政策宣传，促进园区企业参保缴费，园区企业员工参保率提高5.7%。落实曾在用人单位工作过未参保人群参加养老保险政策，将2.6万名符合条件的人员纳入参保范围。总结铜鼓、广丰县助保贷款经验，着力解决困难群体中断缴费问题。完善被征地农民参加养老保险操作办法，将1.2万被征地农民纳入省级统筹。巩固城镇居民参加医保成果，报经省政府同意，将各类中小学生和托幼机构学生以及学龄前儿童的个人应缴纳医疗保险费纳入代收费项目，方便学生儿童参保缴费。积极推进封闭运行单位医疗、工伤和生育保险纳入属地经办，将原实行封闭运行的水电、火电、电力设备厂、电信实业、赣能股份和中铁四局五公司等单位的医疗、工伤和生育保险纳入省本级经办。扩大省直机关事业单位参加职工医保成果，将自管事业单位纳入省直机关事业单位医保。推动事业单位等组织参加工伤生育保险。做好社会保险关系转移接续，全省转移社会保险关系4.2万人，转移社会保险基金4.75亿元。2013年，全省基本养老、医疗、工伤、生育保险、城乡居民养老保险参保人数分别为754.18万人、1476.62万人、431.49万人、217.79万人、1773万人，分别增长6.6%、2.65%、5%、6.7%、4%。全省征缴基本养老、医疗、工伤和生育保险基金分别为286亿元、102.6亿元、6.9亿元、2.3亿元，分别增长1.06%、23.3%、30.2%、43.7%。

社会保险待遇水平进一步提高。连续第九年提高城镇企业退休人员养老金，月人均增加158元，达到1672元；提高未参保城镇大集体企业、手工业联社大集体企业退休人员和返城未安置就业知青享受养老保险生活补助标准，每人每月305元。部分军队退伍退役人员等特殊群体生活补助政策和企业离休干部高温津贴政策得到有效落实。2013年城镇居民医保筹资水平成年人每人每年提高到400元、未成年人每人每年提高到330元，其中财政补助提高到280元。职工和居民医疗保险统筹基金使用率分别为103.5%和90.63%，住院政策范围内报销比例分别为81.77%和72.19%。工伤人员伤残津贴月人均分别增加170元，生活护理费、供养亲属抚恤金和工亡补助金标准也进行了调高。生育保险统筹项目范围进一步扩大。

社会保险管理服务水平显著提高。推进“五险统一征缴”，南昌市、新余市、景德镇市、萍乡市等4个设区市实行了“五险统一征缴、分险种支付”经办模式。推进综合柜员制临柜经办，为参保人员提供一站式服务。全面推行养老金直发，解决异地领取养老金收取手续费难题，缩短养老金到账时间，养老金直发率达99%，每年节省手续费2000多万元，得到人社部的充分肯定并在全国推广，在中央电视台新闻联播、《人民日报》等主流媒体进行了报道。大力开展异地居住离退休人员领取养老金待遇资格协助认证工作，信息上传率和办复率分别为100%和99.9%，居全国前列。宜春市社保全面推广使用人脸识别系统防止养老金冒领，既方便群众又堵塞漏洞，成效明显。大力推进医疗保险异地就医即时结算，出台异地就医医疗费用结算办法，9个设区市实现到南昌就医即时结算，5个设区市实现到南昌就医即时结算双向互通，实现在昌12家定点医疗机构异地就医和

3家连锁药店100多个门店异地刷卡购药，发放异地就医实名卡1.8万余张，1.2万余人次实现省内异地就医刷卡即时结算，结算异地医疗费用7680万元，中央电视台新闻联播两次进行了专门报道。继续开展社会保险信息披露，免费寄送个人权益记录250多万份。

社会保险基金管理安全完整。合理编制社会保险基金预算，强化基金预算管理执行，提高基金运行和管理效率。加大社会保险基金监督力度，实施内控风险评估，基金安全得到巩固。出台社会保险基金行政监督暂行办法，启用社会保险基金监督软件。开展城镇居民养老保险、新型农村养老保险基金监督检查。开展医疗保险政策、标准、管理、服务落实年活动，促进医疗保险政策标准和医改各项工作落实。加强医疗保险支付稽核，对冒领养老金、骗取套取医疗保险金等问题进行监督检查，追回冒领养老金289万元，追回医疗待遇支付违规金额943万元。加强业务风险点梳理，实施重点专项内控监督，完成3个设区市经办机构的内控评估检查和11个设区市的内控评估等次评定。深化医疗保险付费方式改革，全面推行医疗保险付费总额控制。积极探索建立驻院代表制度，强化定点医疗行为实时审核监督。鼓励推广使用新的医疗保险医疗服务协议文本，加强定点医疗机构和定点药店管理，强化对医疗服务行为和费用的网上监控，加强全省定点服务的动态和日常监管，全年共查处定点医疗机构和定点零售药店162家。完善医疗服务协议管理和分级管理，开展2012年度全省定点医疗机构分级管理评定工作，评出8家AA级、75家A级定点医疗机构。继续做好工伤保险医疗机构、康复机构、辅助器具配置机构的协议管理，严格工伤康复、工伤预防费用支出管理。

社会保险经办基础进一步加强。组织“多险合一”应用系统需求调研分析，积极推进“多险合一”应用系统建设，并在新余市上线试运行。建立全省统一信息系统的运维机制，开展联网数据质量检查、评估和整改，社会保险数据质量和联网数据上传率均有明显提高。开展社会保险运行数据分析，江西省养老保险运行分析连续5年在全国会上做典型发言。推广经办标准化建设，江西省牵头的养老保险术语国家标准研究制订工作取得初步成效。业务档案管理实现常态化管理。深入推进优质服务窗口创建，省社保中心、宜春市医保经办大厅、遂川县社保经办大厅等3个社会保险经办窗口单位被评为全国人社部门优质服务窗口。

（袁伟华）

养老保险

【提高企业退休人员基本养老金水平】 3月7日，以省政府名义下发《江西省人民政府办公厅关于调整最低工资标准有关问题的通知》，明确从2013年4月1日起，企业退休人员计发基本养老金不再执行与所在地最低工资标准挂钩的政策，为保持退休人员养老金水平的平稳衔接，参保人员退休时按现行政策计发的月基本养老金达不到2012年所在地最低工资标准70%的，统一按2012年所在地最低工资标准的70%计发。4月22日，经省政府同意，省人社厅、省财政厅下发《关于江西省2013年调整企业退休人员基本养老金的通知》，召开全省企业退休人员基本养老金调整工作视频会，明确从2013年1月1日起，为2012年12月31日前已按规定办理退休手续的企业退休人员增加基本养老金，月人均增加158元，增长幅度约为10.44%，全省共190万人参加调整。

【提高未参保城镇大集体企业退休人员等养老生活补助标准】 4月22日，省人社厅、省财政厅、省轻工行办下发《关于调整未参保城镇大集体企业退休人员等养老生活补助标准的通知》，明确从2013年1月1日起，未参保城镇大集体企业退休人员、手工业联社大集体企业未参保退休人员及返城未安置就业知青享受养老生活补助标准由每人每月285元调整为305元，所需资金由省、设区市、县财政按比例负担。组织实施1953年年底前参军后在企业退休的退役士兵、企业退休的参战退役士兵和参试退役人员、原农垦企业科级及科以下干部、部分建场初期老工人和退休工人技师的生活补助随本人当月实际核发的基本养老金上浮10%的调整。

【完善在职参保人员因病或非因工死亡有关待遇政策】 12月9日，省人社厅下发《关于将尚未办理领取基本养老金手续的参保人员因病或非因工死亡后的丧葬补助金和抚恤金列入统筹基金支付的通知》，明确从2011年7月1日起，江西省尚未办理领取基本养老金手续的参保人员因病或非因工死亡后丧葬补助金和抚恤金列入职工基本养老保险统筹基金支付。

【贯彻落实个体工商户、灵活就业人员缴费基数调整等政策】 2012年11月27日，省人社厅下发《关于无雇工的个体工商户和灵活就业人员养老保险缴费基数有关问题的通知》，明确从2013年1月1日起，将灵活就业人员缴费基数由原来的按各地市上年度在岗职工平均工资的5个档次调整为按全省上年度在岗职工平均工资的40%、60%、80%、100%、200%、300%共6个档次，适当均衡了灵活就业人员缴费负担。7月11日，省人社厅印发《关于转发人力资源和社会保障部办公厅职工基本养老保险关系转移接续有关问题的通知》，明确跨省流动就业参保人员延长缴费、人事档案及视同缴费年限核查认定以及核定缴费基数等问题。12月25日，省人社厅、省民政厅联合下发《关于转发人力资源和社会保障部、民政部鼓励社会团体、基金会和民办非企业单位建立企业年金有关问题的通知》，积极推进企业年金工作，认真做好企业年金方案审批。根据国家和省解决国有企业职教幼教退休教师待遇政策精神，省人社厅积极配合有关部门做好全省国有企业职教幼教退休教师身份认定、生活待遇补差资金的审核工作。

【完成城乡居民养老保险参保任务】 2013年，省政府确定1700万城乡居民养老保险参保任务民生工程指标，为确保参保任务顺利完成，省人社厅采取实时调度、重点督查等措施，全力完成了民生工程任务。制定下发《关于认真做好全省城乡居民社会养老保险应参保人数核查报送工作的通知》,对城乡居民应保参保人数进行了科学测算和准确核实,提高了城乡居民养老保险参保率。下发《关于播放新型农村和城镇居民社会养老保险公益广告宣传片的通知》,采用三级联动的方式,于春节期间在各级电视台的黄金时段滚动播出“城乡居民社会养老保险”公益广告,积极营造良好的参保氛围。为做好扩面征缴工作,全省各地结合城乡居民生产生活特点,集中开展参保续保扩面活动,不断扩大制度覆盖人群,努力实现应保尽保。为确保养老金按时足额发放,省人社厅会同省财政厅及时将中央财政对基础养老金的补助资金下拨地方,并配合省财政按时足额下拨省级财政补贴,切实做好个人账户实账管理。到年底,全省城乡居民养老保险参保人数1773万人,全省参保率达到94%,续保率达到98%,完成民生工程指标的104%。其中领取待遇417万人,基金累计结余67亿元,个人账户累计结余66亿元。

【开展新老农保制度衔接工作】 7月12日,省政府办公厅印发《转发省人力资源和社会保障厅、省财政厅关于新农保与老农保制度衔接有关问题指导意见的通知》,明确江西省新老农保衔接的制度框架、主要政策和工作要求。7月26日,召开全省新老农保制度衔接工作部署暨城乡居民养老保险信息系统业务培训会,学习贯彻新老农保制度衔接政策,安排部署制度衔接各项工作。组织研发城乡居民养老保险信息系统新老农保制度衔接功能模块并上线运行,制定基金返还计划,加强工作调度检查,确保制度衔接平稳顺利开展。

【被征地农民社会保障取得突破】 进一步完善被征地农民养老保险政策,会同省国土厅、省财政厅起草《关于进一步完善被征地农民基本养老保险政策的意见(征求意见稿)》,积极指导支持南昌市制定出台《南昌市被征地农民参加养老保险实施办法》,将被征地农民纳入城镇职工养老保险或城乡居民养老保险,政府同等给予一次性缴费补贴,此项工作预计要筹集资金62亿元,惠及25万被征地农民,人社部对此给予了高度肯定,并在全国会议上做经验介绍。继续做好建设项目被征地农民社会保障方案审核工作,截至年底,对涉及11个建设项目、26个县(市、区)的被征地农民社会保障方案进行审核,及时出具被征地农民社会保障落实情况审查表,在保障被征地农民合法权益的同时,为省内的重点工程项目和地方的经济建设提供了及时高效的服务。

【不断完善城乡居民社会养老保险基金监管机制】 为进一步规范城乡居民社会养老保险个人账户管理,提升城乡居民社会养老保险经办管理服务水平,省人社厅制定下发《关于开展新农保和城居保个人帐户管理情况专项检查的通知》,对江西省城乡居民社会养老保险个人账户专项检查工作作出部署。在各地普遍开展自查自纠的基础上,派出4个检查小组对全省各地个人账户管理情况进行交叉检查和重点抽查。至年底,已为1768万人办理了参保登记并建立了个人账户,建账率达99.8%。

医疗工伤生育保险

【稳步提高居民医保筹资待遇水平】 2013年,城镇居民医保筹资水平成年人每人每年提高到400元(其中南昌市、萍乡市440元)、未成年人每人每年提高到330元。其中财政补助280元(其中南昌市、萍乡市成年人财政补助320元),个人缴费:成年120元、未成年50元。城镇职工和居民基本医疗保险统筹基金最高支付限额达到6万元以上,南昌、新余、吉安、上饶等4个设区市职工基本医疗保险统筹基金最高支付限额10万元。医疗保险乙类药品和乙类、丙类诊疗项目个人支付比例平均降幅5%,有效减轻了群众负担。

【健全完善城镇居民大病保险制度】 9月17日,省人社厅会同省发改委、省卫生厅、省财政厅等部门联合印发《关于建立和完善城乡居民大病保险制度的意见》《城镇居民大病保险委托商业保险机构承办服务招标文件(范本)和合同文本(范本)》,全力推进全省城乡居民大病保险工作。全省11个设区市全面建立了以政府主导、政策统一、管理规范、市级统筹、委托承办、公开招标、服务一体为特色的城镇居民大病保险制度。11月,江西省大病保险工作在全国城乡居民大病保险工作视频会上做经验介绍。

【全面落实困难企业职工医保政策】 按照《关于做好2013年度已关闭破产改制及困难企业职工参加城镇职工基本医疗保险有关事项的通知》要求,继续做好全省国有和大集体已关闭、破产、改制企业退休人员和连续停产停业一年以上的困难企业职工参加医疗保险的政策落实工作,年内,全省共补助1.23万家,145.3万人关破改困难企业职工参加基本医保,全省财政共补助27.61亿元,其中省财政补助11.12亿元。

【加强医疗保险定点机构监管】 全面规范医疗保险定点资格的准入、退出和备案、公示制度,加强省级定点服务机构的规范管理,会同监察、卫生等部门建立全省统一的“阳光医药”网上监察系统,实现对药品和医用耗材的招标、采购、配送、使用以及医疗机构检查治疗情况全过程实时监控。各设区市重新制订或完善了医疗保险定点机构监督管理办法或考核标准,并对医疗保险违规行为进行了严肃查处,取消或暂停了一批医保定点资格。新余、九江、南昌3个设区市以开展大病医保为契机,探索建立了医疗保险驻院代表制度,将医保经办管理服务窗口前延至各大医疗机构,对定点医疗行为进行实时审核和监督。

【积极实施重特大疾病救治】 全省普遍建立医疗保险门诊特殊慢性病制度及异地报销机制,统一将12种需长期门诊治疗的特殊慢性病门诊医药费用纳入统筹基金支付范围,各设区市特殊慢性病病种普遍达到14种以上,最多的达到20种。会同卫生、民政、财政等部门,在全省范围内实施光明·微笑工程(白内障、唇腭裂)、儿童白血病、儿童先天性心脏病、尿毒症和贫困家庭重性精神病免费救治工作,保障了重特大疾病医疗救治需要,取得了较好的社会反响和肯定。

【大力推进医药卫生体制改革工作】 会同省发改委、省财政厅、省卫生厅等部门大力推进江西省医药卫生体制改革工作,制定下发《2013年全省深化医药卫生体制改革目标任务》《关于调整江西省县级公立综合改革试点医院医疗技术服务价格的通知》《关于做好县级公立医院综合改革试点医疗保险支付工作的通知》《关于巩固完善基本药物制度和基层运行新机制的实施意见》《关于建立和完善城乡居民大病保险制度的意见》等文件,积极参与基本药物实施、基本药物目录增补、公立医院改革、基层医疗卫生体系建设,全力配合和推进医改各项工作。

【出台《江西省实施〈工伤保险条例〉办法》】 4月25日,以省政府名义下发《江西省实施〈工伤保险条例〉办法》,自7月1日起正式实施。办法首次明确生产经营地和事故发生地不一致的情况下申请工伤认定的程序,将一次性工伤医疗补助金纳入工伤保险基金支付范围,重新调整一次性工伤医疗补助金和一次性就业补助金的标准,并规定住院期间护理费用的标准按照统筹地区在岗职工平均工资的70%发放。11月27日,省人社厅联合省财政厅报经省政府同意,制定下发《江西省省级工伤保险调剂金管理办法》,省级调剂金的建立为化解工伤保险基金风险,促进工伤保险省级统筹方面将起到重要作用。

【调整伤残津贴等定期待遇】 7月25日,工伤职工伤残津贴、护理费以及供养亲属抚恤金的调整标准为:一至四级伤残职工每人每月分别增加190~160元,供养亲属抚恤金每人每月增加85元,生活护理费根据完全护理依赖、大部分护理依赖和部分护理依赖分别按照统筹地区在岗职工平均工资的50%、40%和30%标准进行调整。一次性工亡补助金提高至49.13万元,比上年增加5.51万元。

【进一步明确工伤认定和劳动能力鉴定管辖权限】 9月19日,省人社厅制定下发《关于明确中央省直单位工伤保险有关问题的通知》,理清了工伤经办、工伤认定和劳动能力鉴定的相关职责,使中央省直单位工伤保险逐步实现属地管理,更好地方便用人单位及工伤职工。

【事业单位全面纳入工伤保险参保范围】 3月17日,省人社厅与省财政厅联合下文,对全省事业单位参保提出明确要求,省直各单位及各设区市加强了事业单位参加工伤保险工作力度,参保人数从2013年年初的41万人增加到年底的71.21万人。进一步明确了事业单位职工参保的流程、工伤认定和劳动能力鉴定的程序以及工伤待遇的水平。

社会保险基金管理

【加强基金监督制度建设】 为加强社会保险基金和就业专项资金的监督,12月,省人社厅会同省财政厅、卫生厅下发《江西省社会保险基金行政监督暂行办法》,会同省财政厅下发《江西省就业专项资金监督管理暂行办法》,制度的出台将从源头上防范专项资金的管理风险,保证全省基金、资金监督工作的正常开展发挥积极的作用。

【启动社会保险基金监督软件运行】 在省本级、南昌市、宜春市人社局纳入社会保险基金监管软件联网运行先行试点单位的基础上,2013年在其他9个设区市全面启动社会保险基金监督软件,养老保险数据的监督已基本上线。组织对9个设区市、82个县区的基金监督员和省人社厅信息中心156名人员进行为期2天的培训。全省75%的市县运行社会保险基金监督软件已启动运行,并适时处理了发现的相关问题。

【开展民生资金、社保基金检查】 按照省政府办公厅《关于印发〈全省民生资金管理使用情况监督检查工作实施方案〉的通知》要求,省人社厅成立工作领导小组,制定工作方案,先后下发《关于印发〈江西省农村劳动力培训补贴资金管理使用情况监督检查工作方案〉的通知》和《关于做好农村劳动力培训补贴资金管理使用情况监督检查自查自纠阶段工作的通知》文件,向社会公开举报电话和信箱。7月22日—31日,组织10个检查组赴11个设区市及所属县(市区)的业务主管部门、经办机构和培训单位进行检查抽查,及时下达检查报告和整改通知书,限期进行整改。7月下旬和9月上旬,组成4个专项检查小组分别对南昌、上饶、吉安、抚州市的城居保、新农保基金管理使用情况进行了抽查,针对检查发现的问题,积极督促各设区市整改落实。

【开展医疗保险基金反欺诈试点工作】 4月,组织人员赴上海调研,形成专题调研报告,以省社会保险监督委员会名义下达给南昌市人社局参照上海的先进经验,开展医疗保险基金反欺诈试点工作,为全省开展医疗保险基金反欺诈工作积累经验。

【启动冒领养老、工伤待遇核查工作】 10月,根据人社部基金监督司的文件精神,江西省启动对2012年冒领养老、工伤待遇的人员的核查工作。对江西水运集团部分职工举报水运集团骗取失业保险基金的情况,以省社会保险监督委员名义责成南昌市人社局进行专门核查,组织召开协调会,挽回了部分失业保险基金损失,江西水运集团50多人退回失业保险基金50多万元,对90多人尚未追回失业保险金已责成南昌市人社局采取措施限期年底追回。同时,对江西社会保障监督委员会人员进行了调整充实,新增了用人单位、专家学者、新闻单位、社会团体、民主党派等人员,并将调整充实的省社会保险监督委员会成员名单报请省政府批准。

(袁伟华)

本栏编辑 邓玉兰

交通运输

公路

【概　况】　2013年，江西省交通基础设施建设完成总投资355.1亿元，再创历史新高。高速公路建设完成投资189.9亿元。建成九江长江公路大桥、井睦高速公路2个项目，完成抚吉高速公路赣江大桥以西段竣工扫尾工作，全省高速公路通车里程达4335千米。新开工建设都九高速公路星子至九江段、金溪至抚州、南昌至宁都、南昌至上栗、资溪花山界（赣闽界）至里木高速公路5个项目564千米，复工建设萍洪高速公路项目。九江绕城、万宜、寻全高速公路、昌樟高速公路改扩建、昌九高速公路通远段改扩建等续建项目进展顺利。

国省道公路改造完成投资79.7亿元。升级改造国省道717千米，实施路面大中修1536千米，完成危桥改造4732延米/40座、安保工程1658千米、灾害防治工程550千米。农村公路建设完成投资71.4亿元。在没有国家资金补助的情况下，通过省自筹并按省8万元/千米、市、县各2万元/千米的补助标准，全面启动25户以上自然村通水泥路建设。全年共建成农村水泥路12604千米，同比翻一番，完成农村公路危桥改造4615延米/44座，安保工程595千米。

运输枢纽站场建设完成投资9.7亿元。建成宜春汽车客运总站，107个农村公路综合服务站试点项目累计建成81个。续建南昌、抚州、宜春综合客运枢纽，新开工建设上饶、南昌西综合客运枢纽，吉安河西综合物流园、井冈山经开区物流园。公路运输站场建设有序推进。至年底，全省累计建成等级客运站956个，货运站56个，建成候车亭1.24万个，其中一级站17个、二级站93个、三级站59个、四级站200个、五级站587个，全年汽运站场建设累计完成投资9.65亿元，增长102%。客运站服务设施进一步完善。年内配备危险品安全检测仪的客运站达108个。

建设管理水平大幅提升。井睦高速公路项目建成全省最长公路隧道井冈山隧道，并在国内第一个试行项目监管一体化和设计施工总承包组合模式，开创了中国高速公路建设的建管新模式。吉莲高速公路永莲隧道克服罕见施工难度，左、右洞已分别掘进2204米和2125米。景婺黄高速公路于2013年获工程建设领域最高奖项“詹天佑”奖。

2013年，全省公路运输完成客运量5.79亿人次，旅客周转量307.7亿人千米；完成货运量12.13亿吨，货运周转量2829亿吨千米。客运平均运距53千米，货运平均运距233千米。日均运送旅客158.6万人、货物332万吨。公路运输四大指标在综合运输体系中所占比重分别为88.7%、32.2%、89.8%、77.6%，公路运输在综合运输体系中继续保持主导地位。

城乡运输一体化进程进一步加快，提高了农村客运通达覆盖率和服务保障水平，为客、货运输生产提供了重要保障，道路运输在全省综合运输体系中的地位优势日趋明显。投入到农村客运的车辆达到8841辆，开通农村客运班线3592条，占客运线路的52.8%。乡镇客车通达率为100%，行政村通客运班车率92.4%，比上年提高了1个百分点，方便了农民出行，使更多的农村群众共享了现代交通改革发展成果。

城市客运稳步发展。省政府出台《关于城市优先发展公共交通的实施意见》，实现公交优先发展的重大政策突破。至年底全省拥有城市公共汽电车经营业户112户，从业人员2.02万人，公共汽电车运营车辆9813辆1.07万标台。运营线路1042条，运营线路总长度1.78万千米，增长7.6%和3.6%；公交客运量14.99亿人次，增长1.6%。拥有城市出租汽车经营业户205户，从业人员3.53万人，出租汽车1.70万辆，增长4.7%。全省城市（县城）公共汽电车投资完成5.03亿元，其中公交站场投资6347.7万元，公交车辆购置与更新4.39亿元。

【九江长江二桥建成通车】　10月28日，九江长江二桥正式建成通车。全长25.19千米，为双塔单侧混合梁斜拉桥，主跨跨径818米，是江西省筹资建设的第一座具有世界领先水平的跨长江高速公路桥梁，居已建和在建同类桥梁的“世界第七、全国第四、江西第一”。该桥主塔高达240多米，相当于80多层高楼。九江长江二桥建成通车后，进一步完善江西高速公路网络，大大缓解赣鄂两省跨江交通瓶颈制约，对加强长江两岸经济社会联系、加快沿江经济带开发建设、打造长江中游城市集群，起着十分重要的作用。

【井睦高速公路建成通车】　10月28日，江西省又一条旅游快速通道——井睦高速公路正式通车。该公路于2011年1月正式开工建设，起点位于井冈山市厦坪镇,接已建成的泰井高速公路,终点位于湖南炎陵县沔渡镇与江西井冈山睦村乡交界处,接湖南境内炎睦高速公路。项目全长43.3千米,其中鹅岭隧道总长6684米,在井冈山境内设有鹅岭、龙市两个出口。通车后,井冈山至湖南省炎陵的行车时间将由现在的近2个小时缩短至50分钟,将井冈山与炎帝陵、衡山等风景名胜区串珠成线,构成井冈山、炎帝陵、衡山等国家级风景名胜区的旅游快速通道,形成一条集爱国主义教育、自然风光生态旅游、休闲度假、寻根谒祖、主题公园等多种旅游产品于一体的黄金旅游线路。

【运输企业向规模化发展】 全省拥有100辆客车以上的班车客运企业达到38户,50辆客车以上的企业107户,班车客运经营业户户均拥有车辆26.4辆,增加6辆,班车客运经营业户的平均规模继续扩大。货物运输经营户数达16.6万户,增长4.05%,以甩挂运输为契机,以物流园区建设为突破口,培育龙头货运企业,引导货运企业向现代物流企业转型,100辆货车以上的货运企业686户,户均拥有货车2.7辆。

【客运班线班次经营逐步转型升级】

至年底,全省共开通客运线6805条,平均日发班次达到49957个,分别减少1.48%、4.69%,其中跨省客运班线1204条,跨地(市)客运班线1232条,跨县客运班线884条,县内客运班线3485条,高速公路客运班线541条。江西省对运力过剩且竞争激烈的中短途客运班线,引导经营者采取股份制改造等形式组建客运线路专营公司,实行一线一公司,或通过制定线路置换、绿色通道办理等政策,引导、鼓励客运企业之间进行兼并、合并,如江西长运股份有限公司并购鄱阳长途汽车运输有限公司,萍乡长运有限公司并购萍乡市永安实业有限公司,为推进客运行业集约化、规模化发展进行积极有效的探索。

【宜春市货运产业呈现集约化、规模化发展态势】 宜春市交通运输管理部门积极引导货运转型升级,全市货运产业出现集约化、规模化发展的新气象。以申报国家甩挂运输试点企业为契机,鼓励企业推进甩挂运输、快速货运等先进经营方式,大力发展集装箱、箱式、罐式等大吨位车辆,提高企业的经营管理水平和竞争力,高安市江龙集团鸿海物流有限公司获批全省唯一一家全国甩挂运输试点企业。全市拥有10辆以上车辆的货运企业510户(其中,拥有100辆车的货运企业79户),实现货运量1.46亿吨、货物周转量424.85亿吨千米,同比分别增加12%、13%,货运集约化程度明显提高。为对接航空高铁时代,策应市委、市政府"兴工强市"战略,宜春中心城区重新布局物流格局,在下浦高铁站、明月山机场、经济开发区、锂电产业基地、高速公路口、城南分别规划货运枢纽6个。充分利用宜春汽运公司覆盖全市1600多个农村的客运班线网络优势和人脉优势,在乡(村)设立农村超市160多个,将农村物流、商品销售与农村客运、农民旅游等有机结合,有效开拓农村市场。切实抓好乡镇农村公路综合服务站物流仓储、配送点及托运部、门市部等设施的建设,加强与农村超市、零售店等对接,采取散件物品"班车带货"、大宗物品"货车配送"等模式,更好地服务"三农",进一步加快城乡物流进展。全市货运产业带动相关就业岗位30余万个。

【抚州市70岁以上老人坐公交车享受乘车保险】 7月10日,根据中国人保财险抚州分公司与抚州市老龄委签订的保险协议,抚州市11个县(区)的7.29万名70周岁以上老年人免费乘坐公交车时,可享受乘车意外伤害和医疗保险保障。70岁以上老年人免费乘坐公交车意外伤害保险工作已列入市政府民生工程,列入市财政预算专项资金,所办理的意外伤害保险和医疗保险全部由政府买单,中国人保财险抚州分公司承保。全市有7.29万名70周岁以上老年人办理了这项保险。

免费乘坐市内公交车,如发生意外伤害,将获得最高3万元的医疗费用赔偿金;如意外伤害导致身故、伤残、烧伤,将获得最高6万元的赔偿金。

【东乡县物流业发展迅速】 随着东乡县物流产业各项政策的落实到位,东乡县汽车运输业得到了迅猛的发展。至年底,东乡县货运企业达98户,货运车辆由2005年年底的520辆增至6959辆,吨位由2900吨增至8.08万吨。至11月底共完成货运量1168万吨,货运周转量16.97亿吨千米,实现物流税收2.6亿元。尤其三丰、惠昌、宏顺等公司发展更快,形成了营运主体多元化,营运操作市场化,营运组织公司化,营运信息网络化的物流格局。其他相关部门通力合作,服务企业,全县物流产业步入高速发展的轨道。

(凌景波)

铁　路

【概　况】 2013年,南昌铁路局管辖赣闽两省全部和湘鄂两省部分铁路。铁路分界站(点):京九线北端(蔡山站)K1277+000处与武汉铁路局分界,京九线南端(定南站)K2008+200处与广州铁路(集团)公司分界;沪昆线东端(新塘边站)K502+200处与上海铁路局分界,沪昆线西端(株洲站)K1102+000处与广州铁路(集团)公司分界;皖赣线(倒湖站)K342+500处与上海铁路局分界;武九线(西河村站)K185+809处与武汉铁路局分界;合九线(孔垄站)K278+871处与上海铁路局分界;漳龙线(琥市站)K143+037处与广州铁路(集团)公司分界;铜九线(香隅站)K164+000处与上海铁路局分界;杭深线(苍南站)K664+589处与上海铁路局分界。

年末,南昌铁路局管内营业里程6057.4千米(江西境内2946.9千米)、增加891.1千米(江西境内增249.7千米)。其中,国家铁路营业里程3766.5千米(江西境内2498.3千米),合资铁路营业里程2290.9千米(江西境内448.6千米)。线路延展里程1.21万千米,增加1878.2千米,增长18.3%。复线里程2975.8千米,复线率49.1%,增加6.0个百分点;电气化里程4147.7千米,电化率68.5%,增加2.4个百分点;时速120

千米及以上铁路营业里程3289.8千米，时速160千米及以上铁路营业里程1928.3千米，时速200千米及以上铁路营业里程1847千米，时速250千米铁路营业里程706.9千米。

全年，铁路局完成21个大中型基建项目投资337.05亿元(含合资铁路项目)，完成计划100%。铁路沿线绿化里程2841千米，与上年持平。

年内，南昌铁路局完成运输收入194.87亿元，增收18.64亿元，增长10.6%。其中，客票收入109.91亿元，增收13.52亿元，增长14%；货物运费52.07亿元，增收2.07亿元，增长4.1%；其他收入20.68亿元，增收3.62亿元，增长21.2%；建设基金12.21亿元，减收5754.4万元，下降4.5%。

全年发送旅客1.36亿人(提前21天完成年度计划)，增加1817.1万人、增长15.5%。其中，管内发送8938.6万人，增加1484万人，增长19.9%；直通发送4610.5万人，增加333.4万人，增长7.8%；中转旅客2.1万人，减少2089人，下降8.9%。发送货物8848.2万吨，减少477.8万吨、下降5.1%。其中，管内发送6109万吨，减少42.2万吨、下降0.7%；直通发送2739.2万吨，减少435.7万吨、下降13.7%。

铁路局重点物资运输：运送煤炭2407.8万吨，增加77.5万吨、增长3.3%；运送粮食49.5万吨，减少14.5万吨、下降22.6%；运送化肥161万吨，减少18.6万吨、下降10.3%；运送石油299万吨，增加5.1万吨、增长1.7%；运送金矿2110.5万吨，减少238.9万吨、下降10.2%；运送钢铁861.2万吨，减少216.6万吨、下降20.1%。

【不断增强发展实力】 年内，铁路局和谐号动车组配属105组896辆(增加40组320辆)；机车配属1241台(内燃机车554台，占44.6%；电力机车687台，占55.4%)；客车配属4180辆(含局管路用客车)，增加331辆、增长8.6%。其中空调客车3479辆，占83.2%。下达科研开发经费500万元，组织科研攻关项目46项；科技论文102篇，科技成果38项。

组织工人培训545期3.1万人次，干部培训262期1.93万人次。晋升工人技师383人、高级技师63人。

【提高运输业劳动生产率】 年末，南昌铁路局从业人员99073人。其中运输业从业人员86981人。按运输收入计算，运输业从业人员劳动生产率23.06万元/人，增长8.4%。

【非运输企业经营收入增加】 年末，铁路非运输企业(法人企业)48家，平均从业人员6370人(减少2838人，下降30.8%)，完成营业收入176.98亿元，增加14.06亿元、增长8.6%。

【综合能耗降低】 全年，铁路局单位运输工作量综合能耗4.16吨标煤/百万换算吨千米，降低3.7%。能源消耗70.34万吨标准煤，减少3.65万吨标准煤、下降4.9%。其中，煤炭消耗1.05万吨，减少3768.14吨、下降26.5%；柴油消耗23.41万吨，减少4.87万吨、下降17.2%；电力消耗28.42亿千瓦时，增加3.02亿千瓦时、上升11.9%；汽油消耗2394.21吨，增加143.82吨、上升6.4%；气田天然气消耗65.95万立方米，增加9.8万立方米、上升17.5%；新鲜水消耗2070.27万吨，减少85.26万吨、下降0.4%。

【污染物排放量下降】 年内，铁路局化学需氧量排放量68.17吨，比计划减少1.83吨、降低2.6%，比上年减少9.23吨、降低11.9%；二氧化硫排放量112.07吨，比计划减少16.93吨、降低13.1%，比上年减少22.79吨、下降16.9%。

【向莆铁路开通运营】 9月26日，随着南昌西、福州、莆田、三明北4个车站动车组列车的开行，向莆铁路开通运营。

该铁路建设2008年10月1日开工，概算投资516.58亿元(江西境内165.52亿元)，正线全长632.36千米(江西境内241.54千米)，全线设南昌西、三江镇、大岗、抚州北、抚州、腾桥、南城、南丰、西城、建宁北、泰宁、将乐、夏茂、三明北、尤溪、中仙、长庆、永泰、涵江北、莆田、杜坞、福州22个车站；桥梁247座，占正线长度23.2%；隧道116座，占正线长度44.79%。

向莆铁路的开通运营，既打造省内主要城市1至2小时生活圈，又缩短赣闽两省的时空距离，省会之间构成3小时交通圈，实现“千里赣闽一日往返”。同时，向莆铁路将中部地区与东南沿海联系起来，形成“山海协作”的格局。

【九景衢铁路江西有限责任公司成立】 9月12日，铁路局在景德镇召开九景衢铁路江西有限责任公司第一次股东会、一届一次董事会、一届一次监事会暨建设启动工作会议，宣布九景衢铁路江西有限责任公司成立。

【九景衢铁路开工】 12月29日，九

图为向莆铁路开通首日，幸运旅客体验首趟动车组列车　张学东摄

景衢铁路在九江开工建设。九景衢铁路为国家一级双线电气化铁路，设计时速200千米，建设里程333.33千米，其中江西境内244.97千米。线路西起江西省九江市，东至浙江省衢州市，途经江西省湖口县、都昌县、鄱阳县、浮梁县、景德镇市、婺源县、德兴市，江西境内共设车站11个，其中九江、琵琶湖、湖口3个车站为既有站，都昌、油墩街、鄱阳、景德镇北、赋春、桥上村、婺源、新岗山为新建车站。全线批复总投资259.2亿元，其中江西省境内投资196.25亿元。建设工期3年6个月。

【武九客运专线开工】 12月29日，武九客专(江西段)项目建设动员会在九江举行，项目建设正式全面启动。武九客专起于武昌，经鄂州、黄石、大冶、阳新、瑞昌，终于九江，从在建的武汉至黄石城际铁路大冶北站延伸至江西省九江市，接驳九江至南昌城际铁路。设计时速250千米，全长198千米，江西境内建设里程45.86千米。江西境内设九江、庐山、城门、瑞昌南4个车站，项目投资70.48亿元，建设工期3年。武九客专建成后，从九江乘火车至武汉仅需1小时，南昌到武汉仅需90分钟左右，南昌至北京高速铁路通道将打通，运营时间缩短至6小时左右。

(刘仁)

民　航

【概　况】 6月26日，宜春明月山机场正式建成通航，这标志着江西省"一干五支"的机场布局正式形成。作为展示江西崛起的重要窗口，省机场集团公司运输服务功能进一步增强。2013年，省机场集团公司运输生产保持快速增长，航线网络得到进一步优化，通达城市较上年增加5个，新开通国际航线4条，地区航线1条。在保持运输生产增长的同时，省机场集团公司深化了安全质量体系建设，开展安全专项整治和安全监察，实施客户满意度工程，成功处置8起虚假威胁信息事件，所属6个机场未发生责任范围内的事故、事故征候，安全形势保持总体平稳。随着《江西省民用运输机场管理办法》出台，省机场集团公司公共基础设施定位更加清晰。省机场集团公司借力省、市政府，主动融入昌九一体化发展战略，对接南昌临空经济区建设，积极推动昌九一体化向纵深发展。省机场集团公司先后获得"江西领军企业50强""改革开放35周年企业文化竞争力优秀单位""全国实施用户满意工程先进单位(服务类)"等荣誉称号，并连续18年获得"江西省社会管理综合治理先进单位"称号，被评为南昌市"文明单位"。

【旅客吞吐量首破800万人次】 2013年，省机场集团公司共保障各类飞行起降82433架次，同比增长13.93%；完成旅客吞吐量848.88万人次，增长12.88%；完成货邮吞吐量4.72万吨，增长4.2%。其中南昌昌北机场起降6.41万架次，增长14.78%；旅客吞吐量681.10万人次，增长13.17%；货邮吞吐量4.04万吨，增长6.69%。南昌机场国际(地区)旅客吞吐量突破19万人次，增长70%，增速居于行业前列。赣州机场分公司起降7038架次，旅客吞吐量62.69万人次，货邮吞吐量3795.5吨。景德镇机场分公司起降3604架次，旅客吞吐量40.50万人次，货邮吞吐量630.9吨；吉安机场分公司起降4870架次，旅客吞吐量44.44万人次，货邮吞吐量1831.1吨。九江机场分公司完成起降1848架次，旅客吞吐量11.84万人次，货邮吞吐量577.7吨。宜春机场分公司完成起降1044架次，旅客吞吐量8.31万人次，货邮吞吐量19.8吨。

【进一步优化航线网络】 至年底，省机场集团公司共开通航线101条，通航城市53个，航线网络得到进一步优化。2013年，南昌昌北机场新增通航城市为5个，分别是：杭州、长春、海拉尔、烟台、西双版纳。运营航空公司25家。台湾航线实现台北每天一班，并新开高雄航线。韩国、泰国新增3个通航点，新开新加坡航线。

【持续提升安全服务品质】 2013年，省机场集团公司开展了为期106天的安全生产大检查工作，自查问题266个，整改240个，整改率90%，整改项目均得到有效管控。景德镇机场、九江机场通过民航江西安全监督管理局2013年度安全适用性检查。景德镇机场通过民航江西安全监督管理局机场使用许可换证审查。开展各类演练139次，突发事件应对能力得到有效提升。南昌昌北机场成功处置8起恐怖威胁事件和"10·24"精神病人非法翻越围界事件。为提高机场服务品质，南昌昌北机场先后开通新余城市候机楼、连通南昌高铁西客站的机场巴士3号线，与江西广播电视台信息交通台合作打造《江西交通广播民航信息播报》栏目，与中国电信江西分公司联合推出手机"掌上登机牌"项目。省机场集团公司获"全国实施用户满意工程先进单位"称号，律动等3个班组获得"江西省质量信得过班组"称号，安检护卫部彭泉等5名服务人员获得"用户满意服务明星"称号。

【省政府审议通过《江西省民用运输机场管理办法》】 12月30日，省政府第十七次常务会议审议通过《江西省民用运输机场管理办法》，这是江西省民航成立近60年来的第一部民用运输机场地方性法规。该办法将于2014年3月1日正式颁布。该办法明确了机场管理机构统一协调管理者的身份，理清了机场管理秩序，对规范民用运输机场的建设与管理，促进民用运输机场和临空经济发展，保障民用运输机场安全运营，维护有关当事人的合法权益，推动江西民航事业的快速、健康发展提供坚强、有力的法律保障。

【赣州机场扩建工程总体规划获批】 8月29日，赣州黄金机场总体规划(2013版)获得中国民用航空华东地区管理局批复，明确了赣州黄金机场规划发展目标。赣州黄金机场是《国务院关于支持赣南等原中央苏区振兴发展的若干意见》的重要支持项目，总体规划近远期按4D规划，以2025年为近期规划目标年，2045年为远期规划目标年。近期按照年旅客吞吐量220万人次、年货邮吞吐量1.76万吨、年飞机起降2.37万架次规划，机位数达到21个，航站楼建筑面积3.4

6月26日，宜春明月山机场通航。图为中国民航局纪检组长梁潮平致辞
省机场集团公司供稿

万平方米。远期按年旅客吞吐量600万人次、年货邮吞吐量4.80万吨、年飞机起降6.24万架次规划，机位数41个，航站楼建筑面积8.4万平方米。

【宜春明月山机场建成通航】 6月26日上午11点09分，一架来自昆明的波音737－700飞机降落在明月山机场，停靠50分钟之后，又启程飞往上海，这架飞机的到来标志着宜春正式迈进航空时代，也标志着江西省正式形成了"一干五支"的机场布局。宜春明月山机场是国内第185个建成通航的机场，宜春机场的通航运营同步开启了"地方政府直补运营亏损"的支线机场接收新模式。作为江西省赣西地区唯一的民用机场，宜春明月山机场服务范围主要包括宜春、新余、萍乡3城市，以及九江修水、吉安安福等地，机场辐射3.4万平方千米，服务1000多万人口。

【签订城市候机楼共建合作协议】 12月20日，省机场集团公司与江西泰耐克大酒店签订共建城市候机楼合作协议，标志着南昌首个城市候机楼建设正式启动，预计将在2014年年初投入使用。城市候机楼投入使用后，旅客可直接在酒店办理值机、行李托运等手续，旅客仅需通过安检就可乘机。12月1日起，始发于红谷滩泰耐克酒店的机场巴士2号(短班)开始运行。城市候机楼的启用为旅客提供更便捷的乘机体验。

(谢丽)

水　路

【概　况】 2013年，全省完成水路货运量8395万吨，同比增长5.7%；货物周转量211.7亿吨千米，增长4.8%；远洋运输完成货运量16.90万吨，增长4.7%。完成旅客运输量206.6万人，旅客周转量3645万人千米。内河完成货物运量8152.8万吨，其中进入长江干流的货运量1299.1万吨，沿海完成货物运量507.6万吨，增长3.7%。

2013年，全省水路运输经营业户根据航道条件的改善，市场的变化和需求来调整企业经营方向及船舶运力结构。船舶运力变化呈以下特点：一是在国家政策的扶持下进一步推进船型标准化，淘汰老旧船舶，优化船舶运力结构，船舶逐渐向大型化方向发展，企业竞争力不断提高。二是继续推进液货危险品运输企业资源整合。年内全省危险品船舶艘数虽然较上年减少2.5%，载重吨却增加了17.3%，使之大型化、标准化船舶比例不断提高。

水上旅客运输的格局基本没有发生多大变化，长途旅客运输基本停运，中短途的旅客运输呈萎缩趋势，库区内和旅游景点的旅客运输量基本保持上年同期水平。客运船舶仍在向安全化和标准化方向发展。

2013年，省发改委、省交通运输厅下达港航部门基本建设项目投资计划10.58亿元，完成基本建设投资4.43亿元。其中，建筑工程3.29亿元，设备购置3462万元，其他费用8019万元，累计新增固定资产1599万元。施工项目17个，建成项目3个。新建客运码头泊位2个，泊位岸线长度80米，新增旅客通过能力9万人/年。

重点港航建设(续建)项目方面：总投资24.38亿元的石虎塘航电枢纽工程完成年度投资2.77亿元，渠化Ⅲ级航道38千米；整个工程已进入扫尾阶段，电站1～6号机组已全部并网发电，工程船闸与左侧闸坝、库区防护及枢纽管理区房建工程已于上年10月20日进行交工验收。主体工程于2013年8月份交工验收，并于10月整体工程移交给江西省港航建设投资有限公司管理。南昌—湖口Ⅱ级航道整治工程计划总投资1.83亿元，年内完成工程投资2899万元，累计完成投资1.34亿元，主体工程全面完工。南昌港龙头岗综合码头(一期工程)完成投资9258万元，累计完成投资1.35亿元。陆域土方工程已基本完成，码头水工建筑物桩基已全面完成，底系梁11个单元已完成10个单元施工，立柱、走道板、靠船柱已完成1282立方米砼浇筑，占总工程量32%。万年港综合码头堆场道路已全部完工，设备安装基本完成，累计完成投资5804万元，占总投资的80%。

中小港站及其他建设工程有序进行，龙南桃江旅游客运码头工程、会昌县海事处工作用房复建工程、九江港航分局趸船建造、南昌塔城货运码头工程、景德镇凰岗船闸所值班用房、贵溪市海事处工作用房、南昌西河检查站房工程相继完成。九江市水上应急指挥中心已完成±0标建设任务。各项工程质量合格率继续保持100%，未发生工程质量和安全事故。

【石虎塘航电枢纽下水闸试蓄水成功】 3月18日上午9时，石虎塘航电枢纽二期泄水闸工程下闸试蓄水成功。赣江石虎塘航电枢纽工程建设历时49个月，其23孔泄水闸和船闸及库区防护工程已经建成，电站1—4号机组已具备正式投运条件、剩余2台机组也即将安装调试完成，二期工程施工围堰已经按要求拆至设计高程，枢纽工程已具备正常蓄水位挡水条件。根据枢纽工程实际进度的完成情况及上级的有关要求，同时为了检验赣江石虎塘航电枢纽挡水、泄水、通航、发电和库区防护、排涝、淹没状况是否满足设计要求，石虎塘项目办开始水库正常蓄水位下闸试蓄水。蓄水分三阶段进行，水位最高达到黄海高程57米时，按设计要求进行正常水库调度运行。3月23日起，1—4号机组投入正常发电运行、5—6号机组调试完毕后投入试运行。

【石虎塘航电枢纽项目建成运行】 10月28日，副省长李贻煌在南昌主持召开新闻发布会，常务副省长莫建成出席讲话并宣布赣江石虎塘航电枢纽等三个项目建成运行，省政府副秘书长涂琼理宣读嘉奖令。省交通运输厅党委书记、厅长朱希介绍项目情况。省政府副秘书长张小平，省有关部门、项目沿线地方政府、部门的负责人，各项目先进代表、劳模、参建方代表以及新闻媒体记者等参加会议。莫建成在讲话中指出，石虎塘航电枢纽建成有利于振兴千年赣鄱黄金水道、促进赣江流域腹地经济发展。对今后进一步完善和推动全省水运事业的发展具有重要意义。它的建成标志着高等级航道在赣江中上游取得重大突破。从此，坝址上游38千米航道的等级提高到III级，千吨级船舶畅通无阻，一条“水上高速公路”已经形成。

【赣江门楼里滩河段碍航石块全部打捞清除】 3月28日，赣江门楼里滩河段清障工程全面完工，并通过省港航局组织的有关单位和专家验收，达到设计技术要求。工程位于赣江樟树公路大桥上游约1千米誉家州左汊尾端。受河道采砂等因素影响，河床逐年下切，形成长约60米、宽约35米块石堆遗留，枯水时隐时现，而中水期则潜伏于水下，给航行船舶安全带来极大危害。

工程自开工以来，施工单位鄱阳湖搜救分中心组织精干队伍，精心制定施工方案，克服施工区域靠近主航道，过往船舶密度大而给作业安全带来的困难，抢抓有利天气和施工水位，按期完成了工程任务。

【南昌港集装箱吞吐量再创新高】 南昌港集装箱码头自2005年竣工投产以来连续第八年创集装箱吞吐量新高，2013年，南昌港集装箱吞吐量9.09万标箱，增长37%，其中进口重箱1.88万标箱，增长22%，出口重箱4.29万标箱，增长34%。

【江西第一条海底电缆项目开工建设】 11月1日，位于九江瑞昌港区码头工业城的江西第一条海底电缆项目开工建设。项目总投资10亿元，其中固定资产投资7亿元。为江西第一条、全国第六条光电复合电缆生产线。配套工程拟建一个5000吨级件杂泊位，码头采用高桩梁板式结构，工程占用岸线140米，总体设计年通过能力63.8万吨。项目建成后预计年产值20亿元，上缴税收6000余万元。

【上饶首艘“油改气”混合动力船试验取得成功】 3月11日，江西天然气鄱阳有限公司出资建造的上饶地区首艘“油改气”混合动力船——“上饶昌盛818”自卸沙船在鄱阳县试验取得成功。“油改气”混合动力运输船舶以混合燃料为动力，可减少发动机的磨损而有效延长其使用寿命，船舶的动力性能、经济性能也可得到进一步提高。通过天然气和柴油混合，促进燃料的充分燃烧，降低硫化物与氮化物在大气中的排放，减少了对空气的污染。船舶的燃料成本与原燃烧柴油的发动机相比较下降20%以上，符合国家提倡的节能、环保要求。

【全省首艘装配风光互补供电系统趸船建造成功】 5月27日，全省首艘装配风光互补供电系统船舶在鄱阳县江海船舶修造厂建造成功。该船为65米钢质趸船，配装一套总装机容量30千瓦的风光互补供电系统，由4台2千瓦级风力发电机、88块250WP太阳能板、110只蓄电池以及控制系统和逆变电源组成，利用风力发电机和太阳能光伏组件进行发电。如因天气原因不能正常供电，控制系统可自动切换到柴油发电机组供电。

【新余“赣海巡906”船顺利下水】 8月9日上午，由鄱阳县江海船舶造船厂为新余市地方海事局承建的“赣海巡906”船在仙女湖顺利下水。该船于2013年6月开工建造，总船长26.5米，型宽5.4米，主机功率176千瓦，为全省首例搭载动态视频监控设备的海事执法船。新余市地方海事局在该船建造全过程中，与船厂密切协作，随时跟踪建造进度，经常委派技术人员到现场勘察、检查并提出具体要求，以确保下水前每一个环节均符合相关规定。

（凌景波）

本栏编辑 邓玉兰

金　融

综　述

2013年,江西省金融业积极支持地方经济发展,通过大力推动发展方式转变和经济结构调整,促进经济金融深度融合、协调发展。全省银行业不断优化信贷结构,抵御风险能力进一步增强,证券期货市场规范发展,基础进一步夯实,保险业服务保障和社会管理功能有效发挥。江西省金融业的良好健康运行,有力支持了江西经济发展方式转变,促进了江西经济平稳较快发展。年末,江西省共有银行业金融机构(以中国银行业监督管理委员会江西监管局统计口径,不含人民银行机构数)6484个,同比增长2.13%;从业人员9.30万人,增长5.08%。其中,政策性银行3家,机构97个,从业人员2279人;国有商业银行5家,机构1882个,从业人员4.0万人;全国性股份制商业银行7家,机构96个,从业人员3702人;邮政储蓄银行1家,机构1473个,从业人员1.29万人;城市商业银行5家,机构314个,从业人员7750人;农村法人金融机构118家,机构2611个,从业人员2.51万人;财务公司2家,从业人员106人;信托公司2家,从业人员368人;金融资产管理公司4家,从业人员178人;外资金融机构2家,机构3个,从业人员79人。

*社会融资规模创新高。*年末,全省社会融资规模为3897.89亿元,多增928.81亿元,达到历史新高。社会融资规模全国占比为2.25%,比同期江西省本外币新增贷款全国占比高0.13个百分点。分结构看,以贷款为代表的表内融资占比大幅下降,2013年,人民币贷款占比50.78%,比上年下降8.16个百分点;以委托贷款和信托贷款为代表的表外融资占比上升较快,委托贷款、信托贷款占比分别为9.83%和23.52%,比上年分别提高6.35和4.30个百分点;2013年IPO尚未开闸,直接融资占比为8.11%,比上年下降1.4个百分点

*存款增量创新高。*年末,江西省金融机构本外币各项存款余额1.96万亿元,比年初增加2742.33亿元,多增224.98亿元。全省存款较年初增长16.28%,高出全国平均增速2.88个百分点,在全国排名第八、较上年末前进7位,中部6省排名第三,较上年末前进1位。新增存款突破2700亿元,是江西年度新增存款的历史新高。存款增量占比上升,全年新增存款占全国存款增量的2.17%,比上年末提高0.01个百分点。2013年各项存款结构呈现出新的变化特点:一是单位存款大幅增加。12月末,江西省金融机构本外币单位存款余额为8747.11亿元,比年初增加1284.57亿元,多增288.85亿元。其中,单位活期存款比年初增加476.15亿元,定期存款比年初增加284.85亿元。二是个人存款平稳增长,储蓄存款增加最多。年末,江西省金融机构本外币个人存款余额为9978.47亿元,比年初增加1404.91亿元,多增11.74亿元。其中,储蓄存款比年初增加1255.44亿元,保证金存款比年初增加4.49亿元,结构性存款比年初增加144.98亿元。三是财政性存款增幅收窄。12月末,江西省金融机构本外币财政存款余额为621.75亿元,比年初增加41.79亿元,同比少增37.61亿元。

*贷款增量创新高。*年末,江西省金融机构本外币各项贷款余额1.31万亿元,比年初增加1981.87亿元,多增203.17亿元。全省贷款较年初增长17.81%,高出全国平均增速3.94个百分点,在全国排名第七,在中部6省排名第一。新增贷款突破1900亿、接近2000亿,是江西年度新增贷款的历史新高,超过了省政府提出的1800亿的预期目标。新增贷款占全国贷款增量的2.12%,比上年末提高0.17个百分点。2013年贷款的主要特点为:一是短期贷款增量领先,单位经营贷款增加最多。年末,江西省金融机构本外币短期贷款余额5766.48亿元,比年初增加1070.51亿元,比年初增长22.80%,高于各项贷款增速4.99个百分点;占全年新增贷款的54.01%。其中,单位普通贷款及透支比年初增加623.61亿元,增加最多,多增136.29亿元。二是新增中长期贷款占比上升。年末,江西省金融机构本外币中长期贷款余额7141.04亿元,比年初增加962.63亿元,比年初增长15.58%,占全年新增贷款的48.57%,比上年末新增占比上升9.18个百分点。三是票据融资出现下滑。年末,江西省金融机构票据融资余额为179.18亿元,比年初减少了63.17亿元,多减154.07亿元。

(杨文悦　付秋虹)

银行业监管

【概　况】　2013年,江西银监局积极应对复杂形势,突出重点,稳中求

进，较好完成了“守底线、强服务、促改革、稳增长”的工作任务，各项工作取得显著成效，银行业总体运行稳健，有力地促进了全省经济社会平稳较快发展。年末，全省银行业总资产2.45万亿元，同比增长13.82%。资产质量基本稳定，全省银行业机构不良贷款率1.7%，比年初下降0.79个百分点。中小法人机构风险抵补能力继续增强。年内，围绕国务院和银监会政策要求，结合江西实际，制定出台《江西银行业支持新型城镇化、工业化和农业现代化指导意见》《银行业支持加快构建江西新型农业经营体系的指导意见》《关于进一步深化小微企业金融服务的实施意见》，引领银行业机构顺应经济结构调整及发展方式转变，不断优化信贷投向，持续加大对重点领域和薄弱环节的金融支持力度。引导银行业机构积极支持国家振兴赣南苏区和江西省实施的昌九一体化战略，打造区域经济增长极，大力发展绿色信贷和科技金融，加大对战略性新兴产业、节能环保产业以及科技创新和技术改造项目的信贷支持，较好地发挥了银行业助推作用。

【重点领域风险防控取得实效】 严密防范重点领域信用风险、操作风险和新兴业务风险。年末，政府融资平台贷款不良率0.13%，比年初下降0.04个百分点；个人住房按揭贷款不良率比年初下降0.07个百分点；钢铁、光伏等重点行业信贷风险总体可控。年末，银行同业负债规模缩减，占比由年初的10.09 %降至7.82%，负债稳定性有所提升。农村信用社严格执行达标升级新标准，实现“全面消灭六级社，基本消灭五级社”的目标。信托公司到期项目全部实现安全兑付。银行业机构通过全面开展“员工行为管理年”活动和柜台业务风险排查，案防工作基础进一步夯实。全年实现信息科技突发事件零报告。

【加速推进银行业改革转型】 积极顺应经济发展方式转变和利率市场化改革的趋势，加快体制机制改革转型步伐，银行业整体竞争力有效提升，实现支持经济转型升级和自身转型发展的“双赢”。法人银行业机构完成新监管标准达标计划和资本补充规划，资本管理机制进一步完善，5家城商行、28家村镇银行、2家财务公司、34家农合机构新口径资本充足率均提前达到10.5%的过渡期末监管要求。城商行进一步完善公司治理，3家城商行完成董事长、行长分设。农合机构股份制改革和机制建设稳步推进，农商行开业5家，筹建3家，全省农商行数量增至18家，农村银行类机构占全部农合机构比重达到25%。资产管理公司、信托公司、财务公司等非银行机构构建现代金融服务模式进一步取得成效。银行服务体系更加完善，进出口银行江西省分行于9月份顺利开业，村镇银行开业3家、筹建4家，全省村镇银行县域覆盖面超过50%。

【提升民生金融服务水平】 引导银行业机构进一步深化小微企业金融服务。成功组织以“助小微、强服务、防风险、惠民生”为主题的“江西银行业小微企业金融服务宣传月”活动。小微企业贷款比年初增长29.31%，高于各项贷款平均增速11.5个百分点；小微企业贷款户数比年初增加67856户，增长16.13%。江西银监局被评为“2012年度全国银监会系统小微企业金融服务先进单位”。督促引导涉农金融机构牢固支农市场定位，健全支农服务激励约束机制，加强“三农”特色金融产品研发，开展“三权”抵押贷款探索试点，做深做实“三大工程”，切实提升支农金融质效。年末，涉农贷款比年初增长22.29%，高出同期各项贷款增速4.48个百分点。全省银行业机构切实做优民生金融服务，加大保障房建设和就业、扶贫、助学等民生工程信贷投入。

【进一步加强银行业消费者权益保护】 抓好银行业消费者教育，成功组织银行业金融知识宣传月活动，有效促进了社会公众对金融的了解，提高了金融安全意识和风险防范能力。组织开展银行业机构住房抵押贷款评估收费专项检查，责令6家机构退还违规收费565.3万元。着力建立健全保护银行业消费者权益的长效机制，出台《江西银监局银行业消费者投诉处理实施细则》，促使金融服务质量再上台阶。全年共受理银行业消费者投诉307起，涉及金额4600余万元，办结率100%，责成被诉银行机构取消不合规业务23笔，赔偿投诉人损失6万余元，处理相关责任人员6人。

（邬为敏）

金融服务

【概　况】 2013年，中国人民银行南昌中心支行按照稳健货币政策的总体要求，围绕“提升、优化、进位”三条主线，通过加强监测分析、运用政策工具、加强窗口指导等方式，不断提高货币信贷管理工作的有效性和针对性，积极引导金融机构保持货币信贷总量合理增长，调整优化信贷结构，提升金融服务质量，全力支持江西省经济金融平稳健康发展。

【调整信贷结构】 大力支持江西区域经济发展战略实施。围绕鄱阳湖生态经济区建设、赣南等原中央苏区振兴发展、打造南昌核心增长极、九江沿江开放开发、昌九一体化等区域经济发展战略规划，出台信贷指导意见或金融措施，支持提升区域经济发展辐射的作用。贯彻落实国务院发布《关于金融支持经济结构调整和转型升级的指导意见》，通过窗口指导，引导金融机构加大对江西省战略性新兴产业、现代服务业、新型工业化、城镇化和农业农村现代化建设的信贷投入力度，支持江西省经济结构调整和发展方式转变。大力支持小微企业和民生发展。认真贯彻落实国务院小微企业金融服务经验交流电视电话会议精神，加大小微企业信贷支持力度，首创中小企业融资网上对接绿色通道，至年末，全省中小微企业贷款余额5207.99亿元，比年初增加887.45亿元，多增98.98亿元，比年初增长20.54%，高于全部贷款增速2.74个百分点。积极探索小额担保贷款的新模式，支持劳动密集型小企业发展，全年江西省金融机构累计发放小额担保贷款98.29亿元，完成全年目标计划的196.58%。大力支持“三农”和县域经济发展。继续推进农村金融产品创新，支持涉农金融机构创新推出农民专业合作社贷款、订单农业贷款、农村土地承包经营权抵押贷款等，进一步丰富了农村金融产品,激发了农村金融活力。至年末,全省涉农贷款余额5118.9亿元,增长22.29%,高于全部贷款增速4.49个百分点,涉农贷款占全部贷款比重为39.04%,达到三分之一以上。探索建立罗霄山脉集中连片特困地区金融扶贫开发联系制度,积极促进贫困地区经济与金融的协调发展。积极履行社会责任,努力做好扶贫村的帮扶工作,得到省扶贫办和当地村民的好评。

【推动直接融资及人民币结算业务发展】 全力推进中小企业集合票据区域集优模式,促成赣州市拟发行江西省首支区域集优债务融资工具取得重大进展。至年末,全省15家承销行全部开展了企业债务融资工具承销业务,实现金融机构全覆盖。全省债务融资发行量278.5亿元,多增151.2亿元,增长118.77%,超额完成省政府提出的150亿元目标。简化跨境人民币结算业务流程,进一步促进企业结算便利化。至年末,江西省跨境人民币实际收付金额为264.77亿元,同比增加139.84亿元,增幅为111.93%。

【提升反洗钱监管效果】 继续推进风险为本的反洗钱监管方式,尝试开展反洗钱风险评估工作,推动九江银行开展大额和可疑交易报告综合改革试点工作。在全国率先开展村镇银行反洗钱工作模式创新试点。全年对20家银行业金融机构进行了反洗钱现场走访,发现问题127条,提出监管意见120条,对3家机构的高管及部门负责人进行了约见谈话。研究制定《江西省人民银行系统县级支行反洗钱工作指引》,全面提升县域反洗钱工作水平。积极配合有关部门严厉查处洗钱犯罪活动,至年底,共受理省内金融机构上报重点可疑交易报告33件,办理反洗钱协查案件32件,一批涉嫌洗钱及其上游犯罪的案件陆续侦破或宣判,有力地震慑了洗钱犯罪。

【大力推进支付体系建设】 顺利完成第二代支付系统正式上线工作。建立同城清算保证金制度。有序推进应用支付密码推广工作。平稳实施银行卡刷卡手续费标准调整工作。探索推进昌九支付清算一体化。保障支付清算系统安全稳定运行,实现全省支付清算系统可靠运行率达到100%。继续推动在农村地区开设银行卡助农取款服务点,至年末,全省已设立银行卡助农取款点12087个。开展农村地区手机支付试点工作。推动粮食收购资金非现金结算试点工作。认真落实存款账户实名制,督促指导金融机构清理银行结算账户久悬户90722个。开展全省银行机构代码和支付系统行号信息清理,提高银行机构信息真实性和准确性。上线运行了银行票据凭证印制管理系统,规范票据凭证管理。

【进一步加强人民币管理工作】 开展辖内银行业金融机构现金服务及人民币管理量化综合评价。对401家银行业金融机构及网点进行人民币收付业务现场专项检查。建立实施小面额现金供应长效机制,首次联合电视媒体开展对商业银行执行小面额供应机制情况的暗访报道。实施假币违法犯罪活动突出县重点整治工作。开展银行业金融机构对外误付假币专项治理,大力推进现金全额清分和冠字号码查询工作,全省银行业金融机构交存人民银行回笼券实现全额清分。全面开展大面额残损人民币机械清分并联机销毁工作,全年清分100元回笼券、50元残损券分别超过人民银行总行计划的4.17%和13.59%。

【不断夯实国库服务基础】 在全省推行"分级管理、分级负责、申报验收、全面达标"模式的国库会计标准化管理。建立国库业务辅导制度,共辅导人民银行县(区)支库45个、商业银行代理国库业务机构746个。制定《江西省国债消费者权益保护暂行办法》。联合财政、国税部门印发《关于营业税改征增值税试点有关预算管理问题的通知》,促进全省"营改增"税改工作顺利实施。做好财税库银横向联网推广工作,通过TIPS实现电子缴税1550.81亿元,占征收总额78.3%。累计办理国库直接支付政府补助资金5452万元。上线运行了国库管理信息系统基础信息子系统。全面核查了全省财政专户及子账户情况。

【拓展金融IC卡应用范围】 基本完成全省商业银行ATM和POS受理IC卡改造,改造率分别达99.9%和97.2%。金融IC卡发卡规模较年初新增348%。启动建立江西省金融IC卡行业信息集中处理平台,创建"非接触式刷卡示范商圈"和"金融IC卡'闪付'快速受理通道"。开展电子现金跨行圈存推广工作,全省ATM终端跨行圈存改造完成率已过半。

(杨文悦 付秋虹)

外汇管理

【概 况】 2013年,国家外汇管理局江西省分局围绕"稳中求进、改革创新、突出重点、转型务实"的工作思路,深入推进江西省外汇管理改革和工作转型。一方面,大力简化业务程序,促进贸易投资便利化;另一方面大胆创新监管手段,严控异常跨境资金流入和外汇违法违规行为,努力营造良好外汇市场环境和秩序。积极促进国际收支基本平衡,有力支持江西省经济平稳较快发展。全年,江西省跨境收支总额首次突破300亿美元关口,达到302.96亿美元,跨境收支及结售汇顺差出现双增长,分别为78.33亿美元和77.91亿美元,增长14.40%和41.90%。

【促进贸易投资便利化】 2013年充分释放经常项目便利化改革红利。稳步实施服务贸易外汇管理改革,加强政策宣传和信息反馈,确保了改革措施有效落实。改革后全省超过80%的服务贸易外汇业务实现便利化,服务贸易资金收付业务办理时间由每笔20分钟缩短为平均5分钟。货物贸易改革成果进一步巩固,银行、企业办理贸易收付汇效率明显提高,贸易便利度得到显著提升。全面落实资本项目简政放权改革。直接投资管理改革与外债管理改革同步进行,初步建立了以登记管理为核心、以统计监测为手段、以主体监管和事后核查为重点的资本项目管理框架。资本项下行政许可项目由原来的59项大幅减少至22项。完成资本项目信息系统上线工作,积极参与顶层设计,完善资本项目事后监管相关工作机制。

【防范异常跨境资金流动】 2013年,坚守风险底线,控流入促平衡工作有新成效。切实加强企业分类管理。全年共确定B类企业42家,C类企业4家,移交案件线索13条,涉案金额达1.18亿美元。认真落实银行结售汇综合头寸管理政策,促使江西省地方性法人银行整体外汇贷存比明显下降,由4月末的369.44%下降为年末的108.87%。地方性法人银行共增持结售汇综合头寸2986.20万美元。严厉打击外汇违规行为。针对违规资金流入主渠道,分别开展对银行、非银行金融机构、企业及个人四类主体的专项检查,并实现了查处个人违规案件新突破。全年共查处外汇违规案件77起,查处违规金额1.27亿美元,收缴罚没款355.47万元人民币。5月,控流入政策实施后,全省外汇资金流入减缓,5—12月结售汇顺差环比平均增幅由1—4月的13.88%下降为6.16%,月均顺差由6.89亿美元下降为6.29亿美元。全年跨境收支顺差增幅减少25.70%,较全国低101个百分点;结售汇顺差增幅较全国低210.70个百分点。

【推进外汇管理转型】 创新重点企业监管服务一体化机制。按照把握重点、服务全局原则,筛选确定了367家收支规模1000万美元以上企业进行主体监测与服务,制定实施《重点企业监管暨联系制度》,建立实时跟踪服务、月度分析交流、季度监管探讨机制,形成了分析、监管、服务三位一体的管理服务模式。改进监测核查方法。研发"总量核查智能分析系统",试点建立第三方机构货物贸易核查管理新模式;建立资本项目综合评级和分类监管具体操作流程,完善了非现场核查预警指标体系,网上年检申报和代申报得到有效推广。完善银行机构及人员资信管理平台。在全省成功推广外汇指定银行资信管理系统,实施结售汇网点机构电子备案、从业人员动态管理、实时网上测试记录的银行从业人员资信管理制度。至年末,共审核备案1304家结售汇网点,建立电子档案信息5320份,举办测试10余次,381家金融机构937人参加测试,发放合格证871份。

【进一步优化外汇服务】 年内通过建机制出举措,外汇服务进一步优化。创新服务机制,制定实施局领导赴基层调研管理办法、业务窗口文明公约等制度,全年帮助企业解决实际问题及困难60余项。研究制定服务措施,积极支持赣南原中央苏区发展、鄱阳湖生态经济区建设以及昌九一体化战略实施。加强与总局协调,稳步推进赣州综合保税区设立以及南昌、九江出口加工区升级综合保税区工作。积极优化服务环境,扩大国际收支网上申报范围,搭建外汇业务QQ群等交流平台,实现业务办理咨询便利化、快捷化。加大县支行业务授权,增设3家县级外汇服务中心,支持54家银行网点获准办理结售汇业务,进一步完善了外汇服务体系。

(杨文悦 付秋虹)

保险业监管

【概　况】 2013年,江西保监局围绕"抓服务、严监管、防风险、促发展"的12字方针,以保险业竞争能力建设为龙头,以服务发展大局、增进人民福祉为出发点和落脚点,稳中求进、改革创新,在维护市场稳健运行、保护消费者权益、促进行业持续健康发展等方面取得了新成效。

综合实力稳步攀升。2013年,全省保费收入317.95亿元。增速17%,居中部6省第一位,全国第八位。保险资产总额680.28亿元,较年初增长13.4%。保险深度2.2%,同比增加0.1个百分点;保险密度705.95元/人,增加102.65元/人。

机构体系逐步完善。全省共有34家省级保险公司,其中财产险公司15家,人身险公司(含专业养老和健康险公司)19家;共有分支机构2641家,从业人员8.4万人。专业中介机构81家(含分支机构),兼业代理机构7559家。恒邦财险公司于2013年年底批筹,填补了江西省法人机构的空白。百年人寿和华夏人寿正在加紧筹建。2013年江西省首家汽车保险销售服务公司佳和佳开业,在探索汽车保险专业化经营方面迈出了重要一步。

市场风险有效防范。针对保险中介机构和中介业务风险、寿险满期给付和退保风险、群体性事件、案件风险、舆情风险等重点,抓好风险排查、预警和处置,未发生区域性风险。全省寿险公司综合退保率3.5%,低于5%的警戒值;满期给付44.18亿元,增长97.2%。

业务结构明显优化。普通寿险实现保费收入17.54亿元,增长30.0%,占比12.2%,较上年提高2.2个百分点。银邮渠道实现保费收入75.84亿元,占比38.6%,较上年下降2.9个百分点。公司直销渠道实现保费收入21.14亿元,占比10.8%,较上年上升2.72个百分点。

服务能力有所增强。农业保险开办区域覆盖全省所有市县,保障金额占农业生产总值比重持续上升。城镇居民大病保险在全省全面铺开,新农合大病保险在各设区市各选1个县(市)开始试点。出口信用保险向小微企业延伸工作进展顺利。环境污染强制责任保险、校园食品安全责任保险试点工作顺利启动,各类责任保险共承担4438.75亿元的风险保障。

充分发挥社会管理功能。全年,江西保险业全年累计纳税12.62亿元,增长35.1%;代缴车船税6.82亿元,增长21.7%。支持企业出口、汽车消费、住房消费、小额贷款等保险项下融资275亿元。积极应对重大自然灾害和安全事故,开通理赔服务绿色通道,协助开展抗灾救灾工作。2013年,全省累计赔付支出126.99亿元,增长36.3%。

【发展"三农"保险】 2013年,全省农业保险实现保费收入6.62亿元,增长6.3%。共为629.27万户次参保农户提供701.82亿元风险保障。累计赔款支出3.81亿元,增长16.8%。其中,水稻保险承保面积189.70万公顷,增长6.6%,覆盖全省各县域。森林保险累计承保林木786.67万公顷,为209.95万户次参保农户提供风险保障619.28亿元,保费规模、承保面积、保险覆盖率三项指标居全国前列。承保能繁母猪162.13万头,上升12.0%,实现应保尽保。农房保险在6个设区市启动试点,首创农村危房修缮基金,自2012年开办以来共实现保费收入817万元,为110万户农户提供110亿元风险保障，为251户农户发放危房修缮基金。

【支持出口信用保险】 2013年，中国信保南昌营管部支持江西外贸出口28.6亿美元，增长9.1%。累计服务出口企业785家，较上年新增524家，企业覆盖率29.7%。其中支持服务小微企业637家，新增498家，小微企业客户覆盖率40%，提升29.5个百分点。全年累计支持江西省企业海外投资4300万美元，增长258.6%；中长期出口信用保险已出兴趣函项目4个，已出意向书1个，项目合同金额7亿美元。出口信用全年累计赔款1848万美元，追偿4300万美元，有效发挥风险补偿作用。

【健全社会保障补充保险体系】 2013年，全省补充医疗保险实现保费收入2.1亿元，向1.54万人次支付赔款1.4亿元。受托管理医疗保障资金3.8亿元，向6.9万人次支付赔款3.0亿元。稳步推进企业年金发展，签约委托管理资产6.2亿元，投资管理资产6亿元。积极稳妥推进大病保险，促进城乡保障一体化，2013年，城镇居民大病保险在全省全面铺开。全省计划生育保险实现全覆盖，全年参保群众135.1万人次，实现保费收入2058.7万元，向近2000人次支付赔款815.0万元。农村小额人身保险实现保费收入4424.8万元，参保人次48.0万，赔付金额904万元。

【引导保险资金支持基础设施建设】 大力推动“险资入赣”，积极引导保险公司总部资金与江西省基础设施、重点工程项目对接，支持江西省地方经济建设。2013年，太平保险集团与省水利投资集团签订“太平—江西水利工程项目债权投资计划”投资意向书，拟30亿元投资峡江水利枢纽等重点水利工程。

【整顿规范保险业市场秩序】 2013年，江西保监局划定监管红线，采取撤高管、停业务等严厉措施，规范市场秩序。市场巡查、专项检查、行业自律“三管齐下”，形成市场监管的综合治理机制，提升监管效能。建立完善保险市场巡查督导制度、现场检查“回头看”制度、同业监督评议制度等，让市场时时处处都强烈感受到监管的存在，进一步提升监管有效性，强化市场监管的日常性。在全省范围推广“监管推动、行业自律、大公司带头”的九江经验，市场自律规范显著增强。设立行政许可委员会，调整稽查委和处罚委成员，修订许可和处罚工作规程，完善查处分离机制，规范行政处罚裁量标准。采取撤高管、停业务等严厉措施，动真格、出重拳规范市场秩序。全年共处罚机构17家次，罚款159万元；处罚个人19人次，罚款22.2万元，监管权威进一步树立。

【切实保护保险消费者利益】 2013年，江西保监局围绕消费者“知情权、服务权、公平交易权、索赔权、监督权”，切实保护消费者利益。开展由公估机构等第三方参与的车险理赔技能大赛，并将评比、测试结果向社会公开。开展现场测评和未决赔案清理活动。建立人身险产品第三方评点制度，组织18位大专院校专家教授，对江西省15家公司在售的33款人身险产品进行公开评点。建立保险纠纷第三方调处机制，推动各地市成立保险合同纠纷第三方调解委员会，全年全省各级调解委员会调解成功结案223件，结案率为77%，涉及金额601.6万元。协调司法部门、推动保险公估机构建立第三方司法鉴定中心，解决保险消费者司法鉴定耗时长，以及部分鉴定中心乱鉴定、潜规则等损害行业利益的突出问题。

【严密防范保险市场风险】 落实好三项责任。即保险公司各级一把手负总责、主管业务处负主体责任、首问负责制，在此基础上加强责任追究。强化各渠道销售队伍和营销员的动态管理，建立健全非现场风险监测体系。强化底线思维，积极构建“分类监管、偿付能力监管、统研专题分析、季度风险监测”的四位一体式非现场监测统计分析体系，密切关注宏观经济和市场的运行情况和发展趋势，防范经济结构调整和转型升级中的金融保险风险，不断提升风险监测预警能力。重点监测满期给付和退保风险。组织开展退保“沙盘推演”响应作业，实施现金流压力测试，确保满期给付工作平稳进行，防范集中给付引发现金流和群体性事件风险。实现对外协调常态化，重点加强与党委政府以及经侦、派出所、工商、新闻媒体等部门的日常沟通协调。

【支持鼓励保险创新】 研究制定江西保险创新指导意见和创新项目管理办法，召开创新推进会，开展创新“金点子”征集活动，鼓励公司围绕重点领域和关键环节开展业务创新。同时，指导省保险行业协会设立创新奖励基金，督促公司制定年度创新计划。引导市场差异化发展。推动大公司主动从车险、分红险等一般性竞争领域有序收缩，将更多资源投向以绿色、安全为主基调的保险业务新领域。引导中小公司走特色化服务、差异化经营、专业化发展道路，鼓励符合条件的中小公司有序参与农业保险、大病保险竞争，支持中小公司通过销售、服务联盟等形式，加快发展江西保险市场的中坚力量。推进中介市场转型发展。大力支持省内三家大型车商和阳光保险联合组建佳和佳汽车保险销售服务公司，并对其在发展战略、网点建设、服务标准、业务管理以及信息化建设等方面进行全程指导，推动销售、服务一体化。引导辖内专业中介机构通过兼并重组、战略合作等形式，形成规模化经营优势，鼓励专业代理、公估机构创新发展。

【营造保险业发展良好法制环境】 与省公安厅联合成立反保险欺诈工作领导小组及办公室，联合开展为期8个月的集中整治行动，推动省行协研究设立保险欺诈举报奖励基金，开展反欺诈培训。全年，全省公安经侦部门共破获保险欺诈案件14起，抓获犯罪嫌疑人10人，车险非现场报案率由4%下降为0.4%，代报案率下降3.8个百分点，初步遏制了保险欺诈案件多发的势头。协调省高院出台保险案件审判指导意见。加强与省检察院的沟通协调，重点治理车险、大病保险等政府招标领域的商业贿赂行为。

（何艳）

证券期货

【概　况】 2013年,江西证监局提升监管效能,切实履行“两维护、一促进”的监管职责。至年底,江西共有33家境内上市公司。其中A股上市公司31家(含中小板上市公司7家,创业板上市公司3家),A+B股和A+H股上市公司各1家。上市公司股本总额226.21亿股,比上年末增长6.53%;总市值2366.95亿元,比上年略有增长。全年辖区上市公司通过资本市场再融资共计57.13亿元。江西辖区证券营业部共133家,开户数241.81万户,托管客户资产1491.90亿元,全年证券交易金额1.9万亿元。辖区共有112家营业部开展融资融券业务,信用资金账户数2.10万户,信用证券账户数4.08万户。江西辖区期货市场共成交4.05万亿元,实现手续费收入1.86亿元,增长64.39%和36.09%;辖区期货市场客户总数、月均客户权益分别增长24.86%和25.91%。期货市场机构户比上年增长23.47%,期货市场商品期货交割量增长228.68%。

【推动上市公司加快发展】 2013年,利用现场检查、座谈会、现场调研等方式,向公司介绍证监会关于再融资的监管政策及形势,鼓励公司充分利用资本市场平台,积极开展再融资和并购重组。对公司提交的再融资申报材料和股权激励计划备案材料认真审核,将日常监管、实地核查所掌握的信息与监管意见表关注事项相对应,及时出具持续监管意见。年内,江西省有3家公司实施股票再融资,募集资金28.64亿元;2家公司发行公司债,筹资23.5亿元。

【加强现金分红监管】 2013年现金分红监管是2012年年报审核监管重点,江西证监局在现场检查中重点核查其利润分配方案决策过程。密切跟踪公司及相关主体承诺履行情况,对即将期满或可能触发承诺条件的承诺事项,在日常监管和现场检查中予以重点关注。至年底,江西省上市公司现金分红面达79%,分红金额占净利润总额的46.08%,同比均有较大幅度增长,没有发生违反承诺的情况。

【抓好拟上市公司相关工作】 2013年,认真督导首次公开募股(简称IPO)在审企业开展财务自查专项工作,确保企业按时完成财务核查任务,为推进下一步审核奠定基础。对重点企业进行全方位定期跟踪,掌握和记录拟上市主体的工作进程、面临的困难和问题,为其提供专业化指导和服务。推动各级政府制定、完善扶持企业上市政策,减免企业上市改制过程中的各项费用,优化企业改制上市外部环境。进一步规范中介机构执业行为,把好关口,抓好备案企业辅导过程监管和验收相关工作。至年底,辅导备案企业26户。

【推进“新三板”扩容准备工作】 对江西省4个高新园区开展调研,摸清企业经营、改制等情况,指导企业做好参与“新三板”市场挂牌有关准备工作。在汇集相关信息的基础上,形成《关于推进江西省“新三板”市场建设的报告》,得到省领导的肯定和批示。积极与证监会、股转系统公司联系,了解最新政策导向,并促成地方政府与证监会顺利对接。举办“中小企业利用多层次资本市场融资培训暨对接会”“江西中小企业‘新三板’融资对接会”等会议,进一步加大对“新三板”的培训、宣传力度。至年底,已有55户企业确定为拟挂牌“新三板”重点后备企业,3户企业申报了挂牌申请材料。

【促进省内企业丰富融资方式】 在大型培训中,均把中小企业私募债、引进创业投资作为重要内容,请专家讲解、答疑解惑。两次召集中介机构、投资机构、企业进行座谈,共商加快发行中小企业私募债、引进创业投资等事宜。编发资本市场知识快递等电子宣传材料,提升相关各方对发行中小企业私募债和引进创业投资重要性的认识。指导省内一户中小企业私募债发行,实现江西省中小企业私募债发行零的突破。

【推进区域性股权市场建设】 2013年,对武汉、浙江、前海等区域性股权交易市场进行实地调研,向省政府提出加快江西省区域性市场建设的构想与建议。支持鼓励省内证券经营机构参与场外市场建设。

【规范证券经营机构发展】 2013年,持续推动证券公司完善风险控制和合规管理,着力抓好公司的信息隔离墙制度建设和合规有效性评估两项重点工作,深化对经纪业务、资产管理和代销金融产品3个重点领域的检查,加强对高管任职、年报审计和资金安全3个关键环节的监管,开展合规培训、调研座谈和专项检查“三位一体”的活动,切实提升合规管理有效性。推动省内证券经营机构创新发展,召开证券经营机构创新与监管座谈会,搭建好创新交流平台。支持证券公司自主设立分支机构,支持证券经营机构开展代销金融产品、约定购回式证券交易、股票质押式回购、转融通等创新业务。

【推动期货市场发展】 大力支持金瑞期货建立中国有色产业风险管理基地,支持赣州市政府建设稀有金属现货交易市场,积极协助鹰潭市政府申请设立铜期货交割库。

【保护投资者合法权益】 扎实做好信访工作,耐心与信访人进行沟通、宣讲政策法规,依法依规做好信访材料受理与回复工作。创新投资者保护方式,构建投资者保护跨处室协作工作机制。推动市场主体完善投保机制,开展投资者保护工作专项检查。建立“12386”投诉热线处理制度,规范相关业务流程。探索建立与相关部门的监管合作机制。加强投保宣传教育,提高投资者整体素质。积极开展防范和打击非法集资宣传月活动,提高投资者对非法证券期货活动的风险防范意识。

(黄歆璐)

本栏编辑　邓玉兰

财 政 税 收

财政管理

【概　况】　2013年，全省财政部门把握稳中求进的工作总基调，以党的群众路线教育实践活动为抓手，切实转变作风，攻坚克难，扎实工作，财政运行稳中有进、稳中向好，完成全年各项工作任务，有力支持经济社会平稳健康发展。2013年，全省财政总收入2357.1亿元，同比增长15.2%。其中公共财政预算收入1620.2亿元，增长18.1%。税收收入占财政总收入81.2%，提高0.5个百分点。全省5个设区市财政总收入超200亿元。县县财政总收入超5亿元，其中超10亿元的县（市、区）71个，增加15个；超20亿元的23个，增加6个；超30亿元的11个，增加3个；南昌县达72.6亿元。全年共争取中央各类补助1726.5亿元，增加74.4亿元；争取财政部代理发行地方政府债券127亿元，增加36亿元。

全省财政部门坚持依法治税，综合采取体制、政策、资金等手段提升收入质量。规范征管秩序。下发《关于进一步规范税收征管秩序严禁引税买税空转等涉税违法行为的通知》，严格预算体制，严禁越权减免缓税。规范非税收入征缴，遏制非税收入不合理增长，确保财政收入真实可靠。完善考评体系。在2013年度市县科学发展综合评价指标中，新增“税收收入占公共财政预算收入比重”和“国税收入增长情况”两项作为收入质量考核重要内容。健全激励机制。取消市县财政总收入三年翻番奖，省对市县奖励资金改按主体税种增幅和增量进行测算分配。

解决问题务求实效。加强专项经费、“三公”经费、差旅费、会议费、培训费等管理，规范公务支出行为，省委常委会交由省财政厅牵头整改的2项专项整治和4项制度建设任务完成。同时，还完成省财政厅的5项治理、10项制度建设，清理评比达标活动33项，临时议事机构压缩50%以上。

抓好重大决策落实。始终立足大局讲政治，围绕中心求发展，按照省委、省政府重大决策部署、省领导重要批示、省政府工作报告分工任务等，明确责任，强化督查，限期办结，确保中央和江西省各项重大决策部署落到实处。为贯彻落实省委十三届七次全会精神，省财政安排专项资金支持实施各项区域发展规划，牵头会同有关部门草拟了《省委省政府关于加快城乡居民增收的指导意见》。

加强党风廉政建设。严格落实中央八项规定和省委具体规定，结合财政实际出台若干规定，改进工作作风，党风廉政建设进一步加强。认真落实党风廉政建设责任制，推进惩防体系建设。强化廉能风险防控，制定《江西省财政厅风险岗位廉能管理预警处置办法》。全年共确定和落实81项反腐倡廉任务和惩防体系建设任务，连续10多年坚持每季度开展一次“党风廉政建设活动日”活动，通过办公自动化系统定期向干部职工发送廉政短信，营造良好的廉政文化环境；扎实开展防止利益冲突和“红包”治理两项专项活动；严格落实中纪委、省纪委“节日反腐”系列规定，狠刹公款送月饼节礼、公款吃喝、公款旅游以及公款购买贺年卡、烟花爆竹等年货节礼。

2013年，省财政厅先后获得“全省集中整治影响发展环境的干部作风突出问题活动先进单位”“江西省第十三届文明单位”“省直机关党的工作特别优秀奖”“省直机关第十届文明单位”等荣誉。同时，在综合治理、节能减排等方面也获佳绩。

【加大财政调控力度】　认真落实积极财政政策，推动区域经济协调发展。大力支持科技创新，加强环境保护、污染治理和节能减排，推进生态文明建设。推进现代服务业、现代金融业发展，促进和扩大消费。特别是千方百计帮助企业渡难关、稳发展。一是投入力度加大。省财政继续整合4亿元支持战略性新兴产业超常规发展，安排1亿元支持科技协同创新，统筹资金支持企业发展，安排国有资本经营预算8.4亿元，筹集拨付地方铁路建设和高速公路建设等专项资金33.1亿元，为部分省属企业注入40亿元资本金。此外，省城镇开发投资公司融资300亿元支持棚户区改造，省财政投资管理公司安排6亿元收储地方土地。二是减免力度加大。落实结构性减税政策，大幅提高小微企业增值税和营业税起征点；在交通运输业和部分现代服务业实施“营改增”试点，减轻了企业税负；清理取消45个行政事业性收费项目。三是担保力度加大。开展“财园信贷通”模式试点，共发放贷款30亿元；省信用担保公司和省融资担保公司担保额分别突破80亿元和40亿元。

【提高民生保障水平】　全省财政积极平衡财力，统筹700亿元资金，办好民生工程76件实事，切实提高民生保障水平。一是突出底线思维。把着力点放在解决人民群众的切身利益问题上，城乡居民基本医疗保险、城乡低保、农村五保户等财政补助标准进一步提高。二是突出资金整合。用2年时间整合50亿元实施农村义务教育学校标准化建设工程，省市县集成50亿元支持5000个村点新农村建设，省级整合66.2亿元加大水利和高标准农田建设。三是突出工作创新。从2013年起，省财政连续6年，每年安排1.2亿元支持省级医院新区建设。针对困难企业实施“两缓两降两补两支持”的社保政策，小额担保贴息贷款达98亿元，进一步促进创业、稳定就业。此外，强农惠农富农政策有效落实，保障性安居工程扎实推进，公共文化体系更加完善，移民扶贫、农业综合开发、农业政策性保险等工作成效明显。2013年，全省公共财政预算支出3465.1亿元，增长14.8%。其中用于教育、社会保障、医疗卫生、节能环保、住房保障、农林水等方面支出超过2000亿元，比重达到57.9%。

【提高财政管理水平】 完善公共财政预算、政府性基金预算、社会保险基金预算和国有资本经营预算编制，积极推进市县部门预算改革。国库集中支付制度实现预算单位和财政性资金全覆盖，公务卡改革全面实施。电子化政府采购深入推进，所有政府采购项目均通过网上业务系统申报、审批；全省通过“一卡通”累计发放财政惠农补贴资金188.4亿元，发放率达98.8%。加强政府性债务管理，建立全省土地储备融资审批制度。盘活财政存量资金，清理、压缩财政结余结转，从严控制预算暂付款，清收财政对外借款。认真执行《党政机关厉行节约反对浪费条例》，严格控制和压缩行政成本。省本级、设区市本级及20%的县(市、区)除涉密外所有部门均公开了2013年“三公”经费预算。同时，省财政厅试运行财政行政办公管理系统，首次开展会计从业资格无纸化考试。

【构建财政大监督格局】 健全下管一级、层层落实的财政监督体制，积极构建财政大监督格局。一是财政监督成效明显。对六项民生资金进行监督检查，全省共发现违规资金10亿元，纠正违规资金9.6亿元。开展“小金库”治理“回头看”，全省共发现“小金库”487个，撤销账户157个，上缴财政4728.4万元。同时，积极开展安排给民营企业财政资金、会计信息质量、“三公”经费等监督检查。二是绩效管理成效明显。贯彻落实《江西省人民政府关于全面推进预算绩效管理的实施意见》，全省各级均开展绩效目标管理试点，共有592个项目实施支出绩效评价，涉及资金150.4亿元。三是投资评审成效明显。对使用省级财政性资金、且金额在200万元以上的建设项目和50万元以上的修缮项目，纳入预算评审范围。全年省财政共评审项目130个，审减2.1亿元。

（伍晓峰）

国家税收

【概　况】 2013年，江西国税研判形势、把握趋势、顺应大势，持续提升了服务大局、服务纳税人、服务基层的能力和水平，各项工作取得显著成绩。收入总额达到912.2亿元，扣除海关代征，国税组织收入872.48亿元，增幅由年初的负增长攀升至年底的12.1%。其中，省财政口径818.19亿元，同比增长12.4%。年内，117个单位获得省部级荣誉，连续六届蝉联“全省依法行政工作先进单位”，省国税局机关被评为“省直机关第十届文明单位”“省直机关党的工作特别优秀奖”。6月29日，省委书记强卫在听取国税工作汇报时，充分肯定国税部门工作，特别指出在再生资源专项整治、加大税务稽查力度的同时，还能取得纳税人满意度第三方调查全国国税第一的好成绩，是很不容易的。

2013年，面对经济下行压力持续加大，再生资源减收百亿元等严峻形势，江西国税按照国税总局“依靠打击违法增收、堵塞漏洞增收、科技管理增收”的要求，加强收入预测分析，强化税收收入考核，推行挖潜增收39项措施，有效开展房地产、医疗等行业和出口退税专项检查，全年评查入库税款32.1亿元，占国税收入3.68%，保持了税收与经济协调增长。组织收入工作呈现4个特点：一是税收增幅位次前移。国税全口径和计划口径税收增速同比提升7.8个和7.5个百分点，分别超出全国国税平均增幅3.5个和3个百分点，税收增幅分别居全国第九位和第八位，较上年分别前移22位和20位。二是税收增速前低后高。计划口径和财政口径税收1月份分别下降3%和低幅增长3%，1—6月也仅分别增长3%和7.1%，但全年累计增幅均达12%以上，尤其是进入9月以后，单月计划口径税收增速均超22%以上。三是主体税种全面增收。国内增值税以73.2亿元的增收额、77.7%的计划口径增收贡献率位居第一，入库511.5亿元，增长16.7%。增幅最高的依然是车辆购置税，累计增长25.5%，增收11.0亿元，入库54.3亿元；企业所得税和国内消费税小幅增长4.1%和2.3%。四是经济税收协调发展。国税收入与GDP弹性系数为1.2，处于理想区间(0.8～1.2)的上限位。

廉政文化建设取得新成果。3月28日，国家税务总局宣布江西省税务干部学校为“税务系统廉政教育基地”。制定《江西省国税系统推进廉政文化建设的实施意见》，开展廉政文化进机关、进家庭、进基层活动，建立廉政图书室(柜)、勤廉教育园地(栏)，打造121个“网上廉风教室”。推进廉政教育基地建设，在全省国税系统建立了若干个廉政文化示范点。

【服务地方经济发展】 坚持从税收视角看经济，向省委、省政府先后呈报“营改增”效应分析、加快出口加工区建设、推进卷烟行业升级发展、促进外贸发展转型升级等专题调研，结合工作汇报提出加强可用财力考核、鼓励本地产品出口、打击与防范虚开发票等多项建议，得到省委、省政府领导充分肯定。省局连续多年被评为服务开放型经济先进单位、服务非公有制经济发展先进单位。坚持落实政策促发展，相继制定助推工业强省战略、昌九一体化发展等税收措施，落实“赣州市执行西部大开发政策”、支持高新技术产业发展、小微企业减免税等优惠政策，依法办理减免退税138.5亿元，其中办理出口退税91.2亿元。

【推进"营改增"改革试点】 按照国家税务总局统一部署，江西国税采取项目化管理方式，实施倒计时工作安排，将任务分配到岗、到人，保质保量完成了交通运输业和部分现代服务业、铁路运输和邮政服务业改革试点任务。全省试点企业27687户，累计减税12.6亿元，减税面超过90%，推动了全省产业发展升级，有效减轻了纳税人负担。

【加强税收法治建设】 推动《江西省税收保障办法》列入省政府立法计划。向省人大常委会报送《关于我省国税工作和优化发展环境有关情况的报告》，省局整改工作被列为免评项目。联合省地税局发布《江西省税务行政处罚裁量权适用规则和执行标准》公告，在江西省范围内统一规范9大类71种税收违法行为处罚裁量标准。制定下发《江西省国税系统清理规范税务行政审批项目工作方案》，废止自行设定的审批项目4项、涉税审批税收规范性文件12件。省局连续六届被评为全省依法行政工作先进单位，推荐的14宗执法案卷被省法制办评为优秀执法案卷，其中有12宗执法案卷被评为一、二等奖，位居省直单位第一。

【不断夯实征管基础】 加强税收征管质量管理，全省按期申报率、入库率、滞纳金加收率、非正常户比率、零负申报率等征管质量指标一直位居全国前列，数据准确率保持在99%以上。全面推广应用网络发票，推进车购税征管模式改革。全力破解再生资源案件查处工作难点，促成有关部门启动案件复查评查程序，巩固了专项整治成效。出台规定加强百货零售企业增值税管理、高新技术企业和总分机构所得税管理、出口货物退(免)税管理，签订江西省首例单边预约定价安排，办结江西省首例境外间接转让股权案，对45户大企业开展风险专项防控。

【减轻纳税人及基层负担】 切实减轻纳税人负担，减少纳税人需填报表29张，简并办税业务124项，取消进户执法事项3项。积极回应纳税人诉求，制定规范网上咨询、开展流动办税、加强权益保护等8个方面26项制度。设立登记、变更登记和停复业登记做到即时即办，注销登记办理缩短10个工作。一般纳税人申请开票限额不超过10万元的，免去事前实地查验环节。网络发票已推广7.3万户，一般纳税人网上申报率达91.1%，1000户总局重点税源企业全部实现报表网上直报。提速投诉处理，将原规定30日缩短为7个工作日办结。切实减轻基层负担，始终坚持经费向基层倾斜、向征管倾斜、向困难地区倾斜，将积极争取的省政府追加经费用于基层建设，增加困难地区经费补助2100万元，配置农村办税服务专用车，推动系统医改纳入地方预算，切实帮助基层解决实际困难。

【打击涉税违法犯罪】 开展税收专项检查，共检查企业3571户，其中组织企业自查1476户，查补总收入13.66亿元。落实办案责任制、分级督办制和案件报告制等制度，共立案查处税收违法案件1774起，其中总局督办大要案1起，省局督办大要案40起。查补税款100万元以上案件70起，查补入库收入2.99亿元。深入开展打击发票违法犯罪活动，查获各类假发票、非法代开发票524.76万份，查补税款、罚款共计3.4亿元。规范重大协查案件管理，共查实46户企业虚开增值税专用发票2638份，发票金额1.51亿元，税额0.26亿元，查实有问题企业比例居全国首位。认真查处举报案件，年内共受理涉税违法举报案件164件，结案94件，查补收入3462.92万元。

【开展"三清三察三审"活动】 结合党的群众路线教育实践活动，对办公用房、公务用车、基本建设进行"三清"；对"门难进、脸难看、事难办"，不依法行政、办事效率低下，"吃拿卡要报"的现象进行"三察"；对"三公"经费、会议费、专项资金进行"三审"。通过"三清"，593人腾退超标办公用房9953平方米，腾退率96%；清理超标公车13辆，通报1起公车私用问题；56个拟新建、改扩建项目全部停建。通过"三察"，省、市两级国税局发现问题140多个，已责令相关单位整改。通过"三审"，清退违规发放奖金福利209万元，包括基层班子成员领取的政府奖励17.7万元，取消30个发放项目；审查发现政府采购、基建方面的问题资金157万元。

(项青)

地方税收

【概　况】 2013年，全省地税部门坚持以组织收入为中心，以深化征管改革为主线，以改进作风为抓手，突出抓好规范执法、创新管理、优化服务"三个重点"，全力推进文化建设、人才建设、基层建设"三项建设"，各项工作取得了新的成效。省委书记强卫、省长鹿心社等省领导分别对地税工作做出批示，给予充分肯定。省地税局先后获全省第十三届文明单位、省政府绩效管理考评优秀单位、全省落实党风廉政建设责任制和惩防体系建设先进单位，连续6年获得"全省依法行政先进单位"等荣誉称号。开展主题教育活动。按照省委部署，2013年，省地税局扎实推进党的群众路线教育实践活动，深入开展"百名机关干部深入基层""领导干部服务千家重点企业""纳税人满意度调查"等特色活动，广泛征求意见、深入查找问题。聚焦"四风"问题，从领导干部到普通党员，主动查找，深刻剖析，认真开展党性分析和对照检查，以整风精神开展批评与自我批评。

2013年，全省地税部门组织入库各项收入1157.4亿元，比上年增收185.2亿元，增长19.0%。其中地方税收1087.7亿元，比上年增收172.7亿元，增长18.9%，实现了三年翻番；教育费附加等其他收入69.7亿元，比上年增收12.5亿元，增长21.8%。

地税收入特点主要表现为"一突破、两高于、三突出、四优化"："一突破"，全省地税收入总量突破千亿元，由2004年的百亿级迈上千亿元台阶，总量列全国地税第十六位，同比前移4位。"两高于"：一是全省地税收入增幅高于全省地区生产总值增幅8.8个百分点，高于全省财政收入增幅3.7个百分点。二是全省地税收入增幅高于全国地税收入增幅6.7个百分点。"三突出"：一是契税和土地增值税增长突出，征收契税122.8亿元，增长29.2%；征收土地增值税80.3亿元，增长53.5%。二是房地产业和商务服务业税收贡献突出，征收房地产业税收345.8亿元，增长40.0%；征收租赁和商务服务业税收60.1亿元，增长62.2%。三是服务经济社会发展成效突出，全年依法减免地方税收58亿元，比上年增加14.7亿元。“四优化”：一是税收质量优化，地税收入增长与经济增长的协同性进一步增强。二是区域税收发展优化。南昌市全力打造核心增长极，地税收入增长22.4%。赣州市全力推进赣南苏区振兴发展，地税收入增长26.1%。九江市深入推进沿江开放开发，地税收入增长22.2%。三是产业税收结构优化，第三产业税收增长23.8%，快于第二产业12.9个百分点，收入占全省地税的65.1%。四是经济类型税收结构优化，非公有制税收增长24.0%，占全省地方税收的80.3%，同比提高3.6个百分点，其中个体税收增长34.8%，股份制企业税收增长24.2%。

分税种来分析全省地税收入的主要增减因素：2013年，全省地税征收营业税418.4亿元，占地税收入的比重为38.5%，增长15.1%。其中，房地产业营业税100.6亿元，增长45.8%；住宿和餐饮营业税7.1亿元，下降5.6%；交通运输业营业税57.4亿元，下降6.2%。主要原因：一是“新国五条”政策的出台释放出中央加强房地产市场调控的信号，许多“刚需”市民担心“新国五条”实施细则出台后增加交易费用，从而间接抬高房价，导致商品房销售量价齐升。但随着各地细则的出台，调控力度低于市场预期，反而又刺激了房地产市场的交易量，同时，各级地税部门推行二手房交易评价系统上线，有效堵塞了漏洞，防止了税收流失。二是受集团消费大幅减少、下降的影响，相关服务消费受到冲击，导致住宿和餐饮服务营业税减少。三是交通运输业实行“营改增”，较少了交通运输业营业税的税源。征收企业所得税151.7亿元，增长20.1%，增收主要来自建筑业和房地产业，减收主要来自制造业和交通运输业。征收个人所得税71.9亿元，同比增长8.5%，主要原因：一是城镇居民人均可支配收入增长；二是政策减收因素已经消化，恢复性增长；三是全省地税进一步抓好个人所得税自行纳税申报工作。征收耕地占用税和契税194.4亿元，增长16.8%，主要原因是通过对“两税”的规范管理，进一步提高了“两税”收入质量。征收城市维护建设税59.9亿元，增长18.0%，主要是营业税较快增长的带动。

【加大税收优惠政策落实力度】 积极策应省委、省政府推进区域发展战略，制定出台支持和服务加快推进昌九一体化发展、支持吉泰走廊打造重要增长带、支持高校毕业生就业创业等一系列税收政策和服务措施，细化赣州市执行西部大开发税收优惠政策管理办法。全力做好“营改增”试点工作，认真落实各项结构性减税政策，加大对小微企业、旅游业、非公经济发展等税收优惠政策的落实力度，加强对文化产业，高新技术、涉农环保企业、赣州市执行西部大开发所得税政策等优惠政策执行情况的跟踪问效，组织开展小微企业清理和认定，确保各项税收优惠政策与服务措施落实到位。全年依法减免地方各税58亿元，取消发票工本费，惠及全省6.2万户纳税人。

【坚持依法治税】 规范行政执法，制定《进一步改进和规范税收执法工作的意见》，与省国税局联合制定《江西省税务行政处罚裁量权适用规则和执行标准》，与省政府法制办联合开展《江西省税收保障办法》的调研起草工作，开展行政审批集中清理工作，下放或取消37项审批项目，清理了税收规范性文件834件，有17宗基层执法案卷被评为江西省优秀执法案卷。完善执法监督，修订印发《税收违法行为检举管理实施办法》和《重大税收违法案件管理办法》，完善执法考核机制，认真贯彻全面推进依法行政工作考核的实施意见和争创依法行政示范单位的实施办法。加大稽查力度，开展高收入者个人所得税等专项检查、对汽车销售、驾校、城市投融资项目等7个行业开展区域税收专项整治，各级稽查部门共检查各类纳税户2137户，组织企业自查2462户，查补入库税款15.3亿元。

【推进征管改革】 认真落实省政府批转省地税局的《关于进一步深化征管改革的实施意见》，稳步推进3个市区市局和直属分局的改革试点工作。启动流程再造，完成了第一阶段征管信息系统的升级改造，优化业务流程76项，征管效能明显提升。突出风险防控，调整税收管理员权责，试点大企业税收管理，探索建立征、评、管、查相互制约新机制和税源专业化管理新模式。强化信息管税，组织开展信息数据清理，加快建设网上办税服务系统，全面推广使用电子税票和国家税务总局身份认证系统，加强与工商、国土等部门的信息共享，积极推进第三方涉税信息平台建设。

【优化纳税服务】 针对纳税人加强税收政策宣传与辅导的需求，创建了纳税人学校，分15期为1263名纳税人提供免费的政策培训。全面推进全职能窗口建设，推行涉税事项“同城通办”，试行常规涉税“免填单”业务。前移税务登记、税种鉴定、发票票种核定等21项审批事项，推行“先办后审”，缩短了办税时间。加强12366纳税服务热线管理，实现全省12366国税、地税互联互通。抓好门户网站的建设与管理，网络税收知识库丰富，网上咨询答复及时，在线访谈得到纳税人的认同。

【加大纳税业务创新力度】 围绕征管改革、纳税服务等核心业务，加大创新力度，实行项目化管理、整体化推进、绩效化考核，全系统涌现了一批可操作、可推广的创新项目。全面推广存量房交易评估计价系统，开展土地使用税“以地控税”试点，建立全省统一的纳税评估模型，4个评估案例入选全国税务系统“百佳”优秀评估案例。认真开展纳税人满意度调查，大胆探索“先税后证”“先办后审”、常规业务“免填单”、24小时自助办税终端服务等多种服务方式。

（邓远峰）

本栏编辑　邓玉兰

经济管理与监督

综合管理与宏观调控

【概　况】 2013年，面对错综复杂的国内外形势，全省上下坚持稳中求进的工作总基调，统筹做好稳增长、调结构、抓改革、优生态、惠民生等各项工作，全省经济社会呈现稳中有进、稳中向好的发展态势。全年地区生产总值14338.5亿元，增长10.1%；粮食总产量达到211.6亿千克；规模以上工业增加值突破5000亿元，达到5755.5亿元，增长12.4%；规模以上工业主营业务收入2.65万亿元，增长16.4%；500万元以上项目固定资产投资1.25万亿元，增长20%；社会消费品零售总额4551.1亿元，增长13.6%；财政总收入2357.1亿元，增长15.2%，其中公共财政预算收入1620.2亿元，增长18.1%；城镇居民人均可支配收入21873元，增长10.1%；农民人均纯收入8781元，增长12.2%；外贸出口281.7亿美元，增长12.2%；实际利用外商直接投资75.5亿美元，增长10.7%；居民消费价格指数同比上涨2.5%，物价保持基本稳定。

【深入推进重大区域战略】 围绕"龙头昂起"，出台深入推进鄱阳湖生态经济区建设方案、推进昌九一体化工作方案、赋予南昌市更大经济社会管理权限的意见、推进九江沿江开放开发任务分工方案等，打造南昌核心增长极、推进九江沿江开放开发取得新进展。昌九一体化工作迅速启动，"1+6"规划编制工作取得阶段性成果，南昌、共青两个先导区的核心区基础设施建设先行启动，交通、通信和金融同城化等前期工作稳步推进。围绕苏区振兴，52个中央国家机关及有关单位对口支援顺利实施，干部双向交流工作得到落实，累计争取到38个国家部委和单位出台具体扶持政策，出台了深入推进赣南等原中央苏区振兴发展实施方案，成功举办央企入赣投资合作洽谈会。参与编制《赣闽粤原中央苏区振兴发展规划》，争取到54个县（市、区）纳入苏区规划范围。围绕两翼齐飞，出台实施了支持赣东北扩大开放合作加快发展的意见和支持赣西经济转型加快发展的意见，并分别召开了推进大会，赣东、赣西"两翼"的发展活力进一步增强。

【深化改革开放】 出台实施《关于2013年深化全省经济体制改革重点工作的意见》。以推进简政放权、转变政府职能为重点，加大行政审批制度改革力度。衔接国务院取消和下放的行政审批项目93项，取消和下放省级行政审批与备案项目61项，取消省级行政事业性收费项目20项。财政体制改革扎实推进，国库集中支付实现预算单位和财政性资金全覆盖，交通运输、邮电通信等行业"营改增"试点顺利完成。出台促进非公有制经济发展的政策意见，200个基础设施和公共服务项目向社会资本开放。在全国率先设立省级铁路产业投资基金，首期募集50亿元。资源性产品价格改革继续深化，电煤价格实现并轨，合理调整江西省可再生能源电价附加与环保电价，成品油实现全省同价，天然气调价政策平稳实施。医改工作深入推进，建立重特大医疗保障机制，推动26所县级公立医院综合改革试点工作。国企改革、食品药品安全监管体制改革、国有林场改革等深入推进。大力推进开放合作，启动实施"招大引强"3年强攻计划，成功举办赣港会、赣台会、江西（深圳）现代服务业招商会、瓷博会、光彩事业赣州行等一系列重大招商活动，全省实际利用外商直接投资增长10.7%，利用省外5000万元以上项目资金增长21%。

【着力抓项目争资金】 大力实施重大项目带动战略，以大投资带动大发展。2013年，省重点工程完成投资1511.6亿元，再创历史新高。武九客专、九景衢铁路开工建设，向莆铁路、衡茶吉铁路建成投运，昌吉赣客专获得国家批复立项，全年新增铁路营运里程311千米，总里程3146千米。南昌至宁都等5条高速公路开工建设，厦坪至睦村高速公路、福银高速九江长江公路大桥等建成投运，全省高速公路通车里程4335千米。抚州电厂开工建设，峡江水利枢纽首台机组并网发电，赣江石虎塘航电枢纽建成投运，全省统调电力装机容量1538万千瓦。同时，争取中央资金支持取得新进展，全年争取中央预算内投资175亿元，完成年初预定目标。争取发行企业债券131亿元，争取国外优惠贷款5.53亿美元，占全国总量12.4%，居全国第一。

【加快推进经济结构调整】 大力发展战略性新兴产业，初步完成十大战略性新兴产业规划修编工作，出台加快发展节能环保产业20条政策措施，启动"万家屋顶"光伏发电示范工程，争取国家批复设立江西久富生物医药产业创业投资基金，赣锋锂业等5家企业上升为国家级企业技术中心或国家地方联合工程研究中心。着力推进产业转型升级，深入实施工业强省战略、加速推进新型工业化的意见，出台化解产能过剩矛盾实施意见、船舶工业加快结构调整促进转型升级工作方案等，淘汰89个落后产能项目。加快发展现代服务业，召开全省服务业流动现场会，继续支持一批现代服务业集聚区、龙头企业和重大项目建设，举办江西(深圳)现代服务业招商会，签约项目22个，签约资金283亿元。加快推进新型城镇化建设，初步编制《江西省新型城镇化规划》，城镇化率48.87%，提高1.36个百分点。编制上报《江西建设全国生态文明示范省规划》，深入开展净空、净水、净土行动，扎实推进节能减排工作，万元GDP能耗下降3.6%，各项污染物排放完成年度计划目标。

【切实保障和改善民生】 坚持民生为先、民生为本，大力推进民生工程建设。筹集700亿元财政性资金，全面完成76件民生实事。建立健全城乡居民大病保险等保障制度，继续完善覆盖城乡居民的社保体系，退休养老金、失业保险、城乡低保、最低工资等标准进一步提高。扎实推进保障性安居工程建设，全年开工建设保障性住房32.5万套，基本建成24.3万套，完成农村危旧房改造36.8万户。完成扶贫移民搬迁6.3万人。继续提高人民群众收入水平，城镇居民人均可支配收入21873元，增长10.1%；农民人均纯收入8781元，增长12.2%。

(蔡昌辉)

重点工程建设

【概　况】 2013年，江西省重点工程建设以加快转变经济发展方式为主线，精心编制年度计划，狠抓项目推进实施，省重点工程对经济社会发展的支撑作用、产业转型升级的引领作用、扩大有效投资的拉动作用进一步凸显，项目建设取得显著成效。年内，全省在交通、能源、水利、工业和社会公益事业等领域分两批共安排省重点工程307项，总投资7026.35亿元，年计划投资1508.66亿元，全年共完成投资1511.58亿元，超额完成年初省政府确定的1500亿元的目标任务。

【计划建成投产项目达到预期目标】 53个计划建成投产项目共完成投资250.11亿元。九江长江二桥、井冈山厦坪至睦村高速公路、宜春明月山机场、向莆铁路江西段、衡茶吉铁路江西段、赣江石虎塘航电枢纽工程、江西中烟工业有限责任公司赣州卷烟厂易地技术改造项目等52个项目建成或基本建成。赣韶铁路江西段因中国铁路总公司投资计划调整，需延迟至2014年8月底建成通车。全年新增铁路运营里程311千米，新增高速公路通车里程75千米，全省铁路营运总里程达到3146千米，高速公路通车里程达到4335千米。

【续建项目工程进度加快】 69个续建项目共完成投资699.46亿元，占该计划的104.3%，超额完成年度计划。南昌至樟树高速公路改扩建工程、万载至宜春高速公路、赣龙铁路扩能工程江西段、杭南长客运专线江西段、合肥至福州铁路江西段、南昌市轨道交通1、2号线、峡江水利枢纽工程、中国石化九江分公司油品质量升级改造项目、江西洪屏抽水蓄能电站、溪洛渡至浙西特高压直流工程江西段等项目工程进度快，完成投资量大，为全面建成奠定了基础。

【137个新项目开工】 158个计划新开工项目已有137项开工建设或奠基，共完成投资562.01亿元。开工建设的项目主要有：资溪花山界(闽赣界)至里木、金溪至抚州、南昌至宁都、南昌至上栗高速公路，九景衢铁路江西段，武九客专江西段，大唐抚州电厂2×1000兆瓦机组新建工程，西气东输三线天然气管道工程，南昌市新城区优质医疗资源建设项目(省人民医院、南昌大学一附院、南昌大学二附院、妇保医院、儿童医院)等，开工率达86.7%，高于上年0.9个百分点。其中，2013年6月开工的500千伏梦山至安源输电线路工程于当年12月27日全面建成投运，有效缓解了萍乡地区用电紧张的局面。

【全力做好项目协调推进】 省重点工程办牢记为项目服务的宗旨，以开展党的群众路线教育实践活动为契机，进一步改进工作作风，深入项目现场，积极主动做好服务工作，加强与项目主管部门、地方各级党委政府和有关职能部门的沟通联系，积极协调项目建设在征地拆迁、通讯电力杆线迁改、交叉跨越、施工临时用电、施工治安环境等方面遇到的困难和问题，努力营造良好的建设环境。年内，省重点办共召开各类协调推进会议50余次，印发有关协调会议纪要和文件30份，重点协调解决了沪昆高铁涉及南昌县316国道横岗立交改造还建、弋阳东站铁路产权房屋征收，合福铁路上饶县、信州区境内征迁有关遗留问题，全力推进铁路沿线地方配套车站道路广场建设。协调解决了九景衢铁路建设涉及景德镇老电厂灰管桥拆除、南昌至宁都高速公路临时用电、峡江水利枢纽工程石料供应等问题。同时，为规范省重点工程项目压覆矿产资源评估补偿工作，省重点工程办积极会同省国土资源厅，联合起草了《关于进一步规范省重点建设项目压覆矿产资源评估补偿工作的通知》，并以省政府办公厅名义印发。

【调整提高省重点工程征迁补偿标准】 在工程建设中，妥善处理好工程项目建设与项目所在地的关系，尽最大可能将工程建设对群众生产、生活的不利影响减少到最低程度，切实维护群众切身利益。在征迁补偿安置中，始终本着“以人为本、和谐征迁、富民安置”的原则，认真对待群众的合理诉求。对于征迁补偿标准，根据经济社会发展情况，适时予以调整。2013年11月，经充分调研，并报省政府同意，对2010年8月1日起实行3年多的省重点工程征迁补偿标准进行较大幅度的调整提高。调整后，征地补偿费、地面建筑物征收补偿标准均提高了20%，尤其是首次增加了被征地农民社会保障基金。在保障农民工工资方面，要求各项目单位高度重视，加强领导，强化责任，采取措施，切实保障农民工工资按时足额支付。

【严格监督项目招标投标】 为贯彻落实2013年1月1日起实施的《江西

省重点建设项目招标投标管理办法》(省政府令201号),举办专题培训班,提升项目管理人员招标投标业务能力,有力地促进了省重点工程招投标工作依法依规、规范有序。年内省重点办先后监管了335个项目(标段)的招标工作,招标金额约350亿元,完成6件投诉和举报的处理。

【支持省属建材企业发展】 按照省政府的统一部署,省重点办本着有助于省重点工程项目降低成本,保证工程质量,有助于省属建材企业不断提升产品等级、扩大市场销售的原则,积极组织省重点工程项目建设单位与省属建材企业进行对接,大力支持省属建材企业做强做大。印发《关于省重点工程优先采购省产产品有关事项的通知》,并积极与省工信委沟通衔接,先后召开3次专题会议。12月16日省重点办和省工信委在南昌联合召开省重点生产产品与省重点工程对接推进会,组织供需双方现场对接交流,并签署合作协议。对此,省委、省政府领导给予了充分肯定。年内省重点工程累计采购使用省产钢材143万吨,占72%;省产水泥920.6万吨,占96.3%。

【重视项目安全生产工作】 始终高度重视重点工程安全生产工作。年内,印发《关于认真学习贯彻省领导重要指示精神进一步加强省重点工程安全生产工作的通知》,制定《江西省重点工程建设预防施工起重机械脚手架等坍塌事故专项整治工作方案》,组织6个检查组对全省各地市重点工程专项整治活动开展交叉检查,重点对起重机械、架桥机、工程车辆、脚手架、高大模板、高挖高填等环节抽查,共检查项目63个,查出隐患256个,并督促及时整改到位。有效防范和遏制了全年重特大事故的发生,保持了安全生产总体平稳的良好态势。

【加强项目信息调度】 通过省重点工程月报表、深入项目现场、网络信息平台等多种方式,多层次、全方位加强重点工程信息调度,做到全面调度和专项调度、日常调度和重点调度相结合,及时、准确、全面反映全省重点工程建设进展。2013年,在每月编印《重点建设信息》的基础上,为加强重点工程项目动态的时效性,每周编印一期《情况反映》,及时反映重点工程特别是一些重大项目的最新进展情况,供省领导决策参考。

(叶俊)

国有资产管理

【概　况】 2013年,全省国资委部门把握稳中求进的总基调,稳增长、促发展、调结构、转作风,大力推进完善监管、深化改革、央企入赣、党的群众路线教育实践活动等重点工作,取得了显著成效。全省国资委部门出资监管企业拥有资产总额8755.5亿元,同比增长21.6%;拥有净资产3809.4亿元,增长21.7%;累计实现营业收入4268.9亿元,增长15.1%;累计实现利润总额145亿元,增长6.1%;累计完成增加值543.5亿元,增长16.5%。全年经济运行呈现3个特点:一是经济效益同比增长,发展后劲持续增强。省出资监管企业克服市场需求不足、主要产品价格低迷等不利因素的影响,扎实推进降本增效、扭亏增盈等工作,实现利润总额63.5亿元,增长13.9%,扭转了连续两年下滑的局面。建材集团加强对标管理,提升生产工艺,降低单位能耗,实现利润总额9.4亿元,增长154.2%。投资集团加强能源、路桥、地产等多业务板块协调发展,实现利润总额5.6亿元,增长542.7%。建工集团经营规模超200亿元,实现利润总额4.7亿元,增长54.5%。国经公司海外业务创历史新高,承包劳务新签合同额突破10亿美元,营业额突破5亿美元,实现利润总额1.6亿元,增长37.7%。江铜集团在铜、金、银等贵金属价格大幅下跌的不利情况下,仍然实现利润总额41.8亿元。新钢集团依靠企业内部强化管理、深度挖潜,化解全行业产能过剩压力,实现利润总额0.5亿元,减亏15.3亿元。二是经营规模快速扩张,社会贡献稳步增长。省出资监管企业全年保持平稳较快发展的良好态势,实现营业收入3298.6亿元,增长13.3%,其中江铜集团实现营业收入1930.4亿元,增长10%。省出资监管企业实现出口产品销售收入197.3亿元,增长55.5%。省出资监管企业全年贡献税费104.5亿元,增长25.4%。三是运营效率全国排名稳居前列。2013年省出资监管企业总资产周转率1.27次/年,排名全国第一;净资产收益率3.6%,排名全国第十二、中部第三。

国有企业改革稳步推进。推进集团公司层面股权多元化改革。启动了盐业集团、国经公司和凤凰光学集团股权多元化改革;稳步推进新钢集团改制和钢铁整合重组工作。推进省属产业投融资平台建设。整合监管企业和森工企业资产、产权,国控公司投融资能力得到进一步增强。集中解决改革遗留问题。全省已改制国有工业企业133个社区、276名离休干部全部移交到位。解决国有企业职教幼教教师退休待遇工作基本完成。

【不断创新国资监管工作】 牢固树立经营国有资产的理念,积极探索监管和服务的新思路、新方法、新途径。积极谋划国资国企改革发展新思路。深入调研,形成多项调研成果,推进经营性国有资产统一集中监管工作被列为省委、省政府重点调研课题,《关于进一步深化国资国企改革,促进江西经济发展的意见》作为省委"1+N"文件之一。着力实施"一企一策"。建立国资委领导挂点联系企业制度,积极帮助企业渡难关、保增长、促发展。帮助江铜、新钢、凤凰、江中等企业解决一批突出问题。主动简政放权,下放了第一批28项审核备案事项,提高了办事效率,减轻了企业负担。推进国资监管科学化。以财务监督为核心,严格实施决算审计、绩效评估和经营业绩对标考核,推动企业转型升级。以企业投资项目专项检查和问题整改为重点,监事会监督的成果运用和专项监督落到实处,强化了监事会监督。财务总监和法务总监的独特作用得到充分发挥,强化了企业对外担保管理和风险业务管控。夯实了产权管理基础,加强了资产评估监管,确保了国有产权交易公开透明。出台《省出资监管企业领导人员管理暂行规定》,根据企业实际,明确企业职数,以制度推进企业领导人员科学规范管理。对集团公司和重要子企业领导班子落实党风廉政建设责任制情况进行了检查考核,制定了《企业负责人职务消费管理暂行规定》,全面推进廉洁风险防控机制建设。

【优化企业布局】 加大资源整合力度,促进资源优势转化为产业优势和经济优势。江铜集团公司通过并购和联合开发,有力促进了省内黄金、铅锌资源的整合。江钨控股集团福建上杭中重稀土矿获得资源储量25万吨,靖安大湖塘矿区探矿取得重大突破,新增钨储量21万吨。江西省水利投资集团组建了省级水库资产管理公司,积极推动全省现有水库存量资产盘活工作。做强主业、合理多元,现代产业体系初步显现。省煤炭集团初步形成现代煤炭产业和战略新兴产业、绿色生态产业多元发展格局。省招标集团进一步巩固省内行业“领头羊”地位,并新组建了工程咨询公司,丰富了集团业务板块。直升机产业投资公司积极开展飞机代理销售,实现了公司经营的良好开局。大力培育发展战略性新兴产业。江钨控股集团通过与国外顶尖企业的合资合作,有力推动了钨和稀土产业的高端集聚发展,一千万片数控涂层刀片顺利达产达标。省投资集团就第三代太阳能电池组件、丰电三期、江投路桥增资扩股等项目顺利推进,页岩气勘查顺利展开。

【拓展开放型经济】 省部合作和央企入赣工作取得历史性的突破,成功举办国务院国资委与江西省政府合作备忘录签字仪式暨央企入赣投资合作洽谈会。共签约项目共93个,总投资2214亿元,其中合同项目54个、投资额1392亿元;框架意向项目39个、投资额822亿元。同时,支持鼓励企业“走出去”寻找、布局资源开发和建设项目,全年共安排境外项目8个,总投资42亿元。

【设区市国资监管工作涌现新亮点】 集中统一监管有效推进。截至2013年底,设区市级国资机构监管覆盖面达到85%左右。南昌、新余、上饶、景德镇、赣州等市实现经营性国资监管“全覆盖”,其中南昌市监管的资产总额突破3000亿元。新余市将新组建的广播影视集团公司等两户文化企业国有资产纳入统一监管范围。国资监管体制得到完善。宜春、上饶、南昌、新余、九江等地国资监管制度体系基本完善,景德镇、萍乡、抚州出台本地企业国有资产监督管理办法,鹰潭市恢复市国资委机构设置后国资监管职能逐步得到夯实。指导监督县级国资监管工作不断深入。大多数设区市普遍开展了县级国资监管工作考核评价。

(蔡正孙)

安全生产监管

【概　况】 2013年,全省保持了安全生产形势总体稳定、持续好转的态势,发生各类事故3149起,死亡1639人,同比少203起,少38人,分别下降6.06%和2.27%。发生较大事故54起,死亡205人,少8起,少36人,分别下降12.90%和14.94%;全省列入考核的安全生产指标均在国务院安委会下达的控制考核范围内,其中事故总死亡人数为控制指标的87.64%,实现了事故总起数、死亡人数连续13年“双下降”,连续8年杜绝特别重大事故。

【强化安全生产责任落实】 省委书记强卫专门深入烟花爆竹企业和交通一线调研检查安全生产;省长鹿心社两次主持省政府常务会议,研究安全生产工作。省委《贯彻落实〈中共中央关于全面深化改革若干重大问题的决定〉的实施意见》强调,要深化安全生产管理体制机制改革,实行安全生产和重大安全生产事故风险“一票否决”。省安委会召开4次成员会议,开展5次全省性综合督查。省安委办督办7起较大事故,约谈3市、县(区)政府有关负责人,第一批挂牌督办的9家城区危化企业全部完成搬迁改建或依法实施关闭。依法严肃查处各类事故,南丰县“7·23”重大道路交通事故、丰城矿务局曲江煤矿“9·30”重大煤和瓦斯突出事故已结案,移送司法机关12人,给予党纪政纪处分34人。

【着力治理安全隐患】 按照全国“全覆盖、零容忍、严执法、重实效”总要求,江西省突出“五查”(查非法、查管理、查资料、查设施、查落实)内容,在6~9月集中开展安全生产大检查,共组织暗查、突击督查组3859个,交叉检查组1904个,责令改正、限期整改、停止违法行为3.85万起,责令停产、停业、停止建设2170家,暂扣或吊销有关证照516个,关闭非法违法企业268家。省安委会及其办公室组织11个综合督查组、7个专项督查组和1个暗访组,认真开展“回头看”。扎实开展大货车大排查大整治、火灾隐患大排查大整治。2013年,全省共排查企业7.99万家,一般隐患13.87万项,整改率达97.48%。重大隐患575项,整改521项、整改率达90.61%。

【开展安全生产专项整治】 突出重点领域,抓住突出问题,先后开展煤矿瓦斯防治、非煤矿山整顿关闭、在役化工装置安全设计诊断、烟花爆竹违法分包转包、车用甲醇燃料非法经营、餐饮场所燃气安全、涉氨制冷企业液氨使用、油气输送管线、预防施工起重机械脚手架等坍塌事故等专项治理,广泛开展“文明交通行动计划”活动、“平安农机”和“平安渔业”示范县创建。深化“打非治违”专项行动,累计打击非法违法、治理纠正违规违章行为15.27万起。

【加强安全生产宣传教育培训工作】 精心组织以“强化安全基础,推动安全发展”为主题的第十二个“安全生产月”活动。在江西卫视等媒体播放3则公益广告。建立新闻发言人制度,开通政务微博,建立安全生产舆情应对处置引导机制。成功举办新任县级政府分管领导干部及安监局长安全生产专题研讨班,首次举办全省危化品监管干部业务专题研讨班。扎实推进安全培训工作,累计培训100多万人(次)。编写《金属非金属矿山班组长安全管理读本》,开创江西省安全培训教材全国公开发行的先例。选送的《低压带电作业安全事故案例分析》等作品,分获全国安全培训讲课、优秀课件比赛一、二、三等奖,省安监局获优秀组织奖称号。

【提升安全保障水平】 推进安全生

产标准化创建,出台《江西省小微型工贸企业安全生产标准化评分办法(试行)》,截至年底,达到一级标准化20家、二级标准化357户。推广先进适用技术和装备,86户非煤矿山企业建成"六加一"系统。危化企业完成重大危险源监测监控系统改造108家。烟花爆竹生产企业应用爆竹配装封一体机1200台以上。江西省起草的《钨矿山地下开采安全生产规范》(GB/T 29521—2013)国家标准正式发布。制定《采掘施工队伍安全生产标准化实施规范》等3个地方安全标准。《新型高氯酸钾引火线》等3个项目目定为国家重点科技项目。加强应急管理,筹资800余万元用于救援队伍装备建设。新版"危险化学品登记信息管理系统"开始运行。

【加强职业卫生监管】 全面启动职业病危害3年专项整治活动,重点检查职业病危害较重、严重的用人单位和建设项目4000多家,提请政府关闭3家。组织开展用人单位职业卫生基础建设活动,18家企业被授予"江西省职业卫生先进企业"称号。精心组织职业病防治法宣传活动,举行现场咨询活动100多场,发放宣传资料16万余份。认真抓好工作场所职业病危害项目申报,完成备案企业8860家。严格落实职业卫生"三同时"制度,完成项目139个。加强职业卫生技术服务机构监管,组织开展全省职业卫生检测能力实验室间比对活动。

【加强监管效能建设】 以党的群众路线教育实践活动为动力,大力弘扬江西安监精神,整体推进绩效管理、"服务发展作贡献、守护平安当卫士"等活动,进一步优化行政审批,取消和下放一批行政许可。改善监管执法,对上栗县花炮企业生产情况进行暗访暗查,并在省电视台曝光。《赣县盛发肥业精致有限公司危险化学品安全生产许可案卷》等2个执法案卷获优秀行政执法案卷三等奖。推进监管监察能力建设,市、县两级安监部门监管装备配备资金3160多万元。发挥省政协委员民主监督作用,促进赣州、吉安、新余等市政府加强职业卫生监管机构建设。

(陈博)

煤矿安全监察

【概　况】 2013年,江西煤矿安全监察局围绕煤矿安全监察中心工作,结合党的群众路线教育实践活动,强化执法、狠抓落实,保持了全省煤矿安全生产形势的持续稳定,全省煤矿共发生事故23起,死亡41人,比全年安全生产考核控制指标少4人,全省煤矿安全生产形势保持稳定。创新监察方式方法。以"四不两直"为总要求,采取随机抽查、突击夜查、交叉检查、联合执法、明察暗访等方式抽查煤矿安全生产,特别是针对煤矿非法违法生产建设行为以及矿领导带班下井、瓦斯超限管理等情况,查处了一批日常监察不易发现的问题和隐患,监察执法效果好、效能高。另外,对未落实安全生产主体责任的、发生事故的、落实监察指令不力的、以及组织开展安全大检查不深入不全面的煤矿企业主要负责人,实施约谈警示,共21矿次、84人次,引起了地方政府及其监管部门和煤矿企业的高度重视。加大执法工作力度。立足查大系统、查大隐患、防大事故,把煤与瓦斯突出矿井、高瓦斯矿井、管理滑坡和受水患威胁的矿井作为执法的重中之重,实施重大隐患跟踪问效。全年共监察矿井960矿次,督促完成整改隐患3949条、整改率97.3%,责令停产整顿矿井26矿次,向地方政府下达加强和改善煤矿安全监管建议书23份。提炼历年经验做法。针对江西省小煤矿开采的实际情况,围绕防治瓦斯和水害两个关键致灾因素,联合省直有关部门采取一系列源头治理的强制性措施,取得实效,并形成了江西省小煤矿隐蔽致灾因素普查与防治的经验和做法,经国家煤矿安监局印发在全国推行。初步理顺省属煤矿安全监管体制。在国家安全监管总局的直接关心下,经多方协调努力,理顺了省属国有煤矿的安全监管体制,促进了安全生产属地管理责任的落实。

【宣贯落实《煤矿矿长保护矿工生命安全七条规定》】 积极宣贯落实"铁七条"。按照"铁规定、刚执行、全覆盖、真落实、见实效"的总体要求,组织开展了"保护矿工生命、矿长守规尽责"主题实践活动,采取召开宣贯会、发放单行本、收看警示片、签订承诺书、集中搞培训等方式,在全省煤矿安全监管监察及行业管理部门、煤矿企业广泛开展《煤矿矿长保护矿工生命安全七条规定》宣贯,并将正确默写出七条规定作为参加安全资格考试的前置条件,增强了宣贯效果。特别是组织省属煤矿企业领导层开展"敬畏生命"大讨论,共组织4场,37位矿长做了主题发言,参加人员近600人。根据国家局统一部署,派员赴辽宁异地交叉监察、配合甘肃煤监局到赣监察,同时在全省组织开展七条规定落实情况专项监察,覆盖8个产煤地级市12个县(市、区)19处小煤矿和8个省属国有煤矿,有力推动了七条规定落实。切实抓好《国务院办公厅关于进一步加强煤矿安全生产工作的意见》(国办发〔2013〕99号)的宣贯,积极配合国家局在宜春片区开展宣讲,邀请省政府分管领导参加,并分片区组织召开宣贯会,有关产煤设区市地方政府及煤矿安全监管、行业管理部门分管负责人,以及省煤炭集团公司、地方煤矿企业负责人等,共计700余人参加了宣贯会。

【开展煤矿安全生产大检查】 对8个产煤设区市和40个产煤县(市、区)的煤矿安全监管工作监督检查全覆盖,对所有37个省属国有煤矿监察执法全覆盖。大检查中坚持严格执法、注重实效,对查处的违法行为实施零容忍,共监察241处矿井,责令停产整顿矿井9处、停止作业头面56个,责令停止建设矿井8处,对涉嫌越界开采的4个煤矿向地方政府国土资源部门进行了移送,提请地方政府关闭煤矿1处,并选送9起典型案例上报总局。期间还代表省安委会对宜春市进行两轮4次安全生产综合督查,覆盖了宜春市所有县(市、区)。

【深化煤矿安全专项治理】 强化瓦斯防治工作,以"落实两项制度、建设一个系统、实现一个目标"(落实突出矿井生产方案监察制度、抽采达标情况和瓦斯重大隐患排查治理报告制度,建设高瓦斯矿井地面固定瓦斯抽采系统，实现瓦斯零超限目标）为抓手，督促煤矿企业落实国办发26号文、《防突规定》《抽采达标暂行规定》及总局“十条禁令”，2013年实现抽采瓦斯量1.32亿立方米，同比增长6.2%，利用量4649.1万立方米。加大水害防治工作力度，组织开展防治水专项监察，推进“三条举措”，即：针对水害严重、情况不明的矿井，督促搞好物探和水患论证；针对水患区域煤矿，督促继续完善相邻矿井开采关系拼图，建立邻近矿井图纸交换制度；督促煤矿企业严格执行探放水“三专”规定。抓好矿井火灾防治工作，督促煤矿建立防灭火制度，坚决取缔非阻燃电缆和不合格的井下移动压风机；督促煤矿进行反风演习，确保矿井反风设施正常完好。推进职业危害防治工作，以13个示范矿井建设典型引路，结合法规宣讲、专题培训、专项监察，督促煤矿企业完善管理、落实责任，提高职业危害防治意识和防范能力。强化建设矿井的安全监察，下发《关于进一步加强市县国有及乡镇煤矿建设项目安全设施竣工验收工作的通知》，结合开展煤矿生产建设秩序检查，组织煤矿建设项目安全设施专项监察，加大了对煤矿建设项目非法违法生产建设的打击力度。

【强化依法治安】　一是严格安全准入，抓好煤矿安全生产许可证延期及管理工作，全年共对32处矿井进行延期，变更31处，补办1处，暂扣1处，注销1处。二是严肃事故查处，按照“四不放过”原则，认真分析原因，从严追究责任，并积极开展事故警示教育、事故案例分析，全年共对23起事故立案，按期结案21起，查实举报事故2起，依法从严处罚。特别在丰城矿务局曲江公司“9·30”事故调查处理中，依法移送了5名涉嫌犯罪责任人，在省属国有煤矿系统引起震动。三是加强安全培训，积极宣贯《国务院安委会关于进一步加强安全培训工作的决定》，大力推进培训信息化建设，取消了培训机构资质审批，以严格发证审核、开展专项监察推动“三项岗位人员”持证上岗。

（周华）

价格管理

【概　况】　2013年，全省经济社会发展总体呈现出稳中有进、稳中向好、稳中提质的良好态势。全省各级价格主管部门围绕中心、服务大局，加强价格调控、推进改革创新、强化价格监管，做了大量卓有成效的工作，取得新的成绩，实现价格调控预期目标，全年居民消费价格涨幅为2.5%，低于年初预期目标1个百分点。围绕重大价格改革、价格调控监管工作需要，建立健全宣传工作机制，加强政策宣传和引导，妥善应对人感染H7N9禽流感、天然气、蔬菜等价格上涨突发事件。

2013年，全省各级价格主管部门在稳价安民的工作实践中，取得许多先进经验，值得学习和推广。南昌市物价局积极作为，创新工作方法，改进管理方式，年内，征收价格调节基金1.2亿元，并积极运用价格调节基金，扶持设立102家形式多样的平价商店，有效稳定了蔬菜价格，受到南昌市民的好评。九江、赣州、宜春、新余等地也扎实开展平价菜店建设工作，取得一定的成效。景德镇、萍乡、鹰潭、抚州等地在加强瓶装液化气、出租车、教育收费监管方面创造了良好经验。上饶、吉安等地开展重要民生商品的“晒价”工程，完善“价格服务进万家”工作机制，妥善解决人民群众最关心、最直接、最现实的利益问题，营造宽松有序的价格环境。

【保持价格总水平基本稳定】　每月定期通报全省居民消费价格总水平变动情况，及时分析价格形势，适时提出调控建议。加强重要商品价格监测预警，密切跟踪市场价格变化。积极应对人感染H7N9禽流感疫情，启动价格监测预警预案。认真应对居民天然气价格上涨谣言而引起的价格突发事件，统一制定宣传提纲，加强与新闻、网络主管部门的联系，稳定市场预期。落实生猪价格调控预案，稳定生猪价格。继续提高稻谷最低收购价格和烟叶收购价格。推进落实物价补贴联动机制。大力推进平价商店建设，稳定蔬菜价格。

【进一步降低流通费用】　为贯彻落实《国务院办公厅关于印发降低流通费用提高流通效率综合工作方案的通知》精神，在严密细致调研的基础上，会同省农业厅、省商务厅等省直15个部门研究提出江西省贯彻实施意见，由省政府办公厅下发全省执行。降低农产品生产流通环节用水用电价格和运营费用，进一步提高流通效率。实施意见下发后，从事农产品生产流通的用户用电价格每千瓦小时平均下降0.295元。全省农产品批发市场、农贸市场用水价格每吨平均降幅为0.49元。全省农产品批发市场、农贸市场用电与农产品冷链物流的冷库用电电费年支出减少约2750万元。

【加强价费治理】　年内，出台《关于优化和调整银行卡刷卡手续费的通知》，降低农业、公安、司法、交通、住房、卫计、国资、水利、工商等部门20项行政事业性收费标准，按照国家规定，取消35项行政事业性收费项目，免征8项行政事业性收费项目。规范幼儿园、学前班收费行为，巩固涉农收费清理成果，继续实施好农产品绿色通道政策和重大节假日高速公路小型客车免费通行工作。开展医疗服务和电信领域乱收费专项治理。按国家部署，统一做好“五一”、国庆期间景区门票价格优惠工作，降幅均在20%以上。

【抓重点领域价格改革】　推进实施全省成品油同价。实施电煤价格并轨。完善居民阶梯电价制度。按国家部署，顺利出台省天然气价格调整方案；制定省产压缩天然气（CNG）母站价格，并建立与上游气价联动机制。制定出台小水电上网价格委托下放管理办法。

【杠杆调节促节能减排】　按时间节点，顺利实施全省油品质量升级加价政策。调整江西省可再生能源电价附加与环保电价。全面实施脱硝电价，出台全省脱硝在线监督考核管理办法，全省8台燃煤发电机组实行脱硝电价。出台分步调整全省水资源费征收标准文件。对部分县推行峰谷分时电价政策。

【加强价格监管】 配合国家开展水泥、奶粉等行业的重大价格垄断案件调查。组织开展涉农涉企、医疗、交通、教育、质监、安监、旅游等行业收费专项检查。加强元旦、春节、"五一"、中秋、国庆等重要节假日市场价格监管。继续深入推进价格公共服务工作，扎实推进价格诚信体系建设和明码标价工作。加大12358价格举报受理、查处力度，严厉打击价格违法行为。

（谢治邦）

劳动管理

【概　况】 2013年，全省各级劳动监察部门加强协同，健全制度，扎实工作，切实维护劳动者和企业的合法权益，全省劳动关系总体和谐稳定。

劳动关系进一步规范。全面开展规范劳务派遣专项行动，成立规范劳务派遣专项行动领导小组，制定行动方案，加强组织领导，摸清了全省劳务派遣基本情况。共有劳务派遣用工12万余人，劳务派遣单位231家，劳务派遣用工单位1047家。做好劳务派遣行政许可工作。截至年底，共为91家企业发放劳务派遣许可证。以提高全省各类非公企业（非公经济组织）劳动合同签订率为目标，开展农民工签订劳动合同春暖行动，督促指导企业和用人单位提高农民工劳动合同签订率和履约质量。全年全省劳动合同签订率91.94%，集体合同覆盖率71%。

和谐劳动关系创建活动进一步推进。落实《中共江西省委 江西省人民政府关于构建和谐劳动关系的意见》，劳动关系形成党委领导、政府负责、社会协同、企业和职工参与的工作格局。针对县级三方机制不健全的情况，加强对县级三方机制组建的督导和服务，全省普遍建立县级协调劳动关系三方机制。针对三方部分组成人员职务或岗位发生变动，及时调整省协调劳动关系三方会议组成人员。协调劳动关系三方四家就调整江西省的最低工资标准、发布企业工资指导线、推进和谐劳动关系创建等方面专门召开会议专题研究协商。开展和谐劳动关系创建活动，对申报和谐劳动关系的企业与工业园区进行评审复核，对75家和谐劳动关系企业及7个和谐劳动关系工业园区进行表彰授牌。

劳动标准体系建设进一步完善。4月1日起，江西省实施新的最低工资标准，新标准首次将劳动者个人应当缴纳的社会保险费纳入调整因素，并将最低工资标准与养老保险最低养老金标准脱钩，绝对数与调整前相比增幅较大，平均增幅45.1%。及时发布工资指导线，基准线高于GDP增长计划，为13%，上线为17%，下线为6%。成立江西省国有企业工资内外收入监督检查领导小组和办公室，对2009—2011年度工资内外收入监督检查工作进行全面检查。开展企业薪酬调查，参加试点调查的南昌、宜春、抚州、上饶、景德镇5市已全部将数据上报人力资源和社会保障部。

劳动保障监察执法力度进一步加大。完善劳动保障监察行政执法与刑事司法联动机制、保障农民工工资支付等工作制度建设。在开展年度书面审查、日常巡视检查的基础上，组织开展清理整顿人力资源市场秩序、劳动用工和社会保险、农民工工资支付等专项执法检查活动，督促7041户用人单位补缴社会保险费1.72亿元，补签劳动合同12.18万份，为8.6万名劳动者追回工资1.82亿元。省人社厅督办的江西钢城欠薪案受到省长鹿心社、副省长胡幼桃的充分肯定。

【出台《关于进一步规范国有企业负责人薪酬管理的意见》】 为规范企业经营者薪酬管理，会同省委组织部等6部门出台《关于进一步规范国有企业负责人薪酬管理的意见》，规定企业主要负责人的基本年薪原则上以上年度省属国有企业在岗职工平均工资的3倍为基数，薪酬调节系数最高不超过2；绩效年薪按照经营业绩考核结果在基本年薪的3倍以内核定。开展国有企业工资内外收入监督检查。对2009～2011年度工资内外收入监督检查工作进行全面检查，在各企业自查自纠的基础上，抽取相关企业进行专项审计，对检查和审计中发现的问题进行了整改。

【开展和谐劳动关系创建活动】 积极协调劳动关系三方四家联合开展工业园区及企业劳动关系状况调研，赴南昌、宜春等设区市调研园区及企业劳动关系状况，向园区和企业宣传《中华人民共和国劳动合同法》等法律法规，指导园区和企业积极构建和谐劳动关系。对申报和谐劳动关系的企业与工业园区进行评审复核，对75家和谐劳动关系企业及7个和谐劳动关系工业园区进行表彰授牌。

【开展规范劳务派遣专项行动】 为贯彻实施新修订《中华人民共和国劳动合同法》，加强江西省劳务派遣用工管理，规范市场秩序，对全省231家劳务派遣单位、1047家劳务派遣用工单位开展专项行动，有效维护了12.6万劳务派遣工的合法权益。及时出台劳务派遣行政许可办法实施意见，依法办理劳务派遣行政许可，做到严格条件、严格时限、严格程序。从7月1日至12月31日，共为91家企业发放了劳务派遣许可证。

【推进和谐劳动关系综合试验区建设】 将万载县作为试点县，综合推进劳动合同签订、工资集体协商、劳动标准落实、和谐劳动关系创建等工作，实现了"五个提高"的成绩，即提高职工的幸福指数、提高党群组织的活力、提高企业文化的品位、提高企业员工的整体素质、提高经济发展的水平。"和谐劳动，幸福万载——江西省万载县构建和谐劳动关系纪实"入选中组部2013年度专题教材拍摄选题计划，已完成拍摄任务。人社部劳动关系司专门来函表扬江西省此项工作走在全国前列。

【印发《关于建立健全保障农民工工资支付工作责任制的通知》】 4月3日，以省政府办公厅名义印发《关于建立健全保障农民工工资支付工作责任制的通知》。这是江西省保障农民工工资支付的一个重要文件，是全国唯一一个明确保障农民工工资支付工作责任制的省政府文件。文件明确保障农民工工资支付工作"属地管理、分级负责、谁主管谁负责"的原则，并授权省人社厅对各地、各部门、各单位保障农民工工资支付工作情况进行通报，为从根本上解决农民工工资拖欠问题奠定了制度基础。

【组织开展农民工工资支付情况专项检查活动】 根据人社部等6部门联合下发的《关于开展农民工工资支付情况专项检查的通知》的统一部署,江西省于2012年11月26日至2013年1月31日在全省范围内组织开展农民工工资支付情况专项检查活动。此次专项检查活动全省共出动执法检查人员1620人次,检查用人单位1.3万户次,涉及劳动者97.86万人,其中农民工74.69万人,发放宣传资料34.03万份,开展法律咨询服务914次,检查发现存在拖欠工资情况的用人单位2683户,涉及农民工5.16万人,拖欠农民工工资1.25亿元,执法部门依法责令用人单位支付农民工工资1.16亿元。

【开展清理整顿人力资源市场秩序专项行动】 根据人社部、公安部、国家工商总局《关于开展清理整顿人力资源市场秩序专项行动的通知》部署要求,2月25日至3月25日,省人社厅会同省公安厅、省工商局在全省范围内组织开展清理整顿人力资源市场秩序专项行动。全省共出动执法人员1426人次,检查单位2215户次,查处违反就业管理相关规定的行政违法案件126件,发出整改指令书86件,责令退赔求职者中介服务费、押金或其他费用4.17万元。9月,省劳动监察局被人社部、公安部、工商总局评为"全国清理整顿人力资源市场秩序专项行动取得突出成绩单位"。

【开展用人单位遵守劳动用工和社会保险法律法规情况专项检查】 根据人社部《关于开展用人单位遵守劳动用工和社会保险法律法规情况专项检查的通知》要求,于7月1日至8月12日,在全省范围内组织开展用人单位遵守劳动用工和社会保险法律法规情况专项检查。全省共出动执法人员1524人次,检查各类用人单位7914户,涉及劳动者77.32万人,查处违反最低工资规定及拖欠工资案件387件,未依法参加社会保险案件364件,未依法缴纳社会保险费案件1894件,违反工时、休息休假规定案件175件,责令补签劳动合同11.35万人,责令支付工资及补偿赔偿1124.1万元,督促社会保险登记434户,督促缴纳社会保险费2010.97万元。

【提升调解仲裁工作效能】 坚持以仲裁机构实体化建设和基层预防调解组织建设为抓手,大力开展仲裁机构优质服务窗口标准化建设,基本实现仲裁机构便民措施齐全、服务流程规范、管理制度健全、咨询接待热情、仲裁公正高效。联合省工商联启动全省非公经济组织预防调解组织建设,全面推进从业人员在300人以上和年均营业额1亿元以上大中型非公企业预防调解组织建设,推进以行业、协会(商会)为主体的区域性预防调解组织建设。各级调解仲裁机构切实履行职责,加大争议处理力度,全年依法受理劳动人事争议案件1.3万余件,按期结案率达100%,调解率64%。

【劳动人事争议裁审衔接工作取得实质进展】 11月,省人社厅、省高院联合下发《2013年全省劳动人事争议裁审衔接工作座谈会纪要》,就劳动关系确认等21个实体性问题进行了裁审统一,指导全省仲裁、法院规范审理劳动人事争议案件。2011年,江西省在全国率先提出裁审衔接制度化、常效化,建立联席会议制度,建立联动协作机制,保持案情互通,加强案件研讨交流,开展联合办案,切实解决"同案不同判"问题,降低上诉率,提高同判率,极大限度减少当事人诉累,合法、公正、及时地处理各类劳动人事争议案件,取得明显成效。

(袁伟华)

工商行政管理

【概 况】 2013年,全省工商管理部门围绕中心,提升效率,创新方式,热情服务,促进市场主体总量保持较快增长,各项工作取得显著成绩,为服务经济社会科学发展作出了积极贡献。全年全省新登记内资企业(含私营企业)50021户、外资企业704户、个体工商户19.78万户、农民专业合作社7422户。

促进市场主体发展。认真落实国家工商总局支持鄱阳湖生态经济区建设、赣南等原中央苏区振兴发展两大国家战略的政策措施,积极支持南昌打造核心增长极、九江沿江开放开发。实行支持服务重大产业项目、重点出口企业专项工作意见,建立全省各级企业登记管理机关互联、互通、互动的工作机制。全省各级工商机关与每户重大产业项目法人企业、重点出口企业建立工商联络员制度,实行专项服务。2013年,全省累计新设立注册资本1亿元以上的大型内资企业154户,注册资本(金)合计237.4亿元。

落实行政审批制度改革,实施注册登记费全免政策,减轻创业成本。拓宽民间资本投资领域,除国家明令禁止的外,凡允许国有和外资企业进入的投资领域,一律对民间资本开放。认真开展动产抵押登记工作,为企业破解融资难题提供有力支持。开展农民专业合作社联合社登记,支持家庭农场等新兴市场主体发展,引导有条件的个体工商户转型升级,共指导4623户个体户转型为企业,登记家庭农场6121户,推动农业经济社会发展。

加强队伍建设。实施绩效管理,在各级工商部门全面实施公务员绩效考核,自上而下,从省局机关到基层分局,1.40万余名在职干部职工全部纳入绩效考核范围。认真落实干部培训相关制度,以提高基层工商人员综合素质为重点,全年省工商局举办各类培训班21期,培训2200余人次。加强廉政建设。强化廉政教育,坚持把已有的廉政教育形式与利用新载体、新形式结合起来,开设"道德讲堂",组织机关干部收看反腐题材教育片和参观反腐倡廉警示教育基地,取得较好效果。加强监督检查,把落实中央八项规定等一系列要求放在更加突出的位置,通过监督检查来保障政令畅通,强化制度执行力;解决突出问题,结合党的群众路线教育实践活动,瞄准群众反映强烈的突出问题,开展七个专项治理和一项重点工作风险防控,全年共受理举报投诉83件,查办各类违纪案件19起,并对有关典型案例进行通报。

推进法治工商建设。完成与国务院和省政府下放及取消许可项目的衔接工作,梳理精简后保留非许可审批项目三大项,绘制许可项目和非许可项目操作流程图，进行流程再造。编印《工商行政管理执法中移送涉嫌犯罪案件相关标准汇编》。做到网上案管系统自动生成文号，从立案号、告知书到处罚决定书文号"一号通"，实现办案程序和网上案件管理系统基本同步一致，网上流程与审批文书、法律文书基本同步一致。以服务理念开展行政指导工作。印发《打造"工商行政指导"监管品牌方案》，年内，共实施行政指导1.08万件，通过行政指导对市场主体事前提醒、事中监督、事后改进，寓监管于服务之中，督促其规范经营，维护了市场环境。以机制创新驱动行政调解工作。加快"大调解"机制建设，提高工商行政调解的权威性、有效性，为群众提供一个零收费、低成本、高效率、专业化的纠纷化解途径。至年底已设立调解机构1270个，设有调解员2592人。全年共受理行政调解案件1.55万件，办结1.53万件，办结率达98.5%，涉案金额813.4万元，挽回经济损失1335.52万元。

加强业务系统的维护和建设，完成"江西省工商农资监管信息化系统""江西省工商网络交易市场监管信息化系统"建设，启动全省统一的12315综合服务平台建设。通过信息系统实现绩效管理与考核。优化数据质量检查评价系统，提高数据质量，不断加强网站建设和应用服务，提升基层工作人员信息化水平，推进内网门户应用。省局网站在总局发布的2013年度省级工商局政府网站绩效评估中排名第十一位。

【规范市场竞争秩序】 加大对市场经营违法行为打击力度，保持市场规范有序。全年共查处各类经济违法违章案件8058件，案值1.27亿元。积极开展反不正当竞争执法，组织开展对公用企业限制竞争、傍名牌和治理商业贿赂等专项整治工作，全省共查处不正当竞争案件926起，案值1854.72万元，罚没金额2024.25万元。有效制止个别地方滥用行政权力，排除限制竞争行为，得到了省委书记强卫的肯定。全面开展打击侵犯知识产权、制售假冒伪劣商品工作，建立与企业联手打假制度，加强商标专用权保护，密切与其他部门合作，捣毁制假售假窝点12个，查处制售假冒伪劣商品案件795起，涉案金额767.715万元。着力加强流通领域商品质量监管，对全省615户销售者经营的30个品种的商品进行监测，查处案件236起。加强广告监测，开展虚假违法广告专项整治和医药广告专项整治行动，共查处虚假违法广告案件771件，罚没款409.36万元。推进网络商品交易市场监管，建立全省统一的网络商品交易监管平台和省局网络商品交易监管服务网，维护网络交易安全。狠抓打击传销、规范直销，采取"发现早、打击准、处置当、防蔓延"的工作方针，加强与公安等部门的协同配合，采取坚决有力措施，保持高压态势，集中力量查处涉及地域广、参与人员多等社会危害严重的大要案件，全年共查处传销案件20起。

【营造良好消费环境】 全年共受理消费者咨询申诉举报79050件，申诉调解成功率为94.6%。查处侵害消费者权益案件2316件，为消费者挽回经济损失1760.9万元。加强12315申诉系统快速通道建设。实行12315消费者申诉举报工作规范，推动行业规范建设，消费者投诉举报得到快速高效处理。组织新《中华人民共和国消费者权益保护法》的宣传培训工作，为实施新《消费者权益保护法》夯实基础。进一步完善消费维权机制。加强消费引导和警示，增强消费者自我维权意识。发挥消协等协会作用，推动消费维权行业规范和经营者自律体系建设。积极探索行政调解与人民调解、司法调解联动机制，构建湘鄂赣皖四省区域消费维权联网联合机制，纠纷解决机制进一步完善。继续推进12315"四个平台"建设，健全维权网络，完善12315综合服务平台。

【推动商标战略深入实施】 修订《江西省著名商标认定标准和程序》，依法加强对企业商标工作的行政指导。开展"服务万家企业，培育万件商标"活动。制定《全省重点企业知名产品打假名录》，建立政企联系制度，打假保名牌。完成对全省已注册的地理标志的国际注册及产品出口情况的调查摸底。全年全省共申请注册商标26862件，有效注册商标13064件，累计有效注册商标近9万件，其中驰名商标92件、著名商标1665件、地理标志商标38件。

【强化农资市场监管】 建成全省工商农资市场、网络交易市场两大监管系统，完成对18个农资市场和17397户农资经营户的信用等级类别的评定，建立网络经营主体"数据库"户籍数据2638条，为实现农资市场和网络交易市场长效监管奠定了基础。深入开展红盾护农，大力推进农资市场监管信息化建设，开展农资诚信示范店创建，实施流通环节农资商品质量监测，开展化肥、种子市场专项整治，全年抽检农资商品3170批次，合格批次2776批次，合格率达87.6%。其中抽检种子80批次，合格批次79批次，合格率98.8%；肥料2333批次，合格批次2051批次，合格率88%；农药745批次，合格批次634批次，合格率85.1%。共查处非法经营农资案件1245件，案值780.22万元。

【举行2013年江西(南昌)3·15国际消费者权益日宣传咨询服务活动】 3月15日上午9时，2013年江西(南昌)3·15国际消费者权益日宣传咨询服务活动暨打击侵犯知识产权和制售假冒伪劣商品工作宣传活动在南昌八一广场举行。省人大常委会副主任朱秉发、副省长胡幼桃、省政协副主席郑小燕等领导视察了活动现场。省市工商、双打办、公安、质监、卫生、药监、物价以及消协等35家单位集中开展法律法规宣传，发放宣传资料，为消费者答疑解惑，提供咨询服务，现场受理消费者投诉，同时推出消费维权成果大型展板120余块，展示各部门、社会各界的维权成果，向消费者介绍消费知识和消费常识，并为29家省消协"投诉和解联络单位"颁发了牌匾。活动现场共发放各类宣传资料3.4万余份。受理消费者咨询3868人次，消费者协会受理投诉197件，主要涉及商品房、电动车、小家电、有线电视、电视购物、网络等方面。

【开展2013年江西省著名商标认定工作】 2013年是《江西省著名商标认定标准和程序》修改实施后的第一年，与之前的认定工作相比，呈现出4个特点：一是申请认定件数为历年之最,新申请514件,延续申请168件。二是集群产业申请显著增多,如南康家具产业、樟树药品及保健品业、景德镇瓷业等,支柱产业、传统产业、特色资源产业品牌集群优势已形成。三是申请量集中,南昌98件、赣州95件、宜春79件,这3个设区市占全省申请量的1/5强。四是第三产业商标异军突起,服务业、餐饮业商标数量较之往年有明显增长。12月31日,江西省著名商标认定委员会召开会议,省工信委等14家成员单位和省工商局相关处室负责人参加会议。会议通报了2013年江西省著名商标申报及形式审查情况,听取了成员单位的审查意见,对初审合格的商标进行投票,最终认定2013年著名商标543件(其中新认定379件,延续认定164件)。

(吕雪金)

质量技术监督

【概 况】 2013年,省质量技术监督部门围绕鄱阳湖生态经济区建设和赣南等原中央苏区振兴发展两大国家战略,坚持“维护经济秩序,服务经济发展”质监工作第一要义,抓质量、保安全、促发展、强质监,取得较好工作成效。省质监局被评为省直机关第十届文明单位。

服务经济发展措施有力。一是出台服务全省经济发展的若干措施。制定出台《服务全省经济发展的若干措施》,提出“五下放”“四简化”“三减免”等10条具体措施。二是全力服务鄱阳湖生态经济区建设。推动省政府与质检总局落实《省部合作备忘录》,争取设立羽绒、光伏、铜产品国家级质检中心机构。三是全力支持赣南等原中央苏区振兴发展。争取总局出台支持意见,明确支持政策30项、扶持项目8个。协调做好总局和会昌县对口支援衔接工作,争取在赣州开发区开展“国家高新技术产业标准化示范区”试点。四是全力支持昌九一体化建设。本着“能下放一律下放”的原则,省质监局4项行政许可项目下放到南昌市,1项行政许可项目下放设区市局,并抓好各项支持政策措施的落实。

夯实质监工作业务基础。标准化工作方面,批准发布省地方标准78项,组织复审416项;批准成立饲料、经济作物、钢结构等5家省级标准化技术委员会;在13家重点企业开展“标准化良好行为企业”创建活动。高分通过南昌高新区全国高新技术产业集群标准化示范基地验收。计量工作方面,宣传贯彻国务院《计量发展规划(2013—2020年)》;新建社会公用计量标准125项,4项填补省内空白;复查通过社会公用计量标准72项。对重点领域安全用计量器具进行专项监督检查,对全省91家计量技术机构进行复查换证。认证监管工作方面,开展“江西省良好实验室”创建活动,5家单位评为江西第一批良好实验室。15家资质认定获证实验室顺利通过国家认监委的专项监督检查。年内全省认证证书总数达到1.36万张,同比增长21.6%,;通过资质认定的实验室979家,同比增长5.4%,。

产品质量监督和执法打假工作力度加大。认真制定年度重点监督产品目录,强化不合格产品后处理工作。实施相关重点工业企业产品质量分类监管,试点工作进展顺利。探索建立缺陷产品召回管理和技术支撑体系,加强机动车安检机构监督管理,推行产品质量监督约谈制度,组织对35家产品质量监督检查不合格企业集体约谈。组织开展“双打”和“质监利剑”行动,严厉打击制售假冒伪劣产品违法行为,全系统共查办案件4096起,移送公安机关案件16起,移送其他部门案件11起,挽回经济损失1949.6万元。

节能减排工作取得成效。主动加强与有关部门协调,批准发布节能减排地方标准4项。开展“循环经济标准化试点”调研工作。发挥能源计量在节能减排工作中的基础作用,与省能源局联系,在电厂和电网分离10年来,首次正式进入江西省统调发电企业进行检定,对其计量器具量值传递工作加强管理。积极申报筹建国家城市能源计量中心(江西),完成33家重点用能单位的能源计量器具配备和使用情况的监督检查。开展《能源管理体系要求》标准培训,组织专家开展江西省工业节能产品评审,年内认定“江西省节能产品”26个。推进特种设备能效测试工作,完成在用工业锅炉能效测试446台,定型产品能效测试15台,验收发牌节能管理标杆锅炉房61个。

推进科技兴检工作。打造国家级检验检测平台,获批筹建国家级质检中心1个,总数10个(含筹建)。江西省质监检测基地正在施工,羽绒、光伏、铜产品、建筑卫生陶瓷国家级质检中心筹建工作顺利开展。组织申报技术改造项目,争取总局下达江西省技术装备项目计划14个,补助金额同比增加74%,全年新购仪器设备2000多万元;积极申报科技计划项目,《大气颗粒物PM2.5监测仪器校准方法的研究》获得科技部国家公益性项目立项,另有8项科技项目获得质检总局立项,2项获省科技厅立项。

加强法制建设。省局2013年网上审批的16项行政许可项目共办结1923件。联合江西省公安厅印发《关于加强质量技术监督行政执法与刑事执法衔接配合工作的暂行办法》。做好行政复议和行政应诉工作,妥善应诉1件行政诉讼案件,受理行政复议案件70件。对省局规范性文件进行清理,保留11件,废止8件。开展依法行政示范单位的创建和评选工作,评定18家单位为省级依法行政示范单位。组织参加江西省2013年行政执法单位优秀案卷评查,南昌市局获得二等奖,新余市局获得三等奖。

落实中央八项规定和省委若干规定。扎实开展党的第一批群众路线教育实践活动。组织制定省局关于改进工作作风、密切联系群众的45条具体措施。开展公车清理,制定《省局机关公务用车管理办法》,按程序处理9台公务用车。开展全系统办公用房清理工作,重新调整省局办公用房,撤销吉安市局办公大楼建设项目。修订公务接待、会议培训管理等制度,严控“三公经费”,省局会议同比减少14.9%,发文减少13%,全系统压缩公务接待经费34.2%,压缩公务用车费用9.7%。

【召开特种设备安全监察会议】 12月4日,省政府首次召开全省特种设备安全工作电视电话会议。会议学习贯彻习近平总书记关于安全生产重要讲话以及《中华人民共和国特种设备安全法》，副省长谢茹出席并讲话，省政府副秘书长晏驹腾主持会议。省工信委、省教育厅、省公安厅等部门分管领导、业务处室负责人及特种设备检测部门负责人60人在省政府主会场参加会议，各设区市和县（市、区）政府分管领导及相关部门、工业园区、风景名胜区负责人3400多人在各分会场参加会议。谢茹强调，要充分认识做好特种设备安全工作的重大意义，认真组织好《中华人民共和国特种设备安全法》的学习宣传，突出重点行业、重点设备、重点场所的专项整治，建立完善特种设备安全工作体制机制，积极创新管理服务手段，切实强化政府领导责任、部门监管责任和企业主体责任，全面提升特种设备安全管理水平，为实现江西省发展升级、小康提速、绿色崛起、实干兴赣作出应有贡献。

【加强特种设备安全监察】 全省参与标准化创建的使用单位累计5110家，建立标杆园区36个；其中完成设区市级验收的2823家，“回头看”检查创建质量1275家。继续开展安全监察检验机构内部管理规范化建设，推进特种设备安全“一岗双责”，促进地方政府安全责任落实，全省有9个设区市、72个县（市、区）将特种设备安全纳入地方政府安全生产工作考核内容。开展安全大检查、专项整治和“打非治违”，排查安全隐患4.48万个、发出安全监察指令书2403份、封停隐患设备775台（套）、拆除隐患设备182台（套）。全年未发生特种设备重特大事故和有重大社会影响的事故。

【质量兴省工作取得新成绩】 调整省质量兴省领导小组成员单位，由36个调整为24个，制定《2013年质量兴省工作要点》，从15个方面提出了47项工作重点。加快推动“江西省井冈质量奖”设立步伐，草拟《江西省井冈质量奖管理办法》，并将该奖项上报全国评比达标办审批。全省有10个设区市设立政府质量奖，其中，南昌、九江、赣州、宜春、鹰潭、萍乡、抚州等设区市已经开展市长质量奖评选工作。所有市、县（市、区）都开展了质量兴市（县、区）工作。樟树市积极参与创建“全国质量强市示范城市”，南昌、赣州2个设区市选择优势企业申报建设“国家中小学质量教育社会实践基地”，其中泰豪科技股份有限公司被质检总局、教育部联合授予“全国中小学质量教育社会实践基地”称号。

【加快名牌带动工程步伐】 南康市获“全国实木家具产业知名品牌创建示范区”称号，南昌、赣州、宜春、萍乡、鹰潭等设区市的6个特色园区申报了“全国知名品牌创建示范区”，其中南昌小蓝经济技术开发区获批筹建“全国轻型柴油车产业知名品牌创建示范区”，萍乡芦溪工业园区获批筹建“全国电磁产业知名品牌创建示范区”。认定122个2013年江西名牌。表彰2013年江西省质量管理先进企业24户、江西省质量信用AAA级企业42户。2013年江西省有“樟树黄栀子”“石城白莲”“信丰萝卜”3个产品通过地理标志保护产品评审，总数达34个。

【加强食品生产安全监管】 严格实行食品生产准入退出制度，共发放902张食品生产许可证，注销374张食品生产许可证，吊销3张食品生产许可证。开展日常监管、专项治理等各项监督检查工作，继续实行网格化区域监管，监督检查食品、食品添加剂、食品相关产品生产企业5497户次，发现问题企业1709户，发现违法违规问题3005个，依法处理企业763户，有力保证了职能调整期间生产环节的食品安全。妥善做好食品安全监管职能划转工作，2013年11月8日，省局食品生产安全监管职能顺利划转至省食品药品监督管理局。

（曾亮　王宏年）

国土资源管理

【概　况】 2013年，全省国土资源管理部门大力推进国土资源节约集约利用，积极主动服务全省经济社会发展，严格规范保护国土资源，国土资源工作迈出了更加坚实的步伐，实现了新的发展。

围绕提速升级，全力服务发展。全年争取国家新增建设用地计划为历年最多，全省统筹使用的用地计划2.76万公顷（含国务院审批项目），同比增长17.57%。全年土地供应总量创历史新高，供应土地3.26万公顷，增长51.15%。

大力推进找矿突破战略行动，全省国家级整装勘查区6个，相山地区和塔前—朱溪—赋春地区列入中央地勘基金的重点突破区。成功申报7个老矿山找矿项目，做好修武盆地页岩气勘查工作。实施省地勘基金项目70个，投入经费8989万元。地热项目成果明显，稀土等优势矿产勘查成果初步显现。全省全年出让矿业权100宗，成交价款2.91亿元。

坚持数质并重，严守耕地红线。省、市、县、乡四级政府层层落实耕地保护责任。省委、省政府将“耕地保有量”和“基本农田保护面积”两项指标列入2013年市、县科学发展综合考核评价体系。全省95个有永久基本农田划定任务的县（市、区）基本完成划定工作。全省补充新增耕地1.02万公顷，实现耕地占补平衡。大力推进土地整治和高标准基本农田建设。开展了土地整治项目绩效评价工作。

强化资源节约，提高利用效率。会同省发改委等部门开展省重大项目用地批后开发利用动态巡查，推进了重大项目用地开发利用。开展2012年度单位GDP建设用地下降目标落实测评，严格执行《江西省建设用地控制指标》，促进建设用地合理利用。批准建设用地区位调整39个批次，有效盘活批而未征土地400.66公顷。加强土地储备机构和融资审核，全省通过国土资源部审核公布的土地储备机构105家。认真做好矿业权设置方案编制工作，优化了矿产资源勘查开采布局。深入推进矿产资源综合利用示范工程、示范基地建设及矿产资源开发监测监管。加强工程建设项目、稀土资源回收利用项目监管。深入开展国土资源节约集约模范县（市）创建活动。

严格依法行政，加强执法监管。贯彻落实《江西省国土资源监督检查条例》，进一步健全了事前防范机制，坚持关口前移，加大巡查和督查力度，落实共同监管责任，严厉查处国土资源违法违规案件。在省内主要媒体公开曝光11宗国土资源违法违规典型案件。与广东省制定共同构建省际矿产资源联合执法机制的意见。全省土地和矿产违法违规案件总体呈下降趋势,国土资源管理秩序持续向好。

坚持以人为本,维护群众权益。结合党的群众路线教育实践活动,开展征地拆迁中维护群众利益专项治理,解决了一批群众反映强烈的突出问题。积极探索被征地农民多元化保障机制,提高重点项目征地补偿标准。对全省32.24万套保障性安居工程用地做到了应保尽保。加快推进农村集体土地确权登记发证,全省完成集体土地所有权调查面积14.26万平方千米,确权登记98.64万宗,发证率98.29%,得到国家抽查组的充分肯定;全省农村集体建设用地和宅基地登记工作有序推进,已完成村庄地籍调查3142.35平方千米,占应调查面积的40%。加强地质灾害防治,避免人员伤亡35人。加强信访工作,信访办结率和停访息诉率提高15%。

国土资源规划有新进展。全面完成1438个乡级土地规划数据库成果审核。完成土地规划中期评估。出台《关于进一步规范土地利用总体规划调整及修改工作的通知》,共审查及批复86个县级规划修改及调整成果。省级土地整治规划经省政府批复并颁布实施,市、县级土地整治规划全部编制完成。《鄱阳湖生态经济区国土规划》的8个专题通过专家审查。完成市、县级矿产资源规划中期评估并报国土资源部审查;钨和稀土两个专项规划已经国土资源部批准并报省政府同意后颁布实施。

新增建设用地指标再创新高。年内全省共争取到新增建设用地计划2.1万公顷。国家下达江西省新增建设用地计划1.4万公顷,争取国土资源部核销保障性安居工程用地计划593公顷,争取赣南等原中央苏区土坯房改造用地计划907公顷,灾后重建用地计划1167公顷,重大基础设施、民生工程等项目争取国家预留用地计划4260公顷。

项目推进有新成效。年内全省共安排423个省重大项目用地,总用地6607公顷,使用新增建设用地计划6173公顷;603个省以上重大重点项目通过用地预(初)审,申请面积1.98万公顷,通过面积1.44万公顷,核减面积5400公顷,核减率27.23%。成功申报国家级绿色矿山5个,公示省级绿色矿山7个;完成8个矿产资源示范工程项目验收工作。

土地市场运行总体平稳。2013年,通过严控总量、消化存量、调整结构等各种措施,保障了各类建设用地需求,土地市场运行总体平稳。全年土地供应总面积3.26万公顷,增长51.55%;土地出让总价款1290.27亿元,增幅73.53%。认真贯彻国家房地产市场调控政策,积极落实保障性安居工程用地。国家下达江西省全年保障性安居工程任务32.24万套,测算需907公顷用地,全年实际供应2033公顷。全省共审批建设用地762件,总面积2.24万公顷。涉及农用地1.72万公顷(含耕地7527公顷),新增建设用地2.02万公顷。其中,经省政府审批749件,总面积1.65万公顷,涉及农用地1.17万公顷(耕地5833公顷),新增建设用地1.45万公顷;经国务院批准的建设用地13件,总面积5960公顷,涉及农用地5480公顷(耕地1693公顷),新增建设用地5720公顷。

2013年,国土资源部对全国几项试点评估中,江西省增减挂钩试点位列全国29个试点省第一,低丘缓坡试点位列全国15个试点省第一,工矿废弃地试点位列全国12个试点省第四。

截至2012年年底,全省发现各种有用矿产193种(以亚矿种计),矿产地5000余处。查明有资源储量的矿产有九大类,139种。列入2012年矿产资源储量统计的矿产128种。探明的矿产资源保有储量在全国居前十位的有29种。其中居首位的有:钽、铷、碲、伴生硫、化工用白云岩、滑石、麦饭石7种;居第二位的有:铜、钨、锂、铯、陶瓷土、光学萤石6种。居第三位的有:电气石、透闪石、铋、金、银、冶金用白云岩、冶金用砂岩、化肥用灰岩、叶蜡石9种。居第四位的有:普通萤石、铌、化肥用蛇纹岩3种。居第五位的有:硅灰石、制灰用灰岩、铅、铍4种。

·资 料·

2013年主要矿产品产量增减变化

矿产名称	单位(矿石量)	2012年	2013年	增减变化
煤	万吨	2606	2044.59	↓
铁	万吨	1493.77	1590.79	↑
铜	万吨	5595.2	5346.20	↓
铅锌	万吨	35.13	38.87	↑
钨	万吨	831.2	965.87	↑
锡	万吨	77.83	86.00	↑
金	万吨	248	219.39	↓
银	万吨	73	70.31	↓

2013 年,全省地质勘查共投入资金 9.53 亿元,减少 18.84%。其中中央财政 1.13 亿元,占总量的 11.87%,减少 36.96%;地方财政 1.41 亿元,占总量的 14.76%,减少 40.37%;社会资金 6.99 亿元,占总量的 73.37%,减少 7.86%。全省矿产勘查共投入资金 8.68 亿元。其中,中央财政 4930.16 万元,占总量 5.68%,下降 42.43%;地方财政投入 1.27 亿元,占总量 14.60%,下降 40.58%;社会资金投入 6.92 亿元,占总量 79.72%,下降 8.03%。全省共实施矿产勘查项目 667 项。完成钻探工作量 71.31 万米,坑探工作量 7.63 万米,槽探工作量 36.75 万立方米,浅井工作量 6571 米。

截至年底,全省共有地质勘查资质单位 79 家,其中中央直属地勘单位 2 家,属地化管理地勘单位 55 家,科研院所(校)2 家,矿业公司 6 家,其他单位 14 家。共有各类地质勘查资质 344 个。

全省有效探矿权 1819 个。本年度共批准探矿权公开出让 96 宗,办理探矿权新立登记 47 宗,探矿权延续、变更、保留登记 1027 宗,探矿权转让 43 宗,探矿权注销 87 宗,完成探矿权评估报告备案 71 宗。

全省地勘基金共部署 70 个项目,投入资金 8989 万元,累计完成钻探工作量 4.11 万米,槽探 1.02 万立方米。浮梁县朱溪找矿成果进一步扩大,瑞昌市通江岭找铜有重要发现,赣南离子型稀土矿找矿有新发现,煤矿勘查有新进展,地热勘查成果显著。

全省工业企业与矿产资源息息相关的产业有 13 个。建成煤炭、黑色金属、有色金属、建材、化工、盐业六大矿业体系;全省有江铜、新钢、萍钢、九江石化、洪钢等 5 户矿业加工企业年销售收入超百亿元。

全年全省采掘量 3.36 亿吨,矿业总产值 274.72 亿元,利润总额 24.27 亿元。截至年底,江西省有效采矿权 5886 个,其中省级发证 1143 个。年内省级发证采矿权新立 12 个。全省矿山总数为 5886 个,其中,大型矿山 28 个,中型 157 个,小型 3372 个,小矿 2329 个。

【完成 2012 年度土地变更调查工作】

年内,完成 2012 年度土地变更调查工作,客观反映了年度内全省土地利用变化现状,确保了全省土地利用数据的真实性和现实性,调查数据按时上报国土资源部。2012 年末,全省土地总面积为 1669.37 万公顷,其中,农用地面积为 1447.74 万公顷,建设用地面积为 120.56 万公顷,未利用土地面积为 101.07 万公顷。

【加强国有建设用地监管】 严格建设项目用地预审,开展新增建设用地批后监管上图,开展重大项目用地开发利用动态巡查,实施建设用地区位调整,积极配合开发区调区扩区工作。全年完成 599 个项目预审,核减规模 5400 公顷,核减率 30.86%。会同省发改委、省工信委、省商务厅、省重点工程办对全省 1336 个省调度重大项目开展动态巡查,全面摸清了项目供应和开发利用情况。通过批准用地坐标叠加最新遥感影像图,全面掌握了全省 2008 ~ 2013 年批而未用土地的数量和分布。完成 39 个批次建设用地区位调整,盘活批而未用土地 401 公顷。

【开展耕地保护责任目标考核】 省国土资源厅会同省农业厅、省统计局开展 2012 年度市、县政府耕地保护责任目标考核。省政府对获 2012 年度耕地保护成效显著单位吉安市、新余市、宜春市等 3 个设区市、安义县等 10 个县(市、区)予以通报表扬,并分别奖励获奖设区市、县(市、区)新增建设用地指标 13.33 公顷、8 公顷。

【落实耕地占补平衡制度】 2013 年,省政府和国务院共批准建设用地项目 789 个,批准占用耕地 7687 公顷(含增减挂建新区占用耕地 800 公顷),年度通过土地整治新增耕地 1.02 万公顷(不含增减挂拆旧区复垦耕地),全面实现建设占用耕地"占一补一""先补后占",占补有余。

【加大省级耕地占补平衡指标调剂库统筹力度】 2013 年,江西省共审批跨设区市异地耕地占补平衡 26 件,异地调出指标 1333 公顷。年内共统筹使用省级调剂库指标 580 公顷,保障南昌至上栗、南昌至宁都高速公路、昌樟高速扩建等一大批省重点建设项目落地。

【完成农村土地整治示范建设任务】

全省农村土地整治示范建设共 282 个项目,建设规模 16.24 万公顷,总投资 49.95 亿元,新增耕地 1.35 万公顷,年内已完工并报国土资源部备案。

【完成高标准基本农田年度建设任务】 国土资源部下达江西省 2013 年高标准基本农田建设任务 20.8 万公顷。省国土资源厅会同发改委、财政、农业、农开办、水利等部门共同推进高标准农田建设。全省共建成高标准基本农田 21.87 万公顷,超额完成国家下达年度计划任务。

【开展土地整理工作】 开展新农村建设土地整理。全年批复新农村建设土地整理项目立项 37 个,总建设规模 9840 公顷,批准预算资金 2.84 亿元(其中省级资金 90%)。省国土资源厅与德国汉斯·赛德尔基金会于 11 月 3 日正式签约,双方建立合作伙伴关系,签订江西省第一个中外土地整理暨村庄革新合作项目,有利于引进国外土地整治、村庄革新和职业教育培训等方面的先进思路、先进理念和先进技术。国土资源部土地整治中心在省土地开发整理中心设立国土资源部土地整治重点实验室暨国土部农用地质量与监控重点实验室科研工作站,成为国土部为数不多的省级科研分支机构。赣南等原中央苏区农村土地整治重大工程获省政府立项,省土地开发整理中心组织完成重大工程可行性研究报告、实施方案、环境影响评价报告等申报材料的编制。

【注重土地整治宣传工作】 以第 23 个全国土地日主题宣传周为契机,宣传以土地整治为平台的高标准基本农田建设。11 月,中央电视台法制频道《红线》摄制组对江西省农村土地整治情况进行了访谈和拍摄,系国土资源部推荐宣传和拍摄农村土地整治成效的唯一省份。

【推进农村集体土地所有权确权登记发证工作】 2013 年,江西省各级国土资源部门继续全力推进农村集体土地所有权确权登记发证工作，完成集体土地所有权调查面积14.26万平方千米，确权登记集体土地所有权宗地计98.64万宗，发证率98.29%，涉及100个县（市、区），1404个乡（镇），1.72万个行政村，20.04万个村民小组，95%以上集体土地属村小组农民集体所有。全省100个县（市、区）集体土地所有权确权登记发证成果于8月初通过省级验收，9月份通过了国家级核查，获国土资源部表扬。《中国国土资源报》、人民网、新华网、江西卫视等多家新闻媒体对这项工作进行了宣传报道。

【推进地质找矿工作】 3月4日—5日，中央地质勘查基金管理中心在南昌召开江西省铀、铜钨重点突破区找矿研讨暨实施方案审查会，将相山地区和塔前—朱溪—赋春地区设为中央地勘基金的重点突破区，计划投资8.48亿元，分3年开展铀和铜、钨矿的找矿工作。7月29日至8月1日，2013年全国新设整装勘查区遴选论证会议在北京召开，江西省申报的于都银坑—宁都青塘金银多金属矿整装勘查区顺利通过论证，成为江西省第六个国家级整装勘查区。

10月28日，省国土资源厅和省地质调查研究院向全国矿产资源潜力评价项目办公室提交《江西省矿产资源潜力评价工作报告》，经国土资源部组织专家评审，获94分。

【丰富地质资料馆藏】 现存各类成果地质资料1.03万档，其中A类地质资料6535档，B类地质资料3723档，位列全国前十位。年内共接收211种地质资料（含30种原始地质资料），其中，环境灾害8种、物化遥1种、地质科研2种、矿产地质200种；转送全国地质资料馆88种。共享服务平台为社会提供可供查询的成果地质资料目录数据共计7604条，数字化图文地质资料共计4500份，上线数据量已达2TB。年内接待查阅资料2144份次、1.50万次。复制文件1044份次、5.18万页；复制图件223幅。扫描文图1710件。

【加强矿产开发利用管理工作】 按照国土资源部《关于进一步完善矿业权管理促进整装勘查的通知》，进一步深化矿业权分类管理，优化矿产资源勘查开采布局的要求，积极推进矿业权设置方案编制及审查工作。已组织审查完成并批准11个设区市的矿业权设置方案。4月，下发《进一步加快有偿处置工作的通知》，明确各级国土资源部门与矿山的责任和义务，要求各设区市局与省国土资源厅签订责任状，各县（市、区）国土资源部门与矿山签订合同书，确保2年内完成采矿权的有偿处置矿山工作，并责令矿山提交2年内完成有偿处置工作的承诺书。

全面推开江西省矿产资源开发监测监管工作。进一步深化矿业权实地核查、储量利用现状调查的成果应用，在赣州市和德兴市"一张图"管矿试点工作的基础上，全部推开江西省矿产资源开发监测监管工作。该系统的建设能够为矿产资源开发监管提供有力的技术支撑，为维护矿业秩序稳定、促进矿业健康发展提供科学的技术手段。

【加强地质环境项目管理】 加强地质环境项目管理制度建设，制订出台《江西省地质环境项目管理暂行办法》《江西省地质环境项目专项资金管理暂行办法》《江西省地质环境项目概（估）算编制规定》等项目管理制度。年内中央财政、省财政安排资金3.68亿元（其中中央财政3.13亿元，省财政5566万元），组织实施各类地质环境项目69个。

【加强地质灾害防治】 2013年，全省发生各类地质灾害281起，造成3人死亡，直接经济损失1395万元。地质灾害的数量、规模、危害程度总体上低于常年水平。地质灾害发生时间主要集中于5—7月的强降雨期间，地域上主要分布于鹰潭、赣州、九江和景德镇等地区。

《江西省地质灾害防治条例》由江西省第十二届人民代表大会常务委员会第五次会议通过，10月1日起施行。该条例从法律层面对地质灾害防治管理进行规范，对破坏地质环境的行为作出约束。

全省各地共排查出新地质灾害隐患点4112处，累计设立群测群防点2.16万个，制作发放防灾避险明白卡7.23万份。先后组织派出14个督查组，分赴全省各地开展地质灾害防治工作和隐患排查工作重点督查。参与地质灾害应急处置1776起。发布全省地质灾害气象风险预警9次，市、县地质灾害气象风险预警1635次。其中2处地质灾害危险点在人员转移后，房屋被滑坡、泥石流摧毁，35人成功避灾。

地质灾害治理和搬迁同步推进。全年中央财政、省财政安排资金7515万元，对44处重要地质灾害隐患立项治理；各市、县财政投入资金5429万元，对205处小型地质灾害隐患点实施治理。同时，各地通过新农村建设、库区深山区扶贫移民搬迁等渠道，年内搬迁受地质灾害威胁群众2234人。

地质灾害应急能力得到明显提高。上饶、宜春、抚州、景德镇、鹰潭、吉安6个设区市及广丰、丰城等18个县（市、区）地质灾害应急中心先后获批组建。全年全省开展地质灾害应急演练22次，7798人次参练。

【查处国土资源违法违规行为】 2013年，国土资源执法监察工作按照"发现在初始、解决在萌芽"的思路，坚持标准，创新方法，两次组织督导组赴市、县进行督查，深入一线摸情况，现场拍板抓整改。9月18日，省政府对违法用地情况较严重的市、县实施了警示约谈，高位推动整改。截至12月20日，通过卫片监测、动态巡查、信访举报等方式，由省国土资源执法监察总队直接立案查处国土资源违法违规案件84宗，涉及土地73宗，涉及土地面积1833.33公顷，其中耕地733.33公顷，罚没款1.49亿元，给予党纪处分10人，行政处分40人。矿产违法案件11宗，罚没款323.88万元。

【国土资源节约集约模范县市创建工作成效显著】 在第二届全国国土资源节约集约模范县市表彰大会上，全省共有1市5县受到表彰，受表彰数列全国第三位，其中鹰潭市获模范市称号，并获66.67公顷建设用地指标奖励；安义、分宜、泰和、安福、奉新等5县获模范县称号，并各获得33.33公顷建设用地指标奖励。

5月30日,省国土资源厅、赣州市地质灾害应急指挥部在龙南县南亨乡圭湖村联合举行地质灾害Ⅲ级应急演练。

省国土资源厅供稿

【举行地质灾害综合应急演练】 5月30日,省国土资源厅联合省气象局、省测绘地理信息局和赣州市地灾应急指挥部,在龙南县南亨乡圭湖村联合举行地质灾害综合应急演练,演练主要围绕气象预警、信息报送、响应启动、现场指挥部开设、群众应急避让、无人机航拍、危险区与警戒区划定、应急卫星通信与视频会议系统开通、地灾应急调查、评估与监测、远程技术会商等科目开展。重点检验了受地质灾害威胁群众的自救互救能力,国土资源、气象与测绘地理信息等部门的应急联动能力,各级政府及其相关部门、专业防治队伍的协同处置能力。现场参演人员300余人,省地质灾害应急指挥部及各设区市、县国土资源部门3000多人通过视频会议系统观摩演练实况。

【公开曝光国土资源违法违规案件】 经省政府批准,10月8日和9日,分别在《江西日报》、江西电视台、大江网三家媒体公开曝光11宗(土地7宗、矿产4宗)国土资源违法违规典型案件。

【赣粤两省联合打击非法采矿】 6月22日—23日,赣粤两省联合打击非法采矿联席会议先后在江西省赣州市和广东省河源市召开。国土资源部执法监察局充分肯定赣粤两省在矿产资源联合执法方面的制度创新和有益探索。会议通过并签署《赣粤两省关于共同构建省际联合执法机制的意见》。两省矿产资源监管区域联合执法,是贯彻落实国土资源部《南方5省15市稀土开发监管区域联合行动方案》精神,共同构建两省矿产资源联合执法机制的重大举措。

【建立全省国土资源“一张图”和综合监管平台】 以2012年度建设的全省国土资源“一张图”框架为基础,加快整合全省土地“批、供、用、补、查”业务数据,形成全省国土资源“一张图”雏形。以江西省建设用地审批系统、江西省土地供应管理系统为基础,加快建设江西省土地整治项目管理系统、江西省土地执法监察等系统,形成完整的土地“批、供、用、补、查”业务链管理系统,各业务管理系统形成的数据可直接进入“一张图”。加快建立全省国土资源综合监管平台(土地管理部分),对“一张图”数据进行抽取、分析、展示,提高土地利用情况的分析水平和监测监管能力。

【建立数据中心容灾备份系统】 为增强数据中心存储的数据安全,在已建立的省国土资源厅数据中心运行环境基础上,数据中心进行了改造。一是购买高性能服务器和存储、容灾软件等,完成中心机房本地容灾备份系统建设,并在萍乡市国土资源局建立省国土资源厅数据异地容灾备份系统。二是购置服务器和配件,对数据中心服务器应用群集等进行完善,进一步加强数据中心整体性能。通过进一步完善数据中心运行环境,确保各类电子政务系统顺利运行。

【国土资源政务信息网上公开】 进一步完善全省国土资源网站群,开发了全省国土资源系统建设工程领域信息公开和信用信息共享功能、内网网站群和外网网站群信息交换功能(内网公开发行文件自动传输到外网公示、内网报件审批流程在外网可以查询)等新的功能,进一步推进了政府信息和政务信息网上公开工作,拓展了网络服务的功能。门户网站获得2013年度“全省政府网站绩效评估”行政审批类网站第三名,全国“国土资源政务信息网上公开”第八名。

(肖彦明　游振波)

食品药品监管

【概　况】 2013年,省食品药品监督管理局深入推进创建全国食品药品安全示范区,开展药品“两打两建”、保健食品“打四非”等专项行动,强化日常监管,不断提升监管的科学化、规范化和现代化水平,有力地保障了公众饮食用药安全,守住了不发生重大食品药品安全问题的底线,促进了食品医药经济的健康快速发展。

全省生物医药产业实现主营业务收入1005.56亿元,首次突破千亿元大关,提前两年完成全省生物医药产业“十二五”目标,成为全省第七个主营业务收入过千亿的优势产业。济民可信集团实现主营业务收入100.6亿元,成为江西省首家主营业务收入过百亿的医药企业。截至年底,全省共有药品生产企业190户、医疗机构制剂室24户;药品批发企业275户、药品零售连锁企业72户、药品零售企业9227户;医疗器械生产企业353户、经营企业4008户,医疗器械注册品种1992个,销售收入超亿元的20户,销售收入超过500万元以上的单一品种有89个。

全省规模以上食品工业实现总产值2234.0亿元,累计完成工业增加值

591.5亿元，占全省规模以上工业总量的10.3%。完成出口交货值112.4亿元，累计实现主营业务收入2270.7亿元；利税总额320.3亿元，利润总额167.2亿元。完成固定资产投资额603.9亿元。全省有上市食品工业企业2户。

2013年，全省新设食品经营户5.63万户，注吊销410户。至年底，实有22.03万户。全省共有餐饮单位6.14万户，从业人员28.10万人。全省共有保健食品生产企业72户，经国家批准的保健食品品种689个，全年产值30亿元。全省共有化妆品生产企业35户，获国家批准证书的特殊用途化妆品49个，已备案的国产非特殊用途化妆品148个，年产值1亿元。

全年全省生产加工环节抽检6236批次，合格6134批次，合格率98.36%，同比提高1.08个百分点。流通环节抽检8699批次，合格8172批次，合格率为93.94%。餐饮服务环节监督抽检4350批，合格4024批，合格率92.51%。风险监测抽验3047批，合格2885批，合格率94.68%，提高3.15个百分点。全省共抽验药品17903批次，检出不合格品858批次，总合格率为95.21%。同时，全省共完成基本药物抽验1060个品规，计11126批次，检出不合格品148批次，合格率为98.66%，提高0.1个百分点。完成《江西省实施国家基本药物制度增补目录(基层部分)》品种抽验1026批次，经检验合格985批次，合格率为96%。

全年共受理276件保健食品品种注册审查，增加58.6%。其中新产品注册193件、再注册42件，分别占全国总数的1/7和1/10，连续5年居全国第三位。全年共发放保健食品生产许可证企业33户。共完成化妆品卫生许可(换、发证)企业7户，其中新增4户。注销到期未申请换证企业6户。新增国产非特殊用途化妆品备案33个品种。

全年共计受理并审核各类注册申请1316项。新药仿药注册申报取得新突破，申报一类新药6个，三类新药23个，仿制药20个。组织开展药品研制、生产现场检查97次，批准52个品种上市销售。注销医疗机构制剂批文422个、不予再注册11个，报总局注销药品批准文号26个。至年底，全省共有药品批准文号5580个，医疗机构制剂批准文号483个，药包材生产企业46户、药包材注册证书111个，药用辅料批准文号57个，获得GLP证书药物非临床研究机构1家，获得GCP证书药物临床试验机构8家。

全省共行政许可新开办批发和零售连锁企业23户、药店513户。对73户批发企业和1009户药店实施了GSP认证。为19户药品批发(零售连锁)企业进行换证验收，为75户药品批发(零售连锁)企业办理变更。吊销和注销企业137户。重新审核建立共计210人的GSP认证检查员库，举办新版GSP培训班。组织对5958户药品经营企业进行药品新版GSP飞行检查，撤销GSP证31户，收回GSP证16户。

全省共收到药品不良反应报告32869份，首次突破3万份大关，报告数较2012年增长34.8%，其中新的严重的报告6824份，占总数的20.76%，严重病例1198份，占总数的3.64%，每百万人口平均报告数为732份。医疗器械不良事件报告5535份，每百万人口123.29份，报告数较上年同期增长37.45%。药物滥用监测报表3712份。

全省各级食品药品监管部门接受咨询、投诉、举报件1.52万人次，正式受理法定职责范围内的投诉举报1224件。其中，药品类474件，占总数的38.73%；医疗器械类122件，占总数9.97%；保健食品类179件，占总数的14.62%；化妆品类30件，占总数的2.45%；食品类419件，占总数的34.23%。

2013年，省食品药品检验所继续食品资质扩项认证，新增加食品123个参数，医疗器械21个产品、3个参数，药包材3个参数，化妆品17个产品、26个参数。省科技厅批准省食品药品检验所组建“江西省药品和医疗器械质量工程技术研究中心”，省政府学位办和省教育厅批准省食品药品检验所和江西中医药大学共建江西省研究生教育创新基地。完成承担的世界卫生组织科研项目“中国全球基金结核病整合项目—喹诺酮类抗生素HPLC快速检验方法和近红外方法研究工作”。完成《中国药典》2015年版一部乌药干浸膏、枫香树叶、覆盆子等16个品种的质量标准研究工作。完成《江西省中药材标准》裸花紫珠、蛇胆汁、金钱草等8个品种的研究工作。《夏天无药材和夏天无注射液指纹图谱研究》获2012年度江西省科技进步三等奖。

全年全省食品药品监管部门共立案查处案件8411件(药品2878件、医疗器械850件、保健食品化妆品628件、餐饮4055件)，移送司法机关63起，罚没款4864万元，捣毁制售假窝点56个，配合抓获犯罪嫌疑人53人，有效遏制了食品药品领域一些突出的违法违规行为。2013年江西省食品药品监管部门案件查办数量、罚没款是上年1.62倍和1.52倍。办案数量的回升，有力地呈现了监管效果，据江西省民意调查中心调查统计，2013年江西省餐饮食品安全满意度84.5%、较上年增长8.5个百分点；药品安全满意度82.1%，较上年增长9.9个百分点。

【创建全国食品药品安全示范区】 创建全国食品药品安全示范区继续列入江西省民生工程，2013年，下达省级补助资金3000万元，累计下达省级专项资金9000万元。省食品药品监督管理局将创建工作与药品安全责任体系评价试点工作紧密结合，采取食品安全评价与药品安全评价相结合、省级试点与市县级试点相结合的方式，创新体制机制建设，进一步完善“地方政府负总责、监管部门各负其责、企业是第一责任人”的食品药品安全责任体系。年内遴选了景德镇、上饶、吉安、抚州等4个设区市和26个县(市、区)作为第三批创建单位。12月，省食品药品监督管理局组织第二批试点单位考核验收，通过现场检查与民意调查相结合，打分数、排位置、兑奖惩，有力地推动了创建工作。

【完成省级食品药品监管体制改革】 7月，省政府印发《关于改革完善食品药品监督管理体制的实施意见》(赣府发〔2013〕18号)和《关于印发江西省食品药品监督管理局主要职责内设机构和人员编制规定的通知》(赣府厅发〔2013〕15号)，成为全国率先同时出台“三定”规定和《实施意见》的少数省份之一。8月29日，重新组建的江西省食品药品监督管理局、江西省食品安全委员会办公室揭牌成立。11月，划转人员到位并开展工作，省食品药品监督管理局机关机构改革到位，行政编制共增加29名，总数增至90名，增幅为47.54%。至年底，省食品药品监督管理局领导班子成员陆续配备到位，新设立的省食品检验检测研究院获得批准。

【开展医疗器械注册专项整治】 在为期半年的一类产品注册专项检查和贴敷类产品专项检查中，对11个设区市开展全面督查，实地检查企业36家，召开座谈会12次，查阅注册档案830份，发现147个审批不规范问题，注销一类注册证书83个。

【发布《江西省〈医疗器械经营企业许可证管理办法〉实施细则（试行）》】 根据国务院相关规定，医疗器械经营许可于2013年正式由省下放市。为保证下放后工作不断，标准不降，省食品药品监督管理局制定发布了《江西省〈医疗器械经营企业许可证管理办法〉实施细则（试行）》。新细则统一准入门槛，明确退出机制，对于不在原址，无法联系的“空壳”公司予以注销。

【加强药品广告和互联网药品信息监管】 共审批互联网药品信息和交易服务企业8户。审批药品广告188个，备案431个。撤销广告批文8个、注销广告批文5个。全省共监测到违法广告14952条，发布违法广告公告8期，向社会公布5个违法广告案件。联合省工商局等7部门开展整治医药广告专项行动。联合省通信管理局等部门开展打击网上非法售药专项行动，检查互联网药品交易服务网站5户，互联网药品信息服务网站30户，检查覆盖率100%，检查其他涉及药品的网站50户，约谈网上药店3户（次）、责令整改1户、移送省通信管理局关闭网站2户。

【加快食品药品监管信息化建设】 江西省食品药品监管部门省、市、县信息专网第一批任务完成验收，第二批已实现11个设区市局和樟树直属局、44个县区局网络连接。江西省食品药品监督管理局OA系统上线运行，已实现全系统直接发文。“12331”投诉举报呼叫中心完成试点工作，并与总局系统实现对接。全省药品生产经营企业电子监管码核注核销总量达29亿条（生产企业17亿条、经营企业12亿条），6月，在总局组织的电子监管工作考核列全国第二。同时，将电子监管码与“阳光医药”网上监察系统结合，实现药品采购、配送、回款、使用全程信息监控，使江西省成为全国第一个拓展电子监管码应用的省份。

【实行餐饮服务食品安全量化分级管理】 省食品药品监督管理局拨付250万元专款用于市县餐饮服务单位食品安全等级公示牌制作，全部完成首次食品安全等级评定工作，其中评定A级1799家，B级9104家，C级37645家。

【开展食品安全“护校行动”】 省食品药品监督管理局联合教育厅集中2个月时间，在全省开展食品安全“护校行动”，重点对学校食堂经营许可、场所设施、人员制度管理、原料采购和加工制作等方面进行拉网式检查，严厉打击“违禁超限、假冒伪劣”行为。全省共检查学校及周边餐饮单位11234家，立案查处校园及周边餐饮安全违法行为697起，清理无证餐饮经营单位576家，没收各类问题食品6391.96千克。

【饺子皮非法添加案】 根据日常监督检查线索和一段时期摸排，12月25日晚，省食品药品稽查局在新建县食品药品监管部门和公安机关的配合下，对南昌市新建县长堎综合大市场3家食品作坊进行突击检查，现场查获其制作的饺子皮中违法添加化工原料“硼砂”。执法人员当即对这些作坊的成品、半成品、生产原料和设备进行查封扣押，并移送司法机关。5人被以生产、销售有毒、有害食品罪分别判处2年至1年6个月不等的有期徒刑，各并处罚金2万元。

【“舒筋健腰丸”假药案】 赣州市食品药品监督管理局根据群众举报，从一家小药店销售的“舒筋健腰丸”入手，顺藤摸瓜，联合公安机关历时一年多，深入广东、黑龙江等地对制假售假窝点进行深入摸排。查明匡某等人将玉米粉加工成假药，再通过仿制正规药品的外包装及说明书，通过开设网店、建立QQ群等方式对外销售。在销售过程中，伪造证件，冒用正规企业名义，通过物流公司大肆将假药销售至江西、山东、湖南、河南等省。在食品药品监管部门和公安机关的密切配合下，在外省捣毁了制假窝点，查获假药货值金额660万元，抓获10名犯罪嫌疑人。该案被国家食品药品监督管理总局列为2013年“两打两建”专项行动的十大典型案件之一。

【生产销售有毒有害保健食品案】 5月初，根据群众举报线索，南昌市食品药品监督管理局与公安机关破获一起重大生产销售有毒有害保健食品案。经查，犯罪嫌疑人彭某、熊某等人从浙江省新昌县采购胶囊空壳，从广东省广州、深圳、佛山等地购买西布曲明和西地那非等严禁添加到食品当中的药物成分，以南昌市为中转站，制成胶囊半成品后发往新疆乌鲁木齐、河南郑州、广东广州等地包装销售。6月，食品药品监管部门和公安机关在全国9省12个地市联合发起集群战役，抓获主要犯罪嫌疑人7名，查处涉案窝点3个，涉案金额高达4000余万元。

【违法销售进口药品案】 3月，宜春市食品药品监督管理局根据群众举报，联合公安机关查获一起销售未经批准进口抗肿瘤药品案件。经查，犯罪嫌疑人官某自2011年起，通过互联网从犯罪嫌疑人王某处购得印度产易瑞沙、格列卫、特罗凯、多吉美等药品，通过下线销往湖北、江西等地。至2013年3月，官某销售上述假药涉案金额超过700万元，非法获利超过200万元。涉案药品均为犯罪嫌疑人王某利用所在公司派其驻印度新德里工作便利，在印度购买并销售给官某。经协查证实，均为未经国家食品药品监督管理总局批准进口，认定为假药。该案刑事拘留5人，批准逮捕1人。

（邱国强）

统计管理

【概　况】 2013年，全省统计部门以“围绕一条主线、突出三个重点、筑牢五项保障”为目标，在经济普查准备、统计改革创新、信息监测服务、统计新闻宣传、统计保障能力、统计行风政风等方面开展工作，取得了较好的成绩。

落实八项规定，加强机关管理规范化建设。制定《中共江西省统计局党组关于进一步改进工作作风的若干规定》，全面清理了文件简报和各类检查表彰评比，对市县统计工作考核评比综合奖由原来的47个缩减到27个，报表单项奖由原来的32个缩减到12个。认真做好银行账户、“小金库”清理和“红包”专项治理工作。开展廉洁自律教育，落实党风廉政建设责任制，注重把党风廉政建设融入渗透到各项统计工作中，把经济普查纳入廉政风险防控管理，严肃党风廉政建设社会评价民意调查工作纪律，增强廉政风险防控的针对性和可操作性，保障统计科学发展。

【开展经济普查前期准备工作】 2013年是第三次全国经济普查之年，全省各级经普办积极有序地组织各项前期准备工作，组建各级普查机构，编制普查经费预算，明确由各级财政统筹安排当地普查员和普查指导员工作报酬。全省累计选调普查指导员和普查员12万，完成2万个普查区电子地图边界的绘制，开展单位核查、综合试点及普查区电子地图专项试点工作，认真抓好普查的各项建章立制工作。中国信息报、江西卫视等媒体10余次报道江西省经济普查各项工作开展情况。利用全省电信、移动、人行及银监会商业网点LED屏幕，免费为经济普查做公益广告。将《致全省经济普查对象的一封信》印发至每个普查对象，扩大了普查工作的社会影响。

【稳步推进统计改革创新】 巩固拓展企业一套表改革。初步建成文化产业法人单位名录库和规上服务业单位名录库，1700多家规上服务业企业正式纳入一套表调查体系。建立由省里统一收集、统一下发的部门行政登记资料收集模式。实现企业申报材料电子化，季度审核向月度审核过渡。完善统一省、市、县三级季度地区生产总值核算方法。围绕五位一体的要求，整合建立市县科学发展综合考评体系，对设区市按人口规模分为二类、县级按功能区规划分为三类，赋予不同权重实施分类差异化考核。积极探索新领域统计方法制度。建立居民生活能源消费调查方案，建立地方环境统计制度和工作机制，协助相关部门编制完成2012年温室气体排放清单，建立开放型经济及商务统计报表制度，初步建立全省旅游统计发展框架，制定江西省高新区科技创新统计调查制度，初步建立以两纲监测统计为基础的性别统计指标体系。

【提升信息监测服务水平】 提升统计服务水平，拓展统计监测评价内容，改进统计资料产品形式。统计信息和分析报告被省委十三届七次全会报告引用。各地围绕昌九一体化、中央苏区振兴、长江沿江开放开发、打造南昌增长极等重点工作，提出不少推进区域经济协调发展的对策和建议。开展八项规定贯彻落实情况快速调查，开展小康社会统计监测工作，首次对全省党风廉政建设情况进行社会评价民意调查。创刊《重要统计信息专报》月刊，主要刊发反映经济社会发展热点、难点和疑点的简要统计分析。首次将主要指标月度数据及变化情况以台账形式汇集编印《2012江西经济运行动态数据手册》，首次编制《江西核算》统计信息快报。改进《江西统计月报》的编印格式，增加与外省对比资料、区域板块资料数据分析，以月度延续叠加形式整理成册。初步建成统计地理信息系统。

【拓展统计新闻宣传范围】 依托新闻媒体、重大活动、科普出版物搭建宣传平台。通过《人民日报》《江西日报》等主流媒体，分月度、季度将经济运行态势和统计工作动态及时向社会传播，省统计局领导和新闻办负责人先后30多次接受媒体采访，做客政风行风热线和网站在线访谈，解读经济形势，答疑解惑统计知识。7篇新闻稿件刊登中国信息报统计导刊。开通江西统计政务微博，得到6万多名网友的关注，江西统计信息网全年共发布信息1.3万余条，访问量达97万人次，增长18.7%。省市县三级联动开展第四届中国统计开放日庆祝活动，大力开展统计宣传活动，结合纪念《中华人民共和国统计法》颁布30周年，组织开展统计法进党校、进机关、进企业活动。编写了统计实用手册》下发到全省联网直报企业，统计科普工具书《横看成岭侧成峰——统计指标与用语解释》由江西人民出版社出版。成功举办第二届统计科普征文活动，积极参与全国统计科普征文，6篇科普论文入选国家统计局科普出版物《无处不在的统计》。

【加强统计保障能力建设】 查处一批统计违法行为，全年全省执法检查单位5546个，查处统计违法行为355起，立案268件，结案数247件，警告95起，罚款17.49万元，通报批评111起。约谈工业数据质量问题突出的两个县政府分管领导，并取消其当年评选省政府目标管理考核工业先进县的资格，对12个县(市、区)和21家单位下发责令整改通知书。加大对基层工作经费、办公条件的支持力度。统计工作中央统计事业费下拨基层的比例达到65%，给全省每个乡镇统计人员配发笔记本电脑，县级以上统计部门配发电脑，给41个县区免费配发手持统计调查设备，市级VPN设备已基本安装调试完备，乡镇具备了连入统计信息网的条件。加大统计队伍培训力度。组织18名县(市、区)统计局长参加国家统计局举办的培训班，对45名县(市、区)新任局长开展岗位培训，各专业均开展了统计知识培训，培训基层业务骨干超过2000人次，全省从业人员资格报考人员突破5000人。

(胡国平)

审计监督

【概　况】 2013年，江西省审计机关共审计(调查)项目8710个，查出各类违规金额92.3亿元，其中已上缴财政资金9.9亿元，已归还原渠道资金11亿元；核减投资概算或结算额27.8亿元。提出审计建议1.4万条，被审计单位采纳8945条，被审计单位制定整改措施465项，建立健全规章制度32项。向纪检监察、司法机关移送事项76件，提交审计报告和专项审计调查报告9290篇。审计工作在严肃财经法纪、推进依法行政、维护群众利益、促进廉政建设等方面发挥了积极作用，有力地保障了经济社会健康较快发展。

全省审计机关按照建设学习型、创新型、实干型、服务型和廉洁型机关的要求，切实加强领导班子、干部队伍和作风建设，进一步加大干部培训力度，与江西财经大学签署战略合作协议，先后举办春季全员集中培训、计算机审计中级培训等。10月中下旬，还选送23名审计领军人才和骨干人才赴法国进行环保审计发展趋势培训。围绕强化党风廉政建设，把防止利益冲突工作作为党风廉政建设的重要内容来抓，深入开展违反规定接受和赠送“红包”问题专项治理活动，严格执行“八不准”审计纪律和审计回访、廉政建设反馈函等制度，从严治理审计队伍，审计机关和审计干部队伍的政策理论水平、思想道德修养、依法审计的能力、工作质量和效率进一步提高。

开展“整顿干部队伍、建设审计铁军”活动。为解决审计系统干部队伍建设在遵纪守法、依法审计、廉洁自律、工作纪律方面存在的薄弱环节和风险隐患，着力建设一支政治坚定、业务精通、作风优良、严守纪律，党和人民放心满意的审计铁军，1月上旬至4月上旬，全省审计机关集中3个月时间，开展“整顿干部队伍、建设审计铁军”活动，并组织“回头看”。全省各级审计机关认真查摆存在问题，并立说立行立改，同时建立健全包括班子自身建设、干部队伍思想分析、审计业务管理、内部管理及审计纪律等方面的各项规章制度。通过活动开展，全省各级审计机关思想认识有了进一步提高，机关作风进一步加强，工作能力有了进一步提升，为更好地推进江西审计事业科学发展打下了良好的思想基础。

财政审计。全省审计机关全年共完成审计单位1314个。审计中，围绕构建财政审计大格局，重点关注税收征管、预算编制、专项资金分配使用、“三公”经费和会议费管理使用情况，提出进一步加强财政收入征管、建立健全完整的预算管理体系、加强预算执行管理等建议，促进完善了相关制度。省本级的审计工作报告摘要稿通过省人大网站、《江西日报》等省内媒体公开，切实增强了财政预算及其执行情况的透明度，促进了政府各部门更好地履行职责。各级审计机关“两个报告”得到了当地政府的肯定和人大常委会的好评。

重点投资项目审计。全省各级审计机关加强对政府重大项目建设和管理情况的审计监督。全年共完成审计单位4247个，共核减投资额（工程款）26.5亿元。省本级组织对抚州至吉安高速公路建设项目、城镇保障性安居工程及对支援新疆维吾尔自治区阿克陶县发展资金和项目进行跟踪审计，揭示了违纪违规问题，提高了建设资金使用效益。

重点国有企业审计。全省审计机关按照“强化管理、推动改革、维护安全、促进发展”的思路，有重点地选择部分国有企业开展审计。全年共完成审计单位119个。省本级组织对高速公路投资集团公司资产负债损益情况审计，分析了资产运营情况，揭示了资金债务风险隐患，及时提出了经营管理及化解风险的对策建议。

经济责任审计。全省审计机关重点关注领导干部贯彻落实法律法规和宏观经济政策情况、重大经济决策情况、履行国有资产管理职责及廉洁自律情况等，促进了领导干部守法守纪、守规尽责。省本级首次安排新余、吉安两市市委书记、市长经济责任同步审计和5位省高等院校党委书记离任经济责任审计。全省共完成乡镇以上领导干部经济责任审计1621人，查出领导干部对违法违规行为负有直接责任的问题金额1.62亿元。

民生等重点专项资金审计。全年共完成审计单位522个，涵盖“三农”、社会保障、文化、科技、教育、医疗、保障性安居工程、资源环保等多个方面，审计查出主要问题金额148.3亿元。省本级重点对赣南原中央苏区中央和省财政转移支付资金、人防异地建设费征收管理使用、“阳光医药”在线审计、宜春市经营性土地出让金等专项资金项目进行审计监督，揭示了问题，提出了有针对性的审计建议，为省政府科学决策提供了依据。

利用外资建设项目审计。根据《中华人民共和国审计法》和相关国外贷援款协议规定以及审计署授权，省审计厅对5个国外贷援款项目年度财务收支和项目执行情况进行了审计，揭示了部分项目单位在贷款资金管理、项目执行管理、工程建设管理和财务管理等方面存在一些问题，促进了相关单位加强项目管理，并向国外贷援款机构出具5份审计报告。

【推进审计信息化建设】 稳步推进审计信息化建设，审计管理系统（OA）和现场审计实施系统（AO）在审计工作中得到积极运用。探索江西省高速公路联网收费信息系统审计，开展“阳光医药”在线审计，并实施地税系统联网审计，促进了信息化条件下的审计能力提升。特别是在全省统一组织大项目审计中，规范高效地汇集和处理大规模数据，切实提高了审计效率。

【创新审计管理】 先后推行审计项目网上计划管理和审计项目网上审理，用科技手段把审计权力装进“笼子”里。出台《审计项目现场工作量审签管理办法》《南昌市内审计组廉政责任规定》《政府投资项目审计管理暂行办法》和《加强投资项目审计廉政风险防控指导意见》等。聘任8位民主党派和无党派人士担任第二届特约审计员，进一步完善了审计监督体系，防范投资审计风险。

【审计署统一组织开展对江西省政府性债务审计】 8—9月，审计署统一组织武汉特派办和江西省审计机关，按照“见人、见账、见物，逐笔、逐项”的原则，对江西省本级及所属11个设区市、100个县（市、区）本级和1398个乡（镇）2012年度和2013年6月底的政府性债务进行全面审计。通过审计，全面摸清了债务底数，客观反映了债务负担状况和主要问题，提出了审计建议。

【开展造林绿化“一大四小”工程建设财政专项资金审计】 根据省委、省政府要求，10月28日至11月30日，省审计厅统一组织省、市两级审计机关对省本级、11个设区市本级（含开发区、风景名胜区管理局等）和100个县（市、区）及财政局、林业局等1347个部门和单位2008—2012年造林绿化“一大四小”工程建设财政专项资金筹集、使用、管理情况进行全面审计。审计揭示了江西省造林绿化“一大四小”财政专项在资金管理、使用等方面的违纪违规问题，并依据国家有关财经法律、法规和规章进行了相应的处理处罚。

【举办全省审计法律知识竞赛活动】 为进一步宣传《中华人民共和国审计法》和《江西省审计条例》，扩大审计社会影响，普及审计法律知识，省审计厅与省普法办共同举办全省审计法律知识竞赛活动。活动分为网络竞赛和电视竞赛两种形式。网上竞赛人数28.66万人次，其中省内有3674个单位的28.47万人次参赛，省外有1890人次参赛，参赛人员遍布机关、企业、学校等各行各业，极大地提升了江西省审计监督的公众知晓率和社会影响力。同时，网络知识竞赛中涌现了一批优秀的组织者，江西省高速公路投资集团有限责任公司、江西省煤炭集团公司等9家单位脱颖而出，获全省审计法律知识网上学习和竞赛活动优秀组织奖。全省审计法律知识电视竞赛由全省审计机关在职人员、企业内审人员分别组成代表队参赛。最终，南昌市审计局获得大赛一等奖，江西铜业公司和宜春市审计局获二等奖，上饶市审计局、萍乡市审计局、赣州市审计局获三等奖。

【省审计厅与江西财经大学签署战略合作协议】 3月13日，省审计厅与江西财经大学战略合作协议签字仪式在江西财经大学举行。省审计厅党组书记、厅长王殿军与江西财经大学校长王乔分别代表双方在战略合作协议上签字。根据协议，双方将本着“优势互补、讲求实效、共同发展”的原则，在发挥双方各自拥有教育资源、科技优势及审计实践经验优势的基础上，就人才培养、计算机审计应用、审计理论研究等方面展开全面合作，进而推动审计事业、教育事业可持续发展。

【召开省审计学会第五届会员代表大会暨五届一次理事(扩大)会议】 1月18日，省审计学会第五届会员代表大会暨五届一次理事(扩大)会议在南昌召开，全省审计机关及相关单位的代表共计130余人参会。省审计厅党组书记、厅长王殿军，省社联副主席吴永明出席会议并讲话。省审计厅副厅长王卫亚宣读中国审计学会发来的贺信。会议审议通过了省审计学会第四届理事会工作报告、财务报告和修改后的省审计学会章程，选举产生省审计学会第五届理事会和新一届学会领导集体，部署了学会工作。

(周波)

口岸管理

【概况】 2013年，江西省口岸共完成进出口货运量298.23万吨、国际集装箱19.44万重标箱，分别增长25.27%和21.96%。入境货运量87.24万吨、国际集装箱5.92万重标箱，分别增长48.15%和50.88%，出境货运量210.99万吨，国际集装箱13.52万重标箱，分别增长17.75%和12.52%。

【建立省口岸协调领导小组协商会议制度】 省商务厅(省口岸办)会同南昌海关、江西出入境检验检疫局、江西公安边防总队等省内相关单位，建立江西省口岸协调领导小组协商会议制度，形成信息互通，磋商协作，合作共议，进一步完善了相关业务协调机制。年内召开协商会议8次。

·资　料·

2013年度江西省口岸进出口货运情况

单位:万吨　重标箱

运输方式	进口	增幅(%)	出口	增幅(%)	进出口	增幅(%)
进出口货重	87.24	48.15	210.99	17.75	298.23	25.27
水　运	78.86	70.41	164.80	22.14	243.65	34.47
铁海联运	7.25	-34.20	36.40	-1.63	43.66	-9.10
公　路	0.99	-32.63	9.75	34.98	10.74	23.57
空　运	0.14	17.58	0.04	-1.64	0.18	12.53
进出口集装箱	59200	50.88	135199	12.52	194399	21.96
水　运	51308	63.59	106199	17.27	157507	29.18
铁海联运	6314	-5.85	19096	-8.50	25410	-7.85
公　路	1578	35.22	9904	13.54	11482	16.10

【成立江西航空投资有限公司】 围绕加快江西地方航空发展，江西省商务厅（省口岸办）会同省发改委、省国资委、省机场集团公司开展一系列的调研，几经征求意见和反复修改，最终形成组建江西地方航空公司建议方案呈报省政府。经省领导会议同意，为加快推进组建江西地方航空公司，已成立江西航空投资有限公司。

【国际（国内）重点航班航线大幅加密开通】 国际航线：大幅加密南昌至韩国及泰国的包机航线，其中韩国开通济州岛、首尔、清州三个航点，泰国开通曼谷、普吉岛两个航点；新开通南昌经南宁至新加坡航班。国内航线：加密南昌至广州、深圳、昆明、西安等重要城市航班，新开通南昌至长春航线。引进宽体机飞行南昌至北京航线，改善了该航线的出行条件。

【铁海联运五定班列有新的突破】 为支持原赣南苏区发展，在省商务厅（省口岸办）和赣州市政府的大力推动下，赣州（吉安）—厦门铁海联运五定班列于6月7日顺利开行。该班列运行时间为20小时左右，为赣州、吉安的外贸企业提供了一条通往厦门港高效快捷的口岸物流通道。全年江西至宁波铁海联运共发送货物1.1万重标箱，增长32.6%，占江西省铁海联运总运量的43.31%，成为江西口岸铁海联运物流的品牌通道。班列平均在途时间稳定在18小时左右，最快用时仅为11个小时。

【推进水路口岸运输发展】 巩固九江港至洋山深水港直达货运班轮、外高桥始发货运班轮，巩固和加密南昌港至九江港、外高桥货运班轮，初步形成每周2班以上至九江、10班至外高桥密度，形成昌九水运联动。2013年江西省水运口岸货物运输实现快速发展，共运输集装箱货重243.7万吨，增长34.47%，占江西省口岸运输量的81.6%；进出口集装箱重标箱157.5万箱，增长29.2%，占江西省口岸集装箱总量的81%，水运口岸运输增幅高于进出口额增幅，口岸对开放型经济的支撑作用进一步增强。年内九江口岸获得全国运行管理先进口岸奖。

【加快推进综合保税区申报】 围绕赣州和南昌综合保税区的申报，积极协调省直相关部门争取国家对口相关部委支持。赣州市综合保税区完成国家10部委的批签，11月，省政府根据相关部委的意见，向海关总署呈报《关于申请调整赣州综合保税区规划的函》。南昌综合保税区围绕“一区两片”规划的布局调整，积极做好协调工作和争取工作，9月，省政府正式行文向国务院申请设立南昌综合保税区，已完成所有申报基础工作。

【进一步规范口岸作业区建设】 2013年，重点针对部分口岸作业区存在的布局不够合理、基础设施建设不配套、监管功能不够完善等问题，在充分调研的基础上，由省商务厅（省口岸办）牵头，与发改、海关、检验检疫、交通运输、铁路等部门联合制定《关于进一步加强口岸作业区规范建设的意见》，对口岸作业区规划建设、申报程序等提出了明确要求，并对拟建、在建口岸作业区建设提出规范要求，对已建口岸作业区服务功能不完善的，按规范功能要求进行达标改造。组织省发改委、海关、检验检疫、交通、铁路等部门，对吉安、龙南陆路口岸作业区进行了项目论证和评审。加强对在建的万载、定南、南丰等口岸作业区的指导和调度。

【深化口岸区域通关合作】 积极利用与福建、广东口岸区域合作机制，牵头组织省交通厅、江西检验检疫局等部门分别赴福建、广东与有关部门沟通协商，积极出台相关政策及配套服务，8月、12月先后打通江西省鲜活农产品（主要是赣南脐橙、南丰蜜橘）出口经福建、广东的快速“绿色通道”，实现江西省铅封鲜活农产品运输车辆由产地通往福建和广东主要口岸城市的高速公路免开箱查验、免收费。与福建、广东等口岸部门建立长效的口岸通关协调推进机制。与福建省、广东省口岸办分别签署电子口岸平台合作备忘录，进一步加强电子口岸合作，为赣闽、赣粤铁海联运、区域通关、直通放行提供技术通道保障，及时为企业提供通关及物流信息服务。

【加快电子口岸发展】 落实省政府《关于进一步加快电子口岸发展的实施意见》，并按照要求积极推进电子口岸项目的开发和应用。已完成关港联网、检港联网、口岸作业区卡口控制与联网、加工贸易联网审批、出口加工区、鹰潭铜拆解园区、南昌保税物流园区信息联网等系统的开发。高安、定南口岸作业区大通关系统和“三个一”系统、昌九口岸一体化信息系统建设正在建设之中。

【南昌保税物流中心业务量持续增长】 继续帮助保税物流中心扩大宣传，深入重点企业和重点地市开展推介。组织海关、检验检疫局和物流企业赴上饶、萍乡、吉安等地开展保税物流政策宣传。2013年，南昌保税物流中心业务实现较快发展，完成保税额突破3亿美元大关，实现进出口总额3.38亿美元，增长117.94%，保税物流业务量保持连续4年持续增长态势。

（邹志清 付蓉）

海 关

【概 况】 2013年，南昌海关全面践行“四好”总体要求，不断优化海关监管和服务，扎实推进“四好”内陆强关建设，有力促进了江西开放型经济平稳较快发展，关区各项事业取得新的成绩和进步。海关总署署长于广洲、江西省委书记强卫、江西省省长鹿心社等领导全年22次对南昌海关工作作出批示。

稳步推进关区业务改革和建设。针对关区业务运行中存在的问题，建立问题发现、问题处置、问题协调机制，探索具有自身特色的指挥中心运行模式。全力打好税收“攻坚战”，持续加大综合治税力度，努力应收尽收。推进监管场所规范建设，加大运输工具登临检查力度，密切监控舱单数据，切实加强实际监管。开展“大地女神”、行李物品、“眼镜蛇二号”等专项行动。完善应急处置机制，开展反恐突发事件应急演练。广泛开展打击走私专项斗争和联合行动，查获“304”案值近亿元走私出口石墨案，首次在邮递渠道查获走私毒品出境案。开展

"绿篱"专项行动,查办走私进口固体废物刑事案件5起,与地方联合开展打击"洋垃圾"服装专项整治行动。合理布局全省缉私力量,正式成立赣州海关缉私分局,报请总署获批设立新余海关缉私分局。2013年,南昌海关税收净入库42.13亿元,监管进出口总值、货量分别为103.34亿美元、1641.22万吨,行政立案和刑事立案数均同比大幅增长。

加强政风行风建设。参加省直单位绩效管理考评工作,制定出台绩效管理配套实施方案和关区指标体系,加强指标节点日常管理。开展工作作风方面突出问题集中治理,查摆各类工作作风问题45个,明确立行立改具体措施35项,拟建立长效机制32条。参加省政风行风热线节目,现场解答群众疑难问题。发挥12360服务热线作用,归口受理、统一回复社会各界提出的服务需求,构建便捷高效的政务公开和办事服务平台。积极开展"四好"单位争创和省直文明单位争创活动,吉安海关被评为全国海关系统先进集体,赣州海关被评为海关系统"四好"基层单位,南昌海关和7个隶属海关单位被评为江西省第十三届文明单位,驻高新区办事处被评为江西省职工职业道德建设先进单位,景德镇海关和现场业务处被评为全省优质服务窗口单位。

【推动署省建立更加紧密合作机制】 围绕中部崛起、鄱阳湖生态经济区建设、赣南等原中央苏区振兴发展三大国家战略和推进昌九一体化、赣东北打造开放合作、赣西经济转型加快发展等区域发展格局,加强调查研究,提出6个方面的署省合作建议。积极协调促成海关总署与江西省政府在南昌签署新一轮署省合作备忘录。根据这一备忘录,署省将重点在提高江西口岸开放水平、加强海关特殊监管区域建设、打造海关监管服务升级版、打击走私综合治理、为海关开展工作提供服务保障等方面深化合作。

【深化通关业务改革】 有序铺开通关作业无纸化改革,进一步对作业单证进行"瘦身",减少内部审批环节,非实际进出口报关单通关作业无纸化实现关区全覆盖,实际进出口报关单通关作业无纸化改革已开展试点。全面深化区域通关改革,降低"属地申报、口岸验放"企业准入门槛,继续将扩大"属地申报,口岸验放"通关模式适用范围扩大到B类企业,南昌关区适用区域通关资格企业195户,其中B类生产出口型企业44户,同比分别增长44.53%、46.43%。

【推动口岸开放平台建设】 加强对鹰潭海关建设的指导服务,对鹰潭海关实施了预验收工作。新设海关机构工作取得实质性进展,经过充分论证和大力争取,海关总署正式报请国务院设立宜春海关。支持九江城西港扩大开放,指导做好预验收前各项准备工作。积极适应地方发展需求,在省内未设立海关机构的设区市和进出口企业较集中的县(市)设立18个海关事务联络员办公室,进一步延伸海关服务触角,搭建海关与地方沟通联系新桥梁。

【推动海关特殊监管区域科学发展】 支持推动井冈山出口加工区通过国家验收,正式开办业务;全力支持江西现有出口加工区转型升级为综合保税区,国务院正式批复同意设立江西省首家综合保税区——赣州综合保税区。在海关特殊监管区域全面开展"两单一审"改革试点工作,推行"区港联动、区区联动"通关模式,有效减少企业排队报关和海关单证处理时间,通关效率明显提升。全年江西省出口加工区进出口18.32亿美元。加工贸易进出口84.86亿美元,增长7.93%,加工贸易进出口值列全国第十四位,中部第三位。

【深化"点对点、一对一"服务活动】 着力推动"点对点、一对一"志愿服务常态化、差别化,探索对企业、重点项目实行差别化管理和服务。支持赣南等原中央苏区执行西部大开发税收政策,推动鹰潭固体废物加工园区大型集装箱检测设备顺利通过总署验收,与长沙海关合作搭建了烟花爆竹等危险品的转关通道,支持推动九江理文造纸企业规划设计建设废纸监管场所,切实帮助企业减负增效。年内,南昌海关继续在南丰蜜橘产业园区派员驻点监管,个性化鼓励指导企业利用好"赣粤港"直通车、海铁联运和深圳梅林口岸陆路属地申报等区域通关模式。争取海关总署支持,为江西省内12家拟降级的A类以上企业成功"保级"。南昌海关"点对点、一对一"服务活动被评为省直机关"为民务实清廉机关建设十大典型案例"。

【做好海关统计分析研究】 主动加强对江西省外贸、临空经济、上海自贸区政策、电子商务、海关特殊监管区域发展等研究分析,积极提供快捷准确的统计数据服务和高质量的决策参考。按月编制发布江西省外贸报表,按季编制发布鄱阳湖生态经济区外贸报表,不定期编辑统计分析简报、工作专报。全年共向省领导和有关部门报送工作专报和统计分析报告46篇,获省领导批示18篇次。

(陈斌)

出入境检验检疫

【概　况】 2013年,江西检验检疫局共检验检疫出入境货物12.2万批7.5亿美元,同比批次、货值下降12.7%和1.5%;查验出入境人员20.2万人次,增长66.2%;健康体检10023人次,下降10.4%;艾滋病监测9901人次,下降10.9%;预防接种8156人次,下降27.5%;社会体检4922人次,增长5.8%;集装箱检疫12.96万标箱,增长39.2%;飞机检疫1377架次,增长51.2%。把关效能进一步提升。出入境检验检疫不合格1028批7082万美元,不合格批次、货值下降9.2%、21.5%;集装箱检出问题标箱7969标箱,不合格检出率增长1462.5%,为近五年检出量的11倍;入境截获外来有害生物832批1370种次,增加584批912种次,分别增长235.5%和199%;体检检出病例1406人次,其中传染病检出1179例,传染病检出率全系统排名第一;完成检测样品3.4万个20.5万项次,检出阳性样品5504个,分别增长14.1%、30.4%和28.8%。

积极推进昌北国际机场口岸核心能力建设,以96.16的高分通过国家口岸核心能力考核组考核验收。加强口岸卫生处理工作，抽调业务骨干，成立专职卫生处理部门，在全省辖区口岸及集装箱场站开展卫生处理业务。加强口岸疫情疫病防控，完成1995头进口种猪入境检疫及后续隔离检疫工作。查处旅客违规携带物1186人次1506批，截获外来有害生物832批1370种次。卫生除害处理9.7万标箱，是上年同期的7倍。熏蒸集装箱3500标箱，熏蒸处理率8.3%，增长300%。加强口岸进口固体废物原料放射性检测，检出从坦桑尼亚、卢旺达、尼日利亚等国家进口的钽铌矿放射性超标。三季度全国口岸入境核与辐射有害因子监测情况，江西位居"货物监测类别"全国第一。

【严把进出口商品质量安全关】 着力提高执法把关有效性，切实加强重点敏感商品和大宗货物检验鉴定，检出从阿联酋进口铜精矿品级严重不符，从美国、日本、中国香港等地进口的电线电缆和电子电器数重量不符等问题。迅速应对"染色脐橙"事件，逐一排查辖区内31家脐橙包装厂。组织开展打击逃漏检行为、假冒检验检疫证书等专项执法行动，出动执法人员1556人次、检查企业547家次，发现涉嫌逃漏检企业20家，假冒检验检疫证书违法行为3起。

【推动集装箱国检监管区建设】 探索建立"一个共建机制、一个监管方法、三大工作步骤、五种建设模式"的内陆集中查验"江西模式"，搭建服务江西开放型经济发展平台。截至年底，全省11个设区市已建成集装箱国检监管区6个，立项在建17个，促使执法把关有效性显著提升，全年截获外来有害生物批次、集装箱阳性检出率和卫生除害处理率分别为上年同期的3.3倍、10倍和5倍。烟花出口周期缩短3天，出口水果实现区内通关。吸引外地大型物流企业投放巨资在江西建设物流基地，促进物流产业科学发展。

【畅通江西鲜活农产品出海通道】 与广东、福建、广西等多地检验检疫部门签订合作协议，加强与主要出运口岸地交通、商务部门的协作，促成江西出口货物口岸直通放行及高速公路运输"两大绿色通道"全面畅通，实现口岸"零查验"和高速公路通行免收费、免查验，并与深圳市检科院共同研发CIQ电子铅封NFC防伪新技术，做到"卡口1秒验放"，促进江西水果出口量价齐增70%以上，带动农民增收3亿多元。

【主动服务大项目建设】 专门成立"大项目监管服务办公室"，贴身服务香港理文集团投资160多亿元建设的理文造纸项目，指导规划设计和办理行政许可事项，指导建设进口废纸专用码头和集装箱监管区，对企业进口设备实行"一站式"驻场检验，使该项目一期工程价值5000多万美元的进口机电设备在最短期限内顺利安装调试使用，每个集装箱检验检验流程平均缩短3天，费用平均减少1380元。全年共实施进口集装箱及废纸检疫查验4562标箱，为企业节约成本超过600万元。

【培育江西产品国际竞争力】 充分运用认证利器，把握美国解除中国木制工艺品输美禁令的有利时机，帮助全省25户企业重新获得美方备案资格，使竹木制品时隔8年得以重返美国市场。扩大对外注册，促进江西出口烤鳗在俄罗斯市场占有率高达八成，成为位列全国第二、江西第一的单项出口农产品，有机绿茶在欧盟市场占有率达六成以上，玩具出口遍布东南亚和欧美50余个国家，出口额达到2.4亿美元，增长122%。

【创新工作举措促外贸稳增长】 深化业务信息化改革，对全省1700多户企业实施快速核放，检验检疫手续平均只需6分钟，每月可为全省外贸企业节省1000万元。深入园区、厂区服务外贸发展，走访全省85个工业园区、198户外贸公司、622户进出口企业，召开184次"检政企"座谈会，征求意见、建议34条，为企业解决实际问题133个，对此，省长鹿心社赞扬"这项活动好，感谢江西检验检疫局对地方经济社会发展的服务和支持"。全年共减免检验检疫收费2775万元，惠及全省2487家进出口企业。

【加强技术保障能力建设】 全年获批总局课题8项，4项自主研发系统获计算机软件著作权登记，2项标准首次获食品安全国家标准立项，2项质检公益性行业科研专项项目获总局向科技部推荐，4项仪器装置获实用新型专利，自主研发的国内检测实验室首台具有吸尘除味功能的竹木制品制样机正式投入使用。成立江西省检验检疫科学技术研究院和红外光谱应用工程技术研究中心，医学媒介生物检测实验室建成并启用，景德镇市陶瓷检测评估中心及黎川陶瓷实验室建设进展顺利，综合技术中心成为全国首家通过猪肺炎支原体检测国际能力验证的实验室，可检项目6000余项。

（张璐）

本栏编辑　邓玉兰

城 乡 建 设

综 述

2013年，全省住房和城乡建设部门围绕中心，服务大局，突出重点，扎实工作，各项工作都取得新的成绩，较好地完成了省委、省政府交给的工作任务。

城镇化发展稳步推进。深入实施鄱阳湖生态经济区建设，大力支持赣南等原中央苏区振兴发展，全力支持南昌打造核心增长极和九江沿江开放开发，推动昌九一体化发展。强化规划的引领作用。《江西省城镇体系规划(2013—2030年)》已经省人大、省政府审议通过拟报国务院审批。加快跨区域城镇群、城镇带、都市区发展规划的编制工作。完成景德镇市等20余个市县的城市总体规划纲要或成果的审查。各市县城市总体规划修编、乡镇规划编制基本完成，村庄规划得到加强。首次在全省全面开展城市总体规划实施评估论证工作。实施省派城乡规划督察员制度，创新和加强规划实施的监管。全省城镇化率较上年提高1.5个百分点，达到49%。新增城镇人口86万人，全省50万～100万人的大城市8个，20万～50万人口的中等城市12个，全省92个市县建成区面积达2100平方千米左右，比上年增加约90平方千米。

保障性安居工程建设成效显著。加大保障性安居工程建设力度，完成投资396.4亿元，新开工32.46万套，基本建成24.32万套，分别达到目标任务的100.7%和110.6%，全省城镇保障性住房覆盖率达到15.5%。加强工程质量安全监管，确保公平分配。深入推进“三房合一，租售并举”工作。尤其是下大力气推进棚户区改造，在全面调查的基础上编制《江西省棚户区改造规划》(2013—2017年)，出台《关于加快棚户区改造工作的实施意见》，得到住房和城乡建设部的肯定。启动“以船为家渔民上岸”安居工程，实施农村困难家庭危房改造13.5万户，有效改善了农村困难家庭住房条件。

城乡人居环境继续改善。城市建设力度加大，全年设区市中心城区开工5000万元以上重点项目780个，投资超过2300亿元。设区市中心城区基本完成地下管网普查工作。在南昌市开展扬尘污染专项治理，取得初步成效。加强城市生态建设，新增国家级园林城市2个，完成城市绿道建设280千米。“城市管理年”活动取得阶段性成效。积极开展江西省生态宜居城市和美丽宜居小镇、美丽宜居村庄创建工作。省委、省政府出台《关于加快百强中心镇建设推进镇村联动发展的意见》，百强中心镇建设有序推进，镇村联动发展步伐加快。89个村落列入中国传统村落名录，数量列全国第五位。婺源县江湾镇成为全国8个美丽宜居示范小镇之一。文化景观资源保护工作进一步加强，农民建房管理逐步规范。加大风景名胜区保护和监管力度，新增省级风景名胜区3处，促进了风景名胜区可持续发展。

建筑产业发展进一步加快。全年新增建筑企业640家，新增一级建筑业企业34家、新增二级建筑业企业193家，分别增长26.55%、161.54%、46.21%。批准省级工程建设工法29项，企业科技水平进一步提高，综合竞争能力进一步增强。全省建筑业总产值首次超过3000亿元，增长24%。江西省全国青少年井冈山革命传统教育基地项目工程获“中国建设工程鲁班奖”。南昌县获“中国建筑之乡”称号。规范建筑行业市场秩序，强化质量安全检查，深化工程建设专项治理，建筑施工安全生产形势总体平稳。做好农民工工资拖欠清理工作，解决拖欠农民工工资2304万元。

房地产市场平稳有序。认真贯彻落实国家房地产市场调控政策，继续在南昌市实行住房限购、限贷政策。加强房地产市场监管，完善新建商品房网上备案系统，积极推进个人住房信息系统建设。出台实施《江西省房屋登记条例》。深入开展“规范物业管理行为，提高物业服务质量”活动，提升物业服务水平。全省房地产开发完成投资1100亿元，增长13.45%；商品房竣工面积1800万平方米，增长3%；商品房销售面积2700万平方米，增长12.64%。

住房公积金归集管理有效加强。全年住房公积金年度归集额175亿元，增长20%，累计归集总额突破800亿元。当年发放个人住房贷款128亿元，增长68%。上饶、九江两市启动住房公积金贷款支持保障性住房建设试点，全年发放项目贷款2.79亿元。出台提取住房公积金支付保障性住房房租的政策，支持缴存职工租赁保障性住房。制定加强全省住房公积金业务风险防控措施，组织开展住房公积金廉政风险防控专项督查，确保住房公积金安全。

建筑节能和城镇减排扎实推进。新增新余、樟树、共青城、婺源4个市县入选国家创建智慧城市试点名单。

加大建筑节能技术研究推广应用，7个项目入选部科技项目计划，推广节能新技术、新产品25个。制订《江西省发展绿色建筑实施意见》，全省新增可再生能源建筑面积100万平方米，新增绿色建筑面积50万平方米。积极支持赣州市列入全国餐厨废弃物资源化利用和无害化处理试点城市。加强污水垃圾处理设施建设，新建城镇污水管网1393千米，新增污水处理能力27.5万立方米/日，新增生活垃圾无害化处理能力800吨/日，支持224个集镇开展垃圾无害化处理设施建设。

*党风廉政和精神文明建设取得新成效。*扎实开展党的群众路线教育实践活动，聚焦"四风"抓整改。全省住房城乡建设部门开展"三房万家访民情暖民心"活动，走访住房困难户10422户，捐款282万元，受到群众好评。扎实推进住宅小区物业管理、建筑工程质量检测市场等5个专项治理活动，取得阶段性成效。严格执行中央八项规定，加强党风廉政建设，厉行节约，反对铺张浪费。深化行政审批改革，进一步简政放权，取消下放22项行政审批项目。省住房和城乡建设厅首次获全省、省直双文明单位，获全省综治先进单位、机关节能先进单位。

（夏萍）

城市规划与建设

【概　况】 全省11个设区市均成立城市规划委员会，由市委书记或市长担任主任，具体研究解决城市规划发展和建设的重大问题。各地普遍实行城市规划专家技术审查制度，对事关城市规划、建设和发展的重大问题，注意广泛听取专家和社会各界的意见，科学决策、民主决策的意识进一步加强。全省城乡规划管理人员超过千人。全省有南昌、景德镇、赣州市3个国家历史文化名城，吉安、井冈山、瑞金、九江市4个省级历史文化名城。

全力推进全省新型城镇化工作。组织开展推进城镇化和城市建设考核工作。经省政府审定，新余市、宜春市、修水县、龙南县、玉山县获得新型城镇化先进市县。积极开展推进新型城镇化调研与督查工作。联合省委农工部组成调研组赴江苏、浙江、四川、湖南开展加快小城镇建设、促进城乡一体化发展考察调研，实地学习考察江苏等4省和省内部分市县小城镇建设情况，向省委、省政府领导专题呈报《关于加快江西省小城镇建设的报告》，起草《关于加快小城镇建设 推进城乡一体化发展的意见（代拟稿）》。配合住建部住房改革与发展司对修水县和铜鼓县城镇化发展进行调研。联合省委督查室、省政府督查室、省发改委共同开展2013年全省推进新型城镇化督查调研。组织召开全省设市城市规划局长会议，会议重点宣贯《城乡规划违法违纪处分办法》（部令第29号），布置2013年全省及各地市重大规划编制任务

【完善城镇规划编制体系】 全面完成《江西省城镇体系规划（2012—2030年）》编制工作。规划分别通过了省政府第12次常务会议和江西省十二届人大常委会第七次会议的审议。已报请省政府呈报国务院审批。加快跨区域的城镇群、城镇带、都市区发展规划的编制工作。《鄱阳湖生态城市群规划》《南昌大都市区规划》编制工作已经省政府同意并正式启动。《昌九一体化城镇体系规划》《新宜萍城镇群规划》等规划编制工作已全面启动。《赣州都市区总体规划（2012—2030）》获省政府批准实施。《上饶都市区1+5规划》已完成规划评审，《九江都市区规划》《吉泰城镇群规划》编制工作全面启动。启动《江西省城镇化发展规划》编制工作。

继续加强城市总体规划的审查和指导力度。先后完成景德镇市、共青城市、都昌县等20余个市县的城市总体规划纲要或成果的审查。首次在全省全面开展城市总体规划实施评估论证工作。已对上饶市、萍乡市等30余个市县总体规划实施评估报告进行了论证。

【高效率完成规划选址工作】 完成红都（瑞金）500kV输变电工程等34个重点建设项目选址意见书的核发。组织论证，为规划选址提供科学依据。组织召开南昌至上栗高速公路等30个建设项目的规划选址论证会。做好各类产业园区扩区调区和申报工作。先后完成抚州市等20余个工业园区和开发区扩区调区方案审查，出具规划审查意见。

【提升城乡规划管理水平】 开展《江西省城市和镇控制性详细规划条例》实施情况专项检查。针对检查发现的问题，向各设区市规划主管部门下发整改通报。全面实施省级城乡规划督察员制度。4月，省政府办公厅正式印发《江西省实施城乡规划督察员制度办法（试行）》，向全省10个设区市政府（南昌市已由住房和城乡建设部派驻）派驻城乡规划督察员。12月，召开省城乡规划督察员派驻工作（培训）会，10名规划督察员全部派驻到位。加强规范性文件的制定。出台《江西省城市规划行政许可规程》，基本完成《江西省城市规划管理技术导则》。加强城乡规划从业人员学习培训，分别在南昌、赣州、上饶组织开展行业培训，全省500余人参加学习。

【开展"城市管理年"活动】 在全省开展"城市管理年"活动，创造性地提出"坚持一个理念，实现三个转变"。制定出台《江西省城市管理年工作方案》。派员对全省所有设区市中心城区城市建设和管理工作进行明察暗访，对存在的问题刻成光盘，连同整改通知书发送到各设区市政府，与江西电视台二套联合行动，对城市行动迟缓、问题较严重的景德镇、吉安等脏乱差情况进行曝光。召开现场调度会，会上通报暗访情况，交流和总结各地的做法和经验。在大江网和江西建设网开设江西省"城市管理年"活动专栏。组织人员赴宁波、上海学习考察城市管理等有关工作。制定出台《关于进一步加强城市管理文明执法工作的通知》和《江西省城市管理行政执法规范》，进一步提高城管行政执法水平。

【启动生态宜居城市创建工作】 江西是全国第一个提出"生态宜居城市（县城）"创建标准的省份，全省有12个市县积极申报。通过开展一系列活动，"生态宜居"的理念深入人心。制定出台《关于开展江西省生态宜居城市（县城）创建活动的通知》《关于成

立江西省生态宜居城市(县城)创建活动组织委员会的通知》和《关于印发〈江西省生态宜居城市(县城)考核标准(试行)〉的通知》。4月,省住建厅会同34家新闻媒体在南昌举行江西省生态宜居城市(县城)创建活动新闻发布会暨启动仪式。在大江网设立专栏,宣传报道创建活动开展情况。完成活动形象标识和主题口号的征集工作。8月和12月分别组织媒体采风团和专家考评团赴申报生态宜居城市(县城)的3个设区市和9个县(市)进行实地采风和考评打分。

【推进城镇园林绿化工作】 继续推进城镇园林绿化和生态环境建设,城市园林绿化水平的不断提高,全省城镇生态环境明显改善,城市园林绿化主要指标继续在全国领先。至2013年底,全省有景德镇、宜春、南昌、新余、赣州、萍乡、吉安、九江、上饶9个国家园林城市,有武宁县、萍乡安源镇、吉安县、修水县4个国家园林县城(城镇)。积极做好省级园林城市(县城)创建工作。组织专家完成对23个市(县)申报省级园林城市(县城)工作进行帮扶指导和指标测评,并对存在的问题下发整改意见。会同省环保厅、省林业厅组织专家完成对11个市(县)申报省级园林城市(县城)的实地考察验收工作。完成抚州市、鹰潭市、新干县、高安市八景镇申报国家园林城市、县城(城镇)的材料申报,完成国家园林城市(县城)考查组对鹰潭市、抚州市和新干县创建国家园林城市(县城)实地考察验收工作。制定出台《江西省城市生态园林系统规划编制纲要(试行)》《江西省城镇道路绿化建设导则》和《江西省立体绿化技术导则》等技术规范。做好城市绿道建设工作,制定《江西省城市绿道标识》,各设区市已编制完成城市绿道规划,全省完成绿道建设280千米。做好贯彻落实《江西省湿地保护条例》工作。

【城镇污水处理设施建设与管理取得成效】 开展污水管网建设绩效考核,对全省市、县2012年度污水管网建设任务完成情况进行审核。开展污水处理厂评优活动。会同省环保厅在全省评选出2家污水处理厂运行管理示范单位和6家污水处理厂运行管理优秀单位。组织污水处理厂专项考核活动。分3个考核组对全省各设区市及部分县(市、区)2012年度污水处理设施建设运营情况进行检查考核,在全省通报考核情况,下达10份整改通知书。开展污水处理从业人员专业培训。召开全省污水处理设施建设工作现场推进会。参加全国城镇污水处理厂节能减排绩效考核达标竞赛活动,经评定,全省有1座污水处理厂被评为"十佳达标单位",4座污水处理厂被评为"优秀达标单位",13座污水处理厂被评为"先进达标单位",3座污水处理厂被评为"单项先进单位"。

(王建辉　何师诞)

村镇规划与建设

【概　况】 2013年,全省乡镇域总面积15.95万平方千米,建成区面积15.64万公顷,村庄用地面积47.83万公顷。有建制镇683个,乡594个,农场27个(不含城关镇和纳入城市统计范围的乡镇),行政村16765个,自然村163546个。全省村镇总人口3732万人,其中小城镇镇区人口746万人,村庄人口2986万人。全省已建立镇(乡)级村镇规划建设管理机构1225个,配备工作人员7066人,其中专职人员2714人。全省村镇建设总投资489.7亿元,年度村镇住宅竣工建筑面积4539.1万平方米,年末村镇实有住宅建筑面积14.68亿平方米,人均住宅建筑面积40.11平方米。村镇公用设施逐步完善,89.1%的建制镇、77.3%的集镇建有集中供水设施,小城镇自来水普及率65.9%。小城镇建成供水管道、排水管道、道路分别有1.45万千米、5651千米、1.38万千米,有公共厕所17363座,环卫车2532辆,公园绿地面积1178公顷。

2013年,开展第六批中国历史文化名镇名村申报工作,其中12个镇、村列入第六批中国历史文化名镇名村,全省共计33个中国历史文化名镇名村。另外,全省已评选85个省级历史文化名镇名村。开展第五批省级历史文化名镇名村申报工作,组织专家对各地申报的42个镇、村进行初审,提出初步审查意见。全省8个镇、村分两批入选全国特色景观旅游名镇名村,推荐上报9个镇、村申报第三批全国特色景观旅游名镇名村。年内,56个村落列入第二批中国传统村落名录,全省共有89个中国传统村落。开展美丽宜居村镇创建,婺源县江湾镇入选全国8个美丽宜居小镇。

【村镇规划编制达到新水平】 6月19日,省住建厅召开全省村镇规划工作现场推进会,督导调度全省新一轮村镇规划修编。拟定《江西省百强中心镇规划编制与修编指导意见》,科学指导百强中心镇规划上水平、上档次。另外,根据住房和城乡建设部的部署安排,中国城市规划设计研究院科学编制全国村庄规划试点——峡江县水边镇洲湖村的规划编制,规划成果已通过专家评审及住房和城乡建设部的初步验收,并作为全国村庄规划范例予以推广示范。年内全省编制了300多个乡镇总体规划、150余个乡镇镇区控制性详细规划、2万多个自然村村庄建设规划,累计共有1215个乡镇编制了总体规划,14814个行政村编制了村庄建设规划,乡镇总体规划和行政村建设规划覆盖率分别为93.3%和88%。

【开展百强中心镇创建工作】 省委、省政府以两办名义下发《关于加快百强中心镇建设推进镇村联动发展的意见》,并通过市、县申报,省政府审定的方式,确定全省首批120个百强中心镇名单。10月下旬,省住建厅、省委农工部召开全省百强中心镇建设工作会议,布置百强中心镇创建工作,组织对百强中心镇领导进行业务培训,聘请省内有关专家讲授小城镇规划建设管理专业知识。研究草拟《江西省百强中心镇建设评价指标体系》。积极开展全国重点镇增补调整工作,指导各地做好材料申报。12月,会同省有关部门严格审查,推荐江西省170个建制镇申报全国重点镇。

【完成13.5万户农村危房改造任务】 会同省直有关部门编制完成《赣南等原中央苏区农村危旧土坯房改造规划》,经省政府批准于2013年1月印发实施,规划到2016年改造赣州、吉安、抚州等全部44个县(市、区)98.6万户农村危旧土坯房。2013年,国家下达全省13.5万户农村危房改造任务和10.62亿元中央补助资金,占全国的比例由2012年的2.98%提高到5.08%,至年底,13.5万户农村危房改造任务全部完成,确保了困难群众喜迁新居过年,累计完成43.9万户农村危房改造任务(重点支持安排赣州市农村危房改造任务20.39万户,占全部任务的46.5%),解决了170万农村困难群众安居问题,实现了住房保障制度从城市到农村的有效覆盖。

【制定《渔民上岸安居工程实施方案》】 根据国家部委关于"以船为家渔民上岸安居工程"的安排,省住建厅会同省农业厅开展全省"以船为家"渔民调查摸底,积极争取国家部委一次性下达江西省以船为家渔民上岸安居工程1440户计划任务和中央预算内投资1990万元资金,并协调省财政厅落实省级配套资金995万元。会同省发改委、省财政厅、省农业厅、省国土厅制定《渔民上岸安居工程实施方案》,对工作目标、操作流程、工作措施等进行明确,指导工作开展。

【加大财政支持村镇基础设施建设力度】 省住建厅积极争取村镇基础设施项目资金,会同省财政厅,采取"以奖代补"的形式,补助224个乡镇共5000万元资金用于垃圾处理设施建设。并会同省财政厅研究制定《2013年全省集镇垃圾处理设施建设及资金奖补实施方案》,要求各地加大集镇垃圾处理工作推进力度,先后两次下发文件,组织、调度各地开展重点镇污水管网"十二五"建设任务的核报工作,组织有关专家对各地材料进行审核。全省分两批共有52个集镇污水管网建设项目进入"中央财政支持项目库",共计有793千米管网可获得中央财政补助。年初,省财政安排第一批7个集镇的58千米管网补助资金共2032万元,8月又安排3个集镇12千米管网补助资金408万元,合计下达中央财政专项资金2440万元用于支持重点流域重点小城镇污水管网建设。会同省财政厅安排82个村镇共500万元集镇自来水设施及管网建设资金,帮助村镇改善供水能力。

【加强农村住房建设管理】 起草《江西省人民政府关于切实加强农村住房建设管理的通知(代拟稿)》,于11月底呈报省政府审定;制定《江西省乡村建设规划许可管理办法(试行)》,于12月初正式下发各地贯彻执行。总结和推广婺源县、新干县等地村镇管理队伍建设模式。精心组织编撰《江西省和谐秀美乡村特色农房设计图集》,被批准为江西省地方标准。3月,将5000套图集、2万份挂图免费发放到全省每一个乡镇和村委会。4月,召开《江西省和谐秀美乡村特色农房设计图集》示范推广工作布置会,下发《关于推荐上报新型农房设计图集推广应用示范点的通知》,选择5个点为全省新型农房设计图集推广应用首批示范点,并补助每个示范点20万元基础设施建设资金,5个示范点已基本建成。草拟《江西省历史建筑保护暂行办法》,推进村镇历史建筑保护工作。

【推进对口帮扶项目建设】 省住建厅承担定点包扶上饶县花厅镇花厅村、省领导基层联系点泰和县螺溪镇藻苑村、峡江水利枢纽工程移民新村建设、对口支援民族乡村铅山县陈坊乡长寿畲族村、配合住房和城乡建设部对口支援赣南等原中央苏区吉安县振兴发展等对口帮扶工作。各帮扶点的项目建设均按照年初制定的计划有序实施。加强技术指导,着力推进扶贫项目建设,并走访慰问困难群众。为泰和县举办城乡规划建设管理培训班,提高各级领导干部村镇规划建设管理业务水平。赠送帮扶点近300套《江西省和谐秀美乡村特色农房设计图集》及1500套挂图。加大资金投入。全年争取和整合各项对口帮扶资金6067万元,直接投入帮扶项目建设资金230万元。

(蔡正杰)

·资　料·

江西省国家级历史文化名镇名村

序号	设区市	镇(村)名称	批次
1	南昌市	安义县石鼻镇罗田村	第四批
2	景德镇市	浮梁县瑶里镇	第二批
3		浮梁县勒功乡沧溪村	第五批
4		浮梁县江村乡严台村	第四批
5	萍乡市	安源区安源镇	第六批
6	鹰潭市	鹰潭龙虎山上清镇	第三批
7	赣州市	赣县白鹭乡白鹭村	第四批
8		宁都县田埠乡东龙村	第六批
9		龙南县关西镇关西村	第五批
10	宜春市	高安市新街镇贾家村	第三批
11		宜丰县天宝乡天宝村	第四批

续表

序号	设区市	镇(村)名称	批次
12	上饶市	婺源县江湾镇汪口村	第三批
13		婺源县沱川乡理坑村	第二批
14		婺源县思口镇延村	第四批
15		婺源县思口镇思溪村	第六批
16		婺源县浙源乡虹关村	第五批
17		铅山县河口镇	第六批
18		铅山县石塘镇	第六批
19		横峰县葛源镇	第四批
20	吉安市	安福县洲湖镇塘边村	第六批
21		青原区富田镇	第五批
22		青原区文陂乡渼陂村	第二批
23		青原区富田镇陂下村	第四批
24		吉水县金滩镇燕坊村	第三批
25		吉水县金滩镇桑园村	第六批
26		吉安县永和镇	第六批
27		吉州区兴桥镇钓源村	第五批
28		峡江县水边镇湖洲村	第六批
29	抚州市	乐安县牛田镇流坑村	第一批
30		金溪县双塘镇竹桥村	第五批
31		金溪县琉璃乡东源曾家村	第六批
32		金溪县浒湾镇	第六批
33		广昌县驿前镇	第六批

建筑业与房地产业

【概　况】 至年底,全省共有各类建筑业企业4579户,比上年增加640户。2013年,各类建筑业企业共完成建筑业总产值3459.53亿元,增长24%,建筑业总产值在全国排第十八位;全社会建筑业增加值1237亿元,占全省生产总值的8.6%;按建筑业总产值计算的劳动生产率31.83万元/人,增长16.16%;企业在省外完成的建筑业总产值1159.62亿元,增长33.4%;全省对外承包工程营业额超过22亿美元,增长23%以上,增幅高出全国平均水平,在全国各省市排第十五位。全省房屋建筑施工面积2.49亿平方米,增长31.8%. 其中房屋竣工面积1.19亿平方米,增长20.3%。

2013年,江西省认真贯彻落实国家房地产市场宏观调控政策,加强房地产市场监管,强化对房地产市场的引导和监测,全省房地产业呈现出持续、稳定、健康发展态势。房地产开发投资同比保持稳定增长。全省房地产开发完成投资1174.58亿元,增长21.1%。其中四季度全省房地产开发完成投资345.53亿元,环比增长6.67%,同比增长28.98%。商品房开发建设较快增长。全省商品房新开工面积4138.96万平方米,增长26.9%;商品房施工面积11995.67万平方米,增长26.7%。全省商品房竣工面积1790.26万平方米,增长2.4%。商品房销售面积同比较快上涨。全省商品房销售面积3167.06万平方米,增长32.1%;商品住宅销售面积2846.04万平方米,增长33.9%。房地产税收快速增长。全省房地产业地方税收345.82亿元,增长40.0%,占全省地税收入31.8%。

3月,《江西省房屋登记条例》经省十二届人大常委会第一次会议审议通过于10月1日起正式施行。

【全力扶持建筑业发展】 大力支持企业申报特级资质。全力帮助、指导、服务条件比较好的一级建筑业企业申报特级资质,了解企业申报特级资质所做的准备工作及在工法申报、建立技术中心、行业标准、信息化建设等方面的难题。对江西省交通工程集团公司、江西中恒建设集团有限公司两家已申报特级企业资质的企业进行跟踪服务。全力扶持建筑业企业做大做强。专门下发通知在房建和市政项目的招标投标中,允许“走出去”排名靠前的45户建筑企业的法定代表人,指定企业其他负责人代表其参加和处理招标投标过程中的有关事宜。开展全省先进建筑业企业和优秀建造师评选工作。对建筑企业改制、建筑企业上市、融资平台上市进行专题调研,形成《新型城镇化背景下江西建筑业转型发展研究》调研报告。营造建筑产业发展的良好氛围。深入多家建筑企业与全省骨干建筑业企业家面对面座谈交流。年内共初审同意5户建筑业企业申请对外工程承包资格。成立江西省建筑业法律工作委员会,聚集行业内的法律和金融专家为企业排忧解难。提升行业科技水平。批准省级工程建设工法29项,推荐申报国家级工法43项,企业科技水平进一步提高,综合竞争能力进一步增强。

【加强建筑业市场监管】 开展资质动态核查工作。对2012年动态核查结论为基本合格和问题比较突出的企业进行整改,已公告拟依法撤回有资质许可的26家企业名单,并在省内新闻媒体上发布。同时布置2013年建筑业企业资质动态核查,全省共核查1085家企业。统一全省建筑市场。按照住建部建立全国统一的建筑市场要求,下发《关于开展规范建筑企业跨省(地区)承揽业务监督管理专项检查工作的通知》,要求各设区市及以下建设行政主管部门对本地区限制外地企业承揽业务的规范性文件进行清理,切实减少外地企业进入本地区承接业务的各项审批事项,不得非法收缴各类押金和保证金。做好信访接待工作,共接待群众来访24批次,接待人数97人次,接到群众来信20件次。做好清欠工作,受理拖欠工程款和农民工工资案件69件,直接受理的24件投诉,共解决拖欠工程款3600.65万元,解决拖欠农民工工资2304万元。

【加强房地产市场调控】 重点对南昌市房地产市场调控工作进行督导,督促南昌市在规定的时间内出台6项调控措施。加强市场监测分析和研判。定期向省政府报送房地产市场形势分析报告,完成《南昌市商品住房价格情况的调研报告》。

(胡娟 丁锦琳)

勘察设计与建设科技

【概 况】 2013年,全省工程勘察设计单位共402户,其中甲级企业80户。全省勘察设计营业收入总额204.35亿元,增长29.22%。其中工程勘察收入10.77亿元,增长4.81%;完成工程设计收入34.49亿元,增长14.92%;营业税金及附加6.50亿元,增长23.14%。

加大监管力度,做好勘察设计行业的质量和市场监管工作。组织专家对各设区市进行房屋建筑工程勘察设计质量及外省进赣勘察设计单位的市场检查,进一步规范勘察设计市场,提高工程建设管理和服务水平。进一步提高勘察设计质量,做好施工图设计文件审查备案工作,全年共完成42个单位工程的施工图设计文件审查备案工作。

加大对工程建设标准的编制和推广力度,做好标准定额工作。推进工程建设地方标准及设计的编制、审定和推广,下达项目计划,批准三套图集,发布两个地方标准。积极加快高强钢筋推广工作,配合残联开展无障碍县市的推选工作。

完善监管制度,规范全省勘察市场秩序。2013年,全省实行勘察外业见证制度和勘察前置性审查制度。进一步为勘察文件的真实性把好关口,提高勘察报告的质量,为设计单位提供真实可靠的依据。采取“政府管不好的事让社会来管”的办法,积极扶持行业协会,做到行业人管行业事,以行业管理行业,既达到了简政放权,又加强行业监管。

【转变监管方式】 推进施工图审查信息化工作,利用施工图审查管理信息系统构建施工图审查管理的网络监管平台,对所有的房屋建筑和市政公用工程项目进行有效监管。施工图审查管理系统的使用将便于建设行政主管部门对行业全面管理,提高了工作效率。

【推动绿色建筑发展】 下发《江西省发展绿色建筑实施意见》。该文件出台实施后,加快了全省绿色建筑发展,带动了建筑技术革新,直接推动建筑生产方式的重大变革,促进建筑产业优化升级,拉动节能环保建材、新能源应用、节能服务、咨询等相关产业发展。全年全省绿色建筑设计标识项目5个,新增建筑面积50万平方米。

【创建智慧城市】 为推动全省建设集约、智能、绿色、低碳的新型城镇化,拉动内需,带动产业转型升级。组织专家对各申报单位提交规划纲要和实施方案进行初审、实地查看基础条件后,分别在1月和8月提交萍乡市、南昌市红谷滩新区和新余市、樟树市、共青城市、婺源县两批智慧城市名单,并全部列入创建名单,组织创建单位代表参加住房和城乡建设部在南京和北京召开的培训会。11月,联合省工信委、省通信管理局,省联通公司在滨江宾馆召开“智慧城市”高峰论坛,提高了大家对智慧城市的认识程度。

【推广应用建筑节能新产品、新技术】 年内共推广25项节能新技术、新产品,内容涵盖防水材料、反射隔热涂料、节能环保材料等多方面,收到明显的节能效果。《建设科技》杂志发行4期,为广大建设企业搭建了一个交流平台,取得良好社会效应。申报住房和城乡建设部科技计划项目8项。

(黄兴 余海浪)

本栏编辑 邓玉兰

水 利

综 述

2013年,江西省防汛抗旱工作成效显著,水利投融资高位运行,民生水利工程建设快速推进,最严格水资源管理制度逐步完善,水生态文明建设扎实推进,水利建设管理不断创新,水利宣传、水文化建设卓有成效。

防汛抗旱工作成效显著。先后出现6次强降雨过程,局部地区遭受严重洪涝灾害。7—8月,降雨持续偏少,部分河流断流,大部分地区出现较严重旱情。全省上下紧急行动,及时组织会商,启动应急响应,派出工作组,最大限度地减轻了灾害损失。94支县级抗旱服务队深入一线开展抗旱服务,保障了城乡生活用水安全。省委书记强卫批示:“今年抗旱工作组织得力,损失降到了最低。”

水利投融资高位运行。全年江西省争取中央水利投资突破90亿元,省级配套44亿元。省水利厅出台《关于加快省水利投资集团有限公司发展的决定》,支持省水投做大做强。省水投成功发行中期票据20亿元,新增各项融资资金及金融授信30.25亿元。

民生水利工程建设快速推进。峡江水利枢纽9月1日首台机组顺利并网发电,浯溪口水利枢纽进入全面施工阶段,山口岩水利枢纽全面完工,伦潭水利枢纽主体工程基本完工。水利科研创新“三大基地”建设接近尾声,并已取得科研成果。26座大中型、2284座中央重点小(2)型病险水库除险加固主体工程基本完工,72个中小河流治理项目完工并被水利部、财政部绩效考评组评为优秀。小农水重点县建设连续第四年获全国优秀。农村自来水工程规划编制审查完成,省政府专门召开了全省农村自来水工程暨全面解决农村重点污染区居民饮水安全工作会。

水生态文明建设扎实推进。制定《实行最严格水资源管理制度实施方案》,细化取水管理、排污口管理和考核制度建设等工作任务。修订取水许可和水资源费征收管理办法,并从9月1日起正式调整水资源费征收标准。《江西省城市饮用水水源地安全保障规划》《共产主义水库饮用水水源地安全保护规划》印发实施。南昌市节水型社会建设试点通过中期评估,并被全国节水办评为优秀。景德镇市节水型社会建设试点通过水利部验收。成功争取南昌、新余市入选为首批全国水生态文明城市建设试点,并在莲花、会昌两县开展县级水生态文明试点。制定省级水生态文明示范镇建设工作方案,积极开展水生态文明乡镇建设试点。省生态文明研究与促进会正式成立。完成水土流失综合防治面积22万公顷。

水利建设管理不断创新。水利建设电子招投标实现全覆盖,累计完成1017个水利项目电子招投标。打非治违成效显著,对40多户违法违规企业进行了行政处罚。峡江水利枢纽库区运行管理市场化试点正式启动,制定《江西省县级国有公益性水利工程维修养护资金使用与管理实施细则》《江西省水利工程管理及维修养护考核办法》等。启动深化小型水利工程管理体制改革试点,制定改革工作方案,11个县列为省级改革试点县。创新河道采砂管理新机制,实现非法采砂入刑,起到较大的震慑作用。推动采砂船切割工作,切割船只196艘。

水利宣传、水文化建设卓有成效。编制《江西水利宣传工作五年规划》,主要包括水利宣传形势、宣传总体思路、宣传主要内容、宣传组织策划、宣传保障措施等。出台《关于加强水利新闻宣传工作的意见》,进一步强化水利新闻宣传组织领导,营造水利改革发展的良好舆论氛围。加强水文化建设,创作完成《江西水利之歌》,深入水利基层采写了50位江西水利先进典型人物,编辑出版《江西水利人》和《五河一湖画册》之赣江画册。

(彭巍)

水利工程建设与管理

【概 况】 2013年,江西省集中力量推进重点水利建设,基本完成病险水库、病险水闸除险加固年度任务,全面推进中小河流治理,积极抓好峡江水利枢纽、五河治理、重点圩堤等水利工程建设,进一步规范了水利工程管理,强化了河道湖泊管理,加强规范了水利建筑市场管理。

加强全省水利工程管理。进一步完善水利工程管养机制,积极开展政府购买社会化服务试点,选择峡江水利枢纽库区防护工程运行管理作为政府购买社会化服务试点。

加强河道湖泊管理。编制《江西省河道(湖泊)岸线利用管理规划》,并经省政府批复实施。抓好河道管理范围内大批重大涉河建设项目审批工作,加大河道管理和保护范围内违法行为的查处力度。

水利建筑市场信用体系进一步规范，制定江西水利工程施工企业、监理单位资质审核办法，水利建筑市场主体不良行为、信用备案管理办法，水利建筑市场施工、监理、勘察设计、招标代理机构入赣备案管理办法等。加大执法力度，对6家企业采取清理出江西省公共资源交易系统（水利工程）用户库的处罚，对40多家违法违规企业给予行政处罚，直接约谈10户一级企业法人。

【水库水闸除险加固工程】 全省列入中央规划的26座大中型病险水库主体工程基本完工。列入全国规划的2284座重点小（2）型病险水库全部完成竣工验收。4321座一般小（2）型病险水库已开工2716座，完工1860座，占43%。全省列入国家规划内的138座大中型病险水闸（其中大型11座、中型127座），共审批68个，开工建设22个，累计完成投资1.91万元。

【中小河流治理工程】 2011—2012年规划的72个中小河流治理项目建设任务基本完成，并于11月顺利通过水利部、财政部绩效考评，考核组考评结果为优秀。2013—2015年规划的282个项目，有近一半开工建设。

【1万~5万亩圩堤除险加固工程】 全省1万~5万亩圩堤除险加固工程涉及154座圩堤，堤线总长2007.03千米，堤防保护耕地16.64万公顷，保护人口243.69万人，工程规划总投资约43.97亿元。项目于2007年启动实施，至年底，审查批复项目55个，累计下达省级投资2.92亿元，其中年内下达投资计划1.14亿元，治理9条圩堤。

【完成日元贷款城市防洪工程】 江西省日元贷款城市防洪项目包括九江、上饶、抚州、景德镇、鹰潭等城市，批复总投资为11.23亿元。2000年3月28日正式签署贷款协议，贷款总金额为110亿日元。2013年项目已实施完成，日方组织专家对工程项目进行了第一次实地考察，进行项目后评估。

【开展水库水环境专项整治工作】 针对水库库区养殖和水面养殖导致水库水质污染恶化问题，省政府出台《关于规范水库养殖保护水库水质的指导意见》和《江西省水库水环境专项整治实施方案》，要求各地对本行政区域内每座小（2）型及以上水库养殖行为进行全面整治。总体目标是：到2015年底，全省饮用水源保护区内小（2）型及以上水库水质全面达到《地表水环境质量标准》水域功能Ⅲ类以上标准。

（陈少平）

【加快鄱阳湖区二期防洪工程建设】 鄱阳湖区二期防洪工程第五个单项封闭圈建设为第五个单项后续项目，由省自筹资金，于2010年汛后启动，分两批安排施工标段14个，累计下达省级投资2.85亿元。至年底，累计完成土方填筑440万立方米，砼7.1万立方米，完成工程投资2.62亿元。第六个单项于2009年启动实施，至年底，分年度安排项目7批，涉及施工标段66个，累计下达中央投资11.4亿元（不含应急防渗项目），完成土方回填1060万立方米，砼41.2万立方米，完成工程投资7.6亿元。

（袁晓峰）

【连续4年获全国小农水重点县建设考评优秀】 2013年江西省小农水重点县建设再次获全国优秀，已连续第四年获全国优秀，中央为此再新增江西26个重点县名额，实现全省有农业生产任务建制县小型农田水利重点县建设基本覆盖。全年下达小农水建设总投资25.99亿元。

【加快农村自来水工程建设】 2013年，全省农村自来水工程规划工作全面完成。6月20日，省政府召开全省农村自来水工程暨全面解决农村重点污染区居民饮水安全工作会，提出2014年年底全面建成38处农村自来水工程，彻底解决209.79万农村人口的饮水安全问题。年内，中央下达江西省13.07亿元农村饮水安全总投资，江西省结合农村自来水工程规划，统筹用于支持农村自来水工程建设，共建设318处集中供水工程，其中千吨万人规模工程214处，覆盖受益人口440万人，解决规划内饮水不安全农村居民231.41万人、农村学校师生45.5万人。

【大中型灌区节水改造及规模化节水项目建设】 2013年，江西省大型灌区续建配套与节水改造投资1.70亿元，其中中央资金1.11亿元、地方配套5941万元，主要用于鄱湖、丰东、袁北、章江、七一、饶丰6个大型灌区续建配套与节水改造。年内全省规模化节水项目总投资3000万元，其中中央资金2400万元，用于龙南、安远、信丰3个县的高效节水灌溉项目建设。

（饶奇磊）

【水土保持工程建设】 2013年，完成水土流失综合治理面积22万公顷。国家水土保持重点建设工程在31个项目区的84条小流域实施，国家农业综合开发水土保持项目在17个项目区的42条小流域实施。开展坡耕地水土流失综合治理试点工程、崩岗重点治理工程、小流域综合治理工程、生态清洁型小流域建设工程、生态修复工程等。南昌水土保持科普教育园区顺利通过水利部中期评估，兴国县获“全国水土保持生态文明县”称号。

（刘茂福）

防汛抗旱

【概 况】 2013年，全省共出现6次强降雨过程，有18条河流31站发生超警戒洪水，局部地区遭受严重洪涝灾害。主要有三大特点：一是暴雨过程集中。4月底至5月中旬，江西省连续发生3次强降雨过程，导致赣江上中游、昌江、修河多条河流发生超警洪水。特别是6月25日—29日强降雨过程，最大降雨量达494毫米，有10县47站降雨量超过200毫米、20县132站降雨量超过300毫米。二是山洪灾害频繁。强降雨导致江西省山洪地质灾害接连发生，13人因山洪灾害死亡，其中5月14日—17日强降雨过程致赣州崇义、信丰发生两起山洪地质灾害，造成7人死亡。三是台风影响严重。7月以后，江西省先后受“苏力”“尤特”“潭美”“天兔”“菲特”等5个台风影响，出现几次较强降雨过程，部分地区受灾严重。其中，“苏力”是江西省历史上台风影响范围最广的一次。强降雨引发山体滑坡致兴国县一村民房屋垮塌，造成1人死亡，明月山风景区大峡谷漂流景区因降雨引发山洪，造成2人死亡。面对暴雨洪水，全省上下齐心协力，积极迎战每一场暴雨洪水，先后4次启动防汛Ⅳ级或Ⅲ级应急响应，7次召开防汛防台会商会、8次派出防汛工作组共30多个，有效减轻了洪涝灾害损失。全省防洪减灾效益达8.98亿元，减少受灾人口16万人，解救洪水围困群众2.27万人。

自7月中旬“苏力”台风影响结束后，江西省持续高温少雨，江河水位持续下降，水库蓄水日趋减少，大部分地区出现严重旱情。7月16日至8月20日，全省平均降雨54毫米，比多年均值158毫米少66%，排历史同期倒数第一位。据8月11日干旱高峰期统计，全省耕地受旱面积达64万公顷，作物受旱面积达45万公顷，66万人因旱发生不同程度的饮水困难。全省有429座小型水库干涸，80条小河流断流，赣江、抚河、信江及其支流27个站发生有记录以来最低水位。面对严重旱情，省委、省政府领导多次深入一线视察指导，省防总提前部署、科学高度，各地加强组织，措施朋力，有效降低了干旱造成的不利影响。省防总提前部署抗旱工作。6月17日，针对前期降雨偏少的实际情况，要求大中型水库提前按后汛期限制水位运行，蓄水防旱。先后3次召开抗旱会商会，分析未来天气和抗旱形势，提前部署抗旱工作。8月10日，召开省、市、县、乡四级防汛抗旱指挥部领导和县长、乡镇长参加的全省抗旱工作视频会议，再次对全省抗旱工作进行部署。快速反应积极应对。旱情发生后，省政府从省级财政紧急下拨抗旱资金2000万元，省防总紧急购置600万元小型水泵，支持各地抗旱。8月4日启动抗旱Ⅳ级应急响应，8月10日启动抗旱Ⅲ级应急响应，先后派出18个抗旱工作组、调研组深入旱区实地调研指导抗旱工作。加大应急抗旱措施。省防总10余次调度大型水库，采取控制发电措施，按下游用水需求安排发电，为抗旱储备水源。广大旱区因地制宜，积极采取抗旱措施，发挥全省94支县级抗旱服务队技术优势，主动开展抗旱服务。全省投入抗旱人数439万人次，抗旱浇灌面积达819.63千公顷，临时解决饮水困难66.77万人，减免粮食损失154.55万吨和经济作物损失19亿元。

【完成山洪预警系统建设任务】 2010年，国家启动山洪灾害防治县级非工程措施建设，江西省有94个县列入全国建设计划。2013年，江西省加快建设步伐，全面完成2011年度28个县和2012年34个县的国家山洪灾害防治非工程措施建设任务。3月中旬，省防办举办2010年和2011年度60个防治县的非工程措施管理培训班，提高基层防办应用管理系统水平。

【完成县级抗旱服务队建设】 2013年，江西省在第一批52个县级抗旱服务队建设基础上，又开展第二批42个县级抗旱服务队建设。年初，专门召开第二批县级抗旱服务队抗旱设备采购工作领导小组工作会议，审议抗旱设备采购清单，研究布置采购工作。各地按照要求，基本落实抗旱服务队人员、编制、经费、办公场所、仓库和各项制度。在全年的抗旱工作中，全省94支县级抗旱服务队主动深入抗旱一线，发挥了重要作用。

（郑文龙）

水资源管理

【概　况】 2013年，江西省平均降雨量1434毫米，比历年均值偏少12%，属枯水年份。地表水资源量1421亿立方米，比上年减少34.1%。总供水量与总用水量持平，为264.77亿立方米，比上年增加9.2%。人均综合用水量为585立方米，万元GDP（当年价）用水量185立方米，万元工业增加值用水量95立方米，农田灌溉亩均用水量633立方米，农业灌溉水有效利用系数0.478。

2013年，主要河流评价河长6547千米，评价结果表明，全省全年Ⅰ～Ⅲ类水河长比例为90.8%，与上年相比水质略有好转，全年达标比例提升0.9个百分点。鄱阳湖全年水质优于Ⅲ类水面积，占评价面积的63.5%，主要污染物为总磷、氨氮。全省评价了柘林、万安和江口3个大型水库，年平均蓄水量为57.36亿立方米，全年、汛期、非汛期水质均优于或符合Ⅲ类水。评价省界水体水质监测断面18个，17个断面全年水质均优于或符合Ⅲ类水。全年全省废污水排放量为39.33亿吨，不含火电厂直流式冷却水排放量及矿坑排水量，其中城镇居民生活污水9.71亿吨，占总排放量的24.7%，第二产业废水26.96亿吨，占总排放量的68.5%，第三产业废水2.66亿吨，占总排放量的6.8%。

【进一步完善最严格水资源管理制度配套政策】 2013年，省政府第5次常务会议、省委第50次常委会分别听取关于江西省实行最严格水资源管理制度有关情况的汇报。省水利厅制定《实行最严格水资源管理制度实施方案》，进一步明确江西省落实水资源管理制度的总体思路和主要目标，细化工作任务，落实各项任务的部门分工，明确时间节点。水利部初步同意江西省按平水年250亿立方米、枯水年300亿立方米进行用水总量控制。进一步明确了各设区市三条红线控制指标，为迎接2014年年初国家首次考核、组织江西省对设区市的首次考核奠定了基础。

【实施《江西省取水许可和水资源费征收管理办法》】 7月8日，《江西省取水许可和水资源费征收管理办法》公布实施，省发改委、财政厅、省水利厅联合下发《关于调整全省水资源费征收标准的通知》，确定9月1日开始，分3年将江西省水资源费征收标准调整到国家规定的地表水0.1元/立方米、地下水0.2元/立方米的最低标准。全年征收水资源费首次突破1亿元。

【启动水生态文明建设工作试点】 组织南昌、新余两市成功申报国家水生态文明建设试点。指导南昌、新余两市编制水生态文明建设试点实施方案，按时上报水利部，两市试点方案通过水利部专家预审。支持莲花、会昌两县及赣县五云镇开展水生态文明试点，在省级水资源费中安排一部分资金帮助地方推进试点工作。成立省生态文明研究与促进会。

【进一步强化水资源保护基础工作】 《江西省城市饮用水水源地安全保障规划》和《江西省地表水资源分级监测实施方案》经省政府批准实施，《全省城市饮用水水源地安全保障规划》经省政府同意实施。完成《江西省水功能区纳污能力核定和分阶段限制排污总量控制意见》，开展鄱阳湖河湖健康评估工作。《共产主义水库饮用水水源地安全保护规划》经省政府同意印发实施。

【开展节水型社会建设工作】 6月，南昌市节水型社会建设试点通过长江委组织的中期评估，被全国节水办评为优秀。10月，景德镇市节水型社会建设试点通过水利部验收。8个省级节水型社会建设试点稳步推进，涌现出一批有代表性的工业、农业及生活节水示范区。联合省工信委、省发改委开展节水型企业创建工作；联合省教育厅开展第一批省级节水型高校复验和第二批省级节水型高校创建工作。与省政府机关事务管理局沟通，积极争取启动节水型机关创建工作。

（吴涛）

水政监察

【概　况】 制定出台《江西省取水许可和水资源费征收管理办法》，将实行最严格的水资源管理制度写入其中，并明确划分省、市、县（市、区）水行政主管部门的取水审批权限，水资源费的征收标准亦作同步调整。《江西省农田水利条例》通过省人大常委会议一审。《江西省小水电管理办法》完成省外调研。全年纳入省十二届人大常委会立法规划项目库的地方性法规项目5件，其中新制定项目3件，修订项目2件，新增《江西省峡江水利枢纽工程管理办法》列入2014年省政府立法工作计划。

配合开展水利执法检查。省人大对贯彻实施《江西省水资源条例》和《江西省河道管理条例》进行了执法检查。9月，省第十二届人大常委会第六次会议听取执法检查组对两个条例进行检查的情况报告。加大水行政执法力度。编制共产主义水库库违法筑坝拦汊拆除方案，召开5次协调会，督促婺源县拆除了6座拦汊坝，特别是对违法库汊坝中最大的第25号坝坝体实施了爆破拆除。加强水行政执法队伍建设。组织编制《2013—2020年全省水政监察基础设施建设规划》，规划期内，省级财政将投入资金1800余万元，用于江西省基层水政队伍执法装备建设。加大装备建设投入，在南昌市开工建设省市水政联合执法基地。

【加强河道采砂管理】 建立完善联合执法机制，两次会同公安、海事等部门到鄱阳湖和赣江水域开展联合执法。下发《关于进一步明确鄱阳湖采砂船舶“减一增一”控制准入措施的通知》。进一步指导做好赣江中下游及长江过剩采砂船切割淘汰工作。完成鄱阳湖、赣江、抚河、饶河河道采砂规划（2014—2018年）修编工作。年内，丰城、鄱阳和南昌市启动采砂船切割淘汰工作，共补助采砂船主2.66亿元，切割采砂船196条，省本级补助各地财政资金1亿元。

【推进水事违法行为入刑研究与指导】 对南昌、宁都、南康等市县非法河道采砂入刑实践开展调研。积极参与水利部政法司水事违法行为入刑研究，对全国范围内的水事违法行为入刑案例进行重点评析，推动在刑法修改或者出台司法解释层面，进一步加大对河道非法采砂、非法取水、非法侵占破坏水工程设施行为的刑事保护力度。

（汪凤琴）

地方电力

【概　况】 江西水能理论蕴藏量684.56万千瓦，100千瓦以上技术可开发量633万千瓦，已开发水电装机447.6万千瓦，占可开发水能资源的70.7%。2013年，江西省地方电力完成投资3.92亿元，新增装机容量9.84万千瓦，年末装机容量306.56万千瓦，年发电量86.76亿千瓦小时，全省地方电力系统（水电站）拥有固定资产160亿元。

【实施农村水电增效扩容改造】 2013年，江西省农村水电增效扩容改造实施方案成功立项并启动实施。全省共实施490个项目，改造后装机容量53.14万千瓦，增加电能48%，总投资15.86亿元。省水利厅联合省财政厅召开全省农村水电增效扩容改造工作会议，逐级签订目标责任状。出台《关于做好江西省农村水电增效扩容改造机电设备采购工作的指导意见》。

【扩大电气化县建设实施范围】 年内，扩大了“十二五”电气化县建设实施范围，在原来的18个县的基础上增加莲花、上饶、会昌、上犹等4县。编制完成《江西省农村水电直供电片区电网改造规划》。

【实施小水电代燃料工程】 会同省发改委、省财政厅联合制定出台《江西省小水电代燃料项目管理办法》。组织资溪等县编制完成小水电代燃料生态示范县建设实施方案，为后期整县推进小水电代燃料工程创造条件。实施13个代燃料项目，装机3.27万千瓦，建成后可解决2.4万户农民生活代燃料问题，年可减少薪柴用量11.4万吨，保护森林面积1.84万公顷，减少有害气体及污染物排放23.8万吨。

【扎实做好水能资源规划】 全面开展全省水能资源规划编制工作，编制完成《江西省中小河流水能资源开发规划工作大纲》《江西省中小河流水能资源开发规划技术大纲》和3条典型河流中小河流水能资源开发规划。

【开展最小生态流量试点监测工作】 启动流域梯级电站联合调度工作。开展两条典型河流的最小生态流量试点监测工作，探索赣南、赣东北河流最小生态流量的确定方法，为实现分区域最小生态流量监测和管理提供依据。积极培育绿色水电站典型，推荐安福社上、武宁盘溪等6座电站申报部绿色小水电典型。

（何大信）

本栏编辑　邓玉兰

自然观测

气　象

【概　况】　2013年，省气象局以气象现代化为主线，以气象新“三化”为抓手，气象事业实现了“持续发展，重点突破，整体推进”。气象工作再次纳入省委、省政府对市、县科学发展综合考核评价体系。省政府和中国气象局召开省部合作联席会议，共同推进江西省气象事业发展。以省政府名义出台《关于加快推进气象现代化建设实施意见》。省政府召开专题协调会落实气象“十二五”规划配套资金，省气象局与省发改委、省财政厅联合发文明确要求市县政府落实配套资金，与省财政厅联合发文推动气象事业公共财政保障体系建设。争取地方机构编制取得突破，新批准设立一批地方气象机构，地方编制大幅增加。争取省发改委出台政策调整气象科技服务收费标准，新增气候可行性论证等服务项目。有2个县、19个乡镇被分别评为全国标准化现代农业气象服务县和标准化气象灾害防御乡镇，获选数量居全国之首。创新气象为农服务“六联合”体制，获得中国气象局工作创新奖。文明单位建设取得丰硕成果，省气象局和井冈山气象局获“全国文明单位”，省气象局还获“全国模范职工之家”称号。

2013年，全省共出现灾害性天气过程19次，过程预报准确率100%。全年共向省委、省政府及有关部门报送气象服务材料207期，相关单位转载和转发56次。向公众发送预警短信4.5亿人次，为党政领导、重点用户发布气象短信82万人次，全网发送预警信息7900万人次。与交通、农业、国土等联合发布气象服务信息820次，通过广播电视滚动插播预警信息约1200余次。完成重要节假日和重大社会活动的精细化专题气象服务。公众气象服务满意度逐年提升，由全国第二十五位上升至第十七位，2013年公共气象服务考评全国第二。

抓好了民生气象10件实事、气象为农服务10件实事，省委书记强卫批示肯定。建成气象信息服务站1278个，组建气象信息员2.6万人，自建电子显示屏896套，气象预警大喇叭3375套，与168个涉灾部门建立信息共享，开展气象灾害应急演练、应急准备认证，编制气象灾害风险区划，开展气象科普宣传、培训。建成29个农业气象服务示范田，建立农业气象指标、方案等199项，与6236个合作社建立了联系卡制度，形成覆盖19类作物（水产）的精细化专题产品体系，完成县级精细化农业气候区划195项，编发保障粮食生产服务产品1800余期。

加强社会管理。《江西省气象灾害防御条例》上报省政府审议，3部法规列入省人大或省政府立法项目库。制定气象设施和气象探测环境保护条例》处罚细化标准、《气象规范性文件管理办法》等制度。办理气象行政审批5863件，对2600余个单位开展防雷安全检查，开展油气、烟花爆竹行业防雷安全专项整治活动。落实“避免危害探测环境行政许可”，从源头把好探测环境保护关。组织防雷服务规范年活动，出台气象科技服务规范二十条，规范人员、装备、档案、业务、财务管理，降低廉政风险。气象服务资金收益增长30%。统筹科技服务资金管理。加强新闻宣传，中央、省级媒体发稿1560余篇。积极开展气象科普宣传，联合共建校园气象站75个。

【人工影响天气工作效益显著】　省政府召开第23次人影领导小组会议，省政府办公厅印发《关于进一步加强人工影响天气工作的实施意见》。推进全省第一套人影作业装备更新改造，全省有35个市县落实经费。全年组织地面火箭人工增雨作业823次，累计受益面积约24.69万平方千米，累计增加降水约12.35亿立方米；组织实施飞机增雨作业23架次，累计增加降水14.2亿立方米。

【加快气象现代化建设】　落实省部合作联席会议纪要，省政府印发《关于加快气象现代化建设实施意见》。省气象局首次被省政府纳入2013年度绩效管理工作对象，首次作为主办单位参与和承担政府工作报告任务。编写《江西应对气候变化“十二五”规划》并由省发改委正式发布。完成全省农业温室气体排放清单编制。参与省政府控制温室气体排放目标责任考核。省气象局与南昌、九江、上饶市政府签署合作协议推进气象现代化建设。11个市成立政府领导牵头、相关部门参加的气象现代化工作领导小组，9个设市区政府召开专题会议部署气象现代化工作。11个设区市、53个县政府将气象工作纳入政府考核评价体系。省气象局认真部署气象现代化工作，制定实施方案，编制指标体系，开展评估分析。加强与省委组织部、省委农工部，省发改委、省财政厅、省农业厅等部门的合作，就“三农”气象服务、气象“十二五”规划、公共财政保障、防雷安全检查、气象科研、基层气象信息站等领域合力推动气象现代化建设。基层气象部门合作机制进一步深化,与水利、民政、国土等部门初步实现信息传播设备与渠道的共建、共享和共用。

【健全完善现代气象业务体系】 开发省级气象风险预警业务平台,市、县气象局安装中小河流洪水和山洪地质灾害气象风险预警服务业务系统。在全国率先完成暴雨洪涝灾害风险普查。开展集合预报、霾监测预报、空气污染气象条件预报。开展城市精细化预报和乡镇气象灾害预警试点工作。召开气候变化领导专家委员会会议,完成江西省太阳能资源普查。完成地面气象观测改革调整。山洪地质灾害气象保障工程建设顺利推进,建成31个国家新型自动气象站和135个山洪雨量站,完成南昌、九江PM2.5观测站建设,开展了区域站保障社会化探索。

【强化气象科技支撑】 加大科研投入,争取公益性行业科研专项1项,省部级项目12项,落实科研经费697.66万元。1项科研成果获得省科技进步三等奖,2项通过2014年科技进步奖二等奖、三等奖初审。出台科技创新驱动奖励办法,10多项科研成果投入应用。加强南方水稻气象特色领域研究。共建的"2011协同创新中心"获批。与省科技厅落实省人影工程技术中心建设、气象重点科研项目纳入省科技计划。完成中德应对气候变化能力建设项目。

【开展气象机构综合改革】 制定县级气象机构设置指导意见、综合改革实施方案,完成机构、岗位设置,明确了岗位职数和人员控制数。县级气象机构271名人员实现参公管理人员身份转变,结果公示后零异议。出台加强县局领导班子建设意见,在庐山区气象局试点组建县(市、区)局党组。制定县级综合气象业务改革发展实施细则,完善业务布局、流程和制度。完成47个县气象局现代气象业务服务系统建设,地面观测业务改革调整到位。与省编办联合发文要求各地健全人影机构。省气象灾害应急预警中心获批成立,省级地方编制达到33个。全省新成立地方气象机构30个,市、县新增地方气象编制101个。制定了地方编制管理办法,加强地方编制管理。

【实施气象"十二五"规划】 落实项目建设经费。气象"十二五"规划项目配套资金得到落实,明确了省市县资金比例。气象防灾减灾综合保障工程、鄱阳湖流域气象灾害应急示范工程及"28+2"气象台站探测环境改善工程可研报告获批。健全公共财政保障。气象、财政联合发文,明确地方气象公共财政保障项目。全年地方政府投入1.45亿元,其中省级6029万元。省市县配套建设、维持经费3248.05万元。省财政投入火箭作业改造经费200万元,市县落实配套资金814万元。加快重大项目实施。省防灾减灾科技中心大楼业务系统正在安装调试。2011年、2012年山洪项目投入业务试运行,完成2013年第一批山洪项目可研报告编制。气象台站探测环境改善工程持续推进,14个台站正在加快建设,7个台站完成规划设计方案。宜春、抚州、景德镇新一代天气雷达分别进入业务试运行、塔楼封顶和天线安装阶段。在泰井、大广高速建设8套交通气象示范站。

(邓晓明)

水　文

【概　况】 2013年,属中度干旱年,全省平均降雨1434毫米,比多年均值偏少12%。1—3月全省平均降雨276.0毫米,比多年均值偏少21%。4—6月全省平均降雨313.9毫米,比多年均值偏少3%。7—9月全省平均降雨250.0毫米,比多年均值偏少31%。尤其是7月16日至8月20日,全省平均降雨54毫米,比多年历史同期均值偏少66%,排历史同期倒数第一位。汛期出现大范围的极枯现象,局部中小河流断流。在全省163个基本水文(位)站中有49个站出现历史最低水位,赣江支流梅川江、孤江、禾水、遂川江、锦江,赣江干流樟树、丰城,抚河控制站李家渡,信江控制站梅港站,乐安河香屯站,潦河万家埠站均出现历史最低水位。渣津水文站,乐安河汪口水文站、香屯水文站,锦江上高水文站均出现历史最小流量。抚河二级支流崇仁水马口水文站8月10日—11日出现断流。由于降雨时空分布不均,局部河流发生中量级洪水。信江、饶河、修水,赣江支流、抚河支流共18条河31个站发生超警戒线洪水。五河七口入湖平均流量3440立方米/秒,比多年均值少12%。鄱阳湖水位低于常年,年最高水位排历年年最高水位倒数第五位。受长江上中游来水影响,9月29日8时至10月1日15时出现倒灌,倒灌水量1.65亿立方米,30日13时最大倒灌流量1750立方米/每秒。

江西省中小河流水文监测系统建设项目:866处雨量站、169处水位站、58处改建水文站、9处水文信息中心站以及1处省级应急机动监测能力。

【首次发布洪水预警】 4月30日凌晨,江西水文预报昌江洪水将全线超警戒线,并依据国家防总《水情预警发布管理办法》,向社会发布洪水黄色预警,这是全国首次水情预警发布,标志着江西水文情报预报进入科学化、规范化新阶段。8月5日,分别就抚河、赣江、信江部分流域干旱首次发布枯水蓝色预警。全年共发布洪枯水预警15次。

【大型湖泊藻类在线监测项目填补国内空白】 6月19日,水利部与江西省水文局合作开展的"948"项目《DF活体浮游植物及生态环境在线监测系统在鄱阳湖的应用》在北京通过验收。项目填补了中国大型湖泊藻类在线监测系统的空白,其积累的大型湖泊野外在线监测经验,具有推广应用前景,综合评价为A级。

【进一步增强水资源监测服务能力】 各地市水文局积极贯彻落实《江西省地表水资源分级监测实施方案》,拓展地表水功能区、界河、集中饮用水源地的水质、水量监测范围。加快推进130个国家级地下水监测站建设和水资源监控数据平台建设,项目建成后可实现水资源管理信息互联互通,为水资源"三条红线"的考核提供监测成果。

【有效应对突发水污染事件】 2月24日，潦河永修段突发管道漏油，造成水污染事件，县城6万多人饮用水受到影响。江西水文启动应急预案，开展事故现场调查，上报监测预报信息，为最大限度降低污染影响，保障供水安全发挥了重要作用。

【省政府审议通过《江西省水文管理办法》】 12月30日，省政府常务会议审议通过《江西省水文管理办法》，将于2014年4月1日颁布实施。该办法明确水文事业是国民经济和社会发展的基础性公益事业，并对水文管理体制和投入机制、水文规划及站网建设、水文水资源监测信息共享机制、水资源调查评价、水文水资源监测设施与监测环境保护等方面进行了规范。同时，《办法》规定了水文水资源监测为防汛抗旱、水资源管理、突发性水事件应急管理和城市排涝等其他领域服务的内容，强化了水文的社会服务功能。

【水文监测环境保护取得成效】 在江西省首次开展建设工程对水文监测影响程度的分析评价，完成龙头山电站、新干航电枢纽对水文监测影响程度分析评价报告，使受水利工程影响的水文设施得到有效保护。

【水文测验分析改革有成效】 最小生态流量试点监测取得初步成果。翰林桥、吉安、外洲、娄家村、梅港等站粒径计法与激光法悬移质颗分对比分析取得初步成果，2014年将全面推广。探索在悬移质泥沙颗粒分析中应用马尔文激光粒度仪。

（陈福春）

地震工作

【概 况】 2013年，江西省境内共发生ML1.0级以上地震74次，其中ML1.0～1.9级地震38次，ML2.0～2.9级地震15次，ML3.0级以上地震2次，2次ML3级以上地震分别为4月9日分宜ML3.4级地震和5月31日丰城ML3.4级地震。

地震活动水平总体上与上年度相当，未发生ML4级以上地震。空间上ML2级以上地震主要分布在江西省中部地区，赣北地区仅有少数2级地震活动，赣南地区地震活动表现为显著平静，未发生ML2.0级以上地震。近几年江西省中部萍乡—分宜—丰城一带2～3级地震活动相对频繁，3级左右地震震感比较明显。

【防震减灾纳入党委政府综合考评体系】 10月，省委、省政府办公厅印发《2013年度市县科学发展综合考核评价实施意见》，防震减灾首次纳入党委政府综合考评体系。省地震局牵头制定防震减灾指数考评办法并印发各市县考评办。各地以此为契机，主动工作，积极沟通，有力推进了防震减灾纳入政府议事日程、经济社会发展规划、财政经费预算和考核评价体系，有力促进了防震减灾“六个一”和“九个一”工程的全面实施。

【中国地震局与江西省政府共建合作】 在中国地震局和省政府共同签订战略合作协议的基础上，省地震局会同省发改、财政、科技等部门，编制《中国地震局江西省人民政府共同推进江西省防震减灾综合能力建设合作实施方案》，8月获得中国地震局的论证批复。根据合作方案，中国地震局投资的地震背景场探测、地震社会服务工程先行启动实施。

【修订《江西省地震应急预案》】 10月，省政府办公厅印发实施新修订的《江西省地震应急预案》。新预案与国家地震应急预案相衔接，吸纳四川芦山7.0级地震、甘肃岷县漳县6.6级地震应急处置经验，结合江西省震情和经济社会发展需求，突出“分级负责、地方为主”和交通管制、通讯保障等关键环节，强化了预案实战性与实用性，强化了地震部门职责，体现了中强地震应急处置特点。

【全面推进防震减灾三大体系建设】

监测预报方面。台网运维、震情速报与信息发布效能得到有力提升，测震、前兆和强震动三个台网运行率均保持在98%以上，国内地震2分钟内完成自动速报。省地震局与中国地震局地壳所合作实施前兆观测仪器中试实验研究，与东华理工大学联合开展前兆观测。各地认真做好震情跟踪与研判，较好地完成了重要时段、重大活动期间的震情监视与保障任务。在萍乡安源多次矿震事件中，各级地震部门与地方政府密切沟通，架设流动监测台网，提高了区域震情跟踪研判能力，有效维护了当地的社会稳定。震害防御方面。依法加强抗震设防要求管理，60%以上市县机构进入行政服务窗口。依法对南昌地铁二号线、赣州黄金机场等一批重大工程进行地震安全性评价，为300多项重要民生工程提供抗震设防要求。各级地震部门积极服务危房改造、地震安全民居等惠民工程建设，建成地震安全民居6.4万户。各地持续深入推进示范工程，已建成地震安全示范社区27个，科普示范学校186所，科普教育基地9个，应急避难场所213处。省地震局与省普法办、新法制报社联合举办以“识别灾害风险，掌握减灾技能”为主题的“百万网民学法律”网络竞赛。省地震局获全国“六五”普法先进单位。应急救援方面。及时做好广东河源4.8级地震波及丰城2.8级地震应急处置。省地震局与省武警总队联合赴福州参加华东区域地震应急联动演练。赣州、九江加强与邻省其他市县应急联动协作。寻乌、瑞金、丰城等地组织开展抗震救灾综合演练。更新完善了全省应急数据库，省、市、县三级视频指挥系统和地震灾情速报平台建设得到强化。地震应急基础能力得到提升，共有市级专业应急救援队6支，县级104支，志愿者队伍179支，共计1.8万余人。全省11个设区市机构全部获省编办批复，9个市局组建到位，萍乡和景德镇机构正在组建当中。51个县（市、区）完成独立正科级局组建，30个完成合署设置。43个市、县（区）局获2013年度省防震减灾综合考评先进单位，其中宜春市、赣州市、丰城市、寻乌县、修水县、余干县、进贤县获得中国气象局市县综合考评先进单位。

（刘圣炳）

测 绘

【概 况】 2013年，省测绘地理信

息局主动服务江西发展大局完成省委、省政府主要领导交办的鄱阳湖水利枢纽工程三维演示系统、昌九一体化示意地图以及鄱阳湖综合治理管理系统等,为江西经济社会发展和领导科学决策提供了及时有力的保障服务,受到省委、省政府主要领导的高度赞扬。省政府连续出台《江西省地理信息产业发展规划(2013—2020 年)》《关于加强全省航空航天遥感影像资料统一管理的通知》两个有关测绘的文件,落实第一次全国地理国情普查经费 2.65 亿元。在国家测绘地理信息局组织的省级测绘地理信息行政主管部门贯彻落实科学发展观年度考评中排名第二。省委书记强卫、省长鹿心社、常务副省长莫建成等省领导分别批示,对省测绘地理信息局工作成绩给予肯定和祝贺。在保持全国文明单位荣誉的基础上,获省级文明单位两连冠、省直文明单位八连冠、全省社会管理综合治理目标管理先进单位及全省平安单位。

全年共落实基础测绘项目经费 3700 万元,保证省级测绘项目的有效实施和年度计划的顺利完成。安排 410 万元用于获取 0.2 米分辨率航空影像,完成鄱阳湖区域 100 平方千米的倾斜摄影。自筹资金实施鄱阳湖区域九江市 100 平方千米的倾斜摄影数据。完成江西省级 1:1 万基础地理信息数据库整合升级工作,测制与更新 932 幅第三代 1:1 万比例尺地形图。

启动全省现代大地基准完善项目,该项目投资约 3500 万元,是江西省首次开展的测绘基准体系建设,将从根本上解决江西省测绘定位基准问题,可实现与国家一等水准成果同期观测、整体平差。

省测绘地理信息局已与南昌县小蓝经济开发区签约建设江西省地理信息科技产业园项目,面积约 23.33 公顷,投资总额约 20 亿元,预计 2016 年投入使用。江西省测绘地理信息创新基地已建设完工。

制作完成《鄱阳湖水利枢纽工程三维影像片专题片》,为鄱阳湖水利枢纽工程深化论证工作提供测绘地理信息保障服务,得到省委、省政府领导高度肯定。分别为省发改委、省纪委、省扶贫办、省公安厅、省农工部等部门制作《万安县杨万线美丽乡村示范带地图》《全省廉政文化与廉政教育分布图》《罗霄山脉扶贫与攻坚区域图》《江西省涉毒情况分布图》《昌九一体化》《昌九快速通道规划线路图》《江西省 105、320 国道沿线农村地图》等专题地图,为江西省各行各业及时提供测绘保障服务。更新制作《江西区域经济分布图》《江西省地图》《南昌市地图》《江西省交通图》《江西省政区图》《南昌西站周边交通地图》。

全省 11 个设区市机构职责全部到位,7 个设区市为市测绘地理信息办公室,2 个设区市加挂测绘地理信息局牌子,2 个设区市加挂市测绘地理信息办公室牌子。县级机构建设取得重大进展,全省大部分县(市、区)测绘地理信息管理机构实现更名并增加职能,6 个县成立了副科级测绘地理信息局(办)。

【开展地理国情普查工作】 省测绘地理信息局在全国较早成立地理国情普查项目办公室,年底到位启动资金 3000 万元。在国家普查任务基础上增加具有江西特色的红色旅游、"鄱阳湖生态经济区地理省情普查"和"江西省地质灾害隐患点普查",鹰潭市已完成普查,并深入试点及推广应用。已开展 17 个县(市、区)的普查试生产,其他地区正全面铺开。

【开展数字城市建设】 全省各设区市均开展数字城市建设,宜春市被授予"全国数字城市建设示范市",新余市获批为全国"智慧城市"建设试点。井冈山、婺源等县级数字城市通过建设红色旅游、绿色生态、云计算中心等作为江西省亮点工程、特色项目来打造。投入资金近 5000 万元建设省级地理信息公共服务平台(政务版),已开通运行。

【加快推进天地图建设】 全省各设区市正在加快推进天地图市级节点建设,并推广应用示范。吉安、上饶、新余、宜春市实现与"天地图"国家级节点聚合方式互联互通。成立全国首家省级天地图科技有限公司,将进一步完善政府支持、市场运作的地理信息产业发展资源配置机制,推进天地图市场化运营,积极探索出一条地理信息资源利益共享,全面推动江西地理信息产业发展之路。

【利用高新设备制作影像图】 省测绘地理信息局购置了无人机航摄系统、应急监测车、移动测量车等高新设备,完成鄱阳湖旱情监测、鄱阳湖水利枢纽工程建设、城市发展变化监测、农村集体土地确权登记发证等工作。在省地质灾害应急指挥部综合演练中,测绘部门的无人机、应急监测车发挥重要作用,有效探索出了多部门互相配合的应急联动机制,提高了江西省测绘应急反应能力。

开发《鄱阳湖重点区域综合治理信息平台》,完成鄱阳湖国际重要湿地、南矶山自然保护区无人机航摄及影像图制作(应急)项目,共青城、湖口城区及鄱阳湖水利枢纽无人机航摄项目,省级党政机关新址无人机航摄及影像图制作项目,铅山县葛仙山乡 1:1000 地形图测量(扶贫项目)应急保障任务等。

【统一测绘监管】 制定《江西省测绘地理信息质量管理办法(试行)》《江西省测绘地理信息项目备案办法》《江西省测绘地理信息行政处罚自由裁量权适用规则》和《江西省测绘地理信息行政处罚自由裁量权参照执行标准》《江西省测绘地理信息行政执法依据》和《江西省测绘地理信息行政执法职权分解》等规范性文件,测绘统一监管明显加强。

2013 年,江西测绘资质单位年度注册,首次将市场信用信息和测绘项目质量认可情况纳入审核工作。经过江西省市主管部门的审查,准予注册 358 家,缓期注册 51 家,并在江西省测绘地理信息局网站进行公告。组织开展互联网地图、地图市场、测绘成果质量、测绘成果保密专项检查等,查处多起违法违规案件。

【开展国际项目合作】 省测绘地理信息局与中美联合湖泊—湿地—流域研究中心、江西师范大学地理与环境学院三方共同申请"鄱阳湖湿地与流域研究教育部重点实验室主任开放基金"项目——《鄱阳湖生态经济区地理国情监测与信息服务关键技术研究》。局属省国土资源工程总院首次取得省商务厅对外承包工程资格证书,与江西中煤建设集团有限公司(在肯尼亚、赞比亚、埃塞俄比亚等国家有海外项目)签订合作协议书,并选派人员赴境外实地调研。

(陶文凤)

地质勘查

【概　况】 2013年,全省从事地质勘查的国有单位主要有省地质矿产勘查开发局(简称省地矿局)、省核工业地质局、省煤田地质局、江西有色地质勘查局等单位,总资产177.33亿元,总负债123.1亿元,资产负债率69.42%。

地质找矿工作。2013年,江西省继续实施找矿突破战略,开展的矿产勘查项目630个,投入资金11.75亿元,完成主要实物工作量:钻探60.64万米,坑探5.27万米,槽探34.39万立方米,浅井3660.2米,1:5万地质测量2215.8平方千米,1:5万水系沉积物测量7702.4平方千米。地质找矿项目实现持续突破,浮梁朱溪矿区钨、铜远景资源量分别可达200万吨、100万吨,矿床达超大型规模之雏形,九江金鸡窝铜矿查明铜资源量60万吨,莲花小江煤矿远景资源量可达亿吨。页岩气调查评价取得新成果,江西省重点地区主要层系页岩气地质资源潜力达1.7万亿立方米。新增了一批矿产资源储量:钨62万吨,铁矿石10215万吨,铜72万吨,金29吨,银13.69万吨,铅锌150万吨,稀土12.3万吨,锡0.8万吨,钼5650吨,钒14.5万吨,滑石122.8万吨,萤石200万吨,石膏1613万吨,瓷石(土)矿4363万吨,砖瓦用黏土78万吨,建筑用页岩94万立方米。

地质技术服务。进一步拓展了工程地质、灾害地质、环境地质、旅游地质、城市地质、农业地质等地质工作服务领域,为更好地建设富裕和谐秀美江西提供了全方位、多领域的地质服务和技术支撑。在江西省10.25万平方千米土地上开展了地球化学调查,在赣南原中央苏区等地新发现0.93万平方千米富硒岩土资源。全面完成鄱阳湖生态经济区1:5万水文地质环境地质调查2013年度实物工作量。完成永丰县1/5万地质灾害调查、瑞金县1/5万地质灾害调查项目等20余项地质灾害应急项目。成功申报石城县国家地质公园和上犹县、乐平县省级地质公园。在南昌市九龙湖、修水县白岭等多地探明了地热资源。

【省地矿局新挂牌2个院士工作站】 9月26日,鄱阳湖生态环境研究所院士工作站、江西省页岩气调查开发研究院院士工作站揭牌仪式在省地矿局举行。省地矿局包括上年度挂牌的912大队、赣南地质调查大队共有4个院士工作站,占全省已挂牌院士工作站23.5%,聘请中科院和中国工程院院士11名,占全省比例25%。至年底,4个院士工作站共承担各类项目42项,开展一批战略研究和科技攻关项目并取得成效,开展学术交流活动10场,培养博士3名,硕士36人。

【江西省鄱阳湖生态地质环境学会成立】 12月22日,江西省鄱阳湖生态地质环境学会成立暨首次学术交流大会在省地矿局举行。学会在社会各界吸纳相关业务团体会员单位51个,个人会员1000多名。学会汇聚了省内外一大批生态地质环境研究和实践方面的专家学者,主要围绕鄱阳湖生态经济区建设开展跨学科、跨地域的民间及国际科技交流与合作,组织相关科技工作者参与鄱阳湖生态地质环境的调查研究,为鄱阳湖生态经济区建设提供科学技术支撑,为政府提供科学决策的依据。

【科技创新成果丰硕】 省核工业地质局承担的国家级科研项目《相山铀矿整装勘查区综合研究》已通过国土资源部门初审。承担的省级科研项目《江西省鄱阳湖生态经济区天然放射性本底调查与评价》项目全面启动,收集区域内大量资料并编制项目实施方案。承担的重点项目《修水地区碳硅泥岩型铀矿生物溶浸技术研究》取得成效,修水地区已列入江西省碳硅泥岩型铀钒找矿重点突破区。

【推进央企入赣合作项目取得较大成效】 省核工业地质局多次联络推动,中国核工业建设集团核建清洁能源有限公司与瑞金市政府签订战略合作框架协议,拟在瑞金投资建设高温气冷堆核电站及相关配套产业基地、生活基地,预计投资500亿元。

【省煤田地质局中煤集团再次进军全球250强承包商】 中煤集团是江西走向世界、开拓市场的排头兵。2006年集团公司开始走出国门,走进非洲,2013年在埃塞俄比亚中标9000万美元世行贷款公路项目,海外市场在建项目41个,合同总额超12亿美元,创利润超亿元,据美国《工程新闻纪录》(ENR)每年一次的国际承包商评选,2012年成功跻身全球国际承包商250强,2013年排名第164位,连续6年被省政府评为"走出去"先进单位。2013年被商务部评为最具创新力"走出去"50强,被省外办评为因公出国(境)管理工作先进单位。

【江西有色地质勘查局建局60周年】 2013年,江西有色地质勘查局建局60周年。60年来,为国家、江西省提交了上百处大中型有色、稀有稀土矿产生产建设基地,潜在经济价值超万亿元。先后探明了西华山、大吉山为代表的赣南十大钨矿,以及赣东北一大批极具影响力的金、银、铜、稀土等重大找矿成果,为江西省的经济建设注入了强劲动力。地质勘查工作范围已走出国门,扩展到埃塞俄比亚、博茨瓦纳、格陵兰岛等数十个国家和地区。江西有色地质勘查局先后获得地质勘查功勋单位、金矿地质勘查先进单位等60余项省部级荣誉。

(省地矿局编辑室)

本栏编辑　邓玉兰

金融助推江西发展升级

2014年以来，面对复杂的经济金融形势，江西省人民银行系统坚持以改革创新为引领，认真执行稳健的货币政策，扎实推进金融改革创新，切实维护区域金融稳定，努力提升金融服务和管理水平，为江西发展迈出“发展升级、小康提速、绿色崛起、实干兴赣”新步伐作出了积极贡献。

人民银行南昌中心支行充分发挥货币信贷政策导向作用，把稳增长、调结构、促改革与惠民生紧密结合，加大对全省重点领域和经济薄弱环节的金融支持力度。先后研究出台了金融支持赣东北扩大开放合作及赣西经济转型加快发展的指导意见，大力支持江西区域经济发展战略。积极落实定向降准政策措施，多次对地方法人金融机构下调存款准备金率，释放资金约29亿元。对20家金融机构开展了中小企业信贷政策导向效果评估，在78个县域对533家金融机构开展了涉农信贷政策导向效果评估，确保金融机构把有限的信贷资源用于支持实体经济发展。研究制定了支小再贷款操作管理实施细则，加大正向激励与引导，定向支持小微企业贷款余额和增速较高的地方法人金融机构。合理调整支农再贷款限额，有效提高了支农再贷款的政策效果。上半年全省累计发放支农再贷款27.87亿元，同比多增11.36亿元。大力支持科技、文化产业发展，积极开展金融扶贫开发工作，建立了罗霄山片区扶贫开发金融服务联动协调机制。继续推进小额担保贷款工作，上半年累计发放小额担保贷款56亿元，支持创业和带动就业29.5万人。积极推动债务融资工具应用，上半年全省累计发行债务融资工具218.6亿元，同比增长82.1%。

人民银行南昌中心支行还坚持改革创新思维，努力提升金融服务水平，优化江西金融发展环境。配合省政府出台了《关于加快全省金融业改革发展的若干意见》，认真做好相关政策宣讲和贯彻落实工作。积极推进利率市场化改革工作，开展地方法人金融机构合格审慎评估，3家城商行获得通过，列全国第4，促成南昌银行成为全国第9家发行同业存单的地方法人金融机构。积极推动金融IC卡推广应用，宜春市获人总行批准成为第二批应用工作试点城市。配合省政府在全省推广小微企业信用体系试验区建设经验，促进“信用江西”建设。推进外汇管理简政放权，优化业务流程，倡导“负面清单”管理，支持江西开放型经济发展。正式启动运行“12363”金融消费权益咨询投诉电话，加强金融消费权益保护。

人民银行在赣州召开罗霄山片区扶贫开发金融服务联动工作会

人民银行南昌中心支行行长王信在宜春经济技术开发区调研

人民银行南昌中心支行组织召开2014年一季度江西省金融形势分析会

南昌：凝心聚力 全面加速

12月1日，省委书记强卫一行来到南昌市十字街视察棚户区改造情况。

2013年，南昌市始终坚持区域聚焦、产业聚焦、政策聚焦、资源聚焦，坚持“二三并举、双轮驱动”，用好先行先试的改革权、试验权，强力推进大投入、大建设、大发展，实现打造核心增长极“一年有势头”的阶段性目标。全市主要经济指标顶住下行压力，呈现位移前移、占比提升好势头；税收收入占财政总收入比重是全省唯一保持在90%以上的设区市。百大重大重点项目建设快速推进，累计完成投资478.51亿元。产业经济迈上新台阶，规模以上工业增加值首次突破千亿元大关。临空经济区建设全面启动，开辟南昌未来发展的“第二战场”。新城建设加快发展，旧城改造取得突破，拆违拆临快速推进；城乡一体化发展步伐加快，镇村联动建设成效显著，农村面貌焕然一新。城乡居民收入双双实现两位数增长，民生实事项目投入不断加大，百姓生活持续改善，经济社会发展成果进一步惠及城乡居民。至年底，全市共获得各类全国性荣誉和奖励37项。

2月23日，长江中游城市群四省会城市在南昌市举办的首届会商会上签订《前湖共识》。

打造核心增长极

省委常委、南昌市委书记王文涛与志愿者代表亲切交谈。

6月20日，全球第700万辆全顺车在江铃小蓝基地下线。

湾里区太平镇文化艺术产业街——心街

12月12日，有着千里赣江“第一隧”之称的南昌地铁1号线秋水广场站至中山西路站盾构区间上行线顺利实现贯通。

12月26日，"一江两岸"景观亮化工程正式亮灯

铸就更加恢宏的“赣州气象” 谱写赣南苏区振兴发展事业新篇章

2014年6月28日上午，赣州市召开纪念《国务院关于支持赣南等原中央苏区振兴发展的若干意见》出台实施两周年会议。

2014年6月28日上午，省委常委、市委书记史文清在纪念《国务院关于支持赣南等原中央苏区振兴发展的若干意见》出台实施两周年会议上讲话。

2014年6月28日上午，市委副书记、市长冷新生在纪念《国务院关于支持赣南等原中央苏区振兴发展的若干意见》出台实施两周年会议上通报振兴发展工作情况。

《若干意见》出台实施两年来，在党中央、国务院深切关怀，省委、省政府强力推动，国家部委和省直厅（局）的倾力支持下，赣州全市上下奋进，抢抓机遇，主动作为，赣南苏区振兴发展取得重大阶段性成效。

突出民生问题加快解决，民生福祉大为提升。连续两年筹集资金200多亿元，每年办好100件民生实事。集合资源着力完成40.68万户农村危旧土坯房改造。解决237.9万农村人口安全饮水问题。给3.69万烈士子女发放定期生活补助。扎实推进罗霄山片区扶贫攻坚，扶贫对象由“十一五”末215.46万人减少到139.51万人，贫困发生率下降近11个百分点，民生问题显著改善。

产业优化升级步伐加快，内生动力进一步增强。2013年，全市规模以上工业主营业务收入2575.33亿元。规模以上工业企业户数1077户，比2011年底增加296户。投资100亿元的赣州综合物流园区一期已建成。稀土、钨及其应用产业实现主营业务收入近800亿元。南康家具产业2013年实现产值450亿元，成为家具行业首个国家级知名品牌创建示范区。新材料、新能源汽车等战略性新兴产业主营业务收入880.78亿元，“一矿独大”格局初步改变。国家先后批复龙南和瑞金2个国家级经济技术开发区、赣州综合保税区、赣南承接产业转移示范区等重大平台。设立国家离子型稀土资源高效开发利用工程技术研究中心、国家脐橙工程技术研究中心，以及龙南发光材料及稀土应用高新技术产业化基地和章源钨业企业技术中心等国家级技术创新平台，产业综合竞争力全面提升。

基础设施明显改善，城乡面貌发生新变化。2012年至2013年，全市开工重点工程267个，完成投资1346.3亿元。全市城镇化率42.56%，两年提升3.22个百分点。南康

乘着赣南苏区振兴发展东风，赣州市中心城区建设日新月异，现代化的区域性中心城市逐步显现。

着力保护和建设赣州历史文化名城。图为改造后的赣州市郁孤台历史文化街区宋街

撤市设区，中心城市总面积达到2323平方千米，扩大至原来的近5倍，建成区面积达137.02平方千米，城镇常住人口133.98万人。两年来，新增高速公路通车里程149千米，总里程1000千米，在建167千米；建设改造国省道623千米，完成农村公路建设4100千米，改造危桥280座。建设和谐秀美村点5289个，建成新型农村社区200多个，农村面貌发生深刻变化。

深化改革力度加大，体制机制创新取得新进展。充分利用《若干意见》赋予赣州的先行先试权，大胆探索，勇于创新，获得国家层面批复的示范试验区32个。加快推进第二批国家低碳试点城市、稀土综合开发利用试点城市、国家电子商务示范城市、“西果东送”农产品现代流通综合试点城市等建设，抓好国家旅游扶贫试验区、部省共建教育改革发展试验区等建设，打造改革创新、先行先试的实验田、先行区。

生态建设持续加强，生态优势进一步巩固。组建江西省第一家碳交易机构——赣州环境能源交易所，建设林业产权交易中心。推进“净空、净水、净土”工程，城市集中饮用水源地水质达标率100%，地表水主要河流断面水质达标率保持在90%以上。全市森林覆盖率达76.4%，城市环境空气质量优良率保持100%。

打造全国稀有金属产业基地、先进制造业基地，建设承接产业转移示范区。图为赣州开发区工业园区一角

“三送”(送政策、送温暖、送服务)干部深入田间地头指导农村产业发展

把农村土坯房改造与扶贫开发、秀美乡村建设、产业发展紧密结合，着力打造现代化的农村社区和农业产业基地。图为瑞金市沙洲坝镇洁源新村田园村庄美景

加强生态保护，建设我国南方地区重要的生态屏障。图为赣江源头区域石城县生态保护一角

江西省高级人民法院

◀ 4月11日，省委书记强卫视察省法院工作，省法院党组书记、院长张忠厚等领导陪同。

▶ 1月25日，省法院院长张忠厚在省十二届人大一次会议上作《江西省高级人民法院工作报告》。

◀ 5月17日至22日，应最高院邀请，江苏、浙江、山东、广东等省的9名全国人大代表对江西法院进行了为期一周的集中视察。图为代表视察吉安市中级法院立案大厅

▶ 省法院高度重视社会矛盾化解工作，坚持领导接访制度，努力化解信访矛盾。图为7月19日，省法院党组书记、院长张忠厚在省法院立案信访厅接访信访群众

公正·廉洁·为民

FAIR AND HONEST PEOPLE

▶ 省法院始终坚持把理想信念教育摆在首位，不断强化党性观念、宗旨意识。图为7月26日，省法院党组书记、院长张忠厚带领处级以上党员干部参观革命烈士纪念堂并重温入党誓词

◀ 12月6日，省法院成立专家咨询委员会，并召开座谈会。图为省法院院长张忠厚为委员颁发证书

▶ 江西法院大力推进诉讼服务中心建设，方便群众诉讼，减轻诉累。图为省法院院长张忠厚视察景德镇市中级法院诉讼服务中心

◀ 2013年11月6日，江西省高级人民法院首次公开开庭审理了江西省女子监狱提请的服刑人员曾某、张某减刑案件。省女子监狱宣读了提请减刑建议书，对提请减刑的服刑人员自入监以来的认罪、悔罪改造表现情况进行了举证，服刑人员和管教民警出庭作证。省人民检察院指派的出庭检察员当庭讯问了服刑人员，对刑罚执行机关当庭出示的证据进行了质证，询问了出庭作证的证人，并发表了出庭意见。8位省人大代表、6位省政协委员旁听见证了开庭过程

景德镇：千年古镇

景德镇市位于江西东北部，是世界瓷都，国家首批历史文化名城、国家园林城市、航空产业基地。2013年以来，景德镇以全面深化改革为动力，努力打好工业强攻战、招商引资大会战和城市建设攻坚战，取得了显著成效。

工业发展新跨越。景德镇直升机产业作为国家战略性新兴产业区域集聚发展试点产业通过了国家发改委初审，昌飞公司直升机总装扩批项目总投资8亿元已开工建设，北汽集团重组昌河汽车进入实质性阶段，组建集筹资、投资、建设、运营为一体的“北汽工业园项目建设投融资公司”，华意压缩机公司成为全球最大家用压缩机制造企业。

城市建设高起点。昌南城市拓展区和配套设施的规划设计基本完成，投资约100亿元的绿地陶瓷文化旅游城项目已正式开工，总投资26亿的江西省浯溪口水利枢纽工程实现截流，九景衢铁路全面启动，总投资31.8亿元的铁路商务区项目开工。

▲ 2014年7月14日，省委书记强卫在景德镇市委书记刘昌林、市长颜赣辉陪同下，到昌河汽车景德镇新基地调研。这是北汽集团重组昌河汽车后推进的重点工程，项目总投资140亿元，计划到2018年底新建年产45万辆乘用车、30万台发动机厂房及生产线。

▲ 2013年，华意压缩家用压缩机产销量双双突破3,400万台，实现净利润1.85亿元，成为全球最大家电冰箱压缩机制造企业。

▲ 2014年8月14日，我国轻型民用直升机AC311A在景德镇成功首飞。这是中航工业继AC313大型民用直升机之后，又在景德镇研发生产的新型直升机。

世界瓷都 生态之城

老城保护显成效。实施老窑址、老厂区保护工程，完成御窑厂内部拆迁、周边清理和道路改造，陶溪川国际陶瓷文化产业园核心启动区开园，引进浙商建业集团建设落马桥“三红一光”文化综合体，完成“御窑景巷”一期和三闾庙、天主教堂等历史文化街区保护修缮建设，瓷都大桥至中渡口老街区保护项目稳步推进。

▲ 2014年6月14日，中国第九个文化遗产日主场城市活动在景德镇举办，主题为“让文化遗产活起来”。图为在御窑遗址公园举行的开幕式

▶ 2014年6月14日，文化部向景德镇御窑厂国家考古遗址公园（右图）授牌。景德镇御窑厂是明、清两代宫廷御用瓷器的专门制造场所

▲ 2014年4月9日，2013年度“中国十大考古新发现”揭晓，距今有1200多年烧造历史的景德镇南窑唐代窑址入选。将景德镇瓷器烧造历史向前推了100多年（小图为出土的瓷乐器）

▲ 2014年8月16日上午，江西省浯溪口水利枢纽工程实现主河床截流。浯溪口水利枢纽位于景德镇昌江干流中游，是一座以防洪为主，兼有供水、发电等综合作用的水利工程。

萍乡市

萍乡经济社会发展情况

萍乡市位于江西省最西部，是江西的“西大门”，是江西省重要的新型工业城市，重要的商贸、旅游、文化城市和赣湘边际地区重要的中心城市。2013年，全年完成地区生产总值792亿元，增长8.2%；全社会固定资产投资830亿元，增长20%；规模以上工业增加值360亿元，增长9%；财政总收入109.79亿元，增长9.2%；社会消费品零售总额234.2亿元，增长11.7%；城镇居民人均可支配收入23489元，增长10.5%；农民人均纯收入1.11万元，增长11%。

秋收广场

虎形公园

正在建设中的华能安源电厂

重点项目建设情况

2013年，萍乡市全年列入省重点工程项目31项，新增24项，新增数位列全省第二。实施市重点项目96个，总投资974.3亿元，当年完成投资188.2亿元。其中，华能安源电厂“上大压小”新建工程推进有序。

城镇化建设情况

土地规划图

杭南长高铁萍乡北站

2013年，玉湖新区、田中新区、安源组团基础设施建设全面展开，完成建设投资近60亿元，杭南长高铁萍乡北站已于2014年8月底基本通车。

产业发展情况

萍乡市致力推进“工业强市”，工业发展更加稳健。深入实施工业强市和质量兴市战略，全力推进“双十”工程，加速推进新型工业化，工业经济稳步增长。2013年，煤炭、陶瓷、水泥、花炮、冶金五大传统产业全年实现增加值299.16亿元，占全市规模以上工业增加值的83.1%。新材料、新能源、生物医药、先进装备制造等战略性新兴产业完成增加值81.36亿元，占全市规模以上工业增加值的22.6%，增长9.15%，特别是建成江西省粉末冶金产业基地和萍乡陶瓷产业基地，为萍乡产业发展提供了强劲动力。

江西粉末冶金产业基地展示中心

湘东陶瓷产业基地——国微陶瓷

莲花县荷花博览园

富裕和谐秀美乡村建设情况

2013年，投入资金9000余万元加快富裕和谐秀美乡村示范带建设，农村危房改造任务4550户全部完成。可视范围内荒山造林140公顷，水稻、蔬菜瓜果、养殖、油菜、莲子、水产等一批集中连片基地发展到300余个。特别是莲花县转变经济发展方式，以“花”为媒，大力推进莲产业发展，在319国道和吉莲公路沿线，打造20千米莲了产业带。

旅游业发展情况

2013年，成功举办了第27届全国荷花展暨国际荷花学术研讨会、第六届武功山国际帐篷节等节庆活动。莲花县、安源区顺利入选全省旅游综合改革试点县区，环鄱阳湖国际自行车赛首次进入武功山。成功获评“中国最佳休闲旅游城市”。

武功山国际帐篷节

赣州市公安局

忠诚 为民 公正 奉献

赣州市副市长、市公安局局长胡满松(左7)，在家的市局党委班子成员与人民至上报告团成员合影留念。

省长助理、省公安厅厅长郑为文为江西十大法治人物罗菲颁奖。

贯彻落实公安部支持赣州公安工作“意见”座谈会

全市公安工作会议

载誉归来

赣州特警

反劫机演练

情暖赣南苏区　心系基层民警

局领导与全市公安英模合影留念

公正司法树形象 科学发展谱新篇

——九江市中级人民法院

近年来，九江市中级法院新一届党组结合九江法院实际，提出了“争得九江法院应有地位，促进九江法院科学发展”的总体目标，提出了切实守好执法办案、队伍建设、信访维稳不出问题“三条工作底线”的基本要求，强调要努力营造“团结、务实、文明、进取”的良好院风。全市法院坚持总体目标和基本要求不动摇，每年确定工作重点，狠抓工作落实，各项工作呈现全面协调发展的良好局面。市中院机关先后荣获全国法院立案信访窗口建设、案件庭审、司法宣传、网站管理、司法统计、警务达标先进单位，连续四届被评为省级文明单位，连续三年位居全省中院目标管理综合考评第一名，被评为2010—2011年度、2012—2013年度全省优秀法院，并被评为全省司法公开示范法院。九江市委书记殷美根、市长钟志生分别作出重要批示,对全市法院工作给予充分肯定。

该院坚持公正司法，主动服务大局，出台保障和服务鄱阳湖生态经济区建设，全力决战工业、加快做大九江、开创“双核”发展新征程，加快沿江开放开发，推进旅游大发展以及加强和创新社会管理等一系列司法指导意见，建立快速司法通道，积极助推全市经济社会发展。研究制定房屋征收拆迁、劳动争议、民间借贷等案件的审判指导细则，切实保障改革、发展、稳定。组织开展服务“强工兴城”战略专项活动，专门成立办案协调组，集中力量妥善办理重大案件，依法保障重点建设稳步推进。坚持抓好执法办案第一要务，妥善化解各类矛盾纠纷。2011年以来，全市法院共受理各类案件69786件，审（执）结69161件，年均递增13.3% 和10.9%。市中院共受理各类案件5106件，审（执）结4887件，年均递增13.2%和12.2%。坚持司法为民宗旨，加强诉讼服务中心建设，加大便民服务力度，切实维护群众合法权益，努力让人民群众在每一个司法案件中感受到公平正义。积极开展文明单位创建和争先创优活动，市中院正在努力争创全国文明单位，13个基层法院被评为省、市级文明单位，努力提升了人民法院良好形象。坚持依靠党的领导，主动接受人大和上级法院的监督指导，积极争取政府和社会各界的大力支持，促进了法院各项事业的科学发展。

全国部分省市法院远程视频提讯观摩座谈会在九江召开，最高人民法院副院长黄尔梅（前中）、江西省法院院长张忠厚（前右）出席会议。

九江中院开庭审理重大刑事案件

九江中院组织开展迎“三八”女法官义务法律咨询活动

九江中院召开涉民生案件专项执行活动兑现大会

南昌高新区：打造具有滨湖特色的生态科技新城

在发展升级、绿色崛起的道路上，南昌高新区持续领跑全省园区：2013年，园区主营业务收入完成1014.43亿元，成为全省首个千亿元产业园区；财政总收入首超50亿元，经济规模、企业户数、利税总额、出口创汇等多个经济指标列全省第一，正邦集团、方大特钢、江西中烟主营业务收入纷纷跨入“百亿级俱乐部”。

南昌高新区不断加大招商引资力度,瞄准世界500强、国内500强等重点企业，紧紧围绕航空大飞机、LED、生物医药、服务外包等产业，从延伸产业链及配套产业入手，引进相关产业的龙头企业和区内产业的配套企业，形成产业集群。目前，南昌高新区的航空产业、电子信息产业、生物医药产业、新材料产业、软件及服务外包产业等主导产业已初步形成产业集聚。2013年签约落户项目共计25个，投资总额达202亿元。作为全国面积最小的出口加工区，南昌出口加工区2013年1平方千米土地创汇5亿美元，创造了单位面积产出全国最高的奇迹。

面向未来，南昌高新区将坚持“二三并举、双轮驱动”，努力推动“工业提量、服务业提速、产城融合提效”，加快构建高端、前端、深端的产业体系，以产兴城，以城聚产，力争2016年园区主营业务收入达到2000亿元。

南昌航空工业城国产大飞机C919大部件厂房

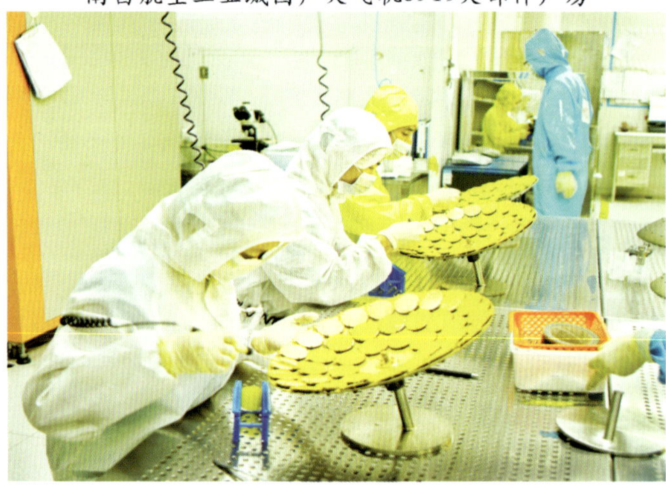

国内唯一具有自主知识产权江西晶能光电公司LED芯片生产线

艾溪湖大桥“一湖两岸”新貌

瑶湖生态科技新城远眺

火炬大街新貌

南昌经济技术开发区

南昌经济技术开发区是经国务院批准的第一批国家级经济技术开发区之一，是南昌市、乃至江西省对外开放的重要区域。全区面积为158平方千米，下辖一镇两处，总人口33.4万。经过21年的开发建设，基本形成了一个集工业生产、高等院校、生态居住为一体的宜业、宜居的产业之城、创新之城、和谐新城。

区位优势独特。南昌经开区处在中国长三角、珠三角、闽东南三角3个经济圈连线中心。境内与7条高速公路相连通，与京九、浙赣、皖赣等铁路线相连接，有江西最大铁路货运中心和国际型综合保税物流中心。区内现有国际集装箱码头一期10万标箱，二期将新增10万标箱，昌北机场作为中国内陆枢纽性国际航空把南昌带向国际。公路、铁路、水运、空运“四位一体”现代综合立体交通体系，造就了该区域是江西人流、物流、资金流、信息流最为通畅、繁忙的地方，构筑起江西最大的开放开发平台。

恒天百路佳客车

生态环境优美。南昌经开区背山面水（背靠梅岭山，面朝赣江），坐西北朝东南。158平方千米范围内有1/3是湖泊和森林、绿地。有国家级梅岭风景区，赣江生态廊道，紧靠鄱阳湖生态湿地，是江西省首批生态工业园区，已经申报并通过全国生态工业园论证。南昌经开区不仅是一个功能完善的新型生态工业园区，也是一座绿色宜居的滨江新城。

南昌欧菲光科技有限公司生产车间

人才资源丰富。区内有江西财经大学、华东交通大学、江西农业大学等普通高校17所，科研机构19所，技工学校6所，每年有一大批科研成果诞生。有超20万的技术性人才从事机械、软件、管理及教育类工作，区内企业人力资源和创新智力资源能得到有效保障。

城市功能完善。区内建有电力总容量达36万千伏安的变电站、月供水量达18万吨的自来水厂和日处理能力达20万吨的污水处理厂，实现雨污分流管网、通讯管道全覆盖。同时，园区还享有国家级开发区的特殊支持，拥有市级管理权限和一级财政，为企业一站式服务的快速政府通道。

产业基础雄厚。园区内有1500多家企业落户，100多家产值过亿，2013年完成工作总产值809.41亿元。形成了以海立和奥克斯为骨干的家电制造产业；以格特拉克、恒天动力和百路佳为骨干的汽车机电制造产业；以诚志股份、西林科、和苏克尔为骨干的生物医药化工产业；以南昌硬质合金、江钨金世纪、大洪人管业为骨干的新型材料产业；以欧菲光为骨干的电子信息产业；以康师傅、润田为骨干的食品饮料产业等六大主导产业集群，一批配套企业相继落户，进一步夯实了产业基础。其中汽车机电产业和新材料产业产值突破150亿，生物医药产业集群产值突破100亿，电子信息和家电两大产业集群正朝着百亿产业集群迈进。

赣州开发区

赣州开发区是国家级经济技术开发区，与国家级赣州出口加工区合署办公。赣州开发区位处赣州中心城区，辖5个镇（街道），面积219平方千米，人口28万人。前身是1990年7月成立的赣州黄金岭经济开发区，先后于2007年5月、2010年3月被国务院批准为国家级出口加工区、国家级经济技术开发区。2013年，全区生产总值增长16%，财政总收入增长20%，工业主营业务收入增长20%，完成固定资产投资增长30%，综合实力在全国90家国家级经开区中列第50位，前移12位。

赣州开发区迎宾大道

工业经济快速发展。全年规模以上工业企业115户、新增20户，主营业务收入增长20%、工业增加值增长17%。六大支柱产业主营业务收入、利税分别增长17.8%和17.5%。实现主营业务收入过亿元的企业72户，利税超千万的83户，税收超亿元的2户。新增毅德控股、康尔实业等上市企业2户。

招商引资成效显著。全年引进项目120个，签约资金340亿元、增长21%，其中签约亿元以上项目62个，增长87.8%。实际利用内资增长18.1%，实际利用外资增长26%；外贸进出口额增长12.7%。“央企入赣”引进央企项目6个，其中北斗产业园项目，成为该区历史上首个投资超百亿元的工业项目。

第三产业蓬勃发展。新增个体工商户1638户，从业人员7090人；新增物流企业28户，达108家，货运总吨位2.9万吨；新增金融机构5家；区内汽车、水果、建材等专业市场长足发展，从业人员5000余人。

民生事业加快改善。区财政民生事业投入增长25%，新开工农民返迁安居公寓2221套，竣工1474套，新开工公租房3000套，竣工1004套，新增城镇就业4035人，新增转移农村劳动力2805人。新建和改扩建15所学校，新建成卫生院、卫生服务中心2个。新农合参合农民14.5万人，参合率98.34%。人口自然增长率7.31‰。

出口加工区

赣州开发区东磁稀土繁忙的生产线

赣州开发区光宝力信流水线

井开区大门

国家井冈山经济技术开发区

井开区火炬大道

出口加工区

柏兆电子

国家井冈山经济技术开发区位于吉安市城南，规划面积46.5平方千米，是全国加工贸易梯度转移重点承接地、国家台资企业转移承接基地，也是江西省政府和深圳市政府共创共建的吉安（深圳）产业园。2010年3月升级为国家级开发区，2011年3月批准设立国家出口加工区。现已完成基础设施投入55亿元，引进项目335个，已开工项目281个，其中竣工投产项目237个。主导产业快速壮大。电子信息、生物医药、先进制造和现代服务业“3+1”主导产业快速发展壮大，其中电子信息产业特色明显，围绕“五大终端、六大集群”，打造国家电子信息高新技术产业基地。目前，聚集了红板公司、柏兆电子、威力新能源等电子信息类企业百余家，产品涉及触控显示、电脑、通讯终端、LED等产品。科技创新能力增强。在全国131家国家级经济技术开发区中，井开区科技创新指标排名第36位，列中部地区第10位。开发区被授予“国家科技兴贸创新基地（电子信息）”。承接产业转移有新突破。2013年招商引资势头良好，产业招商、引进外资、高科技项目取得新突破。一是产业招商取得新突破，引进电子信息类项目11个，涉及电脑及周边产品、手机、电机、LED、电子元器件等；二是外资项目取得新突破，引进了意大利、台湾等外资项目6个；三是高科技项目取得新突破，引进了柏兆科技、泰屹科技等6个高科技项目。

梨山公园

景德镇高新区

高新区大楼

景德镇高新区位于景德镇市西南部，是江西省政府1994年批准设立的全省首家省级高新区，于2010年底晋升为国家级高新区。2009年被国家发改委认定为国家高新技术产业基地，2012年被工信部批准为国家新型工业化直升机产业示范基地（军民结合），2013年，先后被科技部评为国家高新技术产业化基地和年度“创新型产业集群试点(培育)”。

园区主导产业为以江西直升机产业投资管理有限公司为龙头的包含航空直升机整机及零部件制造的航空产业；以北汽集团和江西昌河汽车有限责任公司为依托的汽车零部件配套产业；以华意、美菱为龙头的家电制造业以及电子信息产业。

园区内目前有200余家企业落户，42家企业产值过亿，2013年完成工业总产值340.03亿元。预计到2020年实现主营业务收入1000亿元，同比增长16%；完成工业增加值185.07亿元，完成固定资产投资200亿元，规模以上企业100家。

高新区园区工业规划面积31平方千米，地理位置优越，交通发达，瓷都大道、206国道穿境而过，距机场、杭瑞高速、景鹰高速、火车站、客运中心均在10分钟车程左右。与周边上海、武汉、合肥、杭州、金华等重要城市形成了5小时经济圈。

近年来，园区以项目建设为重点，积极融入鄱阳湖生态经济区建设。即将开工建设的九景衢铁路建设项目，将为景德镇的发展插上腾飞的翅膀。景德镇高新区诚挚欢迎海内外企业家、实业家来投资兴业，携手共创新的未来。

A109E型直升机

江西美菱冰箱生产线

园区全景

深入实施四大战略 加快推进发展升级

——鹰潭国家高新技术产业开发区

高新区总部经济大楼效果图

2013年以来，鹰潭高新区瞄准“又高又新”的发展方向，按照“打造千亿园区、建设工业新城”的目标定位，实现经济总量和发展质量的“双提升”，全年实现工业主营业务收入443亿元，增长15.7%；财政收入14.31亿元，增长17%，其中税收收入11.25亿元，增长47%。

实施项目带动战略，提升产业竞争力。突出高新技术企业、产业龙头企业、关联配套企业三个重点，大力开展产业招商、绿色招商、科技招商，引进产业项目30个，实施产业项目37个，较往年大幅提升。积极引导企业走“专、新、精、特”发展路子，推进企业发展升级。铜基新材料产业逆势发展，水工产业高科技产品比重大幅增加；大健康产业效益大幅提升；电力电子、新能源、创意制造产业落地项目明显增多。

实施创新驱动战略，提升内生驱动力。坚持以科技创新体系的完善，激活企业创新主体作用，加快步入内生驱动轨道。出台高企申报、专利申请、商标注册、科研机构建设、人才引进培养等一系列优惠政策，设立2000万元科技创新基金，营造了创新创业的浓厚氛围。高新技术企业、授权专利、科研平台成倍增长。三川水表获批为国内水表行业唯一的国家级企业技术中心。与浙江大学签约共建技术转移中心。引进国家“千人计划”专家1名，实现鹰潭市引进国家“千人计划”人才的零突破。

实施产城互动战略，提升综合承载力。围绕“产城一体、产城互动”，实施西湖湿地公园、总部经济大楼、城中村改造等一大批重大城建项目；着力培育发展现代服务业，繁荣传统服务业，新城承载能力不断提升。正在推进国家循环化改造试点园区、省级清洁化试点园区、省级生态园区建设，积极探索把生态优势转变为发展优势的新路。

实施产融贸互动战略，提升发展助推力。以金融体系的完善助推高新技术产业跨越发展，与国信证券加强战略合作，推进企业上市、债券发行；成为中国人民银行总行在全国唯一的“金融知识进机关普及示范点”；被列为全省20个“财园信贷通”试点园区之一。与中国网库合作打造“赣东北电商谷”，以营销模式的革新助推企业发展升级。铜现货交易中心运行良好，有效缓解了铜原料供应难题。

鹰潭高新区正迈着发展升级、绿色崛起的铿锵步点，加快建设成为高端产业聚集、科技创新活跃、配套功能完善、生态环境优美的现代化工业新城。

小微企业孵化基地及龙岗商务服务区效果图

萍乡经济技术开发区

萍乡经济技术开发区位于江西省萍乡市境中部的城区东北郊。2013年末全区总人口12万，总面积为57.6平方千米，辖15个管理处，12个社区居委会。该区坚持走新型工业化和新型城镇化相结合的发展道路，获得“国家级经济技术开发区”“国家新材料高新技术产业示范基地”“全国模范劳动关系和谐工业园区”“江西省先进工业园区”“江西省节约集约用地先进开发区”“江西省中小企业信用体系试验区”等荣誉。

2013年，萍乡经济技术开发区园区经济取得明显成效。完成地区生产总值119.6亿元，同比增长10.4%；规模以上工业增加值82.2亿元，同比增长10.5%；固定资产投资110.6亿元，同比增长20.7%；财政总收入16.87亿元，同比增长11.3%；城市居民人均可支配收入2.65万元，同比增长17%；农民人均可支配收入1.29万元，同比增长17.9%。辖区完成主营业务收入570.4亿元，同比增长15%；工业增加值115.8亿元，同比增长20.2%；工业税金总额22.87亿元，同比增长7.1%；工业企业利润总额50.1亿元，同比增长35.5%；出品交货值49亿元，同比增长26.8%；从业人员6.25万人，同比增长1.8%。

萍乡经济技术开发区党委书记李锦林

四通八达的迎宾大道

坐落在萍乡经济技术开发区的高铁站

园区一角

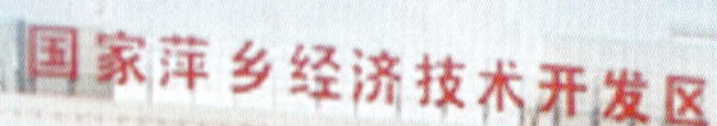

萍乡经济技术开发区管理委员会

上饶经济技术开发区

晶科能源有限公司

上饶经济技术开发区位于上饶市中心城区西部，是上饶市最具活力与发展潜力的工业新城、城市新区。

上饶经开区始建于2001年，2010年11月升级为国家级经济技术开发区，先后获批国家加工贸易梯度转移重点承接地、台资企业转移承接基地、国家光伏高新技术产业化基地、国家光学高新技术产业化基地和江西省高新技术产业园区、生态工业园区，正在创建国家级生态工业园区。

得天独厚的区位优势。上饶素有“豫章第一门户”“八省通衢”之称，是江西省对接长珠闽的门户城市。“三纵三横”的铁路架构，京福高铁和沪昆高铁“十”字相交；“两纵三横”的高速公路网，沪瑞高速和上武高速“十”字交叉；沪昆高铁开通后，到上海仅需2小时，到杭州仅需1个多小时；京福高铁开通后5个多小时直达北京，1个多小时可达福州；周边3小时车程内有南昌、景德镇、杭州等机场，距离经开区仅10分钟车程的上饶三清山机场已在建设中。

特色彰显的产业集群。现有入区企业310家，其中工业企业233家，已投产的工业企业162家，2013年实现主营业务收入586亿元，在全省经开区（工业园区）排名比上年度前移一位，排名第四。形成了以晶科能源、光电高科为龙头的光伏新能源产业；以凤凰光学为龙头的光学产业；以中材机械为龙头的机械制造产业；以新金叶、德源欣茂为龙头的有色金属产业，其中光伏、光学产业在江西省颇具影响力。晶科能源在国内光伏行业中率先扭亏盈利，已形成1800兆瓦光伏一体化产能；凤凰光学的光学镜片产能中国第一、世界前三；中材机械的水泥熟料输送设备占国内市场85%以上，产量世界第一、品牌认知度世界第二。

宜业宜居的优质环境。发展空间十分巨大。辖区总面积176平方千米，发展规划面积100平方千米，在建区域面积66平方千米，沪昆高速公路经开区互通及拓展区“三纵一横”总长达32.5千米的主干道路已基本建成，“七通一平”的成熟土地源源不断推出，电、水、气供应和污水处理、商住小区等功能设施完善。坚持生态立区、绿色崛起的原则，依山就势搞开发，辖区内有江西省盛名的白鹭栖息地西郊公园，沿信江河岸十余公里，大小水体千余处。

作为上饶市主攻工业的引领区，上饶经开区正在朝着“千亿开发区”的目标奋进！

开发区行政服务中心

龙南打造最具魅力的都市区

龙南经济技术开发区

龙南经济技术开发区始建于2000年7月，2006年3月经江西省批准升级为省级开发区，2013年3月经国务院批准升级为国家级经济技术开发区。全区规划面积175平方千米，建成面积9.31平方千米，是江西对接珠三角的“桥头堡”和承接沿海产业转移的首选区，也是中西部地区离广东沿海发达地区最近的国家级经开区。龙南经济技术开发区落户企业253户，其中规模以上工业企业72户，已形成稀土新材料、电子信息、现代轻工、食品药品四大主导产业，先后被批准设立江西龙南稀土产业基地、江西龙南再生资源回收利用产业基地、江西龙南生产性服务业基地、江西龙南承接产业转移示范基地、江西龙南新材料省级战略性新兴产业基地、江西印刷包装产业（龙南县）基地和国家发光材料及稀土应用高新技术产业化基地。

园区坚持规划先行，龙南经开区编制完成了空间发展规划和产业发展规划，完成了深商产业园一期控制性详细规划和概念性规划，富康工业园西南片区控制性详细规划等编制工作，修编了富康、新圳、龙腾、金塘石人片区等园区控制性详细规划。按照“近期建园、远期建城”的理念，全面建设万亩深商（龙南）产业园，着力把龙南经开区打造承接产业转移的城市新区、产业新城。2014年，龙南经开区计划实施基础设施建设项目39个，总投资约8亿元。

园区在全国首创的安商服务机制，对落户企业实行一对一联系服务，每户企业都有一名挂点区县领导、一个挂点单位、一名联络干部，为企业建设提供全过程、全方位的“零距离”服务，及时解决企业生产经营过程中的困难和问题。先后被评为苏商投资中国首选城市、中国最适宜粤商投资地区、中国最适宜深商投资地区等。

龙南经济技术开发区大楼全景图

龙南经济技术开发区园区交通

龙南经济技术开发区大罗园区勤业公司

贵溪工业园区

贵溪工业园区总体规划面积1万平方米，其中工业用地7300平方米，商住及配套用地2700平方米；基本建成的7300平方米工业用地中，工业厂区用地5650平方米，公共用地740平方米，公益用地910平方米。鹰雄大道、320国道穿境而过，六纵六横道路四通八达，东西向4.2千米，南北向2.9千米，园区内天然形成黄丹岭公园、吕相岩公园、月亮湾公园并建有一座10.67公顷水面积的人工湖，日处理污水4万吨的污水处理厂已建成并正在运行当中，自然生态环境和谐。自2002年10月扩园以来，园区先后被授予省级民营科技园、全省30家重点建设园区之一、省级工业园区、省级铜产业特色园区、省级生态工业园区、省级重点工业园区、首届江西十大最具价值投资工业园区等称号，下一步将全力打造国家级经济技术开发区。

园区围绕打造“世界铜都·中国灯谷”宏伟目标，依托江铜品牌优势，进一步调整产业结构，重点发展铜精深加工，大力推进“世界铜都”建设；以美的集团入驻园区为契机，重点做好江西鹰潭节能照明产业基地，加快“中国灯谷”建设步伐。已形成以铜产业、光电产业为主导，化工建材、医药食品、机械制造为辅的产业发展格局。

园区将进一步解放思想，开拓创新，锐意进取，全面打造路畅、灯明、树绿、水清的生态园区，努力把园区打造成为“今日工业园区，明日城市新区”。

园区管委会办公大楼

红旗集团江西铜业有限公司生产现场

江西美的贵雅照明有限公司生产现场

人工湖鸟瞰图

南昌县

2014年4月12日，南昌县委书记、小蓝经开区党工委书记郭毅，县委副书记、县长刘闯到武阳中小型企业创业园，就项目推进工作进行现场调度。

2013年8月9日，南昌县重大重点项目集中签约和开工仪式

2013年，在市委、市政府和县委的正确领导下，全县上下紧紧围绕构建核心增长极重要战略支点的目标，以“三年倍增计划”为引领，按照“一年有势头”的要求，凝心聚力促改革，开拓创新谋跨越，经济社会实现了持续健康较快发展，完成了县十五届人大三次会议确定的各项目标任务。百强进位彰显实力。在第十三届全国县域经济基本竞争力百强县排名中跃居第67位，前移8位，连续五年进位赶超，百强进位幅度为历年之最；2013年中国中小城市综合实力百强县排名中跃居第60位，前移17位。总量跨越彰显锐气。地区生产总值跨越450亿元，预计达到495亿元，增长12%；财政总收入和地方公共财政预算收入分别跨越70亿元和40亿元，达到72.6亿元和45.5亿元，按省口径分别增长20.2%和28.7%，两项指标总量连续四年稳居全省县市第一，综合实力继续领跑全省。质量提升彰显优势。2013年预计社会消费品零售总额完成74亿元，增长15%；城镇在岗职工年平均工资3.33万元，农民人均年纯收入1.13万元，分别增长10.7%和13.2%；三次产业比优化为9.2：64.3：26.5；税收收入占财政总收入比重达90.5%，高出全省县市平均水平9.3个百分点，发展质量走在全省前列。

象湖新城鸟瞰图

小蓝经开区获批筹建全国第二家汽车类知名品牌创建示范区；在全省率先建立企业服务代办平台；盘活闲置用地129.33公顷，完成项目填砂100万立方米；总投资92亿元的尚荣医疗、煌大食品等32个项目开工建设，总投资67亿元的江铃股份、江铃控股等16个项目竣工投产；投产企业达450家,全省首个汽车零部件产业园全面开工。预计工业总产值、主营业务收入双双突破550亿元。

城市潜力不断蓄积。按照项目清场、连片拆除的要求，强力推进了房屋征收和土地收储大会战。城市张力不断扩大。编制了《县城十二五近期建设规划》《银三角控制性详细规划》等，修编了昌南商务中心区和南高公路沿线控制性详细规划，启动编制了八一、富山等乡镇控制性规划，城市规划区面积扩大到128平方千米。城市承载力不断提升。开展了“建筑工程质量管理年”活动，全面修复了县城控规区内破损道路；与央企中建一局签订《战略合作框架协议》，以较低回报率与其开展BT合作，建设重点市政基础设施；投资近7亿元的金沙大道全线竣工通车，振铃东路南段、象湖路西延等工程顺利推进。城市魅力不断凸显。“三城同创”工作取得良好成效，成功创建“省级园林县城”；理顺了环卫保洁、绿化管护管理体制，推进了188万平方米道路保洁市场化运作；投入5000万元美化亮化了澄碧湖周边环境，完成了澄湖北大道等9条道路路灯合同能源改造，实现了社区公共照明全覆盖。

首届运动会启动仪式暨健步走比赛活动在澄碧湖南苑广场举行

举行纪念建党93周年“爱国歌曲大家唱”展演活动

2013年，被授予全国粮食生产先进县、全国群众体育先进县、全国一事一议规范管理县、全国农村土地承包纠纷仲裁工作先进单位、全国县级防震减灾工作先进单位、全国建筑之乡、全国柔力球之乡、全省新农村建设工作先进县、全省休闲农业示范县、全省开放型经济综合奖、全省社会救助先进县、全省生猪屠宰先进县、全省重大动物疫病防控工作先进单位、全省春季森林防火平安县、全省“森林城乡、绿色通道”建设优秀县、全省财政家电下乡工作先进单位、全市信访工作先进集体、全市农产品质量安全集中整治工作先进县、全市人口计生工作一等奖等荣誉称号。

南昌县“幸福庄园”经济适用房

进贤县

进贤，地处江西中部、鄱湖南岸，县域面积1971平方千米，辖22个乡镇（场）、266个村（居）委会，人口85万，因孔门七十二贤人澹台灭明南游至此讲学而得名，意为“进能纳贤之地”。

进贤，是一座人文沉香的千年古城。始建于晋太康元年，拥有1700多年的建县史，孕育了晏殊、晏几道等文坛巨匠，董源、巨然等画坛巨擘。境内共有各级文物保护单位32处。其中，李渡元代烧酒窖遗址，为2002年“中国十大考古发现”之一；架桥艾溪陈家古建筑群中的羽 山馆和云亭别墅，2013年被列入第七批全国重点文物保护单位。

进贤，是一个特色鲜明的产业大县。医疗器械、文化用品、高空礼弹、钢构网架、特种水产、食品加工等“七个一”特色产业，蓬勃发展，品牌飞扬，赢得了“特色看进贤”的美誉。中国医疗器械之乡、中国毛笔之乡、中国河蟹之乡已成为进贤三张亮丽名片。2013年，医疗器械、文化用品、钢构网架等特色产业实现产值239.6亿元，增长14.4%，占全县规模工业产值的91%。

进贤，是一方风景优美的生态家园。县内军山湖，流域面积达616平方公里，蓄水量12亿立方米，是全国最大的县域内湖，湖体中央水质达到二类标准，已经成为长江江豚迁地保护基地、越冬候鸟栖息地，更因出产清水大闸蟹而名扬海内外。近几年来，因军山湖水质不断提升，多次发现生物进化研究的“活化石、被国家列为世界最高级别的极危水生物“桃花水母”。

进贤，是一块物产丰饶的风水宝地。粮、油、茶、特色水产等农产品闻名遐迩，小麦、大豆、芝麻等产量位居全省前列，是全国绿色农业示范区建设县、全国商品粮基地、全国粮食食品原料（黑芝麻）标准化生产基地、江西省优质农副产品供应基地和南昌市都市型农业和绿色环保生物食品生产基地。

进贤，是一处区位优越的交通要塞。地处长珠闽三个三角洲的共同腹地，鄱阳湖生态经济区核心地带和南昌“半小时经济圈”，沪昆、福银、德昌等3条高速公路穿境而过，浙赣铁路、320、316国道境内交汇，即将开通的杭长高铁在此设立6000平方米的市级站台，将为进贤赢得更多的人流、物流、信息流。

近年来，进贤县积极策应打造富裕和谐秀美江西和南昌核心增长极，围绕“一年强基础、两年求突破、三年大变样”的战略目标，大力实施七大指挥部项目推进机制，聚焦园区建设，按照功能集成、企业集聚、资源集约的要求，全力打造省级重点园区；聚焦城市建设，全面启动了12.35平方千米的青岚新城建设，初步拉开了30万人口现代化中等城市的总体框架；聚焦城市管理，深入开展了市容网格化整治，全面叫停违章建筑；聚焦镇村建设，坚持规划引领、特色引导，构建了合理分工、功能互补、协同发展的城镇建设格局；聚焦交通建设，全力推动福银高速李渡互通、G320绕城公路改线、昌进一级公路改造等重大交通设施项目建设。2013年，实现地区生产总值259.16亿元，增长11%；财政总收入15.55亿元，增长18.59%；公共财政预算收入11.39亿元，增长20.04%；完成规上工业总产值263亿元、增加值62.5亿元，分别增长20.9%和11%，500万元以上固定资产投资47.27亿元，增长13.8%；各项指标基本保持两位数增长，均高于省市平均增幅。

湾里区

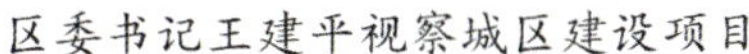

区委书记王建平视察城区建设项目

区长杨晓辉走访群众

湾里区地处南昌市西北部，1969年建区，全区幅员面积238平方千米，下辖4镇2街办，总人口10万。交通便捷，距南昌市区10千米，距昌北机场25千米，红湾、昌湾、兴湾公路直达南昌核心城区，西外环高速公路、105国道、南安、蛟万和省店公路穿境而过。生态优良，林木覆盖率达73.7%，拥有“梅岭国家森林公园”和“梅岭国家重点风景名胜区”两块金字招牌，是南昌市的“氧吧”“绿肺”和“都市中心花园”，享“小庐山”之美誉。

2013年，全区完成地区生产总值40.11亿元，增长11.8%；财政总收入8.01亿元，增长33.4%，实现了两年翻番；地方财政收入4.95亿元，增长31.8%；500万元以上固定资产投资30.7亿元，增长38.8%。财政总收入、地方财政收入、500万元以上固定资产投资等指标增幅排名南昌市前列，在全市项目建设“看新不看旧、看大不看小、看特不看平”三看巡查评比活动中湾里列全市第二。

改造旧城，建设新城。第一轮招贤中路旧城改造项目圆满收官，共60栋、约41万平方米的拆迁安置房顺利竣工。第二轮天宁路以北片区旧城改造顺利实施，一个月左右的时间完成2017户、55.2万平方米的房屋征收和拆除任务，并实现了“无一户强拆、无一人上访”的和谐征收、快速征收。

2013第七届梅岭登山节

优化环境，形象提升。重点对进区主干道、城市路网及旅游公路进行了街景改造，大力整治了长春湖、乌沙河和乌源港水系，城市基础设施优化完善。积极开展通道“五化”整治和镇村联动建设，精心打造了梅岭、太平、罗亭三个特色镇、5个“五位一体”综合示范村和18个新农村建设村点，太平镇南源村跻身省级生态村，全区5个村被评为市级生态村。

发展旅游，扬优成势。梅岭景区开发力度加大，成功推出春季“赏花节”、夏季“纳凉节”、秋季“登山节”、“太平啤酒节”等一系列节庆活动60余场(次)，梅岭主峰创国家4A级景区工作进展顺利，琴源山庄、逸景营地、洗药湖二期、梅堡生态葡萄酒庄、大客天下客家风情园等休闲度假项目相继建成并对外开放。全年接待游客达300.2万人次，同比增长51.1%，实现旅游综合收入9.17亿元，同比增长53.6%。

国家4A级景区——太平狮子峰景区

章贡区

12月28日——29日，工信部规划司副司长顾强率队到章贡区调研对口支援。

11月1日，市委常委、区委书记王林云到水南镇调研棚户区改造工作，与村民交谈了解他们对棚户区改造的意愿和建议。

章贡区位于江西省南部，辖5个镇、4个街道办事处、57个行政村、48个街道社区居委会和13个镇辖居民委员会，总面积375.52平方千米。户籍总人口46.85万人，人口出生率10.09‰，自然增长率5.84‰。2013年，章贡区实现生产总值234.76亿元，增长14.4%；财政总收入26.02亿元，增长29.9%；公共财政预算收入15.36亿元，增长40.8%；规模以上工业增加值61.12亿元，增长17.1%；固定资产投资217.19亿元，增长29.2%；社会消费品零售总额201.62亿元，增长14.3%；出口总额6.17亿美元，增长15.2%；实际利用外资7689万美元，增长10.1%；城镇居民人均可支配收入2.12万元，增长13.3%；农村居民人均纯收入8696元，增长15.3%。经济总量和发展质量实现“双提升”。

全区82户规模以上工业企业实现主营业务收入242亿元、利税23亿元，分别增长25.4%、20.1%。围绕打造“产城综合体”，新入园“2+3”产业企业12户，57户“2+3”产业企业主营业务收入、利税分别占规模以上工业企业的77%、88%。新增主营业务收入超30亿元企业1户。

全年投入园区（基地）开发建设资金4.45亿元，道路建设和绿化景观提升工程快速推进，闲置土地（厂房）清理工作取得实效，完成征地363公顷，争取新增建设用地计划130.27公顷。沙河工业园被批准为省级重点工业园区、更名为章

青峰药业大门

章贡区大力发展低碳环保产业

沙河产业园区

2月18日，区委副书记、区长赖正文，在东外棚户区改造现场调研。

5月29日，中国汽车零部件（赣州）产业基地项目合作在北京签约。

贡经济开发区，水西基地被评为全省循环化改造试点园区。

章贡区被列为全省城镇新区商业建设试点区。“2+2”农贸市场改造工程全部完成，瑞安农贸市场列为省级农产品现代流通试点。郁孤台历史文化街区新建仿古建筑93栋、修缮35栋，厚德路商业街综合改造顺利竣工，宋城特色街区初步成型。开通中心城区“一日游”旅游线路，全年接待游客480万人，实现旅游综合收入12.9亿元。

顺利推进棚户区改造和安置房建设，完成房屋征收5215户，水东棚户区（城中村）改造有序推进；在建安置房141.5万平方米，其中主体封顶48.45万平方米，竣工分配7万平方米。5000套公租房建设任务全面完成。

民生事业各项支出达14.83亿元，占财政总支出的60%。民生实事已完成74件。企业职工基本养老保险参保人数比上年净增1万人。城乡居民基本养老保险参保人数达9.8万人。新农合参合率98.2%，新增就业8700人，新增发放小额担保贷款6338万元，全区社会保障实现全面覆盖。

转型升级

章江新区“城市家园”农民返迁安置小区

水西产业园区.

南康区

2014年1月10日，副省长谢茹(左三)到南康市走访慰问困难群众和敬老院老人。

2014年1月13日，副省长李贻煌(中)到南康市调研园区建设及产业发展情况。

南康区位于江西省南部章江中下游流域，辖6镇、12乡、2个街道办事处。行政区域面积1722.35平方千米，其中城区面积31.1平方千米。耕地面积3.56万公顷、有林面积10.92万公顷、森林覆盖率 60.82 %、城区覆盖绿化率44.15%。总人口83.28万人，其中城区人口31.8万人，非农业人口14.65万人，人口自然增长率5.5‰。有汉、畲等民族。2013年11月12日，南康撤市设区获批。

2013年，地区生产总值137亿元，增长10.7%。其中，第一产业增加值22亿元，增长 2.9%；第二产业增加值72亿元，增长14.3 %；第三产业增加值42亿元，增长8.4%。财政总收入18.4亿元,增长22.7%，人均收入2216元，税收占财政总收入的比重85.4%；地方财政收入13.5亿元，增长23.4%；地方财政支出33.6亿元，增长12.3%。工业总产值336.7亿元，增长17.5%。规模以上工业增加值229.6 亿元，外贸出口1.05亿美元。500万以上固定资产投资100亿元 、实际利用外商投资9182万美元 、省外投资27.6亿元 。主要工业产品产值:家具152亿元、矿产品127亿元、服装15亿元、电子19亿元、精细化工6亿元；农业总产值34亿元，增长6.3 %。主要农产品产量:

2014年1月21日，南康市市委书记徐兵(右二)来到龙岭镇走访慰问拆迁困难户、困难党员、困难群众和敬老院老人

2014年2月19日，全国人大代表视察组马志武(左一)等一行到南康市视察

粮食产量33.8万吨、生猪出栏79.1万头、油料作物产量3.5万吨、蔬果产量24.3万吨、茶叶产量30吨。二氧化硫排放总量3434吨，削减率1%、城市污水处理率68%。城镇居民人均可支配收入1.08万元，增长13.3%。农村居民人均纯收入6755元，增长17.9%。金融机构存款余额223亿元，增长17.6%；贷款余额139.9亿元，增长25%。南康是中国甜柚之乡。

2013年，唐江镇评为全省首批百强中心镇，横市镇增坑村入选全国“美丽乡村”首批创建试点。

2014年2月25日，赣州市南康区揭牌仪式在南康行政中心大楼前举行。

2014年5月28日，政协第十二届全国委员会文史和学习委员会主任王太华(左二)在南康家具中心市场调研。

2014年5月28日，中国（赣州）第一届家具产业博览会在南康区召开。

2014年6月10日，国家质检总局副司长陈洪俊(右二)到南康区考察调研。

2014年5月6日，全国人大常委会法工委副主任郑淑娜(左二)一行到南康区调研经济社会发展情况。

2014年4月26日，由国家质检总局动植司处长冯春光带领的专家组到南康区调研指导赣州进境木材检验检疫监管区建设工作。

兴国县

兴国是全国著名的红军县、烈士县、将军县、苏区模范县。2013年，全县实现地区生产总值110.84亿元，增长10.3%；财政总收入10.78亿元，增长18.3%，其中公共财政收入6.3亿元，增长21.7%；完成500万元以上固定资产投资68.5亿元，增长28.5%；城镇居民人均可支配收入、农民人均纯收入分别达到1.72万元、5285元，分别增长9.4%和18.1%。

振兴政策有效转化。认真贯彻落实《国务院关于支持赣南等原中央苏区振兴发展的若干意见》和《国家部委对口支援方案》，国家民政部和国家烟草专卖局率先出台支援《方案》，被评为赣州市苏区振兴发展先进县。成功引进中国建材、中化蓝天、中航工业和中电投等5家央企。《瑞兴于经济振兴试验区发展总体规划》已通过国家发改委专家咨询会评审，昌吉赣客专获国家发改委批准立项，民政项目园、西气东输三线兴国段和兴赣高速稳步推进。

产业发展转型升级。启动占地633公顷的开发区扩区调区工程，全县规模以上工业增加值实现34.7亿元，增长13.7%。引进万亩珍稀树种培育基地、现代林业博览园等一批超亿元农业产业项目，全县实现农业总产值40.7亿元，增长10.4%。全年共接待游客132万人次，实现旅游综合收入9.3亿元，分别增长30.7%、39.5%。三次产业结构比优化为23.8:47.6:28.6。

2013年11月16日，江西省原省委书记、现任中华慈善总会荣誉会长、山花工程基金会名誉会长万绍芬在县委书记何舜平的陪同下，到兴国县江背镇水沟小学调研。

2013年11月6日，中国兵器集团副总经理温刚在县政府县长赖晓军、县委副书记余钟华陪同下，到兴莲官田中央兵工厂军工教育基地调研。

兴国县将军园

城乡建设统筹推进。苏区大道建成通车，凤凰大道改造顺利完成，和睦返迁安置房、和睦及坝南新区路网等项目加快推进。城市建成区面积24.5平方千米，城市人口25.2万人，城镇化率44.7%。统筹推进和谐秀美乡村点建设161个，高标准启动高兴统筹城乡发展示范镇建设，高兴镇被列为江西省首批百强中心镇。

民生事业持续改善。100项民生实事基本完成，全县民生支出占财政总支出的75.7%。完成农村危旧土坯房改造1.24万户，解决9.8万人不安全饮水问题。城区学校扩容改造稳步推进，新建、扩建中小学校舍11.9万平方米。在全省率先实施县级公立医院改革试点。

广蓝传动科技股份有限公司

广蓝传动科技有限公司车间一角

江西三美化工有限公司

江西兴国南方水泥有限公司

威保（江西）运动器材有限公司

国兴汽车博览城

红色故都·共和

国家级自然保护区——赣江源

2013年，在江西省委、省政府和赣州市委、市政府的正确领导下，瑞金牢牢把握赣南苏区振兴发展历史机遇，紧紧围绕“发展升级、小康提速、绿色崛起、实干兴赣”十六字方针，始终坚持“发展为先、生态为重、创新为魂、民生为本”的理念，开创振兴发展的崭新局面。实现生产总值101.09亿元，增长11.4%；完成财政总收入12.64亿元，增长21.97%，其中公共财政收入9.25亿元，增长26.3%；固定资产投资总额47.67亿元，增长29.1%；城镇居民人均可支配收入1.64万元，增长11.2%；农民人均纯收入5984元，增长15.6%。

国家农业产业化示范基地一角

促进产业升级，经济基础进一步夯实。成功争取经开区升级为国家级经济技术开发区，新开发面积100余公顷，建成标准厂房5.75万平方米，与神华科技等5家央企签订投资框架协议；全年共引进项目25个，其中亿元以上项目12个，4个项目已建成投产。现代农业加快发展，烟叶产量列赣州第三名，烤鳗出口创汇居赣州之首，“武夷源”商标被认定为“中国驰名商标”，成立全省首家农民专业合作社联社，瑞金农业产业化基地被认定为“国家农业产业化示范基地”。现代服务业亮点纷呈，全面完成叶坪、红井、二苏大、纪念园等景区升级改造，“共和国摇篮”景区创建国家5A级旅游景区取得突破性进展。全年接待游客402.4万人次，实现旅游收入14亿元；成立振兴小微企业信用担保公司，成功引入南昌银行、招商银行等2家金融机构。

经开区企业好莱克公司技改项目生产一角

绵江河城区段两岸风貌

图为打造中的国家A级旅游景点(叶坪景区)

国摇篮——瑞金

推进城乡统筹，新型城镇化进程进一步加快。基本完成第五轮城市总体规划修编和瑞金都市区规划，形成完善的规划体系。城市功能加快完善，全国公务员培训基地、江西瑞金干部学院已挂牌成立，赣龙铁路复线工程、西气东输三线工程进展顺利，瑞金叶坪机场、500千伏输变电工程等重大项目前期工作有序开展；中小学教育园区、体育中心、城市防洪工程等项目加快推进；基本建成智能交通系统，成为省内第一个拥有智能交通系统的县级城市。乡村不断改善，完建27座重点小型水库除险加固工程，开工建设23座一般小型水库除险加固工程及叶坪乡万亩高标准农田建设工程，铺设通组公路240千米。完成132个新农村建设点整治；造林绿化2087公顷，赣江源自然保护区晋升为国家级自然保护区，叶坪乡被评为国家级生态乡。

持续改善民生，群众幸福指数进一步提升。改造农村危旧土坯房1.67万户，解决9.4万名农民饮水安全、5.1万户低电压用户正常用电问题。49个扶贫开发重点村扶贫开发项目90余个，贫困人口减少2.88万人。新改扩建校舍11.7万平方米，1.6万名农村学生搬进新校舍。民生保障水平明显提升，全年共投入民生资金21.35亿元。城乡居民社会养老保险参保人数达26.6万，城镇基本医疗保险参保人数达13.7万，新型农村合作医疗参合农民达53.9万，基本实现全覆盖。

西气东输三线工程建设场景

赣龙铁路（瑞金段）扩能改造项目建设场景

沙洲坝洁源村土地坯房改造

江西省重点职业学校——瑞金职校一角

县城桃江河畔一景

信丰县

2013年10月13日至15日，国家能源局调研组在信丰调研

县委书记张逸看望五保户老人

信丰县辖13镇、3乡、1个工业园区，260个行政村，总面积2878平方千米，耕地面积3.09万公顷，森林覆盖率69.4%。总人口 74.34万人。2013年，全县实现生产总值129.1亿元，增长13%；财政总收入12.21亿元，增长18.5%；农民人均纯收入7755元，增长18.4%；城镇居民可支配收入1.91万元，增长13%。

全年新增规模以上企业9户，实现规上工业增加值37.03亿元，增长13.32%；利税6.5亿元，增长47.7%。四大支柱产业规模企业总产值96.6亿元，增长26.8%。全年完成工业固定资产投资58亿元，增长27.1%；新增开工项目33个、竣工投产项目34个；10个增资扩产项目全部开工建设，其中6个项目竣工投产。工业园区实现主营业务收入135亿元，增长20.5%。主营业务收入超亿元企业31户，纳税千万元以上企业7户，园区企业实缴税收近3亿元。

信丰县超前谋划6大类334个重大项目。向上争取项目335个，到位无偿资金11.05亿元，增长18.8%；重点推进的48个重大项目中开工在建39个，完成投资30.5亿元，增长38%，朝阳聚声泰、磊源永磁等12个项目竣工投产。

2013年，签约项目62个，实际利用外资9108万美元，增长10.08%；实际引进省外资金33亿元，增长25%。引进项目质量大幅提升，其中5000万元以上项目36个、亿元以上项目21个，成功引进总投资19.6亿元的超白电子玻璃项目、总投资9亿元的科之光电子项目以及总投资6.2亿元的无公害大米项目。“二次招商”取得新成效，签约项目8个，总投资10.1亿元。总部经济实现零的突破，创税2058万元。

投资19.6亿元的超白玻璃生产项目签约落户信丰

《信丰脐橙志》发行仪式

全国第一部脐橙志——《信丰脐橙志》发行仪式

农村危旧土坯房改造现场一角

大余县城全景

大余县

活力钨都 绿色南安 幸福大余

大余县位于江西省西南边缘，辖8镇、3乡，105个行政村，面积1367.63平方千米，总人口30.69万人。

2013年，围绕落实苏区振兴发展，县委、县政府继续推进实施"工业强县、城镇兴县、旅游活县、生态立县"发展战略，着力稳增长、调结构、抓改革、促生态、惠民生，经济社会呈现"稳中有进，稳中向好"发展态势，各项经济指标均有较大幅度增长，全年实现生产总值79.98亿元，规模以上工业实现增加值24.5亿元，500万元以上固定资产投资72.1亿元，社会消费品零售总额18.93亿元，财政总收入8.39亿元，地方财政收入5.5亿元，农民人均纯收入6776元，实际利用外资7348万美元。全年新编制重大储备项目140个，总投资103亿元，争取各类资金10.1亿元；安排重点项目100个（其中列入省市重点调度项目7个），60个新建项目均开工建设，有16个基本完工；推进和谐秀美乡村等基础设施建设、民生保障工作，城乡面貌更新，生态环境更美，民生保障更实，政务环境更优。黄龙镇旱田村被国家农业部授予"全国一村一品示范村"称号；高考二本以上上线率在全市排名第一，新编原乡版古典赣南采茶戏《魂牵梦绕牡丹亭》参加第五届江西省艺术节展演并获"玉茗花"剧目奖。

大余县工业园区

大余牡丹亭

梅关古驿道

丫山风光

赣县

中国·赣县清溪现代农业示范园

——世界客家摇篮·休闲养生福地

赣县位于江西南部，素有“千里赣江第一县”之称。辖11镇、8乡，耕地2.15万公顷，有林业用地面积23.16万公顷，有林地面积20.95万公顷，森林覆盖率75.21%。城区绿化面积487.92公顷，绿化率32.1%。人口61.93万人，其中农业人口51.93万人，城区人口28.2万人，人口自然增长率7.32‰。

2013年，实现生产总值115.88亿元，同比增长11.4%。其中，第一产业增加值18.8亿元，增长5.7%；第二产业增加值67.17亿元,增长14.0%；第三产业增加值29.91亿元，增长9.4%。财政总收入15.74亿元，增长22.9%，人均2850元，税收占财政总收入的比重为83.92%；地方财政收入9.93亿元，增长41.7%。地方财政支出27.18亿元，增长15.4%。规模以上工业增加值52.5亿元，增长13.9%，外贸出口总额2.31亿美元。实际利用外资6929万美元，增长10.2%；实际利用内资36.28亿元，增长20.89%。钨、稀土等主导产业主营业务收入185.7亿元，占工业总产值比重73.5%。主要工业产品：原煤12.2万吨，比上年减少0.3%；稀土分离原矿2169吨；铝材6166吨。粮食总产量19.76万吨。国家现代农业示范区新开发面积2040公顷。新建高标准蔬菜基地232.87公顷，总产量17.85万吨；种植烟叶225.53公顷，总产量0.0537万吨；甜叶菊213.93公顷，总产量300吨。柑橘类水果总产3.57万吨，增长19.79%。肉类总产量4.60万吨，增长7.22%；家禽出笼292.65万只，增长0.14%。城镇居民人均可支配收入1.84万元，城乡居民年末储蓄余额91.03亿元，增长15.3%，农村居民人均纯收入5177元。

新赣南大道赣县接口处夜景

落户赣县的华能（瑞金）电厂

十里樱花长廊

江口旱塘新村

上犹县

——中国低碳旅游示范县

上犹县位于江西省赣州市西部，辖5镇、9乡，131个行政村、8个居民委员会，总面积1543.87平方千米，其中城区面积11平方千米，耕地面积8666.7公顷，森林覆盖率79.8%，总人口31.5万人。境内有国家级的五指峰自然保护区、陡水湖森林公园和南河湿地公园，共有36种旅游资源基本类型，是“中国最具魅力的生态旅游大县”“中国最佳文化生态旅游目的地”，国家重点产茶县、国家绿色能源示范县、中国观赏石之乡。被誉为“中国水电之乡”。

目前，全县紧抓赣南苏区振兴发展的重大政策机遇，围绕“同城发展，绿色赶超”主战略，重点推进以“一轴三区”为主阵地的城镇化规划建设，以旅游为龙头的现代化服务体系建设，以产业集聚和转型升级为主导的工业园区建设。精心打造“一条鱼（生态鱼）、一副画（油画）、一块石（观赏石）、一杯茶（茶叶）、一列小火车（旅游小火车）”生态旅游“名片”。

2013年，全县实现生产总值43.1亿元，财政总收入6.24亿元，规模以上工业增加值12.87亿元，农民人均纯收入5252元。

奇石展

森林小火车

陡水湖

油画创作

国家级有机茶标准化师范基地

江西省级生态工业园——全南工业园二区

全南县

——赣南苏区振兴发展的前沿阵地

全南县位于江西省最南端，东界龙南县，南邻广东翁源、连平县，西接广东始兴县，北连广东南雄县，东北毗邻信丰县。辖6个镇、3个乡、86个行政村、8个社区、88个居民小组、1057个村民小组。总面积1535平方千米，耕地面积10220公顷，林地面积12.76万公顷，森林覆盖率82.55%。城区建成区面积8.66平方千米；城镇化率39.30%，全县总人口19.25人。

2013年，全南县实现生产总值44.48亿元，同比增长9.7%。财政总收入7.15亿元，增长23.08%；其中公共财政预算收入3.49亿元，增长16.48%。税收收入比重达到90.4%。固定资产投资24.58亿元，增长29%。规模以上工业增加值19.3亿元，增长10.9%。社会消费品零售总额11.26亿元，增长13.1%。实际利用内资25.55亿元，利用外资4732万美元，完成外贸出口总额1.05亿美元。城镇居民人均可支配收入1.07万元，农民人均纯收入4656元。金融机构存、贷款余额分别为47.88亿元、23.83亿元。

2014年3月25日，省委书记强卫（中）在全南县委书记邱建军（右）、县长胡晓平（左）陪同下，到全南厚朴生态林业发展有限公司建成万亩芳香产业基地调研。

2013年，全南县首次被评为全国科技进步县、全国平安农机示范县、全国群众体育先进单位，被列为国家木材战略性储备基地示范试点县。南迳镇、城厢镇被评为国家级生态乡镇。县工业园区被列为省级工业园区循环化改造试点，被评为2011～2013年全省普法教育工作先进县、全省社会救助工作先进县、全省人口和计划生育工作先进县、全省林下经济发展重点县。在全省公众安全感测评中排赣州市第一位、全省第二位，评为全省安全感测评公众满意县。

桃江夜色

全南呈和实业有限公司生产车间

天龙山古寺

全国最大的梅园——古韵梅园

于都县

于都县位于江西省南部，赣州市东部，贡水中游，是著名的中央红军长征出发地。2013年，于都县大力实施主攻“三区”建设、推进“四化”发展战略，县域经济呈现出“总量扩张、质量提升、结构优化”的良好态势。**实现了一个翻番**：全年完成财政总收入12.7亿元，比上年同期（下同）增长23.3%，实现三年翻番，总量列全市第5（同比前移2位）、增幅列全市第4（同比前移7位）。其中公共财政预算收入8.7亿元，增长19.9%。**优化了二个结构**：产业结构进一步优化，三次产业比优化为15.7：51.3：33.0；财税结构进一步优化，财政总收入占地区生产总值比重达9.1%，提高了0.6个百分点，税收收入占财政总收入比重达85.1%。**跨上了三个台阶**：外贸进出口总额跨上1亿美元台阶，达1.1亿美元，增长35.9%；规模以上工业增加值跨上50亿元台阶，达52.1亿元，增长16%；500万元以上固定资产投资跨上100亿元台阶，达101.4亿元，增长28%。**取得了四个快速增长**：实现生产总值140亿元，增长11.5%；社会消费品零售总额33.9亿元，增长14%；工业用电量2.2亿千瓦时，增长45%；城镇居民人均可支配收入1.73万元，农民人均纯收入5214元，增长18.8%。

2013年峻工的渡江南大道东段一期

于都工业园一角

国家非物质文化遗产——于都唢呐公婆吹

寻乌县

——中国蜜橘之乡、中国脐橙之乡

寻乌位于江西东南部，居赣、闽、粤三省交界处，自明万历四年（1576）始建县，建县历史437年。东邻福建武平、广东平远县，南毗广东兴宁市、龙川县，西连江西安远县、定南县，北接江西会昌县。现辖15个乡(镇)、6个居委会、173个行政村，面积2311平方千米，总人口31.48万人。县情主要有以下六大特点：一是革命老区县。寻乌是中央苏区全红县，毛泽东、朱德、邓小平等老一辈无产阶级革命家在寻乌从事过革命活动。特别是1930年5月，毛泽东在寻乌进行了近一个月的调查，写下了《寻乌调查》《反对本本主义》两篇光辉著作，寻乌由此成为我党实事求是思想路线的发祥地之一。二是果业大县。寻乌素有“中国蜜橘之乡”“中国脐橙之乡”“中国脐橙出口基地县”之称。全县果业面积50万亩。三是东江源头县。东江源头位于寻乌桠髻钵山，县内东江源水系流域面积占全县面积的85%，占整个东江总流域面积的37.8%，是珠江三角洲和香港居民的重要饮用水源地。四是稀土资源县。全县已探明稀土储量50多万吨，远景储量150万吨以上，是世界上最大的离子吸附型稀土矿区，占全国轻稀土的80%以上，有“稀土王国”之称。五是国家扶贫开发重点县。国家三次对扶贫开发重点县的名单调整中，寻乌县均位列其中。2011年，在中央新一轮扶贫开发中，寻乌被国家列为罗霄山特困片区扶贫攻坚县之一。六是三省边际县。寻乌是我省唯一赣闽粤三省交汇县，是承接珠三角和海西经济区产业转移的“桥头堡”。

毛泽东寻乌调查纪念馆

东江源头桠髻钵山

2013年，实现生产总值44.7亿元，财政总收入5.3亿元，公共财政预算收入3.7亿元，公共财政预算支出16亿元，完成固定资产投资25.1亿元，实现社会消费品零售总额13.6亿元，城镇居民可支配收入14728元，农民人均纯收入5088元，金融机构期末存款余额60.3亿元，贷款余额34.5亿元。

共青城

2013年，共青城市委、市政府把共青城作为昌九一体化的重要支撑和支点来打造的千载难逢的重大机遇，明确了“发展领先、小康率先、生态优先、实干抢先”的发展战略，坚持高起点规划、高品质建设、高速度推进，以“争一口气、脱一层皮、瘦一身肉”的精、气、神，埋头苦干，创新巧干，真抓实干，大力实施“5321”工程，重点发展电子商务、智能终端、服装创意、动漫软件、观光农业等5个产业基地，建设国际服装城、现代大学城、文化娱乐城等3个特色城，打造创业孵化、金融服务2个中心，以及办好中国青年企业家发展峰会，推动共青城发展，实现了提速、提效、提质，先导区建设由编规划、拉框架、优平台阶段进入了布项目、强功能、聚人气阶段，掀起了大开放、大开发、大建设的新高潮。

9月24日，省长鹿心社到共青城市考察调研，并主持召开鄱阳湖生态经济区建设（昌九一体化发展）领导小组会议。

“2013年共青城财富管理·私募基金创新论坛暨促进股权投资基金业政策研讨会”在我市召开

城市面貌日新月异

格兰云天国际酒店

南湖大桥

海会镇东门新村一角

庐山区

九江市庐山区位于江西省北部，辖7镇、1乡、2街道，面积548平方千米，耕地0.34万公顷，总人口22.28万，其中非农业人口10.73万，人口自然增长率6.02‰。2013年，实现生产总值226.82亿元，同比增长11.8%。全社会固定资产投资193.3亿元，增长25.8%，总量继续位居全市第一。财政总收入实破20亿元大关，完成20.2亿元，增长33.7%，全市排名总量由第5上升至第4，增幅由第5上升至第3。5个乡镇街道财政收入超过亿元，其中，十里街道成为全市首个财政收入过4亿元乡镇街道，五里街道超过3亿元，新港镇、莲花镇超过2亿元，姑塘镇超过1亿元。威家镇提前两个月完成全年目标任务。规模以上工业主营业务收入344.8亿元，增长23.0%。社会消费品零售总额18.1亿元，增长15.2%。城镇居民人均可支配收入2.51万元。农民人均纯收入1.23万元，增长14.6%。

青岛啤酒项目正式出酒

庐山第一幼儿园开园

浔南高档商住小区初具规模

庐山风景名胜区管理局

庐山位于江西省北部，北濒长江，东临鄱阳湖，风光秀丽，集文化名山、宗教名山、教育名山、政治名山于一身，是世界文化景观遗产、世界地质公园、国家5A级旅游景区和全国文明风景旅游区。庐山管理局管辖面积114.6平方千米，人口2.4万余人。

2013年，庐山全面推进体制改革，全力推进旅游企业上市，编制山下区域发展规划和产业发展规划，盘活山下单位国有资产及资源，实现国有资产规范管理，积极推进国企改制，启动事业单位分类改革，庐山发展更具活力。继续加强资源保护，深入开展环境综合治理，加强景区日常管理与维护，严格文物古迹和地质遗迹保护，强化环境安全、监测、监察，持续有效运行ISO14001环境管理体系，全面改善环境质量。强化规划建设管理，编制完成了《庐山世界地质公园规划》、《庐山世界文化景观文化遗产保护规划》等4项规划，启动了《庐山牯岭地区控制性详细规划》和《庐山近代别墅建筑专项保护规划》编制工作，庐山资源保护更趋全面、系统。提升品牌树立形象，加强与人民日报、央视、上海电视台等境内媒体合作，积极注重在香港、新加坡等地的境外媒体推广庐山品牌。开展了“带着微博去庐山”“2013年庐山国际当代名家油画作品邀请展”“庐山梦中国情”全国摄影艺术获奖作品展等各类旅游活动，取得了良好的社会效果。在第三届中国旅游产业发展年会上，庐山荣获“2013年美丽中国十佳旅游景区”称号。

4月15日至16日，副省长朱虹到庐山调研。

11月23日，“美丽中国行，中央新闻媒体聚焦江西旅游强省建设”大型采风活动在江西庐山启动。

2013年，九江市庐山登山交通索道建设指挥部和九江市庐山登山交通索道经营管理有限责任公司正式挂牌成立；牯岭立体停车场主体工程建设完成；完成了如琴湖——花径改造提升、大林路改造和景区道路周边环境整治工程；街心公园广场景观改造、天然气上山、园门信息化建设、南北山公路改造、景区空中管线地埋等工程项目稳步推进；白云休闲山庄、锦绣盛世、锦绣嘉园、庐山工人休养院、省老干部疗养中心等一批宾馆饭店改造升级完成并投入使用。

智能化景区车辆管理系统

2013年，庐山接待游客1003.05万人次，同比增长24.3%；旅游总收入100.45亿元，同比增长42.9%，其中门票收入22061万元，同比增长-14.9%；景区从业人员达5200人。

湘东区

湘东区地处赣湘边境，是江西的西大门，素有“赣西门户”“吴楚通衢”之称。全区面积858.76平方千米，辖8镇、2乡、1街，132个行政村（居委会），总人口40.6万。2013年，全区生产总值完成158.83亿元，增长9.6%；全社会固定资产投资167.78亿元，增长19%；规模以上工业增加值89.04亿元，增长10.2%；财政总收入14.92亿元，增长11.2%;社会消费品零售总额36.84亿元，增长12.5%;城镇居民人均可支配收入2.38万元，增长11.9%；农民人均纯收入1.14万元，增长10.2%。

◀ 萍乡市普天高科实业有限公司和中材高新材料股份公司签约合作协议。签约合作后两公司将进行技术对接与合作，共同生产陶瓷膜过滤器、复合膜过滤器等环保设备。萍乡市普天高科实业有限公司位于萍乡湘东陶瓷产业基地内，2013年该公司荣获“江西名牌产品”称号。图为签约现场

▶ 湘东区文化底蕴深厚，民间艺术独具特色，享有“现代民间绘画之乡”“傩文化之乡”“花锣鼓之乡”“铜管乐之乡”等美誉。2006年5月，湘东傩面具被国务院公布为首批国家非物质文化遗产；2013年8月，湘东旱龙船被省政府公布为第四批省级非物质文化遗产。图为2014年6月14日，湘东区非物质文化遗产艺术节傩舞表演现场情景

◀ 2014年1月23日，江西萍乡龙发实业股份有限公司在上海股权托管交易中心中小企业股权报价系统(Q板)成功挂牌，是萍乡市首家民营企业在上海股权托管交易中心挂牌，也是全国第一家化工陶瓷企业在该中心挂牌。2012年4月27日，该公司的“莲发”商标被国家工商总局商标局认定为中国驰名商标。图为坐落在湘东区陶瓷产业基地的萍乡龙发实业股份有限公司外景

▶ 2014年8月6日，麻山七彩葡萄“奇彩果缘”品牌葡萄获得国家农业部颁发的绿色食品证书，是萍乡市首家获得绿色食品认证的葡萄生产企业。七彩葡萄主题公园位于国家AAA级风景区、江西AAAA级乡村旅游景区麻山镇幸福村。图为7月19日，麻山幸福村葡萄节

◀ 广寒寨乡地处湘东区最南端，全乡以山岭为主，森林资源非常丰富，森林覆盖率高达85%，境内群山环抱，错落有致。每年3月至4月期间，广寒寨乡四八门千亩杜鹃花进入盛花期，红艳艳的一片片，似锦似霞，万紫千红，吸引着各地的游客登高观赏。图为游客在四八门踏青赏花

宜丰县

耶溪春早

双猴守官山

宜丰地处赣西北九岭山脉南麓，因“炎凉适宜、物阜民丰”而得名，国土总面积1935平方千米，辖16个乡镇(场)，人口29万，地貌构成为“七山半水分半田，一分道路和庄园”，是中国竹子之乡、猕猴桃之乡、白颈长尾雉之乡和南方红豆杉之乡。

宜丰生态优良、物产丰富。全县森林覆盖率71.9%，是省级生态县。境内有国家级自然保护区1个，省级森林公园5个，省级湿地公园1个。有国家级珍稀树种27种，国家一、二类保护珍禽异兽29种。已探明的矿种有煤炭、瓷土、膨润土、金、银等76种，其中瓷土稀有成份氧化锂含量高达1.85%，品位居江西省第一、全国第三。

宜丰人文荟萃、底蕴厚重。建县至今有1780多年的历史，文化底蕴十分深厚。中国佛教南禅五宗之曹洞宗、临济宗均发端于宜丰。孕育了革命先驱原黄埔军校政治部主任熊雄等历史文化名人；是南宋岳飞抗金转战江南的古战场，湘鄂赣苏维埃政府所在地，著名的“黄沙大捷”，发生于宜丰天宝并永载史册。

宜丰发展提质、幸福提速。2013年，全县实现国内生产总值84亿元，增长9.8%；完成财政总收入11.87亿元，增长18.1%，工业园区税收突破3亿元；农民人均纯收入9417元，增长13.4%。坚持把财政支出的70%以上用于民生支出，群众幸福感不断增强，幸福指数测评连续两年位列全市第一。

风光如画

希望之路

双峰竹海

婺源县

婺源，地处皖、浙、赣三省交界，唐开元28年（740）建县。全县总人口36万人，面积2947平方千米，辖16个乡镇、1个街道办事处和1个工业园区。景婺黄、景婺常两条国家重点干线高速公路以及建设中的九景衢铁路和京福高速铁路在婺源交汇，婺源由一个三省交界边区县成为连接长三角交通枢纽。婺源是理学大师朱熹的故里，又是皖派篆刻创始人何震、朴学家江永、科学家齐彦槐、铁路工程专家詹天佑的桑梓。在乡村旅游没有兴起之前，外部更多是通过婺源绿茶认识婺源的。婺源绿茶，唐载《茶经》，宋称绝品，明清入贡，被美国威廉乌克斯《茶叶全书》赞为中国绿茶中品质之最优者。1915年，获巴拿马万国博览会金奖。婺源生态环境优美，被誉为最后的香格里拉、中国最美乡村。全县活立木蓄积量1009.6万立方米，森林覆盖率82.6%，先后建立自然生态、珍稀动植物、自然景观等各类自然保护小区 191个。国家一、二级保护动植物有80多种，每年有 2000多对鸳鸯在此栖息，是世界最大的野生鸳鸯栖息地，拥有世界濒临绝迹的黄喉噪鹛。境内古树、古洞、古建筑、古文化“四古”资源与生态资源融为一体，成为我县独具特色、文化底蕴深厚的旅游资源。现有国家 5A级旅游景区1个，4A级旅游景区8个，先后获国家级文化与生态旅游示范县、中国旅游强县、全国休闲农业与乡村旅游示范县、全国旅游标准化示范县、国家生态旅游示范区、国家乡村旅游度假实验区等一系列称号。

三清山全景

美丽中国·三清山

2013年，在上饶市委、市政府和风景区党委的领导下，以实现“国内一流、世界著名”风景区为目标，围绕旅游产业转型升级，各项工作取得明显成效。2013年接待境内外游客807.71万人次，同比增长32.13%，实现旅游综合收入58.67亿元，同比增长27.83%。具体表现在“六个大”：

项目建设大提速。2013年9月，枫林镇被评为“全省首批百强中心镇”。一是项目建设成绩斐然。在建项目高效推进。二是征地工作卓有成效。强力推进服务区的征地拆迁工作。三是招商争资亮点突出。三清山荣获2013年全市“利用外资工作先进单位”称号，积极做好三清山体育公园、三清红茶等项目招商工作，制定了扶持红茶产业若干意见。

保护管理大升级。2013年8月，三清山成为省内唯一荣获“2013年大中华区最美自然生态旅游景区”的风景区。一是生态化保护切实加强。保证乡村环境整洁，实行森林“零采伐”指标。二是精细化服务着力推进。强化服务管理，推行片区管理，实现管理、保护、服务无缝隙全覆盖。

集团公司大发展。2013年三清山旅游产业发展集团有限公司实现经营收入6603万元，实现利润677万元，上交税金662万元，国有资产保值增值率125%，为建设国内知名旅游企业奠定良好基础。一方面管理进一步完善；另一方面旅游商品开发进一步加快。

市场营销大突破。针对经济下行压力增大等影响，及时调整市场定位、改变运营方式，大力开拓商务游市场。一是客源市场快速扩张，二是营销活动成果丰富，三是特色宣传亮点频现。

民生事业大改善。一是惠民富民力度大，群众共享发展成果。二是平安建设有序，居民安全感增强。三是农村工作全面进步，村民满意度提升。

作风建设大转变。狠抓廉政建设，着力解决好人民群众反映强烈的突出问题，政风建设实现了大转变。一是开展廉政教育活动。二是开展自查自纠活动。三是推进“服务型”管委会建设。

巨蟒出山

东方女神

独秀峰

安福县
——赣中福地

安福县位于江西省中西部，辖7镇、12乡。总面积2795.81平方千米，其中城区建成区面积12平方千米。耕地面积 3.07万公顷，有林地面积17.43万公顷，森林覆盖率70.5%，总人口40.12万人，其中非农业人口8.90万人，人口自然增长率6.84‰。

唯冠油压机械有限公司生产车间

裕元(安福)鞋业有限公司生产车间

安福建县历史2200余年，为全省18个文明古县之一，很长时期立郡建州，为江南“衣冠一大都会”，自古称“文章理学忠杰之邦”。历史上人文鼎盛，人才辈出。宋、明、清三代，安福县共产生举人1914名、进士486名，多次为全省之冠。安福山川秀美，名胜古迹甚多，中国福山武功山金顶，曾是道教佛教圣地。近年来，安福被评为中国“樟树之乡”“竹子之乡”“火腿之乡”“全国绿化模范县”“全国第一批商品粮基地县”“全省首届绿色生态先进县”“全省商品牛产业基地县”“全省工业发展先进县”“陈山红心杉原产地”等，诸多美誉展现了魅力安福今日的辉煌。

洋门乡乌村村

洋门乡沛溪村林业苗木专业合作社苗圃

安福县城北新区

2013年，该县坚定不移地实施"主攻项目、决战'四区'，差异发展、打造强县"战略，下大力抓项目扩投入、抓产业保增长、抓改革添活力、抓民生促和谐，经济社会发展稳中前进。全年实现地区生产总值100.77亿元，增长11.3%。财政总收入14.58亿元，增长8.8%，人均3744元，税收收入11.5亿元，占财政总收入79.5%，增长7.7 %；地方财政收入10.62亿元，增长6.9 %。规模以上工业增加值43.93亿元，增长14.2%。外贸出口2.42亿美元，增长19.8%。全社会固定资产投资113.0亿元，增长18.1%,500万元以上固定资产投资85.22亿元，增长20.4%，实际利用外资5210万美元、内资26.03亿元。2013年，城镇居民人均可支配收入1.85万元，增长12.8%，农村居民人均纯收入8636元，增加911元。全社会消费品零售总额27.48亿元，增长14.1%；各金融机构年末存款余额104.12亿元，增长16.49%，贷款余额42.45亿元，增长20.66%。

江西第一烤烟生产县

安福火腿发酵车间一角

中国樟树之乡

武功山高山草甸

武功湖

安福明月山杨思慕姐妹峰

吉水县城西工业区

吉 水 县

吉水县位于江西省中部，辖3乡、15镇，总面积2509.73平方千米，总人口53.16万人；濒揽赣江之毓秀、据攒赣中之雄奇，自古是“人文渊源之地，文章节义之邦”，有着重商崇文的历史传统，是庐陵文化的发源迹地、江右商帮的重要支系。革命战争年代，万名儿女慨然献身，成为原中央苏区的核心区域；改革开放以来，得环境资源之便利，扬人文区位之优势，重工厚商，开园拓区；工业精进，商贾云汇。近几年来，策应峡江水利枢纽、吉泰走廊建设、原中央苏区振兴三大机遇，顺势扩投、创优环境、勇攀新高，全县经济增势强劲、城区设施完善、环境优美宜人、社会和谐稳定。

商业街道

2013年全县地区生产总值100.27亿元，增长12.1%；财政总收入10.69亿元，增长22.5%；固定资产投资91.27亿元，增长21.5%；城镇居民人均可支配收入1.81万元，增长12%；农民人均纯收入9741.13元，增长 14.3%。工业经济转型升级。工业总产值173.63亿元，增长16.9%；规模以上工业增加值36.84亿元，外贸出口3.29亿美元，实际利用外商投资5189 万美元，省外投资5000万以上项目资金25.21亿元。特色农业持续升温。农业总产值39.22亿元，增长6.4%；粮食生产实现“十连丰”。井冈蜜柚、高产油茶、绿色蔬菜等特色产业新增种植面积3333.33公顷，井冈蜜柚新增种植面积1733.33公顷。现代服务业日益活跃。现代服务业增加值17.5亿元，增长37.2%，占地区生产总值比重18.6%，提高值居全市首位。货运物流产业实现税收1.69亿元，增长40%。库区移民平稳有序。100个移民新村基本建成，移民入住率99%。荣获全国粮食生产先进县、食品工业强县、科技进步先进县，全省科学发展综合考评先进县、农业发展先进县、十佳宜商县城，全市科学发展综合考评第二名、吉泰走廊发展贡献第一名等国家和省、市级荣誉80余项。

景旺电子

井冈蜜柚特色产业

吉水县文化公园

南城县

——千年古邑科学发展竞风流

省委书记强卫视察南城行政服务中心

省长鹿心社视察南城城区建设

南城县地处江西省东部，抚州中部，建县于汉高祖五年（公元前202年），是江西省建县最早的18个古县之一，迄今2216年，素有“赣地名府、抚郡望县”之称。辖9镇、3乡150个村，总面积1698平方千米，总人口33.3万人。“踞八闽之咽喉、控百粤之襟带”，交通便捷。境内206、316国道、昌厦一级公路、福银高速和济广高速交汇贯穿，向莆铁路穿境而过。

旧城改造对比

招商引资取得新成效。被评为“2013浙商（省外）最佳投资城市”。新引进10亿元以上项目4个。成功引进稻花香酒业、百神药业等知名企业落户南城县。首次跃入“全省招商引资十强县”。

南城县火车站

园区承载功能完善。累计投入3.76亿元用于园区“五通一平”。河东工业大道、跨高速大桥、110千伏变电站、周家堡大桥和园区污水处理厂建成并投入使用，园区配套功能进一步完善。园区全年实现主营业务收入96.1亿元，增长30%；上交税金3.5亿元，增长30%。

工业经济实力增强。全年新增工业贷款4.5亿元，工业贷款余额达11.2亿元，总量和增幅均居全市前列。全年技改投入达22亿元，增长4.41%；新增规模以上企业12家，总数达84家；主营业务收入90.5亿元，增长18%。工业用电量2.52亿千瓦时，增长35.1%，增幅持续居全市第一。

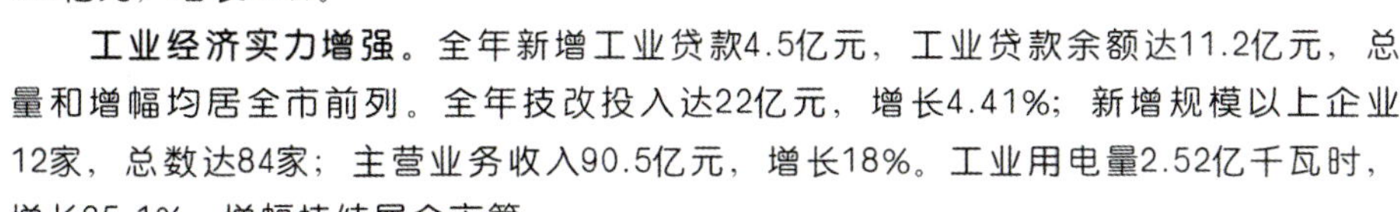

旧城改造顺利推进。启动了河东、河西旧城改造这一德政工程。共完成房屋征收2462户，面积36.8万平方米。采取就地安置的方式，正在就近建设配套的公租房和安置房3846套，建筑面积37.2万平方米，总投资达3.768亿元。

颜真卿

产业化经营水平得到提升。粮食播种面积达3.75万公顷、总产达28万吨，实现“十连丰”，获“2013年度全省粮食生产先进县”称号。新认证市级以上农业产业化龙头企业7家，总数达43家，其中国家级龙头企业2家，省级龙头企业7家；农业部无公害产品认证25个，国家级有机食品认证6个，绿色食品认证10个，农产品地理标志保护产品4个。

洪门湖

民生工程普惠群众。全面完成市政府下达的8个方面82项民生工程任务。新增城镇就业3208人，新增转移农村劳动力5617人。发放小额贷款6509万元；发放低保资金3832万元；城镇职工参加养老保险4.03万人，参加新型农村社会养老保险13.15万人，新型农村合作医疗24.12万人，参合率达98.9%。完成廉租住房98套、公共租赁住房632套。

南城县徐家乡周家源村

东乡县

佛岭国际公园门楼

东乡县位于江西省东部。建县于明正德七年（1512），辖9镇、4乡、3个垦殖场和1个林场，总面积约1270平方千米，其中，城市建成区面积达到20平方千米。总人口47.06万人，耕地面积2.65万公顷。县境东邻余江，西界进贤、临川，南连金溪，北接余干。县城孝岗镇处县境中部，距省会南昌96千米，靠近长三角、闽三角等沿海发达地区，区位优越，交通畅达。沪昆电气化铁路、沪昆高速、320国道、东临一级公路以及即将开通的杭长高铁横贯东西，是来往浙江、安徽、

舒同博物馆

王震公园

沪昆高速铁路

恒安集团

荣成汽配科技园

永冠科技生产车间

江西省非物质文化遗产 —— 罗汉灯

四国青年女子蓝球赛

东乡野生稻

东乡王桥花果芋

东乡本地花猪

福建、广东的交通要道，出县通道全部达到一级公路标准，毗邻鹰潭铁路枢纽、昌北机场和南昌港，居南昌、抚州、鹰潭、上饶四市的中心。东乡地处海西经济区和鄱阳湖生态经济区两大国家战略经济区，并被纳入南昌都市区。

2013年，全县实现地区生产总值113.19亿元；规模以上工业企业增加值42.06亿元。主要工业产品有大米、化学肥料、瓷质砖、蚕丝及交织机织物、铜材。农业总产值33.45亿元，粮食总产量29.58万吨，生猪（出栏）130万头，主要农产品有稻谷、油料、甘蔗、生猪、水果。财政总收入17.23亿元。农民人均纯收入1.01万元。

2013年，全县各项社会事业全面进步。社会保障和就业支出3.34亿元，比2012年增长36.5%。住房保障支出1.12万元，增长100.9%；城镇就业率97%，养老保险参保率97%，城镇职工、居民基本医疗保险参保率分别为100%、96.3%，新农合参保率99.12%。全年用于民生方面的财政投入15亿元，占财政总支出35.5%，比2012年增长26.6%。全面完成90项民生指标和80件民生实事。科技支出0.52亿元,增长20%；文化体育与传媒支出0.44亿元，增长100.7%；教育支出5.72亿元，增长27.2%；医疗卫生支出2.29亿元，增长40.1%。全年荣获全国一体化改革先进县、全国群众体育先进单位、全国知识产权试点示范县、全省“加快工业发展、加速工业崛起”年度贡献奖、全省城乡建设工作先进集体、全省专利工作进步十强县、全省教育工作目标考核优秀单位等荣誉称号。

主要旅游景点有黎圩上池村王安石故里、省级历史文化名村黎圩浯溪村、“龙山师水”石刻、“雄岚峰”古观、“金峰”虎岩泉、舒同博物馆、佛岭“吉和塔”、西隐禅寺、佛岭国际公园、珀干弄里艾家红军烈士墓以及烈士纪念塔等。主要野生植物资源有东乡野生稻，是迄今全世界分布最北的野生稻，被列入国家第一批重点保护植物品录。地方特产主要有美尔丝瓜络系列产品、绿壳蛋、本地花猪、茶油、酒糟鱼、葛面、王桥花果芋、红糖等。

崇仁县

2014年8月19日，省委书记强卫在崇仁视察国品麻鸡散养基地，认真察看麻鸡产品。

2013年4月2日，省长鹿心社在崇仁视察指导工作。

2013年，崇仁县地区生产总值82.8亿元，比上年增长9.7%；财政总收入8.95亿元，增长14.2%；全社会固定资产投资83.7亿元，增长21.6%；社会消费品零售总额完成20.2亿元，增长11.2%；农民人均纯收入1.1万元，增长12.1%；外贸出口1.6亿美元，实际利用境外资金2723万美元；三次产业结构比调整为24.9:50:25.1，更趋优化。

区位优势明显。崇仁地处江西中部，紧邻抚州，相距38千米，已融入抚州半小时经济圈；距省会南昌铁路125公里，公路140千米；同时受全国市场经济最发达的长珠闽三个经济圈辐射，是闽台浙粤等沿海经济向内地延伸的直接腹地。崇仁不仅地理位置优越，而且交通便利。京福高速、沪瑞高速擦边而过，抚吉高速过境40余公里，抚八线、抚宁线、崇宜线、崇乐线和崇丰线纵横县境。

人居环境改善。围绕“畅通路网、完善设施、提升改造、合力添绿”目标，对县城区20多条主干街道进行全面整治，重点加大脏、乱、差、堵、违等现象的整治力度，全市唯一的“江西省卫生县城”复查验收一次性通过；实施了54个村点的新农村建设和农村清洁工程；强势启动新一轮“两违”集中整治工作，城市形象明显改善。

浙江乐清企业家在崇仁考察并签约

江西首届崇仁麻鸡美食节上，厨师正在烹饪美食。

如画般的南阜公园

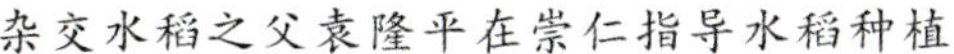
杂交水稻之父袁隆平在崇仁指导水稻种植

新农村建设独具特色

工业特色突出。崇仁是江西省变电设备产业基地。变电产业是崇仁工业的主导，2013年，变电设备及上下游配套企业发展到60家，其中规模以上企业28家，完成主营业务收入63亿元，增长19.5%，产品畅销国内外，本省市场占有率60%以上；“明正”商标获中国驰名商标称号，省级技术研发中心发展到4个。崇仁工业形成了纺织服装、食品医药、轻化工、有色金属加工等产业。工业园区建设加快，被列入全省第一批重点省级工业园区，完成了抚吉高速连接线西侧等333.33余公顷土地征收和温州产业园、永康工业园80公顷土地平整。全县工业主营业务收入完成143.9亿元，增长19.55%；规模以上工业企业67户，完成工业增加值25.2亿元，税收4.2亿元。

农业产业化升级。崇仁是全省农业产业化发展先进县和现代农业示范区。崇仁为“中国麻鸡之乡”，崇仁麻鸡被誉为“江西四大名鸡”“全国十大名鸡”之一。2013年，全县麻鸡出栏达6100万羽，实现产值10.6亿元；有麻鸡加工企业8户，农民专业合作社98户，其中“缘凤”麻鸡营销专业合作被评为全国农民专业合作社示范社。麻鸡产品先后荣获中国名牌农产品、国家地理标志产品等称号。成功举办“江西省首届崇仁麻鸡美食节”，推广麻鸡美食文化。崇仁还是国家商品粮基地县、全省粮食生产先进县，杂交水稻之父袁隆平院士亲临崇仁指导超级杂交水稻种植。2013年粮食规模化种植扩大，全县粮食总产达30.77万吨。大棚蔬菜、烟叶、树莓、油菜等产业实现新提升。

新改建大桥雄姿

变压器生产车间一片忙碌

中国名鸡——崇仁麻鸡

宜黄县

宜黄县地处江西省中部偏东、抚州市南部。辖8镇、4乡、2个垦殖场，总面积1944平方千米，总人口23万。县境东连南城、南丰县，南接宁都县，西邻乐安、崇仁县，北靠临川区，距抚州城区58千米，南昌160千米，90分钟可到达南昌机场和“陆地港”；抚吉高速穿境而过，向莆高铁150分钟可通达福建莆田，是江西省离湄洲湾深水港最近的县之一。

宜黄是千年古邑。建县于三国吴太平2年（257），因县治于宜水、黄水汇合处而得名，迄今已有1757年历史。明清时期以盛产夏布而闻名的棠阴镇，有“小小宜黄县、大大棠阴镇”之称；有佛教禅宗“五家七宗”之一的曹洞宗；宜黄素有“戏乡”美誉，宜黄戏是江西古老剧种之一，2006年列入国家首批非物质文化遗产。此外，棠阴花灯、蓝水盘灯以及宜黄山歌、禾杠舞、傩舞等民间艺术均有独特地方色彩。

2013年7月16日，市委书记龚建华深入宜黄调研党的群众路线教育实践活动。

宜黄是名人故里。曾孕育了抚州第一位进士、北宋文学家、地理学家乐史，明代兵部尚书、抗倭名将、台州著名知府谭纶，与林则徐齐名的清代禁烟名臣黄爵滋。解放后抚州共有8位中科院士，宜黄就有4位，故有“天下才子数临川，临川才子半宜黄”之说。

宜黄是红色圣地。第二次国内革命战争时期，老一辈无产阶级革命家毛泽东、朱德、周恩来、刘伯承、彭德怀、林伯渠、陈毅、罗荣恒、聂荣臻等先后多次在这里组织、指挥战斗，进行革命实践活动。著名的中央苏区第四次反“围剿”的两大战役——史称“黄陂大捷、东陂大捷”就发生在县境南部，是中央苏区全红县。

2014年8月6日，市长张和平深入宜黄园区调研。

宜黄是宜居家园。森林覆盖率达75.1%，空气中饱含负氧离子，有如天然“大氧吧”。境内有华南虎和中华秋沙鸭两个省级自然保护区，是“华南虎之乡”，首届江西创建绿色生态先进县。有曹山寺、棠阴古镇、谭公休闲山庄、太极岩风景区、军峰山、卓望山森林公园、观音湖、山前竹海、水北公园、百鹭洲公园等旅游景点。还有“洪胖子”薯粉丝、“红妹子”豆腐乳、“军峰山”百合粉和白茶、“宏达”笋系列食品、“稳健”茶薪菇等地方特产。

工业篇

得尔机械车间　洁美科技车间　宏洲塑业车间　立伟轻工厂区

宜黄省级工业园区

农业篇

宜黄江背新村

宜黄千亩杂交水稻制种基地

宜黄是创业福地。先后被评为江西省塑料制品产业基地、中国百佳最具投资潜力县（区）、首届江西投资环境优良县、浙商重点推荐投资城市，全国杂交水稻种子生产基地县，江西首届最佳优化民营经济发展环境县”，工业园区入选江西省“发展升级十佳产业园区”。连续两年荣获抚州市工业发展先进县。至今有100多户浙江企业在宜黄投资80多亿元。

宜黄是希望热土。2013年，宜黄县紧紧抓住《国务院关于支持赣南等原中央苏区振兴发展的若干意见》的重大机遇，大力实施“生态立县、工业强县、城镇兴县、旅游活县”四大战略，打好“三大战役”，全县地区生产总值49亿元，增长10.4%；财政总收入6.87亿元，增长19.1%；农民人均纯收入8686元，增长12.2%。全年投入民生资金7.8亿元，增长17.8%，占财政支出65.4%。全力开展跑项争资工作，争取各类项目 430个，资金7亿元，创历年新高。全县经济快速增长，产业明显提升，城乡更加秀美，民生不断改善，社会和谐稳定，正朝着建设“美丽幸福新宜黄”的目标奋勇前进。

旅游篇

野生华南虎栖息地——鱼牙嶂

宜黄中华秋沙鸭

红一方面军总部会议旧址

棠阴古镇

卓望山森林公园

水北公园

石巩寺

曹山寺

广昌县

2013年12月27日，全国政协原副主席张榕明到广昌考察调研。

2013年7月17日，副省长谢茹调研苏区振兴工作。

广昌县位于江西省东南部，武夷山西麓，建县于南宋绍兴八年(1138)，因“道通闽广、隶属建昌”而得名。全县总面积1612平方千米，辖5镇、6乡、1场、129个行政村和1个省级工业园，总人口24.58万。

广昌是中国白莲之乡。广昌白莲最早始种于唐仪凤年间，距今已有1300多年历史，为历代“贡品”，是国家地理标志保护产品。年种植面积5666.67公顷，年产量达630万千克，年产值超过3.8亿元。因搭载航天卫星太空育种，培育的“太空莲”品质独一无二，面积和产量均居全国榜首，成为全国最大的白莲科研生产中心、集散中心和价格形成中心。

广昌是抚河的发源地。广昌作为江西第二大河——抚河的源头，山清水秀，风光旖旎，生态优美，全县林地面积有11.66万公顷，森林覆盖率达66.5%，植物品种繁多，其中名贵珍稀树种就达185种。

广昌是中国物流第一县。有5万多人从事物流业，在全国100多个大中城市开办5000多家物流企业，年营业额达300多亿元，创造了“广昌物流通天下”的奇迹。

2013年，全县地区生产总值达41.63亿元，增长10%；财政收入达7.01亿元，增长22%；规模以上工业增加值达10.67亿元，增长14.1%；固定资产投资达35.24亿元，增长18.5%；社会消费品零售总额达10.08亿元，增长13.7%，工业税收、出口总额、工业用电量增幅均位居全市前列。

江西棱志特种材料有限公司

蔬菜种植基地

白莲栽培技术人员进行科研

顺化大桥

城南农贸市场

新建保障房

红谷滩新区生米镇

——打造“九龙湖”新城　重展“生米街”风采

区、镇领导走访困难党员

镇领导深入南昌万达文化旅游城建设工地解决实际问题

南昌滨江国际温泉城鸟瞰图

建设中的南昌万达文化旅游城

双向12车道、96米宽的九龙大道即将竣工通车

生米镇位于南昌市西南部赣江之滨，距市中心15千米，区位优越、交通便捷，320国道、昌樟高速、昌栗高速、南昌市绕城高速、九龙大道交汇境内，与南昌铁路西客站毗邻，向莆铁路穿境而过，生米铁路货运站正在境内动工建设。镇域面积97平方千米，辖18个行政村、2个居委会，总人口5万。

生米镇为千年古镇，早在新石器时代晚期就有人类聚居，距今已有1600余年历史，其得名于“一人得道，鸡犬升天”的传说：晋宁康二年（374）八月初一，许逊（许真君）因治水有功，得道成仙。其叔父由逍遥山（今西山万寿宫）推米上街，行至街头，忽闻全家四十二口拔宅飞升、鸡犬悉去。他仰望云端，悲喜交集，车覆于街头，遗米于地，米皆复生，后人称此镇为生米街，1951年5月至1961年3月曾为新建县委、县人民政府驻地。

生米镇原为新建县第一大农业镇，特色农产品有藠头、花生、茶叶，是闻名遐迩的“中国藠头之乡”和江南最大的花生集散地。藠头为多年生草本百合科植物的地下鳞茎，含有丰富的蛋白质、碳水化合物、维生素及矿物盐类，具有建脾开胃、延缓衰老、防癌等功效。生米藠头具有层多、色白、肉脆、个大而匀四大特色，据统计：日本进口的藠头80%来自中国，而中国出口藠头80%的原料来自生米。

2012年2月12日，南昌市决定将生米镇成建制从新建县划归红谷滩新区管辖，标志着生米镇将由传统农业乡镇向城市中心转变。生米镇党委、政府在红谷滩新区工委、管委会的坚强领导下，紧紧围绕“把红谷滩新区打造成为‘居住之城、生活之城、工作之城’‘代表南昌未来水平和实力的标志性区域’”的战略目标，大力转变发展观念和工作作风，抓项目、促发展、强基础、惠民生、保稳定，使生米镇发生了历史性的巨大变化，处处充满着生机和活力。

生米镇将以党的十八大精神和科学发展观为指导，全力实施“515工程”（用5年时间建成100平方公里、50万人口居住的九龙湖新城）和“三年强攻计划”，扎实推进并充分发挥南昌万达文化旅游城、南昌滨江国际温泉城、地铁2号线、铁路货运站、路网工程等项目的引爆、拉动作用，为把古镇生米建设成为富裕、文明、智慧、低碳的新生米做出新的更大的贡献。

南昌万达文化旅游城鸟瞰图

宁都县人口和

县人口计生委主任　曾志兴

宁都县人口计生委下辖1个正科级单位（县计生协会）、2个副科级单位（县计生服务站、县流动人口计划生育管理站），内设办公室、规划统计股、宣传教育股、科技股、基层股、社会抚养费征收管理站、财务股、政策法规股、县直单位计生办9个职能股室。全县24个乡镇均设计生办、计生协会和计生服务所。全县计生系统干部职工312人。

近年来，县人口计生委在县委、县政府的正确领导和省、市人口计生委的精心指导下，紧紧围绕“一升三降”的目标，按照“夯实基础、突出重点、创新机制、优质服务、保先创特”的工作思路，稳扎稳打，积极进取。进一步落实各级党政“亲自抓、一把手负总责”的工作责任制，建立了“乡镇分线、单位分类”考核制；扎实夯实基础，突出工作重点，着力破解难点，实行“三级联动、三级考核”工作机制，县、乡、村齐抓计生工作步入常态化；大力打造亮点，培植特色，形成了“商会搭台、协会唱戏、区域协作、双向管理”的流动人口管理服务新模式，“宣传预防、全面摸排、内外联动、定期调度、严厉查处”的“两非”案件查处机制，“一补双评三满意”的基层群众自治工作方法，“打造一大工程、奉献两份关爱、推行八个到家”的优质服务模式。

宁都县2012年被评为“全国计划生育优质服务县”，宁都县计生协会评为“全国计生协会工作先进单位”；连续两年荣获省政府表彰的“人口和计划生育综合工作先进单位”，由三等奖进位二等奖，荣获“全省药具工作先进单位”，“全省查处两非工作先进县”，“全省利益导向工作先进单位”；“全市查处两非工作先进县”，“全市流动人口管理与服务先进单位”，“全市文明单位”等称号。

县人口计生委主任曾志兴在计生服务对象家里调研

中国计生协计生基层群众自治示范县（江西宁都）项目启动仪式

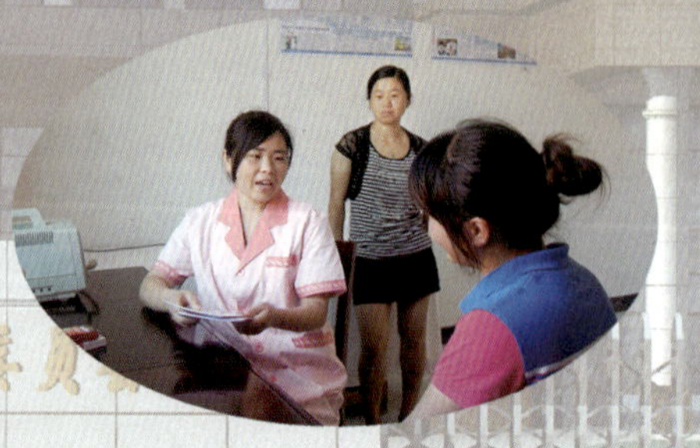

县计生委开展优质服务

计划生育委员会

省卫计委副巡视员丰华在宁都调研人口计生工作

县委书记王四华陪同赣州市计生委原主任缪兰英在长胜镇指导计生工作

县委副书记、县长刘勇陪同赣州市计生委副主任梁铁民在固村镇调研计生工作

县计生系统班子成员：曾志兴（中）
右：彭建荣、包伟胜、李晓明、陈章生、稂雪业
左：李方生、危金华、柯连生、谢雄、宋学才、李赛明

宁都县计划生育“十二五婚育新风进万家”暨“创建幸福家庭”活动

宁都县关爱留守儿童活动仪式

关怀女孩健康成长　开展阳光助学活动

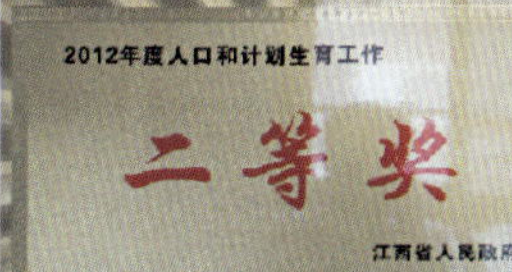

2011年度人口和计划生育工作
三等奖
江西省人民政府
二〇一二年二月

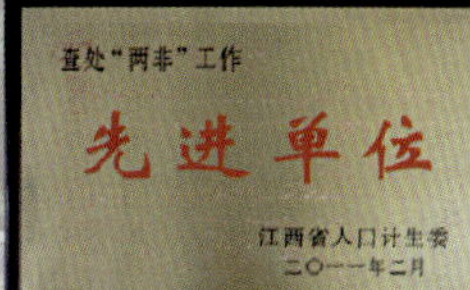

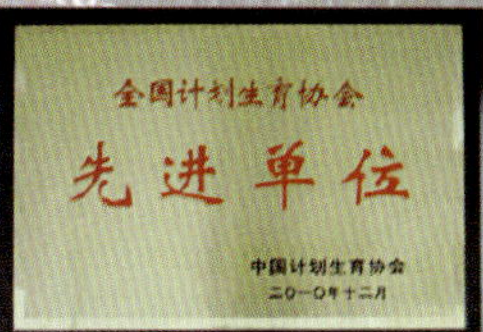

2012年度全省计划生育药具工作
先进单位
江西省人口计生委药具管理站
二〇一三年四月

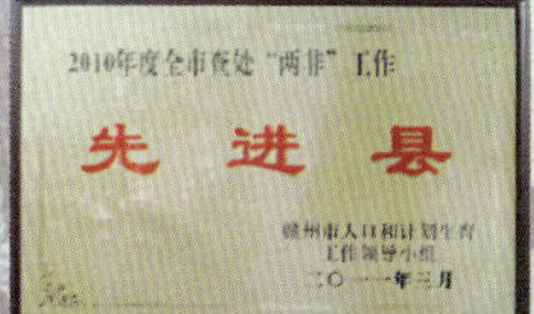

赣州市第八届(2012-2013年度)
文明单位
中共赣州市委
赣州市人民政府

2012年度全县重点工作考评
“零上访”单位
中共宁都县委
宁都县人民政府

宁都县肖田乡

赣江源头·客家源头·立之故里·生态重镇

党委书记、人大主席　张木强

党委副书记、乡长　刘希红

肖田，地处赣南最北端，至宁都县城75公里，赣州232公里，是宁都、乐安、宜黄、南丰、广昌五县交汇之地，素有赣南"北极点"之称。在这里，有苍翠的青山、清澈的水源、悠久的历史、丰富的自然资源、久负盛名的文化古迹等等。2012年9月，肖田境内的大龙山晋升为省级自然保护区；2013年12月，省专家组到肖田实地考察认证，肖田8个行政村全部纳入赣江源头区域，成为名符其实的"赣江源头"。

肖田，是林业大乡也是人口小乡。全乡版图面积228.86平方千米，有山林面积1.87万公顷，耕地面积1000公顷，辖8个行政村、82个村小组、111个自然村，现有住户2692户，10468人。

肖田，有着深厚的文化底蕴。这里是客家先民南迁的第一站，是南方客家赖氏、廖氏、管氏、肖氏等客家姓氏的发源地和众多客家子孙寻根问祖之地。2013年中华客家赖氏宗亲恳谈会在肖田美佳山村源召开。这里还是第四次"反围剿"胜利的出发点。朗源村的草鞋岗战役指挥部旧址，是第四次"反围剿"时期朱德亲自指挥作战之地。肖田上街村的红一方面军总部旧址（又名"肖大经布店"），是第四次"反围剿"时期的驻地，老一辈革命家周恩来、朱德曾居住在此。这里还是南宋著名爱国诗人萧立之的故里。

肖田有10多个省级、县级重点文物保护单位。朗际村的省级重点文物保护单位清乾隆时期的"贞节牌坊"，带源村的"尚义牌坊"和美佳山村的"赖氏祠堂"等，尤以带源村最为突出。村内古建筑成群，素有"九井十八巷"之传闻，古色古香，韵味十足。

肖田，远近闻名的生态名城，有"天然氧吧"的美誉。境内山多林密，峰峦叠嶂，植被完好，森林覆盖率达87%。物种资源丰富，有银杏、红豆杉、罗汉松等国家珍稀树种，龟、蛇、麂子、野猪、水鹿等野生动物。

肖田，悠悠赣水之源。海拔一千多米高的大龙山和王陂嶂比肩耸立，赣江水便发源于大龙和王陂嶂二山之涧。山上的唐龙古寺每年吸引成千上万的游客。境内飞流直下的瀑布和美佳山热水温泉等旅游资源竞待开发。

乡党政班子成员研究工作

乡政府办公大楼

赣江源头大龙山

吴村村摇立前叠水寨飞瀑

清乾隆时期的"节孝"坊

赣江源社区屋顶光伏发电站

肖田乡圩镇一角

环 境 保 护

综 述

2013 年，全省环保部门、林业部门围绕省委、省政府建设生态文明示范省的重大部署，全面推进“森林城乡、绿色通道”建设，狠抓造林绿化和湿地恢复工作，强化森林和湿地资源保护，积极繁荣林业生态文化，强力推进污染减排，大力开展环境整治，各项工作取得显著成效。全省地表水Ⅰ～Ⅲ类水质断面（点位）达标率80.8%，设区市城区集中式饮用水源地、设区市交界断面达标率均为100%；南昌市执行环境空气质量新标准，空气质量优良率为60.8%，在全国74个执行新标准的城市中排名位居中上，其余10个设区市城市环境空气质量均稳定达到国家二级标准；全省化学需氧量、氨氮、二氧化硫、氮氧化物排放总量分别比上年下降1.85%、2.45%、1.76%和1.16%，四项指标全面超额完成国家下达的年度减排目标任务。

*造林绿化任务全面完成。*全省开展“造林质量年”活动，着力提高造林绿化质量，确保“森林城乡、绿色通道”建设目标如期实现。全省完成造林面积16.91万公顷，占省下达年度造林任务的106.59%。其中，山上造林13.43万公顷，占年度任务的106.4%；山下造林3.48万公顷，占年度任务的107.5%。全省造林核实率86.9%，合格率80.3%；片林造林核实面积14.17万公顷，核实率89.1%；片林造林合格面积12.85万公顷，核实面积合格率90.7%。全年国家工程项目人工造林9.84万公顷，占造林总面积的58.2%，各项营造林工程任务完成率和合格率均达到国家项目管理要求。完成年度封山育林项目4.52万公顷；实施森林抚育补贴试点项目10.67万公顷，景德镇枫树山林场、湘东区源并林场等44个国有林场作为森林抚育示范单位，完成森林抚育示范面积2.49万公顷。划定国家储备林面积0.75万公顷，分别落实在崇义县天台山林场等5个国有林场。

*森林资源保护取得新成效。*省林业厅出台《关于进一步加强和规范全省林政资源保护管理工作的通知》，确定全省林地保有量到2020年达到1076万公顷，明确市、县（区）林业部门林木采伐审批权限，强化林地保护管理和森林经营利用监管。3月1日，全省启用新版林木采伐许可证。7月27日，省林业厅印发《关于调整〈江西省凭证运输木材名录〉的通知》，规定胶合板、纤维板、刨花板、以木（竹）材为主辅原料的家具、木（竹）制工艺品和运输直达进口目的的进口木材不再办理木材运输证。8月1日至10月20日，全省开展林政资源管理大检查，对30个县（市、区）领导干部保护发展森林资源目标责任制建立和执行情况、2012年度森林采伐限额执行情况、林地征占用情况及木材经营加工企业审批和监管等森林资源保护管理工作进行全面检查。

全年完成省级审核（批）占用征收林地项目917项、面积7690.07公顷，其中长期用地7540.11公顷、临时用地123.43公顷、直接为林业生产服务设施用地27.14公顷，征收植被恢复费4.68亿元；同比审核（批）项目数减少23%，征收植被恢复费增长6%，网上审核率和提前审核率均100%。按照“有限指标保重点”的原则，服务省级重点工程及重大项目用地129宗4883公顷。配合国家林业局华东院对国家林业局许可的6个占用征收林地项目县的林地管理开展检查，查处违法占用林地案件195宗，其中刑事立案88起、行政处罚案件107起，追缴森林植被恢复费3800余万元。

林业“三防”体系（防火、防病虫害、防盗伐滥伐）进一步加强。省政府办公厅印发新修订的《江西省处置重特大森林火灾应急预案》，对灾前预警和火灾应对进行全面规范，建立火险四级应急响应机制。开展森林防火“春季平安行动”、宣传教育、专项督查3项活动，实现森林防火宣传和督查工作的常态化；着力推进队伍建设，实现扑火能力的大提升；着力抓好森林武警营区建设，实现部队建设正规化；着力争取项目资金，防火基础设施明显加强。克服三季连旱异常气候的不利影响，全省森林火灾继续保持历史最低水平。江西森林防火工作再次获全国森林防火年度综合考评第一名。围绕省政府与国家林业局签订的《2011—2013年松材线虫病等重大林业有害生物防控目标责任书》的目标，重点抓好松材线虫病防控和“森林城乡、绿色通道”病虫害防治，强化监测预报、机制创新、检疫执法试点、科技示范与推广，以及机构能力建设，全面完成松材线虫病防控目标任务，实现全省林业有害生物防治目标管理达标。全省森林公安机关积极营造打击毁林犯罪常态化氛围，全警动员，重拳出击，重点加大对非法侵占林地、破坏古树名木和鄱阳湖候鸟资源违法犯罪的打击力度，及时启动大要案办理机制，组织专案力量，深挖细查，有案必破。省森林公安局连续第6年获全国省级森林公安工作考核第一名。省森林公安局刑事侦查处被国家森林防火指挥部、国家林业局授予2010—2012年度全国森林防火工作先进单位。

自然保护区、森林公园、湿地公园建设不断加强。2013年，国务院批准庐山、赣江源2处自然保护区晋升国家级自然保护区。广丰铜钹山、婺源森林鸟类自然保护区晋升国家级自然保护区通过国家林业局评审。于都县祁禄山、贵溪市笔架峰、南城县芙蓉山、大余县三江口4处自然保护区完成申报省级保护区科学考察和申报工作。省级自然保护区标桩定界工作基本完成，规范并公布所有省级自然保护区功能区划图。经省政府同意，马头山、九岭山国家级自然保护区划归省林业厅管理。江西省庐山自然保护区管理处更名为江西庐山国家级自然保护区管理局。井冈山国家级自然保护区被省委宣传部、省社联授予2013年度江西省优秀社科知识普及宣传基地。

国家林业局批准新增江西彭泽国家森林公园。省政府批准新增宁都县老鹰山等9处省级森林公园。全省森林公园年度投入资金16亿元，同比增长50%。

国家林业局批复新增景德镇玉田湖、宁都梅江、婺源饶河源3处湿地纳入国家湿地公园试点。德安隆平等11处湿地纳入省级湿地公园试点。新余孔目江国家湿地公园获国家林业局正式授牌。东鄱阳湖国家湿地公园成为首批长江湿地保护网络试点自然学校。新余市在原有1个湿地公园基础上，再投资15亿元，高标准新建占地200公顷的袁河湿地公园；湾里区投资2000万元种植造型罗汉松、桂花、银杏等高档绿化树种，打造岭秀湖湿地休闲公园；景德镇市坚持生态宜居乐业城市理念，在昌南湖湿地公园中建瓷塔和瓷龙，在三贤湖湿地公园树立佛印禅师、苏东坡、黄庭坚三位名人雕塑，凸显浮梁古县的悠久历史。

野生动植物保护力度不断加大。9月，省政府召开鄱阳湖越冬候鸟保护等4项工作电视电话会议。全省开展打击破坏鸟类等野生动植物资源专项整治行动，查处野生动植物行政案件220起。其中，野生植物案件27起，涉及国家、省级重点保护野生植物800株；野生动物案件193起，查缴野生动物3986只（条，头），没收鸟铳32支，清理"林网"309张，销毁"天网"400余张，收缴有害猎具4170副。召开鄱阳湖区越冬候鸟和湿地保护工作会议，11个单位、55个乡镇、3个民间组织获"2012—2013年度鄱阳湖区越冬候鸟和湿地保护工作先进单位"称号。

鄱阳湖区陆生野生动物资源调查通过国家林业局验收。完成2012年度环鄱阳湖区水鸟同步调查，记录到水鸟26.50万只，其中白鹤3224只、雁鸭类21.56万只。鄱阳湖因每年有大量的白鹤栖息而入选世界七大濒危野生动物栖息地奇观名单。全国首家候鸟医院在都昌县多宝乡李洞村揭牌成立。开展珍稀濒危物种黄喉噪鹛人工繁殖技术研究，成功繁育黄喉噪鹛3只。全省环志鸟类80余种4000余只，进一步掌握江西野生鸟类种类、数量和迁飞路线。全省设置禁猎（采）区27个，总面积8.43万公顷。

编制完成《江西省极小种群野生植物拯救保护工程实施方案》，全省11个重点市、县实施极小种群野生植物保护和珍稀濒危野生动物救护繁殖项目。全省建立野生植物就地保护点233个，总面积9.09万公顷。全省重点保护野生植物资源调查工作启动，完成华东黄衫、长柄双花木、长序榆、落叶木莲野外种群资源调查工作。第二次全省古树名木普查基本完成，全省有古树名木12.23万株。玉山县采用GPS定位方法，将古树名木具体方位、图片、生长状况等信息录入电脑，用信息化手段科学管理古树名木。

省林业厅与国家濒管办福州办事处等7个部门联合成立"江西部门间CITES执法工作协调小组"，联合开展执法活动；并在南昌设立"国家濒危物种进出口管理办公室福州办事处南昌工作站"，开展江西野生动植物进出口许可监督检查等工作。

林业生态文化不断繁荣。省林业厅组织开展林业生态文化示范教育基地（村）创建活动，出台《江西省林业生态文化示范教育基地（村）创建实施办法》《江西省林业生态文化示范教育基地创建考评标准》和《江西省林业生态文化示范村创建考评标准》，并决定从"森林城乡、绿色通道"建设省级资金中对创建单位实行以奖代补。鹰潭、萍乡等7个设区市和芦溪、广昌等11个县（市、区）启动了林业生态文化示范教育基地和示范乡镇（村）建设。全省新建森林生态科教馆（博物馆）19个，宁都县东龙古村等10个村确定为全省生态文化教育示范村。

省林业厅与中国绿色时报社合作开展生态文明三面翻科普宣传牌项目基本完成，分别在庐山国家级自然保护区、赣州市森林动物园、鄱阳湖国家湿地公园安装。首次举办2013中国永修吴城国际湿地观鸟节，300名国内外专家、旅游团体代表参加开幕式。举办第27届全国荷花展暨国际荷花学术研讨会，中国荷花协会和全国26个省（自治区、直辖市）荷花协会代表，105家莲产企业代表，以及澳大利亚、泰国等7个国家和地区的代表参加展会。鹰潭市入选中国国际广播电台"国际在线"主办的全球网民推选中国生态城市。新建县南矶中心小学、龙南县龙南镇第三小学被中国野生动物保护协会命名为全国未成年人生态道德教育示范学校。

环境综合治理成绩突出。围绕PM2.5雾霾防控，机动车污染防治取得突破性进展。出台《江西省机动车排气污染防治条例》，核发在用机动车环保标志216.8万个，淘汰老旧机动车和黄标车11万辆。南昌市大力开展黄标车限行执法，全年查处违法行为近6000起，位居全省第一、中部省会城市前列。围绕水环境质量改善，饮用水源地和重点流域水污染防治成效显著。江西省长江流域8个监测断面全部达标，完成规划项目97个，经环保部考核成绩为好。促进源头地区环境保护，投入五河及东江源头以奖代补资金1.7亿元。围绕土壤环境改善，大力开展重金属污染治理。争取中央财政提前下达2014重金属污染防治专项资金7282万元，启动实施20个重金属污染源综合治理项目、3个历史遗留试点项目；完成14个污染源综合治理项目、89个涉重落后产能淘汰项目。

环境监管水平显著提高。加强环境风险管控。对649个化工、石化、涉重项目开展了环境风险排查，责令限期整改63个；完成全省生产化学品环境情况调查，开展了集中式饮用水水源地风险隐患排查；完成全省辐射环境安全大检查，安全处置废旧放射源83枚。开展重金属污染、城市集中式饮用水水源地、机动车污染、保护鄱阳湖"一湖清水"、大气污染和地下水污染专项整治等五大环保专项行动。全省出动执法检查人员2.53万人次，检查企业9336家，对12户污染严重环境问题突出的企业进行挂牌督办。加大环境违法行为处罚力度，其中省本级立案1045件。健全环境执法机制。出台环境执法省市县三级联动、纪检监察和环境监察联动机制，签署了赣湘、赣粤跨界河流水污染联防联控协作框架协议。环境信访工作成效显著。全省全年有效化解1.40万起环境信访，信访工作经验再次在全国环保系统作典型发言。环保能力建设再上新台阶，全省环保系统112家单位包括省厅在内已有90家投入使用，20家单位正在建设中。省监测站通过了环境监测站（一级站）标准化建设验收，硬件设施名列全国前茅。南昌市、九江市严格实时发布AQI监测数据，全省建成28个水质自动监测站并联网，鹰潭市在全省率先完成水质自动站建设并投入试运行。景德镇市加强环境监察标准化建设，市、县全部达标，为全系统第一，全省环境监测监察能力取得长足进步。

（省林业厅　省环保厅）

生态环境建设

【概　况】　全省完成造林面积16.91万公顷，其中完成退耕还林工程2.07万公顷、长江防护林工程0.93万公顷、珠江防护林工程0.26万公顷、"血防林"1.07万公顷；完成欧投贷款江西生物质能源林示范项目造林3088.16公顷、亚行贷款江西林业发展项目新造林7878.7公顷、亚洲开发银行贷款"江西省林业发展"全球环境基金赠款项目示范林380公顷；新建速丰林6.67万公顷。完成毛竹低产林改造0.2万公顷。全省有能源林35.03万公顷，其中木质能源林5.94万公顷、油料能源林26万公顷、淀粉能源林3.09万公顷。全省封山（沙）育林面积9.65万公顷，其中年度新增封山育林4.52万公顷。全国林业碳汇计量监测体系江西省计量监测工作全面展开。

全民义务植树。2月16日，省委主要领导、省长鹿心社、省委副书记尚勇、省政协主席黄跃金率省四套班子成员，与省市机关党员干部、驻赣部队官兵、青年志愿者和当地群众2000余人一起，在南昌市经济技术开发区杜鹃茶花博览园参加义务植树活动，栽植各类苗木1万余株。全省11个设区市和116个县（区）也举行新春植树活动，参加人数达34.77万人，栽植树苗399.84万株。全省全年参加义务植树人数2056万人。

"森林城乡、绿色通道"建设。3月28日至29日，省政府在吉安市和赣州市召开全省"森林城乡、绿色通道"建设流动现场会。省林业厅出台《江西省"森林城乡、绿色通道"建设规划编制技术方案》，并先后在上高县召开全省"森林城乡、绿色通道"建设现场会，在全省召开"森林城乡、绿色通道"建设管护工作电视电话会议，在鹰潭、抚州、上饶、景德镇、九江市召开全省"森林城乡、绿色通道"建设流动现场会。省林业厅抽调110名干部，组成35个调研督导组，由挂片厅领导带队，先后对全省11个设区市、100多个县（市、区、开发区、风景名胜区）开展3次大规模集中调研督导，并印发通报3次，对各地建设进展情况进行排名和点评。"森林城乡、绿色通道"建设列入省政府绩效管理10项重点工作内容。6月20日，省政府办公厅转发省林业厅制定的《全省"森林城乡、绿色通道"建设工作考核办法》，对各市、县（区）开展"森林城乡、绿色通道"建设情况进行考核评比，并与项目资金安排挂钩。11月11日，省政府召开全省"森林城乡、绿色通道"建设2013年度总结暨2014年度工程建设动员电视电话会议。省林业厅、省财政厅联合出台《江西省"森林城乡、绿色通道"建设项目申报与管理办法（试行）》《江西省"森林城乡、绿色通道"建设项目申报指南》《关于对全省"森林城乡、绿色通道"建设实行项目化管理的通知》《"森林城乡、绿色通道"省级财政专项资金管理暂行办法》《江西省"森林城乡、绿色通道"省级财政专项资金绩效考评暂行办法》。

各地把创建森林城市作为提升城市品位的抓手，掀起森林城市创建的热潮。继新余市成功创建"国家森林城市"之后，其他10个设区市全部申报创建"国家森林城市"，其中9个设区市得到国家林业局批复同意，吉安、抚州、九江、宜春、南昌、鹰潭6个设区市创建规划通过国家林业局评审。全省54个市、县（区）启动"省级森林城市"创建工作，其中38个市、县创建省级森林城市建设总体规划获得批复，9个县（市、区）通过省级专家预验收，16个县（市、区）创建规划通过专家评审。全省新增"森林社区""森林街道""森林单位""森林小区""森林校园""森林营区""森林园区""森林学校"等743个，新增"森林乡镇"260个、"森林村庄"1469个。全省森林城市核实绿化面积0.36万公顷，其中合格0.35万公顷，核实率和合格率分别为90.7%和88.7%。"森林乡镇"完成绿化面积0.17万公顷，其中合格0.16万公顷，核实率和合格率分别为92.5和90.6%。"森林村庄"完成绿化面积0.64万公顷，其中合格面积0.61万公顷，核实率89.0%，合格率85.5%。

各地按照全省统一部署，高起点规划、高标准实施，通过采取新造、补造、改造等方式，对通道绿化进行巩固和提升，全省新增通道绿化达标里程513千米，达标率68.2%，其中高速公路194千米、国道81千米、省道238千米。全省通道绿化提升里程2715千米，其中绿化达标里程2052千米，达标率75.6%。

各地依托城郊、乡村田野和森林景区的生态资源，建成一批生态型、郊野型和都市型绿道。南昌市高新区结合"生态园区"建设，高标准打造艾溪湖绿道15千米，成为全省绿道建设的品牌；赣州市会昌县以湘江为纽带，启动百里湘江绿色生态长廊建设，将湘江沿线革命历史、人文古迹和现代文化点串联起来，既创新了绿道建设模式，又丰富了绿道内涵。井冈山市在泰井高速及其连接线33千米路段投入1900万元，精心打造杜鹃长廊绿化景观林带，栽植猴头杜鹃、云锦杜鹃、井冈杜鹃和春鹃10余个杜鹃品种310万株，配种红梅、樱花、红玉兰等乔木观花树种3600余株，实现通道绿化锦上添花。

全省投入“森林城乡、绿色通道”建设资金100多亿元，省级财政安排3000万元专项用于省级新农村点的森林村庄创建和庭院绿化、道路绿化、村旁绿化建设。中国绿化基金会与南昌市政府、江西省林业厅合作，共同设立“中国绿化基金会绿色南昌专项基金”，作为南昌市建设“森林城乡、花园南昌”募集社会资金的平台。

【完成第二次全省湿地资源调查】 12月，完成第二次全省湿地资源调查，《江西省湿地资源调查报告》通过国家鉴定。调查采用以遥感为主、地理信息系统和全球定位系统为辅的“3S”技术，区划、核实、调查湿地斑块1.35万块，重点调查植物样方4420个和样带120条、动物样带102条，查清全省湿地资源的分布、类型、面积、自然环境、野生动植物种类与分布、湿地保护与管理情况、湿地功能效益与利用情况、湿地被破坏或威胁的现状及主要威胁因子等，建立全省湿地资源数据库，为建立江西省湿地资源管理信息系统打下基础。调查结果：全省湿地总面积90.98万公顷。其中，河流湿地31.07万公顷，占34.2%；湖泊湿地37.40万公顷，占41.1%；沼泽湿地2.58万公顷，占2.8%；人工湿地19.93万公顷，占21.9%。湿地高等植物157科432属969种，湿地野生动物8纲42目113科315属688种（亚种）。调查还发现湿地动植物在永修、鄱阳、万年3县的新分布。

【开展首次林业碳汇监测专项调查工作】 6—9月，按照国务院《国家“十二五”控制温室气体排放工作方案》和国家林业局《林业应对气候变化“十二五”行动要点》，江西首次开展林业碳汇计量监测体系建设专项调查工作，并顺利通过国家级检查验收。江西碳汇监测专项调查是全国林业碳汇计量监测体系建设的组成部分。调查内容包括乔木层、灌木层、草本层、枯落物层调查和土壤调查，按森林起源、森林类型布设调查样地。全省完成分布在87个县（市、区）的211个样地调查、4285份样品的采集与测定工作，其中灌木样品2490份，枯落物样品635份，草本样品590份，土壤环刀样品379份，土壤有机质样品191份；完成2010年森林碳储量和2010—2012年森林碳变化量的测算，并对森林碳库空间分布和单位面积碳储量（碳密度）进行分析。

【出台《全省“森林城乡、绿色通道”建设工作考核办法》】 7月12日，省政府办公厅转发省林业厅制定的《全省“森林城乡、绿色通道”建设工作考核办法》。规定市、县（区）政府，以及有“森林城乡、绿色通道”建设任务的开发区管委会、风景名胜区管理局均列为考核对象。考核内容包括“六大工程”实施情况、工程建设的保障措施、成效等。考核方法主要为县级自查、设区市复查、省级核查及考评公示方式。考核采用评分法（设区市满分200分，县（区）满分150分），评分从高到低，评出设区市一等奖1名、二等奖2名、三等奖3名，评出优秀县（区）20名，由省政府通报表扬，并在“森林城乡、绿色通道”建设资金安排时予以倾斜。考核得分120分以下的设区市和100分以下的县（区）政府，需向省政府做出书面说明，同时取消当年林业方面的评先评优资格，调减国家和省级林业项目资金。被列为森林防火、林业有害生物防控重点管理的县（区），取消该项评先资格。

【粤赣湘桂携手推进南岭生态功能区规划】 9月8日，广东、江西、湖南、广西四省（自治区）在贵州省贵阳市共同签署《推进粤赣湘桂南岭山地森林及生物多样性生态功能区规划编制和建设工作备忘录》。江西省省长鹿心社、广东省省长朱小丹、湖南省省长杜家毫、广西壮族自治区政府主席陈武出席仪式。江西省副省长胡幼桃、广东省副省长刘志庚、湖南省副省长何报翔和广西壮族自治区政府副主席林念修分别代表所在省签署备忘录。南岭山脉为中国南部最大山脉和重要自然地理标记，是长江水系与珠江水系的重要分水岭，湘江、赣江、北江、西江的重要源区，也是中国南方保存面积最大的原始森林，有2000多种植物和200多种野生动物。根据备忘录，各省区结合各自比较优势，争取国家支持该区域作为国家重点生态功能区保护和建设的试点。推进生态功能区基础设施相互衔接与发展，共同推进南岭山脉自然生态保护，建立区域公益林生态补偿机制，共同开展生态功能区信息库建设、生态功能区规划编制前期研究、生态环境保护合作、旅游资源区域合作开发、生态功能区重大项目规划编制等工作。四省区将成立由省级政府分管领导共同参与的粤赣湘桂推进生态功能区规划编制工作小组，统筹协调重大事项，保障工作顺利开展。

【“森林城乡、绿色通道”建设实行项目化管理】 11月5日，省林业厅、省财政厅印发《关于对全省"森林城乡、绿色通道“建设实行项目化管理的通知》。规定从2013年起对“森林城乡、绿色通道”建设实行项目化管理，实施范围包括森林城市创建、森林乡村创建、通道绿化提升、绿道建设、生态富民产业5大工程。项目实行自下而上的申报程序，各市、县（区）按照“森林城乡、绿色通道”建设五年总体规划要求，结合当地实际，编制下一年度的项目实施方案，经当地政府同意报设区市林业主管部门审核后，统一报省林业厅审批。项目完成后，由省林业厅牵头，在县级自查和市级复查基础上，组织省级核查，提出综合评价意见，作为工作奖励和核拨省级补助资金的重要依据。

（省林业厅）

生态环境保护

【概　况】 2013年，全省环保部门、林业部门不断加大生态环境保护力度，以推进建立生态考核机制为引擎，促进“五河一湖”及东江源头生态环境保护；以自然保护区综合监管为抓手，强化生物多样性保护；以农村环境综合整治为重点，深化农村环境保护工作。全省建立林业自然保护区240处，总面积121.7万公顷，占全省面积7.3%。其中：国家级13处，面积22.02万公顷，占18.1%；省级28处，面积27.90万公顷，占22.9%；市县级

199 处，面积 71.77 万公顷，占 59.0%。共建立自然保护小区 1360 个，总面积 11.68 万公顷；野生植物就地保护点 233 个，总面积 9.09 万公顷；设置禁猎（采）区 27 个，总面积 8.43 万公顷。建立森林公园 170 处。其中：国家级 45 处、省级 111 处、市县级 14 处，经营总面积 50.6 万公顷，占全省面积的 3%。建立湿地公园 65 处，总面积 13.9 万公顷，占全省国土总面积的 0.8%。其中：国家级 18 处，总面积 11.4 万公顷，湿地面积 9.1 万公顷；省级 47 处，总面积 2.5 万公顷，湿地面积 1.79 万公顷。全省生态公益林面积 340 万公顷，公益林建设档案全部进行年度更新。

林政资源管理。省林业厅出台《关于进一步加强和规范全省林政资源保护管理工作的通知》，规定设区市和县级林业主管部门对商品林低改和毛竹林低改中涉及的阔叶树等林木采伐的审批权限，规范树木采挖移植，打击破坏森林资源违法行为，遏制源头乱砍滥伐，着力加强森林资源保护管理工作。开展全省林政资源管理大检查，对 30 个县（市、区）领导干部保护发展森林资源目标责任制的建立和执行情况、2012 年度森林采伐限额执行情况、林地征占用情况及木材经营加工企业审批和监管、林业行政执法、“两站”人员进财政、公益林管护、近 3—5 年内林地变化图班等林政资源保护管理工作进行全面检查，及时发现和查处乱砍滥伐林木、乱征滥占林地、无证收购和经营加工木材的违法违规行为，共查处林业行政案件 1.92 万起。对南城、都昌、金溪三县开展重点整治行动，查处各类案件 440 起，对相关林业行政工作人员执行问责。配合国家林业局华东院对国家林业局许可的 6 个占用征收林地项目县的林地管理开展检查，查处违法占用林地案件 195 宗，其中刑事立案 88 起、行政处罚案件 107 起，追缴森林植被恢复费 3800 余万元。严格森林采伐限额管理，全年下达木材生产计划 688.5 万立方米，占全省森林采伐限额的 34.5%。全省审核审批林地 7540.11 公顷，严格控制在国家下达江西的林地限额内。继续在崇义等 8 个县（市）开展森林资源可持续经营国家试点，推行森林经营方案编制，推进森林采伐改革。全省新增公益林综合保险理赔 81 起，拨付赔付资金 1789.53 万元，实现植被恢复 0.27 万公顷。

森林防火。通过狠抓责任制落实、野外火源管理、扑火队伍和基础设施建设、火灾处置措施落实等，克服三季连旱异常气候的不利影响，森林火灾继续保持历史较低水平。3 月，全省开展森林防火“春季平安行动”，通过强化宣传教育、整治野外用火、加强督促检查等措施，9 个设区市、72 个县（区）没有发生大的森林火灾，获“2013 年森林防火平安市县”称号。组织开展“森林防火宣传月”、野外用火集中整治、《江西省森林防火条例》有奖知识竞赛等一系列宣传教育活动，派出森林武警深入井冈山、庐山等重点区域巡回宣传。先后组织开展 3 次森林防火专项督查。

全省初步建成“以专业队为主体、半专业队为补充、森林武警和航空消防为尖兵”的多层次、立体式、专业化的扑火力量体系。全省组建正规化专业森林消防队 109 支、队员 4300 人；全省乡镇半专业队标准化建设全面完成，实现“乡乡建队、队队达标”，组建标准化半专业扑火队 1485 支、队员 4.46 万人。省航空护林站与井冈山、庐山、龙虎山、三清山和南昌市签订江西省航空护林战略合作协议。

修订《江西省森林火灾应急预案》，规范森林火灾灾前预警、火灾处置，建立火险预警四级应急响应机制。启动森林防火区、重点防范区和高火险区划分工作，规定一、二、三类重点防范区分别由省、市、县（区）划定，森林防火区由县政府划定，落实到山头地块。启用全国森林火险预警示范系统，在全省布设 17 个国家级森林火险气象监测站和 4 个火险因子采集站，均由所在县负责管理。吉安市安装林火远程监控系统，全天候 24 小时监测辖区内森林火情发生，并跟踪、定位、放大可疑目标，监测、处理火情 112 起。12 月，国家森林防火指挥部办公室在南昌召开全国森林消防队伍建设现场会，总结专业队建设的“江西模式”，在全国推广。成功组织江西历史上规模最大、阵容最强、科目最全、效果最好的一次森林防火演练。

出台《江西省村级森林防火省级补助资金管理暂行办法》。向国家林业局申报全省林火视频监控项目，以及东固山二期、万载三期、三清山三期重点火险区综合治理等项目，新增兴国、广昌等 11 个县（市）列入《全国森林防火中长期发展规划（2009 – 2015）》重点县（市），其中兴国县重点火险区综合治理项目获批立项，总投资 1610 万元（含中央投入 1288 万元）。国家林业局安排重点火险区综合治理等项目 6 个，中央投资 4933 万元，同比增长 4.8%。省级安排森林防火村级转移支付等项目资金 8750 万元。全省森林防火数字通信、火险预警和生物防火林带示范项目建设任务完成。

林业有害生物防控。省林业厅召开全省松材线虫病防控工作会议，部署防控工作；召开全省林业有害生物发生趋势会商会，成立林业有害生物专家咨询组，对全省林业有害生物发生趋势进行科学会商；召开“钻蛀类害虫防治技术研讨会”，对全省林业有害生物防治技术和成效进行总结交流；组织开展“森林城乡、保林护绿”植物检疫执法检查专项行动；委托 101 个县（市、区）的林检机构实施省际林业植物检疫；将所有疫区松木采伐下放至县级林业主管部门审批；推广病虫害综合治理，全省设置诱木 5172 株，悬挂诱捕器 311 个，喷洒噻虫啉药剂 29.69 吨，喷打白僵菌和绿僵菌粉炮 6000 个，在庐山等 9 个县（区、场）释放花斑花绒寄甲成虫 43 万头，防治松林面积 1.23 万公顷；在婺源等 6 个县分别建设松材线虫病综合治理、萧氏松茎象防治、杨树病虫害防治、松毛虫防治等 6 个示范点取得明显成效。

组织对全省 305.27 万公顷松林进行秋季普查，发现枯死松树 3.07 万株，其中松材线虫病发生面积 646.8 公顷、病死松树 4263 株，同比分别减少 24.2% 和 61.7%。各疫情发生区共采伐疫木 31.6 万余株，涉及松林面积 1.15 万公顷。

全省通道绿化树木病虫害防治面积 2804.48 万公顷，防治率达 100%；松毛虫防治作业面积 3.04 万公顷，其中无公害防治面积 2.89 万公顷，无公害防治率 95.1%。开展环庐山区域飞防作业，飞防 71 架次，防治松林面积 6390 公顷。

省林业厅与江西出入境检验检疫局签订《林业植物检疫执法协作备忘录》,商定双方建立联合检疫执法工作协调和联动机制,成立轮流任组长的工作协调领导小组,建立联席会议制度,定期开展联合行动,共同打击涉及林业检疫性有害生物的违法犯罪行为。省林科院正式成立林业有害生物防治研究所。江西环境工程职业学院建成林业有害生物控制技术实训基地。调整"江西森林网络医院"专家,聘请森防专家347名,其中省级17名、市级43名、县级287名。

全省林业有害生物发生面积27.08万公顷,同比下降11.3%,未出现集中连片灾情。其中,病害发生5.16万公顷,占19%;虫害发生21.92万公顷,占81%。按病虫害发生程度划分,轻度23.68万公顷、中度2.51万公顷、重度0.89万公顷,分别占87.4%、9.3%和8.3%。病虫害成灾面积0.14万公顷,成灾率0.15‰,低于国家下达的"十二五"5.5‰的控制目标。

森林资源严打整治。5—12月,全省开展打击破坏鸟类等野生动植物资源专项整治行动,查处非法破坏野生动植物资源案件170起。全省森林公安机关继续深入开展严厉打击非法猎捕野生动物、整治"三乱一非(乱砍滥伐林木、乱毁滥占林地、乱捕滥猎野生动物,非法收购运输木材犯罪活动)"、"天网行动"、打击破坏鄱阳湖及重点区域候鸟资源违法犯罪,以及赣西北片打击破坏国家重点保护植物资源犯罪等一系列严打专项行动,查处各类森林案件3.03万起,其中刑事案件3843起,行政案件2.65万起;处理违法犯罪人员3.18万人;收缴各类木材5.5万立方米、古树名木2647棵、野生动物1.6万只(头);挽回国家直接经济损失1.86亿元。江西森林公安机关在全国森林公安机关办理森林和野生动物案件7项考核内容中,6项排名全国第一。全省木材检查站查验运输木材车辆11.9万辆次,检查木材流量230.7万立方米;查处违法运输木材案件7913起,涉及违法木材2.58万立方米,挽回国家直接经济损失1808.9万元。

【鄱阳湖入选世界七大濒危野生动物栖息地奇观】 3月,零灭绝联盟(AZE)公布经网络评选出的世界七大濒危野生动物栖息地奇观名单,江西鄱阳湖因每年有大量的白鹤栖息而入选。AZE从其研究确定的全球587个濒危野生动物栖息地中选出20个入围栖息地,通过社交媒体(Facebook)发起世界七大濒危野生动物栖息地奇观评选,全球超过10万网民进行网络投票。世界七大濒危野生动物奇观评选,旨在通过联合国生物多样性保护公约,使世界各国共同致力于拯救世界级野生动物物种及其栖息地。AZE由35个国家的88个杰出保护生物多样性组织为呼吁国际社会保护濒危野生动物栖息地而发起。

【开展林业植物检疫执法专项行动】 3—10月,全省开展"森林城乡、保林护绿"林业植物检疫执法检查专项行动,组织检疫执法1125次,出动林检人员4867人次,省林业厅与相关部门开展联合执法检查355次,检查涉木生产、加工企业2724家,电力部门205家、通信部门215家、大型建筑工地314家,检查木竹材10.7万余立方米,木质包装箱和线缆盘7908个,查处案件50起,涉案木竹材701.3立方米。

【开展打击违法运输木材专项统一行动】 4月1日至5月31日,全省木材检查站开展打击违法运输木材行为专项统一行动,集中力量对造林季节非法运输绿化大苗,尤其是对非法运输野生植物和古树名木等违法行为依法重点查处,对重点区域和重点路段违法运输木材行为进行集中整治,取得明显效果。全省木材检查站出动林业行政执法人员1.12万人次,开展集中查处行动2462次,查处违法运输木材案件1980起,涉案木材9054.7立方米、绿化大苗1279株、竹材8.28万根,为国家挽回直接经济损失666.62万元,违法运输木材、破坏森林资源的势头得到有效遏制。

【修订出台《江西省处置重特大森林火灾应急预案》】 9月13日,省政府办公厅印发新修订的《江西省处置重特大森林火灾应急预案》。新预案包括总则、组织指挥体系、预警和信息报告、应急响应、后期处置、综合保障、附则共7章。新预案细化分级预警措施,明确蓝色、黄色、橙色、红色四个火险预警等级对应的预警响应措施;将省级层面的森林火灾应对工作设定Ⅳ级、Ⅲ级、Ⅱ级、Ⅰ级四个响应等级,对每个等级的启动条件和应对措施做出明确规定;细化行政首长负责制,按照"分级负责、属地为主"的要求,落实森林火灾应急处置工作。严格实行行政首长负责制,森林火灾扑救工作由火灾发生地森林防火指挥机构负责指挥,政府领导负总责,必要时省政府主要领导赶赴一线指挥。

【开展环鄱阳湖候鸟保护骑行活动】 11月18日至22日,第四届环鄱阳湖国际自行车大赛组委会组织江西科技师范大学候鸟保护骑行队、鄱阳县双港镇长山村候鸟保护骑行队、江西鄱阳湖国家级自然保护区执法骑行队以及10多家新闻媒体记者,联合开展以"骑行生态区,守护母亲湖"为主题的环鄱阳湖候鸟保护自行车骑行活动。省委书记强卫为骑行队授旗,副省长谢茹、省政府顾问孙刚等出席出征仪式。骑行队从南昌出发,途经鄱阳湖畔的永修、湖口、都昌、鄱阳、余干5县,行程1000余千米,通过宣传调查、座谈交流、观鸟护鸟、环保体验等系列公益活动,在全社会倡导爱护母亲湖、爱鸟护鸟理念。途中向湖区群众发放候鸟保护宣传资料3000余份,向2000多名小学生捐赠候鸟知识读本以及体育器材,并到湖口县石钟山景区、永修县吴城大湖池候鸟观测站、鄱阳县长山岛开展环保体验。活动结束后,队员们畅谈感悟,并为保护母亲湖、保护候鸟建言献策。

【举行森林防火综合演练】 12月9日,省森林防火总指挥部在南昌市新建县举行江西森林消防历史上规模最大、阵容最强、装备最全的一次综合演练。省委副书记尚勇、国家森林防火指挥部专职副总指挥杜永胜观看演练并讲话。省政协副主席刘礼祖、武警森林指挥部副司令员魏凤桐、省军区副司令员曹文献等观看演练。上午9时,演练拉开序幕。武警森林指挥部驻赣部队、省森林消防总队机动支队、各设区市森林消防支队等14支代表队的徒步方队,以及指挥车、运兵车、消防水车、摩托车4个车辆编队依次接受检阅。紧接着，模拟扑火实战演练开始，新建县李家山场因村民不慎引发“火灾”，当地森林消防大队、森林武警部队等迅速集结扑火，并出动3架直升机进行支援，经过1个多小时的奋力扑救，“火势”终被扑灭。参加演习人员共1088人。尚勇在观看演练后指出，这次演练充分展示了江西森林消防队伍专业化、正规化、军事化的精神风貌和扑火作战能力，达到了演练预案、磨合机制、锻炼队伍的目的。杜永胜代表国家森林防火指挥部和林业局对演练成功表示祝贺，并指出江西省委、省政府高度重视森林防火工作，创造了许多好经验、好做法，希望江西以此次演练为新起点，再接再厉，为加强林业生态建设，为建设美丽中国作出新的更大贡献。经过评选，南昌市、上饶市、宜春市代表队分获团体第一名、第二名、第三名，鹰潭市、抚州市森林防火指挥部分获精神文明奖和优秀组织奖。

（省林业厅）

【提升自然保护区建设和管理水平】 2013年，省环保厅认真履行自然保护区综合管理职能，加强协调，形成合力，不断提升全省自然保护区建设和管理水平。一是国家级自然保护区创建工作取得新进展。庐山、赣江源自然保护区晋升为国家级自然保护区，全省国家级自然保护区达13处；铜钹山省级自然保护区申报晋升国家级自然保护区通过评审。二是自然保护区晋级评审工作有序推进。省环保厅组织召开省级自然保护区建设和管理工作领导小组第三次会议，会议通过上饶五府山等7处自然保护区晋升省级自然保护区。三是科学合理规划，扩大自然保护区生物多样性保护。印发《江西省自然保护区建设与发展规划（2012—2030年）》，编制完成《江西省生物多样性保护战略与行动计划》（2013—2030年）。

【推进生态示范创建活动】 2013年，省环保厅围绕省委、省政府提出的建设全国生态文明示范省的目标，大力推进生态示范创建活动，取得显著成效。一是全面部署，规范创建。下发《关于做好2013年生态示范创建工作的通知》，对创建工作进行了全面部署，并提出了有关要求。二是强化管理，提高质量。组织对第三批命名的省级生态乡镇进行了“回头看”复查，并指导有关设区市督促各乡镇按照要求进行整改。从整体情况来看，大部分被抽查的乡镇都对问题进行了整改。三是强力推进，成绩斐然。国家生态县（区）、国家级生态乡镇取得新突破。宜春市靖安县和上饶市婺源县通过国家生态县考核验收；宜春市靖安县宝峰镇等63个乡镇被环保部命名为“国家级生态乡镇”。省级生态示范创建工作稳步推进。省环保厅命名了第六批省级生态乡（镇）和第四批省级生态村，南昌市安义县新民乡等77个乡镇和南昌市湾里区太平镇南源村等112个村分别为“江西省省级生态乡（镇）”“江西省省级生态村”。

【做好农村环境保护工作】 2013年，省环保厅围绕促进生态农业，维护农村稳定，推进农村发展，改善农村人居环境的目标，扎实做好农村环境保护工作。一是积极开展土壤环境保护和综合治理工作。先后编制了江西省“净土”工程行动方案和江西省土壤环境保护和综合治理工作方案，并下发《关于报送土壤污染防治相关工作的通知》，积极开展土壤环境场地污染现状和修复治理项目调查摸底工作。不断加强土壤污染源头综合治理、受污染场地治理修复、畜禽养殖业污染防治和土壤污染监控预警能力建设，切实保护好土壤环境，防止和减少土壤污染。二是积极争取农村环境综合整治项目资金。分别争取了中央、省级农村环保专项资金5553万元、3000万元，用于126个村镇的环境综合整治，重点解决农村饮用水安全、农村面源污染、农村土壤污染等问题，并对项目的建设情况进行监督指导，确保项目建设成效。三是加强农村环境综合整治项目库审查工作。会同相关部门对2013年度申报的项目，逐个对照申报指南和编制说明进行了审查，按照程序、严格标准，对符合条件的向上提交并转入部级待办库。同时指导各设区市做好项目评估工作，进一步掌握农村环境综合整治的工作成效。

【加强“五河一湖”及东江源保护区生态保护】 2013年，扩大源头保护区范围。为进一步加强保护赣江源头良好的生态环境，保障水源安全。省环保厅配合省发改委等部门对上犹、宁都县部分区域划入赣江源头保护区进行了现场考察论证。省政府印发《关于将上犹县和宁都县部分区域纳入赣江源头保护区范围的通知》，将上犹县216平方千米，宁都县592.02平方千米纳入赣江源头保护区。探索“五河一湖”及东江源头生态管理机制。积极配合省政协人资环委开展“五河一湖”及东江源头保护区生态环境考核机制”专题调研，到南昌县、鄱阳县、浮梁县、铜鼓县、广昌县、瑞金市、庐山区等26个县（市、区）现场听取有关意见和建议，并形成调研报告，省政府主要领导作了重要批示。继续加大生态奖励资金力度。省财政专门安排了1.70亿元用于奖励“五河”及东江源头生态环境保护工作。按照《江西省“五河”及东江源头保护区生态环境保护奖励资金管理办法》，对2013年奖励资金进行了分配，并全部拨付给源头保护区所在县（市、区）。

【初步编制完成生物多样性保护战略与行动计划】 2013年，初步编制完成《江西省生物多样性保护战略与行动计划》（2013—2030年），结合江西生态系统类型的代表性、特有程度、特殊生态功能以及物种的丰富程度、珍稀濒危程度、受威胁因子、经济用途、科学研究价值等因素，划分了全省生物多样性保护优先区域。

（省环保厅）

·资　料·

江西省国家级和省级湿地公园

单位:公顷

序号	名称	所在地	总面积	湿地面积	批建时间	管理机构
一	国家级					
1	孔目江国家湿地公园	新余市	1295	677.4	2007年11月15日	江西孔目江国家湿地公园管理处
2	东鄱阳湖国家湿地公园	鄱阳县	36285	35116	2008年11月19日	东鄱阳湖国家湿地公园管委会
3	修河国家湿地公园	永修县	11041	9671	2008年11月19日	永修县林业局
4	东江源国家湿地公园	安远县	2675.7	547	2008年11月19日	安远县林业局
5	丰城药湖国家湿地公园	丰城市	2560	2150.4	2009年12月23日	丰城市林业局
6	南丰傩湖国家湿地公园	南丰县	1727	372.5	2009年12月23日	南丰县林业局
7	武宁庐山西海国家湿地公园	武宁县	24713.9	18862.3	2011年3月25日	武宁县林业局
8	修水修河源国家湿地公园	修水县	4342.4	3577.2	2011年3月25日	修水县林业局
9	赣县大湖江国家湿地公园	赣　县	6655	5353.7	2011年3月25日	赣县林业局
10	兴国激江国家湿地公园	兴国县	3577	2362.45	2011年3月25日	兴国县林业局
11	赣州章江国家湿地公园	赣州市	1054.8	788.2	2012年12月31日	赣州市林业局
12	万年珠溪国家湿地公园	万年县	1025.1	506.8	2012年12月31日	万年县林业局
13	上犹南湖国家湿地公园	上犹县	671.17	627.38	2012年12月31日	上犹县林业局
14	会昌湘江国家湿地公园	会昌县	1264.7	1038.8	2012年12月31日	会昌县林业局
15	南城洪门湖国家湿地公园	南城县	8089.31	4313.34	2012年12月31日	南城县林业局
16	景德镇玉田湖国家湿地公园	景德镇市	387.5	199.5	2013年12月31日	景德镇市玉田水库管理处
17	宁都梅江国家湿地公园	宁都县	6345.8	4471.2	2013年12月31日	宁都县林业局
18	婺源饶河源国家湿地公园	婺源县	346.6	320.6	2013年12月31日	婺源县林业局
二	省　级					
1	浮梁三贤湖省级湿地公园	浮梁县	41.36	23.19	2010年9月28日	浮梁县林业局
2	芦溪山口岩省级湿地公园	芦溪县	695.17	435.47	2010年9月28日	芦溪县林业局
3	莲花莲江省级湿地公园	莲花县	87.9	83.95	2010年9月28日	莲花县林业局
4	余江白塔河省级湿地公园	余江县	621	516.3	2010年9月28日	余江县林业局
5	全南桃江省级湿地公园	全南县	388.32	349.36	2010年9月28日	全南县林业局
7	瑞金绵江省级湿地公园	瑞金市	1802.89	993.75	2010年9月28日	瑞金市林业局
8	于都长征源省级湿地公园	于都县	1150.66	858.84	2010年9月28日	于都县林业局
9	高安瑞州省级湿地公园	高安市	56	55	2010年9月28日	高安市林业局

续表

序号	名称	所在地	总面积	湿地面积	批建时间	管理机构
10	丰城玉龙河省级湿地公园	丰城市	235.7	228.7	2010年9月28日	丰城市林业局
11	宜丰新昌湖省级湿地公园	宜丰县	35.6	25.6	2010年9月28日	宜丰县林业局
12	奉新华林省级湿地公园	奉新县	138	87	2010年9月28日	奉新县林业局
13	上饶槠溪省级湿地公园	上饶县	393	25	2010年9月28日	上饶县林业局
14	德兴泊水河省级湿地公园	德兴市	353	255.1	2010年9月28日	德兴市林业局
15	吉安庐陵湖省级湿地公园	吉安市	216.7	164.2	2010年9月28日	吉安市林业局
16	遂川遂川江省级湿地公园	遂川县	665.93	519.73	2010年9月28日	遂川县林业局
17	万安云洲省级湿地公园	万安县	42.67	16.09	2010年9月28日	万安县林业局
18	南丰潭湖省级湿地公园	南丰县	871.1	561	2010年9月28日	南丰县林业局
19	金溪白马湖省级湿地公园	金溪县	629.56	375.85	2010年9月28日	金溪县林业局
20	宜黄百鹭洲省级湿地公园	宜黄县	126.46	123.01	2010年9月28日	宜黄县林业局
21	乐安龙潭省级湿地公园	乐安县	135.55	119.24	2010年9月28日	乐安县林业局
22	南昌澄碧湖省级湿地公园	南昌县	90.39	54.33	2011年11月29日	南昌县林业局
23	进贤磨盘洲省级湿地公园	进贤县	49.5	41.05	2011年11月29日	进贤县林业局
24	萍乡南岗口省级湿地公园	萍乡市	102	63.9	2011年11月29日	萍乡市湘东区林业局
25	鹰潭白露河省级湿地公园	鹰潭市	34.58	25.36	2011年11月29日	鹰潭市月湖区农林局
26	广丰丰溪省级湿地公园	广丰县	106.7	93.3	2011年11月29日	广丰县林业局
27	横峰岑港河省级湿地公园	横峰县	128.5	102.7	2011年11月29日	横峰县林业局
28	铅山宋家源省级湿地公园	铅山县	150.7	72.1	2011年11月29日	铅山县林业局
29	余干琵琶湖省级湿地公园	余干县	603.8	366.8	2011年11月29日	余干县林业局
30	吉水吉水湖省级湿地公园	吉水县	1897.11	1558.03	2011年11月29日	吉水县林业局
31	抚州廖坊省级湿地公园	抚州市	2639.84	2184.57	2011年11月29日	抚州廖坊水库管理局
32	崇仁宝水省级湿地公园	崇仁县	103.3	50.5	2011年11月29日	崇仁县林业局
33	南丰琴湖省级湿地公园	南丰县	195.52	170.1	2011年11月29日	南丰县林业局
34	南城盱江省级湿地公园	南城县	632.6	603.3	2011年11月29日	南城县林业局
35	黎川黎滩河省级湿地公园	黎川县	150.75	116.64	2011年11月29日	黎川县林业局
36	龙南渥江省级湿地公园	龙南县	71.26	32.84	2013年3月18日	龙南县林业局
37	安福泸水河省级湿地公园	安福县	201.69	171.48	2013年3月18日	安福县林业局
38	德安隆平省级湿地公园	德安县	79.48	48.21	2013年12月31日	德安县林业局
39	星子星湖湾省级湿地公园	星子县	4334.18	4005.48	2013年12月31日	星子县林业局
40	乐平东湖省级湿地公园	乐平市	36.5	27.65	2013年12月31日	乐平市林业局
41	萍乡玉湖省级湿地公园	萍乡市	58.68	35.33	2013年12月31日	萍乡市林业局开发区分局
42	南康蓉江河省级湿地公园	南康区	153.1	93.1	2013年12月31日	南康区林业局
43	龙南桃江窑头省级湿地公园	龙南县	188.84	117.07	2013年12月31日	龙南县林业局

续表

序号	名称	所在地	总面积	湿地面积	批建时间	管理机构
44	寻乌东江源马蹄河省级湿地公园	寻乌县	149.49	106.8	2013年12月31日	寻乌县林业局
45	樟树芗溪省级湿地公园	樟树市	65.6	40	2013年12月31日	樟树市林业局
46	三清山信江源省级湿地公园	玉山县	1053.04	672.73	2013年12月31日	玉山县林业局
47	峡江玉峡湖省级湿地公园	峡江县	2889.8	1188.5	2013年12月31日	峡江县林业局
48	临川白鹭省级湿地公园	临川区	103.28	62.1	2013年12月31日	临川区林业局

江西省国家级和省级森林公园

单位:公顷

序号	名称	建园时间	批复面积	经营管理单位
一	国家级			
1	三爪仑国家示范森林公园	1993年3月	12396.23	靖安县旅游局
2	庐山山南国家森林公园	1993年5月	3346.67	星子县东牯山林场
3	梅岭国家森林公园	1993年5月	11173.1	梅岭国家森林公园管理办公室(湾里区林业局)
4	三百山国家森林公园	1993年5月	3330	安远县林业局
5	马祖山国家森林公园	1993年5月	666.67	庐山区林业局
6	鄱阳湖口国家森林公园	1993年5月	1280	湖口县三里林场
7	灵岩洞国家森林公园	1993年5月	3000	婺源县灵岩洞国家森林公园管理局
8	明月山国家森林公园	1994年12月	7842	宜春市明月山温泉风景名胜区管理局
9	翠微峰国家森林公园	1999年1月	7866.67	宁都县翠微峰管理委员会
10	天柱峰国家森林公园	2000年2月	20757	铜鼓县国有城郊林场
11	泰和国家森林公园	2000年12月	3000	泰和白鹭湖国家森林公园管理处
12	鹅湖山国家森林公园	2000年12月	7950	铅山县鹅湖山国家森林公园
13	龟峰国家森林公园	2000年12月	7400	上饶市龟峰国家森林公园管理委员会
14	上清国家森林公园	2000年12月	11800	龙虎山风景旅游区上清林场
15	梅关国家森林公园	2001年11月	5300	大余县林业局
16	永丰国家森林公园	2001年11月	7600	永丰国家森林公园管理局
17	阁皂山国家森林公园	2001年11月	6860	樟树市林业局
18	三叠泉国家森林公园	2001年11月	1650.97	庐山区海会镇三叠泉风景区管理处
19	武功山国家森林公园	2002年12月	24190	安福县武功山国家森林公园管理局
20	铜钹山国家森林公园	2002年12月	19500	上饶市铜钹山国家森林公园管理委员会
21	阳岭国家森林公园	2003年12月	6889.8	阳岭国家森林公园管理处
22	天花井国家森林公园	2003年12月	685	九江市林科所
23	五指峰国家森林公园	2003年12月	24533	上犹县五指峰林场

续表

序号	名称	建园时间	批复面积	经营管理单位
24	柘林湖国家森林公园	2004 年 12 月	16450	江西省永修县林业局
25	陡水湖国家森林公园	2004 年 12 月	22666.67	赣州市陡水湖国家森林公园管理处(犹江林场)
26	万安国家森林公园	2004 年 12 月	16333	万安国家森林公园管理办公室
27	三湾国家森林公园	2004 年 12 月	15513.3	永新县三湾国家森林公园管理办公室
28	安源国家森林公园	2004 年 12 月	7866	江西省安源国家森林公园管理委员会
29	九连山国家森林公园	2005 年 12 月	20063	龙南县九连山林场
30	岩泉国家森林公园	2005 年 12 月	4885.39	黎川县岩泉国家森林公园管理办公室
31	云碧峰国家森林公园	2005 年 12 月	872.5	云碧峰国家森林公园管理委员会
32	景德镇国家森林公园	2005 年 12 月	3796.3	景德镇市枫树山林场
33	瑶里国家森林公园	2005 年 12 月	4471	江西省瑶里国家森林公园管理局
34	清凉山国家森林公园	2006 年 12 月	3397.82	资溪县株溪采育林场
35	峰山国家级森林公园	2006 年 12 月	20735.2	赣州市峰山森林公园管理处
36	九岭山国家级森林公园	2006 年 12 月	1266.16	武宁县林业局
37	岑山国家级森林公园	2008 年 1 月	955	横峰县林业局
38	五府山国家级森林公园	2008 年 1 月	1715	上饶县五府山林场
39	军峰山国家级森林公园	2008 年 1 月	1217.15	南丰县林业局
40	碧湖潭国家森林公园	2008 年 12 月	6838.7	萍乡市湘东区林业局
41	怀玉山国家森林公园	2008 年 12 月	3354	玉山县林业局
42	毓秀山国家森林公园	2009 年 7 月	2178.93	新余市孔目江生态经济区管委会
43	圣水堂国家森林公园	2009 年 12 月	4060.1	国营安义县峤岭林场
44	江西鄱阳莲花山国家森林公园	2012 年 1 月	6510	鄱阳县莲花山林场
45	江西彭泽国家森林公园	2013 年 1 月	2505	江西彭泽森林公园管理处(彭泽县林业局)
二	省　级			
1	龙泉山省级森林公园	1990 年 12 月	353.33	安远县林业局
2	青山省级森林公园	1993 年 2 月	3400	瑞昌市青山林场
3	上高县省级森林公园	1993 年 2 月	160	上高县九峰林场
4	宜丰县省级森林公园	1993 年 2 月	2805.07	宜丰县林业局
5	狮山省级森林公园	1993 年 2 月	203.33	奉新县林业局
6	青原山省级森林公园	1993 年 2 月	450	吉安市林科所
7	玉笥山省级森林公园	1993 年 2 月	900	峡江县玉笥山林场
8	洪源省级森林公园	1993 年 2 月	400	乐平市洪源镇人民政府
9	贵溪省级森林公园	1993 年 2 月	120	贵溪市林业局
10	水鸡嵊省级森林公园	1993 年 2 月	7666.67	赣县林业局
11	武当山省级森林公园	1993 年 2 月	533.2	龙南县小武当山风景区管理处
12	罗汉岩省级森林公园	1993 年 2 月	500	瑞金市林业局
13	会昌山省级森林公园	1993 年 2 月	333.32	会昌县会昌山省级森林公园管理处(会昌山林场)

续表

序号	名称	建园时间	批复面积	经营管理单位
14	西华山省级森林公园	1993 年 2 月	175.33	石城县林业局
15	三清省级森林公园	1993 年 5 月	666.67	德兴市林业局
16	象山省级森林公园	1993 年 5 月	1674	新建县象山集体林场
17	广昌县省级森林公园	1993 年 5 月	2852	广昌县盱江林场
18	百丈峰省级森林公园	1993 年 5 月	2133.33	渝水区百丈峰林场
19	均福山省级森林公园	1993 年 6 月	1488	兴国县均福山采育林场
20	浮梁省级森林公园	1993 年 6 月	53.33	浮梁县银鸽林场
21	梦山省级森林公园	1993 年 1 月	2666.67	新建县红岭林场
22	南山省级森林公园	1994 年 1 月	536.67	南康市林业局
23	麻姑山省级森林公园	1994 年 9 月	4926.67	南城县洪门岭林场
24	玉壶山省级森林公园	1994 年 9 月	393.33	莲花县林业局
25	吉安省级森林公园	1994 年 9 月	100	吉安县林业局
26	龙宫洞省级森林公园	1995 年 4 月	669.27	彭泽县龙宫洞旅游发展有限公司
27	罗田岩省级森林公园	1996 年 2 月	900	于都县罗田岩森林公园管理处
28	黄畲山省级森林公园	1996 年 1 月	600	寻乌县林业局
29	金盘山省级森林公园	1996 年 12 月	2000	信丰县金盘山林场
30	马岗岭省级森林公园	1997 年 8 月	26.67	余江县林业工业公司
31	大东山省级森林公园	1997 年 11 月	4000	吉水县芦溪岭林场
32	玉华山省级森林公园	2000 年 11 月	666.7	泰和县澄江镇人民政府
33	江西省遂川森林公园	2000 年 6 月	970	遂川县林业局
34	莲花洞省级森林公园	2001 年 2 月	1610	庐山区莲花洞森林公园有限公司
35	郭璞峰省级森林公园	2001 年 4 月	733	昌江区林业局
36	义门陈省级森林公园	2005 年 12 月	1281.4	德安县林业局
37	远泉省级森林公园	2005 年 12 月	1050	远泉集团公司
38	江西省三尖源森林公园	2006 年 9 月	12000	都昌县林业局
39	江西省九龙庙森林公园	2006 年 9 月	4950	万载县九龙垦殖场
40	江西省东江源桠髻钵山森林公园	2006 年 9 月	2980	寻乌县富寨林场
41	江西省六石岩森林公园	2006 年 9 月	993.74	广丰县嵩峰乡人民政府
42	江西省白云山森林公园	2006 年 9 月	2187.6	吉安市青原区白云山林场
43	江西省太宝峰森林公园	2006 年 11 月	2038	新余市仙女湖风景名胜区东坑林场
44	江西省香炉峰森林公园	2006 年 11 月	661.3	进贤县前岭林场
45	江西省屏山森林公园	2006 年 11 月	4528.6	于都县林业局
46	江西省兴农沙漠生态森林公园	2006 年 12 月	232	南昌县林业局
47	江西省白鸡峰森林公园	2006 年 12 月	666.6	余江县高公寨林场
48	江西省大南森林公园	2007 年 6 月	637.07	广丰县大南镇人民政府(原 773.3 公顷)
49	江西省通天寨森林公园	2007 年 6 月	2112	石城县林业局

续表

序号	名称	建园时间	批复面积	经营管理单位
50	江西省大砻下森林公园	2007年6月	675	分宜县大砻下林场
51	江西省仙人寨森林公园	2007年8月	1041.22	铅山县林业局
52	江西省三尖峰森林公园	2007年8月	630.8	萍乡市南坑林场(芦溪县)
53	江西省寒山森林公园	2007年12月	1168	莲花县林业局
54	江西省理田源森林公园	2007年12月	166.7	婺源县思口镇人民政府
55	江西省翠云峰森林公园	2008年6月	173.1	金溪县翠云峰森林公园管理委员会
56	江西省小金山森林公园	2008年8月	438.8	萍乡市安源区高坑镇人民政府
57	江西省马形山森林公园	2008年8月	800	宜丰县潭山镇店上村民委员会
58	江西省睦州山森林公园	2008年1月	1542	上饶市信州区林业局
59	江西省芦泉湖森林公园	2008年11月	946	高安市新街镇景贤村民委员会
60	江西省仙隐洞森林公园	2009年12月	920	宜丰县芳溪镇人民政府
61	江西省龙口源省级森林公园	2010年7月	303	瑞昌市林业局
62	江西省东湖南山省级森林公园	2010年7月	322.5	都昌县林业局
63	江西省双峰尖省级森林公园	2010年7月	579	彭泽县林业局
64	江西省台山省级森林公园	2010年7月	223	湖口县林业局
65	江西省万寿寺省级森林公园	2010年7月	473.27	浮梁县万寿山垦殖场
66	江西省四亩里省级森林公园	2010年7月	75	浮梁县林业局
67	江西省风龙省级森林公园	2010年7月	531.23	安源区青山镇人民政府
68	江西省鸡冠山省级森林公园	2010年7月	1120.8	上栗县鸡冠营林林场
69	江西省李畋省级森林公园	2010年7月	368.8	上栗县林业局
70	江西省湖仙山省级森林公园	2010年7月	182	莲花县林业局
71	江西省园岭省级森林公园	2010年7月	2853.77	兴国县园岭森林公园管理局
72	江西省李腊石省级森林公园	2010年7月	112.9	石城县林业局
73	江西省梅子山省级森林公园	2010年7月	180.51	全南县林业局
74	江西省大山脑省级森林公园	2010年7月	337.9	南康市林业局
75	江西省天工开物省级森林公园	2010年7月	67	奉新县林业局
76	江西省龙津湖省级森林公园	2010年7月	173.3	丰城市总部经济基地办公室
77	江西省东方禅文化省级森林公园	2010年7月	68	宜丰县林业局
78	江西省龙泉湖省级森林公园	2010年7月	219	万年县林业局
79	江西省李梅岭省级森林公园	2010年7月	657	余干县李梅林场
80	江西省黄金山省级森林公园	2010年7月	107.85	信州区林业局
81	江西省骆驼山省级森林公园	2010年7月	381.28	铅山县林业局
82	江西省珍珠山省级森林公园	2010年7月	316.67	婺源县珍珠山林场
83	江西省兴安省级森林公园	2010年7月	87.47	横峰县林业局
84	江西省广丰三山省级森林公园	2010年7月	116	广丰县林业局
85	江西省清水湾省级森林公园	2010年7月	154.67	上饶县罗桥街道办事处

续表

序号	名称	建园时间	批复面积	经营管理单位
86	江西省冰江省级森林公园	2010 年 7 月	71.53	玉山县林业局
87	江西省聚远楼省级森林公园	2010 年 7 月	524.6	德兴市林业局
88	江西省东湖省级森林公园	2010 年 7 月	247.3	新干县林业局
89	江西省君华省级森林公园	2010 年 7 月	222.95	吉州区林业局
90	江西省西龙山省级森林公园	2010 年 7 月	539.3	吉安县林业局
91	江西省白凤省级森林公园	2010 年 7 月	168.33	泰和县林业局
92	江西省龙江省级森林公园	2010 年 7 月	81.6	井冈山市林业局
93	江西省汝水省级森林公园	2010 年 7 月	70.67	抚州市林业局
94	江西省乐安省级森林公园	2010 年 7 月	67.87	乐安县林业局
95	江西省卓望山省级森林公园	2010 年 7 月	732.4	宜黄县林业局
96	江西省泰伯省级森林公园	2010 年 7 月	66.73	资溪县林业局
97	江西省龙华山省级森林公园	2010 年 12 月	153.33	广丰县桐畈镇人民政府
98	江西省仙峰岩省级森林公园	2010 年 12 月	415.12	萍乡市安源区城郊管理委员会
99	江西山谷省级森林公园	2012 年 5 月	139.1	修水县林业局
100	江西双圳省级森林公园	2012 年 5 月	760	贵溪市林业局、双圳林场
101	江西东江源仙人寨省级森林公园	2012 年 5 月	620	寻乌县林业局
102	江西螺峰尖省级森林公园	2012 年 5 月	71.1	宜丰县林业局
103	江西老鹰山省级森林公园	2013 年 6 月	593.76	宁都县林业局
104	江西虎峰山省级森林公园	2013 年 6 月	484.25	鄱阳县田畈镇政府
105	江西芦溪狮山省级森林公园	2013 年 12 月	121.19	萍乡市芦溪县
106	江西象山省级森林公园	2013 年 12 月	988.43	鹰潭市贵溪市
107	江西罗山省级森林公园	2013 年 12 月	608.42	宜春市丰城市
108	江西鹤坪省级森林公园	2013 年 12 月	408.2	宜春市靖安县
109	江西日峰山省级森林公园	2013 年 12 月	69.4	抚州市黎川县
110	江西豫宁省级森林公园	2013 年 12 月	120.85	九江市武宁县
111	江西安基山省级森林公园	2013 年 12 月	580.54	赣州市龙南县

江西省林业国家级和省级自然保护区

单位:公顷

序号	名称	类型	所在地	面积	批建时间	管理机构
一	国家级					
1	江西鄱阳湖国家级自然保护区	湿地	新建县、永修县、星子县	22400.0	1988	江西鄱阳湖国家级自然保护区管理局
2	江西井冈山国家级自然保护区	森林	井冈山市	21449.0	2000	江西井冈山国家级自然保护区管理局
3	江西桃红岭梅花鹿国家级自然保护区	动物	彭泽县	12500.0	2001	江西桃红岭梅花鹿国家级自然保护区管理局

续表

序号	名称	类型	所在地	面积	批建时间	管理机构
4	江西武夷山国家级自然保护区	森林	铅山县	16007.0	2002	江西武夷山国家级自然保护区管理局
5	江西九连山国家级自然保护区	森林	龙南县	13411.6	2003	江西九连山国家级自然保护区管理局
6	江西齐云山国家级自然保护区	森林	崇义县	17105.0	2004	江西齐云山国家级自然保护区管理局
7	江西阳际峰国家级自然保护区	森林	贵溪市	10946.0	2004	江西阳际峰国家级自然保护区管理局
8	江西官山国家级自然保护区	动物	宜丰县、铜鼓县	11500.5	2007	江西官山国家级自然保护区管理局
9	江西马头山国家级自然保护区	植物	资溪县	13866.5	2008	江西马头山国家级自然保护区管理局
10	江西鄱阳湖南矶湿地国家级自然保护区	湿地	新建县	33300.0	2008	江西鄱阳湖南矶湿地国家级自然保护区管理局
11	江西九岭山国家级自然保护区	森林	靖安县	11541.0	2011	江西九岭山国家级自然保护区管理局
12	江西赣江源国家级自然保护区	森林	石城县、瑞金市	16100.9	2013	江西赣江源国家级自然保护区管理局
13	江西庐山国家级自然保护区	森林	庐山区、星子县等	20120.0	2013	江西庐山国家级自然保护区管理局
二	省　级					
1	江西七溪岭省级自然保护区	森林	永新县	10500.0	1997	永新县林业局
2	江西华南虎省级自然保护区	动物	宜黄县	58300.0	1997	江西宜黄华南虎省级自然保护区管理办公室
3	江西岩泉省级自然保护区	植物	黎川县	2460.0	1997	黎川县林业局
4	江西老虎脑省级自然保护区	动物	乐安县	22000.0	1997	江西老虎脑省级自然保护区管理办公室
5	江西抚河源省级自然保护区	森林	广昌县	8187.7	1997	广昌县林业局
6	江西铜钹山省级自然保护区	植物	广丰县	10800.0	2001	江西广丰铜钹山省级自然保护区管理办公室
7	江西信江源省级自然保护区	森林	玉山县	4535.0	2001	江西玉山信江源省级自然保护区管理办公室
8	江西水浆省级自然保护区	森林	永丰县	2000.0	2001	永丰县林业局
9	江西南风面省级自然保护区	森林	遂川县	4205.0	2001	遂川县林业局
10	江西凌云山省级自然保护区	动物	宁都县	11342.6	2004	江西凌云山省级自然保护区管理办公室
11	江西三十把省级自然保护区	森林	万载县	2100.0	2004	万载县林业局

续表

序号	名称	类型	所在地	面积	批建时间	管理机构
12	江西玉京山省级自然保护区	森林	宜春市	1199.0	2004	江西宜春明月山林业局
13	江西鸳鸯湖省级自然保护区	动物	婺源县	917.0	2004	江西婺源鸳鸯湖省级自然保护区管理局
14	江西南方红豆杉省级自然保护区	植物	瑞昌市	2500.0	2010	江西瑞昌南方红豆杉自然保护区管理局
15	江西伊山省级自然保护区	森林	武宁县	11340.0	2010	武宁县林业局
16	江西瑶里省级自然保护区	森林	浮梁县	3627.0	2010	浮梁县林业局
17	江西黄字号黑麂省级自然保护区	动物	浮梁县	17356.2	2010	浮梁县林业局
18	江西羊狮幕省级自然保护区	森林	芦溪县	7006.0	2010	萍乡市林业局武功山林业分局
19	江西高天岩省级自然保护区	森林	莲花县	4780.0	2010	江西莲花县高天岩省级自然保护区管理局
20	江西阳岭省级自然保护区	森林	崇义县	1880.0	2010	崇义县林业局
21	江西章江源省级自然保护区	森林	崇义县	10452.0	2010	崇义县林业局
22	江西桃江源省级自然保护区	森林	全南县	11560.0	2010	全南县林业局
23	江西五指峰省级自然保护区	植物	上犹县	6368.0	2010	江西上犹五峰指省级自然保护区管理局
24	江西青岚湖省级自然保护区	湿地	进贤县	1000.0	2011	进贤县林业局
25	江西峤岭省级自然保护区	森林	安义县	4490.0	2011	安义县林业局
26	江西云居山省级自然保护区	森林	永修县	2480.0	2011	江西云居山省级自然保护区管理处
27	江西都昌候鸟省级自然保护区	湿地	都昌县	41100.0	2011	江西都昌县候鸟自然保护区管理局
28	江西修河源五梅山省级自然保护区	森林	修水县	14485.0	2011	修水县林业局

2013年新增国家级生态乡镇

序号	设区市	县(市、区)	乡(镇)
1	南昌市	南昌县	莲塘镇
2			南新乡
3			五星垦殖场
4		青山湖区	塘山镇
5			扬子洲乡

续表

序号	设区市	县(市、区)	乡(镇)
6	景德镇市	浮梁县	勒功乡
7			峙滩乡
8			黄坛乡
9			湘湖镇
10			浮梁镇
11			王港乡
12			江村乡
13	萍乡市	湘东区	广寒寨乡
14		芦溪县	银河镇
15			万龙山乡
16	九江市	星子县	南康镇
17			白鹿镇
18		武宁县	泉口镇
19			石渡乡
20			甫田乡
21		彭泽县	上十岭垦殖场
22		九江县	岷山乡
23			城门乡
24	新余市	渝水区	罗坊镇
25		分宜县	杨桥镇
26	鹰潭市	贵溪市	流口镇
27			耳口乡
28		余江县	画桥镇
29	赣州市	兴国县	高兴镇
30		全南县	城厢镇
31			南迳镇
32		瑞金市	叶坪乡
33	吉安市	井冈山市	龙市镇
34			古城镇
35			东上乡
36			拿山乡
37			下七乡
38			柏露乡
39		遂川县	戴家埔乡
40		安福县	章庄乡
41		吉州区	长塘镇
42	宜春市	丰城市	梅林镇
43		靖安县	璪都镇
44			雷公尖乡
45			水口乡
46			宝峰镇
47		宜丰县	新昌镇
48			潭山镇
49	抚州市	金溪县	秀谷镇
50		南丰县	琴城镇
51		黎川县	熊村镇
52		宜黄县	桃陂乡

续表

序号	设区市	县(市、区)	乡(镇)
53	上饶市	婺源县	许村镇
54			紫阳镇
55			中云镇
56			溪头乡
57			秋口镇
58			珍珠山乡
59		玉山县	怀玉乡
60			双明镇
61		余干县	乌泥镇
62		鄱阳县	田畈街镇
63		德兴市	花桥镇

污染防治

【概　况】　2013年,通过加强水环境保护、开展重金属污染综合防治、落实大气污染防治、规范固体(危险)废物监管、推动化学品环境管理、推行强制性清洁生产审核、强化上市企业环保核查及重点行业环保核查,全省污染防治工作取得新进展。全省地表水水质总体良好,Ⅰ～Ⅲ类水质断面(点位)达标率80.8%,Ⅳ～Ⅴ类水质比例19.2%,无劣Ⅴ类水质断面(点位)。河流断面达标率82.8%,东江水质优,其余8条河流水质良好;湖库点位达标率68.0%,富营养化状态总体中营养,柘林湖水质优,仙女湖水质良好,鄱阳湖水质轻度污染,全省湖泊主要污染物为总磷和总氮。省环保厅完成环保部对江西省《长江中下游流域水污染防治规划(2011－2015)》2012年度实施情况考核,考核结果为好。省环保厅组织对全省134个集中式饮用水水源地环境状况进行评估。完成《江西省集中式饮用水水源环境状况评估报告(2012年度)》(地级以上城市)和《江西省集中式饮用水水源环境状况评估报告(2012年度)》(地级以下城市),评估显示全省26个地级以上城市集中式饮用水水源地水质达标率为100%,106个地级以下城市集中式饮用水水源地水质状况总体良好,达标率为97.59%。

【重金属污染综合防治进一步加强】　2013年,省环保厅编制了《江西省重金属污染综合防治"十二五"规划2013年度实施方案》,启动一批区域和重点企业的污染源综合整治项目;按计划完成年度落后产能淘汰项目;严格限制重金属污染物排放总量指标;加强了涉重行业企业的环境监管力度,全省各级环保部门实地检查涉铅、汞、镉、铬、砷排放的重有色金属矿采选冶炼企业196家,铅蓄电池企业59家,皮革鞣制加工企业5家,电镀企业39家,对其中存在环境违法行为的企业采取处理措施,取缔关停27家,停产整顿26家。全省未发生重大重金属污染事件。江西省在7个国家重点区域周边布设地表水重金属专项监测断面20个,监测达标率98.75%;布设环境空气重金属监测点位19个,监测达标率89.47%。

【加大大气污染防治力度】　2013年,南昌市开始实时发布空气质量数据,成为全国首批74个实施环境空气质量新标准的城市之一。《江西省机动车排气污染防治条例》获省第十二届人大常委会第五次会议通过,10月1日开始施行,这是江西省首部机动车排气污染防治地方性法规。省环保厅推进各地市中心城区"黄标车"限行工作,南昌市开展电子执法,其他设区市开展上路执法查处环保违章。全年在用汽车环保标志核发216.8万个,核发率87%;经委托的机动车环检机构102家,基本覆盖到县一级。省政府印发《江西省落实大气污染防治行动计划实施细则》,作为全省大气污染防治工作的行动指南。省环保厅印发《关于加快划定和扩大"高污染燃料禁燃区"的通知》和《江西省储油库、加油站和油罐车油气回收综合治理工作方案》,开展高污染燃料禁燃区划定和油气回收综合治理工作;起草《江西省扬尘污染防治管理办法》以加强扬尘控制,降低PM2.5污染物来源;起草《南昌、九江大气污染控制规划》,加大对灰霾等区域性大气污染的防治力度。

【加强固体(危险)废物监管】　2013年,省环保厅开展进口固体废物专项整治工作,防控环境风险。全年有关企业申报废纸等7类可用作原料的固体废物加工利用,涉及企业116批次,加工利用总量77万余吨。全年获得危险废物经营许可企业68家;全年危险废物经营许可单位年经营规模总量

117.01万吨，其中综合利用111.92万吨，处置4.84万吨；全年经营单位实际经营危险废物规模总量36.77万吨，其中工业危险废物35.50万吨（利用34.12万吨，处置1.38万吨），处置医疗废物1.27万吨；省环保厅持续对危险废物经营及跨省转移许可实施网上登记审批，全年监管跨省危险废物转移115件，比上年增加41件。江西格林美资源循环有限公司等企业开展废弃电器电子产品拆解工作。省环保厅依照《江西省废弃电器电子产品处理企业拆解处理情况审核工作方案（试行）》，组织相关单位每季度对省内4家废弃电器电子产品拆解处理企业拆解情况进行审核，申请国家财政补贴。

【开展生产化学品环境情况调查工作】 2013年，省环保厅在全省范围内开展生产化学品环境情况调查工作，共调查企业671户，其中石油加工、炼焦和核燃料加工企业17户，化学品原料和化学品制品制造业525户，医药制造业63户，化学纤维制造业4户，食品制造业11户，基本掌握全省生产化学品企业的总体情况及相关数据。

【加大强制性清洁生产审核力度】 2013年，省环保厅将清洁生产审核管理权限下放，督促指导各设区市环保局按照《清洁生产促进法》和环保部相关要求，加强对辖区内重点企业强制性清洁生产审核力度，将5个重金属污染防治重点防控行业和7个产能过剩主要行业作为实施重点，将119家企业列为重点企业，全年有67家重点企业通过省环保厅会同省发改委、省工信委组织的评估。省环保厅与环保部清洁生产中心在南昌市举办了3期国家清洁生产审核师培训班，共209人参加了培训。

【加强企业上市环保核查及重点行业环保核查工作】 2013年，省环保厅加强企业上市环保核查及重点行业环保核查工作。按照《关于进一步优化调整上市环保核查制度的通知》要求，优化调整企业上市环保核查工作内容，精简工作环节，缩短工作时限。全年对江西富祥药业股份有限公司等12家企业进行了上市环保核查。按照环保部统一部署，持续做好稀土企业、铅蓄电池和再生铅企业以及钨、钼企业等重点行业企业的环保核查工作。对赣州天和永磁材料有限公司等稀土企业进行初审，其中赣州天和永磁材料有限公司列入了环保部符合环保法律法规要求的稀土企业名单（第四批）；对江西新威动力能源科技有限公司等4家铅蓄电池生产企业进行初审，其中江西新威动力能源科技有限公司通过环保部审查，列入了符合环保法律法规要求的铅蓄电池和再生铅企业名单公告（第一批）；省环保厅组织开展省内钨、钼企业环保核查工作，对全省12户钨、钼企业进行了资料审查和现场核查。

（省环保厅）

节能减排

【概　况】 2013年，围绕大力推进鄱阳湖生态经济区建设与赣南等原中央苏区振兴，促进“发展升级、小康提速、绿色崛起、实干兴赣”，省委、省政府高度重视，以加快转变经济发展方式为主线，以降低能源消耗和主要污染物排放强度为目标，以解决危害群众健康和影响可持续发展的突出环境问题为重点，通过强化责任落实，加强法制建设，完善政策措施，全省节能减排工作取得明显成效。万元地区生产总值综合能耗为0.591吨标准煤，同比下降3.6%；全省化学需氧量、二氧化硫、氨氮、氮氧化物排放总量分别比上年下降1.85%、1.76%、2.45%和1.16%，均超额完成国家下达的年度减排目标任务。

【抓好重点领域节能】 2013年，对工业、交通、建筑、公共机构等重点耗能领域实施节能改造。在工业领域，全年淘汰11个行业共89户企业落后产能，具体淘汰的落后产能为：炼铁30万吨、炼钢15万吨、铁合金8.5万吨、铜冶炼31.7万吨、水泥349.2万吨、平板玻璃60万重量箱、造纸36.85万吨、酒精9万吨、制革53万标张、印染1.31亿米、铅蓄电池207万千伏安，对288家落后小企业依法实施关闭。在建筑领域，印发《江西省发展绿色建筑实施意见》，推动一批绿色建筑标识评定工作。出台公共建筑节能政策措施，规定自2014年起，2万平方米以上的大型公共建筑全面执行绿色建筑设计标准。萍乡市、新余市、樟树市、共青城市、婺源县及南昌市红谷滩新区等市、县（区）被列入国家创建智慧城市试点范围。“城市限粘，县城禁实”工作在南昌、九江、赣州、新余4个城市以及南昌县等19个县城全面铺开。组织开展全省既有居住建筑节能改造项目申报工作，在新余、宜春、赣州、余干等4个市（县）推进实施100万平方米既有建筑改造。在交通运输领域，继续推进公路航道升级改造，高速公路通车里程新增403.1千米、达到4334千米，升级改造普通国省干线公路594.67千米，改建县乡道和农村公路6290.6千米，完成路面改造等大中修工程1374.37千米，新增赣江樟树—南昌94千米高等级航道。加强道路运输综合管理，实施客车实载率低于70%的线路不投放新运力的调控政策，全年许可42条省际道路客运班线，平均实载率为75%。加强高速公路电子不停车收费系统建设，新增ETC车道12条，累计达到318条，县（市、区）覆盖率为80%，实现与沪苏皖闽浙五省市高速公路不停车收费系统联网。在公共机构领域，全面完成全省总能耗不得超过100万吨标煤的年度目标。人均综合能耗同比下降7.9%，人均水耗同比下降10.3%，单位建筑面积能耗同比下降4.4%。修订完善《全省公共机构节能目标责任考评细则》，建立江西省公共机构名录库，制定公共机构能源资源消费统计制度工作方案，完善网络统计平台。组织10余家公共机构开展分布式光伏发电试点，推动30家公共机构开展国家节约型示范单位创建，其中27家通过国家评审被列为第一批示范单位。

【开展节能技术产业化示范和推广应用】 2013年，扶持一批示范推广项目，重点支持LED单芯片驱动节能灯产品的开发应用、平板太阳能集热器的开发应用、绿色环保节能涂装技术及其产品的开发应用、单晶炉节能改造技术的应用示范等项目，评审认定

21户节能减排示范企业。开展节能产品、节能技术展示活动,加大节能新技术、新产品的遴选、鉴定、试用、推广力度。

【开展循环经济试点工作】 2013年,新增一批国家级循环经济领域试点,贵溪市列为国家循环经济示范城市(县);鹰潭(贵溪)铜产业循环经济基地列入第四批国家"城市矿产"示范基地;赣州经济技术开发区列为国家循环化改造示范试点园区;赣州市列为第三批餐厨废弃物资源化利用和无害化处理试点城市。完成江铜集团、萍乡市、江西永修云山经开区等3家国家循环经济试点单位验收工作;抓好省级循环经济试点,新增南昌市、吉安市、樟树市、江锂科技、赣西电煤5家省级循环经济试点单位,大力支持全省108家省级循环经济试点单位推进项目建设;指导吉安市申报国家循环经济示范城市(县);选择23家循环化基础条件较好、改造潜力大的园区开展省级园区循环化改造试点。抓好新余、贵溪建设国家"城市矿产"示范基地,推动鹰潭高新区、赣州经开区建设国家级循环化改造示范试点园区,推进南昌、赣州建设国家餐厨垃圾资源化利用和无害化处理试点城市,充分发挥示范带头作用。

【健全政策法规规划】 2013年,修订实施《江西省实施〈中华人民共和国节约能源法〉办法》。制定出台《加快发展我省节能环保产业二十条政策措施》。编制发布《江西省节能减排"十二五"专项规划》《江西省环境保护"十二五"规划》《江西省循环经济发展"十二五"规划》《江西省节能环保产业"十二五"规划》《江西省城镇生活污水处理及再生利用设施建设"十二五"规划》《江西省城镇生活垃圾无害化处理设施建设"十二五"规划》。开展《江西省节能环保产业发展规划(2013—2017)》修编工作。

【举办节能宣传周活动】 6月15日至21日,开展以"践行节能低碳,建设美丽家园"为主题的2013年节能宣传周活动。活动由省发改委、省农业厅、省国资委等15个部门共同举办。江西日报、省电视台、省电台等媒体对系列宣传活动和新近出台的系列政策措施作了报道,并借助移动公司、联通公司、电信公司等短信平台发布相关信息,宣传节能减排理念与知识。

(胡晓)

【强化污染物减排激励约束机制】 2013年,落实国家脱硫脱硝电价政策。出台《江西省燃煤发电机组脱硝设施运行管理办法》,并严格燃煤发电机组脱硫脱硝电价管理,及时兑现火电企业脱硫脱硝电价,全省扣减2012年度脱硫电价款约1000万元,有效地推进了火电企业脱硫脱硝设施正常稳定运行。实施减排"以奖代补"政策。在争取中央资金的基础上,省财政安排专项资金2.31亿元,对城镇污水处理厂运行、工业企业减排工程、规模化畜禽养殖企业粪污治理等实行"以奖代补"。已下达全省城镇污水处理厂奖励资金8484万元、脱硫脱硝及畜禽养殖等减排工程"以奖代补"资金3998万元、畜禽标准化规模养殖场建设及规模养殖场沼气工程补助资金5588万元。并安排5000万元,对2013年按期完成减排工程建设任务,以及减排工程正常稳定运行并形成新增减排效益的工业企业和畜禽养殖业减排项目实施"以奖代补"奖励。严格减排考核。对年度四项主要污染物总量减排目标有一项及以上未完成,或重点减排项目未按减排目标责任书落实,或监测体系建设运行情况未达到相关要求的地区、企业,认定为未通过年度减排考核,实行"一票否决"制。

【加快推进城镇排水管网建设】 2013年,召开全省城镇污水处理设施及配套管网建设工作现场推进会,督促各地抓住国家支持棚户区改造的政策机遇,把旧城改造与排水管网建设有机结合起来,并抓紧实施对污水处理厂进水水量和进水浓度有明显提升作用的城区沿江河湖排污口截污工程、城区排污渠清污分流改造工程,以及住宅小区、城中村等居住密集区污水管网改造项目。现场督促污水处理厂进水浓度长期偏低的地区全面排查管网渗漏点及水量、浓度突变管段,制定切实可行的管网配套建设方案并加速推进,扭转城镇污水处理厂进水浓度偏低的状况。

【推进机动车污染防治】 2013年,颁布实施《江西省机动车排气污染防治条例》,将环保标志核发作为机动车年检的前置条件;无标车、黄标车在限行时段闯入限行区,实行扣分并处200元罚款。严格机动车转入,对外省转入机动车统一由设区市公安交管部门办理,并在受理前先由环保部门查验出具相关凭证后方可转入。全省11个设区城市出台实施黄标车限行措施,5个设区市成立了机动车排气污染防治监督管理中心,南昌市建立电子抓拍系统,并严格执法。全省全面供应国Ⅳ标准汽油,淘汰老旧机动车和黄标车11万辆以上。

【推进畜禽养殖业污染减排】 2013年,新、改、扩建畜禽养殖场(小区)严格执行环境影响评价和"三同时"制度,对环保验收不合格的畜禽养殖场(小区)不发放动物防疫条件合格证。整合畜禽标准化规模养殖场建设、"菜篮子"产品扶持、生猪调出大县奖励资金、规模养殖场沼气工程"以奖代补"、污染减排"以奖代补"等方面专项资金3.16亿元,重点支持列入年度减排计划的畜禽养殖场粪污治理改造,并对三年扶持资金在60万元以上的生猪标准化规模养殖场实行清洁生产指标考核。组织对列入减排计划的662家畜禽养殖场进行专项执法检查,责令污染治理设施不完善、超标排污的养殖场限期整改。

(省环保厅)

本栏编辑 詹跃华

教 育

综 述

2013年，江西教育系统贯彻落实全国、全省教育规划纲要和教育工作会议精神，锐意进取，改革创新，各项工作得到有力、有序、有效推进。

全面深化教育体制改革。3月21日，省政府召开省教育体制改革领导小组第二次会议，出台2013年深化教育领域综合改革的意见；加强高等教育省级统筹，出台地方本科院校上划省管意见；6月，省政府与国家工信部、教育部联合共建江西理工大学，全省共建高校13所；先后与北京大学、清华大学、北京师范大学成功实现省校合作，省校合作高校达7所；出台《江西省本科师范生免费教育实施意见》，从2013年秋季开学起，在江西师范大学试行本科师范生免费教育试点；出台《江西省2013年普通高考分类考试实施方案》，首次实施高考分类考试，全省兼报、单报高职（专科）的考生达9.88万名；推进现代大学制度改革试点和高校章程制订核准工作，召开了全省高校章程制订工作推进会和高校章程核准委员会第一次会议，对江西财经大学等3所高校章程进行评议；制定出台《关于支持赣南等原中央苏区教育改革发展的意见》，设立赣州教育改革试验区，并实现与教育部共建；设立抚州基础教育综合改革实验区。积极推动南昌地区部分独立学院到共青城市办学，并签订框架协议。各试点项目的成效逐步显现。

教育重大工程项目顺利实施。2013年，全省教育投入实现稳定增长，全省财政教育支出694.1亿元，比上年增长6.9%，全省教育经费总量达829.5亿元，为一系列重大项目实施提供有力保障。一是中小学校安工程二期建设，总投资12.6亿元，维修和改造校舍172.8万平方米，连续实现了第13个“校舍安全年”。二是农村义务教育薄弱学校改造工程，2010—2013年，中央、省财政及地方配套投入改造资金63.8亿元，覆盖校舍改造类项目学校932所、教学设施装备类项目学校8200余所、食堂类项目学校6000余所。三是教育园区建设，省财政3年共安排2.4亿元，带动全省投入资金约60亿元，建设教育园区93个，新建、改扩建学校近300所，建筑面积达480万平方米。四是农村义务教育学校标准化建设，从2013年起，全省统筹安排50亿元资金，用3年时间推进农村义务教育学校标准化建设。五是普通高中维修改造，在对17个集中连片特困县普通高中进行建设和改造的同时，2013年省财政首次专项安排资金5亿元，支持其他市、县（区）普通高中维修改造校舍85.6万平方米，添置教学仪器设备2.9万套、图书62万册。学前教育3年行动计划、农村初中工程二期建设、特教学校建设工程、中职学校达标建设工程、高等学校“2011协同创新计划”等均顺利推进，各级各类学校办学条件进一步改善。

全面完成教育民生工程任务。资助力度进一步加大，资助政策向学前教育和研究生教育延伸，资助体系进一步完善，初步构建起各级各类教育全覆盖的学生资助体系。2013年，共资助各级各类贫困生747万人，发放各级各类资助金73亿元。所获中央奖励资金1.68亿元，全部安排用于奖补解决进城务工人员随迁子女接受义务教育较好的地区和学校，保障进城务工人员随迁子女平等接受义务教育。营养改善计划顺利实施，17个国家试点县（市）均实现开学全面开餐，3783所学校91万名农村义务教育学生受益，食堂供餐学校由70所增加到374所。社会助学融资渠道有效拓展，“家庭经济困难大学新生入校报到”资助项目筹集捐助资金503.6万元，惠及家庭经济困难新生0.67万人；新增设中央专项彩票公益金3个教育助学项目资金7540万元，惠及学生1.75万人。特殊教育公用经费达到普通学校的6倍，寄宿生生活费标准达到小学1200元、初中1450元。向2013年春季全省农村义务教育阶段540万学生和秋季农村学校一年级89万学生免费发放人手一册《新华字典》。

教育服务经济社会发展成效明显。2011—2013年，每年安排4000万元专项资金，遴选确定了230个高校科技落地计划项目（其中2013年100个）。加强和完善高校科技创新平台体系建设，依托赣南师范学院的“国家脐橙工程技术研究中心”、江西理工大学的“国家离子型稀土资源高效开发利用工程技术研究中心”获批组建，江西省高校国家级研发平台数量达到9个，占全省总数的82%。新增教育部工程研究中心1个、省重点实验室11个、省工程技术研究中心2个，形成比较完善的国家、省部、厅三级科技创新平台体系。高校科技成果丰硕，获省自然科学奖12项、技术发明奖2项、科技进步奖28项，分别占全省总数的92.3%、25%、35%。有

43篇研究报告获省领导批示，一批成果得到有关部门采纳。全省有40%的专业和学科为江西省十大战略性新兴产业所需。65%的高校毕业生选择省内就业。共青城大学园区建设、教育援疆项目建设等得到有力推进。

教育人才队伍建设成效明显。省政府出台《关于加强教师队伍建设的意见》，健全教师培养补充、培训和交流制度。2013年，全省统一招聘中小学教师6741人，招聘特岗教师2990人，招募学前支教志愿者960名，招收农村学校定向师范生3636人，接收407名部属师范大学免费师范毕业生回省任教。全年全员远程培训中小学教师36.35万名，“国培计划”培训农村中小学（幼儿园）教师5.18万人次，“农村教师素质提升行动计划”培训教师7.9万人次。在全省20个县（区）城区试行组建教育共同体，上挂下派学校管理人员、骨干教师交流、送课到校、共同组织教育教学活动，带动教师素质整体提升。在全省开展寻找“最美乡村教师”和“身边的‘张丽莉’”推行活动。完成首批13名“井岗学者”特聘教授续聘工作及第二批17名“井冈学者”特聘教授的聘任工作，“井冈学者”特聘教授达30名；参与第三批“赣鄱英才555工程”人文社科类人才的遴选及选拔工作。高层次优秀创新人才、团队建设取得新进展，南昌大学刘耀彬教授入选“长江学者”，实现江西省本土培养长江学者零的突破；南昌大学“半导体照明技术创新团队”入选国家创新人才推进计划中的重点领域创新团队，东华理工大学“直接质谱分析”团队入选教育部创新团队，1人入选“千人计划”，6人入选教育部新世纪人才支持计划。教师待遇得到进一步改善，全省义务教育绩效工资财政保障全部到位，艰苦边远地区农村中小学教师特殊津贴增加到3亿元。2010—2013年，投入资金3.7亿元在31个项目县、600所农村学校兴建教师周转宿舍7000套。

高校毕业生就业工作完成年度工作目标。2013年，全省高校毕业生24.64万人，比上一年增加8827人，增幅为3.72%。通过全省高等教育战线和有关部门的共同努力，顺利完成了“确保就业率保持基本稳定，确保就业人数增加”的年度工作目标，实现了连续13年超过全国平均水平的好成绩。其中：初次就业率为85.58%，比全国77.4%的平均就业率高出8.1个百分点；就业人数比上一年增加6643人，增幅也远远高于全国平均水平。全年为2013届毕业生举办8768场招聘会，邀请用人单位1.99万家，提供就业岗位62.59万个。共派出9个调研小组，深入60所高校开展就业调研活动，与2000多名师生进行座谈和开展问卷调查，为推进做好高校毕业生工作掌握了大量的第一手资料。发挥区位优势和协作优势，签署《赣鄂湘高校毕业生就业资源与服务合作框架协议》和《江西、江苏两省高校毕业生就业服务合作协议》，探索省际高校毕业生就业资源与服务合作的新模式与新机制。大力推广地方政府联合招聘模式，有效地拓宽了毕业生就业市场。组织16所工科类高职院校到杭州、舟山等地洽谈校企合作，签订129项合作协议。邀请浙江、江苏的6个政府机构组团赴赣招聘，共组织了近200家单位、约2万个岗位参加江西省校园招聘会。

教育管理服务水平持续提升。按照中央和省委的统一部署，省委教育工委、省教育厅和省属37所高校、12所民办高校作为第一批教育实践活动单位，从7月起开展党的群众路线教育实践活动。通过活动开展，委厅机关共搜集意见建议3241条，梳理出“四风”方面存在的突出问题及事业发展问题127个，提出具体措施132条，建立健全规章制度16项，党员干部作风进一步转变，干群关系进一步密切，服务基层、推动发展的能力进一步增强。开展检查评比考核表彰项目清理，全厅原138个项目保留11个，减幅达92%，进一步减轻基层负担。成立江西省人民政府教育督导委员会，印发《江西省教育督导事业发展规划（2013—2020年）》，省督学由40名增加到91名，全面实施责任督学挂牌督导制度，探索健全教育决策、执行、督导“三位一体”新机制，提升教育管理科学化水平。通过进一步强化“一把手”责任，大力推进和谐平安校园建设，为全面实施江西省中长期教育改革和发展规划纲要营造和谐稳定环境。

加大对外合作与交流力度。2013年，省政府将教育国际合作与交流专项资金由150万元增至950万元，比上年增长5倍多。首次设立江西省政府外国留学生奖学金、江西省汉语国际推广专项资金，并分别制定出台管理办法，规范管理，提高专项资金使用效益。江西省首个汉语国际推广基地——九江白鹿洞书院成立。成功举办江西省首届外国留学生汉语大赛，展示江西外国留学生教育成果，搭建来华留学生交流平台。

（省教育厅）

基础教育

【概　况】 2013年，全省基础教育坚持育人这一根本要求，学前教育抓普及，义务教育促均衡，普通高中强特色，各项工作取得新成绩。全省小学适龄儿童入学率达99.99%，初中阶段适龄人口入学率达99.95%；高中阶段毛入学率达82%，比上年提高2.5个百分点；幼儿园1.15万所，在园幼儿156.32万人；特殊教育学校85所，比2012年增加5所，在校学生1.71万人。

【“六严”举措有效规划办学行为】 针对义务教育阶段择校热、设立重点校（重点班）、学生课业负担过重以及考试次数过多等现象，制定出台《江西省规范义务教育办学行为若干规定》，实施“六严”举措进一步规范办学行为：坚持划片招生，严格实行义务教育免试就近入学；均衡配置资源，严禁分设重点校（班）和非重点校（班）；减少家庭作业，严格规范教辅材料订购；合理安排考试，严禁违规组织集体补课；坚持正确评价，严禁层层下达升学指标；强化监督检查，建立和完善问责机制。同时，把落实情况纳入对市、县（区）人民政府教育工作综合督导评估和义务教育均衡发展县（市、区）评估认定，督促各地加强中小学规范管理，办好每一所学校。

【完成学前教育三年行动计划】 2013年，争取中央财政学前教育专项资金8.33亿元，建设农村闲置校舍改建幼儿园项目1181个、农村学校增设附属幼儿园项目2248个，扶持民办幼儿园和城市学前教育发展；争取国家“中西部农村学前教育工程”项目资金1.4亿元，在14个贫困县建设公办乡镇中心幼儿园69所。省财政安排民生工程专项资金2亿元（比上年增加1亿元），支持建设农村公办幼儿园643所，扶持民办幼儿园882所。安排资助资金2000万元用于家庭经济困难儿童、孤儿和残疾儿童。出台《江西省幼儿园保教费收费标准以及管理的意见》，规范幼儿园收费，加强学前教育项目管理。进一步加强省示范幼儿园建设和管理，全省省级示范幼儿园达150所。同时，开展幼儿“健康、快乐、发展”主题活动，组织以“倾听孩子，共同成长”为题的征文活动，促进科学保教。学前教育三年行动计划以来，共建374个乡镇中心幼儿园、3000余个农村闲置校舍改建幼儿园和6000余个农村小学增设附属幼儿园，增加了60多万个学位。

【加强中小学德育工作】 编写《江西省中小学学科德育指导纲要（征求意见稿）》，推进党的十八大精神进教材、进课堂、进头脑，把社会主义核心价值体系融入教学全过程。大力推进校外活动场所建设和管理，争取国家6000万元资金支持江西省两个示范性综合实践基地建设项目。新增71个乡村学校少年宫，每个项目获中央财政支持资金20万元。开展节粮、节水、档案、质量等青少年教育示范基地场所创建活动，有3个单位批准为国家级教育示范基地。同时，组织开展以“文明与美丽”为主题的第四届“素质教育月”活动，以“我的梦·中国梦”为主题的青少年书信文化活动。表彰全省百名优秀班主任，评选2012~2013学年度省级三好学生、优秀学生干部1659名。

【加快义务教育均衡发展步伐】 立规划引导均衡。制订全省农村义务教育学校布局专项规划，到2015年，全省规划设置农村义务教育学校1.93万所（不含设区市所在地城区学校），其中：教学点6244所、小学1.08万所、初中2217所；寄宿制学校4710所。强基础夯实均衡。启动农村义务教育标准化建设工程，进一步实施农村义务教育薄弱学校改造计划，全面提升农村学校办学条件。强督导推动均衡。制定下发《江西省县域义务教育均衡发展督导评估实施办法》及实施细则，完善工作规程，开展督导试评。托底线保障均衡。启动农村留守儿童关爱服务体系试点工作，指导各地深化随迁人员子女“两为主”为“两个全部纳入”，将常住人员全部纳入区域教育发展规划，将随迁人员子女全部编入财政保障范围。

【深化普通高中特色发展】 积极推行普通高中特色发展试验改革工作。召开全省普通高中特色发展试验工作研讨会，对推进全省普通高中特色发展试验、提高高中教育质量进行再部署。组织36名专家对32所学校试验工作进行专项视导，组织各设区市教育局负责人和44所试点学校校长共110人次分两批赴华东师大进行高中特色发展专题培训学习，提高了学校开展特色发展试验的能力。继续深化普通高中新课程实验。开展“我的课改故事”等评比活动，营造实验良好氛围。组织编写地方课程教材《普通高中学生生涯发展规划指导》，加强普通高中学生生涯规划教育指导。

【中小学信息化建设进一步完善】 实施江西省农村义务教育薄弱学校改造计划多媒体建设项目，2010—2013年，全省投入资金4.83亿元。2013年，省财政再安排1.2亿元专项资金，建设1.30万间多媒体教室。9月，首届“全国中小学信息技术教学应用成果巡展”活动走进江西省，展示江西省教育信息化水平。从2013年秋季起实施中小学生学籍信息化管理，660万中小学生全面实行一人一号，终身使用。

【特殊教育与民族教育管理水平有新提升】 加强特殊教育薄弱环节培训，举办了全省随班就读资源教师培训班、全省自闭症康复教师专题培训班和全省特殊教育管理干部高级研修班，提升教育理念，提高管理能力。加强特殊教育基础能力建设，用好省政府“民生工程”1000万元特殊教育专项资金，继续加强特殊教育学校建设，实现了30万以上人口县都建有特殊教育学校的目标。做好“交通银行特教园丁奖”评选推荐工作，江西省5名优秀特教教师获全国表彰。认真实施民族教育民生工程，会同省财政厅下达1000万元资金，专项支持8个民族乡、6个民族村建设学校教学楼、综合楼和运动场等，建筑面积2.12万平方米，改善民族地区学校办学条件。选择了8所管理水平高、教育教学质量好，师资队伍强的中小学校、幼儿园与新疆克州8所学校、幼儿园开展一对一的帮扶。

【安全教育与管理日趋规范】 落实中小学安全管理责任，针对暑期安全事故易发多发的特点，6月，召开全省中小学幼儿园安全工作布置会。7月，省政府办公厅组织，省教育厅、省公安厅、省交通运输厅和省安监局成立督查组，联合开展全省校园安全管理督查，重点督促各地加强预防学生溺水工作以及校车安全管理工作，成效明显。认真开展中小学安全教育。5月组织全省中小学生收看江西电视台《中小学安全教育第一课》专题讲座，6月在江西教育网发布《江西省教育厅致全省中小学生家长的一封信》，9月组织全省中小学校上好开学第一课。举办了以“普及安全知识，确保生命安全”为主题的全省中小学校安全知识网络竞赛活动，200万名中小学校师生、家长参加。切实加强校车安全管理，建立健全校车安全管理协调机制。成立省级校车安全管理联席会议，制定下发《江西省校车服务方案》，明确了工作日标和思路。省财政2013年在新增教育经费中安排1亿元专项资金对市县进行奖补，专项资金用于支持各地解决农村义务教育阶段学生上下学交通问题。9月，省直有关部门专门开展了一次全省校车专项整治行动，严查交通违法行为，全力确保学生出行安全。

（省教育厅）

职业教育与成人教育

【概 况】 2013年，江西省职业教育与成人教育按照“稳定规模、优化结构、加强内涵、提高质量、抓好对接、促进就业”的工作思路和年初的工作部署,围绕构建现代职业教育体系,坚持改革创新,注重内涵建设,坚持优化资源配置,各项工作有序开展,职业教育与成人教育继续保持了良好的发展势头。全省中等职业学校招生人数达30.4万人,毕业生就业率连续八年稳定在95%以上。

【深入推进职业教育体制改革】 深化管理体制改革,成立了由省政府领导,教育厅、人社厅、财政厅等15个厅局组成的职业教育联席会议。在省委的关心和省委统战部的大力推动下,省中华职业教育社成立,为江西职业教育发展增添了一支新的力量。探索人才培养模式改革,围绕构建现代职业教育体系,推动出台《关于推进中高职教育对接培养模式改革的意见》,启动了中高职对接培养试点工作,21所高职院校、55所中职学校参加了首批试点工作。继续实施中职技能竞赛获奖选手免试就读省内单招高职院校制度。推动人事制度改革,开展全省中等职业学校机构编制调研,推动省人社厅出台了中等职业学校教授级高级讲师评审条件。

【规范中职学校办学行为】 做好具备学历教育招生资格中等职业学校名单汇总发布工作,全面梳理各级各类中职学校,及时淘汰不具备招生资质的职业学校。下发《关于进一步加强中等职业学校学生学籍管理工作的通知》,建立健全学籍管理责任制度,加强校外教学点(班)的设置管理,切实规范各类联合招生、合作办学;明确学籍管理做到六个“严禁”。按照就业导向、突出特色、分级管理、适时调整的原则,优化专业结构和布局,加强专业设置管理。

【夯实中职学校发展基础】 启动达标中职学校建设工程,出台《江西省达标中等职业学校基本标准(试行)》,制定全省中职学校达标建设规划,按照“一县一校”要求,整合、调整职业教育资源,用3年时间,建设200所达标中职学校,并纳入县级政府教育督导评估范围。已安排1.54亿元专项资金支持第一批通过达标审核确认的44所中职学校实训基地建设。继续推进中等职业教育基础能力二期项目建设,2013年争取中央资金1.8亿元,将全省18所中职学校纳入国家发改委、教育部、财政部等部门中等职业学校基础能力建设(二期),安排每校1000万元基础能力建设资金。大力推进中等职业教育国家改革发展示范校建设,首批8所学校顺利通过省级验收。抓好品牌专业、重点专业和特色专业建设,通过国家改革发展示范学校、省级重点中职学校建设以及精品专业建设等措施,全省8所国家改革发展示范中职学校建设了31个重点专业,11个特色项目,取得了阶段性成果,还有23所学校已经立项建设。省财政投入3125万元重点支持2013年获得全国职业院校技能竞赛三等奖以上或全省中等职业学校二等奖以上的64所学校实施64个省级精品专业建设。

【全力打造以赛促教平台】 组织开展江西省中等职业学校第十届技能竞赛节活动。此届赛事赛项设置更加贴近产业实际,行业企业参与更加广泛深入,办赛形式更加灵活开放,大赛的社会影响进一步提升。全年共有1642人参加18大类76个单项的省级决赛,“校校有比赛、层层有选拔”的机制已形成。积极参加全国职业院校技能大赛。江西中职代表队获一等奖3项、二等奖7项、三等奖32项,在获奖层次和数量上均取得重大突破。在同期举办的“全国职业院校学生技能作品展洽会”上,江西参展作品共获一等奖4项、二等奖2项、三等奖6项、优秀奖11项,创江西参加展洽会以来最好成绩。

【构建双师型教师培养体系】 逐步构建以省、市、县三级培训网络为主体,以青年教师企业实践制度为重点的“双师型”教师培养培训体系。一是认真组织实施教师素质提高计划。省财政投入300万元,依托高等院校对1000名中职教师进行为期1个月、31名校长进行为期3个月的省级培训;选派310名骨干教师参加教育部组织的国家级培训,12名教师赴德国学习专业教学法和专业技能,43名校长参加教育部职业院校校长专题研修班或高级研修班赴德国进修,1名校长参加教育部中英职业教育“影子校长”计划。二是实施以企业实践为重点的教师培训制度。组织119名教师深入思创数码科技、联创电子、泰豪动漫等9家大型企业锻炼。三是畅通“双师型”教师引进渠道,省财政投入900万元,大力实施“特聘兼职教师”项目,资助169所中职学校聘请600名行业企业高技能专业技术人才到学校兼职任教。四是出台《江西省中等职业学校“双师型”教师非教师系列专业技术证书目录(试行)》,规范“双师型”教师培养标准。启动第二批“双师型”教师认定工作,982名教师通过认定。

【着力强化中职师生德育能力建设】 出台《关于加强中等职业学校班主任工作的意见》,组织开展优秀班主任评选。举办全省中职学校“文明风采”竞赛培训班,邀请中国职教学会德育工作委员会专家为全省11个设区市教育局德育工作负责人、100多所中职学校近270名教师代表授课。开展以“中国梦,我的梦”为主题的第五届江西省中等职业学校“文明风采”竞赛活动,竞赛收到征文类、职业生涯规划类、摄影和微电影类、动漫设计类、展演类5大类13项作品2143件,“校校有组织,班班搞竞赛,学生皆参与”的局面逐步形成。推荐120份优秀作品参加全国中等职业学校“文明风采”决赛,获全国一等奖5项、二等奖3项、三等奖10项、优秀奖62项,杰出指导教师奖6人、优秀指导教师奖24人。

【提高中等职业教育教学科研水平】 加强课题管理和立项评审。出台《江西省中等职业学校省级教育教学研究课题管理办法》,规范课题管理,提高课题质量和研究水平。2013年度共立项重点课题25项,一般课题106项。组织江西省职业教育优秀论文评选。努力推动民族文化传承专业建设。景德镇第一中等专业学校的陶瓷工艺、江西艺术职业学院的赣南采茶戏被教育部、文化部、国家民委确定为首批全国职业院校民族文化与创新示范专业点,全国有100个专业入选。指导成立江西省职教学会学术委员会、艺术专业委员会、交通运输专业委员会，成功举办了职业教育研究高层论坛，充分发挥行业企业力量，推动全省中职教育教学改革。

【推进中职学校信息化建设能力】 召开第一次中职教育信息化专题研讨会，启动"云立方"学习空间建设，认真组织"云立方"杯信息化教学比赛。全省近400名教师参加省级决赛，推荐7名教师入围教育部"凤凰创壹杯"信息化教学全国总决赛，获二等奖1个、三等奖3个。同时加强教师应用平台建设。以全国教职工数据采集为基础，整合教师培训管理、各类竞赛、"双师型"教师认定、课题申报等功能，实现了信息终身有效、动态更新维护、一键申请功能，为中职教师政策制定提供了科学依据。

【加强少数民族内地中职班管理】 办好内地中职班的培养工作。2013年，全省9所职业学校承接了新疆、西藏2800余人的中职学生培养任务。建立健全管理制度。成立了内地中职班教育教学管理协作会，下设6个专业委员会，为民族班的培养工作提供人才保障。建立毕业生对口就业扶助扶持工作小组，协调解决内地中职班毕业生就业工作，2010级内地西藏班回藏就业率达80%，受到国家教育部、西藏自治区政府的高度评价。

【加快推进成人继续教育和社区教育】 通过学历教育和非学历继续教育相结合、职前和职后教育并举的方式大力加强继续教育工作。一是积极推进社区教育发展，全省有国家级社区教育示范区2个、国家级社区教育实验区2个、省级社区教育实验区4个。建立了以政府投入为主，多渠道投入的社区教育经费保障机制；初步建立了一支兼职和志愿者为主体、适应社区教育工作需要、富有特色的管理队伍和师资队伍。二是积极开展农村劳动力培训。全省各级各类学校承担农村劳动力转移5万人、农村实用人才培训5万人、退伍士兵2万人的培养任务。职业学校采取订单、定点、定向的形式，开展家政服务、餐饮、缝纫、电子、建筑等行业的职业技能培训，深受农民欢迎。三是充分利用江西省农村致富技术函授大学这个平台，面向农村积极开展农村成人职业教育培训和培养新型农村实用人才教育。创新农业产业化班、农村专业人才精品班、远程教学班、农村实用技术短训班等多种继续教育模式，开拓"学校+部门+学员""学校+农技协+学员""学校+基地+学员""学校+企业+学员"等多形式继续教育渠道，培养了一大批懂技术、会经营、善管理、能致富的农村科技能手。8月13日至14日，由省教育厅、省农函大组织，与余江、奉新两县农函大共同承办的贵溪市樟坪畲族乡农村党员（农函大学员）农业科技异地培训班顺利举行，当地近500名群众参加培训，重点培训葡萄种植技术、农村村务管理、毛竹精深加工等技术知识。

（省教育厅）

【推进高技能人才队伍建设】 2013年年底，全省技能人才总量达到352万人，高级工以上高技能人才新增7万人，达82万人，占技能劳动者比例达23.2%。新增国家级高技能人才培训基地建设项目3家，国家级技能大师工作室3家。4人被评为江西省突出贡献人才，20人被评为赣鄱英才555工程技能领军人才，20人被省政府授予"江西省优秀高技能人才"称号，100人被评为江西省"首席技师"。

【打造高技能人才培养基地】 依托技工院校和大型企业，布局全省国家级、省级高技能人才培养基地，建成58个省级高技能人才培养示范基地，其中国家级示范基地8个、国家级高技能人才培训基地建设项目9家。2013年安排2800万元，建设14个实训基地，其中在技工院校建设7个实训基地，初步形成了高技能人才培养示范基地高端引领、技工院校主体推动、公共实训基地有力补充的技能人才培养体系。

【组织开展"1+X"职业技能竞赛】 会同省教育厅、省国资委、省总工会、团省委、省妇联，整合"江西省五一劳动奖章""江西省青年突击手""江西省巾帼建功标兵""江西省技术能手"等称号，以"技兴赣鄱"为主题，举办全省"振兴杯"职业技能"1+X"系列竞赛。全省举办通用工种竞赛1场，行业工种竞赛17场，竞赛职业（工种）221项，参加人数超过1万人，带动30万人岗位练兵。5月1日至7日，江西卫视、《江西日报》、大江网等省内主要媒体集中以"技兴赣鄱"为主题，对高技能人才进行了宣传。

【规范技工院校管理】 5月，按照"两个杜绝、两个及时、三个真实、四个一致"的要求，对全省申请国家助学金和免学费资金的技校进行全面检查。出台完善技校管理的"5+1"制度：完善技校管理制度，实行省、市人社部门对技校的分级管理；完善学籍管理规定、教学管理规定、办学质量评估办法；完善国家助学金和免学费资金管理规定，建立逐级审核责任制；初步开发学籍管理信息系统。12月，组织对8所技校开展首批技工院校办学质量评估，其中拟撤销1所，暂缓通过5所。全省技工院校有105所，其中技师学院13所（含筹办2所）、高级技校17所、普通技校75所，占全省中职教育机构总数近30%，注册技工院校学生总数达13.93万人。

【加强技能人才评价工作】 强化职业技能鉴定质量管理，全面推行考点主考负责制，规范考场管理。强化实操考核，首次对高级工以上鉴定考核试行末位淘汰制，督促考评人员严把考评质量关。设立全国统考考点远程监控系统，加强对鉴定考核的过程监管。开展职业技能鉴定智能化考试平台建设，首次在全省20个新职业统考中全部实现了无纸化机考鉴定。结合鉴定业务工作流程，编制了10项规范权力运行监督制约制度和流程图，在内部重点岗位开展了风险廉能岗位管理，与设区市鉴定中心签订了鉴定质量管理责任书。

（袁伟华）

高等教育

【概　况】 2013年，全省高等教育以提高高等教育贡献率为目标，以立德树人为根本、以内涵发展为核心、以改革创新为动力、以服务社会为导向，推进教育教学改革,促进人才培养模式创新,提升高校原始创新及科技转化能力,推动高等教育内涵式发展。至年底,全省共有高等学校100所,其中普通高校92所(含独立学院13所)、成人高校8所。各类高等教育在学人数总规模116.52万人,高等教育毛入学率32.0%,比上年提高2.5个百分点。萍乡高等专科学校、景德镇高等专科学校升格为萍乡学院、景德镇学院,江西教育学院改制为南昌师范学院,江西中医学院更名为江西中医药大学,全省普通本科高校增加到27所。

【深入推进教育教学改革】 深入实施“质量建设计划”和“质量与教学改革工程”。安排落实财政经费6000万元,立项建设卓越工程师教育培养计划25个,遴选建设了90门省级本科精品资源共享课程。组织申报国家教学质量改革项目取得良好成绩,获教育部“十二五”高等学校实验教学示范中心立项4个、国家级精品资源共享课程24门和国家精品视频公开课程4门,新增14个国家级大学生校外实践教育基地和12个本科专业教育部卓越工程师教育培养计划。8个“十一五”国家级实验教学示范中心顺利通过教育部验收。加大专业建设调整力度。投入1000万元专项经费,遴选建设40个省高校专业综合改革试点专业。同时,主动适应经济社会发展需要,加大优化专业结构力度,全省新增本科专业64个、新增专科专业64个,全省本、专科专业分别达到1608个和2698个。深化高等教育教学研究。安排500多万元专项经费,采取网评方式遴选立项881项高等学校教学改革研究课题。

【“2011计划”发展势头强劲】 首批10个省级“2011协同创新中心”开始有效运行并显示出良好的发展前景。1月18日,召开江西省“2011计划”调度会,推进江西省“2011计划”向纵深推进。6月,国家教育部副部长杜占元到赣调研,视察了江西农业大学牵头的“猪牛羊良种培育及高效扩繁协同创新中心”和南昌大学牵头的“江西省MOCVD装备与工艺协同创新中心”,对江西省“2011计划”实施工作给予了高度评价。9月26日,省政府召开江西省“2011协同创新中心”建设座谈会,对“2011计划”作出新部署。开展第二批10个省级“2011协同创新中心”的遴选认定工作,实现了面向科学前沿、行业产业、区域发展、文化传承创新四种类型协同创新中心的全覆盖,省财政共投入3.26亿元专项经费。

【高等职业教育得到进一步加强】 进一步深化校企合作办学。全省高职院校新增校企合作企业3345户,新增校外实训基地712个,新增校企共同开发课程439门。全省高职院校校企合作企业总数达5811户、校外实习基地5767个、校企共同开发课程1125门,平均每个专业开发课程3.4门,有合作企业的专业数占专业设置总数的86.7%。强化“双师型”教学队伍建设。建立和完善教师到企业锻炼制度,从行业企业生产一线引进、聘请专家、技术人员担任兼职教师制度,加强了教学和实践指导能力较高的“双师型”教师队伍建设。从企业聘请的兼职教师有3474名,占高职专业教师的13.9%;“双师型”教师有7019名,占专任教师比例为58.76%。加强教学质量评价和保障体系建设。组织对江西生物科技职业学院等18所高职院校的人才培养工作评估,开展对39所高职的56个国家提升高职院校专业服务产业发展能力项目省级验收。推进高职院校数据采集和年度质量报告工作,引进第三方和社会加强对高职院校办学质量和水平的评价与督促,逐步形成以学校为核心、教育行政部门为引导、社会参与的教学质量评价和保障体系。加大省级高职专业技能实训中心建设力度。安排1亿元专项经费,遴选了江西工业职业技术学院软件技术等32个省级高职技能实训中心予以重点建设。同时,加强和推动国家示范骨干和省示范高职院校项目建设,已获示范项目建设经费8.78亿元。江西现代职业技术学院、江西财经职业学院通过国家骨干高职院校建设项目验收并获优秀。

【科研水平显著提升】 2013年,全省高校从事科技活动人员2.01万人,其中科学家与工程师1.96万人,占97.2%。全省高校获科技经费14.59亿元,比上年增加8986.9万元,增长6.6%。共承担各级各类科技项目8775项,其中国家自然科学基金项目1232项、“973”计划14项、“863”计划33项、国家科技支撑计划26项、科技部重大专项2项,项目经费12.36亿元。全省高校发表学术论文1.77万篇,其中SCIE收录2009篇,出版科技著作43部;申请专利1762项,其中发明专利829项;获专利授权933项,其中发明专利242项。共获省部级以上科学技术奖励51项,江西农业大学参与的“两系法杂交水稻技术研究与应用”获国家科技进步特等奖。共签订技术转让合同67项,合同金额2304万元。哲学社会科学建设取得新成绩,教育部高校人文社会科学奖一等奖实现了“零”的突破,另有7项成果获三等奖,人文社科重点研究基地由1个增加到3个。

【人才队伍建设取得新成效】 加大教师培训力度。创新教师专业发展项目,推出名师引领、名企实践、教学范式改革与创新等一系列项目,分类推进全省高校教师专业发展,全年开设本科中青年教师、高职院校教师素质提高培训和民办高校教师培训150多个班次,培训教师7785人次。开展了高校教师队伍建设信息采集和统计工作。高层次优秀创新人才、团队建设成效显著。南昌大学教授江风益负责的“半导体照明技术创新团队”入选国家创新人才推进计划中的重点领域创新团队,东华理工大学教授陈焕文“直接质谱分析”团队入选教育部创新团队。2013年,全省高校有1人(江西师范大学教授顾刚)入选“千人计划”,6人入选教育部新世纪人才支持计划,12人入选江西省主要学科学术和技术带头人培养计划,33人入选江西省青年科学家培养对象。南昌大学教授刘耀彬入选“长江学者”,实现江西省本土培养长江学者零的突破。

【加强创新创业教育】 成立了江西省普通高校创新创业教育和自主创业工作领导小组。投入1500万元,继续建设20个大学生创新创业园和1000个大学生创新创业训练项目。创办江西省大学生华南城电子商务创业孵化园,为大学生创业提供良好平台。江西省高校共有328个项目立项为国家级大学生创新创业训练计划项目。在国家级专业技能赛事上也屡获佳绩,共获奖项106项,其中个人项目一等奖17项,团体一等奖8项,均为江西省参赛以来的最好成绩。特别在全国电子设计竞赛中,获得3个一等奖,实现了江西省高校在全国大学生电子设计竞赛一等奖零的突破。

【研究生教育取得新突破】 景德镇陶瓷学院、江西中医药大学和华东交通大学被增列为博士学位授予单位,赣南医学院被增列为硕士学位授予单位。至此,全省博士研究生培养单位由6所增加到9所,硕士研究生培养单位由15所增加到16所。

(省教育厅)

师范教育与师资队伍

【概 况】 2013年,全省招聘中小学教师9731人,其中国家"特岗计划"招聘特岗教师2990人。继续实施"定向培养农村中小学教师计划",并首次将特殊教育师资纳入定向培养范围,由南昌师范高等专科学校面向全省开展特殊教育师范生定向培养试点,全年招收定向师范生3636人,其中幼儿教师1271人,特殊教育师资49人。进一步加强师德师风建设,省教育厅制定下发《关于构建中小学师德建设长效机制的指导意见》,出台《江西省中小学教师师德考核办法》和《江西省中小学校师德建设工作监督测评办法》,建立健全教育、宣传、考核、监督与奖惩相结合的师德建设长效机制。在全省开展"寻找'最美乡村教师'"推选活动,新建县南矶初级中学柏宗材等10名教师被评为江西省首届"最美乡村教师";开展"寻找身边的'张丽莉'"活动,南昌市第三中学聂水兰等20名事迹特别突出的教师被授予身边"张丽莉"式优秀教师称号。全省共有4.87万人在中国教师资格网上申请认定教师资格,经各级教师资格认定机构审核,共认定各级各类教师资格4.38万人。

【列入国家中西部学前教育巡回支教试点省份】 2013年,江西省被列入国家中西部农村偏远地区学前教育巡回支教试点省份,赣州市的于都、宁都、会昌3县为试点县,3个县共设立支教点420个,招募到岗志愿者960名,各支教点共招收适龄儿童1.5万名。

【开展免费师范生教育试点工作】 2013年,江西省在江西师范大学试行免费师范生教育,学校、市(县)、学生签订三方协议,毕业生按协议到岗后,省财政返还在校四年所交的学费和住宿费。首届招生人数为268人。部属师范大学2013届免费师范毕业生407人回省任教。

【实施中小学教师培训项目】 实施"国培计划"培训项目,2013年共培训农村义务教育各学科教师和校长5.18万人次,农村幼儿园园长和教师9632人次。实施省级"农村教师素质提升行动计划",全年培训中小学教师7.96万人次;开展中小学教师全员远程培训,采取分层、分类、分岗培训模式,将全员远程培训分为五大类、12个子项目实施,共有36.35万名中小学教师参加全员远程培训。

(省教育厅)

民办教育

【概 况】 2013年,全省民办教育按照"调结构、稳增长、保民生"的总体要求,结构进一步优化,质量进一步提升,在生源持续减少的情况下,事业稳步发展。至年底,全省各级各类民办学校和教育机构1.08万所(个),在校生共183.60亿人,分别增长5.2%和0.1%。其中,独立学院13所、民办高校16所,本专科在校生21.90万人,占全省普通高等教育本专科在校生总数25.41%;民办中等职业学校156所,在校生9.30万人,占全省中职在校生总数19.19%;民办十二年制学校40所、民办普通高中32所、民办完全中学39所、民办初中37所、民办九年制学校120所、民办小学56所,共有在校高中生12.23万人、占全省普通高中在校生总数13.96%,初中生14.08万人、占全省初中在校生总数8.03%,小学生12.05万人、占全省小学在校生总数2.95%;民办幼儿园1.03万所,在园幼儿114.04万人,占全省在园幼儿总数72.95%。全省另有民办非学历高等教育机构23所,各类非学历教育在校生2790人。

【扶持力度进一步加大】 2013年,省民办教育发展专项资金从1500万元增加至3000万元,共资助全省16所民办高校、5所民办中等职业学校、16所民办普通中小学、1所民办特殊教育学校添置教学设施设备。实施"江西省民办高校教师能力提升计划",全年培训1562人次。支持民办高校提升办学层次,6月,省教育厅组织专家考察江西渝州科技职业学院、江西城市职业学院、南昌职业学院、江西先锋软件职业技术学院4所申请设置本科的民办高校。7月,省高等教育设置评议委员会对申请学校进行评议,省委教育工委书记、省教育厅厅长虞国庆到会并讲话。12月,省教育厅协助教育部考察组对申请学校进行实地考察。

【规范民办学校管理】 为规范民办高校办学行为,省教育厅印发《关于做好2013年民办高校招生简章和广告备案工作的通知》,对民办高校和高等教育机构2012年度依法办学进行检查,委托会计师事务所对民办高校2012年财务收支情况进行审计,完成江西渝州科技职业学院等3所民办院校法人资产过户登记备案。针对民办学前教育规模迅速扩大,无证办园现象较严重情况,省教育厅向各设区市下达《关于切实加强民办学前教育管理的通知》,要求严格管理责任,加强规划布局,强化安全监管,定期清理无证办园。

【促进独立学院达标验收】 4月,省教育厅召开全省独立学院院长座谈会,布置规范验收工作。10月,举办独立学院规范验收培训班。11月,印发《关于进一步规范独立学院合作办校行为的通知》和《江西省独立学院合作办校违规行为责任追究暂行办法》,并组织专家组对13所独立学院进行省级验收,有5所独立学院因母体学校土地过户等问题不符合教育部验收标准。根据地方政府建立高校新园区的投资意向和部分独立学院校园建设的实际需要，省教育厅组织相关独立学院及其举办高校，先后与永修县、共青城市进行积极磋商，与共青城市达成初步合作意向。

（省教育厅）

10月，江西省首届外国留学生汉语大赛在南昌举行。

省教育厅供稿

交流与合作

【概　况】 2013年，省教育厅积极推动教育对外开放交流，在国际交流、汉语国际推广、来华留学、公派留学等方面取得了新进展、新突破。全省教育系统因公出国（境）访问、学术交流、进修、培训人数447人次；赴台访问、学术交流、进修、培训人数391人次；聘请外国文教专家资格院校128所，外籍教师670人；来华留学生首次超过4000人；港澳台学生98人；国家公派留学面上项目36人、国家公派留学地方合作项目63人、青年骨干教师出国研修项目50人，公派留学其他子项目8人；中外合作办学项目达到100个；自费出国留学中介服务机构4所；孔子学院7个，孔子课堂4个，汉语国际推广中小学基地3个。

省政府进一步加大政策扶持力度，将教育国际合作与交流专项资金从2012年150万元增至950万元，资金投入比2012年增长五倍多，首次设立江西省政府外国留学生奖学金、江西省汉语国际推广专项资金，江西省国家公派出国留学地方合作项目由2012年30人增至60人，规模扩大了一倍，并落实了省财政足额配套资金；中西部大学校长出国培训专项指标12个；教师免费出国访问或培训指标超过30个；教育部中国政府留学生奖学金资格院校由4所增至6所；港澳台本科生招收资格院校由5所增至8所，新增港澳台免试招收院校1所；国家公派出国留学年度录取人数首次超过150人；青年骨干教师出国研修项目资格院校从2所增至4所；获批的自费出国留学中介机构由2所增至4所，并向社会公布正规自费出国留学中介机构名单和监督热线；新批中外合作办学项目8个。建立健全因公出国（境）信息公示制度，严格控制教育系统因公出国（境）总量，确保团组、费用零增长，杜绝了变相公款出国（境）旅游。2013年，全省高校出访团组数比2012年减少了11个，批次数同比下降8%，人数同比下降5%。

【汉语国际推广取得成效】 11月，江西师范大学—美国伊利诺伊大学香槟分校孔子学院揭牌；12月，九江学院获批作为承办美国萨凡纳孔子学院的中方院校；获批2个孔子课堂（九江市第三中学与美国弗朗西斯科学校孔子课堂、九江实验中学与美国路易斯维尔科力杰学校孔子课堂）。设立200万元“江西省汉语国际推广专项资金”，出台《江西省汉语国际推广专项资金管理办法（试行）》。继续做好赴海外汉语教师（志愿者）选派，全年选派142名教师（志愿者）赴海外担任教学工作，选派的教师（志愿者）无论从数量还是质量方面都有较大幅度增长，人数首次超过百人。江西省首个汉语国际推广基地（九江白鹿洞书院）成立。

【举办江西省首届外国留学生汉语大赛】 10月，省教育厅与省外侨办、省广播电视台成功举办了“江西省首届外国留学生汉语大赛”。大赛以“留学江西梦想成真”为主题，经过中国风展示、文化大讲堂、演讲——江西是个好地方等3个环节的角逐，江西师范大学的马达加斯加留学生伊小可和南昌航空大学的柬埔寨留学生帕克双双获得一等奖。省内外30多家主流媒体高度关注，反响强烈。对于推动江西省来华留学工作和汉语国际推广工作将起到积极而深远的作用。

【港澳台交流持续深入】 2013年，江西省与港澳台地区教育合作与交流日趋频繁，江西科技师范大学、赣南师范学院、井冈山大学被教育部批准为港澳台招生备案学校，江西中医药大学被教育部批准为港澳台免试招生资格院校。在江西省就读的港澳台学生98人，教育部给予专项补助60多万元。4月，香港新一代文化协会江西考察团一行122人在江西省进行了为期6天的学习交流活动。11月，香港岛校长联会江西考察团一行29人赴江西省进行学习交流，举办“赣港基础教育管理研讨会”，江西省20名中小学校长与对方近30名校长就基础教育管理和发展进行深入广泛的交流，达成了很多共识。选派3名教师赴香港担任教学指导，留任一名教师在澳门教学指导。

（省教育厅）

本栏编辑　詹跃华

科学技术

综述

2013年，江西省科技工作以加快创新升级为主线，深入实施科技创新“六个一”工程，大力推进科技协同创新，完成了各项目标任务。全年省本级财政科技经费投入预算9.2亿元，达到财政支出的2%；争取国家科技经费(实际到账)8.4亿元，完成年度目标的1.68倍；获国家科技奖8项，新增国家工程技术研究中心2家，各类国家创新基地10家，5人1团队入选国家创新人才推进计划；专利申请和授权分别突破1.6万件和9970件，同比增长36%和25%，增幅分列全国第六位和第九位。全省新增高新技术企业235家，同比增长94%；完成科技成果登记733项，开发省级新产品736项，实现技术合同成交额43.7亿元；市县科技进步考核通过率达80%，同比增长47个百分点。江西省科技进步综合水平全国排位前移1位。全省十大战略性新兴产业实现主营业务收入达到11266亿元；高新技术产业工业增加值达到1404亿元，占全省规模以上工业增加值的24.4%。

*突出“支撑引领”，服务发展升级。*抓好科技项目实施，加快产业核心关键技术的研发应用。围绕主攻十大战略性新兴产业和发展高新技术及产业化，全年立项下达各类省级科技计划2095项，争取国家科技项目906项，其中重大项目98项，带动各方面投入200余亿元，解决一批制约产业发展的关键技术难题，形成了一批新产品，促进产业转型升级。2013年全省整合1亿元专项资金，按照股权质押、有偿使用、溢价收回方式，遴选组建了第一批5个协同创新体。深入开展技术创新工程，提升企业技术创新能力。全省新增培育国家产业技术战略联盟试点和重点培育单位各1家，省级联盟10家；新增国家科技孵化器1个；新认定高新技术企业235家，同比增长94%。组织实施国家科技型中小企业创新基金189项，获经费支持1.35亿元。大力推进科技园区(基地)建设，促进高新技术产业发展。高规格召开全省科技入园现场推进会，进一步推进各类创新资源入园入企。南昌市被科技部、中宣部等四部委授予“国家文化和科技融合示范基地”称号，江西师大科技园升格为国家大学科技园。新获批景德镇直升机、吉安电子信息和抚州精细化工3个国家高新技术特色产业基地，景德镇直升机制造列入国家创新型产业集群建设试点。新增3家省级高新区、8家省级高新技术产业化基地和6家省级科技企业孵化器。全省4个国家高新区累计实现工业增加值达到581亿元，达到全省规模以上工业增加值的10%以上。加强市县科技指标考核，加速形成省、市县共同推进科技工作的局面。明确将县市财政科技投入、区域专利申请、授权量增幅、规模以上科技企业占比、高新技术产业增加值列入市县政府工作综合考核体系指标。全省科技进步考核通过率达80%，远超上次36%的水平。萍乡等4个设区市、30个县(市、区)被评为全国科技进步考核先进市(县、区)。萍乡市获批为国家创新型(试点)城市。

*加强农社创新，促进科技惠民。*农业科技创新创业取得新进展。争取科技部各类农业科技计划项目48项，获资助8067万元。组织实施优良品种选育、种植养殖技术攻关、绿色食品及农林产品精深加工、农业机械装备、农林生态安全、农村信息化等省级农业科技计划项目200余项。培育一批作物新品种(组合)，突破了一批制约产业发展的关键技术，鉴定创新成果60多项。其中，依托粮食丰产科技工程实施取得的成果获国家科技进步二等奖和全国农丰二等奖，参与完成《两系法杂交水稻技术研究与应用》获国家科学技术进步奖特等奖。上饶现代农业科技园、井冈山八角楼农业科技园升格为国家级农业科技园，获批国家农村信息化示范省建设试点和国家新农村发展研究院。科技为改善民生做出新贡献。全年争取国家社发重大科技项目14项，获资助1.25亿元，推进全省节能减排、生态环境、人口健康、公共安全、绿色建筑等领域技术攻关和推广示范。新建中药材规范化种植示范基地12个，培育新品种(系)7个，开发新药品种5个、保健食品10个。依托节能减排科技专项行动，认定省级节能减排科技创新示范企业64家，促进企业建立研发机构58个，引导企业投入研发经费5.89亿元，示范应用节能减排技术232项，开发节能减排产品202个。山江湖工程稳步推进。重点建设5类10个技术集成示范基地，新建6个山江湖可持续发展实验区。“鄱阳湖生态保护国际科技合作基地”获科技部批复，实施6项联合国开发计划署、南南合作局和亚行等多边和民间国际合作项目。基本完成“鄱阳湖科学考察”野外考察任务，建立了鄱阳湖湖泊湿地

水文遥感动态监测平台，开展全省环境督导师培训。

强化创新基础，提升创新能力。科研条件平台建设加快推进。新增获批国家离子型稀土资源高效开发利用工程技术研究中心和国家脐橙工程技术研究中心2个国家工程技术研究中心，新组建省重点实验室9个，省工程技术研究中心16个。科技人才队伍建设不断强化。新确定省级主要学科学术和技术带头人培养对象16人、青年科学家培养对象36人。围绕“赣鄱英才555工程”，与组织部门联合遴选支持58名企业创新人才和13个战略性新兴产业人才团队。基础研究水平有所上升。首次确定省自然（青年）科学基金重点项目20项，立项总数达470项，安排经费2000万元。全年625个项目获国家自然科学基金资助，总经费达2.78亿元，在17个设立地区基金省份中连续三年名列第一。软科学研究与管理取得新成效。首次通过竞争择优组建8个省级软科学研究基地，首次启动软科学文库建设，面向全省公开招标组织6个重大软科学课题的研究，取得一批被省委、省政府领导认可的决策咨询成果，并已汇编成书。

扩大对外开放，集聚创新资源。省部、省院、省校科技合作进一步拓展。促成省政府与科技部举行新一轮省部会商，与中国工程院达成战略合作协议，编修完成《江西省与中科院省院合作规划纲要》；省科技厅先后与上海交大、中纺院签订科技战略合作协议，中纺院在共青城设立分院，萍乡粉末冶金科技产业园成为中南大学的科技成果转化基地。国际科技合作加快推进。新增3个国家级、6个省级国际科技合作示范基地，4个项目纳入科技部政府间国际科技合作项目，获批国际合作专项经费2250万元，引进一批国外先进技术进行产业化。科技招商引技成效显著。成功举办“2013年赣港技术、人才合作推进会”“2013创新中药及植物药国际高峰论坛”，先后组织参加第十六届科博会、第十五届（深圳）中国国际高新技术成果交易会、第十届东盟博览会、首届北方国际科技博览会，达成引进技术、项目合作意向78项，协议金额100多亿元。

推进协同创新，优化创新环境。科技统筹协调迈出新步伐。围绕推动科技进步综合水平位次前移，报请省政府下发《全省加快推进科技创新升级的实施方案及任务分工》《贯彻落实〈关于大力推进科技协同创新的决定〉的具体实施意见及任务分工》，省委副书记尚勇召开全省创新升级调度会，将创新升级任务分解到相关厅局并督促采取有效落实措施，进一步形成全省科技创新合力。科技法制建设有新突破。配合省人大制定颁布《江西省科技创新促进条例》，就全省科技经费投入使用和管理情况开展执法调研，并接受人大专题询问。知识产权工作长足发展。促进新成立县级知识产权局56家，总数达到71家；新增知识产权执法人员251名，总数达到315名。南昌、鹰潭列入国家知识产权示范培育阶段城市，泰和等4县获批国家知识产权强县工程试点县，12家企业获批全国知识产权示范企业和优势企业。3个专利获第十五届中国专利优秀奖。全年专利申请和授权量同比增长36.0%和24.9%，增幅分别达到全国的2.26倍和5.41倍。科技与金融进一步融合。省科技厅与交行江西省分行、中国进出口银行江西省分行开展全面战略合作，设立交行南昌高新科技支行。申银万国投资公司、深圳创东方投资管理公司来赣设立风险投资基金取得初步意向。省科技担保公司与南昌农商行签署合作协议，全年担保金额3.4亿元。科技管理和服务得到加强。制定实施《科技计划项目管理办法（试行）》《科技计划项目经费管理办法》等近20个管理制度。全面启动创新方法基地建设和企业示范应用，5家企业被科技部认定为国家级示范企业；举办2场网上在线成果对接会，征集省内外可转化科技成果1008项，实现技术对接1686次。

（王志勇）

基础研究

【概　况】　2013年，江西省自然科学基金共资助项目502项，经费2000万元；全省有26个单位获国家自然科学基金资助625项，总经费27876.05万元。国际交流5项，经费19万元；省自然科学基金管理共受理结题项目330项，结题的评价主要从发表论著、课题完成及学术创新、成果应用、是否得到国家项目的后续支持、以及人才培养等方面进行评定，经各学科组专家评议，优秀105项，良好214项，中等11项。这些项目中获省级自然科学奖二等奖6项、三等奖5项，省级科技进步奖二等奖3项、三等奖9项。申请和批准发明专利98项，其中申请71项，批准27项。共发表论文论著3754篇，其中三大索引SCI、EI、ISTP收录的论文共1525篇（SCI：537篇，EI：909篇，ISTP：79篇），国外学术刊物发表的论文792篇，国内核心期刊发表的论文1847篇，在国际学术会议上发表的论文217篇，在国内学术会议上发表论文254篇，在其他学术刊物发表论文532篇，主编和参编学术专著分别为112册。131个项目获得各类后续项目的支持（其中78个项目获得国家自然科学基金的后续支持、13个项目获国家科技计划支持、40个项目获省部级科技计划支持）。

【实行网上双盲评审自然（青年）科学基金】　2013年度省自然科学基金按照单位限报、名额分配的原则，江西省科技厅共受理申请项目1158项。其中：一般项目762项，占65.8%；青年基金396项，占34.2%。根据《江西省自然科学基金管理办法》和《江西省自然科学基金项目申请、评审办法》的规定，江西省自然科学基金项目评审工作的原则是“依靠专家、发扬民主、公正合理、择优支持”。2013年，省科技厅积极加强信息化建设，省基金实现网上受理、网上评审、网上签订合同、中期检查报告、结题验收等，以达到基金运作的规范、高效、透明、准确，使科学基金的评审和管理，以推进科学基金管理创新。实行网上双盲评审。系统自动屏蔽项目申报单位、项目负责人、项目研制人员等信息，专家在评审时无法查看这项信息，更有力地保证项目评审的公平、公正。

【南昌大学取得转化医学研究院的重要成果】　南昌大学辛洪波教授领衔的转化医学创新团队，在国家科技部

"973 计划""重大新药创制"专项、国家自然科学基金项目、教育部新世纪优秀人才与江西省"赣鄱英才 555 工程"、省科技厅创新团队项目、省教育厅落地项目、省主要学术和技术带头人计划等支持下,在人才培养、基金项目、发表论文、科研奖励方面取得较大成绩。2013 年,王建斌教授成为"新世纪国家百千万人才工程国家级人选",符民桂教授入选江西省"赣鄱英才 555 工程"创新人才,邓立斌教授入选"江西省青年科学家培养对象"。立项的科研项目有 8 项,其中国家级科研项目有 6 项。发表学术论文 24 篇,其中收录于 SCI 的有 22 篇。辛洪波教授研究的"FKBP12.6 对心肌肌质网钙释放通道(RyR2)的调节作用与心脏疾病"课题,获 2013 年度江西省自然科学奖一等奖。该研究就 FKBP12.6 对心脏 RyR2 功能的调节作用及其分子机制进行了系统的研究。该项目的研究成果在国际期刊如 Nature 等发表论文 20 余篇,为阐明心肌细胞钙动员在心脏生理及病理过程中的作用提供了新的见解,也为寻找治疗心脏疾病的可能药物靶标提供了重要的线索和科学依据。

【取得直接质谱分子电离原理与方法学研究重大突破】 2013 年,东华理工大学陈焕文教授带领的科研团队在国家重大科学仪器设备开发专项、国家国际科技合作专项、国家自然科学基金、省自然科学基金等省部级项目的支持下,在直接质谱分子电离原理与方法学研究中取得多项具有原始创新的重大突破。一是系统阐释能量在不同相态、组成、维度的复杂基体样品分子间传递过程的特殊性及规律性,发现能量传递作用影响分子电子云分布,提出分子电子云分布变化导致离子形成的观点,进而阐明能量传递方式对分子电离的作用机制,揭示不同方式能荷传递的内在联系及相互转化规律。二是阐述复杂基体样品直接电离的分子机制,发现调控能荷传递过程可温和地制备复杂基体样品中目标分子的离子,并依此原理研发相应的仪器。考察百余种代表性复杂体系中的化合物,发现分子电子云变化的难易程度与化合物本身酸碱性、极性、质子亲和势、电离能、挥发性、溶解度等物性参数相关,是影响复杂基体样品直接电离效率及质谱分析灵敏度的重要因素。三是根据上述直接质谱分子电离原理发展表面解吸常压化学电离源(DAPCI)、电喷雾萃取电离源(EESI)等对固、液、胶、气等形态复杂基体样品直接电离的新装置,并创新复杂基体样品直接质谱分析方法体系,为中国生命科学、医药、食品、国防等领域的直接质谱分析提供了理论、方法和技术支撑。该研究成果被编入 1 部英文本科及研究生教材。研究成果获 2013 年度江西省自然科学一等奖。

【取得耦合混沌同步动力学机理及其在安全通信中的应用研究重要成果】

2013 年,江西理工大学刘维清教授领衔的研究团队,与北京邮电大学长期不懈地合作,在国家自然科学基金项目、中国博士后科学基金与江西省中青年学科带头人计划、省自然科学基金等项目的支持下,对耦合混沌系统的同步动力学机理及其在安全通信中的应用等关键科学问题进行了系统研究。基于横截李雅谱诺夫指数法,确定耦合混沌系统出现反向同步的稳定条件,给出相应的参数区间,分析走向反向同步过渡过程中的丰富动力学行为;通过构建合适的耦合方式,首次在耦合全同混沌振子中观察到因对称性破缺引起的部分振荡死亡现象,确定此振荡死亡的稳定性条件以及其内在机制,分析其对同步稳定性的影响;研究了吸引与排斥作用的相互竞争对耦合混沌系统达到反向同步和振幅死亡的影响。发现在两种耦合竞争下,系统将产生双稳态共存的现象,并确定了系统出现反向同步和振荡死亡的内在机制;研究了基于广义混沌同步理论的安全数字通信,通过传递函数构造多参数、异结构的广义混沌同步驱动–响应系统,设计出复杂度高和大密钥空间的加密算法,并成功地实现对语音、文字、图像、视频等多媒体信息的安全通信。同时在基于混沌同步的安全数字通信方面取得创造性成果,该成果对构建国家信息安全防护体系具有重要的战略价值和广阔的推广前景。已获 2 项国家发明专利授权,获江西省高等学校科技成果一等奖 1 项。研究成果获 2013 年度江西省自然科学二等奖。

【取得水旱对比环境下水稻抗旱性状相关基因的定位研究重要进展】

2013 年,江西农业大学胡颂平副教授领衔的研究团队在国家自然科学基金项目、863 项目、国家 973 子项目和省自然科学基金等项目的支持下,对水、旱稻抗旱基因定位及其分子标记辅助选择培育抗旱品种进行深入系统的研究,取得较大进展。一是发现在干旱胁迫下水旱稻群体表现为抗旱性越强的品种其光合速率也越高,并将光合速率基因定位在第 2,10,11 号染色体上,可以进一步对光合速率基因进行精细定位或克隆、转育而对大面积的主产水稻品种进行改良,促进水稻主产区的大面积增产。二是定位 9 个穗颈粗基因,为该基因的进一步精细定位与克隆打下坚实基础,若该基因克隆再行转育,可望在培育高抗旱性水稻品种中发挥大的作用。三是初步定位了每穗颖花数、单边柱头外露率、双边柱头外露率等 3 个重要育种性状基因共 25 个,这些发现为杂交制种中重要的柱头外露率性状的利用打下基础,具有较大开发利用前景。四是初步定位水旱稻群体冠层温度,叶片水势,结实率等 3 个性状基因共 44 个主效基因,这些结果的发现为水稻抗旱性的鉴定提供新指标;同时还可进一步对其精细定位、克隆及转育,为培育高抗旱性水稻品种奠定良好基础。五是有关干旱胁迫下产量构成重要因素如产量、结实率、千粒重、穗数、每穗粒数等性状基因被初步定位,共发现 32 个主效基因,为高抗旱性品种的分子标记辅助育种做好铺垫。六是定位了 11 个胚芽鞘长度基因和 4 个抗旱系数基因,为水稻的抗旱育种及水稻根与冠的关系分子机理的阐明奠定基础;克隆这些抗旱基因可在水稻抗旱分子育种上取得突破。项目的研究成果在国际和国内权威杂志上发表论文 22 篇。同时利用分子标记辅助育种,已育成抗旱节水稻品种 9 个。研究成果获 2013 年度江西省自然科学二等奖。

(沈卫)

科技发展计划

【概　况】 2013 年,为加强科技计划管理,提高财政科技投入的使用效率,在进一步突出支持重点、完善制度建设、加强监管等方面采取了一系列行之有效的措施。

调整计划设置,突出投入重点。按照“有所为,有所不为”的原则,通过调整科技计划体系,合理配置科技资源,更好地围绕培育战略性新兴产业和民生科技的重大需求,重点支持重大专项和重大项目,促进产业技术水平提高、创新能力提升和原始性创新突破,既体现政府目标,又体现科技与经济的结合。

一是按照与国家科技计划相衔接,借鉴其他省市科技计划经验和结合江西省的实际情况原则安排科技计划。围绕创新链、产业链进行系统部署科技计划,科技计划类型按重大专项、重大项目、重点项目和一般项目设置。科技项目经费按“重当前,顾长远;重重点,顾一般;重效果,顾投入”的原则配置,安排重点以上项目经费占总经费的75%以上。二是保障重大科技专项的顺利实施。围绕十大战略性新兴产业发展中的重点、热点和难点问题,加强调研协调,采取“部门(行业)沟通、上下结合”的方式,通过凝练关键技术,确定重点任务和目标,主动设计重大专项。整合科技专项资金1.1亿元,用于省战略性新兴产业投资引导资金;调整2600万元,用于战略性新兴产业研发引导;安排1亿元,设立战略性新兴产业协同创新体引导扶持资金。三是围绕“十二五”全省国民经费和社会发展规划纲要、科技专项规划的重点任务。采取自下而上和自上而下相结合的方式,面向社会公开征集重大项目。围绕十大战略性新兴产业发展的关键共性技术、农业科技、生态环境和民生工程,安排科技重大项目88项,经费3120万元。四是突出企业技术创新主体地位。坚持集中财力办大事,在组织重大科技项目、实施重大科技工程和开展重大科技活动等方面,加强上下协调联动,形成合力,科技计划项目及经费的投向由过去向高校和院所,调整为主要投向产学研结合、战略技术联盟和协同创新,资助企业和区域科技创新,支持企业与高校、科研单位联合进行研究开发,促进高新技术成果转化,让企业成为科技创新的主体。五是支持科技平台和人才建设。通过加强科技平台建设,推动产学研结合,建立产学研联盟,发展和推动产业基地建设。主要是设立科技条件平台专项和人才培养计划,提高平台建设水平,培养和集聚一大批高端人才。六是推动科技开放合作。推进国内外先进技术引进消化吸收再创新活动,引导国内外先进科技成果在全省转移和产业化。七是加强国家级科技项目的培育。通过省级连续立项支持以及省部会商推动,培育全省具有优势和特色的项目在国家级层面上开展研究。2013年获得科技部和国家自然科学基金委的各类科技计划项目分别为906项,经费8.4亿元。

加强制度建设,规范经费管理。为创新管理方式,加强科技计划监管,制定《江西省科技计划项目管理办法(试行)》和《江西省省级科技计划项目经费管理办法(试行)》。一是强化承担单位法人责任,明晰权责关系。发挥项目单位在项目管理过程中的组织协调、支撑服务和经费的审核监督作用。二是明确科技经费用途和支出范围。主要用于全省具有独立法人资格的企业、科研院所和高等院校等开展的自主创新活动。包括项目费用和前期调研费用,项目费用是指项目研究过程中发生的直接费用和间接费用。三是提升预算管理科学化水平。简化优化预算编制,进一步规范预算评估评审,加强经费管理与项目管理的衔接。四是创新科技经费投入方式。推动科技投入的多元化,除政府科技经费投入为主体外,运用财政贴息、信用担保等方式,吸引带动企业资本、社会资本、金融资本向科技领域集聚,放大财政资金投入和使用效应。五是构建多层次的监管体系。加强经费监督检查,加大对违法违规行为的处罚力度。推进经费支出绩效评价和信息公开透明,加强信用管理。

实施绩效考核,强化过程监管。按照有权必有责、责权相对应的原则,建立决策、执行、监督、咨询相互独立、监督和制约的科技计划项目管理体制。一是强化计划项目的监督制约。建立规范实施细则,完善监督制约机制,把监督作为科技计划管理的必要手段贯穿于项目实施的全过程,实行“八项制度”(网上申报制,双盲评审制,首席专家制,进展调度制,财务审计制,跟踪问效制,全程监督制,效果奖惩制),保障监督的经常化、稳定化和制度化。二是推进科技计划项目的科学管理。完善江西省科技业务综合信息管理系统,实现各类项目从受理、评审、立项、签订合同、中期监管、验收到信用评价的一站式服务,逐步建立内外网信息交互机制,做到“全程留痕”,可查可控,便于监督,节约资源,降低行政成本,保证决策公开、公正和透明。三是主动公开科技计划的相关信息。按照政务公开原则,对非保密科技计划项目进行立项公示和结题公告,接受社会监督。四是实行重大项目的调度和检查。每年定期对重大项目进行调度,了解进展,跟踪督查,解决项目实施过程中存在的问题,保证项目实施进度和质量。五是完善计划项目的绩效评估体系。建立对管理目标、过程和结果的监测与反馈机制。健全咨询、决策、执行、监督有机统一的运行机制。加强管理队伍建设,建设思想过硬、业务过硬、作风过硬的干部队伍。形成用制度管权、按制度办事、靠制度管人的长效机制。

(沈卫)

科技创新“六个一”工程

【概　况】　2013年,各成员单位和设区市以江西省委第十三届七次全体会议为新契机,坚决贯彻落实省委、省政府关于大力推进产业升级、创新升级的决策部署,以省科技创新“六个一”工程为抓手,扎实推进各项任务,全省战略性新兴产业发展势头强劲,为促进全省发展升级、绿色崛起做出新贡献。2013年,面对经济下行压力、世界经济回暖乏力等不利因素的影响,全省十大战略性新兴产业呈现上半年低位开局、下半年高位平稳运行的特征,实现了相对平稳较快的增长。全年完成工业增加值2077.19亿元,占全省规模以上工业的36.1%,拉动全省工业增长4.4个百分点,贡献率为35.8%。占全省地区生产总值的比重为14.5%,比2012年下降0.4个百分点。实现主营业务收入11266.13亿元,同比增长17%,拉动全省工业收入增长 6.2 个百分点，贡献率达 37.5%。实现利税总额 981.08 亿元，同比增长 37.6%，比 2012 年加快 33.7 个百分点。利润率为 5.5，同比提高 1.2 个百分点。

培育企业创新主体，提升产业发展竞争力。企业创新实力增强。在原有 362 家高新技术企业的基础上，新认定 235 家，总数达 597 家。培育壮大一批“专精特新”中小企业，引导中小企业走专业化、精细化、特色化、新颖化发展之路。新认定省级企业技术中心 34 家，全省省级企业技术中心增加到 179 家。崇义章源、三川水表成为江西省第 8、9 家国家认定企业技术中心，泰豪科技股份有限公司、赣州虔东稀土集团股份有限公司被授予国家技术创新示范企业称号。新产品研发加快。省科技厅经评审立项重点新产品 736 项。

企业合作创新深化。产学研合作进一步深化。全省 7 家省级产学研合作示范基地，涉及高校 20 多家，覆盖江西省主要产业和高校主要优势学科。省工业院士工作站建设推进有力，初步建立了需求汇总机制、院士联系机制、经费保障机制；搭建院士与企业创新需求对接平台，推动省内企业与院士深度合作，院士品牌效应得到充分发挥。华伍制动器股份有限公司与上海交通大学建立了全面合作关系。共青赛龙通信技术有限公司积极联合斯凯威科技（北京）有限公司、东莞市容纳光电科技有限公司开展新一代信息技术研究，还分别与西安电子科大、三星电子等国内外知名院校所及品牌企业就“基于八核 CPU 的技术开发”项目开展科技合作，吸引广州通讯研究所杨彬博士、法国移动 SFR 公司伊曼纽尔·莫尔博士等一批高层次创新人才。

产业技术基础夯实。江西省战略性新兴产业领域培育和扶持一批核心专利技术产业化，全年实施 120 个项目。涌现一大批创新能力强的企业。洪都大飞机项目共完成工装订货 6513 项，工装设计出图 2402 项；承担的 8 项关键技术攻关项目正在按计划实施；翼身组合体已实现交付，成为大飞机大部件第一个交付的产品。昌飞大飞机项目完成了 114 个 A 版及 30 个 B 版数据包的工艺准备工作；完成 708 项零件制造和 554 套零件、装配工装制造；配合上飞公司完成 5 项特种工艺的现场评审工作。江铃股份、江铜股份、泰豪科技等 3 家企业实践经验成功入围“全国质量标杆”。

推进重大项目建设，增强产业发展活力。投资引导项目稳步推进。进一步发挥战略性新兴产业重大项目协调推进平台的作用，共召开两次省战略性新兴产业重大项目协调推进会，帮助全省 11 个设区市 140 个项目解决用地、环评等问题。2012—2013 年，省战略性新兴产业投资引导资金扶持全省 80 个重大产业项目，安排资金 5.92 亿元；支持直升机项目 1 项，安排扶持资金 5000 万元；支持产业创投基金项目 1 项，安排扶持资金 2000 万元；完成省战略性新兴产业配套基地申报评审确定工作，扶持了全省 11 个产业配套基地，解决用地指标 146.67 公顷。

研发引导项目成效显著。围绕十大战略性新兴产业 43 个关键环节核心技术问题，启动实施省战略性新兴产业研发引导专项计划第一批 52 个项目。依托前期 12 个科技重大专项和一批研发项目的实施带动，光伏产业攻克了高纯多晶硅料低成本制造、多晶铸锭炉铸造准单晶等多项关键技术，单位能耗指标、光电转换效率进一步得到提升；新材料产业完成了铜材料、钨绿色冶炼、高性能功能陶瓷等一批关键生产技术及装备上的突破，产品附加值不断提高；先进装备制造产业成功研制出超薄金刚线硅片切割机、6MW 双气隙模块化直驱永磁风力发电机、2Ks 系列车用发动机、CB 智能起重机、第三代新型车用双离合器自动变速器等一批高端产品；半导体照明产业完成了 LED 背光源模组光学膜等关键技术和重大装备 MOCVD 的研发工作，可以量产；航空制造产业完成大开口复合材料大型整体机体结构设计与制造技术攻关，顺利完成了国产大飞机等直段试验件研制任务；新能源汽车及动力电池产业在锂云母提取、新一代锂电池、新能源汽车驱动电机及控制技术等关键技术研发上取得积极进展。

国家重大项目加快实施。在组织实施国家科技项目上，江西省国家 863 课题“先进直升机技术”“硅衬底 LED 专用 MOCVD 设备研发”等一批重大科技项目相继通过国家中期检查。K 发动机、智能起重机等重大创新项目有望获得科技部的重点支持。在前期组织实施“十城千辆”“金太阳”“十城万盏”等一批国家科技应用示范工程的基础上，安排 5000 万元，启动光伏产品推广应用示范项目申报配套，推动光伏太阳能新产品示范应用。争取到将南昌、赣州纳入电子商务示范市，获得中央预算内投资 175 亿元、发行企业债券 131 亿元、国外优惠贷款 5.53 亿美元。

加快协同创新体组建，技术创新体系取得新成效。协同创新体试点组建。2013 年省科技厅启动了协同创新体建设项目，调整整合科技经费 1 亿元，在节能环保、新一代信息技术、生物、锂电与电动汽车、先进装备等 5 个战略性新兴产业领域，开展首批由 5 户龙头企业牵头，境内外 31 户上下游关联企业、高校、研发机构共同组建的协同创新体试点工作。遴选出江西联融新光源协同创新有限公司、江西联星显示创新体有限公司、恒动 K 发动机协同创新研究院、江西省福能动力电池协同创新有限公司、江西科维协同创新药物有限公司组建第一批 5 个协同新体，拉动社会研发投资 5.2 亿元。吸引一批境内外企业、高校和科研院所，建设研发大楼 4 栋，研发建筑及用地面积达到 8.37 万平方米，组建高水平研发团队 5 个。

协同创新体建设围绕十大战略性新兴产业，按照股权质押、有偿使用、溢价回收等市场化运作方式，以龙头企业为载体，以市场需求为导向，集聚国内外企业、高校和科研院所等各类优势的科技资源，引导培育一批按市场机制运行的“政—产—学—研—用”协同创新体（产业化研发大平台）。突破一批关键、核心和共性技术，形成一批极具市场竞争力的重大战略产品，逐步构建以企业为主体、具有江西特色的协同创新体系，支撑新兴产业超常规发展，打造科技创新“六个一”工程的升级版。

各类研发平台稳步发展。到年底全省建有国家级研发平台 11 个，其中国家工程技术研究中心 8 个，在全国排第 14 位。全省建有省重点实验室 90 个，省工程技术研究中心 126 个，其中2013年新批组建省重点实验室9个，省工程技术研究中心16个。

基地规模快速扩张。搞好高新技术产业化基地申报建设，经科技部批准，新增景德镇直升机、吉安电子信息和抚州精细化工3家国家高新技术产业化基地；赣州、抚州高新区升格国家高新区完成科技部专家组前期调研；萍乡获批为国家创新型城市。截至年底，全省有国家高新技术产业化基地21家，创新型城市3家。各基地发展迅速。南昌航空工业城与景德镇直升机研发生产基地助推全省航空制造业快速发展。昌河飞机公司AC313、AC311型直升机在成功取得TC和PC合格证后，2013年AC313就签订单4架，已交付2架；AC311型直升机签订单12架，已交付6架；基本打通从合同签订、生产交付到售后服务的全价值链业务流程体系。江西直升机投资管理有限公司在景德镇直升机产业推进会期间向山东雪野直升机公司交付2架轻型直升机，实现当年引进、当年组装、当年试飞、当年销售的目标。新余国家锂材料及应用高新技术产业化特色基地内主要产品工业总产值约75亿元，实现销售收入约63亿元，出口创汇2.5亿美元，产品销售额占国内同类产品比例达25.3%。

科技入园蓬勃发展。全省137家生产力促进中心，其中136家中心通过实施科技入园，整体服务业绩稳中有升，服务江西省园区企业创新发展再上新台阶。为园区企业引进外资23.38亿元，引进人才4585人，导入技术1503项，分别实现同比增长216.8%、78.89%和33.36%。提供信息服务33.16万条，咨询服务6.58万次，技术服务7.12万项，分别实现同比增长27.59%、23.22%和22.34%；为园区企业联系科研机构1827家，联系专家9974名；为园区培育科技型企业1947家，同比增长18.57%；为社会增加就业23.32万人，同比增长29.56%；中心在服务园区企业的同时，取得服务性收益1.35亿元；为园区十大战略性新兴产业企业增加销售收入170.79亿元；增加利税29.82亿元，同比增长6.96%。

【景德镇直升机产业推进会在景德镇召开】 10月17日，由省工信委、省国防科工办、景德镇市人民政府主办的景德镇直升机产业推进会在景德镇召开，会上共签约11个项目，总投资额20.36亿元。

【江西(宜春)锂电新能源产业合作推进会在宜春举行】 11月13日，由省工信委、宜春市人民政府联合举办的江西(宜春)锂电新能源产业合作推进会在宜春举行，共签约项目15个，协议总投资135.5亿元。

【江西(吉安)电子信息暨绿色食品产业现场推进会在吉安市召开】 11月26日，由省工信委、吉安市人民政府共同主办的2013年江西(吉安)电子信息暨绿色食品产业现场推进会在吉安市召开，会上共有30个电子信息和绿色食品重大项目集中竣工，总投资140亿元，现场签约项目22个，签约总额143.6亿元。

【大力开展金融服务活动】 2013年，省科技厅积极支持战略性新兴产业发展，鼓励银行机构加大科技信贷投入。截至12月，全省金融机构对南昌、新余、景德镇、鹰潭等4个国家高新技术开发区的贷款余额386.58亿元，同比增长23.87%，1—12月累计发放贷款536.44亿元。

不断加大对科技型中小企业的信贷投入。12月末，跟踪的580家科技型中小企业通过银行融资余额达308亿元，同比增长31.69%；全年累计发放贷款296亿元。

创新金融产品和服务。推动银行业金融机构为不同类型和发展阶段的科技创新和战略性新兴产业企业，提供量身定制的结算、结售汇、银行卡、现金管理、财务顾问等一站式的综合金融服务。大力发展直接融资，高新技术企业日程能源累计发行债务融资工具24亿元；联创光电科技股份有限公司成功发行2个亿元的短期融资券，满足企业融资需求。9月26日，江西华春色纺科技发展有限公司在深交所成功发行中小企业私募债2亿元，填补江西省中小企业发行私募债的空白。省科技担保公司接洽担保项目126笔，累计担保贷款总额3.43亿元。国家批准江西省设立规模为2.5亿元的江西久富生物医药创新投资基金，中央财政安排参股5000万元，使江西省新兴产业创业投资基金总规模达5.3亿元。南昌市科技保险、知识产权质押融资及科技担保等业务顺利推进，为29户企业提供融资担保1.05亿元。

【开展政策扶持活动】 2013年，省发改委狠抓十大战略性新兴产业规划修编工作，为全省新兴产业发展提供政策支持。省国税为十大产业抵扣固定资产进项税额34.84亿元，与2012年相比增加17.19亿元，增长19.6%。航空制造业免征增值税9.27亿元；254户金属材料加工企业享受安置残疾人增值税即征即退政策，退税额为2.28亿元；促进低碳和循环经济发展，对资源综合利用企业实行增值税免税或即征即退政策，340户资源综合利用企业退免增值税12.4亿元；积极为光伏企业办理出口退税6.17亿元；对高新技术企业，减按15%的税率征收企业所得税，2012年116户高新技术企业减免企业所得税额10.74亿元。对企业发生的开发研究费用，按照研究开发费用的50%加计扣除，2012年144家企业享受研发费加计扣除9.63亿元，折合所得税额2.41亿元。对增值税一般纳税人销售其自行开发生产的软件产品，税负超过3%的部分实行即征即退政策，2013年68家软件企业退还增值税0.53亿元。

（颜翔）

协同技术创新体系建设

【概　况】 2013年，省科技厅启动协同创新体建设项目，调整整合科技经费1亿元，在节能环保、新一代信息技术、生物、锂电与电动汽车、先进装备等5个战略性新兴产业领域，开展首批由5家龙头企业牵头，境内外31家上下游关联企业、高校、研发机构共同组建的协同创新体试点工作。遴选出江西联融新光源协同创新有限公司、江西联星显示创新体有限公司、恒动K发动机协同创新研究院、江西省福能动力电池协同创新有限公司、江西科维协同创新药物有限公司组建第一批5个协同新体，拉动社会研发投资5.2亿元。吸引一批境内外企业、高校和科研院所,建设研发大楼4栋,研发建筑及用地面积达到8.37万平方米,组建高水平研发团队5个。协同创新体建设围绕十大战略性新兴产业,按照股权质押、有偿使用、溢价回收等市场化运作方式,以龙头企业为载体,以市场需求为导向,集聚国内外企业、高校和科研院所等各类优势的科技资源,引导培育一批按市场机制运行的“政—产—学—研—用”协同创新体(产业化研发大平台)。突破一批关键、核心和共性技术,形成一批极具市场竞争力的重大战略产品,逐步构建以企业为主体、具有江西特色的协同创新体系,支撑新兴产业超常规发展,打造科技创新“六个一”工程的升级版。

【各类研发平台稳步发展】 离子型稀土资源高效开发利用和脐橙2个国家工程技术研究中心于4月获批组建。至此,江西省共建有国家级研发平台11个,其中国家工程技术研究中心8个,在全国排第14位。国家食品科学与技术重点实验室争取财政部专项经费1220万元。申报种猪遗传改良省部共建国家重点实验室、中药制药工艺与装备等6个国家工程技术研究中心,湖泊水文生态等4个省部共建国家重点实验室培育基地。种猪遗传改良省部共建国家重点实验室、中药制药工艺与装备国家工程技术研究中心争取列入评审议程。新批组建省重点实验室9个,省工程技术研究中心16个。至此,江西省共建有省重点实验室90个,省工程技术研究中心126个。

(*颜翔*)

科技基础条件建设

【概　况】 2013年,全省科技基础条件建设工作紧紧围绕鄱阳湖生态经济区建设和科技创新“六个一”工程,加强科学管理,在工作实践中进行大胆的探索和创新,积极推进科技条件建设、科学理财工程和科技金融服务等工作。

科技条件工作取得突破性进展。为规范和加强研发平台管理,修改完成省级重点实验室和工程技术研究中心的管理办法,出台省级重点实验室和工程技术研究中心的评估办法,着手组织对2010年前批准组建的省级研发平台进行考核评估。获科技部批准组建国家工程技术研究中心2个,共建有国家工程技术研究中心8个,在全国排名上升至第14位;国家光伏工程技术研究中心顺利通过科技部验收;国家级研发平台建设工作得到了省领导的充分肯定。2013年新批组建省级重点实验室和省级工程技术研究中心共25个。国家创新方法区域基地建设项目获得科技部经费资助340万元。

财务管理进一步得到规范与加强。加强财务的预决算管理,完成了科技经费预算收支、经费拨款及决算编制工作;加强财务监管,把监督检查的关口前移;在做好厅属单位自查自纠工作的基础上,组织会计师事务所对部分厅属单位的财务收支和预算执行情况进行了内部审计,并督促各单位进行了整改;与科技部巡视组联合采取抽查的方式对落地江西省的科技计划项目经费进行巡视检查,帮助指导项目单位规范项目资金的管理,取得良好效果。

全力推进科技与金融结合。改革科技经费使用方式,整合1亿元资金,采取股权质押、有偿使用、溢价收回的方式,支持科技协同创新体5个项目的建设。积极与交通银行江西省分行、中国进出口银行江西省分行开展全面战略合作,设立交通银行南昌高新科技支行,探索解决科技型企业融资难题。加快筹设创业风险投资基金,引导申银万国投资公司、深圳创东方投资管理公司来赣设立风险投资基金。设计适应科技项目和科技企业的保险产品,探索推动科技保险。

规范行为,依法行政,修改完善和制订相关规章制度。新制订《江西省省级科技计划项目经费管理办法》和《江西省重点实验室和工程技术研究中心评估办法》,修改完善《江西省重点实验室管理办法》《江西省工程技术研究中心管理办法》,起草《江西省大型科学仪器开放共享考核奖励办法》,启动《江西省实验动物管理条例》的立法工作,这些规章制度的修订,为江西科技经费管理工作走上制度化、规范化、科学化提供了法律依据和保障。

(*卢荣*)

【重点实验室和工程技术研究中心科技条件建设取得显著成效】 2013年,全省重点实验室和工程技术研究中心建设工作紧紧围绕江西省鄱阳湖生态经济区建设和科技创新“六个一”工程,在工作实践中进行了大胆的探索和创新,积极推进科技条件建设取得显著成效。首先,为规范和加强研发平台管理,修改完成省级重点实验室和工程技术研究中心的管理办法,出台省级重点实验室和工程技术研究中心的评估办法,着手组织对2010年前批准组建的省级研发平台进行考核评估。4月获科技部批组建脐橙和稀土2个国家工程技术研究中心,至此共建有国家工程技术研究中心8个,在全国排名上升至第14位。国家光伏工程技术研究中心顺利通过科技部验收;国家级研发平台建设工作得到省领导的充分肯定。2013年新批组建省级重点实验室和省级工程技术研究中心共25个。全省有国家重点实验室1个,省部共建国家重点实验室培育基地2个,省级重点实验室90个;有国家工程技术研究中心8个,省级工程技术研究中心126个。截至2013年年底,全省研发平台拥有固定人员8724人,拥有博士1591人,副高职称以上3453人。全省研发平台用房面积66.39万平方米,设备总价值26.66亿元,工程技术研究中心中试生产线188条,相关文献、技术资料达101.46万册。全省研发平台累计承担各类科技项目1.56万项,带动投入资金55.4亿元。

【推行大型科学仪器设备协作共用】 2013年,江西推行大型科学仪器设备协作共用。一是着手制定相关办法。起草《江西省大型科学仪器开放共享考核奖励暂行办法》和《江西省大型科学仪器协作共用网管理暂行办法》。二是大型科学仪器协作共用网建设取得新的进展。截至12月底,江西省大型仪器协作共用网访问量达到26.41万人次,共有入网仪器共计4231台(套)。入网单位达到234家,其中2013年新增入网单位16家,入网各类仪器专家158位。2013年入网仪器台数增幅较大，是江西省大型仪器协作共用网近几年来入网仪器最多的一年。三是加大大仪网站管理更新工作。2013年新增大仪网新闻427篇，新增大型仪器技术交流与研讨文章32篇，新增政策法规2篇等。四是加强大仪网的宣传，加强与这些入网单位的联络，及时掌握江西省大型仪器变化动态。（卢荣）

【推进科技金融入园工作】 2013年，在省科技金融促进会与各试点单位的共同努力下，各试点单位科技金融服务中心积极为试点地区科技型企业提供科技金融服务。为299户企业提供信贷43.54亿元，其中为131户企业提供担保贷款8.54亿元，转化科技成果315项，并为400户科技型企业提供837次免费咨询服务，促进了各园区科技企业发展。

【科技担保业务稳步推进】 2013年，省科技担保公司积极探索业务模式创新，稳妥开展融资担保业务，切实为科技型中小企业解决融资难问题。截至12月，接洽担保项目126笔；开展对外担保业务50余笔，累计担保贷款总额3.43亿元，在保责任余额1.32亿元，同比增长72%。

【推进与金融部门的合作】 2013年，省科技厅积极推进与金融部门的合作。一是与交通银行江西省分行的合作。省科技厅与交通银行江西省分行签署了全面战略合作协议，建立全面深入的合作关系，共同推进战略性新兴产业发展，构建科技企业与信贷、创业投资和资本市场间的联动机制，搭建金融服务科技及其产业化发展平台。交通银行南昌高新科技支行正式揭牌成立。二是与中国进出口银行江西省分行的合作。省科技厅与中国进出口银行江西省分行建立科技信贷合作机制，省科技厅推荐企业和项目，进出口银行江西省分行独立审贷并提供融资支持，将国家科技创新政策引导与政策性金融支持相结合，支持全省高新技术企业增强创新能力，提升企业竞争力。

（宋高堂）

农业科技

【概　况】 2013年，全省农村科技工作紧紧围绕全省科技工作“六重六顾”的发展思路，抢抓机遇、开拓创新，大力实施科技支撑、星火、成果转化和富民强县等计划，深入推进农村信息化、园区和基地建设、科技扶贫和科技特派员等农村科技工作。全年共争取国家级创新平台、园区等创新载体5项；争取科技部各类农业科技计划项目48项，获资助8067.47万元；依托国家粮丰科技工程实施科技支撑计划项目获国家科技进步二等奖、全国农牧渔业丰收二等奖；省科技厅获全国农村科技工作方面的优秀组织奖二项。省级各类农业科技计划项目立项300余项，资助经费3070万元。全年争取科技部各类农业科技计划项目48项，获资助8067.47万元。

一是争取国家863计划、科技支撑计划、重大专项（含子课题）12项，获国拨资金3917.47万元；二是向科技部推荐申报21项国家科技富民强县专项项目，其中11项获得立项（其中，2个为续建项目），获国拨资金1815万元，比上年增加11.2%，再创历史新高；三是国家农业科技成果转化资金立项20个项目，获国拨资金1560万元；四是国家星火计划重大项目5项，获资助资金775万元，名列全国第三。2013年，争取国家脐橙工程技术研究中心、国家农村信息化示范省建设、国家农业科技园区和新农村发展研究院等国家级创新载体立项上获得成功。

依托赣南师范学院、赣州市果业局、赣州市柑橘研究所组建的国家脐橙工程技术研究中心被国家科技部列入国家工程技术研究中心组建项目计划，获批立项建设。10月20日，省委书记强卫、省长鹿心社深入国家脐橙工程技术研究中心考察时强调，赣南脐橙产业资源优势是世界级的，要用全球视野谋划产业发展，在技术、品牌、营销等各个环节瞄准最高端、盯住最前沿。并要求用好这个平台提升全产业链发展的各个环节，利用远程遥控、信息技术等手段，加强智慧农业、精准农业建设，使科技成果应用到每位果农的每一棵果树上。

在“江西省农村信息直通车”工程建设的基础上，按照年初工作计划，加强顶层设计，积极沟通，争取国家农村信息化示范省建设立项的各项工作有条不紊地得到开展。6月，省政府致函科技部《关于申报国家农村信息化示范省建设的函》，申报材料齐备。10月，科技部批准江西省国家科技支撑计划项目农村信息化课题1个，资助600万元。12月，科技部、中央组织部、工业和信息化部联合下文，批复在江西等五省依托全国党员干部现代远程教育网络开展国家农村信息化示范省建设试点。

江西省上饶现代农业科技园被批准为上饶国家农业科技园区，井冈山八角楼农业科技园被科技部批准为国家级农业科技园扩容增建园区。至此，全省共有国家农业科技园区4+1家（南昌、井冈山、新余、上饶和井冈山八角楼），数量全国名列前列。其中井冈山国家农业科技园八角楼园区按照“一区二园”“红绿互动”“一二三产业融合”打造国家级农业科技园区，做大做强茶叶、灵芝、葡萄、猕猴桃、娃娃鱼以及红色乡村旅游等高附加值现代农业产业，是全国县级市中唯一获批的国家级农业科技园，在政策保障、项目申报、资金支持等方面享受独立园区待遇。

江西农业大学申报国家新农村发展研究院建设立项获得成功，科技部副部长张来武对江西省的申报工作给予了充分肯定。高等学校新农村发展研究院的建设是为了深入贯彻落实《中共中央 国务院关于加快推进农业科技创新持续增强农产品供给保障能力的若干意见》的精神，汇集高校和区域科技资源，大力推进科技特派员农村科技创业行动，构建现代农业技术体系和新型农村科技服务体系，进而有效推进技术进步与经济发展和科技创新与产业提升的有机结合。

深入实施国家粮丰科技工程。整合“粮食丰产技术创新”“粮食大面积均衡增产”“粮食生产综合节水节肥技术”三个重大科技支撑计划项目，围绕水稻产量总体较低、双季稻生产机械化程度低、传统种植模式高消耗高排放等问题，开展双季稻高产超高产、双季稻抗逆减损均衡增产、双季稻资源高效利用等技术创新研究,并集成双季稻丰产、增效技术,在前两年工作基础上,2013 年"一田三区"建设增产增收效果明显。经专家现场测产,超高产试验田双季稻平均亩产1275.5 千克,超过 1250 千克的任务目标;鄱阳湖生态经济区的核心试验区(南昌县广福镇)和赣中南丘陵山区的核心试验区(兴国县高兴镇)双季产量分别为 1142.8 千克、1134.48千克,分别比上年增产 30.3 千克、96.44 千克;鄱阳湖生态经济区的技术示范区和赣中南丘陵山区的技术示范区双季平均亩产分别为 1036.25 千克、978.34 千克,分别较项目实施前三年平均亩增 97.6 千克、118.3 千克;建立技术实施区 1515.6 万亩,平均亩产 443.1 千克,较对照增产8.9%,累计增收稻谷 54.9 万吨,增加经济效益 13.7 亿元。为实现粮食"十连丰"提供了科技支撑。依托工程实施的"长江中游南部(江西)双季稻丰产高效技术集成研究与示范"获国家科技进步二等奖、全国农牧渔业丰收二等奖。

省级科技支撑计划以攻克产业关键技术为重点,集成科技资源,采取"主动设计、上下结合""高校 + 科研院所 + 企业"产学研结合形式,组织实施现代种业、绿色食品及农林产品加工、农用物资、农业机械装备、农林生态安全、农村农业信息化等领域科技支撑计划项目 148 项,经费 1500 万元(含重大科技创新项目)。经多年连续支持实施,培育了一批优质、高产、多抗作物新品种(组合),突破了一批制约产业发展的关键技术,鉴定成果、验收项目 60 多项。省重大科技专项"水稻种质资源开发及超级稻创制",在前期工作基础上,经过三年实施,先后引进、筛选、创制了具有高光效或苗期强耐冷和耐低氧等优异特性的一批超级稻育种材料,选育出不同类型优异苗头三系、两系不育系 30 余个,其中 6 个通过省农作物品种审定委员会的育性鉴定;选育株理想、配合力高、抗性强恢复系 60 余个,组配杂交稻新组合 2 万多个,筛选出 200 余个品种参加省级以上预、区试,共审定水稻新品种 20 个。

2013 全省获国家级科技富民强县专项行动计划项目立项 11 个,经费总数 1815 万元,比上年增加近 200 万元,再创历史新高。省级科技富民强县专项行动计划项目立项 7 个,获得省级经费 350 万元,国家和省级总共 18 个项目经费达 2165 万元,项目涉及水稻、果业、畜牧、水产、蔬菜等 6 大类产业,可以预计将撬动各类投入2.7 亿元。至此,全省 94 个涉农县区中,有 80 个县实施科技富民强县专项行动计划,覆盖全省 85% 的农业县域。并形成了"省级—国家级—中期考核配套—验收申报续建"的差别化绩效考评、持续性创先争优的机制,科技提升了信丰脐橙、浮梁茶叶、分宜苎麻等一大批特色支柱产业,为发展县域经济,破解"三农"问题,提供有力的科技支撑。

推进科技特派员农村科技创业行动,加快实现高新技术进园区、先进技术进企业和实用技术进农村。一是2013 年年初在抚州崇仁县组织开展了万名科技特派员进村入园活动,并制定下发了《万名科技特派员进村入园活动实施方案》。营造尊重劳动、尊重知识、尊重人才、尊重创造的良好氛围。二是以科技富民强县专项行动产业链为主线,以现代农林产业需求为导向,形成以省级大专院校、科研院所的科技资源为主,结合市县、企业科技力量组织模式,大力实施科技特派员农村科技创业专项行动。陆续安排星火科技特派计划项目,支持尤其是科技特派团农村科技创新创业行动。三是建立科技特派员农村科技创新创业条件建设。选定 3 个科技特派员创业链、5 个科技特派员创业基地、2 个科技特派员培训基地向科技部推荐申报立项。强化科技资源开放共享,提高科研院所和高等学校服务经济社会发展能力,推动协同创新在农村科技创业的实践活动。

星火计划支持先进适用技术的推广和示范,发展高产、优质、高效农业,推动农村社会化服务体系的建设,推动农业和农村经济持续、快速、健康发展。组织实施一批星火重点项目,加快科技成果转化与技术转移。安排省级星火计划 330 万元,实施项目 123项。组织申报 2014 年国家星火项目42 项,其中重点项目 16 项(科技扶贫项目 6 项)。组织开展 2011 年度国家星火项目验收工作,各类项目都达到了预期目标。突出的项目是 2011 年度国家星火计划重大项目"油茶产业化技术体系示范推广",支持江西省油茶良种快繁、丰产栽培、油茶籽综合开发和茶籽油生产等产业化技术集成和示范推广得到了验收专家的一致好评。推广面覆盖县(市区)22 个,编写教材 2 种,与江西电影制片厂合作拍摄油茶丰产栽培科普片 1 部。2012年、2013 年示范林和苗圃共实现产值1193.85 万元,利润达到 358 万元,具有显著的经济效益;项目单位申报了"油茶专用生物有机肥及其生产方法""一种微波辅助水酶法提取茶油的方法""农林花果免摘采集器"等10 项专利。2012 年度国家星火计划重大项目"南丰蜜橘等江西特色水果高效安全生产技术集成与示范",在南昌市召开了国家星火计划项目调度会暨课题中期总结会,对项目承担单位下一步的工作提出了明确要求,并安排了财务专家就国家科技项目经费的使用等有关管理规定对参会的课题负责人和课题财务人员进行培训。

(曹春阳)

【实施农业科技支撑成果斐然】 2013 年,省农业科技支撑计划采取"高校和科研机构 + 企业 + 基地"的产学研联合模式,重点支持现代种业及高效安全生产、绿色食品及农林产品加工等技术研究与示范,为发展现代农业及绿色食品产业,改善农村民生提供技术支撑。全年安排省级科技支撑课题(含国家项目配套)141 项,经费 1100 万元;重大科技创新项目 7项,经费 500 万元;争取国家科技支撑计划课题(含子课题)3 项,获国拨资金 1622 万元。经多年连续支持实施,培育出一批优质、高产、多抗作物新品种(组合),突破了一批制约产业发展的关键技术,鉴定成果 35 项。1 项成果获国家科技进步二等奖、全国农牧渔业丰收二等奖,4 项成果获省科技进步二等奖,10项获省科技进步三等奖。

【"一田三区"建设增产增收效果明显】 2013 年,江西开展鄱阳湖生态经济区优质丰产高效清洁生产和赣中南丘陵山区平衡增产技术集成与示范，建立超高产试验田3.33公顷、技术核心试验区666.67公顷、技术示范区6.67万公顷和技术实施区101公顷。“一田三区”建设增产增收效果明显，经专家现场测产，超高产试验田双季稻平均亩产1275.5千克，超过1250千克的任务目标；鄱阳湖生态经济区的核心试验区（南昌县广福镇）和赣中南丘陵山区的核心试验区（兴国县高兴镇）双季产量分别为1142.8千克、1134.48千克，分别比上年增产30.3千克、96.44千克；鄱阳湖生态经济区的技术示范区和赣中南丘陵山区的技术示范区双季平均亩产分别为1036.25千克、978.34千克，分别较项目实施前三年平均亩增97.6千克、118.3千克；技术实施区101.04万公顷，平均亩产443.1千克，较对照增产8.9%，累计增收稻谷54.9万吨，增加经济效益13.7亿元。依托工程实施的“长江中游南部（江西）双季稻丰产高效技术集成研究与示范”获国家科技进步二等奖、全国农牧渔业丰收二等奖。

【“优势种猪分子集成育种技术的创建与应用”取得阶段性成效】 2013年，江西“优势种猪分子集成育种技术的创建与应用”重大创新项目取得显著阶段性成效。遴选出16个显著影响种猪抗病、生长、肉品质、繁殖等重要经济性状的主效基因位点，研发DNA检测芯片1套，建立种猪多基因定向集成育种综合选择指数模型1个，育成BN101、BN102、BN103新品系种猪3个，选育出的抗腹泻、高产、优质肉种猪配套系，将于近期向国家农业部申请配套系审定，有望成为国内第一个抗病种猪配套系，申请国家发明专利3项。积极与种猪企业合作，开展技术应用研究，为福建光华百斯特生态农业有限公司、福建永诚畜牧有限公司等检测核心育种群1632头。根据检测结果，指导公司开展抗腹泻种猪专门化品系选育。

（秦桂芳）

【实施省星火计划】 2013年，全省列入星火计划项目660项，其中国家级54项，省级194项；总投资4.03亿元，其中国家和省下达科技三项费分别为775万元和862万元，自筹资金3.21亿元。全年累计实现年产值18.33亿元，年利税9343.5万元；农民人均收入9052元，人均同比增收617元，项目促进人均增收386元；项目促进劳动力转移3.49万人，项目创造就业岗1.78万人。以产学研联合的产业联盟形式推进产业链的延伸和发展，江西绿茶和白莲重大项目立项启动，共获得国家经费资助325万元。上饶现代农业科技园被批准为上饶国家农业科技园区，井冈山八角楼农业科技园被科技部批准为国家级农业科技园扩容增建园区。

（曹唯民）

【开展农村科技特派员试点工作】 年底，江西省有95个县（市、区）开展了科技特派员工作。全省科技特派员7408人，其中选派5243人，自发2165人；开发科技项目1711项，创办利益共同体797个，组织经济合作组织和专业协会1995个；培训农民22.57亿人次，服务农户35.77万户，获得银行贷款84.45亿元；科技特派员培训基地共有270个，培训科技特派员2.15万人次，科技特派员服务站556个，信息服务平台245个。

（尹伊）

社会与民生科技

【概　况】 2013年，江西社会发展科技工作紧紧围绕鄱阳湖生态经济区建设、赣南等原中央苏区振兴和科技创新“六个一”工程实施，大力提升科技服务民生、惠及民生的能力和水平，各项工作取得新的进展，完成了预定的目标任务。

争取国家支持再上新台阶。争取国家各类项目支持14项（其中科技惠民计划3项、科技重大专项6项、科技支撑计划2项、863计划3项），国拨经费1.24亿元，争取的项目数及经费在全国位列第7位；争取国家可持续发展实验区1个，即“泰和县国家可持续发展实验区”。全省拥有国家可持续发展实验区6个，在全国位列第12位；争取国家工程技术研究中心1个，即“离子型稀土资源高效开发利用国家工程技术研究中心”，技术依托单位是赣州稀土集团有限公司、江西理工大学等。

节能减排科技创新示范企业认定工作成效显著。2013年，省科技厅继续联合省发改委、省工信委、省环保厅四部门共同开展了节能减排科技创新示范企业认定工作，从推荐的70多家企业中评审出21家企业认定为2013年的示范企业，到年底，共认定示范企业64家，分布在全省11个设区市的47个县（市、区），涵盖电子、能源、材料、有色金属、食品、矿产等近20个行业领域，在全省产生了一定的影响力；促进企业建立研发机构85个，引导企业投入节能减排技术研发经费15.89亿元，示范应用节能减排技术432项，开发节能减排产品602个，获得专利595项，制定行业技术标准77个；累计节约标准煤3.25亿吨，减少化学需氧量、氨氮、二氧化碳和二氧化硫排放量分别为232万吨、14万吨、1.39亿吨和292万吨，产生直接经济效益61.92亿元。

生物和新医药产业的创新能力不断提升。通过联合江西中药现代化科技产业基地建设领导小组成员单位，整合高等院校、科研院所和企业等资源优势，建立优势互补的中药行业产、学、研结合模式，形成比较完整的中药科研、开发、产业化技术支撑体系和中药材种植基地，在构建技术平台、发掘特色资源、培育创新品种、扶持骨干企业等方面有效带动了全省中药产业的发展；由江西中医药大学牵头，整合江西、浙江、江苏、安徽四省的中药材领域技术研发优势团队共同承担的“十二五”国家科技支撑计划“华东区中药材规范化种植及大宗中药材综合开发技术研究”项目取得良好的阶段性成效。到年底，建成中药材规范化种植示范基地12个，培育新品种（系）7个，制定各类药材技术标准15个，开发保健食品10种，申请专利13项（其中发明专利11项，已授权2项），取得新药证书1项，发表SCI论文12篇，获省级科技成果奖2项；由江西中医药大学牵头，汇合了江中、汇仁、仁和等省内11户优势医药企业的江西省生物医药领域首个江西省重大科技专项“生物和新医药产业发展关键技术研究”进展顺利，建立行业质量标准9

个，获批产品注册证书4件，申请国内发明专利15项（其中获批8项），发表SCI论文13篇。

节能环保产业科技示范基地建设取得较大进展。2013年，萍乡市节能环保产业科技示范基地以提高自主创新能力，加速科技成果转化和推动产业化发展的目标，以促进城市转型和发展战略性新兴产业为抓手，强力推进基地环保产业的发展。到年底，基地占地面积1000万平方米，固定资产近30亿元，基地环保企业共有201家，其中具备一定研发实力的科技型环保骨干企业近百家，主要分布在开发区高新技术工业园、湘东区工业陶瓷产业基地、安源区转型基地和上栗县动漫产业园，企业注册资金累计达4亿元，产值近200余元，年销售收入总计为180亿元以上，年均上缴利税80多亿。借助示范基地这个载体，共争取国家项目4项，省级项目10项，获批经费累计3600万元。

创新社会管理科技示范基地建设深受社会各界好评。为策应科技惠民计划的组织实施，围绕“以信息技术为支撑，提升社会管理和惠民服务效能，提高社会管理和惠民服务水平”这一总体目标，选取鹰潭市月湖区、吉安市吉州区两个地区，作为江西省首批创新社会管理科技示范基地加以扶持建设。到年底，两个基地通过建立完备的社区网格化管理信息平台，把综治、计生、民政、党建、社保、医保、劳动就业等信息全部纳入系统平台，将空间地理信息系统与人口信息管理系统有机结合，为企业招聘就业人员731人，安排再就业人员岗前培训911人次，受理小额担保无息贷款初审人数504户；及时收集、梳理、发布各类动态服务信息，架起了政府、街道、社区居民的有效沟通平台，切实为辖区居民提供了全方位、多层次，立体型的社区服务，排查化解各种矛盾纠纷、信访问题370余起（件），为空巢老人、留守儿童、困难群众提供各类服务627次；进一步推进了社区党务、政务公开，为各级党委政府加强基层管理、推进科学决策提供了基础依据，有力推动了和谐平安社区建设。

（胡建斌 刘清梅）

【确定重大科技创新研究项目】 2013年，社会发展领域重大创新研究项目立项工作，按照省科技厅统一部署，严格按照评审、审批等立项程序，最终确定10个创新性强、基础条件好、有应用前景的项目作为本年度重大创新研究项目，每个项目经费50万元，共安排资金500万元。其中资源与环境领域2项，生物与医药领域5项，公共安全领域3项。这批项目如下表：

·资 料·

重大科技创新研究项目

序号	领域	项目名称	承担单位	主要协作单位	项目负责人
1	资源环境	用泥炭腐殖酸制备环保可降解转肥地膜	江西双佳科技发展有限公司	井冈山大学	隋 岩
2	资源环境	酸性蚀刻液中铜回收及其废液回用关键技术研究与成套设备开发	共青城超群科技有限公司	南昌航空大学	黄 琦
3	生物医药	一次性无菌注射器全自动化生产技术研究与示范	江西科伦医疗器械制造有限公司	四川科伦药物研究有限公司	蔡 勤
4	生物医药	数字高清低辐射便携式X射线机的研制	江西天元电机制造有限责任公司	井冈山大学	陈海辉
5	生物医药	新型紧急避孕药醋酸乌力司他及制剂临床前研究	江西青峰药业有限公司	杭州容立医药科技有限公司	杨小玲
6	生物医药	中药6类新药固金复肤油的研究开发	江西祥润科技有限公司	江西省药物研究所	吴绍平
7	生物医药	植物病毒感染烟草生产难治性丙型肝炎病毒基因工程多表位疫苗	江西桑海生物高科孵化器发展有限公司	江西农业大学、江西省药物研究所	孔令保
8	公共安全	水果中多效唑及乳制品中硫氰酸钠快速识别新技术开发	南昌大学		万益群
9	公共安全	矿用潜艇级移动式救生舱的研究与开发	萍乡安泰尔矿业科技有限公司		漆立方
10	公共安全	高能气体压裂法抽采低透煤层瓦斯关键技术及装备研究	江西省安泰煤矿安全技术开发中心		廖文德

（刘清梅）

【评审认定省节能减排科技示范工程】 2013年，省节能减排科技创新示范企业评审认定工作进一步强化了省直四家部门联动机制，集中体现在对通过答辩评审的拟认定企业进行反复磋商、审查，保证入选企业的示范效应。全省11个设区市科技局、发改委、工信委和环保局联合推荐申报企业70家，通过省科技厅等4家部门联合组织答辩评审、考察论证等综合考核评价，新认定示范企业21户，安排示范工程项目22项，共支持专项经费220万元。截至年底，全省共认定江西省节能减排科技创新示范企业64户，分布在全省11个设区市的47个县(市、区)，涵盖电子、能源、材料、有色金属、食品、矿产等近20个行业领域。通过示范工程建设，累计促进企业建立研发机构85个，引导企业投入节能减排技术研发经费15.89亿元，示范应用节能减排技术432项，开发节能减排产品602个，获得专利595项，制定行业技术标准77个，累计节约标准煤3.25亿吨，减少化学需氧量、氨氮、二氧化碳和二氧化硫排放量分别为232万吨、14万吨、1.39亿吨和292万吨，产生直接经济效益61.92亿元。

（胡建斌　刘清梅）

【实施国家科技惠民计划】 2013年，省科技厅组织申报的6项科技惠民计划项目，有3项被科技部推荐参加咨询论证。经过专家综合咨询论证、预算评估等程序，3个项目全部通过论证并批准立项，项目总经费共6091万元。这3个项目分别为由兴国县人民医院牵头承担的“兴国县常见病、多发病防治一体化和远程医疗技术应用示范”、由赣州高新技术产业园区管委会牵头承担的“基于污染治理的赣县生态园林工程示范”、由定南县稀土产业管理办公室牵头承担的“定南县废弃稀土矿区生态修复示范”。为配合国家计划的实施，启动实施省级科技惠民计划9项，经费180万，涉及人口健康、生态保护、公共安全、城镇建设等多个领域。截至年底，国家和省级科技惠民计划共建立示范基地17个，惠及9个区县、30个乡镇，示范区面积4823平方米，受惠人口120万，推广惠民技术42项，共带动地方、企业和社会相关机构投入2305万元。

（张燕　刘清梅）

高校科研及成果转化

【概　况】 2013年，全省高校从事科技活动人员2.01万人，其中科学家与工程师1.96万人，占97.2%。2013年，全省高校共获得科技经费14.59亿元，同比增加8986.9万元，增长6.6%。承担各级各类科技项目8775项，共投入项目经费12.36亿元。高校承担科技任务的能力持续提升，共承担国家级项目1307项，其中国家自然科学基金项目1232项、“973”计划14项、“863”计划33项、国家科技支撑计划26项、科技部重大专项2项，共投入经费4.45亿元，项目数和经费均比上年有大幅度增长。发表学术论文1.77万篇，其中SCIE收录2009篇，出版科技著作43部；申请专利1762项，其中发明专利829项；获专利授权933项，其中发明专利242项。共获省部级以上科学技术奖励51项，江西农业大学参与的“两系法杂交水稻技术研究与应用”获国家科技进步特等奖。

【新增10个“2011协同创新中心”】 首批10个省级“2011协同创新中心”开始有效运行并显示出良好的发展前景。2013年，开展第二批江西省“2011协同创新中心”遴选认定工作，新增10个省级“2011协同创新中心”，实现了面向科学前沿、行业产业、区域发展、文化传承创新四种类型协同创新中心的全覆盖，省财政共投入3.26亿元专项经费。

【加快高校创新平台建设】 2013年，依托赣南师范学院的“国家脐橙工程技术研究中心”、依托江西理工大学的“国家离子型稀土资源高效开发利用工程技术研究中心”获批准组建。此外，全省高校共新增教育部工程研究中心1个、江西省重点实验室11个、江西省工程技术研究中心2个。

【产学研用结合有实效】 2013年，全省高校共签订技术转让合同67项，合同金额2304万元。继续实施“江西省高等学校科技落地计划”，推进高校科技成果转化和产业化，围绕十大战略性新兴产业遴选确定100个项目，投入4000万元。江西农业大学新农村发展研究院被科技部、教育部批准为第二批全国高等学校新农村发展研究院。东华理工大学与中国核工业建设集团签署产学研合作协议。全省高校承担企、事业委托科技项目2145项，投入经费3.47亿元。

（彭宏博）

科技合作与交流

【概　况】 2013年，江西科技合作与交流积极挖掘省内外及国际优势科技资源、拓展合作渠道，多渠道推进、多形式促进，“引技、引智、引资”三位一体的科技对外合作新格局，大力提升全省的协同创新能力。成功举办2013年江西—香港技术、人才、项目对接会等技术交流活动，进一步增加江西省的自主创新能力。2013年国际科技交流重点在科技项目洽谈、技术引进、人才培训等方面，全年派出10批，25人次出访。其中组团4批17人次，参团6批6人次，分赴芬兰、德国、俄罗斯、美国等14个国家和中国香港地区开展科技交流活动。尤其在民用直升机、有色金属、生态环保等领域拓展了合作渠道，与国外一批科研院所和创新机构建立联系。主动服务、支持各类科研院所及企业对外协同创新。

【加强政府间合作与交流】 2013年，江西省科技厅积极与外国使领馆科技处建立联系、拓宽合作渠道。6月，省科技厅接待法国驻武汉总领馆科技专员来访，双方就中法科技合作的现状和未来情况进行探讨和交流。全省有4个国际合作项目纳入科技部政府间国际科技合作项目，顺利实施2个国家级双边政府间项目，并推荐2个单位参加科技部组织的“发展中国家技术培训班项目”。以政府间项目为载体、利用“科技外交官”拓展对外合作渠道，通过双边政府间科技联委会的推动，不仅提高了江西省科研水平，还提升了江西省国际科技合作的层次，进一步扩大江西科技的国际影响。江西省一批国内科研院所及企业的研究团队通过与国际上优势科技团队的协作，较大提高科技创新能力。东华理工大学与日本放射医学综合研究所开展氡室研制及相关技术研究，进一步提升了东华理工大学在放射领域的科研水平。省内一批国内领先的航空企业通过与国际先进航空企业合作，有效解决制约中国飞机研发的关键技术。

【加强省国际科技合作示范基地建设】 围绕全省战略性新兴产业，省科技厅重点培育一批国际科技合作基地。2013年，江西省新增了3个国家级国际科技合作示范基地，新认定6个省级国际科技合作示范基地。到年底，江西省已有国家级国际科技合作基地12个，省级国际科技合作基地17个，涉及食品安全、有机农业、电子信息、核资源、新材料、生物医药、航空制造、生态保护等领域。进一步完善国际科技合作基地布局。江西省的国际科技合作基地——“奉新县高产优质猕猴桃种植管理”示范基地建立一支由新西兰专家、省内科研人员和企业科技人员组成上的高产优质猕猴桃科技研发团队，研发建立的猕猴桃优质高产栽培技术体系技术、培训示范推广体系和以企业为主体的科技成果转化体系，初步形成江西省猕猴桃产业发展的科技协同创新格局。

【举办“2013创新中药及植物药国际高峰论坛”】 11月，省科技厅组织举办“2013创新中药及植物药国际高峰论坛”。此次论坛集聚400多位全国中医药领域的专家学者、企业家代表，科技部、国家中医药管理局领导参加论坛。论坛为中药与植物药产业链各个环节的企业与相关单位，构筑了一个在创新、技术、市场、应用等领域互换信息、互动合作的交流平台，也构建了江西省中医药领域各相关单位与国内外同行交流合作的渠道。

（刘文娟）

科技成果与奖励

【概　况】 2013年，全省科技成果管理工作积极推进科技成果管理制度改革，大胆探索科技管理新机制、新模式，科技成果评价、科技成果登记统计、科技保密等各项工作得到加强和完善，主要任务指标实现了进位赶超。根据国家关于深化科技成果评价制度改革精神，制订《江西省科技厅科技成果鉴定工作规范》，在鉴定范围、申请材料、审查受理、审批程序、鉴定步骤等4个方面对科技成果鉴定工作进行重要的调整和系统的规范，贯彻国家关于“鼓励科技成果通过市场竞争，以及学术上的百家争鸣等多种方式得到评价和认可”的精神，缩小省级科技成果鉴定范围，提升了省级科技成果鉴定申请门槛，严格科技成果鉴定审批程序，进一步突出科技成果鉴定“实事求是、科学民主、客观公正、注重质量、讲求实效”的原则，并在全年的省级科技成果鉴定管理工作中得到全面实施，减少省级科技成果鉴定的数量。科技成果登记数纳入各设区市科技管理部门年度目标管理考核体系，完善和规范全省科技成果登记与统计工作，坚持定期编发《江西省科技成果公报》和在《江西省科技厅网站》上定期发布科技成果信息，发挥成果信息应有功能，大大促进科技成果的转移、扩散和转化、推广。

2013年，经江西省科技厅组织的省级科技成果鉴定（验收）的项目计122项。其中，各类科技计划项目100项，计划外项目22项；省科技厅主持鉴定项目113项，委托设区市科技局和有关厅局主持鉴定项目9项。江西省科技成果登记总量增长明显，全年登记733项，同比增加74项，增长11.23%。其中，省直单位的成果登记有246项，占成果总数的33.56%，同比下降2.34%；设区市的成果登记487项，占66.44%，同比上升19.66%。而11个地市成果登记的差异显著，最多的有88项，最少的只14项。其中上饶市88项，占总数的12.01%，占设区市总数的18.07%；赣州市83项，占总数的11.32%，占设区市总数的17.04%。最少的设区市为景德镇市、吉安市，成果登记数分别为14项、23项。

【开展科技奖励工作】 2013年，江西省科技奖申报推荐工作从4月上旬开始，6月上旬结束。在组织推荐工作中，首次规定推荐自然科学奖、技术发明奖两个奖种项目不设推荐指标限制。省科技奖励办公室下达给全省89个推荐单位推荐指标共447项。各设区市、省直有关部门等45个单位共推荐省自然科学奖、技术发明奖、科技进步奖候选项目303项，同比度减少7项，其中自然科学奖43项，技术发明奖26项，科技进步奖234项。推荐项目形式审查工作于7月底完成。经形式审查，43项不符合要求，受理260项（其中有1项因本学科组仅1项未参评）。受理项目情况于9月17日在《江西省科技厅网站》公示，接受社会异议。

10月12日—22日，组织233名省内外专家分为25个评审组对259项参评项目进行网上评审，推荐奖励项目共计102项（同比增加17项），分布在26个推荐单位。奖种为：自然科学奖19项，技术发明奖9项，科技进步奖74项；各等级分别是：一等奖2项，二等奖8项，三等奖92项。

省科技厅在充分尊重学科专业评审组初评意见的基础上，严格按照初评学科专业评审组的得票率和得分高低，审核确定本年度省科技奖初评入围候选项目共114项，其中自然科学奖20项、技术发明奖10项、科技进步奖84项，并于10月27日在《江西日报》《大江网》和《江西省科技厅网站》同时进行公布，向社会征求意见。12月12日—15日，召开省科技奖自然科学奖、技术发明奖与科技进步奖评委会评审会议，对初评推荐的112项候选项目进行复评。复评首次对自然科学奖、技术发明奖三等奖候选项目给予适当倾斜。2013年度江西省自然科学奖18项（一等奖2项，二等奖3项，三等奖13项），省技术发明奖9项（二等奖3项，三等奖6项），省科技进步奖76项（一等奖2项，二等奖22项，三等奖52项）。（李年华）

·资 料·

江西省获2013年度国家科学技术奖项目

序号	奖励类别及等级	项目名称	主要完成人	主要完成单位	推荐单位
1	国家科技进步奖二等奖	长江中游东南部双季稻丰产高效关键技术与应用	谢金水,石庆华,王　海,刘光荣,潘晓华,周培建,彭春瑞,曾勇军,李祖章,李木英	江西省农业科学院,江西农业大学,江西省农业技术推广总站,南昌县农业技术推广中心,进贤县农业技术推广中心	江西省
2	国家科技进步奖特等奖	两系法杂交水稻技术研究与应用	贺浩华(排名12),尹建华(排名15),潘熙淦(排名21),刘宜柏(排名30),陈大洲(排名38),共50人	江西农业大学(排名第9),江西省农业科学院水稻研究所(排名第13),共18个单位。	湖南省
3	国家科技进步奖二等奖	超强化旋浮铜冶炼和无氧化还原精炼工艺研发及产业化应用	周松林,**姚素平**,刘卫东,葛哲令,陈迎武,周　皓,谢　锴,陈　卓,张士庆,赵金元	阳谷祥光铜业有限公司,**中国瑞林工程技术有限公司**,中南大学,太极计算机股份有限公司	中国有色金属工业协会
4	国家科技进步奖二等奖	高效低耗流化床燃煤工业设备关键技术及应用	陈汉平,张世红,刘德昌,陆继东,**杨　文**,石　虹,任鲁军,黄　琳,吕雪峰,赖育华	华中科技大学,华南理工大学,武汉天元锅炉有限责任公司,黄石市建材节能设备总厂,**江联重工股份有限公司**,黄石市天达热能设备有限公司,广西华昇节能工程设计有限公司	湖北省
5	国家科技进步奖二等奖	长大跨桥梁结构状态评估关键技术与应用	李爱群,郭　彤,张宇峰,李兆霞,王春生,王　浩,何旭辉,**江祥林**,梁新政,王　莹	东南大学,江苏省交通科学研究院股份有限公司,长安大学,中南大学,**江西省交通科学研究院**,江苏润扬大桥发展有限责任公司,江苏扬子大桥股份有限公司	江苏省
6	国家科技进步奖二等奖	生活垃圾能源化与资源化关键技术及应用	赵由才,陈泽智,赵爱华,楼紫阳,黄仁华,王　琪,**戴伟华**,简德武,秦　峰,柴晓利	同济大学,南京大学,上海市环境工程设计科学研究院有限公司,中国环境科学研究院,**中国瑞林工程技术有限公司**,中国市政工程中南设计研究总院有限公司,上海康恒环境工程有限公司	教育部
7	国家科技进步奖二等奖	肾上腺疾病的微创外科治疗及相关基础研究	张　旭,马　鑫,李宏召,**傅　斌**,徐　华,张国玺,王保军,史涛坪,郎　斌,郑　涛	华中科技大学同济医学院附属同济医院,中国人民解放军总医院,**南昌大学第一附属医院**,澳门理工学院	湖北省

注:省外推荐的获奖项目中,字体加黑的单位和人员为江西的。

(李年华)

知识产权

【概 况】 2013年,全省共申请专利1.69万件,同比增长36.0%,是全国增幅的2.26倍,全国排第6位;获授权专利9970件,同比增长24.9%,是全国增幅的5.41倍,全国排第9位,均首次进入全国前十。其中:发明专利申请3931件,同比增长30.0%。全省万人有效发明专利拥有量由0.59件增加到0.75件,增长27.12%。企业成为专利申请的主力军。2013年省知识产权局积极做好国家知识产权强县工程试点县的申报工作。经过认真组织申报,南昌、鹰潭列入国家知识产权示范培育阶段城市,泰和、东乡、都昌、彭泽等4县获批复为国家知识产权强县工程试点县。

知识产权管理与服务体系建设。为适应新的发展形势,省知识产权局进一步解放思想,创新理念,出台《江西省知识产权"四大体系"建设规划(2013—2015)》,涵盖知识产权管理执法体系、转化运用体系、公共信息服务体系和代理中介服务体系。提出2013年作为全省知识产权系统"体系建设年",着力打基础、利长远;改善外部环境,加强内部建设,出一系列制度规范,凝聚共识、形成合力;明确了"咬定两年倍增,实施两个专项,夯实四大体系,落实十六项重点工作"的年度工作总要求,自我加压努力实现赶超进位的目标。新成立县知识产权局55家,增长367%。全省100个县(市、区)中,共有71个成立了知识产权管理机构,58个为副科级以上。其中修水县、奉新县、铜鼓县、吉水县等县编办新增4~5个编;丰城、高安、黎川等县由股级升格为副科级。新增机构基本上按要求做到了"六个一":一块牌子,一班人马,一枚章子,一笔经费,一套制度,一个办公场所。力争到2014年全省80%的县(区)建立知识产权管理机构。管理体系建设的加强,夯实了知识产权工作全面发展的基础。《江西省知识产权战略纲要推进计划(2013—2015)》正式出台,分为总体目标、基本原则、主要任务和牵头部门三个部分,共35项具体工作,涵盖省直31个相关部门。省科学院、江西科技学院、南康市人民政府等分别签署了战略合作框架协议。省科技厅、工信委、中小企业局、国防工办联合组织举办"军转民专利技术发布暨科技成果对接洽谈会""战略性新兴产业专利态势发布会"等活动,促进专利技术转化运用。

专利管理。全省3个专利获第十五届中国专利优秀奖。2家企业获批全国知识产权示范企业,10家获批全国知识产权优势企业。同时,第二届江西省专利奖评审完成。新余市在全省率先设立政府级专利奖,出台《新余市专利奖励办法》。建立专利管理工程师评审专家库,与人社厅首次成功地开展专利管理工程师的中级和高级职称的评审工作,为全国首个单独序列的专利职称。截至年底,南昌代办处共受理专利申请1.83万件,其中:电子申请1.45万件,纸件申请3779件,收取专利费1298.71万元;共2.85万笔。开展本地电子化扫描3804件,受理电子申请注册用户443个,打印通知书1.59万份;加快审查70件,出具费用减缓证明1066件,受理专利实施许可合同备案166件,300项。并完成2012年度第三批、第四批和2013年第一批、第二批和第三批专利申请资助工作,下达资助500万元及向国外申请专利资助共10项32.59万元。接待各种形式的咨询服务达1.8万多人次。

为认真做好全国代理人考试报名组织和考前培训,南昌代办处先后起草《江西省专利代理中介服务体系发展规划》《江西省促进专利代理行业发展的意见(暂行)》和《关于加强专利代理机构行业自律遏制非正常专利申请的通知》。组织发动126人报名参加全国专利代理人考试,200余人参加培训,25名考生通过全国专利代理人资格考试,通过人数再创新高,同比增长66.7%,通过率达19.8%,历年来首次高于全国平均水平。

专利申请与授权。企业成为专利申请的主力军,全年申请专利7480件,已超过个人专利申请,占到总量的44.2%,同比增长幅度达到40.7%。全省各市、县专利申请增长不平衡,吉安市以幅度105.1%成为全省唯一一个专利申请量当年翻番的设区市;南昌市万人有效发明专利拥有量超过国家十二五规划的3.3件,达到3.49件;县级有27个县(市)增幅翻番,其中幅度最高的南丰县增长727.3%。

专利保护。省知识产权局启动专利行政执法能力提升项目。出台《江西省知识产权管理执法体系建设规划》《江西省专利行政执法能力提升项目实施方案》,积极推进行政执法队伍、条件和体制机制建设,共下达项目经费67万,专利行政保护得到大力加强。2013年全省系统共出动专利行政执法人员1800余人次,查处假冒专利案件166起,同比增长48%;受理专利侵权纠纷58起,同比增长123%。总量继上年首破100件后,再破200件为224件,同比增长62%。其中:南昌以总量86件连续排名第一位;赣州50件排第二、鹰潭40件排第三;九江和宜春同比2012年实现0的突破,分别以总量24件、11件排第四、第五位。抚州、景德镇和新余同比增幅都在100%以上。

统计分析工作中,推出4项专利统计。编制各设区市、各县(市)专利数据统计、增幅对照、排序、万人发明专利拥有量、PCT专利申请等统计表格,及时发布,为领导及相关部门提供决策参考。护航行动中,"12330"接听量、立案量上升明显,超过历年总和。14起投诉内容符合维权援助案件立案标准,并已移交相关执法部门办理,已由执法部门立案5起,结案4起。维权援助专家库、协作机构库建设工作中,批复建立新余、抚州、宜春和鹰潭4个维权援助分中心。在南康市家具专业市场设立维权援助举报投诉工作站,成为江西省首个县级维权援助工作站,调解知识产权纠纷50余起。10月,省知识产权局联合宜春市、樟树市、景德镇市知识产权局,分别赴樟树第44届全国药材药品交易会和景德镇第十届全国陶瓷博览会开展知识产权展会保护和维权援助、宣传咨询活动,对提升知识产权保护意识,维护良好的市场环境起到积极作用。

【启动专利产业化、知识产权富民强县工作】 5月,省知识产权局与省财政厅联合出台《江西省战略性新兴产业专利技术研发引导与产业化示范专项管理暂行办法》《江西省知识产权富民强县示范县建设专项管理暂行办法》,启动专利产业化、知识产权富民强县两个专项,极大地推动工作开展。为引导企业成为创新主体,激励企业知识产权向现实生产力转化,经过严格初审筛选和网上填报,共271个项目进入网评程序。首批实施专利产业化项目120个,专项经费1500万元。为推进入园入企工作发展,省知识产权局与省科技厅、省中小企业局、省工信委、省国资委联合制定《江西省知识产权重点园区和优势企业认定管理办法》,抚州市开展"知识产权服务园区行"工作。为贯彻《企业知识产权管理规范》,全省170家单位申报2013年贯标试点企业,同比增长158%。首批66家试点企业已有26家通过验收达标。并举办《企业知识产权管理规范》国家标准管控师培训班,近300人通过培训考核获得管控师资格证,国家标准工作进展良好。

【召开全省首批知识产权富民强县专项评审会】 为充分发挥知识产权在县域经济发展方式转变中的重要作用,鼓励全民发明创造和创新创业,以知识产权促进县域经济壮大,7月,省知识产权局组织召开全省首批知识产权富民强县专项评审会,45个县(市、区)现场评审后28个获得首批知识产权富民强县专项,专项经费1430万元。为了促进专项的顺利实施,省知识产权局还下发《关于进一步加强省级知识产权富民强县专项实施工作的意见》,明确各项目县(市、区)知识产权部门应具备"六个一"的工作条件和"五项"主要职责任务要求。12月,召开2014年知识产权富民强县专家评审会。

(曹洪伟)

技术市场

【概　况】 2013年,江西省技术合同交易再创历史新高,排名位居全国第19位,较上年排名前移2位。全省技术交易机构894个,共登记各类技术合同1949项,成交金额43.7亿元,同比增长9.88%;其中技术交易额41.37亿元,同比增长23.06%;平均每项技术合同成交金额224.22万元。这些技术合同通过技术市场享受到国家支持自主创新的税收优惠政策,充分调动了企业自主创新的积极性,促进了技术市场的繁荣和发展。

全省技术合同情况。2013年江西省技术合同主要特点是:技术开发合同依旧为技术交易的主要形式,其成交额在四类合同中位居首位,达32.44亿元,在整个技术合同中所占比重达到74.24%。这表明,随着经济发展和技术转移的深入开展,科技水平不断提高,研发实力进一步增强,经济和社会对科学技术的需求进一步显现。新能源与高效节能领域技术交易居各领域之首,达11.44亿元,其成交额占整个技术合同成交额的26.18%。随着新能源与高效节能技术的迅猛发展,全省产业结构进一步优化,技术水平大幅提升,成为经济发展的支柱产业。先进制造技术排在技术领域第二位,成交金额9.80亿元。这一分布状况表明,江西省在这些高新技术领域经过多年持续的培育已形成一定的技术优势。企业创新主体地位稳固,输出、吸纳技术交易活跃。企业积极参与技术创新活动的全过程,在技术创新活动中的地位和作用逐步显现,逐渐成为技术创新的决策者和研究开发的重要主体,技术输出与吸纳持续增长。企业法人共签订技术输出合同1033项,成交金额38.23亿元,占成交总金额的87.47%;签订吸纳技术合同1414项,成交金额34.45亿元,占成交总额的78.83%。在成交的技术合同中,以能源生产、分配和合理利用行业和工商业发展两类合同为主。其中,能源生产、分配和合理利用行业成为技术所服务的主要社会经济目标,技术合同共成交213项,成交额12.96亿元。占技术合同成交总金额的29.66%,位居各类合同之首。工商业发展的技术合同共成交210项,成交额8.78亿元,占技术合同成交总金额的20.09%,位居第二。流向本省的技术合同成交额29.96亿元,占技术合同成交总金额的68.56%。以流向本省的合同占大多数,说明技术成果大部分是在省内转化,服务于本省经济。另外,流向外省的合同中又以北京市、广东省最为集中,技术合同成交额增长较快。涉及各类知识产权的技术交易呈上升趋势,总量增长明显。全年登记的合同中涉及各类知识产权的技术合同1076项,占成交总项数的55.21%,成交金额18.54亿元,占总成交金额的42.43%。居第二位的是专利技术51项,成交金额1.81亿元;生物、医药新品种权成交56项,成交金额1.37亿元。

国家技术转移示范机构运行良好。为推动科技部、教育部、中科院共同组织实施的"国家技术转移促进行动",促进江西省技术转移示范工作的开展,积极引导和支持一批有条件的技术转移机构建设成为国家级技术转移示范中心。截至年底,全省有5个国家级技术转移示范机构:南昌大学科技园发展有限公司、国家日用及建筑陶瓷工程技术研究中心、江西省科技咨询服务中心、赣州市企业技术创新促进中心、江西师范大学科技园发展有限公司,它们以各具特点的发展模式,卓有成效地开展技术转移,对促进产学研合作、加速科技成果转化和支持企业技术创新发挥了积极作用。

【参加第十五届中国国际高新技术成果交易会】 2013年,江西省政府组团参加第十五届中国国际高新技术成果交易会(简称"高交会")。江西代表团由副省长谢茹带队,省科技厅党组书记郭学勤、党组副书记副厅长吴文峰、省工信委副主任王亦斌、省国资委副主任李键、省政府驻深圳办事处主任杨晓琴、南昌高新区管委会主任黄俊等省筹备领导小组成员单位的负责人以及11个设区市、有关厅局、大专院校、科研院所、企业负责人共200余人参会。

第十五届高交会,江西省重点展示战略性新兴产业领域内的高新技术成果参展项目79个,58项制作成展版,20家单位的产品实物进行重点展示。参会活动宣传江西对外开放的新形象和良好的生态环境,展示江西省战略性新兴产业发展和高新技术领域的新成果,发布一批寻求合作的项目信息。江西省展团获高交会组委会颁发的"优秀组织奖"和"优秀展示奖"。

(王萍)

科学技术普及

【概　况】 2013年，江西省科协履行全民科学素质工作领导小组办公室职责，做好牵头和负责工作，做好省《科学素质纲要》"十二五"中期迎评工作，完成国家中期评估，得到全国科学素质办评估组和省纲要领导小组的肯定和好评。九江石化企业用科普手段化解PX项目建设困难问题工作典型引起高层领导高度重视。实施国家"基层科普行动计划"，获国家奖补资金1145万元。实施省"基层科普行动计划"，财政奖补资金达640万元。与省委组织部合作，推进全省农村党员科普致富"十百千"示范工程建设。联合省教育厅、环保厅，以"保护生态环境、建设秀美江西"主题，开展"全国科普日"活动。联合省气象局，开展全省"气象科普进校园"主题活动。联合中国农技中心、赣州市委、市政府联合举办"科普之春"暨"全国百名科技专家和致富能手进赣南苏区行"科技下乡活动。邀请全国知名航天专家开展航天科技连你我——"院士（专家）赣鄱行"科普报告巡讲活动。与省科技厅、省委宣传部联合举办"科技活动周"活动。与省食安办成员单位联合举办"食品安全宣传周"活动。召开全省社区科普工作暨现场交流会，启动"江西省万名科普志愿者进社区"活动。组织开展江西省百场科普报告进社区活动。组织中国流动科技馆江西巡展活动。在新干、会昌等10个县（市、区）巡展，参观人数达40余万人次。组织开展"科普大篷车"进校园、进社区、进基层活动，行程5000余千米，受益公众达5万余人次。组织参加第三十届全国青少年信息学奥林匹克竞赛，举办"节约粮食，从我做起——2013年青少年科学调查体验活动"、全国高校科学营活动江西分营、青少年心理健康知识讲座进校园等活动。加强江西数字科技馆建设，突出原创、突出地方科普资源特色。发挥省科普资源中心科普阵地作用，开展《科普天地》"双五百"免费配送等活动。全省各级农函大开展农村实用技术培训，与省委组织部联合开展万名科普致富带头人大培训。全年举办各类培训班4300余班次，培训学员35.2万人次，培训人数分别比上年增加6.8万人次。

【实施基层科普行动计划】 2013年，江西省科协认真组织实施中国科协、财政部"基层科普行动计划"项目的申报、评审和推荐工作。到年底，江西共有22个农村专业技术协会、14个农村科普示范基地、13位农村科普带头人和18个科普示范社区获得中国科协、财政部奖补表彰，国家奖补金额达1145万元。加大力度实施省"科普惠农行动计划"，首度实施省"社区科普益民计划"。为进一步提高科普工作的知名度，扩大科普的社会影响力，调动全社会深入基层、广泛开展贴近实际、贴近生活、贴近群众的科普工作，省科协联合省财政厅加大省"科普惠农行动计划"的奖补名额，着手实施省"社区科普益民计划"。通过评审，全省共有13个农村专业技术协会、12个农村科普示范基地和15个科普示范社区获得奖补表彰，奖补金额达640万元。

【开展主题科普活动】 3月22日，省科协、省气象局联合举办全省"气象科普进校园"主题活动启动仪式，标志着活动在全省范围内全面展开。启动仪式后，省科协、省气象局共同组织活动小分队深入南昌市区部分中小学校开展主题活动；各地市、县两级科协、气象部门结合各地实际，通过举办气象专家讲座、举办气象知识竞赛、组织参观气象台站、开展校园气象科普展览、赠送气象科普书籍和资料、指导校园气象站建设等多种形式，重点面向中小学生普及气象防灾减灾和应对气象变化等气象科学知识。

3月29日—31日，由中国科协农村专业技术服务中心，省科协，赣州市委、赣州市政府主办的"全国百名科技专家和致富能手赣南苏区行"科技下乡活动在赣州举行。中国科协书记处书记、党组成员徐延豪宣布活动启动并讲话，省政协副主席、省科协主席李华栋出席启动仪式并讲话；国务院研究室农村司司长叶兴庆，全国人大农业与农村委员会法案室副主任张福贵，中国科协农技中心主任张晓军，省科协副主席李雪南、省科协副巡视员黄群言及赣州市相关等领导出席活动。活动期间，来自全国7个省的"全国百名科技专家和致富能手"分成8个科技服务团，深入兴国县、瑞金市、于都县、章贡区、南康市等11县（市、区）生产第一线，在农业主导产业园区、农技协会、农村科普基地和农户家中，重点围绕特色优势产业，通过科技讲座、技术培训、现场指导、经验介绍等方式，帮助广大农民解决生产生活中的科技难题。此次"全国百名科技专家和致富能手赣南苏区行"科技下乡活动，为进一步提高赣南苏区公众科技素质，提供农村专业技术服务，推动"三农"工作，促进赣南苏区经济振兴发展起到了积极的推动作用。

4月14日—20日，由省科协主办的《航天科技连你我——"院士（专家）赣鄱行"》科普报告巡讲活动在江西省举行。中国工程院院士、国家科技进步奖特等奖获得者龙乐豪等6位院士专家深入南昌、鹰潭、上饶、景德镇通过24场科普报告，为两千余机关干部、近万名中小学生宣讲了航天知识。通过为广大青少年和机关干部讲授载人航天科技知识，介绍中国载人航天所取得的伟大成就，及相关互动交流活动，有效推进了江西公众对中国航天科技事业发展的了解，进一步激发广大青少年对航天科技的兴趣和掀起学习航天知识的热潮。

【开展江西省2013年全国科普日活动】 9月14日—20日，省科协联合省教育厅、环保厅，以"保护生态环境、建设秀美江西"主题，在全省范围内认真组织"全国科普日"宣传和活动。在宜春市主会场，省科协、省教育厅、环保厅和宜春市人民政府联合举办活动启动仪式，省政协副主席、省科协主席李华栋出席启动仪式并作讲话，省科协副主席李雪南主持仪式，宜春市政府副巡视员黄建军致欢迎词。省环保厅副厅长罗来发、宜春市政协副主席幸志强出席活动。活动紧扣"生态""环保""健康"内容，在宜春学院中心广场，分设科普展览区、科普演示、义诊咨询和科普知识问答4个展区，面向学生和公众开展科普活动，吸引了广大在校大学生、中小学生和社会公众3000余人参加。全省各级科协及所属学会把组织开展全国科普日活动作为公民科学素质建设的一项重点工作,主动争取党委、政府对全国科普日活动的领导和支持,同时联合教育、环保等部门和单位共同参与全国科普日活动的策划、组织和实施,广泛发动社会力量,充分调动各方面的积极性和创造性,形成工作合力和整体效应,努力构建大科普工作格局。

【开展百场科普报告进社区活动】 8—9月,省科协在全省范围开展“科学,让生活更美好——百场科普报告进社区”活动。活动由省、市、县三级联动,立足社区基层实际,根据当地社区居民的文化背景、民生需求、资源条件、生活环境等不同情况,针对百姓关心的自然灾害、生命安全和疾病疫情等情况,围绕“节约能源资源,保护生态环境,保障安全健康,促进创新创造”的主题,在全省11个设区市的100个县(市、区)开展107场科普报告,现场听取报告的社区居民达1.5万余人次,活动覆盖社区居民28万余人。

【加强科普示范、科普基地、科普设施建设】 2013年,省科协在新增的1800万元公共科普经费中,专门设立“科普基础设施和科普基地建设”和“科技传播类”项目。通过制定项目管理办法和实施方案,组织各设区市、县(市、区)科协及有关单位开展项目申报,共有20个科普教育基地特色科普活动项目,4个科普展示阵地建设项目,12个重点科普设施建设项目,11个电视网络科技传播项目,10个重大科普活动及科普报告项目入闱,项目经费达370万元。组织开展2013年度江西省科普教育基地和江西省精品农技协、优秀科普示范基地和优秀科普示范社区命名工作。通过各地申报、推荐,经组织专家评审,共命名了南昌星期8小镇等27个江西省科普教育基地,安义县养猪协会等45个精品农技协、南昌县三江镇汗塘标准蔬菜示范基地等52个优秀科普示范基地、青山湖区塘山镇上坊路街道等46个优秀科普示范社区。

【省农村致富技术函授大学开展培训】 2013年,全省各级农函大共举办各类培训班4300余班次,培训学员35.2万余人次,其中:农村党员7.75万人次,妇女6.45万人次,农技协会员6.92万人次。省农函大获得教育部、发改委、财政部等六部委联合颁发的“全国职业教育先进单位”称号。在2013年中国农函大表彰大会上,江西共有17所市县乡级分校获“中国农函大优秀分校”称号。

全年,省农函大在农技协、农村科普示范基地、科普示范村、农业龙头企业中新建市县级农函大展教中心10个,增加村级教学点200个。全年新编教材12本,重新修订教材62本,淘汰旧教材7本。《农家乐经营管理》获中国农函“大优秀乡土科普教材”称号。远程视频网络教学平台建设完成项目策划、公开招标,设置第一批远程教学点30个,启动多功能高清演播及网络直播系统建设。全年经费总额达880万元,同比增长46.7%。面向全省开展了“万名农村党员科技致富带头人大培训”活动。9月13日在省远程办启动,9—11月在全省铺开。共组织开展集中培训110期,实地培训230期,培训农村党员1.2万人次,推广实用技术150余项。投入225万元科普公共财政经费,开展“农业科技应用与传播能力提升”项目培训,开展14期“农村精品人才‘雁阵培训’”班,100期以“奔小康、科技行”为主题的培训月活动。开展300余期以“学技术、壮产业、圆梦想”为主题的培训活动,涉及主导产业30余个,培训农民2.6万余人次。在永修、星子、婺源、安义、瑞金等县开展以农民导游能力提升、农家乐经营等为内容“农家乐经营管理”20期专题培训活动,培训相关从业农民、农民导游共计1800余人次。邀请休闲农业专家、台湾神农科技发展协会理事长廖树宏在乐平讲解有关休闲农业知识。将德兴市列为省农函大服务大学生村官科普宣传员试点单位,带领水稻、食用菌、油茶等专业专家向当地大学生村官和菌农传授农业生产技术,开展“大学生村官科普员科普能力提升”专题培训,向当地赠送10套农业科技书籍,100本食用菌图书。

【举办第28届江西省青少年科技创新大赛】 4月13日,第28届江西省青少年科技创新大赛在南昌市豫章小学开幕。省政协副主席、省科协主席李华栋出席开幕式并讲话。省科协副主席彭玲华,省科技厅副厅长罗莹,省发改委副主任熊毅等出席活动。开幕式由省教育厅副厅长程样国主持。全省各地200余名小选手和科技辅导员参加开幕式。全省近15万名学生及科技辅导员参与大赛,共评出青少年科技创新成果一等奖19项、二等奖43项、三等奖56项;青少年科技实践活动一等奖4项、二等奖9项、三等奖13项;少年儿童科学幻想画一等奖22项、二等奖51项、三等奖72项。

【举办江西省青少年机器人挑战赛】 6月29日,由省青少年科技活动中心、吉安市教育局和吉安市科协主办,吉安市科技馆承办,青少年机器人挑战赛在吉安市举办。省科协副主席彭玲华出席大赛开幕式并讲话。开幕式由吉安市科协主席王小华主持。吉安市政府副市长左继生,吉安市政协副主席黄少峰,省科协国际部、省青少年科技活动中心负责人以及全省的青少年机器人爱好者1000余人参加此次竞赛开幕式。经过角逐,共评选出一等奖4名,二等奖8名,三等奖12名,优秀奖48名。

【举办第十九届全国青少年信息学(计算机)奥林匹克联赛】 11月9日—10日,第十九届全国青少年信息学(计算机)奥林匹克联赛(江西赛区)在南昌市举办。省科协副主席彭玲华到现场指导并巡考。省科协普及部、省科技厅政策法规处、省教育厅基教处、省青少年科技活动中心有关人员陪同巡考。省科协纪检部门对此次大赛进行全程监督。此届联赛由省青少年科技辅导员协会和省青少年科技活动中心(省科技活动中心)主办,分提高组、普及组和初级组三组,全省3946名学生参加10月13日的初赛,共选拔出416名选手参加此次竞赛,分别角逐江西赛区的一、二、三等奖,并择优选拔出高二年级以下的优秀选手代表江西参加2014年全国青少年信息学(计算机)奥林匹克竞赛。

(杜春发)

本栏编辑　陈超萍

社 会 科 学

综　述

2013年，全省广大社科工作者，围绕省委、省政府的中心工作和全省经济社会发展大局，与时俱进、开拓创新，积极为江西经济建设、政治建设、文化建设、社会建设、生态文明建设与党的建设服务，为繁荣发展哲学社会科学事业做出了积极贡献。

理论武装工作取得新成效。全省社科界始终把深入学习宣传贯彻研究马克思主义中国化最新成果作为社科工作的首要任务。以开展党的群众教育实践路线活动为契机，组织召开了全省社科界专家座谈会、“繁荣发展哲学社会科学，建设和谐富裕秀美江西”座谈会、全省高校马克思主义理论研究与博士培养座谈会、党的十八届三中全会精神座谈会、纪念毛泽东诞辰120周年专题座谈会、“全省社会科学学术活动周”等系列高层次的学术研讨会，以科学理论武装头脑、指导工作。全年各级社联、高校社联和省级学会开展专题学习活动达百余次、开展较大影响的学术活动达200余次。

社科研究工作取得新成绩。全省社科界围绕中心、服务大局，开展课题研究、专家宣讲、建言献策、大型调研、论坛研讨，以及一年一度的主题教育活动等多种形式，充分发挥了“思想库”和“智囊团”作用。以《不断深化十七大以来科学发展观新发展研究》为代表的一批优秀论文在《人民日报》《光明日报》等权威报刊发表或转载。3部论著获国家社科基金文库资助出版。一批聚焦国家和江西省经济社会发展的重大理论和现实问题的应用对策研究成果，获中央领导和省委领导高度评价。2013年省社联《内部论坛》刊载的研究报告受到省领导肯定性批示或被有关部门采纳达34篇（次），省社科院推出的研究成果获省领导批示26项；重点整合江西省社科界的应用对策研究资源，在全省确立了11个社科重点研究基地，为全省经济社会发展提供更多的决策参考。省社科院《专报》《江西发展蓝皮书》、省委党校《领导论坛》、江西财大协同创新中心、各高校、各设区市社联、各省属学会的一大批咨询报告被省部级以上的机关或企事业单位肯定采纳，为全省经济社会发展提供了强有力的智力支持。

社科规划工作取得新突破。全省社科界以抓国家社科基金项目为龙头，以全省经济社会发展重大招标项目为重点，以省市级社科规划项目为基础，有力推动了全省哲学社会科学的繁荣发展。2013年，全省获国家社科基金年度项目立项123项，比上年净增14项，获资助经费2298万元，比上年增加633万元；立项数在全国排名稳居第一方阵。赣州、吉安和抚州地区国家西部项目政策支持计划获得批准，6所高校、党校首次获得7项西部项目资助。组织实施全省经济社会发展重大招标课题活动、中国特色社会主义理论专项课题与青年课题；完成2013年度省社科规划项目的评审工作，共立项407项；资助经费400余万元，取得良好的社会效果。全省各设区市社联也积极开展社科规划课题评审活动，尤其是上饶、景德镇等市社联积极争取当地党委政府的大力支持，安排几十万元课题经费，社会反响较大。全省各设区市社联共评审立项课题1000余项；在全省逐渐形成了各地哲学社会科学事业百花齐放的生动局面。

社科普及工作取得新影响。全省社科界始终坚持正确导向，贴近社会、贴近基层、贴近大众文化需求，创设载体，搭建平台，大力普及社会科学知识，有效提升社科工作的影响力，扩大辐射面。全省一大批优秀社会科学普及专家、社会科学普及作品、社会科学普及工作者及社会科学普及基地获全国表彰。采取省市联动方式，省社联举办第四届全省社科普及宣传周活动，全省开展社科普及活动千余场。“社科大讲堂”已形成特色品牌，影响力不断扩大，余秋雨、贾康等国内一批知名学者应邀讲学，共举办讲座27场，现场听众超1万人。积极开展“四项”评优工作，共评出三湾改编纪念馆等16家为首批江西省社科普及宣传基地。高校、基层社联、企业社联的科普活动各具特色。南昌大学“前湖之风”讲坛、江西师大“瑶湖论坛”等，活跃了校园文化生活。赣州“市民社科讲堂”、吉安“庐陵讲堂”、九江“白鹿论坛”等社科普及窗口广受当地群众的好评；一些县（市、区）也因地制宜开展社科讲座。洪都集团、丰矿、新钢、昌飞等企业社联为企业经营与改革发展普及知识，努力打造企业文化，反响热烈。省属学会的科普活动丰富多彩。省图书馆学会举办各类免费公益讲座数十场，省方志敏研究会组织宣讲团赴全国各地宣讲方志敏精神，省老年体育科学学会积极开展科普大宣讲和其他宣传活动使城乡受教育的老年人超过20万人，省新四军研究会每年组织新四军老战士宣讲团赴校园、军营开展宣讲活动，有力地提高了全省广大干部群众的理论素养。

社联组织建设迈上新台阶。各级社联高度重视组织建设，把健全和完善社联组织体系作为社科事业发展的一项基础工程抓好抓实。大力加强基层社联组织建设。组织召开全省社联工作会议、全省设区市社联工作交流会，举办全省县级社联主席培训班，总结工作、交流经验；积极推动县（市、区）社联建设，全省县级社联组织由61个增加到85个；一批县级社联的机构、人员配置、办公场地和工作经费得到保障；一批"想干事，会干事，干成事"的人员进入领导班子；高安、乐平、婺源、丰城等一大批县级社联的工作出新出彩。大力推进高校社联建设。全省所有公办本科院校从无到有全部成立社联组织，最大规模的民办高校——江西科技学院等3所民办高校也组建了社联，高校社联建设走在全国前列。学会管理进一步规范化、制度化。省社联强化省属学会管理的规范化、制度化，制定出台《省属学会考核办法》，组织召开省属学会秘书长会议；推出品牌学会建设工程，省老年书画学会等7个学会获"全省品牌学会"称号。市属学会也坚持正确办会方向，加快建设与发展步伐。

（刘志飞　陈刚俊）

学术活动

【召开全省社科界专家座谈会】 6月14日，省委在南昌召开题为"充分发挥江西社科界智库作用，科学推动经济社会发展"的全省社科界专家学者座谈会，省委书记强卫主持并讲话。围绕会议主题，省社联党组书记、主席祝黄河首先做了题为《繁荣发展哲学社会科学建设富裕和谐秀美江西》的发言，就进一步繁荣发展江西省哲学社会科学事业，提出要进一步加大基础理论创新与应用对策研究，进一步加大扶持力度、培养造就一批中青年社科人才等建议，以充分发挥"思想库"与"智囊团"作用；方志远、罗莹、黄新建、孔凡斌、麻智辉、黄细嘉、朱红根、吴志军、黄志繁9位专家学者分别结合各自研究，就振兴江西高校发展、大力提升江西科技创新、加快江西新型工业化进程、加快江西现代农业发展、做实做大做强江西旅游业、加大鄱阳湖流域生态保护、推进江西省生态文明建设、江西进一步解放思想、深化改革、加快融入长江中游城市群、振兴赣文化等内容作了发言。

【召开"繁荣发展哲学社会科学，建设和谐富裕秀美江西"座谈会】 7月24日，由省社联组织的"繁荣发展哲学社会科学，建设和谐富裕秀美江西"座谈会在南昌召开。省委常委、省委宣传部部长姚亚平出席并讲话。省委宣传部副部长马玉玲出席会议并与江西省经济社会发展重大招标课题中标负责人进行了签约。省社联党组书记、主席祝黄河主持会议并通报了省社联近期重点工作情况。省社联党组成员、副主席黄万林出席并宣读了表彰决定；省社联党组成员、副主席吴永明、胡春晓、副巡视员赵小春出席会议。会议表彰了江西省哲学社会科学重点研究基地、江西省优秀中青年社会科学专家、入选江西省哲学社会科学成果资助文库作品、在2013年度国家社科基金项目立项中获进步奖的单位；同时，举行了江西省经济社会发展重大招标课题签约仪式。

【召开江西省高校马克思主义理论研究与博士培养座谈会】 10月21日，江西省高校马克思主义理论研究与博士培养座谈会在南昌召开。省委常委、宣传部部长姚亚平出席会议并讲话。会议由省社联党组书记、主席、博士生导师祝黄河主持，省教育厅副厅长、博士生导师程样国出席会议。江西师范大学、南昌大学马克思主义理论学科博士生导师共18人参加了会议。座谈会上，两校从事马克思主义理论研究的专家学者就马克思主义理论研究、学术动态、学科建设与人才培养等问题发言。专家学者突出谈问题、谈观点、谈发展，就如何重点研究社会主义核心价值观和中国梦问题、处理好理论学习和理论运用的关系、研究红色资源和思想政治教育的创新、科学创造马克思主义中国化的新概念、新提法、新表述等问题进行了探讨。

【举办江西省第四届社科普及宣传周暨学术活动周活动】 10月26日至11月1日，举办以"以中国梦为引领，迈出'发展升级、小康提速、绿色崛起、实干兴赣'新步伐"为主题的江西省第四届社会科学普及宣传周暨学术活动周活动。此届活动周，是全省宣传理论战线和社科界宣传贯彻党的十八大精神和省委十三届七次全会精神，落实全国、全省宣传思想工作会议精神的具体行动，是发挥社会科学认识世界、传承文明、咨政育人、服务社会功能的具体实践。省内外30位知名学者作了30场主导型学术讲座；开展了40多场次现场咨询，70多场次社科普及进机关、农村、企业、学校、社区、军（警）营活动，100多场次报告会。活动周安排各类活动200多场次，发放图书、资料数十万份，直接受众超过18万人次，发挥了引导民众、启迪民智、聚合民心的积极作用，为江西全面建成小康社会营造了良好的社会氛围。

【召开全省社科界学习贯彻党的十八届三中全会精神座谈会】 12月9日，省委宣传部、省社联召开全省社科界学习贯彻党的十八届三中全会精神座谈会。省委常委、省委宣传部部长姚亚平出席会议并讲话。会议由省委宣传部副部长马玉玲主持，省社联党组书记、主席祝黄河，省社联副主席黄万林、吴永明、胡春晓，省社联副巡视员赵小春出席。有关专家学者和社科界代表共100余人参加会议。会上，祝黄河，省委党校教授黄世贤，江西农业大学教授朱述斌，江西财经大学教授蒋悟真，江西师范大学教授王东林，省社科院研究员马雪松，南昌大学教授傅春，江西师范大学教授王员作了学习发言。根据各自的研究专长，围绕三中全会关于经济、政治、文化、社会、生态文明和党的建设等领域全面深化改革的重大部署，从不同角度畅谈了对全会精神的理解与感悟，并结合全省经济社会发展实际，提出了科学发展、实干兴赣的意见和建议。

【召开纪念毛泽东诞辰120周年专题座谈会】 12月24日，省委宣传部、省委党校、省社科院、省社联共同召开了纪念毛泽东诞辰120周年座谈会。

会议围绕毛泽东兴国调查、寻乌调查等主题，就加强调查研究、转变工作作风进行了专题座谈。省委常委、省委宣传部部长姚亚平出席会议并讲话，省委宣传部副部长马玉玲主持会议。省社联党组书记、主席祝黄河、省委党校副校长罗志坚、省社科院副院长叶青出席，有关专家学者和社科界代表共60余人参加了会议。会上，南昌大学教授胡松、江西师范大学教授梁洪生、省委党校教授吴晓敏、省社科院研究员叶青、井冈山大学教授张泰城、赣南师范学院教授邱小云6位专家结合各自的研究领域，从不同角度对毛泽东调查研究的方法、理论与实践及其重要意义进行了深入阐述，紧扣主题，感悟深刻，富于启迪。

（刘志飞）

【“区域创新体系与经济增长”中俄学者学术座谈会在南昌举行】 5月15日，省社科院根据与俄罗斯科学院区域经济研究所共同签署的学术交流协议，在南昌举行中俄学者座谈会，两国学者分别就“俄罗斯国家创新体系发展问题”“区域创新体系的形成和发展问题”“区域视角下的经济增长储备基金问题”“青年在创新发展中的角色问题”“江西区域创新体系评估”“区域创新体系与深化改革”“欠发达地区区域创新体系”“区域创新体系与区域发展战略”等专题发表了学术观点。

【举办“中国梦与世界发展史”全国社会科学院世界历史研究联席研讨会】 5月19日，省社科院历史研究部在南昌与中国社科院世界历史研究所联合举办主题为“中国梦与世界发展史”的第三届全国社科院世界历史研究联席研讨会。16位学者作了大会发言，围绕中国梦及其对世界的影响、世界历史对中国梦的影响、其他国家人民实现梦想的借鉴与启示、地域梦与特殊群体的中国梦等专题进行探讨，学者们一致认为，中国只有走社会主义道路才能实现中华民族伟大复兴的“中国梦”。

【召开《楚调唐音》出版发布暨专家座谈会】 5月14日，省社科院文化研究部在江西师范大学青山湖校区召开《楚调唐音》出版发布暨专家座谈会。《楚调唐音》是省级非物质文化遗产“楚调唐音”的第一本专著，也是省社科规划重点课题的研究成果，由宗九奇及省社科院的研究团队历经5年编撰而成。书中记录了“楚调唐音”歌吟保护者对推广这一歌吟艺术所做出的努力，收录了“楚调唐音”的百首歌吟曲谱以及有关专家的高质量研究论文，对“楚调唐音”这一古老歌吟艺术的研究、保护及传承都将产生重要意义。

5月19日，第三届全国社科院世界历史研究联席研讨会在南昌举行。

省社科院供稿

【举办“文化自觉与中国道路”学术研讨会暨第24届全国社科系统哲学大会】 10月19日，省社科院哲学研究所与中国社科院哲学研究所联合在南昌举办“文化自觉与中国道路”学术研讨会暨第24届全国社科系统哲学大会，全国社科系统哲学所所长及专家学者50余人出席。会议以“文化自觉与中国道路”为主题，集中讨论了理论自信、道路自信、制度自信，中国特色社会主义道路的理论逻辑与历史逻辑，中国梦与中国道路、中国精神、中国力量，生态文明视域下的中国发展道路，建设优秀传统文化的传承体系，文化强国与哲学思维等重大问题，为打造具有中国特色、中国风格、中国气派的哲学社会科学学术话语体系提供了学理支撑。

【召开“明清以来的农业农村农民”学术研讨会】 11月27日，省社会科学院《农业考古》编辑部与南京农业大学等学术单位在南昌召开“明清以来的农业农村农民”学术研讨会，46位来自全国的农业史研究专家及韩国学者出席会议。5位学者作了大会发言，25位学者在小组学术讨论上发言，集中探讨了明清以来的农业发展、明清以来的农业经济、明清以来的农村社会等问题。学者们以古鉴今，为农业、农村、农民的现代化贡献了珍贵的史料和智慧。

【“中国文学地理学会第三届年会”在南昌举行】 11月29日，由省社科院文学研究所与广州大学、中国文学地理学会主办的“中国文学地理学会第三届年会”在南昌举行，全国22个省、自治区、直辖市以及日本的100余位专家学者出席大会。18位专家作了大会发言，对文学地理学学科建设、文学地理学学术史、文学地理学基础理论与基本概念、文学地理学研究方法、文学地理学批评、中国区域文学地理和文学景观研究、语言与文学的地域性、民俗与文学的地域性、20世纪80年代以来的文学地理学研究等议题进行深入研讨，推动了文学地理学的建设与发展。

【举办“经验局限启示：土地改革与乡村社会变迁”学术研讨会】 12月14

日，省社科院历史研究部在南昌举办“经验局限启示：土地改革与乡村社会变迁”学术研讨会。中国社科院、山西大学、吉林大学、中国浦东干部学院等全国重要学术单位的知名学者应邀出席。研讨会围绕新中国的土地制度与乡村社会变迁、城市化与城乡一体化路径、城乡一体化进程中的土地制度创新、土地问题的性质与重要性、农民的土地财产权、农民承包土地的处置权等问题进行了深入探讨，为农村土地流转提供了有益借鉴。

（省社科院）

高校社科研究

【概　况】　2013 年，江西高校共有人文社会科学活动人员 1.33 万人，投入人文社会科学研究与发展经费 1.47 亿元；全省高校承担人文社会科学研究课题 9106 项，出版人文社会科学著作 369 部，发表论文 6375 篇，其中在国际学术刊物上发表 215 篇，提交有关部门 44 篇；举办国际学术会议 42 次，参加会议 802 人次，提交论文 512 篇；举办国内学术会议 287 次，参加会议 3097 人次，提交论文 1903 篇；派出人员出国讲学 103 人次，国外人员受聘到校讲学 144 人次，派出人员国内讲学 477 人次（含去港澳台地区），国内人员受聘到校讲学 639 人次（含港澳台地区）；出国进行社科考察 123 人次，国内进行社科考察 802 人次（含港澳台地区），接受国外人员到校考察 114 人次，接受国内人员到校考察 721 人次（含港澳台地区）；派人出国进修学习 178 人次，派人国内进修学习 1178 人次，接受国外人员到校进修学习 66 人次，接受国内人员到校进修学习 892 人次；与国际合作研究课题 18 项，与国内合作研究课题 125 项。申请国家专利 217 项，授权 150 项。

全省高校获国家社科基金项目 110 项（含重点项目 1 项），资助经费 2052 万元；获教育部人文社会科学研究项目 68 项，资助经费 582 万元。省高校人文社会科学重点研究基地 2013 年度招标项目立项 90 项，省高校人文社会科学研究一般项目立项 598 项，江西高校哲学社会科学研究重大课题攻关项目立项 10 项，江西高校哲学社会科学研究重点招标课题立项 12 项。

【召开全省高校哲学社会科学工作座谈会】　1 月 5 日，全省高校哲学社会科学工作座谈会在南昌召开。会议的主要内容是深入学习贯彻党的十八大精神，总结全省高校哲学社会科学工作成绩，部署全省高校哲学社会科学工作。省政府副省长朱虹出席会议并讲话。全省各本科高校主要领导、分管科研（社科）校领导、科研（社科）处处长、省高校人文社会科学重点研究基地（一、二类）负责人、承担 2012 年度省高校哲学社会科学研究重大重点招标课题主持人及省教育厅有关处室负责人共 100 余人出席会议。

【实施高校哲学社会科学高水平创新团队遴选与建设工作】　根据《江西省哲学社会科学繁荣计划（2011—2020 年）》，启动实施江西高校哲学社会科学高水平创新团队遴选与建设工作，旨在打造一批在全国高校具有较强竞争力和学术创新力，能跻身先进行列的科研创新团队以及在全国高校有较大影响、在全省达到一流学术水平的科研创新团队，在全省高校构建比较完整的哲学社会科学创新团队体系。全省共有 20 个本科高校 35 个创新团队申报参评，经专家组评审，省教育厅批准，南昌大学“江西区域文化史研究”等 10 个团队入选第一批江西高校哲学社会科学高水平创新团队。

【两个研究中心获批教育部人文社会科学重点研究基地】　2013 年，井冈山大学中国共产党革命精神与文化资源研究中心、赣南师范学院中国共产党革命精神与文化资源研究中心同时获批教育部高等学校人文社会科学重点研究基地。此次全国批准设立 8 个，江西 2 个入选。全省高校共有 3 个教育部人文社会科学重点研究基地。

【八项成果获教育部第六届高等学校科学研究优秀成果奖】　2013 年，全省高校有 8 项成果获教育部第六届高等学校科学研究优秀成果奖（人文社会科学），其中一等奖 1 项，三等奖 7 项，是江西高校获奖规格最高、获奖数量最多的一次。华东交通大学经济管理学院教授欧阳志刚的《非线性阈值协整理论及其在中国的应用研究》，获经济学著作奖一等奖，为 1995 年该奖项评选以来江西高校学者首次获评一等奖。

【举办全省哲学社会科学教学科研骨干研修班】　省委教育工委、省教育厅与省委组织部、省委宣传部、省委党校、省财政厅联合举办 2013 年度全省哲学社会科学教学科研骨干研修班。研修班以听取专题报告、加强自学和集中研讨、开展社会考察为基本形式进行学习提升。全年举办 4 期，每期为一个月，共 332 人参加研修。

【高校人才培养取得重大突破】　南昌大学教授刘耀彬成功入选国家教育部长江学者，是江西省高校人文社科领域第一位长江学者特聘教授，实现了本土高校培养长江学者“零”的突破。华东交通大学经管学院教授欧阳志刚、江西师范大学教育学院教授何齐宗被评为 2013 年度江西省中青年文化名家；江西财经大学马克思主义学院教授李德满、南昌大学人文学院教授许家星、江西理工大学党委宣传部徐忠麟、宜春学院教授唐辉亮被评为 2013 年度全省宣传思想文化系统“四个一批”人才。

（省教育厅）

社科成果与奖励

【召开全省社科普及“四项评优”评审会】　为深入贯彻落实党的十八大精神，激发广大社科工作者投身社科普及事业的积极性，省委宣传部、省社联、省新闻出版局和出版集团公司联合在全省范围内开展 2013 年度全省社科普及“四项评优”活动，即推选江西省优秀社科普及专家、江西省优秀社科普及工作者、江西省优秀社会科学知识普及宣传基地、江西省优秀社科普及读物活动。6 月 25 日，全省社科普及“四项评优”评审会召开，省委宣传部副部长马玉玲出席并讲话，省社联党组书记、主席祝黄河主持。省社联党组成员、副主席黄万林，江西日报副总编陈晓云等10位评委对104项推荐申报项目逐项进行评审。评选出丁仁祥等10名江西省优秀社科普及专家,邓复玲等10名江西省优秀社科普及工作者,三湾改编纪念馆等4个江西省优秀社科知识普及宣传基地,《中国共产党怎样解决发展问题》等10部江西省优秀社科普及读物。

【2013年江西省经济社会发展重大招标课题揭标】 7月2日,2013年江西省经济社会发展重大招标课题评审会在南昌召开,省委常委、省委宣传部部长姚亚平出席,听取了各课题组答辩并对评审提出要求。省委宣传部副部长马玉玲出席,省社联党组书记、主席祝黄河主持会议。

评审委员会在充分审读、听取答辩和讨论酝酿的基础上,按照"客观公正、择优立项"的原则投票表决,在21个竞标课题组中成功揭标。中标课题组分别是:省委党史研究室沈谦芳主持的《苏区精神研究》,南昌大学刘耀彬主持的《江西生态文明建设领先目标的实现途径与政策支持研究》,南昌大学黄新建主持的《统筹城乡发展要求下提升江西城镇化建设速度与质量相关问题研究》,省统计局王建农主持的《江西全面建成小康社会进程中的差距、难点及追赶战略研究》,省陶瓷工业公司张杰主持的《景德镇基于遗产资源的文化创意街区与城市休闲功能区建设研究》。每项中标课题资助经费7万元,全部课题研究于11月30日前完成。

【获国家社科基金年度项目立项123项】 2013年,全省获国家社科基金年度项目立项123项,比上年净增14项;立项率15.41%,高于全国13.36%的立项率;获资助经费2298万元,比上年增加633万元;立项数在全国排名稳居第一方阵。其中重点项目7项,一般项目59项,青年项目50项;赣州、吉安和抚州地区国家西部项目政策支持计划获得批准,6所高校、党校首次获得7项西部项目资助。全省共有20个单位获国家社科基金项目立项,比上年增加3个单位。其中赣南医学院是首次获准立项,赣南师范学院、九江学院、景德镇陶瓷学院、南昌航空大学、江西理工大学均创历史最好成绩。立项学科分布面较广,选题涉及经济社会发展各个重要领域。国家设立的23个学科江西省全部均有申报,立项涵盖21个学科。

【组织实施2013年度省社科规划项目评审活动】 2013年,省社联组织实施江西省社会科学研究"十二五"(2013年)规划项目评审活动,经学科组匿名初评和复审,共评审立项407项,其中重点项目16项,一般项目314项,青年项目77项;资助经费400余万元,取得了良好的社会效果。

【组织实施江西省第15次社会科学优秀成果评选活动】 2013年,省社联进一步完善成果评奖的评价机制与评审制度,组织实施全省第15次社科优秀成果评奖活动,通过匿名初评、学科组复评,共评出获奖项目357项,其中《中国苏区史》等27项成果获一等奖,《文本话语与历史记忆:1921—1951年中国共产党的"七一"纪念》等120项成果获二等奖,《生态危机的困境与消解——当代马克思主义生态学表达》等210项成果获三等奖,投入经费150万元,整个评审过程零举报、零投诉,营造了风清气正的学术氛围,受到社会各界广泛好评,扩大了江西省优秀学者和成果在国内外的学术影响力。

【一大批应用对策研究成果获省领导肯定性批示】 2013年,省社联紧紧围绕江西经济社会发展大局和省委省政府的中心工作,大力开展应用对策研究,取得丰硕成果。《加快推进昌九一体化发展战略的思考与对策》《2013年我省国家社科基金立项实现新突破的分析与思考》等研究成果获省领导肯定性批示,全年共获批示34篇(次),其中省委书记强卫做出肯定性批示6篇(次),较好地发挥了"思想库"作用。

(刘志飞)

本栏编辑 詹跃华

10月19日,第24届全国社科系统哲学大会在南昌举行。

省社科院供稿

文化艺术

综　述

2013年，江西省文化系统坚决贯彻中央和省委的决策部署，改革创新、顽强拼搏、锐意进取，全面完成各项任务，文化工作为推动经济社会发展注入了强劲动力，为维护社会和谐稳定提供了强大支撑，为提升江西形象做出了积极贡献。

成功举办第五届江西艺术节。艺术节坚持“四性”：人民性、时代性、艺术性、节俭性。实现“六个首次”：首次集中展演28台大戏；首次整合13个活动项目；首次将艺术节展演门票全部免费发放；首次免费接送特殊困难群体观看；首次聘请大众评委评审参赛节目；首次有省四套班子领导集中观看。整个艺术节参赛、参演、参展人数达10万人以上，观众达600多万人次；100多家境内外媒体和网站争相报道艺术节盛况，百度搜索引擎搜索相关信息达51万余条。艺术节出新出彩，成为“文化的盛典，人民的节日”。

大力实施文化发展六大工程。在分析研判全省文化发展形势、发展基础以及资源优势的基础上，2013年，江西组织实施演艺繁荣、精品创作、产业翻番、文化强基、百馆展示、遗产保护等文化发展“六大工程”，文化工作开创新局面。全省80家改革院团、200家民营和股份院团、100家经纪机构，以及众多小型、季节性的民营小剧团，形成既分工、又竞争、又融合的生动局面，与此同时，“团场线”联盟等新型演艺组织加快形成，演艺与旅游等市场加速融合。2013年，全省演艺市场演出1.82万场，演出收入近3亿元；13个项目入选全省文艺创作与繁荣工程，以第五届江西艺术节为平台创作打磨出28台精品剧目。大型采茶歌舞剧《八子参军》入选文化部“国家舞台艺术精品工程重点资助项目”，实现江西省文艺作品入选精品工程“零突破”。同时，《八子参军》、话剧《生如夏花》分别获第十届中国艺术节“文华优秀剧目”奖和“文华剧目”奖；以省政府名义出台动漫奖管理办法、加快文化创意产业发展的若干政策措施两项政策。组建江西省文化企业协会，212户文化企业成为会员。全省资产1亿元以上的文化企业或项目达112个；公共图书馆、博物馆、文化馆数量不断增加，上等级率不断提升，全省文化场馆免费开放服务群众4400多万人次，同比增长46.66%。农村文化“三项活动”、图书通城通借通还“一卡通”、图书馆讲座联盟、数字图书馆等文化惠民项目有效实施；组建“百馆展示工程”专家库，推动30多座博物馆（纪念馆）陈展更新，全省博物馆（纪念馆）全年举办基本陈列和临时展览500余个，南昌县博物馆、九江市博物馆双双荣获“第十届全国博物馆十大陈列展览精品奖”；新增76处全国重点文物保护单位，景德镇御窑遗址列为第二批国家考古遗址公园名单。全年争取国家文物局专项资金3.1亿元，同比增长72%，统筹推进179个全国重点文保单位和基层文物保护项目的保护维修。客家文化生态保护实验区成为国家级文化生态保护实验区，4个单位成为全省首批非遗研究基地和传承基地，评审公布118项第四批省级非遗名录，成功举办全省非遗成果展。

有效组织对外文化交流。2013年，全省对外及对港澳台文化交流项目123个，同比增长36.7%。其中，组织实施与埃及开罗中国文化中心2013年度部省对口合作计划、第九届“艺海流金”大型对港澳文化交流活动两项省部合作项目，开创江西省与文化部合作共建的先河；完成第四届海峡两岸文化创意产业展、韩国顺天湾世界园艺博览会中国江西文化日活动、2013年沙特杰纳第利亚民族遗产文化节中国主宾国展览活动等三项境外展演项目，有力提升了江西知名度；引进优秀境外演艺、台湾雅石雅玉特展、英国美术300年大型展览、澳大利亚沃伯顿原住民大型艺术展等4项演艺展览项目，促进江西文化交流融合。

（郑志山　胡小庆）

文　学

【概　况】　2013年，江西省文学界积极履行联络、协调、服务职责，以“出作品、出人才”为目标，积极开展文学活动，把省文艺创作与繁荣工程向纵深推进。举办“中国梦·劳动美”全省职工诗词创作大赛，共收到作品800多件；举办展示李晓君、褚兢、程维3位省作协副主席书画创作的“滕阁三主”书画展，并召开作品研讨会；举办“知名文艺家走进赣州”采风暨作家群现象研讨会；举办“名家写赣州”大型文学采风活动，祝勇、庞培、赵瑜等来自全国八省一市的新锐作家和江西省文联主席刘华以及江西省知名作家等组成20余人的采风团，写出许多优秀的散文作品，分别在《散文》《清明》《文艺报》等报刊发表，结集出版正在进行之中；举办长篇小说征集评选工作，审阅78部近2000万字的作品，刘建华的《天宝往事》、樊健军的《桃花痒》、林岚的《爱民太守况青天》、乌安诗云的《西行历险记》成为本次征集评选活动最终胜出作品；举办张学龙作品研讨会，20多名作家和评论家，对萍乡作家张学龙长篇新作《龙骨》暨其安源题材小说系列进行研讨。

推动文学出版工作。组织作家写作“走向田野”文化大散文丛书。第一辑9本书稿已组稿完毕；组织“江西文学原创精品丛书”第二辑出版发行；“建国以来长篇小说经典丛书”第一辑4本组稿完毕，选入新中国成立初期江西长篇小说的代表作；“苏区记忆”丛书5本组稿完毕，已交出版社审读，作品内容都是反映江西省革命历史；“农村改革开放长篇小说”丛书2本征集完毕；“江右新散文文丛”7本已交相关出版社审读。

扶持青年人才成长。推荐15名优秀文学作者为滕王阁文学院第四届特聘作家；推荐8名作家进入省委宣传部、省文联联合举办的江西文艺人才研修班学习；推荐喻虹、杜青、王彦山等3名作家进入鲁迅文学院学习；选拔杜青、杨帆、林莉、倪爱珍等4名优秀青年作家参加全国青年作家创作会议；联络《星火》办好本土栏目，发表青年人才小说作品；通过谷雨诗会名家讲座，让许多文学作者能与著名期刊编辑交流，为青年人才发表作品提供条件；在优秀长篇小说征集评选过程中，有意识地将有潜质的文学新人作品选拔上来，进入优秀名单。

文学创作成果喜人。小说创作方面，刘华长篇小说《车头爹 车厢娘》获湖北省委宣传部“五个一工程”奖。刘华中短篇小说集《爱在窗前看风景的猫》、陈离短篇小说集《惘然记》、贺贞喜长篇小说《双栖蝶》、阿袁中短篇小说集《米红》等相继出版。王芸长篇小说《江风烈》在《芳草》刊物发表并进入中国青年出版社出版程序。阿袁长篇小说《打金枝》入选中国作家协会2013年度重点作品扶持项目，《子在川上》获《小说月报》第十五届百花奖。《抚州小小说大系》获江西省文艺创作与繁荣工程资助出版。散文创作方面，陈世旭散文继续在《文艺报》以专栏形式亮相，《夜宿真如寺》获首届“观音山杯·美丽中国”全国游记征文大奖赛特等奖。李晓君的长篇散文《镜中童年》发表于《钟山》“长篇散文”栏目。夏磊散文集《一枕清霜》、陈蔚文散文集《未有期》、邓涛散文集《山河扣问》、程维散文专著《水墨青云谱》《南昌人》、熊伟明散文集《丹霞初映》、江子散文集《田园将芜——后乡村时代纪事》《苍山如海——井冈山往事》等相继出版。周亚鹰散文《二姐》改编成电视剧《油菜花香》在深圳都市频道开播。诗歌创作方面，三子、林莉、邓诗鸿、刘义、吴素贞、王彦山等人的组诗在《诗刊》《花城》《十月》等权威报刊发表，林莉组诗《在垫江谈美》获首届牡丹杯诗歌大赛一等奖，《起伏》获第25届中国李白诗歌节全国诗赛大奖，邓诗鸿《再登鹳雀楼》获第二届“鹳雀楼杯”诗歌大赛一等奖。渭波、漆宇勤等有诗集出版。由冷先桥、水笔主编的《江西诗人十人行》由中国文联出版社出版。儿童文学创作方面，彭学军《冰蜡烛》获第二届“周庄杯”全国儿童文学短篇小说大赛特等奖，她的《水乡》由同心出版社出版。赫东军少儿长篇小说《那年夏天》、喻虹《天使的翅膀》《一朵花开的时间》、白勺的《父与子的1934》等相继出版。纪实文学创作方面，卜谷的《为毛泽覃守灵的红军妹》由解放军出版社出版，中国作协创作研究部、中国作协报告文学委员会、解放军出版社、赣州市委宣传部联合在京为该书举行研讨会。王芸以张爱玲的一生为内容的《因为懂得，所以慈悲》由长江文艺出版社出版。

【召开江西省作家协会第七次会员代表大会】 8月2日，江西省作家协会第七次会员代表大会在南昌召开。全省各地155名代表参加会议，中国作协党组副书记、副主席钱小芊，省委常委、宣传部部长姚亚平等出席会议并讲话。省文联党组书记汪天行主持开幕式，省文联主席刘华致开幕词。会议审议并原则通过第六届理事会向江西省作协第七次会员代表大会所作的题为《坚持科学发展观，提升文化软实力，开创江西文学事业新局面》的工作报告。报告回顾总结第六次作代会以来江西省文学事业取得的成就和经验，规划提出今后5年的发展思路和目标任务。会议审议并通过修改后的《江西省作家协会章程》。大会选举产生江西省作协第七届理事会主席团。刘华当选为江西省作协主席，陈政、袁萍、傅太平、彭学军、曾清生、温燕霞、褚兢、颜敏、程维、熊正良为副主席。

【举办2013年江西谷雨诗会】 2013年谷雨前后，景德镇市、萍乡市、宜春市、南昌市、吉安市、抚州市等地纷纷举办2013年谷雨诗会。在铜钹山，全省各地50多位诗人参加谷雨诗会活动，举行“与铜钹山一起呼吸”诗歌朗诵会、“后乡村时代的诗歌写作”高峰论坛、“我们和诗在一起”主题对话会、江西诗歌走基层“诗赠文学上饶”诗歌捐赠活动，举办诗刊社、《十月》杂志社诗歌编辑名家讲坛、铜钹山诗歌采风等系列活动。省委宣传部副部长马玉玲，省文联主席刘华等参加诗会。作为谷雨诗会内容的延伸，清明期间，组织江西70余位诗人赴修水县拜谒祭扫历史文化先贤黄庭坚墓园。并举办首届江西谷雨茶诗会暨林恩杯茶言茶语诗歌大赛，引导江西谷雨诗会品牌与江西茶文化传播结合，收到省内外诗人来稿300多首。谷雨茶诗会上，还组织与会作家、诗人和有关单位向四川雅安芦山地震灾区捐款，募集资金近7000元。谷雨诗会已成为江西谷雨时节的一种文化风俗。

（*石兰芳*）

艺　术

【概　况】 2013年，以举办第五届江西艺术节、参评第十届全国艺术节为动力和契机，征集各类创作项目50余个，确定13个项目为年度文艺创作与繁荣工程扶持项目，遴选出28台剧目作为第五届江西艺术节集中展演剧目（其中12台为文艺创作与繁荣扶持项目），其中大型赣南采茶歌舞剧《八子参军》当选2011—2012年度国家舞台艺术精品工程重点资助剧目。在第十届全国艺术节、第十四届“文华奖”评选中，获“文华优秀剧目”奖以及优秀表演奖、表演奖、作曲奖、舞台设计奖、灯光设计奖等5个单项奖，话剧《生如夏花》获第十届全国艺术节“文华剧目”奖、优秀表演奖单项奖。全省各级文艺院团坚持商业演出与公益性演出相结合，实施文化惠民政策，取得社会效益和经济效益双丰收。全省国有改制院团完成演出1.26万场，演出收入5501.87万元，其中商业演出2720场，演出收入2693.11万元。

【举办第五届江西艺术节】 9月8日，由省委宣传部、省文化厅、南昌市政府主办的第五届江西艺术节在江西艺术中心大剧院开幕。第五届江西艺术节取得“一节举办，万民受益”的效果，艺术节成为“文化盛宴”。整个艺术节观众达600多万人次，省委书记强卫等省四套班子领导先后到艺术节现场观看达30余人次；40余位省直有关部门和有关设区市党政主要领导参加或观看艺术节；艺术节坚持“四性”：人民性、节俭性、艺术性、时代性。人民性体现在群众成艺术节主角，艺术节参赛、参演、参展人数达10万人以上，各种艺术团体、机构组织的参赛队伍达1000多支；演出《阳台上的野菊花》《有事找老杨》等一大批反映基层干部群众的剧目；向群众免费发票、进社区开展演出、免费接送困难弱势群体观看演出等措施，保障群众参观或观看艺术节，整个艺术节举办在群众身边的展演展示1100多场，免费发放集中展演门票3万余张。节俭性体现在取消开闭幕晚会、纪念品等，节省经费300多万元。艺术性体现在转变以往狭隘的办节观，除举办传统的玉茗花戏剧节、音乐舞蹈艺术节、少儿艺术节外，还策划安排全省农民工才艺大赛、非物质文化遗产展、江西古代文明展、瓷上绘画美术作品展、南昌国际马术节等13个精品项目。时代性体现在艺术节定位为“文化的盛典，人民的节日”，以艺术的形式弘扬先进文化，唱响时代主旋律，营造积极向上、健康和谐的时代风尚和文化氛围。作品歌剧《回家》以海峡两岸关系的时代大势为背景，讲述了台湾老兵罗旺篼历经38年思乡之苦与母重逢的感人故事，把中华民族历史上一次大分裂造成的大迁徙展现在舞台上。

【《八子参军》入选国家舞台艺术精品工程】 1月4日，大型赣南采茶歌舞剧《八子参军》当选2011—2012年度国家舞台艺术精品工程重点资助剧目。这是2002年文化部、财政部联合实施国家舞台艺术精品工程重点资助剧目以来，江西省唯一获得此殊荣的剧目，填补了江西省多年来无精品工程入选作品的空白。

【多种形式培养文艺人才】 3月，为提升江西省音乐、戏剧创作人员的能力与水平，省文化厅举办全省音乐、戏剧创作人员春季培训班。培训班邀请空政文工团副团长张天宇、中国艺术研究院原副院长薛若琳分别对音乐、戏剧创作进行讲学。春训班上，学员观摩了一批优秀作品、研讨了部分拟投排准备推荐参评第十三届精神文明建设“五个一”工程奖的剧目剧本，取得良好的效果。4月，江西舞台表演艺术研修班在中国戏曲学院开班，培训班采取专家教学、剧目观摩研讨、现场剧目观摩等互动式教学。通过两个多月紧张的课堂教学与专业学习训练，全体学员普遍表示收获很大。9月，依托第五届江西艺术节，在展演期间举办一期学习研讨班。采取观摩学习、创作研讨、专家授课、交流心得等方式，帮助省基层艺术创作者开阔视野，提高艺术创作水平。

（匡恺）

社会文化

【概　况】 2013年，江西省多项社会文化工作取得突破性的进展。继续实施公共图书馆、文化馆（站）免费开放，实施县级图书馆、文化馆维修改造工程，为江西文化大省建设提供了较好设施基础；举办第五届江西艺术节·第十届少儿艺术节、首届全省农民工才艺大赛等重大赛事活动；完成第十届中国艺术节“群星奖”的参赛工作，全省获12项“群星奖”；第一批国家公共文化服务体系示范区赣州市和南昌市“社区文化在线”、宜春市“一乡一品”项目创建工作通过验收；启动第二批国家公共文化服务体系示范区新余市及九江市文化亲民“八个一”工程、吉安市农村文化“星火”工程创建申报工作；实施并完成首次乡镇文化站评估及其站长轮训工作，实施春雨工程及文化志愿者服务工作，获得文化部三项表彰。在满足人民群众基本文化需求的基础上，不断推动提升公共文化服务的品质和档次，推出省群众艺术馆“秀美江西”系列群众性美术展览、省图书馆“读好书”活动、赣州市群众艺术馆“欢乐赣州”、九江市图书馆“寻庐讲坛”、宜春市月亮文化节，铜鼓、武宁、修水、永修四县“修河之波”艺术节，玉山县“三山”艺术节，万安县图书馆“金牌读者”，靖安县图书馆“读者服务110”，芦溪县文化馆“芦萧展厅”和“凌云赛场”等一批特色文化服务“品牌”。

【加强县级两馆文化设施建设】 2013年，全省完成青原区图书馆、德兴市文化馆等20余个县级文化设施维修改造。继续推进县级未达标图书馆、文化馆的新建、改建和扩建工程，县级图书馆、文化馆设施建设继续保持中部先进水平。2013年年底，以地方投入为主的南昌市群众艺术馆、铜鼓县文化馆等一批市县公共文化设施新建项目竣工并投入使用。2008—2013年，省财政共投入2.3亿元，完成163个馆的维修改造。

【举办第十届少儿艺术节和首届全省农民工才艺大赛】 2013年，举办第十届全省少儿艺术节和全省首届农民工才艺展演。第十届少儿艺术节的项目设置包括美术、书法、摄影、声乐、器乐、舞蹈、语言7个门类。少儿艺术节5月启动，历时4个月，参与人数达40万人。参赛形式采取层层选拔，集中汇演、汇展的形式举办，全省11个设区市的2000多个少儿文艺节目经过层层选拔，最终有15个节目入围，9月4日，在江西艺术中心举行集中展演暨颁奖晚会。江西省农民工才艺大赛作为第五届江西艺术节13个项目之一，深受全省农民工的热烈欢迎，全省99个县参演节目453个，相聚7个设区市集中复赛，参赛节目116个，最后14个获一等奖节目到昌展演。10月31日，大赛在江西电视台600平方米演播厅举行优秀节目展演电视晚会，副省长朱虹等领导出席晚会。11月12日，朱虹在《第五届江西艺术节工作简报》上批示："农民工才艺大赛是我省今年文艺工作的一大亮点"。

【获第十届中国艺术节12项"群星奖"】 10月25日，第十届中国艺术节"群星奖"颁奖仪式在山东省威海市举行。江西省共获12项"群星奖"，获奖数在全国位列12名，与上届相比在全国位次前移。其中，新余幼儿舞蹈《我最棒》等5个节目获作品类"群星奖"；"婺源·中国乡村文化旅游节"等3个公共文化服务项目获项目奖；南昌市青山湖区文化馆馆长林燕等4人获"群文之星"称号。

【国家公共文化服务体系示范区和项目创建工作取得突破】 2013年，江西省第一批国家公共文化服务体系示范区创建城市赣州市、示范项目宜春市"一乡一色""一村一品"特色文化建设项目和南昌市"社区文化在线"项目通过国家验收。第二批示范区创建城市新余市和项目九江市文化亲民"八个一"工程、吉安市农村文化"星火"工程申报获得文化部正式认可。

【完成首次乡镇综合文化站站长轮训工作】 2013年，省文化厅组织举办12期全省乡镇综合文化站站长培训班。培训工作采取集中学习、分期办班的方式进行，每期100～120人，历时8个月，对全省1300余名基层文化站站长进行全面轮训。此次培训是新中国成立以来第一次全面、系统地对全省乡镇综合文化站站长开展全面轮训，新闻媒体纷纷报道，也受到国家文化部的关注和肯定。

（涂安宁）

非物质文化遗产

【概　况】 2013年，非物质文化遗产保护工作取得显著成绩。8月15日，省人民政府公布第四批省级非遗名录共118项。江西先后评审四批省级非遗名录488项，省级名录体系得到完善。8月，完成南昌、九江、抚州、景德镇、新余、萍乡、鹰潭等剩余设区市非遗保护成果出版工作，至此省本级和11个设区市非遗保护成果出版工作全部完成。完成国家级和前三批省级项目非遗数据库建设，基地建设取得新进展。10月，公布景德镇陶瓷学院中国陶瓷文化研究所（景德镇传统制瓷技艺）、赣南师范学院客家研究院（民俗、民间艺术）为江西省首批非物质文化遗产研究基地（2013—2015年度），江西省赣剧院（赣剧）、江西艺术职业学院（南昌清音）为传承基地。向文化部推荐婺源朱子实业有限公司、景德镇诚德轩瓷业有限公司、景德镇华弘陶瓷企业有限公司、景德镇鼎窑瓷艺文化传媒有限公司、婺源县华龙木雕有限公司5户企业为第二批国家级非遗生产性保护示范基地。与省财政厅及时下达国家年度非遗保护专项资金2385万元，合理分配400万元省级非遗保护专项资金。完成中国艺术研究院·中国非物质文化遗产保护中心与宝马公司举办的"BMW中国文化之旅——江西行"活动。省内永新盾牌舞、铅山连四纸、星子金星砚制作技艺、青阳腔等11个非遗项目共得到100万元资助。

开展非遗宣传展示活动。11月，围绕"提高传播能力，繁荣传统文化"主题，省委宣传部、省文化厅与南昌市人民政府共同主办的第五届江西艺术节全省非遗保护成果展活动在南昌举行。第八个"文化遗产日"确定"人人都是文化遗产的主人"活动主题，省文化厅分别为13名入选第三批国家级非遗代表性传承人和14名省级以上传承人举办颁牌颁证仪式和收徒仪式，提升传承人地位，突显尊师敬师社会风尚和实现非遗活态传承的重要作用。在国内，精心组织非遗项目参加第四届中原古韵——中国（淮阳）非遗展演、第九届深圳文博会、第一届湘赣鄂皖四省（武汉）非遗联展、第四届中国成都国际非遗节、杭州首届亚太传统手工技艺博览会等大型宣传展示活动，传播江西省独特的非遗资源和传统文化魅力。

【公布第四批省级非物质文化遗产名录】 经过各地推荐、省文化厅评审、部门联席会议与公示等程序，8月15日，江西省人民政府公布第四批省级非遗名录118项。其中：民间文学8项，传统音乐12项，传统舞蹈18项，传统戏剧11项，曲艺4项，传统体育、游艺与杂技1项，传统美术9项，传统技艺22项，传统医药4项，民俗29项，内容涵盖十大非遗门类，涉及11个设区市87个县（市、区）。

【举办全省非物质文化遗产保护成果展】 11月15日，由省委宣传部、省文化厅、南昌市人民政府共同主办的第五届江西艺术节全省非遗保护成果展在南昌八一广场举行。此次活动主题是"提高传播能力，繁荣传统文化"，分为图片展、舞台表演、技艺展示等内容。以青阳腔、乐安小吹会、兴国山歌、永新小鼓、金溪手摇狮、高安字门拳等为主的传统表演类节目，吸引众多观众。技艺展示以设区市为单元设立31个标准展位和以国家级非遗项目为主设立4个特装展位，有编织、漆器、刺绣、雕刻、陶瓷、画绘等类。南昌城南龙灯、于都唢呐、新建得胜鼓等项目为活动增添热闹气氛。46个非遗项目300多人参加展演展示活动，省内外多家媒体作现场报道。此次活动将有重要价值、有地位和影响的非遗项目向社会公开展示，突出江西非遗资源特色，起到广泛的教育作用。

（吴先华）

地方志工作

【概　况】 全面推进第二轮省志编修工作。1月，省政府召开第二轮《江西省志》编纂工作调度会。6月20日至7月初，按照省政府要求，省地方志办分3个督导组赴全省96家省志承编单位，对第二轮《江西省志》的编纂工作进行督查。为加快工作进度，通过多种方式加强对参、承编单位的编纂指导，全年共参加45个分志的动员部署会、协调会和研讨会，对40部分志进行授课；接待162次各分志编纂单位的上门咨询和300多次电话咨询；对48部分志篇目进行了89次的讨论修改；对11部分志的资料长编样稿进行阅读并提出修改意见；对3部分志的初稿（试写稿）样稿进行阅读并提出修改意见；协调12家承、参编单位的工作问题和经费问题，起到了较好的推动作用。

完成市县续志扫尾工作。《九江市志》(1991—2010)77个篇目全部完成统纂稿，并顺利合成初稿；《上饶地区志》(1991—2000)已完成复审工作，正在作进一步修改；《赣州市志》初稿的剩余章节全部完成，并对分纂初稿进行了统稿校对；《抚州市志》自将下限延至2010年来，经5次校核，年内文字部分定稿付印；景德镇地方志办认真开展《景德镇市志》续志的资料收集工作，完成五分之一的专志初稿；《浔阳区志》召开评审会，对志稿进行修改完善；《修水县志》(1986—2008)进入出版程序；《德安县志》(1985—2008)已进入印刷出版阶段；《共青城志》(1991—2011)付梓印刷；《湖口县续志》已完成初稿，并召开审稿会。年内，全省出版发行了《抚州市志》《井冈山市志》《铜鼓县志》《樟树市志》《袁州区志》(1985—2008)和《横峰县志》6部市、县(市、区)志。

规范年鉴编辑管理工作。全省各级地方志工作机构坚持依法编鉴、依规编鉴，不断提高年鉴编辑工作水平。《江西年鉴(2013)》在以往工作基础上，创设了国家区域发展战略栏目和省直厅级干部名录分目，增加了宣传彩页。设区市综合年鉴编辑工作稳步推进。年内，南昌、九江、上饶、景德镇、新余、赣州等设区市的2013卷年鉴均已出版发行，《萍乡年鉴(2013)》《抚州年鉴(2013)》《吉安年鉴(2013)》进入印刷阶段，《鹰潭年鉴(2013)》进入出版社审稿阶段。同时，县级年鉴工作开展也有条不紊。九江市8家已完成二轮修志任务的县(市、区)中，有7家开展了一年一鉴的编辑出版工作；泰和县地方志办召开《泰和年鉴(2012)》(创刊号)初审会；《临川年鉴(2006—2011)》(创刊号)出版发行；赣州市有11县(市、区)开展一年一鉴工作。截至2013年底，全省有86个市(县、区)已开展综合年鉴编辑工作，全年出版发行综合年鉴58部，专业年鉴27部。

加强志鉴编纂工作指导力度。省地方志办对《上饶地区志》进行复审；南昌市史志办指导了《南昌税志》《南昌市交通志》等5部专业志的编纂，对《江西省志·城市建设志》《江西省志·防空志》等南昌部分志稿提出编纂意见和建议；萍乡市史志办指导了《萍乡市委组织志》《萍乡市烟草志》的编纂；新余市史志办指导分宜县史志办继续开展部门志的编纂和旧志整理出版工作；鹰潭市史志办指导《贵溪市志》《鹰潭市工会志》的编纂；乐安县地方志办审查修改了《乐安县财政志》篇目，指导教育、卫生、人武专业志的编纂；金溪县志办审核了《金溪人大志》；广昌县地方志办协助完成《广昌一中校志》编纂，指导《翠雷山垦殖场续志》的编纂；赣州市地方志办对《信丰脐橙志》《定南县志》进行了评审；上饶市地方志办对县级年鉴编写中条目设置、文字规范进行了指导及业务培训；吉安市地方志办指导《吉安审计志》的编纂，审核了《吉州区志》(2000—2012)初稿；永丰县地方志办指导了《官山林场志》的编纂；安福县地方志办指导了《安福县教育体育志》《安福县明月山林场志》的编纂；遂川县地方志办指导编修了《遂川交警志》《遂川人大志》《遂川政协志》；吉水县地方志办指导了《吉水水利志》《吉水房产志》的编纂。

编纂出版专志，开展旧志整理工作。全省各级地方志工作机构深入挖掘地方历史和地方文化，编纂出版发行了《农工党在南昌》《武宁县财政志》《鹰潭市烟草志》《南丰蜜桔志》等19部行业志、部门志和专业志；《罗坳镇志》《双峰林场志》(1993—2012)《同田乡志》3部乡镇志；《华盖山志》《军峰山志》2部山水名胜古迹志以及《省辖鹰潭市30周年纪事》《高安辞典》《吉安书院志》等34部地情书。在旧志整理方面，瑞昌市地方志办整理明代和清代县志共5套22册约120万字，已完成全部第一稿点校工作；弋阳县地方志办制定了旧志整理保护3年规划，已面向社会筹集资金6万余元，清康熙十二年(1673)《弋阳县志》已进厂付印；鄱阳县地方志办对《饶州府志》进行反复点校注释并修改，形成《饶州府志(点校注释本)》，已经定稿付印；铅山县地方志办整理再版印刷了旧志《鹅湖书院志》等书籍；宜春市史志办完成《彭素民诗词辑存》《梦余诗草》《李渠志》《敕修南泉山谱》《光绪丙戌进士书札十八种》《江西理学气节人物诗学》等地方文献的整理工作。完成明南京鸿胪寺卿袁业泗撰《明处七喜之甘公墓志铭》及《唐故苏氏夫人墓志铭》等拓印整理工作。

开拓地方志资源开发利用新渠道。全省各级地方志工作机构围绕中心工作，用各种形式开发利用地方志资源，为经济社会发展服务。年内，省地方志办向省委办公厅提供《江西概览》《江西风景独好旅游文化丛书》以及《璀璨的江西历史文化》；向省政府办公厅提供李烈钧生平事迹等地情资料。南昌市史志办利用采拍和征集的照片资料，为市委办公厅、《决策参考》杂志社、市政府办公厅等单位提供图片。九江市史志办协助浙江省湖州市历史文化街区保护委员会调研劳钺资料、湖北省仙桃市历史研究会调查陈友谅史迹，考察邱灵菊古墓、祠堂等历代古墓，考察共青城工业园、耀邦陵园和庐山会址。调研胡旦、张鸿翥资料。永修县史志办协助中央电视台拍摄电视片《日本化学战》并已经播出；新余市史志办协助新余市开展新余复市30周年纪念活动，联合新余市广播电视台共同制作了大型系列访谈节目《复市记忆》，编纂出版《新余复市三十周年大事记》；鹰潭市史志办利用所掌握的地情资料为《龙虎山》特种邮票邮册作序；赣州市地方志办为市委主要领导提供赣州市志概况、赣州历史名人和赣南历史名人故事专题资料及相关志鉴书籍；为赣南苏区振兴发展主题展览提供其图片资料。宜春市史志办参与了中央电视台《禅境宜春》系列动画片和风光片文化策划；新干县地方志办开展全县地名调查工作，全面掌握了解全县行政区域内的地名和姓氏状况；遂川县地方志办为国家中医管理局重新整理出版清代名医蔡宗玉著作《医术汇参集成》提供地情资料；金溪县地方志办积极为金溪秀谷徐坊村申报全省AAAA级乡村旅游景点提供图片资料；资溪县地方志办为县建设局、文化局提供建设泰伯公园及泰伯楼所需的相关资料。

不断完善馆藏和信息化建设。省方志馆通过各种途径收集江西地情类图书资料和历史书籍，完成年度图书采购计划。全年接待省内外参观者和读者2000余人次。上饶市方志馆自

2012年开馆以来，新增了400多部志书上架，建立健全了方志馆安全管理、阅览以及出版物购买、交换等规章制度，实现规范化管理；景德镇市地方志馆不断加快建设进程，基本完成场馆内部装饰及外围环境的打造，馆内的楹联、碑文、志书等工作正在收集当中；赣州市方志馆建设取得阶段性成果，已征得市里同意将原市博物馆的一整层（约1200平方米）划作方志馆。全省按照统一规划、分级管理、资源共享原则，不断完善省情数据库，抓好市县区地方志网站建设。8月，江西省地方志办公室官方网站——“中国赣网”正式开通试运行，可以在线查阅江西各类地情资料和省、市、县三级志书、年鉴等信息，实现了省地情资源共享最大化。省方志馆更新了中国数字方志库。到年底，该库已收录各类旧地方志数据1.07万条，近10万册、800万页，电子阅览室免费向读者开放。12月，赣州地方志网开通运行，为社会各界了解赣州打开了一扇网络窗口。铅山县地方志办加快网站和数据库建设，正在构建“一库二网”，实现史志电子化，构建数字方志馆服务。

不断加强地方志工作宣传。对《江西地方志》进行改版。从季刊改为双月刊，增加了栏目，丰富了内容，创新了形式，由小开本改为大开本，由黑白改为彩印，实现了图文并茂，增强了可读性。开通中国赣网，通过全方位展示江西省地方志工作成果，进一步畅通广大群众与省地方志办的沟通交流渠道。编辑出版《江西地方志工作动态》22期。利用社会媒介营造宣传地方志工作氛围。利用《中国地方志》《江西日报》《江西晨报》《当代江西》《风范》《重要信息》、机关党建网、江西妇女网等媒体宣传地方志工作。在12月召开的江西省地方志编纂委员会成立30周年座谈会上，邀请了江西卫视、大江网等省内多家知名媒体进行报道。对外宣讲。年内，对外业务辅导课、理论宣讲和党课等多达50多场次。其中，省地方志办公室主任梅宏在赣图大讲堂的讲座——《如何正确评价改革开放前后的两个30年》，引起社会较大反响。

广泛开展理论研究和对外学术交流。6月，省地方志学会组织了江西省地方志系统专业考察团赴台湾学习考察，并取得圆满成功。先后受邀参加了2013年全国新方志理论研讨会和第三届地方志工作年会暨两岸四地地方志文献学术研讨会。赣州市地方志办召开2013年赣州市地方志理论与实务研讨会，与会人员就如何对学习开展业务工作进行了理论探索和交流。

【省政府召开第二轮《江西省志》编纂工作调度会】 1月17日，省政府在南昌召开第二轮《江西省志》编纂工作调度会。会议的主要目的是总结分析2012年3月召开省志编纂工作动员部署大会以来的情况，通过查找问题，进一步研究对策、强化措施，加快推进省志编纂工作。副省长朱虹出席并讲话。讲话总结了第二轮省志编纂工作启动近一年来，编纂工作取得了阶段性成果，提出在下一步工作中，各单位要就自身存在的问题和不足，着重做到“一个提高，四个狠抓”，圆满完成第二轮《江西省志》编纂任务。省直单位、人民团体、相关企事业单位和驻赣部队分管地方志工作领导和修志机构负责人共220余人出席会议。会议由省政府办公厅巡视员蔡玉峰主持。省地方志办党组书记、主任梅宏介绍了第二轮《江西省志》编纂工作启动以来的情况。

【召开《江西省志·市县概况》（1991—2010）编纂工作研讨会】 5月7日，《江西省志·市县概况》（1991—2010）编纂工作研讨会在南昌召开。会议主要研究讨论《江西省志·市县概况》（1991—2010）编纂方案。根据编纂工作安排，会议邀请了南昌、吉安2个设区市，武宁、南康、崇义、高安、弋阳和临川6个县（市、区）地方志办样稿撰稿人参加，省地方志办相关编纂人员也参加了会议。会上，各位撰稿人和编纂工作人员各抒己见，就该志的框架、体例、编目、撰写要求、角度和范围进行充分的讨论，提出了具体、可行的意见和建议。

【开展首次第二轮《江西省志》编纂工作督查】 为了更好地贯彻落实江西省人民政府办公厅《关于印发第二轮江西省志编纂工作方案的通知》精神和省政府第二轮《江西省志》编纂工作调度会精神，切实加快第二轮《江西省志》编纂工作进度，6月20日至7月5日，省地方志办按照省政府领导要求，组织了3个督查组，由办领导带队，对96家单位所承编的110部分志编纂工作进行督查。绝大多数单位非常重视此次督查工作，对督查做了充分准备，保证了督查工作的顺利进行。从督查的情况看，绝大多数承编单位能认真贯彻执行通知精神和调度会精神，开展省志编纂工作，总体进展顺利，取得了阶段性成果。督查结束后，形成专项报告向省领导报告。

【省地方志办官方网站——“中国赣网”开通】 8月2日，江西省地方志办公室官方网站——“中国赣网”开通试运行。该网站由省地方志办主办，省方志馆承办。“中国赣网”的开通旨在向社会宣传地方志相关知识，介绍江西省省情和地方志编纂工作情况，进一步畅通广大群众与省地方志办的沟通交流渠道，促进江西省地方志工作开展，推动全省文化事业大发展大繁荣，进而为江西“发展升级、小康提速、绿色崛起、实干兴赣”做出新贡献。网站主要包括“江西概览”“地方志库”“赣鄱文化”“古今人物”“地方文献”“影像江西”和“馆藏目录”等特色栏目。

【地方志成果获江西省第十五次社会科学优秀成果奖】 在11月结束的“江西省第十五次社会科学优秀成果奖”评选活动中，省地方志办党组书记、主任梅宏撰写的论文《如何正确看待新中国成立后的两个30年》和石城县地方志办副主任刘善泳撰写的论文《〈史通〉方志札记》分获三等奖。

【召开江西省地方志编纂委员会成立30周年座谈会】 12月24日，江西省地方志编纂委员会在南昌举行成立30周年座谈会。副省长朱虹出席座谈会并讲话。会议由省政府办公厅巡视员蔡玉峰主持。会上，朱虹首先代表省政府、省地方志编纂委员会，向会议的召开表示热烈祝贺，并就如何继续推进江西省地方志事业科学发展提出意见。朱虹要求全省各级地方志工作机构要充分认识地方志工作的重要意义，要深刻把握地方志工作发展的必然要求，要积极营造地方志事业发展的良好环境。省地方志办党组书记、主任梅宏在座谈会上作重要发言，回顾了省地方志编纂委员会成立30年来取得的辉煌成就。会上，江西省地方志编纂委员会表彰了全省“地方志工作突出贡献者”，在地方志战线工作20年以上，取得突出成就的周慧、杨志华、涂小福、余日蓉、张满满、喻德琪、郭国胜、徐常彬、胡茂盛、江寿如、穆西清、罗晓安、李立峰、刘霞、迟宪平、王之玮、陈春发、卢慧芳、钟荣涵、朱吟、黄烈花、李玉娜、俞文华、薛文、旷喜保、罗海英、郭赣生、段绍镒、胡美凤、陈笑涛30名同志被授予这一荣誉称号。

【举办首次全省地方志系统干部培训班】 12月24日至26日，江西省地方志系统干部培训班在南昌举办，省、市、县(市、区)三级地方志干部200余人参加。这是省地方志办在开展群众路线教育实践活动中举办的一次全省性重要活动。培训主要围绕在新形势下如何开展志书年鉴的编纂工作、如何提高志书年鉴的编纂质量展开教学和理论研讨。参训人员在培训期间进行了广泛的交流与沟通，互相之间增进了解，开阔了眼界，提高了认识，增强了做好地方志工作的信心。

(杨沂柳)

档案工作

【概　况】 2013年，加大对档案工作的支持力度。年初，省长鹿心社在《政府工作报告》中，明确提出“推进数字档案馆建设”；吉安市把“年内开放市档案馆文件查询中心”写进《政府工作报告》；宜春市“两办”印发了《关于进一步加强档案工作的通知》，要求把档案事业发展经费列入财政预算，确保与国民经济发展同步增长；南昌、九江、新余、赣州、上饶、抚州等市党政领导都采取各种方式关心支持档案工作。在省纪委、省发改委、省监察厅、省财政厅、省人力资源和社会保障厅、省编办等单位的有力支持下，档案事业经费逐年增加，基础建设明显改善，工作机制进一步理顺。中央对江西9个县级综合馆建设项目下达投资3440万元，省财政对15个新建和维修改造项目共补助2000万元。萍乡、吉安、修水、铜鼓、分宜、月湖等25个市、县(区)馆建成或在建，21个已立项。

充分发挥档案工作资政惠民作用。围绕经济建设，抓好经科领域档案工作。省档案局规范项目档案管理，57个项目进行了档案管理登记，5个项目通过档案专项验收。联合省中小企业局开展全省工业园区(开发区)档案工作调研，形成加强全省工业园区(开发区)档案工作规范管理的指导意见。南昌、新余、宜春、吉安、抚州等地档案部门对企业档案工作进行调查摸底、建立联系点、开展试点和上门指导推进企业档案工作。新干县、青山湖区、都昌县的新农村档案示范创建工作通过国家专家组验收。围绕社会建设，抓好民生档案工作。省档案局联合省社保中心开展全省社保档案达标验收工作，联合省国土资源厅开展国土资源档案工作调研，提出全省国土资源档案工作规范化管理的工作目标；省档案馆编制了民生档案专题目录数据库；各市县馆对涉及民生的档案实行优先收集、整理、编目、划控和数字化，及时向社会提供利用；档案利用收费取消；萍乡、新余市档案馆在档案信息网上开通了“开放档案查询系统”，到期应开放档案全部实现网上查询；省档案馆完成28万余条文件级档案的鉴定划控，利用档案资料查阅平台开展跨馆跨地档案检索指引服务，接待查档1719人次，查阅档案资料1.5万卷次；江西省综合档案馆已开放档案资料238万卷(册)、新增22万卷(册)，收集已公开现行文件35万件、新增5万件，接待查档者13万余人次，查阅档案资料近71万卷(册、件)，解决各种民生需求6万余起。围绕重大活动和重大事件，抓好档案资源深度开发。省档案局编纂出版了《防尘扫埃 地净天蓝——回望中央苏区反腐倡廉岁月》。新干县档案局编纂《习仲勋祖籍史料汇编》纪念习仲勋诞辰100周年，举办“赤子情深、光耀千秋”主题展览。资溪县档案馆充分挖掘档案资源，为该县打造红色文化、绿色生态品牌、申报中国长寿之乡服务。围绕文化大省建设，抓好档案文化建设。省档案局联合省教育厅制发《江西省中小学档案教育社会实践基地建设管理细则》，开展创建中小学档案教育社会实践基地活动。抚州市档案馆成为江西首个通过考核验收的省级实践基地；南昌市青云谱区档案馆创立首批档案教育示范基地——梅汝璈故居；各级档案馆开展“档案征集日”“档案爱护日”“档案馆开放日”活动；江西省档案馆举办“档案在你身边”展览，制作“留住民间历史、记录城市发展”的档案宣传品；宜春市档案馆结合新馆开馆举办精品档案展。全省编纂出版档案史料127种1259万字，举办展览68个，接待参观者13万余人次。省档案局联合南昌市档案馆、南昌市城建档案馆等10余家单位，在《江西晨报》开辟《档案解密》专栏。新余市档案馆编纂《新余记忆》、宜春市档案馆编纂《宜春历史上的今天》和《宜春历史上的五十位名人》、抚州市档案馆编纂《抚州往事》、九江市档案馆编纂《九江大事记》等。上饶市档案馆创办集档案资源整合和咨询利用为一体的社会化服务网站——“上饶记忆”。

法制宣传教育呈现新亮点。推进档案依法行政。制定《江西省档案馆收集档案范围及档案移交接收工作规定》《江西省档案馆收集省重点建设项目档案范围的规定》等规章，制发《江西省档案局2013年推进依法行政与档案法制宣传工作要求》，明确依法行政与档案法制宣传工作的要求和任务。编印《档案工作法律法规制度规范汇编》，重点抓好《档案管理违法违纪行为处分规定》等新法规的宣贯工作，对以省“两办”名义发布的有关档案工作的规范性文件进行清理。各设区市档案局对市直机关、重点建设项目、专业等领域的档案工作开展了执法检查或调研，对存在问题的单位下发整改通知并督促整改落实，促进档案工作依法开展。档案宣传活动丰富多样。各地档案部门利用新闻媒体、走上街头和借助“党建移动”平台等发送国际档案日宣传信息，宣讲档案法规，提供档案业务咨询，提高社会各界的档案意识。省档案局在省政府网站“在线访谈”栏目，与广大网友在线交流；组织媒体记者采访报道省档案馆及南昌、新余等地的档案工作重点和亮点。向国家档案局报送重要档案信息，档案“一报一刊”通联工作排在全国前列。档案教育培训针对性不断增强。举办全省档案局(馆)长培训班、档案师资培训班、宣传贯彻国家档案局10号令培训班、省直机关档案员上岗培训班、电子文件归档管理培训班，并在首批启动电子档案移交接收工作的单位现场教学，全省培训档案干部150期1万人次。

档案馆(室)工作规范化管理有新提升。省档案局召开省直机关档案工作协作组组长会和规范化管理推进会，对50个省直单位档案工作进行年度检查，对2012年度检查中要求整改的4家单位进行跟踪督查；全省新增291个单位档案工作达到规范化管理标准。省交通厅、省公安厅、省国税局、省移动公司等不仅在本级机关推行规范化管理，而且把工作延伸到全系统、全行业，促进了全系统的档案工作上水平。综合档案馆工作全面推进。积极开展创建国家级综合馆活动，按照新修订的《市、县级国家综合档案馆测评办法》标准，重新聘任省内一批国家二、三级综合馆测评员，对宜春市馆创建国家一级馆工作进行现场指导，并对11个市、14个县(区)档案局(馆)年度工作目标进行考评。

资源建设取得新成果。全省综合档案馆馆藏档案资料722万余卷(册)、420万件，新增40万卷(册)、177万件，其中省档案馆馆藏档案资料40万余卷(册)、4.4万件。完成全部设区市和省直专业档案馆《档案馆接收范围实施细则》的审批工作。贯彻落实国家档案局第10号令，及时下发通知，举办全省宣传贯彻培训班，并重点进行现场指导。认真贯彻国家档案局第8号、9号令，下达档案移交接收计划，指导、督促做好移交工作，省档案馆接收24家省直单位移交的档案1.66万卷、9268件，接收21家省直单位报送的已公开现行文件485件，接收省政协、省发改委等单位的文件汇编、年鉴、大事记等503册。加强专业档案收集工作。省档案局开展省直单位专业档案情况专题调查，指导省民政厅、省民间组织管理局等单位的档案移交工作，接收省公证处、省民政厅收养中心等移交的专业档案资料4225卷。珍贵历史档案资料征集工作形式多样。以征集珍贵历史和“三名”档案资料为抓手打造核心馆藏，通过征集、寄存、捐赠等形式，抢救性地征集散存个人和社会组织的珍贵历史档案。省档案馆接收江西省原省长邵式平亲属寄存的有关邵式平的档案资料431件，征集解放军第四野战军南下工作团的文献资料、《江西畲族百年实录》及有关名胜古迹、族谱等反映地方特色的档案资料。南昌收集传统村落档案，吉安采集地方方言，抚州开展抗美援朝口述档案征集，新余征集抗美援越和对越自卫还击作战资料等都是对新时期档案部门保护和传承历史文化的有益探索。档案抢救保护“三防”并举。加强“八防”设施建设，做好国家重点档案的抢救保护和安全管理。全省综合档案馆抢救重点档案20余万卷(册)，新增1.6万余卷(册)。省档案馆购置档案仿真复制设备，着手启动珍贵档案的仿真复制。南昌、宜春市档案馆分别与河北省石家庄市、贵州省黔南州档案馆建立档案数据备份基地，双方相互送交目录数据。

档案信息化工作迈出新步伐。省档案馆启动省直单位到期电子档案接收进馆工作，首批26家省直单位向省档案馆移交了电子档案资料，实现科技、专业类电子档案接收零的突破。分期分批对馆藏档案数字化，完成第三期民国重点档案数字化任务，启动第四期民国重点档案数字化项目，已完成全部7000余卷档案的整理、分件，正在进行著录、扫描，形成159万页全文数据、58万条文件级元数据，新增全文数据84万页、文件级元数据39万条。全省综合档案馆共形成案卷级目录387万余条、全文数据1446万页、文件级元数据3514万条。主动拍摄重大活动档案资料和收录重要电视新闻并重，声像电子档案不断丰富。省档案馆参与拍摄重大活动57次，形成照片电子档案1400余张、录像电子档案2264件10803分钟、声像文书材料282件，收录重要电视新闻等录像电子资料1079件17300分钟。南昌、新余、萍乡、赣州、宜春、抚州等市档案馆坚持收录市电视新闻，并派出人员参与全市重大活动档案的拍摄。档案资料查阅平台功能不断完善。全省已有9个设区市和51个县档案局馆连通档案专网，共上传、备份1720万条非涉密馆藏多个门类档案目录数据。南昌、新余、上饶、抚州等地的市、县档案局(馆)和省直单位依托查阅平台开展档案业务工作，为社会各界查阅利用档案出具凭证。《基于云计算的全省档案资料共享利用研究》项目获批并成为江西2013年社会发展领域科技支撑计划项目。在省直机关工委开展的全省群众工作典型案例评选活动中，省档案局“建设档案专网，服务百姓‘无盲区’”项目被评为群众工作优秀案例。设区市数字档案馆建设不断推进。省档案局编发《江西省文书类电子档案著录与数据格式规范》《江西省国家综合档案馆馆藏专业档案目录数据库结构规范(一)》等9项业务规范，并从建设方案设计、顶层技术架构设计、软件产品考察和招投标功能需求方案编制等方面，为各地数字档案馆建设提供技术保障和指导。南昌、新余、抚州市数字档案馆试点建设正在有序推进。

【《基于云计算的全省档案资料共享利用研究》项目获批并成为江西省2013年社会发展领域科技支撑计划项目】 该项目以确保档案信息安全为前提，以SOA、云计算、XML、元数据等为技术线路，主要研究解决全省档案资料共享利用平台应用软件核心功能需求及实现方法、共享利用平台与异构数字档案馆群的同步或异步更新机制、以数字档案馆群和共享利用平台为视角的基础数据标准、确保远程出证有效性的管理机制以及共享利用平台安全保障策略等五个方面的问题。项目建成后，将建立起全省数字档案资源共享管理的系列基础数据标准，全省档案资料共享利用平台能够与各级档案馆(室)互联互通、同步更新，集中共享和管理数字档案资源。

(省档案局)

图书馆

【概　况】 2013年，江西省共有公共图书馆114座，其中省级1座，市级11座，县区级100座。全省完成建设文化信息资源共享工程1个省级中心，11个市级支中心，100个县(区)级支中心，1422个乡镇级基层服务中心,1.69万个行政村级基层服务点,形成覆盖全省城乡的五级共享工程服务网络。共享工程数字资源建设总量已达108TB,整合制作优秀特色专题资源库207个。

完成第五次公共图书馆评估定级工作。根据文化部关于开展县以上公共图书馆第五次评估定级工作要求,江西省县级以上第五次公共图书馆评估定级工作全面铺开。年底,文化部公布第五次公共图书馆评估定级上等级图书馆名单,南昌市图书馆等40座图书馆获"一级图书馆"称号;江西省图书馆等40座图书馆获"二级图书馆"称号;新建县图书馆等24座图书馆获"三级图书馆"称号。与第四次公共图书馆评估定级相比,江西省此次评估参评率由84.6%上升到99.1%;上等级率由63.5%上升到92.9%;一级图书馆由12座增至40座;二级图书馆由21座增至40座。

【江西省图书馆首个服务类标准获省质监局批准公布】 在2009年出台的《江西省公共图书馆服务标准(试行)》和2012年国家质量监督检验检疫总局、国家标准化管理委员会发布的《公共图书馆服务规范》基础上,2013年,省文化厅联合省质监局着手编制符合江西省实际的《江西省公共图书馆服务规范》。经专家论证审定,10月,江西省图书馆标准规范体系中的首个服务类标准获省质监局批准公布。

【数字图书馆推广工程稳步推进】 省图书馆及南昌市、九江市、赣州市、萍乡市、景德镇市、抚州市、吉安市图书馆8家单位为江西省首批数字图书馆推广工程实施单位。2013年,各馆在省图书馆带动下,完成硬件设备购置任务,开展数字资源建设培训,整合服务平台,推送工程资源。12月,省图书馆与国家图书馆及7个设区市的虚拟网连接工作全面完成,为实现数字资源延伸到设区市图书馆打下扎实基础。新余市、上饶市、鹰潭市、抚州市4个设区市图书馆,也完成了数字图书馆推广工程的建设申报工作。

【南昌城区图书借阅"一卡通"开通】 12月8日,在省图书馆举行南昌城区公共图书馆通借通还"一卡通"开通仪式。这是为进一步创新江西省公共文化服务方式,调研在省会南昌推进图书馆通借通还工作,在南昌城区7家公共图书馆(省图书馆、南昌市图书馆和5个区图书馆)先行试点,逐步在全省推开。通过联盟的形式实现联合编目、书目资源共享、持证读者在成员馆之间"一证通行",全部成员馆藏文献通借通还。后续完善工作,省图书馆正在进行中。

【"赣图大讲堂"系列讲座全新改版】 2013年,省图书馆整合原有讲座资源体系,改版推出讲座品牌——"赣图大讲堂"系列讲座,即中国梦、红色文化、江西历史文化名人三大系列讲座,形成3个公共文化服务产品,即:一个"赣图大讲堂"推介书目,一套"赣图大讲堂"视频光盘、一部"赣图大讲堂"读本。

【古籍普查取得成果】 3月8日,国务院下发《国务院关于公布第四批国家珍贵古籍名录和第四批全国古籍重点保护单位名单的通知》,批准公布第四批《国家珍贵古籍名录》和第四批"全国古籍重点保护单位"。江西省有19部古籍入选第四批《国家珍贵古籍名录》。其中,省图书馆15部、乐平市图书馆3部,南康市图书馆1部。庐山图书馆、乐平市图书馆、省博物馆入选第四批"全国古籍重点保护单位"。

【"读好书"活动全面启动】 4月23日,江西省第三届"读好书"活动启动仪式在省图书馆举行。第三届"读好书"活动以"知识给人力量 阅读引领未来"为活动主题,通过在全省开展载体丰富、受众广泛的活动,营造"知识给人力量,阅读引领未来"的阅读氛围。省图书馆等15个单位获"第三届'读好书'活动先进单位"称号。

(戴玉)

博物馆

【概　况】 2013年,江西省在省级文化行政管理部门登记的博物馆共有139家,其中文化(文物)系统管理109家,行业博物馆11家,民办博物馆19家。拥有国家一级博物馆4家,二级博物馆5家,三级博物馆22家。全年推出陈列展览500余个,免费接待国内外观众达2400万人次。

【实施"百馆展示工程"】 2013年,印发《关于实施全省博物馆"百馆展示工程"的通知》,决定在2013—2015年内,以陈列内容科学化、陈列语言科普化、陈列形式艺术化、陈列手段现代化为主要标准,对文化系统管理的所有国有博物馆基本陈列的更新或改造提升进行扶持和指导。为积极推进该工程的实施,建立由38位专家组成的专家库,先后组织近20次专家评审会、创意定位座谈会及工程验收等,同时争取上级部门陈展补助资金2250万元,30余个博物馆正在或已经完成陈展更新。其中,南昌县博物馆"洪州窑青瓷展"和九江市博物馆"九派云横——九江历史文化陈列"获"第十届全国博物馆十大陈列展览精品奖",独揽全国2012年度两个精品奖。

【庆祝"5·18国际博物馆日"】 5月,省文博系统围绕"博物馆(记忆+创造力)=社会变革"主题,开展第37个"5·18国际博物馆日"宣传庆祝活动。16日,由省文化厅、文物局主办,南昌市文化新闻出版局、八大山人纪念馆和江西美术出版社承办的江西省庆祝"5·18国际博物馆日"主会场活动在八大山人纪念馆举行,包括《八大山人作品展》、"八大山人研究"专家论坛、全省博物馆陈展提升经验交流会等一系列活动,省委常委、宣传部部长姚亚平出席并作主旨演讲。

【启动江西省第一次全国可移动文物普查工作】 2013年,江西省第一次全国可移动文物普查工作启动。省政府成立了由副省长朱虹任组长、相关16个厅局为成员单位的江西省第一次全国可移动文物普查领导小组,领导小组办公室设在省文物局,负责普查工作的日常组织和具体协调。省政府办公厅下发《江西省第一次全国可移动文物普查实施方案》。省普查办举办全省第一次全省可移动文物普查培训班暨全省可移动文物普查工作会议,180余人参加培训和会议。各地迅速成立普查机构、制定普查实施方案,组建普查队伍,建立各行政区域纳入普查范围的国有单位名录,开展国有单位文物收藏情况调查。

【调查景德镇陶瓷文物管理问题】 2013年,针对中央巡视组反映的关于景德镇陶瓷馆馆藏文物管理混乱和江西省陶瓷工业公司陶瓷藏品杂乱堆放等问题,省文化厅、省文物局会同省公安厅、景德镇市政府迅速行动、积极协调、明确任务,逐项对照问题开展实地调查、分类遴选与扎实整改等工作,同时举一反三,在全省开展了文物安全隐患排查专项行动和重点督察工作,加强了对全省馆藏文物的管理和博物馆制度建设,强化保护措施,预防发生事故。整改落实情况得到省委主要领导和中央第八巡视组的充分肯定。

(王琴红)

文物保护与考古发掘

【概　况】 2013年,大遗址保护工作取得重大进展。景德镇御窑厂国家考古遗址公园列入国家考古遗址公园名单,并争取国家专项资金6000多万元,用于御窑遗址保护和整治,御窑遗址公园达到开园条件;吉州窑考古遗址公园列入国家考古遗址公园立项名单;湖田古瓷窑址、铜岭铜矿遗址、吴城遗址等编制完成了遗址保护展示及环境整治项目方案,并获得国家文物局近1.2亿元专项经费支持。76处文物点被国务院核定公布为第七批全国重点文物保护单位,江西省第七批国保数量创历史新高。组织专家现场复核待批第六批省级文物保护单位,抓好全省基层文物保护维修工作,加强对全省文物保护项目和经费的使用检查,继续推进第三次全国文物普查成果转换工作。做好第六批省保公布前有关准备工作,督促指导各地公布一批市县级文物保护单位。

以重大文物保护项目为抓手,积极争取国家文物专项资金支持。督促指导做好瑞金革命遗址、井冈山革命遗址、乐安流坑村古建筑群等一大批国保单位保护规划、方案编制和报批等工作。国家文物局批复同意江西省的保护规划立项12个,保护规划7个,维修方案49个。中央财政下达江西省国保专项经费2.96亿元,项目109个,比2012年增加1.18亿元,增长67%,再次创历史新高。其中,文物本体保护维修和考古发掘经费2.70亿元,比2012年增加1.14亿元,增长72%,刷新国家文物局下达江西省的文物保护专项经费记录。

做好全省历史文化名城、名镇、名村、中国传统村落申报和保护工作。56个古村被公布为第二批中国传统村落,12个古镇和古村被公布为第六批中国历史文化名镇名村,截至2013年底,全省有89个中国传统村落。江西省中国传统村落和中国历史文化名镇名村总数均位列全国第五名。抓好第五批省级历史文化名镇名村申报工作,公布实施一批历史文化名镇、名村保护规划。

做好配合全省大型基本建设项目的考古调查、勘探和抢救性发掘工作。完成新余施家庙前遗址、泰和县下垅明清墓葬群考古发掘和泰和县杨虎岭宋—明清墓葬群等一批抢救性考古发掘项目,抢救出了一批珍贵出土遗物。其中,九江县太公岭遗址发现数十座汉唐时期墓葬,出土数百件陶瓷器,还清理了一批商代的水井、灰坑和房屋,出土大量完整的商代陶器;星子县秀峰塔园明代高僧墓葬的发掘,极大丰富了庐山地区及江西地区佛教文化内涵,其独特墓室结构、葬式及保存基本完好的墓室壁画,江南少有,全国罕见;吉安井开区将军山南宋纪年墓为高规格宋代墓葬,其地下防潮排水系统江西少见,出土的吉州窑、景德镇镇窑、龙泉窑南宋早期的瓷器标本,为研究当时的窑业技术以及陶瓷文化交流提供了新的标准器。

主动性考古发掘工作取得重大成果。景德镇乐平市南窑遗址考古发掘项目成功入选全国十大考古新发现;新建县墎墩墓在2011年和2012年调查、勘探和发掘的基础上,继续发掘并取得重大进展,一号主墓出现高等级题凑迹象;鄱阳县明淮王府遗址二期考古发掘,进一步搞清了明代淮王府与清代饶州府建筑遗迹的布局情况;新干县牛头城址考古发掘出土了戈、锛、斨等5件青铜兵器和工具,其形制与新干大洋洲商墓出土同类器物一致,具有重大考古和历史研究价值。

【《赣南等原中央苏区革命遗址保护规划》获国家文物局批复】 10月15日,国家文物局批复原则同意《赣南等原中央苏区革命遗址(旧居旧址)保护规划》,并将规划内容纳入国家文物局重点工作。该规划涵盖了赣南等原中央苏区革命遗址的保护展示、环境治理和合理利用等内容,是未来五年江西革命文物保护的重要指导性文件。该规划计划申报中央财政补助经费9亿多元。2013年,中央财政下达赣南等原中央苏区革命旧居旧址保护资金达7000余万元,同比增长70%。

【江西省第七批国保数量创历史新高】 3月,国务院核定公布1990处第七批国保,江西省有76处上榜。其中,古遗址14处,古墓葬8处,古建筑35处,石窟寺及石刻2处,近现代重要史迹及代表性建筑17处,全省所有设区市均有分布。江西省新增的第七批国保数量多,第七批的数量是前六批总和的1.5倍;占比高,首次超过全国平均水平,比平均数多23%。截至2013年底,江西省国保单位总数达128处,数量居全国中上水平。

(刘长桂)

文化交流

【概　况】 2013年,省文化厅坚持“走出去”与“引进来”相结合,文化交流与文化贸易“两手抓”,在首次获文化部授予的“2012年度对外及对港澳台文化工作先进单位”称号的基础上,实施完成项目123个,文化交流出入境2076人次。其中,派出项目22项,引进项目101项。大力引进境外演艺项目,扩大优秀文化进口。全年引进89批次境外演艺项目,同比增长41.2%。到赣商业演出的境外演艺人员达1586人次,演出269场,演出收入达2亿多元。江西艺术中心、宜春艺术中心、吉安艺术中心成为江西演出市场的主力军。

【实施与开罗中国文化中心开展的部省对口合作计划】 2013年，经文化部和省政府批准同意，省文化厅在文化部外联局领导和中心处、亚非处等相关处室的大力支持和精心指导下，与开罗中国文化中心合作开展2013年度部省对口合作计划的文化交流活动，实施8个对口文化交流项目，派出5批42人，出访总天数达40天；接待来访3批8人，共28天。

【陶艺书画展示项目赴埃及参加"欢乐春节"活动】 1月31日至2月5日，江西省陶艺书画展示交流团一行6人受文化部组派，参加埃及2013年"欢乐春节"庆祝活动和中国驻埃及使馆举办的2013年华人华侨新春招待会。这是江西省首次参加文化部"欢乐春节"品牌活动，也是海外文化中心部省合作计划的第一个项目，取得圆满成功。

【举办"走向现代——英国美术300年"大型展览】 3月14日至4月21日，江西省引进规模最大、档次最高的艺术展览《走向现代——英国美术三百年》在省博物馆展出。展览由江西省博物馆、中华世纪坛世界艺术馆、英国曼彻斯特大区博物馆联盟、英国国际巡展联盟、英国贝里艺术博物馆联合主办，集中展示以曼彻斯特为中心的18家博物馆和收藏机构收藏的80件艺术作品，再现18—20世纪300年间英国社会生活的多元与改变，同时举办艺术讲座、油画临摹等活动。

【参加"沙特杰纳第利亚民族遗产文化节"中国主宾国展览活动】 中国应邀担任"第28届沙特杰纳第利亚民族遗产文化节"主宾国，4月3日至21日，文化部举办"璀璨中华"为主题的大型展演活动。"中国瓷器"板块交由江西省文化厅承办，江西派出4人组成的陶艺展示团组举办景德镇瓷器展示活动。展示项目主要有景德镇瓷器展览和瓷艺展示。通过瓷器艺人精湛的技艺表演和古今瓷器精品的展示以及与中外观众的互动交流，让世人充分感受中国历史名窑制瓷的传承与发展，深入了解这一人类文明瑰宝的深邃文化内涵，传递中国传统陶瓷文化在当代的延伸和发展。

11月14日—23日，鹰潭市中国道教音乐演出团编创的道教音乐吟诵剧《道之韵》，赴埃及参加第六届埃及国际心灵音乐与歌唱艺术节主宾国演出活动。

省文化厅供稿

【江西心灵音乐团参加第六届国际心灵音乐与歌唱艺术节中国主宾国活动】 11月14日至23日，由鹰潭市《道之韵》剧组一行21人组成的江西心灵音乐团，代表中国赴埃及参加第六届埃及国际心灵音乐与歌唱艺术节主宾国演出活动。在开幕式演出中，江西心灵音乐团的音乐吟诵《道之韵》作为开场节目首先亮相。《道之韵》剧组除参加开幕式和闭幕式演出，还为开罗市民举办两场专场演出，观众达4000多名。

【举办第九届"艺海流金——感悟瓷魂"大型港澳文化交流活动】 7月14日至20日，江西省人民政府和文化部在江西举办第九届"艺海流金——感悟瓷魂"大型港澳文化交流活动。100位港澳和内地艺术家到南昌、庐山、景德镇、婺源4市县，与近300名文化艺术人士，进行九大文化交流活动，包括开闭幕式、赣剧专场观摩、专业对口交流、笔会、江西文化推介会、江西文化参访活动、内地与港澳文化合作论坛、座谈会以及港澳与内地嘉宾互动演出等，赢得了港澳嘉宾、内地专家的高度评价和赞誉，认为此次活动是历届"艺海流金"活动中层级最高、组织最严密、效果最好的一次。

【引进台湾优秀展览"雅石雅玉特展"】 9月8日至10月8日，江西省博物馆与台湾海峡古文化研究发展协会在省博物馆联合举办"雅石雅玉特展"，展期一个月，展品共96件，展览为江西广大喜爱玉石之美的观众，提供了一次近距离观摩和欣赏台湾民间收藏玉石精品的难得机会。

【举办"江西画院土耳其采风作品展"】 9月18日至10月8日，中国对外文化集团公司、江西省文化厅、土耳其驻华使馆联合在南昌举办"江西画院土耳其采风作品展"。这是根据中土两国联合声明和中土两国文化部关于互办文化年的谅解备忘录，中土双方在华举办土耳其文化年活动的重要项目之一。

【江西省文艺访问团赴韩参加2013年顺天湾世界园艺博览会演出活动】 10月17日至10月21日，应韩国全罗南道2013年顺天湾世界园艺博览会组委会的邀请，江西省文艺访问团一行29人，赴韩国进行为期5天的演出访问。由吉安市采茶歌舞剧院演员组成的演出团参加博览会"中国江西省文化日"演出活动和博览会闭幕日演出活动，为当地居民和来自世界各地的游客演出了4场独具江西地方特色的歌舞节目。

【"景德镇官窑博物馆藏珠山明御厂出土成化官窑瓷器展"赴澳门展览】 5月17日至7月7日，应澳门特别行政区民政总署的邀请，景德镇官窑博物馆与澳门民政总署在澳门民政总署画廊共同举办《景德镇官窑博物馆藏珠山明御厂出土成化官窑瓷器展》，展品共118件(套)，参展人员9人。

【组团赴台参加“第四届海峡两岸文化创意产业展”】 应台湾商业总会邀请，由中华文化联谊会组团，江西省组织南昌市文化新闻出版局、省博物馆等11个单位共26人组成的江西文创代表团，于11月18日至25日赴台参加文化部中华文化联谊会与台湾“商业总会”联合举办的第四届“海峡两岸文化创意产业展”，租用6个展位，展出江西文化创意产品。

【江西省舞龙舞狮培训班在埃及开课】 12月1日至16日，江西省选派江西师大科技学院体育系舞龙舞狮教员4人，赴开罗举办为期16天的舞龙舞狮培训班。1日晚，在埃及巴隆大剧院举办舞龙舞狮培训班开课典礼，埃及文化部演出与剧场总机构主席麦德哈特·法赫米和开罗中国文化中心副主任刘世平共同出席开班及捐赠仪式。此次培训班共有40名学员参加。

【江西省专家讲座调研团赴埃及进行文化交流考察调研】 12月22日至25日，江西省专家讲座调研团赴埃及进行文化交流考察调研。该团以省文化厅厅长郜海镭为团长，4位文博专家组成。其中，省博物馆馆长彭印砚博士以《景德镇瓷器——古代中国与埃及文化交流的媒介》为题，在埃及阿勒旺大学艺术教育学院举办文化讲座。

（徐卫）

文化市场

【概　况】 2013年，全省共举办各类演出1.82万场，演出收入近3亿元，观众总人数360余万人。其中，涉外演出86场，有1000余名国(境)外演艺人员到赣演出，新增演出经纪机构7家。

全省出动检查人次49万人次，检查各类文化经营场所29.68万家次，责令整改6306家，受理举报1302件，立案1168件，办结案件1383件，罚款436.89万元，全省办理的4件案件被文化部评为重大案件。2月，省文化市场局、省文化市场稽查总队对全省经营性互联网文化单位经营情况进行网上巡查，发现7家网络游戏公司存在违规行为，5家企业存在长期未开展实质性运营，对存在违规行为的企业下发了整改通知书。4—11月，开展文化市场行政审批大检查，全面盘查2010年以来文化市场行政审批情况。为做好行政审批大检查工作，8月12日至25日，省文化厅从设区市抽调人员组成5个检查组，对全省文化市场行政审批工作进行交叉检查和督查。行政审批交叉检查期间，全省各级文化部门共组成检查组29个，召开座谈会115次，检查行政服务中心窗口85个，抽查案卷520余份，实地检查经营场所485家。

【开展首届江西省民营院团“十大名角”评选活动】 7月，江西省组织开展首届江西省民营院团优秀节目选拔工作。经过层层选拔，最终从各地选送的21个剧目、推荐的23个角色中择优选送了5个优秀剧目参加第五届江西艺术节民营院团专场演出，并评选出鄱阳县青年赣剧团董林生等10位表现突出的戏曲演员为首届江西省民营院团“十大名角”。

【举办首届江西艺术双年展】 12月16日至22日，江西省举办江西艺术品市场法制宣传周暨江铃杯“赢在明天”——首届江西艺术双年展。“双年展”共遴选出66位艺术家的154件作品参展，其中江西艺术家54名，省外艺术家12名，分别来自加拿大、台湾、北京、上海、广州、新疆、贵州、重庆等地。共评出最佳学术奖1名，最佳艺术品奖3名，最佳艺术品创新奖3名，最佳观众喜爱艺术品奖3名。

【开展网吧、游艺娱乐场所审批工作】 5月，江西省启动中断近10年的游艺娱乐场所审批工作。11月，省公安、文化、工商、通信管理等部门在全省范围内组织开展无照经营网吧专项整治工作，并要求各地适当放宽总量，改进网吧区域布局和准入政策的同时，依法开展单体网吧审批。

【开展文化市场综合执法岗位大练兵、技能大比武活动】 9月26日至27日，省文化厅在南昌市举办全省文化市场综合行政执法技能大比武竞赛活动。全省11个设区市共44名选手参加竞赛。赛后，对获胜的单位和个人进行了通报表彰。

【基本完成江西省文化市场综合执法办公系统推广应用工作】 年初，按照文化部的要求，全省开展文化市场综合执法办公系统推广应用工作。5月完成基础数据录入工作，7月开始在全省推行网上审批和网上办案。11个设区市综合执法办公系统共设置部门113个，共设置用户762个，共录入经营单位1.07万家，系统共记录执法检查2.90万人次，检查经营单位1.12万家，受理举报61件，立案调查177件，办结案件181件。

【首次编撰文化市场年度报告】 3月，江西省首次开展文化市场年度报告编撰工作。编撰的年度报告分别为《2012年度全省演出市场年度报告》和《2012年度全省艺术品市场年度报告》。编撰人员通过召开座谈会、深入访谈以及发放问卷与统计表的形式，分别对南昌、景德镇、赣州、鹰潭、上饶、抚州6个重点设区市及其所属的12个重点区县演出市场与艺术品进行实地调研。其间，召开座谈会6场，开展深度访谈142次，发放调查问卷、统计表586份。

（周文纪）

本栏编辑　毛珏珺

新闻出版　广播电影电视

报纸期刊

【概　况】　2013年,全省有报纸74种。报纸年总印张数为335.55万千印张,年度总印数12.84亿份,年度定价总金额9.56亿元。全省有期刊164种。期刊年总印张数为23.04万千印张,年度总印数7296.47万册,年度定价总金额3.02亿元。

报刊变更名称。《江西中医学院报》更名为《江西中医药大学报》,《新余高专报》更名为《新余学院报》,《萍矿工人报》更名为《安源工人报》,《大江周刊》更名为《赣商》,《江西农业大学学报》(社会科学版)更名为《农林经济管理学报》,《篮球俱乐部》更名为《当代会计》,《江西中医学院学报》更名为《江西中医药大学学报》。

把握正确的出版导向。6月,对省内9家重点都市类报纸和有关行业类报刊刊载医药广告进行专题审读,编发《报刊审读快报》8篇,对促进报刊纠正违法违规广告刊登行为起了积极作用。8月,对18种文化生活类报刊进行集中审读,以报刊出版导向、出版质量和出版规范为重点编发《报刊审读快报》19篇,做到问题有整改,整改见成效。

加强对公益宣传活动的宣传引导。组织全省10家时政类、大众生活类和文摘类期刊开展"讲文明树新风"公益广告制作、刊登活动,要求各期刊持续拿出版面刊登"讲文明树新风"公益广告,大力弘扬社会正气,营造文明和谐的社会氛围。全省10家期刊共刊登80多个专版的公益广告。

开展报刊年度核验。2—3月,省新闻出版局对全省74种报纸和164种期刊进行了2012年度核验。在报刊核验工作中,坚持"在年检上下功夫,在整改上抓落实,在管理上见成效"的工作思路,针对年检中发现的问题,狠抓整改落实,切实将报刊管理工作各项要求落到实处。国家新闻出版广电总局对省新闻出版局加强数据审核确保核验数据准确完整的做法予以充分肯定。

加强新闻记者证年检管理。2月15日起,对江西省新闻单位和中央报刊单位驻赣记者站的5555个新闻记者证进行2012年度核验。对不符合持证条件的417个新闻记者证予以注销,对5138名符合持证条件的新闻记者及时发放年检标签,为江西省新闻采访工作做好服务保障。省新闻出版局认真规范做好新闻记者证年检工作,得到国家新闻出版广电总局通报表扬。

加强报刊记者站管理。3月,部署开展全省报刊记者站年度核验工作。同时,结合记者站发表新闻报道的数量、质量等情况,对报刊记者站进行综合评估。共有119家报刊记者站参加年度核验及评估。根据年检及评估结果,结合日常管理情况,对15家评估为优秀的报刊记者站进行通报表扬,对4家违规报刊记者站予以缓验并责令整改。

加强报刊队伍建设。6月,省新闻出版局开展报刊新闻采编人员的全员学习培训,参加学习培训人员近2500人。邀请高水平的师资队伍,组织1463名报刊新闻采编人员参加集中视频上课培训。及时将视频授课录像整理上传至指定学习网站,并要求每位学员根据所学内容和自身工作实际,撰写一篇学习心得体会作为考试内容。全省有2398名报刊新闻采编人员参加考试,学习培训工作做到全员全覆盖。8月,举办全省新闻性期刊负责人马克思主义新闻观专题培训班,全省42家新闻性期刊的负责人参加集中培训。此次培训以现场授课、教学片观摩、座谈交流相结合的方式进行。培训结束后进行统一考试。

【报刊出精品创品牌工作取得阶段性成果】　2013年,江西省《江西日报》《江南都市报》《家庭医生报》《农村百事通》《当代财经》5种报刊入选全国"百强报刊",位居全国31个省(区、市)第八名;《疯狂英语》《农村百事通》《微型小说选刊》《小学生之友》《小星星》被评为2013年度最受读者欢迎的期刊,占全国入榜期刊总数十分之一,报刊质量迈上新台阶。为总结江西省报刊工作经验,《江西日报》《江南都市报》、江西卫视、江西二套、江西五套、江西广播电视台、大江网、今视网等多家新闻单位对江西省报刊创品牌工作进行了集中采访报道。

【召开学术期刊创品牌座谈会】　8月8日,省新闻出版局组织召开学术期刊创品牌座谈会,16家学术期刊出版单位负责人参加座谈会。会议通报学术期刊有关情况,围绕如何提高江西省学术期刊办刊质量,争创精品学术期刊,提出措施,交流经验。会议还部署下一阶段学术期刊发展工作任务。

【深化非时政类报刊单位改革】　2013年,省新闻出版局开展非时政类报刊体制改制后,对如何深化体制机制改革加快发展开展调研，召开两次转制企业专题调研会议，了解转制企业的发展情况、存在的问题以及建议和意见，提出政策建议；省新闻出版局会同省文化体制改革领导小组办公室，把12家出版单位共19家报刊列入全省第四批经营性转制文化企业名单，享受相应税收优惠政策；并继续将出版资源向强势和优势报刊出版倾斜，支持江西高校出版社组建当代中学生报刊社，当代中学生报刊社二刊一报的资源整合工作顺利完成。

【组团参加中国（武汉）期刊交易博览会】　9月14日至16日，2013年中国（武汉）期刊交易博览会在湖北武汉举行。21家重点期刊出版单位和48种精品期刊齐聚武汉国际博览中心。江西期刊展区主题为“江西风景独好·赣版期刊精彩”，参展期刊品种丰富多样，免费派送、期刊交流、洽谈合作等活动精彩纷呈，集中展示江西省期刊的良好形象。江西省新闻出版局获中国（武汉）期刊交易博览会优秀组织奖和优秀创意设计奖。

【推进报刊项目建设】　2013年，省新闻出版局积极动员、组织、指导报刊出版单位申报新闻出版总署的改革发展项目库，争取国家财政资金资助。共有9个报刊项目入库，占全省13个新闻出版项目的75%。共有3个报刊项目（红杜鹃——当代女性创新知识与公共服务数据库、红色教育校园传播基地、宜春日报社新媒体产业建设项目）获中央文化产业发展专项资金3200万元，占全省新闻出版项目获得的总资金5000万元的64%。

（刘宁　阙米秋）

图　书

【概　况】　2013年，出版图书、音像电子出版物8272种，其中新出图书、音像电子出版物3655种，重印4617种。狠抓图书质量，组织开展春秋两季教辅材料审读和文化科技类、少儿类图书专项质量检查。全年审读图书137种，总合格率达到96.3%。中国新闻出版报2月22日以《江西：质量检查要让人人身上有压力》为题，对江西抓图书质量的做法进行专题报道。严格把好出版物导向关，依据《出版管理条例》，对涉及重大选题及敏感问题的书稿和成书进行审读，全年审读重大选题35个，建议履行备案手续选题8个，审读敏感、重点书稿17份。严格审批，促进产业发展，全年审批增补选题3926个，其中图书增补选题3751个，音像电子增补选题175个；审批一次性内部资料性出版物55项。申请重大选题备案9个。根据新闻出版总署制定的《书号实名申领管理办法》的要求，全年核发书号4086个，追加书号1100个。完成2013年度全省音像出版单位年度核验工作。经初审，江西省5家音像出版单位中4家符合2013年度年检条件，准予通过年检；江西音像出版社因未开展音像出版业务，暂缓登记，后经积极整改并组织生产，报总局后准予通过年检。

【主题出版工作成果丰硕】　2013年，按照“围绕中心，服务大局”的要求，出版一批深入学习贯彻党的十八大精神的主题出版物、深入学习贯彻中共中央总书记习近平系列重要讲话精神的主题出版物、“三个一百”原创图书出版工程等一批重点选题。在中宣部、中央文明办、国家新闻出版广电总局单独或联合举办的活动中，各个项目江西省的出版物均榜上有名。江西人民出版社的《中国共产党怎样解决作风建设问题》、二十一世纪出版社《我的“中国梦”——全国中学生读书征文活动获奖作品精选》入选总局深入学习贯彻党的十八大精神主题出版重点选题；二十一世纪出版社的《彩乌鸦中文原创系列》（20册）获得第三届中国出版政府奖图书奖并入选2013年总局向全国青少年推荐百种优秀图书；江西人民出版社的《世界历史》获图书提名奖；红星电子音像出版社的《红色故事汇》入选总局2013年向全国青少年推荐50种优秀音像电子出版物；江西高校出版社的《探索红色星球》《小小孩的春天》，江西人民出版社的《中国共产党怎样解决民族问题》，二十一世纪出版社的《超级笑笑鼠（7册）》和百花洲文艺出版社的《红药》入选总局第四届“三个一百”原创图书出版工程；二十一世纪出版社的《王晓明心情童话绘本（共4册）》《俄罗斯娃娃的秘密》《天啊！错啦！》《烟囱下的孩子》《腰门》《你是我的妹》入选2013年经典中国国际出版工程；二十一世纪出版社的《笑笑鼠》入选2013年“原动力”中国原创动漫出版扶持计划入选项目；二十一世纪出版社的《少年红色经典·革命先驱系列》《中华成语千句文》《中华文明大视野》《皮皮鲁总动员系列》，江西人民出版社的《中国有个毛泽东》5本图书入选“中央宣传部、教育部、共青团中央三部门2013年向青少年推荐百种图书”；二十一世纪出版社的《价值观的力量》入选“2013年中宣部、新闻出版广电总局向读者推荐12种优秀通俗理论读物”。

【开展形式多样的全民阅读活动】　2013年，在巩固与发展全民阅读前几年成果的基础之上，江西建立健全全民阅读长效机制，深入推动各种形式的群众阅读活动。4月23日，省委常委、宣传部部长姚亚平在《江西日报》发表署名文章《点燃阅读激情，打造书香赣鄱》倡导全民阅读；围绕“书香进万家”这一主题，举办展示展销、主题演讲、读书讲座、捐书助读、读书征文、知识竞赛等丰富多彩的阅读活动，引导健康阅读，促进良好读书风气的形成。同时，在全省范围内开展“书香之家”推荐活动，组织开展“书香之家”“书香之乡（镇）”“书香之县（市）”活动。开展各具特色的“读书节”“读书周”“读书月”活动，将各种书博会、书展、书市与全民阅读活动有机结合起来，培育城市“书香”品牌。开展出版物“七进”活动，组织出版单位开展“赣版出版物进社区、进农村、进校园、进军营、进企业、进机关、进家庭”，同时向农家书屋捐赠出版物，使阅读活动真正普及到基层，普及到群众。开展向全省青少年读者推荐100种优秀出版物活动，全省各级新华书店在活动期间专门设立读书专柜，用大量赣版精品图书、电子音像出版物等丰富读书活动，营造书香氛围。9月16日，《中国新闻出版报》以头版和5、6版两个半版面的篇幅，对江西省开展全民阅读活动的情况进行全面报道，同时，以《点燃阅读激情 点旺幸福生活》为题，对江西省委宣传部副部长黎隆武进行专访。

【加强少儿出版管理和市场整治】 2013年，中宣部等5部门《加强少儿出版管理和市场整治的通知》下发后，江西省新闻出版广电局立即将通知转发至全省各出版社。针对一些出版物存在内容低俗、质量低劣和广大家长教师反映强烈的问题，结合群众路线教育实践活动，组织开展规范少儿出版的专项治理工作。9月23日，《中国新闻出版报》在头版二条位置以《江西省局：专项治理七管齐下》为题，对省新闻出版广电局做好少儿出版管理的做法进行专题报道。27日，省新闻出版广电局出版管理处、反非处和印刷处共同做客大江网，就《加强少儿出版管理，塑造未来民族性格》接受记者采访并与网民互动。10月10日，《江西日报》以《少儿读物莫成"毒物"》为题，对省新闻出版广电局副局长刘平进行专访，分析少儿出版存在的突出问题，提出解决办法，呼吁全社会都来关心少年儿童的成长。

（刘志军 阙米秋）

科技与数字出版

【概 况】 2013年年底，全省有12家互联网出版单位：红星电子音像出版社有限责任公司、新媒体出版有限公司、江西教育出版社有限责任公司、江西美术出版社有限责任公司、江西大江传媒网络有限责任公司、江西省网络传播有限责任公司、江西省文明网络传播有限责任公司、江西科学技术出版社有限责任公司、江西高校出版社有限公司、江西百花洲文艺出版社、江西人民出版社和二十一世纪出版社有限责任公司。

全省数字出版总产值86.25亿元，其中网络广告35.33亿元，网络游戏收入28.62亿元，手机出版（包括手机音乐、手机游戏、手机动漫游戏、手机阅读）19.52亿元，数字期刊收入4400万元，电子书收入1.04亿元，数字报（网络版）收入达1.30亿元。在出版方面，截至10月，已出版电子书9473余种，电子期刊20余种，数字报1.50万期，手机图书2000余种，手机报11余种。

互联网出版单位积极向电子服务平台领域渗透。江西大江网成江西最大的无线增值业务供应商，在新媒体研发方面开发了"大江掌媒"等客户端产品，即将上线的"大江即时通""手机大江网"等基于移动互联网的客户端产品占领移动互联网新闻舆论阵地，方便用户随时随地获取即时信息。大江网还提供江西手机报、江西手机杂志等新媒体形式，全省手机用户达到80余万用户。红星社建设了826个产品的红星电子商城，实现了网络销售、网上结算和售后服务等工作。正在做把已经出版的600余种和新出版的农业科技类的音像出版物的入库整理和数据转换工作。

新媒体出版有限公司发展态势良好，通过中国移动阅读基地销售电子书获利180万元，产值超过600万元。与中国移动合作的成功，新媒体出版有限公司与中国电信、中国联通签署了合作协议，计划上线600本手机图书。与国内两大网络商城——当当网、京东商城建立电子图书项目合作关系，给当当网提供500本图书，给京东商城提供1000本图书（含期刊），均在1月上线销售。此外，奇达公司（运营中心）已与海外电子图书代理公司取得联系，并在积极就合作事宜与其沟通，争取抓住将中文传媒数字出版"走出去"的好机会。截至12月，图书电子文档保存品种9949种，在数字图书馆渠道与方正Apabi、书生公司合作制作成电子书在售3332种，在移动互联网渠道中国移动在售689种。

【打造五大数字出版重大核心工程项目】 2013年，省新闻出版局把发展数字出版产业作为江西省新闻出版行业调整产业结构、转变发展方式、引领未来发展、增强整体竞争力的战略选择，积极打造江西"出版资源数据库""新媒体数字出版""网络游戏动漫游戏""数码印刷工程"和"数字农家书屋"五大数字出版重大核心工程项目，扶持一批专、精、特、新的中小数字出版企业，走出有江西特色的数字出版发展道路。

【两家单位入选"数字出版转型示范单位"】 7月，国家新闻出版广电总局公布首批70家"数字出版转型示范单位"名单，江西省二十一世纪出版社有限责任公司、南昌家庭医生报传媒有限公司成功入选。二十一世纪出版社有限责任公司系江西出版集团公司的子公司，经过多年的发展，已经成长为全国极具影响力的品牌出版社。南昌家庭医生报传媒有限公司是南昌日报传媒集团有限公司的子公司，其主业报纸《家庭医生报》发行量居全国同类报纸之首，为江西省单期量最大的报纸。

（胡涛 阙米秋）

版 权

【概 况】 2013年，全面加强版权行政执法。在全省范围内组织开展打击网络侵权盗版专项治理"剑网行动"，对省内400余家网站进行实时监控，检测网页230万页，核查违规出版物546部、游戏74款，违规信息2万多条，查禁网络出版物10余种，根据有关线索查办各类侵犯著作权案件21起，已依法移送司法机关的大案要案2起。在全省各级版权部门铺开新闻出版、版权工作领域的"打击侵犯知识产权和制售假冒伪劣商品"活动，全省各级版权部门共查缴各类盗版音像制品5.13万件、盗版软件及电子出版物2880件、盗版教材教辅读物9384件，检查网站24家（次），查办各类侵犯著作权案件32起。

组织版权宣传教育培训。以"4·26世界知识产权日"为契机，开展集中宣传，省新闻出版局与省委宣传部联合，大江网协同开展"实施知识产权战略，支撑创新驱动发展"——"4·26版权保护宣传周"主题活动；与高校联合开展宣传。先后在全省范围内开展以"版权法律知识百题竞赛活动""大学生版权保护创意大奖赛""版权保护进高校""版权在线访谈"等多种形式的社会宣传活动，有效提高了社会各界的版权保护意识；省新闻出版局联合省教育厅、南昌大学，组织在校大学生担任"版权义务宣传员”，在大学制作发放版权保护宣传品，激发大学生参与版权保护宣传的热情。

构建版权公共服务体系。推进版权保护示范园区、示范单位建设。截至年底，江西省拥有1个国家级版权保护示范基地和7个省级版权保护示范单位。积极扶持版权产业项目。对景德镇陶瓷国家版权保护示范基地，在作品版权登记和打击侵权盗版方面给予重点扶持。启动“江西省版权公共服务平台”项目建设，服务于全省各级版权管理部门、版权保护重点企业和权利人的项目平台。进一步扩大作品登记覆盖面。积极创新服务方式，将作品登记管理权限下放给11个设区市，鼓励各类作品权利人自愿进行作品登记，扩大作品登记覆盖面。全省作品登记数达643件，同比增长86%。推动版权行业自律。大力倡导企业版权保护自律，指导成立“江西版权保护示范企业联盟”，发布《版权保护示范企业自律公约倡议书》，充分发挥企业在版权保护领域的推动和示范作用。

拓展版权对外合作，广泛搭建交流平台。组织省内出版单位参加第二十届北京国际图书博览会。博览会期间，江西省共展出1500多种优秀图书及研发的最新数字出版产品，举办版权签约、新书签售、名家访谈等7场丰富多彩的活动，与中外出版界开展更多领域、更深层次的交流与合作。广泛开展“走出去”调研。召开新闻出版企业“走出去”专题调研会，对全省出版企业“走出去”现状进行调研，并形成调研报告及相关扶持政策建议报省委宣传部。全省实现版权输出210种，版权引进191种，其中《牡丹亭》项目入选国家出版基金“走出去”项目；《高岭文化研究：景德镇陶瓷文化渊源探微》入选“中国图书对外推广”翻译资助；《王晓明心情童话绘本》等5种图书获输出版权优秀图书奖；《不一样的卡梅拉动漫绘本》获引进版权优秀图书奖；二十一世纪出版社获“2013年中国版权产业最具影响力企业”奖。

【完成江西省政府机关软件正版化各项工作任务】　2013年，全省各级机关累计采购安装正版软件10.02亿套，正版软件采购资金总额6689.20亿元，实现市县级机关“全面覆盖”、采购资金“全面落实”、正版软件“全面使用”和资产管理“全面加强”。实现多项指标“走前列”。继2012年4月完成了省级政府机关软件正版化检查整改任务之后，4月完成省级党委、人大、政协、法院、检察院、民主党派、人民团体机关，6月完成市级机关，7月完成县级机关软件正版化检查整改任务。10月，江西省在全国政府机关软件正版化培训工作会上作典型发言。江西省政府机关软件正版化工作受到国务院推进使用正版软件工作部际联席会议办公室的通报表扬和省政府主要领导的充分肯定。

（*万静　阙米秋*）

印　刷

【概　况】　2013年年底，江西省共有印刷企业1724家（不含复印打字企业），其中出版物印刷企业120家，包装装潢印刷企业534家，其他印刷品印刷企业1051家，专项印刷企业18家，专营数字印刷1家。全省印刷工业总产值约274.06亿元，同比增长18.94%。其中，出版物印刷42.65亿元，约占15.56%；包装装潢印刷178.89亿元，约占65.27%；其他印刷品印刷48.55亿元，约占17.72%；排版、装订等专项印刷3.96亿元，约占1.44%；专营数字印刷130万元。销售收入总额266.26亿元，同比增长24.29%；完成利税总额43.59亿元，同比增长56.4%；资产总额250.03亿元，同比增长15.76%。从业总人数约6.6万人。

全省列入规模以上重点印刷企业名录企业66家，同比增加8%。实现工业总产值115.64亿元，占全省印刷工业总产值的42.2%。实现销售收入109.29亿元，实现利润10.93亿元，实现工业总产值115.64亿元。规模以上重点印刷企业相对集中。规模以上重点印刷企业大多分布南昌、赣州和宜春3个设区市，其中南昌12家，赣州23家，宜春16家，占全省规模以上重点企业的77.3%。产业基地数量有突破，全省有赣州吉安国家印刷包装产业基地国家级产业示范基地1家；江西省印刷包装产业（龙南）基地、江西省印刷包装产业（上高）基地、江西省印刷包装产业（湘东区）基地、江西省印刷包装产业（江西日报数字绿色印刷）基地4家省级基地。印刷企业开始上市融资。鸿圣（江西）彩印包装实业有限公司独资控股公司中华包装控股发展有限公司成功在香港主板上市。赣州国家印刷包装产业基地内3户企业正在积极准备三板上市。

江西印刷企业加快转型调整步伐：加快推进绿色印刷战略。3月6日，专门邀请北京中科纳米技术有限公司专家到江西省做绿色印刷技术讲座，120多家印刷企业共150多人参加。全省有14家出版物印刷企业通过绿色认证。江西日报绿色印刷项目获得1400万元中央文化产业发展专项资金的资助，促进和鼓励江西省印刷企业实施绿色印刷，为进一步推进江西省印刷企业实施绿色印刷提供有力保障。印刷数字化发展态势明显。数字印刷企业许可设立实现零突破，同时，已有印刷企业不同程度地改进数字化工作流程，逐步尝试推进印前、印刷、印后的数字化管理。包装装潢印刷企业已占据主导地位。在66家规模以上企业中，包装装潢印刷企业45家，占68.2%，实现工业总产值82.22亿元，占规模以上企业工业总产值的71.1%。

质检工作成效明显。开展2013年春秋两季中小学教材“入库前抽检”和“库中抽查”工作。出动质检人员近400余人次，行程7000余千米，抽取教材831个品种，检测样本约3.5万本。其中赣版教材415个品种（含租型），外版代印教材387个品种。对3家次承印厂承印的5个品种教材存在较明显的质量缺陷，提出口头警告和整改。对涉及6个品种不合格的出版社和印刷厂提出整改，并进行谈话。对检测发现有质量缺陷的教材，要求印刷企业全部给予报废。维护了广大中小学生合法权益，确保中小学教材印制质量。开展农家书屋出版物印制质量检测。制定《农家书屋质检实施方案》，邀请江西省部分印刷质量专家委员组成检测组，对2013年农家书屋选配的图书进行印装质量检测,共检测农家书屋图书455种,其中11种为单本不合格。

【建立江西省首家国家印刷包装产业基地】 3月,原新闻出版总署正式批准建立赣州吉安国家印刷包装产业基地。这是继上海、西安批复国家级基地之后的又一个国家级印刷包装产业基地,也是江西省第一个上升为国家级的印刷包装产业基地。赣州吉安国家印刷包装产业基地的建成,对提升江西省承接珠三角地区印刷包装产业转移能力,形成印刷生产加工、印刷耗材供应、印刷产品设计研发、印刷教育培训、出版等完整产业链,引领全省印刷包装产业快速发展起到极大的推动作用。

【印刷复制示范企业日趋明朗】 2013年,省新闻出版局首次制定《江西省印刷复制示范企业管理办法》,并评选出20家印刷复制示范企业,为申请国家印刷复制示范企业做好准备。6月,江西省根据《国家印刷复制示范企业评选办法》,向原国家新闻出版总署推荐省级印刷复制示范企业江西新华印刷集团有限公司参评2013年全国印刷复制示范企业。江西省5家基地共入驻企业118家,主营业务收入80多亿元,约占全省的30%以上,已成为带动周边地区新闻出版产业发展的领头羊。

(阮小扣 阙米秋)

发 行

【概 况】 2013年年底,全省书报刊、音像电子出版物发行网点4076个,其中图书音像发行网点2419个,报刊发行网点1657个。全省出版物发行单位2268家,其中出版物批发企业178家,全省出版物零售企业2090户。全省年销售收入139.6亿元,从业人员2.8万人。全省需参加年度核验工作的发行企业有2268户,通过年度核验的有2173户,缓期登记的有38户(批发企业2户,零售企业36户),注销登记资格的有57户(批发企业7户,零售企业50户)。省新闻出版局在春、秋两季开学之前,在全省范围内开展教材发行工作专项检查。向各设区市新闻出版局、新华发行集团有限公司发出通知,检查新华书店教材发行情况及中小学校教材用书情况,查处侵权盗版等非法出版发行教材的经营行为。加强中小学教辅材料发行管理工作,在全省开展督导检查活动,全省出动执法人员165人次,检查印刷发行企业及中小学校360余次,做到"全省联动,宣传造势,贯彻落实,成效显著"。组织全省发行单位参加出版物发行员职业资格培训,共80余人参加了为期一周的出版物高级发行员培训班。

【组团参加2013年北京图书订货会】 1月11日至13日,2013年北京图书订货会举行。省新闻出版局组织中文天地出版传媒股份有限公司、江西省新华发行集团、江西人民出版社等8家单位组成的江西代表团参加北京图书订货会。江西省代表团参展展位达20个,各出版社订货品种共3588种,其中新书品种1607种,展台数量和新书品种创历年之最。

【组团参加第二十三届全国图书交易博览会】 4月19日至22日,以"书香椰韵,魅力海南"为主题的第二十三届图书交易博览会在海南召开。由9家出版社及13家期刊社,共150人组成的江西出版代表团参加会议。会展期间,参展展位共24个,赣版经典图书集中亮相,参展品种达1500种,其中新版图书600种。副省长朱虹莅临展台,并对江西出版"引领市场、引领方向、引领未来"的崭新风采表示赞许。

【组织参加第九届海峡两岸图书交易博览会】 10月24日至28日,江西省组织江西教育出版社、江西科学技术出版社、美术出版社参加在福建厦门举办的第九届海峡两岸图书交易博览会。第九届图交会海峡两岸共610家出版机构参展,共举办配套活动88项,现场订购、销售图书4230万码洋,达成138项图书版权贸易,协议版权出版总码洋6600万元,展示了两岸华文出版的最新成果。

【组织召开江西省民营书业年会】 12月26日至27日,2013(第三届)江西省民营书业年会在南昌召开。全省各地400多家出版物民营企业家汇聚一堂,开展论坛,表彰先进,探讨行业发展方向,分析业内面临的机遇和挑战,研究业界应对的策略。会议还邀请了中国新闻出版研究院、广西师范大学出版集团和江西省编辑学会等嘉宾评点指导。

【新华发行集团保持创新发展】 2013年,在省新闻出版局指导引领下,江西省最大国有企业——江西新华发行集团保持稳健发展态势。发行集团实现销售净收入61.49亿元,比上年增长20.28%;实现利润4.5亿元,比上年增长12.5%,集团国有资产保值增值率、销售利润率、净资产收益率三项衡量经济发展质量的指标稳居全国同行业前列。

(何琼 阙米秋)

出版物市场监管

【概 况】 2013年,全省组织出动执法人员6.68万人次,检查出版物市场、店档摊点6.14万家次,检查印刷复制企业1.38万家次,取缔关闭出版物市场、店档摊点309个,印刷复制企业57户,查缴各类非法出版物35.16万件,其中违禁出版物2.33万件、淫秽色情出版物3225件、盗版音像制品14.40万件、盗版软件及电子出版物7510件、盗版教材教辅读物2.57万件、非法书报刊14.78件。

抓住工作重点,完成专项行动。开展"净网"专项行动,以整治网络文学、网络游戏、视听节目网站等为重点,清理处置网络有害信息749条,查处违法违规网站60个。根据全国统一安排和部署,10月中旬,部署在全省范围开展非法报刊专项治理"秋风"行动,下发两批共93个品种的查缴非法报刊目录,在全省范围内对报刊市场、报刊亭点等展开拉网式检查,共收缴《环球谍报》《军密武器》等非法报刊600余件。净化少儿出版物市场,江西省各地以查缴少儿非法出版物为工作重点,针对报刊亭、学校及社区周边销售少儿出版物市场，进行一次全面的检查，共检查少儿出版物经营单位627家次，收缴少儿非法出版物130种共2167本。

加大“扫黄打非”工作力度。贯彻“扫黄打非”工作“长期坚持、毫不动摇”“只能加强、不能削弱”的方针，2013年，召开省级“扫黄打非”工作会议2次，成员单位联络员及设区市“扫黄打非”办主任会议2次，省领导先后作出专门批示10条。开展了“净网”“清源”“秋风”三大专项治理行动，全省查办“扫黄打非”案件122起，与2012年同期相比增长50%，刑事处罚15人，接到全国“扫黄打非”办案件转办单22件，群众电话举报和网络举报案件线索7起，查实率和办结率为100%。

【加大“扫黄打非”宣传力度】　2013年，江西省“扫黄打非”办共编辑工作简报44期，被全国“扫黄打非”办采用7条，被全国“扫黄打非”工作快报采用1条，向中国“扫黄打非”网上传工作动态60条。4月24日，举行2013年江西省“扫黄打非”暨版权保护新闻发布会及2013年江西省侵权盗版及非法出版物集中销毁活动，扩大“扫黄打非”社会影响，营造全社会共同抑制侵权盗版行为的良好氛围。

（杨旭　阙米秋）

广播电影电视

【概　况】　2013年，江西省有广播电台、电视台各10座，广播电视台82座。全年共办公共广播节目105套，播出时间36.99万小时，制作广播节目17.53万小时；共办公共电视节目111套，播出时间63.17万小时，制作电视节目9.50万小时。广播综合人口覆盖率97.42%，电视综合人口覆盖率98.50%。全省电视转播发射台241座，发射功率399.98千瓦。有线广播电视传输网络干线总长11.55万千米，有线广播电视用户595.2万户。全省广播电视从业人员1.96万人。全省广播电视总收入52.92亿元，其中事业单位收入23.12亿元，企业单位收入29.79亿元。全省广播电视实际创收收入46.08亿元，其中广告收入18.13亿元，收视费收入13.13亿元，付费数字电视收入1.56亿元，其他网络收入2.88亿元，其他创收收入10.38亿元。省本级经营收入39.7亿元。

重大宣传主题突出。全省广电系统突出了对党的十八大及十八届三中全会精神、省委十三届七次八次全会精神、群众路线教育实践活动、龚全珍等先进典型的宣传，加强对社会热点的引导，组织“发现美丽江西”微纪录征集展播等活动，为实现“中国梦”“江西梦”营造浓厚的舆论氛围。

创新品牌、推出精品。在第23届中国新闻奖评选中，江西省选送的6件广播电视作品获奖，特别是广播访谈、广播编排的获奖填补江西空白。在《传奇故事》《金牌调解》《政风行风热线》《交通在线》等品牌栏目再创收听收视新高的同时，涌现出省台的《妈妈来了》《地宝当家》《欢乐4频道》、萍乡台的《我有新闻》、宜春台的《老来“拌”》、赣州台的《七彩欢乐园》、九江台的《夸夸我》、新余台的《运动我最牛》等一批受群众欢迎的优秀栏目。影视剧创作质量提升，电视剧《快乐乡村》入围第九届半岛国际纪录片电影节并参加展映；电视动画片《天工开物之开心岛》获“2012年度国家新闻出版广电总局国产动画发展专项资金项目”二等奖；电影《忠烈杨家将》和动画电影《我的老婆是只猫》等在全国城市影院上映；《小河亲过我的脸》入选第22届中国金鸡百花电影节国产新片展并获表彰；《石城九月》入选2013年国家新闻出版广电总局电影局第二批优秀影片推荐片目。

加强安全播出、行业监管。完成全省广播电视监测网一期工程项目建设，确保全年重大活动、重点时段和重要节目安全播出，圆满完成全国“两会”、党的十八届三中全会及元旦、春节、“十一”等重要安全播出保障期的安全播出任务。加强宣传管理和收听收看工作，在全省开展严守宣传纪律、抵制低俗之风专项行动，集中清理广播电视宣传中的不良现象，对出现导向问题、低俗倾向的节目，分别采取批评、责令整改、警告等措施，确保宣传工作遵章守纪，节目格调积极健康；依法加强对播出机构、频率频道、节目制作经营机构和广告播出的管理，部署开展违法违规医疗药品广告播放专项治理工作，净化声频荧屏；开展全省打击非法卫星电视地面接收设施专项治理行动，重点加强对境外卫星电视的监管，卫星电视管理进入全国先进行列。

推进民生工程。完成1.23万个村（场）的广播电视“村村通”工程，提前完成“十二五”建设任务；实施农村电影放映工程，全年全省公益放映28万多场，完成率106.3%；城市数字影院建设加快，到2013年年底，全省建有数字影院123家，数字屏幕528块，比上年底新增影院36家、数字屏幕188块。同时，提出《江西省2013—2015年广播电视全覆盖建设规划》，编制《江西省“十二五”广播电视高山无线发射台站基础设施建设总体方案》，完成江西省“户户通”工程建设任务核报调查，争取到国家资金1.4亿元。开展对接国家应急广播应用示范等工作，让广大群众享受到广播电视优质公共服务。

广播影视产业再上新台阶。全省广播影视产业总收入161.5亿元，同比增长30.04%，超额完成全年目标任务（150亿元）。其中：全年电影总票房达4.02亿元，比上年同期增长48%，高出全国平均增长速度20多个百分点（全国平均增速为27.51%）；全省有线电视总用户达623万户，收入19亿元，同比增长20%。

【2013年度全国电影科技工作会暨广电总局科技委电影专业委八届六次会议在南昌召开】　10月23日至25日，2013年度全国电影科技工作会暨广电总局科技委电影专业委八届六次会议在南昌召开，国家新闻出版广电总局电影局副局长、电影专业委主任毛羽参加会议并作年度工作总结，省广电局副局长刘玉东、各省分管电影工作的局领导、电影管理部门负责人、电影设备厂商代表、部分电影院线公司代表共80余人参加会议。会议期间，毛羽详细了解了江西电影发展情况，实地考察了新华银兴国际影城等电影院，肯定了江西电影工作取得的成绩，对今后的工作提出了要求。并表示，电影局将继续关心江西电影事业产业的发展，在各方面对江西电影工作提供有力支持。

【国家新闻出版广电总局调研组到大余县调研对口支援工作】 为贯彻落实国务院关于支持赣南等原中央苏区振兴发展的部署要求，11月28日至29日，国家新闻出版广电总局办公厅主任吴保安带领总局扶贫办、电影局、科技司、财务司、人事司有关人员组成调研组，到赣州市大余县调研对口支援工作。省委宣传部副部长、省局党委书记、局长杨六华，省局副局长刘玉东、副巡视员兰丽华随行调研。调研组实地考察大余县基层广电部门、在建的大余中学新校区、体育中心、农村土坯房改造点、东宏锡制品公司、钨及有色金属产业基地等，走访慰问部分贫困群众，并到南方红军三年游击战纪念馆缅怀了革命先烈。调研组还与当地党政部门座谈，听取大余县经济社会发展状况和关于对口支援工作的意见建议。调研组表示，总局将进一步发挥广播影视特点优势，按照"总局贯彻《国务院关于支持赣南等原中央苏区振兴发展的若干意见》的实施意见"精神，立足实际，加强协调，多办实事，助推当地经济社会快速发展。

【评选"2012年度江西省广播电视创新创优十大品牌栏目"】 1月30日，省广电局召开"2012年度江西省广播电视创新创优十大品牌栏目"评审会，评定江西广播电视台综合新闻频率栏目《新闻110·善行天下》、江西广播电视台信息交通频率栏目《交通在线》、江西广播电视台卫星频道栏目《深度观察》、江西广播电视台都市频道栏目《都市情缘》、江西广播电视台公共频道栏目《新闻晚高峰》、赣州人民广播电台新闻综合频率栏目《乡村纵横》、吉安广播电视台新闻综合频率栏目《新闻家常饭》、南昌广播电视台新闻综合频道栏目《每日新闻》、萍乡电视台教育频道栏目《七色光》、宜春广播电视台新闻综合频道栏目《乡土乡情》10个栏目为"2012年度江西省广播电视创新创优十大品牌栏目"。

【摄制大型电视专题片《筑梦之基》】 5—7月，省委宣传部联合江西广播电视台摄制大型电视专题片《筑梦之基》。该片从中国梦的起源——近代屈辱的历史切入，展示了革命、社会主义建设和改革开放三个重大历史时期中，中国共产党提出富有感召力的目标，团结带领人民朝着梦想疾行的波澜壮阔的历史画卷。该片也从正反两个方面举出了大量震撼性的实例，让人们深刻感受到该如何从历史中汲取营养，从反面事例中得到警醒，坚定信念、升华境界。

【补助县级3厅以上数字影院建设】 7月19日，省委宣传部、省广电局联合下发《关于补助县级3厅以上数字影院建设的通知》，决定利用江西省文化产业发展专项资金，对在2013年6月30日前建成并一直运营，拥有3个放映厅和1台2K数字放映设备以上的县级数字影院，给予一次性补助30万元。

【江西网络广播电视台正式成立】 8月26日，江西网络广播电视台获国家新闻出版广电总局批复，正式成为江西省网络广播电视播出机构。它由江西广播电视台整合旗下16个广播电视频率频道相关资源组建而成，集广播、电视、网络、手机为一体，以宽带互联网、移动通信网等新兴信息网络为节目传播载体，向社会传达政令、宣传党和国家方针政策，对省内重大活动或事件进行报道、宣传，引导社会舆论，是省委、省政府在新媒体领域的"喉舌"。至12月31日，江西网络广播电视台流量达到848.89万次，IP达到1873085，社区论坛超过6万的用户在线进行交流互动。

【开展"下基层，手拉手"调研帮扶活动】 9月30日，省广电局组织江西广播电视台部分播音员、主持人和全国"金话筒"奖获得者，到丰城市开展"下基层，手拉手"调研帮扶活动。广电工作者走进农户，与农村群众交流，实地了解基层百姓对广播电视的需求，倾听他们对广电节目的意见建议。省台与丰城市台的播音员主持人互相结对，建立长期业务交流联系，加强学习交流。

【"从长冈出发，和群众在一起——江西群众路线教育实践联合直播"圆满播出】 10月11日，由江西广播电视台广播新闻中心策划，联合全省11家设区市台、以及兴国县台、江西广播网主办的"从长冈出发，和群众在一起——江西群众路线教育实践联合直播"圆满播出。多媒体融合传播是这次广播新闻宣传创新的一大亮点，通过网络新媒体平台进行了音视频的全媒体直播，丰富了广播新闻宣传的手段，获得国家新闻出版广电总局《监听监看日报》的专题点评。

（万里波　胡小玲）

10月11日，"从长冈出发，和群众在一起——江西群众路线教育实践联合直播"圆满播出。

江西广播电视台供稿

本栏编辑　毛珏珺

医疗卫生

综　述

2013年，全省医疗机构数3.89万个（包括村卫生室3.13万个），总床位数17.43万张，每千人口床位数3.85张。全省卫生技术人员19.02万人，其中执业（助理）医师数7.03万人，每千人口1.55人；注册护士数7.82万人，每千人口1.73人。

*新农合保障有新提高。*全省新农合参合率达98.56%，人均筹资标准提高到340元，住院费用实报比达56.47%。21种大病纳入新农合保障范围，其中8种实施免费救治，其余13种在三级、二级定点医疗机构住院补偿比例分别达到70%和75%。全省累计32.82万例大病患者得到免费救治，其中免费救治重性精神病患者5.06万名，被评为2013年度全国"推进医改、服务百姓健康"十大新举措之一。

*基层医改有新深入。*基本药物制度覆盖全省99.2%的行政村，增补后省基本药物目录达228个品种。基层医疗卫生机构基本药物采购金额达32.74亿元，让利23.19亿元。基本诊疗路径及单病种定额付费顺利推进，完成路径病例数5.37万例。公办基层医疗卫生机构实行全员聘用，85.04%的机构实行负责人公开选聘。同改革前相比，基层医疗卫生机构门诊、住院均次费用分别下降23.05%、20.19%。

*公共卫生服务有新局面。*人均基本公共卫生服务补助标准提高到30元，城乡居民免费享受的基本公共卫生服务内容增加到11类43项。城乡居民健康档案建档率达74.06%，管理高血压患者268.71万人、糖尿病患者57.97万人。补助农村孕产妇住院分娩43.62万人，免费"两癌"检查64.2万人，补服叶酸42.46万人。

*公立医院改革有新推进。*13个县26所县级公立医院综合改革试点全面启动，以实施药品零差率销售为切入点，调整医疗服务价格，创新岗位设置管理、建立试点评估制度。3所城市公立医院取消药品加成改革试点深入推进，累计让利1.3亿元。全省统一预约诊疗服务平台覆盖58所三级医疗机构，月均预约量近8000人次。

*传染病防控有新成效。*人感染H7N9禽流感防控工作取得阶段性胜利，在省内住院救治的5例患者全部治愈出院，其中4名老年患者平均年龄76岁。深入推进艾滋病、结核病、手足口病的防治工作，适龄儿童预防接种率保持在90%以上，法定报告传染病发病率总体保持平稳，与2012年同期相比下降11.76%。实施鄱阳湖区血吸虫病传染源控制策略推广区项目，开展全省血防达标攻坚行动，进贤县、共青城市实现传播控制，南昌市高新区实现传播阻断。

*中医药事业有新成果。*中医"名医、名科、名室"建设取得成效，评出省级名中医100名、省级重点中医专科（专病）76个，获得国家临床重点专科（中医专业）6个、名老中医传承工作室建设项目4个。中医预防保健工作稳步推进，南昌市等6个设区市列为全国中医预防保健服务体系建设试点地区。

*卫生队伍建设有新进展。*加强9个省优势科技创新团队建设，实施2项国家科技支撑项目。省直医疗卫生单位有36个项目通过科技成果鉴定，获省科技进步奖15项。6个学科列入领先学科建设计划，16个学科列入医学学科省市共建计划，启动医学学科省县共建工作。省直单位新增16人入选第三批"赣鄱英才555工程"。建立住院医师培训基地65个，完成全科医师转岗培训550人，招录住院医师规范化培训学员713人，为乡镇卫生院定向培养医学生350名。

*医疗卫生监管有新加强。*加强食品安全风险监测评估及标准管理，强化公共卫生监督执法，组织开展打击非法行医、消毒产品和人类辅助生殖技术管理专项整治行动。深入开展"三好一满意"、抗菌药物临床应用专项整治活动，组织开展基层医疗机构集中整顿、全省医疗管理纠风综合督查，稳步推进临床路径管理和医疗质量控制，医疗服务安全质量得到提升。大力加强无偿献血工作，确保临床用血安全。全省公立医院药品网上集中采购工作有序进行，采购金额436.79亿元，让利金额167.09亿元。

*信息化建设有新进步。*开展省市县三级区域卫生信息平台试点建设，已建立1个省级和9个虚拟市级卫生数据交换平台、43个县级卫生数据中心机房。截至年底全省已有94家二级医院接入"阳光医药"监察系统入网运行。

（朱烈滨　马晓平）

医政工作

【概　况】　2013年，全省医政工作

以深化医药卫生体制改革为中心，以提升卫生服务能力为重点，取得较好成绩。重性精神病免费救治工作成功入选2013年度全国“推进医改、服务百姓健康”十大新举措。新推贫困家庭妇女“乳腺癌、宫颈癌”免费手术治疗。积极抓好药品网上集中采购，截至年底，全省医疗机构网上采购金额460.78亿元，让利174.65亿元。大力宣传护理行业先进典型，表彰全省百名优秀护士、30年护龄“双证”获得者1735人，南昌大学四附院邹德凤获第44届“南丁格尔奖章”。科学应对人感染H7N9禽流感，实现全省人感染H7N9禽流感省内救治“零传染、零传播、零死亡”。有序做好群体性蘑菇中毒、抚州爆炸、南丰大型车祸等突发公共事件的医疗救治工作。

加强医疗服务要素监管。批准实施南昌、九江、新余、鹰潭、赣州、宜春、上饶、吉安市《医疗机构设置规划(2011—2015年)》，出台《江西省生殖专科医院基本标准》《江西省老年病医院基本标准》《江西省医疗机构设置审批备案管理规定(试行)》；批准31所医疗机构设置、备案(其中公立医疗机构11所，社会资本医疗机构20所)，医疗机构注册联网系统全省数据完整性达99%。全省2.46万人报名参加医师资格考试，发放医师资格考试合格人员证书7532份，办理护士注册1.14万人；123人次实施医师多点执业。开展近视眼准分子激光角膜磨镶术、肿瘤适形调强、肿瘤立体定向技术等3项技术审核。前置审批互联网医疗保健信息服务9家，受理医疗广告申请82个，核发出证64个。

医疗质量与服务能力进一步提升。在三级综合医院实施常见病种的临床路径病种数不少于42个，三级专科医院不少于5个，二级综合医院不少于30个，二级专科医院不少于4个。符合进入临床路径标准的患者入组率不低于50%，入组后完成率不低于70%。出台《江西省预防与控制医院感染行动计划(2012—2015年)》实施意见。国家临床重点专科建设项目评比，南昌大学第一附属医院急诊、疼痛专业获评2013—2014年国家临床重点专科建设项目；确定省级临床重点专科12个及49个项目建设单位；开展临床实践技能(医师)、病理、影像、精神科(医师、护士)、消毒供应、浆站医护人员、病历等8项技能培训与大比武。9家三级医院对口帮扶27家县级医院推广优质护理服务工作；确定了重症护理、血液净化、急诊急救、输液治疗、肿瘤护理、手术室6个专业专科护士培训基地和22个实习基地，下发《江西省专科护士培训管理规定》。

【加强无偿献血与血液管理工作】 2013年，采血32.96万人次，采血总量113.95吨；制定《江西省医疗机构输血科建设与临床用血管理评估标准》，256人参加全省采供血机构从业人员上岗考核与考试。实行采供血及临床用血上报制度通报制，完成138家二级以上医院临床输血科建设情况调查。

【做好重大疾病免费救治工作】 2013年，全省收治白内障患者3.08万例、唇腭裂患者938例、先天性心脏病患儿2308例、白血病患儿179例，累计免费收治尿毒症血透病人1.5万例、免费血透156.99万人次。启动贫困家庭妇女“乳腺癌、宫颈癌”免费手术治疗。

【做好重性精神病免费救治工作】 重性精神病免费救治工作成功入选2013年度全国“推进医改、服务百姓健康”十大新举措。2013年，江西省重性精神病患者筛查人数10.80万人，确诊人数6.68万人，救治人数5.07万人；精神专科医院数80所，每10万人精神科医生数1.72人、病床数19.2张，有基层精防网络县(市、区)数72个。

【加强“阳光医药”网上监察系统建设】 2013年，省卫生厅在省直10家医院和南昌、新余两市开展“阳光医药”网上监察系统建设试点工作，全省84家二级及以上公立医院接入系统，制定全省统一的扫码入库标准，该系统具有单病种费用、人均门诊费用等指标的汇总、统计功能；完成11个设区市卫生信息数据交换平台建设。

(陈禹)

农村与妇幼卫生

【概　况】 全省有乡(镇)卫生院1633所，其中中心卫生院492所，一般卫生院1141所；床位3.94万张；卫生技术人员3.83万人，其中执业医师1.02万人，执业助理医师4678人，注册护士1.15万人。有村卫生室(所)2.93万所，乡村医生5.21万人；全省有各级妇幼保健机构114所，其中三级妇幼保健院8所、二级妇幼保健机构68所。全省住院分娩率达99.6%。

继续巩固新农合制度。全省有新农合统筹地区107个，参合农民3357.96万人，参合率98.56%。新农合筹资标准提高到人均340元，其中各级财政补助人均280元，农民个人缴费60元。全年新农合基金总额146.45亿元，补偿5112.07万人次，补助资金107.49亿元。全省次均住院补偿2284.93元，次均住院费用4046.17元，实际住院补偿比为56.47%，新农合政策范围内住院费用报销比例为75%，统筹基金使用率为91.28%。全省参合农民一次性报账率达到95.39%，获得万元以上补偿的参合农民13.04万人。启动新农合大病保险试点工作，会同省发改、财政等部门印发《关于建立和完善城乡居民大病保险制度的意见》《江西省新农合大病保险实施细则》等文件，并按照统筹地区当年筹资标准5%左右的比例筹措大病保险资金。68%的县(市、区)启动乡村医生签约服务试点工作，签约人口达1124万人。全省农村居民健康档案累计建档2735.64万份，其中电子健康档案2580.88万份，电子建档率75%。

乡镇卫生院建设上新台阶。通过政府公开招标采购，为乡镇卫生院配备救护车等医疗设备309台(件)。省财政安排资金2000万元，在88个县(市、区)的93个乡镇卫生院建设职工周转房1000套。全省培训县(市、区)卫生管理人员145人、乡镇卫生院管理人员1633人、临床骨干医师1633人、乡村医生2.69万人。71所二级以上公立医疗机构选派396名以主治医师为主的技术骨干，对口支援126所乡镇卫生院。

【提高乡村医生待遇】 2013年，省卫生、财政部门印发《关于进一步做好乡村医生补助资金发放工作的通知》，明确省级财政公共卫生岗位补助、县级防疫岗位津贴、基本药物零差率销售补助和老年乡村医生养老生活补助的拨付时限和拨付比例，同时将城乡基本公共卫生服务项目40%的任务和资金由乡村医生承担。村卫生室新农合门诊统筹一般诊疗费收费标准由6元提高到9元。发放乡村医生公共卫生服务补助9559.44万元，为1.72万老年乡村医生发放生活补贴1339.50万元。

【加强妇幼卫生工作】 2013年，全省补助农村孕产妇47.2万名，免费发放叶酸42.45万人，免费宫颈癌检查60万人，免费乳腺癌检查4.2万人。组织开展降消项目专家驻县蹲点，举办全省助产技术、新生儿复苏技术、婚前保健、孕妇学校等适宜技术培训和大比武活动，落实孕产妇死亡评审工作、推进危重孕产妇评审和新生儿死亡评审试点，降低孕产妇和新生儿死亡风险。全省婚检率由2009年的5.12%上升到41.14%；建立健全新生儿疾病筛查工作机制，形成“1+7”新生儿疾病筛查网络，新生儿疾病筛查率达到59%；为44.9万人做免费孕前优生健康检查，目标人群覆盖率为105.61%。对失独家庭再生育实施帮护，为2369户失独家庭建立家庭档案，为1924户开展再生育技术服务，服务覆盖面为81.2%，420户通过再生育技术服务成功怀孕。全省11个设区市40家县级综合医院通过县级产科急救中心省级评估。鼓励有条件的地区将妇幼保健机构建设纳入当地公共卫生服务体系建设规划，争取17个妇幼保健院列入江西省重大疾病防治设施建设项目2013年中央预算内投资项目，提高妇幼保健机构服务能力。

（汪海　徐海港）

疾病预防控制

【概　况】 2013年，全省报告法定传染病发病率为397.10/10万。乙类传染病报告发病率为206.36/10万，其中传染性非典型肺炎、脊髓灰质炎、人感染高致病性禽流感、炭疽、白喉、人感染H7N9禽流感无病例报告；报告发病数居前5位的病种依次为病毒性肝炎、肺结核、梅毒、细菌性和阿米巴性痢疾、淋病，占乙类传染病报告发病总数的97.32%。丙类传染病报告发病率为190.73/10万，其中斑疹伤寒、黑热病、包虫病、丝虫病无病例报告；报告发病数居前5位的病种依次为其他感染性腹泻病、手足口病、流行性腮腺炎、流行性感冒和急性出血性结膜炎，占报告发病总数的99.09%。

重大疾病防控。健全艾滋病检测网络，已建立艾滋病监测哨点212个，自愿咨询检测点332个，各类艾滋病检测实验室1035所，所有的县（市、区）都具备艾滋病初筛检测能力，在重点地区的乡镇开展快速检测，全年开展艾滋病检测249万人次。做好高危人群干预工作，全省全年吸毒人群、暗娼和男男性行为人群干预覆盖率分别为98.5%、99.3%和96.2%。扩大艾滋病抗病毒治疗覆盖面，全省符合治疗标准的感染者和病人中接受抗病毒治疗所占比例达到81.8%，病死率比上年降低30.6%。扩大艾滋病预防母婴传播覆盖面，在17个项目县为12.28万名孕妇提供艾滋病、梅毒和乙肝咨询检测服务，艾滋病检测率为99.61%。加强肺结核病人的发现、治疗和管理工作，全省全年新涂阳肺结核病人治愈率达95%。

免疫规划工作。全省保持常规免疫高水平接种率，适龄儿童预防接种率达到90%以上，保持无脊灰状态，有效控制疫苗可预防疾病的发生和流行。组织开展重点地区麻疹、脊灰疫苗补充免疫活动。加强信息化建设，完成11所数字化建设的预防接种门诊的评审验收工作，同时选择在20个符合条件的预防接种门诊开展数字化预防接种门诊建设试点工作。预防接种异常反应得到妥善处置，有效应对“乙肝疫苗事件”，未发生一起预防接种事故和上访事件。在全省范围内开展覆盖所有乡镇的免疫规划督导活动，共入户调查儿童6万多名，全省儿童建证、建卡率均达到99%以上。

慢性非传染性疾病防控。进一步扩大全民健康生活方式行动覆盖范围，截至年底，共启动活动县（区、市）91个，创建示范社区/单位/食堂/餐厅450余个，创建室外支持性环境192个。加大慢病综合防控示范区创建力度，指导南昌市湾里区、南昌县、青云谱区、新余市渝水区、宜春市靖安县等5县建立省级慢病综合防控示范区。在5个国家级监测点深入开展慢性病及其危险因素监测工作。组织实施儿童口腔综合干预项目，完成4.4万颗牙的窝沟封闭任务。

【上饶县被认定为血吸虫病传播阻断县】 2013年，上饶县按照《江西省血吸虫病防治中长期规划》要求，建立和健全血防工作运行机制，大力开展人畜查治病、查灭螺工作，大面积进行有螺环境改造，标本兼治，疫情显著降低，防治工作取得显著成效，达到国家制定的“血吸虫病传播阻断标准”。4月27日，省政府血吸虫病地方病防治领导小组认定上饶县为血吸虫病传播阻断县。

【加快推进鄱阳湖区血吸虫病防治工作】 为加快推进鄱阳湖区血吸虫病防治工作，选择鄱阳湖区血吸虫病流行严重的南昌县蒋巷镇、新建县联圩乡、都昌县大沙乡、和合乡、庐山区海会镇、永修县三角乡、鄱阳县银宝湖乡、余干县康山乡、康山垦殖场及玉山县岩瑞镇等8个县（区）10个乡（镇、场）116个行政村，为鄱阳湖血吸虫病传染源控制策略推广区（二期）实施范围，省政府将推广区二期建设列入绩效考核目标管理指标，继续投入3000万元，用于补助淘汰耕牛1.20万头，建设简易机耕道204千米，建设90千米禁牧围栏，开展疫情监测、健康教育、产业结构调整。省政府血防领导小组下发《鄱阳湖血吸虫病传染源控制策略推广区（二期）工作方案》，明确工作任务和时间进度。南昌、九江、上饶分别召开推广区建设工作启动会，布置推广区工作，与有关乡镇签订责任状。

【完成中央补助消除燃煤污染型地方性氟中毒危害项目】 2012年底，财政部和卫生部联合下达江西省消除燃煤污染型地方性氟中毒危害项目，下拨补助资金 7880 万元，用于 19.7 万户降氟炉灶改造任务。2013 年，萍乡市安源区、湘东区、芦溪县、上栗县，宜春市袁州区、万载县，乐平市等 7 个燃煤污染型地方性氟中毒项目县（市、区）全面完成 19.7 万户炉灶改造任务，完成率 100%，有效控制和消除室内空气氟污染。

（卢飞豹　李崇葵）

中医药工作

【概　况】 2013 年，全省中医医院门、急诊人次 1188.1 万人次，同比增加 6.2%；出院病人数达 73.4 万人，增加 14.3%；病床 2.1 万张，增加 5.4%；病床使用率 104.8%，增加 3.3 个百分点；业务收入为 53.2 亿元，增加 18.2%；人均业务收入 21.3 万元，增加 10.9%。

全省基层中医药服务能力提升工程启动。省卫计委会同省人力资源社会保障厅、省食品药品监督管理局联合下发基层中医药服务能力提升工程的《实施意见》和《实施方案》。3 月起在全省启动实施，7 月召开推进会，确定安义县等 13 个县（市）为基层中医药服务能力提升工程联系点。积极开展基层中医药工作先进单位创建工作，确定广丰县、弋阳县、湖口县为全省农村中医药工作先进县。到年底，全省约有 89.22% 的社区卫生服务中心、82.24% 的乡镇卫生院、71.06% 的社区卫生服务站和 62.24% 的村卫生室能够提供中医药服务。

做好公立中医医院改革试点工作。召开公立中医医院改革试点座谈会，加强与各设区市及 13 个公立医院改革试点县卫生行政部门沟通与协调，将保持和发挥中医药特色优势的政策和措施纳入各试点县公立医院改革试点方案。以中医医院评审为抓手，加强医院内涵建设。确定 15% 发展好的中医院可评为三级医院；有发展潜力的 70% 进入二甲行列；淘汰 15% 到二乙及以下，并对二乙及以下的中医院建议转型为中医康复医院。

国家级中医重点（特色）专科建设取得新成效。开展 2013—2014 年国家临床重点专科（中医专业）和农村医疗机构中医特色优势重点专科建设项目申报工作，省中医院脾胃病科等 6 个专科经国家中医药管理局复审成为 2013—2014 年国家临床重点专科（中医专业），南昌县中医院脾胃病科等 12 个专科被国家中医药管理局确定为农村医疗机构中医特色优势重点建设专科。同时切实加强省级中医重点专科（专病）建设。全省评选省级临床专科重点建设项目 8 个、培育项目 8 个，基层临床专科（专病）重点建设项目 30 个、培育项目 30 个。

【开展中医预防保健服务体系建设试点工作】 2013 年，南昌、九江、宜春、新余、赣州、上饶 6 个市被国家中医药管理局列为中医预防保健服务体系建设试点地区。11 月 12 日，在新余市召开项目启动会，签订项目协议书。按照国家中医药管理局要求，组建 11 个“治未病”服务工作协作组和 13 个中医养生保健协作组成员单位。

【全省中医针灸康复联盟试点工作成效明显】 2013 年，全省中医针灸联盟率先在高安市中医院试点开设江西热敏灸医院高安分院。

【建立省市县乡村五级中医药帮扶机制】 9 月，在全省启动省市县乡村五级中医药对口帮扶工作，要求省级中医院帮扶每个设区市的 1 个县中医院，市级中医院帮扶辖区内 50% 的县级中医院，县级中医院帮扶辖区内的所有乡、镇、村的中医药服务。通过层层帮扶，带动基层中医诊疗技术水平的提高。

【一批中医医院临床护理工作先进单位和个人获表彰】 2013 年，靖安县中医院被评为全国中医医院优质护理服务先进单位，省中医院外一科等 6 家医院的 6 个科室被评为全国中医医院优质护理服务先进病房，游小菊等 9 人被评为全国中医医院优质护理先进个人。

【开展第二届国医大师评选推荐工作】 2013 年，省卫生和计生委员会同省人力资源和社会保障厅启动第二届国医大师评选推荐工作，推选江西中医药大学魏稼、范崔生、伍炳彩 3 位老专家为候选人。同时，评选 100 名江西省名中医。

（徐湖）

爱国卫生运动

【概　况】 2013 年，全省爱国卫生工作顺利推进。中央补助地方 18 万座的农村改厕项目全面实施，农村无害化厕所普及率达到 62.07%，农村新增无害化厕所 26.45 万户；在 35 个县（市、区）开展农村饮用水水质监测，监测农村饮水安全工程点 2450 个；在 28 个县（市、区）、560 个村开展农村环境卫生监测；吉安县、德安县、玉山县获“国家卫生县城”称号，德兴市获“江西省卫生城市”称号，湖口县、永修县、芦溪县、都昌县、星子县获“江西省卫生县城”称号，吉安市等 13 个省级卫生城市、县城通过复审。

【农村改厕项目顺利实施】 2013 年，中央财政安排全省农村改厕专项资金 9000 万元，省级财政配套 2700 万元，用于农村建设无害化卫生户厕 18 万座，每座补助 650 元，惠及全省 98 个县（市、区）、18 万户农村居民。截至年底，全省共完成农村改厕项目 14.62 万座。

【全面完成农村水质监测工作】 2013 年，农村饮水安全工程水质卫生监测项目覆盖全省 35 个县（市、区），印发《2013 年江西省农村饮水安全工程水质卫生监测项目实施方案》，并开展技术培训，检测 35 个县（市、区）2450 个农村集中式供水点 9800 份水样。截至 12 月 20 日，完成所有 35 个水质卫生监测项目县网报数据的终审并上报，为评估农村安全饮水工程提供依据。

（刘军）

本栏编辑　熊军

体　育

综　述

2013年，各级政府履行体育公共服务职能，构建全民健身服务体系，促进群众体育活动蓬勃开展。完成第十二届全国运动会目标任务，推进体育彩票销售、大型体育场馆的营运与转型发展，体育设施投入与建设更上一层楼。江西省水上运动管理中心获中央综治委、人社部授予“2009—2012年度全国社会管理综合治理先进单位”称号。江西省体育运动学校被省政府授予“第十二届全运会人才输送突出贡献奖”。

*努力形成“大群体”工作格局。*发挥政府主导作用，推进各级政府履行体育公共服务职责，努力形成“政府主导、部门协同、全社会共同参与”的全民健身事业发展的“大群体”格局。副省长谢茹主持召开省实施全民健身计划领导小组工作会议。会议听取有关部门贯彻落实《全民健身条例》和《江西省全民健身实施计划》工作情况汇报，对全省全民健身工作提出“服务保障、品牌建设、普及推广、运行机制建设”四项工作目标和具体要求。进一步明确职责与分工，为推动政府及相关部门履行公共体育服务职责，形成和完善“大群体”工作格局奠定基础。

*积极推动全民健身活动大众化、普及化，打造有江西特色的全民健身活动“品牌”。*加强全省体育设施建设，在村级农民体育健身工程、乡镇级体育健身工程、全民健身路径工程、“雪炭工程”、全民健身活动中心、“民生工程”等基层群众体育健身设施建设方面，共投入资金1.62万元。举办国家级和一级社会体育指导员培训班。开展“舞动赣鄱，健康江西”全民健身广场舞主题展示活动、“龙腾狮跃”闹元宵全省大联动、全省群众登山健身大会、“贺岁杯”全省足球赛、全国棋牌项目万人同赛、全国百城千村健身气功系列展示、全省武术文化节、全省体育舞蹈锦标赛、全民健身志愿服务、围棋争霸赛、CBO篮球赛等大型活动。积极打造品牌赛事，举办第四届环鄱阳湖国际自行车大赛。

*巩固提高竞技运动基础与水平。*第十二届全国运动会上，江西省体育代表团共取得6枚金牌、5枚银牌、5.5枚铜牌，以总分345.5分的较好成绩，完成既定目标任务。江西代表团被大赛组委会授予“体育道德风尚奖代表团”称号，赛艇、皮划艇队被单项组委会评为“体育道德风尚奖运动队”。以办好全省青少年竞赛赛事为杠杆，推进体育后备人才培养工作。全年共举办18个项目的青少年比赛，综合评定达优秀的1010人。在全省青少年赛事中，增设普及程度高，受学生喜爱的篮球、足球青少年锦标赛。组队参加全国体育传统项目学校联赛、青少年体育俱乐部比赛、冰雪冬令营、户外营地展示大会、阳光体育节等活动，承办2013年全国青少年体育俱乐部比赛、第六届中韩青少年体育交流大会等活动，举办第七届全省县（市、区）田径运动会。申报国家级青少年体育俱乐部，全年新增10所青少年体育俱乐部。加强运动员和教练员的教育培训。省体育局联合省教育厅等4厅局下发《关于进一步加强运动员文化教育和保障工作的实施意见》，在举办的全省青少年比赛中全部实行运动员赛前文化测试。同时，加强体育科研和教练员培训。选派基层教练员、传统校体育教师、业训管理者等参加国家体育总局举办的各类培训班。

*大力推进体育产业发展。*全年完成体彩销量50.67亿元，江西省市场份额连续9年保持优势，提供社会就业岗位近万个。10月底，国家体育总局、国家发改委、公安部、财政部、国土部、住建部、税务总局以及工商总局等8部门联合印发《关于加强大型体育场馆运营管理改革创新提高公共服务水平的意见》。江西省体育大型场馆运营、管理提至议事日程。省体育局召开大型体育场馆运营管理工作现场会，形成《省奥体中心运营管理工作方案》。按照国家体育总局的要求，开展体育标准化服务建设工作，组建体育场馆建设运营标准化办公室，促进全省体育场馆管理转型发展。

（陈萍）

群众体育

【概　况】　2013年，为积极推动全民健身活动大众化、普及化，全力打造全民健身“品牌”活动，江西省组织开展“舞动赣鄱 健康江西”2013年全民健身广场舞展示活动。省实施全民健身计划领导小组将省体育局和新余市联合创编的具有江西本土文化音乐特色元素的《江西是个好地方》广场舞和国家体育总局、中国妇联创编的民族健身操确定为活动的规定项目，分别在新余市和南昌方大特钢举办两期培训班，培训骨干200多人。

加大公共体育场地设施建设力度。加强督促检查，提高全民健身工程建设实效。3月11日—27日，省体育局对全省2012年全民健身工程进行抽查验收。萍乡、新余、鹰潭、景德镇各抽查1个县，其他设区市各抽查2个县（设区市体育局推荐1个完成情况最好的县，省检查组再随机抽查1个县），对被抽查县2012年度的全部乡镇农民体育健身工程、50%以上的行政村农民体育健身工程和全民健身路径工程进行实地检查验收。共抽查18个县的84个行政村农民体育健身工程、39个乡镇农民体育健身工程和16个全民健身路径工程，分别占2012年全省安排建设工程总数的6.1%、21.5%和9.5%。推进2013年全省农民体育健身工程建设。省体育局对2013年全省农民体育健身工程实施方案进行调整。调整后的实施方案坚持“强基层、打基础、保基本”的工作方向，村级农民体育健身工程除一贯要求建设的“一场两台”外，还增加可以建设配备6件室外健身器材的休闲健身小广场，为公共用地紧张的村提供选择余地。在分配建设任务指标上重点向赣南等原中央苏区倾斜（在全省平均比例上增加乡镇和行政村总数的4%）。新的实施方案要求各地要加强同农工部、新村办、文化、教育等部门的联系和沟通，将农民体育健身工程统筹结合乡镇综合文化站、文化大院、村民活动中心、新农村建设点等公益事业设施建设，并进一步落实设区市体育局检查验收责任。科学规划，制定2013—2015年江西省落实“十二五”公共体育设施建设规划组织实施方案。结合江西省实际，研究制定《江西省全民健身活动中心建设组织实施方案（2013—2015年）》《江西省农民体育健身工程建设组织实施方案（2013—2015年）》《江西省户外健身场地设施建设组织实施方案（2013—2015年）》。

2013年，全省全民健身工程共筹集资金约1.10亿元。其中，国家体育彩票公益金4452万元，省体育彩票公益金2950万元，地方配套3629.6万元。建设行政村农民体育健身工程2538个。其中，以“一个篮球场和两张乒乓球台”为主的A类工程1532个，以“配备6件室外健身器材”为主的B类工程1006个。建设乡镇体育健身工程182个，全民健身路径工程156个，“雪炭工程”8个，全民健身活动中心1个。

【开展“舞动赣鄱 健康江西”全民健身广场舞展示活动】 9月28日—29日，省实施全民健身计划领导小组在新余市举办“舞动赣鄱 健康江西”全省全民健身广场舞总展示大赛。全省11个设区市经过市、县和乡村三级层层选拔，产生12支代表队，行业内部选出7支代表队，共计19支代表队、500多人参加此次总展示大赛。全省各地挖掘和创编一大批不同形式、有当地特色的全民健身广场舞。如南昌市创编的具有南昌市本土特色和风土人情的《南昌健步如风》、萍乡市创编的以印巴音乐为背景的《呼啦啦》、景德镇创编的极具瓷都特色的《我在景德镇等你》、鹰潭市创编的综合了畲族传统的“马灯舞”和龙虎山山水文化的《这山，这水》等等，都深受百姓欢迎。在国家体育总局发起的征集原创广场健身操（舞）作品的活动中，江西省萍乡市100健身表演队《呼啦啦》和滕王阁健身排舞队《南昌健步如风》2个作品获2013年全国原创广场健身操（舞）征集活动优秀作品一等奖，新余市大唐新钢健身队《江西是个好地方》获二等奖，昌江广场清云时尚队《我在景德镇等你》获三等奖。10月24日—27日，在广东肇庆举办的2013年全国原创广场健身操（舞）展示交流活动中，滕王阁健身排舞队《南昌健步如风》再创佳绩，获展示特等奖和最佳编排奖，为江西赢得荣誉。

【组织赣南等原中央苏区国民体质监测健康万里行活动】 为提高赣南等原中央苏区群众身体素质和健康水平，充分发挥体育彩票“取之于民，用之于民”的宗旨，围绕“全民健身，为国增利，为民造福”的理念，5—11月，省体育局组织开展“中国体育彩票”赣南等原中央苏区国民体质监测健康万里行活动。5月18日，活动在井冈山市正式启动，随后在赣南等原中央苏区的瑞金市、兴国县、于都县、会昌县、石城县、龙南县、全南县、寻乌县、宁都县、南康市、赣州市、井冈山市、吉安市、广昌县、黎川县、抚州市等16个市（县）开展。该项活动内容包括为当地群众提供国民体质监测及科学健身指导，进行形态、机能、素质全方面检测和骨密度、身体成分、亚健康等专项设备的检查，有针对性地开展健身项目展示和指导、现场专家咨询、科学健身宣传、发放科学健身指导丛书、举办全民健身科学大讲堂、开展互动体育节目等。

【加快社会体育指导员队伍发展】 2013年，江西省通过增加经费投入、制定管理办法、推进基层社会体育指导员协会成立、发挥教学优势调动各级社会体育培训基地的积极性、授予省残联二级社会体育指导员培训和审批权等方式，加快社会体育指导员队伍发展。全省有10个设区市和19个县（市、区）成立社会体育指导员协会。各级培训基地共举办1期国家级和6期一级社会体育指导员培训班，培训合格65名准国家级社会体育指导员，462人获得一级社会体育指导员技术等级称号。全省新增各级公益性社会体育指导员5826人，另新增职

业、健身气功、残疾人项目社会体育指导员107人。至年底,全省在国家体育总局注册的公益性指导员为21254人。其中,国家级176人,一级1343人,二级6309人,三级13426人。职业社会体育指导员167人,健身气功社会体育指导员118人。其中,国家级14人,一级104人。此外,江西省选派优秀社会指导员易海燕(宜春)、熊一山(景德镇)参加第三届全国绿色运动健身大会社会体育指导员风采展示大赛,取得自选项目武当剑一等奖。

(何媛)

竞技体育

【概　况】 2013年,江西省组队参加全国体育传统项目学校联赛、青少年体育俱乐部比赛、冰雪冬令营、户外营地展示大会、阳光体育节等活动,顺利完成第十二届全国运动会既定目标。承办2013年全国青少年体育俱乐部比赛、第六届中韩青少年体育交流大会等活动。举办第七届全省县(市、区)田径运动会。年内新增国家级青少年体育俱乐部10所,新增国际级运动健将2人、运动健将15人、一级运动员69人、国家级裁判4人。

以办好全省青少年锦标赛为杠杆,推进体育后备人才培养工作。全年全省共举办18个项目的青少年锦标赛,其中16个省布局项目实际参赛人数5059人,综合评定优秀的1010人,参赛人数和优苗人数增幅较大,为江西竞技体育挖掘出一批好苗子。增设普及程度高、受学生喜爱的篮球、足球青少年锦标赛,极大地促进了基层业训的开展。投入经费逾300万元,改善青少年锦标赛场地、器材和食宿条件。运动员注册仍采用"各设区市体育局初审录数据、省项目中心按要求严审注册材料、青少处审批统管"的模式进行。运动员注册资格规定遵循《2011—2014年全省青少年锦标赛有关规定》执行。参赛运动员骨龄拍摄方式较往年作较大调整,主要是改赛区开赛前拍摄为以设区市为单位集中统一拍摄,在第一个项目开赛前至少一个月时间,所有项目参赛运动员骨龄拍摄评判全部结束。

加强体育科研和教练员培训。举办省中级教练员岗位培训及专项培训,培训教练员300多人。选派基层教练员、传统校体育教师、业训管理者等参加国家体育总局举办的各类培训班。完成局管课题的征集、申报和立项等工作,有25个局管课题结题,31个局管课题立项。

【加强运动员文化教育和保障工作】 2012年12月31日,省政府办公厅转发省体育局、省教育厅、省财政厅、省人保厅、省编委共同下发的《关于进一步加强运动员文化教育和保障工作的实施意见》。意见要求各级政府有关部门高度重视青少年运动员的文化教育工作,并随着经济社会发展不断加大经费投入。南昌、鹰潭、萍乡、赣州、九江、上饶、吉安7个设区市政府结合自身实际出台相应的实施意见。2013年18个项目的全省青少年锦标赛全部实行赛前运动员文化测试。采取抽签方式,实行测试不及格末位淘汰(取消比赛资格),16个省布局项目应测1073人,实测976人,占实际参赛人数的19.29%,平均及格率47.16%。从测试结果来看,小年龄段的测试成绩好于大年龄段的,水上、重竞技、射击、田径等项目测试成绩远差于体操、跳水、游泳、球类等项目,基本上反映出体校学生文化教育水平较低的问题。

【参加第十二届全运会取得好成绩】 8月31日至9月12日,第十二届全国运动会在辽宁沈阳举行。江西代表团共派出144名运动员,参加16个大项、113个小项的决赛。经过13天的奋勇拼搏,共获得6枚金牌、5枚银牌、5.5枚铜牌以及3个第五名、3个第六名、9个第七名、4个第八名,总分345.5分,完成既定目标任务。江西运动员在预、决赛期间,始终保持积极健康、蓬勃向上的精神风貌。严格遵守赛风赛纪,未出现一例违规违纪事件。江西代表团被大赛组委会授予"体育道德风尚奖代表团"称号,赛艇、皮划艇队被单项竞委会评为"体育道德风尚奖运动队"。

(伍小玲)

·资　料·

2013年江西运动员参加国际比赛获奖情况

姓名	项目	成绩	名次	比赛名称	比赛时间	比赛地点
张冬莲	女子飞碟双向	71中	1	国际射联飞碟世界杯分站赛	6月	塞浦路斯
张　阳	男子鞍马	15.000分	3	体操世界杯科特布斯分站赛	3月	德国科特布斯
吴静钰	女子跆拳道团体		4	跆拳道世界杯赛	11月	科特迪瓦
万　勇	男子链球		1	第六届东亚运动会	10月	中国天津
张　阳	男子体操团体		1	第六届东亚运动会	10月	中国天津
陶宇佳	女子100米		2	第六届东亚运动会	10月	中国天津
张　阳	男子吊环		8	第六届东亚运动会	10月	中国天津
陶宇佳	女子4×100米接力		1	亚洲锦标赛	7月	印度
高玉兰 吴　优	女子赛艇双人单桨	728"90	1	亚洲锦标赛	9月	中国安徽
张冬莲	女子飞碟双向团体	209中	1	亚洲锦标赛	10月	哈萨克斯坦

续表

姓名	项目	成绩	名次	比赛名称	比赛时间	比赛地点
陶宇佳	女子100米		3	亚洲锦标赛	7月	印度
张冬莲	女子飞碟双向	72中	4	亚洲锦标赛	10月	哈萨克斯坦
赵俊鹏	羽毛球混合团体		1	亚洲青年锦标赛	7月	马来西亚
赵俊鹏	男子羽毛球单打		5	亚洲青年锦标赛	7月	马来西亚
朱　龙	古典跤60kg级		5	亚洲青年锦标赛	6月	泰国普吉岛
吴文涛	古典跤55kg级		7	亚洲青年锦标赛	6月	泰国普吉岛
黄　东	古典跤50kg级		7	亚洲青年锦标赛	6月	泰国普吉岛

体育产业

【调研大型体育场馆运营情况】 2013年,随着国务院部署机构改革和职能转变工作的逐步展开,国家体育总局针对大型体育场馆运营管理改革创新问题进行调研,着重立足于场馆运营现状调研和相关政策研究。省长鹿心社多次就大型体育场馆的利用问题做出批示,省政协主席黄跃金、副省长谢茹、省政协副主席汤建人等领导先后赴省市体育场馆调研。省政府将省大型体育场馆运营管理问题列入省政府重点调研课题,由省政府发展研究中心负责调研。省体育局在积极配合参与的同时,召开大型体育场馆运营管理工作现场会,集思广益,形成省奥体中心运营管理方案,为推动体育场馆运营管理改革迈出坚实步伐。按照国家体育总局的要求,省体育局开展体育标准化服务建设工作,组建体育场馆建设运营标准化办公室。

【参加中国体育文化·体育旅游博览会】 2013年中国体育文化·体育旅游博览会于11月1日—3日在安徽芜湖举行。本届博览会融汇了430多家来自全国29个省(市自治区)以及亚洲一些地区的体育展示项目,包括体育文化、旅游服务、旅游商品展示,并举行体育文化及体育旅游发展论坛等系列活动。江西省体育局积极筹划,组织江西大觉山旅游风景区和抚州市新体育中心2个单位赴皖参展。因组织参展出色,江西省体育局和江西大觉山旅游风景区连续4年被组委会评为“优秀组织奖”和“中国体育旅游精品线路”称号。抚州市新体育中心作为江西省大型体育场馆的代表首次参展,被组委会评为“最佳展示奖”和“参展贡献奖”。

【创新体彩营销手段】 全省体育彩票销售工作,根据乐透型、竞猜型和即开型彩票的特点,创新出符合各自特点的营销手段,为全年彩票销售打下基础。在乐透型彩票销售中,狠抓大乐透网点宣传“五个一”建设,覆盖范围延伸至90%以上网点。整体工作在全国神秘顾客年度检查考核中位居第三。开展“周年亿元回馈派奖”活动。期间超级大乐透期销量平均增长25.31%,全国排名第一,终端上线率提升至95%,销售票数增长17.7%。全年超级大乐透销售量增长25.87%,超全国平均增幅。多乐彩全年开展两次加奖派送活动,实现“销量、上线终端、销售票数、中奖率”4个增长,在扩大彩民群体、强化基础建设方面取得明显效果。多乐彩全年销售量增长92.34%。全年乐透型彩票销售23.82亿元,占总量47.01%。

在竞猜型销售中,主要围绕“竞彩普及日”和“全国2.4亿元派奖”契机策划开展7项本地营销活动,促进竞彩、传统足彩销量实现双增长,进一步扩大竞猜型彩民群体。“竞彩普及日”活动在3个月时间内实现销量6.6亿元,同比增加1.62亿元,增长32.5%。全国亿元派奖期间,传统足彩销量增长50.89%。全年竞猜型体育彩票销售额25.7亿元,占总量的50.72%。

在即开型彩票销售中,重点狠抓即开型彩票的铺票工作以及个性化展示,网点销售氛围得到有效提升。特别是以振兴赣南苏区为主题,江西自主设计、发行销售具有江西本土特色的以“红色印迹”主题的即开型彩票,在9月中旬上市以后的3个半月时间内实现销量1469万元。此外结合3款新票上市开展主题营销活动,进一步提升网点终端上线率。同时开展户外大卖场36场、小卖场151场。全年即开型彩票销售1.15亿元,占总量的2.27%。

此外,邀请218名彩民、业主、媒体代表参加“相约大乐透,见证体彩公信”开奖活动。江西的体彩营销方案得到国家体育总局体育彩票管理中心的高度认可,并作为成功营销案例向全国推荐。江西体彩全年完成2581个电彩网点形象统一建设和157个竞彩网点标准化建设。评定三星、四星级网点364个,93个网点被评为全国优秀网点。全年新增电彩网点157个,建设直营店6个,户外销售亭17个。实现销量50.67亿元,增加14.6亿元,增长40.47%。全国销售量排名从2012的第十一位上升至第九位。本省市场份额连续9年保持优势,筹集公益金12.37亿元。

【成立“省奥体中心与南昌工程学院游泳实践教学基地”】 3月26日省奥体中心与南昌工程学院合作,揭牌成立“省奥体中心与南昌工程学院游泳实践教学基地”。奥体中心负责提供场地、专业指导和场馆安全,南昌工程学院负责组织具体游泳教学,并设置学分,学期结束后统一考试。全年游泳课报名异常火热,截至6月12日,省奥体中心共承担高校游泳课264节,累计接待学生1万人次。

(王伟)

本栏编辑　孟秀

居 民 生 活

居民收入与消费

【农村居民人均收入增长 12.2%】 2013 年，全省农村居民人均纯收入 8781 元，比上年增加 954 元，增长 12.2%，扣除物价因素后实际增长 9%。全年农民收入水平位居中部六省第二位，全国第十四位。

四大项收入全面增长。全年全省农村居民人均工资性收入 4422.1 元，增加 620.8 元，增长 16.3%，增幅回落 1.6 个百分点，对增收的贡献率为 65.1%，是推动农村居民增收的主要动力；占全年农民人均纯收入的比重为 50.4%，占比首次过半。人均家庭经营纯收入 3683.8 元，增加 235.6 元，增长 6.8%，增幅回落 2.6 个百分点，对增收的贡献率为 24.7%。其中，人均家庭经营第一产业纯收入 2668.2 元，第二产业纯收入 283.6 元，第三产业纯收入 732 元。财产性、转移性收入大幅增长。全省农村居民人均财产性收入 191 元，增加 34.8 元，增长 22.3%。人均转移性收入 484.6 元，增加 62.5 元，增长 14.8%。

增长质量继续提高。城乡收入差距继续缩小。全年全省农民收入名义增幅和实际增幅分别高于城镇居民 2.1 和 1.5 个百分点。农村居民人均收入连续 4 年增幅高于城镇居民，城乡收入比由上年的 2.54∶1 降为 2.49∶1，低于全国的 3.03∶1。农民内部收入差距有所缩小。按农村居民五等份收入分组，低收入组人均纯收入 3064 元，高收入组人均纯收入 18993 元。高收入组与低收入组的收入之比为 6.20∶1，比上年的 7.70∶1 有所缩小，低于全国的 8.24∶1。

农民增收的主要原因。①劳动力市场需求较旺，农民外出从业踊跃，务工环境继续改善。4 月 1 日，再次将最低工资标准提高到 1230 元/月，平均增幅 13.6%，直接拉动农民务工工资水平。据农民工监测调查，年内全省农村在外从业的劳动力人数 816.7 万人，增长 2.8%；月工资 2453.2 元，增长 19.3%。②农业生产形势较好，农产品价格总体稳定。全年粮食总产 211.6 亿千克，增加 3.1 亿千克，夺取了“十连丰”。赣南脐橙、南丰蜜橘分别增产 20%、30% 左右。农产品产量增加因素为农民增收 87 元。全省农产品生产价格指数为 102.3，价格上涨因素为农民增收 49 元。③非农产业发展良好。家庭经营非农产业发展势头良好，以农副产品加工、商品零售、流通服务以及乡村旅游为主的二、三产业继续发展。全省农民人均获得交通运输邮电业收入 266.1 元，增长 20.5%；批零贸易餐饮业收入 329.4 元，增长 17.6%。④政策性惠农保障到位。年内全省完成民生工程 76 件。农资综合补贴提高 26%，拨付种粮补贴资金 41.3 亿元。社会保障水平逐年提高，新型农村社会养老保险实行全覆盖，年满 60 岁的农民每月直接领取 55 元的基础养老金，农村低保标准提高到每月人均 200 元，新型农村合作医疗筹资水平达人均 340 元。此外，部分地方还实施高龄补贴、大病医疗救助等政策，开展农业政策性保险试点。全年农民人均获得政策性补贴增长 15.3%，人均领取新型农村养老保险增长 19.3%，人均领取最低生活保障费增长 8.6%。⑤农村产权制度改革初见成效，财产性收入大幅增加。各地稳妥推进农村土地流转，农民来自土地承包经营权出租、入股等财产性收入明显增多。城镇化过程中，以房屋出租为主的租赁业发展迅速。农机出租、利用闲散资金参与各种投资活动，成为部分农民的财产性收入。全年农民转让承包土地经营权、租金（包括农业机械）、其他股息和红利等方面纯收入 118.9 元。

【农村居民人均生活消费增长 10.2%】 农民生活消费支出稳步增长，消费结构继续优化，生活质量明显改善。据对全省 5000 户城乡居民家庭收支状况调查，全省农村居民人均生活消费支出 5654 元，增加 524 元，增长 10.2%。生活消费支出八大项全面提升，其中交通通讯、其他商品和服务支出增速迅猛。全年农民交通通讯支出人均 587.6 元，增长 18.8%，在生活消费支出八大项中增幅最高；购买首饰、美容美发服务等其他商品和服务支出人均 123.8 元，增长 17.2%。衣着、居住、家庭设备用品支出快速增长，全年农民衣着消费支出人均 308.6 元，增长 16.5%；居住支出人均 1163.1 元，增长 12.9%；家庭设备用品支出人均 323.9 元，增长 16.4%。食品、文教娱乐、医疗保健支出增长平稳，食品消费支出人均 2389.1 元，增长 7%，农民恩格尔系数（食品消费支出占生活消费支出比重）为 42.3%，下降 1.2 个百分点；文教娱乐支出人均 356.4 元，增长 4%；医疗保健支出人均 401.3 元，增长 5.5%。

（刘巍）

【城镇居民人均收入突破2万元】 城镇居民收入呈现平稳增长态势。人均可支配收入为21873元，首次突破2万元大关，增加2013元，名义增长10.1%，高出全国0.4个百分点；扣除价格因素影响，实际增长7.6%，高出全国0.6个百分点。增速位居全国第十一位，中部6省第一位。

四大项收入全面增长。工资性收入、经营净收入、财产性收入和转移性收入全面增长，呈现出四轮驱动带动总收入快速增长的良好态势。其中，全省城镇居民人均工资性收入14768元，增加1343元，增长10%；人均经营净收入2456元，增加249元，增长11.3%；人均财产性收入1068元，增加118元，增长12.4%；人均转移性收入4658元，增加381元，增长8.9%。

四因素助力城镇居民收入较快增长。①宏观经济保持稳中有进态势。②就业形势稳中趋好。开展“就业援助月暨春风行动”，通过广泛收集岗位信息，全方位落实就业政策，推动就业工作稳步开展。③职工工资增长。全省宏观经济进一步向好，企业景气度回升，效益提高，为职工工资性收入增长提供前提保障。年内，发布企业工资指导线，规定企业年度货币平均工资增长上线为17%，基准线为13%，下线为6%，为企业职工工资增长提供政策保障。④多项惠民政策和社会保障托底效应明显。国家连续9年以不低于10%的幅度提高企业离退休金及养老金标准，覆盖人群有所扩大，确保这一群体收入水平的逐年提高。再次上调最低工资标准（调幅为13%），城市低保平均保障标准提高到400元，财政月人均补差水平增加20元，达240元。

【城镇居民消费保持平稳增长】 2013年，全省城镇居民人均消费支出13851元，增长8.4%。从构成消费支出的八大项看，人均食品支出5221元，增长2.9%；衣着支出1566元，增长6.1%；居住支出1415元，增长20.5%；家庭设备用品及服务支出1004元，增长3.9%；医疗保健支出673元，增长0.3%；交通和通信支出1813元，增长20.7%；教育文化娱乐服务支出1687元，增长12.4%；其他商品和服务支出472元，增长10.2%。居住消费、交通和通信消费增幅最大。居住支出中，人均住房支出515元，增长62%；人均住房装潢支出318元，增长48%；人均租赁房房租131元，增长225%。全省城镇居民人均交通支出1088元，增长18.8%。其中人均车辆用燃料及零配件支出318元，增长37.3%。城镇居民网上购物消费热情持续高涨，人均通过互联网购买商品或服务支出183元，增长87%。

（蒴文超）

住　宅

【概　况】 2013年，江西省进一步深化保障性住房制度创新，全省保障性安居工程目标任务超额完成。全省完成投资396.4亿元，新开工32.46万套，基本建成24.32万套，分别达到目标任务的100.7%和110.6%。其中，保障性住房项目新开工18.5万套，基本建成15.1万套；各类棚户区改造项目新开工14万套，基本建成9.2万套。全省城市棚户区改造任务6.15万户，新开工6.34万户，开工率103%；基本建成5.19万户，占基本建成任务的167%。全省国有工矿棚户区改造新开工4612户，开工率100%；基本建成4608户，占基本建成任务的174%。发放廉租住房租赁补贴16.7万户。全省城镇保障性住房覆盖率15.5%。

保障房建设推进力度进一步加大。全年共落实保障房建设用地906.7公顷，确保保障房建设用地应保尽保。中央安排江西省保障性安居工程补助资金99.6亿元（含配套基础设施部分），省财政安排省级配套补助资金23.4亿元，及时分解下达到各市、县。上饶、九江两市试点住房公积金支持保障性住房建设项目，全年共发放贷款2.79亿元。省财政安排住房保障奖励资金8000万元，奖励目标任务完成好的市、县。

省政府出台《关于进一步推进保障性住房建设管理工作的意见》，明确三房合一后的租、售及产权等方面的政策措施，深化保障性住房“三房合一、租售并举”制度，帮助地方政府破解保障性住房建设资金短缺难题，促进保障性住房建设可持续发展。

加强工程质量监管。坚持保障性安居工程省每半年、市每季度、县每月质量安全监督执法专项检查，对发现问题及时下发整改通知书并要求整改到位。坚持“三个百分之百”工程质量安全监管，截至年底，全省保障房分户验收率、工程质量责任标牌设置率和远程视频监控系统安装率均达100%。在住建部保障房项目质量安全监督执法检查中，江西省受检工程符合项占比91.9%，在全国25个受检城市中综合排名第九位。

公平分配得到广泛认可。坚持保障性住房“三级（社区、区、市县住房）审核、三榜公示”资格认定制度和“统一摇号、公开配租（销售）、电视直播、全程公证”配租配售制度，确保分配过程与结果的公开、公平、公正，得到群众的认可和拥护。

【健全保障性住房建设工作机制】 落实保障性住房建设目标责任管理，签订省、市、县层级目标责任书，落实目标责任。建立保障性住房建设日常巡查与重点督查相结合、现场督查与网上督查相结合、群众举报与社会监督相结合的“三结合”督查制度。建立保障性住房建设工作进度通报制度和约谈问责制度。

【加强房屋征收监管】 制定《2013年国有土地上房屋征收监管工作实施方案》，依法稳妥做好城镇房屋征收监管，做到依法征收、和谐征收，坚决杜绝恶性案件发生，对违法违规征收行为严肃查处。在全省范围内组织房屋征收10个方面的县（市）自查，设区市全面检查，会同省政府纠风办、省监察厅等9个责任单位在宜春进行专项集中检查。向住建部提交全省国有土地上房屋征收监管工作专题报告。

【住房公积金可用于支付保障性住房房租】 为进一步发挥住房公积金的住房保障作用，提高资金使用效率，支持缴存职工租赁保障性住房，根据《江西省人民政府办公厅关于进一步推进保障性住房建设管理工作的意见》，出台《关于提取住房公积金支付保障性住房房租有关事项的通知》。符合条件并已承租公共租赁住房或已承租廉租住房或已享受廉租住房租赁补贴的，可向当地住房公积金管理中心申请提取住房公积金用于支付房租。

（丁锦琳　廖琳林　李锋）

消费者权益与保护

【概　况】　2013年，全省工商行政管理部门、消费者协会共受理登记消费者咨询、申（投）诉、举报9万余件，办结率96.2%，排前三位的分别是家用电器类、通信产品类、服装鞋帽类。查处侵害消费者合法权益案件2316起，为消费者挽回经济损失3919.64万元。

消费教育和消费引导。省工商行政管理局、省消协通过多种形式和途径，积极面向城乡居民开展消费教育引导。“3·15”期间，推出维权成果大型展板，向消费者介绍消费知识和消费信息。继续开展“岗位学雷锋、履职提效能”主题实践活动。全省设立“学雷锋消费维权岗”976个，解答咨询1.25件，受理和处理消费者申诉举报6055件，召开学雷锋学习报告会60次。

消费维权网络体系建设。进一步巩固农村村镇和城市社区“一会两站”全覆盖成果，夯实基层消费维权网络，方便消费者就近投诉、就近解决消费纠纷。至年底，全省共建立“一会两站”1.13万个，受理申诉、投诉1.15万件，为消费者挽回经济损失1295万元。全省工商行政管理部门积极开展12315进商场、进超市、进市场、进企业、进景区工作，设立“五进”消费维权服务站1933个，撰写《江西省12315“五进”工作调研报告》。自行和解纠纷5289件，争议金额190万元。

流通领域商品质量监管。加强商品质量监测工作，省工商行政管理局针对社会反映强烈、消费者诉求集中的重点商品以及监管执法中发现的不合格商品，加大商品质量监测力度，有计划地组织开展商品质量监测，对全省615户销售者经营的30个品种的商品进行监测，共抽样977批次（组），立案查处236起，罚没金额72.3万元。进一步提升监管执法效能，针对性开展流通领域商品质量专项整治行动，取得良好效果。全省各地按照国家工商总局和省工商行政管理局统一部署，集中开展儿童用品、消防产品、建材产品等与老百姓生活密切相关商品的专项整治，共查办案件1832件，案值1193.18万元，罚没金额1031.38万元，有力地维护市场秩序。加强服务领域消费维权，围绕消费者诉求重点和热点，采取个别沟通或集体约谈形式，对经营者进行行政约谈，签订承诺书，促进和谐消费。

【开展“3·15”国际消费者权益日活动】　3月15日，省工商行政管理局根据省政府的要求牵头组织相关行政部门，在南昌八一广场开展“3·15”国际消费者权益日大型宣传活动。现场摆放消费维权成果大型展板120余块。省消协为29个“投诉和解联络单位”颁发牌匾。“3·15”期间，全省宣传咨询服务设点725个，专家、学者提供咨询服务7970人次，现场受理消费者投诉1627人次，发放宣传材料106.48万份。

（操安娜）

婚　姻

【概　况】　2013年，全年共办理婚姻登记65.6万对，免除当事人登记费用722万元，登记合格率99.9%以上。

继续开展国家等级婚姻登记机关创建。下发《关于开展2013年婚姻登记机关等级评定工作的通知》，按照等级标准，加强婚姻登记机关标准化建设。6月，开展全省社会事务项目建设和安全生产检查，对申报单位进行实地检查。经过民政部评审或省民政厅评定，江西省新增8个国家3A级婚姻登记机关和2个省级1A、2A级乡镇婚姻登记处。省民政厅投入省级福彩公益金100万元，资助10个婚姻登记场所标准化建设。

组织开展婚姻登记业务培训。4月，组织部分婚姻登记处主任赴武汉参加民政部举办的婚姻登记工作培训班。12月，举办2013年全省婚姻登记员和颁证员培训，共培训初任登记员和颁证员399名，组织登记员考试，为培训合格的登记员和颁证员颁发上岗证。

【制定婚姻登记信息化建设实施方案】　印发《江西省婚姻登记信息化建设实施方案》，在实现全省网上办理婚姻登记的基础上，制定全面完成婚姻登记历史数据的补录、县级以上婚姻登记机关全部开展网上预约登记服务以及与人民法院、公安机关建立婚姻状况相关信息数据交换共享机制等工作时间表，为进一步继续巩固全省婚姻登记信息化建设成果，深入推进婚姻登记机关现代化建设奠定制度基础。

【举办首届婚姻登记颁证大赛】　7月，举办全省首届结婚登记颁证大赛，共7支设区市代表队，21名选手参赛。经过专业知识笔试、形象展示和情景模拟三个环节的竞争，九江市、南昌市、赣州市民政局代表队分别获团体第一、二、三名。8月，选派九江市、南昌市参加全国颁证大赛南方赛区比赛，全部获得优秀奖。10月，组织部分婚姻登记管理人员赴福建观摩全国颁证比赛总决赛。

（刘学平）

家　庭

【下发《江西省关于指导推进家庭教育的五年规划》】　2月6日，省妇联与省教育厅、省文明办、省民政厅、省卫生厅、省人口计生委和省关工委部门联合下发《江西省关于指导推进家庭教育的五年规划（2011—2015年）》，明确具体目标和主要任务。规划提出80%的城市社区和60%的行政村建立家长学校或家庭教育指导服务点。鼓励和支持机关、社会团体、企事业单位创办家长学校，为家长提供及时便利的家庭教育指导服务。积极探索办好社区家长学校、推进和完善网上家长学校建设。省、市、县及乡镇普遍建立家庭教育指导服务阵地。在省、设区市、县（市、区）三级强化4支家庭教育队伍建设，即家庭教育理论工作者队伍建设、家庭教育咨询服务队伍建设、家庭教育知识宣讲队伍建设、家庭教育志愿者队伍建设。5年内至少培训1万名以上家庭教育骨干。各级各类家长学校负责人基本得到培训。规范开展家长接受家庭教育指导服务，提升家长参与家庭教育实践活动的比率，将家庭教育公共服务落到实处。幼儿园家长学校每学期开展1～2次家庭教育指导和亲子实践活动；中小学家长学校、中等职业学校家长学校每学期组织1～2次家长指导或家庭教育实践活动。针对家庭教育中面临的新情况、新问题，配合党委政府实施好新一轮家庭教育工作规划。

【建设红杜鹃家庭服务品牌】 9月，成立红杜鹃家庭服务有限公司、红杜鹃家庭服务中心、红杜鹃职业培训学校。10月，省红杜鹃家庭服务中心获批成为省家庭服务行业规范制定和标准化试点单位。年内全省范围内发展红杜鹃家庭服务中心（企业）17户，巾帼家庭服务企业53户，培训基地44个，员工制从业人员4100人。共免费培训红杜鹃家庭服务从业人员2.68万，帮助3万多名妇女在家庭服务行业实现就业。

【推进平安家庭创建活动】 2013年，"平安家庭"创建活动围绕省委省政府的中心工作，按照省委政法委、省综治办的要求，将创建平安家庭与创新社会管理有机结合，与化解矛盾纠纷有机结合，与维护稳定促进和谐有机结合，推进平安江西建设。11月5日—6日，全省妇联系统维权维稳工作暨"平安家庭"创建活动现场推进会在宜春召开，省妇联主席、省"平安家庭"创建活动领导小组组长潘玉兰，省综治办副巡视员张鹤翔出席会议并做重要讲话，省妇联副主席饶冬梅主持会议。会上，宜春市妇联、九江市反家庭暴力妇女庇护中心、南昌市公安局经开分局蛟桥派出所、泰和县澄江镇综治办、信丰县妇联分别发言，介绍他们的经验和做法。会议期间，与会代表参观考察宜春市袁州区灵泉街道鹧鸪社区、市妇女儿童活动中心、反家庭暴力妇女庇护站和万载县马步乡布城村高星自然村。

【开展丰富多彩的"三八"纪念活动】 省妇联培育和践行社会主义核心价值观，以"三八"妇女节为契机开展丰富多彩的纪念庆典活动。3月7日，省妇联、省新农村建设办公室联合举行纪念"三八"国际妇女节103周年、江西省"共建和谐秀美乡村、美丽家园行动"暨"金牌大姐"快车启动仪式。省妇联向湾里区妇联发放10万元"三八"绿色工程示范基地发展资金，向梅岭镇妇联发放3万元扶持"示范妇女儿童之家"建设资金，为贫困母亲赠送"母亲邮包"，向"金牌大姐"发放快车钥匙；与省武警总队联合表彰第三届"十佳军嫂"，授予"十佳军嫂"家庭"江西省五好文明家庭"荣誉称号。

【启动"金牌大姐快车"活动】 3月，由省妇联与江西卫视联合主办，江西幸福文化研究传播中心承办的金牌大姐快车活动正式启动。以胡剑云领衔的《金牌调解》调解员、观察员专家团队深入市县巡回讲座，与基层妇女干部和群众面对面交流，培养调解骨干，播撒和谐文化，促进家庭文明建设。全年累计行程5000余千米，先后开进5个设区市和4个县（市、区），10余位专家为5000多人次的群众进行现场讲座和答疑。至年底，全省登记在册的"金牌大姐"共1253名。

【举办"振兴杯"家庭服务业职业技能大赛】 9月5日，由省人力资源和社会保障厅、省商务厅、省妇女联合会主办，江西省家庭服务业协会、江西省红杜鹃家庭服务中心承办的江西省2013年"振兴杯"家庭服务业职业技能大赛在江西省红杜鹃职业培训学校举办。全省11个设区市代表队共选拔89名选手参赛。大赛历时2天，于9月6日落下帷幕。

（*盛敏　林涵　石爱忠等*）

计划生育

【概　况】 2013年，全省人口出生率13.1‰，同比下降0.36个千分点；人口自然增长率7.1‰，下降0.22千分点；出生人口性别比115.8，下降0.93。主要人口指标连续4年实现"一升三降"。

加大查处违法生育工作力度。坚持宣传教育为主、避孕为主、经常性工作为主，进一步加大查处党员干部和富人违法生育工作力度，全省查处党员干部违法生育920人，其中给予党纪处分529人，政纪处分425人，开除公职265人，查处副科级以上干部10人。全省查处富人违法生育473人，有效维护生育秩序，促进全省人口计生工作深入开展。

严格控制出生人口性别比。深入开展"关爱女孩行动""婚育新风进万家"活动，扎实推进以打击"两非"（非医学需要的胎儿性别鉴定和非医学需要的人工终止妊娠行为）为重点的专项整治行动。全省继续保持打击"两非"的高压态势，查处"两非"案件1980例，其中公立医院"两非"案件90例，吊销违法医务人员执业证书60份，开除公立医院违法医务人员48人，经济处罚804.11万元，刑拘或判刑22人。

推进计划生育利导政策体系建设。提高奖励扶助标准。规定社会抚养费的20%必须用于计划生育利益导向。奖励扶助标准从每人每月60元提高到100元，特别扶助伤残家庭标准从每人每月80元提高到130元。全省共落实奖励扶助对象5.60万人，落实特别扶助对象9574人。城镇独生子女父母奖励费标准由每人每月4元提高到每人每月20元。计划生育"失独家庭"关怀扶助工作实现"提标扩面"。将"失独家庭"扶助年龄由49周岁提前到40周岁，在全国首创40～48周岁"失独家庭"经济扶助制度，符合条件的每人每月可享受150元的失独扶助金。对49～59周岁的"失独家庭"，将特别扶助标准提高到每人每月300元，比国家标准高165元。对60周岁以上的"失独家庭"，扶助标准提高到每人每月500元，比国家标准高365元。实施农村二女家庭节育奖励制度。5848个符合条件的家庭得到了不低于3000元的一次性奖励。开展"阳光助学行动"。全省1.47万名农村就读高中的女孩享受每人每年1000元资助，3425名计划生育家庭子女因享受中考加10分升入高中甚至重点高中。

免费孕前优生健康检查实现全覆盖。全省100个县（市、区）全部列为国家项目试点，免费孕前优生健康检查项目提前实现国家试点全覆盖，目标人群参检率100%，8个抽检县室间质评优秀良好率100%，得到国家卫计委的充分肯定。年内全省累计投入1亿多元免费为44.25万人做优生健康检查，4.55万人检查后确定为高风险人群，高风险检出率10.28%，对这部分高风险人群，除全部建立档案外，还进行一对一优生指导、跟踪服务。

流动人口计划生育服务管理水平明显提升。完善省内流动人口信息交换平台，成立流动人口计划生育协会644个，全省各乡镇实现与全国各省流动人口信息协查交换实时在线互通。与泛珠区域、泛长区域实行流动人口服务管理双向协作，建立联席会议、数据协查、联合执法、信息通报等工作制度。积极推进流动人口公共服务均等化，将优生优育、生殖健康服务项目纳入流动人口计划生育基本公共服务范围，全省共为153万流动育龄妇女免费提供计划生育基本公共服务，免费技术服务率95%。

计划生育优质服务提质提速。投入5180万元用于1个设区市和13个县级计划生育服务站基础设施建设，总建设规模2.59平方千米。完成75辆计划生育流动服务车及车载设备的采购发放工作，基层服务能力和水平明显提升。全面实施"再生育·天使计划"，帮助"失独"家庭再生育一个孩子，重新构建和谐家庭。深入开展"生殖健康进农家""创建幸福家庭""关爱留守儿童、空巢老人"活动。开展社会抚养费征收专项治理和信访工作专项督查，维护社会稳定。

【召开全省人口计生工作会议】 6月8日，召开全省人口计生工作会议，会上下发2013年度人口和计划生育工作任务书，省政府副秘书长谢茂林宣读省政府关于对2012年度全省人口和计划生育目标考核获奖单位予以表扬的通报。会议对2012年全省人口计生工作进行总结，部署2013年工作。11个设区市及南昌市东湖区、新余市渝水区、九江市庐山区、寻乌县、奉新县、万年县、吉安县、资溪县等61个县（市、区）获得2012年度全省人口和计划生育工作目标考核表彰。

【计划生育特别扶助与城乡社会救助制度衔接】 9月12日，省人口计生委、省民政厅下发《关于做好计划生育特别扶助与城乡社会救助制度衔接工作的通知》，确保对独生子女伤残、死亡家庭"应保尽保""应扶尽扶"。省委、省政府高度重视帮助解决计划生育特殊困难家庭（即独生子女伤残、死亡家庭）生活中遇到的困难，省政府民生工程连续2年提高独生子女伤残、农村"五保"供养和城镇"三无"保障等社会救助政策，加大对独生子女伤残、死亡家庭在内的困难群体的救助。

【成立江西省卫生和计划生育委员会】 12月24日，江西省卫生和计划生育委员会正式成立，省卫生和计划生育委员会召开干部大会。省委组织部常务副部长冯桃莲到会宣布省委关于省卫生和计划生育委员会领导班子任免的决定，并就下一步工作提出具体要求。省卫生和计划生育委员会党组书记李利代表领导班子讲话。原省卫生厅和原省人口计生委机关副处级以上干部及直属单位党政主要负责人参加会议。

（马晓平）

妇女儿童

【概　况】 2013年，全省妇女就业机会增加，享有平等的社会保障权利。女性就业人员1207.4万人，比上年增加22.2万人。329.4万城镇女职工参加基本养老保险，增加16.4万人。278.5万城镇女职工参加基本医疗保险，增加14.1万人。生育保险、工伤保险、失业保险参保人数均有不同程度增加。妇女参与决策和管理的人数增加，水平提高。省级、市级、县级政府领导班子中女干部配备率分别为100%、90.91%和86%。市级政府工作部门领导班子配有女干部的比例达53.37%。市、县级政府工作部门领导班子正职女干部比例分别为11.14%和8.69%。村民委员会成员中女性比例为26.27%，其中村委会主任中女性比例为3.01%。居民委员会成员中女性比例为70.31%。

妇幼保健得到加强，孕产妇与儿童的死亡率下降。全年婴儿死亡率9.42‰，孕产妇死亡率11.83/10万人，其中城市孕产妇死亡率下降尤为明显，从上年的18.22/10万人下降到13.16/10万人。全省孕产妇住院分娩率99.79%。

妇女儿童受教育面扩大，受教育水平提高。全省学前教育毛入园率63.98%，小学学龄儿童净入学率100%。女生小学五年巩固率77.17%；初中阶段女生毛入学率98.03%；初中三年女生巩固率82.19%；九年义务教育女生巩固率83.69%。高中阶段女生毛入学率78.56%，提高2.87个百分点。

妇女儿童合法权益得到有效保护。年内全省共破获强奸案589起，破获拐卖妇女案52起，破获组织、强迫、引诱、容留妇女卖淫案件数344起。受暴妇女儿童救助机构数由上年的125个增加为155个，受救助的妇女儿童由上年的1891人次增加为2349人次。

妇女儿童生存环境优化，生活质量提高。全省农村集中供水受益人口比重达48%，提高3.65个百分点。农村自来水普及率72.44%，提高5.99个百分点，农村卫生厕所普及率86.92%，提高2.54个百分点。城市生活垃圾无害化处理率93.28%。

【加强未成年人校外场所建设】 省妇联与省财政厅联合开展专项彩票公益金支持妇联系统建设省市县三级妇女儿童活动中心，按未成年人校外活动场所建设项目资金，省市级500万元，县级300万元的补贴标准，编制下发《妇联系统未成年人校外活动场所项目安排规划（2012—2015年）》，共争取资金8260多万元。8月25日—31日，省妇联儿童部举办妇联系统儿童校外活动场所建设与管理工作培训班。11月21日，与财政厅联合印发《江西省妇联系统儿童活动中心设备采购目录（试行）》，新建的校外场所将在采购目录中选择采购可使用的设备。

【举办"江西省妇女暨儿童发展公益论坛"】 3月30日，由省妇联主办、紫荆丽人（江西）学堂承办的"江西省妇女暨儿童发展公益论坛"在南昌市红谷滩会展中心召开，活动邀请美籍幼儿教育专家蔡伟忠博士为学生家长授课。蔡伟忠博士通过理论阐述和生活实例分享，从父母应该如何同孩子建立亲密的关系，如何有效培育孩子、管教孩子入手，引导家长思考怎样带领孩子向正确的方向前行，让父母成为孩子的成长教练，切实帮助父母培育出根基健康、品格高尚的下一代。

【省儿童少年活动中心开展多项公益活动】 4月19日，在新建县石埠中心小学举行“欢乐科普大篷车，关爱留守儿童阳光行”主题活动，向石埠中心小学的贫困留守儿童赠送爱心毛衣、书包、书籍等生活和学习用品。省儿童少年活动中心的30名爱心小志愿者给结对的留守儿童送去自己精心准备的爱心礼包。600多名儿童参观了科普大篷车，亲身体验神奇的磁力，探索“怪坡现象”“虹吸现象”“盐析现象”等科学奥秘。7月23日，在南昌举行“2013年‘炎黄大家园’——江西城乡儿童手拉手友爱同行科普夏令营”开营仪式，向泰和县螺溪镇中心小学的20名贫困留守儿童转交中国关心下一代工作委员会及活动组委会的爱心捐助。仪式结束后，全体营员乘车前往庐山参加为期2天的生态实践活动，参观庐山植物园，聆听专家讲座，举行植物知识竞赛，制作植物标本。10月23日，在浮梁县汪湖小学举办“梦想飞翔 共享成长”流动少年宫送课下乡活动，为农村的孩子们送去全国10省市校外儿童美术教育交流展的300多幅儿童画、彩墨画、版画、中国画和油画作品，组织2堂美术课，向32名农村贫困儿童赠送绘画材料、工具、书籍和玩具。

【开展关爱留守儿童系列活动】 5月30日—31日，由省综治办、省妇联、省教育厅、省人社厅、团省委、省关工委联合举办的全省庆“六一”暨关爱教育管理留守儿童工作经验交流会在丰城市召开，共120余人参加会议。会前省委副书记尚勇为关爱留守儿童工作做出重要指示，副省长谢茹到会讲话。省关工委第一副主任刘运来出席会议。宜春市委副书记、市长蒋斌向大会致辞。省妇联主席潘玉兰主持会议。5月，赣州市于都县作为省试点县在全国农村留守流动儿童关爱服务体系试点经验工作会上做典型发言。8月23日，新建县龙岗村举办以“儿童友好家园，留守儿童乐园”为主题的“龙岗村留守儿童心理健康团体辅导系列活动”。

【少年儿童多项作品在全国赛事中获奖】 7月23日，省儿童少年活动中心选送的舞蹈作品《妞蛋蛋亲》，赴北京参加第九届“爱我中华全国青少年科学与艺术大赛”，获得金奖。200余幅作品参加第八届“天眼杯”中国国际少年儿童漫画大赛，获金奖1名、银奖1名、铜奖6名；30余幅作品参加第十一届“天才杯”全国儿童画擂台赛，获奖率100%。在全国“新人杯”比赛活动中，儿童少年活动中心选送的20篇作品，有5人获得一等奖，8人获得二等奖，6人获得三等奖；组织15篇作品参加“文星杯”全国中小学生网络作文大赛，3人获得一等奖，5人获得二等奖，5人获得三等奖。

（章丽娟　冷串莲　朱颖）

青　年

【概　况】 2013年，江西14～35周岁青年1568.37万人，其中14～28周岁为1059.84万人，29～35周岁为508.53万人。

从事农、林、渔、牧业人数为807.90万人，其中国营农林牧渔47.81万人，乡镇321.76万人，行政村438.33万人；采掘业28.78万人；制造业63.76万人；电力、煤气及水的生产和供应业28.39万人；建筑业11.23万人；地质勘探业、水利管理业5.19万人；交通运输、仓储及邮电通讯业30.74万人；批发和零售贸易、餐饮业93.74万人；金融、保险业12.35万人；房地产业23.41万人；社会服务业48.39万人；教育文化艺术和广播影视业481.31万人，其中大专院校学生85.36万人，中专学生24.91万人，职业高中学生28.29万人，普通高中学生83.66万人，初中学生194.55万人；卫生、体育和社会福利事业39.43万人；科学研究和综合技术服务业3.83万人；国家机关、政党机关和社会团体65.84万人；其他36.56万人。

从事经济行业14～35周岁青年为583.90万人。国有经济281.43万人，其中国有企业125.12万人，国有事业单位139.78万人，国家机关、政党机关和社会团体16.53万人。集体经济28.36万人，其中集体企业14.38万人，集体所有制事业单位13.98万人。私营经济中165.28万人，其中私营独资企业16.44万人，私营合资企业67.94万人，私营有限责任公司80.90万人。外商经济4.31万人，其中中外合资、合作经营企业1.16万人，外资企业3.15万人。港澳台经济1.89万人，其中与大陆合资、合作企业9300人，港、澳、台独资企业9600人；个体经济90.22万人；乡镇企业12.41万人。

乡镇街道14～35周岁在辖区内从业青年302.73万人，就业人员151.36万人，其中机关、国有、集体企事业单位正式职工86.60万人，外来务工人员55.32万人；待业人员25.89万人；流动人员中，流入18.79万人，流出69.57万人。

【召开“中国梦我的梦”江西青年汇——各界青年座谈会】 5月3日，“中国梦我的梦”江西青年汇——各界青年座谈会在南昌召开。省委副书记尚勇出席会议并讲话，省政协副主席汤建人出席会议。座谈会表彰了30名2012年度“江西青年五四奖章”获得者。全省各界青年围绕“中国梦我的梦”主题，结合各自工作岗位和成长经历，就“中国梦”的理解、“我的梦”是什么、怎样实现梦想等畅谈体会和感受。尚勇在讲话中指出，实现中国梦，不仅要靠满腔热情、实干奋斗，更要靠勇于创新；要强化协作意识和团队精神，建立民主开放平台，注重多领域交流合作，博采众家之长，在开放交流中获得正能量、取得双赢；要营造尊重人才、崇尚创新和实干的氛围，以爱国之魂、创新之魄、实干之举奋力实现中国梦。

【第二届“赢在江西”江西青年创新创业大赛暨第一期“导师带徒”活动在南昌落幕】 1月6日，第二届“赢在江西”青年创新创业大赛暨第一期“导师带徒”活动总决赛在南昌胜利落幕。省委副书记尚勇,省委常委、常务副省长莫建成,省政协副主席、民建江西省委主委孙菊生观看总决赛,并为获奖者颁奖。15名选手经过短片介绍、自我介绍、项目阐述、评委提问等环节,决出大赛前三名。获奖者除获得个人创业奖金外,还有望获得免息专项创业贷款。

(章学彭)

老年人

【概　况】　2013年,全省60岁及以上老年人口586.52万人,占总人口比重12.97%,比上年提高0.58个百分点。65岁及以上老年人口397.04万人,占总人口的8.78%,提高0.43个百分点,人口老龄化进程继续加快。

开展居家养老服务工作。利用1500万元省级福彩公益金,在全省打造120个省级示范点,其中城市社区45个,农村社区75个。全年新建居家养老服务中心(站)739个。积极争取中国红十字总会事业发展中心在江西省设立10个"曜阳"托老所,为困难失能老人捐赠液晶彩电100台、康复护理床100张、轮椅200个;争取中国康复协会为南昌市4个居家养老服务站点捐赠价值240万元的康复器材。南昌市、赣州市、宜春市开通12349民政公益平台,进一步促进居家养老服务信息化。7月,省民政厅和省老龄办在吉安市召开全省居家养老服务工作经验交流会。

农村老年协会规范化建设。争取省财政安排200万元资金,通过政府集中采购,为133个规范化建设试点村老年协会配发电视机、DVD、办公桌椅、书柜、乒乓球桌、锣鼓乐器等一批办公设备和文娱活动器材。老年协会利用工作和活动平台,积极开展农村居家养老服务。

【推进老年优待工作】　组织实施省政府"关于办理70周岁以上老年人免费乘坐公交车意外伤害保险"民生工程。省老龄办多次召开由财政、公交、保险等部门有关人员参加的工作推进会,协调省财政提前下达年度省级保险经费。年内全省共发生老年人乘车意外伤害事故24起,23起得到妥善处理和赔偿。全省有9个设区市建立80周岁以上老年人高龄津贴制度。赣州市百岁老人津贴标准由每人每月500元提高到1000元。

【开展"敬老月"活动】　根据省老龄委《关于开展2013年"敬老月"活动的通知》要求,10月1日—31日,组织全省开展为期一个月的"敬老月"活动。各地围绕"贯彻老年法,造福老年人"的活动主题,广泛开展不同形式、不同内容的敬老活动。"老年节"当天,省老龄办联合省民生广播等媒体,在南昌八一广场举办庆祝"老年节"老年文艺演出、老龄政策宣传教育和老年法律、老龄政策、医疗保障咨询服务。在"敬老月"活动中,全省共组织走访慰问高龄、困难老人1500余人次,发放慰问金500多万元。

【开展老龄难点热点问题研究】　组织全省老龄部门就老年人权益保障、老龄产业促进政策、家庭养老支持政策等难点、热点问题开展调查研究,撰写的《关于江西省农村老年协会建设状况调查与对策建议》和《江西省农村空巢老人的日常生活与基本需求研究》在2013年全国老龄办组织的老龄政策调研成果评选中,分别获得二等奖和优秀奖。

(曾广水　段玉冰)

殡　葬

【概　况】　2013年,围绕构建完善基本殡葬公共服务体系,推进城乡公益殡葬设施和殡葬单位"一条龙"服务建设,全省殡葬救助保障和惠民服务水平进一步提升。全省共建成火化殡仪馆86个,经营性公墓99个,农村公益性骨灰安放设施6500余个,建立全民免费火化制度的县(市、区)66个。

推进殡葬救助保障和城乡公益殡葬设施建设。省政府将困难群众遗体免费火化纳入全省民生工程。3月,安排省级财政资金60万元,补助南昌市等14个殡仪馆维修改造火化炉等殡葬设备18台(套)。9月,省财政厅、省民政厅联合制定《江西省省级福利彩票公益金资助城乡公益性骨灰安放设施建设项目管理办法》,安排省级福彩公益金1000万元,分别补助273个农村和1个城市公益性骨灰安放设施建设项目。

组织开展2012年度公墓年检。2月27日—3月8日,组织10个检查组,对全省99家经营性公墓规范管理、墓区建设、经营管理、文明服务和自身建设等5个方面情况进行年度检查。对存在问题较多的3家公墓责令限期改正。组织符合条件的113名一线殡葬职工参加全国民政行业职业技能统一鉴定考试,92人取得职业等级证书,合格率为81.4%。

全省清明祭扫安全、文明、有序。省民政厅、省文明办、省环保厅联合发出《清明节"减少祭品焚烧,低碳文明祭扫"倡议书》。清明节期间,全省殡葬服务单位接待祭扫群众259万人次、车辆21.6万辆次,群众祭扫活动安全、文明、和谐、有序。

【举办第二届全省民政行业职业技能大赛】　11月4日—6日,由省民政厅、省人力资源和社会保障厅联合主办的江西省第二届"福彩杯"民政行业职业技能大赛在南昌举办。按照赛事规定,每个设区市分别选拔3名殡仪服务员和3名遗体火化师参赛。其中,孙卓浩、魏中山等6人获一等奖,被授予"江西省技术能手"称号;万冰玲、程宗珩等8人获二等奖,被授予"江西省民政行业技术能手"称号。

【开展殡葬"一条龙"服务和殡葬改革示范活动】　组织全省殡葬单位开展殡葬"一条龙"服务和殡葬改革示范活动。南昌市开通"96444"免费殡葬服务电话;抚州市建立一支高素质殡仪服务队伍;景德镇市推行"一条龙"惠民便民殡仪套餐服务;宜春、新余等市推出"家庭式"守灵服务。推荐抚州市殡仪馆和南昌翡翠园公墓参加全国殡葬改革示范单位评选。

(罗铁军)

本栏编辑　孟秀

民　政

综　述

2013年,全省各级民政部门着力保障和改善民生,创新并深化社会管理,民政综合能力不断增强,各项工作取得新进展。

提升基本民生保障水平。2013年省政府民生工程实事76件,民政部门负责实施10件,配合有关部门实施3件。城乡低保、农村"五保"供养、城镇"三无"特困群众供养、孤儿保障、精简退职老弱残职工救济等提标提补工作落实到位,元旦春节一次性生活补贴及时发放。省政府印发《关于进一步加强和改进最低生活保障工作的实施意见》,城乡低保政策进一步完善,低保操作规程更加规范。医疗救助、临时救助制度有效实施。全省270多万城乡困难群众基本生活得到有效保障和改善。有效应对风雹、洪涝、干旱等灾害,调拨一批救灾棉被、毛巾被、草席以及方便食品等物资,完成6278户因灾倒房重建任务,创建减灾示范社区151个。加快建立适度普惠型社会福利制度,实施重大社会养老服务体系建设项目28个。支持各地新建、改造社会福利中心38所、敬老院246所、光荣院7所、城乡居家养老服务中心(站)115所、农村老年人颐养之家100所,扶持民办养老机构48所。孤儿基本保障政策向困境儿童拓展,艾滋病病毒感染儿童全部纳入保障范围。支持建设儿童福利机构18所,其中省级孤残儿童康复训练基地5个。

支持国防和军队建设。广泛开展双拥创建活动,积极做好军事演习的拥军支前工作,进一步巩固和推动军地团结协作。推进烈士褒扬工作,省委办公厅、省政府办公厅、省军区政治部印发《关于进一步加强烈士纪念工作的实施意见》,省政府召开全省烈士纪念工作会议,完成4.9万座散葬烈士墓和237处零散烈士纪念设施抢救保护工作。实施退役士兵安置改革,退役士兵年度安置任务基本完成,重点安置对象得到优先安置。省政府办公厅印发《关于做好退役士兵自主就业一次性经济补助工作通知》,自主就业退役士兵及时领取到一次性经济补助。开展退役士兵教育和培训工作,落实军休干部待遇。

深化社会管理。加强城乡社区管理服务,落实社区建设各项政策措施。全省新建社区服务设施4.5万平方米,城市社区综合设施覆盖率60%以上。落实社区办公用电与居民用电同价政策。推进社区信息化建设,开展村务公开民主管理工作和精品农村社区创建活动。进一步优化社会组织发展环境,省本级、6个设区市和部分县(市、区)开展四类社会组织直接登记,非公募基金会或异地商会登记管理权限下延到设区市。建立各级各类社会组织孵化中心20多家,新增各类社会组织1589个,同比增长11.8%。进一步完善社会组织评估指标体系,逐步推行社会组织等级评估。在全省推广"1+8+X"的模式,不断深化以社区为平台、社会组织为载体、社工(志愿者)为骨干的"三社联动"机制。推进社会组织党建工作,10个设区市和33个县(市、区)成立社会组织党工委,640个社会组织建立党组织,共有党员1.8万余名。加强社会工作宣传普及,启动社工专业人才服务"三区"计划及志愿服务记录制度试点。畅通"信、访、网、电"四位一体群众利益诉求表达渠道,做好来访群众信访接待、网上信访和群众来信、来电办理。落实维稳工作责任,加强部门协作,深入开展矛盾纠纷排查工作,有效化解赴省进京串联上访50多起,全省创建民政信访"三无"县41个。

加强专项社会事务服务管理。实施区划调整,支持南康市实现撤市设区,审核办理景德镇市城区行政区划调整事项,办理乡级区划调整事项9件。加强地名规范化建设,全省所有乡镇政府驻地和98%的行政村设置地名标牌。加强地名文化建设,开展千年古地名调查统计工作。完成对浙赣省界和50条县界的联检,乡镇勘界工作进入收尾阶段。省政府办公厅下发《关于进一步加强和改进流浪乞讨人员救助管理工作的通知》等文件,全年救助流浪乞讨人员6.5万人次,5所救助站达到国家建设标准。新增8个国家级和2个省级标准化婚姻登记机关,开展婚姻登记历史数据补录工作。殡葬服务收费进一步规范,殡葬"一条龙"服务模式在各设区市推广。惠民殡葬政策覆盖面进一步扩大,全省建立全民遗体免费火化制度的县(市、区)66个。

增强民政综合能力。加大民政政策创制力度,5部地方性法规、11部省政府规章的制定(修订)工作纳入省人大常委会和省政府五年立法规划。年内省级层面出台民政政策文件27件;各地以市委、市政府及市"两办"名义出台政策性文件30多件;各地民政部门单独或联合有关部门出台了一大批规范性文件。南昌、宜春、鹰潭、上饶4个设区市本级和61个县(市、区)成立居民家庭经济状况核对中心。全省50.2%的乡镇(街办)单独或挂牌设立民政所。99个县(市、区)完成敬老院法人登记,落实人员编制。推进“数字民政”应用平台建设,完成软件一期和监理项目招标工作,居民收入核对系统和社会救助系统开发完毕。加强对各地落实中央和省委省政府决策部署落实情况、民政专项资金使用情况的督查。民政标准化、信息化、人才队伍、民政文化等建设不断推进,规划财务、理论研究、信息宣传、援疆工作、对口扶贫等工作取得新发展。

(袁金亮)

社会福利和慈善事业

【概 况】 截至年底,全省共有各类养老机构1730个,其中民办养老机构160个;养老床位17.4万张,其中民办养老床位2万张;养老服务对象10.87万人,其中城镇“三无”对象3565人,农村五保对象9.25万人,社会自费老人1.26万人;养老机构从业人员1.08万人,其中管理人员4098人、养老护理员2895人、专业技术人员1055人。全省孤儿约2.70万人,其中社会福利机构集中供养6508人,社会散居2.05万人。全年共募集款物及争取项目资金3.18亿元,实施各类慈善项目及发放捐赠物资和资金3.22亿元,惠及弱势群体和困难群众30万人。

全面推进养老服务基础设施建设。全年投入养老服务项目建设资金近10亿元,其中国家社会养老服务体系建设中央预算内资金5800万元、省发改财政配套资金1000万元,中央专项彩票公益金2970万元、民政部本级福彩公益金7400万元,省本级福彩公益金4.1亿元,激活民间资金超过3亿元。实施社会养老服务体系重大项目28个,建设福利院、光荣院、敬老院、老年公寓、农村老年人颐养之家等养老机构(设施)600余个、农村幸福院990个,完善老年人生活照料、情感交流、精神慰藉、休闲娱乐等服务功能,惠及老年人等群体超过200万人。

特殊困难群众保障标准提高。城镇“三无”特困群众月人均供养标准提高到500元。福利机构抚养孤儿标准提高到每人每月1100元,统一城乡社会散居孤儿保障标准,分别由每人每月570元、400元统一提高到每人每月700元。争取民政部将赣州市的孤儿基本生活保障补助资金按照西部政策执行。全年下拨孤儿、艾滋病病毒感染儿童基本生活费补助资金10.94亿元。

推进慈善事业发展。实施九大慈善药品捐助项目,共争取价值2.9亿元的药物,帮助患白血病、肾癌、肝癌等大病困难群众1567人次。设立“都市青苗慈善关爱基金”,提高困难大病儿童救助效率,启动儿童眼病慈善救助项目。组织开展“慈善情暖万家”活动,共投入资金1000余万元,走访困难群众2万余户。募集专项资金777.9万元,兴办16个“衣恋慈善阳光班”,惠及贫困高中生800人。

【启动农村老年人颐养之家建设试点】 为解决农村留守、独居老人的养老问题,首次安排福彩公益金1150万元,出台《关于开展农村老年人颐养之家建设试点工作的指导意见》,在全省资助115个老年人颐养之家试点项目。全面推进“六个一”试点内容,即“搭建一个服务平台、形成一个筹资渠道、配置一批设施设备、打造一块种养基地、组建一支服务队伍、完善一套管理制度”,为老年人提供一个公益性活动场所。

【加强孤残儿童救助工作】 做好弃婴救助工作,在南昌市建立全省首个弃婴安全救助中心,将弃婴救治的关口前移至南昌市第三医院,并启动“弃婴安全救助点”建设,实现弃婴接收和救治的无缝对接。投入资金2300万元,在全省区域性布局设立5个省级孤残儿童康复基地,加大康复功能建设,孤残儿童康复条件得到改善。首次开展“福彩公益行助圆孤儿大学梦”活动,资助孤儿大学新生77人迈入大学校园;实施孤儿高等教育助学工程,推荐11名孤儿进入合作高校免费就读。开展个人和民办机构收留孤儿大排查,妥善安置孤儿310名。

【推进社会福利工作信息化、标准化建设】 建立国家养老服务信息统计平台和养老机构图文资料电子档案库,涵盖1700多个养老机构的基本情况。针对社会福利项目建设过程中存在的选址不科学、设计水平较低、标准执行不到位等问题,建立社会福利项目初步设计会商工作机制,编辑出版《江西省社会福利(养老)机构设计参考》,促进社会福利项目设计和建设的标准化。

(刘生根 熊志亮)

优抚双拥安置工作

【概 况】 2013年,全省享受抚恤补助的各类优抚对象35.25万人。全年共接收复员退伍军人18089人,安置军休干部82人、军队无军籍职工324人。全省13个军供站保障过往部队1012批次,保障人员19万余人次。

落实省政府民生工程,所有优抚对象抚恤补助按国家标准全部落实到位,全年下达各类优抚补助和烈建资金20.4亿元。制定《落实全国优抚信息系统部省联网实施方案》,优抚信息管理系统实现部省市县四级联网。建立光荣院基本情况台账,落实赣南原中央苏区光荣院3年资助项目6个,资助额度9703万元。启动兴国县、吉安市青原区县级示范光荣院建设,资助额度1000万元。分别安排1079万元和846万元,对43所光荣院、19处烈士纪念设施进行维修改造。积极协助做好“中央苏区烈士陵园”、吉安市“东固革命烈士陵园”以及“骡子山烈士纪念园”等重大烈士纪念设施项目的报批、立项等工作。

军供站现代化建设。全省9个军供站被民政部、财政部和总后勤部确定为“全国重点军供站”。推进全省军供重大项目建设,赣州军供站完成升级改造项目论证;南昌西军供分站建设纳入南昌市政府重点工程建设,安排项目建设用地0.8公顷;南昌向塘西军供保障点安排建设用地1.33公顷,保障附属楼层完工,主体大楼完成地下工程建设。全省军供站共争取军供建设专项资金370余万元,其中中央财政130万元。

推进退役士兵安置改革。年内全省共接收复员退伍军人18089人,其中,复员干部21人,计划移交伤病残军人29人,符合政府安置条件退役士兵3818人(含转业士官823人),自主就业退役士兵14221人。至年底,岗位性安置退役士兵1372人,办理自谋职业2446人,退役士兵自谋职业率65%,发放自主就业一次性经济补助2.16亿元。退役士兵教育培训取得实效。按照省《退役士兵职业教育和技能培训暂行办法》,加强政策宣传和落实,实现退役士兵对教育培训政策知晓率100%,有参训意愿的退役士兵100%参训的目标。全年全省共有33所承训学校确定为退役士兵职业教育和技能培训机构,共培训退役士兵5347名,参训学员的"双证"获取率达95%以上。

完成军休干部和无军籍职工接收安置工作。落实军休人员政治和生活待遇,全年下拨资金1.96亿元。全面完成省第三批(也是最后一批)军休房改工作。

【加强烈士纪念工作】 出台《关于进一步加强烈士纪念工作的实施意见》,下发《江西省零散烈士纪念设施建设管理保护工作规范》《江西省零散烈士纪念设施抢救保护工作指导意见》等。9月24日,在南昌召开全省烈士纪念工作会议,省委书记强卫、省长鹿心社分别就烈士纪念工作做出重要批示,民政部党组副书记、副部长姜力和副省长胡幼桃在会上分别做重要讲话。推动部门职责落实,向24个省直有关单位和部门印发《进一步加强烈士纪念工作的实施意见的分工落实方案和具体贯彻落实措施的函》。提请省政府公布第四批全省重点烈士纪念设施保护单位,省级重点保护单位由17个增加到37个。争取中央和省级补助资金3.14亿元,完成散葬烈士墓维修、迁建4.9万座,零散纪念设施237处。

【推动新一轮双拥创建工作】 制定出台《江西省新一轮双拥创建工作指导意见》,开展双拥模范城(县)中期调研考察,完成全国双拥办对省内国家级双拥模范城的中期考察工作。7月底,省委书记强卫和省长鹿心社带队走访慰问南京军区。"八一"期间,省委书记、省长和其他省领导带队对驻赣部队的15个基层单位进行走访慰问,并首次对到江西驻训的外省部队进行慰问。

(陈汉勋　方利鹏　董光红)

救灾工作

【概　况】 2013年,江西省先后出现洪涝、干旱、风雹、台风等自然灾害,给灾区群众生产生活造成严重影响。全省全年受灾人口1087.8万,因灾死亡34人,紧急转移安置14.6万人;农作物受灾面积86.16万公顷,其中绝收面积10.94万公顷;农房倒塌2951户、7781间,严重损坏3732户、8784间,一般损坏2.82万户、6.92万间。全年直接经济损失86.2亿元,其中农业损失64.6亿元。

完善灾情快速收集、上报和救灾款物紧急调拨机制。针对3月中旬风雹、5月中旬洪涝、6月下旬洪涝、7—8月干旱等灾害,派出工作组赶赴灾区,第一时间组织调运救灾物资,全面开展灾情核查,协助指导各地做好救灾工作。全年共启动省级救灾四级应急响应4次、三级响应1次,争取国家减灾委、民政部启动旱灾四级响应1次,下拨中央和省级救灾资金4.12亿元。

【健全自然灾害精细化救助体系】 制订灾后应急救助、过渡性救助、冬春救助的精细化操作办法。针对历史罕见的旱灾,深入灾区调研、反复研究、多方征求意见,形成《关于进一步规范和加强旱灾临时生活困难救助工作的指导意见(试行)》,首次明确饮水困难救助和口粮救助的补助标准、补助对象、发放方式等具体操作办法,灾害精细化救助管理体系基本形成。

【推进综合减灾工作】 建立灾情分析会商评估新机制,组织召开由气象、水利、国土资源、农业、地震、保监等部门参加的灾情会商会,为防灾减灾救灾决策提供科学参考。组织"防灾减灾日"活动。5月12日,副省长、省减灾委副主任胡幼桃率18个省直部门有关负责人出席"防灾减灾日"宣传活动,《江西日报》连续4天在重要版面、显要位置推出防灾减灾救灾工作系列报道,取得良好的宣传效果。深入开展综合减灾示范社区创建工作,全省推荐的56个候选单位全部被国家减灾委、民政部表彰为全国综合减灾社区。推动实施一批重大课题(项目),承担亚洲社区综合减灾合作项目、亚洲基金会社区灾害管理项目有关工作。12月19日,民政部救灾司和亚洲基金会在江西省召开"加强社区灾害风险管理项目"结题会议。

【组织芦山地震救灾捐赠工作】 4月20日,四川芦山发生7.0级地震。江西省立即启动重大灾害应急机制,第一时间了解、跟进、报告地震动态信息。省委、省政府当天向四川省委、省政府发去慰问电,并捐款500万元。将民政部《关于高效有序做好支援四川芦山地震灾区抗震救灾工作的通知》转发至全省各级民政部门。全省共接收救灾捐赠资金1091万元,并按民政部规定时间全部转交四川省民政厅和慈善总会。

(邱伟)

社会救助

【概　况】 2013年,全省共筹集社会救助资金68亿元,增长9%。其中中央财政资金52亿元,省级财政资金9亿元。全省城市低保保障93万人,平均保障标准每人每月400元,月人均补助240元。全省农村低保保障150万人,平均保障标准为每人每月200元,月人均补助125元。农村五保集中供养标准每人每年2940元,分散供养标准每人每年2640元。城乡医疗救助全年累计58.5万人次,住院救助人均每次2911元,门诊救助人均每次707元,资助259万城乡困难群众参保参合。实施临时救助4.8万户次,户均次救助1157元。提高精简退职老弱残职工生活补助城乡分别为每人每月285元和245元。

完善城乡低保规范管理。省政府出台《关于进一步加强和改进最低生活保障工作的实施意见》,就加强基层社会救助能力保障、强化地方政府责任、加强最低生活保障管理、推进居民家庭经济状况核对等方面做进一步细化和规范，完善最低生活保障制度。省民政厅制定《江西省城乡最低生活保障操作规程》，进一步完善最低生活保障条件，规范申请、审核、审批程序及公示、听证、备案登记、资金发放、日常管理等工作制度，有效提升低保规范化管理水平。

加强农村敬老院建设管理工作。投入资金2.5亿元，其中霞光计划资金1213万元、省级福彩公益金7595万元、基本养老服务体系建设项目资金3500万元、中央彩票公益金专项资助赣南等原中央苏区资金1.27亿元，324所敬老院受益。省民政厅出台《江西省农村五保供养服务机构等级评定办法》，开展新一轮敬老院等级评定工作，评定三星级敬老院207所、二星级敬老院278所、一星级敬老院309所。开展敬老院工作人员培训工作，以设区市为单位对新聘用的敬老院院长和会计进行培训。

完善城乡医疗救助制度。省民政厅联合有关部门下发《关于进一步规范和完善城乡医疗救助制度的通知》《关于建立和完善城乡居民大病保险制度的意见》《江西省农村贫困家庭妇女“两癌”免费手术治疗工作方案》《关于进一步协助做好爱心医疗救助有关工作的通知》，从全省层面统一城乡医疗救助制度设计，医疗救助的政策统一性、程序规范性和救助实效均取得新进展，在此基础上，建立大病保险制度，进一步推进重特大疾病专项救助，开展城乡医疗救助资金管理使用绩效目标评价试点工作。开展儿童“两病”（儿童白血病和先天性心脏病）免费救治、困难尿毒症患者免费血透治疗、贫困家庭重性精神疾病患者免费治疗、农村贫困家庭妇女“两癌”（宫颈癌和乳腺癌）免费手术治疗、“光明·微笑”工程、农村16类重大疾病救助等专项救助。

【开展居民家庭经济状况核对工作】 省民政厅、中国人民银行南昌中心支行出台《关于做好特定居民个人或家庭金融资产状况核查比对的实施意见》，建立民政部门与金融机构进行信息查询机制。积极推进全省核对信息平台建设，完成核对平台试用版软件上线试用。6个设区市、61个县（市、区）建立核对机制，南昌、宜春、鹰潭、上饶4个设区市本级和61个县（市、区）成立居民家庭经济状况核对中心。82个县（市、区）开展手工核对工作，共受理低保等社会救助对象申请86.4万人，经过经济状况核算，其中不符合救助条件的对象占11.64%，保障社会救助工作的公平公正。

【健全社会救助工作运行机制】 省政府办公厅下发《关于调整江西省城乡社会救助工作联席会议组成人员的通知》，增加成员单位，加大工作协调力度，进一步完善江西省城乡社会救助工作联席会议制度。省民政厅、省财政厅下发《江西省社会救助绩效考核暂行办法》，对各地民生工程、制度建设、资金绩效、能力建设进行全面考核评价，进一步强化社会救助工作激励机制和约束机制。省民政厅下发《转发民政部关于建立健全社会救助监督检查长效机制的通知》，要求各地强化监督检查工作手段，建立社会救助监督检查长效机制，在落实救助政策、确保对象准确、规范操作管理、促进资金安全、强化能力建设、实现廉洁高效等方面，进一步提高工作质量，提高管理服务水平。

【争取慈善资金支持】 争取河仁慈善基金会支持，获捐31台敬老院多功能服务用车，改善赣州、吉安等原中央苏区县（市、区）等敬老院的交通保障条件。争取中国社会福利基金会的支持，启动“授渔计划”，资助52名贫困家庭初、高中毕业生免费完成中职或大专学业，提升素质和就业能力；资助兴国县10所敬老院进行改造提升，进一步完善敬老院基础设施。争取天津鹤童职业培训学校的支持，60名养老护理员获得免费培训。

（罗永青）

行政区划和地名管理

【概 况】 2013年，全省共完成行政区划调整事项12件，其中，县级以上行政区划调整1件，乡级行政区划调整11件。涉及景德镇、九江、新余、鹰潭、赣州、宜春、吉安等7个设区市。完成撤乡设镇4件，设立街道办事处3个，镇1个，乡2个。截至年底，全省共有设区市11个，县（市、区）100个，其中市辖区20个、县70个、县级市10个；乡级行政区划建制单位1546个，其中街道145个、镇807个、乡594个（含民族乡8个）。

【全省行政区划变更情况】 九江市：武宁县将新宁镇分设为豫宁街道办事处和新宁镇。新设立的豫宁街道办事处辖登高山、白石岭、古艾、樟树下、太婆堰、竹岭村、东渡、豫宁居委会。街道办事处驻白石岭居委会。调整后的新宁镇辖沙田、月田、柳村、夏柳、斜滩、黄墩、东园、渡头、宋家、风口、源口、桐林、南市、团结、花棚、竹湾、石屏、石坑、烟溪村委会。镇政府驻月田村委会。

景德镇市：昌江区撤销丽阳乡，设立丽阳镇。新设立的丽阳镇行政区域范围保持原丽阳乡的行政区域范围不变，镇政府驻原乡政府驻地。昌江区竟成镇划归珠山区管辖，竟成镇昌南湖、金岸名都居委会划归昌江区西郊街道办事处管辖，河西、三河村委会划归昌江区新枫街道办事处管辖，北景苑居委会划归珠山区新厂街道办事处管辖。浮梁县浮梁镇洋湖村委会划归竟成镇管辖。

新余市：分宜县设立钤东街道办事处。新设立的钤东街道办事处辖介垦、天工、矿建3个居委会和万溪、东兴、收村、下坊、洞源5个村委会。街道办事处驻介垦居委会。

鹰潭市：余江县设立刘家站乡。新设立的刘家站乡辖棕茅岗、罗源、刘家、孙家、礼隆、苏家、官坊7个村委会。乡政府驻刘家村委会。

赣州市：撤销南康市设立南康区，以原南康市（不含潭东镇、潭口镇）的行政区域为南康区的行政区域，区政府驻蓉江街道金赣大道1号。将原南康市的潭东镇、潭口镇划归章贡区管辖。上犹县撤销寺下乡，设立寺下镇。新设立的寺下镇行政区域范围保持原寺下乡的行政区域范围不变，镇政府驻原乡政府驻地。

宜春市：上高县设立墨山乡。新设立的墨山乡辖思泉、果园新村、界港、香山、坑林、石水6个村委会和思泉铺居委会。乡政府驻思泉铺居委会。上高县撤销蒙山乡,设立蒙山镇。新设立的蒙山镇行政区域范围保持原蒙山乡的行政区域范围不变,镇政府驻原乡政府驻地。高安市设立华林山镇。新设立的华林山镇辖费家、苏家、陈家、李口、艮山、半岭、东溪、富楼、朱家、柏树、茶溪等11个村委会和下观街居委会。镇政府驻下观街居委会。

吉安市:吉安县撤销浬田乡,设立浬田镇。新设立的浬田镇行政区域范围保持原浬田乡的行政区域范围不变,镇政府驻原乡政府驻地。新干县设立洋峰街道办事处。新设立的洋峰街道办事处辖洋峰、万寿、龙峰、花园、熊家岭5个居委会。街道办事处驻万寿居委会。

【推动地名管理工作】 召开全省地名文化建设会议,组织开展千年古县、千年古镇、千年古村落等地名文化遗产推荐申报工作,全省有千年古地名约200个。推进乡镇地名标志设置,做好村级设标工作,全省70个县、1398个乡镇政府驻地全部设置地名标志,行政村地名标志设置率98%。组织开展地名数据库数据更新工作,全省共更新汇总各类数据12大类、25万条。会同省住房和城乡建设厅、省质量技术监督局联合制定下发《江西省地名命名更名及使用标准化建设规范》。南昌市、鹰潭市、景德镇市出台相应地名管理办法,南昌市政府出台《南昌市住宅区和建筑物命名规范》。

(熊崧麟)

基层政权和社区建设

【概　况】 截至年底,全省共有村委会16918个,社区居委会3333个。

城市社区建设取得新突破。贯彻落实《江西省城乡社区建设发展“十二五”规划》和《江西省城乡社区服务体系建设规划(2011—2015年)》,全省11个设区市全部出台城乡社区服务体系建设规划。全省城市社区基本建立集党建、人力资源社会保障、社会救助、医疗卫生、人口计生、社区治安、法律服务、文化、体育、教育和便民利民服务等多功能服务为一体的社区服务站,全省中心城区每百户居民社区综合服务设施面积超过20平方米,城市社区综合设施覆盖率64%。社区办公用电从12月1日起按居民用电同等价格收取,由过去的0.99元/千瓦小时降为0.62元/千瓦小时,全省社区一年可节省电费开支3000余万元。社区干部报酬有较大幅度提高。省财政安排补贴社区居委会干部资金3000万元,全省城市社区干部由财政支付的月平均报酬达1600元以上,吉安、赣州、新余、南昌等市城区社区党组织书记、居委会主任月平均报酬1800~2000元,8个设区市达到社会平均工资水平的80%。5月30日,省城乡社区建设工作领导小组在九江市浔阳区召开全省社区建设工作会议,明确当前和今后一个时期省社区建设工作的总体目标和任务。组织开展全国和谐社区示范单位创建,明确创建要求标准,深入实地指导、督促检查验收。全省共申报示范城区6个、示范街道26个、示范社区101个。指导基层开展全国社区管理和服务创新实验区创建工作,南昌市西湖区、吉安市吉州区成功入列入“全国社区管理和服务创新实验区”。

农村社区建设扎实有效。继续深入开展“精品农村社区”创建工作,创建命名134个精品农村社区,进一步提升农村社区建设水平。会同省委农工部召开全省农村社区建设工作座谈会,共同探讨研究江西省农村社区建设情况和下一步工作思路,对加强农村社区建设工作提出具体意见。协助民政部和全国政协调研组开展农村社区建设情况专题调研,展示江西农村社区建设成果,提出农村社区建设工作思路和建议。提出农村离任“两老”(老书记、村委会老主任)补助资金分配意见,按照省财政厅要求,下拨农村离任“两老”资金3000万元。

【推进基层群众自治和村务公开工作】 按照“规模适度、居民认同、有利自治、便于服务”的原则,指导九江市借鉴农村村落社区建设实践经验开展社区院落自治试点工作探索,在九江市全面推广,提供全省各地参考借鉴。继续深入开展村务公开民主管理工作,强化村级民主监督,指导各地加强村务监督委员会等村务监督机制建设,加强村务公开民主管理规范化建设,规范村务公开的内容、时间、形式、程序,推动公开工作健康发展,推进村务公开向组务公开延伸。联合省农业厅、省财政厅、省审计厅等部门下发《关于进一步加强和规范村级财务管理工作的意见》,推动和强化村级财务管理工作,切实维护农村集体经济组织与广大农民群众的利益,保证农村经济发展与社会和谐稳定。

(范云松)

社会组织管理

【概　况】 截至年底,全省各级民政部门登记注册各类社会组织13571个,其中,社会团体8509个,民办非企业单位5016个,基金会46个。

开展社会组织党组织争创先进基层党组织、社会组织争创先进社会组织,社会组织中的中共党员争当优秀共产党员、工作人员争当优秀工作者的“双争创,双争当”活动。发挥先进典型示范带动作用,组织开展行业协会行业自律与诚信创建活动,提高行业协会规范化运作水平。开展民办非企业单位塑造品牌与服务社会活动,培育一批组织完善、管理科学、诚信自律、品牌良好的民办非企业单位。指导各地从优化发展环境、提高服务管理、加强能力建设、引导发挥作用等4个方面,推进社会组织建设创新示范区建设。南昌市青云谱区和吉安市吉州区被民政部授予“全国社会组织建设创新示范区”。

开展社工服务项目。获中央财政支持社会组织参与社会服务项目21个、资金总额644万元,位列全国第二。争取国家基金会和全国性行业协会支援江西老区建设,捐赠款物折合2000多万元。3月12日—15日、10月15日—18日,组织2期全省社会组织登记管理机关工作人员以及部分社会组织负责人能力培训班,320多人次参训。

【推行直接登记工作】 根据国务院关于改革社会组织管理制度的精神,下发《关于做好社会组织管理制度改革过渡期间有关工作的通知》,对申请成立社会福利、公益、慈善类社会组织，由民政部门直接登记，不再需要业务主管单位前置审批。全省共直接登记社会组织132个。其中，行业协会商会类32个，科技类4个，公益慈善类49个，城乡社区服务类47个，占当年新登记社会组织总数的8.8%。

【开展公益创投项目】 从省级福彩公益金中安排600万元，联合团省委、省妇联、省慈善总会开展社会组织公益创投项目。按照公开、公平、公正原则，从204个项目中筛选出58个公益创投项目。印发《关于规范社会组织公益创投项目财务核算和档案管理的通知》和《2013年度社会组织公益创投项目执行办法》，制作《项目服务指南》，提高资金使用效益。运用市场竞争机制、社会工作专业理念、契约化管理方式，培育一批优秀公益社会组织和满足群众急需的优秀公益项目。

（陈美秀）

社会工作

【概　况】 2013年，全省获得社会工作者职业水平证书者328人，其中，社会工作师97人，助理社会工作师231人。截至年底，全省共1812人取得社会工作者职业水平证书。

【实施首批社会工作专业人才服务“三区”计划】 省民政厅与省财政厅、省教育厅等6个厅局联合转发中组部、民政部《边远贫困地区、边疆民族地区和革命老区人才支持计划社会工作专业人才专项计划实施方案》。印发《关于实施首批社会工作专业人才服务“三区”计划的通知》，将社会工作服务“三区”计划与罗霄山片区扶贫开发和赣南等原中央苏区振兴发展计划相结合，选取其中的16个县作为首批社会工作专业人才服务“三区”计划受援县，向当地派遣30名社会工作专业人才，为当地培养15名社会工作专业人才。5月，在新余市召开全省社会工作专业人才队伍建设经验交流暨落实社工人才服务“三区”计划启动会议，交流近年来社会工作专业人才队伍建设经验，开展社会工作者登记信息系统和志愿服务记录信息系统培训，进一步规范登记工作。

按照民政部开展社会工作服务示范区和示范社区创建活动要求，督促各地按照社会工作服务示范创建标准开展社工试点，按照示范要求提供更加专业的服务。南昌市青云谱区、万载县、吉安市吉州区被民政部命名为全国社会工作服务示范区，修水县红山社区、吉州区保太巷社区被民政部命名为全国社会工作服务示范社区。

省民政厅与中国社工协会联合在井冈山大学、省民政学校分别举办社会工作专题研究班、社会工作者继续教育培训班，共培训160人，提升社区和民政基层干部综合素质及社会工作水平。承办民政部中部省份“三区”社会工作实务能力提升培训班，来自黑龙江、吉林、山西、河北、河南、湖北、湖南、江西、安徽和海南等10个省份的118名学员参加培训。

【首次开展政府购买社会工作服务项目】 省民政厅与省财政厅联合转发民政部、财政部《关于政府购买社会工作服务的指导意见》，向社会发布关于征集2013年省级福彩公益金资助社会工作服务项目的公告，向全省民办社会工作服务机构征集服务弱势群体、服务社区建设、服务社会维稳、社会工作管理等四大类项目，每个项目按照3万～10万元的标准进行资助。

（何珊）

救助管理

【概　况】 2013年，全省共救助流浪乞讨人员64670人次，其中未成年人1209人次，老年人4313人次，智障和危重病人5664人次。街面流浪乞讨人员减少30%，流浪未成年人减少60%。

加快流浪救助政策创制。省政府办公厅下发《关于进一步加强和改进流浪乞讨人员救助管理工作的通知》《江西省流浪乞讨人员救助管理工作联席会议第二次会议纪要》等文件。省流浪乞讨人员救助管理工作联席会议出台《江西省流浪乞讨人员救助管理工作联席会议成员单位职责任务分工和督导检查办法》。加大流浪救助机构建设力度，年内完工并投入使用救助站15个。南昌市、九江市、赣州市等3个救助管理机构申报国家二级等级评定，吉安市、遂川县等2个救助管理机构申报国家三级等级评定。在全省救助管理部门开展以“学法规，看标准”为主旨的学习活动。组织8批次16个站长或业务骨干到全国救助管理工作先进机构进行基地实训。

【开展“流浪孩子回校园”专项行动】 7月19日，省民政厅联合10个厅委办下发《关于在全省范围内开展“流浪孩子回校园”专项行动的通知》，开展以“合力保学、快乐成长”为主题的“流浪孩子回校园”专项行动，成立专项工作领导小组。从返校复学、教育转化、控辍保学、关爱帮扶和源头防治等方面开展行动，成功送流浪孩子回校园25人次。

【开展未成年人社会保护工作试点】 5月，民政部将万载县列入全国未成年人社会保护工作试点单位。省民政厅及时跟进，指导万载县成立试点工作领导小组，制定详细试点方案，出台相应配套政策，在4个乡镇开展试点工作，取得初步成效。

【开展救助管理工作宣传月活动】 6月，全省各级民政部门开展以“传递温暖，关爱救助”为主题的救助管理宣传月活动。宣传月期间，全省共印发宣传册（页）10多万份，悬挂张贴横幅标语100多条，开展宣传活动1000多次，电视、网站、报刊等媒体用稿1000多条（篇）。6月19日的救助管理机构开放日，各地接待社会各界人士近万人次。

（高宏）

本栏编辑　孟秀

市、县(市、区)

南昌市

【概　况】　位于江西省中部偏北，辖4县、5区及4个开发区和1个新区，土地面积7402.36平方千米。园林绿地面积1万公顷，绿化覆盖面积1.06万公顷，公园绿地面积2959公顷，城市绿化覆盖率43.05%，人均公共绿地面积12.04平方米。全市总人口518.42万人。2013年，实现地区生产总值3336.03亿元，比上年增长10.7%。三次产业结构调整为4.7∶55.5∶39.8。人均生产总值6.47万元，增长9.7%。财政总收入558.02亿元，增长11.6%。其中，地方公共财政预算收入291.91亿元，增长21.6%。地方公共财政预算支出417.77亿元，增长20.9%。居民消费价格总水平(CPI)上涨2.3%。其中，消费品价格上涨2.2%，服务价格上涨2.6%，商品零售价格上涨1.3%。完成农林牧渔及服务业总产值266.12亿元，增长3.1%。其中，农业产值98.32亿元，增长3.8%；林业产值3.19亿元，增长7%；牧业产值98.36亿元，增长2.1%；渔业产值60.93亿元，增长2.9%；农林牧渔服务业产值5.32亿元，增长9.5%。完成规模以上工业增加值1159.48亿元，增长12.9%。规模以上工业实现主营业务收入4506.83亿元，增长15.8%。500万元及以上项目共完成投资额2909.76亿元，增长21.6%。其中，工业投资1246.61亿元，增长24.5%；房地产开发投资406.14亿元，增长17.9%。投资施工项目7054个，其中新开工项目6202个。实现社会消费品零售总额1270.01亿元，增长13.7%。南昌地区内企业(含中央、省属公司)实现进出口总额97.22亿美元，增长17.3%。其中，出口总额73.11亿美元，增长13.1%；进口总额24.11亿美元，增长32.3%。实际利用外资29.64亿美元，增长12.3%；实际利用内资819.76亿元，增长15.3%。城镇居民人均可支配收入2.62万元，增长10.8%；人均消费性支出1.79万元，增长9.1%。农民人均纯收入1.08万元，增长11.1%；人均生活消费支出5682元，增长9.1%。

【召开推进昌九一体化部门对接会】

10月10日，南昌、九江两市人民政府推进昌九一体化部门对接会在南昌前湖迎宾馆举行。会上，两市相关对口部门分别就规划、基础设施、产业发展、生产要素、生态建设和公共服务六大领域合作事项进行交流和讨论，探讨合作内容、方式和步骤等具体细节，并就推进昌九两市城镇建设一体化、南昌港和九江港一体化、多种交通方式“无缝对接”和旅客“零距离换乘”、加密昌北国际机场至九江快运巴士班次、逐步开通南昌至九江及沿线城市公交、两市旅游市场实行通票制度、两市失业保险等社会保障关系互联互认、昌九通信取消长途和漫游话费、完善昌九新农合医疗保障制度、两市医疗保险定点医疗机构互认等25个具体合作事项形成共识。9月30日，全省首条跨设区市的城际公交线路南昌至永修139路开通，加快南昌与九江两地之间的人流、物流联系和互动。

【深化区域合作】　2月23日，长江中游城市群四省会城市首届会商会在武汉市举行。会上，南昌、长沙、合肥、武汉四省会城市达成《武汉共识》，将联手打造以长江中游城市群为依托的中国经济增长“第四极”。四省会城市交通、科技等11个部门在会上分别签署协议，将加强交通基础设施建设，推进科技资源相互开放和共享，鼓励科技成果、科技人才、创业资本等科技要素流动，建立医疗服务共享和新型农村合作医疗实现跨市结算等。

6月9日，“南昌、九江、宜春、抚州四市区域合作决策咨询暨首届协商会”在南昌前湖迎宾馆举行。会议围绕“一圈两化”(“南昌一小时经济圈”“昌九一体化”“昌抚一体化”)主题，进行坦诚协商，达成广泛共识，并签署《南昌、九江、宜春、抚州四市区域合作框架协议(前湖共识)》。26日，南昌、抚州两市在前湖迎宾馆签订《关于加快推进昌抚一体化战略合作框架协议》，加快两市合作发展，共同建设大南昌都市圈。

【投资最大项目南昌万达文化旅游城开工】　6月18日，占地290公顷、总投资近400亿元的万达文化旅游城项目举行开工奠基仪式。这是万达集团投资的中国最大文化旅游项目之一，也是江西省30年来投资最大的单个项目。其中文化旅游项目投资210亿元，占地160公顷，总建筑面积80万平方米。项目规划有文化、旅游、商业、酒店、滨湖酒吧街五大内容，以室内项目为主。文化项目包括大型舞台秀、电影乐园、电影城等。至年底，完成一期用地范围内16万余平方米的房屋拆迁任务，并完成总投资约1.5亿元的展示中心建设。南昌万达城位于南昌市九龙湖新区,是南昌市、红谷滩新区联动,按照省政府提出"争取用5年的时间,基本形成一个面积100平方千米、容纳50万人口新城框架"的九龙湖新城建设目标要求,通过国际招标确定九龙湖新城概念性规划,着力打造"生态型、低碳型、智慧型、文化型"九龙湖新城的新举措。

【推进南昌市棚户区(旧城)改造】 2013年,南昌市中心城区重点推进十大棚户区改造项目,主要包括青山湖西岸、青山南路贤士湖地块、万寿宫、郭家庄、何坊西路、十字街、象湖东岸17.3公顷、火车站东广场、临江商务区、幸福渠流域等项目,总占地面积481公顷,房屋建筑面积154.35万平方米。在征迁工作中,南昌市坚持"不与民争利、阳光征收、用做群众工作的方法来做征收工作"的原则,组织宣讲团(组)上门入户,向被征收户宣讲政策,引导他们积极配合棚户区(旧城)改造工作。至年底,全市完成房屋拆迁675万平方米。

【开展"蓝天、清流、净土"三大行动】 5月21日,南昌市召开"蓝天行动"动员部署大会,启动"蓝天行动"计划。在加强空气环境监测能力建设,实时公布空气质量监测信息数据的基础上,加大餐饮油烟污染整治、农村大气污染防治等综合整治力度。严格实施建筑工地、拆迁工地、园林绿化工地、沙石堆场、预拌混凝土站环境管理,降低扬尘污染。建立机动车尾气定期检测制度,实施"黄标车"区域限行措施,大力发展清洁能源公共交通。同时,加强区域协作,共同防控大气污染。继续加强重点流域水环境综合整治,推进昌东片区、昌北城区乌沙河、西桃花河整治工程和象湖景区扩改建工程,重点推进前湖水系综合整治及桃花龙河、小蓝经济开发区雄溪河的污染防治。截至12月18日,南昌全年空气质量优良率61.6%,综合指数在全国第一批实施空气质量新标准的74个城市中名列中上游,在中部6个省会城市中列第一。根据中国社会科学院财经战略研究院发布的2013年城市竞争力蓝皮书,南昌生态城市竞争力在287个城市中位居第三。

【实施名校放大工程】 名校放大工程就是通过优质学校结对帮扶弱势学校,让南昌每个孩子都能就近上学,共同享受到名校、名师优质教育资源,让南昌城乡教育跃上新台阶。2013年,南昌一中与十八中,南昌三中与青山湖区京东学校、高新区孺子学校,南昌二十八中与东湖区城北学校,南昌二中与经开区实验学校,铁路一中与西湖区建新学校、青山湖区湖坊学校等合作办校,实现学区内学校之间干部、教师相互交流和教育教学工作同步,有力促进了教育资源的均衡配置,初步缓解城区择校热。

【被征地农民参加养老保险】 6月,南昌市出台并实施《南昌市被征地农民参加养老保险实施办法》,筹资62亿元给予一次性缴费补贴,为城市规划区范围内全部符合条件的被征地农民购买养老保险。此举在全国尚属首次。10月21日,城市规划区被征地农民参加养老保险工作全面启动,将27.27万名被征地农民纳入基本养老保险体系。

主要领导人 市委书记:王文涛。市人大常委会主任:蔡社宝。市长:陈俊卿(任至8月)、郭安(8月代)。市政协主席:卢晓健。

(南昌市史志办)

·南昌县·

【简　况】 位于江西省中部,辖9镇、7乡、2个省级开发区和银三角管委会,总面积1683平方千米。其中平原占58.3%,岗地低丘占1.1%,水域占40.6%。总人口101.73万人。地区生产总值495亿元,增长12%;财政总收入72.64亿元,增长20.2%;地方公共财政预算收入45.57亿元,增长28.7%;社会消费品零售总额74亿元,增长15%。农业以种植水稻为主,水产、畜牧次之,素称"鱼米之乡、江南粮仓"。一、二、三产业比为9.2:64.3:26.5。实际利用外资4.8亿美元,增长17.5%;实际利用内资123.8亿元、出口总额10.3亿美元,分别增长23%和10.1%。500万元以上固定资产投资完成497.9亿元,增长23%。城镇在岗职工年平均工资3.33万元,农民人均年纯收入1.13万元,分别增长10.7%和13.2%。

【南昌县财政收入突破70亿元】 2013年,南昌县财政总收入和地方公共财政预算收入分别跨越70亿元和40亿元大关,达到72.64亿元和45.57亿元,连续4年位居江西省县(市、区)第一。南昌县紧紧围绕构建核心增长极重要战略支点的目标,按照"一年有势头、两年有看头、三年有突破"的要求,牢牢把握工业立县之本、工业强县之策,走产业集群化之路,积极开展项目推进年、工业项目百日大会战活动,全力推进总投资490亿元的201个重大重点项目,县域经济综合实力迈上新台阶,在第十三届全国县域经济基本竞争力百强县排名中,位居第67位,连续五年实现进位赶超。

【获"中国建筑之乡"称号】 12月30日,"中国建筑之乡"授牌仪式在南昌县会展中心举行。南昌县被中国建筑业协会授予"中国建筑之乡"称号。南昌县历来是江西省建筑大县和强县,共有建筑企业132户。其中,一级企业24户,占全省的1/9;共有注册建造师1670人,其中一级建造师645人,相关从业人员近15万人,占全县社会总劳动力20%以上。2013年,南昌县建筑业总产值为580亿元,约占全省1/5。

【南昌县西总干渠银三角段截污工程投入使用】 8月1日,南昌县西总干渠银三角段截污工程顺利完工并投入使用,县城莲塘(老城区)15万居民从此可以喝上放心自来水。西总干渠银三角段全长约8千米,是莲塘水厂生活饮用水源一级保护区。2012年,南昌县由县级财政投入284万元进行治理,2013年7月顺利完工。与此同时,南昌县对总干渠区域内的违法排污企业进行严厉查处,对不符合产业政策、污染严重的企业坚决实行关停并转,并加强对畜禽养殖废弃物的处理与利用工作,推广沼气池建设,积极开展畜禽养殖污染治理试点。7月,南昌县环境监测站对昌南水厂、莲塘水厂两个水源地及出境断面水源水质的监测分析结果显示:水质监测指标均达到国家地表水环境质量标准(GB3838－2002)中Ⅱ类标准,水源水质达标率与水量达标率均为100%。

【江西省首家县级城投公司成功发行企业债券】 7月,经国家发展改革委核准,南昌县城市建设投资发展有限公司成功发行12亿元企业债券,债券期限为6年,利率6.5%。这是江西省第一家成功发行企业债券的县级城投公司,实现政府平台发行债券的零突破。南昌县通过发行企业债券募集资金,将全部用于该县棚户区改造建设工程项目。

【首届塔城葡萄文化节开幕】 7月19日,2013年首届南昌·塔城葡萄文化节在塔城乡玉明农庄开幕。塔城乡是江西省文化艺术之乡,此次葡萄文化节持续到7月30日,活动期间推出葡萄采摘、休闲垂钓、乡村歌会等一系列活动。通过文化搭台,休闲农业唱戏,进一步扩大品牌知名度,丰富市民文化生活。

【举办首届运动会】 6月至11月,南昌县举办首届运动会。运动会竞赛项目有2000米健步走、乒乓球、游泳、射击、插秧、抗洪抢险、第九套广播操、太极拳、木兰拳、钓鱼、田径等40多个。竞赛组别分为副县级以上干部组、乡镇及企业组、县直单位及驻县单位组、青少幼年组、老年人组。这是南昌县体育史上规模最大的一次体育盛会,展现了全县人民在“跻身全国五十强县市,建设现代化综合新城”征程中的良好精神风貌。

【入选国家农业改革与建设试点示范区】 5月,农业部、财政部公示新认定的21个国家农业改革与建设试点示范区,南昌县名列其中,这是江西省唯一入选的县市。党的十八大后,农业部、财政部会同国家开发银行、中国农业发展银行、中国储备粮管理总公司,在国家现代农业示范区组织开展农业改革与建设试点申报认定工作。通过专家对申报试点方案进行评审和现场答辩,并以综合得分区域排名为依据,经五部门联合会商,认定全国21个市、县、区为农业改革与建设试点示范区。南昌县入选后,每年将获得建设扶持资金3000多万元。

【洪州窑青瓷展被评为全国博物馆十大精品】 5月,第十届(2011—2012年度)全国博物馆十大陈列展览精品评选结果揭晓,南昌县博物馆的洪州窑青瓷展被评为2012年度“十大精品”。洪州窑是唐代六大青瓷名窑之一,由东汉一直延烧到晚唐五代,在中国陶瓷史上占有重要地位。南昌县博物馆提升改造后的洪州窑青瓷展无论是在展览形式、技术手段等方面都有全新的改良和优化,整个展览通过运用多媒体、硅胶人像、场景复原等多种表现手段,更加形象、全面地展示特色藏品——洪州窑青瓷。

【黄马凤凰沟景区被评为国家4A级旅游景区】 2月,黄马凤凰沟景区获得国家4A级旅游景区称号,这是南昌县境内唯一一个国家4A级旅游景区。黄马凤凰沟景区是南昌市的重要旅游景点,曾被评为全国十佳休闲农庄。自2008年始,黄马凤凰沟景区不断完善旅游设施,游客接待量逐年增长。景区按照4A级旅游景区的标准对景区内的环境进行全面提升,启动“园区、社区、景区”分区建设,打造梅园、海棠园、银杏林、杜鹃林、红枫谷、樱花谷、文化长廊等景观提升工程,景区品位得到很大提高。

【出台被征地农民养老保险试行办法】 2月2日,南昌县召开关于被征地农民社会保障情况的新闻发布会,宣布《南昌县被征地农民养老保险试行办法》和配套文件《南昌县被征地农民就业援助暂行办法》出台,进一步完善覆盖城乡的社会保障体系。根据规定,被征地起始时间从1997年1月1日起,参保对象只要具有该县常住户籍即可,无需“农转非”户籍。符合参保条件的农民不分年龄段缴费统一补贴15年。被征地农民可自愿选择参加城镇企业职工基本养老保险和城乡居民养老保险,其中,参加职工养老保险的,养老保险费由政府配套资金和个人缴费资金两部分组成:政府承担60%;个人承担40%。若被征地农民选择参加城乡农民社会养老保险,除领取养老保险待遇外,县财政还给予适当的生活补助。同时,建立缴费激励机制,个人缴费部分一次性缴清,最高可享受县政府2500元奖励。此外,政府还鼓励被征地农民自主创业。2013年,全县首批符合条件的660名参保对象中,已有521人缴纳养老保险费,109人已领取养老保险金。

主要领导人 县委书记:郭毅。县人大常委会主任:胡小明。县长:陈国辉(任至11月)、刘闯(11月任)。县政协主席:邓炳根。

(喻德琪 陈擢飚)

·新建县·

【简　况】 位于江西省中部偏北,辖7乡、11镇、1个省级经济开发区,总面积2208.58平方千米。粮食播面面积9.5万公顷,森林面积3.2万公顷,森林覆盖率为18.4%;水域面积878平方千米,约占县属国土面积的39.76%。全县总人口为63.75万人。全年实现地区生产总值270.64亿元,同比增长11.5%。其中,第一产业增加值43.04亿元,增长3.6%;第二产业增加值139.09亿元,增长13.9%;第三产业增加值88.51亿元,增长11.9%。财政总收入25.32亿元,增长26%;地方公共财政预算收入19.82亿元,增长30.1%。农民人均年纯收入1万元,增长12%。500万元以上固定资产投资240.08亿元,增长23%;规模以上工业增加值103亿元,增长14.2%;个私民营经济实现增加值192.17亿元,增长16.2%;社会消费品零售总额45.91亿元,增长15.2%;全县金融机构各项存款余额262.34亿元,比年初增加59.61亿元;各项贷款余额142.16亿元,比年初增加17.86亿元,存贷比为54.2%。

【采茶戏《把城里妹妹娶回家》获第十届中国艺术节“群星奖”】 10月25日,第十届中国艺术节“群星奖”颁奖仪式在山东威海举行,新建县文化馆创作编排的采茶戏《把城里妹妹娶回家》获戏剧门类“群星奖”。该作品以鄱阳湖生态经济区为背景,以新建县南矶山湿地为原型,以巧妙独特的构思,鲜明的时代特色,生动的人物刻画,反映了在新农村建设欣欣向荣的大背景下,老少两代人婚恋观的巨大转变,充分展现当代农村、农民的美好生活前景。

【新建县被列为国家现代农业园区建设试点县】 2013年,新建县被列为国家农业综合开发现代农业园区建设试点项目县,为江西省唯一建设项目实施县。项目实施区坐落在105国道和昌九高速公路两旁新建县的乐化镇和溪霞镇,现代农业区总面积为39.3平方千米,园区内包括新建县2013年度园区高标准农田建设项目、新建县2平方千米无公害大棚蔬菜基地扩建提升项目、江西省10万株绿化苗木示范基地扩建项目、江南花卉苗木大市场等14个重点项目,全部项目在2013—2015年实施,总投资9亿余元。

【新增3处全国重点文物保护单位】 2013年,国务院核定并公布的第七批全国重点文物保护单位中,新建县有3处文物保护单位名列其中,分别为紫金城城址与铁河古墓群、朱权墓与乐安王墓、邓小平旧居与劳动车间。

【核发全省首个家庭农场营业执照】 4月7日,在江西省南昌市新建县行政服务中心工商行政管理窗口,华东交通大学经管学院教授邓小云领取"新建县慢哈屯家庭农场"的个人独资企业营业执照,成为江西省首家经工商行政管理部门注册登记而成立的家庭农场。4月8日,《人民日报》专题报道此事。

【实现运用社保卡扣缴城乡居保费】 2013年,新建县在全省首个运用社会保障卡通过江西省城乡居民社会养老保险信息系统扣缴城乡居保费。首批成功扣缴人数4.38万人,扣缴金额574.83万元。新建县是江西省首个批量发放社会保障卡的县区,新发放的社保卡具有身份识别、领取或支付社会保险金、银行卡存取款等功能。

【启动公立医院改革试点】 作为全国第一批300家县级公立医院综合改革试点县,7月1日,新建县人民医院、新建县中医院正式实行药品零差率销售,启动公立医院改革试点。改革后,医院原收入来源中服务收费、药品加成收入和政府补助3个渠道取消药品加成收入渠道,药品加成收入中20%由省、县两级财政按8:2给予补偿,80%通过调增医疗服务价格和县财政给予,取消药品加成专项补贴,破除"以药养医"弊端。在降低药品价格同时,大型设备检查费也相应下调5%。

【新建黄岩商会注册成立】 9月12日,第一家在新建县注册的异地商会——南昌市新建黄岩商会在南昌前湖迎宾馆召开成立大会。会上,江西省南昌市新建县工商联与浙江省台州市黄岩区工商联正式结为友好商会。

【江西轨道交通产业基地落户新建县】 11月5日,新建县与北车集团举行中国北车江西轨道交通产业基地项目签约仪式。该项目位于新建县樵舍镇,总投资20亿元,将开展城轨车辆、城际车辆、现代有轨电车的组装、架修、大修、日常维护等业务,为其车辆产品提供全寿命周期服务。

【小微企业"助保贷"工作正式启动】 2月28日,新建县小微企业"助保贷"工作领导小组举行第一次全体会议,安排部署小微企业"助保贷"工作,标志着新建县小微企业"助保贷"工作正式启动。小微企业"助保贷"业务是中国建设银行出台的一项促进小微企业贷款的新政策,在南昌市属首次开展。贷款对象从新建县政府与建设银行新建支行共同设立的"小微企业池"中产生,它由政府助保金管理机构和建设银行共同认定的优质小微企业组成。单个小微企业"助保贷"贷款额度一般在500万元以内,最高不超过2000万元。"助保贷"贷款期限不超过1年。获得贷款的企业按其在建行获得贷款额度的规定比例自愿缴纳的资金即为助保金。新建县政府已出资1000万元作为风险补偿铺底资金,加大助保金额,缓释"助保贷"业务风险。

【实施乌沙河旧城改造项目】 4月28日,新建县召开乌沙河整治及其周边旧城改造动员暨培训大会,启动"十百千万"工程,分10个片区、用100天时间、调1000名干部、实施百万平方米征迁。乌沙河整治及周边旧城改造项目涉及长堎镇的礼步村、邹家村、丁家村、肖家村(实验农场)和10个行政企事业单位,有常住户3100余户,常住人口1.37万余人,暂住户1万多户,3.6万余人。截至9月,拆旧任务全面完成,共拆迁房屋1623栋,面积103万平方米。

主要领导人 县委书记:樊三宝。县人大常委会主任:徐才保。县长:黄耀华。县政协主席:曾志毅。

(程小伟　李建钦)

·进贤县·

【简　况】 位于江西省中部,辖12乡、9镇。总面积1955平方千米。耕地面积5.69万公顷,有林面积4.98万公顷,森林覆盖率23.79%。总人口83.57万人,其中非农业人口18.54万人。人口自然增长率14.2‰。全年实现地区生产总值259.75亿元,同比增长10.7%。其中,第一产业增加值45.45亿元,增长3.4%;第二产业增加值141.21亿元,增长12.0%;第三产业增加值73.09亿元,增长12.4%。一、二、三产业比为17.5:54.4:28.1。全县规模以上工业企业实现产值263亿元,增长20.9%。主要工业产品有医疗器械产值63.96亿元、文化用品16.4亿元、钢架网构37.44亿元、食品加工3.12亿元、烟花鞭炮17.24亿元。农业总产值76.21亿元,增长3.3%。主要农产品有稻谷51.66万吨、花生2.9万吨、芝麻0.45万吨、肉类总产量9.77万吨、水产品总量11.85万吨。地方财政收入11.39亿元,增长20.0%;财政总收入15.55亿元,增长18.6%;支出28.31亿元,增长23.2%。在岗职工平均工资3.48万元,增长7.0%;农民人均年纯收入1.12万元,增加1222元。城乡居民年末储蓄余额135.21亿元,增长13.25%。

【李渡酒获国家地理标志保护产品】 1月20日,国家质检总局发布公告,批准进贤县李渡酒为国家地理标志保护产品。李渡是千年古镇,酒文化源远流长,素有"酒乡"之称。具有800多年历史的元代烧酒作坊遗址,被誉为"华夏祖窖",列入2002年中国十大考古新发现、第六批中国重点文化保护单位。李渡系列酒以“色泽澄清、味香醇厚、香浓馥郁、回味悠长”著称,是江西省著名商标。

【设立“优秀女孩成才奖”】 2013年,进贤县人口计生委加大人口计生奖励扶助力度,让农村计生“两户”(办理了独生子女证的户和两女结扎户)家庭充分感受到党和政府的温暖和关怀,在设立“关爱女孩、阳光助学”制度的基础上,进一步完善“关爱女孩成才”扶助制度,增加农村计划生育家庭“优秀女孩成才奖”项目,对农村不再生育的独女家庭和二女结扎家庭的女孩考上大学给予一次性奖励。被大学专科院校录取的给予一次性奖励2000元;被本科院校录取的一次性奖励3000元;被录取为研究生的一次性奖励5000元。全县全年有31名农村计生“两户”家庭的品学兼优女孩获得该奖,奖励金额8.1万元。

【进贤县被定为省钢结构产业基地】
2013年,进贤县钢结构产业经专家评审,正式被省工信委认定为江西省钢结构产业基地。钢结构产业是进贤县七大特色产业之一,2009年以来,进贤县实施“工业强县”发展战略,大力发展钢结构产业,已在张公镇至县城工业走廊聚集57家钢构网架企业,其中规模以上企业有18家,轻钢生产线61条,重钢生产线16条,从业人员达1.6万人,2012年产能占全省同行业的比重达到16.8%。2013年,钢结构产业新增固定资产投资3.2亿元,产能70万吨,实现主营业务收入63亿元。雄宇、雄基、群鹰等一批骨干企业具有国家乙级以上设计资质,装备先进,在全国各地承接了很多国家级重点工程。

【南昌国际楹联节在西湖李家召开】
10月26日,中国(南昌)第四届国际楹联暨中国(西湖李家)首届农村楹联文化艺术节在进贤县西湖李家开幕,出席首届楹联文化节的有中国楹联学会和各省、市、自治区的楹联艺术家、学者100多人。活动期间,开展各类研讨交流会议,观看参与烧火塔、采茶戏等节目。这次楹联文化艺术节是继前三次在南昌市举办后,首次在农村举办。进贤文化底蕴深厚,西湖李家有进行楹联文化活动的广泛群众基础,有浓厚的楹联文化氛围,已建成“中国农村楹联馆”和“西湖李家楹联墙”,在全国均属首创。

【军山湖大闸蟹蝉联“中国十大名蟹”】
11月2日,由中国渔业协会主办的第三届中国名蟹大赛在江苏省金坛市举行,进贤县军山湖鱼蟹开发公司选送的“军山湖牌”清水大闸蟹代表江西省参赛,蝉联“中国十大名蟹”称号。中国名蟹评选每四年举行一次,旨在推动优质河蟹产业的发展。此次中国名蟹的参赛单位有江苏、江西、北京、上海、安徽、河南、山东、湖南、湖北9省市的29家养殖企业。军山湖清水大闸蟹作为江西省唯一参赛品牌,以“大规格、高品质”征服了评委。

自2002年起,进贤县一直坚持“大规格、高品质、无公害、可持续”十二字方针,立足生态资源,打造有机品牌,推动河蟹产业发展。至2013年,军山湖河蟹产业带动了3800个农民养殖户,年产量2000吨。

【泉岭生活垃圾焚烧发电厂开工】 7月29日,南昌泉岭生活垃圾焚烧发电厂立体工程项目开工。泉岭生活垃圾焚烧发电厂位于进贤县泉岭乡,由南昌市城市管理委员会主管,南昌白玛士绿色能源有限公司负责投资建设和特许经营期内经营,总投资4.85亿元,特许期为27年。这是南昌市政府以BOT特许协议方式引入的重大民生项目,也是江西省第一个垃圾焚烧发电项目。设计能力为日焚烧处理生活垃圾1200吨,年处理垃圾量40万吨,装机容量为2.4万千瓦,年发电量2亿千瓦小时。项目设备质量达到国际先进水平,去除二噁英及重金属污染等,排放指标超过欧盟标准,污水通过循环使用,不对外排泄。建成后,可解决进贤县、南昌县、青云谱区、高新区等地垃圾处理问题。

【军山湖建立江豚栖息保护区】 8月21日,进贤县军山湖建立江豚迁地保护区签约仪式在进贤县会展中心举行。协议规定,进贤县在军山湖划拨0.2万公顷水面建立江豚栖息保护区。江豚被誉为长江生态的“活化石”和“水中大熊猫”,是国家二级保护动物。军山湖拥有2.13万公顷水域面积,也是长江江豚的原栖息地之一,隔堤通闸,与鄱阳湖相连,湖内盛产天然鱼虾,为江豚提供了优质饲料。长江江豚迁地保护区落户军山湖,对提升进贤生态品牌,发展生态旅游也是一次重要的推动。

主要领导人 县委书记:王敏(任至11月)、万凯(12月任)。县人大常委会主任:万晓鸣。县长:万凯(任至11月)、钟益民(12月代)。县政协主席:钱和平。

(武中立 王方 邹忠华)

·安义县·

【简 况】 位于江西省西北部,辖3乡、7镇、1场,总面积665.49平方千米。耕地面积2.59万公顷,有林面积2.67万公顷,森林覆盖率43.2%。总人口29.33万人,其中非农业人口7.44万人。人口自然增长率7.79‰。全年实现地区生产总值86.08亿元,同比增长12.8%。其中,第一产业增加值4.86亿元,增长3.6%;第二产业增加值41.53亿元,增长13.4%;第三产业增加值43.69亿元,增长12.87%。全县规模以上工业企业实现产值24.72亿元,增长14.9%。农业总产值16.42亿元,增长19.67%。2013年铝型材实现产能50万吨,超越湖北大冶,跃居全国第三。地方财政收入6.35亿元,增长25.99%;财政总收入8.03亿元,增长19.47%。全县从业人员平均工资3.06万元,增长11.33%;在岗职工年平均工资3.12万元,增长12.0%;农民人均年纯收入9776元,增加965元。城乡居民年末储蓄余额95.59亿元,增长16.27%。

【安义县铝型材产能跃居全国第三】
2013年,安义县铝型材实现产能50万吨,超越湖北大冶,跃居全国第三。安义县围绕做强建材产业,按照产业集群发展的规律,从强基础、抓项目、搭平台三个方面着力,强力推进建材产业新一轮发展热潮。通过几年的发展,县建材产业从无到有,从小到大,已成为县域经济发展的支柱产业,截至年底,全县有建材企业124家,生产线1333条。安义县有52个建材项目落户县工业园区,这是安义县依托市场优势,通过优化投资环境,鼓励、吸引能人回乡创业产生的裂变效应。

【第二届金花旅游文化节开幕】 3月5日,安义县第二届金花旅游文化节开幕。金花旅游文化节以"看金花、赏春景、享农趣、游乡村"为主题,活动为期40天,至4月15日结束。主要有八大主题活动,包括"亚啤杯"金花摄影大赛、坐牛车、古道上赏艳丽的油菜花、非遗文化展演、趣味农事比赛、民间小戏表演、旅游彩信征集活动等。这次金花旅游节活动,旨在以金花旅游节为平台,展示全县秀美乡村建设成果,以花为媒,打造全县旅游形象,促进旅游事业的发展。

【气凝胶纳米保温材料项目落户安义】 7月28日,总投资10亿元的气凝胶纳米保温材料重大项目落户安义签约仪式在广东佛山市三水区金太阳酒店举行。这是2013年落户安义县的重大项目之一,项目主要投资方为佛山市金银河智能装备股份有限公司。县委书记朱东,县委常委、副县长刘祈虎出席签约仪式。

【安得利高新材料公司重大项目落户安义】 2013年,总投资10亿元的安得利高新材料公司重大项目落户安义县,这是安义县2013年的重大项目之一。项目分两期建设,一期项目2014年下半年投产,三年达标,项目达标后,可年产10万立方米气凝胶和5万吨高温胶,主营收入45亿元,税收8000万元以上。9月9日,安得利高新材料公司推进调度会在文峰园召开。会议就安得利高新材料公司重大项目落户相关用地规划、土地招牌挂、工商注册、征地拆迁进行了协调。

【安义县水土保持科技园通过水利部水保司验收】 10月31日,由水利部水保司司长刘震率领的国家水利部验收组对安义县水土保持科技园进行中期评估。水利部验收组一行现场查看了科技园建设情况,听取了安义县关于园区建设情况的汇报。南昌(安义)水土保持科技园位于安义县长埠镇长垅小流域内,园区规划面积61.73公顷,是典型红壤丘陵岗地,园区内原有水土流失面积32.13公顷。安义县水土保持科技园自2005年创建以来,以水土保持技术为载体,山、水、田、林、路、草统一规划,整个园区建设以"科普教育、科技示范"为重点进行建设,通过几年来因地制宜、完善水土流失综合治理措施,园区已建立坡面径流观测试验示范区等十个示范区,园区水土综合治理程度达90%,植被覆盖度达90%,土壤侵蚀量减少85%,坡耕地按照水保技术要求全部得到整治。水利部验收组认为,安义水土保持科技示范园区经过7年多的建设,在基础条件、基本功能、扩展功能和管理水平等方面都取得了明显的进步,已具备科技示范、科普教育、生态休闲、生态修复等五大功能示范功能。

【首届江西(安义)铝型材及门窗展览会开幕】 11月28日,首届江西(安义)铝型材及门窗展览会在安义县新城区龙安广场开幕,省工信委副主任殷勤、南昌市政府副秘书长吴长金、安义县委书记朱东、县长梅梅、县委副书记刘万勇、县人大常委会主任杜勇、县政协主席张芸及县领导彭开先、刘祈虎出席开幕式。朱东在开幕式上致辞,梅梅主持开幕式,殷勤宣布首届江西(安义)铝型材及门窗展览会开幕。铝材及门窗型材是安义工业的名片,安义有12万人在全国各地从事门窗型材加工、销售和生产。

【安义县创建省级生态县通过考核验收】 12月17日,由省环保厅总工程师石晶率领的省级生态县考核验收组来安义县考核验收省级生态县创建工作。省级生态县考核验收组先后检查了万埠集镇、晶安高科、长埠集镇、石鼻集镇、鼎湖莲花村、黄洲翠冠梨基地、从玉菜业、南昌菜园、长均观察村、观察水库、万场新村、柏辉制衣排污设施、县污水处理厂、县垃圾压缩站、龙安广场、八百米景观带等30个生态创建点,对照省级生态县建设考核要求,对生态县建设的5项要求和23项指标进行了核查。在文峰园会议室,省级生态县考核验收组听取了安义县创建省级生态县的工作汇报。省考核组认为,安义县高度重视省级生态县创建工作,创建工作特色鲜明,定位准确,环境面貌有可喜变化。安义县生态县建设的各项基本条件和建设指标基本达到了省级生态县考核验收标准。

主要领导人 县委书记:朱东。县人大常委会主任:杜勇。县长:梅梅。县政协主席:张芸。

(袁晓军)

·东湖区·

【简　况】 位于南昌市东北部,辖9个街道办事处和1个贤士湖管理处,区域面积18.73平方千米。辖区绿地面积468.84公顷,园林绿化覆盖面积468.97公顷,绿化覆盖率29.47%,人均公共绿地面积7.11平方米。全区总人口48.97万人。全年实现地区生产总值404.13亿元,同比增长9.6%。非公有制经济实现增加值201.53亿元,增长9.6%,占GDP的比重为49.9%。实现财政总收入46.4亿元,同比增长6.2%。地方财政一般预算收入10.1亿元,增长17%;地方财政一般预算支出14.09亿元,增长22.2%。全年实现固定资产投资114.3亿元,增长20.2%。其中:城镇固定资产投资114.27亿元,增长20.2%;城镇以上固定资产投资中第二产业完成11.99亿元,第三产业完成102.28亿元。社会消费品零售总额266.2亿元,增长10.5%。实际利用外资1.39亿美元,增长14.9%;实际利用内资25.62亿元,增长24.2%;对外出口达4.62亿美元,增长19.4%。区属在岗职工年平均工资为3.90万元,增长23.88%;城镇居民人均可支配收入2.62万元,增长10.8%;人均可支配支出1.80万元,增长9.1%。全年民生支出7.18亿元,占地方公共财政支出比例的62.43%。

【成立东湖电子商务协会】 4月10日,江西省首家电子商务协会——南昌东湖电子商务协会在南昌滨江宾馆召开成立大会,标志着东湖区电子商务行业进入崭新的发展阶段。江西省传播学会会长、江西省语言学会会长、省委宣传部副巡视员邱尚仁博士,东湖电子商务协会顾问、大江网创始人、江西日报社高级编辑赵抗援，省区市科技、商务部门有关人员以及省、市级新闻媒体记者和参加招商推介会的客商100余人参加活动。该协会是由江西省创谷传媒有限公司等50余家企业发起成立，将以“交流、合作、共赢、发展”的理念，以“服务于企业、服务于政府、服务于社会，全面促进南昌市东湖区信息化及电子商务应用与产业发展”为宗旨，充分发挥政府与企业、企业与企业之间桥梁和纽带作用，围绕制定电子商务行业自律、产业发展规范、整合资源、引导电子商务企业抱团发展、协助政府制定发展电子商务产业的相关政策、培育东湖电子商务示范基地等方面开展工作。

【南昌市首个“人大代表工作室”在上营坊社区成立】 4月，南昌市首个“人大代表工作室”在公园街道上营坊社区成立。上营坊社区“人大代表工作室”约10平方米，室内桌椅、电脑、代表工作牌及工作台账等用于选民群众和人大代表交流沟通的办公条件一应俱全。“工作室”成立后，区人大及街道人大工委定期组织人大代表与群众面对面座谈60余人次，听取居民群众反映的热点问题，并积极与相关部门沟通协调解决。“人大代表工作室”使代表们的活动逐渐经常化、制度化、规范化，在服务代表、联系群众、宣传民主法制、参政议政、代表监督、促进经济社会和谐发展等方面起到重要作用。“人大代表工作室”是积极探索人大代表履职的新方式。

【江西省首个非物质文化遗产展示馆开馆】 12月19日，江西非物质文化遗产樟树林展示馆在南昌市樟树林文化生活公园举行开馆仪式。该展示馆是东湖区为挖掘、保护、传承、弘扬以“赣”文化为核心的本土非遗特色项目，与省文化厅合作共同建设的一个全景展示江西非物质文化遗产面貌的互动体验型展示馆，也是全省首家民办非遗展示馆和中部地区首家以体验为主要素材的非遗展示馆，是全省开展非物质文化遗产保护传播工作的重要场所。展示馆分为博览区、体验区、临展区和多功能区4个展区，开设了土火青葩区、狗牯脑茶区、黄蜡石雕刻区、吉祥三珍区、宣纸刺绣区、刻本传世区、油纸伞区等7个体验区域，通过展示和体验相结合的方式集中展示江西省100多项非遗项目，实现创意产业与非物质文化遗产传播的融合，充分展示全省丰富而灿烂的民族民间文化和深厚的历史底蕴，打造非遗传承的重要平台。

【“南昌·琴岛之夜”正式营业】 5月31日晚，“南昌·琴岛之夜”第一季节目《赣鄱大地 爱传神州》在原江西省艺术剧院上演，标志着“南昌·琴岛之夜”演艺项目的正式营业。“南昌·琴岛之夜”是由江西艺术剧院、湖南琴岛文化娱乐传播有限公司、南昌公用文化传媒投资有限公司共同投资建设的文化演艺项目，位于东湖区八一大道的江西艺术剧院，占地面积7200平方米，总建筑面积1.2万平方米，隶属文化部示范推广项目——“琴岛演艺”品牌系列，总投资8000万元，内设池座一层和楼座一层，共1200个席位，已成为南昌市剧场演艺的新坐标、江西省文化产业的新名片。该项目策划系列具备浓郁赣鄱文化风情，融合现代化多媒体及声电光技术，将带动城区旅游休闲新风尚，丰富江西人民的文化娱乐生活。

【江西省第八届漆画展开幕】 6月9日，江西省文学艺术界联合会、江西省美术家协会共同主办的“第八届江西漆画展”在东湖区791艺术街区开幕。漆画展收到参赛作品500余件，遴选展出100余件来自中国大陆及港、澳、台地区和国外的优秀漆画作品，所有入选获奖作品由791艺术街区出资收藏。这次漆画展为推动江西漆画艺术繁荣发展，促进江西漆画艺术家的创作、展示和交流，推出更多新人、新作提供良好平台。

【东湖区开发老年人专用移动手机】 6月19日，东湖区人民政府和南昌市民政局共同主办的向居家老人赠送老年人专用手机仪式在南昌信息化养老服务中心举行。出席赠送仪式的市、区领导向老人代表现场赠送老年人专用手机，中国移动通信集团江西有限公司南昌分公司现场开通老人专用手机。东湖区为了进一步强化社会化养老服务工作，让广大老年人安度幸福晚年，率先在全省建立信息化养老服务系统、开发出带有GPS卫星定位和LBS基站定位的老人专用移动手机，为广大老年人提供了极大便利，提高了养老服务的工作水平。

主要领导人 区委书记：戴晓明。区人大常委会主任：闵建波。区长：贺瑞虎。区政协主席：王玮。

（陈耀武）

·西湖区·

【简　况】 南昌市中心城区。辖1镇、1个管理处和10个街道办事处，区域面积34.8平方千米。总人口51.87万人。全年地区生产总值406.3亿元，同比增长9.0%；财政总收入56.1亿元，增长7.7%；地方财政收入11.24亿元，增长14.4%；500万元以上固定资产投资229.4亿元，增长18%；规模以上工业增加值7.07亿元，增长5.8%；实际利用外资1.56亿美元，增长16.43%；实际利用内资31.16亿元，增长22.2%；外贸出口总额5.48亿美元，同比增长9.8%。全区社会消费品零售总额351亿元，绝对值连续13年位居全省各县（市、区）之首。

【完成万寿宫街区棚户区改造房屋征迁工程】 2013年，西湖区启动万寿宫街区棚户区改造房屋征迁工程，共涉及房屋征迁任务1232户、8.05万平方米，是2013年南昌市10个棚改项目中唯一不就地安置、唯一要求实施“拆、改、留”的项目。省委书记强卫多次视察万寿宫街区棚改工作，南昌市委书记王文涛在不到半年的时间里5次到现场视察。10月29日公布房屋评估价格，到12月10日基本完成房屋征收任务，用时仅42天，实现“快中求好”的目标，确保了“三个不发生”，即“不发生个体极端事件、不发生大规模群体性事件、不发生被媒体炒作有影响的事端”。

【获“国家慢性病综合防控示范区”】 2013年，西湖区获2012年度“国家慢性病综合防控示范区”称号，成为江西省第二个进入国家级慢性病综合防控示范区行列的县区。通过“示范区”的打造,全区进一步推进慢性病防治工作,实现健身场所和健康教育活动室社区覆盖率90%以上,宣传栏社区覆盖率90%以上。开展群众社区健身活动、无烟单位创建工作,开展示范单位、示范社区、示范餐厅、示范食堂创建工作,并实施大肠癌早诊早治、中西部儿童口腔窝沟封闭等多个重点项目。

【“社区文化在线”示范项目接受文化部评审验收】 2013年,西湖区“社区文化在线”示范项目,在中央文化管理干部学院通过文化部评审验收。“社区文化在线”示范项目于2011年12月被文化部确定为首批江西省两个公共文化服务体系示范项目之一,经过两年的开发建设,已建成“一个平台”和“八大在线”。“一个平台”,即创建了“社区文化在线”网站(www.sqwhzx.cn);“八大在线”是依托“社区文化在线”项目信息化平台,打造“文化阵地在线”“文化团队在线”“文化活动在线”“文化培训在线”“文化精品在线”“历史文化在线”“数字图书在线”和“文化咨询在线”八大在线服务,实现全区社区文化工作信息全收录、全公开。

【完成社区环境综合整治工程】 2013年,西湖区实施33个社区环境综合整治工程,于11月底全部完成。工程按照五化(净化、美化、亮化、绿化、硬化)的工作目标,经过招投标,确定由有国家一级资质的省建工集团,对全区环境综合整治点位统一布局、统一规划、统一施工、统一管理,共涉及房屋184栋、9018户居民,受益人口3.73万人,改造总面积33.64万平方米,工程总投资约5500万元。社区环境综合整治工程任务取得四个全市第一:工作任务数全市第一、工程进度全市第一、市级“以奖代补”经费全市第一、区级资金到位率全市第一。

【完善医疗救助即时网络结算平台】 2013年,南昌市新的医疗救助同步结算系统在西湖区正式开通运行,实现了医疗救助系统、城镇职工医保系统、居民医保系统、大病医疗保险系统全面联网,标志着西湖区医疗救助服务水平又上新台阶。西湖区是江西省第一个研发、使用医疗救助“一站式”即时网络结算平台的单位,在全省率先实现了尿毒症免费血透“一站式”服务和“零垫付”,缓解了困难群众的经济压力。9月,作为全省仅有的县区基层民政单位代表,省长鹿心社到西湖区居家养老指导服务中心和西湖区社会救助中心视察。

【完成“班班通”项目建设】 2013年,西湖区完成西湖教育信息中心建设,搭建起西湖教育的信息中心、资源中心、数据中心平台,建立统一的资源目录和元信息规范。全区投入2095.2万元完成“班班通”建设,安装交互智能平板657套,实现文字、图像、动画、视频、声音集中展示。为全区学校新建、改建26套校园网络系统,通过高速连通国际互联网,普通教学班实现信息技术与学科日常教学有效整合,促进教师教学方式和学生学习方式的变革,最终促进学生的发展。为教师配备笔记本电脑1600余台,在职教师做到“人手一机”,逐步完成对薄弱学校现代教育技术设备的改造。

【预防青少年违法犯罪工作取得新成效】 2013年,西湖区成为全省第一轮重点青少年服务管理与预防犯罪工作经验推广试点。西湖区对辖区内有不良行为青少年、闲散青少年、刑释青少年、服刑人员未成年子女、农村留守儿童(青少年)、流浪乞讨未成年人六类重点青少年群体进行排查并建立资料台账,在每个学校重新选定法制副校长,并首次联合发文任命,实现“一校一警”,做到预防青少年违法犯罪工作区域与对象“两个全覆盖”。

主要领导人 区委书记:周智安(任至10月)、周林(11月任)。区人大常委会主任:马力。区长:梅茂发。区政协主席:涂和平。

(朱君)

·青云谱区·

【简　况】 位于南昌市区南部,辖5个街道办事处、1个青云谱镇和1个省级昌南工业园区。区域面积43.2平方千米,城区绿化率35.53%。全区常住人口32.16万人;全区总人口32.61万人。2013年实现地区生产总值258.56亿元,同比增长11.1%。其中包括:第一产业增加值2535万元,下降49%;第二产业增加值167.57亿元,增长11.4%;第三产业增加值90.74亿元,增长10.8%。一、二、三产业比为0.1∶64.8∶35.1。财政总收入31.29亿元,增长15.7%,税收占财政总收入比重为95.9%;地方财政收入8.15亿元,增长25.3%;地方财政支出10.9亿元,增长33.6%。工业总产值370.27亿元,增长17.8%;规模以上工业增加值97.97亿元,增长11.5%,占GDP比重37.9%;主要工业有:汽车及其零部件制造,航空及其零部件制造,印刷业,食品加工业。农业总产值4895万元,下降46.4%。主要农产品有乳制品、生猪、家禽、水产品等。全区500万元以上固定资产投资142.82亿元,增长22.2%;固定资产投资142.82亿元,增长22.2%;社会消费品零售总额121.55亿元,增长18%;实际利用外资1.15亿美元,增长17%;实际利用内资25.33亿元,增长25%;出口创汇5.72亿美元,增长15.6%。农民人均年纯收入1.08万元,增长11.1%;城镇居民人均年可支配收入2.66元,增长13%。

【全面完成旧改征迁工作】 2013年,青云谱区全面启动旧改征迁工作,全年完成房屋征收项目21个,房屋征收面积71.29万平方米,受益群众达3万人,收储征收总面积和总户数双双创下青云谱区房屋征收量历史之最。其中,启动并完成南昌市乃至江西省最具代表性的棚户区改造项目——十字街棚改,7天签约2009户,完成征收任务的70.2%,38天全面完成征收任务。

【青云谱区纳入全国老工业基地调整改造规划】 4月2日,国务院正式批复《全国老工业基地调整改造规划(2013—2022年)》,青云谱区位列国家重点支持的25个城区老工业区之一,也是江西省唯一列入国家老工业基地改造规划的城区。另外,青云谱区洪都老工业区与北京首钢老工业区、武汉硚口古田老工业区、株洲清水潭老工业区已获得国家首批老工业区搬迁改造试点资金。

【"民情家访"工作典型经验在全国推广】 3月,"民情家访"工作作为江西省唯一一例联系服务群众经验做法被中央党的群众路线教育实践活动领导小组办公室选编并在全国推广。"民情家访"活动自2007年5月率先在青云谱区开展以来,共接待群众1.41万人次,受理各类问题4660件,解决问题4562件,群众反映问题回复率达100%,解决率达97.8%,得到广大群众的拥护和支持。作为该区的亮点工作,始终走在全省、全市前列。

【推进非公企业党组织建设】 2013年,青云谱区大力加强非公企业党建工作,成立了由机关干部、街道(镇)业务骨干、社区(村)干部组成的非公企业党建工作指导小组,本着"出现一个,联系一个,成熟一个,组建一个"的原则,根据非公企业实际情况,采取"独立、联合、挂靠"等方式组建非公企业党支部,并选派非公企业党建工作指导员,走进企业之门、楼宇之间,做到非公企业发展到哪里,党的组织就覆盖到哪里。全区397家非公企业中,单独组建党支部102个,建立联合党支部295家,非公企业党组织组建率达到100%。同时,在全区打造了6个非公党建示范点(每个街道、镇各1个);申报了徐坊街道的聚成公司和青云谱镇的九洲通两个市级非公企业党建示范点,以引领全区非公党建工作的开展,实现非公企业中的党组织活动常态化,非公企业中的党员作用最大化。

【首批档案教育示范基地——梅汝璈故居揭牌】 8月28日,江西省首批档案教育示范基地在青云谱区梅汝璈故居揭牌。2011年,青云谱区政府斥资180余万元启动梅汝璈故居抢修工作,完成梅汝璈故居的修缮和布展。故居分放映厅、起居室、东京审判纪事厅、二战中国的抗日战场展示厅、爱国主义教育园地、梅汝璈家族展厅6个展区,全面展示梅汝璈的生平事迹及东京大审判等。作为江西省首批档案教育示范基地、南昌市文物保护单位的梅汝璈故居,将冲刺省重点文物保护单位和南昌市爱国主义教育基地。

【王府井百货进驻南昌】 12月28日,王府井百货与南昌市青云谱区政府、江西浩瀚正盛实业发展集团签订三方协议,正式落户青云谱区。该项目进驻后,规划打造成为涵盖购物中心、五星级酒店、写字楼、商业街区、酒店式公寓、住宅等多种业态于一身的大型商业综合体,形成一个约15万平方米,辐射半径为3.5千米的商圈,辐射人口约210万人,并吸引高端品牌入驻,填补南昌市高端品牌的空白。

【"网络化"社区管理工作取得良好成效】 2013年,青云谱区先后投入260万元研发"网络化管理"数据系统,成功组建了一支由474名社区工作人员和2683名楼栋长、老党员、社区志愿者组成的网络社区管理员队伍,搭建起"网络化管理"数字信息平台。截至12月,社区网络化管理员共填写民情信息1.6万条,接到居民诉求540件,已办理537件,正在办理3件,办结率达99%。

【青云谱区城南舞龙队勇夺全国舞龙展演金奖】 6月28日至29日,青云谱区城南舞龙队代表江西省,在中国(南宁·青秀)舞龙展演暨第十一届中国民间文艺山花奖·民间艺术表演活动中,与全国16个省、市、自治区的17支参赛队伍同场竞技,完美演绎主题为"龙腾鱼跃"的舞龙技艺,获得金奖。

主要领导人 区委书记:周亮。区人大常委会主任:李小逢。区长:胡晓海。区政协主席:曾建华。

(王锋)

·湾里区·

【简 况】 位于南昌市西北部,辖4镇、2街道办事处。总面积238平方千米,其中城区面积23.47平方千米。森林面积1.3万公顷,森林覆盖率73.7%。园林绿地面积861公顷,城区绿化覆盖面积475公顷,城区绿化率49.5%。境内梅岭系国家森林公园、国家级风景名胜区。全区总人口6.53万人。2013年,全区地区生产总值40.11亿元,同比增长11.8%。其中,第一产业增加值2.51亿元,增长1.0%;第二产业增加值17.42亿元,增长10.8%;第三产业增加值20.18亿元,增长14.2%。一、二、三产业比为6.3:43.4:50.3。农业总产值4.0亿元,增长1.0%。全年粮食种植面积2374公顷,其中稻谷播种面积2267公顷;油料种植面积92公顷;蔬菜种植面积356公顷。粮食总产量1.31万吨,下降3.2%;蔬菜产量4640吨,下降3.3%;花卉苗木产值7440万元,增长5.9%。财政总收入8.01亿元,增长33.4%;地方公共财政预算收入4.95亿元,增长31.8%。全社会固定资产投资30.07亿元,增长38.8%;500万元以上固定资产投资29.3亿元,完成年计划的100%,增长35%;规模以上工业增加值2.98亿元,增长13.5%;社会消费品零售总额5.32亿元,增长16%;实际利用外资2650万美元,增长4.3%;实际利用内资16.5亿元,增长13.7%;外贸出口创汇2074万美元,增长38.4%。全年接待游客300.2万人次,增长51.1%;实现旅游综合收入9.17亿元,增长53.6%。农民年人均纯收入8230元,增长13%;在岗职工年平均工资3.87万元,增加8945元,增长30.0%。

【旅游产业发展壮大】 2013年,湾里区累计接待游客300.2万人次,同比增长51.1%;实现旅游综合收入9.17亿元,增长53.6%,景区对外吸引力、影响力进一步增强。累计投入1300万元,先后成功举办"2013第二届梅岭赏花节""2013第二届梅岭纳凉节"和"2013第七届梅岭登山节"三大旅游节庆品牌活动;进一步完善旅游"吃住行游购娱"要素,形成覆盖高端到低端的旅游宾招产业体系,有高、中端度假宾馆10家、创建市级乡村旅游示范点6个,发展农家乐重点村14个、特色农家乐300余户,新增休闲农业企业30家,其中营业收入500万元以上的休闲农庄2家。年接待休闲观光人员50万人次,实现经营收入3000万元;推进樱花谷(四季花谷)、琴源山庄、洗药湖二期(梅园)、明清古建筑博览园、梅岭集镇建设等旅游项目建设,梅岭镇、太平镇、罗亭镇3个特色小镇初步形成文化休闲、访古寻幽、农趣体验的特色旅游项目;培育休闲度假游、农事体验游、宗教文化游、体育健身游等各类旅游新业态;完成狮子峰国家4A级景区创建工作。

【设立“森林防火日”】　2013年，湾里区通过人大审议，决定每年9月26日为湾里区“森林防火日”。湾里区森林防火工作坚持“预防为主、积极消灭”的方针，坚持领导靠前指挥、高位强力推动，坚持持续加大投入、各方协同作战，截至年底，累计开设防火“四边”（路边、田边、村边、坟边）隔离带1000余千米，新建高标准生物防火林带60余千米；组建半专业扑火队4支，队员120人。由于全区高度重视森林防火工作，湾里区连续18年实现无重大森林火灾，连续5年获全省森林防火平安县区称号。

【项目建设“三看”活动创佳绩】　2013年，湾里区获南昌市项目建设“三看”活动第二名。全年新引进项目30个，其中，超亿元项目5个，超10亿元项目2个。在全区86个重大重点项目中，开工65个，开工率达75.6%，完工24个，完工率达27.9%，累计完成投资25.85亿元。

【完成第一轮旧城改造项目】　2013年，湾里区第一轮招贤中路旧城改造基本完成，建设项目为18个，总投资约27亿元，其中政府投资类项目15个，投资约20亿元。完成了60栋、约41万平方米的拆迁还建房及招贤中路、规划一路、规划二路、规划三路、竹山路共5条招贤中路旧城改造安置房路网建设。完成湾里综合大市场、岭秀湖市民公园等项目建设，便民服务中心、行政中心等项目主体工程全部完工。

主要领导人　区委书记：周林（任至11月）、王建平（11月任）。区人大常委会主任：李传强。区长：王建平（任至11月）、杨晓辉（11月任）。区政协主席：喻玫。

（邓小豪　胡世昇）

·青山湖区·

【简　况】　位于南昌市城东，辖5镇、3街道办事处1管理处和省级昌东工业园区。总面积160平方千米，其中城区面积70平方千米。森林覆盖率15.7%。耕地面积3067公顷。全区常住人口44.52万人，其中非农业人口28.07万人；人口自然增长率7.22‰。2013年，全区完成地区生产总值444.52亿元，增长10.3%。其中，第一产业增加值1.51亿元，下降14.6%；第二产业增加值313.97亿元，增长10.7%；第三产业增加值129.04亿元，增长9.7%。财政总收入40.56亿元，增长4.5%；地方公共财政预算收入12.44亿元，增长9.5%；规模以上工业增加值125.48亿元，增长12.1%；500万元以上固定资产投资435.38亿元，增长12%；社会消费品零售总额93.33亿元，增长17.7%；实际利用外资4.34亿美元，增长13.6%；实际利用内资97.05亿元，增长21.4%；出口总额10.62亿美元，增长9.7%；农民人均纯收入1.26万元，增长12.5%；城镇居民人均可支配收入2.60万元。全面启动被征地农民养老保险工作，参保人数达6.85万人，已缴费1.97万人，共征缴基金4.24亿元。第七次蝉联全国科技进步先进县区。

【外贸出口突破10亿美元】　2013年，青山湖区外贸出口完成10.6亿美元，首次突破10亿美元大关，连续5年领先全省各县区。为帮助企业积极开拓海内外市场，青山湖区先后组织不少于60户企业参加广交会、东盟博览会、中博会等，帮助企业抢订单、争份额，拓展国际市场，提高产品竞争力。强化提升对外贸企业服务力度，联合省、市商务部门开展一系列政策宣讲、培训活动，先后培训企业60户120多人次，有效提高了辖区外贸企业人员的业务素质。同时，积极完善区、镇园、企业三级预警监测机制，及时向企业发布外贸预警信息，通报国际贸易形势以及市场变化，促使企业提前做好应对预案，并通过预警监测网络将企业之间的信息、客户、人才、产品等资源共享，促进出口效益的最大化、最优化。

【新兴产业优势凸显】　2013年，青山湖区把电子商务、文化创意等新兴产业作为调结构、转方式的重要抓手予以重点扶持。打造江西省首个电子商务总部基地，已引进地宝网、真爱网、百度江西营销体验中心等一批电商企业落户入驻，并与新浪、阿里巴巴、中国网库达成投资意向。昌东工业园区已有电商企业近百家，仅“双十一”期间，园区电商企业订单量达65万单，累计销售额超6000万元。全省首家网上“菜篮子”——南昌菜博士在青山湖区上线运营。初步形成以华安699、大千壹号公馆、省艺术中心为支撑的文化创意产业集聚区。

【开展“平安十项”创建活动】　3月，在全区开展“平安十项创建，构建平安青山湖”活动。按照“以点带面、分步推进、分类指导、注重实效”的创建思路，明确了“平安家庭、平安村（社区）、平安出租屋、平安单位、平安企业、平安医院、平安学校、平安市场、平安宾馆和平安交通”即“平安十创”牵头单位，细化了创建标准。各镇、街道、园区、管理处将其作为“一把手工程”，打造了湖坊镇安南社区（平安社区）、扬子洲镇联民村（平安码头）等特色创建点位。总结推广了上海路街道半边街社区“平安三宝”（臂戴红袖章、口吹黄哨子、手提小喇叭）、南钢街道世纪之星小区“邻里守望”等平安创建工作经验。每个村（社区）至少收集了20个好人事迹，在全区153个村（社区）打造了153面“好人墙”，争做好人好事，蔚然成风。在创建活动过程中，全区发放平安倡议书22.48万份，张贴宣传海报1.03万张，制作综治长廊58块，设计印制《平安十项创建集锦》250本，在魅力93.4电台平安创建专栏播放稿件140余篇，群众参与平安创建的积极性被充分调动起来，平安创建人人有责，人人参与已经成为共识。初步评选出平安家庭1000户、平安村（社区）30个、平安小区50个、平安楼栋100栋、平安出租屋500户、平安单位30个、平安企业50个、平安医院15个、平安学校20所、平安市场20个、平安宾馆10个、平安交通路段10条，实现2013年平安创建率达40%的目标。

【民间舞蹈《青山湖区双龙戏珠》获江南民间艺术节最高奖项】　青山湖区受中国群文学会、常熟市人民政府之邀，由区文化馆组织塘山镇塘山村龙队、湖坊镇进顺村龙队、长春村锣鼓队约40余人（唯一一支代表江西省的舞龙表演队伍）参加中国（常熟）第五届江南民间文化艺术节。民间舞蹈《青山湖区双龙戏珠》节目获优秀展演奖(最高奖项)、优秀组织奖(最高奖项)。

主要领导人　区委书记:李小豹(任至9月)、陈国辉(11月任)。区人大常委会主任:熊庆华。区长:李松殿。区政协主席:王继军。

(王琳　易梅繁)

九江市

【概　况】　位于江西省北部,辖2区、2市、9县和1个开发区、2个风景名胜管理局。总面积1.91万平方千米,城区规划面积118平方千米,建成区面积80平方千米,耕地面积24.46万公顷,有林面积61.92万公顷。林木绿化率54.92 %,城区绿化覆盖率57.1 %。年末总人口478.94万人,同比增长0.34%。其中,城镇人口228.31万人,乡村人口250.63万人。自然增长率6.94‰。全市完成生产总值1601.73亿元,同比增长10.4%,三次产业结构调整为8.1:56.1:35.8。完成规模以上工业主营业务收入3859.74亿元,增长22.94%;工业增加值784.83亿元,增长13.3%;利税总额411.52亿元,增长43.34%。主要工业产品产量:发电量89.61亿千瓦小时,增长66.1%;化学纤维33.99万吨,增长11.6%;原油加工量519.18万吨,增长2.3%;汽油159.33万吨,增长22.0%;水泥1623.60万吨,增长25.9%。主要农作物总产量:稻谷138.73万吨,增长1.3%;小麦1.66万吨,增长9.9%;油菜籽19.50万吨,增长4.3%;茶叶0.58万吨,增长1.9%;园林水果12.98万吨,增长1.3%。财政总收入280.2亿元,增长26.9%,总量全省第二,增速全省第一;公共财政预算收入176.15亿元,增长24.2%。城镇居民人均可支配收入2.25万元,增长10.7%;农民人均纯收入8805元,增长13.1%。

【推进九江沿江开放开发】　2013年,九江市深入推进沿江开放开发,沿江区域实施亿元以上重大产业项目128个,累计完成投资558.5亿元;实施5000万元以上重大基础设施项目63个,累计完成投资170.3亿元。长江二桥、赤码大道、彭湖大道和城西、城东港区疏港通道建成通车。城东港区公用码头和九鼎、理文等业主码头建成运营。500千伏马回岭、220千伏都昌蔡岭扩建、110千伏姑塘变电站和共青智能电网等重点输变电工程建成投运。九江电子口岸建设、关港联网与运用系统建设加快推进。沿江港口货物吞吐量超过6000万吨,增长30%;集装箱18万标箱,增长12.5%。

【庐山入选国家级自然保护区】　6月4日,国务院办公厅发布《国务院办公厅关于公布辽宁大黑山等21处新建国家级自然保护区名单的通知》,庐山列为新建国家级自然保护区名单。

【建设鄱阳湖生态经济区共青先导区】　为推进鄱阳湖生态经济区建设,省委、省政府决定在鄱阳湖生态经济区区域内建设若干综合型先导区和主题型先导区,并明确南昌和共青为首批先导区。8月22日,为落实省委、省政府决策部署,九江市委、市政府出台《关于建设鄱阳湖生态经济区共青先导区的意见》。"意见"包括:建设鄱阳湖生态经济区共青先导区的重要意义和有利条件、总体要求、战略举措、保障措施4个方面。

【开通九江市官方微博】　为全面准确发布政务信息,及时回应社会关切,充分保障人民群众的知情权、监督权和话语权,营造良好的网上舆论氛围,11月20日,九江市在新浪微博平台开通九江市官方政务微博——"@九江发布"。微博实名认证为"江西省九江市人民政府新闻办官方微博"。

【全国扶贫搬迁工作现场会在九江市召开】　12月26日,全国扶贫搬迁工作现场会在九江市召开。国务院扶贫办开发指导司司长海波、副司长李越,政策法规司司长助理鲍峰庭,江西省扶贫和移民办主任章康华,副主任饶振华、钟炳明,九江市副市长赵伟等出席。河北、广东、浙江、福建、重庆、云南、新疆、西藏等20余个省、自治区、直辖市扶贫办相关负责人参加会议。九江市扶贫和移民办、修水县、武宁县、永修县领导应邀列席会议。会上,章康华介绍江西搬迁移民扶贫工作做法;李越对《国务院扶贫办关于进一步做好扶贫搬迁工作的意见(讨论稿)》做详细的说明,与会人员对《讨论稿》进行讨论;宁波工程学院副教授张要杰介绍易地扶贫搬迁政策体系与制度创新课题研究成果。会议一致通过九江搬迁移民扶贫进城进园集中安置作为一个典型示范案例将在全国推广。会议期间,与会人员就修水县扶贫搬迁工作进行实地参观考察,详细了解九江市整体移民搬迁扶贫工作相关情况,对九江市搬迁扶贫工作取得的成绩给予高度评价。

【举行庐山直升机空中旅游启航仪式】　7月28日,庐山直升机空中旅游启航仪式在九江市举行。副省长朱虹宣布庐山直升机空中旅游启航,省政协副主席、市委书记钟利贵,市委副书记、市长殷美根等出席启航仪式,并为庐山直升机旅游公司民用机场使用许可证揭牌。民航江西监管局副局长龚国章,民航江西空管分局副局长吴米生,市领导杨健、卢志鹏、李伟、朱汉浩等出席启航仪式。仪式结束后,朱虹、钟利贵等还乘坐直升机,空中观看九江城区、八里湖新区、鄱阳湖和庐山美景。直升机为S－76型民用直升机,可搭载12名乘客。旅游路线自庐山区威家机场起飞,途经长江大桥、石钟山、鄱阳湖大桥、三叠泉、五老峰等大小27个景点,最后降落在庐山小天池,全程约15分钟。

【首届世界名山研究学术研讨会暨高校公共外交论坛在九江举行】　5月13日—15日,首届世界名山研究学术研讨会暨高校公共外交论坛在九江举行。省政协主席黄跃金,前国务院新闻办公室主任、中国人民大学新闻学院院长赵启正为世界名山研究会揭牌。市长殷美根致辞。大会的主题是"交流、沟通、共享"。澳大利亚、美国、巴西、南非、德国、菲律宾、泰国等15个国家和地区世界名山所在地高校的60余名专家、学者,联合国教科文组织代表和国内公共外交界的领导和学者围绕会议主题,探讨如何利用名山所在地高校的学科优势为名山研究搭建学术平台,推动高校之间就名山的科学问题开展研究,加强名山所在地高校之间的交流与合作,推进公共外交研究与跨文化交流。会议讨论了名山科学研究的诸多议题,对世界名山的永续发展有重大意义。闭幕式上,30多名代表共同签署《世界名山研究会倡议书》,并发起成立"世界名山研究会"。研究会为非政府、非政治、非营利性、松散型、学术性的友好联谊组织(NGO)。研究会常设机构设在九江学院。世界名山研究会的成立标志着对世界名山相关问题科学研究和学术交流开始进入一个有组织的阶段。

主要领导人 市委书记:钟利贵(任至9月)、殷美根(9月任)。市人大常委会主任:华金国。市长:殷美根(任至9月)、钟志生(9月代)。市政协主席:魏宏彬。

(黄开福 刘浔豫 杨磊)

·修水县·

【简 况】 位于江西省西北部,辖19镇、17乡。总面积4504平方千米,耕地面积3.78万公顷,山林面积23.9万公顷,森林覆盖率为72.8%。总人口84.4万人,其中非农业人口10.2万人。人口自然增长率8.2‰。2013年完成地区生产总值110.42亿元,同比增长10.7%,第一产业增加值16.25亿元,增长5.2%;第二产业增加值56.19亿元,增长13.5%;第三产业增加值37.98亿元,增长9.6%;三次产业结构比为14.7:50.9:34.4 。完成财政总收入18.48亿元,增长31.9%,其中一般地方预算收入12.82亿元,增长33.0%;财税结构逐步调优,财政总收入占地区生产总值的比重为16.7%,税收占财政总收入的比重为83.4%。规模以上工业完成增加值53.26亿元,同比增长14.6%;实现主营业务收入250.5亿元,增长24.7%;实现利税总额46.63亿元,增长35.8%。完成社会固定资产投资108.34亿元,增长25.8%。农业总产值22.77亿元,增长15.6%,粮食总产量25.09万吨,主要农产品有稻谷21.67万吨,小麦4152吨,玉米1万吨,花生3555吨,蔬菜8.27万吨,茶叶3544吨。完成社会消费品零售总额33.28亿元,增长13.0%。农民人均纯收入4953元,较上年增加767元。

【"绿冬"品牌被认定为"中国驰名商标"】 1月,江西绿冬丝科实业有限责任公司"绿冬"品牌被国家工商总局商标局认定为"中国驰名商标",这是该品牌继2007年获"中国名牌"后的又一国家级荣誉,也是九江首个获此殊荣的民营企业商标。

【推进保障性住房建设】 2013年,修水保障性住房建设工作在全市考评中位列第一,并获全省保障性住房建设先进集体称号。2013年,省市下达修水县保障性住房建设任务为:廉租住房300套,公租住房3070套(含2012年结转1000套),城市棚户区改造870户。修水按照"一个项目、一名领导、一个责任人、一套工作班子、一个实施方案、一支好的施工队伍"6个一的项目推进工作责任机制,将工作目标落实到位、具体到人,并实行平时督进展、年终查结果,实施全过程监督。严把准入和退出关,做到公平公正,让保障性住房真正受惠于民。至年底,发放廉租住房租赁补贴930户,为3321人发放住房补贴约177.8万元。保障性住房建设任务100%落实到具体项目,各项目100%竣工或开工。城市棚户区改造(西摆509户5.59万平方米,红山71户0.78万平方米,芦塘290户3.19万平方米)已完成房屋征收补偿,安置房建设与分配工作正在进行。

【被列为全国扶贫搬迁工作示范县】

2013年,修水县在全省率先启动推进整体移民搬迁扶贫、加快城乡发展一体化试点工作。至年底,实行试点的溪口、大椿、余塅3个乡镇9个行政村完成进园进城安置协议签订、购房定金收取、原有房屋丈量等前期工作,山林土地流转、就业培训扎实推进,县城安置小区良瑞佳园基本完工,8013名深山移民即将入住小区,成为新市民。修水县积极探索统筹城乡发展新路子的做法得到上级党委、政府及有关部门的充分肯定,被列为全国扶贫搬迁工作示范县、全省城乡发展一体化试点县;全国扶贫搬迁工作交流研讨会、全省扶贫搬迁移民研讨会和全市镇村联动现场会分别在修水召开;先后接待湖南、湖北、广西、安徽及江西省近100个县(市、区)领导考察学习。该县的主要做法是:规划引领。按照"全域修水、凸现特色、三个集中"的原则,聘请省城乡规划设计院编制《修水全域发展总体规划》,构建以县城为龙头、2个市级示范镇为副中心、4个县级示范镇为节点、26个一般集镇为补充、125个中心村为网络的城乡一体空间体系,形成2020年全县农村人口"三分之一进县城、三分之一到集镇、三分之一在农村"的分布格局。同时编制《修水县整体移民搬迁扶贫规划》,计划至2020年完成移民搬迁10万人,其中2013年搬迁8000人。政策倾斜。出台《推进整体移民搬迁加快城乡发展一体化工作意见》及9个配套文件,确保移民搬迁后有住房、有就业、有保障、有户籍。在确保有住房上,移民户享受移民扶贫政策补助,享受危房改造补助,享受旧房拆除补偿,享受县城购商品房和小户型安置房财政奖励,安置房可以抵押享受信贷支持。在确保有就业上,优先扶助创业户3万~5万元小额贴息贷款,子女免费就读职业高中,免费创业就业培训,免费职业介绍,确保有就业需求的家庭至少有一人实现就业。在确保有保障上,新农保和城镇居民社会保险互转,农村和城镇低保互转,农村合作医疗和城镇居民保险自由选择。在确保有户籍上,移民可以办理城镇居民户口,也可以保留农村户籍办理城镇居住证,可享受城镇居民的同等待遇,各种强农惠农和农村计划生育政策不变。整村搬迁。坚持政府引导、群众自愿的原则,按照农户申请、村组申报、乡镇审核、县级审批"四级程序",做到"五个全部":居住人口全部搬迁;农民房屋全部拆除;宅基地全部复垦;土地承包权和山林经营权全部依法流转;符合参保条件的搬迁人口全部参加社会养老保险。2013年有20个行政村递交整体搬迁申请,从中选取群众搬迁意愿高的9个村开展试点工作。

集中安置。在县城中心城区建设

安置小区——良瑞佳园，占地26.53公顷，建筑面积40万平方米，共有安置房83栋3252套，位置好、环境优、交通便利，小区内文化休闲、购物、教育、卫生等公共设施一应俱全。安置房分60~120平方米五种户型，人均住房面积35平方米，可满足不同层次需求。

分类帮扶。通过分层分类帮扶的方式，切实解决特困群众搬迁问题。分散五保户安置在敬老院，集中供养。对不符合集中供养安置的特困户，在养老院统一建房安置，实行“一院两制”。对那些想进城暂时又确无能力购买安置房的特困户，鼓励购买小户型安置房或优先租住公租房。到年底，9个村165户416名特困人口得到妥善安置。

主要领导人 县委书记：黄斌（任至6月）。县人大常委会主任：胡荣军。县长：孙朝辉。县政协主席：黄梅。

（李四军）

·武宁县·

【简　况】 位于江西省西北部，辖8镇、11乡和1个街道办、1个工业园区。总面积3506.6平方千米，耕地面积1.85万公顷，林地面积26.11万公顷，森林覆盖率72.1%。总人口36.47万人。2013年实现国内生产总值80.2亿元，同比增长10.5%。其中，第一产业增加值12.9亿元，增长5.1%；第二产业增加值42.2亿元，增长13.6%；第三产业增加值25.1亿元，增长7.9%。规模以上工业总产值220.35亿元，增长26.2%。农业总产值21.62亿元，增长11.3%。主要农产品有粮食15.24万吨，棉花2116吨，油料13.7万吨，水产品3.42万吨，肉类总产2.14万吨。财政总收入12.6亿元，增长25.9%；公共财政预算收入9.35亿元，增长26.7%；公共财政支出18.87亿元，增长17.0%。社会消费品零售总额28.1亿元，增长13.8%；农民人均年纯收入9328元，增长16.6%；城乡居民储蓄存款59.1亿元，增长15.2%。

【获“全国平安建设先进县”称号】 5月，武宁县顺利通过全国平安县复检。5月31日，中央综治委命名表彰武宁为“全国平安建设先进县”。

2013年，武宁县委、县政府把平安武宁建设作为实现幸福武宁的重要保障来抓，出台《关于进一步加强社会治安综合治理的意见》等文件，建立完善县、乡、村三级平安综治网络，将综治经费列入县财政预算，运用现代网络技术在全县各乡镇推广建设社区网络化信息管理平台，累计投入470万元建设“天网”工程，实现19个乡镇视频监控全覆盖，并接入县110指挥中心；城区设监控探头200个，出县边界建4个高清抓拍治安卡口；完善杨洲、武宁大桥、黄段3个治安查报站；所有综治责任单位安装视频监控系统，构建24小时“不眨眼”全时空治安防控体系。广泛开展“平安乡镇”“平安单位”“平安村（居）”“平安校园”“平安边界”等一系列创建活动，全县19个乡镇都是市级平安乡镇，有省级平安校园2所、市级平安校园6所。

【2个院士工作站落户武宁】 7月18日，中国水产科学研究院黄海水产研究所名誉所长、研究员、中国工程院院士赵法箴与落户武宁县罗坪镇的江西省箬溪生态农业有限公司总经理余敏在武宁签署合作协议，成立江西省箬溪生态农业有限公司院士工作站。县委书记沈阳向赵法箴颁发聘书；中国水产科学院院长张显良和九江市委组织部副部长胡运龙讲话，并为院士工作站授牌。江西省箬溪生态农业有限公司是省级龙头企业，在鲟鱼产品方面拥有多项高新技术，其中“网箱冷水流鲟鱼养殖技术”为国内首创高新技术，已通过农业部无公害产地、产品认证，被农业部授予“水产健康养殖示范场”称号。有闪光鲟、俄国杂交鲟、欧洲鲟等品种，存鱼量15万尾约500吨，其中6年龄雌性鲟鱼5000多尾，存鱼产值近亿元。

11月20日，武宁县工业园区院士入站签约仪式在工业园区举行。中国工程院院士、华中科技大学机械学院院士段正澄，华中科技大学机械学院副院长汪新军，华中科技大学教授、数字制造国家重点实验室主任陈学冬，县委副书记陈世超，副县长、县工业园区党委书记刘斌等出席签约仪式。

【环城大道实现全线通车】 9月，武宁县城重点交通基础工程——环城大道建成通车。环城大道起点为永武高速宋溪互通，终点为窑塅桥，连接沙田新区和宋溪片区，衔接永武高速的一条快速通道，按城市干道一级公路标准建设，路幅宽30米，双向四车道，全长5.88千米，2011年10月8日动工，工程总造价2.58亿元。环城大道建成把庐山西海靠县城周边的一大片水域纳为城市的内湖，形成38千米长的城市湖岸线，使城市交通条件得到优化，城市品位得到提升。

【“十一”黄金周接待游客再创新高】 2013年“十一”黄金周期间，山水武宁以其独特的山水魅力吸引上海、武汉、南昌等地大批游客前来旅游。全县各旅游景区景点游人如织，县城各大宾馆酒店出现一房难求的景象。除七里坑、申家坪、张家湾养生山庄，新光山庄，平尧生态农庄乡村游异常火爆外，西海湾和武陵岩2个AAA级景区也倍受游客青睐，均呈现满负荷运转状态。“十一”假期，全县旅游景区景点共接待游客16.78万人次，再创历史新高。

【八音公园一期建成开放】 2013年，武宁八音公园一期建成开放。八音公园位于老城区人民路西侧，沙田湿地公园东岸，北起长水大桥，南至新宁桥，岸线全长1.1千米，是添景于城、还景于民的民生工程。工程总投资3.8亿元，总用地面积17万平方米，其中绿化苗木12万多株。八音公园以“山水有清音”为设计主题，以中国传统乐器的制作材料分成八大类为依据，将八音元素分别融入具有鲜明山水特色的自然环境中，按照一套乐器、一座古建筑物、一个景观节点、一个休闲娱乐场所的原则建设。八音公园集健身、休闲、娱乐、观景于一体，不仅是音乐爱好者展示才艺的良好平台，也是市民休闲娱乐的好去处，更是旅游城市又一道靓丽风景。

主要领导人 县委书记：沈阳。县人大常委会主任：杨叶青。县长：饶思汉。县政协主席：余育民。

（郑元刚　郑双虎　陈修宁）

·瑞昌市·

【简　况】 位于江西省北部,辖8乡、8镇、2街道3场,总面积1423平方千米。耕地面积1.714万公顷,有林面积0.91万公顷,森林覆盖率58.3%。总人口42.40万人。全年实现地区生产总值125.98亿元,同比增长12.1%。其中,第一产业增加值13.01亿元,增长4.8%;第二产业增加值86.08亿元,增长13.2%;第三产业增加值26.88亿元,增长11.5%。一、二、三产业比为11:71:8。全市规模以上工业企业实现产值318.56亿元,增长13.0%。主要工业产品有纱29.27万吨、服装1275万件、水泥792万吨、原煤5.31万吨、铜材1104吨、铸铁件1.39万吨。农业总产值20.19亿元,增长12.5%。主要农产品有稻谷6.66万吨、棉花3821吨、油菜籽2.32万吨、蔬菜10.31万吨、肉类2.73万吨、水产品3.41万吨。地方财政税收15.10亿元,增长24.4%;财政总收入20.69亿元,增长23.1%;财政支出25.68亿元,增长20.1%。全市在岗职工平均工资3.8万元,增长41.9%;农民人均纯收入9592元,增加1143元。

【瑞昌市被列为全省重点经济开发区域】 2月,省政府出台《江西省主体功能区规划》,将全省国土空间划分为重点开发区域、限制开发区域和禁止开发区域,其中,瑞昌市被列入省级重点开发区域。按照该规划功能定位,瑞昌市列为重点开发区域将发挥区位优势,创新体制机制,全面对接融合,加强区域物流中心建设,形成全省对外开放新的窗口。

【经济开发区扩区获省批准】 12月,瑞昌经济开发区扩区和调整区位工作获省政府正式批复。瑞昌经济开发区总体规划面积由306.67公顷扩大至1914.89公顷,重点发展机械船舶、有色金属冶炼加工、化工造纸、建筑材料等主导产业。扩区调整后,由码头工业城、城区工业园和大唐新区等3个园区板块构成,按照"布局合理、土地集约、产业集聚、注重环保"的要求,加强建设与管理,提高集聚度、单位土地投资强度和产业效益,建设成为产业特色鲜明、生态环境优美、配套功能完善的开发区。

【利用外资现汇总量排名全省县级第一】 2013年,瑞昌市开放型经济水平持续提升,全年完成外贸出口3.67亿美元,同比增长14.5%;实际利用外资1.45亿美元。外贸出口和实际利用外资均为现汇,现汇进资和现汇比排名全省县级第一。

【首创全省县级市数字城管】 8月19日,瑞昌市数字城管正式运行,它成为全省县级市第一个规范化、标准化、数字化城市管理信息系统。数字城管系统共投入资金448万元,由监督中心、指挥中心、12319城管热线等组成,覆盖瑞昌主城区、码头镇,地域面积共约25平方千米。数字城管系统投入运行,对城市管理各种问题实时监控,指挥中心对办理案件进行全程监督,市民可通过城管热线共同参与、监督瑞昌的城市管理。

【瑞昌港开启"集装箱时代"】 2013年,瑞昌港区的理文集装箱码头、理文散装杂货码头、亚泥码头改造完成,港区码头全部采用集装箱货运,开启瑞昌港"集装箱时代"。瑞昌港区全年货物吞吐量完成2052万吨,排九江城西、城东、湖口、彭泽五大港区之首。

【铜岭国家双遗址公园开工建设】 5月7日,国家铜岭考古遗址公园和国家铜岭矿山遗址公园(简称为铜岭国家双遗址公园)在瑞昌市夏畈镇禁地村开工建设。铜岭国家双遗址公园是国家规划的重点文物保护和建设项目,项目一期总投资为1.7亿元,总用地面积为53.33余公顷,主要建设遗址博物馆、博物馆陈展、公园大门等系列文物保护工程。

【范镇荷灯节列入江西省第四批非遗名录】 10月,省政府公布江西省第四批非物质文化遗产名录,瑞昌市民俗类项目范镇荷灯节列入其中。据史料记载,200年前,每逢农历五月十八日,在远方兵役的后生迟迟未归,当地乡亲父老为寄托对亲人的思念,家家扎上荷花灯伴随龙舟下水,以求平安。长此以往,当地百姓约定成俗,把农历五月十八日定为荷灯节。改革开放后,范镇的民间自发组建荷灯协会,每年举办荷灯节,以此弘扬和传承民俗文化。

【碧野农机合作社获评全国示范社】 3月,农业部公布全国农机合作社示范社名单,瑞昌市碧野农机专业合作社名列其中。瑞昌市按照"加快培育、加大扶持、着力提升"的发展思路,高标准促进合作社规范化建设,在培育和扶持农机组织的基础上,积极引导合作社开展社会化服务,合作社规模不断扩大,经营能力逐年提升,已成为全市发展现代农业生产的中坚力量。全市培育农机专业合作社7家,其中碧野农机专业合作社是规模最大的一家,年经营收入达460万元。

【注册"家庭农场"58家】 2013年,中央1号文件首次提出"家庭农场"这一新型农业经营主体以后,瑞昌市种养大户响应党的号召,纷纷到工商部门申请注册"家庭农场"。3月21日,种植大户王友臣首家注册"瑞昌市民丰家庭农场",至12月底,全市种养大户已有58家注册"家庭农场"。

【试点公交车直通村组】 2月,瑞昌市投资200余万元,新增13辆公交车,分别投放到南义、横港、范镇、高丰、南阳、横立山等乡镇,在全省率先试点公交车直通村组,方便百姓出行。

主要领导人 市委书记:古小平。市人大常委会主任:徐修武。市长:罗文江。市政协党组书记:郭少雄。

(胡茂盛)

·都昌县·

【简　况】 位于江西省北部,面积2669.53平方千米,约占全省面积的1.6%。年末全县总户数26.34万户,总人口79.96万人。人口出生率为13.27‰,人口死亡率为4.86‰,人口自然增长率8.41‰。全县地区生产总值完成74.79亿元,同比增加10.30亿元。其中,第一产业增加值16.45亿元,增长2.0%;第二产业增加值35.07亿元,增长14.3%;第三产业增加值23.27亿元,增长10.5%。三次产业结构比为22.0:46.9:31.1。农业总产值29.93亿元,增长5.4%;农业增加值16.45亿元,增长2.0%。粮食总产4.72亿千克,增长1.2%,实现粮食生产十年连增,荣获全国粮食生产先进县。生猪出栏23.8万头,家禽出笼186.2万只。新增商品蔬菜133.33公顷。全年完成乡镇财政收入5.28亿元,增长37.2%。城镇居民人均可支配收入1.71万元,农民人均纯收入4775元。

【杨光明创办首家留守儿童之家】 7月8日,都昌老师杨光明在都昌县有关政府部门的帮助下,成立都昌首个乡镇留守儿童之家——土塘镇"阳光留守儿童之家"。阳光留守儿童之家旨在促进留守儿童全面健康成长,解决留守儿童在学习、生活、心理、情感等方面的问题和困难,避免留守儿童暑期安全事故的发生。在创办的过程中,留守儿童之家得到众多政府部门的支持,都昌县关工委及都昌县教育体育局有关人员专程看望这些留守儿童,并为这些孩子赠送书籍及学习用品。为了确保阳光留守儿童之家学生的安全,每位家长都与阳光留守儿童之家签订安全责任状,在家长的监督及护送下,把孩子送到留守之家。在当地政府部门的宣传和协调之下,留守儿童之家已经有将近100名留守儿童,3名老师。留守儿童之家还经常组织开展丰富多彩的文体娱乐、法制、安全、心理健康教育等活动,给予留守儿童多方面的关爱服务,使之真正成为孩子们的快乐之家、温馨之家。杨光明是都昌化民中学的一名普通老师,先后获得感动九江十大人物,都昌县十大雷锋等称号。

【都昌太阳村到凤凰卫视录制公益节目】 都昌县大港镇太阳村儿童救助中心(简称太阳村)是由社会组织主办的无偿收养救助弱势儿童群体的民间儿童救助慈善福利机构,位于都昌县大港镇丹山村,2007年5月启用,太阳村村长詹学银曾获全国劳动模范称号。

12月17日,都昌太阳村一行5人在凤凰卫视《公益中国》北京演播室录制公益节目,在节目现场,都昌太阳村工作人员和各位分享了太阳村的创办历程、面临的困境及未来发展方向。该节目由凤凰卫视著名主持人许戈辉主持,2014年1月将在凤凰中文台播出。

【都昌鄱阳湖区发现大量珍稀候鸟】 自9月26日第一批越冬飞抵县区以来,全县上下联动,采取宣传、巡查、整治、打击、救护等多种有效措施使越冬候鸟保护工作深入推进,为候鸟营造可靠的生存家园,鸟类种群、数量呈现稳定上升的良好态势。11月21日—23日,都昌候鸟自然保护区在鄱阳湖区巡查时发现大量珍稀候鸟在湖区越冬,其中三山区域栖息有1800余只东方白鹳,这是都昌候鸟自然保护区成立以来监测的最为壮观、十分罕见的东方白鹳越冬场面;黄金咀到朱袍山区域栖息有5000余只灰鹤。

【陶宇佳荣获全运会冠军】 9月8日,在沈阳奥体中心举行的第十二届全运会田径项目女子100米决赛中,江西队都昌籍选手陶宇佳以11秒48的成绩折桂,为江西团再添一枚金牌。陶宇佳的比赛成绩有:2006年,全国青年田径锦标赛女子100米冠军,亚洲青年田径锦标赛女子4×100米接力冠军、三级跳远亚军;2007年,全国田径大奖赛暨世锦赛选拔赛女子100米冠军,全国室内田径锦标赛女子60米冠军,全国田径大奖赛女子100米亚军,全国田径大奖赛暨世界锦标赛选拔赛女子100米冠军,全国大学生运动会女子100米冠军,世界锦标赛女子4×100米接力第九名,亚洲田径大奖赛女子4×100米接力亚军;2008年,全国室内田径锦标赛女子60米冠军。

主要领导人 县委书记:周毛春。县人大常委会主任:詹幸春。县长:陈云滚。县政协主席:石和平。

(程芬)

·湖口县·

【简 况】 位于江西省北部,总面积669.33平方千米,其中城区面积14平方千米。耕地面积1.71万公顷,林地面积5818公顷,森林覆盖率29.6%。城区绿化率47.5%。总人口27.94万人。2013年地区生产总值92.19亿元,同比增长9.5%。其中,第一产业增加值10.42亿元,增长5%;第二产业增加值68.49亿元,增长10.5%;第三产业增加值13.28亿元,增长7%。全年财政总收入20.03亿元,增长21.2%。人均财政收入6796元,增长22.56%;税收占财政收入的82%。财政总收入中地方财政收入13.13亿元,增长24.8%。财政支出20.77亿元,增长16.3%。全年固定资产投资135.1亿元,增长25.1%。实际利用外资7800万美元,增长12.2%。全县规模以上工业净增7户,总数达49户,实现工业增加值48.52亿元,增长27.48%;占GDP的52.63%,增加8.11个百分点。规模以上工业主营业务收入313.16亿元,增长39.53%。工业用电量27.8亿千瓦小时,增长12.1%。主要工业产品钢材430.58万吨,增长14.25%;化学纤维12万吨,增长18.58%;水泥42.82万吨,增长48.11%;硫酸36.23万吨,增长5.9%。港区货物吞吐量1877万吨,增长24.8%。规模以上工业万元产值能耗2.72吨标准煤,二氧化硫排放总量(万吨)削减率8%,城市污水处理率65%。农业总产值17.3亿元,增长12.2%。粮食产量10.82万吨,减少2.4%;棉花1.04万吨,增长5.3%;油料2.53万吨,减少4.6%;蔬菜瓜果5.92万吨,增长8.42%;水产品3.77万吨。城镇居民人均可支配收入2.17万元,农民人均纯收入9667元,增长13%;城乡居民储蓄存款50.68亿元,增长18.5%。

【洋港片区改造建设工程进展顺利】 湖口洋港片区旧城改造是县委、县政府实施的一项城市建设、旅游开发、市民安居于一体的重大工程项目,总投资30亿元。2013年,鹞鹰山隧道贯通,突破沿江大道的建设瓶颈;片区内的旧房征收拆迁10万余平方米;改造建成总长1667米的洋港大道和703米长的隧道连接部分道路,形成城区与园区之间四通八达的交通路网。新区坐落于长江与鄱湖交汇岸线,依山傍水,亦城亦景,宜居宜商。安置小区规划建设的1766套安置房,一期11栋、二期15栋共966套安置房已建成;供市民休闲的5000平方米洋港湖广场硬化已基本完工。同时,污水处理厂和学校、幼儿园、商住小区等配套项目已布局在新区内。改造建设后的洋港新区联动景区、城区、园区,成为湖口城市建设又一道亮丽的风景线。

【石钟山被评为国家4A级旅游景区】 石钟山作为大庐山旅游规划区的组成部分,被联合国教科文组织评为世界文化景观列入《世界遗产名录》。1月,通过全国旅游景区质量评定委员会评定,国家旅游局授予4A级景区。

【出台支持农村土地流转新政策】 2013年,县委、县政府为推进土地流转工作,制定鼓励农村土地承包经营权流转奖励政策,在农业产业化项目申报时优先考虑土地流转大户,对土地流转达到一定规模的优先申报农业综合开发项目,以农业龙头企业带动土地规模化经营;县财政每年拨付专项支农资金对农村进进出出流转实施"以奖代补",对集中连片流转耕地面积6.67公顷、流转期限3年以上种植大户每年奖励100元/亩。另外每年还有财政支农资金50万元作为农村土地流转的"风险保证金",用于流转大户抵御农业灾害的风险保障;对农村土地承包经营权流转工作有突出成绩的乡镇给予适当奖励。

【设立5处县级自然保护区】 2013年,湖口县为巩固"森林城乡、绿色通道"工程建设成果,切实保护珍贵的野生动植物资源,在已有鄱阳湖口国家森林公园、台山省级森林公园的基础上,设立5处县级自然保护区,使全县森林公园和保护区面积达到2533.33公顷。新设立的5处县级自然保护区分别为石钟山青檀保护区、鞋山苍鹭保护区、付垅天然林保护区、大垅天然阔叶林保护区、屏峰自然保护区,保护区总面积1066.67公顷,分布在全县5个乡镇。新设立的县级自然保护区由县财政安排专项资金,聘请专职人员进行森林防火、森林病虫害防治等日常管护工作。保护区的设立为青檀、苍鹭、天然阔叶林等珍贵的野生动植物资源建立了一道坚固安全的屏障。

主要领导人 县委书记:卢光辉。县人大常委会主任:杨　剑。县长:李小平。县政协主席:杨小林。

(周荣美　陈鼎先)

·彭泽县·

【简　况】 位于江西省北部,辖10镇3乡、1区、1场。总面积1544平方千米,森林覆盖率52%,城区绿化率37.27%。总人口35.74万人。2013年实现国内生产总值61.38亿元,同比增长10.3%。其中,第一产业15.04亿元,增长4.0%;第二产业34.32亿元,增长14.6%;第三产业12.02亿元,增长8.3%。实现规模以上工业增加值39.2亿元,增长40.4%;实现主营业务收入180亿元,增长48.4%;实现利税12.19亿元,增长58.5%;新增规模以上企业23家。全年完成农业总产值28.2亿元,增长8.3%,完成计划的103.3%。财政收入11.7亿元,增长30.2%;人均2344元,税收占财政总收入的比重为58%;地方财政收入8.38亿元,增长35%;全县财政支出19.9亿元,剔除上级追加和上年结转专款8.7亿元,地方财政支出11.1亿元,完成调整预算数10.3亿元的108%,比上年决算数增长32.1%。农民人均纯收入9998元,增长14.9%。全社会用电量5.78亿千万小时,万元GDP能耗下降3.8%。化学需氧量排放量控制在5208吨以内,氨氮控制在669吨以内,二氧化硫控制在2137吨以内,氮氧化物控制在3057吨以内。

【土地流转工作成效显著】 2013年,彭泽县政府出台"以奖代补"扶持政策,年内土地流转总面积达8460公顷,占发包耕地1.90万公顷的44.4%,比上年新增2653.33公顷,增幅45.6%。其中3.33公顷以上集中连片规模流转达3400公顷,增幅336%。流入各类经营主体193个,其中合作社10个,面积417.47公顷;家庭农场44个,面积551.4公顷;招商老板15个,面积823.33公顷;其他种养大户124个,面积1607.8公顷。

【及时控制长江大堤彭泽段崩岸险情】 由于长江低水位使水流对江岸岸脚长期冲刷,5月7日,长江大堤彭泽段外滩岸线跃进段和芙蓉段发生崩岸险情。险情发生后,素有"水电铁军"之称的武警水电二总队七支队派出100余名官兵,奔赴现场施工,采取抛石护岸、抛投四面六棱体、干砌块石护砌和碎石垫层四道工序进行治理。在长江主汛期来临前完成全部施工工程。

【首个家庭农场成立】 2013年,彭泽县注册成立第一家庭农场——彭泽县七连山家庭农场,同时也是九江市首个家庭农场。经营规模33.67公顷,主要种植水稻,家庭劳力2人,常年雇工2人,注册资金200万元。年内,此家庭农场种植16.67公顷双季稻,17公顷单季稻,其中双季稻亩产900余千克,单季稻亩产550余千克,总产达36.5万多千克,仅水稻一项,就可收入87万多元。并率先在农场田里种植33.33公顷的红花草(又名紫云英),产值25万元。当年经营总收入达100多万元。为红花草种植在全省范围内的推广起到很好的作用。

【镇村联动力促城乡一体发展】 2013年,彭泽县将镇村联动建设作为统筹城乡发展、推进城乡一体化的重要抓手,按照"东西呼应、南北互动"的思路,在全县总体上形成"一核三极"的城镇化发展格局,即以县城为核心、3个边贸重镇为支撑的城镇一体化总体框架,全力促进城乡呈双向、互动格局发展。一方面围绕服务工业园区、打造工业和商贸重镇,做美定山镇"西大门",围绕服务核电项目,打造边贸重镇和历史文化名镇,做美马当镇"东大门",实现东西呼应,相向发展;另一方面围绕老城区改造和山南新城建设,扩大县城规模,实现"南北互动",做美县城,并在重点镇规划建设城乡一体化新区7个,中心村12个,基础村60个,完成征地16.13公顷,平整12.47公顷,建筑面积达7.2万平方米。

【彭湖沿江大道建成通车】 年内,彭湖沿江大道(彭泽段)工程全面竣工投入使用,并与已投入使用的彭湖沿江大道(湖口段)成功实现"无缝对接"。彭湖沿江大道总投资2.2亿元,全长23千米,是九江市沿江"十大基础设施工程"之一,它的建成为九江建设长江中游特大城市注入新的力量。

主要领导人 县委书记:孙金森。县人大常委会主任:孙金森(任至1月)、方柏生(2月任)。县长:宁小球。县政协主席:江先来(2月任)。

(高异)

·永修县·

【简　况】 位于江西省北部,辖11镇、4乡和2个垦殖场、2户企业集团。总面积2035平方千米,其中县城面积10.05平方千米。耕地面积3.1万公顷,林地面积7.66万公顷。总人口36.55万人。全年实现地区生产总值103.93亿元,增长10.6%。其中,第一产业增加值13.52亿元,增长4.9%;第二产业增加值68.81亿元,增长12.9%;第三产业增加值21.6亿元,增长7.5%。一、二、三产业比为13:66:21。全县规模以上工业企业实现增加值64.63亿元,增长15.1%。农业总产值24.05亿元,增长11.4%。主要农产品有粮食25.03万吨,棉花0.53万吨,油料作物1.71万吨,水产品4.65万吨。财政总收入15.1亿元,增长25.1%,其中地方财政收入11.23亿元,增长28.1%;支出23.28亿元,增长17.7%。全县在岗职工年平均工资3.49万元,增长16.8%;农民人均年纯收入1万元,增加1274元。城乡居民年末储蓄余额65.29亿元,增长18.6%。

【云山企业集团被农业部定为"全国农业农村信息化示范点"】 6月,云山企业集团被农业部定为江西省唯一一家首批"全国农业农村信息化示范点"。永修县云山企业集团在农业农村信息化建设中,率先在全县成立农业信息网站,周田、军山、燕山、红湖、凤凰山5个片区成立信息标准站,39个农场和16个农村专业合作社建立农村信息化覆盖点,惠及农户1.6万多人。同时,将便民服务中心、龙头企业、合作社、村民理事会与信息服务站结合。至年底,利用农业信息网站发布各类农产品供求信息1000多条,农产品销售总额上亿元。

【探索农村土地流转新途径】 永修县本着"依法、自愿、有偿"的原则,积极引导农民把土地流转给龙头企业,促进土地集约化、规模化经营和农民向二、三产业转移。通过不断探索农村土地流转新途径,至2013年底全县土地流转总面积达1.01万公顷,占家庭承包耕地总面积的38.8%。

为规范农村土地流转行为,该县成立土地流转服务中心,乡镇也成立相应机构,指导流转双方签订合同,合理确定土地流转价格,切实保障农民的利益。至年底,永修县有1000公顷农村土地流转给龙头企业,流转年限在10年以上,流转价格每年每亩450元~550元。土地流转给企业,价格实行5年一调。每年初,企业就要把当年的土地租金给农民,农民不承担风险。土地流转给龙头企业的农民,有的在龙头企业当工人,有的在县工业园务工,有的从事第三产业。此外,全县一大批懂科学、有技术、善经营的新型农民脱颖而出,他们成立农民专业合作社,承包土地规模种植优质稻和养殖特色水产、家禽和生猪。2013年,全县有364家农民专业合作社,涌现出一批种植养殖大户,共流转土地9.3万余亩,全县50%的农民从中受益。全县优质稻覆盖率达98%以上,农业机械化率达到99%以上。全县农村土地流转实现了粮食增产、农业增效和农民增收。全县有1.07万公顷水果、9000公顷水产、4000公顷蔬菜等六大种养基地,成为江西省现代农业建设示范县,粮食总产量2.6亿千克,水产品4亿吨,商品蔬菜10万吨。

【实现区域自动气象站全覆盖】 2013年,为进一步加强农村气象灾害防御体系建设,加大灾害性天气的监测能力,及时接收和传递全县范围内出现的气象灾害信息,永修县投资100余万元,在全县19个乡镇场建立区域自动气象站,实现县域自动气象站的全覆盖。县内原有的气象站网是新中国成立初期按一县一站设计建成的,密度稀疏、自动化程度不高,难以满足社会和公众对实时、准确、多方位气象信息的需求。气象部门着手建设加密自动气象站点,至2013年底,全县已建成一个国家站、16个区域站和1个山洪雨量监测站。区域自动气象站有六要素、四要素和两要素3个类型,它可以对区域内的温度、雨量、风向、风速、气压、湿度等进行实时监测,对短时突发性和局地性灾害天气的实时监控和连续监测,从而提高气象部门对灾害性天气的监测和预警能力,加快气象为"三农"服务的步伐,为全县农村防灾减灾提供科学依据和可靠保障。

【云山经济区通过国家循环经济示范试点省级验收】 12月,经省发改委审核,云山经济开发区通过国家循环经济示范试点省级验收。省级验收报告已提交国家发改委等七部委复核,作为全国第一批循环经济试点园区,园区打造"资源—产品—废弃物—再生资源"的循环经济模式,工业用水重复利用率达到93.5%,二氧化硫排放量下降37.1%,COD排放量绝对值下降40.7%,产业关联度高达78%,有机硅关联产品共100多种,有机硅产业主营已突破百亿元,从业人员超过1.5万人。

【吴城风电场并网发电】 8月,永修吴城镇吉山、松门山风电场48台风机全部投产发电,标志着两个风电场向商业运行又迈进一大步。吉山、松门山风电场是大唐国际在江西投资建设的首个风电项目,风电场项目共安装24台2兆瓦风电机组,配套建设一座110千伏升压变电站。项目全部投产发电后,每年可为九江地区提供1.8亿千瓦小时的清洁电能。与先进燃煤机组相比,按供电标煤煤耗330克/千瓦小时计,每年可以节约标煤约5.96万吨,同时每年可以减少产生二氧化碳16.76万吨、二氧化硫1422吨、烟尘2.1万吨、氮氧化物280吨、灰渣2.5万吨,可为当地节约资源和环境保护工作做出积极贡献。吉山风电场于2011年8月30日获省发改委核准;12月26日松门山风电场获核准。经过近两年的建设,两风电场成功并网发电。

【打造国家现代农业示范县】 2013年,永修县以打造优质农副产品供应基地为目标,发展现代农业公司,开展实施以培育标准化示范基地为内容的“十百千”工程,加大基地建设力度,争取、整合和财政扶持农业发展项目资金近6000万元,成功打造1个农副产品精深加工园区,3个万亩优质稻基地,1个万亩果业高产示范区,18个千亩高产示范片,百亩(千头、万羽)以上规模种养殖户达400户,先后被认定为全国优质粮重点生产县、全国优质棉基地县,全省十强重点渔业县,全省现代农业示范县。

该县建立县农村土地流转中心、县林权交易中心,坚持依法、自愿、有偿流转原则,全县土地流转(长期)面积达1.01万公顷,其中耕地流转面积7600公顷,占全县耕地面积的38.8%。农村耕地、林地向种养大户、合作组织和农业企业流转集中,为规模化经营创造条件。通过挖潜改造、兼并联合、资产重组等方式,扩大生产规模;以招商引资为抓手,采取外引内联、股份合作等方式,积极新上农产品生产加工项目。全县发展农业生产、加工、流通型企业198户,其中省级农业龙头企业8家、市级14家。不断加大品牌创建扶持力度,强化品牌意识,从产品生产、包装、品牌设计、宣传营销等方面塑造品牌形象,提升知名度,成功创建省著名商标农产品6个,省名牌农产品5个,绿色有机食品20个,无公害农产品18个,打造国家级绿色农业示范基地1个,“云居”牌柑橘成为国家农垦质量追溯系统建设项目,获地理标志产品认证。

主要领导人　县委书记:邹绍辉。县人大常委会主任:张礼铨。县长:严盛平。县政协主席:欧阳洁。

(陈汉铭)

·德安县·

【简　况】　位于江西省北部,辖5镇、8乡、2场。总面积863平方千米,其中城区面积10.6平方千米。耕地面积8941公顷,有林面积5.35万公顷,森林覆盖率40.82%,城区绿化率42.29%。总人口15.62万人。全年实现地区生产总值70.51亿元,同比增长11.2%。其中,第一产业增加值5.10亿元,增长4.8%;第二产业增加值49.43亿元,增长12.8%;第三产业增加值15.98亿元,增长8.9%。一、二、三产业比为7.2:70.1:22.7。财政总收入11.08亿元,增长27.9%,人均6347元;税收占财政总收入的比重为86.8%,地方财政收入8.37亿元,增长32.3%;地方财政支出13.99亿元,增长17.2%。全县规模以上工业总产值243.59亿元,增长23.7%,规模以上工业增加值56.94亿元。固定资产投资情况:城镇固定资产投资额59.05亿元,房地产开发投资额2.25亿元,工业投资额55.48亿元;实际利用外商投资7895万美元,省外投资11.9亿元。主要工业产品有轮胎70.6万条、纱16.94万吨、水泥64.2万吨、服装1696.4万件。农业总产值9.28亿元,增长7.6%,粮食总产量4.78万吨。主要农产品有油料8097吨、水果7236吨、棉花1.20万吨、生猪出栏7.5万头。万元GDP1.12吨标煤,城市污水处理率90%。城镇居民人均可支配收入2.25万元;农民人均年纯收入1万元,增长14.1%。城乡居民年末储蓄余额39.65亿元,增长60.4%。

【江西籍台胞在德安定居】　1月,81岁高龄的台胞赵惟义到德安县公安局出入境办证大厅咨询定居大陆事宜。经询问得知,赵惟义祖籍江西,1993年回大陆探亲时与大陆居民孔雪英结婚,并在德安购买了房产,生育一子。由于老人年事已高,不便长期往来台湾与大陆之间,且老人在台湾既无住房,也无任何亲属,希望在德安定居,与亲人团聚安享晚年。考虑到老人的特殊情况,民警多次上门服务,帮其准备定居德安的相关申报材料。4月9日,老人的定居申请得到上级公安部门批准,德安县公安局出入境民警第一时间将定居证及相关材料送到老人手中,并陪他一起到辖区派出所办理落户手续和居民身份证。这是该县办理首例申请到大陆定居的台胞。

【县检察院探索新举措为“少年犯”维权】　3月15日,德安县检察院被团省委授予“省级青少年维权岗”称号。该县检察院始终高度重视青少年犯罪预防和权益保护工作。为了探索预防青少年犯罪、保护青少年的新方法、新途径,该院成立青少年维权岗领导小组,同时将青少年维权工作明确写进公诉科、侦监科、监所科等科室的目标考评责任书中,坚持专人办案制度,从审查批捕、审查起诉到监管改造,都由一些责任心强、具有丰富办案经验的人员负责办理未成年人犯罪案件,从工作机制、工作制度上保证未成年人维权工作的顺利实施。该院在办理未成年人犯罪案件时,对未成年人犯罪案件实行一案一档,对未成年人犯罪案件要求必须做到“三见面”,对未成年人犯罪嫌疑人的家长、学校、所在地见面并进行全面走访,详细了解其家庭环境、成长经历、家庭教育、平时学习表现,思想、价值观念以及交友情况,深挖其犯罪的思想根源,有针对性的开展工作。对未成年犯罪嫌疑人实行入所必谈、提审必谈、出所必谈制度。对于不批捕、不起诉的未成年案犯和被判处缓刑或刑罚执行完毕的未成年案犯,实行跟踪回访、帮教制度,并积极与未成年人家庭、学校、社会联系,帮助解决被帮教未成年人重新就读、就业问题,消除社会、家庭的歧视心理,使他们尽快融入社会。

【社会救助管理方法成为全省典范】　9月,德安县作为江西省唯一县级单位接待了全国政协组织的社会救助工作专题调研组,通过座谈、实地调查、查阅相关资料等调研方式后,全国政协和民政部领导对该县社会救助工作的开展情况给予高度评价。11月,全省社会救助会议在德安县召开,省民政厅领导会上专门推介该县社会救助规范化管理方法,并组织与会人员深入乡(镇),社区参观交流,并授予德安县为全省社会救助工作先进县称号。这是继2010年、2011年连续两年获此殊荣后,再次获得该项荣誉。

【德安县南河戏入选省级“非遗”名录】　10月30日,省政府公布第四批省级非物质文化遗产名录,共有118项,该县报送的南河戏项目入选。德安南河戏流传于该县的西北一带,经几代民间艺人在黄梅采茶调的基础上吸收了汉剧的西皮、二黄和楚剧、弹腔的精华,又融合了当地土语小调而形成的一个独具地方特色的戏曲剧种。

【打造九仙岭省级森林公园】　德安

县筹集1亿元资金,着力打造九仙岭省级森林公园。10月15日,该森林公园主体工程建设已完成。

拟建的森林公园面积134.1公顷,森林覆盖率达到88%。公园内共有维管束植物59科151种,其中裸子植物8科16种,被子植物51科135种;森林公园及邻近区域有国家Ⅱ级保护动物7种;鸟纲动物有15目35科90种;德安九仙岭森林公园成为融森林游赏、保健养生、文化休闲、科普教育等多种功能于一体的省级森林公园,成为群众生态休闲与科普宣教基地和昌九旅游线上重要的生态功能服务区。

【义门陈惊现500年前珍贵"黄绫老谱"】 天下陈姓出义门,义门陈遗址位于德安县境内。7月13日,义门陈发现古代陈氏祖先用黄绫制作的世系族谱。此谱用顶级材料"黄绫"(比缎还薄的丝织品)精制而成,页面绫质柔软,字迹墨汁清晰,体积大小与现代书刊略小,字体精华整洁,与现代2号字大致,将近300页,每页整齐记载陈氏古代历史。俗称"黄绫老谱",该谱保存完好,史料完整,与德安义门陈总谱核实完全吻合,属历史最久远的文史记载书刊,乃家谱世系文物珍品中精品,至今有512年的历史。

主要领导人 县委书记:叶心林。县人大常委会主任:王金华。县长:骆效农。县政协主席:高茂木。

(郭任初)

·共青城市·

【简　况】 地处庐山南麓、鄱湖之滨,总面积179.14平方千米,辖5个乡镇和1街道办事处,总人口8.40万人。2013年,全市地区生产总值80亿元,同比增长12.5%。规模以上工业企业主营业务收入300亿元;规模以上工业企业增加值60亿元,增长15.5%。财政总收入10.97亿元,增长34.6%,增幅九江市第二,实现两年翻番,总量在全省前进9位。全社会固定资产投资99.6亿元,增长24.4%,比上年净增19.5亿元。城乡居民储蓄存款余额22.9亿元,增长30.1%,净增5.4亿元。新增市场主体1035户,总数达到4920户。在岗职工年平均收入达到3.5万元,增长7.7%;农民人均纯收入1.15万元,增长14.9%。

【举办2013年共青城财富管理·私募基金创新论坛】 4月13日—14日,"2013年共青城财富管理·私募基金创新论坛暨促进股权投资基金业政策研讨会"在共青城市召开。研讨会以"私募创新、财富管理"为主旨,吸引了银行、保险、信托、证券、期货、租赁、私募基金、产业界、中介服务机构等100多位专家、学者、投资经理、企业家参会。此次研讨会围绕信托业务与财富管理模式、上市公司市值管理与企业整合并购、海外基金设立与行政管理、程序化交易技术应用等领域展开讨论;对共青城私募基金创新园区2012年度优秀对冲基金进行颁奖;对共青城私募基金创新园区战略合作机构进行授牌。会议期间,九江市委常委、共青城市委书记李晓刚与中航投资董事长孟祥泰共同为"共青城私募基金创新园区"揭牌。共青城市委副书记、市长卢宝云代表市政府与江南期货签订战略合作协议。与会代表参观赛龙通信、超群科技、鸭鸭创新基地、宏博总部经济等,并与企业家就合作事宜开展面对面会谈。

【支持共青城发展领导小组第九次会议在共青城市召开】 11月25日,支持共青城发展领导小组第九次会议在共青城市召开。省委副书记、支持共青城发展领导小组组长尚勇,团中央书记处书记、支持共青城发展领导小组副组长汪鸿雁,省政协党组副书记、副主席、支持共青城发展领导小组副组长钟利贵出席会议并讲话。省委常委、常务副省长、支持共青城发展领导小组副组长莫建成主持会议。九江市委书记殷美根,市委副书记、代市长钟志生,市委副书记冯静,以及支持共青城发展领导小组成员单位领导出席会议。九江市委常委、共青城市市委书记黄斌汇报工作。共青城市委副书记、市长卢宝云参加会议。与会人员实地考察南湖新区路网、温馨家园小区、珍珠湖综合整治等项目。会上,尚勇强调,会议的目的就是以实际行动贯彻落实党的十八届三中全会精神和省委十三届七次全会精神,进一步加大共青城改革开放和转型发展的力度,掀起共青城新一轮大建设、大开发、大发展的高潮。黄斌介绍共青城市坚持边调研边规划边推进,坚持建成区、工业区和南湖新区整体铺开、全面推进,先导区建设取得阶段性成效。

主要领导人 市委书记:李晓刚(任至6月)、黄　斌(6月任)。市人大常委会主任:黄尽声。市长:卢宝云。市政协主席:汪洪义。

(汪官金)

·星子县·

【简　况】 位于赣北,辖7镇、3乡、1场和1湿地管理处,总面积894平方千米,县城区面积7.9平方千米。耕地面积1.11万公顷,森林覆盖率为34%。总人口26.82万人。2013年,实现地区生产总值55.46亿元,同比增长12.1%。其中,第一产业增加值5.50亿元,增长1.8%;第二产业增加值25.48亿元,增长12.2%;第三产业增加值24.48亿元,增长10.4%。工业增加值23.02亿元,增长12.4%,主要工业产品有万吨船舶、汽车配件、花岗石制品、青石制品等。农村经济总收入11.1亿元,增长5.66%。主要农产品有稻谷、棉花、油料、肉类、家禽、水产品。财政总收入10.43亿元,增长48.2%;地方财政收入7.6亿元,增长41%;财政支出13.77亿元,增长29.2%。农民人均纯收入8499元,增长12.5%。城乡居民年末储蓄36.7亿元,增长14.7%。

【旅游主导化地位提升】 2013年,星子县以旅游业为主导的第三产业占GDP比重较上年提高1.7个百分点。全年接待游客人次和旅游综合收入分别增长19.3%和49.1%。荣获"中国最佳文化旅游观光名县""2013美丽中国·十佳旅游县(区)"两大桂冠。制作旅游道路标示牌283块,完善了旅游公共服务信息导向系统。庐山温泉旅游度假区整体提升改造有序推进,被评为省级旅游度假区、省级现代服务业集聚区。天沐温泉被评为全省首批服务标准化示范企业。"庐山龙湾"获江西省名牌产品,"七尖蘭""三石”获江西省著名商标。

【镇村联动项目带动模式成为全省典型】 8月26日,全省镇村联动现场会在星子召开。星子县结合项目建设,高标准、高品味打造归宗集镇、蔡家湾等一批镇村联动示范点,投入8000万元,重点推进南康镇、白鹿镇、温泉镇镇村联动建设,打造了6个中心村、30个基础村,直接节余土地116.2公顷。温泉镇跻身全省首批百强中心镇。投入2173万元,完成42个新农村建设点“三清八改”和“三绿一处理”工作,惠及农户1832户。和谐秀美乡村建设深入推进,完成环庐山公路沿线663栋房屋坡屋顶改造和墙面出新。推进22个试点村、9个乡镇集镇的垃圾无害化处理。

【招商引资取得新突破】 2013年星子县成功组织星子(深圳)高新产业、星子(上海)卫浴产业等招商活动。全年引进项目81个,合同资金208亿元,增长12%,其中亿元以上项目15个;引进内资30亿元,增长20.8%;引进外资6615万美元,增长28%;实现外贸出口2.1亿美元,增长21.8%。中航集团投资30亿元开发归宗景区,实现引进大型国有企业新突破。签约投资50亿元的卫浴产业园、投资20亿元的液化天然气开发应用、投资20亿元的精密机械自动化等项目,实现工业招大引强新突破。

【园区工业主营业务收入超100亿元】 2013年,星子县工业园区完成规模以上工业主营业务收入110亿元,增长42.3%,实现打造百亿生态园区目标。投入5亿余元,用于园区基础设施建设。鄱湖高新科技项目区建设全面启动,完成《鄱湖高新科技项目区概念性总体规划》《鄱湖高新科技项目区一期控制性详细规划》编制,启动35千伏蓼花变电站、蓼花路、鄱阳湖大道南段等基础设施建设,落户了机器人产业园、领跑芯科技、康田制药等13个项目。新落户企业23家,落户企业总数达102家;思麦博再次承接世界杯用球制造,入选2013年全省120家重点出口企业,中巨新能源试生产,明鑫服装等项目竣工投产。苏家垱工业小区落户企业5家,康枪电动车项目建成投产。横塘羽绒产业基地启动建设。全县完成工业固定资产投资29.8亿元,增长31.2%;新增规模以上企业11家。

主要领导人 县委书记:刘超。县人大常委会主任:欧阳勤喜。县长:汪红蕾。县政协主席:雷高兴。

(罗已哲　付斌)

·九江县·

【简　况】 位于江西省北部,辖7镇4乡。总面积873.33平方千米,占全市总面积4.64%。总人口29.73万人。2013年,全县实现地区生产总值81.02亿元,增长11.1%。其中:第一产业11.38亿元,第二产业49.28亿元,第三产业20.36亿元。人均生产总值2.73万元,比上年增加3553元。三产比由上年的14.7:63.1:22.2调整为14.1:60.8:25.1。规模以上工业实现增加值38.91亿元,增长13.1%。财政收入12.51亿元,增长24.6%。农民人均纯收入9527元,增长13%。全年实现农业总产值20.93亿元,增长10.7%;粮食总产量6.57万吨。主要农产品有油料2.02万吨、生猪9.75万头、水产品4.89万吨、水果1.4万吨。社会消费品零售总额19.05亿元,增长12.1%。固定资产投资81.44亿元,增长25.8%。内资实际进资37亿元,增长19.4%;外贸出口创汇2亿美元,增长42.9%;实际利用外资7810万美元,增长34.7%。

【中华贤母园正式开园】 11月7日,九江县中华贤母园举行“两个基地”揭牌暨一期建设竣工开园仪式。省市县各界代表及群众200余人参加仪式。江西省关心下一代工作委员会和九江市关心下一代工作委员会,分别授予中华贤母园“中华优秀传统文化教育基地”和“中华贤母文化教育基地”,标志中华贤母园正式开园。省关工委副主任刘运来、王峰、王彪,市委书记殷美根,市委副书记冯静,市关工委主任史之汉,市委常委、宣传部部长潘熙宁,市委秘书长周美祥,县委书记徐耀纯,县委副书记、县长陶晔出席揭牌暨竣工开园仪式。刘运来代表省关工委对中华贤母园被授予“中华优秀传统文化教育基地”表示祝贺。

九江县与中华四大贤母结缘深厚,“四大贤母”之中,陶母、岳母曾长期生活并安葬于此,欧母不仅籍贯江西,而且也途经九江县并在此小憩,九江县被中华母亲节促进会誉为“母爱之城”。中华贤母园,是九江县“挖掘历史人文资源,彰显地方文化特色,努力打造文化之城”的战略思路,依托岳母、陶母乃至欧母的地方属性,以贤母文化为载体,以文化产业为目标,构建集文化展示、生态休闲、旅游观光为一体的寓教于乐、寓教于游的文化主题公园。2011年5月开始建设,一期投资3亿元,主要包括五大区域,即入口景观主轴创意区、贤母主题博览区、廉孝仁爱感知区、女性文化艺术展示区和休闲活动体验区。建有四大展馆,即母范天下主题馆、陶母馆、岳母馆和金戈铁马馆。场馆展示按照“权威性、参与性、趣味性、教育性”要求,内容经过精心策划、反复研讨和专家认证,大量采用古朴元素再现历史风貌,并配以现代化的声、光、电展示手段,具有很强的历史感、艺术感和互动参与性。

【县首家博士后科研工作站挂牌成立】 12月18日,江西博莱大药厂博士后科研工作站揭牌仪式在九江博莱集团举行。江西博莱大药厂获批设立博士后科研工作站,这是九江市设立的第二家、九江县首家博士后科研工作站。省人社厅专业技术管理处处长王书红,副处长、博管办主任闻健静,市人社局副局长高忠厚,华中农业大学教授袁宗辉,县政府常务副县长费卫国,博莱集团总裁唐进波等出席揭牌仪式。

【县东泉西大道铁路下穿工程开工建设】 5月28日,县东泉西大道铁路下穿工程建设正式开工。东泉西大道是连接县城与赛城湖新城的重要交通干道,因受武九(西发线、西到线)、京九(上行线、下行线)4条铁路线制约,与沙阎公路连接的2.04千米长的距离成为阻碍县城区拓展、交通顺畅的瓶颈。东泉西大道延伸线工程的建设将为打通赛城湖新城东面交通动脉,实现沙河老城与赛城湖新城全面对接,奠定坚实基础。该项目全长2.04

千米,道路宽37.5~50米,双向6车道;其中市政道路工程1.3千米,下穿铁路框架桥工程0.74千米,总投资3亿元。

主要领导人 县委书记:徐耀纯。县人大常委会主任:罗会林。县长:陶晔。县政协主席:李照培。

(张树华)

·浔阳区·

【简 况】 位于江西省北部,是九江市中心城区,辖5个街道办事处,面积为26平方千米。总人口31.39万人。2013年,全年完成地区生产总值318.68亿元,增长10.3%。完成固定资产投资59.79亿元,增长25.1%。财政总收入首次突破20亿元,达到20.63亿元,增长27.6%,总量位列全市第三,跻身全省20强,全省排名较上年上升两位,实现"三年翻番"。实现社会消费品零售总额161.03亿元,增长15.1%。实际利用外资6036万美元,实际利用区外资金29亿元,增长12%。实现外贸出口2.7亿美元,增长17%。城镇居民人均可支配收入2.27万元,增长11.8%;农民人均纯收入1.3万元,增长11.1%。完成规模以上工业增加值6.2亿元,增长24%;规模以上工业主营业务收入28亿元,增长12%。实现工业利税1.6亿元,增长23%。

【开展"美丽浔阳"主题实践活动】 4月,为实现主次干道和社区保洁一体化,浔阳区在湓浦环卫所实行"一把扫帚"试点工作,把丁官路、濂溪二个社区居委会管理的小区道路和居民区环境卫生全部交给环卫所,实现主次干道和小区的统一管理。继续推进开放式小区物业管理试点扩面,打造城区4个街道8个开放式试点小区。推进文明小区创建,经检查考核10个社区打造点评为文明小区。环卫工人收入实现"四年三增长",月平均工资增至1212元,基本实现环卫工人工伤保险全覆盖。继续完善环卫基础设施,全年累计投入1000余万元。加强"两违"建筑巡查管控,发现、制止"两违"建筑216起,拆除5640平方米。

【大中路获"江西省首批特色商业街"和"江西省安全文化主题街区"称号】 2013年,浔阳区大中路获"江西省首批特色商业街"和"江西省安全文化主题街区"称号,《人民日报》等媒体对大中路商圈党建进行了宣传报道。为理顺大中路管理机制,组建联合执法责任体系。成立大中路环卫所,建立作业网络和管理网络,重点时段、重点街段配强环卫保洁力量。成立大中路商会,制定大中路公约,进一步规约大中路的商业活动。创新组建"大中路商圈党委",并在大中路商圈成立9个行业协会。在日常管理上,市政维护即时化,增设不锈钢垃圾桶外罩,成立市政股。美化亮化常态化。每季度更换一次鲜花植物,督促亮化维护维修,对西段进行了亮化。车辆管理日常化。在大中路步行街7个入口处设置非机动车停车位300余个,有效解决该路临街居民和商户停车难的问题。为民服务人性化,全年为市民、商户解决问题26件。

【全省首家县级创业大学在浔阳开班】 11月16日,省级小微企业创业园暨九江创业大学浔阳分校正式揭牌成立。全省首家县级创业大学开班,标志着浔阳区服务小微企业上有了新平台,推进了人才孵化工作。九江创业大学浔阳分校是全省乃至全国第一所为创业有志之士提供系统化、专业化创业培训,使其赢取创业成功的县区级社会性公益大学。学校依托津晶城科技园作为创业实践训练基地,采取创业项目化、项目实战化教学模式,致力于培养一大批高水平、高素质、高能力的创业型高端人才。首期企业高管MBA班开课,60名企业高管学员参加学习。

主要领导人 区委书记:戴晓慧。区人大常委会主任:张显旺。区长:左延。区政协主席:文建华。

(扶松华)

·庐山区·

【简 况】 位于江西省北部,辖7镇、1乡、2街道办事处,面积548平方千米,耕地0.34万公顷。总人口26.44万人。2013年,实现地区生产总值226.82亿元,同比增长11.8%。全社会固定资产投资193.3亿元,增长25.8%,总量继续位居全市第一。财政总收入突破20亿元大关,完成20.2亿元,增长33.7%。规模以上工业主营业务收入344.8亿元,增长23.0%。社会消费品零售总额18.1亿元,增长15.2%。城镇居民人均可支配收入2.51万元;农民人均纯收入1.23万元,增长14.6%。

【开展"三尊重、三维护"文明道德主题教育活动】 5月下旬至12月底,庐山区在全区范围内大力开展"三尊重、三维护"文明道德主题教育活动,内容是尊重环卫工人、尊重城建工人、尊重交通警察,维护公共环境、维护公共设施、维护交通秩序。此项活动历时7个月,共有81个单位1500多人参加,社会反响良好。活动结束时,该区对在此次活动中涌现出的8个先进集体和53名先进个人进行表彰。

【庐山区获"2013年度中国茶叶产业发展示范县"称号】 11月,庐山区荣获"2013年度中国茶叶产业发展示范县""2013年度全国重点产茶县"两项殊荣。"2013年度中国茶叶产业发展示范县"全国仅有10个,庐山区是全省唯一一个获此殊荣的县(区)。

主要领导人 区委书记:汪泽宇。区人大常委会主任:陈飞林。区长:钟好立。区政协主席:刘建。

(杨小岛)

景德镇市

【概 况】 位于江西省东北部,辖乐平市、浮梁县、珠山区和昌江区,土地面积5256平方千米。总人口161.95万人,增加9494人,其中城镇常住人口为98.87万人。自然增长率为6.80‰。2013年,全市实现地区生产总值680亿元,增长10.2%。财政总收入92.6亿元,增长10.2%;公共财政预算收入73.8亿元,增长10.7%。固定资产投资538亿元,增长18%。单位地区生产总值能耗下降3.6%。

【景德镇南窑唐代窑址入选2013年度全国十大考古新发现】 4月9日，2013年度全国十大考古新发现终评揭晓，由江西省文物考古研究所、景德镇乐平市文广新局和乐平市博物馆等单位联合发掘的景德镇南窑唐代窑址，被评为2013年度全国十大考古新发现。

南窑唐代窑址位于乐平市接渡镇南窑村东北位置，1964年被发现，乐平市博物馆分别于1983年和2008年两次对其进行普查、复查。2013年3月至11月，经国家文物局批准，省文物局组织力量对其进行主动性、课题性考古发掘，揭示龙窑遗迹2座及其他窑业遗迹，总计揭露面积1013.5平方米，出土多达数10吨的窑具和瓷片标本。

南窑考古发现唐代最长龙窑遗迹，是景德镇境内已知最早的窑业遗存，将景德镇瓷器烧造历史向前推进一步，具有正史补史作用。资料表明，此前景德镇最早的窑业遗存是晚唐五代时期生产青瓷和白瓷的窑业遗存。此次考古表明，南窑始烧于中唐，兴盛于中晚唐，衰落于晚唐，距今已有1200多年的烧造历史，是景德镇境内目前已知最早的窑业遗存，不仅填补了乐平市唐代瓷窑遗存的空白，更重要的是把瓷都景德镇的瓷器烧造史向前推进至少200年。

【景德镇古窑跻身国家AAAAA级景区】 4月18日，景德镇古窑民俗博览区通过全国旅游景区质量等级评定委员会评定，被正式批准为“国家5A级旅游景区”，成为江西省第六个AAAAA级景区，也是全国唯一一个以陶瓷文化为主题的AAAAA级景区。

景德镇古窑民俗博览区位于景德镇市瓷都大道古窑路1号(伊龙大酒店旁)，国家级文化产业示范基地、国家级非物质文化遗产生产性保护示范基地。古窑民俗博览区不仅仍然完整地保留着全世界绝无仅有的传统手工制瓷技艺，而且还于近几年成功复原并复烧了清代镇窑、明代葫芦窑、元代馒头窑、宋代龙窑等景德镇历代典型瓷窑。

【景德镇高专升格为景德镇学院】 4月18日，教育部同意在景德镇高等专科学校的基础上建立本科层次的景德镇学院，学校代码为10894，同时撤销景德镇高等专科学校的建制。

景德镇高等专科学校是景德镇市唯一一所地方多科性全日制普通高等学校，其前身为景德镇教育学院，创建于1977年，1993年改制为景德镇高等专科学校。学校有在校生6578人、专任教师464人。办学36年来，该校共为社会培养各类人才3.2万人，成为景德镇及周边地区重要的人才培养基地。同时，在该市中小学中，80%以上的教师和教育行政干部由该校培养。学校还培养了一大批陶瓷艺术领域的高级人才，其中国家级大师近20名，省级工艺美术大师190余名。

【AC311直升机交付首批用户】 6月28日，3架AC311轻型通用直升机在江西景德镇市正式交付用户，天津市滨海新区公安局、北京航翔广告公司、云南驼峰飞机销售有限公司的代表从中航工业昌飞董事长余枫手中接过直升机“钥匙”。AC311直升机顺利交付首批用户，标志着国产民用直升机正式进入中国航空市场。

AC311由中航工业直升机研究所和中航工业昌河飞机工业公司联合研制，被誉为“空中小精灵”，最大起飞重量2.2吨，最大巡航速度236千米/小时，最大航程590千米，可广泛应用于飞行训练、公务飞行、公安执法、通信指挥、航空拍摄、海洋监视、抢险救灾、医疗救护、电力巡线、护林防火等领域。

【中国景德镇国际陶瓷博览会开幕】 10月18日，2013年中国景德镇国际陶瓷博览会在景德镇国际会展中心拉开帷幕。全国政协副主席何厚铧，省委书记强卫，商务部原副部长刘向东，中国轻工业联合会副会长钱桂敬，中国贸促会副秘书长杨平安共同启动开幕水晶球。省长鹿心社，全国人大外事委员会副主任、文化部原副部长赵少华，省政协主席黄跃金等出席开幕式。来自世界40多个国家和地区的政府代表团、陶艺家、参展商和采购商等社会各界朋友5000余人参加开幕式。

2013年是瓷博会举办的第十年，也是迄今为止亮点最多、规模最大、水平最高、人数最多的一次盛会。海内外近820家品牌陶瓷企业，4500余名陶艺家、专业客商前来展示交流和采购贸易。此次瓷博会展馆可用展览面积2.86万平方米，比上年增加3500平方米。在展馆布局上，瓷博会以“突出亮点、彰显特色、便于采购”为原则，重点将经贸类产品展示贸易和文化类主题展览区分，主要分为七大展区，分别为国内各大产瓷区、精品陶瓷展区、国际陶瓷展区、高技术陶瓷展区、十大名窑展区、高岭国际陶瓷艺术大奖赛获奖作品展区和综合展区，展品涵盖了艺术陶瓷、日用陶瓷、高技术陶瓷，以及陶瓷机械、陶瓷包装、字画、笔墨纸砚、传统工艺品等延伸产品。瓷博会期间，还举办“第二届中国高岭国际陶瓷艺术大赛展”“高技术陶瓷国际论坛”“返乡创业恳谈会”“联合国教科文组织的中非陶瓷文化论坛”“景德镇——代尔夫特400年交流展示会”“宋元青白瓷展览暨研讨系列活动”“全国历史文化名城百名广播电视记者走进景德镇”“百万公众评瓷博活动”“国际艺术陶瓷拍卖会”等项配套活动。

【亚洲最大吨位直升机获准投入市场】 12月18日，国产大型民用直升机AC313通过中国民航局AEG审查，标志着这款亚洲最大吨位的直升机具备投入市场运营条件。

AEG即航空器评审，是航空产品交付运营前的必备环节，以满足相关的训练、使用、维护、放行要求。该直升机于2012年1月5日取得型号合格证，是中国首次开展适航取证的大型民用直升机，AEG评审工作于2008年正式启动，2012年加速推进。中航工业直升机所和中航工业昌飞公司开展了大量工作，按照国际标准，从组织机构调整、完善体系建设到优化驾驶舱、飞行维护程序制定等多方面进行优化与完善。

该直升机是世界上首款根据美国航空运输协会最新制定的《旋翼航空器计划维修制定(RMSG-3)》标准全面完成分析和验证的直升机型号；首次按照国际S1000D标准，开发形成交互式电子技术手册，方便用户使用；首次在研制阶段对主要维修程序进行全面验证；首次由设计人员随机参与飞行手册关键程序验证；首次按照CCAR 61部的要求，研制单位教员取得“旋翼机基础地面理论教员”资质；首次按照民机要求，开展国产航电系统仪表飞行能力评估和飞行验证。

主要领导人 市委书记：刘昌林。市人大常委会主任：王力农。市长：颜赣辉。市政协主席：梁高潮。

（鲍文芳）

·乐平市·

【简　况】 位于赣东北地区，辖14镇、2乡、2个街道办事处，1个大型水库管理局和1个农业科技示范区。总面积1980平方千米，为“五山一水两分田，两分道路和庄园”的格局。全市总人口82.53万人。2013年，实现地区生产总值238.44亿元，同比增长11.0%。其中：第一产业增加值31.22亿元，增长3.9%；第二产业增加值137.01亿元，增长12.5%；第三产业增加值70.21亿元，增长11.0%。一、二、三产业比为13.1:57.5:29.4。财政总收入迈上30亿台阶，达到30.39亿元，同比增长15.3%，列全省第11位，收入结构进一步优化，提前两年完成“十二五”规划财政目标任务；固定资产投资262亿元，增长14%，其中公共财政收入23.03亿元，增长14.9%。社会消费品零售总额达58.17亿元，增长17.83%。城镇居民人均可支配收入1.94万元，农民人均纯收入1万元，分别增长11.2%和13.2%。

【乐平两书法家作品入展中国书法兰亭展】 1月，乐平市书法家董卫平、黄绍进的作品入展第四届中国书法兰亭展。中国书法兰亭奖是经中央宣传部批准，由中国文联和中国书法家协会联合主办的全国综合性书法专业奖项，每三年一届，限中国书法家协会会员参加。中国书法兰亭奖是唯一的国家级书法艺术最高奖。此届兰亭奖参评作品近7000件，评出获奖、入展作品232件，江西入展4件，乐平市就有2人作品入展。

【台湾农业专家到乐平传经送宝】 2月1日，应乐平市科技协会邀请，台湾“三农”专家、台湾神农科技发展协会理事长廖树宏给100多名全市乡镇（街道）的村（居）委会干部、技术带头人讲“新农村建设与休闲农业”知识讲座。廖树宏在台湾农业基层工作20余年，对台湾农业的发展状况和台湾农村相当了解，为两岸农业交流做出了积极的贡献。

【乐平法官左斌获“全国优秀法官”称号】 2月26日，在最高人民法院召开的全国优秀法院、全国优秀法官、全国法院办案标兵表彰大会上，乐平市人民法院党组成员、众埠镇法庭庭长左斌获“全国优秀法官”称号，并代表全省法院3名“全国优秀法官”到北京领奖。

【景德镇市首家数字化预防接种门诊在乐平启用】 3月18日，景德镇市首家数字化预防接种门诊在乐平市正式投入使用。新投入使用的数字化预防接种门诊采用了预检、登记收费、接种、留观为一体的自动化服务系统。它的建成标志着乐平市预防接种工作迈上一个新台阶。

【市图书馆名列“全国古籍重点保护单位”】 4月，乐平市图书馆被国务院、文化部批准为“全国古籍重点保护单位”，成为全国第四批16家古籍重点保护单位之一（全国仅有5家县级图书馆获批古籍重点保护单位），同时有3部古籍入选第四批《国家珍贵古籍名录》，加上入选第三批《国家珍贵古籍名当》的4部古籍，该馆国家级古籍已达7部。

【乐平文物首次跻身“国保”】 5月3日，国家文物局网发布由国务院核定公布的第七批全国重点文物保护单位名单，镇桥镇浒崦名分堂戏台名列其中，成为全国重点文物保护单位，填补乐平市没有“国保”的空白，使该市实现不可移动文物“国保”零的突破。

【全国第一家古戏台博物馆在乐平建成开馆】 5月18日，在第37个国际博物馆日，全国第一家古戏台博物馆——“乐平·中国古戏台博物馆”在乐平市博物馆开馆。乐平是古戏台之乡，也是赣剧发源地之一，以古戏台数量多、种类全、样式美而享誉全国，境内保存完好的古戏台多达400余座，素有“赣剧之乡”“中国古戏台博物馆”的美誉。乐平古戏台融建筑、雕刻、绘画、楹联、书法、民俗于一体，是难得的综合性人文历史遗产，被誉为古代民间祭祀欢庆舞台的“活化石”。

【强化城区安全网络建设】 7月，在安全网络建设中，乐平市结合文明城市创建、交通拥堵综合整治要求，先后投资近200余万元完善老城区监控体系，仅老城区新增加治安探头63个，分布在老城区的重点部位、人员密集场所以及治安复杂场所，形成统一联网、统一管理、资源共享、点位互补和视频监控的整体构架。完善的技术防范网络系统极大促进了乐平市公安部门实战能力的提升。

【2013世界华文媒体江西行参访团到乐平参观采访】 8月27日，2013年世界华文媒体“中国梦·美丽江西行”参访团到乐平，参观乐平悠久灿烂的古戏台，感受赣剧文化，体验日新月异的城市发展变化，感受绿色蔬菜产业发展的强烈脉动。这次参访团由五大洲19个国家和地区的36家华文媒体组成，参访活动由中国新闻社、江西省委宣传部、世界华文媒体合作联盟联合主办。参访团赴南昌、宜春、吉安、景德镇、上饶、九江等地进行考察采访，旨在更好地宣传中国，宣传江西，把美丽中国、美丽江西的故事介绍给各自所在国家和地区，架起祖国和世界各地沟通联系的桥梁。

【现代廉政赣剧《雪花不是花》在南昌演出】 9月21日，由景德镇市纪委、监察局选送，乐平市纪检监察机关历时6个多月制作的廉政赣剧《雪花不是花》在省话剧院公开汇演。省委常委、省纪委书记周泽民莅临指导观摩，省宣传文化部门的专家、在南昌的乐平同乡会部分成员及各界观众600余人观看演出。《雪花不是花》是第一部反映农村低保题材的廉政赣剧，剧本由乐平本土编剧蒋良善创作，乐平市赣剧演艺有限责任公司排演。10月后，在乐平19个乡镇巡回演出，是乐平廉政文化从会场走向广场又一次生动实践。

【江南·乐平蔬菜农产品批发市场全国招商会在乐平召开】　11月25日,以“绿色、合作、创新”为主题的由中远现代农业投资开发有限公司、乐平蔬菜集团主办的江南·乐平蔬菜农产品批发市场全国招商会启动仪式在乐平蔬菜农产品批发市场举行。省农业厅、省商务厅、省供销社及为乐平蔬菜农产品批发市场做出过贡献的各级领导嘉宾,专家学者,全国有关新闻媒体,省内外参会客商、参展客商、签约入驻客商,当地参展客商,共1800余人参加启动仪式。

【荣膺“全国科技进步考核先进县(市)”称号】　12月,科技部公布2011—2012年度全国县市科技进步考核先进县市和先进个人名单,乐平市荣膺“全国科技进步考核先进县(市)”称号。自2009年以来,乐平市已连续两次荣膺“全国科技进步考核先进县市”称号。2013年,吴龙强、罗璇、徐波、周科庚等4人获全国县市科技进步考核先进个人称号。

【中节能乐平光伏农业科技大棚项目并网发电】　12月24日,中节能乐平光伏农业科技大棚成功并网发电,这标志着省重点工程、乐平市重大农业项目——中节能乐平光伏农业科技大棚项目全面建成使用,项目开始由建设期转为运行期。该项目通过安装太阳能电板,实现棚上清洁发电、棚下种植的现代农业发展模式。首期开发的80公顷光伏农业科技蔬菜大棚全部建成,建有光伏大棚50个,投资4亿元,总装机容量2万千瓦。并网的25个大棚满负荷功率为1万千瓦,因季节、光照不同,冬、夏日发电量为3.5万千瓦小时和9万千瓦小时左右。

主要领导人　市委书记:吴龙强。市人大常委会主任:吴长寿。市长:俞小平(任至3月)、罗璇(3月任)。市政协主席:万玉华。

(彭建光)

·浮梁县·

【简　况】　位于江西省东北部,辖9镇8乡,土地总面积2851千米。2013年全县总人口30.77万人。全年实现地区生产总值89.82亿元,比上年增长10.2%。其中,第一产业增加值14.78亿元,增长4.6%;第二产业增加值49.61亿元,增长12.0%;第三产业增加值25.43亿元,增长9.4%。一、二、三产业比为16.5:55.2:28.3。财政总收入10.1亿元,增长12.1%,首次突破10亿元大关;公共财政预算收入8亿元,增长10.6%。固定资产投资48亿元,增长20%。实际引进内资50.5亿元,增长14.4%;利用外资3947万美元,增长5.2%;社会消费品零售总额15亿元,增长12%。城镇居民人均可支配收入1.93万元,增长11%;农民人均纯收入1万元,增长13.8%。规模以上工业企业实现增加值38亿元,增长12%,新增规模以上工业企业6户。主营业务收入162亿元,增长9.8%,其中过5亿元企业14户。外贸出口2.1亿美元,增长7.8%。工业用电量3.15亿千瓦小时,增长6.5%;工业用气量2100万立方米,增长6.8%。陶瓷业主营业务收入突破100亿元,达到102亿元,占规模以上工业企业总额的63%;上缴税金1亿元,增长16%。粮食生产实现“十连增”,总产达到17.6万吨。全年接待游客537.4万人次,增长15.9%。实现旅游总收入40.7亿元,增长17.6%。

【浯溪口大坝主体工程动工】　3月29日,坐落在浮梁境内的浯溪口水利枢纽工程大坝主体工程破土动工。浯溪口水利枢纽工程是省市重点项目工程,总投资31.16亿元,坝长498.62米,最大坝高46.8米,水库正常蓄水位56米,总库容4.747亿立方米,防洪库容2.96亿立方米,电站总装机3.2万千瓦,多年平均发电量8152千瓦小时,是兼有供水、发电等综合效益的大(2)型水利枢纽工程。工程建成后,与下游城防工程联合运行,可使景德镇市防洪能力提高到50年一遇标准,通过调节流可确保景德镇市近、远期供水要求,同时充分利用水能资源,提供清洁电力,对促进景德镇市区域经济可持续发展将起到十分重要的作用。

工程建设由景德镇浯溪口水利枢纽工程开发有限公司具体负责实施,中国葛洲坝集团股份有限公司中标为大坝主体施工单位,北京达华工程管理(集团)有限公司为监理单位。

【获“全国绿化模范单位”称号】　4月15日,全国绿化委员会公布了关于表彰全国绿化模范单位的决定,浮梁县被正式授予“全国绿化模范单位”称号,成为景德镇市唯一获此殊荣的县。

浮梁县以建设“生态浮梁、绿色家园”为目标,通过积极实施造林绿化“森林城乡、绿色通道”等重点工程。至7月,全县林地面积21.33万公顷,林木绿化率81.5%,人均公共绿地18.6平方米。

【浮瑶仙芝入选江西十大名茶】　5月16日—17日,由江西茶业联合会和江西省茶叶协会主办的2013年“江西省十大名茶”和“江西省名茶”评选活动在修水县举行。

浮瑶仙芝当选江西省十大名茶,成为景德镇地区唯一当选的品牌,同时入选的还有“庐山云雾”“宁红”“狗牯脑”等。“得雨”“崖玉”“严台”“可得”等瓷都茶叶品牌获“江西省名茶”称号。

【蝉联“全国平安建设先进县”殊荣】　5月31日至6月1日,深化平安中国建设工作会议在苏州召开,浮梁县再次被中央综治委授予“全国平安建设先进县(市、区)”称号。县委、县政府高位推进平安创建工作,强化矛盾纠纷排查调处工作,建立了“党政牵头、领导包案、综治协调、部门共抓、责任到人”的县、乡、村、组四级矛盾纠纷排查调处工作体系,建立完善人民调解、行政调处、司法调判衔接的“三调联动”工作机制,充分发挥8个边际联合调解委员会调解工作职能作用和独特优势,共调处排查各类矛盾纠纷1000余起,避免群体械斗80余起,防止纠纷激化100余起,实现连续17年边际地区无“民转刑”案件、无群体性上访事件。同时进一步加大平安建设宣传力度,强化打击整治力度,完善立体化社会治安防控体系,加强特殊人群管理服务,进一步提升了人民群众公众安全感。

【中央、省级媒体采访团到望龙陶瓷实地采访】 7月8日，中央电视台、《光明日报》《江西日报》、江西电视台、江西人民广播电台等十多家中央、省级媒体组成的记者采访团一行，在浮梁县委常委、常务副县长花长龙，陶瓷工业园区管委会主任高唤虎的陪同下，采访团到景德镇市望龙陶瓷有限公司实地采访。

记者们首先参观公司展厅，并听取公司总经理余望龙关于玲珑瓷创新、发展的介绍说明。拿起晶莹剔透、釉白细腻玲珑产品，感觉又轻又薄又透，记者连连称赞；面对高大优美、典雅别致的陈设艺术瓷，记者们啧啧赞叹。在青花玲珑车间，记者们被专业化、标准化、规模化的玲珑瓷生产线所吸引，看着器型、品种各异的在线产品，围住工作人员好奇地问七问八，特别是3D技术在陶瓷生产上成功运用，更是吸引"老记们"的眼球。记者表示，对公司陶瓷文化氛围和技术创新很感兴趣，准备对公司做进一步的采访报道。

【中国瑶里首届百合花文化旅游节开幕】 7月13日，在市县旅游主管部门、瑶里旅游发展有限公司和瓷都晚报社的共同策划下，中国瑶里首届百合花文化旅游节在瑶里镇梅岭山庄隆重开幕。省旅游局副局长李瑞峰出席并讲话，市人大常委会副主任伍枝勤、沈薇和市政协副主席王祖庆、市政府副秘书长李雪海出席开幕式，副市长熊皓出席并宣布旅游节开幕，市旅游局局长尧宁生主持开幕式，浮梁县副县长汪德祥在开幕式上致辞。

此次中国瑶里首届百合花文化旅游节主题为"2013 爱一生、情定瑶里"。共有相亲大会，"真情印象、醉美瑶里"摄影，"共浴爱河、鸳鸯戏水"漂流，"瓷茶花语、爱在瑶里"主题晚会，"2013、爱你一生"百合盛宴，"与你零距离"化装舞会，"蝶恋花"大型蝴蝶展，"幸福墙边说爱你"签名等系列活动。

【廉政微电影《联中廉》首发式在浮梁举行】 9月27日，由景德镇市纪委、监察局出品，浮梁县委、市广播电视台、浮梁县纪委协助拍摄的廉政微电影《联中廉》首发式在浮梁县举行。

中央纪委中国方正出版社顾问、原社长肖建国出席。市委常委、市纪委书记梅亦致辞。浮梁县委书记林群讲话，县长孙艳峰主持。省纪委宣教室和市广播电视台有关领导，县委副书记金秋来、县纪委书记陈玉元，微电影主创人员等出席。

廉政微电影《联中廉》由中央纪委中国方正出版社、景德镇市纪委、监察局联合以《拒腐防变每月一课》的形式向全国公开发行。该微电影时长约15分钟，依托浮梁古县衙楹联文化资源，围绕"廉"和"勤"这一主线，采取白话散文的叙述方式，通过展现浮梁廉吏许彭年、督陶官唐英两个历史人物的廉政勤政故事，倡导为官者须心系百姓、为民谋利的思想，让广大群众在观赏中接受廉政文化的教育和熏陶，让廉政文化真正入脑、入耳、入心。

【浮梁籍U16国少女足队员范宇秋受表彰】 10月16日，在亚足联U16女足锦标赛有着出色表现的瓷都玫瑰范宇秋受到浮梁县和市有关部门表彰。作为队长的范宇秋和队友一起努力拼搏，获得此次锦标赛第三名，成功晋级2014年在哥斯达黎加举行的U17女足世界杯。

范宇秋是浮梁县人，1997年10月出生。2005年由浮梁一小选送到市少年足球队，因表现优异，先后入选江西省队、北京市女子足球队，2011年入选U16女足国少队，并逐渐成为队中的绝对主力。在亚足联U16女足锦标赛2∶0胜澳大利亚的小组赛中，范宇秋攻进一球，并在对泰国队的点球大战中，率先出场罚入关键点球，为国少女足进军U17女足世界杯立下汗马功劳。

【举行城乡供水一体化项目合作签约仪式】 11月4日，浮梁县政府举行城乡供水一体化项目合作签约仪式，标志着全县城乡一体化供水项目进入实质性操作阶段。县委副书记、县长孙艳峰出席并讲话，县委常委、常务副县长花长龙主持仪式，副县长汪德祥代表县政府签署项目合作协议书。省水利投资集团公司领导喻小平祝贺项目合作签约并发表讲话。

根据合作协议，省水利投资集团将投资扩建浮梁城区日供水5万吨水厂工程建设；浮梁县城区管网延伸和改造工程投资建设；浮梁县境内工业园区管网工程投资建设，确保2015年年底浮梁县农村自来水覆盖率达到80%以上，实现农村供水城市化，城乡供水一体化的目标。

【第四届环鄱国际自行车赛（景德镇·浮梁站）落幕】 11月24日，2013年第四届环鄱阳湖国际自行车大赛（景德镇·浮梁站）在浮梁县古县衙落幕。此次比赛路线为：由金岭大道口途经浮梁县城朝阳西大道口至滨江路口，之后经景北大桥北口、滨江路、县衙路、新平大桥、红塔路、仙芝路、三贤公园路至滨江路口并环骑5圈，终点为古县衙大门。经过紧张激烈的角逐，蒙古国家队运动员图洛康盖获得本赛站个人冠军；森地客车队的乌兹别克斯坦运动员卡里莫夫、吉伦洲际队的法国运动员巴拿分别获得第二名和第三名。卡里莫夫还获得个人总成绩（蓝冠军衫）奖；香港体院队运动员何伯尔获得最佳大中华运动员（粉红冠军衫）奖。

11时30分，省政府副秘书长晏驹腾出席颁奖仪式并宣布2013年第四届环鄱阳湖国际自行车大赛（景德镇·浮梁站）胜利闭幕。省体育局局长刘鹰、副巡视员谭清元，副市长熊皓，市政协副主席王祖庆等出席颁奖仪式。浮梁县委书记林群，县长孙艳峰，县委副书记金秋来，县人大常委会主任江萍，县委常委、宣传部部长陈国胜，县委常委、副县长张永进，副县长郭景洪、汪德祥等出席并为获得赛站前三名的选手颁奖。

主要领导人 县委书记：林群。县人大常委会主任：江萍。县长：孙艳峰。县政协主席：吴建旺。

（金寿进）

·昌江区·

【简　况】 位于景德镇市西南部，面积432平方千米，其中耕地面积3733.33公顷，森林面积1.47万公顷。辖2乡、2镇、2个街道办事处。总人口15.93万人。2013年，全年实现地区生产总值31亿元，同比增长

11.5%。完成财政总收入10.04亿元,增长15.7%;公共财政预算收入8.6亿元,增长16.5%。完成规模以上工业增加值8.7亿元,增长12%;完成规模以上工业主营业务收入40.1亿元,增长2.1%。完成固定资产投资80亿元,增长18%。城镇居民人均可支配收入2.19万元,增长11.5%;农民人均纯收入为1.05万元,增长13.8%。

【陈幼红获“全国优秀环卫工人”称号】 2月25日—26日,国家住建部在北京举行全国优秀环卫工人表彰活动,昌江区环卫局枫树山环卫所环卫工人陈幼红获“全国优秀环卫工人”称号。住建部此次共表彰332名环卫工人,江西省共有10名,陈幼红是景德镇市唯一获此殊荣的环卫工人。

【启动失地农民养老保险】 昌江区率先在景德镇市将被征地农民统一纳入到社会养老保险范畴,至3月,全区已有17个村(社区)7869名被征地农民进行了登记参保,3439人享受领取养老金待遇,月人均养老金达688元,全区每月发放养老保障待遇总额达217万元以上。

【丽阳窑址入选第七批全国重点文物保护单位】 5月,丽阳窑址成功入选第七批全国重点文物保护单位之一。丽阳窑址位于昌江区丽阳乡,2005年由故宫博物院、省文物考古研究所和景德镇市陶瓷考古研究所联合组成考古队,经过为期3个月科学发掘后的一处元末明初的瓷窑遗址。该窑址的发掘获评“2005年度全国十大考古新发现”。丽阳窑址出土的明代仿哥釉和仿龙泉窑青釉瓷器,丰富了景德镇地区元代晚期到明代早期窑炉的变化及其特征,对建立景德镇地区民窑瓷器的断代编年、研究明代民窑生产以及景德镇地区陶瓷考古具有重要意义。

【昌江区首个家庭农场正式成立】 6月18日,昌江区鲇鱼山镇礼城村农民付光华接过昌江区工商局办证人员核发的“昌江区开心家庭农业场”营业执照,这标志着昌江区首个家庭农场正式注册登记成立。

【荷塘农垦展览馆建成并免费开放】 7月1日,荷塘农垦展览馆建成并免费向公众开放。荷塘垦殖场创成立于1957年,1964年被评为全国农垦系统的红旗单位,被誉为“社会主义时代的南泥湾”。1965年7月11日,《人民日报》发表社论高度评价荷塘垦殖场的建设成就。王震为荷塘题词,号召全国农垦战线学习荷塘。农业出版社、人民文学出版社出版《荷塘——国营农场的一面红旗》《荷塘——今日南泥湾》等书。

【鹏飞建陶研发的“铂金木纹砖”通过省级新产品鉴定】 11月29日,受省工信委委托,景德镇市工信委组织相关专家,对景德镇市鹏飞建陶有限公司研发的“铂金木纹砖”进行省级新产品鉴定。鉴定委员会一致同意鹏飞建陶有限公司新产品通过省级新产品鉴定。

主要领导人 区委书记:廖云东。区人大常委会主任:彭冬仔。区长:方霞云。区政协主席:程少华。

(汪立琴 洪东亮)

·珠山区·

【简　况】 位于江西省东北部,辖9个街道办事处。全区面积27平方千米,人口32.71万人。2013年,全区实现地区生产总值169.21亿元,同比增长12%。财政总收入7.06亿元,同比增长17.35%;税收占财政总收入89.69%;地方财政收入5.77亿元,增长22.61%;地方财政支出9.21亿元,增长15.8%。规模以上工业增加值39.47亿元,增长11%。固定资产投资48.1亿元,增长20%。引进内资45.97亿元,增长31.5%;实际利用外资1100万美元。外贸出口完成8073万美元;万元GDP能耗0.57吨标煤;城市污水处理率77.2%。城镇居民人均可支配收入2.59万元,增长11%。

【社区建设“321”工程全面推进】 4月,珠山区启动社区建设“321”工程,累计投入社区建设资金3513万元,解决30个困难社区办公用房,打造19个精品社区,建设10个居家养老示范社区,全区社区公益用房总面积增加8384平方米,增长45.22%,平均面积达到336.53平方米,进一步改善了社区办公环境,增强为民服务能力。

【开通政风行风热线解民忧】 10月16日,珠山区与省人民政府纠风办、江西广播电视台联合主办《政风行风热线》现场直播活动,解答居民群众反映的居家养老、焚烧垃圾、疏通管道、养老保险、增设公厕、噪音污染、教育管理等方面问题,提高政府公共服务水平,以实实在在的举动服务群众。

主要领导人 区委书记:夏军。区人大常委会主任:李天亮。区长:林卫春。区政协主席:施向阳。

(程小平)

萍乡市

【概　况】 位于江西省西部,辖2区、3县,总面积3823.99平方千米。年末总人口188.15万人,其中城镇人口119.38万人,人口自然增长率6.93‰。2013年实现地区生产总值798.33亿元,同比增长9.3%。其中,第一产业增加值56.32亿元,增长3.2%;第二产业增加值473.70亿元,增长10.1%;第三产业增加值268.31亿元,增长9.0%。规模以上工业增加值377.49亿,增长9.8%。主要工业产品有原煤826.56万吨、成品钢材494.37万吨、水泥815.04万吨。农业总产值87.24亿元,增长3.2%。主要农产品有粮食58.21万吨、水产品总产量3.75万吨、肉类总产量14.57万吨。地方一般预算财政收入85.52亿元,增长15.4%。城镇居民人均可支配收入2.35万元,增长10.5%;农村居民人均纯收入1.11万元,增长11.0%。城乡居民年末储蓄余额366.73亿元,增长15.2%。社会消费品零售总额237.72亿元,增长13.3%。全市实际利用外资2.45亿美元,增长15.37%。外贸进出口总额12.8亿美元,增长15.17%,其中,出口总额12.55亿美元,增长13.47%。

全市新增城镇就业3.1万人,新增农村劳动力转移就业2.3万人,城镇就业率96%,登记失业率3.15%,创业带动就业比率达到1:4.4,零就业家庭就业安置率100%。全市城镇基本养老保险、城镇职工基本医疗保险、城镇居民基本医疗保险、失业保险、工伤保险参保人数分别完成年任务的100%、106.9%、108.4%、101.3%和105.3%。全市保障性住房3406套全部开工建设,廉租住房租赁补贴完成1.26万户;棚户区改造完成9.49万平方米、1355户,中央下放煤炭棚户区改造项目已建成9950户,在建5108户。

【龚全珍获全国道德模范称号】 9月,龚全珍获得全国道德模范称号。甘祖昌将军夫人龚全珍坚守信仰,跟从丈夫返乡务农从教,数十年情怀不变、本色不改、严于律己、心系群众,九旬高龄仍以始终如一的坚守,生动诠释为民务实清廉的内涵。从4月省委书记强卫看望龚全珍开始,龚全珍以更加丰满的形象进入人们的视线。5月,《萍乡日报》刊发《崇高而又平凡的传承》一文。在中央领导对龚全珍事迹做出批示后,中央、省众多媒体聚焦萍乡,《人民日报》《光明日报》、新华社、中央电视台等集中报道龚全珍老人的先进事迹,掀起一场全方位报道龚全珍先进事迹的宣传攻势。6月,江西省委决定,在全省开展向龚全珍学习活动。

【萍乡高等专科院校更名萍乡学院】 4月18日,教育部函复江西省人民政府,同意在萍乡高等专科学校的基础上建立萍乡学院,并正式更名为"萍乡学院",学校代码为10895。萍乡学院的设置,结束萍乡无本科院校的历史,对推动萍乡城市转型,促进萍乡经济社会发展和弘扬安源精神,传承地方优秀文化都具有重要意义。

【山口岩水电站并网发电】 6月25日下午4时,山口岩水利枢纽工程开发有限公司水电站正式并网发电,这标志着山口岩水利枢纽工程开始发挥防洪、灌溉、电力输出三个方面的综合效益。山口岩水利枢纽工程是萍乡市一座以供水、防洪为主,兼顾发电、灌溉等综合利用的大(2)型水利枢纽工程。山口岩水电站发电厂房位于山口岩水利枢纽大坝下游河道约220米处,安装工程于2009年年底开工,2012年7月完工,配备2台水轮发电机组,总装机1.2万千瓦,年发电量可达3000万千瓦时以上,是萍乡市装机容量最大、综合自动化程度最高的水电站,它的建成运行有效缓解萍乡电网的供电压力。

【电影《黄海怀》在萍乡市拍摄】 9月20日,一部以萍乡籍音乐家、二胡演奏大师黄海怀为原型创作的电影《黄海怀》,在黄海怀的出生地——萍乡孔庙正式开机。这部由萍乡市委宣传部联合中国电影家协会、江西波波烟花有限公司、上海中齐投资有限公司、萍乡大兴影视文化传媒有限公司共同制作的年代大戏,由陈宝光、艾友弼两位著名作家编剧,高峰担任导演,电影主人公黄海怀由中央戏剧学院2011级戏剧影视表演班的盛子明扮演,摄制历时33天。影片以黄海怀波澜壮阔一生中的重要事件为线索,纵贯32年,以其感人的故事和艺术成就为题材,展现出黄海怀的大爱情怀和对民族音乐事业的执着追求。该片是萍乡市第一部在本土取景拍摄的电影,是一部励志成才教育、传承优秀文化,具有深厚文化底蕴和艺术价值的影片,将对宣传萍乡文化、宣传萍乡名人、宣传萍乡发展起到积极的作用。

主要领导人 市委书记:刘和平(任至8月)、陈卫民(8月任,2014年9月因涉嫌严重违纪违法被免去市委书记职务,10月被罢免全国人大代表职务)。市人大常委会主任:黎德廉。市长:陈卫民(任至8月)、李小豹(8月任)。市政协主席:晏德文。

(罗晓安)

·安源区·

【简　况】 位于江西省西部,辖4镇、6个街道办事处和1个管理委员会(乡级),总面积199平方千米。总人口46.36万人。全年完成财政总收入32.72亿元,增长8.8%,总量列全省县区第九位;一般预算收入27.02亿元,增长13.2%,总量列全省县区第三位。完成地区生产总值215.15亿元,增长8.1%。全区规模以上工业企业118家,完成工业增加值57.9亿元,增长8.04%;主营业务收入191.4亿元,增长4.4%;利税总额38.4亿元,增长5.6%。全社会固定资产投资235.6亿元,增长20.4%。社会消费品零售总额100.43亿元,增长14%。实际利用外资5547.3万美元,增长36.7%。争取省级用地指标37.33公顷。全区的空气质量继续保持在国家规定的二级标准,出境水保持在国家规定的Ⅲ类水质。全年旅游接待人数同比增长21.08%,实现旅游综合收入同比增长25.37%。新农合参合农民9.15万人,参合率达95.84%。发放小额担保贷款8181万元,扶持340人创业,带动就业1300人,实现零就业家庭就业安置率达100%。全年发放低保、五保资金9734.8万元,发放医疗救助金1321.5万元,救助人数达7066人。

【"新安源·新形象"群众广场系列文化活动获第十届中国艺术节项目类"群星奖"】 11月21日,"新安源·新形象"广场群众文化活动获第十届中国艺术节项目类"群星奖"。自2003年开展活动共演出文艺节目120余场,放映电影500多场,各类优秀传统文化艺术作品展示60场,参演人员近2万人,观众累计达100万人次,被当地群众誉为"安源的同一首歌"。

【强势推进工业平台】 2013年,安源区坚持把造优三大工业平台作为吸引重大项目落户、集聚产业发展的强力磁场,形成了布局趋向合理、平台集聚发展、产业转型升级的新型工业化格局。三大产业基地共落户企业62户,其中39户投产。安源经济转型产业基地累计完成基础设施投入9.6亿元。金属新材料产业基地完成基础设施投入2亿元,开发土地107公顷,基地主干道建成通车,排水管网安装和19回10千伏高压线改线一期工程已完成。特种玻璃产业基地完成园区233公顷的修建性详细规划,完成征地41公顷。

【着力打造新兴城镇化格局】 安源区在融入城区建设道路上突破瓶颈,形成空间布局合理、承载能力提升、特色魅力彰显的新型城镇化格局。全年实施新型城镇化项目80个,总投资约271.76亿元。随着萍水南路延伸工程(沿河路三期)、萍安大道南延、萍水西路的开发建设,中环大道与萍水河沿线在五陂镇双河口形成双十字交叉格局,已勾勒出城南区基础设施和开发建设整体框架。实现无专南路、迎宾南大道延伸工程竣工通车,缩短了新老城区距离。全面完成了省道S231升级改造工程,改造升级农村公路25.3千米,推进"公交进郊、微巴进村"建设,行政村通班车率达100%。

【推进新农村建设】 按照新农村建设"五年全覆盖"的总体目标,安源区全年投入资金2189万元,稳步推进30个新农村建设点的建设。推进了高坑镇天晟旅游度假村、天子山风景区等一批旅游休闲、农业观光园区建设,重点打造319国道(安源段)富裕和谐秀美乡村示范带"一横两纵"建设,完成示范带范围内房相改造、环境整治,提升了景观效果。

主要领导人 区委书记:程结林。区人大常委会主任:肖锋。区长:吴顺恩。区政协主席:邱晓玲。

(周菁　曾媛)

·湘东区·

【简　况】 位于赣湘边界,辖2乡、8镇和1个街道办事处,总面积858.76平方千米。总人口40.9万人。2013年实现地区生产总值158.83亿元,增长9.6%。规模以上工业增加值89.04亿元,增长10.2%,全社会固定资产投资167.78亿元,增长19%;财政总收入14.92亿元,增长11.2%;社会消费品零售总额36.84亿元,增长12.5%。城镇居民人均可支配收入2.38万元,增长11.9%;农民人均纯收入1.14万元,增长10.2%。工业固定资产投资155.33亿元,增长22.1%;萍乡陶瓷产业基地实现主营业务收入103.47亿元,增长20.9%。启动与省水利投资集团合作的城乡供水一体化项目,总投资1.27亿元的麻山水厂取水口上移工程正式开工建设。全年开工和续建项目217个,累计完成投资101.52亿元,全区向上争取政策性项目资金到位7.43亿元,5亿元企业债券发行已通过国家发改委审批。全年实际利用外资4094万美元,增长13.8%;实现外贸出口总额1.77亿美元,增长26%;完成引进省外资金49.27亿元,增长13.7%。完成公租房建设280套、国有工矿棚户区改造416户、农村危房改造760户。建立了覆盖全区70%乡镇的放心粮油配送网络。全区参加城镇职工基本养老保险3.14万人,参加城镇医疗保险10.96万人,新型农村社会养老保险基本实现全覆盖。被征地农民社会保障政策正式实施,全年从土地出让金收入中计提被征地农民社会保障和原有生活水平补助支出2125万元,发放被征地农民基础养老金337.9万元。

【提升傩文化影响力】 12月,中央电视台中文国际频道《远方的家 百山百川行》栏目走进湘东,对傩舞表演、傩面具及其雕刻过程进行实地采访。湘东傩文化历史悠久,"傩庙、傩面具、傩舞"三宝俱全,所保存傩面具形象多达440种,涵盖佛家、道家和儒家等人物形象,传承着历代艺人对傩的崇信和理解。为让傩文化更好更快发展,该区积极向上申报项目,争取上级资金100多万元,对湘东傩面具进行抢救性的保护;积极培养传承人,使队伍呈现老中青结合的梯队格局。该区还积极扶持、引导傩文化产业发展。规划了面积为13.33公顷的傩文化产业园,建立傩文化有限公司,逐步形成文化旅游、高端礼品、家庭装饰、餐饮娱乐为一体的傩文化产业链。傩文化为该区开创了一条带动农民增收、推动农村经济发展的新路子。

【创建县区社会管理信息平台】 2013年,湘东区投资打造了一个囊括社会治安、民情直通、重点场所、特殊人员、两新组织、流动人口、领导决策、组织机构8个版块的社会管理信息内容的社会管理信息平台。该系统的建成,为该区社会管理实现信息化打下了坚实基础。这是萍乡市第一个县区级的社会管理信息平台。

主要领导人 市政协副主席、区委书记:曹光亮。区人大常委会主任:文发萍。区长:杨劲松。区政协主席:汤其安。

(李剑　杨立)

·莲花县·

【简　况】 位于江西省西部,辖8乡、5镇和1个垦殖场,总面积1072平方千米。总人口26万人。耕地面积1.49万公顷,山地面积7.47万公顷,森林面积5.23万公顷,森林覆盖率68%。2013年,全县完成地区生产总值48.39亿元,同比增长8.5%。固定资产投资44亿元,增长19.8%。财政总收入6.56亿元,增长16.8%。规模以上工业增加值21.81亿元,增长9%;社会消费品零售总额10.97亿元,增长13.3%。城镇居民可支配收入1.65万元,增长11.5%;农民人均纯收入5406元,增长18.27%。规模以上工业总产值83.02亿元,增长10.3%;规模以上工业主营业务收入82.69亿元,增长10.4%。工业经济综合效益指数321.38%,同比提高4个百分点。农业总产值11.98亿元,增长3.3%;粮食种植面积2.22万公顷,总产14.2万吨。引进资金33.55亿元,完成全年任务的110%;实际利用外资4750万美元,外贸出口1.6亿美元。对接扶贫项目35个,已落实17个,到位资金1.03亿元。为76个扶贫重点村投入资金970万元,有效实施了整村推进项目。重点建设了六市中心集镇移民搬迁安置点,实施移民搬迁安置656人。完成造林绿化面积2380公顷,新增绿地面积4万平方米,被列为国家木材战略储备基地之一。救助城乡低保对象16.08万人次,发放低保资金2486万元。投入3950万元建设城市保障性住房560套,改造农村危房1050户。

【第27届全国荷花展暨国际荷花学术研讨会在莲花召开】 7月1日,第27届全国荷花展暨国际荷花学术研讨会在莲花召开。第27届荷花展是莲花县利用莲花莲子传统种植优势,依托荷花博览园连片的荷花种植独特生态景观,以生态促文化,以文化促产业,为实现名副其实的"莲花之乡"目标而举办的一次意义深远的花节活动,展会时间为7月1日至8月25日。荷花展旨在"以花为媒、以节会友,共促发展",充分展示秀美莲花、活力莲花和魅力莲花,打造全国荷花最佳赏莲地和全国最大莲产品交易市场。展会邀请俄罗斯、泰国、澳大利亚、日本4个国家,中国港澳台地区和26个省市的荷花专家、企业、客商代表,以及书画文化人士参会。荷花博览园被评为“2013中国江西助推城镇化建设十佳项目”。

【开展“千名干部结穷亲、万户家庭奔小康”活动】 2013年,根据《关于在全县机关干部中开展“千名干部结穷亲、万户家庭奔小康”活动的实施意见》精神,全县1855名机关干部深入到157个行政村,各自结对帮扶困难群众家庭,与帮扶对象了解生产生活中遇到的困难、问题,并与困难群众同劳动,积极帮扶困难群众寻找致富路径,为困难群众解决部分资金问题。帮扶贫困人口8581人,发展产业项目3500余个,帮助解决资金230.65万元。

【多家媒体走进莲花】 2013年,莲花县依托地方文化,不断提升社会影响力。3月23日,央视《乡约》栏目播出了《乡约——走进江西莲花》;11月23日至24日央视《远方的家》栏目组走进莲花县拍摄了莲花血鸭、打锡、酿酒等传统文化节目;12月20日至26日,新疆军区和央视在莲花县联合拍摄了纪录片《道德的榜样》。中央和省市领导对龚全珍的关心重视,各界媒体的关注报道,龚全珍先进事迹在全国范围内产生广泛影响,掀起了向龚全珍学习的热潮,极大地提升了莲花县对外形象。

主要领导人 县委书记:夏兴。县人大常委会主任:严漫泉。县长:刘乡。县政协主席:刘绍华。

(朱亮)

·上栗县·

【简 况】 位于江西省西部,辖4乡、6镇。总面积710平方千米,其中,城区面积9平方千米。耕地面积1.27万公顷,林地面积4.33万公顷,森林覆盖率60.3%,城区绿化率40%。总人口52万人,其中,非农业人口6.08万人,人口自然增长率12.99‰。2013年实现地区生产总值147.23亿元,同比增长10.4%。其中,第一产业增加值14.34亿元,增长4.9%;第二产业增加值91.43亿元,增长11.1%;第三产业增加值41.46亿元,增长10.5%。财政总收入16.55亿元,增长11.2%。规模以上工业企业完成产值227.8亿元,增长16.2%。全社会固定资产投资155.09亿元,增长20.2%。农业总产值23.26亿元,增长7.6%。万元地区生产总值能耗0.805吨标准煤,二氧化硫排放总量削减213.18吨,全年核发排污许可证34本。城镇居民人均可支配收入2.25万元,增长3277元;农民人均纯收入达1.09万元,增长1079元。城乡居民年末储蓄余额42.81亿元,增长21%。全县在建施工项目128个,完成投资87.7亿元。全年接待游客256.1万人次,增长15.9%;实现旅游综合收入21.29亿元,增长11.8%。金融机构存款余额达50.8亿元,增长18.6%,贷款余额36.2亿元,增长24.7%。扶贫项目申报批复20个,共投入项目资金772.6万元。

【形成“一园三基地”工业发展平台】 2013年,通过调结构、扩规模,快速推进工业经济快速发展平台建设,“一园三基地”工业发展平台已经形成。装备制造产业基地一期基础设施和二期土地平整、主干道硬化已完成,冠能光电、富益特电子等9户企业已投产,科鹏、倍特等8户正在建设。产业转型基地“三通一平”、绿化、亮化等基础设施已基本完成。花炮科技产业基地获批为省级轻工业产业基地、文化与科技融合示范基地和外贸出口基地。

【新兴产业集群发展】 2013年,先进装备制造产业已形成矿山机械设备、汽车零部件、输变电设备、环保设备4个门类,集聚项目40余个。光电产业以冠能光电、富益特电子、鑫洋电子为龙头,集聚项目20余个,其中,冠能OLED光电材料产品已列入省级重点新产品计划。粉末冶金先进制造产业通过搭建“一园一馆两中心”产业平台、制定发展规划、与各高校建立科研中心等举措,成功引进项目18个,有3个项目投产、7个项目进入孵化园孵化,并储备项目30个。粉末冶金产业基地获批为省级产业基地。

【做强做优花炮产业】 2013年,将花炮产业作为文化产业进行经营和发展,不断推动花炮“机械化、专业化、集团化、品牌化”建设进程。突出本质安全工作,爆竹新机械生产线达722条,湿法制引机达5500台,爆竹配装封装药机得到全面应用,“华盛牌”爆竹一体机即将投入使用,烟花机械化生产进程不断加快;花炮产能进一步提升,全年产值达220亿元,增长30.9%。产业链条不断完善,大力引进印刷、包装、物流等花炮上下游产业,发展烟花仓储物流项目和花炮市场建设,海关、商检等各项基础设施建设不断完善,专业化水平不断提高;大地红、中亿等花炮集团建设进展顺利;一批烟花爆竹微烟新产品得到开发和利用,“上栗花炮”被评为中国地理性商标。

主要领导人 县委书记:严荣华。县人大常委会主任:杨光明(任至11月)、兰先湖(12月任)。县长:彭文华。县政协主席:兰先湖(任至11月),关翠屏(12月任)。

(秦美红)

·芦溪县·

【简 况】 位于江西省西部,辖4乡、5镇,总面积960平方千米。耕地面积1.13万公顷,森林覆盖率67.4%。总人口29.8万人,其中非农业人口4.76万人。人口自然增长率8.5‰。2013年实现地区生产总值109.1亿元,同比增长9.6%。其中,第一产业增加值13.9亿元,增长3.4%;第二产业增加值63.6亿元,增长11%;第三产业增加值31.6亿元,增长9%。财政总收入11.2亿元,增长11.2%。规模以上工业总产值226.7亿元,增长10.6%。规模以上工业增加值58.2亿元,在全县地区生产总值中占53.4%。全社会固定资产投资117.1亿元,增长21.4%。主要工业产品及产量:原煤产量175.17万吨,下降9.12%;矿泉水产量34.74万吨,增长4.76%;水泥产量72.15万吨,增长6.83%;电瓷产量92.65万吨,增长12.82%;发电量2.32亿千瓦时,增长1.33%;烟花爆竹227.39万箱,同比增长8.41%。农业总产值21.17亿元,增长6%。粮食总产量15万吨。万元棒型电瓷生产线地区生产总值能耗0.854吨标准煤,二氧化碳排放总量0.55万吨,削减1.32%。农民人均纯收入1.13万元,增长10.6%。城乡居民年末储蓄余额47.5亿元,增长15.4%。全年引进各类项目46个,其中亿元以上项目24个;实际利用外资4451万美元,增长22.3%;引进内资51.5亿元,增长36.6%。民生综合投入资金11.8亿元,占全年财政支出的62.2%。抓好了356套廉租房、50套公租房建设,完成1020户农村危旧房和19套国有林场危旧房改造。发放小额担保贷款1.03亿元,扶持777名失业人员就业创业。发放城乡低保金4130万元,保障城乡困难人口2.03万人。农村集中供水工程完成投资3200万元,惠及城乡居民5.4万人。

【打造武功山文化产业园】 武功山文化产业园按省级以上文化产业示范园区高标准建设,规划总面积5平方千米,拟按“三中心一平台”(吴楚民俗文化传承中心、江南田园文化体验中心、“一山两水”游客承接中心,文化科技创意孵化平台)将园区划分为若干功能区,其中重点打造吴风楚韵园、东阳江南田园、武功山客流物流园。该项目被列为省级重点文化产业园区。

【加快现代农业示范区建设】 坚持以工业化理念谋划农业,抓好现代农业示范区核心区建设,累计完成投资1.5亿元,核心区承载能力、辐射带动力显著提升。完成核心区建设及现代农业发展规划编制,启动农产品精深加工示范园建设,建成杜仲文化产业园、隆盛生态庄园、和平生态园。

【中材江西电瓷电气有限公司特高压电瓷项目落户芦溪】 2013年,中材江西电瓷电气有限公司特高压电瓷项目落户芦溪工业园。该项目由央企中材集团投资15亿元兴建。设计年产能3.5万吨,拟采用湿法成型工艺,主要生产交流100万伏、直流80万伏和110万伏瓷绝缘子等特高压瓷绝缘子产品。项目建成后,将抢占特高压电网和先进轨道交通建设高压输变电用绝缘子行业制高点,成为引领芦溪电瓷产业发展的航母。一期特高压棒型电瓷生产线建成投产。

主要领导人 县委书记:欧阳清新。县人大常委会主任:江跃。县长:姚虎。县政协主席:夏坤勇。

(黎振春)

新余市

【概　况】 位于江西省中部偏西,辖分宜县、渝水区。总面积3178平方千米,森林覆盖率57.8%,主城区绿地率52.46%、绿化覆盖率54.07%、人均公园面积18.95平方米。全年平均降水量1252毫米。总人口115.56万人,其中城镇人口76.77万人。人口自然增长率6.74‰,较上年下降0.3‰。全年地区生产总值845.07亿元,增长4.5%。其中,第一产业增加值50.95亿元,增长3.2%;第二产业增加值490.37亿元,增长4.0%;第三产业增加值303.75亿元,增长6.0%。三大产业对经济增长的贡献率分别为3.7%、57.4%和38.9%。全年财政总收入119.9亿元,增长2.6%。其中公共财政预算收入84.48亿元,增长1.5%。财政总收入占地区生产总值的比重达14.2%,提高0.1个百分点。税收总收入92.94亿元,增长7.4%,占财政总收入的77.5%。全年公共财政预算支出127.16亿元,增长0.8%,其中住房保障支出7.13亿元,增长109.0%。全年粮食总产量59.8万吨,增长2.7%。新增花卉苗木5133公顷、高产油茶1600公顷。“新余蜜桔”获国家地理标志证明商标。昌坊天香园蔬菜基地光伏大棚实现并网发电。农用土地流转1.45万公顷,流转率27%。全部工业增加值430.16亿元,增长3.9%,占地区生产总值比重为50.9%。其中规模以上工业增加值295.12亿元,增长3.6%。新钢实现整体扭亏,赛维脱困取得阶段性成果,江锂、赣锋锂业等企业加快发展。沃格光电完成股份制改造,永盛矿冶、恩达麻世纪进入上市辅导备案阶段。固定资产投资(不含农户)704.04亿元,增长5.0%。签约引进项目161个,其中亿元以上项目79个。136个项目开工建设,新签约项目开工率84.5%。社会消费品零售总额170.83亿元,增长10.9%。成功争取国家智慧城市试点、全国水生态文明城市建设试点,被国家发改委确定为新能源示范城市。分宜县、渝水区确认为原中央苏区县,高新区入选国家第一批分布式光伏发电示范区,仙女湖饮用水源保护区成功入选全国生态良好湖泊保护试点。GDP能耗下降,四项主要污染物削减任务全面完成。生活垃圾发电等合同环境服务7个试点项目顺利推进,高新区污水处理厂技改、新钢5号和6号烧结机烟气脱硫设施建设等重点减排项目建成。

【率先推行市、县、乡三级数字化大协同办公】 2013年,新余市在全国率先建设覆盖市、县、乡三级的数字化综合办公平台,通过数字化协同办公、电子邮件交换和远程网络视频会议等方式,实现办公全程自动化、网络化,随时随地办公,大大提高工作效率、降低行政成本。1月1日,新余市政府数字化综合办公平台正式开通运行。市委、市人大、市政协及其他党委群团部门数字化办公平台3月起开始试运行。4月16日,出台数字化综合办公平台运行管理办法,规定公文处理实行限时办结制,一举改变传统纸质文件处理效率不高的情况。7月1日,数字化综合办公平台全面覆盖市、县、乡三级。所有党政机关全面停止印发和接收一般性的纸质文件,实现非涉密文件无纸化传输和网络自动化办公。该平台建设前,市、县、乡三级办公经费超过3000万元,实现数字化协同办公后系统维护成本仅200余万元。

【率先实施公务用车制度改革】 9月,新余市委、市政府决定正式启动公务用车制度改革工作,成立以市长丛文景任组长的车改领导小组。11月27日,省委办公厅、省政府办公厅批复同意新余市车改方案。12月16日,新余市召开全市公务用车制度改革试点工作动员部署大会,宣布车改方案自2014年1月1日起在市直机关事业单位实施,成为全省首个实行公车改革的设区市。车改实施范围为:市级党政机关、人大机关、政协机关、事业单位、民主党派、群众团体中县级(含县级)以下人员参加车改;厅级干部、市法院、市检察院、市公安局、市政府驻外办事机构、学校、医院以及经费不在地方财政列支的单位,暂不参加车改。车改后交通补贴共分为两部分:一是个人公务交通补贴,标准从一般办事员至县处级分为9档,每人每月300~2500元不等。二是单位公共交通经费,按该单位个人公务交通补贴标准总和的10%~15%划拨。全市288个市直涉改单位的700多辆公车全部收回,其中138辆由市公务用车服务中心选用,其余车辆经过有资质的评估机构评估后,公开向社会拍卖,拍卖款项全部上缴国库。市公务用车服务中心由新余市发展投资集团公司组建,采用市场化方式定价定向保障公务用车。

【"新余蜜桔"获国家地理标志证明商标】 8月28日,"新余蜜桔"地理标志证明商标经国家工商总局3个月的初审公示后正式注册成功(注册号11866001),标志着新余蜜橘真正拥有自己的品牌。这是新余市第一个国家级地理标志证明商标,是新余市果业实施品牌发展战略的又一成果。"新余蜜桔"地理标志证明商标由两片树叶托起椭圆形橘子图形及"新余蜜桔"汉字和英文字母"Xinyu Sweet Orange"组成。新余市果业局为"新余蜜桔"地理标志证明商标的注册人。"新余蜜桔"地理标志证明商标的注册成功,使"新余蜜桔"品牌得到法律的保护,新余蜜橘产业将走上以品牌创效益的新路。2013年全市新余蜜橘总面积8700公顷,其中投产面积5000公顷,总产量9万吨,比上年增产20%,远销俄罗斯、印度尼西亚、菲律宾、泰国等国家,产地价格再创新高,达3.2元/千克。

【开展水生态文明建设】 2013年,新余市成功入选首批45个全国水生态文明城市建设试点。新余市高度重视生态文明建设,依托良好的经济基础和生态条件,大力开展水生态文明建设。编制城市地表水功能区划、水域纳污能力及限制排污总量意见、水量分配细化方案等一系列的规范性文件,为水资源的配置、节约和保护提供制度保证。突出抓好城市供水、节水、水污染防治和水资源开发、利用、保护等工作,成效明显。仙女湖、孔目江两个主要饮用水源保护区内水质达到Ⅱ类,孔目江左岸城东堤形成独立的防洪保护圈。

【合同环境服务试点进入实施阶段】 4月11日,新余市政府与湖南永清环保股份有限公司正式签署生活垃圾发电项目合作协议,标志着全国地市级第一个合同环境服务试点工作迈出实质性的一步。作为合同环境服务试点工作七大项目之一,该项目采用"减排量采购模式",总投资2亿元,预计2014年年底建成,建成后可形成500吨/日的垃圾处理规模。2012年3月,新余市政府与永清环保公司签订《合同环境服务框架协议》后,永清环保公司对新余市环境问题全面"问诊把脉",编制《新余环境保护与污染治理专项规划(2012—2020年)》。2012年11月15日,国家环保部正式批复新余为全国首个合同环境服务试点地级市。2013年2月,新余市政府出台《关于推进合同环境服务工作的意见》,委托永清环保公司实施新余市生活垃圾回收清运及发电、袁河工业平台与仙女湖共建污水处理厂、新钢公司烧结脱硫、重金属治理及生态修复、农村环境连片整治、仙女湖湖泊生态环境保护治理、空气质量自动监测系统等7个试点项目。

【抢救性考古发掘庙前遗址】 4—6月,为配合余新(新余至新干)货运快速一级公路工程建设,新余市博物馆联合省文物考古研究所对庙前遗址进行抢救性考古发掘。庙前遗址位于新余渝水区水西镇施家村委,属丘陵台地类型遗址,在第三次全国文物普查时调查发现。此次发掘探方57个,面积1425平方米。揭露出的遗存有西周地层、汉代灰坑2个、汉晋墓葬3座,宋代砖瓦窑1座及灰沟1条,清代房基1个、灰坑2个。出土遗物有石器、陶器、瓷器、砖瓦等。器型有西周时石锛、石斧、罐、折肩器,汉唐时青瓷豆、碗、钵,宋代砖瓦等。此次考古发掘的遗物从西周至清代,时代跨度大。首次发现的砖瓦混烧宋代砖瓦窑较为珍贵,为研究宋代南方地区民居建筑材料来源提供实物依据,对研究同类马蹄窑的用途和古代烧窑技术也有较高的研究价值。

主要领导人 市委书记:刘捷。市人大常委会主任:黄国钧。市长:丛文景。市政协主席:廖兰芳。

(邹澄洪)

·分宜县·

【简况】 位于赣中偏西,袁河上游,辖6镇、4乡和1个街道办事处。总面积1391.76平方千米,其中城区面积12.6平方千米。耕地面积2.5万公顷,有林面积6.66万公顷,森林覆盖率65.6%,城区绿化率2.99%。全县总人口30.74万人。其中非农业人口8.1万人。人口自然增长率10.33‰。全年生产总值177.45亿元,同比增长7.1%。其中,第一产业增加值16.58亿元,增长8.4%;第二产业增加值101.33亿元,增长4.1%;第三产业增加值59.54亿元,增长16%。全县财政总收入26.52亿元,增长1.9%,完成税收18.04亿元,税收占财政总收入的比重为68.02%。地方财政收入19.90亿元,增长1.1%;地方财政支出28.7亿元,增长5.5%。工业总产值87.26亿元,增长5.5%。珠江矿业、海螺水泥、恩达家纺、江锻重工、驱动桥厂等骨干企业完成技改升级,企业规模壮大。规模以上工业增加值60.02亿元,占地区生产总值比重为33.8%,外贸出口占地区生产总值的比重为3%。固定资产投资145.77亿元,实际利用外商投资7440万美元,省外投资121.25亿元。农业总产值26.84亿元,增长8%,粮食总产量14.77万吨。初步形成以景笙农业为核心带动千家万户参与的万亩花卉苗木示范带,形成以浩森东方集种养和休闲农业于一体的高标准现代农业核心区,有效推动凤阳麒麟西瓜、洋江中药材、双林无公害蔬菜、杨桥土陶等全县11个现代农业标准示范园的发展。万元GDP能耗为1.36吨标准煤,二氧化碳总排放量1.21万吨,削减率1.12%,城市污水处理率80%。城镇居民人均可支配收入21956元,增加9.7%,农村居民人均纯收入 11000 元,增长 11.7%。城乡居民年末储蓄余额 60.48 亿元,增长 4.4%。

【社会事业协调发展】 完成 19 所幼儿园标准化建设,教育教学质量稳步提升。公共卫生服务持续加强。县级公立医院综合改革成效明显,实现药品费用、医疗负担和医患纠纷三下降;国家基本药物制度、基层医疗机构综合改革和 11 项国家基本公共卫生服务均等化项目全面落实;市精神病医院、县卫生监督所等建设项目相继完工。群众文体活动日趋活跃。少儿舞蹈《我最棒》获第十届中国艺术节“群星奖”,《手指宝贝》获全国第七届“小荷之星”舞蹈金奖。介桥村和防里村列入第二批中国传统村落名录,分宜县被评为“江西十大文化古县”。

【强化社会治理】 广泛开展矛盾纠纷排查调处,着力解决信访突出问题。在全省各县(市、区)中率先开通远程探视帮教系统,方便服刑人员的家庭探视。深入开展平安创建工作,群众安全感明显提升。落实安全生产责任制,全年未发生重特大安全生产事故。扎实推进“实现人均期望寿命 80 岁”工程,完成全国食品药品安全示范县创建工作。建成高效应急指挥中心,应急管理体系反应更迅速。

【生态文明建设卓有成效】 围绕生态文明城市建设的目标要求,以“实现人均期望寿命 80 岁”工作为抓手,大力推进生态文明建设,至年底,有国家级生态乡(镇)2 个,省级生态乡(镇)5 个,省级生态村 7 个。建成分宜县生活污水处理厂,新建竹叶塘生活垃圾处理中心。关闭不达标的小造纸厂 4 户、金矿采矿点 11 户、小塑料造粒厂 4 户、小炼油和地条钢厂各 1 户,全部取缔钤阳湖网箱养鱼。落实减排项目 6 个,819 个农村试点村和有条件的自然村全部铺开农村清洁工程。获“美丽中国——首届江西生态文明建设十佳县(市、区)”称号。大力发展生态旅游,“中国洞村”旅游项目扎实推进,完成洞村村庄旅游配套规划。农村生态休闲旅游快速发展,新增水北葡萄庄园、大青山农社等生态休闲农庄 11 户、农家乐 22 户,从业人数 1800 余人,其中宏岩山庄被列为首批省级乡村休闲文化旅游示范点。

【成为全省首个“多险合一”县】 12 月 9 日,分宜县社会保险“多险合一”系统成功上线投入运行,为全省首个“多险合一”县。社会保险“多险合一”新系统的投入运行,实现了养老、医疗、工伤、生育、失业 5 个险种的社会保险费统一征缴和统一经办,单位、个人将享受参保一站式服务。全县 9.2 万名城镇职工和居民手持江西省社会保障“一卡通”,即可在全省范围内的定点医疗机构看病就医。

【竹叶塘垃圾处理中心投入使用】 5 月 7 日,竹叶塘垃圾处理中心正式投入使用,确保分宜县城乡生活垃圾 100% 得到无害化处理。竹叶塘垃圾处理中心位于距县城 18 千米的凤阳乡礼堂村,占地 0.3 平方千米,总库容 358 万立方米,设计服务年限 27 年,日处理垃圾 230 吨。该项目总投资 8000 万元,采用改良型厌氧卫生填埋工艺,9 层防渗漏,可防止对地下水和周围环境造成污染,垃圾渗滤液导出后再进行无害化处理。该垃圾处理中心由垃圾收集和处理工程两部分组成,垃圾运达填埋场后,实行分区、分单元、分层摊铺、往返碾压、逐日覆土的作业方式,最终实现绿化种植、资源循环利用,达到垃圾处理日产日清、三废零排放无二次污染、低运行成本的目的。

【分宜县被确认为一类中央苏区县】 7 月 23 日,分宜县被中央党史研究室审批并确认为一类中央苏区县,可享受国务院出台的《关于支持赣南等原中央苏区振兴发展的若干意见》优惠政策。分宜县自 1930 年 4 月成立县委和县苏维埃政府以来,分别属于中共赣西南特委、赣西南苏维埃政府北路办事处领导,下辖中南区、下南区、上南区、洋田边界、冶元边界等 5 个区苏维埃政府。县苏维埃政府在分宜境内开展了一系列的武装斗争,如钤岗岭战斗、易家桥战斗、石家陂战斗,开展了打土豪、分田地,扩红支红等运动。分宜苏区经历了第一至第三次反“围剿”。700 多位先烈长眠在分宜这块热土中。

主要领导人 县委书记:姚灵目。县人大常委会主任:张学武。县长:刘琼。县政协主席:朱运书。

(杨诚)

·渝水区·

【简　况】 位于江西省中部偏西,新余市东部,袁河中下游。东与樟树、新干交界,西与分宜毗邻,南与吉安、峡江相连,北与上高、高安接壤。全区面积 1110 平方千米,辖 5 乡、6 镇、5 个街道办事处。全区森林覆盖率达 47.8%。2013 年,辖区总人口 84.82 万人,人口出生率 11.8‰,人口自然增长率 6.8‰。全区完成地区生产总值 179.84 亿元,增长 7.5%。其中,第一产业增加值 24.36 亿元,增长 4.5%;第二产业增加值 106.64 亿元,增长 7.5 %;第三产业增加值 48.84 亿元,增长 11.3%。财政收入 26.3 亿元,增长 1.1%;税收收入完成 22.98 亿元,占财政总收入的 83.6%。地方财政收入 19 亿元,增长 1.9%。规模工业增加值 50.1 亿元,增长 6.5%;完成工业销售收入 258.7 亿元,增长 8.9%。实现外贸进出口总额 1.74 亿美元,增长 11.9%,其中出口 1.28 亿美元,增长 13.3%。全社会固定资产投资 211 亿元,增长 5%。消费品零售总额 35 亿元,增长 13%。全年引进项目 30 个,其中亿元以上项目 16 个。实际引进内资 148.9 亿元,增长 20%。实际利用外资 8624 万美元,增长 11.9%。全区主要粮食作物总产 32.9 万吨,增长 2.8%。主要矿产资源有硅灰石、石灰石、铁、锰、钨、煤等 20 多种。地方特产主要有新余蜜橘、铁观音茶、“珊娜牌”翠冠梨、罗坊乳猪、水北米粉及抱石矿泉水等。城镇居民人均可支配收入 24758 元,增长 10.2%;农民人均纯收入 11283 元,增长 11.2%。

【开展“结对认亲,渝水有爱”活动】 9 月始,在全区开展“结对认亲,渝水有爱”志愿服务活动。结对认亲对象主要是因病、因残、因灾等原因造成的家庭生活困难户,因企业改制、土地征用、拆迁安置等原因引起的各类非正常上访户,涉法、涉诉、涉教等各类特殊人群。全区 4195 名区、乡镇(街道办)、村(社区)三级干部,3100名教师,720名医务人员共8015人参加这场"认亲"活动,"结对认亲"9061户,其中生活困难户4524户,覆盖全区178个村,29个社区。全区党员干部共为结对亲戚帮扶资金200多万元,解决实际问题600多个。

【水北镇熊坑村四位企业家捐资兴建新村】 12月8日,经过近两年的建设,渝水区水北镇熊坑村18栋72套连体别墅全部竣工,全村72户农户每户一套3层别墅。这18栋别墅,包括整个新村配套设施,由该村4位农民企业家熊水华、熊水生、熊九仔、熊习生捐资近3600万元兴建。18栋别墅一式徽派建筑,文化活动中心、健身广场、篮球场、路灯、老年食堂一应俱全。新村为老年人打造了"颐养之家",对全村60岁以上老人采取居家养老、集中供养的模式。4人捐资130万元,设立养老基金,收益用于老人免费就餐及相关服务,结余部分再投入养老基金。新村实行小区式物业管理,聘请村民当物业管理员,负责村内保洁、保安、绿化等。

【投资1.58亿改造水利工程】 2013年,投资1.58亿元解决全区乡镇农村重点污染区15.8万群众最关心、最直接、最现实的饮水安全问题,提高居民自身健康安全。渝水区政府与新余水务集团有限公司正式签订城乡供水一体化项目合作协议,标志着渝水区供水企业将按照市政府批准的《新余市农村自来水工程规划》和年度建设计划,自主进行项目的投融资、施工建设和运营管理,破解制约全区经济社会快速发展的"瓶颈",城乡供水一体化将从根本上得到解决。全区9个乡镇(办)用上与新余市同网的自来水,彻底解决农村饮用水不安全的问题。

【茶山口社区被评为"全国社区侨务工作示范单位"】 12月23日,新余市首个"全国社区侨务工作示范单位"在城南街道办茶山口社区举行授牌仪式。茶山口社区共有各类海外华人37户,56人;侨眷37户,82人。茶山口社区侨务工作开展得有声有色,各项侨务工作均走在全市社区的前列。社区定期上门走访回国探亲侨胞和侨眷家庭,组织侨眷、留学人员家长参加社区各类文娱活动,举办侨法宣传、台海形势报告会等。

【水北镇工会联合会获"全国百家示范乡镇(街道)工会"称号】 水北镇工会联合会被全国总工会授予2013年度"全国百家示范乡镇(街道)工会"称号。全镇共投资上千万元建设职工活动阵地,建立文化大剧院1个、体育运动场5个、村文化广场8个、职工群众书屋23个,镇职工活动场所1个。镇工会大力加强职工文化建设,先后开展女职工拔河比赛、干部职工象棋、篮球、乒乓球等比赛活动。加大工会组建力度,按照"哪里有职工,哪里就有工会组织"要求,依托水北商会成立9个新余境外非公企业工会,全镇共发展基层工会43个,会员1530人。扎实履行维权职责,深入推进工资集体协商,以镇工会、综治办、司法所牵头成立镇劳动争议调解委员会,协调处理辖区内劳动争议事件,将矛盾化解在基层。积极为民办实事,依托水北商会平台,鼓励引导水北在外成功人士捐资4000余万元用于新农村建设,建立5个"居家养老基金会"达1000万元,打造水北"颐养之家"典范,为水北经济和社会发展发挥工会组织的重要作用。

【无纸化办公效果显著】 7月1日起,在全区开通运行数字化综合办公平台,各类公文一律实行电子交换,各单位不再受理纸质文件,真正实现无纸化办公,行政成本大大降低。通过数字化综合办公平台,全区范围内各单位协同办公,并通过公文交换中心,实现市与区及乡镇(办)之间的公文、信息、工作流程、内部邮件的互联互通,共享利用,大大提高部门办事效率,也节省人力资源。之前渝水区历年办公经费高达700余万元,该数字化平台运行8个月以来,共节约纸张费、印刷费等各项费用400多万元,节约办公成本达到九成以上。

【2处文物保护单位晋升国家重点文化保护单位】 5月,拾年山遗址获批全国重点文物保护单位。上高会战时国民革命军19集团军第74军58师位于渝水区下村镇师部旧址合并到上高会战遗址并成功申报国家重点文物保护单位。拾年山遗址位于新余市渝水区水北镇。遗址于1984年发现,1986—1989年由江西省文物考古研究所、新余市博物馆等单位对该遗址进行了3次科学发掘。清理新石器时代晚期墓葬、陶片堆、石器堆、房基、灰坑以及水井等遗迹,出土遗物4000余件(片)。拾年山遗址是一处史前时期典型的台地遗迹,大量墓葬和房址的发现,是该遗址最具价值之处,对于考察赣鄱流域的聚落布局和特征具有重要价值。国民革命军19集团军第74军58师师部旧址位于新余市渝水区下村镇。旧址坐北朝南,砖木结构,九脊歇山顶,高三层,占地面积约500平方米。兴建于20世纪20年代末期。1941年上高会战期间,曾取得第一次湘北会战大捷的国民革命军19集团军第74军58师师长廖龄奇率师部驻扎居住在此达5个月之久。

主要领导人 区委书记:徐文泊。区人大常委会主任:周梅生。区长:彭水萍。区政协主席:周平根。

(张小仁)

鹰潭市

【概 况】 位于江西省东北部,辖贵溪市、余江县、月湖区、市龙虎山风景名胜区、市信江新区。总面积3560平方千米,其中市区建成区面积32.5平方千米。全市耕地面积9.18万公顷,林地面积20.19万公顷,森林覆盖率57.38%,城区绿地面积1203公顷。常住人口114.25万人,其中市区21.76万人(按原来的行政区划划分的月湖区人口)。人口自然增长率6.81‰,城市化率52.73%。2013年地区生产总值553.47亿元,同比增长10.3%;人均生产总值4.85万元。其中,第一产业增加值44.55亿元,增长4.5%;第二产业增加值346.37亿元,增长11.6%;第三产业增加值162.55亿元,增长9.1%。农林牧渔业总产值70.16亿元。规模以上工业总产值1894.83亿元。财政总收入92.65亿元,增长16.8%,其中地方财政收入66.13亿元,增长12.4%。县级财政收入占全市财政收入的92.4%。财政收入占生产总值的比重达16.7%,税收占财政收入的比重达80.26%。规模以上工业增加值321.96亿元,增长12.3%。固定资产投资393.97亿元,增长20.1%。社会消费品零售总额133.77亿元,增长13.3%。城镇居民人均可支配收入2.21万元,增长11.1%;农民人均纯收入9832元,增长11.7%。城乡居民储蓄存款余额258.87亿元,增长13.1%。

【开展省辖鹰潭市建市30周年系列活动】 11月8日,省辖鹰潭市成立30周年纪念大会暨市第七届运动会开幕式在市体育馆举行。

2013年是省辖鹰潭市成立30周年。鹰潭市部署安排七项庆祝活动。一是开展"十大城乡变化、十大先进模范人物、十佳荣誉市民"评选活动。通过面向社会公开评选,确定表彰一批能充分反映全市产业发展、新农村建设、科教文卫、民生保障、生态文明建设等各项事业取得的重大突破性成绩和变化;在鹰潭市改革开放和现代化建设中作出突出贡献、取得骄人业绩、体现时代风貌的先进模范;在鹰潭市对外交往、经济建设、社会发展等方面做出突出贡献,有较高社会声誉的华侨、港澳同胞、台湾同胞、外国友人和国内非鹰潭籍人士。

二是举办重大城建项目开工、竣工仪式。举办白鹭公园、枫山植物园一期、东湖公园、梅园公园、虎岭调蓄池一期、刘家调蓄池公园一期、滨江景观二期等园林绿化项目集中竣工仪式。举办信江新区路网三期、信江浮桥工程、林荫西路贯通、四海路延伸单个项目竣工仪式以及鹰西湿地公园、垃圾焚烧发电厂单个项目开工仪式。

三是举办丰富多彩的群众性主题活动。举办市第七届运动会、编辑出版《作家笔下的鹰潭》一书,举行鹰潭市首届体育文化节、秀美鹰潭清洁家园活动,举办"寄语鹰潭"征集活动、小学生征文及讲故事比赛、首届农民工才艺大赛,以及大型群众游园活动、书画摄影展等。

四是开展游家乡看变化、龙虎山国际帐篷节等活动。4月1日起至12月31日,鹰潭市民可免门票游览龙虎山;举办"游家乡看变化,鹰潭人游鹰潭"活动,组织市民游鹰潭看家乡发展成果;公开征集鹰潭旅游形象口号、旅游标识;举办国际帐篷节、自驾车峰会、余江雕刻文化旅游节。

五是举办全市战略性新兴产业重大项目集中开工投产仪式。为加快"决战工业5000亿,实现鹰潭新跨越"进程,在鹰潭高新区龙岗片区举办全市战略性新兴产业重大项目集中开工投产仪式、奠基仪式。

六是发行"龙虎山"特种邮票。7月27日,在龙虎山景区游客接待中心举行现场首发仪式,仪式现场还举行集邮联展、丁忠兵书画展等活动,并制作发行美丽鹰潭邮册。

七是开展"走进鹰潭、宣传鹰潭"系列宣传文化活动。组织中央、省直主流新闻媒体记者到鹰潭市进行主题采访,在市属新闻媒体开设"喜迎建市三十周年·实现鹰潭跨越发展"专栏专题,推出建市30周年成就专题报道,《鹰潭日报》每周推出1~2期"30周年·鹰潭记忆"摄影专版。举办庆祝建市30周年群众文艺演出活动、建市30周年发展成果展,拍摄制作电视专题片《美丽鹰潭》。此外,还组织全市环境卫生集中大清扫活动,在重要公共场所摆放花坛和花盆、设置彩虹门、升空气球,悬挂建市30周年条幅标语,设置喜迎建市30周年大型公益广告,开启全市夜景灯光,组织喜迎建市30周年公益短信和邮政明信片群发等喜迎建市30周年活动。

【道教音乐吟诵剧《道之韵》赴埃及汇演】 11月16日—22日,中国·江西心灵音乐演奏团以主宾国身份,携鹰潭市独立排创的《道之韵》,经文化部选送与指派,应埃及邀请,参加在埃及举行的第六届国际心灵音乐与歌唱艺术节。《道之韵》是国内唯一参加第六届国际心灵音乐与歌唱艺术节的剧目。《道之韵》赴埃及汇演是中国江西道教音乐团第一次走向国际舞台,传播中国道教传统文化。《道之韵》在海外的成功演出,用音乐向世界诠释中国道教文化的独特魅力,进一步促进中国文化和鹰潭文化在海外的传播,提升鹰潭在海外的知名度。《道之韵》是一台以原生态道教音乐为载体,全新诠释道文化精髓的音乐吟诵剧,该剧由开坛、请水、祈福、授禄、添寿、贺喜、养性、敬天共8个篇章构成,通过吟诵剧的表现手法,对中国传统文化中的"福、禄、寿、喜"四大文化符号进行提炼加工,使节目具有浓郁的中国传统文化特色。

【中国第十五届根艺石艺博览会在余江举行】 11月6日—10日,中国第十五届根艺石艺博览会在鹰潭市余江县雕刻产业示范街举行。此次博览会设标准展位1000余个,沿街搭台1200米,吸引来自全国20多个省市的800余家企业及个人参展,参展作品上万件,参展范围包括根造型、根雕、根贴画、奇石、观赏石等根石艺美术品、根石艺装饰品和根石艺实用品等根石作品,汇聚全国各地的根石艺术精品,展示的作品集知识性、趣味性、观赏性、艺术性和商品性于一体,体现根石艺术爱好者的艺术观和审美观。博览会期间,举行根石作品鉴评、余江采风书画笔会和书画展、中国根艺美术学会会议、现场创作表演和论坛、根石作品展示展销活动等。共有20万人次入场交易和参观,现场成交额达8000余万元,签订订单300份,总价值1.5亿元。

【中国(第八届)铜加工行业发展论坛在鹰潭举行】 5月8日—9日,2013年(第八届)中国铜加工行业发展论坛在鹰潭市召开。此次论坛围绕"把握市场发展变化,推动行业创新升级"主题,特邀13位行业知名专家,分别就中国工业运行情况与经济形势分析、"十二五"中国铜工业发展的基础与市场环境、中国锂离子电池市场与铜箔需求分析、中国铜加工产业现状及发展分析等方面内容做主题报告。专家们的报告从消费市场的新需求动向与产业发展的宏观环境变化两个方面,用翔实的案例和数据做出精辟分析和科学预测,同时就未来中国铜加工行业继续保持稳定增长的优化路径提出见解。专家和参会代表还就新产品和新应用等感兴趣的话题进行面对面交流研讨。

【发行"龙虎山"特种邮票】 鹰潭市升格为省辖市30周年纪念日——2013年7月27日,"龙虎山"特种邮票在江西鹰潭龙虎山举行全球首发仪式。此次印制的"龙虎山"特种邮票一套3枚,小型张1枚,在所有以江西题材发行的邮票中,小型张的发行尚属首次。邮票图稿采用传统绘画书法,以竖式联票和横式小型张的构图,生动地描绘龙虎山独特的山水和人文。为了更好地在方寸间展现龙虎山的灵山秀水,在印制方式上"龙虎山"特种邮票采用高网线六色凹影写技术,色彩清丽庄重,层次细腻丰富,与画面的端庄、气宇之境相得益彰,突显了龙虎山"云山连绵八百里"的广博和天师府"道教祖庭"的地位,同时巧妙地采用了红光防伪油墨,在紫外线下,邮票发出隐隐红光,生动地烘托出龙虎山出神入化,云雾仙境的丹霞地貌。鹰潭市从1993年就开始酝酿"龙虎山"特种邮票发行事宜,从1995年起开展申请发行工作,历经20年。

【中国工艺美术"百花奖"江西颁奖仪式在鹰潭举行】 5月16日,2013年中国工艺美术"百花奖"江西获奖作品颁奖仪式在鹰潭市举行,该活动在设区市举行尚属首次。中国工艺美术"百花奖",是中国工艺美术界最高奖项。2013年中国工艺美术"百花奖"评选活动于4月28日至5月2日在福建省莆田市工艺美术展览城举行。江西省选送陶瓷类作品196件(套)、非陶瓷类作品64件(套)参评,共有146件(套)作品获奖,其中金奖45个、银奖49个、铜奖52个。鹰潭市选送37件作品,获6项金奖、6项银奖、12项铜奖。

主要领导人 市委书记:陈兴超。市人大常委会主任:杜德春。市长:钟志生(任至9月)、熊茂平(9月代)。市政协主席:潘赞海。

(王新勤)

·贵溪市·

【简 况】 位于江西省东北部,辖18个乡(镇)、3个街道办事处、7个林(垦殖、园艺)场。总面积2480平方千米,其中城区面积28.75平方千米。耕地面积3.8万公顷,有林面积14.63万公顷,林木绿化率63.5%,城区绿化率39.55%。总人口56.73万人。全年地区生产总值314.74亿元,同比增长9.4%。其中,第一产业增加值16.93亿元,增长7.8%;第二产业增加值229.73亿元,增长9.5%;第三产业增加值68.08亿元,增长7.8%。财政总收入41.13亿元,增长15.6%;税收占财政86.82%。地方财政收入26.17亿元,增长7%;全市规模以上工业企业总产值1257.08亿元,增长10.6%。规模以上工业增加值220.03亿元,增长9%。全市规模以上工业主营业务收入2211.73亿元,增长15%。主要工业产品有:精炼铜103.2万吨、铜20.9万吨、农药1.0万吨、化肥16.4万吨、节能灯2.68万只、水泥153.9万吨等。全年引进省外资金74.83亿元,增长17.6%。实际利用外资8310万美元,比上年下降27.0%;外贸出口总值5.70亿美元,增长19.4%。农业总产值28.22亿元,增长8.7%。粮食总产量36.93万吨,增长2.9%,实现"十连增"。主要农产品有:稻谷35.64万吨、水果2.65万吨、油料0.66万吨、肉类总产量3.14万吨。GDP能耗0.81万元,二氧化硫排放总量1.83吨,城市生活污水处理率83%。城乡居民年末储蓄余额95.87亿元,增长13.6%;农村居民人均纯收入9825.87元,增长13.5%。

【启动国家现代农业示范区建设】 1月,贵溪市全面启动国家现代农业示范区建设。旨在紧紧围绕建设"富裕、秀美、宜居、和谐"新贵溪的战略目标,加速推进以白鹤湖现代农业核心区的国家现代农业示范区创建工作,按照"一年打基础、三年见成效、五年大发展"的工作要求,高起点规划、高起点建设,委托农业部规划院编制《贵溪市国家现代农业示范区建设规划》和《白鹤湖现代农业核心区详细规划》,力求以发展现代农业为切入点,以发展休闲观光农业为落脚点,实现城乡统筹、生态与经济协调发展。

【教育部调研组到贵溪调研】 1月17日,教育部调研组一行到贵溪市,就学前教育工作进行专题调研。市领导程芦山、苏建军陪同调研。座谈会上,市长程芦山介绍市情和学前教育资源整合、管理机制、机构设置等情况。调研组一行先后实地察看滨江和塘湾的柏里幼儿园、未来星幼儿园、大桥小学附属幼儿园,以及滨江已关停的春蕾幼儿园,通过看、问、听等调研方式,在深入了解幼儿园相关经验和做法后,肯定市学前教育取得的成绩,同时指出要大力发展公办幼儿园建设,充分发挥公办幼儿园的辐射作用,实现学前教育"广覆盖、保基本"的根本目标。要在加强监管的基础上,积极扶持民办幼儿园教育,做到民办规范、公办兜底,切实做好学前教育各项工作,坚持办"人民满意教育"。

【铜都大桥通车】 1月31日,贵溪市铜都大桥建设工程竣工通车。大桥为跨信江的城市兼公路两用大桥,位于信江上游,南与320国道相连,北与沪昆高速公路连接线(贵溪大道)相接,桥长528米、宽26.5米。桥北延伸道路长1.13千米,路幅宽50米,设计行车时速为40千米/小时,设计荷载等级为城市—A级,沥青混凝土路面。项目总投资约1.6亿元。

【实现远程教育网络全覆盖】 2月,贵溪市全面完成党员干部现代远程教育站点建设任务,实现远程教育网络全覆盖目标。该市已建成乡镇终端站点209个,社区终端站点16个,非公有制企业终端站点7个,计划外终端站点20个。

【实现食品药品监管网络全覆盖】 2013年,为推进省级食品药品安全示范市建设,解决农村食品药品安全监管难的问题,贵溪市在各乡(镇、街道办)成立食品药品监督管理站,并出台相关规定,明确管理站的机构性质、人员组成、工作经费、工作职责和工作安排,下达《食品药品安全工作目标管理责任书》,做到各乡镇管理站有协管员、村村有信息员,把食品药品监督的触角延伸到全市社区、农村的每个角落,使食品药品监管网络覆盖率达到100%。4月,贵溪市21个乡(镇)、街道办食品药品监督管理站全部挂牌。

【耳口澳门红十字博爱卫生院落成揭牌】 4月25日,耳口澳门红十字博爱卫生院落成揭牌。耳口澳门红十字博爱卫生院业务大楼重建项目于

2011 年 12 月启动,总投资 109.08 万元,其中澳门红十字会投入 50 万元援建业务大楼。业务大楼的交付使用,将极大改善当地医疗保健条件,保障当地百姓的身体健康。

【电影《小河亲过我的脸》全国公开发行放映】 8 月 14 日,根据贵溪市知名作家彭建中同名小说改编创作的电影《小河亲过我的脸》通过国家新闻出版广电总局审核,28 日颁发全国公开发行放映许可证书。该影片获专家一致好评,并被评为 A 级。

【启动县级公立医院综合改革】 8 月 20 日,贵溪市举行县级公立医院综合改革试点工作启动仪式。鹰潭市副市长辜清,贵溪市领导程芦山、罗卫国、黄贵龙、余红艳、薛美琴参加启动仪式。此次改革按照“保基本、强基层、建机制”的总体要求,遵循上下联动、医药分开、内增活力、外加推力的原则,以破除“以药补医”机制为关键环节,统筹推进管理体制、补偿机制、人事分配、价格机制、医保支付制度、监管机制等综合改革,建立起维护公益性、调动积极性、保障可持续的县级医院运行机制,最终实现“人民群众得实惠、医务人员受鼓舞、医院发展增后劲、医疗保障可持续”的目标。9 月 1 日零时,市县级公立医院综合改革试点工作正式启动,市人民医院和市中医院为市综合改革试点医院。

【启动留守儿童关爱服务体系省级试点工作】 9 月 12 日,贵溪市留守儿童关爱服务体系省级试点工作启动。会上,宣读《贵溪市关爱农村留守儿童工作实施方案》,总结市关爱农村留守儿童工作。相关学校就关爱农村留守儿童工作做交流发言,相关单位就落实试点工作做发言。

【全面启动城乡居民社会养老保险暨新老农保制度衔接工作】 9 月 10 日,召开全市城乡居民社会养老保险暨新老农保制度衔接工作大会,市委常委、常务副市长罗卫国出席会议。会议的主要内容是贯彻落实全省新老农保制度衔接工作会议精神,全面启动贵溪市 2013 年城乡居民社会养老保险暨新老农保制度衔接工作。2013 年,贵溪市城乡居民社会养老保险参保率达到 95% 以上,养老金发放率 100%。

【福建省贵溪商会暨党支部在福州成立】 9 月 23 日,福建省贵溪商会暨中共福建省贵溪商会支部委员会在福州市成立,这是贵溪市第一个异地商会和异地商会党组织。市领导杨解生、王富生、祝晓勤、褚小涛、邬筱露等,江西省和鹰潭市在闽企业协会、商会领导,贵溪在闽知名人士共 100 多人参加成立大会。

贵溪有数万人在福建务工、经商。福建省贵溪商会成立,旨在把分散在八闽大地的贵溪企业组织起来,加强彼此的交流与合作,团结、帮助、引导会员合法经营,扩大联系,增加交流,增强管理水平,提高竞争能力,促进贵溪、福建两地经济社会的发展。大会选举福建福晟集团董事、常务副总裁何建华为福建省贵溪商会首任会长兼中共福建省贵溪商会支部书记。

【成立贵溪北京商会暨党支部】 11 月 9 日,贵溪北京商会暨中共贵溪北京商会支部委员会成立庆典大会在北京江西大厦举行,贵溪市领导杨解生、程芦山、祝晓勤、褚小涛、邬筱露等,以及北京市工商联领导、北京江西商会领导、贵溪在京知名人士共 100 多人参加成立大会。市委书记杨解生致辞。市长程芦山介绍贵溪市情,并为商会名誉会长、会长授牌。大会选举汪永富为贵溪北京商会名誉会长,张茂盛为会长,任命程新林为中共贵溪北京商会支部委员会书记。

【贵溪铜产业循环经济基地入选国家“城市矿产”示范基地】 2013 年,国家发改委和财政部公布,贵溪铜产业循环经济基地顺利通过实地考察和评审,确定为第四批国家“城市矿产”示范基地,这是江西省此次评选中唯一获评的单位,也是有史以来江西第二个国家“城市矿产”示范基地。

【成立首个青少年法制教育基地】 2013 年,为进一步加强校园安全管理,做好青少年违法犯罪预防工作,为青少年健康成长创造良好的环境,河潭镇在河潭中学设立贵溪市首个“青少年法制教育基地”,充分发挥法制平台的“教育、警示、实践”作用。

【572 辆公车标明身份上路】 12 月 25 日—26 日,为进一步规范公车运行秩序,贵溪市对全市 572 辆公车全部在规定位置贴上“公”字标识,有效提升公车使用透明度,进一步遏制公车私用、公车乱用等违规行为的发生。

主要领导人 市委书记、市人大常委会主任:杨解生。市长:程芦山。市政协主席:祝晓勤。

(裴爱兰)

·余江县·

【简　况】 位于江西省东北部,辖 5 乡、6 镇。总面积 932.8 平方千米,其中城区面积 10.7 平方千米。耕地面积 3.41 万公顷,有林面积 3.67 万公顷。总人口 35.76 万人。2013 年实现地区生产总值 82.70 亿元,同比增长 13.3%。其中,第一产业增加值 24.99 亿元,增长 8%;第二产业增加值 42.10 亿元,增长 17.3%;第三产业 15.61 亿元,增长 10.6%。财政总收入 14.67 亿元,增长 17.3%. 税收占财政收入的比重达 82.5%:公共财政预算收入 11.23 亿元,增长 13.6%;公共财政预算支出 21.47 亿元,增长 11.1%。工业总产值 213 亿元,增长 27.2%;规模以上工业增加值 39.01 亿元,增长 27.6%;外贸出口 1.38 亿美元,增长 12.9%。主要工业产品有铜材 25.92 万吨,服装 867 万件,电光源 2.69 亿只,眼镜成镜 4150 万副。农业总产值 39.02 亿元,增长 8.7%,粮食总产量 29.3 万吨。主要农产品产量:稻谷 28.69 万吨,油菜籽 4462 吨,黄红麻 5 吨,花生 9785 吨,甘蔗 1.86 万吨。万元 GDP 能耗 1.02 吨标煤,城市污水处理率 90%。城镇居民人均可支配收入 2 万元;农民人均纯收入 9750 元,增长 14.9%。

【公开选拔副科级干部】 2013 年,余江县公开选拔副科级干部 20 名,整个选拔工作严格履行公示制度,各个阶段都向社会进行公示,纪检监察人员全程参与负责监督。一是面向全县在编在岗的国家机关和事业单位干部竞争性选拔乡镇司法所所长。2月8日,8名乡镇司法所长全部到位,上岗履职。二是公开选拔三类副科级干部。分别是面向全县各单位公务员公开选拔优秀年轻干部,面向乡镇场竞争性选拔科级领导干部,面向卫生系统竞争性选拔县中医院院长。针对三类人员工作岗位、工作要求的不同,县委采取了差异化的选拔方式。面向全县各单位公务员公开选拔优秀年轻干部基本程序为组织报名、资格审查、笔试、面试、组织考察、差额票决6个阶段;面向乡镇场竞争性选拔科级领导干部基本程序为组织报名、资格审查、乡镇场推荐、县公开推荐、面试、组织考察、差额票决7个阶段;面向卫生系统竞争性选拔县中医院院长工作基本程序为组织报名、资格审查、竞职推荐、组织考察、差额票决5个阶段。5月12日,通过竞争性选拔的5名副乡(镇)长、3名乡(镇)人武部长、3名乡(镇)综治办专职副主任以及1名县中医院院长全部到位,上岗履职。

【余江县人民检察院派驻基层检察室】 5月,为进一步贯彻落实最高人民检察院《关于进一步加强和规范检察机关延伸法律监督触角,促进检力下沉工作的指导意见》精神,更好地发挥检察职能作用,把法律监督的触角延伸到基层,省人民检察院确定在鹰潭市试点建设检察室。余江县人民检察院党组高度重视,以此为契机,细心谋划,高标准建设,在原有锦江办事处、洪湖工作站的基础上,经鹰潭市编办批准成立锦江、洪湖、平定3个副科级派驻基层检察室,每个检察室设立矛盾排查岗、法律监督岗、预防服务岗。12月27日,余江县人民检察院在平定、锦江、洪湖派驻检察室举行揭牌仪式,县检察院党组书记、检察长王湖、副检察长张强新和副检察长程王建分别与平定、锦江、洪湖所在地党工委领导共同为检察室揭牌。

【县城乡居民社保局采取措施确保完成社保卡发放任务】 2013年,余江县作为江西省首批发卡的33个县之一,为确保社会保障卡"安全、快捷、准确"地发放至参保人手中,完成首批14.5万张社保卡的发放任务,创造性采取"四个先后"措施。一是先试点,后推行。社保卡发放之初,余江县城乡居保局先将个别小乡镇作为社保卡发放试点,在具体操作过程中发现问题、改正问题,为全面推开社保卡发放工作积累经验。二是先沟通,后培训。全面推开社保卡发放工作,需要全县各乡镇及农垦场主要领导的重视,在组织业务经办员学习培训之前与乡镇及农垦场主要领导进行沟通,加深他们对社保卡的认知度,认识社保卡的重要性,然后再对村级干部进行业务培训,为社保卡的发放,提供前期保障。三是先排序,后发卡。为了便于村干部发放社保卡,以村小组为单位,将农户姓名按照家庭住址重新排序打印花名册,大大方便了村小组找卡和领卡人签名。四是先发卡,后捆绑。借助社保卡平台,开通参保快速通道,新增金融机构代缴保费功能,从4月起将养老金发放至社保卡中,初步实现社保卡的社保功能,让老百姓切身感受到社保卡的方便、快捷。

【首次通过社保卡发放养老金与代扣代缴保费】 5月24日,余江县首次通过社保卡为2.83万人发放养老金370余万元。除了养老金的发放,余江县还借助社保卡平台,开通参保快速通道,新增金融机构代缴保费功能,首次通过社保卡代扣代缴城乡居民社会养老保险费,参保人员只需要将参保资金存入社保卡,系统就会定期自动扣缴其保费,免去参保人员来回奔波缴费的麻烦。

主要领导人 县委书记:刘诚。县人大常委会主任:杨小明。县长:张子建。县政协主席:谭建新。

(胡明娥)

·月湖区·

【简　况】 位于江西省东北部,辖1镇、5个街道办事处,总面积107.4平方千米。耕地面积1267公顷,有林面积2150公顷,森林覆盖率21.2%。总人口21.76万人。2013年实现地区生产总值85亿元,同比增长13%。其中:第一产业增加值1.8亿元,与上年持平;第二产业增加值14.5亿元,增长9.5%;第三产业增加值68.7亿元,增长13.3%。财政总收入9.73亿元,增长29.7%;税收占财政总收入比重77.3%,其中地方财政收入8.14亿元,增长20.8%。财政支出7.23万元,增长21%。工业总产值33.06亿元,增长8.2%。规模以上工业增加值4.02亿元,占GDP比重4.7%,外贸出口占GDP比重1.4%。农业总产值2.66亿元,粮食总产量1.52万吨。主要农产品稻谷有1.42万吨,生猪出栏3.85万头,瓜果2507吨,水产2800吨。农村居民人均纯收入1.11万元,增长13.5%;城镇居民人均可支配收入2.24万元,增长12.6%。城乡居民年末储蓄存款余额108.45亿元,增加11.54亿元,增长11.91%。

【开展月湖区"三解三促"主题实践活动】 2013年,月湖区委、区政府为解决"四风"问题,突出为民务实清廉路线,在全区范围内开展为期一年的以"干部下基层了解民情民意、破解发展难题、化解社会矛盾、促进干群关系融洽、促进基层发展稳定、促进机关作风转变"为主要内容的"三解三促"群众路线主题实践活动。区委、区政府组织全区32名县级挂点领导、65个区直单位、760余名机关干部下村(社区)结对帮扶,做到人人身上有担子,个个身上有责任。全区760余名干部向群众发放"民情联系卡"5000余张、入户访问5000余次、帮扶结对1070户困难群众,为群众办好事实事1080余件,节日走访困难群众慰问1060余次,送物资44万元。同时,在深入基层走访群众的过程中,对群众反映的热点难点问题进行分类梳理,分级解决。到12月底,挂点单位和干部在全区打捞基层反映问题590件,已协调解决547件,其中重点信访案件40余件,调解处理各类矛盾纠纷370多起,把矛盾纠纷处理在萌芽阶段。通过开展"三解三促"主题活动,推动全区机关干部作风的改变,密切了党群干群关系,促进社会和谐发展。

【获全国妇女小额担保财政贴息贷款先进集体称号】 2013年,月湖区被全国妇女联合会授予"全国妇女小额担保财政贴息贷款工作先进集体"称号。该区政府高度关注妇女创业就业,责令区就业局、区财政局、区妇联、区农村信用合作联社共同协作,为有创业愿望,有经营管理能力的城镇和农村妇女提供全面、规范的贷款融资服务。为急需流动资金的生产经营项目提供担保贷款支持。在贷款前期工作中坚持“五个到位”原则(政策宣传到位、领导支持到位、调查摸底到位、部门协调到位、网络服务到位),确保资金及时到位,并做到专款专用。后期采取“四个把关”(资格审查关、材料报送关、贷后服务关、贷款风险关),有效防止不良人员套取贷款,确保资金安全。一年来,全区审核发放妇女小额贴息贷款116户,共2033万元,贷款100%回收。有效推动妇女创业就业,受到妇女群众的好评。

【百佳城社区获全国“三八”红旗集体称号】 2013年,百佳城社区被全国妇女联合会评为“三八”红旗集体。百佳城社区是月湖区社区的一面旗帜,先后获得“全国文明社区”“全国学习创建示范社区”“全国万家社区读书活动先进社区”“全国巾帼文明建设队”“全国综合减灾示范社区”“全省十大文明社区”等30多项称号。

百佳城社区有工作人员11人,其中女性8人。她们工作认真、细致、团结、奋进、吃苦耐劳,做到了上为政府分忧,下为百姓解难。该社区积极推进居民事务理事会建设,充分发挥理事会作用,实现居民自我组织、自我管理、自我教育、自我服务、自我监督的自治职能。社区采取“一事一议”的办法,对能解决的事情自行解决,不能解决的上报到街道,由街道解决,做到社区工作全覆盖。创特色社区开展“六零六创”活动,社区服务做到零距离、高效便捷全方位为居民办事;社区治安做到零空档,小纠纷调处率100%、小案件受案率100%、小隐患排除率100%、小问题处置率100%,保证社区的安全稳定;劳动保障零搁置,实现无零就业家庭;社区卫生零死角,创建优美居住环境;计划生育零起点,提供一流优质服务;社区文化零空隙,丰富居民文化生活。以妇女之家为阵地,开展心灵聊天活动,主要围绕妇女致富、妇女就业、妇女维权、妇女心理等问题开展心里话聊天,帮助妇女走出贫困,找到自信,找到发展之路。

主要领导人 区委书记:乐文红。区人大常委会主任:卢力新。区长:刘军生。区政协主席:欧阳宝。

(雷荷莲)

赣州市

【概　况】 位于江西省南部,赣江上游,辖1区、2市、15县。总面积3.94万平方千米,其中全市城市建成区面积362.42平方千米。耕地面积43.79万公顷,有林面积274.52万公顷,森林覆盖率76.2%,中心城区建成区绿化覆盖率38.68%,人均公园绿地面积12.23平方米。总人口928.52万人,其中非农业人口194.29万人。人口自然增长率6.93‰,下降0.41个千分点。2013年,实现地区生产总值1673.32亿元,增长10.5%。其中,第一产业增加值271.79亿元,增长5.1%;第二产业增加值763.96亿元,增长13.0%;第三产业增加值637.57亿元,增长9.8%。三次产业结构调整至16.2∶45.7∶38.1。财政总收入280.20亿元,增长21.0%;税收占财政总收入的51%;地方财政收入184.37亿元,增长30.5%;全市财政一般预算支出480.42亿元,增长18.9%。规模以上工业企业完成增加值635.78亿元,增长13.2%。货物进出口总额33.02亿美元,增长0.3%。其中货物出口29.16亿美元,增长2.6%;货物进口3.86亿美元,减少14.07%。固定资产投资1330.87亿元,增长28.5%。实际利用外商投资11.07亿美元,增长13.3%。实际利用省外5000万元以上项目资金454.15亿元,增长20.37%。主要工业产品有原煤38.43万吨,塑料制品9.99万吨,发电量53.33亿千瓦时,水泥1745万吨,10种有色金属2.34万吨。农林牧渔总产值435.90亿元,增长5.11%。主要农产品有粮食283万吨,茶叶0.41万吨,水果195.28万吨,肉类67.85万吨,水产品28.46万吨。农村居民人均纯收入6014元,增长13.5%。城市居民人均可支配收入2.06万元,增长10.0%。城镇单位在岗职工平均工资4.09万元,增长24.5%。居民家庭恩格尔系数,城镇为42.0%,农村为38.7%。城乡居民年末储蓄余额1527.33亿元,增长15.03%。

【全面加快赣南苏区振兴发展】 赣州市促成《国务院关于支持赣南等原中央苏区振兴发展的若干意见》配套文件及相关政策密集出台,形成较为完备的赣南苏区振兴发展政策支持体系。争取国务院和国务院办公厅下发8个配套文件,国家发改委、财政部等38个部委出台43个具体实施意见或支持政策,执行139项西部大开发政策或标准。国家发改委、中组部牵头,39个部委对口支援赣州18个县(市、区),至年底,已有33个部委先后深入赣州开展对口支援工作专题调研,其中财政部、国土资源部、民政部、科技部、烟草专卖局、国家粮食局出台具体对口支援方案或意见。推进赣州市与部委上挂下派干部工作。国务院国资委发文推动央企与赣南对接合作、开展帮扶活动。国家发改委牵头在北京召开支持赣南等原中央苏区振兴发展部际联席会议第一次会议。29个省厅(局)出台实施意见或签订战略合作协议。

争取和加快推进重大项目建设。上报国家部委项目和省级项目322个(类),已取得“路条”、批复同意或获上级补助资金项目109个(类)。赣龙铁路扩能改造、赣韶铁路、昌赣铁路客专、赣深铁路客专、鹰瑞梅铁路、赣井铁路、南昌至宁都高速、寻乌至全南高速、兴国(宁都)至赣县高速、赣州黄金机场改扩建等一批重大交通项目,赣州南及赣州东(红都)500千伏输变电工程、抚州至赣州东(红都)500千伏线路工程、樟树—吉安—赣州成品油管道等一批重大能源项目的争取和建设顺利推进。193个市属重点工程完成投资747.7亿元。

争取中央和省级财政加大对赣南苏区振兴发展的财力支持,全年上级部门下达赣州市财政专项、农村危旧土坯房改造、农村饮水安全工程、农村电网改造、国家重点生态功能区转移支付、中央专项彩票公益金、地方政府债券转贷等各类补助资金320亿元,增长18%。

完善规划体系,打造发展平台取得突破。编制《赣州市振兴发展八年规划(2013—2020年)》《赣南苏区振兴发展重大项目规划(2013—2020年)》《赣州市罗霄山片区区域发展与扶贫攻坚实施规划(2011—2015年)》《赣南承接产业转移示范区规划》等一系列规划方案,开展《赣州市中央国家机关及有关单位对口支援工作八年规划(2013—2020年)》编制。

围绕振兴发展重点任务,推进重大战略性发展平台建设。龙南、瑞金经济技术开发区获批升格为国家级经济技术开发区,赣南承接产业转移示范区、中国(赣州)稀土产学研合作创新示范基地、国家脐橙工程技术研究中心、国家离子型稀土资源高效开发利用工程技术研究中心等获国家相关部委批准;龙南发光材料及稀土应用高新技术产业化基地被科技部认定为国家高新技术产业化基地;赣州印刷包装产业基地上升为国家级印刷包装产业基地;赣州综合保税区正式批复;"三南"(龙南、定南、全南)承接加工贸易转移示范地待商务部审批;赣州高新技术产业园区升格国家级高新技术开发区已由国务院批转科技部,科技部已完成升格评审工作。

用好《国务院关于支持赣南等原中央苏区振兴发展的若干意见》赋予赣州的先行先试权,加快落实27项试点示范事项。赣州市被列为国家旅游扶贫试验区、第二批国家低碳试点城市、全国唯一的稀土综合开发利用试点城市、稀土矿产地储备试点城市、全国首批低丘缓坡荒滩等未利用地开发利用试点和工矿废弃地复垦利用试点、全国第三批餐厨废弃物资源化利用和无害化处理试点城市、农产品现代流通综合试点城市和"西果东送"城市、全省首批农村集体经营性建设用地流转试点城市;赣州教育改革发展试验区获得省部领导支持同意,省部共建江西理工大学获得批准,赣州师范高等专科学校获省部批准成立,江西理工大学博士点、赣南医学院硕士点获批;赣州市被正式命名为国家公共文化服务体系示范区;赣州经济技术开发区被列为国家园区循环化改造试点、国家级高新技术产业标准化示范区;瑞金、上犹获批国家生态文明示范工程试点。

实施招大引强战略,提升开放合作水平。在北京、香港、厦门等城市举办一系列重大招商活动。在赣州成功举办第六届海峡两岸客家高峰论坛暨第十一届赣台经贸文化合作交流大会,签约项目22个,总投资15.58亿美元;举办"光彩事业赣州行"活动,签约项目113个,总投资1040.9亿元;举办央企入赣投资合作洽谈会,签约项目41个,总投资1091.4亿元。一批世界500强、央企和大型民企入驻赣州或达成意向,中国核工业建设集团清洁能源项目、中国汽车零部件(赣州)产业基地、国家北斗产业化应用示范基地等投资超百亿元项目接连落户赣州。

【深入推进"送政策、送温暖、送服务"工作】 建立完善干部直接联系服务群众"双向全覆盖"常态化机制,使每个干部直接联系若干户群众、每户群众都有干部直接联系服务。"96333"群众信息服务平台、民情家访制度等更趋完善,"三送"工作作为"惠民工程"的抓手更加有力,"民声通道"渠道更加畅通,干部接受群众教育"实践课堂"的作用更加凸显,赣州群众工作的品牌更加响亮。全年"三送"干部帮群众办实事好事2.6万件,协调处理矛盾纠纷5247件,解决信访案件1387件;争取项目扶助资金4.6亿元。中央活动办(中组部)调研组赴赣州调研"三送"工作形成的专题调研报告,得到中共中央政治局常委、中央书记处书记刘云山和中共中央政治局委员、中央书记处书记、中央组织部部长赵乐际等领导的重要批示。赵乐际在赣州市考察调研时,对"三送"工作给予充分肯定。《人民日报》《求是》《学习时报》等中央级媒体给予深度报道。

【产业转型升级成效明显】 新增规模以上工业企业164户,总数达1018户。中烟赣州卷烟厂60万大箱卷烟等60个投资超亿元项目竣工投产。赣州稀土集团被确定为组建国家级大型稀土企业集团的牵头企业。稀土矿山和冶炼分离企业整治整合成效显著。稀土、钨及其应用产业主营业务收入近800亿元。战略性新兴产业完成增加值201.65亿元,增长14.9%。全市工业园区实现主营业务收入2165.54亿元,增长17.6%。金融机构人民币贷款余额1592.92亿元,增长24.14%;存贷比达60.7%,比上年末提高4.14个百分点。企业上市取得重大突破,毅德控股、康尔国际分别在香港、马来西亚上市。综合商贸物流园一期基本完工。全市接待旅游总人数2591.18万人次,增长20.7%。生猪、蔬菜等主要农产品产量稳定增长,新建服务中心城区商品蔬菜基地349.87公顷。油茶、花卉苗木、烟叶等种植面积不断扩大。全力组织防控柑橘黄龙病,创新举办第五届中国赣州国际脐橙节(赣南脐橙网络博览会)。新增年销售收入500万元以上农业龙头企业38户、超亿元企业4户。

【加快城乡统筹步伐】 全市城镇化率42.56%,同比提高1.4个百分点。中心城区建成区面积94.97平方千米,新增6平方千米;总人口90.2万人,新增12.2万人。

打造区域性现代化中心城市。按照"一核、五心、三轴"的空间布局,编制完成《赣州都市区总体规划(2012—2030年)》并获省政府批复。有序推进中心城区行政区划调整,南康撤市设区获批,章康新区规划高标准推进,蓉江新城建设全面启动,赣县、南康、上犹与中心城区同城化、一体化发展步伐加快,中心城区集聚和辐射带动能力不断增强。推进重大城建项目建设,完成城市出入口道路建设工程,"四桥九路一公园"项目加快推进,打通一批断头路,完成文清路、厚德路商业街综合改造,推进郁孤台历史文化街区整治修缮。

推进赣南城镇群建设。编制瑞金、龙南都市区规划,培育壮大瑞金、龙南副中心城市。高标准、高质量推进示范镇建设,出台《关于推进示范镇建设的指导意见》,明确"一个县(市)抓一个示范镇,每个县(市)每年整合3000万元资金,连续投五年"的思路,把示范镇作为农村劳动力就近转移的重要节点、县域经济发展的重要载体和统筹城乡发展的重要平台来打造。

推进农业转移人口市民化。扎实开展城乡统筹发展综合改革试验。大力推进引农进镇、引农进园、引农进城,切实解决农业转移人口就业、住房、就医、就学、社会保障等现实问题,积极引导农民进城就业、居住。建设赣州职教园区,定向、订单培训大量熟练产业工人和专业技术人才,让进城务工人员培训在职校、就业在企业、居住在园区。

发展壮大县域经济。建立科学的县域经济考评体系,完善扶持县域经济发展的政策措施,推进扩权强县、扩权强镇,最大限度简政放权、让利松绑,为县域经济发展营造良好环境。优化资源配置,重点解决贫困县发展问题。大力发展乡镇经济,切实增强乡镇一级的经济实力。财政总收入增幅超过20%的县(市、区)有12个,财政总收入过10亿元的县(市、区)达9个。

【加大保障和改善民生力度】 全年民生类支出271.6亿元,占财政总支出56.5%。百件民生实事基本完成。改造农村危旧土坯房30万户,解决85.36万农村人口饮水安全问题,累计实现35.11万低电压用户正常用电。新建农村公路2500千米,完成危桥改造160座。改造农村中小学危房30.3万平方米,基本消除D类危房。完成电视"户户通"7.7万户,基本解决农村看电视难问题。新建保障性住房2.22万套,完成城市棚户区改造1.23万户。中心城区新增公交车100台、出租车200台。城镇新增就业9.14万人,新增转移农村劳动力17.68万人。编制实施《赣州建设全国革命老区扶贫攻坚示范区发展规划》,扎实推进罗霄山(赣州)片区扶贫攻坚,实施整村推进扶贫项目2803个,移民搬迁2.21万人。建立城乡低保补助标准自然增长机制,提高高龄老人补贴标准。

【昌吉赣客专获国家发改委批准立项】 9月,国家发改委正式批复"新建南昌至赣州铁路项目建议书"。南昌至赣州铁路(昌吉赣客专)是江西综合交通运输体系中极其重要的南北方向铁路干线,是鄱阳湖生态经济区战略和振兴赣南苏区战略中的重要基础设施建设项目,该项目获批立项,标志着项目前期工作迈出了关键性的一步。

南昌至赣州铁路(昌吉赣客专)作为国家快速铁路网的组成部分,是南昌、赣州地区衔接周边区域的快速客运通道,该铁路将主要承担区域内南北方向客运任务,线路自南昌站引出,经吉安至赣州,建设标准为客运专线,正线全长约420千米。

【全省第一家碳交易机构成立】 在赣州市发改委的组织协调下,经赣州市人民政府批准,1月22日,赣州环境能源交易所有限公司正式挂牌运营。挂牌当天,赣州晨光稀土新材料有限公司以8万元购买南康市元龙水电站1600吨碳排放权,在赣州环交所完成江西省第一笔自愿碳排放权交易。

赣州市是国家第二批低碳试点城市。本着先行先试,勇于创新的精神,赣州市借国家出台赣南苏区振兴规划的东风,依托良好的区位优势,由赣州市国有资产经营公司出资组建了赣州环境能源交易所有限公司。这是江西省第一家环境权益类交易所,该交易所的挂牌运营,不仅标志着赣粤闽湘区域环境能源权益交易平台的建立,同时也是江西省减缓温室气体排放工作的大胆尝试,在应对气候变化工作中具有里程碑式重大意义。

【赣州市被正式命名为国家公共文化服务体系示范区】 11月6日,文化部、财政部在上海市召开国家公共文化服务体系示范区创建工作会议,赣州市被正式命名为国家公共文化服务体系示范区并授牌,成为江西省唯一的示范城市。

赣州市自2011年6月成为第一批国家公共文化服务体系示范区创建城市以来,大力推动国家公共文化服务体系示范区创建,取得丰硕的实践成果和制度成果,实现了创建规划的目标任务,一批重点文化设施相继建成,公共文化设施落后面貌得到显著改变;一批重大文化惠民工程深入实施,文化民生得到有力保障;一批品牌文化活动广泛开展,广大群众尽享文化盛宴;一批制度设计成果付诸实施,公共文化服务实现常态化、长效化;一批优秀文化人才脱颖而出,公共文化建设活力迸发;一批支持赣州市文化事业发展的政策相继落地见效,示范区创建为广大人民群众带来文化实惠,为地方文化事业发展增添了巨大动力,为推动赣州经济社会发展起到了重要作用,对国内同类地区建立和完善公共文化服务体系具有一定的示范作用。

【赣南获批国家级客家文化保护区】 1月6日,由省文化厅和赣州市人民政府共同申报的"客家文化(赣南)生态保护实验区"获得文化部的批准设立,赣州成为全国、全省唯一集创建国家公共文化示范区和文化生态保护区于一身的城市。这是自2007年以来国家设立的第13个国家级文化生态保护实验区,也是江西省继婺源国家级徽州文化生态保护实验区后获批的第二个国家级文化生态保护实验区。

赣南是全世界最著名的客家诞生地,是客家文化的主要发源地和传承地,也是全国最大的客家聚居地,在这里的客家人总数超过800万人。赣南的客家文化内容丰富,形式多样,风格独特。有赣南采茶戏、兴国山歌、"于都唢呐《公婆吹》"、石城灯彩、信丰古陂"蓆狮""犁狮"等国家级非物质文化遗产5项,省级非物质文化遗产67项,市级非物质文化遗产79项。在赣州设立客家文化生态保护实验区,对于增强赣南客家文化的影响力、辐射力、传承力,促进该区域经济社会文化全面协调、可持续发展具有重要的现实意义。

主要领导人 市委书记:史文清。市人大常委会主任:骆炳峰(任至8月),陈晓春(11月任)。市长:冷新生。市政协主席:曾新方。

(王之玮 徐文菁)

·章贡区·

【简 况】 位于江西省南部,辖5镇、4个街道办事处。总面积375.52平方千米。总人口46.85万人,其中非农业人口33.75万人。人口出生率10.09‰,自然增长率5.84‰。2013年,全区地区生产总值234.76亿元,增长14.4%。其中,第一产业增加值4.16亿元,增长4.9%;第二产业增加值86.51亿元,增长14.0%;第三产业增加值144.09亿元,增长15.0%。财政总收入26.02亿元,增长29.9%;公共财政预算收入15.36亿元,增长

40.8%;地方财政支出24.64亿元,增长21.2%。规模以上工业增加值61.12亿元,增长17.1%。固定资产投资217.19亿元,增长29.2%。社会消费品零售总额201.62亿元,增长14.3%。出口总额6.17亿美元,增长15.2%;实际利用外资7689万美元,增长10.1%。农业总产值6.49亿元,增长2.3%。粮食总产量2.3万吨。万元GDP能耗0.596吨标准煤。城镇居民人均可支配收入2.12万元,增长13.3%;农村居民人均纯收入8696元,增长15.3%。城乡居民年末储蓄余额366.28亿元,增长16.1%。农村危旧土坯房改造开创农民联户集中建房新模式,实现“三年任务、两年完成”目标,为全市首个提前完成农村危旧土坯房改造县(市、区)。全区社会保障全面覆盖,企业职工基本养老保险参保人数比上年净增1万人。城乡居民基本养老保险参保人数9.8万人。城镇职工和居民基本医疗保险年度最高支付限额分别提高到26万元、15万元。新农合参合率98.2%。新增就业8700人,新增发放小额担保贷款6338万元。

【启动园区(基地)调区扩区工作】 完成土地利用总体规划和控制性详细规划修编,沙河工业园、水西基地规划面积分别达21.97平方千米、19.71平方千米。全年投入园区(基地)开发建设资金4.45亿元,道路建设和绿化景观提升工程快速推进,闲置土地(厂房)清理工作取得实效,完成征地363公顷,争取新增建设用地计划130.27公顷。沙河工业园被批准为省级重点工业园区、更名为“章贡经济开发区”,水西基地被评为“全省循环化改造试点园区”。

【央企对接开局良好】 积极跟进工信部、公安部、国资委对口支援章贡区工作,迅速组建专门工作机构,制定对接实施方案,推动三部委赴章贡区开展联合调研,开启国家部委连续八年结对帮扶的崭新篇章。全市首个央企投资百亿元大型工业项目——中汽零部件(赣州)产业基地项目开工建设,中集天达立体停车场项目正式入驻,与中国机械设备工程股份有限公司、华润万家有限公司等央企签订合作框架协议,与中国电子科技集团公司、中国东方电气集团公司等央企对接不断深入,江压公司空压机产品进入中国海洋石油总公司采购目录。

【“五区建设”规划初具雏形】 全力推进振兴发展先行区、先进制造业驱动区、商务商贸核心区、宋城文化创新区、民生保障示范区建设。邀请中国国际工程咨询公司等4家国内一流咨询公司,制定“五区建设”实施意见及发展规划;聘请10位知名专家担任区政府顾问,与江西理工大学等4所高校签订战略合作框架协议;邀请工信部下属赛迪顾问为章贡区建设先进制造业驱动区进行整体规划,编制《章贡区先进制造业驱动区发展规划》,明确章贡区重点发展有色金属和新材料、装备制造(汽车及汽车零部件)两大主导产业,培育生物医药、电子信息和节能环保三大新兴产业,构建“2+3”的新型工业产业体系;配合北京方迪研究院专家做好编制《赣州市中心城区商务商贸核心区发展规划》各项工作,11月9日通过专家评审,已完成终稿;12月20日,《章贡区宋城文化创新区发展规划》通过专家评审。

主要领导人 区委书记:王林云。区人大常委会主任:谢春明。区长:赖正文。区政协主席:曾伟林。

(连明)

·赣　县·

【简　况】 位于江西省南部,辖8乡、11镇。总面积2993.09平方千米。耕地2.15万公顷,林地面积20.95万公顷,森林覆盖率75.21%,城区绿化面积487.92公顷,绿化率32.1%。县城建成区面积19.2平方千米,新增1.1平方千米。总人口61.93万人。其中农业人口51.93万人,人口自然增长率7.32‰。2013年,全县地区生产总值115.88亿元,增长11.4%。其中,第一产业增加值18.8亿元,增长5.7%;第二产业增加值67.17亿元,增长14.0%;第三产业增加值29.91亿元,增长9.4%。财政总收入15.73亿元,增长22.9%,人均2850元,税收占财政总收入的比重为83.92%;地方财政收入9.93亿元,增长41.7%。地方财政支出27.18亿元,增长15.4%。工业总产值247.65亿元,增长15.2%。规模以上工业增加值52.5亿元,增长13.9%。外贸出口总额2.31亿美元。固定资产投资98.81亿元。实际利用外资7619万美元,增长10.2%;实际利用内资36.28亿元,增长20.89%。主要工业产品有:原煤12.2万吨,比上年减少0.3%;铝材6166吨,比上年减少14.1%。农业总产值29.3亿元,增长7.7%。粮食总产量19.76万吨。主要农业产品有:种植烟叶225.53公顷,总产量537吨;甜叶菊213.93公顷,总产量300吨;柑橘类水果总产3.57万吨,增长19.79%;肉类总产量4.60万吨,增长7.22%;家禽出笼292.65万只,增长0.14%。实现社会消费品零售总额22.56亿元,增长14.2%。城镇居民人均可支配收入1.84万元,城乡居民年末储蓄余额91.03亿元,增长15.3%。农村居民人均纯收入5177元。

2013年,全县完成财政民生类支出16.22亿元,增长13.7%,占财政总支出的60%。开工建设保障性住房986套,建成686套。完成2.02万户农村危旧土坯房改造任务。建成8个农村饮水安全工程,惠及群众7.6万人。完成112千米农村公路改造。新建改造232千米农村低电压线路,完成3.07万户农村低电压用户治理。完成129个新农村建设点整治任务,改水、改厕各6212户,硬化主干道84.43千米。创建4个省级生态乡镇、11个省级生态村、30个市级生态村。农村能源建设工程全部完工。新增城镇就业4461人,新增转移农村劳动力8535人。全年新增“五大保险”参保人数1.84万人,总数43.12万人。发放城乡低保、高龄长寿等补助、补贴1.02亿元。城乡低保、农村五保户供养标准全面提标到位。全年引进5000万元以上项目20个,其中亿元以上项目16个、5亿元以上项目5个。以“央企入赣”活动为契机,成功签约华能集团、中国石油等5个央企重点项目,总投资95.1亿元。立足“援县促市”,科技部、国土资源部对口支援赣县振兴发展工作进展良好。新开发编制重大项目83个,储备项目390个,其中169个进入市级以上苏区振兴发展项目库。县财政投入100

个重点项目建设资金13亿元;实施“银园保”“助保贷”等融资模式,累计为企业融资1.41亿元。赣州高新区“扩区调区”成功获批,规划面积由2平方千米扩至12.66平方千米。赣州高新区创建国家高新区已由国务院批转科技部完成了评审。县财政投入6.81亿元,重点推动有色金属、机械电子、新材料、生物食品等产业基地建设。园区建成面积9.5平方千米。新入园企业22户,总数198户。新增规模以上工业企业11户,总数70户。

【“大埠人家”案例获评第二届全国加强和创新社会管理优秀案例】 8月,第二届全国加强和创新社会管理典型案例评比结果揭晓,赣县“大埠人家”案例获评全国加强和创新社会管理优秀案例,为江西省唯一获奖案例。

大埠乡距县城65千米,属边远山区和移民乡镇,总人口1.9万人,其中1.1万人常年外出务工,仅县城及周边乡镇就有5382人,超过全乡人口的四分之一。长期以来,外出务工人员处于“流出地管不到、流入地管不了”的状态,成为公共服务“盲区”和社会管理“隐患区”。2011年7月,大埠乡结合“送政策、送温暖、送服务”工作,以“大埠群众走到哪里,我们服务跟到哪里”为服务宗旨,在县城创办了“大埠人家”,为在县城务工的大埠人直接提供公共事务服务,同时也为在其他地方务工的大埠人提供一个服务“中转站”,探索出一条加强和创新社会管理新路子,得到了社会各界和当地群众的普遍好评。

【赣南客家民俗园竣工开放】 8月,赣南客家民俗园建成,对外开放。赣南客家民俗园位于赣县客家文化城东北侧,毗邻梅林大桥。东至汶潭水厂,西接赣南客家名人公园(樱花锦绣公园),长2.02千米,宽0.30~0.65千米,项目总用地0.13平方千米,总投资约1.2亿元,是一个集文化、防洪、观光、休闲、运动、游乐等功能于一体的生态人文公园。该项目以客家人成长历程为主线,在园内从西至东规划设计孺子园、耕读园、乡熏园、齐家园、功德园,每个园区在展示客家民俗的同时兼顾了景观美感。园内植物景观按照“樱花为主、多花结合、立体栽植、四季有景”的原则,将18种樱花分布在其他花木丛中。该项目为客家文化城(樱花锦绣园)二期工程,于3月初兴建。赣南客家民俗园的建成,为县城贡江岸线打造了又一道靓丽的风景线。

主要领导人 县委书记:温庆锋。县人大常委会主任:刘吉龙。县长:张景霖。县政协主席:黄辉。

(朱祥福)

·南康市·

【简　况】 位于江西省南部,辖12乡、6镇、2个街道办事处。总面积1722.35平方千米,其中城区面积31.1平方千米。耕地面积3.56万公顷,有林面积10.92万公顷,森林覆盖率60.82%,城区绿化覆盖率44.15%。总人口83.28万人,其中城区人口31.8万人,非农业人口14.65万人,人口自然增长率5.5‰。2013年,全市地区生产总值137.28亿元,增长10.7%。其中,第一产业增加值22.89亿元,增长2.9%;第二产业增加值72.21亿元,增长14.3%;第三产业增加值42.18亿元,增长8.4%。财政总收入18.4亿元,增长22.7%,人均2216元,税收占财政总收入的比重85.4%;地方财政收入13.5亿元,增长23.4%;地方财政支出33.6亿元,增长12.3%。工业总产值336.7亿元,增长17.5%。规模以上工业增加值229.6亿元,外贸出口10.45万美元。500万以上固定资产投资100亿元。实际利用外商投资9182万美元,省外投资27.6亿元。主要工业产品有:家具152亿元,矿产品127亿元,服装15亿元,电子产品19亿元,精细化工6亿元。农业总产值34亿元,增长6.3%。主要农产品有粮食产量33.8万吨,生猪出栏79.1万头,油料作物产量3.5万吨,蔬果产量24.3万吨,茶叶产量30吨。二氧化硫排放总量3434吨,削减率1%,城市污水处理率68%。城镇居民人均可支配收入1.80万元,增长13.3%。农村居民人均纯收入6755元,增长17.9%。金融机构存款余额223亿元,增长17.6%;贷款余额139.9亿元,增长25%。

【南康撤市设区获批】 10月,南康撤市设区获批。根据《国务院关于同意江西省调整赣州市部分行政区划的批复》精神,南康撤市设区的有关事项为:(1)同意撤销县级南康市,设立赣州市南康区,以原南康市(不含潭东镇、潭口镇)的行政区域为南康区的行政区域。南康区政府驻蓉江街道金赣大道1号。(2)将南康区三江乡的解胜、博罗、筱坝3个行政村划归潭东镇管辖,潭口镇的下坝、金塘、台头、村头行政村划归龙岭镇管辖。将调整后的潭东镇、潭口镇划归章贡区管辖。

【被国家质检总局授予“全国实木家具产业知名品牌创建示范区”称号】 9月,南康市被国家质检总局授牌为“全国实木家具产业知名品牌创建示范区”。这是江西省首个被授牌的“全国知名品牌创建示范区”,全国唯一的家具产业“全国知名品牌创建示范区”。

自2011年12月,南康市家具产业聚集区首批获准筹建“全国知名品牌创建示范区”以来,牢牢把握“质量赢得市场、品牌做强产业”的发展方向,积极推广绿色、健康、环保的品牌创建理念,形成了从原辅材料供应到家具商贸的完整产业链。创建期间,南康家具产业共获中国驰名商标3个、江西名牌产品8个、江西省质量诚信AAA级企业7户、江西省著名商标30个。2012年,全市家具产业生产总值达到201.47亿元,实现利税19.31亿元。

【获批为第三批“全国粮食流通监督检查示范单位”】 10月,经国家粮食局实地考评后,批准南康市为第三批“全国粮食流通监督检查示范单位”。

自2011年开展创建活动以来,出动宣传车125车次,宣传员560人次,发放资料2.5万多份。出动检查人员116人次,查处违规企业13户,其中责令整改5户,行政处罚8户。

通过执法工作开展,维护粮食流通秩序,强化了粮食流通监管,确保了国家粮食安全,促进了南康市粮食行业科学发展。2012年为全省粮食流通监督检查示范单位。

【《国务院关于支持赣南等原中央苏区振兴发展的若干意见》实施效应凸显】 把握国家密集出台支持赣南苏区振兴发展配套政策的机遇，争取到国家开发银行直贷县(市)、低丘缓坡未利用地综合利用试点等一批优惠政策，争取国家、省级投资项目136个，项目资金15.7亿元，争取用地指标406公顷。南康家博会升格为国家林业局和江西省政府联合主办。国家质检总局批准南康建设国家级家具产品检测中心。南康工业园升格为“南康经济开发区”。中电建屋顶光伏发电、中节能重金属污染综合防治等央企投资项目落户。正在引进中国电科南康产业园、国星公司优势矿种电子交易平台和赣州国际矿业金融大厦等项目。国家民航局、中国证监会对口支援有序进行，下派挂职干部已经到位，对口支援方案即将出台，并明确表示将在赣州黄金机场改扩建、扩大企业直接融资、保障和改善民生等方面给予南康大力支持。

【获“全国县(市)科技进步考核先进县(市)”称号】 南康市获“2013年全国县(市)科技进步考核先进市”称号。

全国科技进步考核由科技部组织实施，每两年考核一次，主要包括科技领导、科技管理、科技经费、科技项目、科技服务、科技创新平台、科技合作、科技培训等内容的定性和定量考核。

2011年以来，南康市获国家创新基金项目2项、国家高新技术企业认定2户，2013年南康市专利申请量和授权量分别达741项和631项，跃居全省县(市)第一名，被评为全省“专利十强县”。

【《南康年鉴(2012)》获全国三等奖】 9月，由南康市政府主办、南康市地方志办公室编纂的《南康年鉴(2012)》，在中国出版协会年鉴工作委员会举办的第七届全国年鉴编校质量检查评比中获三等奖，是江西省唯一获奖的县级综合年鉴。《南康年鉴(2012)》设26个类目，共计91万字。全面、系统、准确地记述了南康市2011年度社会、经济、文化、政治等方面的重大事项和基本情况。这是《南康年鉴》自2010年以来第三次获全国性奖项。

主要领导人 市委书记：谢德强(任至3月)、徐兵(6月任)。市人大常委会主任：韩水生。市政府市长：柯岩松(任至11月)、何善锦(12月代)。市政协主席：彭秀生。

(倪贵清)

·信丰县·

【简　况】 位于江西省南部，辖3乡、13镇、1个工业园区管委会。总面积2878平方千米。耕地面积3.09万公顷，森林覆盖率69.5%。总人口74.34万人，其中非农业人口10.58万人。2013年，全县地区生产总值129.1亿元，增长13%。其中，第一产业增加值24.78亿元，增长5.84%；第二产业增加值54.38亿元，增长14.5%；第三产业增加值49.94亿元，增长15%。财政总收入12.21亿元，增长18.5%；公共财政收入8.59亿元，增长28.2%。规模以上工业总产值144.18亿元，增长24.15%。主要工业产品有水泥156.31万吨，水力发电量1.61亿千瓦小时，钢材12.44万吨，彩色电视机28.69万台，服装1209.52万件。农业总产值38.5亿元，增长5.84%。主要农产品有粮食27.05万吨，烤烟2704吨，脐橙16.85万吨，蔬菜29.52万吨，生猪出栏74.95万头，水产品2.91万吨。全社会固定资产投资123亿元，增长28%，其中500万元以上固定资产投资98.4亿元，增长28.7%。社会消费品零售总额31.53亿元，增长13%。实际利用外资9108万美元，增长10.08%；实际引进省外资金33亿元，增长25%；实现出口1.1亿美元。农民人均纯收入7755元，增长18.45%；城镇居民可支配收入1.91万元，增长13%。

【全面推进民生工程建设】 全年民生投入15.2亿元，增长17.7%，占公共财政预算支出的61%。发放小额担保贷款5011万元，城镇新增就业4694人，转移农村劳动力9794人。基本医疗、养老保险实现全覆盖，城乡低保标准分别提高50元和30元。1038套保障性住房已摇号分配。实施大广高速沿线房屋改造提升工程，建设农村公路120千米，完成23座小(2)型水库除险加固，解决7.55万人不安全饮水问题。“三引”工程、农村危旧土坯房改造加快推进，32个“引农进镇”和2个“引农进城、进园”集中建设点全面展开，拆除农村危旧土坯房3.62万户，完成改造8838户。新建校舍3.32万平方米，消除D级危房1.8万平方米；信丰一中、特殊教育学校已招生开学，县公办幼儿园主体工程完工，16所乡镇公办幼儿园开工建设。落实“两免一补”资金7500多万元，惠及学生10万多人。医疗卫生基础设施不断完善，推进8个乡镇卫生院改扩建和11个村卫生所达标建设。县体育中心体育场主体工程完工，启动体育馆、游泳馆建设；新型综合社会福利院、残疾人康复托养中心建设加快推进。农村文化“三项活动”深入开展，建成16个乡镇综合文化站，100%的行政村建有文化活动室和农家书屋。

【项目建设势头强劲】 结合《国务院关于支持赣南等原中央苏区振兴发展的若干意见》，超前谋划6大类334个重大项目。向上争取项目335个，到位无偿资金11.05亿元，增长18.8%；对口支援工作得到农业部和国家能源局支持。重点推进的48个重大项目中开工在建39个，完成投资30.5亿元，增长38%；朝阳聚声泰、磊源永磁等12个项目竣工投产。推动开放型经济发展，签约项目62个，引进项目质量大幅提升，其中5000万元以上项目36个、亿元以上项目21个，分别比上年增加7个和11个，成功引进总投资19.6亿元的超白电子玻璃项目、总投资9亿元的科之光电子项目以及总投资6.2亿元的无公害大米项目。“二次招商”取得新成效，签约项目8个，总投资10.1亿元。总部经济项目实现零的突破，创税2058万元。

【加快现代农业建设步伐】 启动嘉定—古陂现代农业示范区核心区规划建设。全县规上农业龙头企业75户，其中省级龙头企业9户，市级龙头企业11户;“信丰萝卜”地理标志证明商标已核准注册,流转农村土地经营权面积3800公顷,登记注册家庭农场30家,新增专业合作社52个,总数达304个,带动农户8.1万户。

【生态环境建设取得成效】 稀土非法开采整治成效显著。省级生态县创建扎实推进,完成造林绿化2973.3公顷,创建3个森林乡镇、36个森林村庄,成为国家木材战略储备基地县,金盆山国家级森林公园通过专家会议评审。完成2个农村环境整治项目建设,综合治理水土流失72.18平方千米。

【《信丰脐橙志》出版发行】 11月7日,《信丰脐橙志》由江西人民出版社出版发行。信丰是赣南脐橙的发源地。自1970年引种,经过40多年的发展,信丰脐橙已经形成集生产、销售、保鲜、加工、贮藏为一体的产业体系,成为赣南乃至全国最具潜力、优势、特色的农业主导产业,是名副其实的中国脐橙之乡。为弘扬脐橙文化,助推产业大发展。该县年初启动《信丰脐橙志》编纂工作,前后历经10个月,五易其稿,付梓出版。该志上限为1969年,下限为2013年6月,全面、客观地记述了信丰脐橙产业的历史和现状。该志采用章节体,除概述、大事记、专记、附录外,共设18章,以文字记述为主,辅以图、表和照片,全书52万字。是一部体现地方特色、时代特征的专业志。

主要领导人 县委书记:张逸。县人大常委会主任:邹长东。县长:邱建军(任至12月)、黄蕙(12月代)。县政协主席:张克喜。

(罗才胜)

·大余县·

【简　况】 位于江西省西南边陲,辖3乡、8镇。总面积1367.63平方千米。森林面积10.78万公顷,森林覆盖率74.4%。总人口30.69万人,其中非农业人口8.70万人。人口出生率12.51‰,人口自然增长率6.82‰。2013年,全县地区生产总值78.98亿元,增长9.8%。其中,第一产业增加值11.18亿元,增长4.5%;第二产业增加值41.42亿元,增长12.4%;第三产业增加值27.38亿元,增长8.0%。实现财政总收入8.39亿元,增长18.1%,其中公共财政预算收入5.5亿元,增长22.2%。工业总产值74.47亿元,增长23.25%。实际利用内资19.52亿元,增长18.3%;利用外资7348万美元,增长10%;外贸出口1591.7万美元,增长51.2%。全社会固定资产投资89.14亿元,增长21.6%,其中500万元以上投资72.1亿元,增长29.5%。社会消费品零售总额18.93亿元,增长12.5%。主要工业产品有钨精矿2.11万吨,服装18.17万件,水泥14.91万吨,多味花生2734吨。农业总产值16.74亿元。主要农产品有花生3583吨,甘蔗1014吨,蔬菜14.02万吨,茶叶13吨,水果3.6万吨。粮食总产量8.9万吨。城乡居民储蓄存款余额51.25亿元,增长14.8%。在岗职工年人均工资3.83万元,增长24%;城镇居民年人均可支配收入1.83万元,与上年持平;农民年人均纯收入6776元,增长11.5%。金融机构各项存款余额75.97亿元,增长11.9%;各项贷款余额39.06亿元,增长10.6%。

【开展排污专项整治行动】 2013年,由县长挂帅领导,县环保部门牵头,组织联合执法工作组,在全县启动“排污企业专项整治行动”,对县内各类排污企业(含作业点)实施“一厂一策,治旧控新”的整治行动。经专项整治,共排查出各类排污企业108户,有62户企业经限期整治排放达标;取缔无证无照、不符合国家产业政策排污企业(含作业点)41户;对伟良钨业、南安板鸭厂等在章江及支流两岸1000米范围内排污企业实施限期搬迁。专项整治累计拆除工棚78间,捣毁转槽33个、浮造机69槽、沉淀池37个、摇床181台、破碎机41台、滚筒14个、电机12台。同时,启动对原赣州钴钨有限责任公司大余分厂重金属污染治理工程的前期治理工作,实施了投资总额达1.05亿元的重金属污染防治重点示范区建设,治理污染工程项目28个,开发了“绿色矿山、清洁矿山、平安矿山”“森林城乡、生态产业”等建设活动。全县治理小流域面积1219.4公顷,造林绿化2227公顷。年底,经环境执法人员自油罗口水库、南安镇东山章江河段及新城镇过境断面水3个点的取水检测,章江水质中未发现重金属超标,县城饮用水质达二级以上。

【建成市民森林公园】 2013年,县市民森林公园作为一项重点民生工程全面建成,总投资1100余万元。市民森林公园自2011年11月起分二期实施。第一期工程于2012年完成,在县革命烈士陵园的后山,主要有革命烈士陵园纪念区(浮雕墙)、休闲运动区(休闲广场、门球场等)、市民广场休闲区和林下健身道(登山步行道、瞭望台、望景台等),公园规划面积约13.33万平方米,其中市民广场休闲区约4000平方米、登山步行道长约2000米。二期于2013年实施,建成项目有森林公园牌楼(南安门)、观景亭(当风阁、泌芳亭、仙弈亭3个)、登山道、公厕、绿化等。登山步行道北至黄龙长胜村临323国道,南至南安新民村水口寺,长约4.7千米。市民森林公园的建成,为广大市民新增了一个开展爱国革命历史教育、登山健身和休闲运动的优美活动场所。

【原乡版赣南采茶戏《魂牵梦绕牡丹亭》排演问世】 《牡丹亭》是明代戏剧家、文学家汤显祖的代表作品,也是中国戏剧史上最具浪漫主义色彩的杰作,其剧(昆剧)一出,则“家传户诵,几令《西厢》减价”。大余是《牡丹亭》故事的诞生地,《牡丹亭》剧本的故事原型在大余,《牡丹亭》的景观地也在大余(原南安府衙后花园)。8月,县牡丹亭演艺有限公司结合编剧裴绍行在汤显祖原著基础上创作的剧本,经3个多月的精心排练,成功排演出原乡版古典赣南采茶戏《魂牵梦绕牡丹亭》。该戏分旅寄路遇、春香闹学、惊梦、中秋描容、冥判、拜画盟誓6场及尾声“回声”七部分,以赣南采茶戏的艺术表现形式,突出一个“情”字,成功地展现了杜丽娘与柳梦梅“因情生梦,为情而死,又为情而生”生离死合的爱情故事,是古典艺术与通俗艺术相结合的一个优秀作品。戏作在县演出9场次,观众3000余人,并得到省市戏剧表演艺术界专家学者及群众的好评。9

月,参加在南昌举办的第五届江西省艺术节,获玉茗花剧目奖,傅小花、张强、龚艳分获主、配演三等奖,裴绍行获编剧三等奖,袁悦圆获灯光设计奖,周水生、蓝海珍获导演三等奖。

主要领导人 县委书记:谭学忠。县人大常委会主任:李细妹。县长:曹爱珍。县政协主席:吴昌星。

(邓思喜)

·上犹县·

【简 况】 位于江西省西南部,辖9乡、5镇。总面积1543.87平方千米,其中城区面积11平方千米。耕地面积8666.7公顷,森林面积1.2万公顷,森林覆盖率77.8%。总人口31.5万人,其中农业人口26.7万人。人口自然增长率7.95‰。2013年,全县地区生产总值43.1亿元,增长10.8%。财政总收入6.24亿元,增长20%,公共财政预算收入4.11亿元,增长25.4%。规模以上工业增加值12.87亿元,增长10.6%。固定资产投资32.42亿元,增长28.9%。社会消费品零售总额10.94亿元,增长13.9%。实际利用外资5018万美元,增长10.1%。城镇居民可支配收入2.32万元,增加1200元;农民人均纯收入5252元,增加104元。金融机构各项存款余额64.85亿元,贷款余额39.45亿元,存贷比达60.84%。新农合参合率、新农保参保率分别达95.8%和85.49%。城市和农村低保平均保障标准分别提高至400元、200元;发放城乡医疗救助金1100多万元,获评全省社会救助先进县。

【社溪镇沙塅村被列入全国"美丽乡村"创建试点】 11月13日,农业部公布首批"美丽乡村"创建试点乡村名单,社溪镇沙塅村成功入选。

沙塅村位于江西省上犹县社溪镇东南部,通过发展桂花苗木产业,成为全省山上种植面积最大的桂花基地,走出了一条生态治理与产业发展的双赢之路。

由于水土流失、土壤沙化,沙塅村成为全县水土流失治理三大片区之一,也由此成为全省扶贫开发重点村。2008年,沙塅村经过反复试验并赴浙江、湖南实地考察后,选准桂花苗木产业,引进三家龙头企业,通过山地流转建设产业示范园,成立专业合作社,带动三分之一的农户发展桂花苗木产业。村里还多方筹集资金,建设了培训中心、精品展示园,修建了四通八达的滴灌系统,硬化了20千米环山公路,为产业发展提供保障。全村种植面积超过667余公顷,其中山下育苗1000万余株,山上种植桂花100多万株,涵盖丹桂、金桂、银桂、彩叶桂、四季桂"五大"品种,有效激发农村经济活力。

【被评为全国重点产茶县】 10月18日,中国茶叶流通协会公布2013年度全国重点产茶县名单,上犹县名列其中。上犹县依托生态优势,围绕"两茶一苗"产业思路,以农业增效、农民增收为目的,以基地建设为抓手,积极培植龙头企业,完善茶叶产业体系,推进品牌创建工程,提升茶叶产业综合效益。2012年,全县茶叶种植面积4193公顷,可采面积2753公顷,产茶1000吨。上犹县先后被授予"全国有机茶标准化示范县""国家茶产业技术体系建设示范县""中国茶业产业发展示范县"等称号。

主要领导人 县委书记:赖晓岚。县人大常委会主任:吴增京。县长:邹常军。县政协主席:陈卫国。

(谢东才)

·崇义县·

【简 况】 位于江西省西南边陲,辖10乡、6镇。总面积2206.27平方千米。耕地面积7660公顷,林地面积17.60万公顷,城区面积6.3平方千米,城市绿化率为39.6%。总人口21.15万人,其中农业人口17.5万人。2013年,全县地区生产总值57.96亿元,增长10%。其中,第一产业增加值8.65亿元,增长4.4%;第二产业增加值34.41亿元,增长11.3%;第三产业增加值14.90亿元,增长10%。财政总收入7.6亿元,增长8.6%;地方财政收入4.89亿元,增长12%;地方财政支出13.06亿元,增长14.0%。规模以上工业增加值26.3亿元,增长11.5%。固定资产投资27.7亿元,增长22.1%。实际利用外资1272万美元,增长10.1%。实现外贸出口8757万美元,增长26.3%。主要工业产品有钨精矿9698吨,竹胶合板1.80万立方米,细木工板3.15万立方米,南酸枣糕4533吨,钨合金1128吨。农业总产值12.6亿元,增长7.6%。粮食总产量4.45万吨。主要农产品有蔬菜4.37万吨,茶叶982吨,油茶籽6505吨,脐橙9.19万吨。城镇居民人均可支配收入1.47万元,增长13.9%;农民人均纯收入5956元,增长13.3%。金融机构存款余额55.2亿元,贷款余额46.9亿元,分别增长11.5%和12.2%。完成民生类支出8.6亿元,增长11.6%,占财政总支出的65.9%,比上年增加9000万元。改造农村危旧土坯房8460户,完成"水上漂"农户上岸搬迁安置,新建保障性住房648套,改造中小学危房2.3万平方米,改造国有林场危旧房570套,解决2.74万人农村饮水问题,完成4791户低电压治理。完成直播卫星"户户通"工程3521户,基本解决农村看电视难问题。新增城镇就业2133人,新增转移农村劳动力2800人,发放再就业小额担保贷款3885万元,办理失地农民养老保险4205人,新农保参保率96%,城镇居民医疗保险参保率98%,新农合参合率98.04%。

【争取国家资金扶持取得新突破】 2013年,全县上下深入贯彻落实《国务院关于支持赣南等原中央苏区振兴发展的若干意见》,主动对接国家部委支援,争取上级各类资金9.18亿元,比上年增加1.13亿元,其中争取矿山重金属污染治理项目补助资金5800万元、中央财政重点生态功能区转移支付4970万元、中央专项彩票公益金2547万元、农村环境集中连片整治项目资金1000万元。

【着力推进城乡基础设施建设】 全年投入3.65亿元,大力推进城市建设,实施阳岭新城征地拆迁攻坚战,完成征地266.8公顷,拆迁房屋15万平方米。城市生活垃圾卫生填埋场一期、迎宾大道、中城河综合改造二期、沿江路和中山北路改造工程完工,振兴大道、阳明大道、齐云山大道、正德路等路网拓宽成型,城市综合体、安置小区、文昌塔等项目稳步推进,城市框架全面拉开。积极开展"四城同创"活动,"治脏治乱治堵"取得明显成效,通过省级卫生城市、园林城市复评,城市品位明显提升。示范镇建设加快推进,过埠镇被列为全省首批百强中心镇,"梦想家园"安置点、滨江大道等项目快速推进。全额返还土地出让收益支持乡镇基础设施建设,扬眉、关田、长龙等中心圩镇规模不断拉大。扎实推进和谐秀美乡村建设,农村基础设施更加完善,投入1.2亿元用于农田水利、农村交通等设施建设,硬化通组公路122千米,新建和改造农村电网358千米。

【上堡梯田被农业部认定为首批"中国美丽田园"】 8月,崇义县农粮局推荐上堡梯田参加"中国美丽田园"网络投票,经过地方推荐、网民投票、专家评审和网上公示等一系列程序,上堡梯田脱颖而出,被农业部认定为首批"中国美丽田园",成为全省首批6个"中国美丽田园"之一。

从元朝开始,一代又一代的客家人,日复一日耕山不止,用800多年时间,于清朝初期开凿出总面积近3万亩,连绵十几个自然村庄的上堡梯田。上堡梯田是客家先民用汗水和智慧开辟出来的丰盛粮仓,最高处海拔1260米,最低处海拔280米,垂直落差近千米,被誉为"中国最大的客家梯田"。

主要领导人　县委书记:许志辉。县人大常委会主任:郭兰 。县长:徐兵(任至6月)、许斌(11月任)。县政协主席:陈金发。

(郭文良)

·安远县·

【简　况】 位于江西省南部,辖10乡、8镇。总面积2374.59平方千米。耕地面积1.08万公顷,森林面积20.05万公顷,森林覆盖率84.25%。城区面积9.7平方千米。全县总人口38.41万人,其中农业人口31.27万人,非农业人口7.14万人。2013年,全县地区生产总值44.47亿元,增长9.5%。其中,第一产业增加值13.91万元,第二产业增加值10.86万元,第三产业增加值19.70万元。实现财政总收入5.36亿元,增长19.2 %,其中公共财政收入3.76亿元,增长35.7%。完成规模以上固定资产投资11.92亿元,增长28.4%。规模以上工业增加值5.6亿元,增长10.2%。实现社会消费品零售总额12.36亿元,增长12%。城镇居民人均可支配收入1.1万元,增长12.9%;农民人均纯收入5050元,增长15.1%;在岗职工平均工资3.12万元,增长9.9%。各项存款余额63.36亿元、各项贷款余额33.1亿元,分别增长14.6%和21.5%。

全县民生支出10.4亿元,占公共财政支出的61%。全面完成农村危旧土坯房改造年度任务,规划建设20户以上集中建设点39个,新建、维修5923户,拆除空心房5408户。开工建设廉租房、公租房516套,城西永丰苑522套保障房完成摇号分配。新建扶贫移民集中安置点4个,搬迁安置移民89户561人。发放小额贴息担保贷款3681万元,新增城镇就业2236人,转移农村劳动力3963人。发放企业离退休人员基本养老金7788万元、新农保养老金1986万元,新农合参合率97.8%。加强城乡低保动态管理,取消不符合条件的低保对象1698人,新增低保对象1459人。

【全力组织柑橘黄龙病防控】 由于柑橘木虱爆发导致黄龙病扩散蔓延,发病严重,对全县果业产业安全构成严重威胁。截至12月31日,全县普查出感病果树224.66万株,占15.32%,南部的孔田、三百山、镇岗3个乡镇发病株率超过25%。

11月4日,县委、县政府成立安远县柑橘黄龙病防控工作领导小组,出台柑橘黄龙病"一区双责"监管机制和综合防控方案,严抓防控,全县广大干部、果农广泛参与、群防群控。县财政整合资金1800万元,其中,县级宣传培训等工作经费60万元,乡镇工作经费130万元,砍除病树工资补助每株5元计1120万元,统一喷洒农药灭木虱补助300万元,成立合作社统防统治补助150万元,考核奖励先进单位和个人40万元。各乡镇和县直单位投入大量的人力、物力和财力支持防控工作,县直一类、二类、三类和驻县单位,分别给予挂点乡镇3万元、2万元、1万元和2万元的防控经费扶持,至春节前,普查感染病树全部砍除,疫情得到遏制。

【开展稀土开采专项整治】 受稀土价格一路趋高等因素影响,县内非法开采稀土现象抬头。全县先后出现大小非法稀土矿点104个,涉及46个自然村,主要集中在高云山、欣山、车头、新龙、版石、天心、塘村、龙布、蔡坊和鹤子10个乡镇以及高云山、葛坳、甲江、天心4个国有林场。非法稀土开采现象,给当地的生态环境造成一定程度的破坏,阻碍了安远经济的发展。6月下旬,赣州市委调整安远县委班子后,县委、县政府认真贯彻省、市关于稀土整治工作的决策部署和五个稀土监管文件精神,把整治和规范稀土开采秩序作为首要的工作任务来抓。成立由县委主要领导为组长的县稀土集中整治工作领导小组,出台《安远县稀土非法矿山"一点双责"跟踪监管和生态恢复治理工作方案》《关于进一步规范稀土开采秩序建立长效管理机制的意见》等系列文件。通过调用大型挖掘机和实施炸药爆破等手段,累计捣毁堆矿池、母液池共452个,没收生产原材料500多吨、水稀土3600余包。同时,抽调力量组成专案组,着力打击为非法开采稀土活动提供或出租山林使用权、非法收购稀土原矿行为,打击公职人员参与、包庇、纵容、支持非法开采稀土行为。6月以来,全县因涉及非法开采稀土被党纪政纪立案20起22人,其中正科级领导干部10人,副科级领导干部6人。

截至年底,全县投入资金近千万元,所有非法矿山工程治理措施全面完成,累计平整土地106.67余公顷,开挖排水沟20余千米,修建拦挡坝400多立方米,改善土壤40余公顷,种植湿地松等树木1.2万余株。各非法矿点严格按照"一点一策"的工作要求,分别采取种树、植草、种果以及土地整理开发等方式,深入推进生物治理措施,全县生态得到初步恢复治理。

主要领导人　县委书记:邝光华(任至6月)、严水石(6月任)。县人大常委会主任:唐智刚。县长:周建(任至12月)、肖斐杰(12月任)。县政协主

席:袁志勇

(谢贱妹)

·龙南县·

【简　况】 位于江西省最南端,辖5乡、8镇、2个林场、2个管委会。总面积1641平方千米,其中城区面积15.80平方千米。耕地面积1.24万公顷,有林面积12.45万公顷,森林覆盖率82.4%。总人口32.10万人,其中城镇人口11.25万人。人口自然增长率7.47‰。2013年,全县地区生产总值104.50亿元,增长10.0%。其中,第一产业增加值10.85亿元,增长4.9%;第二产业增加值60.00亿元,增长11.3%;第三产业增加值33.65亿元,增长9.7%。财政总收入11.84亿元,增长3.0%;地方财政收入8.04亿元,增长23.4%;地方财政支出17.96亿元,增长12.3%。规模以上工业总产值196.49亿元,增长20.5%。规模以上工业增加值52.04亿元,增长10.4%。出口创汇3.85亿美元,下降9.0%。实现500万元以上固定资产投资90.71亿元,增长28.6%。实际利用外商投资8662万美元,增长10.05%;引进省内外资金35.92亿元,增长24.2%。工业用电量6.99亿千瓦小时,增长8.66%。主要工业产品及产量:原煤22.80万吨,增长9.4%;钢材42.48万吨,增长0.8%;水泥83.46万吨,下降11.74%;家具269.57万件,下降36.5%;服装235.2万件,下降12.9%。农业总产值16.93亿元,增长7.23%。粮食总产量6.44万吨,增长0.16%。主要农产品及产量:柑橘类水果总产6.25万吨,增长14.72%;肉类总产量2.55万吨,增长3.22%;家禽出笼411.6万只,增长5.0%。社会消费品零售总额21.53亿元,增长13.7%。城镇居民人均可支配收入1.91万元,农村居民纯收入6820元。城乡居民年末储蓄余额52.43亿元,增长21.17%。

【加快苏区振兴发展步伐】 继续贯彻落实《国务院关于支持赣南等原中央苏区振兴发展的若干意见》,用活用足苏区振兴发展优惠政策,积极争取项目、资金。梳理出拟争取和实施的重大项目122个。全年争取到位项目(含重大政策、项目、资金)404个,到位无偿资金(含普惠和特殊资金)12.17亿元。当年,赣州市下达龙南县的农村危旧土坯房改造总任务为1.21万户,其中修缮、新建5572户,拆除空心房6490户。截至12月,全县新建动工6001户,修缮动工1406户,共动工7407户,占任务的132.9%;新建完工5035户,修缮完工1296户,共完工6331户,占任务的113.6%;拆除“空心房”6490户,拆除面积44.8万平方米;重点推进40个集中建房点。

【“三送”工作实现全覆盖】 按照“优化结构、注重服务、强化保障、推动发展”的思路,推进“送政策、送温暖、送服务”(简称“三送”)工作。在全市率先开展干部联系群众“双向全覆盖”结构优化试点工作,全县下派105支工作队,其中6支市派工作队、99支县派工作队,2203名“三送”干部结对联系农户6.25万户。制作发放“干群连心卡”,将乡镇领导班子成员、党政办主任及与群众密切相关的站所长联系电话等信息制成卡片,发放给群众,使群众问题能反映、矛盾能化解、权益有保障。坚持项目化推进机制,建立“三送”小型公益事业项目库,入库项目391个,当年实施项目78个,下拨资金241.50万元,带动社会资金1000多万元,办成了一批实事好事。抓实信息化服务,投入45.20万元,架设专线70多条,构建了“96333”群众信息管理服务平台,共受理各类群众诉求519件,回复率100%,群众满意率达98.6%。建立联动调度督查机制,县级每月一调度,乡村每周一调度,推动989件群众诉求得到解决;出台《龙南县“送政策、送温暖、送服务”工作责任倒查实施办法》,对走访联系农户不到位、落实责任不到位、造成不良影响的责任单位和责任人予以责任追究,全年开展专项督查11次,通报批评27人次,免职1人。探索社会参与机制,引导、动员民营企业与107名贫困学生结为对子,帮扶贫困学生解决上学难问题;健全乡村组“说事评理”三级网络,收集意见建议2300多条,处理各类矛盾纠纷1120起。

【“三城同创”取得显著成效】 龙南县创建文明城市、卫生城市、园林城市(简称“三城同创”)工作,在巩固省级文明城市创建和市级卫生城市创建工作成果的基础上,进一步健全创建工作机制,完善城市基础设施,提升城市管理水平,为广大市民创造一个文明卫生、环境优美、宜居宜业的城市环境,先后通过“江西省园林县城”验收和“江西省生态宜居县城”专家评审。

宣传教育。在城区主要道路醒目位置设置“三城同创”大型公益宣传牌20多块;悬挂各类宣传和迎检横幅标语200多条;印发《龙南县市民卫生公约》《创建省级卫生县城倡议书》《健康教育手册》《减少烟草危害》《龙南县城区“门前三包”暂行规定》等宣传资料5万多份;发放三城同创调查问卷1.5万多份;县电视台开设《三创大家谈》《曝光台》《三城同创记者看变化》等栏目,刊发“三城同创”新闻稿件100多篇;龙南报、龙南手机报、县党务公开网、县政府网等媒体开设创建专题,刊发新闻稿件400多篇。

专项整治。以红旗大道、金水大道、综合市场、水东市场、滨江广场、龙翔广场为重点,开展市容环境秩序专项整治,查处违章违规占道物168起、乱停乱放车辆102部、出店经营96起、临时摊点49起、流动摊点76起、乱堆乱放建筑垃圾21起,清理占用公共绿地43起,教育违章人员180人次,化解矛盾纠纷11人次;以人民大道综合市场整治为重点,开展城区市场整治活动,按照划行归市要求,规范市场南路猪肉摊点9个,蔬菜、农副产品摊点50个,取缔占道经营50户、临时摊点60起,要求40户经营户对出店遮雨(阳)棚进行了整改和更新;清理未经审批和存在安全隐患的户外广告近200块、宣传横幅560多条,清理随意张贴、喷涂的小广告30多万条,查处2起当事人(含1家私营企业)违规张贴“牛皮癣”的行为,规划在城区设置便民广告张贴栏27块;食品卫生整治,工商、药监、质检、卫生、农粮、教体等部门开展食品安全专项检查7次,立案2起,涉案金额9000元,查处取缔无证无照餐饮经营企业8户、药品经营企业1户。

城市基础设施建设。完成园林绿化工程建设资金1.22亿元,种植绿化乔灌木1万多株,城市道路设施完好率达98%以上,路灯覆盖率达85%,亮灯率达98%;完成投入800多万元施划城市交通标识标线,悬挂城市交通标识标牌,其中施划小轿车、摩托车停车位1.17万个,促使城区交通规范有序。投入560多万元,完成迎宾大道、金水大道、火车站站前路和综合市场等重要路段、节点安装路灯532盏。投入30多万元,对龙翔广场、市民体育公园以及周边城市主干道、重要节点等区域的景观亮化设施进行检修,更换150瓦、90瓦LED光源21套,400瓦、250瓦钠灯泡和钠灯镇流器共69套,高光效电子节能灯83支,维修地埋电缆长度300多米;投入近300万元购置护栏清洗车1台、大型扫地车1台、中型扫地车1台、小型勾臂车2台(带30只垃圾箱)、摆臂车1台、不锈钢果皮箱100只;投资120万元,建成首座压缩式垃圾中转站,完成渥江垃圾转运站建设,总投资8901万元的县垃圾卫生填埋场二期工程已施工建设。完成投资70万元城区污水管网截漏修复工程,对城区6个污水管网截漏点进行了改造。

【太平桥被列为全国重点文物保护单位】 5月,杨村太平桥被列为第七批全国重点文物保护单位。杨村太平桥,位于龙南县杨村镇车田村,至县城57千米,始建于明正德年间。东连岚岭峰,西接水口山,横跨太平江。造型奇特,用工精细。四拱重叠组合,分砖木和砖石双层结构。全长50米,面宽4米,通身高17.20米。下层三墩两孔,以精磨花岗岩为料,桐油、石灰、红糖、糯米浆为灰浆,精工砌筑而成。拱跨分别为11.90米和12.90米,拱高6.20米。上层为砖木结构的四通凉亭,长12.20米,宽4米,资以览胜和憩息。两侧面大拱跨度8.20米,高8米,拱肩落于下层两个半圆拱的拱顶之上,三拱形成“品”字形。桥正面2个山拱跨径2米,墙厚1米。小拱之上嵌有“太平桥”三字,为建桥督理赖懋杰手书。1982年,被列为县级重点文物保护单位。

主要领导人 县委书记:谢宝河(任至6月)、薛强(9月任)。县人大常委会主任:李德恭。县长:刘定辉。县政协主席:曾明健。

(徐柏胜 赖日金)

·全南县·

【简　况】 位于江西省最南端,辖3乡、6镇。总面积1535平方千米。耕地面积1.02万公顷,林地面积12.76万公顷,森林覆盖率82.55%。城区面积8.66平方千米。全县总人口19.25万人,其中非农业人口5.5万人。人口自然增长率6.45‰。2013年,全县地区生产总值44.48亿元,增长9.7%。其中,第一产业增加值7.00亿元,增长4.1%;第二产业增加值23.13亿元,增长11.4%;第三产业增加值14.35亿元,增长10.4%。规模以上工业增加值19.3亿元,增长10.9%。财政总收入7.15亿元,增长23.08%,公共财政预算收入3.49亿元,增长16.48%。全社会500万元以上固定资产投资24.58亿元,增长29%。社会消费品零售总额11.26亿元,增长13.1%。实际利用内资25.55亿元,增长18.8%。实际利用外资4732万美元,下降6.4%。完成外贸出口总额1.05亿美元,增长37.41%。完成工业总产值79.13亿元,增长25.25%。农业总产量11.31亿元,增长6.5%。粮食总产量7.02万吨。城镇居民人均可支配收入1.74万元,增长88.76%;农民人均纯收入4656元,增长12.36%。金融机构存款余额47.88亿元,增长13.02%;贷款余额23.83亿元,增长22.57%。

【投资建设瑶山风情园】 陂头镇瑶山村是江西省两个瑶族行政村之一。瑶族同胞曾经是“食尽一山过一山”的“过山瑶”。瑶民仍保留着自己的民族语言和独具特色的瑶族习俗,有娓娓动听的瑶家山歌,色彩斑斓的民族服饰和传统的花棍舞,清香扑鼻的竹筒饭、蕨根糍粑,还有瑶家特产香菇、蜂蜜、杨梅、明笋片和熏肉等。在长期的游猎生活中,形成了涵盖图腾、语言、服饰、音乐等文化体系,其中盘王节是最具民族特色之一的节日。

为进一步发掘和保护瑶族文化,县政府投资建设瑶寨风情园。截至年底,通村公路已改造为水泥公路,完成景区大门、瑶族文化墙、瑶人谷山庄、生态停车场、环山游步道以及村落民居改造、集中供水等建设。随着基础设施的逐步完善,瑶族特色文化正在吸引外界的关注,游客纷纷来到瑶山村摘杨梅、品橘子、赏莲花、看花棍舞、听瑶民山歌、尝瑶家美食、参与盘王节,领略瑶家独特的民族风情。

【钟齐鑫获世界攀岩冠军】 5月24日,钟齐鑫夺得第21届亚洲攀岩锦标赛速度赛第一名;6月28日青海大通县国际攀岩邀请赛速度赛第一名;10月11日,2013年速度攀岩世界杯韩国木浦站第一名。

钟齐鑫是全南县陂头镇星光村人,1989年4月7日出生。2004年9月至2009年7月在江西应用技术职业学院土木工程系建工专业就读,9月进入江西理工大学体育系社会体育专业就读。2005年5月开始参加职业学院攀岩训练。2006年8月获奥索卡杯全国青少年攀岩赛男子16~18周岁组速度赛第一名、难度赛第二名。于2007年4月被选入国家攀岩集训队。他15次获得亚洲、世界锦标赛冠军,并多次打破由他自己保持的世界纪录。2010年3月,任中国国家攀岩队队长。2008年、2010年,分别获“国家体育运动荣誉奖章”。

【李桥妹获第四届全国道德模范提名奖】 9月26日,新华社公布第四届全国道德模范提名奖名单,李桥妹名列其中。

李桥妹,男,汉族,1964年11月生,全南县大吉山镇小溪村村民。47年前,两岁的李桥妹被送到大吉山镇小溪村李三星家当养子。这是一个更加不幸的家庭——李新开、李扬开兄弟俩都患有先天性软骨症,从出生之日起,只能整天躺在床上,吃喝拉撒全靠他人侍候。养父母去世后,李桥妹义无反顾地独力挑起照顾非血缘兄弟的重任,开始漫长的守护路,用几十年真情付出报答父母的养育之恩。

【彩叶桂花新品种——“虔南桂妃”通过鉴定并登录国际新品种】 6月20日,木樨属栽培植物品种国际登录中心组织有关专家,对江西省全南厚朴生态林业有限公司和全南县林业局林业技术推广站选育的彩叶桂花新品种——"虔南桂妃"进行了现场考察，查阅其培育资料，经认真对比、鉴定，一致肯定为一个新品种。该品种的嫩枝与新叶呈紫红、浅红、浅黄、黄绿等多种变化，色彩绚丽，观叶期可达半年之久。其特征明显，性状稳定，表现一致，可用于园林景观树种如作花篱、花墙、桂花球等，是现代花卉园艺产业中一种新的优美的好资源。

彩叶桂花新品种——"虔南桂妃"的成功选育和通过鉴定，并登录国际新品种，这在江西花卉产业尚属首次。该品种已通过扦插、嫁接等快繁方式，培育优质苗木达20万株。

主要领导人 县委书记：薛强（任至11月）、邱建军（12月任）。县人大常委会主任：薛强（任至2月）、曹东春（2月任）。县长：胡晓平。县政协主席：黄立忠。

（月永通）

·定南县·

【简　况】 位于江西省最南端，辖7个镇。总面积1321.12平方千米。耕地面积7148万公顷，有林面积10.89万公顷，森林覆盖率82.46%。城区总面积10.37平方千米，城镇化率41.52%。总人口21.46万人，其中非农业人口4.42万人，人口自然增长率7.49‰。2013年，全县地区生产总值52.73亿元，同比增长11.7%。其中，第一产业增加值8.56亿元，增长5.8%；第二产业增加值23.72亿元，增长14.0%；第三产业增加值20.45亿元，增长11.2%。财政总收入9亿元，增长25%；地方财政收入5.57亿元，增长41.4%；公共财政预算支出15.64亿元，增长25.6%。工业生产总值74.08亿元，增长18.73%。全县规模以上工业增加值17.79亿元，增长11.8%。500万元以上项目固定资产投资41.63亿元，增长28.4%。实际利用外资5259万美元，增长10.1%。主要工业产品有中成药717.9吨，涂料1105.9吨，单一稀土金属349吨，钨砂979吨，钢材8.70万吨。农业总产值（现价）14.91亿元，增长7.98%。主要农产品有粮食作物6.04万吨，柑橘类2.31万吨（其中脐橙1.8万吨），蔬菜及食用菌6.84万吨，生猪存栏445.16万头。农民人均纯收入5241元，增长13.4%。城乡居民年末储蓄余额33.71亿元。金融机构年末各项存款余额56.86亿元；贷款余额40.49亿元，增长17.5%；存贷比71.2%。单位生产总值能耗下降4.77%。

【九曲明骏度假村被评为"国家五星级休闲农庄"】 9月，定南县九曲明骏度假村被全国休闲农业与乡村旅游星级企业（园区）评审委员会评为国家五星级休闲农庄，这是自2009年该度假村评为国家4A级旅游景区以来，获得的又一项国家级荣誉。这标志着定南县休闲农业与乡村旅游已成为"国家级样板"。定南县坚定不移地"走绿色路、打生态牌"，大力发展以新型工业、生态农业和现代服务业为主要内容的绿色产业，全县经济呈现出生态效益和经济效益"比翼齐飞"的可喜局面。全年实现旅游总收入4.8亿元，增长31%。

【历市镇获评国家级生态乡镇】 1月，环保部公布2010—2011年度国家级生态乡镇名单，定南县历市镇榜上有名。历市镇是定南县城关镇，镇域总面积271平方千米，区位交通优越，京九铁路、赣粤高速公路穿境而过。近年来，定南县历市镇把创建国家生态建设示范区作为推动科学发展的重要举措、建设生态文明的重要载体和改善民生的重要抓手，牢固树立生态为重理念，持续加强生态建设和环境保护，有效促进了经济发展和生态建设良性互动、相融共赢。

【定南县6家供港生猪企业全部通过GAP认证】 6月，中国质量认证中心江西分公司与定南县2户供港生猪企业顺利达成协议，帮助指导企业完成GAP（良好农业规范）认证。定南辖区共有供港生猪养殖企业6户，年供港生猪12万头，占全省供港生猪的35%左右。6户供港生猪企业全部通过GAP认证。通过GAP认证，养殖企业最大的优势是追溯体系有了明显加强。通过建立以母猪为主线的繁殖记录、饲料原料购入加工和使用记录、药物疫苗购入存放和使用记录、猪场系谱追溯记录以及生猪批次出栏标识等追溯体系，供港生猪的质量安全水平有了可靠的保障。

【发现明代《戒石铭》】 7月，县博物馆工作人员在老城中学门口一水井旁发现一块明代的《戒石铭》，立即组织人员对其进行挖掘、保护。《戒石铭》是一种铭刻在石头上的警戒性文字，其铭文最早出自于五代时期后蜀第二代皇帝孟昶的《令箴》。之后宋太宗赵光义删繁就简，摘取其中"尔俸尔禄，民膏民脂，下民易虐，上天难欺"四句，颁布于各个州县，敕令铭刻在石头上，并立于各衙署大堂之前，用于警示各州县官吏清廉为官。到明朝时期，明太祖朱元璋倡导廉政，极力推崇《戒石铭》，明令各府州县俱立戒石于衙署堂前并建亭保护，故有"戒石亭"之称。州主县令坐堂理事，即可见铭，以警戒其秉公办事，廉政为民。这块《戒石铭》，其碑座已经遗失，但碑身保存完好。碑身高约81厘米，宽约43厘米，厚约10厘米，正面碑额上刻有3朵祥云图案和"圣谕"二字，碑身上四行楷体阴刻的"尔俸尔禄，民膏民脂，下民易虐，上天难欺"16个大字清晰可见。据《定南县志》记载，定南于"明隆庆三年（1569）析龙南、信丰、安远地始建县"，可以推断这块《戒石铭》刻立于明朝隆庆三年（1569）定南县建县时，是定南县建县的又一历史佐证。这块《戒石铭》现存放在定南县博物馆。

主要领导人 县委书记：陈阳霞。县人大常委会主任：曾小良。县长：蓝应尚。县政协主席：魏明耕。

（赖春梅）

·兴国县·

【简　况】 位于江西省中南部，辖25个乡镇和1个经济开发区。总面积3215平方千米，其中城区面积24.5平方千米，城镇化率44.7%。总人口80.2万人，其中城市人口25.2万人。人口自然增长率7.38‰。2013年，全县地区生产总值110.84亿元，增长10.3%。其中，第一产业增加值26.39亿元，增长5.7%；第二产业增加值52.75亿元，增长13.3%；第三产业增加值31.70亿元,增长9.2%。财政总收入10.78亿元,增长18.3%。公共财政收入6.3亿元,增长21.7%;地方财政支出22.37亿元,完成预算的144.7%。全县规模以上工业增加值34.69亿元,增长13.7%。完成500万元以上固定资产投资68.5亿元,增长28.5%。外贸出口2400万美元,增长97.44%。利用外资7064万美元,增长10.06%;利用省外5000万元以上项目资金17.5亿元,增长18%。全县水泥产量99万吨,增长22.22%;汽车拨叉拨块872.5万件,增长16.88%。全县农业总产值40.7亿元,增长10.4%。粮食总产量289.5万吨,增长1.95%;全县肉类总产量6.57万吨,增长4.92%。柑橘产量6.5万吨,增长12.7%;烟叶产量859吨,减少21.12%。实现社会消费品零售总额25.79亿元,增长13.3%。城镇居民人均可支配收入1.72万元,增长9.4%;农民人均纯收入5285元,增长18.1%。全年完成农村危旧土坯房改造1.24万户,新建保障性住房1128套。新增城镇就业人员4270人,新农合参合率达98.03%。

【苏区振兴发展政策红利加速释放】 年内,成功引进中国兵器工业集团、中国建材集团、中化蓝天集团、中航工业集团、中电投集团等5户央企落户。中国兵器工业集团投资15亿元的新材料项目已落地,中电投集团投资5亿元的茶园风电项目已顺利开工,中国建材集团投资14.85亿元收购宝华山水泥板块后,企业累计上缴税收同比增长658.7%。此外,《瑞兴于经济振兴试验区发展总体规划》已通过国家发改委专家咨询会评审,昌吉赣客专获国家发改委批准立项,神华集团火力发电厂一期投资80.59亿元的2×100万千瓦项目通过预可研评审。

【首次通过全国县(市)科技进步考核】 11月15日,科技部公布2013年"全国县(市)科技进步考核先进县(市)"名单。兴国县名列其中。这是兴国首次通过该项考核。

兴国县不断创新工作思路,强化工作措施,以科技项目建设为重点,在科技富民强县、农业科技进步、工业技术创新、科技项目管理、科技园区建设、科技成果转化等方面做了大量工作,取得一定成效,科技进步对经济增长贡献率达到27.3%。2008年以来,兴国县获科技部立项项目10个、省科技厅立项项目18个,共争取项目资金1200余万元。完成国家科技富民强县专项行动计划"兴国灰鹅无公害养殖技术示范推广及产品加工"项目、"长江中下游地区新农村建设关键技术集成与示范"和《中部山区新农村信息化关键技术研究与应用》等重大项目的各项工作任务,并顺利通过验收。"十二五"国家科技惠民计划项目——"兴国县常见病、多发病防治一体化和远程医疗技术应用示范"通过项目答辩,项目经费1950万元。2009年6月5日,县科技局被科技部授予"全国科技特派员工作先进集体"称号,同年被评为"全国科技进步示范县";2011年11月21日,"兴国灰鹅"团队,被评为国家"十一五"期间星火计划工作先进团队。江西省农科院畜牧兽医研究所、江西省"兴国灰鹅"原种场"利用生化遗传标记在灰鹅育种中的应用研究"获2011年度江西省科学技术进步奖。

主要领导人 县委书记:何舜平。县人大常委会主任:陈文俊。县长:赖晓军。县政协主席:董世倬。

(李文)

·宁都县·

【简　况】 位于江西省东南部,辖12乡、12镇。总面积4053.16平方千米,城区面积18.2平方千米。全县城镇化率39.5%,耕地面积4.48万公顷。总人口79.6万人,其中非农业人口13.5万人。人口自然增长率7.6‰。2013年,全县地区生产总值111.79亿元,增长9.5%。其中,第一产业增加值26.45亿元,增长6%;第二产业增加值44.96亿元,增长12.7%;第三产业增加值40.38亿元,增长8%。三次产业结构比为23.67∶40.21∶36.12。规模以上工业增加值19.4亿元,增长11.1%。500万元以上固定资产投资47.3亿元,增长28.3%。社会消费品零售总额28.5亿元,增长13.1%。财政总收入7.9亿元,增长18%,公共财政预算收入5.97亿元,增长18.4%。实际利用外资4407.6万美元,增长10.1%。实际引进内资19.1亿元,增长17.3%。实现外贸出口2815.3万美元,增长12.1%。粮食总产量41.4万吨。城镇居民人均可支配收入1.61万元;农民人均纯收入4940元,增长13.6%。金融机构存款余额150.3亿元,贷款余额77.9亿元。新增转移农村劳动力1.7万人,发放小额担保贷款6919万元。城乡居民养老保险、城镇居民医疗保险参保率分别为80.2%、96.1%,新型农村合作医疗参合率98.1%。

【中央苏区反"围剿"战争纪念馆开馆】 12月23日,全国唯一反映中央苏区五次反"围剿"战争历史的革命纪念馆——宁都县中央苏区反"围剿"战争纪念馆开馆。纪念馆利用雕塑、油画、场景复原、幻影成像、半景画、触摸屏,通过声、光、电等现代化手段,打造立体化的展陈空间,生动、全面地再现了当年波澜壮阔的历史画面,是重要的革命、军事和爱国主义教育基地。纪念馆位于宁都县梅江镇背村与迳口村之间,通往翠微峰道路的南侧,占地面积2486.67平方米,总建筑面积5855.6平方米,建筑层数为地面二层,局部三层,高16.4米,纪念塔高30.10米,陈展面积3450平方米。

【召开中央苏区反"围剿"战争理论研讨会】 12月23日,中央苏区反"围剿"战争理论研讨会在宁都召开。研讨会由军事科学院军事历史和百科研究部、中央党史研究室第一研究部、省委党史研究室、赣州市委联合主办,赣州市委宣传部、党史办及宁都县委、县人民政府承办,共收到论文100多篇。研讨会上,来自全国各地近百名专家学者和老革命后代代表,就中央苏区反"围剿"战争的重要地位和历史意义、苏区精神、红色资源的保护和开发利用、宁都在中央苏区反"围剿"战争中的重要作用展开讨论

【田埠乡东龙村入选第二批"中国传统村落"名录】 8月26日,由住房和城乡建设部、文化部、财政部联合公布的第二批中国传统村落名录,田埠乡东龙村成功入选,这将更加有利于

这座古村落的开发与保护。

宁都县田埠乡东龙村，是一座人文和谐、文化底蕴深厚的古村落，是清初文学家、“易堂九子”之一的李腾蛟的家乡。距宁都县城50千米，居住有400余户。东龙村始建于北宋乾德五年(967)，具有一千多年的历史。村中古木参天，绿树成荫，处在一个海拔500～900米、占地面积约2.5平方千米的山间盆地里。盆地中阡陌纵横，清溪环流，景如诗画，祠堂民宅、小巷幽径错落有致，令人流连忘返。东龙村最为让人惊叹之处在于保存完整的古代建筑群——“百间大屋”。“百间大屋”的整座建筑占地面积约4300平方米，是循“以人为本”及“天人合一”的传统建筑理念布局设计。建筑格局错落有致，内由祠堂、廊房、厢房、绣花楼、仆人房、庭院等100多间房屋组成，故称“百间大屋”。李氏家谱记载，该建筑群始建于清雍正十二年(1734)，于清乾隆二年(1737)竣工。该建筑群体虽历经数百年的风雨侵蚀，仍保存完好，向世人展示着历史的风韵。

主要领导人 县委书记：王四华。县人大常委会主任：李志勇。县长：刘勇。县政协主席：赖文政。

(刘红彦)

· 于都县 ·

【简　况】 位于江西省南部，辖14乡、9镇。总面积2893.09平方千米，其中城区面积23.53平方千米，城镇化率44%。林地面积19.46万公顷，耕地面积3.31万公顷，森林覆盖率72.5%。年末总人口105.41万人，其中城市人口26.8万人，人口自然增长率8.13‰。2013年，全县地区生产总值140.01亿元，增长11.5％。其中，第一产业增加值2.20亿元，增长5.1%；第二产业增加值7.18亿元，增长15.7%；第三产业增加值46.26亿元，增长8.1%。财政总收入12.7亿元，增长23.3%；公共财政预算收入8.7亿元，增长19.9％。工业总产值196亿元，规模以上工业增加值52.1亿元，占地区生产总值比重37.2％。外贸进出口总额1.1亿美元，占地区生产总值比重4.95%；500万元以上固定资产投资101.4亿元。实际利用外资7437万美元。主要工业产品有铜精矿1398吨，增长9.3%；钨精矿6411.55吨，增长7.5%；乳制品1.05万吨，增长10.51%；纸制品3357吨，增长16.48%；光缆1842千米，减少1.44%。农业总产值33.07亿元，增长7.4%。粮食总产量25.69万吨，增长1.2%。主要农产品有稻谷24.55万吨，增长1.3%；花生1.12万吨，增长3.8%；油菜籽2022吨，减少60.2%；芝麻127吨，减少4.5%；甘蔗446吨，增长1.4%。城市污水处理率82.1%。社会消费品零售总额33.93亿元，增长14%。工业用电量3.20亿千瓦小时，增长16.5%。城镇居民人均可支配收入1.82万元，增长20.7%；农民人均纯收入5423元，增长22.4%。城乡居民年末储蓄余额128.11亿元，增长21.4%。

【贡江新区建设取得新进展】 起点位于贡江镇新地村天河山，终点位于罗坳镇步前村油槽下，全长14.17千米，按一级公路技术标准建设(其中县城规划区范围路段按一级公路兼顾城市主干道功能建设)的323国道绕城改线工程；位于县城贡江南岸，东起三江口，西至跃洲水电站，分东段、中段、西段三段建设，总长11.6千米，总投资1.5亿元，设计双向六车道的渡江南大道工程正式开工建设。起点位于瑞赣高速公路于都出口，途经贡江镇迳坑村、上欧村、楂林村，终点与水南大道相交，全长约5.3千米，按一级公路双向六车道兼顾城市主干道功能建设，总投资约3亿元的于都大道已完成招投标。新建体育馆、训练馆完成钢架封顶。贡江南岸路堤景观工程(一期)基本完工。贡江新村土石方工程全面完成。枫叶花园酒店投入运营。水南大道、长征南大道、四馆一中心、产权调换房、新区人民医院、新区妇保院项目征地搬迁、土地测量、规划设计等前期工作按计划推进。

【重点项目建设取得新突破】 申报项目区总面积287.47公顷，占全市的36%，列全市第一。新编报重大项目260个，争取千万元以上项目59个，争取上级无偿资金25亿元。实施重点项目67个，其中2个项目列入省重点调度、11个项目列入市重点调度，完成年度投资64.4亿元，增长192%。

【加快推进工业园区建设】 《工业园区中长期发展规划》编制完成，调区扩区率先获得省政府批复，实现扩区面积503.93公顷，园区面积扩大到1040公顷，“一园三区”发展格局基本确立。工业园区列入全省“财园信贷通”试点，通过政银企合作平台、县财政融资担保机构和推行“助保贷”业务，共帮助275户企业融资6.5亿元。出台支持小微企业发展实施办法，新增小微企业3559户，个体民营企业达2.4万户。全县规模以上工业企业达66户，新增纳税超千万元企业4户。引进5000万元以上工业项目11个，其中超亿元项目6个。矿业、机械电子、轻纺食品三大支柱产业完成工业增加值44亿元、主营业务收入163亿元，分别增长16%和18%。

【着力改善民生福祉】 全县民生投入29.1亿元，居全市首位。完成农村危旧土坯房改造1.4万户。新建保障房1041套，续建1767套，摇号分配廉租房511套。城区示范幼儿园扩建工程正式启动，乡镇公办中心幼儿园建设有序推进。改造低电压线路167千米。葛坳至曲洋、黄麟至高龙县道升级改造工程开工建设。硬化农村通组公路120千米，完成危桥重建7座。修复城市破损道路16条，改造小街小巷15条，新改建公厕、垃圾中转站9个，安装小街小巷路灯850盏。新增城镇就业6400人。城乡居民养老保险参保人数达46.5万人，发放养老金6283万元，惠及老年人9.3万人。城镇居民基本医疗保险参保人数达12.6万人；新型农村合作医疗保险参合率达99%，政策补偿比达76%。城乡低保月人均补差水平分别提高到243元和128元。完成移民搬迁3092人，完成贫困村整村推进项目395个，4.3万农村人口实现脱贫。

【央视节目摄制组在于都取景拍摄】 3月15日，中央电视台2013年“我们的节日·清明——中华长歌行”节目摄制组在于都县取景拍摄。于都县是中央红军长征出发地，拥有丰富的红色资源。该节目摄制组在中央红军长征出发地纪念园的长征纪念广场、长征第一渡口等地，先后取景拍摄了少先队员献花、共青团重温入团誓词、红军后代撒白花、放河灯纪念先人等多个清明活动镜头；赣南采茶歌舞、唢呐《十送红军》和手工艺做草鞋等地方特色也在节目中有所体现。同时，节目摄制组还邀请了老红军钟明、党史专家凌步机等参与节目制作。县领导蓝捷、吴建平、陈钰滢等到现场指导。

【于都县长征源合唱团在省艺术中心演出】 9月14日，于都县长征源合唱团受第五届江西省艺术节组委会的邀请，在省艺术中心大剧院进行《长征组歌》演出。荡气回肠的旋律，惟妙惟肖的表演，把观众的思绪拉回到70年前那难忘的峥嵘岁月。近一个小时的演出，精彩不断，博得了在场观众的阵阵热烈掌声。于都长征源合唱团是全省唯一受第五届江西省艺术节组委会邀请参加此次演出的县级文艺团体。

主要领导人 县委书记：蓝捷。县人大常委会主任：高明旭。县长：陈阳山。县政协主席：曾庆银。

（管宝禄）

·瑞金市·

【简　况】 位于江西省东南部，辖10乡、7镇。总面积2448平方千米，其中城区面积24.84平方千米。总人口67.77万人，其中非农业人口13.39万人。人口自然增长率7.21‰。2013年，全市地区生产总值101.09亿元，增长11.4%，其中，第一产业增加值16.52亿元，增长5.7%；第二产业增加值35.27亿元，增长14.2%；第三产业增加值49.30亿元，增长11%。财政总收入12.64亿元，增长21.97%；财政支出28.29亿元，增长12%。工业增加值15.41亿元，增长18.2%。主要工业产品有中成药235万吨，发制品252万条，烤鳗2832吨，水泥317万吨，电力电缆3.39万千米。农业总产值25.75亿元，增长5.4%，主要农产品有粮食20.13万吨，烤烟3460吨，蔬菜12.38吨，脐橙7.45万吨，生猪出栏40.66万头。城镇居民人均可支配收入1.64万元，增加1651元，增长11.2%；农村居民人均纯收入5984元，增加808元，增长15.6%。城乡居民储蓄存款90.56亿，增长15.8%。

全年完成民生支出21.35亿元，增长36.8%。优先解决农村危旧土坯房、饮水安全等民生突出问题，动工改造农村危旧土坯房1.66万户，拆除空心房1.09万户，解决9.4万名农民的饮水安全问题。新增城镇就业5810人，城镇就业率94.5%，新增转移农村劳动力7690人。落实各类民生保障政策，开工建设公租房、廉租房1500余套；26.62万人参加城乡社会养老保险，5.98万人领取养老金9859万元；53.87万人参加新农合，8.93万人次获住院补偿1.37亿元；13.74万人参加城镇职工居民医保，1.45万人次报销医疗费用0.5亿元；城乡医疗救助2.33万人次；1.11万名失地农民参加养老保险。

【赣江源自然保护区升格为国家级】 6月4日，赣江源自然保护区经国务院批准建立国家级自然保护区。赣江源自然保护区位于武夷山南端西侧，地跨瑞金、石城两县市，总面积1.61万公顷（其中核心区5491.8公顷，缓冲区3493.6公顷，实验区7115.45公顷），分瑞金片区（5342.1公顷）和石城片区（1.08万公顷），为自然生态类森林生态系统类型。区内森林覆盖率94.2%，主要保护对象为中亚热带，特别是武夷山脉各种常绿阔叶群；若干大面积结构完整、更新良好的珍稀濒危植物原生种群及一批国家重点保护动植物。赣江源自然保护区内查明，有高等植物252科837属2585种，野生陆生脊柱动物360种，昆虫1055种，贝类47种，虾类2种，蟹类1种。其中，南方红豆杉、伯乐树等3种为国家一级保护植物，百颈长尾雉、云豹等5种为国家一级保护动物。保护区于2008年4月28日经省人民政府批准设立 。

【“武夷源”商标被认定为中国驰名商标】 12月，武夷源茶实业有限公司使用的“武夷源”商标被国家工商总局认定为中国驰名商标。瑞金市武夷源茶实业有限公司生产的“武夷源牌”高山有机茶，产自海拔800～1000米高的武夷山脉的日东观音崇茶场。该公司标准化无公害生产有“武夷源”红茶、绿茶、铁观音、白茶和大红袍五大系列50多个品种。其产品“瑞香”“瑞针”获江西省2005年全省名茶评比银奖，“瑞雪”获2006年国际茶叶博览会金奖，“瑞剑”获2007年江西省首届绿茶杯金奖，“武夷源牌”茶叶2009年获农业部第七届农交会金奖。“武夷源牌铁”观音因其做工精良而汤清水靓、鲜香甘醇，似高山流水。采用野生小种嫩芽，经手工古法制作的赛俊红茶，口感饱满甘甜，是红茶中的极品。2010年，该公司跻身全国百强茶业和江西省龙头企业行列，生产的“武夷源牌”红茶、绿茶、铁观音、白茶和大红袍不仅在国内高端有机茶市场享有盛誉，还赢得了欧美和东南亚国家的青睐。

主要领导人 市委书记：钟炳明（任至12月）。市人大常委会主任：阳纯普。市长：许锐。市政协主席：彭强。

（瑞金市地方志办公室）

·会昌县·

【简　况】 位于江西省东南部，辖13乡、6镇。总面积2709.91平方千米。耕地面积2.18万公顷，有林地面积20.5万公顷，森林覆盖率79.47%，城区面积10.5平方千米。城区绿化率41.8%。总人口51.77万人，其中农业人口43.43万人。人口自然增长率7.2‰。2013年，全县地区生产总值67.58亿元，增长11.6%。其中，第一产业增加值14.79亿元，增长4.6%；第二产业增加值28.72亿元，增长16.1%；第三产业增加值24.07亿元，增长10.7%。财政总收入9.1亿元，增长21.3%，人均财政收入1758元，税收占财政总收入的比重为50.2%；地方财政收入6.31亿元，增长17.7%；财政总支出20.8亿元，增长6.8%。工业总产值98.65亿元，增长25.3%。规模以上工业增加值24.7亿元，增长15.9%。全年实现农业总产值22.72亿元，增长7.0%。粮食总产量16.83万吨，增长4.3%。外贸出口4861万美元，实际利用外资4009万美元。固定资产投资31.56亿元，增长29.4%。城市污水处理率

94.51%。万元GDP能耗0.976吨标煤,比上年下降2.98%。城乡居民人均可支配收入1.66万元,增加1635元;农村居民人均纯收入5096元,增加813元。城乡居民年末储蓄存款余额54.92亿元,增长9.15%。

民生实事全面落实。全年民生工程投入12.9亿元,增长7%,占财政支出的62.1%,年初确定的100件民生实事全面落实。拆除危旧土坯房1.75万户,148万平方米,开工建设1.37万户。新建保障性住房496套,竣工400套。完成棚户区改造657户,19.5万平方米。建成集中供水工程10座,新增解决3.2万农村人口饮水安全问题。新增城镇就业4250人,转移农村劳动力6120人,发放小额担保贷款4338万元。基本养老保险、失业保险参保人数超额完成。新农合参合率100%,发放各类救济金8454.8万元,惠及35.4万人次。

【获"全国科技进步考核先进县"称号】 11月,在2013年全国县(市)科技进步考核工作中,会昌县获国家科技部"科技进步考核先进县"称号,这是会昌县2011年获评"全国科技进步考核通过县"后的又一殊荣。会昌县贯彻科技发展战略,充分发挥科技在加快转变经济发展方式、推进工业化、信息化、城镇化和农业现代化同步发展中的作用,不断加大科技投入,科技创新能力不断提高,在科技创新激励机制政策、依靠科技推动特色和主导产业发展、防震减灾、农科教结合教育模式研究、推进科技服务体系建设,发挥生产力促进中心作用方面取得了显著成绩,为会昌的全面发展战略提供了有力科技支撑。

【被评为"中国区环境规划优秀示范城市"】 5月20日,在联合国环境署总部举行的2012年中国区环境规划优秀示范城市评选中,会昌县被评为"2012年中国区环境规划优秀示范城市"。会昌县环境保护工作围绕环保宣传、污染减排、污染防治、环保审批、环境执法、环境监测、生态保护等方面,解放思想、开拓创新,取得实效。一是广泛宣传。普及和倡导环保新理念。坚持让环保进农村、进社区、进学校、进家庭,做到环保工作你我同行。二是审批前置、关口前移。对所有项目实行环保前置审批,一票否决。共否决审批项目185项。三是规划先行,合理布局。根据全县的资源,分门类、高起点编制了饮用水源地保护、南方生态公益林、赣江源头保护等专业规划和控制性详规。四是强化监管,严格执法。坚决执行环保项目,严厉打击影响环境保护的水、声、气、渣等污染物偷排、漏排和不达标排放,共关、停、并、转大小企业300户。

【会昌县图书馆评为国家一级馆】 该馆占地1.33公顷,建筑面积2500平方米,藏书容量50万册,有读者座位200个。藏书总类22大类,近45万册。会昌图书馆坚持体现以读者为本,服务至上的理念,向社会免费开放图书借阅,实施全国文化信息资源共享工程和县级数字图书馆推广计划,形成了馆藏资源和服务共享格局。2013年在全国第五次公共图书馆评估中,被文化部评为国家一级馆。

【羊角水堡被列为全国重点文物保护单位】 5月3日,羊角水堡被国务院公布为第七批全国重点文物保护单位。

羊角水堡是明代江西控扼闽粤水路要道,存有明代城墙、城门、城隍庙、宗祠、民居、节孝坊等文物点,具有较高的历史价值、科学价值及艺术价值。羊角水堡于2004年5月10日,被会昌县政府公布为县级文物保护单位。2006年11月13日,被江西省政府公布为省级文物保护单位。

主要领导人 县委书记:傅春荣。县人大常委会主任:郭贤富。县长:周逸洪(任至8月)、蔡小卫(11月代)。县政协主席:刘为民。

（曾礼国）

·寻乌县·

【简 况】 位于江西省南部,辖8乡、7镇。总面积2311.38平方千米,其中城区(建成)面积10.03平方千米。耕地面积1.19万公顷,有林面积14.43万公顷,森林覆盖率79.5%,城区(建成)绿化率42.07%。全县总人口31.48万人,其中非农业人口5.58万人。人口自然增长率5.04‰。2013年,全县地区生产总值44.68亿元,增长10.2%。其中,第一产业增加值11.78亿元,增长5.1%;第二产业增加值14.78亿元,增长14.1%;第三产业增加值18.12亿元,增长10.6%。财政总收入5.31亿元,增长23.2%,人均1681元,增加321元。税收收入4.30亿元,税收占财政总收入的81.06%;地方财政收入3.70亿元,增长24.8%,人均1171元,增加236元。地方财政支出16.03亿元,增长12.7%。规模以上工业总产值31.03亿元,增长19.07%。规模以上工业增加值7.53亿元,占地区生产总值比重16.85%。外贸出口869万美元,占地区生产总值比重1.2%。全社会固定资产投资49.0亿元,增长28.95%。其中500万元以上固定资产投资25.08亿元。全年实际引进外资1582万美元,增加147万美元,增长10.24%。主要工业产品有水泥73.38万吨、发电量2.18万千瓦小时;农林牧渔业总产值31.75亿元,增长8.27%。粮食总产量10.73万吨。主要农产品有柑橘20.24万吨、脐橙36.05万吨、生猪出栏25.12万头、禽蛋8500吨、蔬菜5.3万吨。万元GDP能耗降低4.08%,二氧化硫排放总量514.9吨,城市污水处理率85.19%。农民人均纯收入5109元,增长18%,增加780元。居民年末储蓄余额34.77亿元,增长11.31%;人均居民储蓄存款余额1.1万元。

【寻乌调查旧址升格为全国重点文物保护单位】 5月3日,国务院印发《关于核定并公布第七批全国重点文物保护单位的通知》,寻乌调查旧址列为第七批全国重点文物保护单位,成为寻乌首个全国重点文物保护单位。

寻乌调查旧址位于县城西南的马蹄岗上,始建于1917年,原为美国牧师雪莱·鲍斯费尔德的住房。1930年5月,红四军到寻乌时,毛泽东和前委机关住在该房,毛泽东在该房召开十多天的调查会,作了最大规模的社会调查,并写下《寻乌调查》和《反对本本主义》两篇著作。1933年,寻乌调查旧址被国民党烧毁,1939年由耶稣教维修,但失去原貌。1972年,江西省革命委员会拨款按原貌修复。整栋楼房东西长25.1米,南北宽13.9米,顶高8.65米,建筑面积349平方米,共有18个房间,南面用七根红木柱架起宽约3米的木质骑楼,是一栋颇具南方特色又兼有西方风格的客家建筑。1987年,寻乌调查旧址列为省重点文物保护单位。

寻乌调查旧址升格为全国重点文物保护单位,加强了寻乌调查旧址等文物的保护和维护,加快了毛泽东寻乌调查纪念馆功能的提升,扩大了寻乌在海内外的知名度和影响力。

【开展柑橘黄龙病防控工作】 寻乌境内柑橘黄龙病(又称黄梢病、黄枯病、青果病)发病率已突破10%,尤其是留车镇和晨光镇情况比较严重,有些村出现连片果园被感染,如任其蔓延,将给寻乌的柑橘产业造成严重损失。按照"政府主导、干部带头、全民动员、群防群控、科学应对"的工作思路,采取先柑橘后脐橙、先干部后群众、先田园后果山、先路边后山坑的办法,全面推进柑橘黄龙病防控工作的开展。全县投入资金780万元,聘请专家开展防控知识技术培训6.7万人(次),组建县、乡、村三级宣传、普查、清理队伍。全县普查发现发病果园面积3.13万公顷,涉及果农5.02万户,其中发病率达到30%的果园有3229.40公顷,6637户(其中留车镇2078户、晨光镇1862户),柑橘黄龙病病树298万株,砍除295万余株,清除率98%。

【中国寻乌蜜橘展暨中国柑橘学会学术年会召开】 11月7日,由市人民政府、中国柑橘学会主办,县委、县政府和市果业局承办的"中国寻乌蜜橘展暨中国柑橘学会2013年学术年会"在县体育中心体育馆开幕。全国人大常委、中国工程院院士、华中农业大学校长、农业部柑橘产业技术体系首席岗位科学家、中国柑橘学会名誉理事长邓秀新,西南大学副校长、中国柑橘研究所所长、中国柑橘学会理事长周常勇,赣州市副市长刘建平,农业部种植业司经济作物处处长王戈,省农业厅经作局调研员柯森保,市果业局局长吴至海,中国柑橘学会副理事长、秘书长,寻乌县级有关领导及来自国内柑橘主产区代表、柑橘科研、教学、生产等企事业单位,相关科技工作者代表,中国柑橘学会会员等1200多人参加年会。

会议的主要内容是品牌保护、市场营销和可持续发展、规模化发展中面临的突出问题,如大病大虫流行风险、多元化营销、深度资源挖掘、商品化处理、提质增效等。并围绕提高果树栽培技术及果品质量,调整农业产业结构,深化果品采后处理及商品经济贸易,促进柑橘产业持续健康发展等内容,举办系列柑橘技术讲座、果业发展论坛等,为柑橘产业发展提供智力支持。年会既有丰富的展示,又有培训交流,增强了产学研互动,对于提高果树栽培技术及果品质量,调整农业产业结构,深化果品采后处理及商品经济贸易,推动柑橘产业持续、健康发展,活跃学术研究讨论具有重要意义。

【举办"杨氏果业杯"中国青年男篮四强争霸赛】 5月3日至5日,由国家体育总局篮球运动管理中心、中国篮协主办,江西省篮协、寻乌县人民政府共同承办的2013年"杨氏果业杯"中国青年男篮四强争霸赛在县体育馆隆重举行。市人大常委会副主任唐玉英,省体育局副巡视员杜雅军,市政协副主席杨文光,市体育局党组书记杨中茂,中国篮协代表、北京亚特拉斯体育文化发展公司总经理助理赵欣,省篮协执行主席储符平,寻乌县级有关领导,省、市、其他县(市)有关部门负责人及杨氏果业股份有限公司副总裁李锦灵等出席开赛仪式。

参加比赛的球队有U18国家男子篮球队、广东男子篮球队、天津男子篮球队、湖北男子篮球队。比赛采取单组循环赛制,U18青年男篮国家队与天津队进行首场比赛。经过6场激烈的比赛,广东队3战全胜获得第1名,其余各队获得优胜奖。

主要领导人 县委书记:赵多仙(任至10月)、柯岩松(11月任)。县人大常委会主任:黄志高。县长:杨永飞。县政协主席:刘琼招。

(钟玉华)

·石城县·

【简　况】 位于江西省东南部,辖5乡、5镇。总面积1581.53平方千米。林地面积12.28万公顷,森林覆盖率75.0%。县城建成区面积7.6平方千米。全县总人口32.5万人,其中农业人口26.7万人。人口自然增长率7.36‰。2013年,全县地区生产总值734.94亿元,增长10.1%。其中,第一产业增加值10.8亿元,增长5%;第二产业增加值10.9亿元,增长14.7%;第三产业增加值13.24亿元,增长11%。规模以上工业增加值3.44亿元,增长17.6%。财政总收入突破5亿元,增长28.2%;公共财政收入3.78亿元,增长27.8%。财政总支出14.4亿元,增长6.3%。500万元以上固定资产投资完成18.2亿元,增长28.2%。实际利用外资1773万美元,增长10.1%;实现外贸出口2930万美元,增长212.5%。粮食总产量9.3万吨。社会消费品零售总额8.06亿元,增长13.2%。城镇居民人均可支配收入1.16万元,农民人均纯收入4223元,分别增长16.5%和18.8%。在岗职工人均工资3.32万元,增长21.6%。金融机构存款余额59.1亿元,增长17.9%;贷款余额43.1亿元,增长38.7%。全年民生类支出9.06亿元,占一般预算支出62.9%。完成农村危旧土坯房改造9173户,城市棚户区改造150户,新建保障房348套。新农合参合率达99%。

【司法部、国务院扶贫办对口支援石城县】 8月22日,国务院办公厅出台《中央国家机关及有关单位对口支援赣南等原中央苏区实施方案》,明确司法部、国务院扶贫办对口支援石城县。年内,司法部、国务院扶贫办分别制定了三年、八年支援规划和年度实施计划,对口支援石城工作展开,为石城县扶贫攻坚提供了政策、项目、资金保障。石城县以对口支援为契机,全力推进苏区振兴工作,促使各项政策落地,积极争取国家部委和省、市支持。全年编制上报重大项目460个,进入省、市项目库的个性化项目分别为153个和149个;争取用地指标131公顷,争取资金11.5亿元。积极策应

"央企入赣"行动,与大唐集团、中航国际、华润万家、中铁九局等中央企业达成5个项目投资协议,签约总投资27.6亿元。全年开工重点工程60个,列入市重点调度项目4个,完工项目17个。

【被认定为"全国休闲农业与乡村旅游示范县"】 12月9日,石城县被农业部、国家旅游局联合认定为"全国休闲农业与乡村旅游示范县"。石城县坚持"主攻旅游"战略,围绕打造"赣闽边际新的休闲旅游目的地"目标,着力打造"靓丽莲乡,慢享石城"旅游品牌。立足通天寨丹霞地貌及赣江源头生态资源优势,整合和挖掘莲乡客家文化特色,发展休闲农业和乡村旅游。石城县建有农业观光型、度假体验型、古村民俗型、依托景区型、认种采摘篱园型、农家特色餐饮型等休闲农业点106个,其中省级休闲农业示范点1个,现代农业科技园1个,休闲农庄19个,农业观光采摘园21个,农家乐64个。石城旅游知名度大幅提升,全年接待游客135万人次,增长29.6%;旅游综合收入4亿元,增长29%。

【百里荷花观光带被评为"中国美丽田园"】 2月起,农业部组织开展中国美丽田园推介活动,石城县百里荷花观光带与全省其他5个休闲农业景观一起被评为"中国美丽田园"。石城县充分利用"中国白莲之乡"的品牌优势,以成功申报国家地理标志保护产品为契机,进一步巩固白莲支柱产业地位,2013年白莲种植面积4600余公顷。重点推进以大畲荷花观光园为龙头的休闲农业生态旅游示范园区建设,引导农户沿206国道、县乡"8"字形公路网道路两旁可视范围的农田种植白莲,形成百里莲花观光带。同时与独特设计,新颖别致的莲文化馆相呼应,形成集休闲农业,观光旅游为一体的休闲农业示范点,农业部、省农业厅和市农粮局领导分别多次前往考察并给予高度评价。

主要领导人 县委书记:苏传辉。县人大常委会主任:陈艳明。县长:鲍峰庭。县政协主席:黄运群。

(温永发)

宜春市

【概　况】 位于江西省西北部,辖3市、6县、1区,总面积1.87万平方千米,其中中心城区建成面积65平方千米。耕地面积47.73万公顷,林地面积406.78万公顷,森林覆盖率56.97%。全市总人口547.77万人,人口自然增长率6.95‰。2013年实现地区生产总值1387.07亿元,同比增长10.1%。其中,第一产业增加值213.69亿元,增长3.5%;第二产业增加值765.91亿元,增长12.4%;第三产业增加值407.47亿元,增长9%。财政总收入233.41亿元,增幅为16.5%;公共财政预算收入为159.39亿元,增长20.4%。工业主导地位更为凸显,全年完成工业增加值689.38亿元,增长12.6%。其中,规模以上工业增加值631.89亿元,增长13.1%。外贸出口总额18.32亿美元,增长22.8%。500万元以上固定资产投资1124.6亿元,增长21.3%。实际利用外资5.32亿美元,增长11.6%。实际引进省外5000万元以上项目186个,项目数列全省第一,项目资金372.56亿元,增长20.3%。农业生产保持稳定发展,粮食总产量421.45万吨,增长1.59%;油料作物总产21.03万吨,增长3.72%;生猪出栏655.2万头,增长4.51%;肉类总产量63.81万吨,增长4.28%。城镇居民人均可支配收入2.09万元,增长10.5%。农民人均纯收入9115元,增长13.2%。全市金融机构各项储蓄存款余额1709.1亿元,同比增加15.3亿元。

【开展"谋发展、比实干、争先进"以新一轮思想大解放推动宜春新一轮大发展活动】 10月30日始,市委在全市开展"谋发展、比实干、争先进"以新一轮思想大解放推动宜春新一轮大发展活动。通过请专家辅导、组织党政代表团外地考察、深入基层调研、广泛征求意见等形式,提出"五谋、五比、五争",力争通过5年左右的努力,宜春经济总量挺进全国百强市、全省第一方阵,把宜春建设成为全省工业重要支撑区、现代农业先行区、县域经济引领区、中部地区宜居城、国内一流旅游目的地、全国社会管理综合治理优秀市。通过坐下来学,沉下去研,走出去看,搅动干部思想,凝聚加快新一轮发展的共识。各地各部门各单位紧紧围绕新一轮全市加快发展的总体目标,结合实际,强化大局意识、进取意识,找准自己的目标定位,科学规划发展方向,将解放思想大讨论活动落实到一个个工程、项目中。把解决"四风"问题作为解放思想大讨论活动的重要内容,重实际、说实话、出实招、办实事、求实效,在真抓实干上比高低,见功夫。解放思想大讨论活动得到省委书记强卫批示肯定,中央和省主流媒体进行了专题集中报道。

【加速推进一批重大项目建设】 大力实施"兴工强市"战略,加速推进一批重大项目落户和建设,全年引进省外资金5000万元以上项目186个,对接央企项目21个,列入省发改委、工信委和商务厅3个调度平台的重大项目68个,园区在建工业项目突破500个,项目个数均居全省第一,工业用电量连续22个月全省第一。宜春经济开发区晋升为国家级经济技术开发区。锂电产业发展规模进入全国十强市。生物医药产业主营业务收入占全省1/5强,机械装备、绿色食品全省占比超过10%;新增高新技术企业28家,高新技术产业增加值增长30%以上;福斯特公司复合材料锂电池制造技术工程研究中心获批为国家地方联合工程研究中心,标志着宜春市国家级工程研究中心实现零的突破。

【强力推进"城建三年升级战"和"镇村联动建设发展"】 2013年,宜春市强力推进"城建三年升级战"和"镇村联动建设发展",将镇村联动建设发展作为城乡一体化的突破口,在全市选取19个示范镇,把集镇及其周边1千米范围内的96个村庄纳入镇村联动范围,形成以镇带村、协调发展的城镇化新格局。至年底,全市城建三年升级战计划项目数1024个;新开工项目489个,竣工项目71个,累计完成投资429.9亿元,被省委、省政府授予新型城镇化先进市。镇村联动建设发展工作共筹资32.6亿元,19个示范镇(重点镇)共引进市级以上农业产业化龙头企业26家,新增农民合作社37家,拆旧面积规模达293.43公顷。15个示范镇(重点镇)被列为全省百强中心镇。

【明月山机场正式通航】 6月26日上午11时9分,一架从昆明飞来的波音737-700客机满载乘客降落在宜春明月山机场,这标志着宜春明月山机场建成正式通航。在明月山机场建成通航会议上,国家民航局纪检组长梁潮平致辞,省人大常委会副主任、宜春市委书记谢亦森宣布宜春明月山机场建成通航,副省长胡幼桃讲话,民航华东地区管理局党委副书记周正凯颁发机场使用许可证。宜春市市长蒋斌致欢迎辞,省直有关部门、空军相关部队、民航有关空管机构、首都机场集团公司、各参建单位和机场合作营运商等有关领导出席会议。

明月山机场离宜春市区6千米,于2009年7月开工建设,占地128.07公顷,概算总投资5.02亿元,航站楼建筑面积6000平方米,跑道长2400米、宽45米,停机坪1.84万平方米。机场通航后,相继开通了北京、昆明、上海、深圳四个航点的航班,结束了赣西地区无民航的历史。

【明月山"万人泡脚"活动首创基尼斯纪录】 9月14日,一场规模最大的"硒泉养生——万人泡脚"活动在宜春明月山风景区温汤镇举行,并创下上海大世界之最基尼斯纪录。被中国旅游协会、中国旅游报社联合授予"2013中国旅游营销创新Top10"。

"硒泉养生——万人泡脚"首创基尼斯纪录活动是宜春第七届月亮文化旅游节活动之一,旨在宣传明月山温汤镇温泉。上海大世界基尼斯总部派人赴活动现场进行了认证,并于现场颁发证书。来自全国各地的1.01万名"汤迷"参与并见证了此项纪录的诞生。1万多人的泡脚队伍包括户外拓展团队5000人、广东旅游专列600人、自行车骑行团队3000人、企业团队600人、全国各地游客2000余人,分A、B、C、D、E、F、G等7个区就座泡脚。全国各地数十家新闻媒体对活动进行宣传报道。

温汤镇位于明月山景区内,"温汤"是一口富含硒元素的古井名称。温汤的温泉水温常年60~70℃,富含硒和其他多种对人体有益的微量元素,是全世界唯一与法国埃克斯矿泉齐名媲美的世界珍稀温泉名水。随着旅游热的升温而升"温",周边湖南、广东、湖北、上海、浙江、福建等省市都有许多"汤迷"。

【中央苏区县申报工作成效显著】 经中央党史研究室《关于原中央苏区范围认定的有关情况》确认,袁州区、樟树市为中央苏区县(市、区)。认定万载县虽然历史上按隶属关系不在中央苏区范围之内,但建议在实施有关规划时比照享受有关政策。市委、市政府领导高度重视,要求史志办与发改委、民政局、老建办、扶贫办等单位密切协作,继续跟进。市史志办写了专题材料,由市政府领导递呈省领导协调解决,建议将宜春市的中央苏区县列入全省重点扶助对象,省政府部门、省重点企业对口扶助,省财政每年专款支持,确保改变其落后面貌。3个县市区也非常重视。袁州区委书记郑宝声到国家发改委和省发改委协调,已列入中央苏区县振兴规划内容。万载县委书记胡新民带领县发改委、县史志办等部门上北京、跑南昌、奔长沙,与国家发改委和省发改委对接,已获CED照明、有机农业、农业示范园和咸(宁)、宜(春)、吉(安)铁路的立项。樟树市正在争取将医药产业、小城镇五金机电及保险设备列为扶助项目。

【举办"泉月欢歌·维景唯美"第七届月亮文化节主题活动】 9月11日至18日,宜春市举办了第七届月亮文化节活动。此届月亮文化节采取"政府引导、企业参与"的市场化办节模式,更加突出文化节的群众性、参与性。活动围绕"泉月欢歌·维景唯美"的主题,分为上海民族乐团主题音乐会、"硒泉养生——万人泡脚"首创吉尼斯纪录、我俚跳月(舞动明月)——万人广场舞、"月上贺兰"——大型舞剧、"博动明月"——新浪微博达人游宜春、"群星捧月"——中心城区群众业余剧团文艺会演活动、"奔月之旅"——户外自驾自助体验游、"月是故乡"——首届宜商大会、"物以硒为贵"——明月山富硒农产品暨台湾美食商品展销会、"中国温泉之乡"授牌揭碑仪式等19项文化、民俗、经贸活动。文化节保留的经典传统节目"中秋拜月、火龙追月、放荷花灯、向月·放孔明灯"等为活动增添浓厚的色彩。

主要领导人 市委书记:谢亦森(任至8月)、邓保生(8月任)。市人大常委会主任:任桃英。市长:蒋斌。市政协主席:李树才。

(熊利军)

·袁州区·

【简　况】 位于宜春市西南部,辖18镇、4乡和9个街道办事处。总面积2532.36平方千米,其中建成区面积65平方千米。耕地面积5.52万公顷,森林覆盖率62.7%,城区绿化率40.8%。总人口109.83万人,其中非农业人口26.1万人。人口自然增长率7.75‰。2013年实现地区生产总值188.79亿元,同比增长10.2%。其中,第一产业增加值26.17亿元,增长3.4%;第二产业增加值75.40亿元,增长13.2%;第三产业增加值87.22亿元,增长9.8%。工业总产值228.67亿元,增长12.6%;规模以上工业增加值54.08亿元,占地区生产总值比重13.6%。主要工业产品:交流电动机229.4万千瓦,增长30.3%;中成药1.7万吨,增长6.3%;水泥36.3万吨,增长7.1%;锂离子电池2.97亿只,增长135.5%;锂云母7.02万吨,增长2.5%。农业总产值44.65亿元,增长3.5%。粮食总产量45.30万吨。主要农产品:谷物42.60万吨,增长0.6%;油料1.55万吨,增长14.4%;油脂7959吨,增长4.7%;肉类9.81万吨,增长2.9%;水产品3.82万吨,增长2.1%。财政总收入20.69亿元,增长14.5%;地方性财政收入11.72亿元,增长20.00%;地方财政支出32.13亿元,增长10.1%。固定资产投资186.32亿元,实际利用外资4320万美元。城市污水处理率93.15%。城镇居民人均可支配收入2.36万元;农村居民人均纯收入8893元,增加1002元。城乡居民年末储蓄余额203.48亿元,增长15.1%。

【产业转型升级有新突破】 扶持济民可信、科伦医疗器械、江特电机、百神药业等重点骨干企业裂变扩张,医药、机电锂电等特色产业做大做强,扬优成势。加大规上企业申报管理力度,新增航宇时代、大海龟生命科学、正大化工等规上企业16户。加大新型农业经营主体、龙头企业培育力度,引导农民组建专业合作社,狠抓基地建设。全年引进农业项目18个,实现农业上市公司零的突破。新登记注册农民专业合作社120家。新增高产油茶基地0.2万公顷,总面积达1.25万公顷,成为全省最大的油茶育苗基地,被列为全国油茶产业发展重点区。充分发挥主城区和政务中心的区位优势,大力发展现代服务业。充分利用自然条件,加快发展旅游业和现代特色农业。编制完成服务业发展总体规划,注重引进城市综合体,加快推进仙峰国际广场、百尚城、西海温泉、郑铁物流等重大服务业项目。

【加快推进城乡建设】 全年投入建设资金23亿元,宜春新火车站综合交通枢纽、袁州大厦、法院及公安业务用房等项目主体工程全面竣工;宜阳东路跨铁路立交桥、东湖工程和袁州学校以及一批安置房项目顺利推进;天御蓝湾、帝泊湾等7个社会投资商业开发项目进展较快,新城城市形态不断完善。全力推进西村、三阳镇村联动建设,累计完成投资1.6亿元,“六位一体”“十个一”和“五提质”工程进展顺利。推进新农村建设,全区128个新农村建设点自来水入户率、改厕率100%,拆除破旧房、空心房5.2万平方米。推进秀美乡村建设,投资9000万元,完成宜万高速公路和沪昆高速沿线村庄房屋改造2969栋,平改坡52万平方米,墙面粉刷135万平方米。加强“两违”清理,全年排查“两违”对象959户,违建面积33.5万平方米,共拆除“两违”建筑335栋(处)、4.2万平方米。开展“三清一控”工作,处理违法用地57宗、2.4万平方米,违规建房357栋、8.5万平方米。

【开展“推三访、化三案、促三保”百日攻坚活动】 5月25日至8月底,全区开展“推三访、化三案、促三保”(推进“接访、下访、约访”,化解“越级访案、集体访案、重复访案”,促进“保民生、保稳定、保增长”)百日攻坚活动,妥善化解一批重点突出信访问题,最大限度地推动“事要解决”,最大限度地减少信访“存量”,有效消除产生信访问题的根源,为全区经济发展创造良好的社会环境。活动期间,市交办袁州区突出信访问题19件,成功化解14件,稳控5件,化解率73.6%;区“三个三”活动交办突出信访问题26件,化解19件,稳控7件,化解率73%;各乡镇街道场自行排查矛盾纠纷162件,化解141件,稳控21件,化解率87%。

【袁州区成功申报中央苏区县】 7月23日,中央党史研究室下发《关于原中央苏区范围认定的有关情况》,确认袁州区为中央苏区县。袁州区(宜春县)是第二次国内革命战争时期中国共产党领导下的重要革命根据地。2012年,袁州区调集精干人员,投入大量的物力、财力搜集整理材料,申请中央确认袁州区(宜春县)为中央革命根据地范围。

主要领导人 区委书记:郑声宝。区人大常委会主任:温玉铭。区长:龚法生。区政协主席:兰书华。

(窦忠平 喻洪波)

·樟树市·

【简 况】 位于宜春市中南部,辖10镇、4乡和5个街道办事处,总面积1290.99平方千米,其中市区面积46.34平方千米。耕地面积6.07万公顷,有林面积2.54万公顷,森林覆盖率30.62%。总人口59.26万人,其中城区人口23.90万人,非农业人口15.95万人。人口自然增长率7.24‰。2013年实现地区生产总值267.11亿元,同比增长10.6%。其中,第一产业增加值27.93亿元,增长3.6%;第二产业增加值158.15亿元,增长12.5%;第三产业增加值81.04亿元,增长10.0%。三次产业结构为10.5:59.2:30.3。规模以上工业总产值402.91亿元,增长18.9%。主要工业产品有白酒5.2万千升,原盐232.1万吨,中成药3167吨,电动葫芦2203台,单双梁起重机1728台,香料1740.7吨,水泥33.6万吨。农林牧渔业总产值47.93亿元,增长3.6%。主要农产品有粮食57.99万吨,油料5.39万吨,中药材4.38吨。财政收入36.52亿元,增长14.1%;财政支出35.71亿元,增长14.2%。城镇在岗职工年平均工资3.62万元,增长16.0%;农民年均纯收入1.03万元,增加12.9%。年末金融机构各项存款金额217.29亿元,增长11.8%;各项贷款余额130.37亿元,增长22.0%。袁州区获中国药都、全国科技进步先进县(市)、中国城市创新能力百强县级城市、全国金属家具优秀产业集群等称号,被确认为原中央苏区范围内县(市、区)、国家中药原料生产供应保障基地、国家新型工业化中医药产业示范基地。

【樟树市被授予“中国药都”称号】 10月16日,在第44届樟交会开幕式上,中国中药协会授予樟树市“中国药都”称号。樟树药业源远流长,始于东汉,三国时期摆有药摊,唐代设有药圩,宋代形成药市,明清时期为南北川广药材总汇的“药码头”。至清乾隆年间,全市已有百分之八十的人“吃药饭”,药材行、号、庄、店近200家,炮制作坊百处。随着时间的推移,樟树人开的药店遍布全国各地,成为中国药业界名声大噪的“樟树药帮”,并享有“药不到樟树不齐、药不过樟树不灵”的美誉。近年来,樟树市把药业作为全市的支柱产业来抓,在政策扶持、人才引进、招商引资、科技创新、企业融资等方面给予大力支持,全市形成药地、药企、药市、药会齐头并进,生产、加工、销售、科研一体化的医药产业化格局,樟树医药产业集群是江西省唯一入选中国县域产业集群百强的产业集群。2013年全市医药企业总数突破100家,医药商业收入近100亿元,中药材种植面积1.2万公顷。

【获“全国县(市)科技进步先进市”称号】 2013年,樟树市被科技部评为全国科技进步先进市。樟树市高度重视科技工作,大力实施“科技强市”战略,紧紧围绕“抓科技项目、促产业发展,打科技品牌、创一流成绩”的目标，加大科技投入，深入实施科技创新"六个一"工程，加快企业主体、创新载体和产学研一体技术创新体系建设，壮大提升主导产业、优势产业，培育发展高新技术产业，不断推动产业结构转型升级，提高区域自主创新能力和产业竞争力，为全市经济社会持续健康发展提供科技支撑。全市获省级以上科技计划项目150多次，获无偿资金6000多万元。拥有省级技术中心5家、省级工程技术中心3家、高新技术企业10家、省级创新型企业5家，申请专利888件，授权596件。樟树工业园被认定为"省级民营科技工业园"，樟树市中药产业基地被认定为省级高新技术产业化特色基地。此外，还先后获全省实施科技创新"六个一"工程先进市、全省依靠科技转变经济发展方式示范市、江西省可持续发展实验区、江西省知识产权强县工程试点市等称号。

【获批国家中药原料生产供应保障基地】　8月，工信部批复樟树为国家中药原料生产供应保障基地。樟树市按照GAP标准和SOP流程，大力推广无公害中药材种植技术，实行统一规划、统一选育、统一管理，通过实施规模化种植、标准化管理、产业化运作、工业化理念，使全市中药材种植实现跨越式发展，中药材产量及品质大幅提升。种植面积从2001年的1600公顷发展到1.20万公顷，年产值由200万元增加到3.96亿元。且已形成药业生产、加工、销售为一体，第一、二、三产业全面发展的产业格局。

【第44届全国药材药品交易会在樟树举行】　10月16日至18日，由江西省人民政府、中国中药协会主办，江西省食品药品监督管理局、宜春市人民政府、樟树市人民政府、威联会展公司承办的樟树第44届全国药材药品交易会在樟树市举行。此次樟交会以"创新·传承·合作·共赢"为主题，按照"简约、高效、务实"的办会原则，全面推行市场化办会模式，会场档次更高，商务气息更浓，文化氛围更强，合作空间更广。大会各项指标均超历史：参会厂商1万多户，参会代表超10万人，参展企业、商家620多户，参展药品种类1.50万余个；签约项目12个，总资金39.43亿元。

【仁和集团被确定为国家级高校毕业生就业见习示范单位】　2013年，仁和集团被人力资源和社会保障部确定为全国首批高校毕业生就业见习国家级示范单位。仁和集团自组建以来，深入贯彻人才领先战略方针，出台引进高校人才的一系列举措，加强与名高校的合作，采取到高校参加现场招聘，举行高校校园专场招聘会等形式，共招收近2000名高校毕业生到财务、人力资源、行政、企业管理、信息化、质量管理、产品研发、制药生产等岗位就业见习。通过建立"人才储备基地"，采取"点对点"和传、帮、带等方式的培养教育，大学生在仁和得到迅速成长，专业知识和业务知识得到很大提升，通过考核、考评，已有1200名见习学生被集团公司录用为正式员工。

【11户骨干企业在全省同行业排名第一】　2013年，樟树市的天齐堂中药饮片公司、四特酒公司、春丝食品有限公司、康怡冷饮公司、晶昊盐化、宏宇能源、蓝恒达化工、山峰日化、金虎集团、江西起重机械总厂和天仙精藏设备有限公司11户企业，在全省同行业中排名第一。樟树市按照"大企业要有大支持，好资源要配置给好企业，好企业要有好发展"的理念，在企业融资、项目建设、人才引进、科技研发等方面出台扶持政策，全力扶持骨干企业发展，促进产业规模不断扩张与产业机构不断优化，形成大企业支撑大产业、大产业推动大发展的良好局面，药、酒、盐、机械五金四大支柱产业的骨干企业，已成为全市工业经济发展的"顶梁柱"。

【全国关心关爱道德模范座谈会在樟树召开】　11月6日，全国关心关爱道德模范座谈会在樟树市召开。中央文明办二局局长涂更新，省文明办主任张天清，宜春市委常委、宣传部部长舒建勋，宜春市政协副主席徐汉芝，樟树市委书记刘安安等出席座谈会。樟树市第四届全国道德模范获得者皮祖强家属、第四届全国道德模范提名奖获得者郑向生，以及第三届全国道德模范获得者谭良才等参加座谈会。涂更新代表中央文明办对参加座谈会的全国道德模范及其家属表示慰问和感谢。舒建勋在致辞中说，要广泛开展向道德模范学习活动，把良好的道德行为将落实到群众的日常生活和工作之中。要引导党员干部不断提升道德品质，做社会主义道德的示范者、引领者，以优良的党风推动形成良好的社会风气。要在工作、生活上对道德模范、英模好人给予帮扶和资助，让"好人有好报"的价值导向广泛传承，让崇尚先进、学习先进、争当先进蔚然成风，让"好人文化"成为引领幸福宜春建设的正能量。

【发现一座距今约2000年大型东汉古墓】　5月，樟树市发现一座距今约2000年的大型东汉古墓，墓葬规模大，墓室结构奇特。此墓葬坐落在观上镇横里村龚家村小组对门山丘陵坡地山茶林区。墓葬平面近似"大"字形，全长15.2米，分墓道和前、中、后室，共6个耳室，3个壁龛，总体为12室3壁龛葬。经抢救性清理，发现此墓葬早年被盗，仅出土文物12件和部分残片。根据墓葬双后室设置，考古专家推测为一东汉贵族夫妻合葬墓，距今近2000年。发掘还弄清了以往考古存在的砖室与土坑的结构关系学术问题，为探讨东汉时期江西地区的政治、文化、经济和埋葬风俗提供了重要的历史实物资料。

主要领导人　市委书记：刘安安。市人大常委会主任：陈国勤。市长：胡江萍。市政协主席：傅理学。

（陈云芽）

·丰城市·

【简　况】　地处江西省中部、鄱阳湖盆地南端，辖20镇、7乡和5个街道办事处，总面积2845平方千米。耕地面积8.29万公顷，森林覆盖率40.2%，城区绿化率45%。总人口141.77万人，其中非农业人口34.44万人。人口自然增长率7.48‰。2013年实现地区生产总值341.24亿元，同比增长9.7%。其中，第一产业增加值55.14亿元，增长3.5%；第二产业增加值183.31亿元，增长12.3%；第三产业增加值102.79亿元，增长7.9%。工业总产值556.16

亿元,增长18.0%。主要工业产品有原煤728.01万吨、焦炭7.89万吨、水泥231.93万吨、火力发电量130.98亿千瓦小时。农业总产值80.37亿元,增长5.1%。主要农产品有粮食总产量105.38万吨,增长0.9%;油料作物总产量4.09万吨,增长6.7%;生猪饲养量143万头,增长3.0%;禽蛋总产量2.63万吨,增长4.0%。财政总收入首次突破50亿元大关,完成50.02亿元,增长19.1%;地方财政收入36.5亿元,增长21.4%。财政支出60.3亿元,增长14.5%。城镇居民人均可支配收入2.20万元,增长11.8%;农村居民人均纯收入1.03万元,增长16.8%。年末城乡居民储蓄存款余额219.99亿元,增长15.8%。

【推进现代农业发展】 2013年,丰城市大力推进现代农业发展。一是农业产业化加速推进,基本形成"一核三谷六园"现代农业发展格局,新增省级龙头企业1家、宜春市级龙头企业15家。二是全市无公害基地、名牌农产品、绿色食品申报认证工作稳步推进,共有无公害基地17个,无公害产品22个,基地面积0.4万公顷,产量8.67万吨。三是依托国家高产油茶示范项目,新建高产油茶林0.07万公顷,改造油茶低产林0.07万公顷。四是农村土地流转有序推进,全市流转土地0.40万公顷。农民专业合作组织全面发展,新增农民专业合作社159家。

【全面启动创建"三城"工作】 2013年,全面启动创建省级森林城、省级卫生城、省级文明城工作。全市投入资金4200余万元,其中市财政资金1400万元,有序开展市容环境综合整治、户外广告整治、中心城区菜市场环境卫生集中专项整治等8项活动,增设果壳箱960个,改造建设5个休闲游园及社区健身舞台,改造升级58座城区公厕,首批23座公厕改造基本到位。省级森林城创建工作顺利通过专家组评审验收,全市森林覆盖率40.2%,城市人均公共绿地面积12.3平方米。

【推动丰昌同城化进程】 2013年,丰城市以交通对接、产业转型、城市升级方式,推动丰昌同城化进程。一是以交通对接推动丰昌同城化进程。完善高等级公路路网布局,总投资7.9亿元、全长24.39千米的丰(城)厚(田)一级公路将直通南昌外环,总投资1350万元的曲(江)尚(庄)路、总投资1.43亿元的温泉公路、总投资7789万元的循环大道等县乡公路同步推进,投入3000万元建设6个农村公路综合服务站,实现"建管养运"覆盖。二是以产业转型推动丰昌同城化进程。实现依托煤电起步、跳出资源发展从地下到地上的华丽转身,形成高新园区、循环基地、总部基地、生态硒谷等7大特色产业平台,杰隆生物制品、恒兴源化工、好帮手电子等200多家企业落户高新园区。三是以城市升级推动丰昌同城化进程。拉开80平方千米现代化中等城市建设框架,推进投资40亿元的龙头山航电枢纽项目、投资6.5亿元的城西防洪堤等重点工程,加快建设"一江两岸",把金融和商贸物流打造成丰昌同城化的上乘之作。

【获"中国长寿之乡"称号】 7月5日,举行中国长寿之乡·江西丰城授牌仪式,成为全省继铜鼓县后第二个获此殊荣的县(市)。至2013年年底,总人口139.4万人,其中80岁以上老年人3.02万人,占总人口的2.17%,超过全国1.4%的平均值。百岁以上寿星136人,是全省百岁老人最多的县(市),占丰城总人口的十万分之九点八,高于"中国长寿之乡"十万分之七的考评比值。

【打造丰城"三谷"产业】 2013年,丰城市倾力打造"三谷"产业。一是打造"生态硒谷"产业。投资25亿元创建了富硒有机农产品生产基地等9大产业基地,引进江西御润坊富硒山茶油股份有限公司等农业龙头企业13家,其中"华英"荣膺"中国驰名商标"品牌,"华英"牌樱桃谷鸭系列产品晋级为"国家质量达标食品""全国质量信得过食品"。二是打造"养生硒谷"产业。在新建、高安、丰城3县(市)接壤处规划建设一个面积75平方千米的"中国养生硒谷"基地,投资20多亿元,开发建设温泉大酒店、康复疗养中心、养生公寓、度假会所、中药谷、水上乐园、森林公园、高尔夫球场、生态农场等特色旅游项目。三是打造"生态花谷"产业。建有江西润禾园林景观有限公司等9个花卉苗木生产基地,面积0.2万公顷;投资2.5亿元在龙津洲新建一个占地面积66.67公顷的花卉博览园;全省第一个樟树工程产业基地落户丰城淘沙,将种植芳樟香料林66.67公顷。

主要领导人 市委书记:杨玉平。市人大常委会主任:熊红亮。市长:金三元。市政协主席:熊建清。

(丰城市委史志办)

·靖安县·

【简　况】 位于江西省西北部,辖5镇、6乡。总面积1377.49平方千米,其中城区面积8.4平方千米。耕地面积0.9万公顷,林地面积11.76万公顷,森林覆盖率84.1%,城市绿化率41.7%。全县总人口14.97万人,其中非农业人口4.13万人。人口自然增长率6.98‰。全年实现地区生产总值30.85亿元,同比增长4.67%。其中,第一产业增加值5.46亿元,增长5.7%;第二产业增加值15.83亿元,增长4.33%;第三产业增加值9.56亿元,增长4.67%。完成财政总收入6.2亿元,增幅14.76%;人均财政收入4150元。税收收入5.06亿元,占财政总收入的81.57%。地方财政预算支出11.51亿元,增长17.5%。城乡居民储蓄存款余额49.56亿元,增长17.29%。社会消费品零售总额5.17亿元,增长14.26%。实现工业总产值58.44亿元,增长17.66%。规模以上工业主营业务收入实现53.12亿元,增长18.5%;利税总额3.5亿元,增长43%。规模以上工业增加值12.03亿元,增长21.93%,占地区生产总值比重38.99%。全县工业用电1.43亿千瓦小时,增长14.17%。主要工业产品产量有铸钢件5.97万吨、铜材1.61万吨、电光源6.86亿只、锂离子电池549万只。完成固定资产投资29.62亿元,增长43.41%。实际引进县外资金23.8亿元,增长17.82%;利用外资1803万美元,增长11.99%;外贸出口6832万美元,增长12%。实现农业总产值10.53亿元,增长5.35%。

粮食总产量9.23万吨。主要农产品产量有水稻8.35万吨、柑橘4.96万吨、茶叶366吨、油菜籽0.51万吨。城镇居民人均可支配收入2.01万元;农民人均纯收入8569元,增长986元。全面完成51项民生工程任务,民生保障类支出7.98亿元,增长16.3%;新增就业2106人,转移农村劳动力2332人。城镇职工医保、城镇居民医保最高支付限额持续提高,新农合一次报账率达99%。全年发放各类救助资金3151万元。再次评为"全省社会救助工作先进县"。新建廉租房96套,公租房765套,改造危旧房1026套。城市污水处理率89%,万元GDP能耗0.585吨标煤。被农业部、旅游局授予"全国休闲农业与乡村旅游示范县"称号。

【通过国家级生态县验收】 11月14日至15日,环保部专家组对靖安国家级生态县创建工作进行考核验收。专家组一致认为,靖安县5项基本条件和经济发展、环境保护、社会进步3大类22项指标均达到国家级生态县标准,同意通过验收。2008年,县委、县政府提出创建省级、国家级生态县战略部署;2009年,做出建设生态县的决定。生态县创建启动后,严格按照生态县建设指标要求,提出生态农业、林业、工业、旅游、环境、人居、文化和自然资源保护八大体系建设。开展县城环境、农村环境综合整治,矿山企业污染防治,饮用水水源地环境综合整治。国家级生态县的成功创建,标志着靖安县探索出一条经济与环境协调发展的共赢之路。

【启动城乡垃圾一休化处理工程】 10月14日,靖安县按照"户分类入桶—村收集清运—乡镇压缩—县运转处理"模式,率先在全省启动城乡垃圾一体化处理工程。2012年,组建乡镇环卫所、村环卫办,建立650人的保洁员队伍,启动农村清洁工程。至2013年年底,共投入6300万元,配置压缩垃圾专用转运车2辆、垃圾清运车17辆,兴建8个垃圾压缩转运站和1个大型垃圾无害化处理场。

【清官况钟纪念馆开建】 11月13日,况钟纪念馆开工建设。该馆占地面积0.93公顷,建筑面积4100平方米,总投资2000万元。采用明代建筑格调设计,展览内容分为《况钟故事展》《中国古代清官展》《廉政文化展》《学术报告厅》《今望龙岗,再读况钟》影像放映室等。着力展现"三大清官"之一况钟爱民、务实、清廉之风。该馆成为研究、学习、传承况钟精神,弘扬廉洁文化和广大党员干部廉洁从政教育基地。

【遭受特大冰雹灾害】 3月22日下午6时40分左右,靖安县境内遭遇短时强降雨、强雷电、冰雹等极端天气,1小时内降雨量44毫米,并伴有八级大风和近30分钟冰雹,冰雹最大直径3厘米,为1957年靖安县气象站建站以来最大的一次。造成县城区及周边乡村不同程度受灾,城区大面积内涝,供电线路、路灯等基础设施损毁严重,房屋多处受损。受灾群众4.68万人,紧急转移安置4890人;农作物受灾面积3066公顷,其中成灾面积1623公顷、绝收面积169公顷;损坏房屋5926间,严重损坏982间,倒损房屋3户7间,直接经济损失8020万元。全县紧急设立临时安置点11个,拨救灾资金100万元,调运棉被500余床、瓦片72万片,用于救灾。

【央视《城市1对1》栏目播出靖安专题】 8月17日至19日,中央电视台中文国际频道《城市1对1》栏目组走进靖安县,对三文鱼、烫片、糍粑等美食,娃娃鱼生态园、香樟林、千年罗汉松等优良生态美景,马灯、船灯、草龙灯、靖窑黑陶等特色文化进行拍摄。12月8日,《城市1对1》栏目面向全球播出《生态之城中国靖安—韩国坡州》,重点介绍中国靖安和韩国坡州,聚焦两个城市的生活、文化、发展等方面的热点话题。县长田辉做客演播室介绍靖安。

【中东部种质资源库项目开工】 1月29日,中东部种质资源库项目开工建设,征地拆迁安置工作全面启动。该项目位于靖安县高湖镇下观村司地源,占地面积279.47公顷,征地拆迁安置涉及两个村民小组68户226人。4月,拆迁工作全面完成,安置房建设启动。该资源库为国家生物多样性保护战略总体布局中生物遗传资源迁地保护的一项重点工程,项目总投资约10亿元,工程建成后成为中国生物多样性保护、研究、开发、利用、收储、示范、培训和交流的综合性迁地保护基地和中国生物遗传资源的重要战略储备基地。

【获国家集体林区经营认证证书】 4月16日,国家森林认证委员会向江西靖安花桥民营林场颁发全国首个集体林森林经营认证证书。2011年8月,靖安被国家林业局列为唯一的全国南方集体林区森林认证试点县,花桥民营林场是在全国集体林权制度改革中兴办的新型林场,是试点项目实施单位。该林场通过建立健全组织结构,制定和运行森林经营管理体系,更新可持续经营理念,提高经营管理水平,实现各方效益的统一,巩固集体林林权改革的成果。

主要领导人 县委书记:张龙飞。县人大常委会主任:陈霞。县长:田辉。县政协主席:彭峰。

(蔡会如 黄烈花 赖丰芳)

·奉新县·

【简　况】 位于江西省西北部,辖10镇3乡、3场和1个街道办事处、1个管委会。县域面积1642.81平方千米,其中城区面积12.88平方千米。耕地面积2.8万公顷,有林面积10.27万公顷,森林覆盖率64.1%,城区绿化率44.3%。总人口32.7万人,其中非农业人口8.4万人。人口自然增长率7.31‰。2013年,全县国内生产总值96.23亿元,同比增长10.6%。其中,第一产业增加值15.30亿元,增长3.5%;第二产业增加值59.70亿元,增长12.4%;第三产业增加值21.20亿元,增长9.8%。财政总收入15.47亿元,增长19.8%;人均4730.9元,税收占财政总收入的85.4%;公共财政收入11.45亿元,增长20.1%;公共财政支出20.75亿元,增长11.5%。规模以上工业完成工业总产值289.58亿元,增长20.5%;规模以上工业增加值69.43亿元,占地区生产总值的72.15%。外贸出口总额7836万美元,占GDP的5%。500万元以上固定资产投资89.74亿元，实际引进境外资金6250万美元，省外资金42.48亿元。实际进资46亿元，增长18%。主要工业产品有规模以上纺织棉纱37.86万吨、石墨及碳素制品4.97万吨、塑料制品6755吨、糖果6563吨、电光源2126万只。农业总产值23.95亿元，增长5.18%；粮食总产量32.7万吨。主要农产品有稻谷30.8万吨、生猪出栏14.8万头、水产品总产量1.69万吨、猕猴桃0.96万吨。全年万元GDP能耗降低率为3.86%，主要污染物化学需氧量、氨氮化物、二氧化硫、氮氧化物削减量同比下降2.42%、1.13%、3.45%、7.4%，全面完成主要污染物减排任务。城镇居民人均可支配收入2.09万元，增加2952元；农民人均纯收入1.02万元，增加1221元。城乡居民年末储蓄余额84.83亿元，增长16.4%。社会消费品零售总额26.36亿元，增长14%。成功创评“中国苗木产业示范县”“中国绿色农业示范县”。

【城市建设扩容提质】 《奉新县城(2010—2030年)总体规划》获宜春市批复。全年启动和实施城市路网、管网等基础设施项目40个。天工大道一期6.54千米全面竣工，二期已开工建设；华林大道、新吴大道、滨河东路建设强力推进，通化大道、回澜路、济美路、新党校周边等道路基本完成。完成城东新区控制性详规和文化艺术中心总体设计方案，正在进行“三通一平”；已完成2万吨水厂扩建工程；“西气东输”县城天然气各项建设全部完成，并于7月初通气；完成县城第二污水处理厂可研、评估和论证等工作，新建污水管网18.22千米。

【扎实推进民生工程】 全年用于民生方面的资金投入15.3亿元，占公共财政预算的73.7%。全面完成宜春市政府下达奉新县民生工程8大类83项指标。就业和再就业工作成效明显，发放小额担保贷款1.47亿元，新增城乡就业7000人，连续3年获“全省社会救助先进县”称号。完成450户农村危房改造任务，保障性安居工程建设进度位居全省前列。全年实施公路建设160千米，渣会线、奉后线、安观线道路改造建成通车。

【抽水蓄能项目获批】 7月28日，国家能源局批复确定奉新(120万千瓦)为江西省2020年新建抽水蓄能电站推荐站点。奉新抽水蓄能电站上库位于罗市镇兰田村太阳埚，最大坝高113米，坝顶长度464米，有效库容890万方；下库位于会埠镇东源村，最大坝高76米，坝顶长度519米，有效库容827万方；平均发电水头515米，总装机120万千瓦，总投资65.4亿元；项目建成后，年发电量达20.1亿千瓦小时。

【获“中国棉纺织名城”称号】 12月20日，奉新县被中国纺织工业联合会授予“中国棉纺织名城”称号，成为江西省首个获此殊荣的县。奉新棉纺织产业链加速延伸，全县棉纺纱规模200万绽，占全省纺纱总量的43.9%。随着丝源祥再生科技纺织原料、中国织材纺纱、永兆实业印染等项目建成投产，印染集控区污水处理厂、纤维检测站投入运营，初步形成完整的纺织产业链。

【被国土资源部授予“全国国土资源节约集约模范县”称号】 6月25日，奉新县被国土资源部授予“全国国土资源节约集约模范县”称号，是宜春市唯一获此殊荣的县。奉新县强力开展城区规划建设综合整顿工作，盘活用地27.93公顷，报批用地139.2公顷，“造地增粮”工程新增耕地81.13公顷，获33.33公顷用地指标奖励。

【龚付生藏报馆获“中国集报之家”牌匾】 12月，中国报协集报分会授予奉新公路分局退休干部龚付生藏报馆“中国集报之家”的牌匾和证书。龚付生藏报始于1966年10月，因他的第一篇题为《一张支票看风格》的新闻稿发表在《赣中报》上，便有意识地剪下贴在剪报本上。随着他在报刊上发表的作品日渐增多，经人指点便将剪报改为集报。他已收集到试、创、终刊号、号外、3D报、4D报、连体报、微型报几千种2万余份，其中一份记载1949年7月8日奉新全境宣布解放的《东北日报》，是镇馆之宝。他的家庭藏报馆有一指宽的世界最小报纸，也有人头高的连体报，更有色、香、味、形的4D报，报纸开本有对开、4开、8开、16开、32开，报纸材料有新闻纸、铜版纸、TC卡纸、布、名片、明信片，报纸印刷方式有手抄、钢板刻、石印、激光照排、复印、影印。

主要领导人 县委书记：张家良。县人大常委会主任：严美根。县长：甘贤武。县政协主席：卢英。

（熊正秋　邹文生）

·高安市·

【简　况】 位于江西省西北部，辖2乡、19镇和2个街道办事处。总面积2439.33平方千米，其中建城区面积26.49平方千米。耕地面积10.32万公顷，有林面积7.31万公顷，森林覆盖率35.53%，城区绿化率6.32%。总人口85.39万人，其中非农业人口20.17万人。人口自然增长率6.3‰。全年实现地区生产总值166.75亿元，同比增长10.26%。其中，第一产业增加值30.36亿元，增长5.62%；第二产业增加值86.20亿元，增长9.72%；第三产业增加值50.19亿元，增长14.25%。一、二、三产业比为18.2∶51.7∶30.1。全市工业总产值384.91亿元，增长23.8%；规模以上工业总产值364.91亿元，增长28.28%。主要工业产品有陶瓷7.57亿平方米、水泥412万吨、原煤166.4万吨、腐竹7108吨、饲料5.96万吨。农业总产值60.11亿元，增长5.07%。粮食总产量73.29万吨，增长1.54%。主要农产品有稻谷69.41万吨，大豆1.28万吨、花生2.88万吨、棉花1.16万吨、油菜籽2.42万吨。财政总收入25.02亿元，增长16.34%；地方收入18亿元，增长19.42%。非私营单位在岗职工年均工资3.53万元。农民人平年纯收入1.01万元，增加1243元。金融机构年末存款余额269.96亿元，增长19.5%。利用外商直接投资6300万美元；外贸出口总额1.25亿美元，增长22.65%。

【分类考核乡镇(街道、景区)创特色】

2013年，高安市对乡镇(街道、景区)考核办法进行改革探索，全面施行分类考核，凭实绩说话，不唯地区生产总值论英雄，努力探索差异化科学发展之路。一是科学分区。根据全市城乡统筹规划和产业发展布局,从各地经济实力、资源禀赋、地理位置、区域特色、功能定位出发,把全市23个乡镇(街道、景区)分为5个区域,即5大类别。二是合理设项。在考核内容上,摒弃以往的"眉毛胡子一把抓",提出"一取消"(取消面面俱到的单项考核)"三注重"(注重分类指导、注重特色工作、注重攻坚克难)方案。将考核项目缩减为经济发展、社会事业、党的建设、特色工作、民主测评、群众满意度6个大项、26个小项。三是区别权重。为体现经济建设的中心地位和发展的主旋律,每个区域所考核的项目类别相同,每个项目类别所占的分值也相同(总分100分,其中经济发展占60分,其他项目共占40分)。为彰显区域特色,凸显考核重点,引领工作重心,对不同区域考核内容设置不同的分值权重。高安市实行乡镇错位竞争、分类考核,鼓励各地差异化发展,"考"出了各地绿色崛起、赶学比超的热情和干劲,"奖"出了干部干事创业、主动服务经济社会发展的好作风、真本领,受到省、市领导的充分肯定。

【新增两处全国重点文物保护单位】 5月,华林造纸作坊遗址和景贤贾氏宗祠被列入全国重点文物保护单位。高安市华林造纸作坊于2008年被认证为中国发掘最早的造纸作坊,造纸朝代跨越宋、元、明;其竹造纸的规模量及延续造纸的工序等,符合当时华林胡氏古村由潜园至学舍和书院的教育发展过程中的用纸需求;完全再现了明代宋应星《天工开物》中记载的造纸工艺程序。国家文物局专家组组长、故宫博物院原院长张忠培在华林考察时说:华林造纸作坊可以较全面地展示出中国的造纸发展史,既是中华一宝,也是世界一宝。贾氏宗祠位于新街镇景贤贾家自然古村中部,属明代早期砖木结构的旧进式穿堂建筑,于清嘉庆年间贾氏宗族出巨资重修,它集贾村建筑之大成,为七进七出的宏大建筑群体,其工艺及规模在全国古村宗祠中极为少见。其中有两个全国罕见之事:一是该中轴线类似于北京故宫建筑群体的中轴线,只是规模较小;二是内部建筑结构具有南北风格,八卦荷花亭极为少。

【全面启动高安货运物流产业园建设】 2013年,高安货运物流产业园位于昌粟高速以南、沪昆高速以北、高(安)伍(桥)公路以西、昌粟高速高安出口连接线两侧,总投资50亿元,总体规划占地533.33公顷。产业园由现代物流园区、新车销售区、二手车交易区、专用车生产区和综合配套服务区五大板块构成。首期项目占地253.33公顷,涉及汪家、石脑、瑞办3个乡镇(街道)。园内首个配套项目宜春交警支队高安车管分所及三检站迁建工程年内启动,该工程占地4.68公顷,土方平整工作和项目立项、规划设计方案全部完成。

【获"全国科技进步先进市"称号】 科技部2013年度全国科技进步考核结果公布,高安市获"全国科技进步先进市"称号。高安市以科技协同创新和科技创新升级为重点,强化措施,优化科技发展环境,创新思路,促进优势特色产业健康发展。以普及科学文化知识为抓手,加强宣传,科学技术普及工作不断深入。加强合作,科技工作取得重要进展,宜春陶瓷国检中心的启动、高安市与景德镇陶瓷学院产学研全面合作签约、高安科技工作联谊会顺利进行,标志着该市全面开展产学研合作又上新台阶。加强科技计划管理工作,2013年申报各类项目79项,立项51项,共获科技经费无偿支持732万元,其中国家科技粮食丰产工程1项、国家创新基金6项、国家农转基金1项、国家重点新产品2项,省级科技富民强县计划、省星火计划、省级工程技术中心建设、省可持续发展试验区建设、省知识产权富民强县计划、省农业科技支撑计划、省社会发展科技支撑计划、省专利产业化计划各1项,省重点新产品项目20项。申报及立项项目数量之多、范围之广,几乎涵盖了县市区有条件申报的科技项目所有范畴。

【曾凯获全国"人民满意的公务员"称号】 12月17日,在第八届全国"人民满意的公务员"和"人民满意的公务员集体"表彰大会上,高安市公安局党委委员、看守所所长曾凯被授予全国"人民满意的公务员"称号。曾凯担任高安市看守所所长15年,兢兢业业、以所为家,将全部身心扑在工作上,不断探索监所管理新模式和人性化管理工作新方法,开创了高安市看守所工作新局面,被誉为"爱岗敬业的老黄牛""人性化监管的标兵"。在她的带领下,高安市看守所连续15年安全无事故、民警无违纪,先后获"全国公安监管系统深挖犯罪先进单位""江西省公安监管场所先进单位""全省优秀公安基层单位"等称号。她个人先后获全国"三八"红旗手、全国公安系统二级英雄模范、全国政法系统优秀党员干警、"全国公安监管系统深挖犯罪先进个人"等称号,全国"第四届我最喜爱的人民警察"特别奖获得者,入选中央文明办主办的"中国好人榜"敬业奉献好人,并被推荐为央视"感动中国2010年度人物"候选人。

主要领导人 市委书记:聂智胜。市人大常委会主任:黄雪刚。市长:袁和庚。市政协主席:熊冬根。

(高安市史志办)

·上高县·

【简　况】 位于江西省西北部,辖8镇、5乡、2场和1街道办事处,总面积1350平方千米,其中县城城区面积19.5平方千米。耕地面积2.50万公顷,有林面积6.19万公顷,森林覆盖率46%,城区绿化率38.2%。总人口36.99万人,其中非农业人口9.86万人。人口自然增长率7.09‰。2013年,全县完成地区生产总值113.2亿元,同比增长11%。其中,第一产业增加值17.7亿元,增长3.5%;第二产业增加值61.7亿元,增长13%;第三产业增加值33.8亿元,增长10.7%。财政总收入17.9亿元,人均5425元,税收占财政总收入的85%;地方财政收入11.8亿元,增长18.2%;地方财政支出22.9亿元,增长19.3%。全年工业总产值321.8亿元,增长23.1%。规模以上工业增加值79.51亿元,占地区生产总值70.2%,外贸出口3.59亿美元,占地区生产总值19.65%。全年固定资产投资116.7亿元;实际利用外商投资6852万美元;实际利用省外资金41.67亿元。主要工业产品有水泥150万吨、饮料酒33.6万升、服装477

万件。农业总产值实现41.7亿元,增长5.08%;粮食总产量33.52万吨。主要农产品有油料1.52万吨、生猪出栏94.7万头,牛存栏3.2万头。万元GDP能耗为0.977吨标煤,城市污水处理率80%。城镇居民人均可支配收入2.09万元,增加5130元;农村居民人均纯收入1.07万元,增长1286元。城乡居民年末储蓄余额81.3亿元,增长16.26%。

【推进重大项目建设】 2013年,举全县之力开展重大项目攻坚战,完善重大项目推进机制。全年引进亿元以上重大项目35个,其中香港凯博、神州铜业等10亿元以上项目8个,30亿元以上项目2个。举办42个重大项目集中开(竣)工仪式,投资总额117.2亿元。华彩印刷、高能佳电源等项目开工建设,和达天下、京美电子等项目顺利推进,朗朗食品、旺旺江西总厂扩建、正宇生物等项目竣工投产。签约项目落地率和投产率达70%以上。

【绿色食品产业快速崛起】 2013年,围绕建设国家级绿色食品产业基地,出台绿色食品产业发展扶持政策,完成绿色食品产业发展及1333.33公顷千亿食品生态产业园规划,首期333.33公顷征地拆迁有序推进。同时,成功举办2013中国上高·绿色食品产业发展研讨暨千亿食品生态产业园推进会,签约项目17个,资金103.6亿元。全县有绿色食品企业45家,总投资54.1亿元。绿色食品产业实现主营收入82.9亿元。上高县获"2012—2013年度全国食品工业强县"称号。

【加速推进现代农业示范区建设】 2013年,上高县率先出台《关于进一步加快创新农业经营体制机制的实施意见》,完成现代农业示范区核心展示区规划编制,启动千亩蔬菜标准园和水稻成熟技术集成展示区建设。设立徐家渡镇、芦洲乡土地流转中心,开展徐家渡镇寨里、山背村和芦洲乡中腰村农村土地流转试点,全县流转面积0.34万公顷。培育各类农业社会化服务组织779个,被列为全省农业生产全程社会化服务试点县。

【上高蒙山猪成功申报"国家农产品地理标志"】 2013年,上高蒙山猪成功申报"国家农产品地理标志"。上高蒙山猪肉脂品质好,肌肉颜色鲜红,系水力强,细嫩多汁,富含肌肉脂肪,皮薄骨细,头小肢细,胴体中皮骨比例低,味道鲜美,是江西省重点保护的地方猪种之一。早在1600年前,上高县已有农户从事养猪业。新中国成立后,党和政府十分重视上高蒙山猪的开发、利用和保护工作,派专家到上高县考察,编制了《上高蒙山猪的开发保护规划》,并于1976年建立"县畜牧良种场"和蒙山猪核心群生产基地,使蒙山猪得到有效保护和发展。进入21世纪后,上高县有蒙山猪养殖专业大户300多户,中小型养殖户1000多户,带动了2000多户从事蒙山猪的生产。

【上高会战遗址群和蒙山银矿遗址被列为全国重点文物保护单位】 3月,上高会战遗址和蒙山银矿遗址被国务院列为第七批全国重点文物保护单位。上高会战爆发于1941年,被誉为"抗战四年来最精彩之战",在上高县境内留下众多遗址。这些遗址至今保存良好,涵盖了整个作战体系,在抗战史遗址上实不多见,主要包括镜山核心战场遗址、中国军队第19集团军总指挥部遗址、侵华日军第34师团指挥部遗址、中国军队第19集团军总部特务营遗址、中国军队第74军第58师战时指挥部遗址、上高会战战时监狱遗址、中国军队第72军新15师战时指挥部遗址、中国军队第19集团军妇女战地服务团遗址、中国军队第74军战时医院、官桥标语墙、田心标语墙、堆峰标语墙等。1987年12月,上高会战遗址被江西省人民政府列为省级重点文物保护单位。1991年,县委、县政府仿中山陵格局于县城东郊的镜山旁重建抗日阵亡将士陵园。2009年1月列为江西省爱国主义教育基地。2012年,被列入全国红色旅游经典景区二期总体建设方案。蒙山银矿遗址位于上高县南港镇鉴里村周围的蒙山山脉,是宋、元、明时期一处集采矿、选矿、冶炼和铸币一条龙生产线于一体的大型银矿和银场遗址。经考古调查,发现有采矿主矿硐27个、大型露采遗迹探槽和槽坑各1处、冶炼场4处、矿山交通石板古道4条和古桥梁2座,以及宋、明两代有关矿山禁采石刻4处。还有官办矿山管理机构——宋代蒙山务和元代银场提举司的旧址及保护主冶炼场的大型护卫性土垣和壕沟遗址,中国首座矿山学校——正德书院旧址、佛教寺院——圣济寺旧址等遗存。这些丰富的遗存涵盖了古代矿山生产、运输、管理、教化和信仰的方方面面,在中外古代矿山遗址中极为罕见。1987年12月被省政府列为省级重点文物保护单位。

主要领导人 县委书记:刘平。县人大常委会主任:江建辉。县人民政府县长:漆海云。县政协主席:况国高。

(卢建萍　晏紫春)

·宜丰县·

【简　况】 位于宜春市中部,辖8镇、4乡、2林场和2个垦殖场。总面积1935平方千米,其中城区面积8.5平方千米。耕地面积2.82万公顷,林地面积13.91万公顷,森林覆盖率70.12%,城区绿化率36.01%。全县总人口29.42万人,其中非农业人口8.2万人。人口自然增长率8.06‰。2013年实现地区生产总值84.20亿元,同比增长9.8%。其中,第一产业增加值17.83亿元,增长3.5%;第二产业增加值44.24亿元,增长12.8%;第三产业增加值22.13亿元,增长8.9%。财政总收入11.87亿元,增长18.1%;税收占财政总收入的比重89.5%;地方财政收入7.34亿元,增长17.3%;财政支出17.0亿元,增长7.5%。工业总产值137.24亿元,增长12.4%。规模以上工业实现增加值31.87亿元,增长14.2%,占地区生产总值的比重37.85%。全社会500万元以上固定资产投资55.56亿元,增长2.8%;实际利用外商投资5094万美元;省外投资22.98亿元。规模以上工业主要产品产量:瓷质砖3330.3万平方米,人造板9.25万立方米,水泥129.76万吨,硅酸盐水泥熟料77.85万吨。农业总产值33.51亿元,增长3.5%。粮食总产量28.94万吨。主要农产品产量:水产品1.82万吨,肉类3.21万吨,生猪出栏35.66万头,禽蛋产量1.70万吨。万元GDP

能耗同比下降3.92%,城市污水处理率75%。城镇居民人均可支配收入2.08万元。农村居民人均纯收入9417元,增加1113元。城乡居民年末储蓄余额61.69亿元,比上年末增长14.3%。

【逢渠桥列入全国重点文物保护单位】 2013年,在国务院核定公布的第七批全国重点文物保护单位名单中,宜丰县逢渠桥榜上有名。逢渠桥位于宜丰县同安乡洞山村的洞山水口,建于北宋绍圣五年(1098),为纪念良价禅师于此悟道而建。桥拱券以7个纵向单券并列组成,每券花岗石11块,77块矩形石排成7列,组成承重拱板,每列纵向与横向石疑皆相通。拱肩立有2个石雕武为护桥神。桥全长15米,桥面宽4.7米,桥拱净跨4.2米,拱矢高2.1米,属陡拱。其"逢渠桥"三字是当时县令钱鍪根据良价初到洞时,在此涉水相逢身影所作的《逢渠偈》而题写的。1987年公布为江西省文物保护单位。

【宜丰县图书馆升格为国家一级图书馆】 11月14日,文化部公布第五次全国公共图书馆评估定级结果,宜丰县图书馆被评为国家一级图书馆。宜丰县图书馆于2008年第四次全国公共图书馆评估定级为三级馆,2010年9月启动馆舍改(扩)建项目,2011年9月全面完成并免费对外开放。改造后的图书馆馆舍总建筑面积2228平方米,设有少儿阅览室、电子阅览室、外借室及成人阅览室、盲人阅览室五个免费开放窗口和一个多媒体报告厅,藏书10.8万册,其中古籍5717册,电子资源总量21种81GB。2012年,流通总人次13万人次,外借11.5万册,新增办证2200个,组织开展讲座及优秀影片展播15场,举办展览及培训15场。

【退休职工李托如荣登"中国好人榜"】 4月,由中央文明办主办、中国文明网承办的"我推荐、我评议身边好人"活动揭晓,宜丰县供电公司退休职工李托如荣登孝老爱亲"中国好人榜"。2010年,李托如的老伴因脑梗死导致瘫痪在床,为了治好老伴的病,不懂医的李托如开始研究医学,到处求医问药,一天三次帮她按摩从不间断。在其精心照顾下,老伴的身体明显好转并能独立行走。李托如用淳朴的真爱谱写了一曲感人至深的爱心故事,不但感动了身边同事、亲朋好友,也感动了街坊邻居,先后被授予江西省电力公司"爱心老人"、《中国电力报》2013年感动电力人物。

【全省首家外资村镇银行在宜丰开业】 9月11日,宜丰中银富登村镇银行正式开业。这是中银富登村镇银行在江西省设立的首家网点,它的成立也标志着江西省外资村镇银行实现零的突破。中银富登村镇银行是中国银行和新加坡淡马锡旗下的富登金融控股公司携手打造的村镇银行,银行整合中国银行的本土优势和淡马锡在微型金融实践中形成的国际先进经验,按照规模化发展、集约化管理、专业化运作的模式开展业务,有利于更好地管理和控制风险,提升资产回报和服务水平,助力当地县域和村镇经济发展。

【总投资20亿元LED光谷产业园项目落户宜丰】 12月5日,总投资20亿元的LED光谷产业园项目在宜丰县行政中心举行签约仪式。该项目固定资产投资16亿元,注册资本1000万元,主要从事LED类光电、电线等产品的生产和销售。项目由江西粤宝置业服务有限公司投资,是一家专门致力于LED产业项目开发的企业,产品技术和品质达到国际先进水平。项目建成投产后,每年生产4.8亿只(SMD LED)封装及器件和各类LED产品,年销售收入49.46亿元。

【举行江西物华宜丰综合大市场奠基仪式】 3月9日,宜丰县举行江西物华宜丰综合大市场奠基仪式暨招商启动大会。南昌市政协副主席、工商联主席陈斌,县长张智萍,江西物华宜丰综合大市场公司董事长刘相鑫等出席奠基仪式。江西物华宜丰综合大市场是宜丰县2013年重点服务建设项目,项目位于县城南环线与320国道交汇处延伸段,项目总建筑面积22.6万平方米,预期投资5.8亿元,共有商铺2000余个,主要经营建材、竹木产品、家具、服装、日用百货、灯具、五金、家用电器、窗帘布匹等商品。

【启动万国矿业60万吨改扩建工程】 6月16日,宜丰万国矿业有限公司60万吨改扩建工程启动仪式在宜丰县新庄镇举行。宜春市副市长赖国根,福建省建阳市委书记葛晓华,县委书记邓伟、县长张智萍出席仪式。宜丰万国矿业有限公司成立于2003年11月,是一家中型采选联合企业,2012年在香港上市,成为宜丰县首家本土上市公司。此次改扩建工程投入2.86亿元。

主要领导人 县委书记:邓伟。县人大常委会主任:张美荣。县长:张智萍。县政协主席:李和平。

(纪睿)

·铜鼓县·

【简　况】 位于江西省西北部,辖6镇、3乡和4个国有林场。总面积1551.94平方千米,其中城区面积18.65平方千米。耕地面积7266公顷,森林面积13.7万公顷,森林覆盖率87.21%,城区绿化率41.8%,城镇化率46.2%。总人口13.8万人,其中非农业人口3.5万人。人口自然增长率6.86‰。全社会500万元以上固定资产投资16.75亿元,增长29.2%。2013年地区生产总值31.54亿元,增长9.5%。其中,第一产业增加值5.08亿元,增长3.3%;第二产业增加值13.97亿元,增长12.7%;第三产业增加值12.49亿元,增长8.4%。一、二、三产业比为16.12∶44.3∶39.58。财政总收入6.2亿元,增长14.7%,人均4492元;地方财政收入4.79亿元,增长17.6%;财政总支出10.61亿元,与上年持平。工业总产值28.7亿元,增长21.17%。主要工业产品有医药、化工、水晶、竹木建材等。农业总产值2.26亿元,增长0.36%。粮食总产量4.42万吨,增长1.1%。主要农产品有茶叶0.28万吨、蔬菜1.39万吨、生猪出栏6.5万头、山羊出栏3.94万只、家禽出笼67.08万只。万元GDP能耗0.75吨标煤,城市污水处理率97.8%。在岗职工年平均工资3.77万元,增长30.98%。城镇居民人均可支配收入1.15万元,增长

11.5%；农民人均纯收入5913元，增长12.3%。金融机构储蓄存款余额29.37亿元，增长5.7%；金融机构贷款余额12.7亿元，增长18.2%。全县引进项目18个，实际进资10.5亿元，增长23.9%。其中引进外资2055万美元，增长64.4%。城镇基本养老保险参保1.76万人；农村居民新农保参保5.54万人。新开工保障性住房650套，棚户区改造94套，完成农村危房改造684套。

【花山隧道全面贯通】 12月29日，花山隧道全面贯通。该隧道是铜鼓县重要民生工程，位于铜（鼓）大（梅）线，起于温泉镇石桥村棚下，止于花山林场，是县城通往西河片的道路改建项目。隧道全长2.54千米，总投资2.2亿元，设计单洞双车道，宽10米，行车速度为60千米/小时，汽车荷载等级公路二级。由铜鼓县人民政府筹资、中国公路工程咨询集团有限公司设计、中国铁路第四勘察设计院集团有限公司承建。2012年2月开始筹办，9月28日正式开工建设。花山隧道的贯通解决了西河片5个乡镇（场）近5万名群众出行难题。

【两个专题片在央视《走遍中国》栏目播出】 2013年，铜鼓两个专题片先后在央视《走遍中国》栏目播出。11月25日晚8时，中央电视台国际中文频道《走遍中国》栏目播出铜鼓《传奇翠竹》专题片。该片从竹林、竹箩筐、竹火笼、竹晒垫等生活细节入手，全面讲述客家人与竹子息息相关的生活和食用竹笋、使用竹器、培育竹林的悠久历史，展示铜鼓县生产时尚竹键盘，将传统竹产业与现代IT行业结合转型的过程，反映铜鼓良好的生态环境、深厚的人文底蕴和独具魅力的竹文化。12月4日晚8时，《走遍中国》栏目播出铜鼓《与杉同寿》专题片。该片从“天人合一”的生活理念、崇文尚武的传统观念、勤劳质朴的民风民俗、健康均衡的饮食习惯等方面，探寻铜鼓百岁老人的长寿奥秘，展现铜鼓长寿老人风采，同时利用客家干子茶、米果、包圆、撑酒、紫杉酒、红豆杉茶等展示铜鼓特色美食。

【萧家祠列入国家级文物保护单位】

5月3日，国务院核定公布第七批全国重点文物保护单位，湘赣边界秋收起义前敌委员会旧址、毛泽东故居、工农革命军第1军第1师3团团部旧址——萧家祠名列其中。这是铜鼓县唯一全国重点文物保护单位，位于铜鼓县城西门的定江河北岸。该旧址建于清光绪初年，土木结构，前后两栋，中有天井，两侧厢房把整个建筑连成一体，总建筑面积2000平方米。1927年8月，由中国共产党领导的浏阳工农义勇队（时称国民革命军第20军独立团），因未赶上“八一”南昌起义，于8月20日开抵铜鼓县城休整待命，团部驻扎萧家祠；毛泽东到铜鼓后在萧家祠下榻，住后栋右侧厢房，9月10日，毛泽东在萧家祠大厅主持召开工农革命军第三团排以上干部会议，传达中共“八七”会议和萍乡军事会议精神，部署秋收起义，宣布成立前敌委员会。1987年12月，萧家祠曾列为江西省第三批重点文物保护单位。

【列入全省2013年度竹类特色产业项目实施县】 在江西省2013年度竹类特色产业项目竞争立项专家评审会中，铜鼓县综合分列全省第三，成功列入全省2013年度竹类特色产业项目实施县，原则上连续3年实施，每年可获省财政专项补助资金200万~300万元。铜鼓县是江西省主要毛竹产区之一，竹类资源丰富，竹林面积2.97万公顷，占林地面积的21.62%；活立竹蓄积4924.2万根，年可采伐毛竹600万根。2012年，全县累计完成低产竹林改造1.33万公顷，建立高标准笋竹两用林示范基地0.67万公顷。实现竹产业总产值5.8亿元，占生产总值的21.1%。其中，山上竹林产值2.3亿元，占39.65%；山下加工产值3.5亿元，占60.35%。全县笋竹生产加工企业发展到70余家，从事竹类生产加工的林业专业合作社发展到20多个，参与竹产业生产、加工的林农有1万多人，依靠竹业年收入达10万元以上的农户有500余户，竹业已成为铜鼓县林农增收致富和县域经济的主要支柱产业之一。该项目的实施，为铜鼓县竹类特色产业发展提供了资金保障。

【重修《铜鼓县志》出版发行】 11月，重修《铜鼓县志》由方志出版社出版发行。重修《铜鼓县志》正式启动于2012年7月，2013年1月完成志书初稿，4月10日至11日通过省、市、县三级专家初审，8月20日通过市史志办专家复审，9月通过县志编纂委员会审查验收。该书上溯历史发端，下至2012年，真实反映铜鼓的沧桑历史和发展变化。全书设31卷145章588节，分上、下两册，共300余万字。为突出地方特色和红色历史，全面、客观、系统地记录铜鼓自然、政治、经济、文化和社会的历史与现状。卷首设《秋收起义专辑》和卷中设《苏区卷》，旨在存史、资政、教化，为地方经济社会发展服务。

【郑向生获全国道德模范提名奖】 9月，在中央宣传部、中央文明办、解放军总政治部、全国总工会、共青团中央、全国妇联联合举办的第四届全国道德模范评选活动中，铜鼓县郑向生获全国道德模范提名奖。郑向生任永宁镇党委委员、坪田村党支部书记、青松贸易股份有限公司董事长兼总经理。其长年秉承“诚信兴业”的信条，让自己创办的企业健康发展，先后获“全省百佳旅游诚信单位”“消费者信得过单位”“全省先进单位”“重合同守信用企业”等称号；他当村支书8年，不领一分钱工资，垫付两百余万元帮村里搞建设，使一个落后村发生巨变，被村民称为“贴本”书记，坪田村被评为全省十大和谐村庄、全国民主法制先进村。他的先进事迹在中央电视台和《人民日报》《江西日报》等各大新闻媒体多次刊播。他先后被评为全省优秀共产党员、全省劳动模范、中国身边好人、全省道德模范。

【开展庆祝铜鼓建县100周年活动】

2013年是铜鼓建县100周年，全县贯彻落实中央八项规定，厉行节俭，以“我为铜鼓添光彩”为主题，开展简约隆重、丰富多彩的系列庆祝活动。召开全县领导干部大会，共同回顾百年历史，续写崛起华章；出版发行《铜鼓县志》《中国共产党铜鼓县历史大事记》《铜鼓乡村概览》《铜鼓情韵》；制作《中国铜鼓》形象专题片和《百年铜鼓》系列文献纪录片；举办“百年铜鼓”诗联书画摄影作品展、广场文艺晚会、机关干部大合唱、全民健身广场舞比赛、全县“久阳杯”篮球赛、铜鼓县“百年杯”围棋赛。

主要领导人　县委书记:胡国瑞。县人大常委会主任:林上旺。县长:鲁旭东。县政协主席:李鸣。

(刘书琴　蓝海虎)

·万载县·

【简　况】　地处赣西北边陲,辖9镇、7乡和1个街道办事处。总面积1719.63平方千米,其中城区面积8平方千米。总人口53.94万人,其中农业人口44.15万人。全县实现地区生产总值95.14亿元,同比增长10%。其中,第一产业12.73亿元,增长3.5%;第二产业58.45亿元,增长12.1%;第三产业23.96亿元,增长8.9%。一、二、三产业比为13.4:61.4:25.2。规模以上工业企业实现产值45.29亿元,增长14.1%。主要工业产品有花炮、有机食品、新型建材、机械电子、橡胶化工等。农业总产值25.29亿元,增长5.27%。主要农产品有稻谷、有机蔬菜、水果、茶叶等。粮食总产量30.04万吨。财政总收入17.02亿元,增长16.5%;税收总额14.58亿元,增长17.65%;地方财政收入10.32亿元,增长17.5%。财政支出22.19亿元,增长9.7%。全县从业人员平均工资1.82万元;在岗职工年平均工资2.62万元;农民人均年纯收入7251元。城乡居民年末储蓄余额70.29亿元,增长16%。

【人力资源和社会保障部远程教育摄制小组到万载拍摄专题片】　11月16日至19日,人力资源和社会保障部远程教育摄制小组一行3人,到万载县实地拍摄以构建和谐劳动关系为内容的专题片。

万载县自2012年7月被省人力资源和社会保障厅确定为全省构建和谐劳动关系试点县以来,本着“试点先行、以点带面”的工作原则,选择了辉明化工等6家企(行)业先行试点,通过“强化领导、企工动员、上下联动、同创共建”一系列措施,取得了五个创建成效:一是提高了职工的幸福指数;二是提高了党群组织的活力;三是提高了企业文化的品位;四是提高了企员的整体素质;五是提高了经济发展的水平。6户试点企业签订完善劳动合同达到99.8%,比试点前增长11%;社会保障缴交率达99.5%,比试点前提高25.4%;职工工资收入增长26%,企业总收入增长16.3%,完成国家税收增长16.8%。2013年5月,以万载县构建和谐劳动关系为主要内容的《和谐劳动幸福万载》专题片,入选中组部农村党员干部现代远程专题教材。

【昌栗高速万载段建设项目全面开工】　11月29日,南昌至上栗高速公路万载段建设项目全面开工。昌栗高速万载段里程总长48.6千米,途经三兴镇、鹅峰乡、康乐街道、马步乡、高城镇、岭东乡、株潭镇、工业园、试验林场9个乡镇(街道、园区、林场),涉及行政村21个,征用土地314.67公顷,征收各类房屋7.64万平方米,拆迁高、低压电力线路8.81万米,拆迁电讯线路5.40万米。

【168家照明灯饰企业在万载签约落户】　9月28日,万载灯饰产业暨远投国际灯饰广场举行全球品牌企业招商签约仪式,欧普、飞利浦、双雄极光等168家照明灯饰品牌企业签约落户。万载县自2011年起,主动承接沿海照明灯饰产业转移,出台《关于加快发展照明灯饰产业的决定》,制定了灯饰产业发展五年规划,明确了一系列产业发展措施,规划了面积0.13万公顷的照明灯饰产业基地,同时加紧建设与产业基地相配套的成品生产基地,着力打造灯具配件市场、成品销售市场、研发中心、培训中心和电镀集控区“两市场、两中心、一控区”,力争打造中国中部地区最大的照明灯饰产业基地。2013年已有38家企业开工建设,其中1家开始试产。

【高村镇防洪工程列入全国重点项目】　10月,省水利厅下达江西省全国重点中小河流治理项目计划,万载县高村镇防洪工程被列入全国重点中小河流治理实施(2013—2015年)的项目。万载县高村镇防洪工程项目总投资2367万元,其中,中央资金1420.2万元,地方配套资金946.8万元。项目建设标准内容为河道综合整治长8.04千米,工程保护面积6.8平方千米,保护人口0.72万人,保护耕地0.05万公顷。项目建成后,可以进一步改善当地防洪条件,提高粮食综合生产能力。

【万载县第二小学搬迁新校区】　2013年,万载县第二小学新校区主体工程全部完成,全体师生搬迁新校区上课。新校区由万载县鑫达房地产公司投资兴建,位于县城西门,占地面积2.23公顷,建筑面积1.36万平方米,总投资3000多万元,内有行政楼1栋、教学楼4栋、附属楼1栋,还有1个200米塑胶跑道和2个篮球场的运动场。

【列入中央苏区比照享受有关政策县】　7月23日,中央党史研究室下发《关于原中央苏区范围认定的有关情况》,将万载县列入中央苏区比照享受有关政策县,在实施原中央苏区振兴发展规划时,比照享受有关政策,给以相应扶持和优待。2010年7月以来,万载县史志办努力做好中央苏区县的申报工作,多次到周边各县史志办和省、市图书馆、上级有关部门及浏阳、萍乡等地查找资料,进行有益的互动交流,还专门与县档案局一道赴湖南省档案馆、江西省档案馆查找原始档案,共查找原始档案文献资料、回忆资料、其他考证资料、有关著作的论述资料1100多份(本、页),形成了万载县中央苏区县的申报材料。该材料图片150多幅,正文及附件达2万多字。中央党史研究室根据万载县史志办在2012年提供的《万载县申报中央苏区范围的材料汇编》,在长期研究以及以往对“中央苏区县”认定的基础上,严格审核,反复研究,将万载县列入中央苏区比照享受有关政策县。

主要领导人　县委书记:胡新明。县人大常委会主任:周洪波。县长:陈虹。县政协主席:肖德明。

(辛增友　黄德娥　徐小明)

上饶市

【概　况】　位于江西省东北部,辖1

区、10县、1市。全市土地总面积2.28万平方千米。山地面积2342平方千米,丘陵区面积1.44万平方千米,平原区面积6013平方千米。总人口759.68万人,其中非农业人口151.17万人。2013年地区生产总值1401.2亿元,同比增长10.0%。其中,第一产业增加值207.1亿元,增长3.8%;第二产业增加值715.4亿元,增长12.3%;第三产业增加值478.7亿元,增长8.9%。财政总收入232亿元,增长15.8%,其中地方财政收入164.4亿元,增长22.6%。财政支出356.2亿元,增长17%。居民消费价格指数上涨2.7%,涨幅高于上年0.1个百分点。农林牧渔业总产值328.03亿元,增长3.84%。粮食产量345.48万吨,增产2.07%;油料产量19.06万吨,增产1.38%。全年实现全部工业增加值595.2亿元,增长13.0%。其中,规模以上工业增加值507亿元,增长12.90%。全市开工城镇建设项目722个,完成投资366亿元,新增建成区面积31平方千米,城镇化率提高1.1个百分点,达到44.66%。市中心城区开工城建项目98个,完成投资79亿元,建成区面积78.9平方千米,新增8平方千米。全年进出口总额31.8亿美元,增长18%。其中,出口30.5亿美元,增长16%;进口1.3亿美元,增长70%。全市公路通车总里程1.97万千米。其中,高速公路里程617.5千米,高速公路里程居全省第二,实现县县通高速公路。全年接待游客5401.02万人次,增长29.32%,旅游综合收入433.59亿元,增长38.6%。年末全市金融机构各项存款余额1665.2亿元,增加259.7亿元,增长18.48%。其中,单位存款525.2亿元,增长19.7%;城乡居民储蓄存款1069.9亿元,增长18.01%。市区城镇居民人均可支配收入2.22万元,增长10%。

【2013年投资上饶(香港)项目恳谈会在香港举行】 6月7日,上饶市政府在香港会议展览中心举行2013年投资上饶(香港)项目恳谈会。市委副书记、市长潘东军致辞。来自港澳地区的100余名客商参加恳谈会。会上,上饶经济技术开发区和德兴市、鄱阳县领导作了推介,部分客商代表作了发言。恳谈会期间,举行了重大招商项目签约,签约项目15个,投资总额15.93亿美元。

【召开“饶商回归”动员大会】 6月18日,上饶市举行饶商联合会“饶商回归”动员大会。市委副书记、市长潘东军出席并讲话。省商务厅副厅长陶莉萍,饶商联合会顾问、福建省军区原副司令员朱光泉,著名经济学家吴晓求以及饶商联合会名誉会长、中国用友软件股份有限公司董事长王文京等出席,饶商联合会会长陈新作动员报告。动员会上,签署14个回归投资项目,投资规模近100亿元;上饶银行与饶商联合会签订50亿元授信协议;饶商联合会与市慈善总会签订了捐赠协议。

【建立公交“国有国营”新体制】 7月10日,上饶市举行公交公司股份转让签约仪式,这标志着市中心城区“国有国营”公交经营体制基本确立。市中心城市公交客运起步于20世纪70年代中期,大致经历了国有国营、挂靠承包经营、国营民营混合经营、国有控股经营、国有国营几个阶段。随着上饶市城市化进程的加快,中心城区面积与人口规模快速扩大,公交发展不足与市民需求增长的矛盾日益突出。市委、市政府结合当地实际,于2012年11月启动对市公交公司49%民营股权和资产的收购工作,建立了“一城一公交、国有国营”的经营体制。至2013年年底,上饶中心城区共有公交线路18条,公交车228辆。

【高铁上饶枢纽站开工建设】 为配套京福高铁合福段与沪昆高铁杭长段建设的需要及方便旅客出行,9月,高铁上饶枢纽站开工建设。上饶高铁站房建设方案于2012年9月通过,建筑面积9600平方米,总投资约1.2亿元,建于上饶火车站东侧。高铁上饶枢纽站以山水交响展饶城为设计概念,与老站房曲线造型相呼应,造型舒展、线条流畅、磅礴大气,犹如一幅山水画卷,体现“两山夹一水”的自然景观,蕴含了上饶山水城市的灵动之美。高铁站在功能上考虑新老站房候车及换乘要求,与老站房换乘通廊,无论在立面上,还是功能上都相互贯通、一气呵成。立面幕墙采用竖向百页,犹如古时书简,展露了上饶“朱子理学”“鹅湖书院”等人文气息。内部的候车大厅以现代的建筑手法,采用现代建筑材料,为乘客营造出舒适的候车环境。站台采用简洁的结构构件,白色金属体现出现代高速车站的现代速度感。整个设计具有功能连贯性、造型整体性,现代大气,清新雅致。建成后,高铁上饶枢纽站是一座整体长近400米,建设总规模达2万平方米的城市地标性建筑。

【全省支持赣东北扩大开放合作加快发展工作推进会在上饶召开】 10月16日,省政府在上饶召开支持赣东北扩大开放合作加快发展工作推进会,省长鹿心社出席会议并讲话。会议协调解决有关重大事项,推动《江西省人民政府关于支持赣东北扩大开放合作加快发展的若干意见》各项政策措施的落实。该意见鼓励赣东北地区错位发展,形成“一极两都”开放开发格局,提出将上饶打造成江西省东部的重要增长极。

【全面启动“1+5”信江河谷城镇群建设】 为贯彻落实《江西省人民政府关于支持赣东北扩大开放合作加快发展的若干意见》,上饶市研究出台《关于加快上饶“1+5”信江河谷城镇群建设的若干意见》,全面启动以上饶市中心城区为核心,包括广丰、玉山、横峰、弋阳、铅山的“1+5”信江河谷城镇群建设。“1+5”城镇群将以快捷发达的交通通道为依托,以一体化规划为指导,以组团发展、产城互动、复合型、生态型为发展路径,打造成为功能布局合理、空间利用高效、承载能力强劲、产业特色突出、环境生态优美、社会和谐友好、人民富裕文明、充满活力和竞争力的内陆城镇化建设示范区、对外开放合作的重要平台和最具潜力的经济增长板块。

【上饶市与韩国谷城郡缔结友好城市】 10月22日,上饶市与韩国谷城郡缔结友好城市签字仪式在上饶举行。市委副书记、市长潘东军与谷城郡郡守许南锡签署友好城市协议书并致辞。谷城郡是韩国全罗南道北部的一个郡,物产丰富,交通便利,林、农业资源和旅游观光资源丰富。双方以此次缔结友城为契机,进一步加强双边沟通,重点在农业、旅游、林业等方面务实合作,促进两地共同发展繁荣。

【上饶市获批全国中小商贸流通企业服务体系建设试点城市】 11月18日,商务部公布28个全国第二批中小商贸流通企业服务体系建设试点城市(地区),上饶市名列其中。上饶市开展的中小商贸流通企业服务体系建设试点工作,着力构建中小商贸流通企业"一中心、八平台"服务体系框架,重点完成上饶市中小商贸流通企业服务中心、信息服务平台、创业辅导平台、融资担保平台、人才培训平台、科技支持平台、咨询服务平台、市场开拓平台、法律维权平台的建设,计划用1~2年时间建成功能完善、管理规范、服务高效的社会化中小商贸流通企业服务体系,力争4年内实现对全市中小商贸流通企业服务全覆盖,全面满足中小商贸流通企业发展需求。

【江西省光伏产业联盟成立大会在上饶召开】 11月28日,江西省光伏产品应用现场会暨省光伏产业联盟成立大会在上饶召开。市委副书记、市长潘东军,省工信委主任吴晓军出席并讲话。全省各地的光伏企业代表以及省直各相关单位负责人参加了会议。会上,上饶市工信委、晶科能源、中广核太阳能公司、中国光伏产业联盟等单位作了发言。

【启动城镇基本医疗保险"大病关爱"行动】 2013年,上饶市启动城镇基本医疗保险"大病关爱"行动,参加了城镇基本医疗保险和大病医疗保险,年度内个人住院自付医疗费用较高、超过家庭或个人可支配收入且影响家庭生活、致使家庭陷入困境的参保人员可申请"大病关爱"资金。该行动是根据全市大病关爱资金筹集情况、申请人数、申请解困人员重特大疾病费用等情况来确定关爱人员和标准。经审核可获得关爱资金的,职工和居民自付费用超过家庭可支配收入部分分别按60%和50%的标准发放关爱资金。参保人已享受各项医疗补助、医疗救助和商业保险等费用要从总的自付费用中剔除。参保职工和居民个人年度大病关爱资金的最高发放额度分别为7万元和5万元。每年3月31日前,由患者或其家属向参保地医疗保险局提出上一医保年度的书面关爱申请,超过规定时间的申请不再受理。

【启动"两区"人才支持计划】 2013年,上饶市启动"两区"(边远贫困地区和革命老区)人才支持计划,选派优秀教师到"两区"农村薄弱学校支教一年,并从"两区"学校推荐骨干教师、紧缺专业教师参加有关培训。选派支教的教师,除人事关系、工资福利等保留不变外,将按月发放工作补助、交通费以及购买意外保险等,并在工资、职务(职称)晋升、计算基层工作经历、研究生考试等方面,按现有倾斜政策执行。全市12个县(市、区)均纳入该专项计划范围。

主要领导人 市委书记:董佡生(任至8月)、陈俊卿(8月任)。市人大常委会主任:尧希平。市长:潘东军。市政协主席:程建平。

(李薇)

·信州区·

【简　况】 位于江西省东北部,辖4镇5个街道办事处,总面积339平方千米,其中建成区面积48平方千米,建成区绿地覆盖率42.3%。耕地面积6133公顷。总人口41.32万人,其中非农业人口21.6万人。人口自然增长率9.63‰。2013年实现地区生产总值165.6亿元,同比增长9.1%。其中,第一产业生产总值6.3亿元,增长0.7%;第二产业生产总值46.6亿元,增长8.8%;第三产业生产总值112.7亿元,增长10.8%。工业增加值32.0亿元,增长8.7%。主要工业产品产量为:啤酒1.5万千升、服装616万件、铜材1.1万吨、光学仪器9.99万台(个)。农业总产值9.5亿元,增长8.0%,其中牧业增加值1.5亿元,占农业增加值的23.8%。主要农产品有粮食4.9万吨,蔬菜8.6万吨,出栏肉猪4.80万头。地方财政收入16.1亿元,增长18.1%,其中一般预算收入12.3亿元,增长24.9%;一般预算支出17.9亿元,增长14.05%。城镇居民人均可支配收入2.22万元,增长10.75%;农村居民人均纯收入1.06万元,增长10.18%。城乡居民年末储蓄余额191.5亿元,比年初增长19.5%。

【老火车站片区综合改造项目房屋征收工作进入收官】 3月26日,上饶市老火车站片区综合改造项目国有土地上房屋征收工作全面启动。这次房屋的征收范围为广信大道、陆羽公园以东;凤凰大道以南;庆丰路以西;滨江路、解放路以北。占地面积113.53公顷。征收补偿安置政策和标准按《国有土地上房屋征收与补偿条例》有关规定及《上饶市老火车站片区综合改造项目国有土地上房屋征收补偿方案》执行。信州区成立房屋征收工作指挥部,与市房管局、城投公司、城管局、国土资源局、规划局等10余个市直单位"强强联动",全区抽调200多名干部,分成20个征收工作小组,"入户对接"、细致服务、夜以继日、合力攻坚、创新破难,全力以赴推进征迁工作。至年底,全市征迁规模最大、涉及人数最多、影响范围最广的老火车站综合改造项目房屋征收工作进入尾声。集体土地上房屋签约已超总面积的99%,国有土地上房屋签约已完成总面积的97.53%,完成老火车站片区85.4万平方米房屋征收,被征迁5000户。

【郑冬花获全国道德模范提名奖】 9月26日,第四届全国道德模范和全国道德模范提名奖获得者名单公布,信州区保洁员郑冬花名列其中。郑冬花是上饶市信州区上饶影城的一名清洁工,10年来捡到财物折合人民币36万元。2011年9月中旬的一天晚上,郑冬花正在清扫放映厅时,发现座椅下有一个鼓鼓囊囊的背包。她没有多想,将包捡起交给影城办公室。还没等影城清点登记,就见一对小夫妻气喘吁吁地跑过来,说出包内东西后,负责清点的影城工作人员大吃一惊,包内装有现金12.8万元,是夫妻俩准备买新房的首付款。面对失而复得的巨额现金,夫妻俩激动得语无伦次,并拿出1000元感谢郑冬花,但被她婉言谢绝。她的事迹先后被中央、省、市媒体报道。中央电视台新闻联播在《凡人善举》栏目,以《10年"拾金"36万保洁员分文不昧》为题，报道了郑冬花拾金不昧的先进事迹。

【12.5万农村居民用上洁净水】 饮水安全直接关系人民群众身体健康和生命安全，信州区开展农村安全饮水建设，陆续投入资金6262万元，其中中央预算内专项资金3757万元，省级资金994万元，地方配套及群众自筹1511万元。建成农村饮水安全工程30余处，其中集中供水工程4处，铺设网管130万米，12.5万农村居民用上洁净的自来水，解决了农村饮水问题，基本结束了找水、挑水、饮用不洁水的历史。

【出台《关于加快信息服务业聚集发展的若干意见》】 信州区把加快发展信息服务业作为推动区域经济转型升级的重要引擎，出台《关于加快信息服务业聚集发展的若干意见》，切实加大对信息服务业的扶持力度，规定孵化型、成长型和规模型企业可按发展规模享受产业化扶持政策，包括房租补助、企业创新补助等，其中重点招商企业（项目）可实行"一事一议"，并制订"一企一策"进行培育。同时，在"十二五"期间，区财政每年安排不少于1000万元的信息服务产业专项扶持资金，通过政府补贴，降低经营成本，发展壮大企业。全区信息服务产业税收达3000多万元，解决就业500余人。

主要领导人 区委书记：郑晓春。区人大常委会主任：付德峰。区长：蒋丽华。区政协主席：徐中平。

（缪斌）

·上饶县·

【简　况】 位于江西省东北部，辖11镇、10乡、3个街道办事处，总面积2240平方千米。耕地面积3.16万公顷，有林面积9.15万公顷，森林覆盖率73.7%。总人口79.3万人，其中非农业人口11.1万人。人口自然增长率控制在7.52‰以内。2013年地区生产总值147.1亿元，增长12.8%。其中，第一产业增加值14.9亿元，增长3.9%；第二产业增加值111.1亿元，增长13.1%；第三产业增加值21.1亿元，增长6%。工业总产值470.2亿元，增长14.3%；规模以上工业企业57家。主要工业产品有原煤8.22万吨、水泥50.13万吨、发电量1.26亿千瓦小时、白银5.82吨。农业总产值21.53亿元，增长6.84%；国家、省、市农业龙头企业48家。主要农产品有稻谷15.59万吨、茶叶345吨、园林水果2997吨、生猪10.4万头。城镇化率42.11%，网络覆盖率99%，义务教育普及率100%。财政总收入17.6亿元，增长21.3%；税收收入占财政收入比重超出全市平均12个百分点，总量实现三年翻番，在全省排名前移两位。全社会固定资产投资164.1亿元，增长26.1%。社会消费品零售总额30.9亿元，增长12.2%。农村居民人均纯收入5020元，增加693元。金融机构年末储蓄余额134.8亿元，增长14.9%；贷款余额98.35亿元，增长12.6%。获"全省信访工作'三无'县""全省外贸出口工作先进单位""江西省文明县城""全省农村金融创新示范县""全省社会救助先进县""全省森林防火平安县"等称号。

【加快推进项目建设】 成功列入原中央苏区县，争取上级项目资金9.7亿元。京福、杭长高铁、三清山机场、天然气入饶、中石化成品油管道二期等国家和省市重大项目加快推进，枫岭头、茶亭2个110千伏变电站投入使用，煌固220千伏变电站、中电投上饶火电厂等项目前期工作稳步开展，灵山大道、科翔实业、吉阳湖旅游等5个项目列入全省重大调度项目。新引进亿元以上项目15个，其中大灵山文化园投资80亿元以上；实际利用外资7680万美元，实现外贸进出口1.5亿美元。

【工业经济集群发展】 茶亭工业园入驻企业37户，大业东方、东江机电等10户企业开工建设，和韦地热、龙马实业、瑜饶实业等7户企业竣工投产，园区实现主营业务收入70亿元；自来水厂、污水处理厂、垃圾中转站等配套项目扎实推进；再生资源循环经济产业园启动建设，"一市场四中心"项目稳步实施。铜金属产业集群初具规模，铜产品完整产业链逐步形成。全县规模以上工业主营业务收入500亿元，主营业务收入过亿元企业25户，其中新金叶过50亿元、华丰铜业过20亿元。

【"三农"基础不断夯实】 全年新增农民专业合作社258户，省级农业龙头企业2户，农业企业达454户。"中华蜜蜂谷"、全国中医药示范推广项目启动实施；恩泉茶油获中国驰名商标，并成为全国首家在境外投资的油茶类企业；上饶农业科技示范园成为全省第四个国家级农业科技园。实施新农村建设试点村163个，高速公路沿线和风景名胜区农民建房改造提升工程有序推进，获"全市新农村建设先进县"；完成病险水库除险加固29座，农田旱涝保收程度达82%；完成农村安全饮水工程5处，五府山、应家、郑坊防洪工程稳步推进，小农水重点县项目一期基本完工；新改建配电台区162个，改造硬化农村公路420千米，80%以上自然村通上水泥路。

【城南新区建设初具规模】 城南新区东连信州区三江片区，南靠上饶市外环路，西接茶亭工业园，北依信江河与旭日片区隔江相望，总规划面积20平方千米。新区主干道城南大道建成通车，江南大道一期基本完工，三江导排渠全面完工并投入使用，城市文化主题公园、城市内河绿化亮化等项目稳步推进，一个环境优美、功能完善、宜居宜业的滨水新城初步形成。

【加大社会保障力度】 全年新增城镇就业1.1万人，转移农村劳动力2.1万人。养老、医疗、工伤、失业保险参保人数分别为6万人、8.6万人、2.7万人、1.9万人；新农合参合率达99.5%，新农保参保率达90%。向所有60周岁以上城乡居民发放养老保险金，向所有80周岁以上老人发放高龄补贴。建成城市保障性住房420套，完成林区、垦区危旧房改造1580户，帮助农村困难家庭实施危旧房改造1700户。城乡低保人数扩大到3.6万人，城市低保、农村低保和城镇"三无"特困群众保障标准分别提高到每人每月400元、200元和500元，投入2500余万元开展重大疾病重点救助，连续五年获"全省社会救助先进县"称号。

主要领导人 县委书记:张祯祥。县人大常委会主任:徐继生。县长:熊孙魁。县政协主席:肖万松。

(洪海)

·广丰县·

【简 况】 位于江西省东北部,辖16镇、4乡、3个街道办事处,总面积1377.79平方千米。耕地面积1.86万公顷,有林面积6.28万公顷,森林覆盖率60.8%,城区绿地率48.31%。总人口92.38万人,人口自然增长率6.94‰。2013年实现地区生产总值240亿元,同比增长9.7%。其中,第一产业增加值19.3亿元,增加3.4%;第二产业增加值137.5亿元,增加11.6%;第三产业增加值83.2亿元,增加8.5%。一、二、三产业比为8.04:57.29:34.67。全县规模以上工业增加值101.4亿元。完成财政总收入33亿元,增长13.9%;完成公共预算收入20.95亿元,增长18.3%。完成固定资产投资151.9亿元,增长19.3%。实现社会消费品零售总额36亿元,增长13.2%。城镇化率51.15%,提高了1.4个百分点。农民人均纯收入9821元,增长14.76%;城镇居民人均可支配收入2.31万元,在岗职工平均工资4.21万元,增长28.5%。年末金融机构存款余额124.4亿元,比年初增长23.9%;贷款余额86.1亿元,比年初增长21.2%。综合实力继续保持全省第一方阵、全市领头羊位置,获"2013年度中国最具区域带动力中小城市百强县(市)""全国科技进步先进县""全国食品工业强县"等称号。

【第三产业呈现新亮点】 2013年,全县金融市场保持活跃,招商银行、南昌银行先后在县内设立分支机构,年末金融机构存款余额124.4亿元,贷款余额86.1亿元。新兴业态扩容提质,红木文化创意产业园获评"省级文化创意旅游休闲街区",广丰木雕城成功列入"省级现代服务业集聚区"。休闲旅游提速发展,突出铜钹山旅游龙头带动作用,加快旅游基础设施建设,铜钹山景区游客量超过150万人次。积极策应"营改增"试点,实现机械租赁税收4900万元、物流税收1.35亿元。

【工业园区平台功能持续提升】 2013年,完成工业园区调园扩区工作,对93.33公顷建设预留地进行重新布局调整,园区面积扩展至18平方千米。加大基础设施投入,硬化、修复路面2万平方米,两座专用变电站及7条电力专线竣工投入运营。项目落户速度加快,梅乐光伏、正田铜业、茂华纺织等22个项目建成投(试)产,70万吨再生纸、大鸿居红木、凯强电子等20个项目全面开工建设。深入开展企业帮扶活动,积极对接"助保贷""财园信贷通"等金融信贷政策,支持105家企业融资6亿元。

【铜钹山镇荣膺"国家级生态乡镇"称号】 1月,环保部公布国家级生态乡镇名单,广丰县铜钹山镇名列其中。铜钹山镇以科学发展观为指导,加大污染防治和生态环境保护与建设力度,在努力建设资源节约型和环境友好型社会中,结合本土实际情况,积极探索自然生态和农村环境保护工作,空气质量全部达到国家二级标准,优良率100%。河流水质断面达标率98%以上。通过逐级申报、考核、验收,获得国家级生态乡镇称号。

【马家柚被评为"中华名果"】 3月,广丰马家柚被全国供销总社直属中国果品流通协会评为"中华名果"。广丰马家柚果大形美,汁多瓤红,肉质脆嫩,酸甜适口,是一种极具发展潜力的柚子新品种。广丰县委、县政府以优惠的政策引领和及时的服务指导,极大地带动了当地群众发展马家柚产业的热情。至年底,马家柚种植面积达8533.33公顷。

【被中央党史研究室正式批复认定为原中央苏区县】 8月,中央党史研究室下发《关于原中央苏区范围认定的有关情况》,正式批复认定广丰县为原中央苏区县。国家发改委和省发改委将在基础设施建设、民生工程、重点项目等多个方面对原中央苏区县给予政策上的支持。

【获"2013年全国科技进步考核先进县"称号】 11月15日,科技部公布2013年全国科技进步考核先进县市先进个人和优秀组织单位名单,广丰县获"全国科技进步考核先进县"称号。广丰县始终以促进全县经济、科技、社会事业协调发展为中心,以加快科技创新、发展区域经济为重点,大力实施"科教兴县"战略,全面和超额完成全年的科技工作目标任务,全县科技工作跃上新台阶。

【光阴文化长廊全面竣工】 年底,总投资为2100万元的光阴文化长廊全面竣工。光阴文化长廊位于丰溪河县城段北端,起于水南大桥,止于永丰大桥,全长约900多米,狭长如带,故称长廊。该长廊以唐朝广丰籍进士王贞白诗"一寸光阴一寸金"为主题,由五大部分组成:一是东端建有高台廊桥,台中间屹立先贤王贞白白玉雕像。二是河堤护栏,花岗岩石材,全长约900米,镌先贤王贞白诗88首,刻古今中外及广丰本土惜时名谚200余则。三是长廊中端竖贞白、罗隐、方干、贯休四大诗人雕塑,雕塑之外,河面之上建有亲水平台。四是长廊末端永丰大桥地下隧洞洞壁雕刻贞白生平浮雕。五是彰显光阴文化内涵的小建筑物穿插整个长廊。

主要领导人 县委书记:倪美堂。县人大常委会主任:刘月林。县长:邵小亭。县政协主席:周重明。

(徐积木)

·玉山县·

【简 况】 位于江西省东北部,辖11镇、5乡,总面积1728平方千米。耕地面积1.88万公顷,林地面积11.47万公顷,森林覆盖率64.8%,城区绿化率44.38%。总人口61.69万人,其中非农业人口10.8万人。人口自然增长率7.52‰。2013年实现地区生产总值108.26亿元,同比增长12%。其中,第一产业增加值13.79亿元,增长4.4%;第二产业增加值54.35亿元,增长11.4%;第三产业增加值40.12亿元,增长15.7%。财政总收入15.68亿元,增长20%,人均2542元,税收占财政总收入80.5%;地方财政收入11.31亿元,增长22.7%。地方财政总支出24.76亿元，增长13.2%。工业增加值50.59亿元，增长16.8%；规模以上工业增加值50.09亿元，增长16.36%，占地区生产总值的比重达46.27%。外贸出口1.56亿美元，增长13.5%；实际利用外资5120万美元，增长2%；实际利用省外5000万元以上工业项目进资26.74亿元，增长21.9%。主要工业产品有水泥563.17万吨，其中熟料369.3万吨；轴承7972万套；工业用电6.59亿千瓦小时，增长20.66%。农业总产值20.94亿元，增长6.8%。主要农产品有粮食20.78万吨、蔬菜4.5万吨、水产品2.91万吨、油料1.27万吨、茶叶330吨。万元GDP能耗1.189吨标煤，同比下降4.74%；工业固体废弃物综合利用率96.2%。城镇居民人均可支配收入1.94万元，增长9.2%；农村居民人均纯收入8943元，增长14.57%。城乡居民储蓄余额85.62亿元，增长16.39%；金融机构存款余额124.3亿元，增长17.3%；金融机构贷款余额84.7亿元，增长25.4%。全年金融保险业实现税收8398万元，增长60.7%。固定资产投资84.83亿元，增长28.8%。社会消费品零售总额38.9亿元，增长14.1%。空气中二氧化硫年均浓度值为0.031毫克/立方米，二氧化氮年均浓度值为0.023毫克/立方米，可吸入颗粒物年均浓度值为0.036毫克/立方米，二氧化碳排放总量（万吨）削减率4.12%。污水处理能力达到2万立方米/日，城区污水处理率96.1%，生活垃圾无害化处理率98%。全年接待游客551.7万人次，增长15.4%；旅游综合收入43.87亿元，增长15.8%。新增城镇就业4913人，转移农村劳动力1.24万人，城镇就业率95.8%。城镇基本养老、基本医疗、失业保险参保人数分别为5.61万人、9.82万人、2.11万人；新农合参合率99.3%。新建居民安置房308套5.12万平方米，完成国有垦区危房改造1045户，农村危房改造1000户。

【做好杭长客专玉山站协调服务】 杭长客专玉山南站车场设计规模为3台面5线，其中到发线3条，正线2条。主站房建筑面积4993.7平方米，其中地下建筑面积498平方米，候车大厅面积超过1700平方米。站房总投资5500万元，为满足未来玉山发展的需要，面积扩大为5000平方米。玉山高铁建设协调小组强化服务，实行每月例会制度，做到及时了解工程，及时解决问题，所在乡镇六都乡，指定专人随时到现场处理各种问题，至年底，已拆迁房屋1086平方米，再次征用土地1.4公顷，确保车站施工进度，车站主体工程已基本完工，并开始进入装修阶段。

【玉山县电子商务产业园初具规模】

9月，成立玉山县电子商务产业园筹建处，出台《玉山县高铁现代服务业集聚区暨电子商务产业园管理办法》，明确入园电商企业的各项优惠政策，合理利用杭长高铁在玉山设站的优势资源，精心谋划两大平台建设，以信息服务平台，打造电商文化经济生态圈，同时为园区企业提供主机托管、资源出租、系统维护、系统管理等服务，确保园区企业享有完善的信息服务；以智慧旅游平台，提升现代旅游文化新内涵。利用云计算手段和互联网手段，从“衣、吃、住、行、游、购、娱”七要素着手，构建网站平台、架设互联互机公共终端、搭建手机信息平台，打造玉山智慧旅游体系。产业园一期规划8.27公顷，总投资9000万元，加速推进高铁连接线、电商园的土地整平、路网电网等各项基础设施建设；已有江西省朗辕电子商务有限公司、江西省意特尔电子商务有限公司、江西四叶草电子商务有限公司和江西省商信电子商务有限公司4家电商企业落户并全面开工建设，另有5家电商企业已达成入驻协议。

【做大做强工业园区】 2013年，投入3.65亿元用于工业发展和园区平台建设，工业园区拓园1.2平方千米，新增规模以上企业25家；工业用电6.59亿千瓦小时，增长20.66%；园区主营业务收入231.26亿元，增长31.16%，成功跻身全省县级园区十三强，升格为副县级机构，园区综合服务中心建成投入使用，创新东路、金山片区污水管网一期工程基本完工，西外环路北延加快建设，11万伏变电站启动建设。大力推进产业集聚，新型建材、机电汽配、有色金属三大主导产业实现主营业务收入165亿元，增长26.92%；纳税3.8亿元，增长5.6%。全年纳税5000万元以上企业4户，纳税1000万元到5000万元企业10户，新增2户。新引进5000万元以上项目26个，其中亿元项目12个。众光照明、华丽丰科技等5个项目列入省战略性新兴产业重大项目，总数达13个，在全省县级园区名列前茅。

【获“2011—2013年度国家卫生县城”称号】 12月29日，玉山县被全国爱国卫生运动委员会授予“2011—2013年度国家卫生县城”称号。自2011年以来，县委、县政府围绕“建全省经济强县，创全国旅游名城”的战略定位和打造“山水文化旅游城市”的目标要求，在致力加快经济发展的同时，把创建国家卫生县城工作摆上重要日程，深入开展创建国家卫生城市、文明城市、园林城市“三城同创”工作，做好五个“强化”，即强化组织领导，高位推进创卫工作；强化资金投入，着力夯实创卫基础；强化综合整治，切实改善城市环境；强化长效机制，全面提升城市管理水平；强化宣传活动，形成全民参与创卫氛围。不断提升城市品位，城市面貌焕然一新，人居环境明显改善，市民素质不断提高，发展环境更加优化，创业氛围越来越浓，形成了经济发展为创建工作提供保障，创建工作服务经济发展的良性互动格局。先后获全国文明村镇建设示范县、全国市容环境综合整治优秀县城、全国食品安全示范县、全省卫生县城、全省花园城市、全省园林城市、全省文明城市、全省“双拥”模范城市和全省旅游强县等称号，连续两年获全省推进新型城镇化和城市建设工作第一名。经全国爱国卫生运动委员会评审，肯定玉山县在加强基础设施建设、改善环境卫生面貌、提高人民群众文明卫生意识等方面取得显著成效，整体卫生水平达到《国家卫生乡镇（县城）标准》的要求。

【强力推进新型城镇化和城市建设】

玉山县认真贯彻落实省、市推进新型城镇化的精神，围绕打造宜居、宜业、宜游“山水文化旅游城市”为定位，坚持旅游开发与城市建设有机结合，扎实推进新型城镇化，旅游城市品位明显提升；坚持高位推动，为城镇化发展提供强劲动力;坚持规划引领,提升城市发展科学化水平;坚持项目带动,提高城镇综合承载能力;坚持精细化管理,使城镇建设发展更有魅力;创新发展理念,增强城市建设发展后劲。2013年,玉清大道南拓、武安东路、武安西路、府后东路、沿河西路、万柳路、冰溪路7条城市道路,当年开工,当年竣工通车;玉清南大道、高铁站前路网、三清大道东拓等道路建设快速推进,有力促进高铁新区、城东新区加快开发建设。万柳洲公园、商业休闲区、沿河景观带、城市防洪等工程建成,七里街居民安置房基本建成;冰溪河"一河两岸"旅游综合体全面竣工;金沙溪·梦里水乡景区一期工程接近尾声,完善了武安山森林公园相关设施,修缮了清代考棚。全面完成89个新农村村点建设任务,建成精品示范点30个。深入开发市容市貌和环境保护、交通秩序、建筑工地、农(集)贸市场、住宅小区物业环境卫生、镇辖村(居)委会环境卫生等十大集中整治活动,全面完善城市公共服务设施,提高了县城绿化、亮化、净化、美化水平,里弄小巷硬质化率96%,主要干道亮化率98%,垃圾无害化处置率100%,全面消除露天池,添置垃圾桶1200个。

主要领导人 县委书记:刘锋。县人大常委会主任:刘礼火。县长:饶清华。县政协主席:周歧清。

(占裕田)

·横峰县·

【简　况】 位于江西省东北部,辖11个乡镇(街道、场、办),总面积655.24平方千米。耕地0.91万公顷,林地4.46万公顷,森林覆盖率63%。总人口21.98万人,其中非农业人口3.97万人。城镇化率44.76%,人口自然增长率7.48‰。2013年,实现地区生产总值68.8亿元,同比增长10%。其中,第一产业增加值6.3亿元,增长4.1%;第二产业增加值45.3亿元,增长11.3%;第三产业增加值17.2亿元,增长8.8%。三次产业比重为9.1:65.9:25,第三产业比重首次突破25%。财政总收入12.57亿元,增长3.9%;地方财政支出16.9亿元,增长13.4%。规模以上工业主营业务收入197.4亿元,增长19.5%。主要工业产品有阳极铜、电解铜、铝材等。社会消费品零售总额22.3亿元,增长12.2%。固定资产投资54.1亿元,增长25.2%。农业总产值11.4亿元,增长7.0%。主要农产品有生猪、葛根、红枫、油茶、葛佬凉茶。粮食总产量7.8万吨,增长1.4%。城镇居民年人均可支配收入1.56万元,增长13%;农民人均纯收入5539元,增长13%。金融机构各项存款余额52.52亿元,增长19.5%;各项贷款余额33.85亿元,增长23.9%。

【央视40分钟专题片首次报道横峰公安工作】 4月3日,中央电视台12频道(社会与法频道)《一线》栏目,播出横峰县公安局成功侦破"2012·9·14"故意杀人案的纪实专题片。该片历时40分钟,全景再现了横峰县公安局破获这一案件的艰辛历程和精彩场景,充分展示了横峰公安全体参战民警砥砺奋进、敢打必胜的最美风采。这也是央视首次对横峰公安工作进行宣传报道。

【新篁派出所正式挂牌成立】 5月10日,横峰县公安局新篁派出所正式挂牌成立,结束了新篁办事处多年没有派出所的历史。新成立的新篁派出所是从葛源派出所剥离出来,管辖面积88.38平方千米,服务辖区百姓1.05万人。其职责是负责辖区内的治安和户口登记、办理暂住证等工作。

【获"2009—2011年度全国平安铁路示范县"称号】 5月20日,横峰县获"2009—2011年度全国平安铁路示范县"称号。自2009年中央护路办启动"平安铁路示范市、县"创建活动以来,横峰县高度重视,各铁路沿线乡村和职能部门大力支持配合铁路护路联防工作,强化属地管理责任、护路联防力量整合、护路宣传教育和护路联防队伍建设。着力突出防范,抓好涉路矛盾纠纷排查化解工作;着力突出打击,持续开展重点整治;着力突出共建,构建"平安和谐铁路"。实现传统重大节日期间、全国特殊重要敏感时期的安全畅通。

【10个亿元以上项目集中签约落户】 11月29日,横峰县在行政中心六楼会议室举行京九国际物流、中欧国际旅游商贸中心、横峰汽车城、江南建材城等10个亿元以上项目集中签约仪式。此次签约的10个项目总投资达29.5亿元,涵盖了一、二、三产。项目达产达标后,年产值可突破70亿元,税收3亿元,解决就业1万余人。

【投资1亿元电站配套部件及化工设备生产项目在横峰落户】 1月13日,横峰县在县委常委会议室举行上海闵鹤实业有限公司项目签约仪式。公司在横峰县新建投资1亿元的电站配套部件及化工设备生产项目,占地10公顷。项目分三期建设,建成投产后,年产值可突破5亿元,税收1500万元。该项目将在横峰注册自营出口公司,并建设物流配套设施,打造集加工、贸易、物流于一体的企业综合体,力争当年签约、当年开工、当年建成、当年投产。

【开展"三非"集中整治工作】 2013年,横峰县开展"三非"整治工作,重拳打击县城规划区非法建设、非法占用土地和非法转让土地,组织拆违150余次,拆除面积8760平方米,集中处理98户,收缴各类规费2450万元。侦破一起违法占地私下买卖行为,依法刑拘3人,逮捕3人,取保候审6人,涉案金额360万元,追缴200万元。"三非"整治工作没有出现上访事件和任何负面新闻报道。

主要领导人 县委书记:程文。县人大常委会主任:李秋文。县长:张义科。县政协主席:徐婀金。

(金鸥)

·弋阳县·

【简　况】 位于江西省东北部,辖9镇、5乡、2个垦殖场和1个街道办事处。总面积1592.5平方千米,其中县城建成区面积16.3平方千米。耕地面积2.2万公顷,有林面积9.75万公顷,森林覆盖率56.5%,城区绿化率41.54%。总人口40.88万人,其中非农业人口9.03万人。人口自然增长率7.5‰。2013年地区生产总值

70.11亿元,同比增长11%。其中,第一产业增加值13.00亿元,增长3.8%;第二产业增加值34.17亿元,增长13.7%;第三产业增加值22.94亿元,增长8.9%。全县工业增加值29.62亿元,增长14.1%;规模以上工业企业增至58家,完成增加值27.9亿元,增长13.2%,实现税收5.36亿元。主要工业产品有铜金属、铜材、水泥、罐头、中成药、机制纸等。粮食总产量22.46万吨,主要农产品有水稻、蔬菜、油菜、花生、甘蔗等。财政总收入10.5亿元,增长15%;完成一般预算收入7.84亿元,增长27.4%。财政总支出22.45亿元,增长26%。财政总收入占地区生产总值比重为14.97%,税收收入占财政总收入的比重80.1%。城镇居民人均可支配收入2.02万元;农民人均纯收入8172元,增长11.8%。城乡居民年末储蓄余额56.9亿元,增长17.1%。完成城镇以上固定资产投资61.3亿元,增长28.5%。实际利用外资4131万美元,省外投资23.15亿元。全年消减化学需氧量600吨,万元GDP能耗量降低1.6个百分点,城市污水处理率100%。社会消费品零售总额29.7亿元,增长12.7%。

【弋阳县永阳社区获“全国综合减灾示范社区”称号】 1月,弋阳县桃园街道永阳社区被国家减灾委员会、民政部联合命名为“全国综合减灾示范社区”。该社区按照“政府主导、部门协作、分级管理、社会参与”的模式,成立社区综合减灾领导小组,组建综合减灾办公室,设置避难场所,建立防灾减灾物资储备库。同时,强化应急网络建设,完善社区综合减灾工作制度,形成全方位、多层次、宽领域的创建工作体系。

【县监所远程会见系统开通运行】 1月17日,县司法局开通监所远程会见中心远程会见系统,使服刑人员亲属可在家门口看到服刑的家人。该系统与景德镇监狱和饶州监狱实现互通,在上述监狱服刑人员的亲属,可向县司法局申请探视,经县司法局审核后与监狱联系,并安排服刑人员家属通过专门的视频、话筒和耳机,与服刑人员进行网络视频会见。该系统便于服刑人员与亲属间的沟通,降低了探视成本。

【推行“公务消费卡”制度改革】 为规范行政事业单位公务支出管理,提高公务消费透明度,弋阳县从2012年8月启动后,至2013年3月,全面完成“公务消费卡”制度改革。此后,全县各行政事业单位在公务消费中将使用公务消费卡进行刷卡支付。该卡财政局统一办理,卡面注明“江西预算单位公务卡”,遵循一人一卡的原则,实行“个人先行支付,单位审核报销,财政实时监控”的操作程序管理。行政事业单位的差旅费、会议费、招待费、公务用车运行费等都纳入其结算范围。公务消费刷卡之后,各项公务消费支出均可通过电子支付信息平台,由财政部门和预算单位进行全方位、全过程监控。

【弋阳华耀小额贷款股份有限公司开业】 5月18日,设于弋阳县城南白马大道鑫城嘉园小区的弋阳县华耀小额贷款股份有限公司举行开业仪式,宣告弋阳县规模最大的一家小额贷款公司正式开业。该公司是经省人民政府批准,由上饶市金润珠宝有限公司等7家知名企业和3位自然人共同出资组建的,注册资金1亿元。其贷款主要面向三农、中小企业和个体私营经济。

【县图书馆新馆开馆】 5月23日,装饰一新的县图书馆新馆正式免费对市民开放。该馆分布于县文广中心大楼1~3层,各项配套设施完善,馆内阅读使用面积2000余平方米,馆内设报刊阅览室、外借阅览室、少儿阅览室、电子阅览室和资料查阅室。

【县委做出向章淑荣学习的决定】 5月,章淑荣被评为“全市最美母亲”。8月23日,中共弋阳县委发出《关于向章淑荣学习的决定》,号召全县干部群众学习“全市最美母亲”章淑荣孝顺勤勉的优秀品质、乐观向上的生活态度、勇于担当的精神境界。章淑荣为弋阳县花亭垦殖场的一位下岗女工,10余年来,细心服侍双目失明的母亲,贴心孝敬瘫痪在床的婆婆,热心照顾无儿无女的邻居老妈。她以无声的大爱,传统的孝道,温存了3个娘亲,和谐了10个家庭,感染了乡邻,感动了社会。10月11日至13日,央视记者到弋阳全程拍摄章淑荣同时照顾双目失明的母亲和瘫痪在床的婆婆的感人事迹,11月17日10时30分,央视新闻频道《新闻直播间》以《家有俩老》为题,报道了她孝老敬老的事迹。

主要领导人 县委书记:张志坚。县人大常委会主任:刘紫泾。县长:谢柏清。县政协主席:黄伟建。

(杜育和)

·德兴市·

【简 况】 位于江西省东北部,辖5镇、6乡、3个街道办事处和大茅山省级经济开发区,总面积2101平方千米。耕地面积1.43万公顷,有林面积14.49万公顷,森林覆盖率76.2%。总人口330万人,其中非农业人口12.6万人。人口自然增长率6.67‰。2013年,实现地区生产总值97.55亿元,同比增长9%。其中,第一产业增加值9.49亿元,增长3.59%;第二产业增加值42.98亿元,增长10.0%;第三产业增加值45.08亿元,增长8.4%。一、二、三产业比为9.6:42.3:48.1。全市规模以上工业企业实现产值83.6亿元,增长3.0%。主要工业产品有精制食用植物油、黄金、有色金属等。农业总产值16.57亿元,增长6.91%。主要农产品有油茶籽、吊瓜子、覆盆子、茶叶等。财政总收入28.02亿元,增长12.06%。全社会固定资产投资114.6亿元,增长13.5%。社会消费品零售总额37.54亿元,增长11.5%。农民人均纯收入9271元,增长10.8%;市属在岗职工年平均工资4.13万元,增长20.89%。城乡居民年末储蓄余额72.97亿元,增长18.2%。5月,泗洲镇立新村被司法部、民政部确定为第五批全国民主法治示范村。

【港首国际旅游度假区项目正式签约】 1月30日,港首国际旅游度假区项目在德兴市地税局六楼会议室正式签约。市委书记何金铭与投资方代表分别在仪式上致辞,市委副书记、市长谢冠森与投资方代表签订《德兴市港首国际旅游度假区项目合作协议》。港首国际旅游度假区是德兴市为充分挖掘丰富的旅游资源,打造宜游德兴,提升市域经济软实力而与投资方共同打造的一个重点旅游项目。该项目地处皈大乡港首村,距三清山核心景区7千米,项目用地总面积146.67公顷,总投资30亿元。建成后,成为集游客服务、文化、体育、娱乐、休闲、养生、会务(商务)、特色购物及旅游度假为一体的三清山北山高品位旅游目的地。

【出台《社会各界引荐工业项目入香屯生态工业园奖励办法》】 5月,市委、市政府出台《社会各界引荐工业项目入香屯生态工业园奖励办法》,鼓励社会各界引荐工业项目落户香屯生态工业园。奖励的对象是引荐人,引荐人是指将具有投资意向的投资人或企业引荐到德兴市并实现项目投资的,直接履行联系、介绍等职责的自然人。引进的项目须符合德兴市产业发展规划,同时须符合节能降耗和环保要求。奖励分项目最终落地奖和税收贡献奖两类:项目落地奖为引进实际固投达5000万元的,奖励5万元;每增加5000万元,追加奖励2万元;5亿元以上重特大项目实行一事一议。投产后享受税收贡献奖,年限为三年。

【天然气管网一期工程投产通气】 9月26日,德兴市天然气管网一期工程天然气供气站及城区天然气管网投产通气,并开始试运行。德兴市天然气管网工程是市政府通过招商引资方式引进落户的城市基础设施建设项目,项目投资1.5亿元。德兴市天然气管网工程由德兴市天然气有限公司负责项目的建设、运营和管理。该工程于2012年6月开工建设,项目天然气供气站位于香屯生态工业园区。

【市人民医院整体搬迁工程建成并投入使用】 12月,市人民医院整体搬迁工程建成并投入使用。该工程于2009年3月动工建设,新院址在德兴市南门新区,占地总面积9.81万平方米,建筑面积7.6万平方米,项目总投资2.27亿元。新人民医院是一所高起点规划、高标准建设的大型综合性公立医院,布局科学合理,主建项目有门诊大楼、医技大楼、综合大楼、感染性疾病大楼、120急救中心大楼。新院每年门诊可接纳20万人次,住院2万人次。

【在德兴市设立“江西矿冶博物馆”获批】 11月,省文化厅就德兴市上报的《关于要求在德兴设立“江西矿冶博物馆”的请示》予以批复,同意在德兴市设立江西矿冶博物馆,并报国家文物局备案。江西矿冶博物馆位于德兴市凤凰湖景区,依山傍水,占地面积7.86万平方米,已建成三栋独立成线的仿宋建筑,分“光耀中华——江西矿冶文化大观”“三金辉煌——德兴矿冶文化聚焦”“传承文明——江西矿冶文化博览”三大主题。根据布展规划,该馆通过电子屏幕、模型、图片、文字和矿石标本等形式对江西省矿冶文化进行集中展示,馆内还设置邓远、张潜等与江西矿业有关的历史名人雕塑。

【被命名为“全国老年气排球之乡”】 12月,全国14个地方被命名为“全国老年气排球之乡”,德兴市名列其中。德兴市老年气排球项目的推广始于2005年。全市有59个行政村建有老年气排球队,在市老年体协注册登记的老年气排球队52支,经常参加气排球活动的老年人达930人。全市有51个气排球场地,其中有11个可供开展交流活动使用的室内场地。市老年体协每年举办2期以上气排球骨干培训班,并经常派员深入乡镇(街道)、村,开展老年气排球项目的辅导培训工作。

主要领导人 市委书记:何金铭。市人大常委会主任:张跃平。市长:谢冠森。市政协主席:孙冬久。

(齐梅祥 翁本有)

·婺源县·

【简 况】 位于江西省东北部,辖10镇、6乡和1个街道办事处,总面积2967.78平方千米。全县耕地面积2.15万公顷,林地面积24.57万公顷,森林覆盖率82.64%,城市绿地率43.3%。年末总人口36.21万人,其中非农业人口5.94万人。人口自然增长率8.61‰。完成地区生产总值72.97亿元,增长9.3%。其中,第一产业9.87亿元,增长4.1%;第二产业27.50亿元,增长11%;第三产业35.60亿元,增长9.5%。财政总收入10.35亿元,增长15%,其中一般预算收入7.75亿元,增长14.9%。地方财政支出18.95亿元,增长24.2%。完成工业增加值21.85亿元,增长10.3%。规模以上主要工业产品有精制茶1.85万吨、人造板4.3万立方米、中成药499吨、内墙砖270万平方米。农林牧渔业总产值14.6亿元,增长3.4%。主要农产品有粮食10.3万吨、油料7705吨、茶叶1.12万吨、水果1120吨、生猪存栏9.55万头、生猪出栏14.6万头、猪肉产量1.22万吨、肉类总产量1.46万吨、水产品产量8900吨。全年引进省外5000万元以上项目资金26.96亿元,增长14.2%;其中亿元以上项目实际进资16.3亿元,增长15.8%。实际利用外资3500万美元,增长8.8%;完成外贸出口总额9400万美元。500万元以上固定资产投资65.7亿元,增长29.6%;实现社会消费品零售总额33.98亿元,增长16%。农民人均纯收入7924元,增长14%。金融机构存款余额95亿元、贷款余额45亿元,分别比年初增加12.64亿元和6.14亿元。全年投入民生资金14.1亿元,占县财政总支出的74.2%。城镇新增就业8039人,发放小额担保贷款1.48万元,直接扶持自主创业1422人,带动就业5762人。基本养老、医疗、生育、工伤、失业保险基本实现全覆盖。城市低保标准提高到每人每月400元,农村低保标准提高到200元,发放城乡低保资金3468万元,有效解决了1.87万名城乡困难群众的基本生活问题。新型农村合作医疗参保农民达29.94万人;为1180名残疾人提供康复救助与服务。新建公共租赁住房464套,完成农村困难群众危房改造810户、林垦区危旧房改造1830套。

【加快农业产业化进程】 全年粮食种植面积1.90万公顷,冬种油菜面积0.68万公顷。完成24座小(2)型水库除险加固、太白防洪工程、农村饮水安全工程、2012年度小农水重点县建设项目建设。皇菊、土鸡、中蜂养殖、有机蔬菜、农家乐等特色产业加快发展,全年新增省级农业龙头企业2户,总数达10户。农民组织化程度进一步提高，新增农民合作社57户，总数达260户，诗春农产品合作社被评为国家级农民专业合作示范社，华宝珍稀水产、老家农产品、丰田渔业、溆清油茶等10家合作社被评为省级示范社；农家乐达3200余户，床位1.5万余张，户均经营收入6万余元。

【重点项目有效推进】 争取到国家智慧城市试点县、美丽乡村建设试点县等政策性项目，国家生态文明示范工程试点县、国家绿色能源县、国家生态文明先行示范区项目申报进展顺利。争取国家、省、市各类支持项目360个，到位无偿资金7.79亿元，增长18%。实施重点建设项目107个，竣工或投产项目25个，新开工28个，累计完成投资31.5亿元。

【全面实施"一个最美，打造两个第一"发展战略】 3月7日，召开了"建设中国最美乡村，打造中国旅游第一县动员大会"，下发《婺源县建设中国最美乡村，打造中国旅游第一县工作方案》；7月10日，召开"建设中国最美乡村，打造中国有机茶第一县动员大会"，下发《婺源县建设中国最美乡村，打造中国有机茶第一县工作方案》。投入5219万元，全面推进136个村点新农村建设，着力打造18个景观村、36个特色村、54个田园村。投资2000余万元，完成公路沿线房屋徽派改造2051栋。农村垃圾处理工作实现全覆盖，乡镇集镇所在地生活污水处理设施全部建成，河道采砂得到有序整治，群众环境卫生意识得到明显增强，农村环境卫生大为改观，主要公路沿线、河道两旁、景区景点可视范围内垃圾乱倒、污水乱排现象明显减少，主要河流水质常年保持在Ⅱ类标准以上。成立古建筑、古村落联审领导小组，组建文物稽查大队，制定《婺源古村落、古建筑保护暂行办法》，投资1925万元完成113栋古建筑维修保护。完成造林绿化0.16万公顷。开展第二次古树名木普查、建档工作，共普查出1.32万株名木古树。国家湿地公园项目通过国家林业局考察评估。国家生态县创建工作强力推进，在许村、紫阳、中云、溪头、秋口、珍珠山等13个乡镇成功获评国家生态乡镇的基础上，顺利通过环保部考核验收。江湾镇被列为全国首批美丽宜居小镇。洪村、李坑、晓起等10个村被列为第二批中国传统村落。凤山查氏宗祠、新源俞氏宗祠被列为第七批全国重点文物保护单位，全县国保单位达到五处(15个点)。"中国最美乡村建设"得到中央、省市高度肯定。成功承办全市支持婺源、三清山创建全国一流景区动员大会。完成国家乡村旅游度假实验区总体规划编制。段莘至浙源、沱川至清华、灵岩洞至瑶里等旅游公路全面竣工，东北旅游交通环线格局基本形成。自行车道旅游公路基本贯通，丛溪庄园正式营业，熹园(朱子艺苑)正式开园，篁岭景区对外试开放，汪口景区成功创建国家4A级旅游景区。拓宽了中国台湾、香港地区和韩国等境外旅游市场。全年接待游客1000万人次、实现门票收入2.5亿元、旅游综合收入51.8亿元，分别增长19.2%、15.8%和20.5%。在旅游业的带动下，全县文化产业、商业、金融服务业发展迅速，以旅游产业为主导的现代服务业增加值占地区生产总值比重达48.32%。大力组织开展有机茶知识宣传、茶园秋挖、农资市场整治工作，完成茶园有机化改造400公顷，注册"一国香"有机茶商标。全年采制茶叶1.12万吨，加工贸易量4.2万吨，出口创汇3500万美元，茶产业系列产值16亿元，增长17.6%。

【全国"山花奖"民间灯彩大赛在婺源举行】 11月26日至28日，由中国民协、江西省文联、江西省旅游局、上饶市政府主办，江西省民协、婺源县委县政府承办的2013年婺源·中国乡村文化旅游节暨全国"山花奖"民间灯彩大赛在婺源文化广场举行，山东、河南、湖北、河北、陕西等12个省代表队参加了灯彩表演。此次全国民间灯彩大赛，主要内容有全国民间灯彩大赛的展演、巡游和踩街，中华灯彩游园活动，中华灯彩摄影大赛，全国民间灯彩大赛颁奖仪式等。活动期间，婺源县文化广场内设置了全国各地灯彩展示区，四周车道也进行表演类灯彩演出。婺源县灯彩获"山花奖"1项，金银奖各2项。

【全国青年暨大学生地掷球锦标赛和全国地掷球健身大会在婺源举行】 8月8日至15日，2013年"大爱杯"全国青年暨大学生地掷球锦标赛和全国地掷球健身展示大会在婺源举行，上海、河南、山东、浙江、陕西、四川、山西等省(直辖市)大专院校和有关部门18支代表队参加。此次锦标赛和健身大会由国家体育总局小球运动管理中心、中国掷球协会、江西省体育总会主办，上饶市体育局、婺源县人民政府承办，婺源县体育局、婺源县老年人体育协会协办。全国青年暨大学生地掷球锦标赛竞赛项目包括塑质球、大金属球、小金属球，全国地掷球健身展示大会展示项目包括塑质球、指弹球。国家体育总局小球运动管理中心、中国掷球协会授予婺源中学"支持体育贡献奖"、婺源县教体局"支持体育突出贡献奖"、婺源县老年体协"最佳贡献奖"。

主要领导人 县委书记：周遐光。县人大常委会主任：汪培欣。县长：费长辉。县政协主席：汪春萍。

(方华军)

·铅山县·

【简　况】 位于江西省东北部，辖7镇、10乡(含两个畲族乡)。总面积2177.66平方千米，其中县城建成区面积13平方千米。耕地面积2.61万公顷，林地面积16.53万公顷，森林覆盖率74.25%，城区绿化率44.08%。总人口46.93万人，其中非农业人口8.49万人。人口自然增长率7.42‰。2013年实现地区生产总值84.08亿元，同比增长10.40%。其中，第一产业增加值14.44亿元，增长3.90%；第二产业增加值41.22亿元，增长3.71%；第三产业增加值28.42亿元，增长9.60%。财政总收入14.11亿元，增长3.71%，人均财政总收入3007元；税收占财政总收入77.60%；地方财政收入8.73亿元，增长16.38%；地方财政支出18.21亿元，增长11.11%。工业增加值36.87亿元，增长14.00%。规模以上工业增加值28.18亿元，占地区生产总值比重的33.52%。外贸出口1.46亿美元。固定资产投资82.22亿元，增长

21.00%。实际利用外资3750万美元,省外5000万元以上工业项目实际引进外资28.80亿元。农业总产值23.17亿元,增长3.95%。粮食总产量17.17万吨。主要农产品有蔬菜17.23万吨,油料0.31万吨,水产品2.43万吨,生猪存栏13.52万头,出栏14.05万头。城镇居民人均可支配收入1.69万元,比上年增加9.39%;农村居民人均纯收入7705元,比上年增加10.45%。城乡居民年末储蓄余额68.37亿元,增长14.63%。新增城镇就业6416人,转移农村劳动力1.40万人。养老保险参保18.29万人。城乡低保救助2.30万人(次)。建设保障房1787套,改造农村危房800户。

【全面建设辛弃疾文化主题公园】 6月5日,国内最大、最高的"辛弃疾"单体景观建筑在县城城北新区辛弃疾文化主题公园建成。该塑像高32米,基座2.6米。辛弃疾文化主题公园位于县城以北九狮山下、信江河畔,项目规划用地面积108公顷,总投资2.5亿元。项目创意主要是依托信江河及其沿岸九狮山丹霞地貌的自然风光,融合"辛弃疾在铅山"这一文化内涵,以辛弃疾文化为核心,着力彰显城市个性,提升铅山文化旅游品位。整个项目分《北望江山》《瓢泉岁月》《铁血传奇》《千古风流》四大主题功能片区。《北望江山》主题功能区包括辛弃疾雕塑、摩崖石刻等景点,充分展现辛弃疾的英雄豪情与悲愤;《瓢泉岁月》功能区包括竹影瓢泉、斩马桥等景点,重现辛弃疾的晚年生活场景;《铁血传奇》功能区包括老虎岩奇境、飞虎军营、烽火长城等景点,再现辛弃疾的戎马生涯;《千古风流》功能区包括辛弃疾博物馆、稼轩学堂等景点,向游客展示辛弃疾的诗作和书法作品。

【河口明清古街入选中国历史文化名街】 6月8日,铅山县河口明清古街在第五届"中国历史文化名街"评选中高票入选,成为全省第一条"国字号"历史文化名街。此次评选推介活动由中国文化报社和中国文物报社联合主办,共遴选出10条"中国历史文化名街"。河口明清古街位于铅山县河口古镇的北部,是河口古镇最重要的中心街区,也是江西省保存最完整、最长的古街。古街道平均宽约6米,原长2.5千米,是当时闽、浙、赣、皖、湘、鄂、苏、粤等地百货集散地,店铺林立。以往开设在这条街上的南北杂货、纸号、茶行、布店、药铺、油行、银楼、酒家以及手工作坊等店、厂共有540余家,另有会馆、祠庙6处。路面用长条青石和麻石铺砌而成。这条老街仍然保持旧时的样子,店屋门面原貌保存较好的还有300余家,有的铺面额坊上老字号的印记清晰可辨。

【连四纸碱性抄纸法获国家专利】 7月31日,由江西天鑫含珠实业有限公司研发的连四纸碱性抄纸法技术,被国家知识产权局授予发明专利证书。连四纸碱性抄纸法打破以往酸性抄纸法带来的纸张保存年限不长的弊端,既避免纸张保存过程中虫蛀霉变的现象,又延长纸张保存时间。

【铅山县人民政府青溪服务中心挂牌成立】 8月22日,铅山县人民政府青溪服务中心成立,为县政府直属正科级事业单位。鹅湖镇下辖的孔家、后洲、后田、钟家、银村、石溪6个行政村和1个街道居委会共65个村民小组,划归青溪服务中心管辖。青溪服务中心辖区面积22.32平方千米,人口2.2万人。

【城东小学校园建成投入使用】 8月,城东小学校园建成投入使用,可容纳学生2400余人。校园占地2.87公顷,建筑面积1.15万平方米,总投资3200万元。校园内共有3栋教学大楼、1栋综合大楼、1栋行政楼、1栋报告厅。校园内建有塑胶跑道、足球场、篮球场、排球场、乒乓球场等运动场地,将绿化、美化、亮化、文化融为一体,环境优美,设施齐全,是一所高标准、现代化的新校园。校园建成,极大满足城区广大学生及进城务工人员子女对优质教育的需求,有效化解县城学校大班额现象,进一步提高全县办学条件。

【加快保障房建设】 铅山县高度重视城镇低收入家庭住房保障工作,提出"以廉租房、公租房建设为重点,经济适用房建设为辅"的目标。12月26日,举行2013年廉租住房实物配租公开摇号活动,1050户符合廉租住房实物配租条件的家庭代表参加摇号。此次公开摇号产生718户廉租住房实物配租资格的家庭及50户轮候资格的家庭名单。至年底,全县投入资金2亿元,累计建设各类保障性住房3012套。

主要领导人 县委书记:万冬梅。县人大常委会主任:徐建明。县长:张华。县政协主席:金成考。

(郑冬香)

·万年县·

【简　况】 位于江西省东北部,辖6镇6乡和2个管委会(神农源管委会和工业园区管委会),总面积1140.76平方千米。耕地面积2.16万公顷,林地面积7万公顷,森林覆盖率64.1%,城区绿化率48.4%。总人口41.32万人,其中非农业人口7.76万人。人口自然增长率7.52‰。实现地区生产总值91.80亿元,同比增长11.2%。其中,第一产业增加值12.60亿元,增长4.56%;第二产业增加值52.98亿元,增长13%;第三产业增加值26.22亿元,增长9.8%。财政总收入13.05亿元,增长30.1%。规模以上工业增加值41.98亿元,占地区生产总值比重45.7%。园区主营业务收入172.38亿元,增长22.64%。引进5000万元以上工业项目23个,其中亿元以上项目18个。省外5000万元以上项目实际进资31.59亿元,外贸出口总额1.95亿美元。农业总产值36.79亿元,增长14.4%。主要农产品有:贡米年生产能力71万吨,实现产值23亿元;生猪年出栏80万头;珍珠产量38吨。粮食总产量2.55亿千克,实现"十连丰"。各项存款余额87.63亿元,增长13.3%。农民人均纯收入8020元,城镇居民人均可支配收入2万元。

【农业快速转型升级】 由袁隆平、颜龙安、谢华安和陈温福四位院士与万年贡集团合作共建的"万年贡集团院士工作站"获省政府批复,强化了贡米集团科技支撑。新增江西省名牌论证农产品1个,为农生态有限公司的"蔡园"莴苣被评为江西省名牌产品;万年贡集团在裴梅建立的233.33公项原生态有机稻种植基地连续3年获国家有机认证,万年贡米绿色标准化生产技术集成与示范推广获2013年国家富民强县项目。万年贡大米被评为中国十佳粮油高端品牌,万年县农业产业化示范基地入选第二批国家农业产业化示范基地名单,云河实业高产油茶种植示范基地被评为全国科普基地,长林蔬菜基地被省农科院和农业厅认证为无公害蔬菜基地,17家水产企业被评为农业部水产健康养殖示范场。

【商贸市场体系快速发展】 不断优化市场布局,促进市场体系快速发展。总投资3亿元、建筑面积4.3万平方米的宝润中央广场已竣工开业,成为万年首家集购物、休闲、娱乐、餐饮、文化为一体的一站式城市商业综合体。万年国际珍珠城、华润万家购物广场、万达建材家居广场、环球综合汽车城、再生资源及有色金属综合大市场、农资仓储物流配送中心、佳维诚电器城等大型市场综合体项目正在建设中。同时,实施"万村千乡市场工程",大力发展"农产品批发市场+物流企业"的农产品物流网络,逐步形成以专业市场为龙头、大型商场为骨干、农村流通市场为网络的商贸流通体系。全县商业网点1万余个,各类市场20多个,各类超市、连锁店100余家,形成门类齐全、成分多种、形式多样的商贸流通体系。

【江西省"春苗营养厨房"项目启用揭牌仪式在万年举行】 9月17日,江西省"春苗营养厨房"项目启用揭牌仪式在万年南溪中学举行。"春苗营养厨房"项目是由中国关工委与安利公益基金会于2011年联合发起的大型公益行动。随着"春苗营养厨房"项目正式走进江西,全省将有162所农村学校分别获赠价值5万元的厨房配套设施。在此次捐赠活动中,万年县有南溪中学、齐埠中学等15所农村学校入选,获"春苗营养厨房"援建资助100万元。

【全省工商联现场推进会在万年召开】 10月10日,全省工商联"三项重点工作"现场推进会在万年县召开。省工商联主席雷元江,省委统战部副部长、省工商联党组书记刘金炎,省工商联巡视员于也明,省工商联副主席谭文英、洪跃平、刘星平,万年县委书记郑高清出席会议;全省各市、县(市、区)工商联主席、书记,部分非公经济人士代表和基层商会代表等150余人参加会议。会议通报省工商联新一届班子确立的基层组织建设、基础设施建设和促进"两个健康""三项重点工作"推进情况。

【打造"一圈一片三带"和谐秀美乡村综合示范区】 按照重点打造"一圈一片三带"("一圈",在县城及工业园周边村庄打造与之规划配套的城郊型新农村建设圈;"一片",在石镇镇打造村镇联动、整村推进的样板片;"三带",打造万年东高速出口至神农源景区美丽乡村综合示范带和德昌、景鹰高速沿线两条村庄环境整治示范带)和谐秀美乡村综合示范区的要求,启动了60个新农村建设点,共投入资金7930万元;完成村内道路硬化43千米,完成率100%;改水4676户,完成率99%;改厕4263户,完成率91%;砌排水沟7千米;拆除空心房、危房2.8万平方米;高速沿线村庄整治完成验收。被评为全省干道沿线村镇改造提升工作先进县。

主要领导人 县委书记:郑高清。县人大常委会主任:侯如文。县长:张爱平。县政协主席:徐明华。

(朱国爱)

·余干县·

【简 况】 位于江西省东北部,辖8镇、12乡、7场。总面积2331平方千米,其中县城建成区面积17平方千米。耕地面积7.16万公顷,林地面积5.27万公顷,森林覆盖率21.9%,城区绿化率36%。总人口105.77万人,其中非农业人口16.77万人。人口自然增长率7.5‰。实现地区生产总值101.85亿元,同比增长12.8%。其中,第一产业34.01亿元,增长3.6%;第二产业36.21亿元,增长16.1%;第三产业31.63亿元,增长9.8%。财政总收入11.06亿元,增长20.1%;税收占财政总收入81.9%;一般预算收入8.38亿元,增长19.4%;一般预算支出30.27亿元,增长16.7%。工业总产值120.08亿元,增长8.4%。规模以上工业增加值24.60亿元,占地区生产总值的24.2%。500万元以上固定资产投资总额87.01亿元,实际利用外商投资4180万美元,实际利用省外5000万元以上项目资金27.34亿元,出口创汇8827万美元。主要工业产品有电65.82亿千瓦小时、玻纤纱3885吨、蚕丝383.6吨、水泥99.84万吨。农业总产值51.16亿元,增长9.6%。主要农产品有粮食82.07万吨、油料2.15万吨、蔬菜15.82万吨、家禽(出栏)705.20万只、水产品12.20万吨。万元GDP能耗为0.557吨标煤。城镇居民人均可支配收入1.59万元;农民人均纯收入4980.8元,增长13.7%;城乡居民年末储蓄余额114.63亿元,比年初增长18.3%。全年各项民生支出22.3亿元,新增城镇就业7500余人,新增转移农村劳动力2.6万余人;城镇职工养老、基本医疗、工伤保险参保人数分别为6.1万人、12.8万人、2.2万人;开工建设保障性住房2300套,总面积11.3万平方米,发放廉租住房租赁补贴1238户;改造农村危房1900户,完成扶贫移民搬迁1083人。

【加快城乡建设步伐】 坚持城乡统筹,城镇化率达39.1%。投资2100万元,推进城北新区、城东南门户区、城西产业园控制性详规编制;投资800万元,建成全省一流的县级规划展示馆;实施城建重点项目60个,完成投资40.1亿元;完成昌万公路县城段拓宽、干越大道改造、冕山大道、城北路网等10条总里程28千米的城市道路建设,县城框架延伸至23平方千米、建成区面积达17平方千米。完成145个新农村村点建设任务。打造特色鲜明的镇村联动示范点,黄金埠镇、乌泥镇入选全省首批百强中心镇。

【电影剧本《我的母亲湖》获第八届全国戏剧文化奖】 2月6日,江西省电影家协会会员、余干县文化广电新闻出版局局长史俊的电影剧本《我的母亲湖》获第八届全国戏剧文化奖银奖。该剧全面展示鄱湖村的美丽风光以及鄱阳湖的治理发展之路,展示水乡发生的沧桑巨变,刻画了当地干部群众的生活、事业、爱情和精神风貌。整个故事以浪漫爱情为主线,穿插大量的原生态鄱湖渔歌,揭示了盲目蛮干与树立科学发展观的辩证关系。

【20 亿元风力发电项目落户余干】

3 月 18 日,余干县人民政府与南京高传机电自动控制设备有限公司举行签约仪式,引进该集团 20 亿元建设装机 20 万千瓦风能发电项目。该项目在余干县康山大堤内侧建设四个风场,每个风场功率为 5 万千瓦,总装机规模 20 万千瓦。项目建成后,不仅能产生良好的经济效益,还能成为鄱阳湖畔一道亮丽的景观,对余干县旅游业的发展起到推动作用。

【余干“鄱湖藜蒿”获中国地理标志证明商标】 11 月,经国家工商行政管理总局核准,由余干县国珍枫树辣椒种植专业合作社申报的“鄱湖藜蒿”正式注册为中国地理标志证明商标。藜蒿又名水蒿,是鄱阳湖内的一种水中野生植物,营养丰富,绿色无污染,嫩茎味道清香,肉质脆嫩。

【余干道情《神秘的第三者》获第六届中部六省曲艺大赛一等奖】 8 月 16 日,在第六届中部六省曲艺大赛决赛阶段,由县委宣传部、县文联共同打造的余干道情《神秘的第三者》获大赛一等奖。余干道情是余干县独有的曲种,相传为八仙之一的张果老在余干瑞洪洪崖山炼丹时传下,在瑞洪地区传唱甚广。

【全省首条民营铁路货运专用线建成通车】 12 月 31 日,全省首条民营铁路货运专用线——余干赣港现代铁路物流园铁路专用线建成通车,全长 3.89 千米,总投资 1.3 亿元。该条铁路专用线由铭日集团出资建造,从国电黄金埠发电厂专用线 K18 +255 处出岔,并行于国电黄金埠发电厂厂内站北侧,穿江西黄金埠万年青水泥有限公司与国电黄金埠发电厂厂内站狭长地段后,接入余干工业园区赣港现代铁路物流园,通车运行后年货运量达 200 万吨。

主要领导人　县委书记:郑光泉。县人大常委会主任:黄辉珍。县长:胡伟。县政协主席:王晓燕。

(邓建锋　孙健)

·鄱阳县·

【简　况】 位于江西省东北部、鄱阳湖生态经济区黄金东岸。辖 29 个乡镇,总面积 4214.68 平方千米。耕地面积 8.87 万公顷,山林面积 15.6 万公顷。总人口 158.4 万人,其中非农业人口 24.2 万人。人口自然增长率 8‰。2013 年实现地区生产总值 140.1 亿元,同比增长 11.8%。三次产业结构比调整为 27.5:41.6:30.9 。全社会固定资产投资 128.7 亿元,增长 34.2 %。财政收入 12.03 亿元,增长 20.2%;一般预算收入 9.59 亿元,增长 24.4%。粮食总产量 108.8 万吨,增长 2.6 %。规模以上工业增加值 40.1 亿元,增长 14.4%。实际利用外资 4689 万美元,增长 12.9%。主要景区接待游客 200 万人次,增长 72.4 %。社会消费品零售总额 46.28 亿元,增长 13.3%。金融机构年末各项存款余额 200.9 亿元,各项贷款余额 70.1 亿元,分别增长 15.5 % 和 10.6%。保险业实现保费收入 3.1 亿元。城镇居民人均可支配收入 1.51 万元;农民年人均纯收入 5300 元。

【民生工程取得新成效】 全年民生投入 38.1 亿元,占财政总支出 80%。再次提高城乡低保等社会救助标准,发放城乡居民最低生活保障金 1.28 亿元,保障对象达 7.5 万人。城镇新增就业人数 6514 人,就业率 97%。城镇职工、城乡居民养老保险参保人数 48.3 万人。城镇职工、城乡居民医疗保险参保人数 144.7 万人。新建成廉租房 846 套,开工建设廉租房、公租房 2000 套,完成 7490 户城市棚户区、垦区、林区和农村危旧房改造。实施 5 个乡镇 6 万人口的饮水安全工程。完成 205 个贫困村整村推进工程。编制珠湖流域生态环境保护规划,开展沿河及环湖区域环境污染执法检查,完成节能减排任务。

【鄱阳湖国家湿地公园通过省级技术评审】 1 月 9 日,经市旅游局和环保局推荐,鄱阳县鄱阳湖国家湿地公园通过省旅游局和环保厅专家组技术评审,被授予省级生态旅游示范区称号。鄱阳湖国家湿地公园位于鄱阳湖的东岸,总面积 3.63 万公顷,其中湿地面积 3.51 万公顷,占土地总面积 96.8%,为世界六大湿地之一,是亚洲湿地面积最大、湿地物种最丰富、湿地景观最美丽、湿地文化最厚重的国家湿地公园。

【田畈街镇获“国家级生态乡镇”称号】 4 月 25 日,鄱阳县田畈街镇被环保部授予“国家级生态乡镇”称号。田畈街镇围绕建设宜居宜业宜游的秀美乡镇目标,坚持经济建设、城镇建设和生态建设同规划、同实施、同发展,实现经济、社会、生态共赢。先后获“中国(江西)十大秀美乡镇”“江西省文明镇”“全省科学发展五十强乡镇”等称号。

【2013 年中华龙舟大赛(鄱阳站)比赛在鄱阳湖国家湿地公园举行】 4 月 27 日至 28 日,2013 中华龙舟大赛江西鄱阳站比赛在鄱阳湖国家湿地公园隆重举行。副省长朱虹出席开幕式并宣布 2013 中华龙舟大赛(鄱阳站)开幕;市委书记董仚生出席并颁奖,市领导尧希平、汪霞、吴井勇、韩平等出席,市委常委、县委书记张之良主持开幕式,副市长朱寅健致辞。此次比赛由国家体育总局社会体育指导中心、中央电视台体育频道、中国龙舟协会和省体育局、省旅游局、市政府主办,由中央体育娱乐有限公司、省龙舟协会、省体育竞赛管理中心、鄱阳县委县政府、市体育局承办。鄱阳站比赛共有 18 支队伍参加,其中男队 14 支,女队 4 支。参赛队伍来自广东、山东、浙江、江西、江苏、上海、福建、湖北、湖南、安徽、香港等 11 个省区市。经过激烈的角逐,广东顺德乐从代表队、广东南海九江代表队分别包揽男女 200 米、500 米直道竞速赛的冠军。

【袁隆平第四期杂交超级稻在鄱阳试种获成功】 年内,袁隆平院士同意并批准在鄱阳县建立省唯一一个超级杂交稻高产示范基地,并分别在水稻技术雄厚的乐丰镇、饶丰镇、鸦鹊湖乡和鄱阳镇试种面积 33.33 公顷。经过 3 个多月的精心管理,袁隆平第四期杂交超级稻试种成功,经省市县专家现场测产，平均亩产达到806千克，创全省每亩单产最高纪录。

【获"全国粮食生产先进县"称号】 12月25日，在北京召开的全国农业工作会议上，鄱阳县被农业部授予"全国粮食生产先进县"称号，这是省唯一连续10年获此殊荣的产粮大县。鄱阳县按照稳定面积、主攻单产、调优品质、增加总产、提高效益的总体要求，以粮食高产创建和标准粮田项目建设为依托，提高粮食生产水平，粮食总产量上升到108.8万吨，增长2.6%，实现粮食生产"十连增"。

【鄱阳大型原创赣剧《碧血黄花》获省第五届艺术节玉茗花大奖】 年底，现代赣剧——鄱阳大型原创赣剧《碧血黄花》参演省艺术节，获江西省第五届艺术节玉茗花大奖。《碧血黄花》是省文化繁荣工程重点项目之一，取材于辛亥革命时期孙中山所领导的广州起义，着力描写了林觉民等一批热血青年，为推翻满清王朝建立共和的壮烈义举，倾情颂扬革命先驱们舍生取义、慷慨捐躯的崇高精神，凸显出精神不灭、大爱永生的题旨。

主要领导人 县委书记：张之良。县人大常委会主任：陈子锋。县长：张新华。县政协主席：张信行。

（薛文）

吉安市

【概　况】 位于江西中西部，辖2区、10县、1市。总面积2.53万平方千米，其中城区面积268.7平方千米。有林面积149万公顷，森林覆盖率67.6%，城区绿地率38.74%。总人口486.62万人，其中非农业人口113.04万人。人口自然增长率7.18‰。实现地区生产总值1123.90亿元，同比增长10.9%。其中，第一产业增加值197.11亿元，5.1%；第二产业增加值575.71亿元，增长13.3%；第三产业增加值351.08亿元，增长10.0%。财政总收入169.68亿元，增长18.5%，人均3491元，税收占财政总收入的比重为78.03%；公共财政预算收入121.44亿元，增长17.3%，公共财政预算支出285.41亿元，增长15.6%。工业总产值2189.41亿元，增长16.0%。规模以上工业增加值530.68亿元，外贸出口33.23亿美元。固定资产投资1064.63亿元，实际利用外资6.84亿美元、市外投资396.8亿元。主要工业产品有：水泥752.7万吨，铁矿石590.3万吨，发电量112.8亿千瓦小时。农业总产值331.54亿元，增长5.1%。粮食411.97万吨。主要农产品有：油料17.79万吨，薯类14.34万吨，豆类5.35万吨。城镇居民人均可支配收入2.23万元，增长10.7%；农民人均纯收入8029.99元，增长13.1%。城乡居民年末储蓄存款977.22亿元，增长18.3%。

【开展"三进三解三促"活动】 2013年，吉安市全面推开以进农村、进社区、进企业，了解社情民意、化解矛盾纠纷、破解发展难题，促进干部作风转变、促进干群关系融洽、促进基层发展稳定为主要内容的"三进三解三促"活动。活动开展以来，全市党员干部共走访群众36.7万户、94.5万人，与困难群众结帮扶对子1.98万对，收集基层和群众反映的意见建议2.5万余条，帮助基层和群众解决问题或诉求6.3万余个，为群众办实事3.4万余件，化解矛盾纠纷5663个，落实帮扶项目411个，落实帮扶资金1亿多元。8月19日，江西卫视《江西新闻联播》以《吉安："三进三解三促"助推吉安梦》为题，在头条位置用近4分钟的时间报道吉安市"三进三解三促"活动开展情况，并配发编后语。21日，《江西日报》在A1版重要位置，刊发《干部"辛苦指数"换百姓"幸福指数"——看吉安市如何带领老区人民脱贫致富共奔小康》一文，对吉安市开展"三进三解三促"活动，助推扶贫攻坚深入开展进行深度报道。

【红色教育读本《永远的丰碑》出版发行】 2013年，《永远的丰碑》由江西人民出版社出版。这是吉安市首次尝试完全以爱国主义教育基地为主题，打造具有吉安本地特色的红色教育读本。该书由市委常委、宣传部部长李庐琦主编。全书10万余字，穿插图片270余张，从国家级、省级、市级、县（市、区）级四级对全市76个爱国主义教育基地的基本情况、历史渊源、陈展内容等进行介绍。

【井冈山机场开通南宁—井冈山—杭州一日往返新航线】 7月10日，井冈山机场正式开通南宁—井冈山—杭州航线。此航线由天津航空公司E191机型执飞，航班号为GS6529/30，每周一、三、五、日各一班。航班于14:40在南宁吴圩国际机场起飞，16:15到达井冈山机场；16:55井冈山机场起飞，18:05到达杭州萧山国际机场；19:10杭州机场起飞，20:30返回到达井冈山机场，停场40分钟后于21:10起飞，22:55到达南宁。

【推出情景歌舞剧《记忆庐陵》】 3月22日，以讴歌厚重的庐陵文化为主题的大型情景歌舞剧《记忆庐陵》在井冈山大学附属艺术学校正式开排。《记忆庐陵》以质朴敦厚的庐陵民俗为背景，以舞台艺术为表现形式，由市采茶歌舞剧院演员及井冈山大学附属艺术学校师生共同出演。该剧采用时空交错的艺术手法，通过《喊船》《春晖》《崇文》《珍陶》《正气》《永慕》6个章节，将庐陵文化中的农耕、婚俗、崇文、陶瓷、正气等记忆符号有机贯穿，同时吸收融合多种艺术形式，包括歌剧、采茶戏、民俗说唱、书法等。《记忆庐陵》公演30多场。9月18日晚参加江西省第五届艺术节，在江西艺术中心大剧院上演。10月17日—21日，走进韩国全罗南道顺天世界园艺博览会，开展为期5天的文化交流演出。启动《记忆庐陵》全国巡回演出，第一站于12月10日在北京保利剧院上演。

【吉安首个井冈蜜柚精深加工项目开工】 10月29日，井冈蜜柚精深加工项目金柚果品公司开工仪式在吉水县城西工业园举行。市委副书记刘义砑下达工程开工令，市人大常委会主任吴敏、市政协主席刘宗华、市委常委郭庆亮、市人大常委会副主任邓近有、副市长肖玉兰、市政协副主席刘永杰，农民日报社副总编吕明宜等出席。金柚果品公司由江西金田粮油集团投资2

亿元兴建，在绿色食品产业园占地6.67公顷建设10万吨井冈蜜柚精深加工项目。该项目引入高新技术以及先进设备，以科学化的工艺流程设计，对蜜柚产品进行深度综合开发，为市场提供多元化的蜜柚产品。

【中央电视台《寻宝》走进吉安】 3月21日，中央电视台《寻宝·走进吉安》召开新闻发布会，市委常委、宣传部部长、《寻宝·走进吉安》活动领导小组组长李庐琦出席发布会并讲话。寻宝活动共分3个阶段进行，3月20日至4月18日，在各县(市、区)及市内设立报名点征集民间藏品；4月21日上午9:00，在市庐陵文化生态园金螺广场(或民俗文化园)举行海选；4月27日—28日，在市体育馆，对海选出来的40件入围藏品进行室内鉴宝录制。节目在吉安录制期间，有6000多位收藏爱好者报名参加海选，现场参选的藏品上万件。拍摄制作的《寻宝·走进吉安》节目(上、下集)，分别于6月8日和6月15日18:00，在中央电视台第1频道和央视网首播，并在央视第1频道、第4频道(海外版)和央视网的其他时段重播。

【建立吉安籍在外人才信息库】 2013年，吉安部布署开展建立吉安籍在外人才信息库工作。信息征集对象主要是原籍在吉安或在吉安出生、成长以及曾在吉安工作的，现在国内外工作、生活、学习的，具有中级及以上专业技术职称(职务)的专业技术人才，在各类企事业单位担任中层及以上职务的经营管理人员和具有高级工(国家三级)及以上职业资格的技能人才。

【首个村史馆“蜀口村村史馆”开馆】 2月13日，吉安市首个村史馆——泰和县马市镇蜀口村村史馆开馆。马市镇蜀口村村史馆位于蜀口村中心地带，是一个开放式的村级历史馆。蜀口村村史馆分为村情介绍、图片展示、实物展览3个部分。图片展示区共展出各种图片200多幅，包括欧阳永俊、欧阳和等蜀口村22位进士的照片和简介。实物展览区共展出60多种100多件各个历史时期的生产工具和生活用具，有南北朝时期开始使用、用来压榨甘蔗的青石滚筒，有土制木式的茶叶揉捻机。

【举行“天籁列车”井冈行活动仪式】 9月23日，澳大利亚“魏基成天籁列车”井冈行活动启动仪式在吉安市特殊教育学校举行。市委书记王萍，澳大利亚ABC纸业集团董事长、市侨联名誉主席魏基成，省侨联主席周锦分别致辞；省残联副理事长李芳萍，省侨联副主席王强，市领导胡世忠、刘连根、刘带焕、王伴青等出席；市委常委、市总工会主席彭涉晗主持。活动现场向江西省捐赠1万个助听器、5000副老花眼镜和2000件御寒冬衣。

主要领导人 市委书记：王萍。市人大常委会主任：吴敏。市长：胡世忠。市政协主席：刘宗华。

(黄俐)

·吉州区·

【简　况】 位于吉安市中心城区，辖5个乡镇和6个街道办事处。总面积425平方千米，其中建成区面积43.5平方千米。耕地面积1万公顷，森林覆盖率34.2%。总人口34.25万人，其中非农业人口21万人。人口自然增长率5.6‰。2013年，全区实现地区生产总值104.33亿元，增长11.2%。其中，第一产业9.03亿元，增长2.7%；第二产业41.3亿元，增长16.2%；第三产业54亿元，增长9.1%。财政总收入10.39亿元，增长18.1%；人均财政收入2977元，税收占财政总收入比重83.4%；地方财政收入7.71亿元，增长14.6%；地方财政支出16.4亿元，增长16.4%。工业总产值155亿元，规模工业增加值26亿元，外贸出口2.22亿美元，固定资产投资89.7亿元，实际利用外资4769万美元，引进内资23.47亿元。主要工业品有水泥总产量26.7万吨，电力电缆2.79万千米，白酒总产量1.18万吨，金属切削机床179台。农业总产值13.4亿元，增长7.4%。主要农业品有粮食总产量10.05万吨，生猪出栏9.9万头，存栏5.6万头，肉牛出栏1.84万头，存栏1.83万头，家禽出笼72.9万只，存笼48.4万只，水产养殖面积1900公顷，水产品总产量1.2万吨。城镇居民人均可支配收入2.22万元，农民人均纯收入9751元。城乡居民年末储蓄余额205.04亿元。社会消费品零售总额40亿元。

【吉安市社会福利中心建成并投入试运营】 11月底，吉安市重点民生工程吉安市社会福利中心建成并投入试运营。该项目于2011年4月动工，由吉州区建设实施。该中心位于吉州大道以西、阳明路以北、正丙角新村西南；占地面积2.57万平方米，建筑面积2.5万余平方米，绿化面积超1.1万平方米，总投资6000余万元。福利中心按国家二级福利院标准建造，为集养老、护理、康复、医疗、娱乐等多种功能为一体的综合性福利院。内设儿童福利院和老年公寓，共有床位700张。儿童福利院有楼房1栋，床位300张，收养孤残儿童和弃婴；老年公寓有楼房2栋，床位400张，开展社会化养老。中心还建有医疗康复楼1栋。中心实行政府购买服务和市场化运作相结合的管理机制。截至年底，共收养残疾儿童、弃婴47人，接纳40位老人入住。

【加强名校长名教师两支队伍建设】 2013年，吉州区出台《关于加强名校长名教师队伍建设的指导意见》《吉州区教师队伍建设暨名师、学科带头人及星级教师的考核评比实施办法》。从2013年开始，各学校把教师的绩效工资拉开差距，让那些上课多、教学水平高的教师收入更多。区财政每年安排100万元，成立教育奖励基金，按名校长每月800元、名教师每月600元、省级学科带头人每月300元、市级学科带头人每月200元、区级学科带头人每月100元的标准发放奖励津贴。此外，对各学校后备干部人选进行摸底调查，按照干部需求量1:2的比例，纳入后备干部人才库。

【“吉州经验”向全国重点推广】 5月，中国社会出版社出版《中国和谐社区——吉州经验》，吉州社区建设被民政部作为“吉州经验”向全国推广。吉安市吉州区辖5个街道、35个社区，社区居民22.5万余人。2010—2013年，吉州区从群众期盼解决的难点问题入手，围绕“让群众的收入更多、幸福指数更高、安全感更强”的创新社会治理目标,创建“人文社区、温馨家园”,取得良好成效,有29个社区获国家、省级表彰,多次在全国、全省社区建设、社会组织、社会工作等经验交流会做典型发言。

【北门街道文化活动中心成功申报“省级一级文化站”】 2013年,北门街道文化活动中心成功申报“省级一级文化站”。该活动中心室内建筑面积555平方米,室外活动场地面积840平方米。总投资180余万元,设有“百姓舞台”、电子阅览室、图书和报刊阅览室、舞蹈练功室、京剧社、摄影协会、诗词书法社等,配备电脑、投影仪、DVD影碟机、音响、电视等设备和藏书、报纸杂志4000余册。中心探索出“社会组织齐参与,互利共赢促提升”的有效模式,先后吸纳状元桥诗词书法社、区摄影家协会、街道老年体协拳剑队、堆花韵艺术团、庐陵钟鼓楼京剧社等5个文体类社会组织进驻。同时市老年大学在文化活动中心设立现场教学点,市图书馆建立“流动书屋”北门分馆;区文化馆免费开放艺术培训进基层点。10月27日,民政部部长李立国视察活动中心,对该中心积极传播先进文化,繁荣社区文化表示肯定。

主要领导人 区委书记:徐明。区人大常委会主任:郭捷 。区长:朱谋俊。区政协主席 刘大水。

(刘春生)

·青原区·

【简 况】 位于江西省中部,辖1乡、6镇、2个街道办事处。总面积914.62平方千米,其中中心城区建成区面积14.5平方千米,城区绿化率46.9%,亮化率98%。全区总人口20.26万人,其中城区人口8.3万人。人口城镇化率41.2%,人口自然增长率7.1‰。全区有耕地面积1.62万公顷,林地面积6.05万公顷,森林覆盖率60.6%。早稻总产量6.1万吨,油料总产量0.24万吨,蔬菜总产量7.77万吨,年末生猪出栏7.84万头,肉类总产量9081吨,水果总产量2469吨。2013年,全区实现地区生产总值69.31亿元,同比增长10.4%。其中,第一产业增加值7.71亿元,第二产业增加值42.33亿元,第三产业增加值19.27亿元。社会消费品零售总额16.77亿元。工业总产值186.3亿元,规模以上工业企业完成工业总产值169.1亿元。主要工业产品有火电、电子、水泥、机制纸、砖、饲料、粗铜、塑料制品等。财政总收入6.89亿元,增长20.0%,其中地方财政收入4.93亿元,税收收入5.32亿元,税收占财政总收入比重77.0%。地方财政支出11.92亿元,增长25.9%。农村居民人均纯收入8106.67元;城镇居民人均可支配收入2.28万元;在岗职工年平均工资4.41万元。全社会固定资产投资45.18亿元。实际引进内资21.9亿元,利用外资3679万美元。出口创汇1.90亿美元。

【陂下古村、青原山景区通过国家4A级景区初审】 2013年底,陂下古村景区、青原山景区创建国家4A级景区通过省旅游局初步验收。陂下古村位于青原区富田镇,始建于唐代。2009年成功申报为“国家历史文化名村”。古村百余棵千年古樟环绕,完好保存有180多座明清古建筑。是赣西南苏维埃政府、江西省苏维埃政府、赣西南特委驻地,保存有众多的原生态革命旧址和清晰可见的红、白历史标语,毛泽东、朱德、陈毅、邓小平、曾山、毛泽覃等老一辈无产阶级革命家曾在此战斗生活。为提升陂下古村景区品质,富田镇积极开展国家4A级景区创建工作,先后完成竹隐堂红军学校旧址布展、富田红色革命历史展和富田祠堂文化展、恢复“五水朝东”排水系统、双胞胎井等景点及陂下大队食堂等工程。

2013年年初,青原区青原山景区为争创国家4A级旅游景区,投入2亿多元实施青原山景区提升改造工程,加快旅游交通、游览、卫生、安全、环境等方面改造。并与南昌知名旅行社签订“青原二日游”协议,开发青原山“吃斋饭、听禅经、看寺庙”的特色旅游产品;加强景区的日常管理和对讲解员的培训。

【青原区五处旧址列入第七批全国重点文物保护单位】 2013年,国务院印发《关于核定并公布第七批全国重点文物保护单位的通知》,核定公布了第七批全国重点文物保护单位,以及与现有全国重点文物保护单位合并的项目。青原区东固平民银行旧址、文天祥墓、王家诚敬堂(江西省苏维埃政府、“富田事变”旧址)、“二七”陂头会议旧址、渼陂永慕堂(红四军总部旧址)等5处名列其中。

【新井冈山大桥开工】 9月26日,新井冈山大桥开工仪式在吉安市青原区举行。市委书记王萍宣布开工并讲话,市委副书记、市长胡世忠主持仪式。市、区两级四套班子主要领导出席仪式。新井冈山大桥位于井冈山大桥下游4.6千米处,全长11千米,其中大桥长1272米,主跨为单塔双索面人字塔斜拉桥,桥面宽38米,双向6车道。主线设计速度为60千米/小时,立交匝道设计速度为30千米/小时。项目投资约12亿元。

【庐陵风情美食街成为首批“江西省特色商业街”】 7月,经过特色街管委会自愿申报、地市商务主管部门初审推荐、省级专家审核评定、面向社会公示等程序,青原区庐陵风情美食街成为首批“江西省特色商业街”。庐陵风情美食街南起河东街道新生居委会,北至原河东征费站,全长约1千米,新改造房屋156栋。在这条美食街,可以品尝到吉安市13个县(市、区)各具特色的美味佳肴。在改造中,青原区坚持以文化的视角做项目,秉承恢复记忆、链接历史的理念,把庐陵文化元素融入房屋建筑中,街道两旁彰显了“青砖黛瓦马头墙,飞檐翘角坡屋顶”的赣中民居风格,透露着庐陵文化厚重的千年古韵和赣中居民的古典风情。

【医药卫生体制改革惠民生】 2013年,青原区加快推动城乡医药卫生体制改革,完善新农合补偿方案,调整补偿比例,简化报账手续,开展住院“直补”工作,实现“当地参合、异地住院、同等直报”,确保参合农民住院一次性报账率达100%。全年全区共有16.5万人参合,参合率达98.91%;基层医疗卫生机构实行国家基本药物制度比例达100%;在“六类人群”及高血压、糖尿病等慢病患者保健管理工作中,为6.5万居民免费提供社区公共卫生服务150万元;推进妇幼重大公共卫生服务项目,开展“光明微笑”工程、儿童“两病”和尿毒症患者免费血透救治工作;推进基本公共卫生均等化项目,扎实做好适龄儿童预防接种工作,适龄儿童建卡建证达100%;为辖区内服务对象建立网上信息化电子档案,全区建立电子档案16.2万份,家庭档案3万份,规范化建档率达70%以上。

【修复阳明书院】 阳明书院亦称九邑会馆、青原会馆,迄今已有近500年的历史。明正德五年(1510),王守仁在阳明书院开坛讲学,阳明书院也因此被誉为“东南邹鲁、西江杏坛”。2013年年底,青原区青原山景区阳明书院修复工程竣工。遵循修旧如旧、建新如旧原则,书院工程建设采用砖木建筑结构,按庐陵风格从各地收集建筑材料,按照当年景象进行全面修复。书院坐东北朝西南,分南北两院。南院为教工楼、号房、庖湢;中轴线上依次是传心堂、五贤祠、魁星阁,前后三进;北院为核心室。该工程项目总投资1000万元。5月,主体工程完工。6月,附属工程和绿化完工。10月底,完成陈列展。11月正式对外开放。

主要领导人 区委书记:程以金。区人大常委会主任:郭清华。区长:胡小勇。区政协主席:肖萌。

(刘庆华　王平发)

·井冈山市·

【简　况】 位于江西省西南部,地处湘赣两省交界的罗霄山脉中段,辖18个乡镇和1个街道办事处。总面积1297.5平方千米,耕地面积8420公顷,林地面积10.6万公顷,森林覆盖率86%。总人口15.41万人,其中农业人口12.1万人,人口自然增长率8.24‰。2013年完成地区生产总值49.28亿元,增长10.1%。其中,第一产业增加值4.72亿元,增长5.0%;第二产业增加值17.85亿元,增长11.1%;第三产业增加值26.71亿元,增长10.21%。工业总产值53.82亿元,增长10.76%。主要工业产品有塑料制品1.29万吨,水泥9.99万吨,光缆11.37万千米,水力发电量1.55亿千瓦小时。农业总产值8.7亿元,增长9.57%。主要农产品有粮食7.81万吨,油料2073吨,水果4756吨,生猪出栏12.7万头,水产品产量3667吨。实现财政总收入6.52亿元,增长1.1%,其中地方财政收入5.25亿元,下降2.7%。全年接待游客898.68万人次,实现旅游收入68.05亿元,增长6.01%、8.42%。实现城镇居民人均可支配收入22029元,增长13.2%;农民人均纯收入6650.7元,增长7.9%。城乡居民年末储蓄存款余额62.96亿元,增长16.3%;各项贷款余额39.05亿元,增长36.76%。

【举办“第十一届中国杜鹃花展暨2013第四届中国·井冈山国际杜鹃花节”】 4月20日,为期一个月的“第十一届中国杜鹃花展暨2013第四届中国·井冈山国际杜鹃花节”在井冈山开幕。以“井冈杜鹃花又开”为主题,以井冈杜鹃为中心,全面展示世界各国杜鹃新品种;以根雕奇石为媒介,全面展示全国旅游商品新进展;以演唱会为依托,全面展现庐陵文化新风采;以井冈陶瓷、茶叶为基础,全面展示江西地方产品新特色。在杜鹃花节期间,主要开展“第十一届中国杜鹃花展”“《井冈颂》歌曲全国大赛”“第十一届中国杜鹃花展暨2013第四届中国·井冈山国际杜鹃花节开幕式”“第十一届中国杜鹃花展暨2013第四届中国·井冈山国际杜鹃花节文艺演出”“大井冈旅游图片展”“全国旅行商及旅游媒体大井冈踩线、采风活动”“地方特色产品展销会”“全国根雕奇石展销会”“江西省观赏石高峰论坛”“井冈山摄影图片全国巡回展”“‘井冈杜鹃杯’全国征文大赛”“首届井冈山国际山地车赛道越野邀请赛”“百名共和国开国将军老红军油画肖像展”等活动。

【举办纪念毛泽东诞辰120周年系列活动】 12月26日是毛泽东诞辰120周年,井冈山市举办“毛泽东与井冈山”大型主题图片、诗词、书画展,展出井冈山革命博物馆馆藏精品,包括5幅反映井冈山时期毛泽东战斗生活的油画作品;60幅由毛泽东的专职摄影师钱嗣杰拍摄的“毛泽东同志重上井冈山”的照片;30幅毛泽东诗词手迹和馆藏的国内“毛体”书法家的书法作品。为纪念毛泽东诞辰120周年,还举办井冈山斗争时期毛泽东与群众路线理论研讨会、纪念毛泽东同志诞辰120周年座谈会,以及“追寻红色足迹,弘扬革命精神”主题教育活动等系列纪念活动。

【推进城乡一体化工作】 2013年,井冈山市充分发挥规划引领作用,高标准完成各项法定规划,构建市镇村三级规划体系。启动“一城带两镇”拿山渥田至厦坪菖蒲的精品示范带建设延伸工程;茨坪城区顺利推进景观提升和环境综合整治一期工程,启动城区道路“白改黑”二期工程;龙市城区推进街景改造和龙市商贸广场、龙市火车站广场建设。罗浮片区完成花海工程一期建设和溢鑫温泉开发前期工作,启动街区风貌改造、原造纸厂安置区建设。开展“新型社区、幸福家园”创建工作。城镇化率达59.8%。各乡镇开展街区环境整治改造,并取得明显变化。完成74个美丽乡村点和启动9个镇村联动点建设,打造井睦高速、井遂公路、永宁公路沿线三条美丽乡村示范带,获“全省干道沿线村镇改造提升工作先进县(市)”称号。

主要领导人 市委书记:龙波舟。市人大常委会主任:傅建华。市长:陈敏。市政协主席:曾炳龙。

(黄斌)

·吉安县·

【简　况】 位于江西中部,辖19个(乡)镇。总面积2117平方千米,耕地面积3.69万公顷,完成造林面积3129公顷,有林面积13.3万公顷,森林覆盖率62.2%。总人口46.98万人,其中非农业人口10.77万人。人口自然增长率6.34‰。2013年,全县地区生产总值120.56亿元,增长11.9%。其中,第一产业增加值23.27亿元,第二产业增加值67.91亿元,第三产业增加值29.38亿元。全县财政总收入20.37亿元,增长19.69%;地方财政收入15.2亿元,增长23.6%,财政总收入和地方财政收入总量继续保持全市第一,列全省21位。工业总产值252.53亿元,规模以上工业总产值243.72亿元、增加值65.01亿元;全社会固定资产投资109.32亿元。主要工业产品:水泥38.76万吨,啤酒7738.04万升,娃哈哈饮料20.53万吨,配混合饲料7.91万吨,煤炭51.8万吨,铁精粉138.72万吨。农业总产值34.9亿元。主要农产品:粮食45.36万吨,花生6160吨,水产品1.98万吨,油料1.65万吨,葡萄2935吨,牛羊肉1.04万吨,猪肉5.10万吨。城市污水处理率86.5%,万元GDP能耗为0.51吨标准煤。全县城镇非私营单位在岗职工1.04万人,年平均工资为5.35万元。社会消费品零售总额28.41亿元。城镇居民人均可支配收入2.09万元。农村居民人均纯收入5866.7元。

【获“国家卫生县城”称号】 12月,吉安县通过全国爱卫办专家组检查验收,获“国家卫生县城”称号。自2008年成功创建省级卫生县城后,县委、县政府着力实施硬化、绿化、亮化、净化“四化”工程,累计完成市政设施投入11亿元,净增城市道路面积163.63万平方米、净增城市绿地面积194.98万平方米。完成君山大道、庐陵大道、赣江大道等11条道路面积达55.49万平方米的“白改黑”。城区各主次街道和公共场所安装景观灯、轮廓灯和路灯等亮化设备,亮化率达99%。城区工业废水、生活废水实现雨污分流,污水处理率达98%以上。开展市容环境、交通秩序、市场秩序、“六小”行业、城中村和村乡结合部、闲置土地、除“四害”7项专项整治。累计监督检查各类经营户3000余户次,下发监督意见书650份,取缔不合格餐饮企业22户。

【获“全国群众体育先进县”称号】 9月,吉安县被国家人力资源和社会保障部、国家体育总局评为2009—2012年度“全国群众体育先进县”,县体育局被评为2009—2012年度“全国体育系统先进单位”。吉安县大型群众体育竞赛形成制度化,每年举办一次全县中小学生运动会、乡镇机关干部篮球赛、县城单位干部职工篮球赛、园区企业职工篮球赛、全县乒乓球赛、羽毛球赛等近20项赛事;每两年举办一次龙舟赛、农民运动会、妇女运动会、幼儿运动会等赛事;每三年举办一次趣味运动会;每四年举办一次全县全民运动会、老年人运动会。每年全县组织开展各级各类活动及比赛60余次,参与全民健身活动人数达数万人次。吉安县运动员共获省级金牌47枚、银牌63枚、铜牌44枚,市级金牌45枚。在全省达标赛中,吉安县运动员共有86人次达优秀标准。连续6年获全省县(市、区)级田径运动会团体总分一等奖和优秀组织奖,全省青少年体育训练工作先进集体。

【举行中国吉州窑遗址公园开园暨龙窑复烧点火仪式】 11月30日,中国吉州窑遗址公园开园暨龙窑复烧点火仪式在永和镇举行。吉州窑始建于晚唐,兴于五代、北宋,极盛于南宋,衰于元代末年,迄今已有1200多年的历史。其制瓷经验丰富,技艺高超,所烧瓷器种类繁多,釉色齐全,纹饰精美生动,丰富多彩,具有浓厚的地方风格和民族艺术色彩,尤以“木叶天目”、剪纸贴花独具特色。吉州窑遗址是一处古代窑场与村镇聚落交错的古窑遗址,遗址分布范围约2.8平方千米,有窑包24座。遗址内窑包、窑床、作坊与寺院、佛塔、名人古迹、古街区、取土而成的池塘等交织在一起,水光山色,相映成趣,宛如天然景致。是中国保存最完好、保存规模最大而且最集中的窑址群。

2011年,吉安县抓住中央出台的关于深化文化体制改革决定的有利契机,正式启动吉州窑遗址保护工程,着力将其打造成世界历史文化遗产、国家5A级景区、中国历史文化名镇和国家考古遗址公园。2013年12月4日,吉州窑千年龙窑传统技艺烧制的第一批瓷器成功出窑,大小器皿500余件,中国陶瓷史上独具魅力的烧制技艺重现永和古镇。

【成立江西吉安高新技术产业园区】 4月,经省政府批准,江西吉安工业园区正式更名为江西吉安高新技术产业园区,这是吉安市首个省级高新技术产业园区,标志着园区迈上依靠技术创新、科学发展的快车道。园区主导产业发展迅猛,电子信息和食品饮料产业实力显著增强,冶金建材、林产化工等传统产业不断提升,新能源新材料等新兴产业逐渐崛起。经省政府批准同意江西吉安高新技术产业园,由原先总体规划面积266.67公顷扩展至1075.78公顷。园区产业发展定位在电子信息、食品饮料、精密机械制造和新材料新能源四大产业板块。截至年底,入园企业238户,其中投资5000万元以上企业88户,亿元以上的企业30户,规模以上企业75户,上市及拟上市企业达12户,台资企业近30户,从业人员达3万余人。园区实现主营业务收入204.4亿元,实现增加值51.9亿元,上缴税金9.65亿元,税收超千万元企业10家。

主要领导人 县委书记:刘洪。县人大常委会主任:罗福祥。县长:李克坚。县政协主席:张迪俊。

(旷喜保)

·新干县·

【简　况】 位于江西省中部,辖7镇6乡、2个国有农林场。面积1248平方千米,其中城区面积25.54平方千米。耕地面积3.02万公顷,有林面积7万公顷,森林覆盖率60.05%,城区绿化覆盖率43.04%。总人口33.34万人,其中非农业人口7.01万人,人口自然增长率6.78‰。2013年实现地区生产总值88.2亿元,同比增长13.5%。其中第一产业17.62亿元,增长5.7%;第二产业46.98亿元,增长14.2%;第三产业23.60亿元,增长11.7%。一、二、三产业比为20.6:51.8:27.6。财政总收入12.01亿元,增长19.1%,税收占财政总收入的比重为75.05%;地方财政收入9.3亿元,增长14.8%;地方财政支出20亿元,增长7.2%。规模以上工业增加值40.6亿元,占地区生产总值的比重46%;外贸出口总额2.34亿美元,占地区生产总值的比重2.65%;固定资产投资90亿元;实际利用外资0.55亿美元;省外投资31.5亿元。盐卤药业、箱包皮具、机械机电、灯饰照明四大主导产业主营业务收入、工业增加值分别占规模以上工业的83.2%和74.4%。农业总产值26.75亿元,增长8.6%。主要农产品有粮食总产量35.56万吨，蔬菜瓜果总产量23.32万吨，油料总产量2.2万吨，生猪出栏86.2万头，柑橘总产量21.25万吨。万元GDP能耗0.52吨标准煤，城市污水处理率86%。农村居民人均纯收入9215元，增加1153.3元。社会消费品零售总额23.9亿元，增长16.1%。城乡居民年末储蓄余额76.62亿元，增长22.1%。

【工业园区扩区】 12月9日，新干县工业园区扩区调区获省政府批复，成为全省第三个获批的县。园区面积由333.33公顷扩调至1280公顷，争取到各类用地指标183.73公顷。新增基础设施投入5.01亿元，建成标准厂房14.7万平方米，完成公租房964套。2013年新增规模工业企业16户，总数达87户；规模工业增加值40.6亿元，增长18.4%；工业用电量达6.02亿千瓦小时，增长34.2%；工业税收2.18亿元，增长28.9%。中盐新干盐化有限公司、中盐江西兰太化工有限公司、新干南方水泥有限公司等一批重点企业扩量增效。上海泰禾、江西神丰生物科技、邦浦医药、永翔硅业、东劲新能源、箱包制造基地、河西绿色科技照明产业园等项目逐步推进。

【招商引资出成果】 2013年，新干县先后引进上海泰禾、欧氏化工、中山百诺、浙江鸿一、威卡斯、高明田昌、绿色光束光电等一批重大项目，引进内资31.5亿元，增长32.8%。实际利用外资0.55亿美元，增长16.8%。新增民营企业323户，总数达2079户。全年实施亿元以上项目33个，全县19个省市重点调度项目16个已开工建设，箱包产业园、江西神丰生物科技等14个重大项目基本完成年度目标任务，有力拉动经济增长。

【被住建部命名为“国家园林县城”】 12月底，住房和城乡建设部命名新干县为“国家园林县城”，成为2013年江西省唯一被命名的国家园林县城。新干县自2010年启动创建国家园林县城工作以来，三年共投入5.4亿元，先后新建、改建公园、小游园、绿化广场、居民休闲场所21处，新建、改建道路12条，道路绿化普及率、达标率分别达到100%和95%。建设防护绿地面积65.6万平方米，全民义务植树304.6万株。建城区绿地面积达541万平方米，公园绿地面积达107万平方米，绿地服务半径覆盖率达81%，绿地率达39.83%，绿化覆盖率达43.04%，大气环境质量控制在国家二级标准以内，水环境质量达到国家二类标准，城区污水处理率达86%。

【完成墟镇庐陵风格改造】 2013年，新干县投入3亿多元，以生态美、村农美、庭院美、生活美和乡风美“五美”为主要内涵，将深厚的庐陵文化元素融入美丽乡村建设中，推进11个乡镇墟镇街景整治、68个省级村点村容整治、3条主干道沿线改造提升，率先在全市完成“青砖黛瓦马头墙，飞檐翘角坡屋顶”的庐陵建筑风格改造，乡村面貌焕然一新，金川镇、大洋洲镇被评为全省百强中心镇。

主要领导人 县委书记：刘毓名。县人大常委会主任：侯建国。县长：徐开萍。县政协主席：张梅生。

（邹建锋）

·永丰县·

【简　况】 位于江西省中部、吉安市东北面，辖13乡、8镇、3场。总面积2695平方千米，其中县城建成区面积12.47平方千米。耕地面积4.46万公顷，林地面积19.98万公顷，森林覆盖率72.03%，城区绿地率40.8%。总人口43.33万人，其中非农业人口8.2万人。人口自然增长率7.55‰。2013年，全县实现地区生产总值104.7亿元，增长12.2%。其中，第一产业增加值18.1亿元，增长7.7%；第二产业增加值53.9亿元，增长14.1%；第三产业增加值32.7亿元，增长11.6%。财政总收入11.56亿元，增长23.8%，人均25308元，财政总收入占地区生产总值的比重11.04%，税收占财政总收入的比重72.73%；地方财政收入8.65亿元，增长21.0%；财政支出19.7亿元，增长6.8%。工业总产值198.3亿元，增长15.4%。规模以上工业增加值44.7亿元，占地区生产总值的比重42.7%；全社会固定资产投资125.2亿元，增长17.5%；实际利用省外资金23.34亿元，增长27.4%；实际利用外资4298万美元，增长19.4%；外贸出口总额2.5亿美元，增长36%，占地区生产总值的比重14.8%。主要工业产品有轻质碳酸钙总产量18.5万吨，中成药1.47万吨，水泥81.8万吨，机制纸5.26万吨。农业总产值36.6亿元，增长7.2%。主要农产品有粮食总产量36.87万吨，蔬菜24.2万吨，肉类总产2.67万吨，水产品1.48万吨。万元GDP能耗0.579吨标煤，规模工业万元增加值能耗0.74吨标煤，城市污水处理率88.23%。城镇在岗职工年均收入4.21万元，增加1.03万元；农村居民人均纯收入9371元，增加1174元。年末城乡居民储蓄余额67.1亿元，增长14.8%。

【品牌培育出成效】 2013年，永丰县成功入围首届“江西省品牌强县”10强。维莱营健高科公司获得“2013中国民营科技企业500强”，广源化工2项新产品、维来营健1项新产品获得省级新产品称号，绿海茶油和龙天勇公司生产的白银获2013年“江西省名牌产品”称号，万功山等6个商标被评为江西省著名商标。

【社会保障不断提升】 2013年，永丰县社会保障水平不断提升，城乡低保月标准分别提高到400元、200元，农村五保户分散供养、集中供养年标准分别提高到2640元、2940元；城镇“三无”特困群众月人均供养标准提高到500元。艰苦边远地区农村中小学教师特殊津贴标准实现翻番。新建保障性住房636套、面积3.68万平方米，完成农村危房改造1200户。

【扶贫攻坚扎实推进】 2013年，永丰县34位县领导带领60个县直单位组成30个扶贫组，着力推进新一轮扶贫，整合扶贫资金和新农村建设资金3600多万元，实施产业扶贫项目1300多个，完成深山移民搬迁724人。

【46千米的昌宁高速永丰段动工】 11月，昌宁高速公路永丰段动工，这是继抚吉高速公路后又一条过境永丰的高速公路。南昌—宁都高速公路起点

在南昌县冈上,接沪昆高速公路,经过丰城、乐安、永丰、宁都,接泉南高速公路,全长243千米。在永丰境内经过鹿冈、藤田、陶唐、石马、沙溪、上溪等乡镇,境内长46千米,投资达41亿元。

【农村精品社区建设成效明显】 2013年,永丰县大力推进农村社区建设,取得丰硕成果。鹿冈乡九都坑村组被评为"全国综合减灾示范社区"和"全省农村精品社区",潭城乡兴源社区、恩江镇张家社区被评为"全省综合减灾示范社区",八江乡杨家岭社区被评为"全省农村精品社区"。

主要领导人 县委书记:肖志华(任至12月)。县人大常委会主任:聂建国。县长:朱新堂。县政协主席:陈全根。

(李保生)

·峡江县·

【简 况】 位于江西省中部,辖5乡、6镇。总面积1287.43平方千米,其中县城建成区面积5平方千米。耕地面积2.48万公顷、林地面积8.75万公顷,森林覆盖率64.7%。总人口18.64万人,其中非农业人口4.33万人,人口自然增长率7.43‰。2013年实现地区生产总值50.7亿元,增长8.4%。财政总收入8亿元,增长24.9%,增幅居全市第一,所有乡镇财政收入均迈上2000万元台阶;公共财政预算收入6.28亿元,增长26.4%,增幅列全市第一;税收收入占财政总收入比重达78.03%,同比提高6.71个百分点。工业经济平稳向好,规模工业增加值24.15亿元,增长17.5%;工业用电量1.52亿千瓦小时,增长16.7%。新增规模以上工业企业13户,总数达55户,获全省工业崛起年度贡献奖。全县引进省外5000万元以上项目资金21.4亿元,增长25.9%;实际利用外资2894万美元,增长19.8%;外贸出口1.46亿美元,增长38%。粮食生产再获丰收,总产达25.89万吨,实现"十连丰"。社会消费品零售总额12亿元,增长15%。城乡居民储蓄存款余额36.9亿元,比年初增加5.3亿元。农民人均纯收入7404元,增长12%。

【峡江水利枢纽成为联合国清洁发展机制(CDM)项目】 4月,峡江水利枢纽工程成功注册联合国清洁发展机制(CDM)项目,这是全球少数成功注册的大型水电站CDM项目之一,也是江西省在联合国注册的减排规模最大的CDM项目。峡江水利枢纽工程发电装机容量36万千瓦,以水电替代包含江西省在内的华中电网的部分火力发电,每年可为社会提供清洁电能约11.42亿千瓦小时,年均减排二氧化碳约77万吨,相当于节省约30万吨标煤。根据联合国清洁发展机制(CDM),项目产生的温室气体减排量进入国际碳市场进行交易。首个7年计入期内,该项目将带来3.5亿元碳交易收益。

【货运物流业发展强劲】 截至年底,全县货运物流企业达82家,增值税一般纳税人58户,占全市总量的三分之一,货车总量6218辆,总运力7.14万吨,实现税收3.03亿元,同比翻一番。物流基础设施进一步完善,二手车交易市场建成投入使用,公路、铁路物流商务大厦完成主体工程。

【加强生态建设】 2013年,峡江县完成"森林城乡、绿色通道"工程造林2106.67公顷,占年目标任务的121%,获全市"森林城乡、绿色通道"建设工作综合先进第三名。保护性移植峡江水利枢纽水淹区古树名木913株,打造城郊森林公园26.67公顷。加强森林资源保护,实施重点生态区域封山育林1.7万公顷。

【樟吉高速峡江连接线改建工程开工建设】 12月,樟吉高速峡江连接线改建工程开工。工程按一级公路双向六车道技术标准设计,总长21.8千米,道路路基宽30米,沥青路面,设计行车速度60千米/小时,总投资3.7亿元。

主要领导人 县委书记:宋铜。县人大常委会主任:钟清滨(任至7月)、王振军(7月任)。县长:涂建忠。县政协主席:王振军(任至7月)、毛润根(8月任)。

(刘小云 陈泉)

·吉水县·

【简 况】 位于江西省中部,辖3乡、15镇。总面积2509.73平方千米,其中县城建成区面积达14.2平方千米。耕地面积5.32万公顷,有林面积16.8万公顷,森林覆盖率65.5%,城区绿化率43.6%。总人口50.72万人,其中非农人口13.51万人。人口自然增长率7.4‰。2013年实现地区生产总值实现100.27亿元,同比增长12.1%。其中,第一产业增加值20.41亿元,增长7%;第二产业增加值48.45亿元,增长14.7%;第三产业增加值31.41亿元,增长11.6%。财政总收入10.69亿元,增长22.5%,人均财政收入达2109元,税收占财政总收入比重达69.7%;地方财政收入8.09亿元,增长21.6%;地方财政支出21.84亿元,增长16.5%。工业总产值173.63亿元,增长16.9%;规模以上工业增加值36.84亿元,占地区生产总值的比重达36.7%。外贸出口3.29亿美元,占地区生产总值的比重达21%。固定资产投资91.27亿元,增长21.5%。实际利用外商投资5189万美元,省外投资5000万以上项目资金25.21亿元。主要工业产品有原煤23.6万吨,水泥64.1万吨,锯材1.38万立方米,松节油2.75万吨,松香8000吨。农业总产值39.22亿元,增长6.4%。粮食总产达63.33万吨。主要农产品有稻谷57.7万吨,水果2.41万吨,豆类8291吨。万元GDP能耗0.72吨标准煤,城市污水处理率60.3%。城镇居民人均可支配收入1.81万元,增长12%;农民人均纯收入9741.13元,增长14.3%。年末居民储蓄存款余额83.28亿元,增长19.1%。

【获"全国粮食生产先进县"称号】 2013年,吉水县获"全国粮食生产先进县"称号,这是继2006年、2007年后,该县第三次获得该荣誉。吉水县是双季稻种植为主的粮食生产大县,素有"赣中粮仓"美誉。一直以来,该县始终坚持以科学发展观为统领,认真落实各项惠农政策,实行严格的耕地保护制度和基本农田保护制度,重视农业基础设施建设,狠抓基层农技推广体系建设,大力推广农业新技术,提升粮食生产科技支撑,积极发展现代农业,推进粮食生产规模经营,不断提升农业生产水平,有效保障粮食生产,取得良好的经济和社会效益。全年全县粮食种植面积9.39万公顷,总产达到63.33万吨,比上年增长1.1%。粮食生产实现“十连增”,人均占有量1192.66千克,粮食商品率达到63.33%。

【完成峡江水利枢纽工程移民工作】 2013年,吉水县克服任务重、工期紧、雨水天气多等诸多困难,充分发扬“白加黑”“5+2”的优良作风,敢于担当、善打硬仗,先后开展“库区清理”“四十天冲刺”“千名干部驻百村,帮扶移民促安居”,以及“全面扫尾”等活动。100个移民新村基本建成,所有移民户完成新房建设或具备搬迁入住条件;旧房拆除率93%;移民入住率99%。争取省直单位对口帮扶资金1.36亿元。库区高程42米以下的移民全部搬迁入住,实现大坝7月下闸蓄水目标,移民搬迁安置工作取得胜利。

【召开全国林化香精香料企业暨江西省林产香料香精行业年会】 11月5日,全国林化香精香料企业恳谈暨江西省林产香料香精行业年会在吉水县召开。会上,总投资7亿元的江西南方林化产品仓储交易园区、顺瑛堂生物制药、泰诚制药、欧劳福林薄荷醇4个项目成功签约,吉水县林化香料产业基地揭牌。

【获“全国科技进步先进县”称号】 2013年年底,在全国县市科技进步县考核中,吉水县通过考核并获“全国科技进步先进县”称号。县委、县政府高度重视科技工作,出台《吉水县人民政府关于深入开展科技创新工作的实施意见》等一系列政策措施,逐年增加财政科技投入,大力推动科技事业发展。国家高新技术企业、国家重点新产品、省级工程技术研究中心等代表创新实力的指标在吉水县实现零的突破;国家中小企业创新基金、国家农业科技成果转化、科技富民强县、知识产权富民强县等项目均首次落户吉水;专利申请、成果鉴定、高新技术产业增加值等数量不断攀升。

【主动对接央企】 10月10日—12日,国家国防科工局人事司一行6人到吉水县调研苏区对口支援工作,为吉水苏区振兴发展带来千载难逢的历史机遇。吉水县主动对接,高位推进。县里及时成立对接工作领导小组,明确各相关部门单位职责。围绕产业发展、人才技术扶持、解决突出民生问题等方面,制定《吉水县对接国家国防科工局对口支援三年规划》,寻求最佳切入点,重点规划建设电子信息产业园,推动当地经济升级提速发展。

主要领导人 县委书记:刘兰芳。县人大常委会主任:易教顺。县长:袁守旺。县政协主席:罗定贵。

(康小琴)

·泰和县·

【简　况】 位于江西省中部偏南,辖6乡、16镇和2个场。面积2660.15平方千米,其中城区面积19.2平方千米。耕地面积5.82万公顷、有林面积16.97万公顷,森林覆盖率61.19%,城区绿化率38.3%。全县总人口51.82万人,其中非农业人口10.11万人。人口自然增长率7.16‰。2013年,全县实现地区生产总值111亿元。财政总收入15.27亿元、地方财政收入10.01亿元,同比增长11%、12.4%、21%。财政总收入占地区生产总值比重13.76%,税收收入占财政总收入比重80.5%。完成固定资产投资87亿元,增长19.8%。城镇居民人均可支配收入1.9万元,农民人均纯收入9000元,比2012年分别增长11%、18%。粮食总产量56万吨,实现“十连增”。主要农产品有蔬菜35.93万吨,油菜籽1.26万吨,西瓜2.47万吨,薯类1.77万吨,水产品2.37万吨。蜜柚基地面积2133.34公顷,新增油茶种植面积666.67公顷、楠木466.67公顷、花卉苗木280公顷、桑果433.34公顷。

【工业经济集聚力增强】 2013年,泰和县电子信息、冶金机械等六大产业产值占全年工业总产值的85%,比2012年提高2个百分点。新增规模以上工业企业22户,总数达88户;规模以上工业企业实现主营业务收入200亿元、工业增加值47亿元,分别增长10%、14%;工业经济效益指数达342%,提高5个百分点。全年新签约亿元以上工业项目25个,其中5亿元以上项目6个,10亿元以上项目4个。实际利用内资33亿元,实际利用外资5707万美元,实现外贸出口3.23亿美元。

【“泰和门”竣工】 2013年年底,泰和地标性建筑“泰和门”竣工。工程位于泰和城区与工业园区的分界处,横跨吉安进入泰和的主干道——泰和大道,是规划中的泰和森林公园内的重要通行廊道。“泰和门”设计包括景观主体、景观天桥、文化景观长廊、LED电子显示屏、两岸游步道连接、景观照明等内容。景观总长80.5米,主体长60米、宽13米、高24.5米,文化景观长廊宽8米,机动车最低通行7米,安全护栏高2米,工程造价1300多万元。

【赣江石虎塘航电枢纽工程投入使用】 10月28日,赣江石虎塘航电枢纽工程投入使用。该工程位于赣江中游的泰和县境内,以航运为主,兼发电、防洪等综合功能。总投资24.37亿元,其中世行贷款1亿美元,是江西省境内最大的航电枢纽工程。2009年2月开工建设,2011年10月30日水库实现船闸施工期试通航。2013年4月,6台机组全部实现并网发电;8月30日,工程全部完工并通过验收。该工程的建成,使坝址上游38千米航道的等级提高到Ⅲ级,结束赣江中上游不能通行千吨级船舶的历史。

【泰和山地风电项目开工】 10月29日,泰和天湖山、钓鱼台两个风能发电项目开工仪式在水槎乡浪川村举行。该项目是江西省最大单个山地风电项目,于2010年下半年开始安装测风设备,一期拟建设2个风场,分别是水槎天湖山风场、水槎钓鱼台风场,装机容量9万千瓦,投资额9亿元。

【《泰和年鉴》创刊发行】 5月,《泰和年鉴·2012》(创刊号)正式出版发行。该年鉴分五大部类,53个栏目,

98 万字。重点记载泰和县 2011 年自然地理、政治经济、军事法治、社会生活等方面的发展状况和成就,部分前溯到 2009 年。该年鉴由陕西出版传媒集团三秦出版社出版,江西省方志出版印刷有限公司、南昌市红星印刷有限公司印制。

主要领导人 县委书记:廖晓军。县人大常委会主任:钟用洪。县长:李军。县政协主席:詹学锋。

(刘捷 邱会财 王思文)

·万安县·

【简 况】 位于江西省中南部,辖 7 乡、9 镇和 1 个垦殖场。面积 2051 平方千米,其中城区面积 12 平方千米。耕地面积 2.57 万公顷,有林面积 12.59 万公顷,森林覆盖率 68.8%,城区绿化率 41.5%。总人口 30.52 万人,其中非农业人口 5.12 万人,人口自然增长率 7.45‰。2013 年实现地区生产总值 51.86 亿元,同比增长 10.6%。其中,第一产业 11.43 亿元,增长 4.7%;第二产业 24.65 亿元,增长 14.1%;第三产业实现 15.78 亿元,增长 9.4%。一、二、三产业比为 22.03∶47.53∶30.44。全县规模以上工业主营业务收入 81.38 亿元,增长 8%。主要工业产品有水晶 2 亿片,发电 11.03 亿千瓦小时,啤酒 1.31 亿升,水泥 45.4 万吨。农业总产值 18.07 亿元。主要农产品有水稻 27.2 万吨,水果 2.96 万吨,蔬菜 4.46 万吨,水产 2.6 万吨。财政总收入 7.59 亿元,增长 18%;公共财政预算收入 5.88 亿元,增长 22.1%;财政支出 16.02 亿元,增长 7.2%。农民人均年纯收入 5004.9 元,增加 19.3 元。城乡居民年末储蓄存款余额 51.65 亿元,增长 16.2%。社会消费品零售总额 11.87 亿元,增长 13.8%。

【承办全国首次淡水排钓大赛】 9 月 25 日—27 日,全国首次淡水排钓大赛在万安县举行,来自全国 53 支代表队的 106 名选手参加比赛。此次比赛系"心拥碧水,游钓神州"全国自然水域垂钓系列大赛之一,由国家体育总局社会体育指导中心和中国钓鱼协会联合主办,万安县政府和江西省体育竞赛管理中心承办。比赛场地设在万安湖水库中,选手在鱼排上垂钓。该赛事分两天,每天进行 2 场比赛,每场 210 分钟。浙江丽水市一队获得总成绩奖,江西抚州战龙垂钓俱乐部队和湖南株洲钓协队分获第一、二场最大单尾重奖。

【小品《鸭缘》获第十届中国艺术节"群星奖"】 10 月,第十届中国艺术节在山东威海举行。由万安县文化馆创作演出的小品《鸭缘》获第十届中国艺术节"群星奖"。这是继 2010 年该节目获江西省首届农民文艺会演一等奖及第十届华东六省一市戏剧小品大赛金奖后再获殊荣。同时,该节目还获江西省首届"赣鄱群星奖"。小品《鸭缘》创作于 2009 年,是万安县文化馆专业人员为全县第七届农村文艺调演而专门创作的节目,讲述的是农村大龄青年天贵和寡妇巧云两个养鸭专业户在共同致富道路上演绎的一段真挚感人故事。

【打造田北农民画村】 万安县高陂镇田北村至今仍然保留着传统的书法和中国画艺术。村内建于嘉庆年间的罗氏宗祠保存完好,宗祠内有嘉庆年间的书法牌匾等文物。2013 年,万安县委、县政府把打造美丽乡村和发展文化产业相结合,启动田北农民画村建设工作,将其打造成集创作、展示、培训、写生、休闲旅游"五位一体"的农民画产业基地,为万安农民画产业的发展提供平台。该项目总投资约 3000 万元,占地 4.21 公顷,一期工程含农民画苑、丹青湖、笔洗湖、知画湖、书画长廊、园林步行桥、观赏亭、牌坊、社区活动中心、农家乐、果蔬采摘园等众多景点。

【现代农业科技示范园项目落户万安】 10 月,总投资 1.8 亿元的万安县现代农业科技示范园项目落户万安。该项目位于万安县芙蓉镇龙溪村,是与省农科院合作共建的试验示范、技术推广基地。园区规划面积 3000 公顷,其中核心区面积 144 公顷。项目由江西省千里山农业发展有限公司投资建设,由设施农业区(智能温室栽培)、名特优水产繁养区、赣中南花猪展示区、珍稀苗木培育区、鱼蔬共生实验区、精品水果采摘区、名贵中草药培育区、花卉种苗组培区、井冈蜜柚示范区九大功能区和一个蔬果加工厂组成。园区对外提供种养示范、旅游观光、休闲体验、餐饮服务、科普展示、科技培训等多项服务功能。

【特种养殖成规模】 2013 年,万安县围绕"特"字做文章,引导林农依法驯养野生动物。全县有野猪、果子狸等野生动物驯养规模企业 4 户,养殖面辐射全县 17 个乡镇。其中万安井冈野猪养殖专业合作社是省级林业龙头企业,获"全省十佳农民林业专业合作社"称号。通过采取"公司 + 基地 + 合作社 + 农户"四位一体的发展合作经营模式,带动全县林农发展特色养殖产业。合作社对会员免费进行技术培训,培训合格后,由基地提供种苗,发放给会员养殖,会员只需首付 1/4 种苗款,余款在销售产品后收回。基地还定期对会员养殖动物进行检疫、防疫,通过统一收购、统一销售,为会员提供产前、产中、产后服务,解决会员发展特种养殖业的后顾之忧。全县年产果子狸 6800 只、野猪 9600 头、豪猪 1600 头、蛇类 2200 条、棘胸蛙 1.1 万只,年产值 3000 多万元。

主要领导人 县委书记:李伟平。县长:刘军芳。县人大常委会主任:郭世辉。县政协主席:邱炎生。

(敖淑红)

·遂川县·

【简 况】 位于江西省西南部,辖 12 乡、11 镇和 2 个国有林场,总面积 3144.17 平方千米。耕地面积 2.97 万公顷,有林面积 24.89 万公顷,森林覆盖率 78.43%。全县总人口 54.24 万人,其中非农业人口 6.63 万人。人口自然增长率 7.16‰。2013 年,实现地区生产总值 86.17 亿元,同比增长 11.2%。其中,第一产业增加值 14.71 亿元,增长 6.49%;第二产业增加值 42.94 亿元,增长 14.2%;第三产业增加值 28.52 亿元,增长 9.2%。工业总产值 144.54 亿元,增长 17.5%。主要工业产品有混合稀土金属 60.9 万千克,人造板 12.84 万立方米,服装 818 万件。农业总产值 24.34 亿元,增长

9.9%。主要农产品有粮食(含大豆)26.34万吨,油料6802吨,茶叶2650吨,水果产量4.55万吨(其中柑橘4.48万吨),生猪出栏24.56万头。财政总收入10.01亿元,同增长18.9%,其中地方财政总收入7.62亿元,增长15%;财政支出22.28亿元,增长16.3%。农民人均年纯收入5189元。城乡居民年末储蓄存款余额64.49亿元,增长23.8%。

【继续做强"狗牯脑"品牌】　4月17日,"2013遂川狗牯脑茶(北京)品茗会"在钓鱼台国宾馆举行。到会的有《人民日报》《光明日报》《经济日报》《环球时报》《中国经济时报》《参考消息》、新华社等全国50多家媒体记者以及来自全国的中国茶叶领域著名的连锁企业、百强企业等50多位经销商。中国茶叶学会授予遂川县"中国名茶之乡"称号,中国著名表演艺术家、知名导演、毛泽东特型演员唐国强正式出任狗牯脑茶形象大使,并于5月30日前往该县汤湖镇拍摄狗牯脑茶品牌宣传片,分别在江西卫视和中央电视台第1频道、第10频道新闻联播前黄金时段播出。8月9日,中央电视台第7频道《绿色时空》栏目摄制组到汤湖镇,就狗牯脑有机茶叶种植管理技术等情况进行拍摄和采访。是年,该县新增茶叶种植面积2000公顷,全县茶园总面积约8700公顷,茶叶年产量2650吨,年产值达5亿元。

【"干部夜访"工作法入选中国延安干部学院教学案例】　10月,遂川"干部夜访"工作法入选中国延安干部学院教学案例,为新入选的4个典型教学案例之一。2012年年初,遂川县在全县机关党组织中推行以"晓农家意、解农家忧、帮农家富、暖农家心"为主旨的"干部夜访"制度,组织全县8600余名机关党员干部利用夜晚闲暇时间,面对面听民意,办实事,解难题,初步探索出一条改进干部工作作风、密切联系群众的新路子。"干部夜访"制度推行以来,全县机关党员干部累计走访群众10.2万余人次,帮助群众解决问题3119件,与困难群众建立帮扶对子4216对,调处各类矛盾纠纷326起,有效破解新形势下基层群众工作的难题,实现干部作风大提升、干群关系大改善、经济社会大发展。

【在全省率先实行县级城区公交免费乘坐】　11月1日起,在遂川县城范围内通行城区的1路、6路两条内外环线的10辆公交车,开始全面对社会群众免费乘坐服务试运行,此举措开全省县级城区公交免费乘坐先河。遂川县加大对城市公交事业发展的政策扶持力度,先后投资100多万元,在县城城区开辟两条覆盖整个县城的线路,修建52个候车亭。

【园区经济首次进入"百亿园区"行列】　2013年为遂川县实施工业"三年大决战"的第一年,园区工作围绕"做大工业总量、提升运行质量"的目标,扎实推进园区平台建设,大力实施招大引强。年内,园区基础设施投入3.1亿元,同比增长34.8%,建成区面积733公顷,新建标准厂房17栋约20万平方米。新引进亿元以上项目16个,其中5亿以上项目7个,新增规模以上工业企业27家,净增数居全市第一。全年工业总产值144.54亿元,同比增长33%;实现主营业务收入110亿元,增长29%。首次进入"百亿园区"行列。

【获"全国生态文明先进县"称号】　4月21日,在北京召开的以"美丽中国·生态和谐"为主题的第三届全国生态文明建设发展论坛暨全国生态文明先进县成果发布会上,遂川县获"全国生态文明先进县"称号。遂川县把生态建设作为推动县域经济的重头戏来抓,走生态强县之路,生态文明建设取得可喜成效。年内,完成造林绿化4000多公顷,抓实121个美丽乡村示范点建设,新增国家级生态乡镇1个,省级生态乡镇1个,省级生态村1个,市级生态村29个。有林面积24.89万公顷,森林覆盖率78.43%,国家级生态乡镇7个、省级生态乡镇13个,国家、省级生态村5个,中国绿色名乡镇5个。

主要领导人　县委书记:张平亮。县人大常委会主任:洪刚。县长:肖凌秋。县政协主席:陈道萍。

(蒋燕　黄伟华)

·安福县·

【简　况】　位于江西省中西部,辖12乡、7镇。面积2795.81平方千米,其中城区面积12平方千米。耕地面积3.07万公顷,林地面积17.43万公顷,森林覆盖率70.5%。总人口39.00人,其中非农业人口8.90万人,人口自然增长率6.84‰。2013年,实现地区生产总值100.77亿元,增长11.3%。其中,第一产业增加值19.68亿元,增长6.5%;第二产业增加值56.47亿元,增长12.6%;第三产业增加值24.62亿元,增长11.9%。财政总收入14.58亿元,增长8.8%,人均3744元,税收收入11.5亿元,占财政总收入79.5%,增长7.7%;地方财政收入10.62亿元,增长6.9%。规模以上工业增加值43.93亿元,增长14.2%。外贸出口2.42亿美元,增长19.8%。全社会固定资产投资113.0亿元,增长18.1%。500万元以上固定资产投资85.22亿元,增长20.4%;实际利用外资5210万美元,内资26.3亿元。主要工业产品有煤106.02万吨,铁精矿377.89万吨,水泥熟料110.15万吨,水泥91.28万吨,液压元件34.26万件,供电量5.51亿千瓦小时。农业总产值28.79亿元,增长8.47%。粮食总产量35.65万吨,主要农产品有稻谷34.13万吨,蔬菜11.69万吨,肉类4.1万吨,油料总产1.89万吨,水果8900吨。2013年,城镇居民人均可支配收入1.85万元,增长12.8%,农村居民人均纯收入8636元,增加911元。全社会消费品零售总额27.48亿元,增长14.1%。金融机构年末存款余额104.12亿元,增长16.49%;贷款余额42.45亿元,增长20.66%。

【被确定为全国林业信息化示范县】

1月18日,国家林业局正式确定安福县为首批全国林业信息化示范县,跻身全省3个示范县行列。安福县以建设数字林权地理信息系统建设为契机,组织编制主题为"林权地理信息系统建设"全国林业信息化示范县实施方案,重点做好办公自动化系统建设,整合森林资源、野生动植物保护、森林防火等分散、独立的数据库,搭建一个集中高效、安全规范、互通互联的信息共享平台。

【国家级萧氏松茎象生物防治示范区建设全面启动】 3月，国家林业局在全国建立的唯一萧氏松茎象生物防治示范区在安福县启动。2013—2015年期间，投入82.5万元在该县建成万亩萧氏松茎象生物防治示范区。早在20世纪80年代，武功山林场森林病虫害防治专家李宗顺率先发现危害松树的森林病虫害萧氏松茎象，并用10年时间对其生物学特性和防治方法进行研究，取得丰硕成果，并在全国推广应用。2002年，国家级萧氏松茎象中心测报点建立，省市森防部门专家先后在该县开展萧氏松茎象等森林病虫害防治研究和技术推广实验。该示范区将以萧氏松茎象为治理对象，综合运用生物防治技术、营林、物理等无公害防治措施，以营林措施、白僵菌无纺布等为主要治理手段，诱捕器、人工捕捉等为辅助防治手段。

【安福孔庙晋升为“国保”单位】 5月初，国务院核定并公布第七批全国重点文物保护单位名单，安福孔庙由省保单位晋升为国家级重点文物保护单位，成为继大智石刻后该县又一“国保”单位。安福孔庙坐落在安福县城南街，始建于北宋元丰四年(1010)。经历元、明、清三代并多次维修扩建，有1000余年的历史，是江西省保存最完好的孔庙。安福孔庙占地1公顷，保存有大成门与大成殿等孔庙的主体建筑，其中大成殿高14米，宽25米，采用台梁框架结构，台基拱柱，横梁穿方，8根合抱楠木大柱支撑大屋架。大成殿中有孔子、孟子和荀子的塑像。

【武功山杨思慕景区建设启动】 3月初，安福县启动杨思慕景区建设。杨思慕景区为武功山风景名胜区的核心景区，景区总面积为37.5平方千米，以峰林地貌为主，有小黄山之称，景区内著名的景点有穿云石笋、花果山、姐妹峰、鸡婆进笼。12月24日，武功山杨思慕景区索道建设项目正式签约，标志着武功山杨思慕景区进入实质性建设阶段。该项目由安福武功山管委会与杨思慕旅游开发有限公司合作开发建设，项目总投资约1.2亿元。至12月，景区项目完成总投资6000万元。悬空栈道修建3000余米；完成三江至杨思慕景区外围道路14千米。

主要领导人 县委书记：陈军民。县人大常委会主任：郑莲华。县长：李发芽。县政协主席：高芳林。

（刘武文）

·永新县·

【简 况】 位于江西省西部，全县辖13乡、10镇和2个场。面积2195平方千米，其中县城建成区面积8.38平方千米。全县耕地面积2.58万公顷，森林面积15.66万公顷，森林覆盖率71%，城区绿化率35.6%。总人口48.11万人，其中非农业人口9.1万人。人口自然增长率6.21‰。实现地区生产总值71亿元，同比增长10.0%。其中，第一产业15.2亿元，增长3.8%；第二产业33.3亿元，增长13.3%；第三产业22.5亿元，增长9.0%。财政总收入7.41亿元，税收占财政总收入的比重75.7%；地方财政收入5.55亿元，增长17.4%；地方财政支出19.7亿元，增长12.7%。规模以上工业总产值120亿元，增长15.7%。规模以上工业增加值28.5亿元，占地区生产总值比重40.2% 。主要工业产品有轻革1708万平方米，化学药品原药2460吨，水泥6.38万吨，蚕丝812吨。外贸出口1.60亿美元，实际利用外商投资2945万美元。农业总产值26.2亿元，增长3.86%。主要农产品有稻谷29.71万吨，红薯3163吨，油菜籽2.5万吨，蔬菜8.58万吨。城镇居民人均可支配收入1.43万元。农村居民人均纯收入6500元，增长12.5%。城乡居民年末储蓄存款余额80.4亿元，增长17.0%。

【红色记忆提升旅游品位】 2013年，永新县充分挖掘和利用现有丰富的红色资源，投资500余万元启动实施“红军之路”6个景观节点和建设三湾景区景观改造工程。重点在三湾公路——“红军之路”沿线精心挑选6个地点，采用壁画、雕塑、彩绘等手法，打造“红色主题壁画”“红六军团长征始发地——牛田村”不锈钢雕塑、“军民鱼水情”玻璃钢雕塑、“十送红军”玻璃钢彩塑、“三湾改编精神”(永远飘扬的党旗)、“挑粮上井冈”6个红色记忆景观节点；在三湾景区旅游服务中心广场采用索膜结构建设一面全国最大、面积为1921平方米的景观党旗。建成的壁画群雕栩栩如生，与现实景物相互交融，融情景于艺术，再现土地革命战争时期永新人民跟着共产党闹革命的壮丽情景。

【王恩茂铜像揭幕】 为纪念王恩茂诞辰100周年，缅怀王恩茂的丰功伟绩，弘扬王恩茂的崇高风范，5月23日，王恩茂铜像揭幕仪式在王恩茂的家乡——永新县禾川镇北门村赤石自然村(又名土里屋)王恩茂故居内举行。王恩茂长子王北来等亲属，市委常委、市总工会主席彭涉晗及肖兵、杨晓东等县领导参加此次活动。

王恩茂曾任第六届、第七届全国政协副主席，第八届、第九届中央候补委员，第十一届、第十二届中央委员，第一届、第五届、第六届全国人大代表，1955年9月被授予中将军衔。

【高温红色预警】 7月下旬，永新县出现历史罕见的持续晴热高温天气，日最高气温普遍在38℃以上。8月5日最高气温41.3℃，超历史纪录，全县遭受较严重的高温干旱灾害。面对异常高温天气，永新县切实加强高温预警服务，每天提前通过电视、手机短信等发布高温预警信号，同时2天拉响历史首次高温红色警报，提醒广大市民加强防暑降温工作，减少户外活动以保人身安全。

【永新县圆梦助学金成立】 8月23日，永新县圆梦助学金成立暨第一批助学金发放仪式在县教体局会议室举行。县委书记肖兵出席仪式并讲话，县委副书记杨晓东，县委常委、宣传部部长吴杰出席仪式。各乡镇、有关部分负责人以及第一批26名受资助学生参加活动。肖兵、杨晓东代表县委、县政府向第一批获资助的26名贫困学生发放圆梦助学金。此次圆梦助学捐款共200余万元。

【首届湘赣边界文化旅游艺术节开幕】 10月29日,永新县首届湘赣边界文化旅游艺术节在三湾公园开幕。市委常委、宣传部部长李庐琦,省广电局副局长刘玉东等参加开幕式。此次举办文化旅游艺术节,以文化旅游为主题,通过电视书法展示"全国书法之乡"之魅力,通过系列文化旅游活动推介永新山水。

【微电影《霞客永新》拍摄完成】 2013年年底,经过近5个月的紧张拍摄制作,微电影《霞客永新》在吉安电视台、永新电视台先后与观众见面,并在永新县人民政府网站长期播放。微电影《霞客永新》分"圣游""义井""血砖"三部曲,时长110分钟。微电影讲述明代旅行家、地理学家徐霞客在永新3天的游览经历。透过徐霞客游览的足迹和视角,展现永新的人文胜景,风俗美食,再现永新县妇孺皆知的"刘沆挂袍""忠义三千""义井情深""八砖千古"等鲜活的历史人物故事。

主要领导人 县委书记:肖兵。县人大常委会主任:甘立平。县长:孙劲涛。县政协主席:唐龙平。

(彭龙太)

抚州市

【概　况】 位于江西省东部,辖1区、10县和1个高新技术产业园区,总面积1.88万平方千米。2013年年初实有耕地面积26.38万公顷,有林面积128.8万公顷,森林覆盖率和城市绿地率、绿化覆盖率分别为64.5%、33.7%和37.9%。全市常住人口396.24万人,比2012年年末增加1.35万人。其中,城镇人口166.78万人,占全市常住人口42.09%。全市人口出生率为13.22‰,同比下降0.25个千分点;全年人口自然增长率6.93‰。2013年全市实现地区生产总值940.64亿元,同比增长10.3%。其中,第一产业增加值163.48亿元,增长4.9%;第二产业增加值489.02亿元,增长12.9%;第三产业增加值288.14亿元,增长9.0%。三次产业比由上年的18.4:52.8:28.8调整为17.4:52.0:30.6。全市全部工业增加值408.03亿元,增长13.3%,占地区生产总值的比重为43.4%。其中规模以上工业增加值完成285.99亿元,增长13.4%,增幅全省第二。主要工业产品纱9887.7万千克,饮料酒27.10万千升,服装7464万件,变压器1256万千伏安,中成药673.7万千克。全市农林牧渔业总产值296.24亿元,同比增长5.3%。粮食总产量28.61亿千克,同比增长0.9%。主要农产品有:油料产量5470万千克,蔬菜产量1364.8万千克,水果产量16.00亿千克,茶叶产量260万千克,棉花产量370万千克,肉类总产量3.43亿千克(其中猪肉产量2.37亿千克),禽肉产量0.99亿千克,水产品产量1.76亿千克,生猪年末存栏285.04万头。化学需氧总量4109.6万千克,二氧化硫排放总量1974.8万千克。全市12个监测断面水质优良,集中式饮用水水源地水质达标率100%,市城区空气质量优良天数363天,在全省名列前茅。2013年,抚河源纳入国家生态补偿试点范围。外贸出口总额12.47亿美元,增长19.2%。城镇化率42.09%,提高1.38个百分点。实际利用外商直接投资22089万美元,同比增长12.6%。全年完成财政总收入130.59亿元,增长16.3%。其中,税收收入106.77亿元,增长18.2%;公共财政预算收入100.48亿元,增长15.2%。全年公共财政预算支出228.15亿元,增长13.0%。全市城镇居民人均可支配收入2.08万元,增长10.1%;农村居民人均纯收入9059元,增长11.9%。

【大唐抚州电厂获准开工建设】 1月6日,大唐抚州发电厂建设动员会在市行政会议中心举行,标志着省"十二五"电源建设规划中的重点建设项目之一大唐抚州发电厂正式开工建设。

大唐抚州发电厂是江西省"十二五"电源建设规划中的重点建设项目之一,已列入国务院支持赣南等中央苏区振兴发展规划。项目厂址位于抚州市临川区鹏田乡碑背村,规划装机4×1000MW,一期工程建设两台目前国际最先进的国产1000MW超超临界高效燃煤发电机组,工程总投资约75亿元,由大唐国际发电股份有限公司出资建设。大唐抚州发电厂是抚州市历史上第一个火电建设项目,亦是全省第一个百万电厂建设项目,它的建成将结束该市作为江西乃至华东地区唯一无统调火电厂的设区市的历史,有利于优化电力结构,提高电网安全稳定运行水平,有利于促进地方经济增长,为区域发展提供更为坚强可靠的电力保障。

【《抚州市志》出版发行】 10月,抚州市地方志编纂委员会组织编纂的《抚州市志》由方志出版社正式出版。《抚州市志》是抚州有史以来最为浩大的文化工程之一。全志集百科于一体,会千年于一帙,是抚州历史的宝典。该志编修历经十多年,全志分5册装帧,共807万字。根据各历史时期所涉区域,全面、真实、系统地记载今抚州市范围内的史实,上限不限,因事而异追溯事物发端,下限至2011年底,全志设29卷174章及概述、抚州人文综述、抚州革命斗争纪略和大事记4篇。此外,该书配有80余版彩图,直观地展示了新中国成立以来抚州的建设成就;内文穿插千余幅历史照片,图文并茂。豪华精装。抚州市委书记龚建华、市长张和平为该志书作序。

【向莆铁路抚州火车站开通运营】 9月26日,国内第一条连接海峡西岸和中部内陆腹地的快速铁路——向莆铁路正式开通运营。该日,南昌西、福州、莆田、三明北等4个车站先后举行动车组首发仪式。

上午8时30分,向莆铁路抚州火车站开通运营仪式在候车厅门口举行。向莆铁路途经该市抚州临川区、南城、南丰、黎川4个站点。抚州火车站是向莆铁路一个重要客运车站,2011年开工建设,2013年建成。

【纪念中央苏区闽赣省成立80周年活动在黎川举行】 11月26日,中央苏区闽赣省成立80周年纪念活动在抚州市黎川县举行。省政协主席黄跃金,抚州市委书记龚建华出席座谈会并讲话;省政协秘书长肖为群,省委党史研究室主任沈谦芳,省民政厅厅长徐毅,抚州市委副书记魏建锋、市政协主席谢发明，福建省委党史研究室副主任汪一朝，省政协办公厅副主任曾粮，省政协办公厅副主任、政研室主任杨木生，抚州市委常委、抚州军分区司令员吴立成，市人大常委会副主任曾龙昌，市政协副主席、工商联主席蔡青，市政府副巡视员、发改委主任、苏区办主任熊世平，市委秘书长李建林和朱德、罗瑞卿、谭政、肖劲光、邵式平、方志纯等革命先辈的后代参加。与会人员、应邀嘉宾及干部群众代表1000多人到湖坊乡，参观闽赣省军区司令部、闽赣省革命委员会旧址和红军广场，并向烈士纪念碑敬献花篮。

苏区闽赣省成立于第五次反“围剿”前夕，是在毛泽东、周恩来、朱德等老一辈无产阶级革命家领导下创建的，其党组织建设、政权建设、武装斗争、根据地各项建设，对中国革命和中国发展进步，具有重大意义。沈谦芳、汪一朝和邵式平、肖劲光的后代先后发言，回顾中央苏区闽赣省的光辉历程及执政经验，缅怀老一辈无产阶级革命家和革命先烈的丰功伟绩与崇高风范。

【首个国家级高新技术产业化基地“诞生”】 10月，经科技部组织专家现场考察和论证，历时近一年申报的抚州国家精细化工高新技术产业化基地，被认定为国家级高新技术产业化基地。

【江铃集团第一辆“抚州制造”汽车下线】 10月6日，江西江铃集团轻型汽车有限公司举行首辆“骐铃”皮卡下线仪式。市委书记龚建华、江铃集团董事长王锡高致辞。市委副书记、市长张和平主持。省科技厅厅长洪三国、省工信委副主任殷勤、省商务厅副厅长刘文华、省机械行业管理办公室主任刘煜和省中小企业局、省汽车工业办公室有关负责人，江铃集团党委书记蒋林生、总经理邱天高，及抚州市部分领导等出席。江铃轻汽是江铃集团第六座整车生产基地，前身是江西富奇汽车有限公司。2012年6月25日，江铃集团与抚州签订重组华翔富奇框架协议；2013年1月18日正式完成资产重组并更名，7月16日通过工信部组织的整车生产企业生产准入审核，拿到恢复生产经营的“通行证”，进入批量生产阶段。江铃轻汽从签约落户到第一辆汽车下线，仅用时15个月。

主要领导人 市委书记：龚建华。市人大常委会主任：王晓媛。市长：张和平。市政协主席：谢发明。

（饶国旺）

·临川区·

【简　况】 位于抚州市中北部，是抚州市委、市政府所在地。辖9乡、17镇、2个垦殖场和5个街道办事处，总面积约1962.4平方千米，其中城区面积约84平方千米，耕地面积4.8万公顷，有林面积9.8万公顷。中心城区人均公共绿地面积达到7.2平方米，绿地覆盖率达43.31%。总人口110.45万人，人口自然增长率6.66‰，其中城镇人口53.79万人，农村人口56.66万人，城镇化率48.96%。2013年全区实现地区生产总值294.78亿元，同比增长11.2%。其中，第一产业增加值37.47亿元，增长3.3%；第二产业增加值166.82亿元，增长12.9%；第三产业增加值90.49亿元，增长11.1%。一、二、三产业比为：12.7∶56.6∶30.7。工业总产值207.3亿元，增长20.2%。规模以上工业增加值42.06亿元，增长14.9%，占地区生产总值比重14.3%。主要工业产品有水泥147.8万吨、金属铜19.5万吨、人造板27.4万平方米、临川贡酒1000吨、农药420.66吨、饲料16.8吨。农业总产值67.6亿元，增长3.8%。主要农产品有粮食63.5万吨、西瓜27.8万吨、生猪出栏50.8万头、家禽出笼497.74万只、水产品2.88万吨。实际利用外资2895万美元，增长14.4%；外贸出口1.32亿美元，增长5.77%。财政总收入16.77亿元，增长15.4%，税收占财政总收入的比重81.6%；地方财政收入12.58亿元，增长18.4%；财政支出34.74亿元，增长17.0%。城镇居民人均可支配收入达2.08万元，增长10%；农民人均纯收入1.09万元、增长12.8%。城乡居民年末储蓄余额261.2亿元，增长12.9%。

【发展特色产业村促进农民增收】 2013年，临川区发展特色产业村，促进农民增收。一是以七里岗、高坪等乡镇山地资源优势，采取“企业+基地+农户”的模式，发展一批黄栀子产业村，黄栀子种植面积达到5333.33公顷。二是以腾桥、鹏田等乡镇地理环境和自然条件优势，发展一批西瓜产业村，每年西瓜种植面积在1.07万公顷左右，年产量达5亿千克。三是以孝桥、温泉等乡镇城镇化建设的有利条件，发展一批花卉苗木产业村，种植花卉苗木1333.33公顷，年创产值4000多万元。全区已发展“一村一品”特色产业村达96个，特色产业村农民年人均增收3000多元。

【腾桥110千伏变电站投入运行】 2月，临川区供电公司首座110千伏腾桥变电站顺利建成正式投运。变电站严格按照“两型一化”和无人值班变电站标准设计，总投资2475万元。该变电站的建设投运有效完善了该公司电网布局，优化临川区南半区电网结构，解决该南半区腾桥、东馆等10乡镇多年来的用电“卡脖子”和“低电压”问题，对拉动临川区南半区经济社会发展、保障电网安全、提高供电可靠率具有重大意义。

【举行安居房摇号仪式】 5月14日，富民家园经济适用住房销售暨廉租住房实物配租公开摇号仪式在临川区行政中心举行。摇号人员从社区干部、申请家庭中选出18名代表上台直接参与摇号，区人大代表、政协委员到场监督，区纪检监察人员全程监察，上顿渡公证处两名公证员对摇号活动全程进行监督。经审核本次符合“两房”条件的家庭共1932户，其中廉租房实物配租家庭532户，经济适用房申购家庭1400户。此次富民家园经济适用住房共有房源286套，中签比例为20.43%；廉租住房实物配租共有房源506套，中签比例为95.11%。

【设立“关爱留守儿童之家”】 5月27日，临川区学雷锋志愿者活动·构建关爱留守儿童服务体系启动仪式在临川一小举行，市、区有关领导，相关单位，企业家，爱心人士及70多名临川一小的留守儿童代表参加启动仪式,同时举行“关爱留守儿童之家”揭牌仪式。临川区有6万多留守儿童,为全市留守儿童最多的县(区)。为推进关爱留守儿童工作,在33所中心小学、5个街办社区设立“关爱留守儿童之家”。“关爱留守儿童之家”配有计算机、亲情电话等设施设备,图书阅读区有图书2000册,有围棋、象棋、跳棋、乒乓球、篮球、羽毛球等文体用品,备有小药箱、雨伞等物品,并供应开水。爱心志愿者可以到“关爱留守儿童之家”和孩子们互动,与留守儿童帮扶结对,当“代理爸爸”“代理妈妈”。

【上顿渡大桥恢复通车】 7月4日,上顿渡大桥竣工通车。新桥长度为245米,桥宽改为24.5米。双向四车道,人行道各宽1米,花岗岩护栏,并安装景观灯带。上顿渡大桥始建于1968年,全长245米(含引桥),是临川多个乡镇通往上顿渡城区的主要通道。由于上下游无序采砂等原因,致使大桥出现过险情,1996年,经有关专家鉴定为危桥。为确保群众生命财产安全,加快上顿渡城区社会经济发展,临川区把上顿渡大桥建设工程作为临川区的重点建设项目来抓,斥资1900万元,于2012年7月15日在原址上开工建设。该大桥的建成,极大地方便了周边河西乡、温泉镇、高坪镇等乡镇百姓的出行,对于加快开发温泉镇旅游资源起到极大促进作用。

主要领导人 区委书记:李智富。区人大常委会主任:吴勇。区长:吴自胜。区政协主席:江瑞庆。

(临川区史志办)

·南城县·

【简　况】 位于抚州市中部,辖9镇、3乡。总面积1698平方千米,其中城区建成面积15.2平方千米(城区绿化覆盖率45.6%)。耕地面积2.2万公顷,有林面积9.34万公顷,森林覆盖率62.5%。总人口33.3万人,其中非农业人口7.5万人。人口自然增长率6.85‰。2013年实现地区生产总值89.3亿元,同比增长10.8%。其中,第一产业增加值14.8亿元,增长6.5%;第二产业增加值44.1亿元,增长12.6%;第三产业增加值30.4亿元,增长10.3%。一、二、三产业比为16.6∶49.4∶34.0。工业总产值35.25亿元,增长3%。规模以上工业企业增加值20.9亿元,增长14.0%,占GDP比重23.4%。主要工业产品有水泥39.4万吨、各类砖3.73亿万块、饮料酒9.3万吨、服装4310万件(套)。农业总产值26.6亿元,增长6.2%。主要农产品有:水产品产量4.1万吨、水果总产量10.9万吨、柑橘产量10.7万吨、粮食总产量28.1万吨、稻谷总产量26.1万吨、家禽产量661.9万只、禽蛋总产量1.2万吨、生猪(出栏)25.3万头。固定资产投资91.9亿元,增长18.8%。财政总收入11.5亿元,增长13.8%,税收占财政总收入的比重82.2%;地方财政收入9.1亿元,增长12.1%;财政支出17.7亿元,增长9.8%。万元GDP能耗0.5534吨标煤,二氧化硫排放总量0.19万吨、削减率14%,氮氧化物排放量0.21万吨、消减率14%,城市污水处理率89%。农民人均纯收入1.02万元,同比增加1135元。城乡居民年末储蓄余额52.5亿元,增长12.9%。

【绿色工业好戏连台】 2013年,南城县以打造全省绿色生态工业区为目标,发展高附加值、低污染和低能耗的高科技型工业,助推工业绿色崛起,绿色工业已成为县域经济发展的重要引擎。一是树立绿色生态的发展理念,提出环境保护是发展的生命线、企业生存的生命线、群众生活的生命线,既要金山银山又要碧水蓝天,赋予环境保护“第一审批权”和“一票否决权”。对占地少、产出高、纳税多、无污染的企业大开“绿灯”,对投资强度、容积率、绿地率等不符合要求的项目,则严格核减用地面积或不供地。同时,还重点调控冶炼、化工、造纸等高耗能传统产业发展,有步骤地实行“关、停、改、并、转”,坚决清理“五小”企业。该县淘汰取缔“五小”企业22户,先后拒批冶炼、化工、造纸类高污染、高耗能、低附加值项目70个。二是树立“只有放错了地方的资源,而没有真正的废弃物”的生态理念,不断盘活废水、废气、废渣等工业废弃物,构建工业循环链,大力推进副产品和废弃物的再利用、再循环,助推工业节能增效、快速发展。南城南方水泥有限公司通过配套建设9.0MW余热发电项目,让废气、废热产生能量,既缓解了企业的电力需求,又大大减少了排放。江西同昌实业有限公司充分利用竹屑等废料进行深度开发,生产的蚊香、卫生香等产品畅销全国,每年“吃干榨尽”的废弃物达上百吨。三是积极引导企业加快技术改造步伐,加大环保投入,加快绿色环保新产品开发,重点建设以企业为中心的自主创新体系、以产学研联合为纽带的集成创新体系,先后组建国家级、省级科研开发中心3个,实施流程再造、技术革新项目120多个。江西天凝明胶生物化工有限公司是一家科技型创新企业,该公司通过与山东轻工业学院共同研发“微球状固定化复合酶及酶解皮料制备食用明胶”项目,不仅比传统工艺降低37.2%的化工原料消耗,节煤26.5%、节水32.9%,还大幅降低废水处理负荷,填补了国内明胶生产技术的空白。该县工业园区的南华能源有限公司自2012年始,花巨资引进了一套污水处理设备,只用短短的几十分钟,就能将一池浑浊的污水在变成了一泓清水,从而以高于国家工业生产废水二级排放标准的质量实现水资源重复利用,而企业仅废水集中处理一项,每年还节约资金近20万元。

【大力保护古镇古村】 南城有着2200多年的悠久历史,是江西省建县最早的18个古县之一,古镇古村遍布全县境内。境内的古镇古村不乏丰富的古代遗存及古建筑群,现保存较完整的古镇古村主要有上唐镇上唐老街、新丰街镇汾水村、天井源乡尧坊村、沙洲镇临坊村等。这些古镇古村历史悠久、文化灿烂,古建筑众多,多数为独具特色的明清古建筑群。这些古建筑长期闲置,长年累月经风吹雨打、鼠咬虫蛀,加上年久失修,或倒塌,或腐烂。

南城县政府非常重视保护和利用古镇古村文化资源,采取一系列措施对文物古迹进行挖掘、保护和利用。该县将保护和利用古村镇工作列入重要的议事日程,把古村镇的保护纳入村镇建设规划,提前介入,防止建设中的古建筑被破坏。该县专门下发《关于严禁非法转让、迁移、拆除古建筑的通告》，强化执法力度，严厉打击文物犯罪活动。

该县还根据其价值的大小，分别进行省级文物保护单位的申报和县级文物保护单位及文物保护名录的公布。临坊村的王氏宗祠已列入省级文物保护单位待批名单，尧坊船型屋等12处已公布为县级文物保护单位，其他52处已公布为县级文物保护名录。列入保护单位后，按文物价值大小和损坏程度，有计划对重点古建筑编制加固维修方案，积极争取上级项目资金，切实加强对这些文物的保护管理和利用。

【蛋鸡养殖全省第一】 南城县以标准化、规模化、品牌化为抓手，大力发展健康蛋鸡产业。2013年，该县存笼3000只以上的规模蛋鸡场（户）达187家，存笼蛋鸡逾252万只，鲜鸡蛋产量达2.82万吨，产值达2.20亿元。蛋鸡产业产值已占该县畜牧业产值的65%，蛋鸡纯收入达6500万元，为全县农民人均增收325元。省畜牧兽医局称，南城县已成全省乃至江南蛋鸡养殖最大县。

南城县科学规划蛋鸡产业发展，把既要保障数量，更要保证质量列入乡镇考核内容，县畜牧水产部门建立了蛋鸡健康养殖生产技术体系。从2012年开始，县财政每年安排100万元，扶持蛋鸡标准化建设，对标准化蛋鸡场（户）、标准化蛋鸡养殖小区改造分别给予补助和以奖代补，对获国家级、省级、县级蛋鸡标准化示范场分别给予奖励。该县累计投入200多万元，创建蛋鸡标准化养殖示范样板场（户、小区）15个，其中国家级蛋鸡标准化示范场1个，省级蛋鸡标准化示范场2个，实现鸡蛋产品质量安全水平大提升。该县已建成存笼10万只以上大型集约化蛋鸡场2个，存笼5万只以上的中型蛋鸡场3个，存笼3万只以上的蛋鸡场10个，发展一批重点蛋鸡养殖乡镇。

为推进蛋鸡品牌战略，该县对蛋鸡生产资源进行有效整合，积极组织引导龙头养殖企业、专业合作社大力创建蛋鸡品牌，申报商标，提高鸡蛋产品的市场知名度。品牌化战略的实施，使南城县蛋鸡产品远销广东、福建、上海等省市，其中“洪门鸡蛋”已大批量进入了沃尔玛、家乐福、麦德龙等大型超市，实现了蛋鸡优质、高产、高效可持续发展。2013年，该县每只蛋鸡获利26元。

【特色产业增加农民收入】 南城县按照“一户带多户、多户带全村，一村带多村、多村成基地”的发展思路，采取典型、协会、龙头企业三方联动的办法，围绕产业化经营理念，大力发展“一村一品”。全县涌现出万年淮山村、梅溪制种村、王坪板栗村、光塔蔬菜村、湖东珍珠村、沙坪西瓜村等“一村一品”专业村28个，村民60%的收入来自特色产业。

该县本着因地制宜的原则，选择那些有特色的资源作为重点开发和培育对象，通过分类指导，培育和扶持畜牧、蔬菜等产业，进一步拓宽农民增收渠道。该县龙湖镇王坪村有种植板栗的历史，全村120余户农民在科技带头人席明根的带领下发展优质板栗种植，板栗种植面积逾80公顷，户均收入2.4万元，成为远近闻名的专业村。该县还成立了蜜橘购销协会、竹制品加工协会等20多家农村合作经济组织，先后为种养户解决场地问题10个，协调贷款20多次，提供购销信息100余条。

“一村一品”的发展，有力地提升了农产品的产业化水平和市场竞争力。至2013年年底，该县种植南丰蜜橘3333.33公顷、麻姑仙枣2000公顷、淮山1000公顷，建成总面积达4万公顷的农业标准化生产基地16家，拥有“秋馨”“洪门”等省著名商标6个及无公害农产品、绿色食品、有机食品认证18个。

【农民专业合作社发展势头强劲】 南城县万坊镇黎家边村素来有养殖蛋鸡的传统，是该县小有名气的家禽养殖专业村。20世纪90年代初，家家户户发展蛋鸡养殖，但好景不长，由于农户分散经营，在生产、销售过程中出现“看不清市场乱转，找不到销路蛮干”现象，使蛋鸡养殖业严重受挫。蛋鸡养殖大户邱建芝与同村的14户养殖户办起了该村第一个专业合作社。由于合作社实行技术、信息和市场共享，在促进蛋鸡养殖业做大做强、化解市场风险等方面发挥了重要作用，达到了抱团致富的目的。到年底，该合作社饲养蛋鸡15万只，年纯收入达700多万元。在南城县，像黎家边蛋鸡养殖合作社这样的农民专业合作社已发展到164家，涵盖粮食、果蔬、畜牧、水产、林业等多个领域，并建立板栗种植、水产养殖、蔬菜栽培等产业基地100多个，带动农户7581户。

针对农户对于市场信息不够了解，不知道种什么，种了之后往往又卖不出好价钱的实际，县里每年拿出100万元作为专项资金，支持农民专业合作社发展；县工商局为农民专业合作社注册开通“绿色通道”，免收合作社注册登记费。此外，该县还与省林科院、省农科院等多家科研院校建立紧密而稳定的合作关系，采取“引进、实验、总结、推广”的发展模式，为农民专业合作社的发展提供强大的政策和科技支撑。

农民专业合作社的蓬勃发展，提升了当地农民的组织化程度，增强了农民抗击市场风险的能力，结束了当地农民“提篮叫卖”的历史，使千家万户从家庭生产走向联合经营，从单纯种植养殖实现了转化增值，形成了1+1>2的聚合效应。使昔日的土特产品飞出山门，进入沃尔玛等各大超市，实现了农业增效、农民增收。如今，徐家乡白洲村蔬菜专业合作社、洪门镇沙坪村西瓜合作社的产品都卖到了上海、深圳等沿海地区。至年底，该县各类农民专业合作社拥有自主商标23枚，通过“无公害”“绿色”“有机”等三品认证的产品有12个。

【向浦铁路南城站建成通车】 9月30日，向蒲铁路南城站正式竣工通车。南城火车站是向莆铁路昌福线上的一个铁路客运车站，隶属于南昌铁路局。该站坐落在江西省抚州市南城县建昌镇义仓村八字门村小组（环城路以西300米左右），背靠蛤蟆山，距离县城1.5千米左右。

【引导农民转变观念发展蔬菜种植】 南城县在不放松粮食生产、努力保障国家粮食安全的前提下，引导农民转变观念，积极发展蔬菜种植产业，为他们致富闯出一条路子。到年底，全县蔬菜种植面积已达1.07万公顷，种植户年均增收2000多元。

从2011年开始,南城县在全县蔬菜种植户中推广使用钢架蔬菜大棚,每一座标准大棚市场价格是6000元,种植户在享受1800元补贴后,自己只要花4200元就可建起一座钢架蔬菜大棚。当年,该县就架起15座钢架蔬菜大棚。良好的经济效益催生榜样作用,如今仅徐家乡白洲村一个村,便架起了30座钢架蔬菜大棚,用于栽种西红柿、白瓜等经济作物。

南城县自2010年实施国家科技富民强县专项行动计划——“淮山特色产业技术开发与示范项目”以来,群众种植淮山的积极性高涨。该县充分发挥科技部门的优势,成功引进淮山浅生槽技术,解决了只有沙壤土才能种淮山的瓶颈,并在建昌、天井源、徐家等12个乡镇建设多家有机淮山、浅生槽淮山种植基地。该县走出了一条依靠科技突破淮山种植土壤束缚的路子,全县淮山种植面积已达1333.33公顷。在淮山栽培新技术的引领下,该县龙湖、浔溪等几个从未种植过淮山的山区乡镇,也涌现出一批淮山种植大户。里塔镇农民尧金根和黄贵林掌握淮山种植新技术后,2013年在该镇梅潭村开垦荒地13.33多公顷种植淮山。

2013年刘国应承包13.33公顷,冷水田种植茭白,预计总产值可达120余万元,纯收入在60万元以上。2010年,刘国应在其弟——该县返乡创业典型、江西瓯锦实业有限公司董事长刘冬国的帮助下,从浙江引进茭白优良品种进行试栽,获得成功。次年,在当地相关部门的帮扶下,他在万坊镇西坑村租赁承包6.67公顷水质、土质优良的稻田,进行茭白规模化专业种植,第二年又将种植规模扩大到13.33公顷。刘国应种植的茭白一年可采收2次,通过市场开拓,收获季节仅南昌市每天的销量就在3吨以上。刘国应种植茭白不仅取得了良好的经济效益,还帮助当地解决富余劳动力就业问题,他可长年安排4个劳动力就业,季节性安排20多个劳动力就业。

【筹资1.68亿元开展农田水利建设】 2013年,南城县以提高抗灾减灾、供水保障、农业综合生产三大能力为总目标,筹集资金1.68亿元,拉开了全县农田水利建设的大幕。

该县充分利用中央、省、市资金支持,加大县、乡财政投入,并依法通过“一事一议”组织农民筹资筹劳等,共筹集资金1.68亿元,计划完成31座小型病险水库除险加固工程、4条中小河流治理工程及农村饮水安全工程等8类工程项目建设。同时,强化措施保障,精心做好这些项目的立项、规划和设计,制定每一项工程工作方案,分解任务,按照时间节点推进实施,确保明年3月底全面完成规划任务。

【校园影视专题片喜获全国金奖】 2013年,在第五届中国中小学校园影视节暨第十届中国中小学校园影视奖颁奖会上,南城县实验中学选送的校园影视专题片《跃动·欢乐·少年强》从来自全国各地23个省(自治区、直辖市及香港特别行政区)推荐的1936件同类作品中脱颖而出,喜获金奖。该校此次选送的参赛作品《跃动·欢乐·少年强》,全面记录学校“校园每天一小时体育锻炼活动”开展情况,真实再现学校群众体育的蓬勃发展。

主要领导人 县委书记:胡领高。县人大常委会主任:陈跃进。县长:王小林。县政协主席:过初良。

(吴云华)

·黎川县·

【简　况】 位于江西省中部,辖8乡、6镇、1个企业集团和1个垦殖场。总面积1728.56平方千米,耕地面积1.58万公顷,林地面积13.2万公顷,森林覆盖率66.3%。常住人口23.32万人,其中非农人口5.6万人,人口自然增长率6.67‰。2013年实现地区生产总值51.70亿元,同比增长10.6%。其中,第一产业增加值8.95亿元,增长4.8%;第二产业增加值27.17亿元,增长13.2%;第三产业增加值15.58亿元,增长9.6%。一、二、三产业比为17.3∶52.6∶30.1。工业总产值76.05亿元,增长18.87%。规模以上工业增加值20亿元,增长13.9%,占地区生产总值的比重为38.7%。全年固定资产投资累计完成投资额51.9亿元,增长20.2%。县内主要工业产品有日用瓷、服装、铜材等,年产量分别为4.65亿件、268.21万件、1854.36吨。农业总产值16.4亿元,增长4.5%。主要农产品及其产量:粮食总产量15.7万吨,烟叶产量达6.98万担,实现产值8028万元,食用菌、蜜橘、水产养殖分别达到2.3亿筒、2333.33公顷、6000公顷,肉类总产量为2.30万吨。财政总收入8.65亿元,增长16.9%,税收占财政总收入的比重为86.4%;地方财政收入6.98亿元,增长16.4%;地方财政支出15.6亿元,增长9.7%。农民人均纯收8643元,比2012年增加926元。城乡居民年末储蓄余额38.3亿元,增长17.5%。

【打造山水园林县城】 黎川县委、县政府一直高度重视城市建设工作,围绕建设“和谐秀美新黎川”的总目标,以创建省级园林县城为载体,着力打造特色鲜明、环境优良、功能完善的生态文化园林县城。3月28日,黎川县人民政府向市政府提交《关于要求申报江西省省级园林县城的申请》,7月省政府组织有关专家组对该县创建省级园林县城工作进行帮扶指导,肯定该县在创建工作中取得的各项成绩,指出在创建工作中存在的薄弱环节。10月20日,省政府组织了有关专家组对该县创建省级园林县城工作进行验收,该县的创建工作得到专家们的充分肯定,并顺利通过江西省省级园林县城的公示。

【推进科技进步和创新】 2013年,黎川县通过全国科技进步考核,并被科技部授予“全国科技进步先进县”,被省知识产权局授予“江西省专利十强县”。黎川县委、县政府对科技工作高度重视,切实加强领导,把科技工作列入重要议事日程,建立由县政府县长及分管县长为正、副组长,相关单位领导为成员的科教领导小组。该县强化对科技工作的组织考核,县政府每年与乡镇、县直单位有关部门签订《科技进步目标管理责任书》,年终量化考核,通过强化目标考核,有效促进科技进步目标责任制的顺利实施和各项科技进步政策措施的落实;制订出台《关于主攻园区加快推进新型工业化的意见》《关于提升企业自主创新能力的意见》《关于加强专利工作的实施意见及奖励办法》《黎川县实施国家知识产权强县工程工作方案》等一系列科技进步的政策、措施，有效推动全县各领域、各行业的科技进步与发展；强化人才工作，从“培、引、请、聘、配”入手，建立全县人才信息资源库，为用人单位和科技人员牵线搭桥，最大限度地发挥科技人才的作用；强化投入保障，2013 年，财政安排科学技术支出 636 万元，占当年本级财政一般预算支出 1.18%，高于县财政增长比例，做到经费列入预算，项目全面落实，资金全部到位；

2013 年，该县企业自主创新能力不断提高，自主创新产品不断扩大，规模以上工业企业产品销售收入达到 60 多亿元。陶瓷、鞋服纺织行业、新型生态塑料三大产业得到较大发展，规模以上工业企业达到 56 家，全县工业企业开发新产品 100 多个，自主创新 20 多个，引进新技术 20 多项。通过政策入园，机构入园，技术入园，服务入园，为园区企业提供更优质的科技服务，全年列入国家级科技计划项目 2 项，省级科技计划项目 9 项，市级科技计划项目 3 项，共获项目资金近 800 万元。

【县档案馆晋升国家二级档案馆】 1 月 11 日，黎川县档案馆以 87 分的高分通过“国家二级档案馆”专家测评组测评验收，晋升为国家二级档案馆。

黎川县委、县政府高度重视档案馆建设，投资兴建黎川县档案馆新馆，2009 年 8 月 11 日新馆正式开工，2011 年 6 月 8 日新馆建成并顺利搬迁。新馆办公及库房实际面积 1613 平方米，档案保管条件得到了极大改善。县委、县政府切实解决档案工作人、财、物等实际问题，档案事业经费逐年增加，添置了数码相机、扫描仪、刻录机、多功能打印机、温湿度仪、臭氧消毒机、去湿机等设施设备，计算机总量达到 11 台，人均为 1 台多。

黎川县档案馆按照《市、县级国家综合档案馆测评细则》的要求，紧紧围绕国家二级档案馆建设标准，全力以赴，扎扎实实推进档案馆业务建设。认真做好大量前期准备工作和档案资料的清理、装盒、消毒、上架工作，截至 2012 年 12 月底，馆藏各门类档案资料共 3.93 万卷册 5.52 万件，107 个全宗。通过对各级各部门档案的归并及合理分工和档案资源的整合，使档案机构和档案资源结构合理、配置进一步优化，为提升该县档案馆服务功能、形成服务体系奠定了很好的基础。在创建二级馆过程中，编制 6 万字的《黎川县档案馆馆藏档案全宗介绍》和形式多样的检索工具，对 1984 年以前的全部馆藏档案进行重新鉴定、分类、装盒。该馆立足实际，有计划、有步骤、积极稳妥地开展馆藏各类档案数据库建设，已建立馆藏全部案卷、文件和资料目录数据库，目录数据库总量达 25.57 万条，档案数字化工作取得初步成效。并积极推进档案信息网站建设，2008 年建成黎川档案网，与“黎川县人民政府”“黎川政府信息公开”网站进行链接，网页新颖美观，网站内容更新及时，设置公共服务栏目，提供已开放档案案卷级目录 8803 条供查询；2012 年档案专网建立，为有效整合、共享数字档案资源，提供档案服务查阅平台，实现省、市、县三级档案局(馆)内部网络连通。

【县妇联获“全国城乡妇女岗位建功先进集体”称号】 黎川县妇联围绕“巾帼创新业，建功十二五”活动，推行“城乡妇女充分创业就业工程”，以各乡镇为中心辐射带动全县城乡妇女岗位建功。2013 年，被中华全国妇女联合会授予“全国城乡妇女岗位建功先进集体”称号。

政策资金“双扶持”，注入创业就业活力。该县妇联扎实推进城乡妇女小额担保贷款工作，用足用活《妇女小额担保贷款实施办法》，大力倡导“部门协作、服务优质”的妇女创业小额担保贷款运行新模式，积极协调财政、人社、金融、信用担保等部门，充分利用妇女小额担保贷款财政贴息政策帮扶城乡妇女创业就业、增收致富。解决城乡妇女创业资金难题，擎起妇女创业的半边天。截至年底，该县为宋银花、黄铭瑾等近千名妇女发放小额担保贷款 4000 余万元，有效带动 1 万多名妇女创业就业。

工农板块“双驱动”，搭建创业就业平台。发展现代农业，水陆淘金。以农业和农村经济结构调整为主线，开展“双学双比”活动，引导妇女科学地选择和发展主导产业烤烟，以及新兴产业紫薯、芳樟，并做大做强蜜橘、板栗、黄花梨、鱼、鸭、猪等乡域特色优势产业。

推行“村·企联姻”，引导园区企业和妇女能人联手创办明川鞋业、永超鞋业、天龙刺绣、兴溢实业、裕福行实业、鑫益美服装等多家加工分厂，带动 1000 多名妇女家门就业。比如：帮扶农村妇女全丽芳创办园区明川鞋业、永超鞋业、兴溢实业 3 户企业在中田乡设立加工分厂，为该乡 120 余名“姐妹”每人每月带来 1500 元左右的收入。

理论技能“双培训”，增强创业就业本领。该县妇联多管齐下，开展城乡妇女实用技术“立体化”培训，让城镇妇女和赋闲农妇走进车间当技工。依托党员远程教育平台，每月向农村妇女播放一期种植养殖、鞋服制作等基础理论。每季举办一次技能培训专家讲座，且现场指导农村妇女实践操作。另外，推行“一托 N”结对帮带措施，发挥农村实用技能妇女的传、帮、带作用，将缺乏一技之长的农村妇女培育成种养能手或企业技工。到年底，该县培训城乡妇女 1600 多名，促成她们每人拥有一至两种实用技能，实现灵活创业就业。

【县工商联被中华全国工商联授予“全国‘五好’县级工商联建设示范点”称号】 9 月 25 日，在湖北省宜昌市召开的全国县级工商联建设经验交流会上，黎川县工商联被中华全国工商联授予“全国‘五好’县级工商联建设示范点”称号，12 月，被省工商联授予 2013 年度“全省先进县级工商联”称号。

黎川县工商联准确把握新形势下工商联工作的性质、定位、任务，在县委统战部的指导下，按照“领导班子好、会员发展好、商会建设好、作用发挥好、工作保障好”的“五好”标准，积极当好党委、政府管理和服务非公有制经济的助手，在助推非公有制经济健康发展和非公有制经济人士健康成长中发挥积极作用。一是注重加强行业商会、异地商会建设。2012 年以来，新增团体会员 8 家，企业会员 700 多家。分别在北京、上海、广州等地组织成立 6 家异地商会，组建黎川县油画行业商会、家具行业商会，进一步完善陶瓷、南百货等行业商会及乡镇商会的建设。二是积极利用商会组织网络优势不断增强内联力与外联力,组织会员参加大型经贸活动以及商务考察等,协助开展招商引资工作。三是积极建言献策,开展对黎川陶瓷、油画、家具、物流等产业发展调查研究,为县委、县政府制订陶瓷、油画、物流等产业发展规划提供参考意见。四是开展"1+3"扶助活动,即1家执委企业至少扶持1个新农村建设点、赞助1次公益活动、资助1名贫困学生或其他需要扶助的人员;开展"关爱员工,倡导和谐生活"等主题活动,引导培育积极向上的企业文化;开展非公经济人士理想信念教育活动,紧紧围绕"民营企业家与中国梦"这一主题,与县电视台合作拍摄《创业成就梦想》栏目,以点带面,示范引领,营造有利于非公有制经济健康发展和非公有制经济人士健康成长的良好社会氛围。

【县国税局获全国税务系统先进集体称号】 2013年,黎川县国税局被国家税务总局授予"税务系统先进集体"称号。县国税局主要措施:一是服务经济发展。全年累计组织税收收入1.85亿元(含"营改增"税收收入),剔除"营改增"税收收入后,同比增收1691.98万元,增幅11.99%。为黎川经济社会发展提供了坚实的财力基础;主动融入地方经济发展,认真开展专题调研活动,形成调查报告,为县委、县政府领导决策提出科学参考;不折不扣地落实好各类税收优惠政策,全年审核出口企业免抵退税1368.66万元,其中:免抵税额463.77万元、应退税额904.89万元。二是强化税收征管。该局紧紧围绕税收工作中心,夯实征管基础,有效减少漏征漏管现象,狠抓征管质量,数据征管质量排名市局第一,推进征管创新,税源专业化管理创新项目获市局第一名。三是优化纳税服务。该局实行"一窗全能",对办税窗口功能进行优化整合,彻底解决多头找、重复跑的问题,节约了办税时间,提高了办税效率;针对部分企业法制观念薄弱、财务管理不健全的现象,该局主动靠前宣传和辅导,采取送税法进企业、建立税企QQ群等多种形式,辅导纳税人900余次;提供短信宣传服务,加强了与纳税人良性互动循环,实现了税法宣传、纳税提醒、通知催报等功能合一,有效降低了办税成本。四是加强队伍建设。推行"每日一题、每周一课、每月一训、每季一考"学习制度,以考促学、以赛促练,使每个人员逐步熟练系统内各岗位操作,实行"一人多岗",成为工作上的多面手。

【道路交通事故预防工作成绩突出】

2013年,黎川县公安局被江西省公安厅授予"全省道路交通事故预防工作先进单位"。黎川县公安局交警大队认真抓好道路交通安全源头管理,组织民警深入运输企业加强检查,督促企业落实交通安全主体责任,加强驾驶人安全法规教育,防止交通事故发生。同时深入开展交通安全宣传,采用交通事故挂图、展板,发放文明交通宣传资料,手机短信安全提醒,在电视台播放公益广告,为企业、农村、学校上安全课等形式,加强对机动车驾驶人、中小学生、农村群众宣传教育,提高交通参与人文明交通法制意识。2013年该大队排查省道公路平交路口隐患25处,整改21处,整改率达84%。排查公路急弯和影响行车视距隐患28处,整改24处,整改率达85%。在东方红大道两侧绿化带设置反光柱,在东门排路口设置安全通行隔离墩,规范道路通行安全。该大队还大力开展交通秩序专项整治,严查交通违法行为,实现2013年黎川交通事故发生起数、死亡人数、受伤人数、财产损失四项均下降的工作目标。

主要领导人 县委书记:李来木。县人大常委会主任:黄小明。县长:聂仕雄。县政协主席:徐小明。

(余天禄 过印光)

·南丰县·

【简　况】 位于江西省东部,辖7镇、5乡、1场,总面积1920平方千米,其中:城区建成面积14平方千米(城区绿化覆盖率41.07%),耕地面积1.77万公顷,有林面积10.23万公顷,森林覆盖率74.2%。总人口29.15万人。2013年,实现地区生产总值88.4亿元,同比增长10.2%。其中,第一产业增加值26.7亿元,增长7.3%;第二产业增加值29.5亿元,增长12.4%;第三产业增加值32.2亿元,增长10.7%。第一、二、三产业比例为30.2:33.4:36.4。工业总产值112.1元,增长22%,规模以上工业企业增加值15.4亿元(增长13.5%),占地区生产总值比重17.4%。固定资产投资54.1亿元,增长20.2%。实际利用外商投资2435万美元。主要工业产品有中成药197.25吨、塑料制品1.53万吨、啤酒15.97万千升、油酸7917吨、布1520.86万米。农业总产值49.8亿元,增长7.6%。粮食总产量23.5万吨。主要农产品有南丰蜜橘128.5万吨、稻谷18.7万吨、蔬菜14.8万吨、西瓜5.3万吨、生猪(出栏)13.9万头。全县财政总收入9.3亿元,增长16%,人均3202元,税收占财政总收入的比重81.7%;地方财政收入7.37亿元,增长7.4%;财政支出15.8亿元,增长6.1%。万元GDP能耗0.51吨标煤,二氧化硫排放量1335.8万吨、削减率9.4%,氮氧化物排放量139.1吨、消减率5.7%,城市污水处理率95%。农民人均纯收入13776元,增加1409元。城乡居民年末储蓄余额42.7亿元,增长8.7%。

【被科技部授予"科技进步先进县"称号】 11月15日,在全国(县市)科技进步考核中,南丰县被科技部评为"科技进步先进县"。

南丰县自2011年5月被正式命名为"2011—2015年全国科普示范县"后,县党政主要领导科技意识进一步增强,推动科技发展力度不断加大。县政府在配齐配强贯彻《全民科学素质行动计划纲要》工作领导小组基础上,对各乡镇党政领导严格实行科技进步目标责任制,分年度进行考核;制定出台一系列培养、引进和使用科技人才,激励创新;优化环境等较强针对性的科技进步计划和政策措施;多渠道、多层次增加科技投入。

在科技兴农中,着力推进特色产业提质增效。该县2011年建设柑橘分选机(线)3条,贮藏库1.8万吨;2012年建设标准化生态示范园200公顷,建设柑橘光电分选机(线)3条,贮藏库1万吨。通过"以螨治螨"配套使用太阳能、杀虫灯、黄板等,开展病虫害生物综合防治、节水灌溉等现代农业技术示范，推广蜜橘栽培新技术，提高蜜橘机械分选和贮藏能力；通过建设南丰蜜橘标准示范园1500～2000公顷，开展有机肥补助、大枝修剪、高接换种等示范，进行技术培训，发布相关信息，普及相关知识，进一步提高品质和效益；通过项目资金支持选育具有特异性状的南丰蜜橘优良单株2个，高接保存了蜜广、红广、早熟、晚熟等良种单株11个。与此同时，根据南丰实际，该县还着重抓好南丰甲鱼、朗德鹅、南丰蔬菜及其他经济作物的发展。甲鱼产业年产值达1.22亿元。建立无公害蔬菜标准化生态种植示范基地，加快转变生态方式，采取“猪—沼—菜”种植模式，引导农户向标准化、规范化、集约化发展，形成“公司＋基地＋农户”的现代农业发展模式。为强化农业科技服务工作，该县组建12个农技服务综合站，建立了3个示范站房（太和镇、洽湾镇、莱溪乡），每个基层站按照当地不同产业满实2个示范基地，每位农技人员落实10户科技示范户，有力地加快科技创新及科技推广进程。为推进农业产业化发展，该县通过多种方式不断加快农业产业升级；新增农民专业合作社37家，达232家。至12月底，全县有市级以上农业龙头企业24家；

在新产品研发方面，该县积极鼓励企业自主创新，加大科技投入，走品牌发展道路；2011年度该县有2个企业研发的新产品通过科技革新，当年被认定为江西省新产品、国元天然乳品（江西）有限公司研发的“诺丽果汁”“南丰蜜橘汁”（前者采用新西兰一种特有浆果制成，成效独特）和江西橘王药业有限公司研发的“大七厘片”。2012年度3个企业研发的新产品当年均被认定为江西省新产品：国无天然乳品（江西）有限公司研发的“龟苓膏”“绿品汤罐头”“牛奶花生饲料”；江西吉香林食品有限公司研发的“幸福林牌南丰蜜橘糕”“幸福林牌南丰蜜橘饼”；江西橘王药业有限公司研发的“抗宫炎分散片”。

在环境保护方面，该县通过监测计划设计，分析测试，数据处理，综合评价等方式准确、及时、全面地反映环境质量现状及发展趋势，为环境管理、污染源控制、环境规划等提供科学依据。同时利用环境监测技术定期对工业园区重点污染源企业进行定期环境监测；近三年来，该县未曾发生一起较大污染事件。

在科技推广方面，该县坚定不移地实施“科教兴县”战略，通过各种途径、各种方式大力宣传科技知识、科学方法；不断加大科技培训力度，培养造就大批合格的实用技术传播人才，为当地经济社会又好又快发展奠定扎实的科技基础。

【县检察院被评为“全国先进基层检察院”】 3月，在北京召开的全国检察机关队伍建设工作会议暨第五届全国先进基层检察院表彰大会上，南丰县检察院被评为“全国先进基层检察院”，成为抚州市唯一获此殊荣的基层检察院。

2010年以来，南丰县检察院大胆探索开展特色工作，构建“诉讼监督大格局”，即建立各执法机关、各执法部门广泛参与的诉讼监督长效机制，形成在监督中密切配合，在配合中有效监督的良好执法环境。工作中，注重争取上级重视，形成高位推动的格局；不断健全工作机制，制定完善各种规章制度共96项，形成配合有力的协作模式；努力延伸监督环节，形成全面高效的监督体系。2011年6月起，该院采取“三查”（查案件数据、查案卷材料、查监督线索）方式在全省率先对当地所有公安派出所开展常态侦查监督；对法院的监督延伸到庭前、庭中、庭后，覆盖刑庭、民庭、行政庭等部门，对看守所监管活动监督延伸到同步监督。该院先后向公安机关书面提出纠正侦查活动违法意见，并被采纳59件，刑事立案监督60件；追捕55人，追诉54人，均被法院判决有罪；对审判机关书面提出纠正违法并被采纳23件；办理民事申诉案件70件；提出书面监督意见并纠正了刑罚执行和监督活动的违法情形97件；通过诉讼监督发现并移送职务犯罪线索23件，后立案侦查23人。

认真履行批捕、起诉、控申检察职责，营造稳定的治安环境，共批准和决定逮捕各类刑事犯罪嫌疑人279人，提起公诉271人。接待群众来访376人次；依法受理并妥善处理控告申诉23件；救助刑事被害人11名。在此基础上，认真查办和积极预防职务犯罪，营造廉明的政务环境。先后立案侦查职务犯罪34人。涉及民生问题的职务犯罪案件共立案32人、占94.1%。该院先后深入各单位、企业和重大工程开展预防警示教育活动417次；向有关单位发出预防检察建议121件均被采纳；为社会提供行贿档案查询653次，查出有行贿犯罪记录的17人，其市场准入资格均被有关部门取消；与19个单位签订建立职务犯罪预防协作机制的协议，健全社会化大预防格局。

该院在机关形象建设、检察队伍建设等各方面均取得可喜的成绩，连续多年受到省市政法委、省市检察院的表彰。其经验做法被市院在全市检察机关诉讼监督工作现场会上向全市推广；在全省、全市政法工作会上作了经验介绍；中央政法委、省委政法委、高检院和省、市检察院信息刊物以及《检察日报》、人民网等国家级媒体刊登该院“诉讼监督大格局”长篇经验材料20多篇。2012年2月该院被省院评为全省十佳基层检察院，并荣立集体一等功。

【举办2013年中国南丰国际蜜橘文化节】 11月10日，“2013中国南丰国际蜜橘文化节”开幕式在江西南丰文化广场举行，来自全国各地的柑橘专家和百余名蜜橘客商齐聚南丰，共同庆祝4667万公顷南丰蜜橘喜获丰收。本届文化节由抚州市人民政府和江西省农业厅主办，南丰县政府承办，主题为“橘颂千年，吉送四海”。活动取1＋5的形式举行，主要包括开幕式、文化公演、南丰蜜橘擂台赛、第一届休闲旅游节启动仪式、农超对接会、傩神送吉暨妆迎祈福、民俗踩街、全国优质农产品展销会、南丰蜜橘全国巡回推介营销等多项活动。蜜橘节本着“务实、创新、惠民、节俭”的原则，全面展示南丰蜜橘文化，推介蜜橘产业，促进蜜橘销售，帮助橘农增收，唱响休闲南丰生态旅游品牌，不断提升南丰知名度和影响力。

【抚州市支持南丰加快旅游产业发展现场办公会在南丰召开】 12月25日，抚州市支持南丰加快旅游产业发展现场办公会在南丰召开，会议听取南丰县旅游产业发展情况汇报,研究当前南丰旅游发展规划、项目建设等实际问题。市委副书记、市长张和平出席并讲话;市政府秘书长喻大荣主持;市直有关单位负责人参加会议。张和平指出,加快旅游产业发展是贯彻落实党的十八届三中全会、省委十三届七次全会精神和全省建设旅游强省战略目标的具体体现。就加快南丰旅游产业发展,张和平表示,南丰发展旅游产业具有独特优势,这些优势体现在:文化浓厚,南丰有名人文化(曾巩)、祈福文化(傩舞)、陶瓷文化(白舍古窑);生态良好,南丰的山、水、泉,都是纯生态的;特色鲜明,南丰是世界橘都,南丰蜜橘在全世界是独一无二的,具有无可比拟的地方特色。会议强调,南丰发展旅游业应全面发力,按照“世界橘都·休闲南丰”的定位,全方位、多层次、高品位地做好旅游发展规划;利用好南丰蜜橘这个独特优势,大力发展休闲旅游,把整个南丰打造成一个大公园;要充分利用好南丰的山、水、园、城,精心谋划,打造精品景区、景点;要不断完善“吃、住、行、游、购、娱”配套服务,着力提高交通、住宿、餐饮、购物、导游、接待等方面的承载能力;市直各有关单位要大力支持南丰旅游产业的发展,旅游、规划、交通、财政等有关部门必须在发展规划、线路设计、项目建设、景区开发、宣传推介以及人才培养等方面给予全力支持,倾力推进南丰旅游产业大发展、大突破。

【众志成城夺取抗旱救灾胜利】 6月30日起,南丰县持续高温少雨,日最高气温35℃以上的高温天气达40多天,极端最高气温40.8℃,平历史最高纪录;夏秋降水量504毫米,与历年同期相比偏少303毫米,形成严重的伏秋连旱,大量山塘、小水坝干涸,柑橘、水稻、蔬菜、白莲、烤烟等农作物受旱严重。全县累计8.2万人受灾;农作物受灾2.3万公顷,成灾1666公顷,绝收300公顷,因旱造成农作物直接经济损失1.5亿元。针对严重旱情,南丰县委、县政府高度重视,多次召开抗旱救灾专题会议,成立以县长为组长的抗旱救灾工作领导小组,划拨抗旱专项经费;各部门分别成立以主要负责人为组长的抗旱救灾工作组,组织抗旱应急队伍。县委、县政府及农业部门先后多次安排部署救灾工作;并于8月5日启动抗旱Ⅳ级应急响应,8月12日启动抗旱Ⅲ级应急响应。全县组织172个“五民一促”工作组1000余名机关干部,奔赴抗旱一线,到各乡镇、各村组实地了解旱情,排查隐患,落实抗旱措施,统筹调度生活、生产用水,优先保障人民生活用水和农村牲畜用水;充分发挥潭湖、车么岭两座中型灌区抗旱主力军作用,在确保南丰蜜橘灌溉用水的前提下,尽可能使有限的水资源发挥出最大的效益。在此基础上,农业、水利等部门及时修订、完善应急预案,组织专业技术人员深入干旱严重地区,深入田间地头,指导群众开展农业抗旱保丰收,实行科学用水、节水,根据柑橘、水稻等作物长势长相及天气情况,加强田间管理,抗旱保苗,尽力提高多种指数,推行改种补种,弥补因灾减产的农作物产量。与此同时,卫生部门抽派精干力量深入重灾区开展群众和大牲畜饮水安全监测,加强防疫工作,确保大旱无大疫。气象部门切实做好人工增雨的相关准备工作,适时开展人工降雨。水利、农机部门及时对抽水抗旱机具进行维护和检修,为一线抗旱救灾提供便捷服务。对口联系和帮扶部门积极组织人力、物力、财力,帮助联系帮扶乡镇群众争取抗旱设施、物资、技术等多方面的支持,尽量把旱灾损失控制在最低限度。该县累计投入抗旱资金363.2万元,抗旱用电253万工、抗旱劳力20.5万人次,抗旱机具1500台套、抗旱设备10.6万台次、对1.79万公顷农作物进行抗旱浇灌,其中南丰蜜橘浇灌面1.49万公顷(3333公顷蜜橘受益于高效节水灌溉工程),挽回直接经济损失7.5亿元。

【多举措强化工程建设领域监督】 为确保建设领域项目顺利实施,有效预防工程领域腐败现象的发生,保障工程项目的安全质量,南丰县纪委监察局狠抓“四个关键”环节,强化工程监督。一是抓涉及工程“关键对象”。将实施工程建设的业主单位“一把手”和分管工程项目的负责人以及具体负责工程建设的干部,列为监督的关键人群,制作廉情提醒卡、发送廉情短信,及时警示提醒,打好预防针。二是抓涉及工程“关键环节”。加强对工程立项审批、招投标采购、合同签订等关键环节监督检查,落实业主单位领导干部廉洁承诺责任制,强化廉政监督效果。三是抓“关键时期”。加强对工程审批申报、竣工验收、决算审计等关键时期的监督,及时明确廉政纪律,杜绝领导干部向工程各方“张嘴伸手”。四是抓“关键工程”。持续加强对涉及民生的保障房项目、征地拆迁项目、政府采购和工程建设领域突出问题专项治理等方面的监督检查,确保民主工程高质、安全、干净。

【琴城镇人民路社区创建全国社区戒毒康复示范点】 南丰县积极探索街办(乡镇)负责、社区依托、公安监督、社工参与、医院治疗、家庭配合的“六方联动”帮教模式,最大限度地管控、教育、挽救吸毒人员。按照“以人为本、科学戒毒、综合矫治、关怀救助”的原则,充分利用各种社会戒毒资源,建立起以就业安置为核心,集“生理脱毒、身心康复、就业安置、融入社会”为一体的社区戒毒、社区康复新模式,健全戒毒治疗、康复指导、教育挽救、技能培训、服务管理新机制,努力营造良好社会环境。该县通过成立组织机构、明确工作职责、解决就业安置、完善帮扶体系等举措,加快推进社区戒毒康复工作示范点建设。同时,该县将社区戒毒康复工作列入社会治安综合治理重要考核内容,加大督查力度,完善奖惩机制,促进社区戒毒康复工作有序开展。7月,该县琴城镇人民路社区被列为全国社区戒毒康复工作示范点,该社区也是江西首个创建全国社区戒毒康复工作的示范点。

主要领导人 县委书记:祝宏根。县人大常委会主任:邓春水。县长:许中伟(任至7月)、姚飞翔(7月任)。县政协主席:李履才。

(李燕青)

·崇仁县·

【简 况】 位于江西省中部,抚州市西部,辖8乡、7镇。总面积1520.1平方千米,其中城区面积13平方千米。耕地面积2.25万公顷,有林面积8.31万公顷,森林覆盖率为59.74%,城区绿化率为31%。总人口35.27万人。有蒙古族、回族、苗族、彝族、壮族、布依族、朝鲜族、满族、土家族、黎族、仡佬族、畲族等少数民族343人,人口自然增长率7.14‰。2013年地区生产总值82.80亿元,增长9.7%。其中,第一产业增加值20.63亿元,增长4.2%;第二产业增加值41.43亿元,增长12.3%;第三产业增加值20.74亿元,增长11.7%。第一、二、三产业比例24.9:50.0:25.1。规模以上工业总产值145.60亿元,增长16.6%;规模以上工业增加值25.23亿元,增长12.7%。外贸出口1.6亿美元,同上年持平。主要工业产品有互感器5.21万台,变压器1256万千伏安,服装1487.33万件,铜材2.65万吨,电动手提式工具58.67万台(均为规模以上工业企业的产量)。农业总产值32.11亿元,增长4.5%。粮食总产量27万吨。主要农业产品有麻鸡饲养7178.14万只,棉花1811吨,油料1.39万吨,蔬菜11.03万吨,甘蔗3.41万吨。全县财政收入8.95亿元,增长14.2%,占地区生产总值的比重为10.81%,其中税收占财政总收入72.51%;财政支出18.83亿元,增长18.5%。城镇居民人均可支配收入1.87万元;农民人均年纯收入1.11万元,增加1190元。城乡居民年末储蓄余额56.02亿元,增长13.53%。二氧化硫排放总量比上年削减0.1%;城市污水处理率86.5%。

【上海崇仁商会成立】 4月18日,上海崇仁商会成立大会在上海松江区举行。省工商联副主席谭文英致贺词,抚州市委统战部副部长、市工商联党组书记吴茶香到会致贺,崇仁县委副书记、县长程新飞为商会授牌,县人大常委会主任龙雪荣、县政协主席魏友旗等领导出席,县委常委、统战部部长黄晓红主持会议。大会通过上海崇仁商会章程、会费缴纳及使用管理办法;通报3月16日选举大会产生的商会会长、执行会长、常务副会长人员名单,上海文志盛集团有限公司董事长吴胜仁当选首任会长;选举通过商会监事会、理事会组成人员。

改革开放以来,大批崇仁人来到上海市创业,大都从事建筑、纺织、物流、五金、饮料、化工等各种行业的经营,至年底,在沪从事建筑、纺织、物流货运的崇仁商户达8000多户,从事建筑相关产业的崇仁人有2万至3万人。20多年来,上海崇仁人为上海的经济建设、城市建设做出了积极的贡献。

上海崇仁商会的成立,为在上海工作的崇仁人搭建了一个进行联络、团结互助的平台,架起一座崇仁和上海各区之间互相交流、联系合作的桥梁,对实现资源整合、优势互补、共同进步、和谐发展发挥积极作用。

【袁隆平院士到崇仁指导水稻种植】 9月4日,杂交水稻之父、中国工程院院士袁隆平到崇仁县郭圩乡贯桥村袁隆平超级杂交水稻第四期亩产1000千克攻关项目示范基地视察指导。崇仁袁隆平超级杂交水稻第四期亩产1000千克攻关项目示范基地于2013年4月设立,共8.53公顷,这是全省唯一的一个点。他在示范基地向技术人员询问播种、施肥等情况,并告诉在栽培过程中再适当多加点磷肥、硅肥。并夸赞:"湘两优2号、Y两优6号、袁禾2号在崇仁长势这么好,不错,真不错"。与有关人员座谈时,谈起他的3个工程和2个梦,3个工程就是高产攻关工程(亩产1000千克工程)、三一工程(三分田粮食产量养活一个人工程)、种三产四工程(种植三亩超级稻可达到普通水稻四亩的产量工程),2个梦即禾下乘凉梦、杂交水稻覆盖全球梦。

【根治"两违"顽症】 7月4日,崇仁县委、县政府开始强势启动新一轮集中整治"违法用地、违法建设""两违"百日会战。采取打老虎,四两拨千斤;疏堵结合,让群众得实惠;走群众路线,做"公平"文章;树正气,提升干部士气,严厉打击"两违"现象,取得整治工作全面胜利。至10月底,拆除"两违"建筑8400余平方米,查处非法买卖土地案件39件,刑事拘留涉案人员31人,处理"两违"建房户1945户。自7月4日起没有出现一例新的"两违",彻底刹住了"两违"顽症。

【举行江西首届"崇仁麻鸡"美食节】 11月2日,崇仁县在源野山莊举办江西首届崇仁麻鸡美食推广节,来自全省各市21支参赛队伍进行了场精彩的烹饪大赛,令众多参与品尝的市民和参观的游客赞不绝口。比赛中,厨师们用崇仁麻鸡为原料,各施绝招,烹饪拿手好菜,经过评委现场品尝、评判,打分,评出特等奖等奖项。最后,来自南昌的向塘土鸡店和崇仁县的君满堂酒店获得特等奖。

崇仁县是"中国麻鸡之乡"。崇仁麻鸡味道鲜美,氨基酸及维生素含量高,胆固醇含量低,先后荣获"中国十大名鸡""中国名牌农产品"和"国家地理标志产品"等称号。崇仁县把麻鸡作为强县富民的主导产业来抓,采取"政策优惠、因势利导、扶持发展"举措,大力推进麻鸡产业化经营。到年底,全县从事麻鸡产业人数过3万人,有麻鸡养殖户2000余户,出栏麻鸡6000万只。

【园区自来水厂启动运营】 9月,崇仁园区日产3万吨自来水厂一期工程竣工通水,标志着园区自来水厂正式启动运营。为解决崇仁工业园区及沿抚八线周边巴山镇、六家桥乡、航埠镇等乡镇村民生产、生活用水困难。崇仁县引进安徽美博投资有限公司在工业园区35千伏变电站西侧建设自来水厂,工程于2012年11月开工,规模为日产自来水3万吨,投资3000万元,建设分两期进行,其中第一期供水到温州产业园,日供水能力达1万吨。

【村村设金融服务点】 3月开始,崇仁县实施万村千乡工程。至年底,工程完成第二期,设立金融服务点187个,覆盖行政村100%。

崇仁县是全省"万村千乡市场工程"信息化改造农家店第一批试点县。工程分三期进行,由县商业局、崇仁县农村信用社,移动公司共同实施。借助农家店,配置农信社POS机和验钞机,建立起金融服务点,提供取款、转账、消费、查询和移动缴费服务,农民朋友亲切地称之为"家门口的银行柜台"。村民手持银行卡,不出村就能轻松办理消费、小额取现等业务,免除了走远路、排长队的烦恼,帮了村民一大忙。

【县图书馆获国家一级图书馆称号】 10月，崇仁县图书馆荣获文化部授予的"国家一级图书馆"称号，这是全市县(区)级公共图书馆首次获得此项殊荣。

崇仁县图书馆大楼位于县城胜利路68号，建筑面积1500平方米，设有外借阅室、少儿阅览室、报刊借阅室、电子阅览室、视听室、报告厅、过刊室等；2012年安装自动化管理系统(IL－AS系统)，实现计算机网络化管理；有藏书12.6万册，实行全开架和全年无节假日开放，所有服务项目全部免费。2013年购买入藏书1万册，接待读者12万余人次，办证2300人；电子阅览室有电脑50台。为了更好更多的服务全县人民群众，拓宽服务领域，开展延伸服务，在城乡建立图书流动服务点9家，扶持建立村级基层服务站点、农家书屋覆盖全县。经常开展送书下乡活动，2013年赠送图书1500册、光盘500张、《科技园地》4000份。还推新服务项目，积极开展经典诵读、知识竞赛、演讲、读书征文、讲座等多种形式活动。

【"屋顶上的发电站"诞生】 12月20日，崇仁县巴山镇公园路居民黄学义、黄重移申请的屋顶光伏发电示范工程项目顺利通过验收，且成功并网运行，这标志着崇仁县居民用户"屋顶上的发电站"正式诞生。该县积极做好跟踪服务和技术指导工作，并与项目居民用户签订《光伏发电并网协议》。分布式光伏发电项目是国家鼓励的绿色新型能源项目，被称为"屋顶上的发电站"。该项目是在屋顶安装多晶硅发电板，依靠太阳产出电能。相当于大规模光伏发电站，分布式光伏发电项目安装于家庭、工厂屋顶上，既充分利用了太阳能广泛存在的特点，又避免了集中建设的场地限制因素，有利于减少碳排放带来的环境污染。根据国家电网公司出台的有关规定，分布式光伏项目可采用全部上网、全部自用、自发自用余电上网3种消纳方式，由用户自行选择。上、下网电量分开结算，电价执行国家相关政策。

主要领导人 县委书记：谢祖鹏(任至6月)、方百春(7月任)。县人大常委会主任：龙雪荣。县长：程新飞。县政协主席：魏友旗。

(杨文才)

·乐安县·

【简 况】 位于江西省中部，辖9镇、6乡、1个农林垦殖场。总面积2412.59平方千米，有耕地面积2.23万公顷，林地面积18.48万公顷，森林覆盖率69.7%。总人口35.03万人。全年实现地区生产总值44.16亿元，同比增长9.8%。其中，第一产业增加值8.38亿元，增长3.1%；第二产业增加值18.05亿元，增长11.5%；第三产业增加值17.73亿元，增长11.1%。第一、二、三产业比例为18.97∶40.88∶40.15。全县规模以上工业企业实现产值4.58亿元，增长13%。主要工业产品有蚕丝200吨。农业总产值14848万元，增长3.8%。主要农产品有粮食27.41万吨、油料1733吨、烟叶4425吨、茶叶产量21吨、家禽出笼186.80万只、肉类总产量1.02万吨、水产品8245吨。地方财政收入4.22亿元，增长9.8%。财政总收入5.26亿元，增长14%；财政支出17.23亿元，增长20.3%。农民人均纯收入4777元，增长16.8%。城乡居民年末储蓄存款60.66亿元，增长18%。

【社会救助工作成效显著】 2013年，该县积极探索社会救助工作新举措，不断健全"四项"机制，社会救助水平逐步提升。一是健全城乡低保动态管理机制。规范社会公布，定期审核，并加大清理整顿力度，实现动态管理下的应保尽保、应退尽退，较好地保障了全县困难居民的基本生活，并提高了城乡低保保障标准，全年发放城乡低保资金4505万元。二是健全城乡医疗"同步结算"机制。将全县城乡低保对象、农村五保户等常保对象纳入城镇居民医疗保险及新型农村合作医疗住院保险，医疗救助与新型农村合作医疗、城镇居民基本医疗保险实行"同步结算"，全年共发放医疗救助资金857万元。三是健全农村五保供养机制。全面理顺了乡镇敬老院的管理体制，将全县15个乡镇敬老院和1所县光荣院全部纳入事业单位进行管理，并逐步实施乡镇敬老院提升改造工程，提高五保对象救助标准，全年发放五保供养资金611.6万元。四是健全困难群众临时救助机制。一年来，按时发放孤儿基本生活补助，全年补助孤儿人数206人，发放生活补助费133万元；紧急转移安置受灾人口690人，救助因灾因病困难群众2600多户、1.6万多人，发放救灾资金130万元。由于工作成效显著，2013年被省民政厅评为全省社会救助工作先进县。

【省级非遗——"乐安蛋雕"受热捧】 "乐安蛋雕"涉及帝王将相到现代名人，动物花鸟到山水田园，方寸之内，气象万千，国内多家电视台对"乐安蛋雕"进行专访后，众多观众把它作为收藏追捧的热点。该作品是由"乐安蛋雕"第四代传承人邹兆庆所创。作品"江西风景名胜图""诗意山水图""共和国缔造者"等多次参加全国性及国际性的展演活动，深受各界好评并相继获奖，也成为乐安独具特色的旅游纪念品之一。

【《喜见桃花今又开》获首届"赣鄱群星奖"戏剧类群星奖】 乐安县退休教师黄启达创作的戏剧《喜见桃花今又开》，经文化部门推荐参加了文化部第十六届"群星奖"戏剧类评比。由省戏剧专家审稿、国家一级作曲家严高陵谱曲、资深导演梅制科提纲编导、抚州汤显祖大剧院青年演员吴岚、许宏和资深演员王朝亮出演，5月7日，该戏荣获江西省首届"赣鄱群星奖"戏剧类群星奖，并打入全国第十六届"群星奖"复赛。这是乐安县第一部冲击"群星奖"的地方小戏，6月17日—24日，赴山东威海参加全国复赛。

【刘柱入选中国好人榜】 8月，乐安县刘柱入选中国好人榜，并当选抚州市道德模范。刘柱为原国营721矿轮胎厂下岗职工，现为乐安县公溪镇721社区残疾人托养中心负责人，公溪镇祝康工艺品厂厂长。

1989年，刘柱因车祸导致重度残疾。经过3年的治疗康复出院后，因工厂倒闭，又面临着下岗之痛。1998年年底，身残志坚的他只身前往福建漳州市一家工艺品厂打工，学习工艺品制作技术。2005年，学技成功后回到公溪镇，在当地政府的帮助下，创办了乐安祝康工艺品厂,安排当地20多名残疾人就业,成为一名创业能人。2012年年初,他自筹资金,创办乐安第一家残疾人社区托养机构——公溪镇721社区残疾人托养中心“阳光日托”。至年底,中心托养16名残疾儿童,给残疾儿童家庭带来幸福。刘柱身残志坚、扶残助残的事迹感动了各级领导、身边的群众,《江西日报》《抚州日报》、江西电视台、抚州电视台、抚州人民广播电台、《临川晚报》、乐安县电视台等媒体对刘柱的事迹进行广泛、深入的报道。

【修缮中央红军红一方面军大湖坪整编旧址——“国宝公祠”牌坊】　“国宝公祠”——省保文物、中央红军红一方面军大湖坪整编旧址,位于湖坪乡湖坪村,为清代建筑,是一栋五进式砖木结构的古祠堂。围绕公祠建筑,在村中形成了一个古建筑群,它与总节孝祠、子祥公祠3座大祠为连体结构,占地面积4000多平方米,公祠前有数口池塘,池塘岸边有青云塔。古祠、文献坊、青云塔皆能照影池内,相映生辉。

国宝公祠是中国革命史上浓墨重彩的一处红色古迹。1933年5月中旬,红一方面军总司令朱德、总政委周恩来、参谋长叶剑英、政治部主任杨尚昆在此指挥一、三、五军团进行改编。在“大湖坪整编”期间,在湖坪国宝公祠先后居住及工作过的领导人及红军将帅有:周恩来、朱德、彭德怀、陈毅、滕代远、萧克、董振堂、朱瑞、彭雪枫、李井泉、甘渭汉、张震等数十人。1999年4月,中央军委原副主席张震及夫人重访了乐安苏区时,走访了大湖坪整编旧址——“国宝公祠”,并题词“发扬中央苏区光荣传统,为建设繁荣昌盛的乐安而奋斗”。

据老一辈的村民回忆,国宝公祠前原有牌坊,因年久失修而坍塌。为了完整地再现国宝公祠的昔日风采,2013年湖坪村村民理事会发出捐资重建公祠牌坊的倡议,得到全村村民的积极响应,自筹资金40余万元。2013年下半年牌坊修造工程奠基,年底修建完毕。

【千古第一村——流坑村保护利用实行市县联动】　为加快流坑古村利用保护工作步伐,5月8日,抚州市成立了以分管副市长为组长,市直21个相关部门为成员的流坑古村保护利用工作领导小组,实现市县联动整体推进流坑保护利用,保护力度和强度空前。

主要领导人　县委书记:徐建辉。县人大常委会主任:陈绍平。县长:姚飞翔(任至7月)、吴宜文(7月任)。县政协主席:李以庚。

(王国庆)

·宜黄县·

【简　况】　位于江西省中部,辖8镇、4乡、1个工业园区、2个垦殖场。总面积1944.2平方千米,其中耕地面积1.93万公顷,林地面积15.4万公顷,森林覆盖率75.1%。总人口22.66万人。2013年实现地区生产总值49.04亿元,同比增长10.4%。其中,第一产业增加值7.75亿元,增长6.4%;第二产业增加值28.87亿元,增长12.7%;第三产业增加值12.42亿元,增长8.1%。一、二、三产业比为15.8:58.9:25.3。工业总产值83.78亿元,增长17.51%。规模以上工业企业增加值19.09亿元,增长13.4%,占地区生产总值比重38.93%。主要工业产品有棉纱0.7万吨、有色金属1.5万吨、机制纸及纸板6.7万吨、化学药品原药0.3万吨、人造板7.7万立方米。农业总产值13.01亿元,增长6.15%。主要农产品有稻谷14.74万吨、油料1764吨、烟叶2501吨、蔬菜8.87万吨、水果3335吨。固定资产投资44.86亿元,增长21.1%。财政总收入6.87亿元,增长19%,税收占财政总收入的比重85.62%;地方财政收入5.38亿元,增长11.93%;财政支出11.86亿元,增长7.81%。农民人均纯收入8686元,增加944元。城乡居民年末储蓄余额33.75亿元,增长15.65%。

【宜黄县被认定为国家级杂交水稻种子生产基地】　7月,农业部认定宜黄县为国家级杂交水稻种子生产基地之一。全国有31个市县被认定为国家级杂交水稻种子生产基地,宜黄是江西省唯一获此称号市县。

杂交水稻种子生产是宜黄农业生产上的一张特色牌,自然优势明显,政府高度重视,生产技术过硬,群众基础扎实,成为各种业公司争相投资发展的热土。2013年宜黄县杂交水稻制种面积达2000公顷,建有6个“千亩”连片、20个“五百亩”连片和40个“三百亩”连片制种基地,年产杂交水稻种子700万千克,可供40万公顷稻田种植。

2006年至今,该县制种规模一直保持在2000公顷以上,生产各种优质杂交稻种600万千克左右,入驻生产企业20余家,参与制种能人200余人,制种农户6000余户。1999年被省农业厅认定为省级杂交水稻制种基地县,已连续15年保持全省第一;2008年1月被省农科院认定为国际杂交水稻制种技术培训基地县,每年7月10日左右均接待一批来自美国、印度、泰国、越南、菲律宾、缅甸、印尼、尼泊尔等外国专家学者前来考察学习;2010年7月全国种子生产基地管理经验交流暨现场观摩会在宜黄召开。此次被农业部认定为国家级杂交水稻种子生产基地,标志着宜黄杂交水稻种子生产进入一个新里程碑。

【桃陂镇被授予国家级生态乡镇称号】　4月18日,环境保护部授予宜黄县桃陂镇“国家级生态乡镇”称号。是该县继棠阴镇之后的第二个国家级生态乡镇,标志着该县生态建设工作又向前迈出坚实一步。

桃陂镇辖7个行政村,1个居委会,65个村民小组,总人口1.4万,是江西宜黄工业园区丰厚小区所在地。该镇先后荣获江西省省级生态乡(镇)、首届江西投资环境最佳乡(镇)、全市农村劳动力转移先进乡(镇)、全市新农村建设先进乡(镇)、全市造林绿化“一大四小”工作先进单位等荣誉。

【农村清洁工程建设成效显著】　10月,宜黄县继2009年之后又获全省农村清洁工程先进县。为打造绿色生态宜黄,从2009年始,宜黄县结合新农村建设,按照“减量化、资源化、无害化”要求,在全县农村分期分批大力实施农村清洁工程建设,着力改善农村环境“脏、乱、差”现象。先后在全县358个村点实施农村清洁工程,干净、整洁、优美环境成为该县农村一大亮点。

该县不断加大投入,加强农村环境卫生硬件设施建设和环卫队伍建设,建立起农村环境卫生管理长效机制,各乡镇都建有垃圾无害化处理站,大多数乡镇成立环卫所,聘请专职保洁员,全县乡村保洁员队伍共有223人。全县共建垃圾无害化焚烧炉8个、垃圾集中填埋场10个,拥有各类机动清运车25辆、人力板车145辆、沤肥窖(沼气池)43个、配置垃圾分类桶1063个、垃圾分类棚屋162个、户用垃圾分类桶9429只。通过一些常态管理与集中整治相结合的举措,提高广大群众的农村环境保护意识,公路沿线、河流沿岸、景区周边、集镇区域和新农村建设点环境卫生得到较大改善。

【百鹭洲湿地公园、水北公园相继建成】 百鹭洲湿地公园位于宜黄县城河东狮子山大桥与六里铺大桥之间弧形河冲积滩上,与上游百花洲和对面狮子山遥相呼应,总面积为33.33公顷,其中水域面积20公顷。公园于2013年1月动工,12月底竣工,总投资2000万元,为省级湿地公园。

水北公园位于水北新区临河沙滩地,总面积为7.52公顷。利用水北新区优异的山水自然生态且形状象一抹弯弯的月亮,以"月出水北之上,花香自宜黄之滨"理念,打造出"四季三区"生态文化景观格局,"四季"即营造一年之中春花、夏荫、秋实和冬雪四季变化景观效果,"三区"为自然文化区、历史文化区和民俗文化区。"四季"和"三区"交汇相融,共同营造生态、自然、休闲和文化的水北公园。

【宜黄中田小水电代燃料项目通过省级验收】 7月29日—31日,省发改委、省水利厅组织专家对宜黄县中田小水电代燃料项目进行验收,专家们经实地考察,听取汇报,审查材料等,认为项目符合要求,通过验收。

该项目成功实施可解决项目区内4个行政村、32个村小组1856户、8297人代燃料用电,可保护森林面积1205.6公顷,每年减少薪材耗量7535吨,减少有害气体及污染物排放1.06万吨,对保护生态环境、促进节能减排起到积的作用。

【农网改造升级工程通过省级竣工验收】 7月,由市发改委、市财政局、市审计局、市水利局等单位专家组成验收组,对宜黄县2011年启动农网改造升级工程进行总体验收。经过严格审查,验收组宣布宜黄2011年农网改造升级工程项目竣工验收合格。

2011年,宜黄县农网改造升级工程投资927万元,其中中央预算内投资180万元,新建(改造)10千伏线路38.57千米、新建10千伏配电变台8台/1600千伏安、新建0.4千伏线路10.51千米。该工程于2012年7月底全部竣工并投入使用,极大地改善农村用户低压用电质量问题,优化农村电网网络结构,更好地满足宜黄农村地区生产生活用电增长的需要。

主要领导人 县委书记:许中伟。县人大常委会主任:万贻茂。县长:毛宗保。县政协主席:谢光明。

(罗来福)

·金溪县·

【简　况】 位于抚州市东部,辖8镇、5乡、1场。总面积1358平方千米,其中城区建成面积13.6平方千米(城区绿化覆盖率44%)。耕地面积2.8万公顷,有林面积6.61万公顷,森林覆盖率57.2%。总人口29.89万人,其中非农业人口6.27万人。人口自然增长率7.21‰。2013年实现地区生产总值60.97亿元,同比增长10.1%。其中,第一产业增加值10.07亿元,增长4.5%;第二产业增加值29.56亿元,增长12.8%;第三产业增加值21.34亿元,增长9.3%。一、二、三产业比为16.5:48.5:35.0。工业总产值74.9亿元,增长13.3%。规模以上工业企业增加值16.35亿元,增长13.9%,占地区生产总值比重26.8%。主要工业产品有:纱4038吨、蚕丝63吨、化学药品原料3439吨、有色金属2.15万吨。农业总产值19.3亿元,增长4.3%。主要农产品有:粮食总产量34.3万吨、油料5476吨、糖料5871吨、水果8.91万吨、蔬菜10.77万吨,出售和自宰肉猪16.7万头。固定资产投资54.3亿元,增长19.5%。财政总收入8.06亿元,增长15.1%,税收占财政总收入的比重86.8%;地方财政收入6.3亿元,增长14.2%;财政支出14.4亿元,增长14.6%。二氧化硫排放总量692.79吨、削减率下降10%,氮氧化物排放量79.14吨、消减率3%。农民人均纯收入9081元,增加951元。城乡居民年末储蓄余额65.6亿元,增长18%。

【县文化市场执法大队获评"第五届全国服务农民、服务基层文化建设先进集体"】 2013年,金溪县文化市场综合执法大队被评为"第五届全国服务农民、服务基层文化建设先进集体",成为全省唯一受此表彰的县级文化市场综合执法大队。成绩的取得主要得益于该大队真抓实干,不断创新管理模式,始终秉承"三个坚持"。一是坚持执法与教育并行。坚持党和国家有关法律法规的政策宣传,提高基层文化经营单位依法经营理念;创新执法模式,促进行业监督、行业自律和行业依法经营。二是坚持规范管理与对外交流并重。在全省首创网吧市场规模化、连锁化和品牌化的管理模式,将全县原有的15家网吧整合成5家,提升行业服务水平和经营形象。其先进经验和做法在全省得以推广。三是坚持队伍建设与时代要求协调发展。县政府为大队增加2名执法人员,聘请200名文化市场监管员。执法模式由执法大队的流动执法变成了深入到村的网状执法。

【金溪法院率先在全市成立"执行情报室"】 2013年,金溪法院在公安局设立法院执行情报室,开辟专门的信息查询窗口,执行员向公安局提交《协助查询被执行人信息函》后,公安机关通过办案信息系统为法院提供被执行人的户籍、暂住、住宿登记、出入境、车辆登记等信息,提高了执行效率。全年共向出入境管理部门报送限制出入境被执行人15名,将68人列入了失信被执行人名单并向社会进行公布。全年共执结各类案件274件,执结标的2212万元。上级有关部门对这一做法给予充分肯定,市中院已决定在全市法院系统加以推广。

【徐坊村获中国“美丽乡村”称号】 2013年,金溪县秀谷镇徐坊村获中国“美丽乡村”等诸多荣誉:4月被评为江西省十大和谐村庄,12月荣获中国“美丽乡村”、江西省AAAA级乡村旅游示范点称号,社区“农家书屋”为全国示范点,并定为江西省党建示范教育基地、全省文明和谐平安教育基地、金溪县青少年自然科学普及教育基地。

该村加快文明景区建设步伐,积极构建“二村三和谐”(民主法治示范村、新农村建设示范村、和谐班子、和谐村组、和谐家庭),大力推进激励教育工程、环卫保洁工程及村庄美化工程。建好进村门楼、装好路灯、种好“三园”生态植物(石榴园、杨梅园、金橘园)等,完善村后40余公顷原生态森林公园管理,其中对100多株百年以上古树进行挂牌保护,创新人口文化园(由村口牌坊处十二座生肖石雕、三友园“幸福之家”石雕等构成观赏体系),荆公亭、锦绣亭再现北宋王安石等名人大家及历史文化气息,中国馆、社区文化活动中心传倡文明新风,农家乐让游客体验垂钓愉悦。同时引导村民树立健康、文明的生活方式,发展生态农业、循环农业,保护农业野生植物资源,确保人与自然和谐发展,彰显“美丽乡村”魅力。

【“金溪手摇狮”进京演出】 1月13日,中国文联“百花迎春”文艺界大联欢在北京人民大会堂举行,2月1日(农历大年初二),演出盛况在中央电视台第1、3频道实况转播。“金溪手摇狮”在开场、中场、谢幕演出中三次出场:在第三章节江西板块以开场舞的形式表演,配上歌曲《江西是个好地方》;在歌曲《万山红遍》里伴舞;晚会谢幕部分。在场的中央电视台总导演大赞“手摇狮”节目文化底蕴深厚,表演精彩绝伦。“手摇狮”作为一种灯彩,表演动静结合、刚柔相济、千姿百态、活泼俏皮,让人赏心悦目,被誉为“华夏一绝”。世代相传的“手摇狮”至今已有数百年历史。20世纪50年代,经过民间艺人和老一辈专业文艺工作者密切配合,挖掘整理,“手摇狮”参加过全省一、二届民间艺术汇演,均获得过奖励。经过文艺工作者从1982~1993年连续11年的整理、打磨,“手摇狮”终于被选入《中国民间舞蹈集成》一书。1987年,上海科教电影制片厂将“手摇狮”摄入对外宣传片《江南索秘》,直接进行国际民间艺术交流。

【留守儿童学校设立警务室】 7月,金溪县公安局在县留守儿童特殊学校设立警务室,建立健全留守儿童关爱机制,全方位关爱留守儿童。警务室开设亲情连线,让留守儿童能定期与父母联系交流;建立留守儿童档案,记录留守儿童的个人信息和监护人情况,并通过电话回访留守学生的家长,及时报告留守儿童的情况。警务室民警给留守儿童开设安全教育课堂,传授留守儿童防骗、防溺水、交通安全等知识,并对学校及周边开展治安巡逻,消除各类安全隐患。

【撤销三处渡口】 金溪县石门乡公塘、下彭、长兴三处渡口于1989年10月经县人民政府批准设立,为抚河石门段两岸群众交往和物资运输提供了极大方便。随着廖坊水库和青泥大桥的建成,坐落在廖坊水库库区的石门乡长兴渡口和坐落在青泥大桥两侧的公塘、下彭两渡口已失去应有功能,且运营安全隐患极大。根据省交通运输厅有关撤渡建桥文件精神,规范渡口渡船管理,消除安全隐患,经县政府研究,7月31日正式撤销石门乡公塘渡口、下彭渡口和长兴渡口。公塘等3处渡口安全无事故运营24年,为当地社会经济和交通运输事业发展做出了不可磨灭的贡献。

【微电影《爱在成长》获全国三等奖】

10月26日,由中央综治委预防青少年违法犯罪专项组办公室指导,中国预防青少年犯罪研究会发起,共青团中央权益部和中国预防青少年犯罪研究会共同主办的第二届“为了明天——关爱青少年彩虹行动”微电影大奖赛揭晓,共青团金溪县委组织拍摄的《爱在成长》微电影在此次比赛中荣获全国三等奖。《爱在成长》由金溪制片人胡阳、编导兼摄影樊志强制作,演员全部是当地群众(以河湾小学师生为主),在农村实地拍摄。影片以小学中发生的小故事为背景,展示学生敢于担当,在关爱中成长,积极向上的精神风貌。

【出版发行《金川鸿泥录初编》】 12月,由曾铭独立编著而成的地方诗集《金川鸿泥录初编》内部出版发行。该书辑录280名古代外地人吟咏与金溪县相关的诗歌1000多首,分12卷,约16万字,主要是唱和庆吊、游历金溪山水之作。资料来源主要是四库系列丛书,部分源于其他影印古籍、整理本古籍。该书编排,以朝代分卷,以作者系诗,附录有索引,便于检索作者以及诗中相关的金溪人名、地名。

【抚州市首个县级政协文史馆在金溪成立】 12月31日,金溪县政协文史馆召开成立座谈会,标志抚州市首个县级政协文史馆正式成立。县文史馆是在民政部门注册登记的群团组织,主要通过聘请有知识、善思辨、品行端正、热心文史、熟悉行业情况,有较强写作能力的文化人士、史志专家为文史馆员,组织馆员积极开展文史资料的发掘、抢救、整理、编撰,重点是抢救新中国成立后17年的“三亲”(亲闻、亲见、亲历)史料。县文史馆已制定《金溪县政协文史馆章程》《县政协2014—2016年文史资料征编工作规划》,聘请首批文史馆员35名。

【改善农民就医环境】 2013年,金溪县投入1020万元,对全县14个乡镇(场)卫生院和149个村卫生所进行统一规划、统一改扩建,使每个乡镇(场)卫生院、村卫生所的基础设施、设备装备、人员素质等均得到全面升级,农民的就医环境得到明显改善。县每个乡镇(场)卫生院均配备X光机、B超、救护车等设备,且门诊、住院等业务用房面积均在2000平方米以上。每个村卫生所均配备了电脑、洗胃机、高压消毒锅、医用病床、诊查床等医疗设备。同时,还从各乡镇(场)卫生院的重点科室中,选派一批技术骨干,分期分批到县或县以上公立医院进行半年正规临床技术培训,提升业务技能。

主要领导人 县委书记:谭小平。县人大常委会主任:肖奇。县长:彭银贵。县政协主席:黄祖光。

(李山冕　曾铭)

·资溪县·

【简　况】　位于抚州市东部,辖5镇、2乡、5场。总面积1251平方千米,其中城区建成面积15平方千米(城区绿化覆盖率41.48%)。耕地面积0.63万公顷,有林面积10.19万公顷,森林覆盖率87.3%。总人口11.32万人。2013年实现地区生产总值26.96亿元,比2012年增长9.91%。其中,第一产业增加值3.36亿元,增长4.30%;第二产业增加值13.06亿元,增长10.91%;第三产业增加值10.54亿元,增长10.64%。一、二、三产业比为12.46:48.44:39.10。工业总产值10.27亿元,比2012年增长11.65%。规模以上工业企业增加值3.25亿元,比2012年增长12.4%,占地区生产总值比重12.05%。主要工业产品有竹地板、细木工艺板、鞋帽、电子等。农业总产值6.07亿元,比2012年增长4.60%。主要农产品有粮食总产量3.67万吨、烟叶产量872吨、白茶产量43吨、水果产量278吨、西瓜产量1561吨,生猪(出栏)3.60万头、家禽(出栏)11.50万只。固定资产投资28.01亿元,比2012年增长14.5%。财政总收入6.00亿元,比2012年增长17.50%,税收占财政总收入比重82.44%;地方财政收入5.10亿元,比2012年增长18.80%;财政支出10.02亿元,比2012年增长11.47%。万元GDP能耗比2012年下降4.19%,二氧化硫排放总量1170吨、削减率10%,氮氧化物排放量140吨、消减率8%,城市污水处理率85%。农民人均纯收入8578.54元,增加850.13元。城乡居民年末储蓄余额26.24亿元,增长17.99%。

【创新开展全民旅游营销】　2013年,资溪县为提升旅游产业的知名度和美誉度,扩大市场半径,做大客源总量,确定"主攻华东、华南和中南区域,重点开发上海、浙江、湖北、江苏、安徽和福建等省市"的目标市场定位,采取"零距离营销""抱团营销"和"网络营销"等多种方式开展全民旅游营销活动。一方面组建34支由县级领导带队的旅游营销团队,相继在杭州、上海、武汉、广州等30多个城市开展旅游推介活动40余场次,400余家国际国内旅行社及100家新闻媒体参加推介活动,散发各类宣传资料3万余份,邀请浙江衢州、义乌、绍兴、金华、江西新余、九江等地旅行社300多家到资溪考察踩线,签订15个旅游合作协议,成功开辟了福州、武汉、南京、九江等6个旅游客源新市场。另一方面每日在新浪、腾讯、搜狐等微博上发布最新旅游资讯,同新浪微博签订战略合作协议,开展"带着微博去资溪"主题活动。同时,还与周边旅游景区实行跨区域合作,联合打造"大觉山—瑞金—厦门鼓浪屿"和"武夷山—大觉山—龙虎山—三清山"旅游线路。通过全民旅游营销活动,该县旅游产业得到快速发展,全年接待游客突破201万人次、增长33%,旅游综合收入突破10亿元,同比增长45%,每天浏览资溪官方微博的人数超过5000人。

【有机农业发展迅速】　资溪县根据环境承载能力和区域特点大力开发生态农业,制定扶持有机农业发展的优惠政策和措施,积极争创全国有机农业示范基地,发展现代特色农业。2013年,全县有机农产品种植面积达3300公顷(不含有机竹笋),其中白茶种植面积超过2000公顷。5家白茶企业产品抱团获"江西省十大名茶"称号,资溪白茶成为国家级标准化示范区。赣陶菊、白眉红、大觉禅茶等8家企业有机产品获国家级评比金奖,逢春、香芽春、大觉印象等有机农产品品牌获评省市著名商标,山夫有机蔬菜进入省城高端市场。全县有机产品认证达13个,市级以上龙头企业24家(其中省级2家),农民专业合作社116家(其中省级6家)。是年,该县被评为全省休闲农业示范县和全省经济作物生产先进县。

【计划生育工作成绩突出】　7月,资溪被省政府评为"全省人口和计划生育工作先进县"一等奖,是该县连续第三年受到省级综合先进通报表彰。该县坚持计划生育基本国策、以提高出生人口素质、促进人口长期均衡发展为统领,坚持"政府埋单、群众受益"的原则,建立"奖励、保障、优先、优惠、扶持、救助"6项联动的农村计划生育社会保障机制,对农村符合再生育条件,主动放弃再生育的一孩户,由县政府一次性发放奖励金1000元,帮农村不再生育的一女户办理养老保险和领取《独生子女父母光荣证》的0~22周岁独生子女100%办理健康平安保险,每年走访慰问计生户占全县救助对象20%,每年救助对象达333户。大力实施"阳光助学"行动,计生贫困家庭子女每年从"希望工程"和"春蕾计划"中优先享受帮扶1000元助学金。在全市率先采取"五个一"管理办法:外出前签订一份《计划生育合同书》,约定一个联系方式,办理一份《计划生育服务证》,落实一项节育措施,外出后由面包产业协会协助寄回《流动人口避孕节育情况报告单》,此办法有效地抑制了外出流动人口政策外生育行为。创新计划生育优质服务方式,实现工作重心下移、工作目标到户,改"坐堂服务"为"上门服务",定期到农村开展"十进村十到户"集中服务。是年,全县12个基层服务所和70个村居的"三室二中心"服务网络全部建成,建立县、乡、村三级人口计生信息、数据直报系统,100%建立育龄群众生殖健康档案,妇科病普查率达95%,宣传群众6万余人,举办各种婚育培训班89期。

【举办首届生态旅游节"九龙湖杯"全国摄影大展】　为全面展示资溪良好的生态环境、优美的自然风光和独特的人文风情,塑造"纯净资溪"旅游品牌形象,在2012中国资溪首届生态旅游节期间,资溪县和江西省摄影家协会联合举办"九龙湖杯"纯净资溪健康之旅全国摄影大展,大赛吸引全国各地2000余名知名摄影师到资溪采风拍摄,征集各类摄影作品1200余件。2013年10月18日,江西省摄影家协会组织邀请省内知名摄影专家在省文联多功能厅,严格按照大赛评审原则对参赛作品进行评审。省文联副主席鄢平原到现场指导。大赛共评选出金质收藏作品2幅(风光、人文各一幅)、银质收藏作品4幅、铜质收藏作品6幅、优秀奖10幅、入展作品144幅,颁发奖金71400元。该摄影大展为抚州市摄影历史上规模最大、参与作品最多、影响最为广泛的一次,全省仅有2个县举办过如此规格的全国摄影大展。

【高阜镇列入全省百强中心镇】 2013年,资溪县高阜镇被列入全省百强中心镇。该镇位于资溪县北部,距离县城8千米,属县域次中心,鹰厦线铁路、316国道、资光高速公路穿镇而过。全镇总面积150.3平方千米,人口1.53万人,耕地面积933公顷,山林面积1.2万公顷,其中毛竹林面积5300公顷。镇内生态资源丰富,群山拱卫,绿水长流,气候宜人,建有狮子山生态旅游度假村、生态商贸旅游步行街和唐末狮山寺、明代高云塔、上古水车等14处省市县保护文物。高阜镇大力实施项目带动战略,经济社会实现赶超发展,引进各类企业40多家,规划建设工业园区133.33公顷,建成67公顷,已发展成为全县生态工业企业聚集地。2013年,全镇实现社会总产值4.3亿元,同比增长10.3%;完成财政收入5460万元,同比增长20.8%,其中国税完成887万元,地税完成4217万元;社会固定资产投资1.2亿元,同比增长12.7%;农民人均纯收入6100元,同比增加9.05%。

【发现宋元时期村落遗址】 9月,在花山界至里木高速公路高田乡翁源村路段,施工人员发现一宋元时期村落遗址。经省文物考古研究所和资溪县博物馆联合发掘,出土了宋代到明代时期的青白瓷、黑釉瓷、仿龙泉器瓷的碗、盘、杯、碟、壶等器物。该遗址为该县首次考古发掘,填补了该县宋元时期古居民文化考古空白,对复原和研究该县宋至明代村落面貌、社会生活场景提供了物证,对提升资溪的文化内涵具有重要意义。

主要领导人 县委书记:徐国义。县人大常委会主任:李莉华。县长:彭映梅。县政协主席:万鸣。

(帅建忠 谢金凤)

·广昌县·

【简 况】 位于抚州南端,辖5镇、6乡、1场。总面积1612平方千米,其中城区建成面积8.2平方千米(城区绿化覆盖率39.42%)。耕地面积1.41万公顷,有林面积9.9万公顷,森林覆盖率66.5%。总人口23.80万人。2013年实现地区生产总值41.61亿元,同比增长10%,其中,第一产业增加值7.95亿元,增长4.5%;第二产业增加值20.69亿元,增长11.7%;第三产业增加值12.97亿元,增长10%。一、二、三产业比为19.1:49.7:31.2。规模以上工业企业增加值10.67亿元,增长14.1%,占地区生产总值比重25.65%。主要工业产品有铜材3.175万吨、化纤布0.615亿米、服装980万件、塑胶玩具7800万件、发电量5300万千瓦小时。农业总产值14.24亿元,增长4.6%。粮食总产量12.48万吨、通芯白莲总产量0.63万吨、烟叶总产量0.32万吨、生猪(出栏)5.4万头。固定资产投资35.24亿元,增长18.5%。财政总收入7.01亿元,增长22%,税收占财政总收入的比重84%;地方财政收入4.99亿元,增长8.54%;财政支出14.15亿元,增长14.11%。万元GDP能耗0.48吨标煤,二氧化硫排放总量1619.06吨、削减率0.6%,氮氧化物排放量233.18吨、消减率0.4%,城市污水处理率70%。农民人均纯收入4989元,增加881元。城乡居民年末储蓄余额37.58亿元,增长14.19%。

【标准化生产引领白莲产业提质增效】 2013年,广昌县把白莲栽培标准化示范区建设作为一项系统工程来抓,白莲生产标准化水平和组织化程度大幅提升,实现农产品质量、数量、价格、农民收入同步增长。全县白莲栽培标准化示范区面积5400公顷,白莲标准化栽培推广率达95%。示范区建设项目实施3年来,累计举办各类相关培训班300余期,培训人员2万余人次,发放资料10万余册。积极探索"公司+示范区+农户""协会(合作社)+示范区+农户"等经营模式,通过龙头企业、专业合作社的带动,大力推进"标准+良种+良法"配套技术集成与示范。该县白莲一级品率达40%以上,白莲产品加工企业发展到20余家,产品涵盖通芯白莲、速冻鲜莲、莲子汁、荷叶茶、莲藕粉等20余个品种,年创产值3亿元。

【获"中国莲文化之乡"称号】 10月,中国民间文艺家协会正式授予广昌县"中国莲文化之乡"称号。这是广昌继获得"中国白莲之乡"美誉后,荣获的又一个国家级荣誉。广昌是闻名全国的"中国白莲之乡",当地白莲栽培有文字记载始于唐代仪凤年间,距今已有1300多年历史。人民喜莲、爱莲、颂莲蔚然成风,莲文化已成体系并有广泛传统。从民间文学、民间艺术到民间信仰和民俗活动,丰富多彩,其中莲信仰和庙会活动,联系了区域莲农的生产和生活,形成活态文化传承。为推动莲文化大繁荣大发展,县委、县政府不断加大白莲产业扶持力度,同时注重对莲文化资源的保护、挖掘和整理,并依托广昌国际莲花节、莲花生态旅游等平台,大力弘扬和传播莲文化。

主要领导人 县委书记:许爱军。县人大常委会主任:符忠林。县长:欧阳巧文。县政协主席:揭秉华。

(钟立新 谢衔生 邱志强)

·东乡县·

【简 况】 位于抚州市北部,辖9镇、4乡、3个垦殖场1个林场。总面积约1270平方千米,其中城市建成区面积达到20平方千米(城区绿化覆盖率40.95%),耕地面积2.65万公顷,有林面积6.29万公顷,森林覆盖率36.4%。总人口44.37万人。2013年实现地区生产总值113.19亿元,同比增长10.7%。其中,第一产业增加值17.70亿元,增长6.2%;第二产业增加值68.70亿元,增长12.0%;第三产业增加值26.79亿元,增长10.4%。一、二、三产业比为15.6:60.7:23.7。工业总产值187.61亿元,增长22.3%。规模以上工业企业增加值42.06亿元,增长13.3%,占地区生产总值比重37.16%。主要工业产品有大米、化学肥料、瓷质砖、蚕丝及交织机织物、铜材。农业总产值33.45亿元,增长6.34%。主要农产品有稻谷、油料、甘蔗、生猪、水果。粮食总产量29.58万吨,生猪(出栏)130万头。固定资产投资100.8亿元,增长18.8%。财政总收入17.23亿元,增长16.97%,税收占财政总收入的比重80.03%;地方财政收入12.99亿元,增长16.3 %;财政支出25.1亿元,增长15.4%。万元GDP能耗0.4502吨标煤,二氧化硫排放总量2397吨、削减率13.6 %,氮氧化物排放量518吨、消减率8.4%,城市污水处理率80%。农民人均纯收入1.01万元,增加567.92元。城乡居民年末储蓄余额76.53亿元,增长21.4 %。

【千名干部下基层】 2013年,东乡县积极开展“千名干部下基层,服务群众见行动”活动,以“下基层、接地气、办实事”为宗旨,以分类结对为基本形式,根据部门特点和干部特长,与帮扶对象实际情况相结合,坚持每半月电话联系一次,每季度走访一次,每半年慰问一次,每年解决一个实际困难。县领导干部带头到联系点开展调研,千余名机关干部下基层听民意、解民忧,共收到群众意见建议1436条,走访慰问困难群众540户,制定帮扶工作方案150个,化解各类矛盾纠纷400余起。

【被列为国家级生态示范区】 2013年,东乡县委、县政府强化鄱阳湖保护区生态环境建设,加大资金投入,建立生态保护考核激励机制,对做出突出贡献的单位和个人予以表彰,形成了“党委领导、政府负责、部门协作、全民参与、目标清晰、责任落实”的工作格局。全县森林覆盖率提高3.4个百分点,出境断面水质Ⅲ类,集中饮用水质Ⅱ类以上,合格率为100%;空气环境质量达Ⅱ级,达标率为100%,被列为国家级生态示范区。

【举办四大洲青年女篮挑战赛】 5月11日,2013年“东景杯”中国四大洲青年女子篮球挑战赛在东乡县体育馆拉开战幕。此次挑战赛经国家体育总局批准,由中国篮球协会主办,江西省篮球协会、东乡县人民政府承办。共有来自中国、美国、澳大利亚、巴西4国的国家青年女子篮球队参赛。比赛采用单循环赛制,每天进行两场比赛,共进行6场角逐。经过3天激烈较量,美国、澳大利亚、中国队分别获得冠军、亚军、季军,巴西队获优胜奖。这是东乡建县以来首次承办的国际性体育赛事。

【全省首家现代化养殖场光伏发电站建成】 7月1日,投资550万元、总容量282.72千瓦的全省首家现代化养殖场光伏发电站在东乡县江西东华种畜禽有限公司竣工并投入运营。在现代化养猪场、养鸡场屋顶上安装了1178块蓝色多晶硅光伏板组件,每年可生产价值近200万元的电能。光伏发电,自发自用,余量上网,能量循环,低碳环保。

【获全国青年科技创新大赛二等奖】 1月,东乡三中初三(5)班学生危瀚发明的“红外线感应监控摄像头清洁器”,采用伸缩式清洁杆、充电电池及红外线感应接近开关,扫吸结合,科学高效,荣获第27届全国青年科技创新大赛初中组二等奖,成为抚州市唯一获此殊荣的学生。

【东乡籍青年舞蹈家曾明在央视蛇年春晚领舞】 在2013年央视蛇年春节晚会上,东乡籍青年舞蹈家曾明领舞歌伴舞《甲板上的马头琴》。曾明1985年出生于东乡县城,1997年考入抚州文艺学校舞蹈系,2002年考入北京舞蹈学院。现为中国东方歌舞团首席演员、国家二级演员,曾获第三届cctv舞蹈大赛创作表演金奖、第四届全国少数民族汇演舞剧比赛最佳男演员奖等多项大奖。

【《舒同书法字汇》出版】 12月,大型舒体书法研习工具典书《舒同书法字汇》由黄河出版社出版。该书是著名书法家、山东舒同书画研究院常务副院长王庚吉花费十年心血,从近半个世纪以来所收集的700余件舒同书法墨迹中,严格筛选汇集而成,分上、下两集。上集321个页码,汇字1500余个,采用一字多体形式编辑。下集389个页码,共收入舒同不同时期书法墨迹影印件469幅。编者王庚吉系山东商河县人,20世纪50年代末与舒同结下不解之缘。此书旨在弘扬舒体书法艺术,传播舒同人格精神。

【自拍首部反映大学生村官题材的微电影《桂花香》】 11月9日,由东乡县50名大学生村官自编自导自演的青春励志微电影《桂花香》在邓家乡启航苗木基地顺利开拍。该影片以大学生村官“江西省十大雷锋哥”梁志强真人真事为主要原型,展示大学生村官热爱农村、扎根基层的精神风貌。影片制作后,于12月28日在县城北港影院举行首映式。县委组织部、共青团东乡县委、各乡镇场有关领导以及大学生村官100多人参加首映式,观看东乡县有史以来的第一部微电影。

【千人同圆花卉梦】 东乡县邓家乡统筹兼顾,合理布局,实行“公司十基地十农户”的经营模式,历经10余年发展,花卉基地从1家增加到23家,面积从0.087公顷扩张到533.33公顷,从业人员由3人猛增到2000多人。花卉苗木远销上海、浙江、广东、福建等地。2013年,该乡农民仅此一项收入人均增7000多元。尤其是上杨村10个村小组560户,几乎家家都懂得花卉苗木种植技术。“十里绿色长廊,百个花卉品种,千名从业人员,万亩苗木基地”的一村一品生态格局基本形成。

【数百只海鸥飞临润溪河】 1月25日,600多只海鸥突然现身东乡县杨桥殿镇润溪河。润溪河属于鄱阳湖水系,是东乡唯一不经抚河直接流入鄱阳湖的河流,流域面积在东乡境内为112平方千米。鄱阳湖生态保护区工作人员声称:海鸥飞临润溪河,数量如此之多,在东乡尚属首次。

主要领导人 县委书记:吴信根。县人大常委会主任:陈文。县长:许萍乡。县政协主席:陈勤。

(方莉华)

本栏编辑　詹跃华　陈超萍

人　物

省级领导机构成员名录

中共江西省委

苏　荣　书记(任至3月)(2014年6月,因涉嫌严重违纪违法被调查,同月被免去第十二届全国政协副主席职务,9月被罢免第十二届全国人民代表大会代表职务)
强　卫　书记(3月任)
鹿心社　副书记
尚　勇　副书记
舒晓琴　常委(任至4月)
凌成兴　常委(任至5月)
赵智勇　常委、秘书长(2014年6月,因涉嫌违纪被中央免去常委、委员职务,省委免去其省委秘书长、省直机关工委第一书记职务;7月,被中央开除党籍,取消其副省待遇,降为科员)
莫建成　常委
陶正明　常委
史文清　常委
姚亚平　常委
周泽民　常委
王文涛　常委
周　萌　常委
蔡晓明　常委
赵爱明　(女)常委(6月任)

江西省人大常委会

苏　荣　主任(任至4月)
强　卫　主任(4月任)
洪礼和　副主任
魏小琴　(女)副主任
朱秉发　副主任
陈安众　副主任(2013年12月,因涉嫌严重违纪违法被调查,2014年1月被罢免第十二届全国人民代表大会代表职务,被撤销省第十二届人民代表大会常务委员会副主任职务)
谢亦森　副主任
马志武　副主任
魏　民　秘书长

江西省人民政府

鹿心社　省长
凌成兴　常务副省长(任至5月)
莫建成　常务副省长(7月任)
李炳军　副省长(7月任)
谢　茹　(女)副省长
胡幼桃　副省长
朱　虹　副省长
姚木根　副省长(2014年3月,因严重违纪违法并涉嫌犯罪被调查,4月被省人大常委会第十次会议免去副省长职务,8月被中央开除党籍和公职并移送司法机关依法处理)
曾庆红　副省长(任至7月)
李贻煌　副省长
孙　刚　顾问
熊盛文　顾问
谭晓林　秘书长

政协江西省委员会

黄跃金　主席
钟利贵　副主席
李华栋　副主席
汤建人　副主席
刘晓庄　副主席
郑小燕　(女)副主席
肖光明　副主席
刘礼祖　副主席
许爱民　副主席
孙菊生　副主席
肖为群　秘书长

省直单位厅级干部名录

省委办公厅

杨宪萍　省委副秘书长、省委办公厅主任
欧阳海泉　省委副秘书长(任至8月)
沈谦芳　省委副秘书长(12月任)
翟　明　省委副秘书长
徐延彬　省委副秘书长(6月任)
宋玉智　省委办公厅副主任(任至11月)、省委办公厅督查专员(11月任)
马　健　省委办公厅副主任(6月任)
刘志远　省委办公厅副主任
李　能　省委办公厅副主任(2月任)
熊建社　省委办公厅督查专员、省委机要局局长(任至8月)
巫雄军　省委办公厅副巡视员、厅直属机关党委书记

费先志 省委办公厅副巡视员(任至8月)、省委机要局局长(8月任)
龚福昌 省委机要局副巡视员(2月退)
邬裕彬 省委总值班室主任
张 锋 省国家保密局局长
邝先华 省委督查室主任
席 宏 省委办公厅法规室主任
黄之猛 省委省政府接待办副主任(5月任)
徐建文 省委办公厅副巡视员(8月任)
熊科平 省委办公厅督查专员(11月任)
周益民 省委办公厅副巡视员(12月任)

省人大常委会

傅世平 副秘书长(任至9月)
张振球 副秘书长(11月任)
杨新民 副秘书长
刘小华 (女)副秘书长

省人大内司委

胡 波 主任委员(任至1月)
胡 宪 主任委员(1月任)
罗筱玉 (女)副主任委员(任至1月)
王可忠 副主任委员(1月任)
陈东有 副主任委员(1月任)
赵锦成 副主任委员(1月任)
周山印 副主任委员(任至11月)
王 军 副巡视员(8月任)

省人大财经委

黄素英 (女)主任委员(任至1月)
谢碧联 主任委员(1月任)
龚培兴 副主任委员(任至1月)
涂勤华 副主任委员
林兴富 (布依族)副主任委员
伍再谦 副主任委员(1月任)
张振球 副主任委员(任至11月)
高小琼 副主任委员(1月任)
周山印 副主任委员(11月任)
王曼萍 副主任委员

省人大教科文卫委

程水凤 (女)主任委员(任至1月)
李玉英 (女)主任委员(1月任)
伍世安 副主任委员(任至1月)
尹世洪 副主任委员(任至1月)
王 海 副主任委员(1月任)
周健儿 副主任委员
李水弟 副主任委员(1月任)
聂道宏 副主任委员
刘 伟 副巡视员

省人大农委

陈毓平 主任委员
雷万春 (畲族)副主任委员(任至1月)
梁彩云 (女)副主任委员
严 卫 副主任委员
王贤春 副巡视员

省人大环资委

汪毓华 (女)主任委员
李亚平 副主任委员
许苏卉 (女)副主任委员(任至1月)
周容兴 副主任委员
屠永发 副主任委员
廖维林 副主任委员(1月任)
柳 铭 副巡视员

省人大法制委

沈亚平 主任委员
徐必鸿 副主任委员(任至1月)
李 锐 副主任委员
宋才火 副主任委员
肖伲根 副主任委员(1月任)
陈春明 副主任委员(1月任)

省人大常委会办公厅

傅世平 主任(任至9月)
张振球 主任(11月任)
李元生 副主任
李金秋 副主任
陈洪生 副主任(3月任)
王光前 副巡视员
廖诗贵 副巡视员(8月任)
杨日新 副巡视员(12月任)

省人大常委会法工委

李 锐 主任
夏宏根 副主任(任至1月)
韩 军 副主任
周 雍 副主任
刘永亮 副主任(3月任)

省人大常委会选任联工委

吴会清 主任(任至5月)
杨伟东 主任(11月任)
刘润余 巡视员(任至3月)
董立新 副主任
公艳萍 (女)副主任

省人大常委会外侨民宗工委

傅小健 (女)主任
孙学军 副主任

省人大常委会预算工委

张振球 主任(任至11月)
周山印 主任(11月任)
王曼萍 (女)副主任(任至3月)
李 雪 副主任

省政府办公厅

谭晓林 省政府党组成员、秘书长,办公厅党组书记
张 勇 省政府副秘书长,办公厅党组副书记、主任
肖伲根 省政府副秘书长,省政府发展研究中心主任(4月免)
晏驹腾 省政府副秘书长,省政府发展研究中心主任(7月任)
肖 毅 省政府副秘书长,省政府驻北京办事处党组书记、主任
刘金接 省政府副秘书长,省援疆指挥部指挥长
叶 磊 省政府副秘书长
王水平 省政府副秘书长(任至4月)
张小平 省政府副秘书长(7月任)
谢茂林 省政府副秘书长
林彬杨 省政府副秘书长
陈石俊 省政府副秘书长
涂琼理 省政府副秘书长
宋雷鸣 省政府副秘书长(12月任)
曾范庚 省政府办公厅党组成员、副主任,省玉泉岛小区综合服务中心主任(8月退)
胡详圳 省政府办公厅党组成员、纪

检组长
喻晓社 省政府办公厅党组成员、副主任(任至12月)
万建生 省政府办公厅党组成员、省政府应急办专职副主任
刘晓艺 省政府办公厅党组成员、副主任
犹 瑾(土家族)省政府办公厅党组成员、副主任
杜章彪 省政府办公厅党组成员、副主任
朱小平 省政府办公厅党组成员、省政府机关事务管理局局长
万怡平 巡视员
蔡玉峰 巡视员
罗 江 副巡视员
刘福林 省政府金融办主任
罗时跃 副巡视员
章小刚 副巡视员
杨建民 副巡视员(8月任)
闵圣忠 省政府办公厅副厅级纪检员、监察专员(12月任)
吴治云 省政府决策咨询委员会主任
刘礼明 省政府发展研究中心副主任
王志国 省政府发展研究中心副主任

省政府法制办公室

张玉印 党组书记、主任
凌 云 党组成员、副主任
邱荣飞 党组成员、副主任(8月任)
王家利 副巡视员
刘晨华 副巡视员

省政府驻外办事处

肖 毅 省政府副秘书长,省政府驻北京办事处党组书记、主任
王 猛 省政府驻北京办事处党组成员、副主任
吴文凯 省政府驻北京办事处党组成员、副主任、接待处处长
漆根顺 省政府驻上海办事处党组书记、主任
陈建始 省政府驻上海办事处党组成员、副主任(9月退)
张雪萍 (女)省政府驻上海办事处党组成员、副主任
王坚真 (女)省政府驻上海办事处党组成员、副主任(10月任)
蒋进堂 省政府驻上海办事处副巡视员(12月退)
黄明霞 (女)省政府驻福建(厦门)办事处党组书记、主任(12月退)
尹玉光 省政府驻福建(厦门)办事处党组书记、主任(12月任)
方才安 省政府驻福建(厦门)办事处副巡视员
温浙兴 省政府驻江苏办事处党组书记、主任
马旭东 省政府驻江苏办事处副巡视员(8月任)
李江毅 省政府驻浙江办事处党组书记、主任
樊雅强 省政府驻天津办事处党组书记、主任
杨晓琴 (女)省政府驻深圳办事处党组书记、主任
刘友龙 省政府驻广州办事处党组书记、主任

省政协

肖为群 省政协党组成员、秘书长
杨春燕 (女)副秘书长、办公厅主任
陈春平 (女)副秘书长
任江南 副秘书长
赵 波 (女)副秘书长
欧阳剑雄 副秘书长
涂 建 副秘书长
栾 波 副秘书长

省政协办公厅

杨春燕 (女)主任
徐良平 巡视员
曾 粮 副主任
王国龙 副主任
徐正英 (女)副巡视员
杨木生 副主任
杜 波 副主任
曾荣君 副巡视员,人口资源环境委员会办公室主任
陈淦彬 副巡视员

省政协提案委员会

杨 斌 主任
张桃生 副主任
陈智祥 副主任
张国轩 副主任
张康平 副主任(专职)
马岩波 副主任

省政协经济委员会

李贤书 主任
汪玉奇 副主任
钟际跃 副主任
李天鸥 副主任(2014年9月,因涉嫌严重违纪被撤销政协江西省第十一届委员会委员资格,免去省政协经济委员会副主任和常务委员职务)
肖四如 副主任
朱力群 副主任
王 斌 副主任
尹小明 副主任(专职,6月任)

省政协教科文卫体委员会

龚林儿 主任
石庆华 副主任
熊正明 副主任
毛学东 副主任
陈 坚 副主任(专职)
张玉清 副主任

省政协社会和法制委员会

张 莉 (女)主任
程受锭 副主任
徐效钢 副主任
章凯旋 副主任
胡淑珠 (女)副主任
李东山 副主任(专职)

省政协文史和学习委员会

黄 鹤 主任
陈绵水 副主任
沈谦芳 副主任
祝黄河 副主任
苏明宗 副主任
杨述喜 副主任(专职)
黄菊花 (女)副主任

省政协港澳台侨和外事委员会

冷芬俊 主任
周 锦 (女)副主任
钟录生 副主任
陈金乐 副主任(专职)

徐景坤 副主任

省政协人口资源环境委员会

文红莲 （女）主任
揭赣元 副主任
刘德意 副主任
熊　毅 副主任
李晓琼 副主任
陈　荣 副主任

省政协民族和宗教委员会

舒国华 主任
扶名福 副主任
方　娅 （女）副主任
李冬妮 （女）副主任

省纪委（省监察厅）

陈尚云 省纪委常务副书记
刘卫平 省纪委副书记、省监察厅厅长、省预防腐败局局长、省政府党组成员
赵力平 省纪委副书记
陈小平 省纪委副书记
李建发 省纪委常委、秘书长
刘三秋 （女）省纪委常委，省委组织部副部长、省人力资源和社会保障厅厅长
邓剑锋 省纪委常委，省直工委副书记
李泉新 省纪委常委、省监察厅副厅长、省行政投诉中心主任
何建洋 省监察厅副厅长、省预防腐败局副局长、民盟江西省委副主委
肖德福 省纪委常委
汪　爽 省纪委常委
饶利萍 （女）省纪委常委
王仁辉 省纪委常委、省监察厅副厅长
裴忠彪 省预防腐败局专职副局长
鲍小慧 正厅级纪检员、监察专员
姚　平 （女）正厅级纪检员、监察专员（11 月免）
唐舒龙 副秘书长、办公厅主任
张　明 监察综合室（省预防腐败局办公室）主任
庄国良 调研法规室主任
施新华 宣传教育室主任
吕　伟 党风政风监督室主任
徐小平 省委巡视工作办公室主任
王　玮 执法和效能监督室主任
胡彦斌 发展环境监督室主任、省政府行政投诉中心副主任
杨志军 案件监督管理室主任
曾亦冰 纪检监察一室主任
景有富 纪检监察二室主任
陶　亮 纪检监察三室主任
刘永华 纪检监察四室主任
姚军章 纪检监察五室主任
单庆娇 （女）信访室（举报中心）主任
胡国庆 干部室（派驻机构管理室）主任
刘玉椿 干部监督管理室主任、机关党委专职副书记
曾崇新 副秘书长、机关后勤服务中心主任
涂志柏 省委第二巡视组副组长
陈玉麟 省委第一巡视组副厅级巡视专员（8 月退）
吴传裕 副厅级纪检员、监察专员
杨峰光 副厅级纪检员、监察专员

省法院

张忠厚 党组书记、院长
方晓春 党组副书记、副院长
郭　兵 党组副书记（9 月任）、副院长
胡淑珠 副院长
朱　浔 党组成员、副院长
王建新 党组成员、政治部主任
纪红华 党组成员、纪检组组长
夏克勤 党组成员、副院长
肖庚云 审判委员会专职委员
陈　坚 审判委员会专职委员（任至 6 月）
李丽君 审判委员会专职委员
陶远鸣 副巡视员（任至 7 月）、审判委员会专职委员（7 月任）
黄敏孙 执行局局长（任至 10 月）
何大新 副巡视员
刘洪芳 副巡视员、办公室主任
简贵涛 副巡视员、刑一庭庭长（12 月任）

省检察院

刘铁流 党组书记、检察长
段景来 党组副书记、副检察长
李　智 党组副书记、副检察长
张国轩 副检察长
罗晓泉 党组成员、副检察长
邱　利 党组成员、反贪污贿赂局局长
魏运亭 党组成员、纪检组组长
张勇玲 （女）党组成员、政治部主任
蔡　田 检察委员会专职委员
江阶虎 检察委员会专职委员
孙牯昌 检察委员会专职委员
李茂盛 副巡视员
邹节新 副巡视员
黄　杰 反渎职侵权局局长
刘恩祥 副巡视员、教育培训处处长井冈山检察官学院副院长
吴智勇 副巡视员、监所检察处处长
王漪清 （女）副厅级检察员（5 月退）
于　峰 （女）副厅级检察员（2 月退）

省信访局

朱荣辉 省委副秘书长、省信访局局长
谢上海 正厅级信访督查专员
徐贵闽 （女）正厅级信访督查专员
孙解生 副局长
徐　力 副局长
罗　强 副局长
谢德强 副局长
乐文红 （女）副局长
姚学明 副巡视员、接访工作处处长
肖常藻 副巡视员、人事处处长（机关党委专职副书记）

省委组织部

冯桃莲 （女）常务副部长（8 月任）
傅世平 省委老干部局局长兼副部长
刘三秋 （女）副部长，省人力资源和社会保障厅党组书记、厅长，省纪委常委
杨伟东 副部长、省人大常委会选举任免联络工作委员会主任
刘礼育 副部长
俞银先 部务委员
徐　忠 部务委员
陈　峰 副巡视员
王家龙 省委党建工作领导小组办公室副主任
王贵生 副巡视员
褚　兢 副巡视员
胡伟荣 省委第四巡视组副组长
黄式贤 省第八批援疆工作前方指挥

部党委书记
揭赣元 副部长,省人力资源和社会保障厅党组书记、厅长(4月免)
曾庆红 (女)副部长(1月免)
董赣波 省委第一巡视组副组长(5月免)
刘文胜 省委第三巡视组副厅级巡视专员(8月免)

省委老干部局

刘三秋 (女)省委组织部副部长、省委老干部局局长(任至4月)
傅世平 省委老干部局局长、省委组织部副部长(8月任)
肖志文 巡视员(8月任)
龚友明 副局长(6月任)
王海燕 (女)副局长(6月任)
唐礼位 副巡视员(8月退)
范斌华 省关心下一代工作委员会副巡视员、专职副主任
骆驭平 副巡视员(12月任)

省委宣传部

姚亚平 省委常委、省委宣传部部长
陈东有 省委宣传部常务副部长(任至4月)
郭建晖 省委宣传部常务副部长(6月任)
杨六华 省委宣传部副部长、省广电局局长(任至12月),省委宣传部副部长、省新闻出版广电局局长(12月任)
欧阳苏勤 省委外宣办(省政府新闻办)主任(任至2月)、省委宣传部副部长(2月任)
马玉玲 (女)省委宣传部副部长
张天清 省文明办主任
罗勇兵 省委宣传部副部长,省委外宣办(省政府新闻办)主任、省网信办主任(2月任)
龙和南 省委宣传部副部长(6月任)
黎隆武 省委宣传部副部长(3月任)
李江源 省委讲师团团长(任至8月)、省委宣传部巡视员(8月任)
邱尚仁 副巡视员
涂芸芸 副巡视员(8月任)

省委统战部

蔡晓明 省委常委、省委统战部部长
黄小华 省委统战部常务副部长
舒国华 省委统战部副部长(任至4月)
谢秀琦 省委统战部副部长、省民族宗教事务局局长(任至4月)
刘金炎 省委统战部副部长、省工商联党组书记
张 勇 省委统战部副部长、部直属机关党委书记(任至7月),省民族宗教事务局局长(4月任)
胡志平 副巡视员(任至5月),省委统战部副部长(5月任)、部直属机关党委书记(7月任)
蔡清平 省委统战部副部长(2月任)
杨建平 副巡视员
万 坚 副巡视员(12月任)

省委政法委

刘和平 省委政法委常务副书记(8月任)
宋才火 省委政法委副书记(4月免)
刘德意 省委政法委副书记(4月免)
梁彩云 (女)省委政法委副书记、省维稳办主任(4月免)
胡 焯 省委政法委副书记
张传发 省委政法委副书记(6月任)、省综治办主任
罗永银 省610办主任
林 强 省维稳办主任(6月任)
罗峻雄 省委政法委巡视员
万小根 省维稳办专职副主任
吴建春 省综治办副主任
龚惠民 省法学会专职副会长(8月任)
沈亚男 省维稳办专职副主任(12月任)
袁才华 省610办专职副主任(10月免)
张鹤翔 省委政法委副巡视员

省委农工部

刘永思 省委副秘书长、农工部部长
刘谟炎 副部长(任至4月)
潘晓华 副部长(2月任)
赖金生 副部长
龙宇闻 副部长
王 志 副部长
陈江林 巡视员
刘 伟 副巡视员
傅水根 副巡视员

省委政研室

钟金根 省委副秘书长、政研室主任
陈 强 副主任
何建辉 副主任
黄光明 副巡视员
高建华 副巡视员

省委党史研究室

沈谦芳 主任
王瀚秋 巡视员
刘 斌 副主任
何友良 副主任

省委台办

欧阳泉华 主任
简立明 巡视员
黄朋青 副主任
徐建星 副主任
曾鲁台 省台联会长

省直机关工委

杨兰根 书记
童水仙 (女)副书记
邓剑锋 省纪委常委、省直机关工委副书记
王玮琦 省直机关工委委员、省直机关纪工委书记
李跃进 (女)省直机关工委委员、宣传部部长
周运柏 省直机关工委委员
章官生 省直机关工委委员
刘大胜 副巡视员、《风范》主编
李 穗 副巡视员
吴顺华 副巡视员、省直机关工会工委主任

省委党校

陈春明 常务副校长(任至4月)
舒仁庆 常务副校长(4月任)
许晓明 巡视员
袁小平 副校长

杨　超　副校长
罗志坚　副校长
黄梓兴　副校长(9月任)
廖清成　副校长、组织人事处处长
庄小琴　(女)副巡视员、管理职业学院党委书记
王　奇　副巡视员(8月任)

省发改委

许爱民　党组书记、主任(任至2月)
李安泽　党组书记(2月任)、主任(3月任)、鄱湖办(省赣南等原中央苏区振兴发展工作办公室)主任(7月任)(2014年8月被调查,10月被免去省发改委主任职务)
叶柏青　党组成员、副主任、省鄱湖办(省赣南等原中央苏区振兴发展工作办公室)常务副主任(任至7月)、省物价局局长(7月任)
吴晓军　党组副书记、副主任(任至4月)
黄国荣　党组成员、纪检组长
陈一星　党组成员、副主任
莫合塔尔·艾依提　(维吾尔族)党组成员、副主任、省援疆办副主任(挂职)
曾文明　党组成员、副主任、省鄱湖办(省赣南等原中央苏区振兴发展工作办公室)副主任(7月任)
熊　毅　副主任
郑沐春　党组成员、省能源局局长
王前虎　党组成员、省重点工程办公室主任
熊燕斌　党组成员、省铁路建设办公室(省铁路投资集团公司)主任(总经理)
李志刚　党组成员、副主任
杨　毅　副巡视员
刘鲁江　巡视员(8月任)
吴幕林　副巡视员(9月任)
赖南京　省鄱湖办副主任
郭新宇　省援疆工作前方指挥部总指挥、党委副书记(8月任)
刘　兵　省鄱湖办副主任
张福庆　省政府投资项目评审中心主任
严佛元　省援疆工作前方指挥部副总指挥(2月任)、党委委员(8月任)
谢宝河　省赣南等原中央苏区振兴发展办公室副主任(8月任)
邹　洪　省赣南等原中央苏区振兴发展办公室副主任(9月任)

省财政厅

胡　强　党组书记、厅长
潘昌坤　党组成员、副厅长
毛祖逊　党组成员、副厅长
辜华荣　党组成员、副厅长
李梦胜　党组成员、纪检组长
王　斌　副厅长
管荣升　巡视员
朱　斌　党组成员、副厅长
温治明　党组成员、省行政事业单位资产管理中心主任
夏建刚　副巡视员
张耀霞　总会计师

省人社厅

刘三秋　(女)党组书记、厅长(4月任)
裴　菲　(女)巡视员
陈利克　党组成员、副厅长
马青林　党组成员、纪检组长
刘滇鸣　党组成员、副厅长
徐国荣　党组成员、副厅长
侯仲华　党组成员、副厅长(3月任)、省社保中心主任
杨经琪　党组成员、省公务员局局长
李镇发　党组成员(2月任)、副厅长(3月任)
廖云辉　副巡视员
章秀平　副巡视员(8月任)
陈蔚鹏　副厅级纪检员(12月任)

省审计厅

王殿军　厅长
何萍高　副厅长
王卫亚　副厅长
刘　达　(女)副厅长
章丁万　副厅长
邹水成　纪检组长
胡志勇　总审计师
黄正宇　省经济责任审计办公室专职副主任
何干成　巡视员(8月任)
黎　明　副巡视员(任至11月)
何文元　副巡视员(任至2月)

省民政厅

徐　毅　党组书记、厅长
凌学仁　党组成员、副厅长
刘英城　党组成员、纪检组长
饶剑明　党组成员、副厅长
江建中　党组成员、省老龄办专职副主任
刘立松　党组成员、副厅长
朱和平　党组成员、副厅长
王　健　副巡视员

省老龄办

徐　毅　省民政厅党组书记、厅长,省老龄办主任
江建中　省民政厅党组成员、省老龄办专职副主任

省统计局

王建农　党组书记、局长
孙菊生　副局长(4月免)
彭师怀　巡视员(11月退)
彭道宾　党组成员、副局长
姚睿钦　党组成员、纪检组长
韩志生　党组成员、副局长
曹青云　总统计师
黄奕祯　副巡视员

国家统计局江西调查总队

邓盛平　党组书记、总队长
刘文峰　党组副书记、副总队长
符史武　党组成员、副总队长
章　勤　党组成员、纪检组长
周献华　党组成员、副总队长(4月任)
游会龙　巡视员
邓祖龙　巡视员
李广友　副巡视员

省档案局

汪晓勇　党组书记、局长
方维华　(女)党组成员、副局长
史火金　党组成员、副局长
方华清　党组成员、副局长
刘平原　副巡视员

省国税局

张贻奏 党组书记、局长
汤志水 党组成员、副局长
邬小婷 (女)巡视员
肖光远 党组成员、副局长
周 瑾 (女)党组成员、纪检组长(7月退)
邱大南 党组成员、副局长(任至7月)
黄中根 党组成员、副局长
王 勇 党组成员、纪检组长
李德平 党组成员、总经济师
胥敏锋 党组成员、总审计师
傅江海 副巡视员
郭吉生 副巡视员(12月退)
余光金 副巡视员(1月退)

省地税局

王 平 党组书记、局长
胡 平 党组成员、副局长
刘理达 党组成员、副局长
赖新生 总经济师
王显和 党组成员、副局长
黄 斌 党组成员、纪检组长
黄正逊 党组成员(6月任)、副局长(8月任)
曾光明 巡视员
朱文保 副巡视员(任至6月)
李剑涛 副巡视员
宋相炎 副巡视员

省国资委

陈永华 党委书记
陈德勤 党委副书记、主任
李晓刚 党委委员、副主任
沙甲先 党委委员、副主任
李 键 党委委员、副主任
王金林 党委委员、纪委书记
郑高清 党委委员、副主任
张启元 巡视员
张爱国 副巡视员
文翠萍 副巡视员
聂志强 副巡视员
王成饶 省出资监管企业监事会主席
龚建平 省出资监管企业监事会主席
谢 敏 省出资监管企业监事会主席
郑德才 省出资监管企业监事会主席
钟宇晖 省出资监管企业监事会主席
谢 言 省出资监管企业监事会主席
李中煜 省出资监管企业监事会主席

省工信委

李春燕 (女)党组书记、副主任(任至4月)
谢碧联 党组副书记、主任(任至4月)
吴晓军 党组书记、主任(4月任)
吴治云 党组副书记(4月任)
杨人平 党组成员、副主任
吴海平 党组成员、副主任
张小平 党组成员、副主任(任至6月)
万庆胜 党组成员、副主任
殷 勤 党组成员、副主任
章志锋 党组成员、纪检组长
王亦斌 党组成员、副主任
江明成 党组成员、副主任(6月任)
刘正明 巡视员(任至3月)
杨 柳 巡视员
唐国栋 副巡视员
刘大钧 副巡视员(任至7月)
马 勇 副巡视员
刘经源 副巡视员(任至3月)

省中小企业局

吴治云 省政府决策咨询委员会主任、省工信委党组副书记(4月任)、省中小企业局党组书记、局长
李文美 副巡视员
张 灵 副巡视员(3月退)

省煤炭行业办

朱 毅 党组书记、主任

省轻工行业办

谢光华 党组书记、主任
丁国华 党组成员、副主任,江西陶瓷工艺美术职业技术学院党委书记
胡桂香 副巡视员
陈华龙 江西陶瓷工艺美术职业技术学院院长

省机械行业办

刘 煜 党组书记(2月任)、主任(3月任)
王俊纲 巡视员(6月免)
万 皓 副巡视员

省交通运输厅

朱 希 党委书记、厅长
王爱和 党委委员、副厅长
彭志先 党委委员、副厅长
成 松 党委委员、纪委书记
胡钊芳 党委委员、总工程师
梁必康 党委委员、副厅长
谢德强 党委委员、副厅长
王昭春 党委委员、副厅长
魏炳彦 副巡视员
廖贵星 副巡视员

省住房城乡建设厅

陈 平 党组书记、厅长
高 浪 党组成员、副厅长
吴昌平 党组成员、副厅长
薛晓卫 党组成员、纪检组长
曾绍平 党组成员、副厅长
章雪儿 党组成员、总工程师
齐 红 副巡视员
喻家凯 副巡视员

省环保厅

邓兴明 党组书记、厅长
陈 荣 党组成员、副厅长
罗来发 党组成员、副厅长
罗小璋 党组成员、副厅长
罗伟华 (女)党组成员、纪检组长
石 晶 (女)总工程师
谭今来 巡视员(8月退)

省质监局

王 詠 党组书记、局长
马 灵 党组成员、纪检组长
蔡 玮 党组成员、副局长
张正新 党组成员、副局长
李 捷 党组成员、副局长
张龙飞 党组成员(12月任)
章志键 总工程师
陈国柱 巡视员(8月任)
蒋洪南 副巡视员
赵泰初 副巡视员
刘长荣 (女)副巡视员
徐光辉 巡视员(2月退)

李 岱 巡视员(8 月退)

省安监局

龙卿吉 党组书记、局长,省煤矿安全生产监督管理局局长
朱 毅 党组成员、副局长,省煤矿安全生产监督管理局副局长
程应田 党组成员、副局长
郑乐宪 党组成员、副局长
周树森 党组成员、纪检组长
汪少舟 党组成员、副局长
周 平 党组成员、总工程师
华人民 巡视员
朱志明 副巡视员

江西煤矿安监局

贺爱民 党组书记、局长(12 月被省检察院逮捕)
李金萍 党组成员、副局长
朱怀萍 党组成员、巡视员
赵元放 党组成员、纪检组长
郑江萍 党组成员、总工程师
钱陈保 党组成员、副局长

省国防科工办

杨贵平 党组书记、主任
刘 星 党组成员、副主任
万广明 党组成员、副主任
方正根 党组成员、纪检组长
肖建国 巡视员
沈 辉 副巡视员

省人防办

梁闽春 党组书记、主任
王少东 党组成员、副主任
唐高潮 党组成员、纪检组长(6 月任)
林显君 党组成员、副主任
申世坤 巡视员

省烟草专卖局

魏 平 党组书记、局长、总经理(12 月任)
顾厚武 党组成员、副总经理
徐素珍 (女)党组成员、副总经理
胡义强 党组成员、副局长(12 月任)
章建华 党组成员、纪检组长
陈建辉 总会计师
郑 京 巡视员(任至 12 月)
罗建武 副巡视员
辛焕荣 副巡视员
熊也农 副巡视员

省邮政管理局

彭志先 党组书记、局长

省通信管理局

黄建新 党组书记、局长
袁家义 党组成员、纪检组长、巡视员
胡素仁 党组成员、副局长
高 伟 党组成员、省专用通信局局长

省机场集团公司

万 林 总经理
周敏生 党委书记
胡正银 副总经理
李运昌 副总经理
欧阳智 副总经理
黄肇春 副总经理

南昌铁路局

郭竹学 党委副书记、局长(任至 1 月)
刘振芳 党委副书记、局长(1 月任)
王秋荣 党委书记
钟生贵 党委委员、常务副局长
康 维 党委委员、副局长
陈乃武 副局长
徐利锋 党委委员、副局长
宗德明 副局长
万 军 党委副书记
任广鑫 党委副书记、纪委书记
卢文星 党委委员、工会主席
戴平峰 党委委员、副局长
任朝阳 党委委员、副局长
王日辉 党委委员、副局长
彭 磊 党委委员、副局长
刘明亮 党委委员、副局长
陈寿卿 党委委员、副局长
詹志文 党委委员、总工程师
郭建波 党委委员、总会计师

省煤田地质局

徐开云 党委委员、局长
黄登龙 党委书记
于冬良 副巡视员

省地矿局

彭泽洲 党委书记、局长
张华局 党委委员、副局长
李福良 党委委员、总工程师
余忠珍 党委委员、副局长
毛 敏 党委委员、副局长
何龙清 党委委员、副局长
陶学明 党委委员、纪委书记
周志兴 副巡视员
黄水保 副巡视员

省核工业地质局

王福平 党组书记、局长
王世平 党组副书记、副局长
黄江明 党组成员、副局长
何观生 总工程师
宋 斌 党组成员、纪检组长
朱永刚 党组成员、副局长
戴民主 巡视员
吴景勤 副巡视员

江西有色地质勘查局

苗 壮 党委委员、局长
邝颂华 党委书记

省商务厅

伍再谦 党组书记、厅长(任至 4 月)
王水平 党组书记、厅长(4 月任)
刘翠兰 (女)党组成员、副厅长、省贸促会会长(4 月任)
李青华 (女)党组成员、副厅长
李文尧 党组成员、副厅长
陶莉萍 (女)党组成员、副厅长
杨远林 党组成员、纪检组长
刘文华 党组成员、副厅长
王筱萍 (女)党组成员、省贸促会副会长(5 月退)
邓必云 副巡视员
朱元发 省贸促会副会长
饶贵生 江西外语外贸职业学院党委书记
孔 华 江西外语外贸职业学院院长

省供销社

吴伏生 党组书记、主任

涂俊伟　党组成员、副主任
欧阳太来　党组成员、副主任
卢　建　党组成员、纪检组长
卢　忠　党组成员、副主任
江际华　副巡视员
赵恒伯　江西旅游商贸职业学院党委书记
胡木桂　(女)副巡视员(2月退)
陈伟儒　副巡视员(5月退)
胡明星　副巡视员(5月退)

省工商局

邝小平　党组书记(4月任)、局长
王可忠　党组书记(任至4月)
沈庆中　副局长
刘建华　副局长
魏晓奎　副局长
张　新　副局长
邹文东　纪检组长(6月任)
张　刚　巡视员(3月退)
吴　伟　副巡视员(1月退)
刘东庚　副巡视员
袁建军　副巡视员
万世维　副巡视员(3月退)
孔祥华　副巡视员(3月任)

省旅游局

王晓峰　党组书记、局长
屈乾娜　(女)党组成员、副局长
余晓明　(女)党组成员、副局长
胡　海　党组成员、副局长
李瑞峰　党组成员、副局长
陈　兵　党组成员、纪检组长
曾宜富　副巡视员
韩惠兰　(女)副巡视员
徐信国　副巡视员
熊柏华　副巡视员(11月退)

省外侨办

张学军　党组书记、主任
王雨森　巡视员(2月退)
吴健民　巡视员
赵　慧　党组成员、副主任
张知明　党组成员、副主任(任至8月)
李雨强　党组成员、副主任
罗亦斌　党组成员、纪检组长
李一平　党组成员、副主任(任至11月)

南昌海关

王　炜　关长
胡　泽　副关长
钟海澄　副关长、政治部主任
杨　绮　纪检组长
王　和　缉私局局长
张新生　副关长
王味冰　副关长
于苏建　缉私局政委(8月退)
李文君　缉私局政委(8月任)
张晓文　副巡视员(12月退)
王志明　副巡视员(8月退)

江西出入境检验检疫局

吕志平　党组副书记、局长
孙工毅　党组书记、副局长
易克钦　副局长
张国清　副局长
陈　宇　纪检组长

人行南昌中心支行

高小琼　党委书记、行长
张智富　党委副书记、副行长
黄火生　副巡视员

江西银监局

马忠富　党委书记、局长
刘　捷　副巡视员

江西证监局

胡伏云　党委书记、局长
尹海安　副巡视员

江西保监局

蔡基谱　党委书记、局长
陈　静　党委委员、副局长、副巡视员、纪委书记(任至11月)

省农业厅

甘良淼　党委书记、厅长
马岩波　副厅长
钟力民　党委委员、纪委书记
唐安来　党委委员、副厅长，省农垦事业管理办公室党组书记、主任
程关怀　党委委员、副厅长
万国根　党委委员、副厅长
刘光华　党委委员、副厅长
彭济民　巡视员
黄峰岩　党委委员、省畜牧兽医局局长
张跃远　副巡视员
万秋根　副巡视员

省农垦事业管理办

唐安来　省农业厅党委委员、副厅长，省农垦事业管理办党组书记、主任

省林业厅

阎钢军　党组书记、厅长
魏运华　巡视员
郭　家　党组成员、副厅长
詹春森　党组成员、副厅长
罗　勤　党组成员、副厅长
邱水文　党组成员、副厅长(7月任)
李晓浩　党组成员、纪检组长
毛赣华　副巡视员
胡跃进　总工程师
曹志远　副巡视员
刘忠根　副巡视员(3月退)
郭国芸　副厅级纪检员、监察专员(12月任)

省水利厅

孙晓山　党委书记、厅长，省鄱阳湖水利枢纽建设办公室党委书记
朱来友　党委委员、副厅长，省鄱阳湖水利枢纽建设办公室主任、党委委员
杨丕龙　党委委员、副厅长
文　林　党委委员、副厅长
罗小云　党委委员、副厅长
张文捷　党委委员、总工程师
曾晓旦　党委委员、副厅长
廖瑞钊　党委委员、副厅长
吴信根　党委委员、纪委书记
周江红　(女)副巡视员
朱志勇　副巡视员
谭国良　副巡视员
熊小群　省鄱阳湖水利枢纽建设办公室副主任、党委委员
纪伟涛　省鄱阳湖水利枢纽建设办公室副主任、党委委员
凌　卫　省鄱阳湖水利枢纽建设办公

室副主任、党委委员
吴义泉 省峡江水利枢纽工程管理局党委书记
李东江 省水利厅党委委员、纪委书记(5月退)
齐 红 省鄱阳湖水利枢纽建设办公室副主任、党委委员

省国土资源厅

胡 宪 党组书记、厅长(任至4月)
刘定明 党组书记、厅长(4月任)
刘保华 巡视员
陈祥云 党组成员、副厅长
邓又林 党组成员、副厅长(6月任)
项学培 党组成员、副厅长
王敦范 党组成员、纪检组长
高振华 党组成员、省测绘地理信息局局长
李桂春 省国土资源执法监察总队总队长
张圣泽 党组成员、副厅长(任至7月)
侯克常 总规划师
匡 猛 省测绘地理信息局党委书记
王新建 副巡视员(8月退)
罗小明 副巡视员
刘铁群 江西应用技术职业学院党委书记
高怀世 副巡视员(6月退)
李爱新 副巡视员(8月任)
葛祖明 副巡视员(8月任)
叶銮清 副巡视员(8月任)

省测绘地理信息局

高振华 省国土资源厅党组成员、省测绘地理信息局局长
匡 猛 党委书记

省扶贫和移民办

章康华 党组书记、主任
彭林森 巡视员
张志豪 巡视员
饶振华 党组成员、副主任
蔡子津 党组成员、纪检组长
胡跃明 党组成员、副主任

省粮食局

熊根泉 党组书记、局长
蔡厚勇 党组成员、纪检组长
罗 洪 党组成员、副局长
刘福元 党组成员、副局长
路 线 巡视员

省农业综合开发办

张忠平 党组书记、主任

省气象局

薛根元 党组书记、局长(2月任)
詹丰兴 党组成员、副局长
吴万友 党组成员、副局长
谢梦莉 党组成员、纪检组长(10月任)

省地震局

王建荣 党组书记、局长
郑 栋 党组成员、副局长
王志鹏 党组成员、副局长、纪检组长
柴劲松 党组成员、副局长

省科技厅

王 海 党组书记、厅长(4月免)
郭学勤 党组书记(4月任)
洪三国 厅长(4月任)
吴文峰 党组副书记、副厅长
左喜明 巡视员
王晓鸿 党组成员、副厅长(7月免)
罗 莹 党组成员、副厅长
卢福财 党组成员、副厅长(3月任)
赵金城 党组成员、副厅长
杨逸仙 (女)党组成员、纪检组长
黄烈之 副巡视员
戴星照 省山江湖委办主任
熊绍员 省知识产权局局长(2月任)

省委教育工委、省教育厅

虞国庆 省委教育工委书记、省教育厅厅长
史蓉蓉 (女)省委教育工委副书记
彭世东 省委教育工委副书记、省教育厅副厅长(任至9月)
喻晓社 省委教育工委副书记、省教育厅副厅长(12月任)
程样国 省委教育工委委员、省教育厅副厅长
洪三国 省教育厅副厅长(任至4月)
傅鹏鹏 省委教育工委委员、省教育纪工委书记(任至8月)、省教育厅巡视员(8月任)
郭奕珊 省委教育工委委员、省教育厅副厅长
万普海 省委教育工委委员、省教育考试院党委书记
宋雷鸣 省委教育工委委员、省教育厅副厅长(任至12月)
杨慧文 省委教育工委委员、省教育厅副厅长(12月任)、省教育厅总督学(任至12月)
汤赛南 省委教育工委委员、省教育厅总督学(12月任)、省教育厅副巡视员(任至12月)
肖志华 省委教育工委委员、省教育厅副厅长(11月任)
肖 辉 省教育考试院院长
周金堂 省教育厅巡视员
刘润保 省教育厅副巡视员
吕玉琪 省教育厅副巡视员
王建元 副厅级纪检员、监察专员(12月任)

省体育局

刘 鹰 党组书记、局长
李小平 党组成员、副局长
周海涛 党组成员、副局长
林 军 党组成员、副局长
宗玉明 党组成员、纪检组长
杜雅军 副巡视员(8月退)
谭清元 副巡视员

省卫生计生委

李 利 党组书记、主任
邹国荣 党组成员、副主任(任至12月)
王金平 党组成员、副主任
赖厚明 党组成员、纪检组长
李晓琼 (女)党组成员、副主任
万筱明 (女)副主任
关晏民 (满族)党组成员、副主任
程关华 党组成员、副主任
曾传美 党组成员、副主任
方 晓 (女)副巡视员
章丽莎 (女)副巡视员
丰 华 副巡视员
孙何更 省计生协会专职副会长
叶贤明 副厅级

省食品药品监管局

（机构改革前为副厅级建制）

关晏民 党组书记、局长

刘 理 副巡视员

（机构改革后为正厅级建制）

李舰海 党组书记、局长

曹 麒 党组成员、副局长

上官新晨 副局长

姜 红 （女）党组成员、纪检组长

肖一华 党组成员、副局长

田克仁 党组成员、副局长

曾传美 党组成员、副局长

刘 理 副巡视员

省新闻出版广电局（省版权局）

杨六华 省委宣传部副部长，省广播电影电视局党委书记、局长（12月免），直属机关党委书记（3月免），省新闻出版广电局（省版权局）党组书记、局长（12月任）

周 文 省广播电影电视局党委副书记、副局长（4月任，12月免），省新闻出版广电局（省版权局）党组副书记、副局长（12月任）

杨玲玲 （女）省广播电影电视局党委委员（12月免），省新闻出版广电局（省版权局）党组成员（12月任）

王朝新 省广播电影电视局党委委员、副局长（12月免），省新闻出版广电局（省版权局）党组成员、副局长（12月任）

刘玉东 省广播电影电视局党委委员、副局长（12月免），省新闻出版广电局（省版权局）党组成员、副局长（12月任）

刘平省 新闻出版局（省版权局）党组成员、副局长（12月免），省新闻出版广电局（省版权局）党组成员、副局长（12月任）

白文松 省新闻出版局（省版权局）党组成员、副局长（12月免），省新闻出版广电局（省版权局）党组成员、副局长（12月任）

刘兴英 （女）省广播电影电视局党委委员、纪委书记（6月任，12月免），省新闻出版广电局（省版权局）党组成员、省新闻出版广电局（省版权局）纪检组长（12月任）

丁晓胜 省广播电影电视局党委委员（2月任，12月免）、副局长、直属机关党委书记（3月任，12月免），省新闻出版广电局（省版权局）党组成员、副局长（12月任）

兰丽华 （女）省广播电影电视局副巡视员（12月免）、省新闻出版广电局（省版权局）副巡视员（12月任）

肖 鹗 省广播电影电视局副巡视员（8月任，12月免），省新闻出版广电局（省版权局）副巡视员（12月任）

梁 勇 省广播电影电视局党委委员（6月免）、副局长（7月免）

陈 峰 省广播电影电视局副巡视员、直属机关党委副书记（任至6月）

省地方志办

梅 宏 党组书记、主任

省公安厅

舒晓琴 （女）党委书记、厅长（任至5月）

郑为文 党委书记、厅长（8月任）

章凯旋 党委副书记、常务副厅长

罗永银 省委610办主任，党委副书记、副厅长

余升淮 党委委员、江西警察学院党委书记（11月任）

叶国兵 党委委员、副厅长（9月任）

梁小康 党委委员、副厅长

涂远征 党委委员、副厅长

李 煌 党委委员、副厅长、纪委书记、督察长

王国强 党委委员、副厅长

王跃辉 党委委员、政治部主任、直属机关党委书记

陈愿涛 党委委员、副厅长、警卫局局长

方府春 党委委员（12月任）

曹根水 巡视员（3月退）

肖冬根 副巡视员

刘 刚 副巡视员

陈晓平 副巡视员

廖振文 副巡视员（12月退）

省公安消防总队

房凌春 总队长

王林波 政治委员

邓晓钧 副总队长

宋锦龙 副总队长

宋学泉 副总队长

欧阳漾 副政治委员

马 辛 总工程师

蔡卫国 参谋长

饶春风 政治部主任

万德庭 后勤部部长

肖纯栋 防火监督部部长

省司法厅

马承祖 党组书记、厅长兼省监狱管理局第一政委

吴志坚 巡视员

沙闻麟 党组成员、副厅长兼省监狱管理局党委书记

夏太华 巡视员

邓奕强 党组成员、副厅长

肖 良 党组成员、副厅长

刘品韬 党组成员、政治部主任

陈德群 党组成员、纪检组长（6月任）

简明龙 副巡视员

高美华 （女）副巡视员

吴华金 副厅级纪检员、监察专员（8月任）

毛保国 副巡视员（8月任）

罗 冈 省监狱管理局党委副书记、局长

阎循店 省监狱管理局党委副书记、政委

罗冬苟 省监狱管理局党委委员、副局长，省监狱企业集团公司党委书记、总经理

于雅丽 （女）省监狱管理局党委委员、副巡视员

马金云 省监狱管理局党委委员、副巡视员

白马京 省劳教局（戒毒管理局）党委书记、局长

于少晗 省劳教局（戒毒管理局）党委副书记、政委

省总工会

傅卓成 党组副书记、常务副主席(4月任)
郭学勤 (女)党组副书记、常务副主席(任至4月)
李　骥 巡视员(8月退)
柯进水 党组成员、副主席
林玉华 (女)党组成员、副主席(6月任)
王运快 党组成员、副主席
陈文明 党组成员、副主席
蒋云国 党组成员、纪检组长
吴海平 党组成员、副主席
万学华 副巡视员(11月退)
张　源 党组成员、经审会主任
汪鉥风 副巡视员(12月任)
郝希升 副巡视员(12月任)

团省委

曾　萍 (女)党组书记(3月任)、书记(4月任)
孙　鑫 副书记
廖良生 副书记
伍复康 副书记(4月任)

省妇联

潘玉兰 (女)党组书记、主席
林玉华 (女)党组成员、副主席(任至7月)
黄海燕 (女)党组成员、副主席
肖晓兰 (女)党组成员、副主席
胡雪梅 (女)党组成员、副主席(3月任)
饶冬梅 (女)党组成员(6月任)、副主席(7月任)

省文联

汪天行 党组书记、常务副主席
刘　华 党组成员、主席
鄢平原 党组成员、副主席
曹　杭 党组成员、副主席

省社联

祝黄河 党组书记、主席
吴永明 党组成员、副主席
黄万林 党组成员、副主席
胡春晓 党组成员、副主席
赵小春 副巡视员

省科协

李华栋 主席
龚绍林 党组书记
李雪南 党组成员、副主席
彭玲华 (女)党组成员、副主席
梁纯平 党组成员、副主席

省侨联

周　锦 (女)主席(任至11月)
张知明 (女)党组书记(8月任)
陈光宇 党组成员、副主席
王　强 党组成员、副主席
陈世春 副主席

省台联

曾鲁台 会长

省残联

陈卫华 党组书记、理事长(7月任)
徐效钢 党组成员、理事长(任至7月)
宋寅安 党组成员、副理事长
李芳萍 党组成员、副理事长
欧阳彪 副巡视员

省红十字会

方　娅 (女)党组书记、常务副会长
刘安娜 (女)党组成员、专职副会长
欧阳平 党组成员、专职副会长
姜裕祥 副巡视员(12月任)

民革江西省委

陈春平 (女)驻会副主委
韩树艺 省政府参事、民革江西省委会原副主委

民盟江西省委

刘晓庄 主任委员、江西省社会主义学院院长
罗慧芬 (女)副主任委员、南昌市人大常委会副主任
任江南 江西省政协副秘书长、民盟江西省委会专职副主任委员
王东林 副主任委员
何建洋 副主任委员、省监察厅副厅长、省预防腐败局副局长
黄菊花 (女)副主任委员

民进江西省委

汤建人 主委
梅国平 副主委、江西师范大学校长
姚燕平 (女)副主委、南昌市副市长
卢天锡 副主委、九江市副市长
欧阳剑雄 专职副主委
张国轩 副主委、省检察院副检察长
陈洪萍 (女)副巡视员、秘书长

省工商联

雷元江 主席
刘金炎 省委统战部副部长，省工商联党组书记、第一副主席，省非公党工委书记
谭文英 (女)副主席
洪跃平 党组成员、副主席，省非公党工委副书记
刘星平 党组成员、副主席
于也明 巡视员

南昌大学

胡永新 党委书记
周创兵 党委副书记、校长
徐求真 党委副书记
李建民 党委委员、副校长
谢明勇 党委委员、副校长
黄　云 党委委员、纪委书记
朱友林 副校长
江风益 党委委员、副校长
辛洪波 副校长
李葆明 党委委员、副校长
邓晓华 党委委员、副校长

江西师范大学

陈绵水 党委书记(任至4月)
田延光 党委书记(6月任)
梅国平 校长
何小平 党委副书记
聂　剑 党委委员、副校长
赵　明 党委委员、副校长
廖维林 党委委员、副校长
张艳国 党委委员、副校长
黄加文 党委委员、副校长

周晓朗　党委委员、纪委书记
涂宗财　党委委员、副校长

江西农业大学

石庆华　党委书记(任至4月)
曹国庆　党委书记(4月任)
黄路生　党委副书记、校长
曹钟朗　党委副书记
金志农　党委委员、副校长(任至6月)
徐兰宾　党委委员、纪委书记(任至8月)
上官新晨　副校长(任至12月)
潘晓华　党委委员、副校长(任至2月)
陈金印　党委委员、副校长
贺浩华　党委委员、副校长
许斌华　党委委员、副校长(5月任)
白　浔　党委委员、纪委书记(8月任)

江西中医药大学

刘红宁　党委书记
陈明人　党委副书记、校长
王金平　党委副书记(任至3月)
徐兰宾　党委副书记(8月任)
左铮云　党委委员、副校长
杨世林　副校长
朱卫丰　(女)党委委员、副校长
杨　明　党委委员、副校长
刘　青　党委委员、纪委书记

南昌师范学院

姚　电　党委书记
林加奇　党委副书记、校长(6月任)
席芳宽　党委委员、副校长
赖大仁　党委委员、副校长
徐晓泉　副校长
夏启国　党委委员、副校长(5月任)
邬小辉　党委委员、纪委书记(6月任)
谢晓国　党委委员、副校长(8月任)

江西财经大学

廖进球　党委书记
王　乔　党委副书记、校长
胡建华　党委副书记
王金华　党委副书记
肖华茵　党委委员、副校长(任至4月)
吴照云　党委委员、副校长
易小明　党委委员、副校长
卢福财　党委委员、副校长(任至3月)
蒋金法　党委委员、副校长
易剑东　党委委员、副校长
杨建林　党委委员、纪委书记
邓　辉　副校长(6月任)

华东交通大学

万　明　党委书记(4月任)
雷晓燕　党委副书记、校长
高海生　党委委员、副校长
张玉清　副校长
张　坚　党委委员、副校长
史焕平　党委委员、副校长
刘海文　党委委员、副校长
汪立夏　党委委员、纪委书记
陈梦成　党委委员、副校长

南昌航空大学

傅克刚　党委书记
余　欢　党委副书记、校长
黄士安　党委副书记
黎　明　党委委员、副校长兼研究生学院院长
王玉芝　(女)党委委员、纪委书记
罗胜联　副校长
唐星华　党委委员、副校长
何兴道　党委委员、副校长
刘卫东　党委委员、副校长

江西广播电视大学

程样国　省委教育工委委员、省教育厅副厅长、江西电大党委书记(任至8月)
史蓉蓉　(女)省委教育工委副书记、江西电大党委书记(8月任)
沈建华　党委副书记、校长
刘紫春　党委副书记、纪委书记(任至5月)
钟志贤　副校长
黄平槐　党委委员、副校长
李国敏　党委委员、副校长
王水平　党委委员、纪委书记(5月任)

江西科技师范大学

李红勇　党委书记
郭杰忠　党委副书记、校长
池泽新　党委委员、副校长
魏新华　党委委员、纪委书记
朱爱莹　(女)党委委员、副校长
李冬妮　(女,满族)副校长
胡业华　党委委员、副校长
蒲守智　党委委员、副校长
朱　笃　党委委员、副校长
徐景坤　副校长
李玉保　党委委员、副校长

江西理工大学

熊正明　党委书记(任至4月)
叶仁荪　党委书记(6月任)、校长(任至6月)
罗嗣海　副校长(任至6月)、校长(7月任)
张建中　党委副书记
肖文群　党委委员、纪委书记
温和瑞　党委委员、副校长
杨　斌　党委委员、副校长
邱廷省　党委委员、副校长
伍自强　党委委员、副校长

南昌工程学院

李水弟　党委书记(任至4月)
刘谟炎　党委书记(4月任)
扶名福　院长(任至4月)
金志农　党委副书记、院长(5月任)
张立青　党委副书记
梁　钢　(女)党委委员、纪委书记
张晨曙　党委委员、副院长
吴泽俊　党委委员、副院长
汪胜前　党委委员、副院长
李　明　党委委员、副院长
樊后保　党委委员、副院长
汪荣有　党委委员、副院长
胡　敏　党委委员、副院长(7月任)

景德镇陶瓷学院

冯林华　党委书记
江伟辉　党委委员、副校长
左和平　副校长
陈雨前　党委委员、副校长
叶观荣　党委委员、纪委书记

吴　隽　党委委员、副校长
刘小丽　（女）党委委员、副校长
吴本荣　党委委员、副校长

东华理工大学

徐跃进　党委书记
刘庆成　党委副书记、校长（9月“双开”）
孙占学　党委委员、副校长
刘晓东　党委委员、副校长
花　明　党委委员、副校长
徐　鸿　党委委员、纪委书记
汤　彬　副校长
郭福生　党委委员、副校长
陈晓勇　副校长
聂逢军　党委委员、副校长
李德平　党委委员、副校长

赣南师范学院

田延光　党委书记（任至6月）
孙弘安　党委副书记、院长（任至6月），党委书记（6月任）
曾志刚　党委副书记（6月任）、院长（7月任）
王太钧　党委副书记
曾泽鑫　党委委员、副院长
陈　新　党委委员、副院长（任至6月）
胡龙华　党委委员、副院长
范小林　党委委员、副院长
陈　勃　副院长
陈春生　副院长
邱小云　党委委员、副院长
廖桂兰　（女）党委委员、纪委书记（任至6月）
吴剑波　党委委员（5月任）、副院长（6月任）
幸跃凌　党委委员、纪委书记（6月任）

赣南医学院

黄林邦　党委书记
韩立民　党委副书记、校长
陈　新　党委副书记（5月任）
曾祥运　党委委员、副校长（6月退）
刘　潜　党委委员（9月任）、副校长
王柏群　副校长
刘　民　党委委员、副校长
张裕生　党委委员、纪委书记
陈　亮　党委委员、副校长

上饶师范学院

李友鸿　党委书记
柳和生　党委副书记、院长
王胜华　党委副书记
王秀章　党委委员、副院长
詹世友　党委委员、副院长
刘国云　党委委员、副院长
江速英　（女）党委委员、纪委书记
王德荣　党委委员、副院长
赖明谷　党委委员、副院长、党委（院长）办公室主任
周厚丰　党委委员、副院长
郑大贵　院长助理、教务处处长

宜春学院

王晓春　党委书记
肖华茵　党委副书记、校长
王宜安　党委副书记
龙　进　党委委员、副校长
彭外生　党委委员、纪委书记
梅光泉　副校长
曾晓春　党委委员、副校长
李明斌　党委委员、副校长
蒋　钰　（女）党委委员、副校长
周瑾晟　党委委员、副校长

井冈山大学

万继抗　党委书记
张泰城　党委副书记、校长
金桂英　（女）党委副书记
桂国庆　党委委员、副校长
王佯青　副校长
曾建平　党委委员、副校长
肖长春　党委委员、副校长
吕玉华　党委委员、副校长
史胜平　党委委员、纪委书记（6月任）

九江学院

杨叔子　名誉院长
郑　翔　党委书记
甘筱青　党委副书记、院长
吴桃娥　党委委员、副院长
欧阳春　党委委员、副院长（5月退）
纪岗昌　副院长
王万山　党委委员、副院长
陶春元　副院长
杨焱林　党委委员、副院长

魏立平　党委委员、纪委书记（5月任）
杨耀防　党委委员、副院长（5月任）

新余学院

刘　冬　党委书记
罗玉峰　党委副书记、院长
张　健　党委副书记
宁世春　党委委员、副院长
胡　涌　党委委员、副院长
刘晓燕　（女）党委委员、纪委书记
陈裕先　党委委员、副院长

全国五一劳动奖章获得者

徐小平　江西新建人，1960年出生，大专学历，南昌市昌北防洪排涝工程管理处处长，中共党员。他不辞辛劳地奔波于红谷滩新区管委会和经开区管委会，2011年4月，通过多次召开协调会，反复做工作，促成了昌北地区水务一体化，高起点绘制了大昌北水利发展的蓝图，为昌北城区经济社会发展提供了水利安全保障。2011年，他以创建国家级水利工程管理单位为契机，以提高工程管理科技水平为手段，以制度建设为平台，全面加强工程管理，建立了水利工程管理和办公自动化管理软件，促进了工程管理规范化、制度化和现代化。他大胆创新，锐意改革，以新材料、新技术装备现代化水利设施，投资200余万元，用不到一年的时间建成了前湖电排站、双港电排站和前湖大坝等水利工程视频监测系统，实现了防汛排涝自动化控制，使自动化管理水平在全国同行业中处于领先地位。2013年4月，他被中华全国总工会授予“全国五一劳动奖章”称号。

吴　勤　江西南昌人，1956年出生，大学学历，南昌市第二中学教师，中学高级教师，中共党员。她在40年的从教生涯中，时刻以一个优秀教师的标准

要求自己，努力工作、乐于奉献、不断进取、关爱学生、团结同志，在教育教学实践和管理工作中取得了可喜的成绩。她积累了丰富的教育教学经验，以培育有理想、有道德、有纪律、有文化的社会主义事业接班人为己任，针对学生的个性特征和心理特点，注重与学生沟通交流，做好学生的思想政治工作，特别是加强后进生的思想转化工作，采取“晓之以理，动之以情”循序渐进的教育方法，与家长联系、配合，取得显著成效。在教学的过程中，她从端正学生们的学习态度、帮助掌握正确的学习方法入手，达到树立自信心，激发求知欲和上进心，让学生在寓教于乐中接受教育，从而自觉地投入到学习中去，提高学业成绩，使之成为一名合格的中学生。2013年4月，她被中华全国总工会授予“全国五一劳动奖章”称号。

唐　建　安徽六安人，1975年出生，大专学历，方大特钢科技股份有限公司车间主任，中共党员。他自分配到公司从事炼钢炉前岗位以来，不怕冶金炼钢职业的苦、脏、累、险，在炉台上一干就是21年。2009年公司改制重组，炼钢厂每年的产量都迈向一个新台阶，从三年前的256.92万吨到2012年的328.30万吨。特别是2010年0#连铸机投产以后，三座转炉匹配四台连铸机，工序间的炉机匹配问题更加突出，连铸机产能明显超过转炉工序，要求冶炼周期进一步缩短，提高转炉工序产能。他成立缩短冶炼周期攻关组，亲自任组长，与工程技术人员一道深入现场，亲自操作，摸索出一套“提高供氧强度，缩短纯供氧时间”的操作工艺，冶炼周期比攻关前降低了3分钟，常规钢为30.88分钟，品种钢为34.95分钟，大大提高了转炉的产能，2012年完成计划产量的106.52%。2013年4月，他被中华全国总工会授予“全国五一劳动奖章”称号。

徐　刚　湖北武汉人，1965年出生，大学学历，中交第二航务工程局有限公司第五工程分公司九江长江公路大桥B2合同段项目工程师，高级工程师，中共党员。他作为一名桥梁建筑工程师，在施工过程中积极推进技术创新，攻克了一个个施工技术难题，取得了一系列的学术成果，使项目安全、顺利得以实施。在武汉阳逻长江公路大桥南锚碇施工中，采用了“超深超厚圆形地下连续墙施工技术”“超深自凝灰浆挡水帷幕施工技术”“复杂地层超大超深圆形基坑工程施工技术”，并通过在基坑开挖中信息化管理，实时掌握围护墙和内衬的位移、变形和受力情况，有效地解决了南锚碇基坑渗漏、支护、安全等问题，为基坑如期开挖争取了宝贵时间，并创造两项全国交通企业新纪录。在南塔钢箱剪刀撑吊装过程中，通过合理地设置吊点及反向牵引设施，并设计专用吊具，成功解决了长细杆件翻身难、起吊易变形及超重杆件荡移危险等技术难题。2013年4月，他被中华全国总工会授予“全国五一劳动奖章”称号。

张志静　江西九江人，1964年出生，高中学历，九江鑫星玻纤材料有限公司车间主任。她作为公司最大的一个车间主任，先后参与完善了《挡车工机台考核制度》《各岗位操作规程》《安全操作规程》《各岗位生产工艺操作规程》等。在考核中，将质量、消耗、成品率、安全与每个员工挂钩考核，使员工人人有任务、有责任、有目标。通过规范管理，车间生产工作正常开展，圆满地完成了公司下达的各项工作任务。作为车间的主要负责人，她身先士卒，要求别人做到的事，首先自己做到，每天7:20以前就到工作现场，检查和了解前一天晚班的工作情况，布置当天的生产工作。特别是在她的倡导下形成的班前会，一直坚持到现在。所以，一到上班时间，员工就自觉地进入会议室，参加班前会。了解公司的制度、考核办法，知晓车间给自己安排的工作机台及内容。2013年4月，她被中华全国总工会授予“全国五一劳动奖章”称号。

周新民　江西临川人，1969年出生，大学学历，中航工业昌河飞机工业(集团)有限责任公司总工程师，高级工程师，中共党员。他作为国家重点型号研制现场副总指挥，负责多个军民机重点型号科研技术和批产化攻坚的策划及总协调工作，是中国航空科技战线上的重要领军人才。他所组织的数控加工优化技术应用项目是中国国防科技工业领域的示范工程。他所主持的昌飞航空制造技术和数字化管理，在航空工业独树一帜，处于国内领先地位，达到了世界先进水平。他主持或参与了直11武装型、直11警用型、直8通用运输型等多个型号直升机的研制工作，特别是国家高新工程——直10型机的研制，创造了中国直升机型号自主研制时间最短的历史记录。在他推动下，昌飞公司建立了从1吨到13吨9个平台42种构型较为完整的直升机型谱，多个型号的研制填补国内直升机领域的空白，为中国民族直升机工业的发展做出了突出贡献。2013年4月，他被中华全国总工会授予“全国五一劳动奖章”称号。

张来清　江西萍乡人，1975年出生，中专学历，江西省煤业集团公司安源煤矿回采二区工人，中共党员。他是安源煤矿采掘二区采煤大工，青安岗员，采掘二区民兵连连长。2002年部队退伍后到矿参加工作，11年来，他以一个共产党员的责任，在平凡的工作岗位上奉献着自己的光和热。在党内"创先争优"活动中,他认真履行和兑现自己的承诺,处处以党性严格要求自己。他爱岗敬业,工作吃苦肯干,任劳任怨,带头遵纪守法,带头安全生产,积极完成各项工作任务。2012年全年平均每月出勤率达26天以上(不包括在外学习日),全年累计采梁5180块,落煤1.04万吨,质量安全无差错,并确保自己身边无事故。他大局观念强、不怕吃苦,经常为区队破解生产上的难关。他自进矿工作以来,采梁61.60万块,实现落煤9.21万吨,11年干了14年的活。2013年4月,他被中华全国总工会授予"全国五一劳动奖章"称号。

丁坤明 江西余江人,1960年出生,中专学历,余江县春涛乡卫生院院长,主治中医师,中共党员。他全心全意为当地群众谋安康,勤恳踏实,视病人如亲人,是平定乡一带群众心目中的好医生。在他任院长的几年中,卫生院业务收入增长迅速,经济效益年收入超过100万元。社会效益更是得到长足发展,当地群众都亲切地称他为"白衣天使"。他扎根红土地,不畏困苦,无私奉献的行为,受到上级的高度赞扬,多次被评为市县优秀乡镇卫生院院长,先后获余江县首届道德模范、鹰潭市十大为民服务模范、"中国好人——敬业奉献好人"等称号。熟悉平定卫生院内情的人都会说:"这家卫生院发展速度快,在全县各卫生院中是屈指可数的。"2010年3月,他因工作需要被安排至春涛卫生院担任院长,他上任一年后该院业务收入就净增20余万元。2013年4月,他被中华全国总工会授予"全国五一劳动奖章"称号。

鲁小玲 江西新余人,1972年出生,大学学历,新余市渝水区下村中心卫生院院长,主治医师。他在做好院长管理工作的同时,还担任院里的技术骨干、主刀医生,能独立完成胆囊切除术、胃切除术、疝气、子宫切除术、甲状腺切除术、骨折手术及肾、输尿管、膀

胱结石手术、宫外孕、卵巢囊肿切除术等手术。他坚持每天坐诊,没有节假日,在人员紧缺时参加一线值班。当医院的医生值班遇到处理不了的问题时,他随叫随到,他接诊的病人是全院最多的。因他在外科方面的造诣,人们尊称他为"鲁刀手"。有一次,一位腹痛的患者到医院就诊,经过各项辅助检查未发现明显异常,但鲁小玲凭借他丰富的临床经验诊断为肠穿孔,果断地把患者送进了手术室。手术后患者激动地说:"鲁医生,今天多亏有你。"他就是这样用他精湛的医术和对病人的真心赢得了广大群众的信任。2013年4月,他被中华全国总工会授予"全国五一劳动奖章"称号。

杜建新 新疆维吾尔自治区鄯善县人,1963年出生,大学学历,江西金利达钾业有限责任公司技术工程师,中共党员。她在对传统"复分解法循环生产硝酸钾工艺"改造的基础上,对宜春腾达化工责任有限公司生产线进行改造和技术改革,达到年产1万吨硝酸钾的产能。同年,利用该技术新建了湖南浏阳美奥化工有限公司年产2万吨工业硝酸钾生产线。2007年,通过对腾达公司生产硝酸钾的工艺进一步研发,新建了江西金利达钾业有限责任公司年产5万吨硝酸钾项目。该项目的实施,使公司成为国内唯一能长期执行国家硝酸钾标准优等品指标的大型企业。2009年,她带领一班技术人员研究开发了"复分解法新工艺",该工艺经水平检索达到了国际先进水平,并获得了"国家重点新产品证书",该项目的研发被列为国家基金创新项目,并获得项目扶持资金100万元。公司于2010年被评为"国家级高新技术企业"。2013年4月,他被中华全国总工会授予"全国五一劳动奖章"称号。

成荣泉 江西万载人,1958年出生,大专学历,万载县供电有限责任公司工程师,中共党员。他几十年如一日,在铁塔银线与服务客户之间,实现了自己的优质服务"彩虹梦"、电网先锋"专家梦"、光明使者"爱心梦"。曾先后荣获"江西省电力十大诚信服务标兵""江西省电力公司农村电工技术能手""全省知识型职工标兵""江西省五一劳动奖章"等称号。他从上班的第一天起,干活抢在前头,不懂就问;饭后睡前,同师傅探讨技术;抱着专业书籍啃理论、钻技术,3个月笔记记了四大本,技术水平明显提高。规定3年的学徒期,他只用3个月就出了师。从学徒电工到供电技术员,再到工程项目负责人,别人要干十几年、几十年才能达到的目标,他仅用六年就实现了。2010年他被确定为全国技术比武参赛选手。为不耽误比赛,他坚持边打点滴边看书,为全省捧回了团体第一的奖杯。2013年4月,她被中华全国总工会授予"全国五一劳动奖章"称号。

周义水 江西弋阳人,1962年出生,大专学历,上饶县供电有限责任公司经理、党委副书记,工程师,中共党员。他先后在横峰县和弋阳县供电公司工作过,每到一处都取得不菲的业绩。先后荣获"上饶市劳动模范""江西省五一劳动奖章""江西省劳动模范"等称号。他于2009年接任上饶县供电公司经理时发现,从供电总量看,完成售电量5.78亿千瓦小时,上缴税金突破2000万元大关,跻身全省农电电量增长十佳,令人鼓舞;但是,全员劳动生产率低于兄弟单位平均值,人员多、底子薄、基础差,依旧是影响公司发展的短板。企业要健康持续发展,就必须凭借东风,乘势而上。他以创建国网一流电力企业为抓手,以一流的人才、一流的技术、一流的管理、一流的效益、

一流的服务，带动企业全面提高和升级。2013年4月，他被中华全国总工会授予“全国五一劳动奖章”称号。

叶岩明 江西德兴人，1968年出生，大学学历，德兴市教育体育局局长，中共党员。他通过一系列扎实有效的举措，全市教育教学质量稳步提升，办学条件得到极大改善，素质教育全面推进，全市教育事业呈现出良好的发展态势。努力振兴高中教育，教育质量走出低谷。经过精心调研，他找准该市高中教育发展的“瓶颈”，采取建立健全激励机制、加强对高中学校的管理、强化师资建设、学习借鉴外地先进经验等一系列行之有效的措施，使高中教育质量逐年提升，高考综合指标由原来的上饶市倒数第二位跃升至上饶市第一方阵。多方筹措教育经费，全力改善办学条件。在他的努力争取下，三年来，德兴市教育投入持续快速增长，中小学校舍安全工程、教育园区建设工程、学前教育推进工程、农村教师周转房工程、教育信息化工程、校园绿化工程等项目顺利推进，学校面貌焕然一新。2013年4月，他被中华全国总工会授予“全国五一劳动奖章”称号。

郑冬花 江西上饶人，1971年出生，初中学历，上饶市信州区影剧音像总公司保洁员。她从小由于家庭条件不好，13岁就给人做保姆，带孩子。从2003年11月到上饶影城做保洁员，当初每月工资只有400元，到2012年每月仅有1400元，她的孩子正在读高中，丈夫患糖尿病，就医买药等各种开支，全凭她这份微薄的收入撑起家里的一片天。她虽然贫困，但10年间她拾金不昧，经她手拾到的总值36万余元的现金和物品，均一一归还(其中数额最大的一次是12.8万元现金)。她的事迹报道后，当即在社会上引起强烈反响，吸引了中央及省级媒体的关注，中央电视台、新华社、《江西日报》等中央、省级媒体进行了报道。她做为江西省上饶市信州区的劳动人民代表，所散发出的正能量，感动了众多市民、网民，激励着上饶广大市民自觉投身于建设“最美上饶”的伟大实践。2013年4月，她被中华全国总工会授予“全国五一劳动奖章”称号。

饶剑文 江西抚州人，1969年出生，大学学历，江西江铃底盘股份有限公司设计主管，工程师。他主要负责公司的新产品设计、开发和产品管理工作，为公司的产品研发做出了重要贡献。2006年他荣获抚州市劳动模范称号。打造自主品牌，努力提升自主研发能力。为了使公司产品系列不断拓宽和延伸，他自2003年担任技术中心设计主管以来，公司的产品研发进入了快速发展和高产期，每年以近50个新品投放市场，到2012年年底，公司已形成8大类38个系列600多个品种，公司的产品竞争力明显提升。自主创新是永远的主题。他组织了《后桥设计手册》的编制和实施，经过一年半的编制和认证工作，至2012年8月，完成了《后桥设计手册》中零部件设计手册共16篇，具有自主知识产权的设计计算表19篇，产品的设计体系已基本构成，公司的产品设计能力有了长足进步。2013年4月，他被中华全国总工会授予“全国五一劳动奖章”称号。

涂国卿 江西抚州人，1965年出生，大学学历，江西中医药高等专科学校针康中心主任，教授，农工党员。他从事针灸推拿教学及颈肩腰腿痛专科临床工作26年。在教学、科研、医疗等方面做出了突出贡献。他主持完成国家、省部级课题十多项，主编或参编著作、全国性规划教材十多部。26年间，他醉心科研、勇于探索、不断创新。共发表国家级论文20多篇，撰写论著13部，《中医筋伤》为教育部及卫生部“十一五”规划教材。主持开展了省部级科研课题十多项，其中省卫生厅重点科研课题“热敏灸配合中药治疗早期股骨头缺血性坏死的临床研究”达到国内先进水平，获省科技进步二等奖。该课题在2009年至2012年被省卫生厅列为全省基层医院推广项目，惠泽广大基层医院和老百姓。他无论寒暑，不管刮风下雨，每天总是最早上班、最晚下班，从不接受“红包”。2013年4月，他被中华全国总工会授予“全国五一劳动奖章”称号。

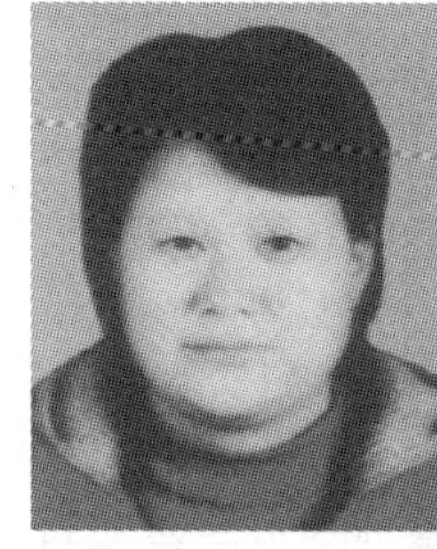

王菊花 江西新余人，1975年出生，大学学历，江西合力泰科技股份有限公司OGS事业部副总经理。她把创新发展的科学理念和对触控事业的一片赤诚融于她的行动，在平凡的工作岗位上，做出了卓越的成绩，在她的身后，留下的是一串串坚实而光辉的足迹。在她身边工作的人，无不被她产品质量至上的天使般的真情所赞叹。她技术精湛的高尚职业道德，在合力泰公司有口皆碑。她爱员工胜过爱自己，胜过爱亲人。她常年工作在外，难得回家看望子女及父母，公公身体不是很好，经常需要医治，可她没有因为家事而影响过工作。2012年春节前夕，因父亲身体欠佳住院治疗，需要人照顾。她请假期间，时时惦记着工作，常常打来电话，安排好工作。自担任CTP1事业部负责人以来，从未休息过一个完整的节假日，每天都工作12小时以上，几乎每天都是晚上十一二点回宿舍。2013年4月，她被中华全国总工会授予“全国五一劳动奖章”称号。

黄亮文 江西吉安人，1964年出生，大学学历，江西天人生态股份有限公司计划发展部经理，高级工程师，中共党员。他不断提高自身素养，多年来扎实工作，尽心尽力干好本职工作，工作成绩优秀，得到企业领导和职工的一致认可，曾连续6年荣获江西燕京

啤酒有限公司先进工作者，先后荣获江西省科技进步奖、江西省优秀产品奖、吉安市科技进步奖，2012年获江西天人生态股份有限公司年度特殊贡献奖。他到该厂工作八年来，主要从事新产品开发和生产工艺技术管理工作，先后参与了1000吨/年硝酸铵粉状炸药生产线扩建改造工艺部分工作，主持了RJ－2A型乳化炸药研究试验、中试、生产试验，1000吨/年RJ－2A型乳化炸药生产线工艺设计。“RJ－2A型乳化炸药”荣获1992年江西优秀新产品三等奖。及时处理日常生产出现的工艺技术、安全、质量问题，为工厂技术进步做出了特殊贡献。2013年4月，他被中华全国总工会授予“全国五一劳动奖章”称号。

刘建兰 江西瑞金人，1969年出生，大学学历，瑞金市八一小学副校长，小学高级教师，中共党员。她热爱每一个学生，极力倡导民主自律，勤奋向上的班风，为学生的身心健康成长营造了良好的环境。她善于启发学生挖掘文本中的各种美的元素，让学生在美的享受中接受知识；她善于引导学生对文本进行全面感悟，深度探究，使得课堂生动鲜活、学生灵性飞扬。她治学严谨，教科研能力强。近几年在国家级、省级刊物发表学术论文7篇，先后主持1个江西省省级课题和1个赣州市市级课题并均已顺利结题，课题研究成果还分别获江西省新课改教学成果二等奖和赣州市一等奖。作为骨干成员参与的一项国家级课题和一项省级课题也已完成结题。指导青年教师参加省、市竞赛获奖15人次。作为江西省小学语文学科带头人，她组织创建的“瑞金市小学语文工作室”在江西教师网中具有较强的影响力。2013年4月，她被中华全国总工会授予“全国五一劳动奖章”称号。

庄席福 江西崇义人，1966年出生，大学学历，江西君子谷野生水果世界有限公司总工程师，无党派。他在崇义县的罗霄山脉君子谷山区，保护和收集当地林业生产的“炼山”过程中要烧毁的南方野生水果种质资源。他成功建设了南方野果的种质资源库——君子谷野生水果世界，并取得了大量的科技成果。他主持研究的野生刺葡萄科研项目——“刺葡萄栽培及其生产开发”，通过了江西省的科技鉴定，被鉴定为国内领先，为中国本土酿酒刺葡萄品系研究做出重大贡献。建立的野生刺葡萄种质资源圃，收集保存的野生刺葡萄种质资源达1100多份，成功构建了刺葡萄种质资源和良种繁育等基础科学研究的平台。利用君子谷野生刺葡萄资源圃的野生刺葡萄优选品系进行生态种植并酿造的高级刺葡萄酒（干红），在2012年参加第五届亚洲葡萄酒质量大赛上4款刺葡萄酒全部获奖，取得两金、两银的成绩。2013年4月，他被中华全国总工会授予“全国五一劳动奖章”称号。

陈志宜 江西抚州人，1965年出生，大学学历，中铁大桥局赣龙铁路GL－2标工程指挥部技术负责人，教授级高工，中共党员。他先后参加了南昌大桥、长沙洪山大桥、京福高速公路桃木岭高架桥等十余个大中型项目的施工技术管理，获得多项荣誉称号。在担任京福高速项目部技术负责人期间，针对地势复杂、横跨5座山峰、施工难度大的特点，大胆引进新工艺、新技术、新材料、新设备，将安全性好、操作简单、施工过程易控制的滑模工艺引进高墩施工，化难为易，有效地保证了高墩施工顺利进行。上部结构施工中，通过创新技术，将预应力引进拆装梁膺架成功地解决了曲线半径过小情况下的箱梁施工难题。在移动模架造桥机箱梁施工中，研制并采用保塑性良好、缓凝实践长达20小时的高强泵送混凝土进行上部结构箱梁施工，提前完成了项目施工，节约成本约120万元，优良率达95%以上，未发生安全质量事故。2013年4月，他被中华全国总工会授予“全国五一劳动奖章”称号。

李保民 辽宁新民人，1957年出生，研究生学历，江西铜业集团公司董事长、党委书记，高级政工师，中共党员。他具有强烈的使命感和创新精神，深耕江铜30余载，为江铜的发展倾注了全部的心血与智慧。他首创了“党建质量管理体系”，开创了党建工作质量管理的先河。该体系将党建工作目标细化、量化，将党建的基础工作与活动载体程序化、规范化，从目标体系、运行机制、工作过程、考核评比上克服了党政“两张皮”的现象和缺位、错位现象。运行十年来，江铜党建活力倍增，首创出党代会常任制、党委稽核、党支部特色工作、全员创星活动等党建工作载体，使党组织融入中心进入管理落到实处，丰富了融入内容、畅通了融入渠道、规范了融入流程、创新了融入手段。这十年，江铜阴极铜产量从23万吨上升到120万吨，增长了5.2倍；销售收入从70亿元增加到1690亿元，增长了24.1倍。2013年4月，他被中华全国总工会授予“全国五一劳动奖章”称号。

马跃辉 山东人，1969年出生，大学学历，江西洪都航空工业集团有限责任公司钳焊液压附件厂数控铣工，中共党员。他在岗位上历练，在项目中成长，通过刻苦钻研，不断提升，从一名普通铣工逐渐成长为铣工高级技师，并成为分厂技术带头人，为分厂各项生产任务的完成做出了巨大贡献，为分厂岗位技术能力提升积累了宝贵的知识财富。他积极带领班组成员钻研业务，积极参加岗位练兵活动,不断总结提升专业技术水平,其班组人均年工时高达6000余小时,提出合理化建议80余条,创造经济价值93万元。班组连续3年荣获公司"青年文明号"和"优秀班组"称号。他个人年均完成工时8000余小时,连续多年实现安全、质量"零缺陷"。近两年来,提出技术革新和合理化建议240条,创造直接经济价值110余万元。2012年,他凭借出色的表现,被评为中航工业"特级技能专家"。2013年4月,他被中华全国总工会授予"全国五一劳动奖章"称号。

王　耀　浙江余姚人,1963年出生,研究生学历,景德镇陶瓷股份有限公司党委书记、董事长,高级工程师,中共党员。他在上任之初,陶瓷产品积压,当期亏损近2000万元,生产全线停产整顿,产品结构单一,思想陈旧,企业包袱沉重,人心浮动。面对这样的艰难局面,他认为,沿袭旧规等待输液,不可能等来翻身的机会,要脱困,必须拼搏进取、重塑形象、创新变革求发展。他首先严抓管理,实行封闭式管理,刷卡考勤,统一着装,佩戴工作卡上岗,进一步规范公司内部的各项管理制度,推行成本目标考核,严格实行采购计划分级、审核制度,控制非生产性支出。在他的营销策划下,"红叶"品牌从名不见经传迅速提升,不仅跻身中南海、人民大会堂、上海APEC会议国宴用瓷,而且跨出国门,进入了引导日用陶瓷时尚的德国法兰克福家庭用品展览会。2013年4月,他被中华全国总工会授予"全国五一劳动奖章"称号。

孙　坚　浙江绍兴人,1960年出生,大学学历,南昌大学第四附属医院院长,主任医师、教授,中共党员。他从医学生到医学专家再到医院专家型管理者,身上始终洋溢着中国知识分子特有的埋头苦干的精神和毅力。从医三十多年来,他始终坚持在医疗、教学、科研及医院管理第一线,先后主持开展国家及省级自然科学基金等科研20余项,获省科技进步奖1项,国家发明专利1项,发表学术论文60余篇,主编专著4部,获省级以上荣誉称号十多次。从2001年起,他接任南昌大学四附院院长,以其坚韧的毅力,求实的精神和非凡的勇气,推动医院从国有企业改革的阵痛和内外忧患的困境中走出来,带领干部职工实现了医院跨越式发展,固定资产总值从2000年的4183万元增长到2012年的2.43亿元,年业务收入从2000年的6832万元增长到2012年的3.1亿元。2013年4月,他被中华全国总工会授予"全国五一劳动奖章"称号。

顾华奇　江西临川人,1971年出生,大学学历,江西省基础地理信息中心成果开发应用室主任,高级工程师,中共党员。他以科学发展观为指导,内抓系统开发、队伍建设,对外加强GIS系统在各行业的应用,不断提高政治思想素质和业务素质,积极参加业务培训,不断学习新技术,新方法,新思路及新测绘技术理论,提高业务水平。积极学习先进的管理思想和方法,不断提高自己的管理能力和管理水平。他于1997年出色地完成了从传统的手工制图到数字化制图的工艺改造任务;2001年参与了国家测绘局大型测绘工程项目《江西省1∶5万地名数据建库采集》项目,并且该工程项目获得了国家测绘局一等奖和中国测绘学工程奖金奖。2011年度《土地调查核查成果数据库自动缩编系统》,被评为全局科技创新项目一等奖。这些创新成果的应用,为测绘事业的建设节省了大量的人力、物力和财力。2013年4月,他被中华全国总工会授予"全国五一劳动奖章"称号。

林印孙　江西抚州人,1964年出生,EMBA学历,正邦集团有限公司董事长、总裁,高级工程师,中共党员。他

为农业现代化的发展作出了重大贡献。2012年正邦集团总产值突破了260亿元,拥有300多家分子公司,形成了大"正邦系",名列中国企业500强、中国制造业500强、中国民营企业500强,是江西省规模最大的农业企业,整体实力在全国农业企业名列前茅。他扶持全国100多位行业精英和创业人才,从小老板变成大老板,成为行业新典范,被称为"正邦样本",被中央统战部评选为全国民营企业转变发展方式优秀案例。他作为全国人大代表,就农业产业化发展、食品农产品安全、生态文明建设等问题,深入调研,提交建议,引起高度重视。他社会责任感强烈,生产的粮油、米面、肉、奶等农产品,没有出现一起重大质量安全事故。他树立"义利兼顾、以义为先"理念,累计捐款捐物6000多万元。2013年4月,他被中华全国总工会授予"全国五一劳动奖章"称号。

董国珍　江西鄱阳人,1963年出生,大学学历,吉安市地方税务局党组书记、局长,中共党员。他团结带领全市地税干部职工,认真落实"收好税、服好务、执好法、带好队"的工作要求,恪尽职守、创新实干,圆满完成了各项工作任务。2012年,全局以第二名的成绩被授予"全省地税系统先进单位"称号,首次被授予"全国文明单位"称号,首次被等额推荐为"全省作风整治工作先进单位"候选单位,全系统有64个单位、128人获厅级以上荣誉,实现了争先进位的目标。他坚持严于律己,努力保持公正勤廉良好本色。在切实履行好岗位职责的同时,注重谨言慎行,廉洁自律,主动接受监督,始终做到"三个坚持"。坚持正派做人,坚持民主团结,坚持廉洁自律。自觉遵守廉政准则以及党风廉政建设的各项规定,从不以权谋私,始终保持共产党人的

政治本色，做一个清正廉洁的领导干部。2013年4月，他被中华全国总工会授予“全国五一劳动奖章”称号。

饶德美　江西万年人，1977年出生，大学学历，中国移动通信集团江西有限公司广丰县分公司总经理，中共党员。他2001年在鄱阳县移动公司任总经理一职，为有效提高公司服务质量，在全市率先通过积极推进社会营销队伍建设探索集团客户和大客户营销服务模式；率先提出乡镇综合服务网点建设方案并成功实施，乡镇网点建设成为全市移动发展的“里程碑”。在万年公司工作期间，实现了市场大发展和绩效大提升。在市公司市场部工作期间，在全省率先提出“合家欢”营销方案和“新春卡超级亲情号”营销方案，制订出业务运营全流程并参与相关支撑系统开发，为公司市场发展和市场掌控打下良好基础，尽全力促进公司发展。在广丰县分公司工作期间，建立有效奖惩机制，大力推进区域中心人员垂直考评体系，全面、客观、公正地考核一线员工工作情况，很好地促进了公司业务发展和服务提升。2013年4月，他被中华全国总工会授予“全国五一劳动奖章”称号。

胡幼春　江西南昌人，1958年出生，大专学历，江西省东阳铝业有限公司总工程师。他带领公司技术部门全体员工科技创新，“一根铝材”的科技研发，实现了建材产业种类由少到多，产品质量由高到精，产业市场由小到大的裂变，形成了“说到建材就想到东阳铝业企业最强，谈到建材就知道东阳铝业产品最优”的发展氛围。在他的主导下，江西东阳铝业获得“中国家居建材安全使用标准”参与制定单位，他本人被中国机冶建材工会、中国建筑材料流通协会授予“全国建材流通行业劳动模范”称号。作为总工程师，在他心中，品牌就是强企之路。为了提高企业核心竞争力和市场占有率，他大力实施品牌战略，研发生产一系列高、快、新、超名牌产品。他先后主持完成了32项技改项目，研发了阳极氧化型材、粉末喷涂型材、电泳涂漆型材、隔热断桥型材10余个系列200多种规格。2013年4月，他被中华全国总工会授予“全国五一劳动奖章”称号。

全国三八红旗手

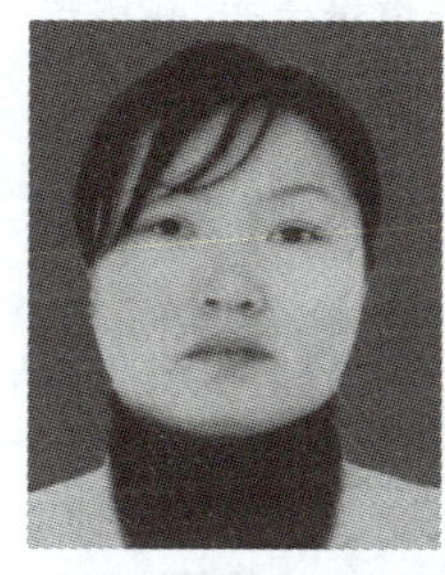

戴永妹　1972年9月出生，抚州市银圣王洁具有限公司法人代表。2004年，她倾其所有，多方筹资3000余万元，组建了抚州市银圣王洁具有限公司。她吸收附近的200多农民工和下岗职工在公司就业。身为公司董事长及市人大代表的戴永妹，为了报答家乡人民，每年免费为当地劳力培训就业100余人，每年为员工及周边群众送温暖100余人次。2008年，四川汶川大地震，向灾区汇出10万元；2009年4月，捐资助学20名优秀贫困学生；2009年2月，向临川区秋溪乡一个自然村捐资修建致富路；2010年6月，率领公司员工抵达抗洪抢险一线，送去各种物质及捐款共计人民币近50万元。2011年，她出资1000万元，在抚州市设立了“银圣王慈善基金”，成为迄今为止第一家在抚州市慈善总会设立且捐赠金额最大留本付息冠名基金的企业。她先后被授予“江西省五一劳动奖章”“世界杰出华商企业家”“江西省劳动模范”“江西省三八红旗手”称号。2013年2月，她被全国妇联授予“全国三八红旗手”称号。

廖　莉　1976年12月出生，赣州市公安局交警支队直属大队民警。她从警15年来，无论是在公安交通管理工作的第一线，还是在联合国维和任务区，她都以自信和睿智、文明和规范执法，热情和真诚服务，取得了扎实和突出的工作业绩。

2009年2月至2010年5月，作为东帝汶执行维和任务的维和警察，克服了生存环境恶劣、战火纷扰和疾病肆虐等困难和危险，以专业的工作表现和突出的工作业绩出色地完成了各项维和任务，充分展现了中国警察和中国新时代女性的良好形象，赢得了联合国和任务区驻在国的高度认可。结束维和任务后，立即回到了道路交通管理工作岗位，没有丝毫的犹豫奔赴到了路面执勤的第一线，踏上了三尺小岗台，一如既往地奋战在交通管理工作的第一线。她总是会站在群众的立场，持一颗爱民之心、以负责任的态度和文明的执法方式唤回市民的文明交通行为。许多在别人看来无法调和的执法纠纷，总会在她手中迎刃而解。她传承赣州女警16年护送学生交通安全的爱心接力，为10万学生的平安出行撑起晴朗的天空；她十多次冒着生命危险参加道路交通事故重大救援行动，她将迷路的老人和小孩护送回家、为敬老院的孤寡老人送去温暖。她先后获联合国驻东帝汶特派团颁发的维和勋章、公安部颁发的中国维和警察荣誉章、“江西省特级优秀人民警察”“江西省五一劳动奖章”“江西省三八红旗手”称号。2013年2月，她被全国妇联授予“全国三八红旗手”称号。

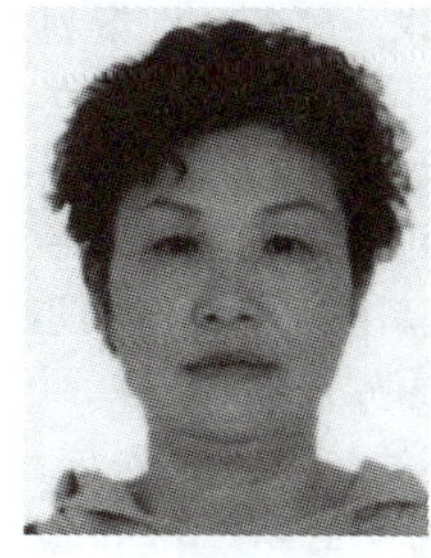

柳平霞　1956年10月出生，分宜县劳动服务贸易公司经理。跨入新世纪，面对新的形势，新的市场，新的挑战，她捕捉商机，用活政策，瞄准县境内煤炭资源丰富的优势，开山采煤。由于经营和管理有方，年产煤近4万吨，年产值1000多万元，年纳税200多万元，还收纳了城乡160多名劳力务工挣钱，人均月收入近2000元。2006年，她又筹措资金近2000万元，带领部分职工和吸纳城乡劳力在新疆伊利租赁了一个中型煤矿,年实现利税800多万元。她自强不息,执著创业,在事业上闯出了天地,创造了非凡,为当地经济的发展做出了较大的贡献。她先后被授予"江西省三八红旗手""江西省劳服企业优秀经理""江西省女企业家协会优秀经理"称号。2013年2月,她被全国妇联授予"全国三八红旗手"称号。

王景萍 1970年3月出生,景德镇市妇女联合会组织宣传部部长。她先后组织了全市县级以上领导干部"廉内助"联谊座谈会,全市女领导干部"解放思想,为瓷都发展贡献良策"大论坛,与港澳非政府妇女组织、全国女知识分子联谊会联谊活动;举办了中青年妇女干部培训班,各行业妇女50佳、百对好佳侣等评选活动,瓷都妇女文体展演,万名妇女健步行等大型活动。她依靠市场,整合社会资源,开展了大规模社会调查和评选活动,她在妇联系统首次联合三家企业,深入社区开展了大规模的万户家庭文化建设问卷调查活动,妇联问卷调查深入人心,三家公司门庭若市。她联合联通景德镇分公司举办"人人牵手文明,家家共创和谐"暨全市家庭创建全国文明城市电视知识竞赛等,她印发的文明礼仪手册进入了千家万户。她精心编撰印发了《景德镇市男女平等基本国策学习宣传手册》,入机关、入党校、入企事业、入社区。她在景德镇首次采用组织推荐、个人自荐、公开演讲、市民投票、评选委员会评选、日报公示相结合的整套评选机制运行的方式评选出首届瓷都十佳女性,社会反响大,日报供不应求。她还特别策划组织100名瓷都各界女精英共商妇女发展之计,共谋妇女发展之路,共为瓷都发展献良策,并汇编成册。她先后被授予省妇联系统新闻宣传工作先进个人、省美德在农家先进个人、"江西省三八红旗手"称号。2013年2月,她被全国妇联授予"全国三八红旗手"称号。

谢林花 1954年7月出生,高安市建山镇排楼村支部书记兼妇代会主任。要带动全村发展,让村里人过上幸福生活,面对眼前的窘境,身为村支书的她下定决心带头创业,为全村人做好榜样。为此,她在安排好村里工作的

同时,承包荒山建设了300亩泡桐、松树基地,120亩油茶基地,并承包2座水库养鱼,新建猪场1座,年出栏上百头,解决了20余名村民就业难题,在全村营造了创业致富的浓烈氛围,也树立了村干部带领群众创业致富的坚定信心和决心,全村群众渐渐地从创业的道路上看到了致富的希望。发展个人经济的同时还积极壮大集体经济,带领村民广泛种植富硒水稻、蔬菜,发展富硒产业,引进民间资本发展煤炭生产,开拓荒山建设千亩油茶基地等,集体经济壮大了,村民腰包也鼓起来了。2011年排楼村还建成了集远程教育、图书阅览、党建活动于一体的新村部,成为村民学习、休闲、运动的最佳场所,为不增加群众负担,村里没有收取群众一分钱。她在对待群众困难时,有求必应,在方便村民办事上,热情服务,在做好村级事务上,公开透明,村民心里敞亮了,对村里的工作也就理解和支持了。她先后获"江西省三八红旗手""江西省劳动模范"称号。2013年2月,她被全国妇联授予"全国三八红旗手"称号。

徐闽洪 1962年8月出生,贵溪市金土地农业发展有限公司总经理。她把反哺农业当成企业的使命。2009年,她在农村串亲戚的时候发现,农村现有土地许多都荒废着。很快,她承包下300余亩土地,成立了金土地农业发展有限公司,以"公司+农户"的形式建立稳定供销关系。开垦好的土地不但免费给农民种植,而且还提供塑料大棚、滴灌管道给农民使用,并且从浙江、江苏等省市聘请农业技术员,下到田间地头教授相关知识。还成立了农村科技图书馆,供农民使用。她把从农民手中收上来的农产品带到鹰潭市各大超市、学校和企业,绿色有机蔬菜以它的营养和口感上的绝对优势获得大众的喜爱。在市场上的好评让她对有机生态农业更加有信心。她决定投入更大的力度推广,通过网络平台把有机蔬菜远销上海、广州等国内一线城市。第一年就使农民人均增收3000余元,解决了数十位农村剩余劳动力的就业问题。金土地农业发展有限公司也相继获得"鹰潭市农业龙头企业"和"科技兴农单位"等称号。她不忘回报社会。10多年来,她个人和企业先后为扶贫、助学、济困捐款捐物达60多万元。曾获"江西省三八红旗手"称号。2013年2月,她被全国妇联授予"全国三八红旗手"称号。

余 晖 1966年1月出生,江西人民出版社副社长、副总编辑。她从事编辑20余载,出版了一批高质量上档次的"双效书"。担任责任编辑的图书获国家级、省部级、华东地区级图书奖几十个。策划、组稿、编辑、复审书稿500多部,年均发稿、审稿近千万字。参与组稿、编辑了由中国社科院组织全国120多位知名世界历史专家学者撰写的、亚洲第一部38卷的通史巨著《世界历史》。独立策划组织的《美国总统演说文库》中文版和英汉对照版两个系列丛书20多本,得到了读者的喜爱和好评,年年重印。在做好编辑工作的同时,十分注重理论水平的提高,撰写了大量的有关论文、书评等。撰写的《〈西方性学名著提要〉初审报告》获得江西省首届优秀初审报告奖。并在《江西师范大学学报》《出版发行研究》《中国律师》《传媒》等多家报刊上发表论文。独立编写的被列入江西出版集团企业文化建设丛书的《趣说管理》一书,体裁独特、故事风趣、点评精妙,得到业内人士首肯。担任编辑部主任8年多,所任职的编辑部是社里最大的一个编辑部,也是一个最年轻的团队,主要是承担面向市场的一般图书的编辑出版工作。面对市场的考验,十分重视对新来编辑的传帮带工作,组织讨论选题,到市场上调研,对他们进行书稿编辑加工的指导。2008年汶川大地震后,组织编辑部的

全体人员在一个月内，收集整理资料，完成抗震救灾图书《选择坚强》和《爱的震撼》的编写工作，受到好评。曾获“江西省三八红旗手”“第五届江西省优秀中青年编辑”称号。2013年2月，她被全国妇联授予“全国三八红旗手”称号。

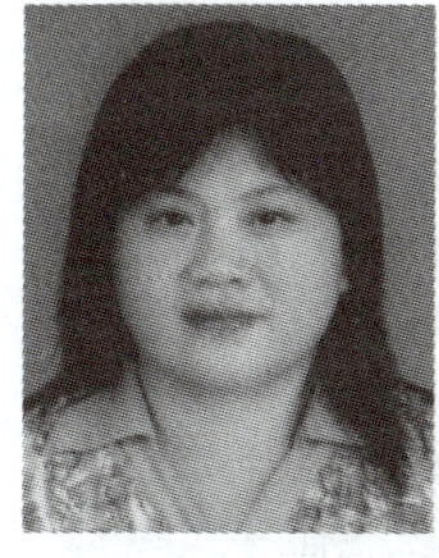

余丽萍 1971年12月出生，瑞昌市湓城街道广场社区党支部书记、主任。她把学习和工作结合在一起。她充分结合自身的实际，刻苦学习各项业务知识，努力向“岗位多面手，知识型干部”目标迈进，经常组织广大妇女学习、交流、搞各种艺术活动，从而使更多女性之间得到很好的沟通和交流，矛盾少了，人与人之间和谐了。她把心扑到工作上。多年来在她的领导下，积极开展各项争创活动，她费尽心思，想方设法帮助困难妇女职工解决生活困难，受到各级领导和居民的赞扬。她用爱温暖困难居民。在日常工作及生活中，积极带领社区干部开展帮扶活动，在帮扶中，她总是一马当先，哪里有困难，哪里就有她的身影，她对自己立下了“忠于职守，脚踏实地，一丝不苟，默默奉献”的誓言，并且自觉实践着。曾获“江西省城乡社区先进志愿者”“江西省三八红旗手”称号。2013年2月，她被全国妇联授予“全国三八红旗手”称号。

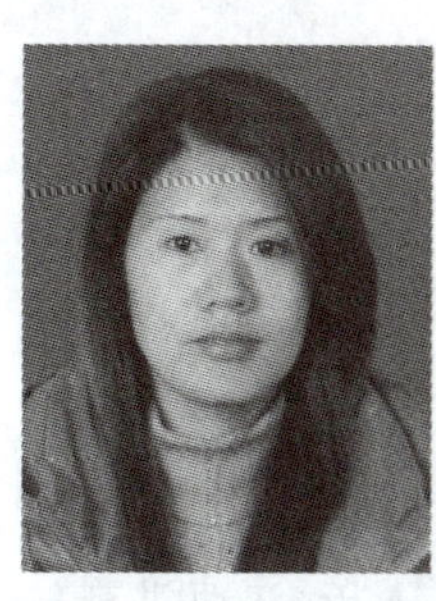

张秀桃 1982年7月出生，鄱阳县鄱阳镇卫生院医师。2003年7月毕业于河北医科大学，在部队医院实习期间，认识了鄱阳县一级残疾军人朱光进，并产生感情。凭着一份对军人男友最真挚的爱，她毅然放弃在大城市工作生活的机会，不顾家人反对，来到男友身边，和他结成终身伴侣。2012年3月通过江西省聘执业医师考试被分配在鄱阳县鄱阳镇卫生院工作。在工作中，她一直刻苦钻研，兢兢业业，从不拈轻怕重，受到院领导、同事和患者的一致好评。在家庭生活中，她十年如一日精心护理丈夫，无论遇到怎样的困难，从未退缩，也从未向组织伸手，始终保持乐观向上的人生态度，被誉为“全国最美军嫂”。曾获“全国爱国拥军模范”“江西省医德医风标兵”称号。2013年2月，她被全国妇联授予“全国三八红旗手”称号。

江西省五一劳动奖章获得者

易　桦　江西广济医院副主任医师
丁继锋　南昌大众餐饮满意早餐销售有限公司配送员
万　强　江铃汽车股份有限公司模具厂职工
睢　萌　方大特钢科技股份有限公司自动化部主任工程师
龚　东　南昌公共交通总公司五分公司三车队驾驶员
江　崛　南昌市中西医结合医院副主任医师
万海浪　南昌经济技术开发区规划建设局高级工程师
欧阳俊　南昌市建筑科学研究所副所长
付华安　进贤县地方税务局副局长
刘建新　新建县工商行政管理局党组书记、局长
许本立　南昌市东湖区国有土地上房屋征收与补偿办事处主任
李龙萍　江西鑫源房地产开发有限公司开发部经理
周　科　南昌华宏汽车北京现代青云谱4S店修理工
赵　勇　南昌市高新区公安分局治安大队大队长
郭　峰　江西省南昌市地方税务局副局长
郑克一　南昌水业集团有限责任公司董事长
刘小仙　九江市三兴纺织实业有限公司生产部总操作员
曾　正　九江萍钢钢铁有限公司炼钢厂连铸机长
张四华　修水县华伟矿产资源再生有限公司技术主管
陈是礼　江西旭阳雷迪高科技股份有限公司车间主管
龚　隽　九江银行股份有限公司沙河支行行长
周志军　九江市公路管理局武宁分局道班班长
陈卫建　九江市妇幼保健院主任医师
万金陵　九江市第一中学特级教师
刘文森　长江航运公安局九江分局九江派出所民警
熊德金　九江市国家税务局直属税务分局局长
温亚涌　九江市地方税务局党组书记、局长
李迎军　江西九江供电公司总经理、党委副书记
胡长和　江西省乐平市中医医院副院长
朱进来　景德镇浮梁县进来茶叶专业合作社理事长
邓明锦　景德镇陶邑文化发展有限公司陶溪川项目部负责人
李　婷　江西省景德镇市古窑民俗博览区讲解员
吴　能　景德镇陶瓷艺术研究院常务副院长
周　红　江西省陶瓷研究所高级工艺美术师
童玉明　景德镇市商业银行股份有限公司董事长
杨伟萍　江西萍钢实业股份有限公司安源炼铁厂高炉车间主任
肖乐业　萍乡庞泰实业有限公司副总工程师
文　建　江西亿仁律师事务所律师
荣联清　萍乡高等专科学校材料与化学工程系主任
文建勋　江西省农村信用社联合社萍乡办事处党组成员
李国梁　萍乡市工商行政管理局党组书记、局长
徐家伟　中共鹰潭市委办公室司机
林洪迪　贵溪市鑫浩泰铜业有限公司技术科长
丁坤明　鹰潭市余江县春涛乡卫生院院长
彭　良　鹰潭市信江新区江北街道信江社区党支部副书记
孙文金　中国人民银行鹰潭市中心支行行长
李长宏　新余钢铁集团有限公司第一

炼钢厂炼钢车间3#炉甲班炉长
陈　英　新余市人民医院儿科主任
胡新平　新余市环境卫生管理处大作业班班长
范承保　新余第一中学年级主任
刘　刚　分宜宏大煤矿电机制造有限公司副总工程师
陈　冰　江西赣西供电公司总经理、党委副书记
晏　静　宜春上高县上甘山林场职工
黄春如　江西省樟树第三中学教师
刁　江　宜春公安局交警支队直属二大队金瑞中队中队长
陈青云　宜春地方税务局直属分局局长
戴耀华　宜春市公路管理局铜鼓分局高级工程师
刘庆华　高安市供电有限责任公司经理
舒火妹　江西丰顶山农业生态科技有限公司职工
叶四明　江西同和药业有限公司生产技术部经理
柳道平　江西煤业集团有限责任公司坪湖煤矿矿长
吴子良　江西省德兴市源森红花茶油有限公司车间主任
黄　芳　江西万年青水泥股份有限公司万年水泥厂熟料车间操作员
徐忠堂　江西新金叶实业有限公司技术主管
占玉海　江西省鄱阳县鸦鹊湖垦殖场党委书记
俞祖旺　上饶市公路管理局万年分局局长
张国兴　婺源县人民医院副主任医师
邓德华　玉山县自来水公司技术员
胡三曲　江西艾芬达卫浴有限公司机修组组长
刘　骋　上饶市地方税务局局长
朱与平　德兴市金灵矿产品有限公司工程师
毕玉平　上饶市个体私营经济协会直属分会会长
李红平　江西省深安电子工业有限公司生产部主管
段学斌　吉安娃哈哈饮料有限公司品管科长
曾跃文　江西赣粤恒兴机电材料有限公司生技部经理
王　斌　吉安市公路局吉水分局乌江养路队队长
刘荣坚　江西省安福县第二中学校长
钟小兰　吉安市第三人民医院护士
黎翠兰　吉安市吉州区永叔街道青石街社区居委会书记
刘沪明　江西中烟工业有限责任公司井冈山卷烟厂厂长
袁　炎　中共赣州市委办公厅副主任
谢芳春　兴国县城乡规划设计局科员
曾卫红　江西省定南县人民医院儿科主任
陈　亿　于都县供电有限责任公司营销部副主任
廖爱阳　江西华科稀土新材料有限公司技术总监
刘伟胜　赣州高速公路有限责任公司总经理助理
刘建生　赣南医学院第一附属医院全科医学科副主任
方金龙　江西下垄钨业有限公司副总工程师
罗招荣　江西省安远县第一中学校长
刘跃清　赣州市农业科学研究所高级农艺师
梁起禄　江西金力永磁科技有限公司生产部成型工段班长
邹永春　中铁大桥局赣龙铁路GJ—2标工程指挥部工程师
李世锋　江西赣州南方万年青水泥有限公司总经理
陈海燕　江西博雅生物制药股份有限公司财务总监
吴鸿强　恒安(江西)卫生用品有限公司车间主任
黎　华　江西洪门实业集团有限公司销售经理
张树臣　江西大唐国际抚州发电有限责任公司项目经理
何淑静　江西富旺有色金属冶炼有限公司技术科长
周洪和　南城县永泰纸业有限公司工人
黄星昌　江西省临川第一中学教师
付和平　抚州市地方税务局局长
吴福清　江西恒力电池科技有限公司董事长
欧阳天高　江西省邮政公司党组书记、总经理
郑志勇　江西中电投新昌发电有限公司总经理
赵小冬　中国人民银行南昌中心支行工会办公室主任
刘智群　中国工商银行股份有限公司高安支行行长
罗　伟　中国东方航空公司股份有限公司江西分公司高级工程师
黄旭东　江西洪都航工业股份有限公司飞机总装厂工人
胡根龙　江西建工第一建筑有限责任项目经理
黄云波　江西铜业集团(德兴)铸造有限公司工人
杨文浩　中国电信股份有限公司南昌分公司红谷滩分局“杨文浩客端装维班”班长
孔发龙　江西省农村信用社联合社党委副书记、主任
邓天亮　萍乡矿业集团湘雅萍矿合作医院院长
黄德锋　南昌铁路局南昌供电段萍乡供电车间轨道车司机
邱晓健　南昌理工学院科研产业中心主任
王恒文　国电江西电力有限公司党组书记
姚　前　中国建设银行鹰潭江铜支行行长
廖成庚　中国农业银行樟树市支行行长
邓江维　江西畅行高速公路服务区开发经营有限公司综合部经理
杨　玉　江西省儿童医院副院长
黄　闽　中国移动通信集团江西有限公司万载县分公司经理

江西青年五四奖章获得者

王卫华　1977年1月生，中共党员，西北工业大学毕业，大学学历，江西洪都航空工业集团有限责任公司660设计研究所所长兼党委副书记。他热爱航空，执着追求，勇攀高峰，思路开阔，坚定改革之路。在型号研制工作中，他大胆创新，勤于

尝试，带领团队攻克了一个个技术难关，组织完成的某任务计算机应用软件的开发工作，实现了设计所机载设备软件开发零的突破。他狠抓基础管理，注重培养高技术人才队伍，取得了卓越的成绩。曾获国防科技进步二等奖，"南昌市劳动模范""江西省劳动模范"等奖项。2013 年 5 月，他被共青团江西省委授予"江西青年五四奖章"称号。

王小华 1980 年 7 月生，初中学历，江西省遂川县个体经商户。2010 年 6 月 21 日凌晨，他听到邻居呼救后赶往现场，并勇敢地与两个持刀窃贼搏斗，最后光荣负伤。他不畏强暴见义勇为的事迹在《法制日报》《中国新闻网》《中国广播网》《江西政法网》《吉安政法网》《井冈山报》等众多权威媒体进行了报道，引起社会广泛关注。曾获"吉安市第二届道德模范""江西省第二届道德模范"等奖项。2013 年 5 月，他被共青团江西省委授予"江西青年五四奖章"称号。

王品刚 1975 年 6 月生，中共党员，江西师范大学毕业，大学学历，江西省工艺美术大师，景德镇青年画院副院长。他的陶艺作品赋予了传统古典艺术题材以现代装饰风格，创作的古典文学诗词陶瓷作品，获中国工艺美术百花奖金奖、首届中国高岭国际陶瓷艺术大赛展提名奖等众多国家级大奖，多件作品被中国工艺美术馆收藏。承接了多家国内外顶级五星级酒店的艺术品配置，北京饭店陈设其书画和陶瓷作品数十件，被香格里拉酒店称为御用画家。他积极参加公益事业，在抗震救灾、扶贫助残等活动中积极开展义卖义捐、为困难职工送温暖等活动，坚持长年回家乡看望乡镇敬老院孤寡老人。2013 年 5 月，他被共青团江西省委授予"江西青年五四奖章"称号。

刘成奎 1980 年 3 月生，中共党员，中国武警学院毕业，大学学历，江西省公安消防总队司令部参谋。他苦练本领、精通业务，在省、市消防比武竞赛中 5 次获单项第一、4 次获单项第二的优异成绩。他立足本职、爱岗敬业，任中队主官期间，率领中队长夺得全市岗位练兵比武竞赛总分第一名，5 次被评为全省先进中队，被公安部评为"全国三基建设先进中队"，荣立公安部集体二等功。他舍生忘死，参加灭火救援 1000 多次，挽救了 100 多人的生命。2014 年 4 月 12 日，两次跳入青山湖，从冰冷的湖水成功救起 3 名落水少年，这一事迹被《江南都市报》等多家媒体报道，他的事迹传递了爱心和正能量，受到社会各方面高度赞誉。曾荣立个人三等功两次，曾获"一对好主官"等奖项。2013 年 5 月，他被共青团江西省委授予"江西青年五四奖章"称号。

刘国栋 1977 年 1 月生，中共党员，博士研究生学历，教授，江西科技师范大学江西省光电子与通信重点实验室常务副主任。他博士毕业后，放弃外企高薪的岗位，毅然回到家乡，从一名普通的科研工作者干起，从无到有建设江西省光电子与通信重点实验室，成绩斐然。曾主持国家自然科学基金、国家发改委产业项目等 10 余项科研项目，发表学术论文 60 余篇，获得国家发明专利 9 项，实用新型专利 20 项，软件注册权登记 2 项。开发利用体全息技术研发的新型干式光纤技术、凹面全息光栅分光全自动生化分析仪、无线基站共建共享系统取得了近亿元的经济效益。曾获"北京科技进步奖""江西省科技进步奖""江西省自然科学三等奖""江西省研究生教学成果奖""江西省教学成果奖""江西省高校科技成果奖"等奖项。2013 年 5 月，他被共青团江西省委授予"江西青年五四奖章"称号。

朱元方 1974 年 10 月生，中共党员，重庆医科大学毕业，博士研究生学历，副教授，副主任医师，南昌大学第一附属医院妇产科副主任、产科主任。5 年来，他救治的危重症孕产妇 2100 余名，孕产妇救治成功率达 99.85%，新生儿死亡率 0.35%，凶险性前置胎盘平均出血 1200 毫升，产后出血子宫切除率 0.36%，先后在全国、华东地区和全省的产科危急重症学术会议上做过多次专题讲座。创造了全省危重症孕产妇救治的多个第一，跻身全国先进行列。中华医学会妇科肿瘤分会全国青年委员，妇产科"全国青年文明号"号长，累计关爱母婴 1.20 万余人次，志愿服务 1.80 万余小时。获江西省卫生系统学术和技术带头人培养对象，"江西省高校骨干青年教师""全省支援农村卫生工程先进工作者""重庆市高校精神文明建设先进个人"称号。2013 年 5 月，他被共青团江西省委授予"江西青年五四奖章"称号。

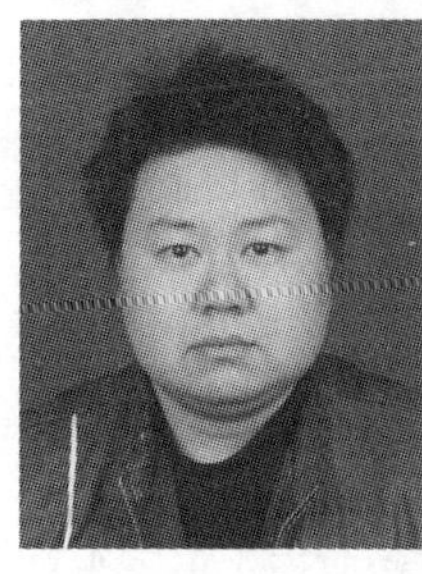

吴 钰 1985 年 1 月生，华东交通大学毕业，大学学历，南昌铁路局南昌南车辆段鹰潭东运用车间检车员。他参加工作以来，扎根岗位，勤学苦练，凭着吃苦耐劳、踏实奉献、执着追求的职业精神，在各类技术比赛中表现突出，从一名退伍军人成长为全路火车头奖章获得者，实现了一名普通货车车辆检车员到全路技术能手的转变。在实际工作中，他能将自身所学融入安全生产，积极开展安全问题 QC 攻关，发挥传、帮、带作用，带动身边的职工比、学、赶、超，助推职工学技练功活动，营造了"学技术、练硬功、保安全"的良好氛围。曾获铁路局"技术能手""安全标兵"、铁路总工会"火车头"奖章等奖项。2013年5月,他被共青团江西省委授予"江西青年五四奖章"称号。

张 薇 1981年8月生,汕头大学毕业,法学硕士研究生学历。江西省丰城市人民检察院副检察长。她多年来投身未成年人刑事检察工作,所创办的帮教失足未成年人的"阳光工作室",并获得全国青少年维权岗、江西省青少年维权岗、全省未成年人保护工作先进集体等称号。所帮教的38名不捕不诉失足未成年人无一人重新犯罪,均健康回归校园和社会。设立"阳光基金"先后资助12名涉罪未成年人和未成年被害人近3.0万余元,曾接受2000余人次电话咨询和QQ求助,取得了良好的法律效果和社会效果。她扎根基层检察工作,服务基层群众,化解基层矛盾,共接待来访群众380人次,对尚未进入审查逮捕和审查起诉的轻伤害案件的调解148件,所分管的控申部门获得"全国文明接待窗口"称号。2013年5月,她被共青团江西省委授予"江西青年五四奖章"称号。

张安华 1979年6月生,中共党员,西南科技大学毕业,工商管理硕士,高级工程师,江西中捷工程建设有限公司董事长。他锐意进取,科学管理,将一个平淡无名的施工企业打造成江西较有知名度的建筑公司,被评为江西省"重合同、守信用"AAA级企业称号。他积极参加各项公益活动,积极支持青少年发展公益事业,捐资30万元用于政府修路,多次参加江西省青少年发展基金会组织的定向捐赠活动,2013年以来累计捐资达158万元。2013年荣获全省"未成年人保护工作先进个人"称号。2013年5月,他被共青团江西省委授予"江西青年五四奖章"称号。

张修志 1977年6月生,中共党员,同济大学毕业,博士研究生学历,副教授,江西理工大学经济管理学院副院长,省政府发展研究中心特约研究员。他成功为一位患白血病的10岁江苏女孩捐献了造血干细胞,并捐赠5000元爱心款,成为赣州市第4位、全省第27位、全国第3197位造血干细胞捐献者,也是江西首位高校教师造血干细胞捐献者。他积极引导学生创新创业,网络创业工作室的出色成果受到教育部高校就业评估组专家的高度赞赏。曾获第二届、第三届、第四届全国大学生网络商务创新应用大赛"优秀指导老师",第三届全国大学生电子商务三创挑战赛"优秀指导老师",第八届"挑战杯"江西省大学生创业计划竞赛"优秀指导老师"、省教育厅身边"张丽莉"式优秀教师称号,江西省"中国好人"等奖项。2013年5月,他被共青团江西省委授予"江西青年五四奖章"称号。

张梦颖 1987年8月生,南昌理工学院毕业,大学学历,江西省武宁县志愿者协会副会长。她身为女儿身,却不畏艰难,主动担任志愿者前往宁夏支教。她是一名军嫂,又是一名全职志愿者,她情系地震灾区,汶川地震的灾区流动着她的身影。她坚持志愿服务7年,牵头筹建"520儿童之家",为特殊儿童提供帮助。她情暖弱势群体,发起冬衣募捐活动,为边穷地区募集御寒衣物数万件,她经常组织志愿者到敬老院慰问老人。曾获"和谐九江·十大身边好人""江西省好人榜"等奖项。2013年5月,她被共青团江西省委授予"江西青年五四奖章"称号。

李大军 1984年8月生,中共党员,安徽警官学院毕业,大学学历。江西省全南县大吉山镇人民政府副镇长兼司法所所长。他是一名"80后"的村官,带头承包0.67公顷鱼塘搞养殖。为促进村民经济收入,他向上争取中央支农资金190万元,改造标准化鱼塘。他发挥特长,创办了全南县第一份"村报"。走上基层领导干部岗位后,他为112个困难家庭提供法律援助,帮助群众挽回损失近百万元。他用好财政资金,想方设法募集社会资金233万元,修建通组公路5.3千米,改扩建小农水项目8个,修缮村级小学2所。2013年5月,他被共青团江西省委授予"江西青年五四奖章"称号。

邹志刚 1983年6月生,中共党员,江西师范大学毕业,硕士研究生学历,江西师范大学高校文艺中心办公室主任、艺术总监。他先后在意大利罗马、中国香港成功举办"中国梦·我的梦"独唱音乐会,并在经典歌剧《蝴蝶夫人》中国巡演中成功出演男一号。作为省微爱公益形象大使、发起人,他成立南昌微爱公益发展中心、鹰潭微爱公益发展中心,已多次资助学校奖学金,义务指导老年合唱团,曾获全省红歌演唱会亚军、第八届罗马国际声乐比赛冠军、第44届贝里尼国际声乐大赛亚军等奖项。2013年5月,他被共青团江西省委授予"江西青年五四奖章"称号。

闵青梅 1975年9月生,初中学历。江西省靖安县环卫所临时工。年仅20岁的她不顾家人反对,走进一堆债务高筑还有一双儿女的贫困家庭。十多年以来,她坚持悉心照料高位截瘫的丈夫,不抛弃、不放弃的誓言在她身上得到了淋漓尽致的诠释,她以强大的精神力量,为贫困的家庭撑起一片天。她曾获"第三届全国道德模范提名奖”等奖项。2013年5月,她被共青团江西省委授予“江西青年五四奖章”称号。

易　龙　1978年1月生,中共党员,西南大学毕业,博士研究生学历,教授,国家脐橙工程技术研究中心副主任、赣南师范学院生命与环境科学学院常务副院长。他主要从事植物病害监测预警与苗木脱毒研究工作。主持承担国家级、省部级项目十余项,研发的脐橙危险性病害快速检测技术在江西脐橙产区得到广泛应用,累计推广应用面积6.67公顷,建立了危险性病害的监测预警技术体系,挽回经济损失5000万元以上。建立了脐橙无病毒繁育体系,为生产提供无病毒优良脐橙苗木、接穗2000余万株,为赣南脐橙产业的健康发展发挥了重要作用。他热衷于惠民行动,定期组织教授、博士服务团开展脐橙种植技术讲座,每年培训果技干部、果农2000余人次。曾入选江西省青年科学家培养对象,江西省高等学校中青年学科带头人。2013年5月,他被共青团江西省委授予“江西青年五四奖章”称号。

胡启初　1974年10月生,中共党员,小学文化,萍乡市启初关爱志愿者协会会长。20多年来,他身残志坚,以顽强的毅力谱写出一曲感人至深的生命之歌。他高位截瘫,坚持编写长篇小说200多万字,读者被他的顽强毅力所感动,都尊他为“中国保尔”。他靠着轮椅,以强烈的使命感守护留守儿童并建立了“守望之家”,为留守儿童们撑起一片蓝天;在医院的病床上,他用尚能活动的左手,郑重地在《江西省志愿捐献遗体申请登记表》上签下自己的姓名。曾入围《感动中国》年度人物,获萍乡市道德模范、江西省第二批“雷锋哥”,“CCTV年度慈善人物”提名奖等奖项。2013年5月,他被共青团江西省委授予“江西青年五四奖章”称号。

赵　丹　1975年12月生,中共党员,南昌大学毕业,研究生学历,公共管理硕士,南昌日报经济新闻部主任。他坚持从事新闻工作16年,虽患上了严重的胃病,但仍笔耕不辍,共发表各类新闻稿件5000多篇累计400余万字;他向南昌市政府递交上百条建议,由他提出的《在南昌市城区推行“数字城管”的建议》,推进了城市管理的“数字城管”建设;他每年从工资中拿出3000元资助贫困生,累计帮助60余人次,资金达3万元之多。曾获各级新闻奖十余个,“南昌市第三届道德模范”等奖项。2013年5月,他被共青团江西省委授予“江西青年五四奖章”称号。

梁志强　1986年9月生,中共党员,海南大学毕业,大学学历,江西省东乡县邓家乡嵇坊村书记助理。2013年初,他创建了大学生村官百亩苗圃创业基地。2013年11月,被《中国青年报》选为全国优秀大学生村官30名代表之一,参加由中组部和团中央批准的第二期全国大学生村官南海体验基地;2014年1月,参加共青团江西省委和省中小企业局发起的第二届“赢在江西”青年创新创业大赛活动并进入15强;2014年,他策划拍摄了全省首部反映大学生村官题材公益微电影《桂花香》,获得抚州市电教片观摩评比一等奖。曾获全省十大雷锋哥等奖项。2013年5月,他被共青团江西省委授予“江西青年五四奖章”称号。

阎　飞　1976年4月生,中共党员,景德镇陶瓷学院毕业,副教授,景德镇陶瓷学院设计艺术学院副院长。他是中国宋代五大名窑传承人中学历最高、研究平台最大、钻研经历最丰富的学者,他将中国陶瓷文化在国际国内进行了推广和创新,出版的专著《中国钧瓷》被誉为关于中国五大名窑之一钧瓷最完整的著作,近20篇科研学术论文发表在《文艺争鸣》《中国陶瓷》《装饰》等专业核心刊物上。他奉献精神强,2008年向四川汶川捐建了4座图书馆,并捐赠了价值60余万元的藏书。他创作的作品获得中国民间文艺家协会颁发的艺术最高奖山花奖、第九届全国陶瓷艺术设计创新评比铜奖。2013年5月,他被共青团江西省委授予“江西青年五四奖章”称号。

龚　辉　1982年10月生,中共党员,湖南公安高等专科学校毕业,大学学历,江西省南昌市高新公安分局麻丘派出所民警。从警8年来,他爱岗敬业,刻苦钻研本职业务,参与侦办多起系列团伙盗窃案等刑事案件50余起,治安案件100余起,为群众挽回直接经济损失100余万元。他无私帮助残疾女孩周某,在社会上引起强烈反响,被亲切地称为“残疾女孩的警察‘爸爸’”,网友盛赞他是新时代的“活雷锋”。荣立个人二等功一次、荣立个人三等功五次,个人一等功一次。曾获“南昌市十大爱民警察”“南昌市道德模范”“南昌青年五四奖章”“江西省十大雷锋哥”“全国公安系统学雷锋活动先进个人”“全国最美警察”等奖项。2013年5月,他被共青团江西省委授予“江西青年五四奖章”称号。

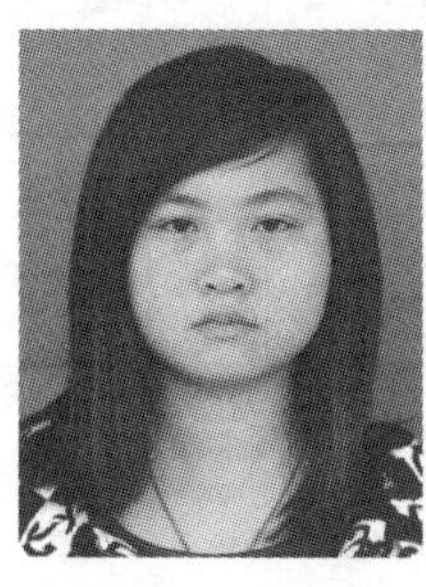

曾菲菲　1995年9月生,共青团员,江西省峡江县职业中专学生。12岁那年,因父亲的去世,她用柔弱的身体承担起照顾年逾

八旬的老奶奶、生活不能自理的残疾母亲和两个年弱的弟弟妹妹的责任。为卖菜养家糊口，在奶奶的带领下，到处开荒种菜总面积近0.13公顷。她一边照料家人坚持上学，用阳光的心态克服困难努力求学。她成为当地人心中的“最美女孩”。2013年5月，她被共青团江西省委授予“江西青年五四奖章”称号。

谢　宇　1975年1月生，中共党员，中国科学院理化技术研究所毕业，博士研究生学历，教授，南昌航空大学教师。他主要从事材料化学方面的教学与科研工作。在国际学术期刊上发表学术论文100多篇，其中SCI、EI收录70余篇，发表的SCI论文最高影响因子达到6.930，研究达到国际先进水平，研究论文单篇最高引用60余次。授权发明专利26项、实用新型专利5项，出版著作1部。他在进行理论研究的同时，注重研究成果的开发应用，积极争取研究成果转化，已有10余项发明专利获得转让与应用。入选“赣鄱英才555工程”青年拔尖人才培养计划。曾获江西省高等学校科技成果一等奖、三等奖，省级科技成果等奖项。2013年5月，他被共青团江西省委授予“江西青年五四奖章”称号。

本栏编辑　詹跃华　朱岳

·资　料·

江西历代进士名录(六)

姓名	籍贯	朝代	上榜时间	姓名	籍贯	朝代	上榜时间
李　冕	丰城	宋	庆历二年(1042)	何　潜	南城	宋	庆历二年(1042)
黄　巽	鄱阳	宋	庆历二年(1042)	廖夷清	南城	宋	庆历二年(1042)
刘　宇	鄱阳	宋	庆历二年(1042)	胡穆之	南城	宋	庆历二年(1042)
董　渊	德兴	宋	庆历二年(1042)	许维则	南城	宋	庆历二年(1042)
章　毂	余干	宋	庆历二年(1042)	袁　陟	南昌	宋	庆历六年(1046)
王仲舒	浮梁	宋	庆历二年(1042)	彭　度	南昌	宋	庆历六年(1046)
金君卿	浮梁	宋	庆历二年(1042)	彭　应	南昌	宋	庆历六年(1046)
张彦方	德兴	宋	庆历二年(1042)	李　襄	丰城	宋	庆历六年(1046)
易定基	安仁	宋	庆历二年(1042)	黄　昭	分宁	宋	庆历六年(1046)
洪　亶	建昌	宋	庆历二年(1042)	熊　弁	鄱阳	宋	庆历六年(1046)
刘嘉正	德安	宋	庆历二年(1042)	熊　本	鄱阳	宋	庆历六年(1046)
虞太宁	铅山	宋	庆历二年(1042)	张　奕	鄱阳	宋	庆历六年(1046)
王安石	临川	宋	庆历二年(1042)	李唐辅	鄱阳	宋	庆历六年(1046)
张　洁	临川	宋	庆历二年(1042)	徐　纬	鄱阳	宋	庆历六年(1046)
江　任	临川	宋	庆历二年(1042)	董　庄	德兴	宋	庆历六年(1046)
刘　臻	临川	宋	庆历二年(1042)	祝　谏	德兴	宋	庆历六年(1046)
胥世澄	宜黄	宋	庆历二年(1042)	邵　庆	都昌	宋	庆历六年(1046)
严　震	泰和	宋	庆历二年(1042)	李师纯	建昌	宋	庆历六年(1046)
萧汝励	吉水	宋	庆历二年(1042)	吴　铸	建昌	宋	庆历六年(1046)
罗日宣	吉水	宋	庆历二年(1042)	石茂祥	德安	宋	庆历六年(1046)
萧汝霖	吉水	宋	庆历二年(1042)	梅　玠	德安	宋	庆历六年(1046)
董　傪	永丰	宋	庆历二年(1042)	周程万	湖口	宋	庆历六年(1046)
曾朝阳	永丰	宋	庆历二年(1042)	应舜臣	贵溪	宋	庆历六年(1046)
邹　勋	永丰	宋	庆历二年(1042)	虞大微	铅山	宋	庆历六年(1046)
郭师愈	龙泉	宋	庆历二年(1042)	裴　煜	临川	宋	庆历六年(1046)
段惟修	永新	宋	庆历二年(1042)	蔡元振	临川	宋	庆历六年(1046)
萧　询	清江	宋	庆历二年(1042)	侯叔献	宜黄	宋	庆历六年(1046)
陆　起	新淦	宋	庆历二年(1042)	蔡宗贺	临川	宋	庆历六年(1046)
刘　敌	新喻	宋	庆历二年(1042)	王　沆	临川	宋	庆历六年(1046)
李　观	袁州	宋	庆历二年(1042)	傅天翼	南城	宋	庆历六年(1046)
胡舜元	南城	宋	庆历二年(1042)	刘扶庆	南城	宋	庆历六年(1046)
马仲甫	南城	宋	庆历二年(1042)	傅　容	南城	宋	庆历六年(1046)

专　　录

江西省人民政府关于支持赣东北扩大开放合作加快发展的若干意见

2013 年 8 月 23 日

各市、县(区)人民政府,省政府各部门:

赣东北地区包括上饶、景德镇、鹰潭,地处赣浙闽皖四省结合部,是内地通往东部沿海的重要通道,是我省对接长三角和海西经济区的前沿阵地,是鄱阳湖生态经济区的重要组成部分。为加快推动赣东北参与长三角、海西经济区等沿海发达地区分工合作,以大开放促进大发展,现提出如下意见。

一、总体要求

(一)重大意义

赣东北区位优势独特,产业特色突出,资源条件优越,生态环境优美,发展开放型经济潜力巨大。支持赣东北扩大开放合作,有利于顺应沿海新一轮产业转移趋势,探索承接产业转移新模式,提高我省开放型经济发展水平;有利于在更高层次参与区域分工合作,增强对外开放竞争力和影响力,构建与东部沿海发达地区合作发展的新平台;有利于加速壮大综合实力,培育新的经济增长板块,完善区域总体发展战略,对于建设富裕和谐秀美江西具有十分重要的意义。

(二)指导思想

坚持以邓小平理论、"三个代表"重要思想、科学发展观为指导,全面贯彻落实党的十八大精神和省委第十三届七次全体(扩大)会议精神,以实现中华民族伟大复兴中国梦为引领,以与全国同步全面建成小康社会为目标,按照"发展升级、小康提速、绿色崛起、实干兴赣"的要求,加快区域升级步伐,以主动对接、分工合作、联动发展、互利共赢为基本原则,进一步解放思想,抢抓机遇,着力创新体制机制,优化开放格局,提高开放合作水平,加快融入长三角、海西经济区;着力完善基础设施,增强产业竞争力,推进美丽赣东北建设,努力把赣东北打造成对外开放合作重要平台和最具潜力的经济增长板块。

(三)战略定位

——中部地区重要的产业转移承接示范区。充分发挥区位和资源优势,深化与沿海地区分工协作,加强基础设施、产业发展和市场体系对接,创新合作发展模式和利益共享机制,坚持承接产业转移与推进自主创新相结合,培育壮大一批在全国具有竞争力的企业和产业基地。

——沿海地区优质农产品供应基地。发挥农业资源和生态环境优势,以沿海市场需求为导向,加强产供销合作,健全质量安全保障体系,着力建设一批粮油、肉类、蔬菜、水产、茶叶等特色农产品生产和加工基地,为沿海地区提供优质、安全的农产品。

——全国著名的文化生态旅游地。依托世界自然遗产、世界地质公园三清山、龙虎山,千年瓷都景德镇,"中国最美乡村"婺源等国家 5A 级旅游景区,挖掘整合旅游资源,加强赣东北旅游的整体开发和推广,着力打造世界知名、国内一流的旅游地。

(四)发展目标

——到 2015 年,全方位开放合作格局基本形成,开放型经济增速明显高于全省平均水平,实际利用外资、利用省外资金、出口总额三项指标占比达到全省五分之一以上;旅游收入突破 1000 亿元;优势产业进一步壮大,战略性新兴产业比重提高;生态建设和环境保护取得明显成效;城镇化率力争达到 53% 以上,城乡居民收入与经济同步增长。

——到 2020 年,开放合作体制机制更加完善,在全省大开放战略中的作用进一步凸显;综合交通运输和能源保障体系进一步完善,以战略性新兴产业和现代服务业为支撑的现代产业体系基本形成;综合经济实力大幅提升,经济总量占全省比重明显提高,实际利用外资、利用省外资金和出口总额占全省比重力争达到四分之一;生态环境更加优良,城乡居民生活更加殷实,与全国同步实现全面建成小康社会目标。

二、优化发展空间,构建开放合作区域新格局

(五)完善功能定位

立足资源优势和产业基础,鼓励赣东北地区错位发展,形成"一极两都"开放开发格局。上饶市发挥向东开放桥头堡作用,加快建设光伏、光学、先进装备制造产业基地和全国旅游强市,打造我省东部的重要增长极。景德镇市建设国家航空高技术产业基地和文化生态旅游城市,振兴千年陶瓷,打造"世界瓷都"。鹰潭市建设中国丹霞·道教文化旅游城市和区域性物流节点城市,依托国家级铜产业基地,打造"世界铜都"。

(六)建设新型城镇体系

依托交通要道,发挥中心城市集聚辐射功能,积极构建功能完善、结构合理、多中心带动的新型城镇化格局。支持上饶构建赣浙闽皖四省交界区域中心城市,科学规划建设以上饶市中心城区为核心,包括广丰、玉山、横峰、弋阳、铅山的信江河谷城镇群,探索打造内陆城镇化建设示范区,到2015年信江河谷城镇群城镇人口超200万人;以景德镇市中心城区为核心,着力推进中心城区与乐平、浮梁同城发展,到2015年景德镇城镇人口超100万人;以鹰潭市中心城区为核心,着力推进中心城区与贵溪、余江同城发展,到2015年鹰潭城镇人口达到70万人。加快鄱阳、余干、德兴等中小城市发展,统筹推进沪昆沿线城镇密集带、昌万公路沿线城镇带发展。

(七)优化产业布局

主动承接沿海地区产业转移,加快产业集聚,重点打造九大产业板块,即:以上饶为重点的光伏新能源产业板块、光学产业板块、先进装备制造业板块,以景德镇为重点的陶瓷及文化创意产业板块、航空及汽车制造业板块,以鹰潭为重点的有色金属新材料产业板块、节能环保产业板块,以三清山、龙虎山、龟峰、千年瓷都景德镇、"中国最美乡村"婺源为重点的文化生态旅游板块,以鄱阳、余干、万年、浮梁、乐平为重点的绿色食品板块。

三、创新开放模式,全方位扩大开放合作

(八)壮大产业承接园区

科学规划园区产业布局,形成特色鲜明、产业集聚、用地集约的产业园区体系。支持上饶国家经济技术开发区、景德镇国家高新技术开发区、鹰潭国家高新技术开发区等条件较好的园区拓展综合服务功能,促进产城融合发展。发挥园区已有重点产业、骨干企业的带动作用,吸引产业链条整体转移和关联产业协同转移,加快省级承接产业转移示范区建设。推动省级开发区扩区调区,支持贵溪、广丰、乐平等省级开发区升级为国家级开发区,鼓励创建国家循环化改造示范园区。加强园区科技创新服务平台、产品检测服务平台建设。鼓励园区与沿海地区政府、开发区、大企业、战略投资者广泛合作,发展"飞地经济",探索不同的管理模式和利益分享机制。规划建设赣浙、赣沪、赣闽、赣台等飞地园区,推进沿海产业组团式转移。

(九)加强跨区域旅游协作

整合优势资源,统筹景区配套设施和景区间公路建设,加快形成以三清山、龙虎山、景德镇、婺源、龟峰、神农源、鄱阳湖湿地公园为重点的赣东北旅游圈,提高景区间通达能力和服务水平。积极发展观光体验、红色经典、民俗风情、休闲度假等特色旅游。支持景德镇申报世界文化遗产。充分利用武夷山旅游资源,发展生态旅游。推动有条件的景区创建国家5A级景区。加强与安徽黄山、福建武夷山景区的对接,扩大与杭州西湖、厦门鼓浪屿等景区的合作,共同培育跨省旅游精品线路,推动建设跨省无障碍旅游区。依托高铁和高速公路,打造赣浙闽皖四省边际旅游黄金走廊。编制赣东北旅游合作发展规划,支持组建综合性旅游集团,加大旅游整体形象推介,提升赣东北旅游品牌在全国的知名度和影响力。

(十)建设大通关服务体系

加强口岸设施建设,尽快建成鹰潭海关,建设景德镇海关监管场所,支持南昌海关驻上饶办事处升格为上饶海关,推动上饶设立综合保税区或保税物流中心。强化电子口岸信息平台建设,完善与长三角、海西经济区相关口岸的协作机制,大力推进通关便利化。深化与宁波、洋山、厦门、宁德等港口合作,加快借地建港、借港出海步伐,建设宁德港上饶码头。强化铁海联运、陆海联运、"五定班列"等作业项目,推动管理精细化、运营常态化。完善集疏运网络,延伸辐射范围,实现区域通关资源共享。

(十一)扩大经贸合作交流

加快转变外贸发展方式,优化对外贸易结构。扶持特色出口基地建设,完善提升上饶信州区光学、鹰潭铜深加工、景德镇陶瓷、婺源茶叶、余江眼镜、德兴异VC钠等省级出口基地,争创国家级外贸转型示范基地。发挥赣浙闽皖"四省九地"交流平台效应,打造瓷博会、茶博会等一批有影响力的经贸展会,积极参与赣港经贸合作、赣台经贸合作研讨会、中国国际投资贸易洽谈会、中部投资贸易博览会等活动,扩大赣东北产品知名度和市场份额。实施"走出去"战略,鼓励有实力的企业到境外开发资源、承包工程、投资办厂,带动产品出口和劳务输出,提高国际市场竞争力。

(十二)提高招商引资水平

围绕特色产业板块,开展有针对性招商,组织赣东北专题招商引资活动。拓宽招商渠道,深化以商招商、以企招商,强化网络招商。加强招大引强力度,引进龙头企业,形成带动效应。抓住央企入赣开展帮扶活动的有利时机,谋划和引进一批高新技术、现代物流、旅游地产、电子信息等项目。积极吸引世界500强、国内500强企业到赣东北设立生产制造基地、研发中心、采购中心和分销中心。鼓励和引导现有企业通过股权转让、兼并重组、增资扩股、强强联合等方式,引进优势资本。统筹区域内招商引资政策,提高对外招商的整体协调性。

四、坚持开放带动，快速提升产业实力

（十三）发展壮大战略性新兴产业

大力引进有实力企业和先进技术，增强企业自主创新能力，推进协同创新和产学研用结合，着力培育新材料、新能源、航空制造、文化暨创意、节能环保等战略性新兴产业。立足江西铜业等龙头企业和鹰潭国家级铜产业循环经济基地，以铜金属冶炼为基础，推动铜材精深加工，延伸铜产业链，发展高精铜板带、铜箔、铜合金等新材料。大力扶持新能源产业发展，推动光伏企业增强核心技术创新能力，推进分布式光伏发电应用，加快风能、生物质能开发。推进景德镇国家新型工业化军民结合（直升机）产业示范基地建设，实施直升机桨叶、鄱阳无人机试飞保障等配套项目，加快民用直升机、重型机、无人机等研发进度，打造国内重要的航空制造产业基地。挖掘文化内涵，大力发展以陶瓷创意为主的文化暨创意产业，推进景德镇大遗址保护展示工程，着力建设景德镇陶瓷文化创意新区、景德镇陶溪川国际陶瓷文化产业集聚区，以及鹰潭雕刻、婺源“三雕”、广丰红木、万年稻作等文化产业园区（基地）。抓住国家加快节能环保产业发展的机遇，通过提升技术装备水平、加强合同能源管理等途径，着力建设以绿色照明、智能水表为主的节能环保产业基地。

（十四）大力发展现代生态农业

加强与沿海地区的农业合作，大力引进先进生产技术、经营方式和管理机制，推进现代农业经营模式创新。加强鄱阳湖产粮区能力建设，大力实施高标准农田建设工程，加大新型耕作技术推广力度，建设一批高产优质水稻生产基地。调整优化农业产业结构，加快建设有机茶、无公害蔬菜、特种水产、特色水果、高产油茶等特色农产品种养加工基地。加强资源整合和品牌塑造，提升婺源、浮梁绿茶，横峰葛、鄱湖水产、万年珍珠、乐平蔬菜、鹰潭早熟梨等生态绿色产品市场竞争力和影响力。加强农产品质量安全检验检测体系和动植物疫病防控体系建设。建设赣闽（台）农业合作示范园区，加快上饶出口茶叶质量安全示范区、万年余江供港生猪等农产品出口基地建设。推进鄱阳湖现代渔业基地建设。积极创建贵溪、乐平、婺源、万年、余干、鄱阳等国家级现代农业示范区。大力培育扶持联户经营、专业大户、家庭农场、农民合作社等新型经营主体，引进和培育一批带动力强的农业产业化龙头企业，提高农产品精深加工比率和市场占有率。

（十五）提升现代服务业水平

依托连接东部沿海的交通通道，推进海西（上饶）国际物流城、景德镇综合物流园、鹰潭现代物流园等平台建设，打造华东地区重要的物流中心。积极培育特色专业市场，着力发展景德镇陶瓷、鹰潭眼镜、上饶南方棉布、万年青建材、余江根雕、鄱阳水产品等大型市场。鼓励发展新型商贸业态，大力引进国内外大型商贸企业，规划建设一批集商务办公、商贸、餐饮、休闲、娱乐为一体的现代商贸城和商贸集聚区。加快信息产业发展，建设上饶等信息产业园。依托优势产业和专业市场，推进电子商务应用和发展，培育一批在全国有一定影响力的电子商务平台企业。鼓励金融业发展，创新金融产品和服务模式，完善中小企业金融服务机制，大力引进银行、保险、证券等金融机构，拓展上饶银行等地方性金融机构业务，加强政策性保险试点与推广。推进景德镇国家服务业综合改革试点和一批省级现代服务业综合改革试点建设。

五、加强区域联动，拓展合作共赢领域

（十六）建设赣浙闽皖开放合作区

以沪昆线为主轴，以上饶市、鹰潭市为“双核”，加快建设信江河谷经济带，面向长三角、海西经济区以及台湾地区发展有色金属、新能源、现代物流和旅游产业。依托杭瑞（景婺黄）高速和皖赣铁路，建设包括景德镇、乐平、浮梁、婺源、德兴在内的赣皖浙经济协作区，合作发展高技术陶瓷、陶瓷文化创意、文化生态旅游、矿产资源深加工、生态农业。发挥鄱阳湖经由九江港连通长江水道的优势，加快鄱阳、万年、余干等航运码头建设，打造滨湖产业协作区，合作发展高效农业、商贸物流、生物医药。

（十七）完善与东部沿海合作机制

鼓励和支持与东部沿海重点城市建立长期稳定的沟通与协调机制。积极策应上海自由贸易试验区建设，争取上饶、景德镇、鹰潭为泛长三角联席会议成员城市。加强行业组织和企业联合会间的交流合作。推动赣东北地区与东部沿海在科教人文等多领域的合资、合智、合作，鼓励开展联合办学、办校、办医，引进沿海高校、科研院所与企业共建实验室或参与企业研发平台建设。研究建立有利于人才交流的户籍、住房、人事管理和社会保险转移制度，推动高精尖人才柔性流动。加强干部交流，分批选派干部赴东部沿海地区挂职学习和驻点调研。

（十八）加强对内经济联系协作

加强赣东北开放合作与九江沿江开放开发战略协同，推进上饶港、贵溪铜拆解作业区与九江港的合作，进一步提高物流通达能力。支持鄱阳、余干、万年、余江融入“南昌大都市区”，主动接受南昌核心增长极的辐射。推动景德镇与昌九走廊协作互动，促进航空产业、汽车及零部件制造业融合发展。

六、完善基础设施，增强开放合作支撑能力

（十九）建设高效便捷的综合交通体系

支持上饶建设区域性综合交通枢纽，进一步加强与景德镇、鹰潭及闽浙皖城市的高效连接，实施上饶综合客运枢纽站等项目，建设高铁经济试验区。加快对外通道建设，尽快建成杭南长客专、合福客专，推进九景衢铁路、皖赣铁路扩能、鹰梅铁路等项目建设。完善公路网络，规划建设上饶至万年、上饶至广丰（赣闽界）、昌傅至东乡高速公路，推进鄱阳至余干至南昌（鄱阳湖）、上清至饶桥等公路建设。抓紧建成上饶三清山机场，启动赣东北地区通用通勤机场布局和鹰潭通勤机场前期工作。畅通与长江水道的连接，积极推进信江、昌江航道整治工程，改造提升贵溪、景德镇等综合码头。

（二十）建设安全稳定的能源保障体系

优化重大能源项目布局，加快推进黄金埠电厂二期项目建设，适时启动景德镇电厂二期、上饶赣东火电厂、天然气分布式电站等项目前期工作。加快实施玉山、德兴等500千伏变电站工程，积极推进电网改造升级。加强煤层气、油气的开发和利用，继续推进鄱阳湖地区油气资源勘探，合理有序勘查开发煤炭资源。加快城市天然气管网工程，确保到2015年区域内县（市、区）和工业园区使用天然气。大力促进太阳能、风能、生物质能等开发与利用，推进江西晶科能源光伏发电、中电光伏发电、万年沼气发电等项目，开展鄱阳等绿色能源示范县建设。

（二十一）建设保障有力的水利工程体系

大力推进鄱阳湖与信江、饶河干流及主要支流治理，加快浯溪口水利枢纽工程建设，启动花桥水库前期工作。按照流域防洪规划推进江河、滨湖地区重点城镇防洪设施建设，构建综合防洪减灾体系，将中心城市防洪标准提高到50年一遇，增强县城防洪能力。加快实施大中型灌区续建配套与改造、病险水库除险加固和机电排灌泵站更新改造等工程，进一步提高农田水利保障能力。推进中心城区和重点城镇应急水源工程建设，保障城乡居民供水安全。

七、推进协调发展，建设美丽赣东北

（二十二）加快发展社会事业

均衡配置教育、卫生、文化等公共资源，促进基本公共服务均等化。推进景德镇陶瓷学院建设教学研究型大学、上饶师院创建师范特色鲜明的教学型学院、鹰潭职业技术学院创建本科学院，支持江西医学专科学校、婺源茶校加快发展，规划建设上饶幼儿师范高等专科学校。适应产业转移需要，依托江西陶瓷工艺美术职业技术学院等职业技术学校，建设一批职业教育实训基地和精品专业。深化医药卫生体制改革，完善医疗卫生服务体系，提升城乡卫生服务能力和水平。完善文化、广播、体育等公共服务设施，有序推进市县文化体育场馆建设，丰富群众精神文化生活。

（二十三）统筹城乡发展

加强城乡规划调控引导，优化城市设计，提升城市设施水平和综合服务功能，努力建设宜居宜业城市。推动城镇道路、供水供气和垃圾处理等基础设施和公共服务向农村延伸、拓展，鼓励有条件的地方加快城乡公交一体化。有序引导农村人口向中心城区、县城和集镇集聚，促进符合条件的农业转移人口在城镇落户并享有同等权益。创新城乡管理体制机制，加强城乡治安、市容卫生、交通秩序等综合整治。促进就业创业，大力实施基层就业社会保障服务设施项目，构建覆盖城乡的公共就业服务体系及信息网络，开展农村劳动力和城镇就业困难群体免费职业技能培训。提高城乡保障水平，实现新型农村社会养老保险、城镇居民社会养老保险制度全覆盖。

（二十四）推进生态文明建设

按照主体功能区建设要求，构筑以黄山余脉、怀玉山脉、武夷山脉及信江、饶河（昌江、乐安河）为主体的“三山二水”生态屏障。加强自然保护区、森林公园、湿地公园等生态功能区的保护与建设，逐步加大生态公益林和江河源头自然保护区生态补偿力度。积极推动浮梁、婺源纳入国家重点生态功能区。大力实施“森林城乡、绿色通道”工程，因地制宜建设木材战略储备基地。加强信江、饶河流域环境管理和水污染综合防治，推进乐安河流域重金属污染治理。实施贵溪冶炼厂周边环境综合整治工程。加大城乡垃圾、污水处理设施及配套管网建设力度。加强农村生态环境保护，积极开展农村生态环境连片整治和农村生态示范创建活动。支持鹰潭（贵溪）建设国家级“城市矿产”示范基地。鼓励上饶经济技术开发区茶亭产业园建设全国再生资源循环经济产业园，德兴市申报国家资源型城市可持续发展试点、国家独立工矿区建设示范县。推进景德镇国家生态文明示范试点市、低碳试点城市建设。

八、加大支持力度，为开放合作提供有力保障

（二十五）优化投资环境

省核准权限内的企业投资项目核准事项，除国家明确规定不得下放或县级投资主管部门暂无能力承接的权限，其余全部下放至县。鼓励开放型经济发展，进一步下放赣东北外商投资企业设立及变更审批权限，制定并落实促进进出口优惠政策，组织开展赣东北专场招商推介活动，对参加国际展览的企业给予补助，支持申报国家外贸转型升级示范基地、国家科技兴贸创新基地和国家加工贸易梯度转移重点承接地。在赣东北设立进出境集装箱监管区，支持沿沪昆线“五定班列”运行并加大补贴力度，促进铁海联运发展。对赣东北进出口企业100%实行“电子申报”“电子监管”“电子通关”，优先推荐一批诚信企业享受“绿色通道”“直通放行”等便捷通关方式，提高通关效率。

（二十六）加强财税金融支持

省财政安排资金支持赣东北开放合作平台建设。研究制定支持赣东北“飞地园区”的财税政策。用足用好国家赋予资源综合利用、农产品加工等产业的财税鼓励政策。落实和完善促进高新技术产业发展的扶持政策。对外省已认定的高新技术企业转移到赣东北落户的，简化认定程序、提高服务效率，符合条件的同等享受高新技术产业发展的扶持政策。属于鼓励类的重大建设项目建设期内涉及的行政事业性收费按低限减半收取。引导金融机构扩大赣东北地区年度新增贷款规模。支持赣东北地区企业上市、发行企业债券。

（二十七）加大投资倾斜

加大中央预算内投资和专项建设资金以及省级各项扶持资金的投入，在开放合作重大项目规划布局、资金安排等方面对赣东北予以倾斜。加大赣东北旅游圈旅游公路和景区基础设施建设投入，提升旅游景点通达能力。支持生态环保设施建设。优先申报和安排客货运输站场、物流园区、口岸作业区等项目建设资金。

（二十八）扶持优势产业

加大省战略性新兴产业引导资金对景德镇直升机产业发展的倾斜。支持江西直升机产业投资管理有限公司联合金融机构发起设立航空产业投资基金。推动设立铜金属材料等战略性新兴产业创业投资基金，高水平建设国家级铜、陶瓷等技术研究中心和产品质量监督检验中心，加快设立鹰潭铜期货交割仓库、铜现货交易市场。加强陶瓷知识产

权保护工作,探索建设"陶瓷产业特区",研究制定综合扶持政策并争取国家支持。促进矿产资源向优势企业和精深加工企业集聚,支持申报老矿山找矿项目。加大光伏产品应用推广力度。开展优势产业用电大户与发电企业直接交易试点。

(二十九)保障项目用地

对赣东北"飞地园区"项目用地需求予以重点保障。省扩大开放推进重点项目建设调度会对赣东北开放合作项目用地给予倾斜。国家级开发区内重点项目优先列入省重大项目调度。允许符合调区扩区条件的省级以上工业园区依法采取调整区位、整合周边乡镇工业集聚区或产业园区等方式扩大园区范围。支持依法依规开展土地利用规划调整或修改。支持开展低丘缓坡荒滩等未利用地开发试点和工矿废弃地复垦利用试点。支持开展耕地占补平衡工作,进一步拓展耕地后备资源。

(三十)鼓励先行先试

支持赣东北在发展"飞地经济"、转变外贸发展方式、提高贸易便利化等方面大胆探索。开展工业园区、开发区、产业基地规划环境影响评估工作和节能评估试点。加快金融改革先行先试,做优基础设施建设和支柱产业发展投融资平台,培育和发展多层次资本市场,探索保险资金参与当地经济社会建设的有效途径,鼓励广丰、信州等县(区)开展民间借贷服务平台建设试点,支持有条件的市申报区域集优债务融资试点,探索建立"财园信贷通"贷款代偿保证金管理模式。支持信江、饶河流域开展生态补偿试点,建立跨市断面水质保护奖惩机制。适时启动上饶等地行政区划调整,按程序申请增设市辖区。

(三十一)强化组织实施

省政府定期听取支持赣东北开放合作工作汇报,研究解决重大事项。省发改委要会同省直有关部门和有关设区市,编制赣东北开放合作规划,进一步细化建设内容和政策措施,做好统筹协调、督促检查等工作。省直各有关部门要结合自身职能,加大支持力度,全面落实本意见提出的各项任务。建立赣东北开放合作市长定期磋商机制,及时协调解决基础设施对接、产业协作等重大问题。有关设区市要积极发挥主体作用,研究制定工作措施,加强与省直部门对接,推动各项政策措施落到实处。

江西省人民政府
关于支持赣西经济转型加快发展的若干意见

2013 年 12 月 17 日

各市、县(区)人民政府,省政府各部门:

赣西地区包括新余、宜春、萍乡,是全省重要的工业基地和粮食主产区,城镇化水平较高,县域经济发展较快,但也存在产业结构不优、主要资源日益枯竭、转型发展任务繁重等问题。为支持赣西经济转型加快发展,提出如下意见:

一、总体要求

(一)重大意义

支持赣西经济转型加快发展,是应对资源枯竭,提升老工业基地产业竞争力,探索发展新模式的必然选择;是优化全省生产力布局,加快区域升级的重要举措;是强化与南昌大都市区、长株潭城市群合作对接,融入长江中游城市群的现实需要,对江西乃至中部地区崛起具有重要作用。

(二)指导思想

以邓小平理论、"三个代表"重要思想、科学发展观为指导,全面贯彻落实党的十八大、十八届二中、三中全会和省委第十三届七次全体(扩大)会议精神,以实现中华民族伟大复兴中国梦为引领,以与全国同步建成全面小康社会为目标,按照"发展升级、小康提速、绿色崛起、实干兴赣"的要求,加快转变经济发展方式,加快体制机制创新,着力推进产业转型升级,着力推进新型城镇化,着力推进"两型"社会建设,把赣西地区打造成为江西经济的重要增长板块,在全面建成小康社会进程中走在全省前列,为建设富裕和谐秀美江西做出更大贡献。

(三)战略定位

——产业转型升级示范区。积极改造传统产业,着力培育战略性新兴产业和现代服务业,大力发展现代生态农业,加快科技创新步伐,增强企业自主创新能力和产业竞争力,努力建设在中部地区乃至全国具有重要影响力的特色产业基地。

——新型城镇化先行区。按照以人为本、集约紧凑、绿色低碳、"四化"同步的要求,注重提高城镇发展质量,促进生产要素有序流动和城市功能合理分工,做大中心城市规模,引导中心城区相向布局,加快形成以"新宜萍"城镇密集带为引领、中小城镇为基础的新型城镇体系。

——"两型"社会综合改革试验区。积极推进资源节约型和环境友好型社会建设,以资源枯竭城市转型、节能减排财政政策综合示范城市、循环经济试点、"城市矿产"示范、生态文明示范等建设为抓手,推进体制改革与制度创新,努力实现经济社会与人口资源环境协调发展。

(四)空间布局

——功能定位。充分发挥三市各自优势,形成各具特色的发展格局。新余市建成国家新能源科技示范城、全国节能减排综合示范市、中部地区重要的新型工业城、全省统筹城乡发展先行区,宜春市建设重要的新能源产业和低碳经济示范基地、现代农业示范基地、国内知名的养生休闲目的地,萍乡市构建全国资源枯竭城市转型示范区、赣湘经贸合作重要平台。

——产业布局。依托现有产业基础和资源优势,着力优化产业布局,重点打造钢铁、光伏新能源、动力储能电池、生物医药、新材料、装备制造、节能环保、绿色食品、现代物流、文化生态旅游十大产业板块。

——城镇体系。强化城镇间经济联系,以沪昆线为主轴,新余、宜春、萍乡中心城区为主体,辐射带动周边城镇,构建“新宜萍”城镇密集带。鼓励丰城、樟树、高安、奉新、靖安融入南昌大都市区。

(五)发展目标

到2015年,经济转型取得阶段性成效,战略性新兴产业增加值占全省比重达到25%,省级以上农业龙头企业达到200家以上,农产品加工产值与农业总产值之比明显提高;城镇综合承载力显著增强,城镇化率超过55%;节能减排主要指标达到省里要求;城乡居民人均收入较快增长,城乡发展差距进一步缩小。

到2020年,经济发展质量全面提升,人均地区生产总值、人均财政收入接近或达到全国平均水平,战略性新兴产业占全省比重明显提高,农业现代化水平大幅提升;“新宜萍”城镇密集带基本形成,城镇化率力争达到63%;科技创新能力进一步增强,自主创新体系初步建立;资源综合利用水平明显提高,生态环境优良;人民生活比较富裕,基本公共服务达到全国平均水平,力争提前实现全面建成小康社会目标。

二、加快产业转型,迈出发展升级新步伐

(六)培育壮大战略性新兴产业

顺应产业发展新趋势,发挥现有产业基础和资源优势,统筹产业布局,突破核心技术,重点发展新能源、新材料、生物医药、装备制造、节能环保产业集群。切实增强光伏企业自主创新能力,提升技术水平,加快发展太阳能电池、组件、系统集成及应用产品。发挥锂云母资源优势,重点发展锂离子动力电池,加快建设动力储能电池生产基地。大力发展镍基材料、硬质合金、粉末冶金等金属新材料,打造国内重要的新材料集聚区。实施中药现代化工程、药物创新工程、生物医学工程,做大做强樟树、袁州、芦溪生物医药产业基地。着力发展新能源汽车及零配件、工程机械、特种电机、无油涡旋空气压缩机等产业,重点建设新余汽车零配件产业基地、宜春机械装备产业园、萍乡电动汽车及装备制造产业基地。做大螺杆膨胀动力机、半导体照明等产业,积极推广合同能源管理等节能环保服务,大力发展节能环保产业。

(七)改造提升传统产业

加快引进吸收新技术、新工艺,加大兼并重组力度,着力改造提升钢铁、煤炭、建材、盐化、纺织、花炮六大传统产业。推进钢铁企业技术改造、联合重组、淘汰落后产能,大力发展钢铁精深加工,优化产品结构,建设高性能优质钢铁产业基地。加大煤炭资源整合力度,发展精煤、配煤和型煤,开发下游系列产品,优化煤炭及煤化工产业链。推进建材企业兼并重组,大力发展高端建筑陶瓷、工业陶瓷、功能玻璃和绿色生态水泥,构建新型绿色建材基地。促进盐矿资源优势向产业优势转化,延伸下游产业链,走高精化工道路,打造樟树盐化工特色产业基地。提升纺织产业印染工艺水平,促进棉麻纺织向成衣、家纺制造延伸,构建全国知名的纺织服装集群。加大安全、环保型烟花爆竹产品的研发力度,引导企业向专业化、集约化、高技术化发展。

(八)大力发展现代生态农业和绿色食品产业

积极转变农业发展方式,突出粮食、畜禽、油茶、毛竹、有机富硒农产品、花卉苗木等农业主导产业,着力改善产品结构,开展粮食高产创建活动,建设绿色标准化生产基地,打造全省重要的优质商品粮生产加工基地;规范生猪等畜禽养殖业,鼓励建设标准化养殖场,构建面向东南沿海的肉类供应基地;推进低产油茶林改造,支持高产油茶产业科技示范园建设,建成全国重要的油茶产业集聚区;推广种植速生丰产林、毛竹林,发展一批竹木深加工基地;大力发展苗木花卉产业,建设大型花卉苗木交易中心,加快形成赣西千里花木带;做大做强以万载、丰城、袁州为重点的有机、富硒农业,扩大生产规模,打造绿色有机农产品基地。依托骨干企业和基地,强化绿色食品标准化生产,加大科技研发与市场网络建设,培育一批在全国有竞争优势和影响力的绿色食品品牌。创新农业生产经营组织形式,大力培育专业大户、家庭农场、农民合作社、农业产业化龙头企业等新型农业经营主体,鼓励农业资源向生产大户适度集中。强化现代农业发展平台,支持有条件的县市创建国家级和省级现代农业示范园区,统筹布局农产品物流园区、科技支农平台和农产品加工区。积极拓展农业服务功能,依托中心城市和旅游景区,大力发展都市农业、休闲观光农业。建立新型农业社会化服务体系,促进现代农业加快发展。

(九)提升现代服务业水平

推进现代物流业发展,加快建设新余赣西中心物流园区、宜春综合物流中心、萍乡赣湘物流港,做大光伏、钢铁、农产品、花炮、建筑陶瓷等专业市场。以“宽带中国”战略实施为契机,引导企业通过电子商务平台拓展市场,培育发展远程教育、网络医疗、数字文化等新型业态,鼓励信息消费。加快动漫城、影视城、文化产业园等文化创意产业基地建设,加强非物质文化遗产保护和开发,打造富有赣西特色的文化产业集聚区。促进金融业加快发展,加快农信社改革,规范发展小额贷款担保公司,提升银行、证券、商业保险、期货等金融行业对实体经济的支撑能力和服务水平。适应人口老龄化趋势,推行公办民营、民办公助,引导社会资本投入,加快发展养老服务业。

(十)建设生态休闲旅游胜地

充分挖掘、整合赣西旅游资源,建立赣西旅游联盟,加强“顶层设计”和统筹协调,实行重点景区“一票制”,努力构建以明月山、武功山、仙女湖、三爪仑、杨岐山等为重点的绿色精粹旅游圈,以明月山－武功山富硒温泉带为重点的温泉养生旅游区,以傅抱石文化园、禅宗祖庭、商城遗址、古

村群落等为代表的历史文化旅游区，以秋收起义、湘鄂赣革命根据地、安源工人运动、罗坊会议等革命旧址为重点的红色文化旅游区。完善旅游集散功能，加强主要景区间通道建设，拓展与周边区域的旅游合作，打造以沪昆线为主轴的赣西旅游黄金走廊。支持符合条件景区申报国家5A级景区和国家级风景名胜区。规划建设武功山至明月山观光小火车。办好莲花国际荷花学术研讨会。鼓励组建大型旅游集团，加大旅游开发和推介力度，塑造赣西旅游品牌。

三、推进新型城镇化，构建“新宜萍”城镇密集带

（十一）加强城镇规划引导

按照统筹规划、合理布局、功能配套、分工协作的原则，逐步做大新余、宜春、萍乡中心城区，引导城区相向布局，辐射带动周边城镇，构建“新宜萍”城镇密集带。高起点编制“新宜萍”城镇体系规划、土地利用规划。以城市控制性详细规划和村镇规划为重点，实现城乡规划全覆盖。强化城乡规划对功能布局、战略性资源、城市开发边界、基本生态控制线、基本公共服务和基础设施的综合调控作用，严格执行城乡规划督察制度。

（十二）提高城市发展质量

统筹老城区改造、城市新区和工业园区建设，优化基础设施、公共服务、生活休闲空间布局，打造宜居宜业城市。加快老城区“退二进三”、“退城进园”步伐，加大城市棚户区、老工业区、独立工矿区、“城中村”搬迁改造力度，推动人口和商业较为集中的区域发展为城市商圈。科学建设袁河生态新城、宜阳新区、玉湖新城等城市新区。推进产城融合，提高国家级开发区教育、医疗、生活服务等配套水平，构建新型城市板块。创新城市发展理念，建设绿色城市、智慧城市、低碳城市，唱响新余国家森林城市、全国造林绿化先进城市、全国社会治安综合治理优秀市和全国市容整治先进城市，宜春全国绿化模范城、中国优秀旅游城、国家园林城和国家卫生城，萍乡全国文明城市、国家创新型试点城市等城市品牌。

（十三）强化合作对接

建立“新宜萍”城镇密集带协调机制，深化基础设施、公共服务、产业发展等方面合作。加强重大基础设施衔接，共同推进跨区域重大项目建设，提高共享水平。完善中心城市间、中心城市与周边县城客运体系，适时设立跨设区市常态化公交线路。推进公共卫生、社会保障、环境保护、公共安全防控、流动人口和计生服务等方面合作，建立信息共享与管理协作机制。加强产业分工协作，引导产业错位发展、互补对接。支持赣西人力资源市场建设，促进人力资源跨城市合理流动和优化配置。

（十四）促进城乡统筹发展

推动城镇交通、供水、电力、电信、环保等公共设施网络向乡村延伸，促进城乡基础设施共建共享。推进符合条件的农业转移人口落户城镇，积极放开设区市中心城区落户限制，全面放开县级城市和建制镇落户限制，推进农业转移人口享有城镇基本公共服务，建立健全农业转移人口市民化推进机制。积极探索整合城乡居民基本养老保险制度、基本医疗保险制度有效途径。统筹城乡最低生活保障制度。落实促进镇村联动发展的扶持政策，统筹推进小城镇和新农村建设，引导农民向中心镇集中，支持人口较多的乡镇向小城市发展、符合条件的农村建立新型农村社区。深入推进新余统筹城乡试点。着力提升公共服务水平，加快实施义务教育学校标准化建设工程，推进边远艰苦地区学校教师周转宿舍建设。支持每个县（市）重点办好1－2所县级医院（含中医院），促进基层医疗卫生机构标准化。加强城市综合性社会福利中心、社区养老服务机构、乡镇敬老院等设施建设。完善城乡文化体育设施。

四、建设“两型”社会，增强可持续发展能力

（十五）发展循环经济

按照减量化、资源化、循环化要求，推进循环经济试点，创建一批循环经济试点企业，支持新余高新区、宜春经开区、萍乡经开区循环化改造，努力形成企业小循环、产业中循环、区域大循环发展模式。提高资源综合利用水平，实施农林剩余物、畜禽粪便、工业固体废弃物、建筑废弃物等资源化利用工程，建成一批资源综合利用示范基地。大力实施重点节能减排工程、重点用能单位节能低碳行动，强化重点领域节能管理，抓好重点用能单位节能降耗工作。继续推进新余国家资源枯竭型城市转型试点、全国节能减排财政政策综合示范城市、“城市矿产”示范基地，萍乡国家资源枯竭型城市转型试点、国家循环经济试点城市，丰城资源循环利用产业示范基地建设。

（十六）加强生态建设

构筑以武功山、九岭山为主体的赣西生态屏障，加大对重要生态功能区域的保护和投入力度。加强自然保护区、风景名胜区、森林公园、地质公园、湿地公园等保护和建设，提升生态功能。开展水生态系统修复治理，加强袁河、修河、潦河、锦江、萍水河等流域源头地区保护。加强人工林改造和天然林保护，大力实施“森林城乡、绿色通道”工程，因地制宜建设以乡土树种为主的木材战略储备基地。建设中东部地区种质资源库。开展袁河流域生态补偿试点，建立上下游参与的补偿机制。支持宜春、靖安、芦溪等创建全国生态文明示范工程试点市县，支持有条件地区创建国家级生态县、生态乡镇。

（十七）强化环境治理

加快城区及重点镇生活污水集中处理设施、生活垃圾无害化处理设施和工业园区污水处理设施建设，完善收集管网和收运体系，配套建设污泥处理处置设施，推进城镇生活污水集中处理设施扩建和升级改造，力争到2020年赣西地区城镇生活污水集中处理率和生活垃圾无害化处理率均超过90%，所有园区实现污水达标排放。加强大气污染治理，实施火电、钢铁、水泥等行业脱硫脱硝重点工程，建立区域环境空气质量监测预报预警体系。开展农村环境连片综合整治试点，实施垃圾收集处理工程，鼓励有条件乡镇建设分散式污水处理站。编制实施赣西废弃矿山植被修复与矿山环境综合治理规划，抓好“414”钽铌矿等矿山综合整治示范点建设。推进丰城、安源、上栗、莲花等采煤沉陷区综合治理，积极开展流域重金属污染防治。

（十八）推进综合配套改革

建立健全产业准入、提升机制，严把企业准入关，加快淘汰落后产能。建立资源开发补偿机制，引导和规范各类市场主体合理开发资源，承担资源补偿、生态环境保护与修复等方面的责任和义务。制定重点行业能耗限额强制性标准，实施能效“领跑者”制度。完善资源有偿使用制度，推进节约水、电、煤、油、气等资源性产品的价格激励约束机制改革。建设节水型社会，开展节能节水产品补贴试点、水生态文明试点。研究开展排污权交易试点，探索排污权价格体系，适时研究提高污水处理收费标准。加大节能产品推广力度，研究出台推广补贴办法，扩大节能环保产品及再制造产品消费，完善政府采购节能环保产品制度。支持建设区域性碳排放交易平台。创新土地管理制度、耕地保护模式和土地市场机制，提高集约节约用地水平。探索建立适应“两型”社会发展要求的监督考核体系。

五、统筹基础设施建设，强化发展支撑能力

（十九）完善综合交通网络

2014年建成沪昆高铁，开工建设岳吉煤运通道，规划建设新余煤炭储备基地专用线等重大项目，推进咸宜井、九江至岳阳等铁路项目前期工作。推进南昌—上栗、宜春—万载—铜鼓、浏阳—萍乡—莲花、昌傅—东乡等高速公路建设。加快国省道改造和县乡道路建设，实现县城间基本通一级公路、县乡通三级公路、农村公路网络化。推进袁河航道治理，加快建设樟树河西综合码头。完善宜春明月山机场配套设施，增开连接国内主要城市航班，规划建设新余、萍乡小型（通勤）机场。

（二十）增强能源保障能力

加快建成华能安源电厂“上大压小”工程，推进大唐新余煤电一体化、分宜电厂二期、丰电三期、龙头山水电站等项目前期工作。完善城市天然气管网，配套建设天然气储备设施、压缩天然气加气母站，加大天然气推广利用力度，逐步实现工业园区（产业集聚区）、重点企业天然气利用全覆盖。合理布局500千伏和220千伏变电站，实施农村电网改造，实现城乡供电一体化发展。

（二十一）加强水利工程建设

加快推进四方井等水利枢纽工程，加强孔目江、飞剑潭、山口岩、锅底潭等城市饮用水源地保护。继续实施城市防洪工程，推进标准堤防建设，重点加强袁河流域堤防除险加固，提高城市防洪能力。加快实施丰东、袁北、锦北、潦河、药湖、袁惠渠等大中型灌区续建配套及节水改造工程，加大病险水库、水闸除险加固力度。实施农村安全饮水工程，推进农村自来水工程建设。

（二十二）提高信息化水平

大力实施“宽带中国”战略，加强城乡宽带网络建设，提升骨干网络容量，扩大接入网络覆盖范围。加快建设新一代移动通信网、下一代互联网和数字广播电视网，推进“三网融合”。完善电子商务基础平台及服务系统，加快建立数字认证、网上支付、社会诚信体系和公共物流信息平台。支持创建省级“两化融合”示范区和示范企业，加快太阳能光伏公共信息服务平台、钢铁业企业业务调度管控平台、建材行业能源管理系统等重大信息化项目建设。

六、创新体制机制，激发发展内生动力

（二十三）扩大开放合作

加强与鄱阳湖生态经济区、长株潭城市群经济协作，强化政策、平台、产业、人才、信息等领域对接，构建完善的产业配套体系，推进产业结构优化。加强与长三角、珠三角、港澳台等地区产业对接，探索建立产业共建、利益共享、园区共管的“飞地经济”发展模式。加大招商选资力度，着力引进一批符合赣西产业特色的优势主导产业、战略性新兴产业和高新技术企业。尽快完成省级开发区扩区调区工作，支持符合条件的省级开发区升级国家级开发区。鼓励和支持有实力企业走出去，在省外、境外建设生产基地、资源基地。加强口岸大通关建设，依托新余海关，加快建设电子口岸信息服务体系，合理布局口岸作业区，鼓励海铁联运，打造赣西进出口平台。支持设立宜春海关。

（二十四）推进科技协同创新

坚持产学研用相结合，努力在重点行业和关键领域技术上取得突破，带动产业全面升级。加快建设光伏工程技术研究中心等国家级创新平台，支持申报特种陶瓷工程技术中心、螺杆膨胀动力机高新技术产业化基地等国家研发平台，发挥创新引领作用。推进省级药用真菌生物技术、锂基新材料、节能环保工程（技术）研究中心、锂电新能源产业研究院等平台建设。加大政府性科研经费投入，引导国内知名高校、重点科研机构到赣西设立实验室、研究中心或博士后科研工作站，与企业建立产学研联盟和产业孵化基地。完善并落实鼓励科技创新和科技产业化的财税金融政策，培育一批具有较强竞争力的创新团队和创新型领军企业。

（二十五）强化人才保障

支持新余学院、宜春学院、萍乡学院加强重点学科、实训基地建设，培育高素质应用型人才。健全科技人才流动机制，鼓励科研院所、高等学校等事业单位和企业创新人才双向流动。着眼赣西重点产业发展需要，大力实施“赣鄱英才555工程”，加强与国家高层次人才计划对接，吸引高层次人才投资创业。支持江西省职业教育园区开展“现代学徒制”试点，建设全省高级技术技能人才培养基地。完善人才评价机制，落实人才激励政策。

（二十六）搞活县域经济

进一步扩大县级发展权限，除国家明确规定应由省级或市级审批、核准的项目外，原则上全部下放到县。鼓励县域发展特色产业，重点建设分宜镍基材料和苎麻纺织、樟树医药和盐化工、丰城和高安建筑陶瓷、上高食品、靖安生态旅游、奉新纺织、宜丰和铜鼓竹木加工、万载花炮和绿色照明、上栗粉末冶金和烟花鞭炮、湘东工业陶瓷、芦溪电瓷、莲花特种合金等优势产业基地，支持有条件的地区建设国家级产业基地。突出“一乡一业、一村一品”，加快重点乡镇产业小区和农村特色种养区建设。加快非公有制经济发展，鼓励地方设立小微企业发展引导资金、建设小微企业创业园。

（二十七）鼓励先行先试

积极推动新余、宜春、萍乡申报国家新型城镇化建设试点、全国服务业综合改革试点、中小城市综合改革试点和再生资源回收试点。争取新余高新技术开发区和萍乡、宜春经济技术开发区纳入自主创新示范区先行先试政策试点范围,支持符合条件的城市开展"城市矿产"示范、再生资源综合利用示范、餐厨垃圾资源化利用和无害化处置试点。支持开展规划环评工作。研究开展重点工业企业直供电试点。适时启动区域内行政区划调整。

七、强化保障措施,为转型升级提供有力支撑

(二十八)财税政策

省财政安排资金支持赣西经济转型。省战略性新兴产业投资引导资金向赣西倾斜。优先向国家申报节能技改财政奖励、淘汰落后产能关闭落后小企业补助、战略性新兴产业发展专项、服务业引导、煤炭产业升级等资金项目。落实企业研发费用税前加计扣除政策,依法扩大研发费用加计扣除范围。全面落实高新技术企业、现代服务业等税收优惠政策,研究出台支持赣西经济转型税收服务措施。进一步完善资源枯竭型城市省级财税配套政策。

(二十九)金融政策

在加强监管前提下,允许具备条件的民间资本依法发起设立中小型银行等金融机构。推动商业保险资金参与基础设施项目建设。支持符合条件的企业通过发行企业债券、开展资产证券化、上市等方式进行融资。推动创新、创业型中小企业进入全国中小企业股份转让系统挂牌融资。鼓励地方建立融资担保机构。支持赣西设立新兴产业创业投资基金、股权投资基金和低碳经济产业投资基金等私募股权基金。鼓励运用市政建设项目债券(项目收益债券)、保险资产债权和股权投资计划、公私合营项目融资等多种工具,提高城市基础设施直接融资比例。

(三十)产业和投资政策

研究制定赣西产业转型指导目录和优势产业发展的扶持政策。建立健全新建项目准入机制,提高节能环保市场准入门槛。制订实施鼓励创新的政策措施,加大科技成果转化的股权、期权激励和奖励等力度,扶持和推动科技创新及新技术、新产品推广应用。落实国家鼓励类服务业与工业用电、用水、用气同价政策。积极创造条件,在赣西申报设立综合保税区或保税物流中心。

(三十一)国土资源政策

支持土地利用总体规划修改工作,开展城市建设生态用地征转分离改革试点、城乡建设用地增减挂钩试点、城镇低效用地再开发试点、低丘缓坡荒滩等未利用地开发利用和工矿废弃地复垦开发利用试点。在符合规划和用途管制前提下,允许农村集体经营性建设用地出让、租赁、入股,实行与国有土地同等入市、同权同价。省下达设区市和县新增建设用地计划优先考虑城镇发展重点区域。加强钽铌、锂、铁矿、煤炭、地热资源勘查开发力度,支持大中型矿山申报老矿山深度找矿项目,引导社会资金加大矿产勘查投入。

(三十二)生态环保政策

编制实施袁河流域水环境综合治理规划,加强修河、袁河、潦河、锦江等源头地区生态环保项目建设。支持袁河水环境监测体系建设,对沿河监测站标准化建设给予倾斜。加大对重点生态功能区转移支付力度。争取国家将仙女湖、飞剑潭和山口岩水库纳入湖泊生态环境保护试点范围。资源型企业按规定提取用于环境保护、生态恢复等方面的专项资金,准予税前扣除。保障重点项目建设的资源环境容量空间。

(三十三)新型城镇化政策

探索对经济总量大、人口集聚多的小城镇,赋予同经济、人口规模相适应的管理权。深化户口登记制度改革,探索建立户籍制度和居住证制度有效衔接的人口管理制度,逐步消除城乡和区域间户籍壁垒。稳步推进城镇基本公共服务常住人口全覆盖,把进城落户农民完全纳入城镇住房和社会保障体系,在农村参加的养老保险和医疗保险规范接入城镇社保体系。在安排省级示范镇、重点镇、新农村建设点、整村推进、农村危房改造、城市棚户区改造等资金计划时予以倾斜。

(三十四)组织实施

省政府定期听取支持赣西经济转型加快发展工作汇报,研究解决重大事项。建立省发改委牵头,有关省直部门和设区市政府参加的联席会议制度,指导和协调相关工作,推进重大项目、重大平台建设和政策落实,加强考核监督。省直有关部门要结合自身职能,加大支持力度,全面落实本意见提出的各项任务。有关设区市要发挥主体作用,研究制定工作措施,强化内部合作,加强与省直部门对接,推动各项政策措施落到实处。

本栏编辑　詹跃华

统计资料

国民经济和社会发展主要指标与发展速度

指　标	2013 年	2013 年比 2012 年增长(%)
人口(万人)		
年末总人口	4522.15	0.4
#男性人口	2326.58	0.3
女性人口	2195.56	0.5
#城镇人口	2209.97	3.3
乡村人口 2312.17	−2.2	
就业(万人)		
年末社会就业人数	2588.7	1.3
#职工人数	410.0	13.6
年末城镇登记失业人数	27.42	6.6
地区生产总值(亿元)	14338.50	10.1
第一产业	1636.49	4.6
第二产业	7671.38	11.7
第三产业	5030.63	9.1
人均生产总值(元)	31771	9.7
固定资产投资(亿元)		
全社会固定资产投资总额	12850.25	26.8
#房地产开发投资	1174.58	21.1
新增固定资产	8328.46	8.3
财政(亿元)		
财政总收入	2358.43	15.3
公共财政预算收入	1621.24	18.2
财政支出	3470.30	14.9
能源生产与消费(万吨标准煤)		
能源生产总量	2569.40	16.6
能源消费总量	7672.72	22.8
价格指数(上年=100)		
居民消费价格指数	102.5	2.5
商品零售价格指数	101.5	1.5
工业生产者出厂价格指数	98.5	-1.5
工业生产者购进价格指数	98.4	-1.6
固定资产投资价格指数	100.4	0.4
人民生活		
城镇非私营单位在岗职工平均工资(元)	43582	9.9
城镇住户人均年可支配收入(元)	21872.68	10.1
农村住户人均年纯收入(元)	8781.47	12.2
城乡居民储蓄存款年末余额(亿元)	9725.17	14.8
城镇住户人均住宅建筑面积(平方米)	40.06	-0.1
农村居民人均住房面积(平方米)	49.11	3.2

续表 1

指　标	2013 年	2013 年比 2012 年增长(%)
城市建设、环境保护		
人工煤气供气量(万立方米)	36049	-25.7
液化石油气供气量(吨)	223399	9.4
道路长度(千米)	6865	6.0
排水管道长度(千米)	10573.08	11.5
公共车辆(汽、电车)运营数(辆)	7733	-1.3
绿化覆盖面积(公顷)	53184.64	4.8
工业用水重复利用率(%)	84.55	
一般工业固体废物综合利用量(万吨)	6430.98	5.9
一般工业固体废物综合利用率(%)	55.72	
农业		
农业总产值(亿元)	2578.35	4.6
主要农产品产量		
粮食(万吨)	2116.1	1.5
棉花(万吨)	13.09	-14.0
油料折油(万吨)	43.72	-5.0
油料(万吨)	119.22	1.8
黄红麻(万吨)	0.07	-10.4
烟叶(万吨)	5.05	-3.7
茶叶(吨)	42999	11.2
蚕茧(吨)	6880	-8.1
甘蔗(万吨)	64.66	5.0
水果(万吨)	441.34	19.2
肉类总产量(万吨)	344.52	3.2
水产品(万吨)	242.65	2.4
生猪年末存栏(万头)	1967.61	2.9
生猪当年出栏(万头)	3230.35	3.2
工业		
主要工业产品产量		
化学纤维(万吨)	42.00	-0.5
布(混合数)(万米)	77615	-16.2
机制纸及纸板(万吨)	181.90	6.7
卷烟(万箱)	127.80	2.3
原油加工量(万吨)	519.18	-2.1
粗钢(万吨)	2156.63	0.8
钢材(万吨)	2463.82	2.7
水泥(万吨)	9204.20	19.8
汽车(万辆)	36.81	7.1
照相机(万架)	374.38	-75.1
化学肥料(折合 100%)(万吨)	106.29	22.9
化学农药(原药)(吨)	42057	6.3
规模以上工业企业主要指标(亿元)		
工业增加值	5755.50	12.4
资产总计	13640.12	18.9
主营业务收入	26700.22	19.9
利税总额	2882.40	35.3
建筑业(资级企业)		
建筑业企业人数(万人)	130.07	21.1
建筑业总产值(亿元)	3471.55	24.3

续表2

指　标	2013年	2013年比2012年增长(%)
施工房屋面积(万平方米)	23144.38	22.5
竣工房屋面积(万平方米)	11881.19	17.1
交通运输业		
铁路营业里程(千米)	2984	9.1
公路通车里程(千米)	152067	1.0
货物周转量(亿吨千米)	3646.05	5.7
铁　路(亿吨千米)	618.66	-9.3
公　路(亿吨千米)	2829.02	10.5
水　运(亿吨千米)	198.36	-4.3
旅客周转量(亿人千米)	930.69	-5.0
铁　路(亿人千米)	622.63	6.6
公　路(亿人千米)	307.69	-17.3
水　运(亿人千米)	0.36	15.0
邮电通信业		
邮电业务总量(亿元)	336.54	8.7
函　件(万件)	7506	-26.7
报刊期发数(万份)		
移动电话用户(万户)	2806.9	6.4
固定电话用户(万户)	621.5	-3.5
城市	395.9	-2.3
农村	226.6	-5.1
计算机互联网用户(万户)	410.1	10.2
局用交换机容量(万门)	275.0	-4.8
内外贸易和旅游		
社会消费品零售总额(亿元)	4576.05	13.6
海关进出口总额(万美元)	3674663	
出口额	2816665	
进口额	857998	
外商直接投资合同金额(万美元)	913261	
外商直接投资实际使用金额(万美元)	755096	
旅游总收入(亿元)	1896.06	35.2
涉外旅游人数(人次)	1636100	4.8
涉外旅游收汇(万美元)	52508	8.3
金融业(亿元)		
金融机构人民币存款余额	19434.75	16.3
金融机构人民币贷款余额	12953.47	18.6
教育、文化、卫生		
高等学校在校学生数(人)	888179	1.4
中等专业学校在校学生数(人)	260665	4.6
普通中学在校学生数(万人)	263.08	-5.4
小学在校学生数(万人)	408.11	-6.0
学龄儿童入学率(%)	99.99	0.1
报纸出版数量(万份)	128431	68.6
期刊出版数量(万册)	7328	1.5
图书出版数量(万册)	18628	2.4
卫生机构数(个)	7250	1.6
卫生技术人员(人)	190234	5.8
#医生	70276	4.6
病床数(张)	174299	10.6

国民经济主要比例关系

单位:%

指　标	2012 年	2013 年
地区生产总值		
第一产业	11.8	11.4
第二产业	53.6	53.5
工　业	45.0	44.9
建筑业	8.6	8.6
第三产业	34.6	35.1
#交通运输邮电业	4.9	4.7
批零贸易和住宿餐饮业	9.6	9.6
金融业	3.2	3.5
全省总人口		
城镇人口	47.5	48.9
乡村人口	52.5	51.1
社会就业人员		
第一产业	32.9	31.7
第二产业	31.0	31.8
第三产业	36.1	36.5
农业总产值		
农　业	41.8	41.6
林　业	9.5	9.8
牧　业	31.4	30.9
渔　业	13.9	14.4
服务业	3.4	3.3
规模以上工业增加值		
轻工业	33.6	34.7
重工业	66.4	65.3
全社会固定资产投资		
第一产业	2.9	2.4
第二产业	55.7	56.0
第三产业	41.4	41.5
财政支出		
文教科学卫生事业费	30.3	29.6
#科　学	0.9	1.3
教　育	20.6	19.1

主要指标每人年平均水平

指 标	2012年	2013年
地区生产总值(元)	28800	31771
第一产业	3381	3626
第二产业	15441	16998
第三产业	9977	11147
财政总收入(元)	4551	5226
年末居民储蓄存款余额(元)	18842	21549
主要农产品产量(千克)		
粮 食	463.69	468.89
棉 花	3.39	2.90
油料折油	10.24	9.69
甘 蔗	13.70	14.33
水 果	82.35	97.79
肉类总产量	74.27	76.34
牛 奶	2.82	2.81
水 产 品	52.71	53.77
主要工业产品产量		
化学纤维(千克)	8.43	9.31
布(混合数)(米)	20.61	17.20
机制纸及纸板(千克)	35.90	40.31
原 煤(千克)	558.65	527.04
原油加工量(千克)	1129.05	1150.41
发电量(千瓦小时)	1478.38	1746.21
粗钢(千克)	476.15	477.87
钢材(千克)	526.87	545.93
水 泥(千克)	1650.50	2039.47
化学肥料(千克)	20.84	23.55
化学农药(千克)	0.86	0.93
主要消费品消费量		
农民生活消费量(千克)		
粮 食	190.77	182.62
植 物 油	8.27	8.40
猪牛羊肉	13.90	15.28
蛋 类	4.71	4.77
水 产 品	5.84	6.57
城镇居民购买量(元)		
粮 食	438.11	480.04
油 脂 类	200.77	218.83
肉禽及其制品类	1161.86	1113.06
蛋 类	104.01	101.04
水 产 品	291.21	298.34

地 区 生 产 总 值

本表按当年价格计算　　　　单位:亿元

年　份	地区生产总　值				人均地区生产总值
		第一产业	第二产业	第三产业	
2012	12948.88	1520.23	6942.59	4486.06	28800
2013	14338.50	1636.49	7671.38	5030.63	31771

按城乡分的人口数(年末数)

年　份	总人口(人)	按城乡分		以年末总人口为100	
		城镇人口	乡村人口	城镇人口	乡村人口
2012	45039321	21398181	23641140	47.51	52.49
2013	45221468	22099731	23121737	48.87	51.13

劳 动 力 资 源

单位:万人

年　份	劳动力资源总　数	社　会就业人数	#职　工人　数	劳动力资源总数占人口数的比重(%)	劳动力资源利　用　率(%)
2012	3495.5	2556.0	360.9	77.6	73.1
2013	3524.7	2588.7	410.0	77.9	73.4

全 社 会 固 定 资 产 投 资

年　份	全社会固定资产投资		#房地产开发投资	
	绝对数(万元)	发展速度(%)	绝对数(万元)	发展速度(%)
2012	107741579	123.3	9696176	111.8
2013	128502527	119.3	11745768	121.1

外 商 直 接 投 资 情 况

年　份	项目数(个)	合同外资金额(万美元)	实际使用外资(万美元)
2012	789	816170	682431
2013	847	913261	755096

能源生产总量及构成

年份	能源生产总量（万吨标准煤）	占能源生产总量的比重（%）		
		原煤	天然气	水电
2012	2595.9	81.1	0.5	18.5
2013	2569.4	83.0	0.8	16.3

能源消费总量及构成

年份	能源消费总量（万吨标准煤）	占能源消费总量的比重（%）			
		煤炭	石油	天然气	水电
2012	7232.9	70.0	15.7	1.8	6.6
2013	7672.7	70.7	16.5	2.3	5.4

财政收支总额及增长速度

年份	财政收入（万元）	财政支出（万元）	收支差额（万元）	比上年增长（%）	
				财政收入	财政支出
2012	20461475	30192244	-9730769	24.4	19.1
2013	23584319	34703013	-11118694	15.3	14.9

各种价格指数

（上年=100）

年份	商品零售价格指数	城市	农村	居民消费价格指数	城市	农村
2012	102.1	101.9	102.5	102.7	102.6	103.0
2013	101.5	101.2	101.9	102.5	102.4	102.9

农、林、牧、渔业总产值和商品产值

本表按当年价格计算　　　　单位：万元

年份	农林牧渔业总产值	农业产值	林业产值	牧业产值	渔业产值	服务业产值	农林牧渔业商品产值	农林牧渔业商品率（%）
2012	23992583	10032063	2289114	7526773	3330579	814054	17491174	72.9
2013	25783521	10728030	2526709	7964378	3701506	862897	18770946	72.8

农作物播种面积和产量(2013 年)

类　　别	播种面积（千公顷）	单　产（千克/公顷）	总产量（粮食：万吨；其他：吨）	总产量比上年增长（%）
总　计	5553.03			
粮食作物	3690.85	5733	2116.1	1.5
谷　物	3387.63	5963	2019.9	1.4
稻　谷	3337.95	6004	2004.0	1.4
早　稻	1397.67	5924	828.0	3.5
中稻及一季晚稻	392.93	6726	264.3	-0.5
二季晚稻	1547.35	5892	911.7	0.2
小　麦	11.78	2114	2.5	2.2
玉　米	29.53	4054	12.0	8.8
大(米)麦	0.30	2000	0.1	13.4
豆类合计	160.30	1914	30.7	4.4
大　豆	99.47	2254	22.4	5.3
杂　豆	60.83	1358	8.3	2.5
薯类(按折粮计算)	142.92	4582	65.5	3.6
油料合计	743.12	1604	1192243	1.8
#花　生	163.69	2761	452003	0.9
油菜籽	547.98	1284	703654	2.3
芝　麻	31.45	1162	36547	6.0
棉　花	84.67	1546	130860	-14.0
麻类合计	5.31	1533	8149	-10.2
黄红麻	0.15	4865	720	-10.5
苎　麻	5.17	1438	7429	-10.1
甘　蔗	14.47	44685	646598	5.0
烟叶合计	23.67	2135	50538	-3.7
烤　烟	22.37	2126	47563	-5.5
晒　烟	1.31	2278	2975	39.4
中药材	20.08			
蔬菜类及食用菌	563.72	22308	12575676	3.7
瓜果类	75.282	26092	1964248	-2.3
其他作物	331.85			
#莲　子	13.37	1591	21270	15.3
青饲料	80.16	13505	1082611	10.6

注：本表粮食作物均为农产量抽样调查数。

规模以上工业企业经济指标

指标	2012年	2013年
企业单位数(个)	6773	7601
#亏损企业	403	429
资产总计(万元)	114741203	136401179
流动资产合计(万元)	54079089	62332378
负债总计(万元)	64032206	74021408
所有者权益(万元)	50708997	62379770
主营业务收入(万元)	222676403	267002175
#主营业务税金及附加	2286178	2723301
营业费用(销售)	3436269	4211075
利润总额(万元)	12851090	17566628
利润和税金总额(万元)	21297573	28823980
全部从业人员年平均人数(人)	2090307	2201132
工业总产值(万元)	208094698	246769053
工业增加值(万元)	48852077	57555047
总资产贡献率(%)	21.42	24.38
资本保值增值率(%)	113.25	119.40
资产负债率(%)	55.81	54.27
流动资产周转率(次)	4.45	4.60
成本费用利润率(%)	6.33	7.19
全员劳动生产率(元/人)	247387	278594
产品销售率(%)	99.25	99.07
工业经济效益综合指数(%)	298.28	328.28

工业产品产量（2013年）

品 名	2013年	2013年比2012年增长(%)
硫铁矿生产量(折含硫35%)(万吨)	238.38	11.9
钨精矿折含量(万吨)	5.68	17.5
原　盐(万吨)	257.29	25.7
配混合饲料(万吨)	1474.94	17.5
乳 制 品(万吨)	32.09	12.5
罐　头(万吨)	14.21	11.6
软 饮 料(万吨)	304.98	29.0
白　酒(万千升)	14.19	-9.7
啤　酒(万千升)	124.43	8.3
精 制 茶(吨)	59516.10	3.6
卷　烟(亿支)	639	6.7
纱(万吨)	160.79	13.9
布(万米)	77615.20	-16.2
纯棉布	21177.20	-51.1
棉混纺交织布	46719.50	27.1
纯化纤布	9718.50	-22.8
印 染 布(万米)	9019.40	14.2
服　装(万件)	130815.00	8.8
皮　鞋(万双)	19703.60	18.1
人 造 板(万立方米)	794.83	-10.4
机制纸及纸板(万吨)	181.90	10.2
家　具(万件)	1194.18	-16.9
原油加工量(万吨)	519.18	2.3
焦　炭(万吨)	826.04	2.2
硫　酸(万吨)	323.31	11.6
烧　碱(万吨)	52.57	8.5
电石(折300升/千克)(万吨)	4.43	-19.1
合 成 氨(万吨)	12.85	-37.8
化学肥料(折有效成分100%)(万吨)	106.29	22.9
氮　肥	87.26	34.0
磷　肥	19.02	-11.1
化学农药(吨)	42056.80	6.3
纯　苯(吨)	50302	27.8
涂　料(吨)	51840.70	21.4
塑料树脂及共聚物(万吨)	13.98	19.7
肥　皂(万吨)		
合成洗涤剂(吨)	5287.00	-7.7
化学药品原药(吨)	51596.80	14.4
中 成 药(吨)	105907.30	-0.5
化学纤维(万吨)	42.00	10.8
粘胶纤维	33.99	11.6
合成纤维	8.02	7.8
轮胎外胎(万条)	354.42	-8.1
塑料制品(吨)	814422.5	-31.5
水　泥(万吨)	9204.20	19.8
平板玻璃(万重量箱)	663.04	1.2
日用玻璃制品(万吨)	0.76	11.2
玻璃保温容品(万个)	2108.70	-20.7

续表

品　名	2013 年	2013 年比 2012 年增长(%)
耐火材料制品(万吨)	20.94	7.20
生　　铁(万吨)	2012.17	-0.70
粗钢(万吨)	2156.63	0.80
钢材(万吨)	2463.82	2.70
#中小型型材	13.37	61.10
棒　　材	101.14	5.20
钢　　筋	853.40	17.10
线　　材	471.52	-21.60
厚 钢 板	139.10	3.10
中　　板	183.31	2.10
热轧窄钢带	12.87	37.80
冷轧窄钢带	45.33	11.6
电工钢板	102.83	115.1
无缝钢管	14.67	-47.9
焊接钢管	11.11	88.5
十种有色金属(万吨)	156.22	7.3
#精炼铜	120.25	3.3
铁合金(万吨)	1.23	-14.5
工业锅炉(蒸发量吨)	1515	6.8
金属切削机床(台)	5452	0.5
#数控机床	1391	0.1
泵(万台)	18.39	71.1
风　机(万台)	12.88	51.9
气体压缩机(台)	38947169	17.3
轴　承(万套)	7972.00	11.8
矿山设备(吨)	165839	16.0
印刷机(吨)	1601	49.2
小型拖拉机(万台)	1.15	-22.0
汽　车(万辆)	36.81	7.1
#载货汽车	16.25	8.6
民用钢质船舶(万总吨)	12.05	-55.4
发电设备(万千瓦)	34.97	-36.0
交流电动机(万千瓦)	434.16	15.0
变压器(万千伏安)	2608.72	-1.9
通信及电子网络用电缆(对千米)	1296165	34.5
冷　柜(台)	442198	1.2
家用电冰箱(万台)	101.51	-5.2
房间空气调节调器(万台)	329.88	7.3
电风扇(万台)	118.08	23.6
电光源(万只)	139123	16.5
电话单机(万部)	91.36	28.5
彩色电视机(万台)	46.75	-64.8
照相机(万台)	374.38	-75.1

建筑业主要经济指标

指　标	2012 年	2013 年
企业个数(个)	1632	1717
建筑业合同情况(万元)		
签订的合同额	47411301	63076996
上年结转合同额	16692284	20538890
本年新签合同额	30719017	42538106
承包工程完成情况(万元)		
直接从建设单位承揽工程完成的产值	27591459	34285941
自行完成施工产值	27288877	33586187
分包出去工程的产值	302582	699754
从建设单位以外承揽工程完成的产值	648353	1113576
建筑业总产值(万元)	27937230	34715550
#装饰装修产值	1492750	2185663
在外省完成的产值	8691646	11743998
建筑工程产值	24313740	30061822
安装工程产值	2132969	2431724
其他产值	1490521	2222004
竣工产值(万元)	16517116	21553897
房屋建筑施工及竣工面积(万平方米)		
房屋建筑施工面积	18889.37	23144.38
#本年新开工面积	10857.14	13444.05
实行投标承包面积	13828.16	16753.51
#本年新开工	8468.99	10222.47
房屋建筑竣工面积	10148.83	11881.19
住宅房屋	6157.98	7727.99

注:建筑业统计范围为具有建筑业资质等级的独立核算建筑业企业。

运输线路长度

单位:千米

指　标	2012 年	2013 年
铁路营业里程	2734	2984
公路通车里程	150595	152067
等级公路	120332	152067
#高速公路	4229	4303
一级公路	1543	1643
二级公路	9540	9790
三级公路	9497	9379
等外公路	30263	29393
内河通航里程	5716	5638
等级航道	2427	2349
等外航道	3289	3289

全社会运输周转量

单位:万吨千米、万人千米

指标	2012年	2013年
货物周转量	34489670	36460456
铁路	6817500	6186600
公路	25597786	28290235
水运	2072641	1983621
内河	1329992	1430470
沿海	586569	485999
远洋	56080	67153
旅客周转量	9798488	9306886
铁路	5840600	6226300
公路	3718895	3076941
水运	3169	3645
内河	3169	3645

社会消费品零售总额

单位:万元

年份	社会消费品零售总额	按行业分				按所在地分		
		批发业	零售业	住宿业	餐饮业	城镇		乡村
2012	40272499	7763189	27231773	576698	4700839	33522324	20787583	6750175
2013	45760501	8818983	31072897	641288	5227333	38105503	23798971	7654998

注:2010年国家统计制度作了修订,社会消费品零售总额统计分组发生变化。

旅游业发展情况

年份	旅游总收入(亿元)	占全国旅游总收入比重(%)	为全省地区生产总值(%)	为全省地区生产总值中第三产业(%)
2012	1402.59	5.42	10.83	31.44
2013	1896.06	6.43	13.22	37.69

金融机构本外币信贷资金平衡表年末余额(2013 年)

单位:万元

指 标	年末余额	比年初增加	比年初增长(%)
各项存款	195827131	27423330	16.3
单位存款	87471115	12845722	17.2
#活期存款	44253500	4761541	12.1
定期存款	21609735	2848453	15.2
个人存款	99784695	14049132	16.4
#储蓄存款	97585721	12554428	14.8
财政性存款	6217487	417922	7.2
临时性存款	249128	-19293	-7.2
委托存款	152596	43712	40.1
其他存款	1952110	86135	4.6
各项贷款	131117333	19818750	17.8
境内贷款	131030859	19795006	17.8
#短期贷款	57664839	10705088	22.8
中长期贷款	71410407	9626343	15.6
票据融资	1791804	-631704	-26.1
各项垫款	163810	95279	139.0
境外贷款	86474	23743	37.8

注:本表统计口径包括中国人民银行、政策性银行、国有独资商业银行、邮政信汇局、其他商业银行、农村合作银行、城市信用社、农村信用社、信托投资公司、财务公司等金融机构。后同。

房地产开发与经营主要指标

指 标	2012 年	2013 年
企业个数(个)	2005	2080
房地产开发投资(万元)	9696176	11745768
按工程用途分		
住 宅	6842114	7957469
#别墅、高档公寓	296939	364864
办公楼	621001	1009719
商业营业用房	1176446	1535876
其 他	1056615	1242704
本年新增固定资产	5832322	5772236
土地开发(万平方米)		
本年购置土地面积	733.17	837.32
资金来源(万元)		
本年资金来源小计	14772167	19088417
国内贷款	1648995	2369843
利用外资	7893	8236
自筹资金	5047928	5816600
其他资金来源	8067351	10893738
房屋施工、竣工和销售、出租情况(万平方米)		
房屋施工面积	9465.63	11994.92
#新开工面积	3261.03	4138.33
房屋竣工面积	1747.48	1784.55
商品房销售面积	2397.10	3167.06
商品房销售额(万元)	11373453	16486810
商品房出租面积	28.89	27.37
商品房待售面积	640.57	928.38

各类全日制学校基本情况(2013年)

单位:人

类　别	学校数(所)	在校学生数	招生数	毕业生数	教职工数	#专任教师
研究生		26330	9407	7853		5928
普通高等学校	92	861849	263229	240601	74396	52434
普通中专学校	78	260665	94538	72198	8035	5462
普通中学	2536	2630771	921150	866915	203858	171200
高(完)中	436	876722	310514	240907	81328	49762
初　　中	2100	1754049	610636	626008	122530	121438
职业中学	261	207381	69061	83398	11851	9126
高(完)中	260	207069	68933	83312	11806	9081
初　　中	1	312	128	86	45	45
技工学校	105	139257	43196	40997	10414	1984
小　　学	10650	4081086	789067	655898	195737	207153
特殊教育学校	85	17111	3337	2197	1158	1042
幼儿园	11485	1563241	944893	661272	102917	61588
工读学校	1					

卫生机构、床位及人员数

年　份	机构数(个)	#医院卫生院	床位数(张)	#医院卫生院	人员数(人)	#卫生技术人员	#医生
2012	7137	2134	157660	142436	210887	179797	67168
2013	7250	2140	174299	158096	269848	190234	70276

注:本表人员数合计中不包括乡村医生和卫生员。

本栏编辑　詹跃华

中国人寿保险股份有限公司 China Life Insurance Company Limited 江西省分公司

——江西国寿：高举行业领跑和社会责任的大旗

中国人寿保险股份有限公司是中国最大的人寿保险公司，公司以悠久的历史、雄厚的实力、专业领先的竞争优势及世界知名的品牌赢得了社会最广泛客户的信赖，始终占据国内保险市场领导者的地位，被誉为中国保险业的“中流砥柱”。江西省分公司是中国人寿保险股份有限公司的省级经营机构，2013年，该公司实现总保费收入72.7亿元，占全省寿险市场份额的37%，在江西寿险市场居于领先地位。

在自身发展壮大的同时，公司大力支持公益慈善事业，积极回报社会。多年来，各级公司在环境保护、扶弱助残、赈济贫困、救灾抢险等志愿服务领域开展了大量工作。2013年3月份，号召广大客户积极参与“地球一小时”活动；4月份，全省系统广大员工向芦山地震灾区捐款24.98万元；5月份，全省系统150余位员工积极响应省行业协会号召，参加献血活动，献血总量达到4.8万cc；6月份，萍乡分公司开展“爱心送考”活动，义务接送居住偏远、交通不便的高考考生200余人次往返考场；9月份，省分公司向共青希望小学兴建篮球场捐献1.8万元；12月份，省分公司及所属各级分支机构到定点扶贫联系点开展扶贫慰问工作，捐款15万元，捐物合计1.8万元。2013年，该公司及员工共计捐款144.33万元，以实际行动体现了中国人寿作为国有大型企业的强烈社会责任感。

“乘风破浪正当时,直挂云帆济沧海”，看今日赣抚大地，国寿品牌饮誉城乡。该公司推出了“国寿1+N”品牌服务，并将每年的6月16日定为国寿客户节，致力于为社会最广泛的大众提供优质的产品和服务！

向SOS儿童村捐赠仪式

向贫困学校捐献课桌

“爱心送考”车队整装待发

公司组织团员青年献血

PICC 中国人民健康保险股份有限公司江西分公司
PICC Health Insurance Company Limited Jiangxi Branch

中国人民健康保险公司（简称中国人保健康）成立于2005年4月8日，是中国人保集团勇担社会责任，对接新医改，报经国务院批准成立的唯一一家国有专业健康险公司，经中国保监会和国家工商总局授权，主营业务就是接受政府委托，专业从事与医疗保障政策相配套的健康险业务。

中国人保健康保险公司在保险业内第一个提出“健康保险+健康管理”的专业化经营理念；形成了覆盖全国的服务网络；建立了涵盖医疗保险、疾病保险、护理保险、失能收入损失保险等健康保险全部领域的专业化产品体系；积极倡导“预防为主、行为干预、全面服务”的健康管理理念，构建了以“诊疗绿色通道、慢性病管理、家庭医生、异地转诊”为核心服务项目的专业化健康管理服务体系；建立了“病前健康管理、病中诊疗监控、病后赔付核查”的“三位一体”的全流程医疗风险管控机制；打造了专业化的运营管理平台；在社保业务领域创建了“湛江模式”“太仓模式”“平谷模式”等典型经验做法，得到了党中央、国务院和社会各界的充分肯定，多次荣获“最佳健康险品牌”“最佳专业险公司”“杰出专业险公司”“最具竞争力保险公司”“服务创新奖”等荣誉。在专业健康保险市场中占比达97%以上，在整个健康保险市场份额保持在15%左右，确立了专业健康保险市场引领者地位。

李炳军副省长参观体验我公司健康管理服务

人保健康江西分公司荣获金融机构支持地方经济发展三等奖

2008年开业以来，中国人保健康江西分公司以服务民生为己任，积极参与和服务于江西各地多层次医疗保障体系建设，先后在抚州、新余、宜春、南昌、九江、吉安、赣州、上饶8个设区市以及省本级与医保经办部门广泛合作，覆盖范围已达70个县区，服务人群达到700万人，业务领域涵盖城镇职工、城镇居民、新农合、补充工伤等大病医疗保险项目，风险保障水平达到近1.5万亿元，已成为服务经济、保障民生、推进和谐社会建设中一支不可或缺的重要力量。从2009年起，公司连续四年被江西省政府评为金融企业支持地方经济发展先进单位。从2012年起，省政府主要领导已连续两年在中国人保健康江西分公司的年度工作报告中做出重要批示。公司连续被江西新浪网评为“江西最佳专业保险公司”以及“江西最具社会责任保险公司”。

人保健康江西分公司党委“七一”重走红色路

人保健康江西分公司新余项目部收到参保患者感谢锦旗

平安人寿江西分公司

中国平安人寿保险股份有限公司江西分公司（以下简称平安人寿江西分公司）成立于1994年，截至2013年底，全省共设立了9家中心支公司，15家营销服务部，28家支公司，全省租赁职场52处。内勤人员478人，个险营销员共计5866人。2013年度南昌地区入库地税的税金共计1246.52万元，其中缴纳的个税为902.99万元，缴纳的营业税金及附加为323.68万元，其他税费19.85万元。

公司开展“3.15”咨询活动并获“投诉和解联络单位”称号

2013年，全年分公司累计实现保费收入10.10亿元，增长14%。其中个险规模保费为9.49亿元，占总保费比94%，累计增长17%；银保合计4667.67万元，减少30%；团险累计保费收入为1416.49万元。个险首年新单规模保费完成2.51亿元，个险渠道将在长期时间内为分公司的主要销售渠道。2013年全年分公司各项赔款累计698.87万元，增加48.43%，给付累计支出2.12亿元，减少5.87%，退保支出4594.68万元。

为打造具有竞争力的品牌，平安人寿江西分公司树立了“规范、效益、诚信、服务”的经营理念，切实转变发展方式、不断优化调整业务结构，并始终秉承“客户至上、服务至上”的宗旨，诚信、合规经营。平安人寿江西分公司多年来积极秉承感恩回馈社会的理念，积极履行企业公民的社会责任，并获得广泛认可，连续四年荣获江西省“投诉和解联络单位”荣誉称号。连续三年荣获江西省“诚信和解示范单位”称号、三次荣获劳动保障诚信等级“AAA单位”称号、荣获江西省“希望工程20周年致敬单位”称号、荣获“诚信纳税先进单位”称号、荣获全国绿化委员会授予的“回馈社会 功在千秋”奖称号等。

【服务客户】

拓宽服务渠道 完善服务体系——提供便捷、专业的E化服务。

近年，平安人寿江西分公司在省内大力推广“E时代，易渠道，逸生活”客户自助服务理念，并依托于集团强大的服务优势，打造省时、方便、快捷的多渠道E化服务平台。

合规诚信经营 践行服务承诺——信守合约，为您寻找理赔的理由。

平安人寿江西分公司秉承服务承诺——“信守合约，为您寻找理赔的理由”。对所有平安寿险客户，在合约范围内遵循“客户有利原则”，主动帮助客户寻找赔付的事实及依据。

提升服务时效 革新理赔理念——标准案件，资料齐全，两天赔付。

长期以来保险消费者最关注的就是理赔时效问题。2013年1月，平安人寿江西分公司向广大客户做出“标准案件，材料齐全，2日赔付” 的服务承诺，此举革新了理赔理念和理赔时效，进一步提升服务品质与客户认可度。

【风险防范管理】

制度管理和风险防范，一直以来是分公司工作的重点，2013年也取得了一定的效果。分公司的投诉率逐年下降，从治理销售误导、化解退保风险来看，主要采取了以下措施：

（1）加强队伍“诚信服务”学习，在入司后对业务队伍进行法律法规、职业道德及专业技能培训，尤其是销售误导、退保案例的宣导，同时将诚信服务植入到团队主管的日常辅导与管理中，掌握销售技能，主动杜绝销售误导。

2014年客服节开幕式

（2）在各营业单位进行销售制度自查自纠，现场检查，公司稽核，杜绝销售违规行为的发生。

（3）严格退出机制，对于存在严重销售误导情形的营销员实行一票淘汰制。

（4）加强对行销辅助品、产品说明书的管理，不允许单位和个人擅自印刷，并制定相应的检查制度和惩罚办法。

（5）提升业务人员荣誉感、归属感，建立营销员个人荣誉体系及业务团队荣誉体系，鼓励营销员合规销售产品，提升团队意识。

【社会公益】

近年来，平安人寿江西分公司积极开展“低碳100、节约能源、绿色承诺”低碳环保公益系列活动，并切实开展“地球一小时”熄灯公益活动等。

平安人寿江西分公司在江西援建了四所平安希望小学，分别为赣州、上饶、进贤、永修平安希望小学。连续五年在平安希望小学组织开展年度爱心支教行动，五年来，共计近百名支教志愿者参与其中，惠及师生近2000名。

公司积极承担社会责任，多年来，积极参与社会帮扶、爱心献血、抗震救灾（汶川地震、玉树地震捐款合计25万元）等社会公益活动。

2014年公司开展保险公众宣传日活动暨年献血活动

中邮保险
CHINA POST INSURANCE

中邮人寿保险股份有限公司江西分公司

副省长李炳军（中）在中邮保险展台听取刘于明总经理（左一）介绍产品

宣传普及保险知识，提供健康咨询服务。

中邮人寿保险股份有限公司江西分公司成立于2010年1月，2013年度保费规模列全省寿险业第五位，累计保费突破30亿元，累计承保客户逾21万户，是省内成长最快的寿险公司之一。

公司秉承“服务基层、服务三农”的宗旨，为全省城乡居民提供贴心、放心、安心的保险服务，积极履行社会责任，参与社会保障体系建设，全省客户满意度达96%，公司连续4年获得省直机关文明单位荣誉称号，被省企业联合会评为“2013年度优秀企业”。

中邮绵绵寿2号年金保险

中邮人寿
CHINA POST LIFE
福寿绵长
图个福
绵绵寿2号年金保险
（分红型）
中邮绵绵寿

这是一款年金返还型保险产品，提供长达15年的保障，具有投保门槛低、保费满期还、年金年年有、保障年年增、分红添收益5个方面的功能，满足您收益和保障的双重需求。

中邮年年好百倍保两全保险

这是一款能保本的中邮高保障产品,可根据自己的出行任意选择，享受最高达160倍的自驾车（含航空）或公共交通（含航空）意外保障，还拥有高达16倍的一般意外保障。

全省各邮政储蓄网点均可办理业务
客户服务电话：4008909999

太平洋保险 CPIC

中国太平洋人寿保险股份有限公司江西分公司
China Pacific Life Insurance Co,.Ltd.Jiangxi Branch

中国太平洋保险股份有限公司于1991年进驻江西市场，设立太平洋寿险南昌办事处，2001年根据保险法成立中国太平洋人寿保险股份有限公司江西分公司。目前，在全省共设有11家中心支公司，19家支公司及51家营销服务部。

中国太平洋人寿保险股份有限公司江西分公司党委书记、总经理戴文浩

公司积极践行“守信用、担风险、重服务、合规范”的保险行业核心价值理念，以“做一家负责任的保险公司”为使命，以“诚信天下、稳健一生、追求卓越”为企业核心价值观，以“推动和实现可持续的价值增长”为经营理念，以“重价值、优管理、重合规、优服务”为工作方针，为广大客户提供保险保障，帮助客户规划人生、管理风险，与客户共同实现价值的持续创造，倾听由心，互动你我，为实现“保险，让生活更美好”的目标不懈努力。

管理层年中工作会议现场

公司开办险种百余个，主要经营业务覆盖人寿保险、年金保险、健康保险、意外伤害保险等多个领域，并与众多专业、兼业代理机构建立了良好的业务合作关系，为客户提供了全方位的保险保障服务。热销产品有：“金佑人生保障计划A”“东方红”“安行宝”“安贷宝”等。

2013年，在以戴文浩同志为核心的公司总经理室的带领下，实现核心新保业务收入3.34亿元，核心期缴业务市场份额位列全省第二名，为江西全省人民提供了上百亿的人身风险保障。积极参与、支持社会公益事业，长期关注贫困、孤残儿童教育及安全健康成长，定向资助全省9家希望小学，持续捐助优秀贫困大学生，组织员工志愿者开展形式多样的关爱贫困、孤残儿童活动。通过与相关部门和机构共同合作，在全省范围内开展形式多样的健康巡讲，普及健康知识，提供健康管理、大病预防和治疗等咨询，以点滴努力回馈社会。

第七届“嘉年华”荣耀盛典

2014年个险开门红启动大会

江西省农业科学院

省委书记强卫来省农科院调研指导农业科技创新工作

农业部副部长、中国农业科学院院长李家洋视察省院合作共建的"鄱阳湖生态经济区现代农业科技创新示范基地"

江西省农业科学院成立于1934年，是全国较早设立集科研、教育、推广三位一体的省级农业科研机构，现为全省综合性农业科学研究中心。

全院现有职工980人，其中专业技术人员630人，有中国工程院院士1人、高级专业技术人才330人，博士85人；享受国务院特殊津贴专家41人、享受省政府特殊津贴专家8人，"赣鄱英才555工程"人选13人，农业部行业科技专项首席2名，省级学科带头人9人。有现代农业产业技术体系科学家岗位4个、综合试验站9个、省级优秀创新团队5个。

全院下设15个专业研究所（中心），涵盖种植业、养殖业、农业资源环境、农产品加工与食品安全、农业机械化、农业经济信息等五大学科，建有国家红壤改良工程技术研究中心、水稻国家工程实验室等9个国家级实验室（中心），9个重点实验室和8个检测咨询中心，建有农业科研试验基地453.33公顷，其中由省政府与中国农科院合作共建的高安科研试验基地393.33公顷。

改革开放以来，全院承担了一大批国家和省级重大项目，获科技成果奖励422项，其中获全国科学大会奖3项，国家发明特等奖1项，国家科技进步特等奖1项，国家科技进步奖15项；审定农作物新品种142个，以"五百"科技服务为载体，在全省建立科技示范基地200个，对接农业龙头企业100户，成果和技术推广应用面积80万公顷，为江西现代农业发展提供了持续科技支撑。

团结奋进的院领导班子

省农科院与省农垦办、恒丰企业集团共同举办以"绿色崛起，秀美恒丰"为主题的送科技下乡服务活动。

"万亩蔬菜基地示范项目"现场观摩会

江西水利科学研究院

江西省水利科学研究院隶属于江西省水利厅，成立于1954年，是全国较早成立的专业门类齐全，集科学研究、技术服务和成果推广为一体的公益性省级综合水利水电科研机构。

全院现有职工194人，其中享受国务院特殊津贴专家2人、水利部5151工程部级人选1人，江西省赣鄱英才555工程人选1人，江西省新世纪百千万人才工程人选4人、省水利厅资深水利工程师1人。全院各类专业技术人员159人，其中教授级高级工程师10人，高级工程师35人，工程师47人；全院各类专业技术人员中本科及以上学历142人，其中博士12人，硕士83人。

中澳合作项目验收会

职工书屋

科研是立院之本。充分发挥鄱阳湖模型试验研究基地、水利部鄱阳湖水资源水生态环境研究中心、江西省鄱阳湖水资源与环境重点实验室（省级）、江西省水工安全工程技术研究中心（省级）、院士工作站、博士后工作站等6个科研平台的作用，在江西重大水问题方面开展了卓有成效的研究。近年来，累计立项的科研项目200余项（其中，2011年中外合作项目1项，2013年国家自然科学基金3项），获得国家级、省部级等各类科技成果100余项，“长江环境流研究与应用”（与长科院合作）获大禹水利科学技术一等奖，“鄱阳湖流域水资源适应性调配关键技术及应用”获省科技进步奖二等奖；发表科技论文300余篇，获国家发明专利4项，出版专著11部。

服务是兴院之要。该院利用大坝安全鉴定、病险水库除险加固蓄水安全鉴定、水闸安全鉴定、岩土工程检测、混凝土工程检测、量测工程检测、金属结构类、机械电气类检测、水资源论证、水文水资源调查与评价10项甲级资质；水土保持监测、工程咨询2项乙级资质；地质灾害治理工程设计、水利工程施工2级总承包、水利工程设计综合3项丙级资质，在大型水利枢纽工程的整体物理模型试验研究、工程质量检测、大型水利工程安全监测系统的设计与实施、大中型水闸的除险加固设计、水量调度与分配方案编制、水资源实时监控与管理信息系统设计等方面为行业、社会提供科技服务。

人才是强院之路。近年来，共引进高学历科技人才100余人，通过培训、学历教育、上挂锻炼、基层锻炼、脱产进修等方式，不断提高职工的理论和实践能力。进一步完善人才激励机制，出台《省水科院1515人才工程实施办法》，在职称评定和聘任上向优秀科技人才、学科带头人倾斜，加强后备干部培养。

文化是铸院之魂。该院先后获得全国水利系统和谐企事业单位、全国水利系统模范职工之家、水利部“全国水利管理先进单位”“全国抗洪先进单位”、省直机关“五一劳动奖状”“青年文明号”等多项荣誉称号。

鄱阳湖模型试验研究基地

江西省棉花研究所

江西省棉花研究所于1973年8月经批准成立，系江西省农业厅直属的全民事业单位，为全省唯一省级（正处级）棉花专业研究所。2007年12月经农业部批准成立“国家现代农业（棉花）产业技术体系鄱阳湖综合试验站”，从而列入到全国公益性行业棉花科研专项单位，并承担国家级和省级棉花重大科研项目。主要任务是进行棉花育种、栽培、土肥、植保等项目的应用研究及其新成果、新技术的示范推广和种植业、畜牧业、水产养殖业的生产以及《棉花科学》专业期刊的编辑发行。

全所现有在职国家干部59人、职工290人。有各类专业技术人员81人（其中具有正高级技术职称6人、副高级19人、中级16人），硕士研究生学历9人，并经省委人才工作领导小组2011年3月批准，聘请到国家现代农业（棉花）产业技术体系首席科学家喻树迅院士为所棉花科研首席科学家。

江西省棉花研究所坚持“棉花科研立所，引进项目兴所，成果转化增效，调整产业增收”发展思路，充分发挥科研优势谋求发展，充分利用土地资源发挥效益，即围绕两大任务（棉花科研、农业生产），发挥两大优势（科研成果、土地资源），做好两篇文章（成果转化、生产效益），取得很大成效。建所以来先后选育出赣棉5号、赣棉6号、赣棉8号、赣棉11号、赣棉13号、赣47系、赣棉杂1号、赣杂106、赣杂108、赣杂棉3号、赣棉杂11号、赣棉杂109等12个棉花新品种。共获奖科研项目38个，其中国家科委科技进步一等奖1项，农业部科技进步二等奖和丰收计划三等奖各1项，省政府优秀成果四等奖3项，省政府科技进步二等奖2项和三等奖9项，省科委情报调研二等奖1项，省农科院优秀成果三等奖2项，地市级技术改进二等奖7项和三等奖3项，其他行业性奖类8项。目前，共承担棉花科研项目36项，实施各类试验示范子项目96个。

喻院士与所科研人员合影

所领导向喻院士介绍发展规划情况

省农业厅张跃远副巡视员听取农民讲解棉花、马铃薯连作播种经验

地 址：江西省九江市九瑞路16公里　邮 编：332105　电 话：0792-6840269

江西省红壤研究所

江西省红壤研究所是隶属于江西省农业厅的科研事业单位，主要从事亚热带红壤资源和区域农业资源综合开发利用技术研究、示范和推广的专业科研机构。现有科研试验示范基地386.67公顷。

该所目前已形成以植物营养与施肥、土壤资源与环境、旱作物良种引育与栽培等学科为支撑的3个团队，现有专业技术人员50人，其中正高4人，副高6人，博士3人，硕士17人。

农业部
鄱阳湖区红壤耕地质量与环境
重点野外科学观测试验站

“十一五”以来，累计获得各级奖励近20项，其中：获得省科技进步二、三等奖各1项；全国农牧渔业丰收奖一、二等奖各1项；国家发明专利1项；江西省农业科教人员突出贡献奖一等奖1项、二等奖2项、三等奖3项；江西省农牧渔业技术改进二等奖2项、三等奖3项。累计获得的省部级以上项目30余项，其中，国家科技支撑计划课题或专题9项、国家自然科学基金2项、农业部行业专项4项、水利部行业专项2项、国家农业科技成果转化资金项目1项、国家农业引智推广计划项目1项、973计划课题1项、中科院重大科技创新项目专题1项、省级科技支撑等项目10余项。

与中国农业科学院合作建设的综合试验大楼获农业部立项，并分别与中国农业科学院油料作物所、农业资源与农业区划研究所合作共建的国家三熟制红壤油料基地、进贤红壤综合试验基地建设工程开工并开展匀地试验；国家红壤改良工程科技研究中心、博士后科研工作站为该所平台合作、人才引进搭建新的平台。

江西省红壤研究所
博士后科研工作站
POSTDOCTORAL PROGRAMME
中华人民共和国人力资源和社会保障部
全国博士后管理委员会
二〇一三年八月

农业部江西耕地保育科学观测实验站
（江西省红壤研究所）
中华人民共和国农业部
二〇一一年

江西省林业科技实验中心

江西省林业科技实验中心于2006年9月19日在江西环境工程职业学院实验林场的基础上划出成立。2007年2月3日正式挂牌成立，并增挂“江西省林业科技示范林场”和“江西环境工程学院教学实习基地”两块牌子。实验中心森林经营面积6466.67公顷，蓄积量44.5万余立方米。

按照森林经营规划，扎实推进种苗基地、大径材培育基地、珍稀乡土树种基因库、近自然群落培育基地、木质油料林基地、乔木中药材培育基地和毛竹丰产林基地等七大基地建设，将林业良种良法和林业科技创新应用于实践并加以推广。

种苗基地建设：围绕林木良种培育、珍贵树种繁育、林业新技术推广示范和优良树种驯化繁育，着力建设好省级保障性苗圃，打造专业化、现代化、规模化的苗木生产基地。

大径材培育基地建设：大径材培育是国家林业产业建设的示范项目。对333.33公顷以楠木、樟树、栲树、拟赤杨等乡土树种为主的阔叶树次生林进行了大径材定向改造培育，并新造以陈山红心杉为主要树种的大径材项目266.67公顷。

珍稀乡土树种基因库建设：一是利用自繁自育闽楠等珍贵树种苗木进行补植补造66.67公顷；二是进行次生林改造200公顷；三是采取近自然培育乡土阔叶树400公顷。

近自然培育基地建设：近自然群落培育是培育森林资源的重要营林方式，将对666.67公顷植被较完整、林分结构合理、树种资源丰富的林地进行近自然群落培育。

木质油料林基地建设：拟通过实验对比，优选出适合本地生长，产油量高，适应性强的木质油料树种（包括生物质能源树种）营造666.67公顷木质油料林基地，新建山乌桕、油桐种子园23公顷，采穗圃5公顷，试验区5公顷，示范对照区10公顷。

乔木中药材培育基地建设：拟建设666.67公顷乔木中药材培育基地，栽植的主要树种包括紫杉科的南方红豆杉、杜仲科的杜仲、银杏科的银杏、木兰科的凹叶厚朴、芸香科的黄柏、金缕梅科的半枫荷、八角科的八角等。

毛竹丰产林基地建设：以现有的毛竹林为基础，通过劈山砍杂、深翻垦复、科学施肥、适度勾梢、留笋养竹、新竹号字、科学伐竹等竹林培育技术，建设200公顷毛竹丰产林基地。

实验中心低产林改造

实验中心接待学生实训

实验中心近自然培育

鄱阳湖大桥

江西省交通设计研究院有限责任公司

COMMUNICATIONS DESIGN RESEARCH INSTITUTE CO.,LTD OF JIANGXI PROV.

江西省交通设计研究院有限责任公司（原名江西省交通设计院）是江西省唯一拥有公路行业全部甲级资质的设计研究院。业务范围涵盖公路、桥梁、隧道、市政、航道、港口、房建、园林和交通机电等工程项目的可行性研究、勘察设计、工程咨询、工程检测、工程监理、工程施工、工程投资和工程总承包。现有职工462人，其中中国工程设计大师1人，教授级高工22人，高级技术职称127人，工程师135人，拥有各类国家注册资格人员92人。

该院建院以来承担省内绝大部分普通国道公路、高速公路、特大公路桥梁和特长公路隧道以及部分港航工程勘察设计，累计完成省内外高速公路勘察设计里程4000余千米；完成特大桥梁设计数百座，其中著名大桥有南昌新八一大桥、鄱阳湖湖口大桥、九江新长江公路大桥等；完成特长隧道设计10余座。三十九年的风雨历程，创造出了众多品质精良的勘察设计作品，荣获国家詹天佑土木工程奖、国家优质工程、优秀设计、优秀咨询和优秀软件等奖项共计19项，荣获省部级优秀勘察设计和科技进步奖项共计200余项，先后荣获“江西省文明单位”“全国交通系统学习青岛港先进单位”“全国工程建设管理先进单位”“全国工程勘察先进单位”“全国优秀勘察设计院”“全国优秀勘察设计企业”“全国勘察设计行业创新型优秀企业”等称号。多年来，该院在“人才兴院、科技强院”方针指导下，以创新为动力，不断提高产品科技含量，实现了省级“公路桥梁工程技术中心”和省交通运输行业“公路地质灾害防治工程技术中心”与“交通地理信息工程技术中心”等3个企业创新平台的建设，并与一些高校建立联系，积极开展了产学研合作，在持续完备生产科研条件的同时，积极组织了技术研发活动，已有一批具有自主知识产权的科技成果正积极转化为生产力。

景婺黄

九江长江二桥

带溪枢纽

江西省儿童医院

党的群众路线教育实践活动开展以来，江西省儿童医院针对不少群众提出的看病就医难问题，把整改工作的重点放在方便患者就医方面，不断完善和推出新举措，取得了可喜成效。

推出夜间专家门诊。在原有夜间急诊内、外科的基础上，增加夜间内科普通门诊和专家门诊，以及眼科、五官科、口腔科、儿保科、中医科等专家门诊，以满足不同患儿的就诊需求。医院同时对门诊化验室、药房、静脉输液室、挂号收费处等部门值班人员进行了合理的调配，夜间门诊的就医流程与白天保持基本一致，使各个就诊环节高效流畅。夜间专家门诊从2013年8月1日开诊一年共接诊患者6.54万人次，切实方便了群众就医。

副省长莫建成视察省儿童医院红谷滩新院工地

成立综合便民服务中心。中心为患者提供预约诊疗、导诊、医疗咨询等服务，建立了完善的预约诊疗管理制度，设计了包括电话预约、网络预约、诊室预约、门诊现场预约等预约诊疗服务项目，为患者提供365天、每天13小时(8:00-21:00)的电话预约诊疗服务。

开设儿童健康体检专区。根据不同年龄段孩子的生长发育特点，科学设计并推出一整套健康体检套餐服务，扩大群众自主选择的空间。建立了集挂号、收费、各项体检及抽血化验为一体的一条龙服务体系。相对独立的儿童体检专区将健康体检儿童和患病儿童门诊分隔开来，既可减少拥挤，又可避免交叉感染，同时也节省了家属来回奔波的时间。

省人大副主任魏小琴视察慰问医院职工和住院患儿

推出周六加班手术。为解决等待手术病人多，手术资源有限的问题，医院推出了周六加班手术制度，鼓励医生利用周六加班做手术，大大缩短手术病人排队等待的时间，满足了患儿手术需求，为患儿早日解除病痛。2013年共完成周六加班手术1126台。

提供自助挂号缴费服务。自2013年10月推出就诊“一卡通”服务后，现已陆续实现了自助充值、自助缴费、自助查询等自助服务，不久前又推出了自助办卡、自助挂号、自助转账、自助报告打印、满意度调查等服务功能，有效缓解了就诊过程中“三短一长”现象。

张小康院长2013年获“中国医院服务改革创新人物”称号

做好优质护理服务工作。优质护理病房实行责任制整体护理分工排班，做到护士包病人、层级扁平化、护理全责化。工作中体现儿科特色，开展以“家庭为中心”的儿科护理服务模式，实施“家庭合作性照护项目”，帮助家长掌握必要的照护知识与技能，为患儿出院后转入家庭护理注入专业的元素。目前该院开展优质护理科室达19个，开展优质护理病房的比例占86.31%。

大力开展志愿服务。现已招募了1033名志愿者，组建了7个志愿者协会分会，其中有医院在职干部职工、离退休人员、在校大学生，还有慢性病儿童的家长。目前，每天都有志愿者活跃在医院各个志愿服务岗位上，并且将志愿服务延伸到特殊家庭、社区、学校、养老院、福利院、部队等，得到了社会各界的广泛赞誉。

解放军第九四医院

南昌大学附属长城医院

华东地区最大的重症监护中心

解放军第九四医院位于英雄城南昌市中心，占地249亩，是一所集医疗、教学、科研、预防保健为一体的综合性三级甲等医院，设有42个临床、医技科室，展开床位1000余张。

医院拥有心血管内科、神经外科、计划生育优生优育、检验医学等南京军区四个重点专科中心。拥有中高级职称130余人，其中博士后2人、博士17人、硕士62人。有69名同志担任国家、军队和江西省各类医学专业委员会委员。创造了江西省医疗史上肾移植、断肢再植、寰椎枢椎骨折手术、心脏杂交手术治愈胸主动脉夹层动脉瘤等四个第一例。现为南昌大学附属长城医院、南方医科大学等多所院校的教学医院，解放军第四军医大学西京医院全军心血管外科研究所的临床基地。

近年来，医院坚持强军目标为统领，秉承“政治立院、科技兴院、人才强院、质量建院、制度管院”的办院原则，抓思想固根本、抓标准强内涵、抓科研求创新、抓质量树品牌，不断迈向提速发展、进位赶超的建设路子，先后被表彰为“全军为部队服务先进医院”、南京军区“医德医风建设先进医院”“‘十五’‘十一五’医学科技创新组织奖”“抗雪救灾先进单位”“救护航空航天员先进单位”江西省“群众满意医院”等，2013年被南京军区联勤部评为“先进团单位”。

省级医疗救援队紧急出动

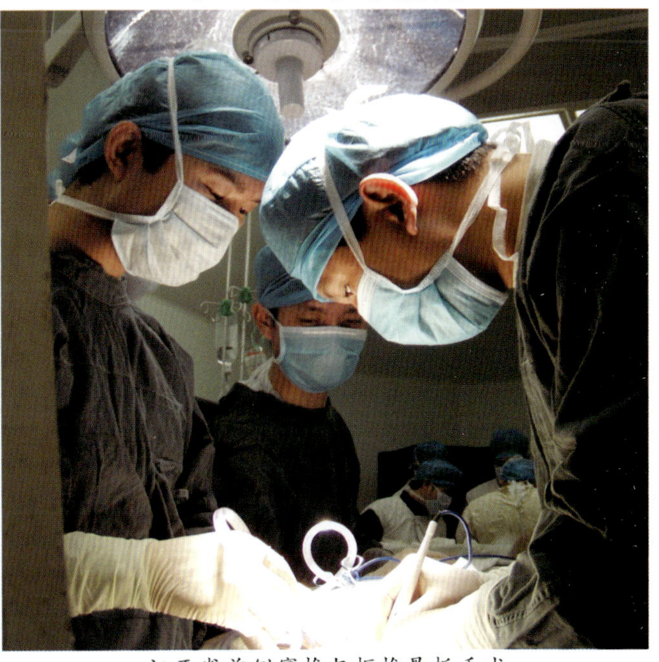
江西省首例寰椎与枢椎骨折手术

解放军第一八四医院

解放军第一八四医院是一所集医疗、预防、教学、科研为一体，设备先进、技术力量雄厚的综合性三级甲等军队医院，担负着赣东北驻军官兵和离退休干部的医疗保障任务。现为南京军区福州总院第四附属医院，医疗设备总值达1.5亿元。2014年9月，建筑面积37260平方米的新病房大楼正式启用，展开床位800张，开设各类专科36个。

南京军区福州总医院第四附属医院挂牌仪式

思想政治建设。教育引导全院同志自觉争当黎介寿式的好军医、罗昊式“能打胜仗”的官兵和宋旌式的好党员好干部。制定《医院文化建设纲要》及《新闻宣传和政研工作暂行规定》。编印《院报》和《护理通讯》，积极利用《解放军报》等媒体正面宣扬医院。

卫勤能力建设。狠抓党委班子岗位练兵，抽组医疗队跨区赴山东参加课题试验攻关取得初步成果；以较高分值通过全军机动卫勤力量保障能力检查评估；圆满完成“使命行动-2013”系列演习卫勤保障任务。

为兵服务工作。深入“健康军营行”，定期选派医疗小分队到体系部队巡诊，与鹰潭干休所签订挂钩帮建协议，赠送药品、仪器价值10万余元。2013年以来，共派出医疗队巡诊体检3600人次，为兵服务补贴1020余万元。消化内科护理单元被总后卫生部表彰为“军队优质护理服务示范病房”。

医疗质量效益。与南京军区福州总医院签订长期挂钩帮带协议，成为其第四附属医院；重新调整科室布局，划分28个临床学科、8个辅助学科。2013年门诊16.9万人次、住院1.6万人次，同比增长28.17%、17.21%。

教学科研工作。妇产科刘仙副主任《经阴道撑开式无气腹腹腔镜手术治疗妇科良性疾病的临床研究》荣获军队医疗成果三等奖；外一科夏维木主任《前列腺癌盆腔淋巴结微转移检测的研究》荣获江西省科技进步三等奖；骨科二病区赵敏主任《新型组合式锁定钢板及VSD技术在组织工程骨修复战创伤负重骨缺损研究中开发与利用》被列为全军后勤重点课题。

红军医院学传统

慰问聋哑儿童

濒海试验攻关

跃上葱茏的九江学院

——聚庐山灵气、蕴长江波澜、展鄱湖浩瀚

九江学院是经国家教育部批准设立的全日制综合性本科层次的国有公办普通高等院校，面向全国30个省（自治区、直辖市）招生。

学校占地190万平方米，现有主校区、浔东校区、庐峰校区、南湖校区、八里湖校区5个校区，校舍建筑面积130余万平方米，全日制在校生3.8万余人，设有一所“三级甲等”附属医院。

学校拥有一支素质优良的教学科研队伍。现有专任教师1800余人，其中，有副高以上职称的760余人，博士200余人，研究生导师60人，省、部级学科带头人以及中青年教学骨干教师60余人。入选江西省“赣鄱英才555工程”3人，获得国务院特殊津贴和省政府特殊津贴10人，江西省高校学科带头人和青年骨干教师等44人，江西省高校名师6人，入选江西省“百千万人才工程”第一、二层次人选14人。

学校有21个二级学院。专业涵盖理、工、经、管、文、法、医、史、农、教育等十大学科门类，有35个国家级、省级“质量工程”项目；有97个国家级、省级“本科教学工程”项目。设立了“流域管理与生态保护”博士后科研工作站。

学校教学设施先进，基础设施齐全，现代化教学手段得到广泛应用。图书馆馆藏图书290余万册，校园信息化建设走在全省高校前列。

学校注重加强内涵建设，大力推进“山江湖”学科建设工程，紧密围绕以庐山为地标的中华优秀传统文化、九江沿江产业开发、鄱阳湖生态经济区建设，形成了明显的优势和特色，产出了一批优秀研究成果，学校社会声誉不断提高。

学校已与美国、法国、英国等10多个国家的高校及科研机构建立了稳定的合作与交流关系，招收来自世界各国的留学生200余人来校学习，分别与柬埔寨王家学院、美国萨凡纳州立大学合作建立孔子学院，2013年获评全球孔子学院先进单位。

新余学院

新余学院是一所全日制公办普通本科院校。学院坐落在新型工业城市——江西省新余市。

学院占地130余万平方米，校园环境优美，教学和生活设施完善，是读书治学的理想园地。校舍建筑面积45.46万平方米；建有122个校内实验（实训）室，装备了设备先进的计算机房、多媒体教室和语音室，教学科研仪器设备总值8012万元；图书馆藏书137.6万册，中外期刊1200余种，电子文献资源丰富，是中国学术期刊文献检索咨询二级站。

学院有全日制在校生1.3万余人，其中，外国留学生73人，设有16个二级学院，开设有60余个本、专科专业，面向全国招生。学院现有专任教师715人，其中教授76人、副教授208人，具有硕士以上学位教师388人。共建了国家光伏基础材料及应用产品质量监督检验中心，组建了江西省硅材料重点实验室，建成了4个市级科研平台。2010年以来共获批国家、省、市级科研项目260余项，在各类学术期刊发表学术论文1980篇。学院按照“立足地方、面向全国、接轨国际、独具特色”的办学思路，积极对接地方优势产业，服务于区域经济社会发展以及新能源产业发展，大力实施“质量立校、特色兴校、人才强校”战略，已逐步发展成以工学为主导、文理为基础、新能源类学科专业为特色、多学科协调发展的地方本科院校。

新余学院合作发展联盟成立

扫描电子显微镜实验室

图书馆

九江职业大学

九江职业大学是1985年经国家教育部批准的公办全日制、招收高中起点三年制和初中起点五年制大专及三年制中专的综合性高等职业院校，是省级示范性高职院校。

学校现设有师范学院、学前教育学院、艺术学院、机电工程学院、建筑工程学院、信息工程学院、经济管理学院、文化旅游学院、护理学院、农业经济技术学院、继续教育学院、中专部等12个二级院（部）。设有语文教育（师范类）、学前教育（师范类）、机电一体化技术、电气自动化、数控技术、模具设计与制造、建筑工程技术、工程造价、国际贸易实务、会计等多个省级特色专业、省级示范重点建设专业。学校现有教职工849人，专任教师711人（其中教授、副教授职称268人），省级优秀教学团队3个，省级高校名师4名、省级中青年骨干教师21名，在校生15000多人。

十一届全国政协副主席陈宗兴一行来校考察

2013年以来，学校先后获得十三届“省级文明单位”、新华网“2013年中国最具影响力职业院校”“2013年高校校园文化建设优秀成果奖”“江西省全省师资培训工作先进单位”“全省教育系统和全省高校人事人才工作先进集体”“2014年全国最佳教育改革创新示范院校”称号，为实现学校的可持续发展奠定了坚实的基础。

2014就业供需会现场

校学生在全国、全省旅游职业技能比赛中喜获佳绩

获“2013中国最具影响力职业院校”称号

江西省南康中学

江西省南康中学始创于1939年9月，是一所具有悠久历史和光荣传统的资深学府。

学校位于江西省赣州市南康区南水新区，占地24.33公顷，建筑面积近10万平方米。学校分为教学、办公、景观、休闲、运动、生活等功能分区，各功能区合理布局，形成了一座具有现代学校气息、人文意蕴丰富的现代化山水学校。学校图书馆藏书超过24.3万册，理化生实验室按照国家一类学校配备，建成了校园千兆网，拥有标准的400米塑胶田径场和室内体育馆，多媒体终端已进入每个教室。

2013-2014学年，南康中学获得的主要荣誉有：全国亿万学生阳光体育冬季长跑活动优秀学校、江西省第十三届文明单位、江西省中小学现代教育技术示范学校建设先进单位、第九届全国高中应用物理竞赛江西赛区团体一等奖、江西省综合实践和通用技术竞赛初赛团体一等奖、江西省中学生田径运动会“三连冠”、赣州市重点中学高中教学质量综合评价先进单位；2014年高考，学校再创辉煌成绩：一本上线575人，二本上线1337人，600分以上45人，应届生二本上线达1067人，在办学史上首次突破二本上线千人大关。申思杰同学荣膺赣州市理科状元，肖贵航同学荣膺赣州市文科状元。

在学校的大力培养下，教师的成长得到了有力保障。目前，学校有特级教师8名，省学科带头人2名，省骨干教师8名。赣州市学科带头人10人，赣州市骨干教师27人，南康区学科带头人14人，南康区骨干教师25人。本学年共有54个课题立项，其中省级16个，市级38个；有18个课题顺利结题，100多个研究课题如期进行；一年来，该校教师在各级各类报刊发表教学论文288篇，获奖共60篇，有62人次在各级各类教学竞赛中获奖。

南康中学校园一角

绿树掩映下的教学楼

南康中学雁文化雕塑

宁都电视台

县文广局副局长
广电新闻中心副主任　李明生
宁都电视台台长

台领导班子：李明生台长（中）、赖非泉副台长（右）、卢春宁副台长（左二）、欧阳晟副台长（左一）

宁都电视台内设办公室（总编室）、新闻采编部、专题栏目部、广告信息部、技术播出部等5个部门，现有干部职工38人。

宁都电视台共设有“新闻综合”“经济生活”和“影视资讯”3个电视专业频道，开设了《宁都新闻》《一周新闻要览》《宁都您好》《宁都经济报道》《翠微警示》《平安是福》《天南地北宁都人》《希望的田野》《健康锦囊》等栏目，各频道节目日播时长达16小时以上，基本实现了频道专业化、栏目对象化，并通过有线网络和无线（新闻综合台）传输覆盖全县24个乡镇，人口覆盖率85%以上。

宁都电视台自成立以来，秉承“新闻立台、经营活台、改革强台、人才兴台”的发展理念，围绕中心，服务大局，牢牢把握正确的舆论导向，以《宁都新闻》为龙头，以精办栏目为抓手，不断提高节目质量和宣传效果，在搞好内宣工作的同时，不断加大对外宣传力度，提高舆论引导和电视服务能力，电视新闻宣传工作稳步推进，成效显著。内宣工作扎实有效，年采编新闻1600条以上；对外宣传用稿连年攀升，上中央台新闻用稿位居全市前列。多次被评为全市电视新闻报道先进集体和全县宣传思想工作先进单位，为助推宁都经济社会发展和提高宁都知名度发挥了积极作用。

工作照片

记者前期采访

新闻后期制作

节目安全播出

精品栏目

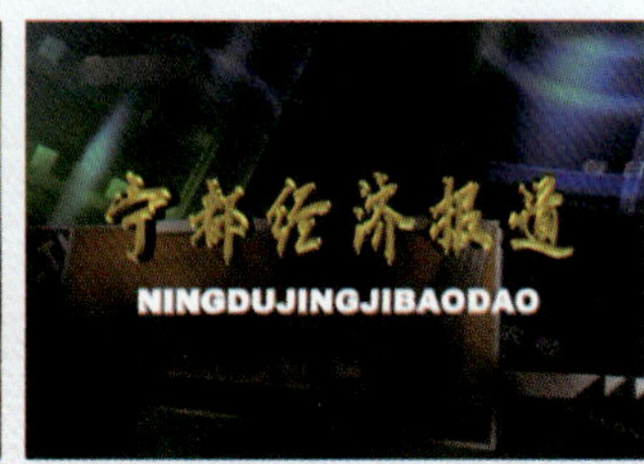

江西省省属国有企业资产经营（控股）有限公司

JIANGXI PROVINCIAL STATE-OWNED ENTERPRISE ASSETS OPERATION（HOLDINGS）CO., LTD

江西省省属国有企业资产经营（控股）有限公司（简称国控公司）是经江西省人民政府批准设立、省国资委履行出资人职责并授权经营的国有资产经营和国有资本投资运营主体。公司经营范围为：国有资产及国有股权的管理和运营；资本运营；企业改制重组顾问、投资咨询和财务顾问；资产托管和代理；省国资委授权的其他业务。截至2013年年底，公司拥有全资、控股企业16户，其中上市公司2户，参股企业15户，托管省属集团公司本部6户，托管其它企业77户，托管事业单位3户，公司总资产545亿元，净资产119.8亿元，年营业收入达647亿元。

图为公司董事长周应华与北汽集团总经理张夕勇代表双方签署昌河汽车股权转让协议

公司自成立以来，坚持市场化运作，充分发挥国有资本运营平台功能，在服务省属国有企业改革、整合运营省属国企资产、推进全省产业结构优化升级中，发挥了独特的作用，在实践中形成了较为成熟的操作理念和运作模式，打造了一支具有较强专业能力和丰富实践经验的团队，培育了以“专业、责任、阳光”为特色的企业文化。党的十八届三中全会以来，公司发展迎来了新的历史机遇，被省国资委确立为省属经济调结构、转方式的资源整合平台，全省优势资源储备配置的调节池，全省战略性新兴产业发展的助推器。面对新的历史使命和重大历史机遇，公司将深入贯彻落实党的十八届三中全会精神，紧紧围绕江西省关于进一步深化国资国企改革的战略部署，以打造专业化、市场化、规范化的省属国有资本经营和产业投融资平台为目标，坚持政府平台、市场运作、创新驱动、转型发展，全力将公司打造成经营规范、专业高效、文化先进、国内一流的省级国有资本投资运营公司，为省属国有企业改革发展和国有经济结构布局调整、建设富裕和谐秀美江西做出新贡献。

江西省招标咨询集团有限公司

省招标咨询集团召开党委中心组大讨论会

省招标咨询集团全员素质拓展培训

全国青少年井冈山革命传统教育基地设备采购项目

江西省招标咨询集团有限公司是由江西省人民政府出资、省国资委监管的省属集团公司，其前身为1959年成立的江西省机械设备成套局。集团公司下辖四家子公司，其中江西省机电设备招标有限公司是省内规模最大、最具综合招标实力的国有专职招标代理机构，拥有政府采购、国际招标、中央投资项目、工程招标等甲级资质，设有9家分公司和江西大华工程造价有限公司。江西省海济租赁有限责任公司是江西省首家被国家商务部、国家税务总局批准开展融资租赁业务的试点企业，被省国资委确立为省国有企业主要融资平台之一。江西国新咨询发展有限责任公司是集团公司与地方合作组建的工程咨询平台，主营可行性研究、项目后评价、项目管理（代建）、节能评估、清洁生产审核、投资风险和社会稳定风险评估等工程咨询业务。南昌通汇资产经营管理有限公司主营债权的财产保全、资本运作、资产置换及处置等业务。

2011年以来，集团公司承办的各类招标咨询服务项目5000多个，涉及地铁、机场、公路、水利、体育、文化、卫生、教育等国民经济领域，累计委托金额452亿元，中标金额386亿元，平均节资率14.6%，融资租赁余额累计8亿元，取得了良好的经济社会效益。集团公司及所属公司先后荣获“全国诚信创优先进单位”“全省优秀企业”“全省守合同重信用单位”和“先进基层党组织”“省级青年文明号”“全省综治工作先进单位”等多项荣誉。

地址：南昌市省政府大院西二路4号
电话：0791—86219184 86207275 86227263（兼传真）

江西省公路工程有限责任公司

江西省公路工程有限责任公司（原江西省公路机械工程局成立于1995年），是江西省交通系统首家通过ISO9002国际质量标准认证（现已升级到ISO9001:2000版）的国家公路工程施工一级总承包企业，具有市政公用工程施工总承包一级，路基、路面、桥梁、隧道专业承包一级资质，注册资本金3亿元。公司现有正式员工335人、各类专业技术人员225人。

隧道工程

公司始终坚持“立足行业、多元发展、超越自我、追求卓越”的宗旨，大力加强企业文化建设，深化机制改革，强化内部管理，紧扣市场脉搏，在开拓创新、和谐创业中不断发展壮大，现已发展成为集公路、桥梁、隧道、交通工程、公路养护、市政建设、水利水电等工程建设及工程勘察设计、设备租赁、招投标咨询代理、园林绿化、软件开发、对外贸易、沥青改性等业务为一体、多元化发展的现代化集团式施工企业。

路面工程

近年来，公司积极参与省内外重点工程建设，取得了令人瞩目的可喜成绩，施工队伍日益壮大、施工能力和施工水平进一步提高，近五年参建了省内外20多条高等级公路的工程建设，足迹遍及全国20多个省市（自治区），并于2008年承担了江西省乃至全国迄今为止一次性开工建设里程最长的高速公路建设项目——济南至广州国家高速公路江西鹰潭至瑞金段建设项目的代建业务，经济效益和社会效益逐年提高，是江西省近年来发展最为迅猛的公路施工企业之一。

路基工程

大路当歌，大气无形，大音希声。江西省公路工程有限责任公司每位员工将以“修筑完美之路，构建和谐企业，优质回馈社会”为使命，励精图治，锐意进取，并愿与社会各界携手奋进，共创美好未来，为交通、公路事业的跨越式发展而不懈奋斗！

生态工程

桥梁工程

江西黑猫炭黑股份有限公司

江西黑猫炭黑股份有限公司是景德镇市焦化工业集团控股的上市公司，成立于2001年7月，2006年9月在深圳证券交易所上市，成为国内第一家由国有资产控股、通过市场运作单以炭黑产品上市的公司。

黑猫股份按照“贴近资源，兼顾市场”原则先后在景德镇及国内煤焦产业集中地韩城、朝阳、乌海、邯郸、太原、唐山建设了七个大型炭黑生产基地，济宁基地的一期工程建设已完成。公司现拥有31条炭黑生产线，1条20万吨/年、2条30万吨/年煤焦油精制生产线，2条1000吨/年气相法白炭黑生产线，1条2万吨/年沉淀法白炭黑生产线。2004 — 2013年炭黑产销量连续十年居全国同行业首位，成为全国最大的炭黑生产企业。

黑猫股份总经理　周敏建

黑猫股份先后通过了ISO9001标准质量管理体系认证、ISO14001标准环境管理体系认证、GB/T18001标准职业健康安全管理体系认证、TS16949质量体系认证，检测中心通过国家实验室认证。历年来公司多次获“江西省名牌产品”“江西省优秀企业”“环境保护优秀企业”“清洁文明工厂”“国家高新技术企业”“能效领跑者标杆企业”等荣誉称号。

黑猫股份20年来开发生产了几十种炭黑、白炭黑系列产品，广泛应用于各类橡胶制品，尤其是作为轮胎行业的重要原料。遍布全国的生产基地以充沛的产能保证和区位优势，向客户提供专业化、定制化、个性化的产品和服务。

韩城黑猫全景

黑猫股份丰富完备的产品结构，贴心专业的技术服务，给客户带来完美的消费体验。“黑猫”炭黑成为顾客信赖的行业领先品牌，赢得如米其林、普利司通、固特异等国际知名轮胎企业的青睐并成为其全球供应商，国内名牌轮胎企业均为公司的客户并保持着良好的合作关系。

CHINA GAS 中國燃氣 南昌中燃城市燃气发展有限公司

中国燃气集团

中国燃气控股有限公司是中国最大的跨区域能源服务企业之一，在香港联交所主板上市，股票代码0384。自2002年成立以来，专注于在中国大陆从事投资、建设、经营、管理城市燃气管道基础设施和液化石油气的仓储、运输、销售业务，向居民、商业、公建和工业用户输送各种燃气，建设及经营车船燃气加气站，开发与应用石油、天然气及其他新能源等相关技术产品。

中国燃气的主要股东有北京控股集团有限公司，英国富地石油公司、韩国SK集团、印度燃气公司及中国石油化工股份有限公司等；主要合作伙伴有国家开发银行、中国工商银行和中国石油天然气集团有限公司等。

中国燃气经过十年的快速发展，已在全国28个省市自治区进行了广泛的项目布局。在资源共享、技术交流和项目运营上，中国燃气先后引进了来自中国、韩国、印度、美国等国家的战略投资者和合作伙伴，搭建了独一无二的国际化能源合作平台。截至2013年3月31日，集团总资产达350多亿元；旗下的公司已达300余家。公司先后被纳入了恒生中国内地100指数和富时中国指数系列。

南昌中燃城市燃气发展有限公司

南昌中燃城市燃气发展有限公司是中国燃气控股有限公司的全资子公司。2006年1月中国燃气控股有限公司与湾里区人民政府签订《湾里区城区管道燃气特许经营协议》，中国燃气集团斥资1500万元人民币投资建设、经营、管理湾里城区管道天然气业务，独家经营权为30年，并在南昌湾里区成立全资子公司——南昌中燃城市燃气发展有限公司，主要从事南昌湾里区管道燃气建设、运营、服务、维修及天然气汽车加气站的投资，建设和运营管理。

天然气的主要优点

天然气是较为安全的燃气之一，它不含一氧化碳，也比空气轻，一旦泄漏，立即会向上扩散，不易积聚形成爆炸性气体，安全性较高。采用天然气作为能源，可减少煤和石油的用量，因而大大改善环境污染问题；天然气作为一种清洁能源，能减少二氧化硫和粉尘排放量近100%，减少二氧化碳排放量60%和氮氧化合物排放量50%，并有助于减少酸雨形成，舒缓地球温室效应，从根本上改善环境质量。

其优点有

① **绿色环保。**天然气是一种洁净环保的优质能源，几乎不含硫、粉尘和其他有害物质，燃烧时产生二氧化碳少于其他化石燃料，造成温室效应较低，因而能从根本上改善环境质量。

② **经济实惠。**天然气与煤相比，同比热值价格相当，并且天然气清洁干净，能延长工业设备锅炉熔炉的使用寿命，也有利于用户减少维修费用的支出。天然气是洁净燃气，供应稳定，能够改善空气质量，因而能为该地区经济发展提供新的动力，带动经济繁荣及改善环境。

③ **安全可靠。**天然气无毒、易散发，比重轻于空气，不宜积聚成爆炸性气体，是较为安全的燃气。

④ **改善效率。**随着重工业使用安全、可靠的天然气，不会对设备和生产加工出来的零部件造成损害，对于产品的质量也有着至关重要的保证。

天然气的主要用途

民 用

1.城市燃气事业，特别是居民生活用气。随着人民生活水平的提高及环保意识的增强，大部分城市对天然气的需求明显增加。天然气作为民用燃料的经济效益也大于工业燃料。

2.压缩天然气汽车。以天然气代替汽车用油，具有价格低、污染少、安全等优点。

工、商业用

1.天然气发电，具有缓解能源紧缺、降低燃煤发电比例，减少环境污染的有效途径，且从经济效益看，天然气发电的单位装机容量所需投资少，建设工期短，上网电价较低，具有较强的竞争力。

2.天然气化工工业，天然气是制造氮肥的最佳原料，具有投资少、成本低、污染少等特点。天然气占氮肥生产原料的比重，世界平均为80%左右。

江西省天然气有限公司

江西省天然气有限公司成立于2007年12月，是江西省委、省政府授权江西省投资集团公司与中国石油化工股份有限公司合资成立的从事省天然气管网一期工程投资、建设、运营和管理以及天然气输送与购销的企业。

按照省政府确定的"四统一"原则和"全省一张网"模式，一期管网主要围绕鄱阳湖规划建设，承接川气东送入赣天然气，涉及南昌、九江、景德镇、新余、抚州、宜春、上饶、鹰潭等8个设区市、28个县（市、区），干线全长876千米，支线全长383千米，共设30座分输站，37座截断阀室和5个CNG加气母站。

2008年10月19日，江西省天然气管网工程开工仪式在南昌市和景德镇市同时举行，拉开了江西全面利用天然气的序幕。2009年1月9日，一期管网管道打火开焊仪式在九江市永修县燕坊镇举行，工程正式进入施工建设阶段，江西中高压长输天然气管道建设开始从"零"公里起步。2010年6月15日，一期管网九江——沙河段管线顺利实现通气试投产，结束了江西没有管输天然气的历史。2011年3月19日，景德镇CNG加气母站成功试投产，成为江西省第一座建成并试投产的CNG加气母站，再次填补了江西的一项空白。

截至目前，江西省天然气公司已完成管网建设1000余千米，完成管网投产675千米，实现向南昌、九江、景德镇、宜春、新余、上饶、抚州、鹰潭等8个设区市、30个县（市、区）供应天然气。

2009年1月9日，江西省天然气管网一期工程在九江市永修县打火开焊，正式进入施工建设阶段。

2010年6月16日，江西省天然气管网一期工程九江——南昌段通气试投产。

2011年3月19日，景德镇CNG加气母站成功试投产。

江西省海济租赁有限责任公司

江西省海济租赁有限责任公司是经商务部、国家税务总局批准成的江西省首家内资融资租赁试点企业，公司股东为江西省招标咨询集团有限公司和江西省省属国有企业资产经营（控股）有限公司，分别持有51%和49%的股份，注册资本2亿元，是“十二五”期间省国资委重点打造的省属国有企业四大融资平台之一。公司先后为冶金、建材、化工、轻工、物流、酒店、餐饮、医疗、工程机械等行业以及政府保障房建设等100多个项目提供了十几个亿的融资租赁服务。

与省融资担保公司合作签约

积极扶持一批特色项目，推动全国特色产业基地改造、升级。为推动高安市传统建筑陶瓷行业改造升级，上规模上水平，先后给新高峰陶瓷、金环陶瓷等一批建陶企业租赁融资数亿元，帮助其扩能升级，高安已成为全国五大建陶产业基地之一。为帮助全国烟花爆竹主要产业基地上栗、万载两县解决制约行业发展的物流运输和出口商检问题，突破出口市场和产业规模瓶颈，海济租赁先后为当地物流龙头企业——达金物流融资4000余万元，帮助其扩大车队规模、完善信息系统、发展“甩挂”业务、推进“无水港”建设，使达金物流得到快速发展，成为“全国物流先进企业”。为帮助宜春市这一全国知名机械产业基地抓住行业发展的大机遇，先后为宜春重工、江西龙腾累计融通资金数千万元，有效促进了这些企业的产品销售，促进了宜春机械产业的复兴。

井冈山融资租赁高端论坛集体照

积极扶持节能减排、改善环境和民生项目。先后为吉尼斯陶瓷、萍锋纸业、飞虎炭黑等企业节能减排项目融资上亿元；为省内林产龙头企业飞尚林产造林营林、发展林化产业提供融资五千万元；为江西金迪、赣鑫纺织、丝源祥等再生资源循环经济项目给予多次融资支持；为省内县级公立医院提供医疗设备融资租赁服务；还为宜春高安市、万载县政府保障房建设提供2亿元融资支持。

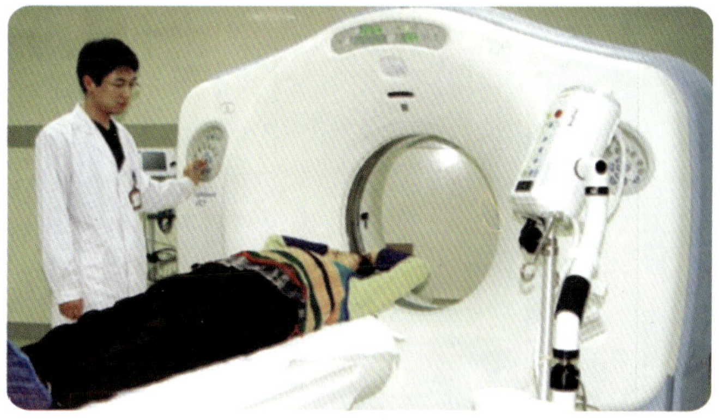

设　备

积极扶持重点招商引资项目。为重点招商引资项目中捷厨卫以设备租赁的方式先后融资3000多万元，帮助企业销售收入突破亿元大关。在重点招商引资项目温馨九九旅业成长之初和后续发展扩张的关键时期，给予了较大力度的融资租赁支持，一度成为其最大的债权人，帮助企业得到快速发展，温馨九九旅业已经成为集连锁酒店、餐饮服务、房地产业于一体的集团型企业，连锁酒店数十家，资产总额数十亿元，在省内享有较高的知名度。

飞虎炭黑

积极履行国有企业社会责任，实现经济效益与社会效益相统一。在业务操作上，坚持“三不做”原则，即：不符合国家产业政策的项目坚决不做；高污染、高能耗的项目坚决不做；有违社会公德或有违法乱纪行为的企业或项目坚决不做。

巨石集团九江有限公司

2013年4月，省委书记强卫视察巨石集团九江公司。

2013年8月，副省长李炳军莅临巨石集团九江公司调研。

2013年4月，副省长李贻煌莅临巨石集团九江公司调研。

2013年6月，省发改委调研组莅临巨石集团九江公司调研。

2013年6月，抚州市党政代表团到巨石集团九江公司参观考察。

公司荣获省级高新技术企业称号

巨石集团九江有限公司是全球规模最大的玻璃纤维专业制造商——巨石集团的全资子公司，是我国中部地区规模最大的玻璃纤维制造企业。公司坐落于江西省九江市出口加工区，占地面积33.87公顷，总投资47.3亿元。

公司主要生产无碱玻璃纤维直接纱、合股纱、短切原丝、粉（乳）剂短切原丝毡及玻纤布等产品，产品广泛应用于交通运输、节能环保、航空航天、电子电器、船舶业、建筑建材、生活用品、休闲娱乐等领域，是替代钢材、木材、塑料等理想新型材料，具有良好的市场与发展前景。产品除销售国内的华北、华东、华中、华南等地区外，还远销美国、加拿大、德国、荷兰、意大利、西班牙、南非、新加坡、日本、中东等国家和地区。

公司年设计生产能力为35万吨玻璃纤维。该生产基地分两期建设，一期工程——年产15万吨无碱双池窑拉丝生产线、2万吨节能环保池窑拉丝生产线项目于2008年10月28日破土动工，2010年7月11日建成投产。

公司以科技创新为引领，通过技术改造、科技攻关、产学研等不断加大创新力度，提高企业核心竞争力。截至目前，公司通过技术开发及创新、改造共取得省级科技成果4项、列入省级重点新产品项目4项、省市级科技支撑项目4项，获2010年度省高新产业化重大项目、高新技术企业、省创新型试点企业等荣誉，并通过了省级清洁生产审核。2011年，获评“江西省创新型试点企业”，2013年，获省级企业技术中心称号。“玻璃纤维无捻粗纱”于2013年获“江西省名牌产品”称号。同时，公司还获全国工人先锋号、江西省标兵企业、全国“安康杯”竞赛优胜单位和九江市外贸出口先进企业等多项荣誉称号。2013年集团公司与子公司合并获中国质量奖，公司还获江西省高新技术产业证书及江西省节能减排科技创新示范企业、江西省模范职工之家、九江市市长质量奖、全市企业贡献奖、2012年度先进基层党组织、全市劳动竞赛重点工业企业四比优胜单位等各项荣誉。

九江虹能电力建设有限公司

九江虹能电力建设有限公司成立于1998年，公司总部位于九江长虹大道280号信华国际商务中心15楼。

公司现有职工205人，高中级工程师及职工130余人，现设有生产技术科、安全生产科、销售科、财务科等科室等部门。下属工程队5个。

董事长潘炳生接受高端访问

公司现有资产6010万元，注册资金3300万元。公司技术力量雄厚、设备齐全。主要从事35KV及其以下电压等级的输送变电的设计、施工、安装等工程。公司具有承接电力设备安装、销售、维护工程、污水处理工程、消防工程、电力设备制造等能力以及太阳能多晶铸锭、单晶拉制及多晶硅片的研发、生产、销售为一体的高新技术光伏企业。公司在坚持“质量第一、安全第一”的原则下，积极开拓市场，业务主要分布在全国各地。近年来，公司取得了长足的发展，先后承接了电力工程施工、污水处理工程、消防工程施工、电力设备制造等工程，多项建设工程获省市优良工程奖。公司拥有国内较先进的施工机械设备、检测器具和配套设施。虹能电力拥有先进的多晶硅太阳能晶片的制造工艺、技术和设备，公司正致力于发展成为中国新能源领域最具影响的光伏产业。公司本着规范管理的原则，在全公司积极推行5S管理，模仿ISO9000试行规则，确保公司质量、高标准完成各项工程。

虹能集团旗下有九江虹能电力建设有限公司、秦皇岛港城电力工程有限公司江西分公司、九江虹能电力建设有限公司运维分公司、九江虹能科技发展有限公司、虹能（香港）科技有限公司、九江新湖文化实业有限公司、九江市能创设计有限公司、九江市虹能成套设备厂等多家子公司。

董事长潘炳生和九江市委副书记张学军一起考察工作

荣获2010江西省十大公益慈善人物

获2013年九江市十佳爱心人士

为“太阳村”儿童捐款

九钢新区全夜景

九江萍钢钢铁有限公司

高棒生产线

板材生产线

高线生产线

八机八流连铸生产线

九江萍钢钢铁有限公司（九钢公司）是辽宁方大集团下属的江西萍钢实业股份有限公司（萍钢公司）的全资子公司，位于江西省九江市湖口县金砂湾工业园，北衔长江黄金水道，西连鄱阳湖口，南靠铜九铁路和九景高速，东接彭泽县至安徽省，交通区位优势显著。

九钢公司年产钢550万吨，主要装备有：烧结机3台共598平方；高炉4座共5090立方；转炉4座共360吨；连铸机4套；普棒、高棒、高线、中厚板4条轧制线；5000吨泊位大型码头5座；220KV变电站1座；TRT、燃气、蒸汽、余热自发电机组9台，装机容量共100MW。产品涵盖建筑用热轧带肋钢筋、高速线材、小型材、中厚板材四大系列的多种规格和品种。

九钢公司以市场为依托，以顾客为中心，以管理为保证，以品质求发展，始终如一地将“今天的质量，明天的市场”作为公司的质量宗旨，以打造“博升”精品，满足顾客需求为企业质量方针。公司通过了ISO9001质量管理体系、ISO14001环境管理体系及OHSAS18001职业安全健康管理体系三大体系认证，跻身全国企业500强和全国民营企业50强，先后荣获全国“五一”劳动奖状、中国优秀民营科技企业、全国用户满意企业、中国最具竞争力民营企业、最有社会贡献民营企业、最有社会责任民营企业等多项荣誉。“博升”牌产品获国家冶金产品实物质量“金杯奖”及“江西省名牌产品”“六国船级社认证”等多项荣誉称号。

码头

江西攀森新材料有限公司

江西攀森新材料有限公司是西昌攀森投资有限公司和上海傲川投资有限公司共同投资设立的独立法人企业。于2010年3月落户湖口县金沙湾工业园，占地面积127.33公顷，注册资本3.5亿元，项目总投资50亿元。主要生产多元金属镍粒、金属镍钴颗粒等产品，产品广泛应用于航空航天、兵器工业、高端建材等行业领域，是推动国民经济发展的重要金属原材料之一。项目建成达产后，年生产规模将达25万吨，年产值逾150亿元。

项目建设分三期实施：

项目一期，占地26.67公顷，投资9亿元，生产规模4万吨/年多元金属镍粒。历经两年来的建设，现已进入试生产阶段，一期达产后，可实现年产值24亿元，上交税收1.6亿元，实现就业500余人。

项目二期，占地40公顷，投资11亿元，生产规模6万吨/年多元金属镍粒。2014年初建成投产，达产产值36亿元，上交税收2.4亿元，实现就业800余人。

项目三期，占地60.67公顷，投资30亿元，生产规模15万吨/年多元金属镍粒。计划2014年底投建，2015年建成投产，达产产值90亿元，可上交税收6亿元，实现就业2000余人。

本项目以国外丰富的红土镍矿为原料，生产国内紧缺的镍、钴等多元金属材料，符合国家及江西省“十二五”工业发展规划及十大重点产业振兴计划，同时被江西省列为2010年重大调度建设项目。

本项目在总结优化国内外相关行业工艺流程基础上，采用了无焦冶炼、低碳还原、余热利用、管道浸出等自主研发的多项世界先进工艺技术，成为企业承担该项目的重要优势。

2013年4月24日，省委书记强卫莅临攀森视察工作

公司一角

公司一角

生产车间

江西晨鸣纸业有限责任公司

江西晨鸣纸业有限责任公司是一家集制浆、造纸、热电和环保综合治理于一体的大型现代化造纸企业，位于南昌市国家经济技术开发区内，毗邻白水湖、幸福后港。公司于2003年9月16日破土动工，2005年3月18日竣工投产，总投资4.87亿美元，注册资金2.72亿美元。

具有国际先进水平的年产35万吨轻涂纸生产线

公司拥有一条年产35万吨低定量涂布纸生产线，年产18万吨漂白热磨机械浆（BTMP）生产线和年产13万吨废纸脱墨浆(DIP)生产线各一条。造纸机从世界著名造纸供应商芬兰美卓（Metso）公司引进，设计车速2000米/分、纸机幅宽7800毫米；制浆设备从世界著名制浆设备供应商奥地利安德里茨（Anderitz）公司引进，公司生产过程控制全套引进Metso DNA系统，传动系统全部采用德国西门子设备，整个生产系统代表了当今最先进的造纸、制浆水平。公司产品是以轻涂纸、轻型纸、A3铜版纸、双胶纸为主，SC纸、环保纸、微涂纸等为补充，产品质量达国际一流水平。其中，轻涂纸、轻型纸两大主导产品在国内市场中占有率位居前列，产品出口海外20多个国家和地区，先后获“中国优秀外商投资企业”“江西省百强企业”“江西省节能先进企业”等荣誉称号。

DCS控制室

平板纸打包机

公司新上年产35万吨高档食品包装纸项目，总投资18.3亿元，建设投资14.8亿元，项目计划2013年10月开工，2015年3月竣工投产，该项目生产的高档食品包装纸原料全部采用商品漂白木浆及自制机械浆，集全球造纸机械生产精华之大成，聚世界造纸机械最高水平于一体，是目前国内最先进的高档食品包装纸生产线。纸机设计车速每分钟800米，卷纸宽度4580毫米，主导产品为170～350g高档液体包装、烟卡、铜板卡、扑克牌原纸等。

公司致力于发展绿色纸业，在节能和环保方面投资近4亿元。污水处理站采用国外先进的厌氧和好氧双强化处理工艺，废水排放指标达到世界先进水平，大大低于国家标准。烟尘处理采用环保型循环流化床锅炉配五电场静电除尘器，用炉外氨法脱硫，脱硫效率达到99.5%以上，除尘效率达到99.8%，符合国家新的环保排放标准。公司2006年通过了ISO9001质量管理体系认证，同年在全国同行业中率先通过ISO14001环境管理体系认证。

进贤瑞丰村镇银行

进贤瑞丰村镇银行是由南昌银行作为主发起行组建成的新型农村金融机构。该行将立足进贤县，以建设“进贤县人民自己的银行”为目标，为当地“三农”、中小企业和县域经济发展提供金融服务。

为优化“三农”信用环境，针对“三农”信用环境差的问题，该行廉洁自律，认真实行发起行——南昌银行倡导的“干干净净做业务，清清白白交客户”的授信文化，从行长到客户经理自觉做到不吃请，不收礼，贷款户面前人人平等，让客户没有理由不还款。

规范操作，健全风险防范措施。给分散的农户发放小额贷款不仅要防范信用风险，更要严格贷款流程，有效防范操作风险。为此，进贤瑞丰村镇银行引进“微贷”技术，在微贷流程的基础上，结合实际创新农贷流程，坚持落实“三道防线”措施，即主办、协办客户经理共同调查签字，业务拓展部内审小组集体研究决策，风险管理部审查把关，彻底杜绝了贷款一人说了算的现象。

细分客户，创新金融服务产品。为更好地服务“三农”，该行根据客户自身经营特点，资金需求、周转特点等将客户细分，创新开展了专为广大农户朋友们量身打造的“瑞丰之星”系列产品多项农贷业务品种、各业务品种根据服务的客户群，设置了灵活的还款方式，操作流程等，通过创新产品，一些他行不能做、不愿做、不屑做的特色业务在该行得到了顺利办理。截至2013年年底，该行涉农贷款比例为81.39%，支持省、市级龙头产业化、进贤特色产业（钢结构、医疗器械、文化用品）占该行对公客户的50%。为“支农、富农、强农”贡献了力量，受到社会各界和 广大客户的充分肯定。

打造品牌，提升社会知名度。从全心全意为“三农”服务的市场定位出发，进贤瑞丰村镇银行决心把自己打造成为“最贴近老百姓”的银行。行长带领客户经理走村串户，送贷款上门，为方便老百姓，他们在农村发展联络员队伍，通过联络员发展客户、了解客户、方便客户。为服务好老百姓，该行实行“草根银行，尊贵服务”的使命，为老百姓提供上帝般的尊贵服务，短短的两年时间，“最贴近老百姓的银行”被县委县政府认可，被广大群从认可。

农民企业家赖运福

江西江宁物流有限公司总经理　赖运福

赖运福，1941 年 9 月出生，江西宁都县黄陂镇高田村人。2003 年 5 月创办江西江宁物流有限公司，注册资金 700 万元，经营范围以公路货运运输为主，兼以仓储、回程配载、货运信息咨询服务等。2008 年被评为“宁都县十大诚实守信模范”。

本公司拥有固定资产 1110 万元，各种运输汽车 176 辆，总吨位达 685 吨。在广东省中山市、珠海、广州、东莞和上海、北京、陕西、江西、福建等省市都设立了货运分公司，货运全国，每月营运收入达 2500 万元。

为了发展需要，根据国家政策，公司从 2005 年 4 月批准为“公路货运自开票纳税人”，至现在每月开票金额 2000 万元，每年为国家缴纳各种税款达 600 万元。公司被赣州市人民政府认定为“规模以上物流企业”，被江西省运输管理局授予“质量信誉 AAAA 运输企业”称号。

公司地址：江西省宁都县梅江镇河东路 56 号。

江西省江宁物流有限公司
欢迎您
JIANGXISHENGJIANGNINGWULIUYOUXIANGONGSIHUANYINGNIN

宁都县计生服务站

县计生服务站站长　陈章生

县计生服务站党支部书记　杨雯

宁都县计生服务站成立于1988年8月，现有干部职工30人，其中专业技术人员24人。

近年来，在县委、县政府和县人口计生委的正确领导下，大力弘扬“崇文、怀德、开放、致远”的宁都精神，紧紧围绕“四优一满意”（环境优美、技术优良、服务优质、管理优秀、群众满意）的工作目标，牢牢贯彻“面向基层、深入乡村、服务上门、方便群众”的工作方针，充分发挥“宣传教育、技术服务、信息咨询、人员培训、药具发放、优生指导、随访服务、生殖保健”的服务功能，开拓进取、求真务实、真抓实干。实现了手术“零”风险，免费孕前优生优育工程完成4561对，检测出阳性151例，全部采取了相应措施，向全县育龄妇女免费发放有关药品，有效预防出生缺陷儿的发生，提高了人口素质，为全县育龄妇女免费健康普查1.3万人次，取得良好的社会效益和经济效益。

先后荣获：全国计划生育优质服务先进单位；全省“六好服务站”；江西省“计生优质服务先进县”；赣州市计生避孕药具知识竞赛“第一名”；赣州市第六届、第七届、第八届文明单位；赣州市“三八”红旗集体；全县增先创优活动“先进基层党组织”。

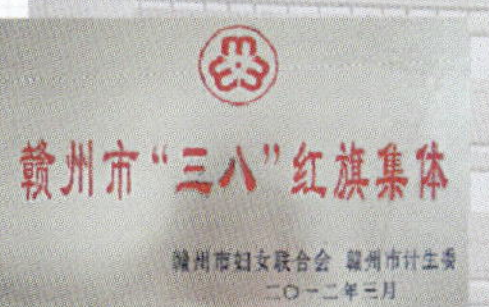

全县创先争优活动
先进基层党组织
中共宁都县委
2012年7月

2012年度全省计划生育药具工作
先进单位
江西省人口计生委药具管理站
二〇一三年四月

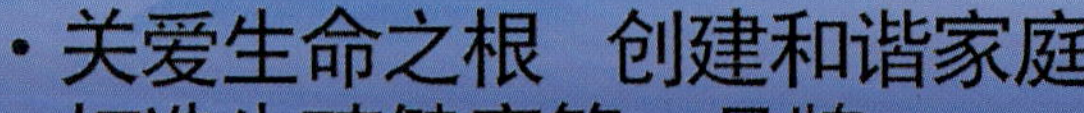

· 关爱生命之根　创建和谐家庭
· 打造生殖健康第一品牌

COMPANY » INTRODUCTION 企业简介

香港御美丽女子健康会所国际连锁机构于2006年3月在香港注册成立，同年9月受吉安市政府邀请回大陆进行实体投资，组建吉安市御美丽健康产业有限公司，建立御美丽健康产业园，正式落户国家井冈山经济技术开发区，成为集科研生产、教育培训、产品开发、连锁经营为一体的多元化健康产业公司。

秉承中医“治已病不如治未病”的医学思想，御美丽以关爱女性健康、创造和谐家庭为信念，以宏扬传统医药文化、树立中医美容健体典范为目标，致力服务于女性的亚健康消除和女性系统保养，并采用国际CAM组织最新的生殖系统排毒养颜理念，结合现代生物应用科技，先后推出第一代、第二代生殖美疗、乳房美疗、御族香妃SPA和产后修复等项目，内调外养，标本兼顾，让广大女性真正实现健康美丽。

经过了八年的努力，御美丽已完成15个系列100多种产品的开发，从单纯的女性三道防线产品扩展到塑形内衣、保健食品、美容产品、天然日化、中药系列等完整的产品结构体系，形成一个集教学、科研、开发、生产、经营为一体的高科技健康产业集团化企业。

御美丽机构凭借良好的企业信誉、过硬的产品质量和先进的营销模式，以加盟连锁、传媒营销、传统代理三位一体的模式多元化整合营销，以最短的时间奠定了女性生殖养护市场的龙头地位，拥有近3000家御美丽的加盟店；市场开拓地域从广东、江浙一带发展到全国各省市，并逐渐走向国际市场，成为中国女性生殖健康产业最具竞争力领军品牌。

2014年5月20日，国家卫计委人才交流中心正式下达授权书，授权御美丽健康产业有限公司在所属各加盟店设立生殖健康咨询服务站，面向广大女性开展免费的避孕节育、优生优育、计划生育、母婴保健、性健康、社区健康促进、女性生殖保健等方面的咨询服务。

YUMEILI 御美丽公司总裁简介

尹志明先生：

- 香港御美丽国际连锁机构执行总裁
- 吉安市御美丽健康产业有限公司董事长
- 江西省政协委员
- 江西省工商联常委

关爱女性健康，永远正确，无比伟大！

御美丽公司资质荣誉：

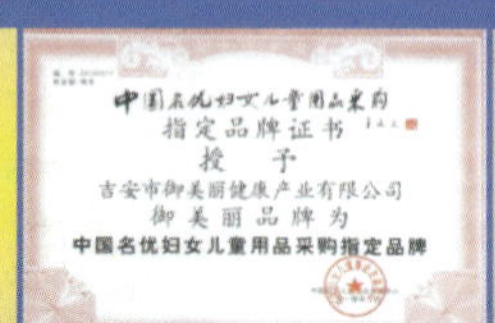

企业项目简介 COMPANY INTRODUCTION

◆ 生殖美疗项目介绍

采用现代最先进的“低温等离子技术”+“超声波雾化技术”与“古代汉方”相结合，是针对女性生殖系统健康进行全面护理的新项目。同时全面解决女性生殖系统问题以及生殖系统问题给美容带来的障碍，从根本上消除分娩导致的生殖系统松弛、宫腔毒素沉积等影响女性生殖健康及两性和谐的因素。

千年漢方 女性至寶

◆ 生殖美疗神奇功效

1. 采用国际CAM组织最新的生殖系统排毒养颜理念清除阴道内毒素和垃圾，改善阴道内部环境，使女性生殖器官内外全面清洁。令细菌难以滋生，瘀血难以形成。
2. 细胞再生，收缩阴道，提高性欲。
3. 对微生物引起的生殖道感染，如各种阴道炎、宫颈炎、宫颈糜烂、子宫内膜炎、附件炎、盆腔炎等各种妇科症状，均有显著效果。
4. 活化肌肤美容、延缓衰老。
5. 促进卵巢功能，调节内分泌，平衡荷尔蒙，延缓衰老。
6. 促进雌激素分泌，丰满胸部，使皮肤细致红润。
7. 去除面部顽固色素沉着和斑点，改善面部晦暗、保持靓丽容颜。

企业风采展示 STORE SHOW

原卫生部副部长张凤楼与御美丽公司总裁尹志明合影

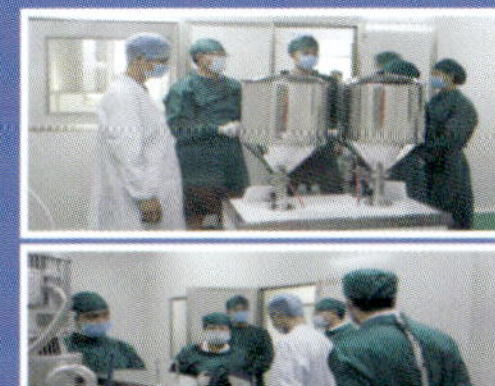

专家组勘察超净无尘车间

御美丽“财富盛典蒋大为吉安演唱会”

御美丽365爱心基金会到宝兴灾区送温暖捐赠仪式

门店风采展示 SHOW CASE

江西大圣塑料光纤有限公司

江西大圣塑料光纤有限公司是专门从事塑料光纤、塑料光缆及光电子器件研制、开发、生产和应用的高新技术企业。公司的生产基地设在风景秀丽的井冈山市产业园中，并在深圳设有分支机构。公司在中国科学院所属研究所和国内多家知名大学的协助下，通过产学研合作，掌握了通信级塑料光纤生产和装备制造两大核心技术，在塑料光纤的研制和产业化生产方面取得重大进展，于2006年自主研究开发出通信用聚甲基丙烯酸甲酯（PMMA）塑料光纤，产业化生产的通信用PMMA塑料光纤衰减稳定控制在小于200dB/km，带宽实现100兆，通信距离可达80~100米。产品技术指标达到国际同类产品的先进水平。公司对通信用PMMA塑料光纤及其生产设备具有完全自主知识产权，其产品具有高科技、高附加值。公司是中国目前唯一能够实现低损耗通信用塑料光纤产业化的企业，现可日产40万米、年内可达日产100万米，填补了国内塑料光纤生产领域的一个空白。公司生产的“通信用PMMA 塑料光纤”通过了由国家工业和信息化部组织，有中国工程院邬贺铨、童志鹏、李乐民三位院士和多位光纤行业知名专家参加的科技成果鉴定，并获得“国家工信部科技成果鉴定”证书、“江西省新产品”证书、“江西省重点新产品”鉴定证书，荣获2011年度江西省科学进步奖一等奖。

江西省科学技术进步奖

证 书

为表彰江西省科学技术进步奖获得者，特颁发此证书。

项目名称：通信用聚甲基烯酸甲酯（PMMA）塑料光纤

奖励等级：一等奖

获 奖 者：江西大圣塑料光纤有限公司

二〇一一年七月二十日

证书号：J-10-1-04-D01

通信用PMMA塑料光纤的特长是在短距离通信领域内大显身手，可广泛应用于通讯网络、军事通讯、节能建筑、办公自动化、家庭智能网络系统、数据传输系统、汽车智能系统、工业控制系统以及纺织、装饰照明、太阳能利用系统等多个领域。应用范围广泛，市场前景广阔。大圣公司的塑料光纤不仅可替代进口产品，并能出口创汇，抢占国外市场。

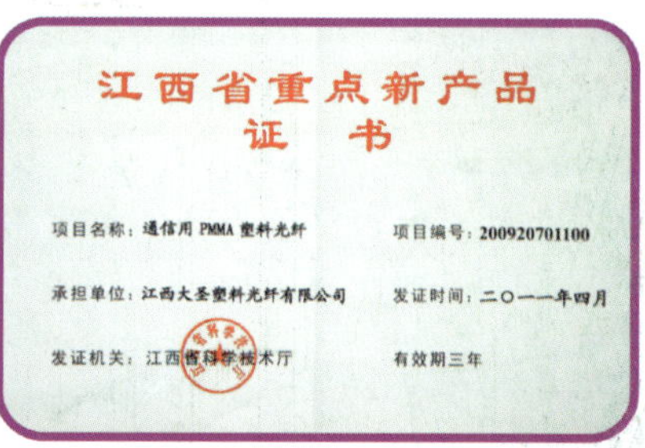
江西省重点新产品

证 书

项目名称：通信用 PMMA 塑料光纤　　项目编号：200920701100

承担单位：江西大圣塑料光纤有限公司　　发证时间：二〇一一年四月

发证机关：江西省科学技术厅　　有效期三年

与现有的铜网络线及石英光纤相比，塑料光纤产品结构简单，具有节省铜材、价格便宜，接续简单快捷，使用寿命长、重量轻、加工容易和优异的韧性、抗震抗裂强度和耐用性；无电磁干扰及泄露，保密性强，安全可靠、光电隔离、防雷击，生产无噪音、无污染等优点。产品符合国家发展政策，属环保节能、节省铜资源产品。产品的社会和经济效益都十分看好。

高新技术企业

证书

企业名称：江西大圣塑料光纤有限公司　　证书编号：GR201136000023

发证时间：2011年9月8日　　有 效 期：三年

批准机关：

地址：江西省井冈山市新城区工业园笔架山路6号 **邮编**：343600
电话：0796-6893906 **传真**：0796-6891871
网址：www.dspof.com **邮箱**：marketing@dspof.com

香港福昌集团

外商大楼

香港福昌（企业）集团有限公司是一个以投资为主体的公司。主营业务涵盖地产开发、物业管理、进出口贸易、旅游产品开发、电子电器生产与销售等，足迹遍布香港地区、印度尼西亚和广东、江西、福建、江苏等省。

集团先后成功在江西等地投资开发大型房地产、商业地产项目7个，总建筑面积达300万平方米，总投资金额80亿元,其中在上饶先后成功开发建设了上饶国际家具城、东都花园、外商国际商务中心等项目。公司一如既往坚持“诚信为本”的经营理念，具有高度的社会责任感，将“为客户着想、为后代留鉴”的经营理念贯穿于全部项目开发建设全过程，率先向社会承诺销售放心房，公开八项承诺，成功塑造自己的品牌。集团成立至今共上缴各项税收5亿多元，解决就业岗位1800多个；热心参与社会公益事业，累计向各种困难群体、慈善机构捐赠善款1600多万元。先后被评为省市优秀企业，首届江西省最具社会责任感企业、上饶市五十强企业等称号。

2011年，集团转战大西北，注资创立甘肃浩源投资有限公司，2012年成立甘肃融晖投资有限公司，投资80亿元，一级开发“兰州生态文化创新城”项目，整个项目占地超过533.33公顷。

2013年底，集团携手国内央企地产龙头保利地产，对“生态文化创新城”进行二级开发，计划总投资超过300亿元，规划至2020年完成整个项目建设。届时，可形成15万以上人口规模的经济聚集区和现代服务业生态宜居城市。

甘肃省兰州市生态文化新城原始地貌图

崇义章源钨业股份有限公司

崇义章源钨业股份有限公司（以下简称“公司”）位于江西省赣州市崇义县县城，始创于2000年，凭借雄厚的钨资源保障和持续的技术创新，快速发展成为集钨的采选、冶炼、制粉、硬质合金与钨材生产和深加工、贸易为一体的国内三家钨行业上市企业之一。公司现有员工3400多人，拥有探矿权矿区7个、采矿权矿山4座、钨冶炼及精深加工厂5个、全资子公司1家、参股公司2家。

公司是全球少数拥有完整钨行业产业链的厂商之一，保有钨储量9.60万吨,占全国总量的5.33%，产品覆盖仲钨酸铵、氧化钨、钨粉、碳化钨粉和硬质合金系列产品，“章源”商标系江西省著名商标，“章源”牌钨粉、碳化钨粉、硬质合金系江西名牌产品。公司是高新技术企业、国家创新型企业、国家技术创新示范企业，先后通过了ISO9001：2008质量管理体系、ISO14001：2004环境管理体系、OHSAS18001：2007职业健康安全管理体系和ISO9001:2008党建质量管理体系认证。公司拥有多项专利、科技成果和高新技术产品，中国工程院、中国地质科学院、中南大学、江西理工大学等分别在公司设立了院士工作站、博士工作站、博士后研究基地、研究生教育创新基地。

省委书记强卫一行莅临章源钨业调研

工信部总工程师朱宏任一行考察公司全资子公司赣州澳克泰工具技术有限公司

章源钨业全资捐赠的关田镇田心小学落成庆典

公司举办的书法摄影展